邕宁县志

1991—2004

南宁市邕宁区地方志编纂委员会
南宁市良庆区地方志编纂委员会　编

方志出版社
Publishing House of Local Records

图书在版编目（CIP）数据

邕宁县志．1991-2004 / 南宁市邕宁区地方志编纂委员会．南宁市良庆区地方志编纂委员会编．-- 北京：方志出版社，2018.12

ISBN 978-7-5144-3499-6

Ⅰ．①邕…　Ⅱ．①南…　②南…　Ⅲ．①邕宁县—地方志—1991-2004　Ⅳ．①K296.74

中国版本图书馆CIP数据核字（2019）第032416号

邕宁县志（1991—2004）

编　　者：南宁市邕宁区地方志编纂委员会
　　　　　南宁市良庆区地方志编纂委员会
责任编辑：李志瑜
出 版 人：冀祥德
出 版 者：方志出版社
　　　　　地址　北京市朝阳区潘家园东里9号（国家方志馆4层）
　　　　　邮编　100021
　　　　　网址　http://www.fzph.org
发　　行：方志出版社图书经销中心
　　　　　电话（010）67110500
经　　销：各地新华书店
印　　刷：南宁市彩印厂
开　　本：889×1194　　1/16
印　　张：63
字　　数：1983千字
版　　次：2018年12月第1版　　2018年12月第1次印刷
印　　数：0001～3700册
ISBN 978-7-5144-3499-6　　定价：680.00元

《邕宁县志（1991—2004）》编纂工作机构

邕宁县地方志编纂委员会

（2003.1—2005.3）

主　任　温达勤　中国共产党邕宁县委员会（简称县委）书记、县人民政府县长

副主任　黄展邦　县委常委、县人民政府副县长

　　　　　黄丽娟　县委常委、县人民政府副县长

成　员　舒善隆　县委常委、组织部部长

　　　　　黄济法　县委常委、宣传部部长

　　　　　黄汉锋　县委常委、县委办公室主任

　　　　　梁　斌　县人民政府副县长、县财政局局长

　　　　　黄大能　县政府办公室主任

　　　　　粟英文　县地方志办公室主任

　　　　　区秀兰　县统计局局长

　　　　　黄　智　县地方志办公室副主任

　　　　　龚瑞侦　县地方志办公室副主任

南宁市邕宁区地方志编纂委员会

（2011年9月成立）

主　任　蓝建东　中国共产党南宁市邕宁区委员会（简称邕宁区委）副书记、区人民政府区长

副主任　黄壮章　区委副书记、党校校长

　　　　　谢克兴　区委常委、宣传部部长，区人民政府副区长

　　　　　韦家斌　区委常委、组织部部长

　　　　　苏东山　区委常委、区委办公室主任

　　　　　李金洪　区人民武装部部长

成　员　苏元列　区委办公室副主任

陆祥华　区政府办公室主任
谢金玲　区人大常委会办公室主任
玉仕杰　区政协办公室主任
滕永杰　区委党史研究室（区志办）主任
张荣科　区纪委副书记、监察局局长
赵慧妮　区委组织部副部长
李耀和　区委宣传部副部长
潘作安　区发展和改革局局长
梁　卡　区经济贸易和信息化局局长
陆志稳　区教育局局长
黎琼珍　区科学技术局局长
黎秀芬　区民政局局长
曹文辉　区财政局局长
莫艳萍　区人力资源和社会保障局局长
白毓豪　区环境保护局局长
乐巨温　区住房和城乡建设局局长
卢　斯　区交通运输局局长
陆元锦　区农林水利局局长
李金玉　区文化新闻出版体育局局长
慕　群　区卫生局局长
韦　熙　区人口和计划生育局局长
李中广　区统计局局长
黄守刚　区档案局（馆）局长
邓文凯　蒲庙镇人民政府镇长
黄全健　新江镇人民政府镇长
李昌汇　百济乡人民政府乡长
周万政　那楼镇人民政府镇长
杨素琴　中和乡人民政府乡长

南宁市邕宁区地方志编纂委员会

（2016年10月调整）

主　任　许强初　区委副书记、区人民政府区长
副主任　谢克兴　区委副书记、党校校长

程奇伟　区委常委、区人民武装部部长
马华斌　区委常委、组织部部长
苏东山　区委常委、宣传部部长，区人民政府副区长
陆祥华　区委常委、区委办公室主任
韦隽群　区人大常委会副主任
黄　健　区政协副主席

成　员　黄启奎　区委办公室副主任
周万政　区人大常委会办公室主任
杨建军　区政府办公室主任
曾　纯　区政协办公室主任
胡　坚　区纪委副书记
周　明　区委组织部副部长
玉丁方　区委宣传部副部长
梁　卡　区委统战部副部长
莫艳萍　区机构编制委员会办公室主任
滕永杰　区委党史研究室（区志办）主任
雷启严　区档案局局长
白毓豪　区发展和改革局局长
陆杰伟　区经济贸易和信息化局局长
黄文庆　区教育局局长
杨素琴　区扶贫科技局局长
刘正当　区民政局局长
曹文辉　区财政局局长
雷佩霞　区人力资源和社会保障局局长
卢　斯　区环境保护局局长
黄　炜　区住房和城乡建设局局长
梁鸿涛　区城市管理局局长
乐巨温　区交通运输局局长
李英杭　区农林水利局局长
苏兰芳　区文化新闻出版体育局局长
韦　熙　区卫生和计划生育局局长
潘海英　区统计局局长
农运赶　蒲庙镇人民政府镇长
潘春兰　新江镇人民政府镇长
陈丽全　百济镇人民政府镇长
胡学东　那楼镇人民政府镇长
李景问　中和乡人民政府乡长

南宁市良庆区地方志编纂委员会

（2015年7月成立）

主　任　谷明佳　中国共产党南宁市良庆区委员会（简称良庆区委）副书记、区人民政府区长

副主任　韦粤桂　区委常委、组织部部长

马家训　区委常委、区委办公室主任、区直属机关党工委书记（兼）

陈延辉　区委常委、区人民政府副区长

何雪映　区人大常委会副主任

韦煊才　区政协副主席

张润波　区人民武装部副部长

成　员　韦　敏　区委办公室副主任

黄文声　区人大常委会办公室主任

覃书泉　区政府办公室主任

曾愈祥　区政协办公室主任

陈庆登　区委党史研究室（区志办）主任

陈可芬　区纪委副书记、监察局局长

谢志军　区委组织部副部长

姚　毅　区发展和改革局局长

陆颖强　区经济贸易和信息化局局长

杨荣团　区教育局局长

陈世强　区科技局局长

陈应进　区民政局局长

周　卿　区财政局局长

李雪丽　区人力资源和社会保障局局长

徐向东　区环境保护局局长

潘大林　区住房和城乡建设局局长

谭耀辉　区交通运输局局长

苏宜举　区农林水利局局长

杨芝维　区文化新闻出版体育局局长

班　锋　区卫生和计划生育局局长

陆　静　区统计局局长

郑澄清　区档案局局长

张　冠　良庆镇党委副书记

刘文忠　那马镇人民政府镇长
谢　欢　大塘镇人民政府镇长
李　韬　那陈镇人民政府镇长
黄　雷　南晓镇党委副书记
李善曼　良庆经济开发区党工委委员、纪工委书记
颜志环　大沙田街道办事处主任
蒙　益　玉洞街道办事处主任

南宁市良庆区地方志编纂委员会

（2017 年 2 月调整）

主　任　王　川　区委副书记、区人民政府区长
副主任　潘智嫦　区委常委、组织部部长
马家训　区委常委、区委办公室主任、区直属机关党工委书记（兼）
韦煊才　区人大常委会副主任
卢科荣　区政协副主席
莫月清　区人民政府党组成员
张润波　区人民武装部副部长
成　员　韦永海　区委办公室副主任
黄文声　区人大常委会办公室主任
杨　飞　区政府办公室主任
曾愈祥　区政协办公室主任
庞　勃　区委党史研究室（区志办）主任
郭　剑　区委组织部副部长
姚　毅　区发展和改革局局长
张　冠　区经济贸易和信息化局局长
杨荣团　区教育局局长
陈世强　区科技局局长
陈应进　区民政局局长
周　卿　区财政局局长
李雪丽　区人力资源和社会保障局局长
徐向东　区环境保护局局长
陆颖强　区住房和城乡建局局长
刘革成　区交通运输局局长

苏宜举　区农林水利局局长
杨芝维　区文化新闻出版体育局局长
班　锋　区卫生和计划生育局局长
陆　静　区统计局局长
龚长就　区档案局局长
青梓敬　良庆镇人民政府镇长
覃德斌　那马镇人民政府镇长
雷　增　大塘镇人民政府镇长
乐情温　那陈镇人民政府镇长
黄　雷　南晓镇人民政府镇长
李善曼　良庆经济开发区党工委副书记、纪工委副书记
谢志军　大沙田街道办事处主任
彭仁慧　玉洞街道办事处主任

《邕宁县志（1991—2004）》主编、副主编、总纂、副总纂、编辑、编务、校对

（2004.8—2005.3）

主　编　温达勤　县委书记、县人民政府县长
副主编　黄丽娟　县委常委、县人民政府副县长
　　　　粟英文　县地方志编纂委员会办公室主任
　　　　黄　智　县地方志编纂委员会办公室副主任
　　　　龚瑞侦　县地方志编纂委员会办公室副主任
总　纂　刘缘璋
编　辑（按姓氏笔画排列）
　　　　玉鼎艾　刘缘璋　李福明　黄　智　黄琼露
　　　　龚瑞侦　梁鸿谋　粟英文　潘艳明

（2005.9—2018.8）

主　编　黄　宁　邕宁区委副书记、区人民政府区长（2005.4—2010.3）
　　　　陈世平　良庆区委副书记、区人民政府区长（2005.9—2006.9）
　　　　孙志强　良庆区委副书记、区人民政府区长（2006.9—2010.5）
　　　　蓝建东　邕宁区委副书记、区人民政府区长（2010.3—2013.9）

黄奕信　良庆区委副书记、区人民政府区长（2011.3—2013.10）
邓娟娟　邕宁区委副书记、区人民政府区长（2013.10—2015.7）
谷明佳　良庆区委副书记、区人民政府区长（2013.10—2016.5）
许强初　邕宁区委副书记、区人民政府区长（2015.7—2018.8）
王　川　良庆区委副书记、区人民政府区长（2016.5—2018.8）

执行副主编　粟英文　邕宁区委党史研究室（区志办）主任（2005.9—2011.3）
杨作民　良庆区委党史研究室（区志办）主任（2005.9—2009.5）
陈庆登　良庆区委党史研究室（区志办）主任（2009.5—2016.5）
滕永杰　邕宁区委党史研究室（区志办）主任（2011.4—2018.8）
庞　勃　良庆区委党史研究室（区志办）主任（2016.5—2018.8）

副主编　韦　茵　邕宁区人民政府副区长（2005.9—2008.3）
陈晓红　良庆区人民政府副区长（2005.9—2008.7）
吴　晓　良庆区人民政府副区长（2008.7—2009.11）
磨瑛津　邕宁区委常委、宣传部部长，区人民政府副区长（2009.10—2011.5）
黄敏丽　良庆区人民政府副区长（2009.11—2010.5）
陈拥军　良庆区人民政府副区长（2010.9—2011.5）
黄壮章　邕宁区委副书记、党校校长（2011.5—2014.4）
谢克兴　邕宁区委常委、宣传部部长，区人民政府副区长（2011.5—2016.4）
钱　冰　良庆区人民政府副区长（2011.6—2012.4）
周湘波　良庆区委常委、区人民政府副区长（2012.5—2013.4）
邹玉仿　良庆区委常委、区人民政府副区长（2013.5—2014.5）
陈延辉　良庆区委常委、区人民政府副区长（2014.5—2016.5）
冯　桂　良庆区委常委、区人民政府副区长（2016.5—2017.2）
谢克兴　邕宁区委副书记、党校校长（2016.5—2018.7）
苏东山　邕宁区委常委、宣传部部长，区人民政府副区长（2016.8—2018.8）
莫月清　良庆区人民政府原副调研员（2017.2—2018.8）

总　纂　玉鼎艾　（2005.9—2007.8）
粟英文　（2007.8—2012.12）
杨作民　（2007.8—2012.12）
滕永杰　（2013.1—2018.8）
陈庆登　（2013.1—2018.8）

副总纂　周志健　（2007.8—2012.1）
韦金宝　（2007.8—2012.10）
龚瑞侦　（2007.8—2009.5）
玉鼎艾　（2007.8—2012.12）

编　辑　（以姓氏笔画排序）

韦金宝　玉杰贤　玉鼎艾　阳小丽　陈庆登　杨作民　张雪梅　李福明
庞　勃　周志健　周明慧　奚少婷　唐雪英　黄琼露　龚瑞侦　粟英文
覃燕萍　滕永杰　潘艳明

编　务　黄艳萍　陆宇模　赵永华　谭维维　周碧群　陈茂波　蔡翊

校　对　（以姓氏笔画排序）

阳小丽　陈庆登　何钰莹　庞　勃　周明慧　奚少婷　唐雪英　黄祥心
黄艳萍　黄琼露　粟英文　覃燕萍　滕永杰　潘艳明

《邕宁县志（1991—2004）》审查验收单位及人员

初审单位　南宁市邕宁区、良庆区人民政府

初审人员　温达勤　黄　宁　黄济法　舒善隆　黄可黎　韦　茵　陈晓红　朱桂华
杨玉宗　黄参光　邓　锋　雷启严　梁志瑜　张纪华　林有联　李中广
陈志波　韦金宝　周志健　粟英文　李福明　玉鼎艾　玉杰贤　黄琼露
奚少婷　杨作民　龚瑞侦　周明慧　张雪梅　潘艳明　孟翠萍　周智富

续审人员　黄　宁　陈世平　孙志强　蓝建东　黄奕信　邓娟娟　谷明佳　许强初
王　川　朱桂华　吴　晓　黄敏丽　磨瑛津　陈拥军　黄壮章　钱　冰
谢克兴　周湘波　邹玉仿　陈延辉　冯　桂　苏东山　莫月清　粟英文
杨作民　陈庆登　滕永杰　庞　勃　奚少婷　玉鼎艾　覃燕萍　唐雪英
阳小丽

复审单位　南宁市人民政府地方志编纂办公室

复审人员　林小静　王德宾　梁新莲　许扬群　韦继更　黄丹心　陆玉金　孙贵寿
王笑貌　李志楠　沈述莲　余朝霞　黄善秋　梁笑飞　周　红　梁　坤
李敬江　覃庆梅　方　明　陈洪毅　谢萍萍　陆　靖

审查验收单位　广西壮族自治区地方志编纂委员会办公室

审查验收人员　李秋洪　蓝日基　邓敏杰　文崇礼　晏源源　廖盛春　赵　敏
施均显　梁燕鸣　韦韩韫　陈小军　黄家接　蓝磊斌　苏麟忠
张奇勋　黄孟乔

《邕宁县志（1991—2004）》顾问

张国环　县委书记（2003.1—2004.9）
温达勤　邕宁区委书记（2005.9—2009.11）
朱朝霞　良庆区委书记（2005.9—2006.6）
温守荣　良庆区委书记（2006.6—2007.8）
储朝晖　良庆区委书记（2007.8—2011.1）
容康社　邕宁区委书记（2009.11—2011.6）
李　斌　良庆区委书记（2011.2—2012.5）
王永超　邕宁区委书记（2011.6—2013.9）
陈　竑　良庆区委书记（2012.6—2015.3）
唐咸兴　邕宁区委书记（2013.10—2015.4）
李　兵　良庆区委书记（2015.3—2016.4）
甘　诚　良庆区委书记（2016.4—2016.5）
邓娟娟　邕宁区委书记（2015.5—2018.8）
施　杰　良庆区委书记（2016.6—2018.8）

《邕宁县志（1991—2004）》付印时南宁市邕宁区、良庆区的党委、人大、政府、政协领导班子成员名单

南宁市邕宁区党委、人大、政府、政协领导班子成员名单

（20018年12月）

中共南宁市邕宁区委员会

书　记　邓娟娟

副书记 许强初 刘理

常　委 黄福来 马华斌 苏东山 陶幼萍 黄有逸 陆祥华 江剑钊

南宁市邕宁区人民代表大会常务委员会

主　任 黄壮章

副主任 黄战声 韦隽群 潘作安 张荣科

南宁市邕宁区人民政府

区　长 许强初

副区长 黄福来 苏东山 江剑钊 王　贺 何小白 仙文学 何彩楣

中国人民政治协商会议南宁市邕宁区委员会

主　席 陈增强

副主席 韦文晖 黄　健 衣明秀 李汉奎

南宁市良庆区党委、人大、政府、政协领导班子成员名单

（2018年12月）

中共南宁市良庆区委员会

书　记 施　杰

副书记 王　川 梁　莉

常　委 李　冉 黄均梅 潘智嫦 黄　鸿 马家训
赵永坤 刘　卡 龙奕坚（挂职）

南宁市良庆区人民代表大会常务委员会

主　任 阮冠三

副主任 韦煊才、黄朝浩、何雪映、黄锡荣

南宁市良庆区人民政府

区　长 王　川

副区长 李　冉 黄　鸿 龙奕坚（挂职） 吴文勇 魏　辉
江新贵 郑　中 赵梓懿（挂职） 陈　飞（挂职）

中国人民政治协商会议南宁市良庆区委员会

主　席　覃良川

副主席　钟正宁　梁翠宣　卢科荣　卢小宁

提供《邕宁县志（1991—2004）》资料的单位（内容）及人员

县委办：黄祥就

县政府办：编写组

县人大办：韦喜忠、张纪华

县政协办：赖运麟、曾玉奎、黄　华、黄汉洲

县水利局：玉鼎艾、方孙优等

县教育局：廖广建、阮文堪

县民政局：编写组

县财政局：林坤鸿、龚镇平

县地方税务局：孙炳清、马军荣、周少威、陆忆莹、莫甫旺、韦惠鲜、余华志、李士会、钟世德

县国家税务局：林进义

县交通局：杜朝坚、谢汝添、黄德军、张儒爱、雷善越

大沙田开发区：孟翠萍、黄国运

沿海开发区：黄　雄

仙葫开发区：伍荣科、陆光强

县卫生局：编写组

县信访办：编写组

县调处办：编写组

县经贸局：黄继增

县二轻联社：编写组

县电业公司：黄　颖

县邮政局：卢炳仁

联通邕宁分公司：陈　忠

县电信局：编写组

移动邕宁分公司：黄有模

县农业局（含水果办、农业中心等）：梁家登、陆长春、黄　耐、梁人君、梁荫泉、李文羡、黄添环、杨延策、吴宣隆、韦群桂、林其昌、何永结、李仕宁

人民银行邕宁支行：编写组

工商银行邕宁支行：梁凯祥

建设银行邕宁支行：周古绵

县农村信用社：班克荣

农发行邕宁支行：编写组

农行邕宁支行：编写组

县农村基金会：陆长春

人保邕宁支公司：李宁伶等

财保邕宁支公司：编写组

人寿保险邕宁支公司：黄海燕

县委政法委：编写组

县公安局：编写组

县检察院：陈国庆、何长乐、陆治业

县法院：马志宁、莫春华

县司法局：潘耀胜

县文明办：黄雄健、方月萍

县文体局：文耀华、韦建新、张国聪

县广播电视局：韦立全

县新闻信息中心：李冬翠

县图书馆：马大勇

县新华书店：编写组

县档案局：玉贵宽

县文物所：编写组

县地方志办：玉鼎艾
县委党史室：周志健
县电影公司：方　琴
县外事办：编写组
县发改局：林有联
县统计局：李中广
县物价局：编写组
县国土资源局：凌武腾
县审计局：梁明扩
县工商局：编写组
县技监局：黄精华
县环保局：莫　洲
县建设局：周智富、覃宝艳、郑玉安
县园林所：粟俊文、马文雁、施炳裕、班杏鲜
县建设监理公司：编写组
县房产管理所：方礼考
县城镇规划站：张苏南、周　雪、覃宝艳
县人武部：编写组
县人事局：编写组
县劳动社保局：区华美
县委组织部：编写组
县委宣传部：施学轩、黄升模等
县委统战部：慕东红等
县安监局：苏红英
县纪检监察机关：李建志、梁志瑜
民进邕宁县总支：编写组
民盟邕宁县总支：编写组
县直属机关党委：李有宽
县机要局：编写组
县保密办：编写组
县老干局：罗明成
县关工委：罗明成
县总工会：黄锦宣、刘亚明
团县委：雷佩霞、赵慧妮
县妇联：胡　坚、奚兰珍
县工商联：颜德政
县残联：杜成佳
县文联：文耀华
县侨联：胡　坚
县编制办：刘晓芳
县民族局：杨德全
县扶贫办：编写组
县侨办：编写组
县计生局：乐增绍、玉秀群
县老龄办：杜　斌
县房改办：编写组
县科技局：陆端平、黄加谋
县科协：王乃满
县林业局：刘延榜
县农机中心：编写组
县畜牧局：廖亦胜、周如范
县糖业中心：孙月芹
县地震台：陆裕强
县气象局：廖其瑞等
县供销联社：编写组
县粮食局：编写组
县烟草公司：编写组
县石油公司：编写组
县医药公司：编写组
县外经贸局：编写组
伶俐糖厂：编写组
蒲庙糖厂（纸厂）：编写组
明阳糖厂：编写组
蒲庙镇：梁志谦
良庆镇：黄秋兰
那马镇：编写组
新江镇：编写组
百济乡：黄亦真、刘运旭
那楼镇：编写组
镇龙乡：编写组
刘圩镇：编写组
南阳镇：编写组
中和乡：潘海英
伶俐镇：编写组
长塘镇：编写组
四塘镇：编写组
五塘镇：编写组
昆仑镇：编写组
吴圩镇：胡大同
苏圩镇：黄启声

延安镇：编写组

那陈镇：编写组

大塘镇：编写组

南晓镇：编写组

乡镇建置沿革：粟英文

排辈起名、诗联、民间信仰：滕永杰

蒲庙旧八景：卢定山

乡镇（村）革命老区：玉杰贤

抗日模范村的故事：玉杰贤、粟英文、杨作民、周明慧

昆仑古道：粟英文、玉杰贤

《邕宁县志（1991—2004）》照片摄影及提供人员

何光民　王　坚　滕　忠　张艺军　滕泽发　黄耀高　李东方　陆光强　农如松　黄琼露　杨青生　滕永杰　李东方　粟英文　谭　毅　郭开浪　卢虹灵　卜英豪　陆建德

《邕宁县志（1991—2004）》照片提供单位

中共邕宁县委宣传部　县水利局　县农村信用社　七坡林场　县交通局　县交警大队　县教育局　南地一师　县第三高级中学　县文化局　县报社　县电业公司　农业银行邕宁支行　县工商局　县检察院　中共邕宁区委宣传部　大沙田经济开发区管理委员会　仙葫经济开发区管理委员会　县广播电视局　邕宁区史志办　良庆区史志办　邕宁区文化新闻出版体育局　大塘镇政府　县新华书店

序　一

《邕宁县志（1991—2004）》为1995年出版的《邕宁县志》的续志，全面记载1991年至2004年邕宁县自然、政治、经济、文化及社会发展的历史。循县志回望，十四年中，中共邕宁县委、县人民政府按照“农业稳县、工业强县、科技兴县、依法治县”的发展战略和“一城两岸三区四线”（五合大学城，邕宁邕江两岸，大沙田、沿海、仙葫开发区，南钦、南凭、南梧、南横四条县境内的重要公路干线周边小城镇）建设思路，团结奋进、开拓创新，在加大对农业、工业、教育、科技等投入的同时，建成国家级经济开发区南宁市大沙田经济开发区、邕宁沿海经济走廊开发区，建成自治区（省）级开发区南宁市仙葫经济开发区，加快基础设施建设步伐和改善投资环境。邕宁县经济发展、文化繁荣、社会稳定，城乡居民生活水平不断提高。

2004年9月，国务院同意撤销邕宁县设邕宁区、良庆区。2005年以来，中共邕宁区委、区人民政府领导构建“工业兴区”的思路，先后提出“一桥一路三区三带”（即建设仙葫大桥，仙葫大桥头至蒲庙八鲤亭外环路，龙岗片区、东部工业集中区和改造蒲庙旧城区，邕宁邕江南岸沿江第三产业、蒲庙—新江—百济、蒲庙—那楼—中和经济带）和“一港两江三区三带”（即打造南宁中心城港区——牛湾港；开发邕江和八尺江两条沿江景观经济带；加快龙岗片区、东部工业集中区开发建设和蒲庙旧城区改造；促进蒲庙—中和、蒲庙—那楼、蒲庙—新江—百济三条农村经济带建设）的发展战略，确立“十一五”时期“一年打基础、两年新突破、三年上台阶、五年大变化”工作目标，“十二五”时期“努力把邕宁区建设成为物流配送基地、东部工业新城、现代农业强区、水岸魅力之乡、和谐美好家园，为打造南宁发展新一极奠定坚实的基础”奋斗目标，以及“十三五”时期“努力把邕宁区建设成为现代临港工业新城、都市农业实践创新区、首府服务业集聚新平台、壮乡生态宜居魅力新区，奋力打造南宁发展新一极”的宏伟目标，团结和带领广大干部群众凝心聚力、攻坚克难、锐意进取、扎实工作、跨越发展。2017年，邕宁区实现地区生产总值90.88亿元，比2016年增长12.50%；规模以上工业总产值55.12亿元，同比增长49.60%；规模以上工业增加值13亿元，同比增长47.40%；农林牧渔业总产值46.10亿元，同比增长3.15%；固定资产投资219.01亿元，同比增长24.30%；社会消费品零售总额23.21亿元，同比增长12.90%；财政收入14.35亿元，同比增长11.80%；城镇居民人均可支配收入30609元，同比增长8.80%；农村居民人均可支配收入12559元，同比增长9.60%。“一桥一路三区三带”和“一港两江三区三带”建设取得显著成效，全区呈现出经济持续快速发展、社会和谐稳定、人民安居乐业的良好局面。邕宁区各族人民按照中共十九大提出的决胜全面建成小康社会的宏伟目标，发扬“团结奋进，实干图强”的邕宁精神，为建设富裕、和谐、魅力新邕宁，把邕宁打造成为南宁市发展新一极而努力奋斗！

邕宁区、良庆区人民政府共同承修《邕宁县志（1991—2004）》，坚持“党委领导，政府主持”的修志体制，两区各部门提供资料，史志办负责编纂，历时十多载完成。“千秋县史不轮回，惟志载实资后人”。《邕宁县志（1991—2004）》是邕宁县进一步改革开放全面发展的历史见证，它的出版使邕宁县的历史画上圆满的句号。

中共南宁市邕宁区委书记

南宁市邕宁区区长

2018年5月31日

序　二

邕宁县1995年出版中华人民共和国成立后第一部县志《邕宁县志》后，从2004年8月又开始启动续志编修工作。2004年9月，南宁市调整辖区部分行政区划，邕宁县于2005年3月18日撤县设区后，邕宁县续志由良庆区和邕宁区人民政府承修。良庆区委、区政府对地方志工作坚持“一纳入，五到位”（把修志工作纳入经济社会发展规划和政府的任务之中，坚持领导到位、机构到位、经费到位、队伍到位、条件到位），为续志编修工作提供了有力保障。参与续志编修人员有良庆区和邕宁区地方志办公室全体人员及其他部门有关人员，也有退休的老同志。《邕宁县志（1991—2004）》终于出版，成为见证邕宁县撤县前14年历史的珍贵文献，是良庆区、邕宁区和原邕宁县人民共同的文化成果。

1991年至2004年，邕宁县社会稳定，改革开放不断深化，经济快速发展，各项事业全面进步，人民生活水平显著提高。编修一部反映邕宁县14年经济社会发展的县志，为邕宁县历史留下完美的篇章，是我们义不容辞的历史责任。在此，我们谨代表中共良庆区委、良庆区人民政府向参加编修《邕宁县志（1991—2004）》的地方志机构、各部门工作人员、各界人士表示崇高的敬意和衷心的感谢！

撤邕宁县分设良庆区、邕宁区后，良庆区历任区委、区政府领导紧紧围绕南宁市委、市政府“重点向南，建设五象新区、再造一个新南宁”的战略决策，举全区之力，服务五象新区开发建设。同时，根据良庆区经济社会发展情况，先后构建“一轴二带三区四园五镇”和“一核两区三带”发展战略，带领干部群众经过12年奋斗，良庆区各项事业蓬勃发展，尤其是服务五象新区开发建设工作取得巨大成就。到2017年，累计完成征地7040.68公顷，房屋拆迁471.31万平方米。南宁大桥、五象大桥、良庆大桥、平乐秋月立交、平乐歌海立交、平乐宋厢立交相继建成投入使用，五象大道、银海大道、平乐大道、玉洞大道、南宁机场第二高速路等重点项目先后建成通车，形成了新区“三纵三横”路网；2017年，南宁地铁2号线通车运行，良庆区迈入地铁时代；广西体育中心、广西文化艺术中心、南宁博物馆、南宁市民中心、五象湖公园、总部基地休闲公园等一批设施投入使用。随着这些路网和设施相继建成启用，一座新的现代化城市在五象新区这片热土上逐步显现，良庆区经济社会也步入快速发展时期。2017年，全区完成各项经济指标与2006年相比，财政收入完成38.19亿元，增长1415.42%；地区生产总值完成156.21亿元，增长340.03%；固定资产投资完成428.40亿元，增长1888.86%；社会消费品零售总额完成37.14亿元，增长365.99%；城镇居民人均可支配收入28901元，增长241.18%；农村居民人均纯收入13356元，增长286.01%。良庆区先后荣获全国科技进步先进县（市）、中国嘹啰山歌之乡、自治区社会管理综合治理平安县（区）等多项荣誉称号。回顾过去，豪情满怀；展望未来，前程似锦。让我们继续发扬原邕宁县干事创业敢为人先、勇于创新的优良作风，弘扬“崇德尚义、实干争先”的良庆精神，为加快建设现代化新良庆而努力奋斗。

中共南宁市良庆区委书记 （签名）

南宁市良庆区区长 王川

2018年5月21日

凡　例

一、《邕宁县志（1991—2004）》（以下简称“本志”）编纂以马克思列宁主义、毛泽东思想、邓小平理论、“三个代表”重要思想、科学发展观、习近平新时代中国特色社会主义思想为指导，坚持辩证唯物主义和历史唯物主义的立场、观点和方法。

二、本志是1995年出版的《邕宁县志》的续志。记载地域范围，以2004年邕宁县行政区域为准，往前追溯。

三、本志记事时间上限为1991年。2004年9月15日国务院批复同意广西壮族自治区调整南宁市部分行政区划，撤销邕宁县和城北区、永新区，设良庆区、邕宁区、西乡塘区，2005年3月16日南宁市人民政府发出通知统一实施。因此，志书下限一般为2004年，机构、人员延伸至2005年3月邕宁县行政、事业机构撤销及人员分流时止。其他少数重要内容适当上溯或下延。

四、本志采用述、记、志、传、图、表、录等体裁，以志为主。志首置地图、照片、地方志编纂工作相关机构及人员名单，以及全志的序、凡例、概述、大事记；中间为22个分志（篇）；后设附录、索引、编后记。各分志（篇）为章节体，表随文设，配有插图。

五、人物传略坚持生不立传的原则，收录邕宁县籍人物和在邕宁县工作的外籍人物。先进个人和高级专业技术职务人员按收录标准以表、录等形式载入人物篇。在世人物突出事迹以事系人随事业记述于相关篇章。各有关篇章随机构记载中共邕宁县委、县人大、县政府、县政协领导，部、委、办、局正科级单位正职领导，各乡镇党委、人大、政府主要领导以及县直部门机关党委书记。

六、本志数据资料，使用邕宁县统计部门的统计资料；统计部门没有的数据，使用相关部门和单位提供的数据。

七、志书的纪年方法，清代及清以前采用朝代帝王年号纪年，农历纪月、日，用汉字书写，括注公元纪年。民国时期采用民国纪年，公历纪月、日，用阿拉伯数字书写，括注公元纪年。中华人民共和国成立后采用公元纪年，用阿拉伯数字书写。

八、本志记载的机构名称及其他名称，第一次出现时用全称，名称过繁的在首次出现时括注简称，再次出现时可用简称。内文表述中出现的“今”，是指本志记述下限2004年。

九、本志的行文用第三人称，汉语语体文。执行国家颁布的关于用字、标点符号、计量单位、出版物上数字用法等法规和标准。

十、本志照片注明拍摄者或提供单位。邕宁区史志办提供的史料图片，多数无法查明摄影者姓名及提供单位，仅注明为“邕宁区史志办资料照片”。

十一、对1995年出版的《邕宁县志》资料的勘误、补遗，记在本志的附录。

▲ 2002 年，中共广西壮族自治区委员会（简称自治区党委）书记、自治区人大常委会主任曹伯纯（前右一）到邕宁县检查指导工作

（县委宣传部供稿）

▲ 2003 年，自治区党委副书记马庆生（右三），自治区党委副书记、南宁市委书记、市人大常委会主任李纪恒（右五）到邕宁县检查乡镇宣传文化站建设

▲ 2004 年 6 月 10 日，自治区党委副书记、南宁市委书记、市人大常委会主任李纪恒（右二）到东方外语职业学院检查学校建设进程

▲ 2000 年 10 月 8 日，自治区党委常委、南宁市委书记、市人大常委会主任李克（左二）到邕宁县那马镇检查农业生产工作（县委宣传部供稿）

▲ 1996 年 4 月 3 日，自治区政府副主席袁凤兰到邕宁县考察。图为袁凤兰（左一）参观蒲津公园百年寿龟 （县委宣传部供稿）

▲ 2002 年 8 月 19 日，南宁市市长林国强（左一）到邕宁县青龙江水库检查防汛工作 （县水利局供稿）

▲ 2004 年县城一角 （何光民 摄）

▲ 2004 年县城夜景 （滕 忠 摄）

▲ 2004 年建成的县城新兴步行街

▲ 2001 年建成的县城新兴广场

▲ 2002 年南宁市大沙田经济开发区街区一角　　（县农村信用社供稿）

▲邕宁邕江大桥（2005 年 9 月更名为蒲庙大桥）

▲位于南晓镇、大塘镇的屯六（凤亭河）水库　（2012 年 2 月，张艺军　摄）

▲大王滩水库旅游区　（2014 年 10 月摄，良庆区史志办供稿）

▲ 2003 年，位于邕宁县沿海经济走廊开发区的富皇钓鱼山庄

▲邕宁县那马镇竹泉岛景色　　（2012 年 6 月摄，良庆区史志办供稿）

▲ 2003 年，邕宁县大塘镇大塘街一角　　（大塘镇政府供稿）

▲ 2000 年 2 月 26 日至 3 月 9 日，南宁市在邕宁县召开春耕生产动员会。图为与会人员参观水稻旱育稀植新技术
（县委宣传部供稿）

▲ 2004 年 11 月，邕宁县成熟的稻田

▲ 21 世纪初，邕宁县农业冬种场景
（县委宣传部供稿）

▲ 2003 年建成投产的广西国有七坡林场职工自营果园
（七坡林场供稿）

▲ 2003 年，广西国有七坡林场茫茫林海

▲ 2004 年，邕宁县大棚种植西红柿

▲ 20 世纪 90 年代，蔗农在甘蔗地施肥培土

▲ 2004 年，新江镇生产的黄油南瓜

▲ 2005 年，邕宁县那楼镇村民采用定向栽培技术种出的大淮山　　（黄耀高　摄）

▲ 20 世纪 90 年代，邕宁县种猪场的肉猪养殖场

▲ 21 世纪初，邕宁县南晓镇果农生产的荔枝

▲ 20 世纪 90 年代，花农采摘茉莉花

▲ 2002 年，南阳镇草樟水库养殖基地

◀ 21 世纪初，邕宁县蒲庙镇良勇村李冬兰饲养的野猪（县委宣传部供稿）

◀ 2004 年，农户养殖的温氏鸡

▶ 20 世纪 90 年代中期，位于五塘镇的西云江水库单性罗非鱼网箱养殖场

▲ 21 世纪初，镇龙乡一带农户人工养殖的塘角鱼

▲ 2003 年 7 月，邕宁县农户生产的蚕茧

▲2000年11月底至12月初，新华社记者到邕宁县苏圩镇采访农业冬种情况
（县委宣传部供稿）

▲2001年7月，邕宁县遇到特大洪涝灾害，县政府派出工作组深入灾区调研，帮助灾民恢复生产，重建家园　　（县农村信用社供稿）

▲2001年，苏圩镇农业综合开发区三面光水渠项目

▲2003年12月，邕宁县被农业部授予全国粮食生产先进县称号。图为获奖奖杯

工 业

◀ 1992 年 8 月建成投产的南宁正大畜牧有限公司
（县委宣传部供稿）

▲ 21 世纪初，南宁金浪浆业有限公司生产车间

▲ 21 世纪初，蒲庙造纸厂生产车间
（李东方　摄）

▲ 2002 年，良庆砖厂一角

▲ 20 世纪 90 年代，开发中的邕宁沿海经济走廊开发区私营企业工业园　（县委宣传部供稿）

▲ 2002 年，位于邕宁沿海经济走廊开发区的南宁三元中密度纤维板厂，是全国较大的中密度纤维板生产企业

▲ 2002 年，位于邕宁沿海经济走廊开发区的南宁龙泰通建材有限公司生产车间

▲ 2002 年，位于邕宁沿海经济走廊开发区的邕宁县蓝天钢管厂

▲ 2002 年，位于邕宁沿海经济走廊开发区的龙昌日用品工业有限公司生产车间

（县委宣传部供稿）

▲ 2002 年，邕宁县大明印刷厂车间

◀ 20 世纪 90 年代，邕宁县陶瓷厂生产的陶瓷产品

▲ 1994 年 1 月 28 日，邕宁商场建成开业。该商场是邕宁县城规模最大的综合性商场
（县委宣传部供稿）

▲ 20 世纪 90 年代，邕宁县市场购销两旺。图为肉类市场一角 （县委宣传部供稿）

▲ 20 世纪 90 年代，吴圩镇西瓜市场一角
（县委宣传部供稿）

▲ 2005 年，那楼镇淮山市场一角

▲ 1998 年，那马镇蔬菜水果批发市场

▲ 2004 年 7 月，邕宁县县城蚕茧收购点

▶ 1992 年 4 月 21 日，邕宁县党委、政府在县城召开“兴建邕宁邕江大桥、南（宁）蒲（庙）二级公路社会集资万人动员大会”。图为县长黄家范在会上作动员讲话　　　　（陆建德供稿）

◀ 1995 年 11 月 29 日，邕宁县举行南宁至蒲庙公路改建二级公路开工典礼

▶ 1993 年 10 月建成通车的邕宾二级公路邕宁县昆仑关段

▲ 1995 年 12 月 11 日，邕宁邕江大桥主桥顺利封拱　　（县委宣传部供稿）

▲ 1996 年 9 月 11 日，邕宁邕江大桥建成通车。图为大桥通车剪彩现场　　（县委宣传部供稿）

◀21世纪初，乡级公路建设施工现场（县交通局供稿）

▲21世纪初，位于县城的八尺江桥　　（滕　忠　摄）

◀2002 年，县交警大队民警上路执勤，纠正违章

（县交警大队供稿）

▲2000 年，邕宁县电信大楼

▶ 2001 年教师节表彰大会上，邕宁县与会领导给受表彰的优秀教师和优秀教育工作者颁奖
（县教育局供稿）

▲ 1997 年，邕宁县被评为“全国科技工作先进县”。图为验收会场　　（县委宣传部供稿）

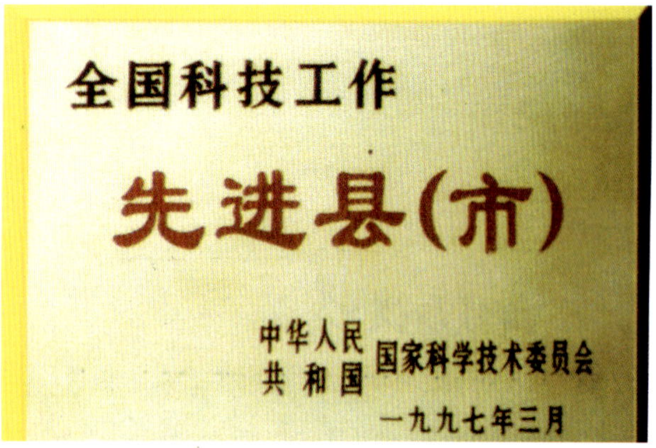

▲ 1997 年 3 月，邕宁县获全国科技工作先进县奖。图为奖匾

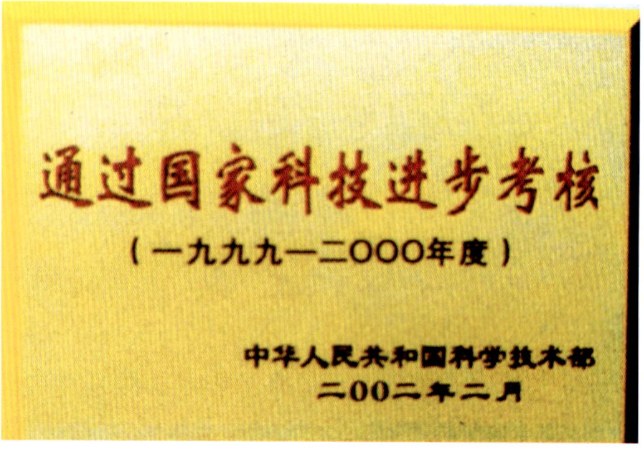

▲ 2002 年 2 月，邕宁县通过国家科技进步考核（1999—2000 年度）

▲ 21 世纪初，南阳镇推广饲养的瘦肉型后备母猪

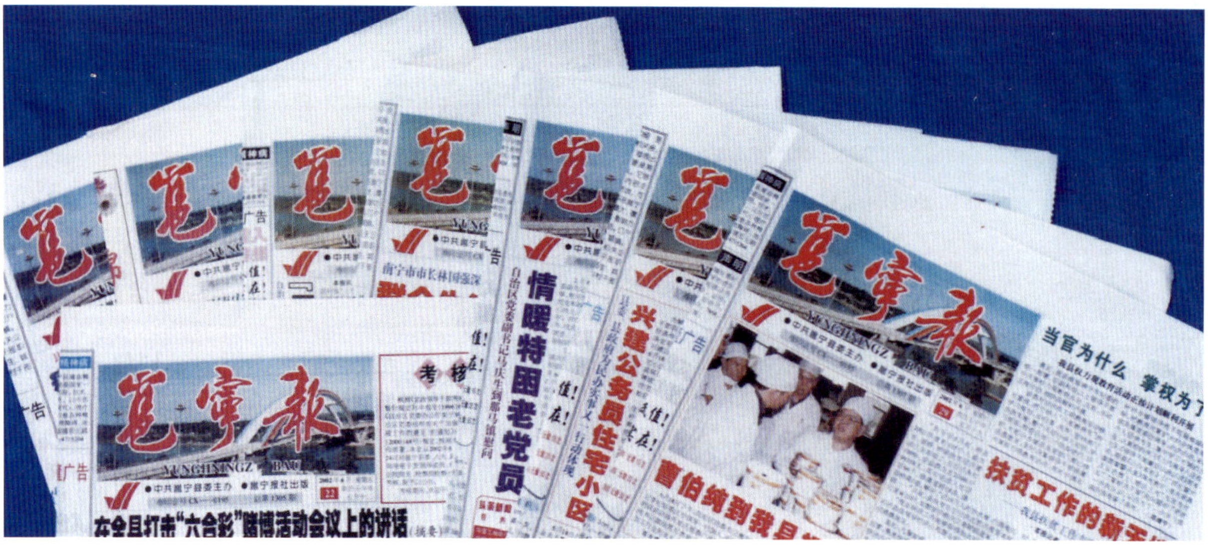

▲ 1993 年 2 月 28 日复刊的中共邕宁县委机关报——《邕宁报》 （县报社供稿）

▲ 2002 年，邕宁县高级中学利用多媒体进行教学

▲ 1997 年 11 月 9 日，在新江乡举行广州市民委、宗教局捐建邕宁县新江乡民族团结小学大会。图为大会会场（县委宣传部供稿）

▲ 2001 年，邕宁县新华书店（县新华书店供稿）

▲ 2000 年 12 月 17 日，东方歌舞团到邕宁县进行科技、文化、卫生“三下乡”慰问演出。图为在县城新兴广场演出盛况

（县委宣传部供稿）

▲ 2003 年，邕宁县 21 个乡（镇）文化站全部建成。图为自治区乡（镇）宣传文化站管理工作会议与会代表参观刘圩镇文化站

（县文化局供稿）

▲ 2001 年，南宁地区第一民族师范学校（后改为南宁市第二师范学校）校园一角

（南宁地区第一民族师范学校供稿）

▲ 1997 年，县广播电视局工程技术人员在维护有线电视网络

▲民国33年（1944年）建立的昆仑关战役阵亡将士纪念塔

（张艺军2010年7月25日摄）

▲蒲津公园财神塑像

（滕永杰2012年2月3日摄）

▲建于清乾隆初年（1736年至1742年）的蒲庙镇孟莲村那莲北帝庙椽子飞禽走兽图案

（滕永杰2012年4月6日摄）

▲建于清乾隆五十八年（1793 年）的蒲庙镇孟莲村那莲戏台

（滕永杰 2012 年 4 月 6 日摄）

▲ 2002 年，邕宁县深入实施《全民健身计划纲要》，不断提高人民群众体质和健康水平。图为县城晨练站中老年人在新兴广场练习太极拳 （县文化局供稿）

▲镇龙乡那良村那蒙坡清代牌匾　（滕永杰 2010 年 1 月 1 日摄）

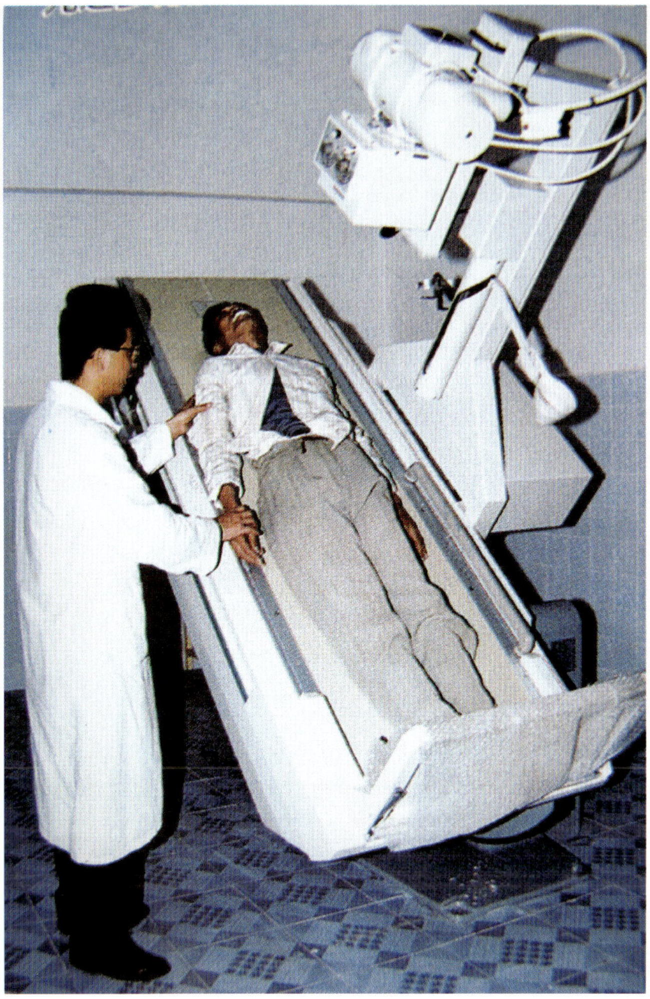

▲ 1998 年，邕宁县人民医院用先进多功能 X 光机为病人做检查

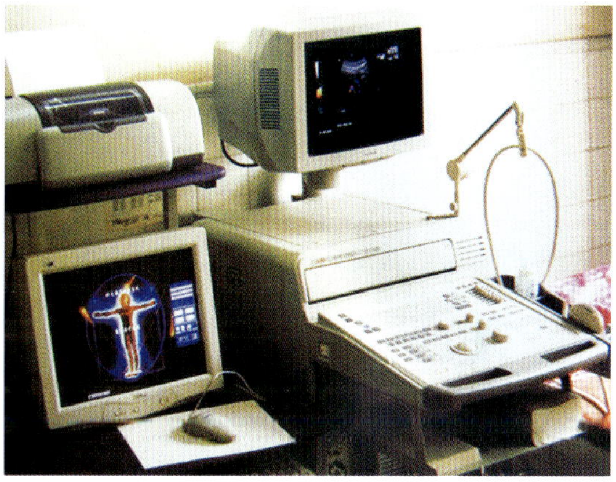

▲ 2003 年，县中医院配备的日本产阿洛卡彩色 B 超机

▲ 21 世纪初，邕宁县农村开展篮球比赛情景

▲ 2003 年，邕宁八音队应邀代表广西参加杭州“西湖狂欢游”表演活动

▲ 2004 年 9 月 26 日，广西东方外语职业学院开学典礼。图为开学典礼剪彩　（陆光强　摄）

▲1997年4月19日至21日，国务院发展研究中心顾问、研究员张磐（左排左三）率专家组到邕宁沿海经济走廊开发区进行调研考察。图为研讨会会场　　（县委宣传部供稿）

▲2001年4月20日，自治区党委书记曹伯纯（中）在县长罗大光（后右一）等陪同下，到南宁市大沙田经济开发区检查工作　　（县委宣传部供稿）

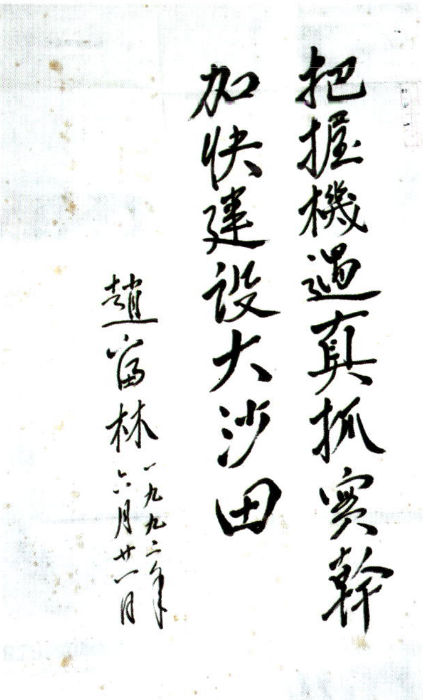

▲1992年6月，自治区党委书记赵富林为大沙田经济开发区题词

（良庆区史志办供稿）

▲ 1996 年 4 月 3 日，自治区政府副主席袁凤兰（左三）到邕宁县考察城市基础设施建设工作　　（县委宣传部供稿）

▲ 2000 年 9 月 3 日，南宁市市长林国强（右二）考察大沙田经济开发区　　（县委宣传部供稿）

◀1998年3月30日，县委书记陆荣发（左二）、县长张国环（左一）等领导研究邕宁县开发区发展规划

（何光民　摄）

▶2003年11月11日，落户南宁市仙葫经济开发区的广西东方外语职业学院举行开工仪式。图为县长温达勤（右一）等领导为开工剪彩

（仙葫经济开发区管理委员会供稿）

◀2001年，广西投资贸易洽谈会签约仪式在南宁举行。图为南宁市大沙田经济开发区管理委员会与通威集团双方代表在仪式上签约

（大沙田经济开发区管理委员会供稿）

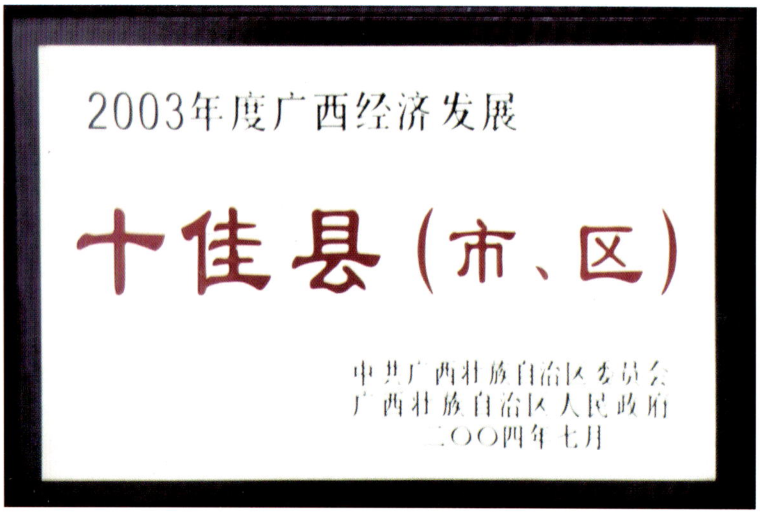

▲2004年7月，邕宁县获得2003年度广西经济发展十佳县称号

▲2003年，大沙田经济开发区新貌

▲2002年，邕宁沿海经济走廊开发区新貌

◀ 2001 年，中共邕宁县委书记张国环（左一）到吴圩镇检查农电网改造
（县电业公司供稿）

▶ 2000 年 8 月 15 日，邕宁县人事局人才交流中心开业。图为大中专毕业生到人才交流中心参加招聘求职登记　　　　（县委宣传部供稿）

◀ 2002 年，农业银行邕宁支行加大支持城镇化建设力度，将住房贷款和房地产开发贷款作为信贷投放重点。图为该行领导在了解房地产开发商业务发展情况
（农业银行邕宁支行供稿）

▲ 2001 年，县工商局工作人员深入市场检查，让群众吃上“放心肉” （县工商局供稿）

▲ 2003 年，中国农业银行邕宁支行员工深入社区开展便民服务活动。图为工作人员向群众宣传假钞的识别方法

新兴路

石狮子

汉林街

红星路县检察院大门

红星路县政府大门

建设路矿产公司

建设路与新兴路交叉处

▲ 2001 年 7 月上旬，邕宁县出现自民国 2 年（1913 年）以来的特大洪涝灾害，县城所有街道被淹。图为洪灾期间县城部分街道受淹情况　　（第一张图为滕忠　摄）

◀ 2002 年，邕宁县组织农民八音队参加南宁市国际民歌艺术节表演活动

▶壮族嘹啰山歌据传源于明代，流行于邕宁县那马、新江、大塘等乡镇。图为 21 世纪初那马镇壮族嘹啰山歌对唱歌场　　　　　（良庆区史志办供稿）

▲ 2005 年，邕宁八音队参加在南宁举办的赛事活动表演

▶ 20 世纪 90 年代，流行于邕宁县南晓镇一带的斑鸠舞
（良庆区史志办供稿）

◀ 20 世纪 90 年代，邕宁县民间舞春牛

▶ 21 世纪初，邕宁传统抢花炮的火爆现场　（农如松　摄）

◀ 20 世纪 90 年代，位于蒲庙镇新新村九碗坡的顶蛳山贝丘遗址挖掘现场
（邕宁区文化新闻出版体育局供稿）

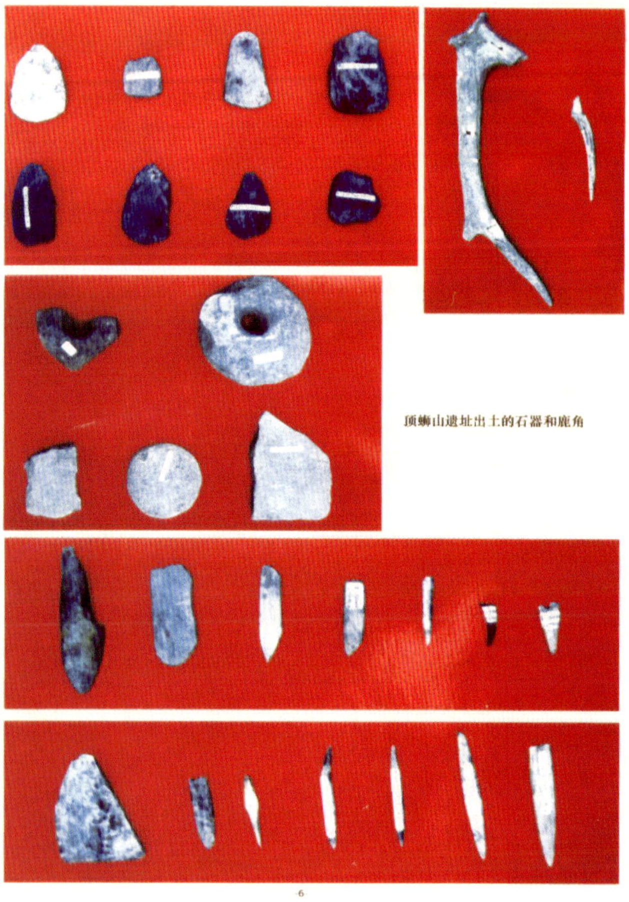

▶ 20 世纪 90 年代，顶蛳山贝丘遗址出土的石器和鹿角
（邕宁区文化新闻出版体育局供稿）

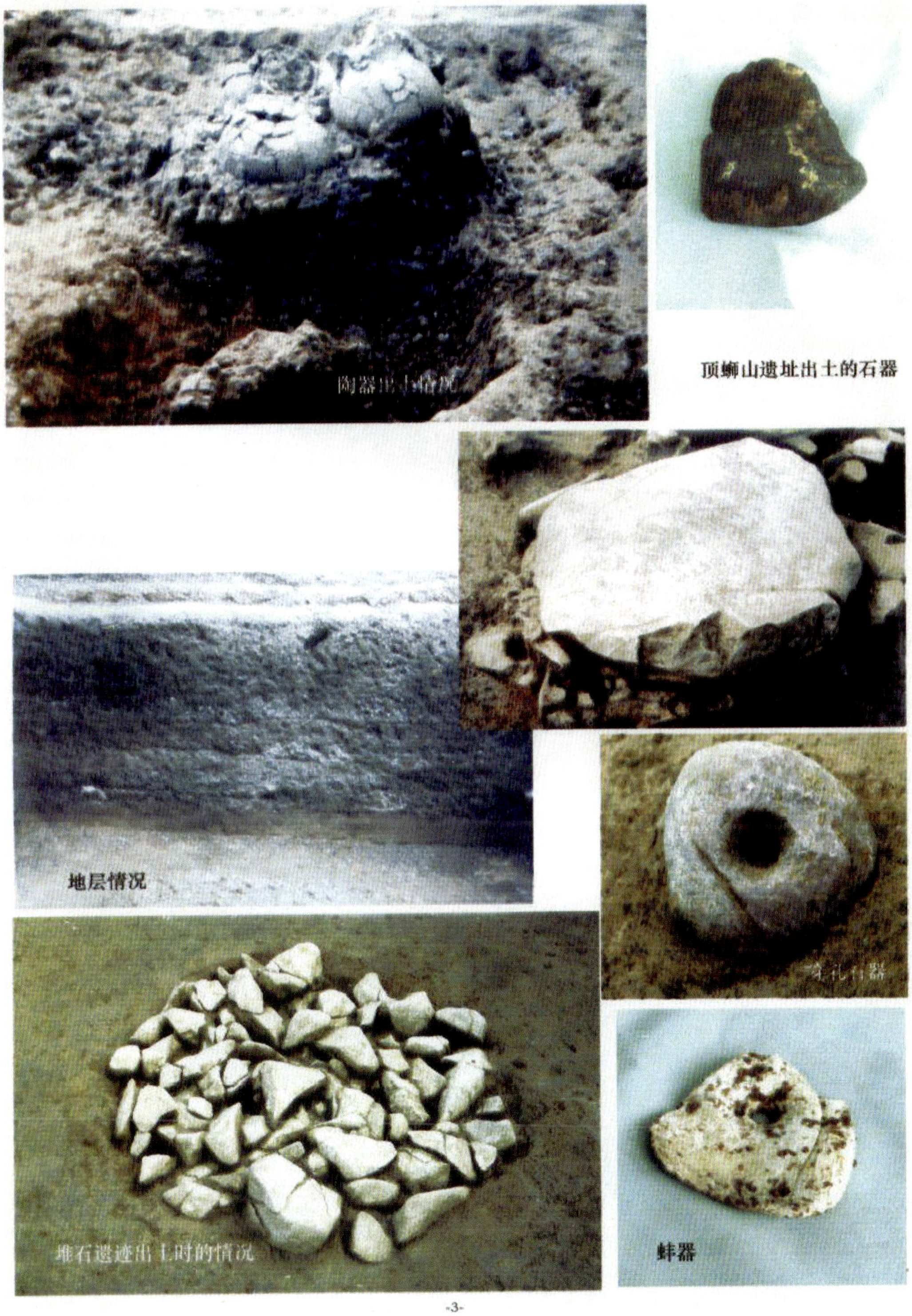

▲ 20 世纪 90 年代，顶蛳山贝丘遗址出土的石器、陶器

（邕宁区文化新闻出版体育局供稿）

▲ 20 世纪 90 年代，顶蛳山贝丘遗址出土的陶器

（邕宁区文化新闻出版体育局供稿）

▲ 20 世纪 90 年代，顶蛳山贝丘遗址挖掘及出土的史前人类遗骨

（邕宁区文化新闻出版体育局供稿）

▲建于清代的蒲庙五圣宫
（2005 年 10 月摄）

▲位于镇龙乡那良村的雷婆岭摩崖石刻
（2006 年 6 月摄，邕宁区委宣传部供稿）

▲建于清乾隆初年（1736 年至 1742 年）的蒲庙镇孟莲村北帝庙　（滕永杰 2012 年 4 月摄）

▲建于清道光十七年（1837 年）的新江皇赐桥
（黄琼露 2007 年 10 月摄）

◀民国 33 年（1944 年）建立的昆仑关南牌坊
（滕永杰 2012 年 7 月 21 日摄）

▶位于新江镇汉林村的徐汉林烈士陵园
（黄琼露 2009 年 5 月 19 日摄）

▲百济乡陆氏古宅

▲邕宁清代大刀

▲ 2007 年 7 月 8 日，《邕宁县志 (1991—2004)》稿三级评审会在邕宁区召开

▲ 2013 年 3 月 20 日，邕宁区、良庆区史志办工作人员在邕宁区档案馆为正在编纂的《邕宁县志》（1991—2004）搜集资料 （滕永杰　摄）

▲ 2014 年 12 月 25 日，南宁市人民政府地方志编纂办公室主任王德宾（右二）、副调研员孙贵寿（右一）等到邕宁区检查指导《邕宁县志（1991—2004）》编修工作　　（黄琼露　摄）

▲ 2015 年 1 月 5 日，邕宁区区长、《邕宁县志 (1991—2004)》主编邓娟娟到区史志办指导修志工作，并对《邕宁年鉴 ·2012》获第八次广西地方志优秀成果奖表示祝贺。图为邓娟娟（中）与区史志办主任、本志总纂滕永杰（左一），区政府顾问苏凯精（右一）合影　　（郭开浪　摄）

▲ 2016 年 2 月 14 日，邕宁区区长、《邕宁县志（1991—2004）》主编许强初（后排中）组织邕宁区地方志编纂委员会部分成员单位对再次送自治区终审的县志稿进行送审前评审。邕宁区委常委、宣传部部长、副区长谢克兴（左排左四）参加评审会（黄琼露　摄）

▲ 2016 年 6 月 22 日，自治区地方志编纂委员会办公室组织专家到邕宁区召开《邕宁县志（1991—2004）》终审情况反馈会，《邕宁县志（1991—2004）》稿以良好等次通过自治区级审查验收。图为邕宁区委常委、宣传部部长、副区长苏东山（左排右三）致辞（黄琼露　摄）

▲2016年10月12日，良庆区委书记施杰（右四）听取区史志办主任庞勃（左四）汇报《邕宁县志（1991—2004）》编纂工作情况。良庆区委常委、区委办公室主任马家训（右三），史志办主任科员、本志总纂陈庆登（右二）等参加汇报会 （卜英豪 摄）

▲2017年3月16日，良庆区政府召开地方志编纂委员会全体成员会议。图为区长《邕宁县志（1991—2004）》主编王川（主席台左三）在会上部署地方志工作 （良庆区史志办供稿）

说明：以上书前彩页照片中，未注明供图个人或单位及摄影者的均为邕宁区史志办资料照片，拍摄者不详

目　录

第四篇　农林牧渔业　水利

第五篇　工业　乡镇企业

第六篇　经济开发区

第七篇　财税　金融

第八篇　商贸　旅游

第九篇　交通　邮政　电信

第十篇　经济综合管理

第十一篇
城乡建设　国土资源管理　环境保护

第十二篇　政党　群团

第十三篇　人大　政府　政协

第十四篇　公检法司　军事

第十五篇　教育　科技

第十六篇　文　　化

第十七篇　卫生　体育

第十八篇　机构编制　人事　劳动

第十九篇
民政　扶贫　信访　侨务　外事

第二十篇　民族　宗教　语言文字

第二十一篇　习俗　姓氏

第二十二篇　人　　物

附　　录

索　　引

概　述

(一)

邕宁县位于北纬22° 13′ ~23° 06′、东经107° 58′ ~108° 51′，南北两端相距100千米，东西两端相距90千米。地处广西壮族自治区西南部、首府南宁市东南部。县境东界横县，东南与灵山县接壤，南与钦州市钦北区相连，西南与上思县毗邻，西连扶绥县，西北与南宁市江南区、新城区、永新区、兴宁区为邻，北接武鸣县，东北与宾阳县接壤。县人民政府驻蒲庙镇红星路，与南宁市人民政府距离15千米。2004年，全县土地总面积4725平方千米，其中耕地面积7.60万公顷。

东晋大兴元年（318年）置晋兴县，今邕宁县境属晋兴县地。隋开皇十四年（594年）晋兴郡、晋兴县废，在今南宁市江南区雷村另置晋兴县。隋开皇十八年（598年）改晋兴县为宣化县，今邕宁县境属宣化县地。唐武德五年（622年）后，宣化县析出宣化、武缘、晋兴、朗宁、横山5个县，今邕宁县境属宣化、武缘、横山、如和、灵山等县地。至唐末，今邕宁县境属宣化、武缘、如和、灵山、封陵等县地。宋代，邕州所领诸县几经废省、合并、增划等，宣化县辖今邕宁、南宁等县市地，今邕宁县境分属宣化、灵山县地，至清代不变。民国元年（1912年）废宣化县留南宁府，以南宁府长理事。民国元年（1912年），南宁府改为南宁县。民国3年（1914年），南宁县改称邕宁县。1949年12月4日，邕宁县城解放；12月26日，邕宁县人民政府（简称县政府）在南宁宣告成立。1950年12月，市（南宁市）县（邕宁县）分治，县政府办公地点从南宁亭子先后迁至蒲庙、五塘等地，后从五塘复迁回蒲庙。邕宁县于1949年12月至1983年9月，先后隶属南宁专署、宾阳专署、桂西僮族自治区（州）、邕宁专署、南宁专署及南宁地区管辖。1983年10月，邕宁改隶南宁市。

1991年12月，邕宁县行政区划设置4个镇和17个乡，乡镇辖235个村和3个街。2004年，邕宁县行政区划设置18个镇、3个乡，乡镇辖211个行政村和40个社区。全县有壮族、汉族、瑶族、苗族、侗族、土家族等民族21个。聚居的民族有壮族、汉族等，散居的民族有瑶族、苗族、侗族等。总人口93.88万人。其中，壮族86.40万人，占全县总人口92.03%；汉族7.10万人，占全县总人口7.56%；其他少数民族有瑶族、苗族、侗族等19个，总人口3806人，占全县总人口0.41%。

2004年9月15日，国务院批复同意广西壮族自治区调整南宁市部分行政区划，撤销邕宁县和城北区、永新区，设良庆区、邕宁区、西乡塘区。2005年3月18日，南宁市统一实施。

(二)

邕宁县地处南宁盆地东南部，地势南部和北部高，中部低，由西向东倾斜。地貌分为丘陵、平原、山地3个类型。1991年统计，丘陵面积占全县总面积58.16%，平原面积占36%，山地面积占5.84%。境内有2条主要山脉，邕江以北为大明山余脉，邕江以南为十万大山余脉。大明山余脉形成了北部山地天然屏障。大明山余脉的名山有昆仑山，民国28年（1939年）12月在此发生抗击日本侵略军的昆仑关战役；大明山余脉的小白凿山海拔957米，为县境内最高的山。十万大山余脉的岽尖山海拔509.10米，为南部山地第一高山，邕宁县解放前曾是中共地方游击队的根据地。

境内水资源较丰富，有大小河流14条，主要溪涧30多条，小溪涧100多条，河流总长611.75千米；最大河流是流经县境的邕江，自西向东流；第二大河流是八尺江，源于境内西南部，流经县城汇入邕江。中华人民共和国成立后，先后在八尺江、西云江等建有小型水力发电站56处，装机64台5325千瓦，至2005年3月仍在运行的发电站18处，装机27台3917千瓦，年发电量294千瓦时；县内1亿立方米以上库容大型水库有3座，1亿立方米以下至1000万立方米以上库容中型水库有4座，10万立方米以上库容小（Ⅰ）型、小（Ⅱ）型水库有94座，10万立方米以下库容山塘、水库有4073处，总库容15.56亿立方米，有效库容6.17亿立方米，有效灌溉面积3万公顷（其中农田面积2.22万公顷）；县内工农业用水和人畜饮水每年用水量7.89亿立方米，正常年份每年供水量13.91亿立方米，水资源供大于需。

邕宁县境内矿藏资源较丰富，有褐煤、锰、金、石灰岩、河砂、黏土等23种，石灰岩、河砂和生产砖瓦用的黏土是富矿，储量较多。2004年年末，有采矿场点222处，采矿业已成为全县经济的重要产业。

邕宁县境内的野生植物和野生动物种类较多。2004年，植物种类有1000多种，其中乔木类有30多种，属国家一级珍贵树种有蚬木，属国家二级珍贵树种有楠木等。珍稀植物有金花茶、苏木等。全县有古树名木1589株。森林面积15万公顷，植被为野生自然林、人工林和灌木丛及草类等，森林覆盖率为39.10%。2004年，属于国家重点保护野生动物一类名录的有蟒蛇，二类名录的有山瑞、鳖、虎纹蛙、果子狸、豹猫、野猪、松鼠、白鹭、鹌鹑、八哥、鹩哥、喜鹊、乌龟、金环蛇、银环蛇、环颈山鹧鸪、山斑鸠、火斑鸠、猫头鹰、鸦鹃、中华蜜蜂等。

县境地处北回归线以南，属南亚热带季风气候，夏天长，太阳辐射量大，日照时数长，气温较高，冬天暖无雪，霜冻期短，雨量适中，1991年至2004年县内发生旱灾平均1.70年一遇，洪涝灾害平均2.30年一遇。境内气候湿润，四季宜耕种，土壤肥力居中，土质适宜水稻、玉米、大豆、花生、甘蔗、蔬菜、瓜果等多种亚热带农作物生长，水稻一年可种植早造和晚造。

邕宁县区位优势明显，县城蒲庙距南宁市中心21千米，县境西、北两面接壤南宁市区，是南宁的副中心城市。县内水、陆、空交通便利，有湘桂铁路、南防铁路和黎塘至南宁环城铁路经过县境，总里程104千米，沿途设有邕宁、伶俐等火车站9个。全县公路总里程1046千米，其中经过县境高速公路总里程120千米，沿途设有五合等出入口5个；二级公路经过县境总里程160千米；境内县道公路总里程766千米。邕江流经县城，邕宁段“黄金水道”83千米，可通航1000吨级船舶，上通百色市等，下达广州市和香港、澳门等地区。南宁航空港——吴圩国际机场坐落县内吴圩镇，距县城56千米，可通航52个国内外大中城市。

（三）

1991年至2004年，中共邕宁县委、县人民政府坚持以经济建设为中心，坚持改革开放，与时俱进，开拓进取，提出“一城两岸三区四线”（建设五合大学城，加快仙葫开发区邕江两岸建设，加快邕宁县大沙田、沿海、仙葫三个开发区建设，加强南钦、南凭、南梧、南横四条县境内主要公路干线沿线小城镇建设）的发展战略和“依托大南宁、勾画大蒲庙、建设大邕宁、谋求大发展、实现新跨越”的工作思路，紧紧抓住西部大开发的良好机遇，带领全县各族人民共谋发展，大力推进县域经济社会的快速发展。

综合实力不断增强，三项产业并足发展。2004年，邕宁县地区生产总值60.31亿元，比1991年8.46亿元增51.84亿元。其中第一产业为23.92亿元，比1991年增19.07亿元；第二产业23.49亿元，比1991年增21.40亿元；第三产业12.90亿元，比1991年增11.38亿元。2004年地区生产总值居广西各县（市）第二位；财政总收入6.10亿元，比1991年增加5.14亿元。邕宁县被自治区党委、政府授予“2003年度广西经济发展十佳县”“2004年度广西经济发展十佳县”。

农业生产持续发展，城郊型经济凸显。邕宁县是全国粮食、水果生产基地之一，是广西蔗糖优势产区，是南宁市蔬菜生产基地。1991年后，全县逐年调减粮食作物种植面积，增加经济作物种植面积，农业以粮食与经济作物并举，一乡一品、一村一品多种经营的城郊型经济成为新的亮点，形成了以粮食、甘蔗、蔬菜、畜牧水产4大农业经济支柱产业，农林牧渔业总产值实现14年连续较大幅度增长。2004年，全县农林牧渔业总产值38.35亿元，比1991年的7.15亿元增长4.36倍；农民人均纯收入

2844元，比1991年的713元增长2.99倍。1991年至2004年，全县年均产粮食30多万吨。邕宁县获1993年、2003年、2004年全国粮食生产先进县称号。

工业生产后劲增强，非公有制经济发展快。1991年，邕宁县有工业企业2362家（户）。其中，国有企业（全民所有制企业）59家，集体企业76家，三资企业4家，个体私营企业2223家；全部工业总产值5.35亿元。2004年，邕宁县有工业企业4317家（户）。其中，县属国有企业（全民所有制企业）17家，集体企业36家，三资企业30多家，个体私营企业4206家。全县形成以制糖业、采矿业、建材业、造纸业、化工业、食品加工业、饲料加工业等为支柱的工业产业。2004年全部工业总产值53.27亿元，工业总产值居南宁市7县5区首位。1991年至2004年，全县引进项目743个，协议投资303亿元；实际到位项目515个，到位资金123亿元。引进项目中属于外向型经济的三资企业和香港、澳门、台湾的企业，占县内规模以上企业40%。全县大部分企业经过技术改造、更新设备，产业升级和创名牌产品等，不断增强工业生产后劲。非公有制经济发展迅速。1991年，邕宁县有个体私营工业企业2223家，个体私营企业工业总产值4806万元；2004年，全县个体私营工业企业4206家，个体私营企业工业总产值27.02亿元。2004年，大沙田、沿海、仙葫3个开发区规模以上工业总产值占全县规模口工业总产值的66.30%；财政收入2.35亿元，占全县财政收入38.52%，成为县域经济新的增长点。

商业发展迅速，市场空前繁荣。1991年起，邕宁县人民政府对企业实行宏观管理，制定出台商业企业体制改革政策，指导企业进行体制改革，对一些资不抵债的企业实行关、停、并、转、联营、租赁和拍卖等措施，全面推行和完善各种承包责任制。1991年，全县社会商业商品纯销售总额2.68亿元，社会商品零售总额3.33亿元；2004年，全县商品销售总额17.92亿元，社会消费品零售总额11.17亿元，比1991年分别增长5.69倍和2.35倍。

固定资产投资力度加大，基础设施建设上新台阶。1991年起，邕宁县逐年加大全社会固定资产投入，有一批重点项目建成投产，为县域经济快速持续发展打下良好基础。至2004年，全社会固定资产投资29.71亿元，比1991年0.99亿元增加28.72亿元。1991年至2004年完成全社会固定资产投资128.78亿元。

交通通信发展快，服务功能提升。邕宁县交通条件大改善，1991年至2004年，投资路、桥等设施建设累计5.60亿元。建成邕宁邕江大桥和南宁—蒲庙（南线）、仙葫大道、南宁—北海等二级公路，县境内总里程34.40千米；先后建成一批乡村公路、桥梁等，县境内新增公路里程324千米。1998年，全县235个行政村实现村村通公路。2002年，全县21个乡镇全部通柏油公路，90%以上的自然村（屯）通公路。2005年在建的有仙葫大桥。通信设施发展快。1994年，县内开通无线寻呼和模拟移动电话；1995年，县城实现程控电话；1996年，开通数字移动电话和宽带网，城镇乡村移动信号覆盖率98%以上；1998年，全县21个乡镇235个行政村实现通程控电话；2004年，全县城镇、乡村共有固定电话用户4.40万部，移动电话用户18万户，宽带网用户1万多户。

文化繁荣发展，各项活动丰富多彩。邕宁县风光秀丽，文化源远流长、积淀深厚，名胜古迹有顶蛳山贝丘遗址、昆仑关战役遗址等。古遗址顶蛳山贝丘遗址经考古专家论证，把集中分布在南宁及其附近的以贝丘遗址为特征的一类遗址统一命名为顶蛳山文化。2001年7月，国务院公布顶蛳山贝丘遗址为全国第五批国家级文物保护单位，为南宁市首个国家级文物保护单位。昆仑关战役遗址、石船（前）头贝丘遗址、青龙江贝丘遗址、天窝（螺蛳山）遗址，属自治区（省）级文物保护单位。古建筑有五圣宫、那莲古戏台及北帝庙、北觥古民居和那蒙坡古民居群等。旅游景点有自治区级景区的大王滩（凤凰湖）水库景区和那马竹泉岛等。邕宁壮乡民风纯朴，壮族嘹啰山歌特色异彩纷呈，邕宁壮族八音闻名遐迩、享誉中外。邕宁民间传统节日文化活动丰富多彩，蒲庙、刘圩、吴圩等乡镇一带的"春牛舞"，蒲庙、大塘、南晓等乡镇一带的"斑鸠舞"，良庆镇一带的"香火龙舞"，中和、那楼、新江、良庆、大塘、南晓等乡镇一带的采茶戏，新江、那马、五塘、昆仑、百济、那楼、刘圩等乡镇一带的"壮族嘹啰山歌"等别具特色，很受群众喜欢。

教育、科技、卫生、体育事业蓬勃发展。教育事业方面，1990年，邕宁县普及小学教育；1997年，邕宁县“两基”（基本普及九年义务教育和基本扫除青壮年文盲）工作通过自治区验收达标，邕宁县获“全国扫盲先进单位”；1998年1月，邕宁县“两基”工作通过国家教委验收达标，提前一年完成“两基”目标任务；2000年5月，邕宁县“普实”（学校普及实验教育）工作通过自治区验收达标；1991年至2004年，邕宁县参加高考的考生被各类大专院校录取共1.57万人，其中专科9548人，普通本科5049人，重点本科1073人（其中清华大学6人，北京大学4人）。科技工作方面，邕宁县实施科技兴县战略，以政府为主导，组织开展一系列科技培训、科技示范、科技普及和科研活动，取得显著成果。1995年开始创建科技先进县活动；1997年4月获“全国科技工作先进县”称号；2003年，全县有11个乡镇被评为“自治区科技进步先进乡镇”；2004年1月，邕宁县获“2001—2002年度全国科技进步先进县”称号，位列广西8个全国先进县之首；2004年10月，邕宁县被科技部授予“第二批全国科技进步示范县”；2004年，全县21个乡镇有13个通过2004年自治区科技进步考核。卫生事业方面，1991年后，邕宁县县、乡镇、村三级医疗网格得到巩固和发展，社会力量办医逐步发展壮大。1999年，全县已建立农村合作医疗制度的村214个，占行政村总数的91.06%；参加农村合作医疗30.67万人，占全县农民的49.45%。2000年，邕宁县实现农村合作医疗全覆盖。2004年，邕宁县有医院、卫生院25个，村卫生所235个，实现村村有卫生所；有社会办医院4家，个体诊所222家，医院医疗设备不断完善；儿童计划免疫达到98%，妇幼保健基本达到《全国城乡孕产期保健质量标准要求》的农村乙级要求，传染病发病率逐年下降，可免性传染病基本上得到控制。县妇幼保健院、人民医院、中医院先后被卫生部授予“爱婴医院”称号。体育事业方面，邕宁县机关、企事业单位职工体育活动活跃，每年的元旦、春节、三八妇女节、五一国际劳动节、五四青年节和国庆节等节庆日，都以单位或系统组织开展各类体育活动。农村体育活动以篮球为主，其他主要有拔河、门球、武术、气排球、健身操、田径和抢花炮等，体育活动类型多样化。中小学校实施“两课两操一活动”（即体育课、劳动课，早操、课间操，课外体育活动），按有关标准配备体育教师，保证学生体育锻炼时间、质量。1991年至2004年，在县城组织举办“经济效益杯”职工篮球赛、第二届“财贸杯”职工运动会、第三届职工羽毛球赛、职工篮球赛、第三届职工象棋赛、第三届职工足球赛和首届妈妈运动会、“农行杯”等职工体育活动200场次；各种农民体育活动3500场次，参加活动人数（含比赛、健身锻炼）累计700万人次，抢花炮、舞狮嬉闹新春的传统久盛不衰。

精神文明建设取得新成果。1991年起，邕宁县积极推进精神文明思想教育和文明行业单位创建活动，先后开展学雷锋树新风、爱心捐助、讲文明树新风、道德教育、诚信教育等活动，开展创建文明县、文明单位（村、镇）、文明行业、文明社区（小区、庭院）等活动。在创建文明县活动中，1991年至2002年，邕宁县4次获“南宁市文明县区”称号；1997年，邕宁县被评为自治区“双文明”（物质文明、精神文明）建设工作先进单位。2004年，全县有自治区级文明单位15个，市级文明单位46个，县级文明单位421个。

居民生活水平提高，城乡建设成效显著。2004年，邕宁县干部职工平均工资收入12975元，比1991年增加10884元；城镇居民年人均可支配收入7570元，比2000年增加2835元；农民人均纯收入2844元，比1991年增加2131元；社会消费品总销售额11.17亿元，比1991年的2.61亿元增加8.56亿元；城乡居民储蓄存款余款27.85亿元，比1991年的1.50亿元增加26.35亿元。城乡建设力度加大。1991年至2004年，投资数十亿元对县城进行扩建、改造，兴建新兴广场和新兴步行街等，旧县城街区面积扩大至4.50平方千米，同时开发仙葫半岛（莫村）建成新县城街区2.50平方千米；全县21个乡镇的圩场小城镇建设发展快，其中四塘镇的小城镇建设为自治区第一批6个小城镇建设示范点之一，也是南宁市第一个农村小城镇建设示范点；21个乡镇的小城镇建设建成一批新街和一批住宅小区。累计投资6782万元建成新农贸市场及市亭60多个，其中投资3000多万元用于圩场、集市新市场建设，新建成市场17个，面积3万多平方米。全县有农贸市场、商场等市场74个，其中专业市场8个、有圩日的集市 27 个，市场占地面积约 60 万平方米；此外，还建成村级贸易点 120 多个。至 2004 年，邕宁县建成生态文明村 251 个，建成沼气池 9.10 万座，卫生厕所 11.84 万座，农村人居环境进一步改善。2004 年，人均有住房建筑面积 29.70 平方米。其中：城镇居民人均住房面积 34.45 平方米，比 1996 年增加 23.77 平方米；农民人均住房 24.08 平方米，比 1991 年增加 11.04 平方米。

（四）

1991 年至 2004 年，邕宁县经济社会快速发展，取得显著成绩。主要经验是坚持以经济建设为中心，坚持四项基本原则（必须坚持社会主义道路，必须坚持人民民主专政，必须坚持中国共产党的领导，必须坚持马列主义、毛泽东思想），坚持改革开放的政治路线不动摇；坚持解放思想，实事求是，准确把握上级的政策和发展方向，积极探索符合县情的发展路子；坚持城市发展理念，谋划邕宁发展大格局，抢抓机遇，加快开发区建设步伐；坚持以商业、服务业发展为突破口，加快第三产业在国民经济中的比重；坚持工业强县战略，大力支持国有、集体、联营、民营工业的改革与发展；坚持农业稳县，加大农业基础设施投入，实施科技兴农；坚持统筹城乡协调发展，加快推进城镇化建设；坚持开展群众性精神文明创建活动，不断提高群众文明程度；坚持正确处理改革发展稳定的关系，保持政治安定和社会稳定，促进社会和谐发展；坚持民主法制建设，维护党和政府的良好形象以及人民群众的根本利益；坚持走群众路线，一切为了群众，一切依靠群众，多为群众办好事实事。

14 年的发展中也存在一些影响经济持续、协调、又好又快发展的突出问题，主要有如下几方面：一是经济总量不高，产业结构不合理。2004 年，一产的比重 39.70%，高于二产 38.90% 和三产 21.40%，二、三产业的发展还没有取得突破性进展，三次产业的结构层次较低。二是农业基础设施落后，产业结构不合理，生产增长方式比较粗放。全县农业规模化、集约化及科学技术水平还比较低，耕地投入与产出比例小，农业发展速度较慢，农民收入还较低，需进一步加大对农业的投入，加强农业基础设施建设，调整农业产业结构，大力推进城郊型农业经济，创建名特优水稻、水果、西瓜、蔬菜、桑蚕、禽畜、水产品等产业，创建一村多品特色农业并形成品牌，提高农产品市场竞争力和占有率，增加农民收入。三是工业经济规模小，优质品牌少，市场竞争力不强。邕宁县工业化程度低，名牌产品少，规模以上、高新技术的企业更少，产品竞争力不强，容易受到市场需求变化的影响。四是城镇基础设施不够完善，城镇化程度低。由于全县经济工作的重点主要放在开发区，对县城和乡镇所在地的城镇建设重视不够，基础设施投入少，致使城镇基础设施仍较落后，城镇街道狭窄、市场陈旧，乡镇街道脏、乱、差的问题较突出，供水、排水、环保设施不健全，美化、亮化和绿化欠缺；由于城镇没有大的产业群作支撑，常住人口和流动人口少，城镇化程度低，2004 年全县城镇化率仅为 24%。五是社会保障体系尚不健全。2004 年全县社会保障体系刚刚建立，城镇低收入阶层的社会保障问题和农村医疗、养老等问题都没有得到很好地解决，未能适应经济社会发展的需要，尚待不断探索和完善。六是县内建成三个经济开发区后，电力供应不足，在一定程度上影响工农业生产和居民生活。这些问题的原因是多方面的，主要是邕宁县农业基础比较薄弱，农业、工业和道路交通基础设施的资金投入和科技投入不足，典型示范作用发挥不明显，开发区建设、城镇化建设缺乏经验，对深化改革开放的相关政策把握和利用还不够等。

随着南宁市部分行政区划调整的落实，从 2005 年 3 月起，邕宁县完成其历史使命，新成立的邕宁区、良庆区等将站在新的历史起点，扬帆启航。展望未来，邕宁各族人民豪情满怀，决心在中国共产党的正确领导下，继续发扬邕宁人民艰苦奋斗、团结拼搏、奋发向上、争当一流的精神，迎接新机遇、应对新挑战，朝着新的工作目标和任务，在各自的工作岗位上勤奋学习、积极工作，默默奉献，为实现当地经济社会又好又快发展和实现小康社会而不懈努力！

邕宁县志
YONG NING XIAN ZHI

大事记

1991年

1月18日　国务院授予邕宁县“1990年国家粮食生产先进单位”称号。

2月18日　经自治区人民政府批准，撤销邕宁县大王滩乡建制。

6月　泰国正大集团投资的南宁正大畜牧有限公司饲料厂落户邕宁县大沙田经济开发区，成为该开发区首家企业。1992年8月，南宁正大畜牧有限公司饲料厂建成投产。

是年　邕宁县被评为广西“土地管理先进县”。1992年、1993年、1996年相继再次被评为广西“土地管理先进县”。

1992年

1月24日　邕宁县禁毒工作领导小组成立。

2月24日　中共邕宁县委、县人民政府出台《关于引进开发各类专业技术人才的规定》，成立邕宁县人才引进开发领导小组。7月7日，县委、县人民政府在南宁明园饭店举行引进人才新闻发布会。

5月24日　中共邕宁县委、县人民政府在清华大学联华科技开发公司召开座谈会。在京邕宁籍专家、学者及各界人士30人参加。

6月9日　邕宁县吴圩西瓜市场开业。该市场占地面积9.73公顷，西瓜上市季节日平均成交量2250吨，为广西最大的西瓜集散市场。

6月21日　自治区党委书记赵富林视察邕宁县大沙田经济开发区，并题词：“把握机遇，真抓实干，加快建设大沙田。”

6月26日至30日　全国8省10区、县（辽宁省东沟县，山东省青岛市崂山区，陕西省长巡县，甘肃省榆中县，湖南省长沙县，云南省嵩明县，江西省进贤县、安义县、新建县，广西壮族自治区邕宁县）人大常委会主任联系会议在邕宁县城召开。

1993年

1月5日　广西大沙田房地产发展有限公司大沙田开发区工程公司成立，由香港润田实业发展公司和邕宁县房地产开发公司联合开办，为县内首家房地产开发公司。

2月1日　湘桂铁路邕宁境内的五合火车站改名为邕宁火车站。

2月28日　中共邕宁县委机关报——《邕宁报》复刊，4开4版周报，每周星期五出版。次年12月，成立邕宁报社。

10月26日　《人民日报》《光明日报》《经济日报》《工人日报》《科技日报》《经济参考报》《中国建设报》《中国青年报》以及中央人民广播电台等中央新闻单位记者20人到邕宁县采访工业、农业、乡镇企业和开发区发展情况。

11月28日　广西电影制片厂拍摄的中国首部立体声宽银幕彩色影片《铁血昆仑关》开机仪式在邕宁县古战场昆仑关抗日阵亡将士墓园举行。

是年　农业部授予邕宁县“全国粮食生产先进县”称号。2003年、2004年相继再次获得该称号。

1994年

7月1日至22日　邕宁县蒲庙邕江河段水位72.60米，超过警戒线7.63米，蒲庙、良庆、长塘、伶俐等乡镇遭受洪涝灾害。8月3日、8月21日，邕宁蒲庙邕江河段水位再次超过警戒线，县城和蒲庙镇、长塘乡等沿河低洼地受淹2次。3次洪灾使县城和蒲庙等乡镇经济损失严重。

10月2日 苏圩镇初级中学三十二班学生梁正全为制止歹徒拦路抢劫不幸被歹徒刺中受伤，医治无效牺牲。1995年8月，自治区人民政府批准梁正全为革命烈士。

10月15日 邕宁县吴圩镇康宁村委会河洲村获“广西壮族自治区文明单位（村）”称号，为邕宁县村（屯）首个获得自治区级文明单位（村）。

10月20日 苏圩镇生产的“新台糖1号”甘蔗种出口越南，成为邕宁县首批出口甘蔗品种。

10月26日至11月3日 邕宁县经自治区、南宁市防疫卫生工作组检查验收，确定达到卫生部颁发的基本消灭麻风病的标准。

10月 邕宁县大沙田经济开发区晋升为自治区（省）级开发区，并更名为南宁市大沙田经济开发区。

12月14日 经自治区人民政府批准，邕宁县九塘乡改为镇建制并更名为昆仑镇。

12月31日 经自治区人民政府批准，邕宁县的大塘、南阳、刘圩、伶俐、良庆、那马、那楼、四塘8个乡改为镇建制。

是年 邕宁县被列为“全国粮食生产基地”；林业部授予邕宁县“平原绿化先进单位”称号；通过农业部验收被定为“全国第六批省柴节煤试点县”；被评为“自治区计划生育达标单位和计划生育先进单位”。

1995年

1月14日 邕宁县四塘镇小城镇建设项目举行奠基典礼。该项目是广西第一批6个小城镇建设示范点之一，也是南宁市第一个农村小城镇建设示范点。

2月9日 邕宁县撤销村公所，改设村民委员会。同年3月，全县完成撤销村公所改设村民委员会工作。

2月14日 邕宁县大塘糖厂建成投产，总投资3228万元，是广西首家股份制制糖企业。

5月7日 国家统计局农村评价中心发布“中国100个糖料总产量最高县（市）”排行表，邕宁县排名全国第三位。

12月18日 轰动全国的邕宁县假稻种案由邕宁县人民法院分别于11月20日、12月18日依法公开审理，并作出一审判决：被告浙江省金华市婺城区种子公司负主要责任，赔偿539.556万元，邕宁县种子公司负一定责任，赔偿55.59万元。

是年 邕宁县被评为广西依法行政“百佳单位”，自治区党委、自治区人民政府授予邕宁县“1995年实现造林绿化达标县”称号。

是年 邕宁县苏圩农副产品批发市场建成，占地面积11公顷，总投资700万元。该市场建成与全国电子信息网络联网，是农业部定点批发市场。

1996年

1月5日至6日 广西7个市（南宁、柳州、桂林、梧州、北海、钦州、防城港）冬修水利建设现场会议在邕宁县城召开。

4月4日 中共邕宁县委、县人民政府主持的“凭吊康浪平烈士大会”在蒲庙镇孟莲村那莲圩举行。康浪平1937年加入中国共产党，曾任中共南路特支书记、邕宁县党组织负责人等职。1945年3月牺牲于那莲圩。广西解放后，广西省民政厅批准康浪平为革命烈士。1989年9月，中共邕宁县委、县人民政府在那莲圩建立康浪平烈士纪念碑。

4月11日 南宁市中级人民法院在县人民政府礼堂召开公开宣判大会。公开宣判原邕宁县人大常委会主任莫××、原邕宁县土地管理局局长黄××等8人在大沙田经济开发区办理土地出让过程中，非法收受和贪污234万元案件。涉案人员被分别判处死刑缓期二年执行和有期徒刑等刑期。

4月 邕宁县人民武装部由地方建制改为军队建制。

5月21日 经自治区人民政府批准，邕宁县南晓乡、那陈乡改为镇建制。

6月22日 南宁市味精厂与县陶瓷厂举行兼并签约仪式。邕宁县陶瓷厂成为改革开放以来邕宁县首家被兼并的企业。

9月11日 邕宁邕江大桥建成通车。该桥总长度458.40米，宽18.90米，主跨312米，是当时世界上跨度最大的中承式拱桥。总投资6000万多元，其中社会集资200万元。自治区人民政府、政协主要领导，中共南宁市委、市人民政府主要领导参加大桥通车庆典并剪彩。

11月21日 《中共邕宁县组织史资料（1925—1987）》《邕宁县志》（1995年版）出版发行，当日中共邕宁县委、县人民政府召开发行大会。

12月11日 苏圩镇那海村蕾勇坡方进琼因抢救在深井下作业由于塌方被掩埋的方武能而牺牲。1997年11月，自治区人民政府批准方进琼为革命烈士。

1997年

3月22日 邕宁县在广西首届城市市容环境综合整治"南珠杯"竞赛中获"1996年度先进城市奖"，并获奖洒水车一辆。

4月15日 由中国社会科学院考古研究所和自治区文物工作队、南宁市博物馆联合发掘的顶蛳山贝丘遗址发掘工作正式开始。顶蛳山贝丘遗址被国内考古界评为1997年全国十大考古新发现之一。1998年，顶蛳山遗址特别是遗址的二、三期遗存为代表的，集中分布于南宁及其附近地区的、以贝丘遗址为特征的一类遗存被统一命名为"顶蛳山文化"。这是中国原始文化序列中被以广西地名命名的史前文化。1999年11月9日，顶蛳山贝丘遗址进行第三次挖掘。顶蛳山贝丘遗址累计发掘950平方米，发掘清理古人墓葬305座，古人遗骨近400具，石器千余件，骨器及陶器17件。2000年7月10日，广西壮族自治区人民政府公布邕宁县顶蛳山贝丘遗址为自治区文物保护单位。2001年7月国务院公布为全国第五批国家级重点文物保护单位。

4月23日 邕宁县获"全国科技工作先进县"称号。

12月26日 南宁市举行爱国主义教育基地、国防教育基地命名暨授匾仪式，邕宁县昆仑关抗日战役纪念地被命名为"爱国主义教育基地"，驻军吴圩机场被命名为"国防教育基地"。

1998年

1月 邕宁县"两基"（基本普及九年义务教育和基本扫除青壮年文盲）工作通过国家教育委员会验收达标，提前一年实现"两基"达标目标。

2月下旬 自治区党委决定把邕宁县四塘镇同仁村作为自治区党委联系的小康示范村。

3月20日 南宁市推广创建"十星级"农户活动现场会在邕宁县南阳镇二田村召开，掀起邕宁县各乡镇创建五爱星、致富星、文教星、科技星、团结星、法纪星、计生星、新风星、义务星、卫生星"十星级"农户活动的高潮。

3月 邕宁沿海经济走廊开发区晋升为自治区（省）级开发区。

6月19日 邕宁县计划生育"三为主"（宣传教育为主、避孕节育为主、经常性工作为主）工作现场会在刘圩镇召开。

10 月 11 日 邕宁县城蒲庙至南宁二级公路（南线）正式通车。该路全长 17.67 千米，投资 7900 多万元。通车后，邕宁县的交通环境和投资环境进一步改善。

10 月 邕宁县 235 个村民委员会全部实现通程控电话。

11 月 23 日 自治区党委、自治区人民政府授予邕宁县“自治区双拥模范县”称号。

11 月 27 日 全县 21 个乡镇，完成建设乡镇级图书馆 21 个。

是年 邕宁县开展第二轮土地延包工作，按照“大稳定、小调整”的方针，对农户承包的土地进行部分调整。发放土地延包证书 14.70 万户，占应发证 85.30%。

是年 中国科学技术协会授予邕宁县家禽业协会“全国星级农村农业技术协会”称号。

1999 年

2 月 27 日 县文物考古工作者在离县城约 7 千米处的长塘乡五合村黑石岭发现一处面积约 5000 平方米的古生物化石点。据专家实地考察认定，黑石岭化石年龄大约在 3 亿年以上，属泥盆纪年代，现场所发现的古生物有珊瑚、三页虫、鱼类等 10 多种腕足类动物化石。

2 月 28 日 自治区党政军领导曹伯纯、李兆焯、陈辉光、马庆生、刘国裕、周遇奇等，以及即将出席全国人大、政协两会的部分代表和委员，广西军区、驻邕部队、武警官兵和自治区直、南宁市机关干部 2000 多人，到邕宁县长塘乡在建的柳南高速公路旁山坡上和邕宁区干部群众参加义务植树活动。

3 月 邕宁县旱情严重。自 1998 年 11 月至 1999 年 3 月，邕宁县各地 4 个多月降雨总量不足 90 毫米，与历年同期平均值相比减少 50% 以上。全县 4073 处山塘和 101 座水库中有 1173 处山塘和 7 座小型水库干涸，大王滩、英雄、青龙江等大中型水库水位降至死库容以下。3 月 10 日，全县水库有效蓄水 1.44 亿立方米，占有效库容 24.80%，与 1998 年同期相比少 0.99 亿立方米。有 1.13 万公顷冬春作物受旱，1.04 万公顷农田无水犁耙，0.64 万人和 0.15 万头牲畜因干旱饮水发生困难。干旱严重影响全县春耕生产，并且有继续加剧趋势。

5 月 12 日 邕宁县开始实施政府采购制。邕宁县政府采购中心在县财政局挂牌成立。

6 月 14 日 中共邕宁县委、县人民政府在吴圩镇举行全县禁毒斗争公开处理大会，贩毒、吸毒人员 42 人受到处理。

6 月 20 日 邕宁县第一座粪尿分集式生态卫生厕所建成。厕所由自治区爱卫办组织在吴圩镇平丹村平凤坡黄君文家建造。此后，全县在农村推行建生态卫生厕所。

8 月 11 日 中共邕宁县委、县人民政府、县人大、县政协四家班子领导和县其他处级领导干部“三讲教育”（讲学习、讲政治、讲正气）动员大会在县人民政府礼堂召开。

10 月 18 日 邕宁县与河南省滑县建立友好县。

12 月 3 日 全县查处违反计划生育政策案件工作会议在县城召开。会议决定于 12 月份在全县范围内开展严肃查处党员干部职工违反计划生育政策案件活动，主要查处共产党员、干部、职工自 1990 年 1 月 1 日以来违反计生政策的超生骗生躲生、计划外生育、非法捡养情况，并严格按照《中国共产党纪律处分条例（试行）》《中华人民共和国行政监察法》和《广西壮族自治区计划生育条例》等有关政策和文件规定，依照管理权限给予党纪政纪处理，落实有关处罚措施。

12 月 22 日至 25 日 邕宁县遭受自 1975 年以来最严重的霜冻灾害，致使大量农作物、水果和畜牧水产损失严重。受冻害的果菜、甘蔗达 4.02 万公顷，经济损失 4.84 亿元。

是年 邕宁县掀起大办沼气池高潮。至 12 月，建成沼气池 1.20 万座。

是年 邕宁县实施“吨粮田”“吨糖田”和“万元田”的“三田”建设工作。至 12 月，实施的 1 万公顷“吨粮田”总产量 15.11 万吨，2000 公顷“吨糖田”平均亩产糖 1.10 吨，1333.33 公顷“万元田”平均亩产值 9000 多元（1 万元以上的有 1000 公顷），基本实现吨粮、吨糖、万元田的目标。

2000年

3月 全国双拥工作领导小组、民政部授予邕宁县“爱心献功臣行动先进县”称号。

4月10日 邕宁县召开生态环境治理示范村建设工作现场会，拉开全县农村大规模生态环境治理建设工作的序幕。会前，县四大班子领导、21个乡镇党委书记和全县42个生态环境治理示范村的报建村坡领导，到良庆镇叠鸟坡、长塘乡天堂村幸福坡现场参观。

4月27日 联合国经济社会局官员吉村和就、米川佳伸等，在自治区政协副主席、自治区党委统战部部长覃志刚，九三学社广西区委会副主委林繁等陪同下，到邕宁县对农村卫生、生态农业等方面进行考察。

6月20日 经自治区人民政府批准，邕宁县新江乡、长塘乡、延安乡改为镇建制。

8月3日 南宁市农村改厕现场会在邕宁县召开。

8月18日 邕宁电信局正式挂牌成立，标志着邕宁电信业政企分开、实现战略重组进入运营的新体制时期。这次改革是1998年9月19日撤销邕宁县邮电局，将县邮电局分设邕宁县邮政局和邕宁县电信局后的具体实施。

10月25日 全国政协副主席、中华全国供销合作总社理事会主任白立忱到邕宁县刘圩镇供销社考察。

2001年

1月23日 农历庚申年除夕，中共中央政治局常委、国务院总理朱镕基到邕宁县吴圩镇康宁村河洲坡视察。

2月23日 邕宁县召开“三个代表”重要思想学习教育活动动员大会，对全县“三个代表”重要思想学习教育活动进行动员部署。计划用两年左右的时间，在全县部门、乡镇、村领导班子和基层干部中，有计划、有步骤地开展“三个代表”重要思想学习教育活动。

4月15日 邕宁县歌手陆小宁代表广西参加在北京由中国音乐家协会主办的“21世纪首届全国农民歌手大赛”决赛，以一曲高亢激越的壮族民歌《个个争当新歌王》获得二等奖。

5月10日 邕宁县首届西瓜节在吴圩西瓜市场举行。北京、上海、广州、武汉等区内外客商和当地瓜农及社会各界人士1000人参加。全县有16个乡镇在西瓜节上展示本地的西瓜。

5月23日至24日 邕宁县有史以来投资规模最大的农村电网建设与改造10千伏及以下工程，通过自治区验收。

5月28日 国际卫生组织代表、美国印第安纳大学公共环境事务学院院长助理安艾伦博士，在自治区防疫站艾滋病防治中心有关负责人的陪同下，到邕宁县人民医院考察。

5月 南宁市将连在一起的南宁市大沙田经济开发区、邕宁沿海经济走廊开发区和南宁高新技术产业开发区成功申报（以南宁高新技术产业开发区名义申报）为国家级经济开发区。

7月1日至10日 受当年3号、4号强台风影响，邕江上游地区和县境内连降大雨。邕宁县出现自民国2年（1913年）以来的特大洪涝灾害。8日零时，邕江蒲庙河段最高水位74.125米，超过警戒水位9.125米。县城所有街道皆被淹没，各乡镇遭受不同程度灾害，其中蒲庙、良庆、那马、伶俐、长塘等乡镇灾情较严重，全县因灾直接经济损失16.20亿元。

7月17日 中共中央政治局委员、国务院副总理、国家防汛抗旱总指挥部总指挥温家宝到邕宁县视察洪涝灾情。

10月22日 越南政府副总理阮功丹在南宁市副市长黄家仁的陪同下，到邕宁县沿海经济走廊开发区参观考察。

是年 经自治区人民政府批准，邕宁县蒲庙镇、五塘镇、吴圩镇、苏圩镇被确定为自治区重点镇。

2002年

2月中旬 邕宁县机构改革基本完成。机构改革从上年11月底开始全面铺开，有500个单位参加改革，其中县党政和群众团体48个，乡镇机关21个，乡镇事业单位431个。清理行政审批事项649项，确定批准保留272项，转日常工作241项，取消67项，取消行政审批事项比例达58%；县党政机关内设机构由232个股（室）减少至173个股（室），精简34%；科级领导职数由415名减少至329名，精简20.70%。推行竞争上岗，确定上岗人员2786人，确定分流人员820人，其中提前离岗、退休、病退662人，辞职4人，安排再就业50人，待岗104人；清退各类不在编人员和临时工60人。

4月18日至22日 全国小学数学读讲精练教学法第三届研讨会在邕宁县召开。来自广西、吉林、湖南、广东、山东等省(区)的600名小学数学老师和邕宁县800名小学老师参加这次精练教学法研讨会。

4月27日至29日 邕宁县人民政府被评为“全国农村自来水普及工作先进单位”。

5月9日至10日 邕宁2002年西瓜节在广西展览馆举行。其间，邕宁县与国内外投资商就农产品综合开发利用、加工保鲜、旅游开发等签订协议投资项目15个。

6月 邕宁县将各乡镇政府驻地的行政村改为社区，村民委员会改为社区居民委员会。

9月 国家发展计划委员会、国家电力公司授予邕宁县“第一批农村电网建设改造先进县”称号。

11月5日 南宁市人民政府《关于同意划定邕宁县的有关乡镇、村为革命老区的批复》：同意划定为二战时期革命老区有吴圩镇、苏圩镇等4个镇；划定为抗战时期的革命老区有蒲庙镇汉林街、良庆镇新兰村、刘圩镇刘圩村、长塘镇长塘村、大塘镇太安村、南晓镇新民村等20个村（街）；划定为解放战争时期的革命游击根据地有蒲庙镇、良庆镇、那马镇等15个乡镇，以及长塘镇长塘村、苏圩镇苏圩村、延安镇华南村、昆仑镇八塘村等10个村。

11月21日 世界华人协会会长、世界篮球联合会主席程万琦，世界华人协会秘书长颜新焕率世界华人协会和世界篮联客商代表团到邕宁县仙葫经济开发区参观考察，重点对拟议投资兴建的仙葫邕江大桥进行考察。

12月26日 全国甘蔗生产机械化现场演示会在长塘镇定西村甘蔗生产机械化科技示范基地召开，有各种农机农具展示深耕、深松、开行、剥叶、收获等12项内容。有农业部和广西、广东、福建等省（自治区）农机管理推广部门、农机生产厂家、邕宁甘蔗生产区和糖厂的代表观看甘蔗生产机械化现场演示。

是年 五塘镇司法所等3个乡镇司法所被自治区授予“一级司法所”称号。次年，其余的18个乡镇司法所均获自治区“一级司法所”称号。邕宁县成为广西唯一的全部乡镇司法所达到一级司法所的县。

2003年

1月9日 由南宁市科技局出资，县科技局实施建设的邕宁县首个村级科技活动中心——长塘镇定西村加踏外坡科技活动中心建成使用。加踏外坡科技活动中心占地面积0.20公顷，设有科技阅览、露天舞台、灯光球场等。

4月23日 邕宁县召开全县非典型肺炎预防工作会议。会议传达中共中央办公厅、国务院办公厅《关于切实加强领导,进一步做好非典型肺炎防治工作的通知》及自治区、南宁市党委政府指示精神，对全县预防“非典”工作进行具体部署。

4月 中共邕宁县委全委会试行票决制度，对吴圩镇党委书记拟任人选、五塘镇镇长推荐人选等实行投票表决。中共邕宁县委全委会票决乡镇党政正职拟任及推荐人选，在南宁市属首次。

5月31日　苏圩镇至延安镇柏油路改建工程完成并正式通车。至此，邕宁县所有乡镇全部实现通柏油公路。

7月　邕宁县蒲庙镇莫村、和合村的上洲坡与下洲坡，长塘镇那舅村、五合村由仙葫经济开发区托管；良庆镇玉洞村的大沙田、黄牛结尾、大岭脚、新坡4个自然坡由大沙田经济开发区托管；良庆镇玉洞村的定天坡、定中坡、坡洋坡、了蕾坡、老洋坡、谢屋坡6个自然坡由邕宁沿海经济走廊开发区托管。

8月3日　刘圩镇那床村委会主任、人民调解员黄金多在调解一起邻里纠纷时，为保护群众生命安全而牺牲。同年，司法部追授黄金多为“全国模范人民调解员”称号。2005年7月，自治区人民政府批准黄金多为革命烈士。

9月10日　邕宁县人民政府组织科技、农业、水利部门及大沙田、沿海、仙葫3个经济开发区的管理人员、企业代表15人，参加第六届北京国际科技博览会。邕宁县共推出招商引资项目48个，展出茉莉花精油等本县工农业新产品20个，引进先进技术4项。

9月19日　邕宁县被农业部种植业管理司列为全国第二批创建无公害农产品（蔬菜）生产示范基地县，成为全国100个创建县（区）之一。

11月5日　邕宁县招商信息网正式开通。网站主要设有新闻中心、邕宁商情、政策咨询、热点直击、招商项目等内容。

11月11日　邕宁县在仙葫经济开发区举行“新一轮创业高潮暨南宁五合大学城奠基仪式”。仪式上签约项目21个，总投资13.78亿元；奠基开工项目25个，投资总额124.80亿元。

11月　民政部授予邕宁县“全国村民自治模范县”称号。

12月9日　邕宁县首个五保新村——百济乡红星五保新村建成使用。

12月31日　《邕宁报》《昆仑关》停刊。至此，《邕宁报》共出版1510期。

是年　邕宁县获“全国双拥工作模范县”称号。

是年　邕宁县教育局关心下一代工作委员会被教育部评为“全国教育系统关心下一代工作先进集体”。

是年　邕宁县农村税费改革试点工作基本完成。农民负担明显减轻，人均总体负担税费30.24元，人均减负129.20元。

2004年

1月18日　经科技部考核，邕宁县获“2001—2002年度全国科技进步先进县”奖。10月28日，科技部授予邕宁县“全国科技进步示范县”称号。

2月6日　邕宁县中和乡党委书记李开安在制止一起村民因纠纷打架时，不幸被木棍击中头部受伤，经医治无效于9日牺牲。2005年7月，自治区人民政府批准李开安为革命烈士。

2月16日　邕宁县仙葫经济开发区升格为自治区级开发区，并更名为南宁市仙葫经济开发区。

2月25日　最高人民法院、司法部授予邕宁县人民法院吴圩人民法庭“指导人民调解工作模范人民法庭”称号。

4月23日　邕宁县五塘镇沙平村农业综合开发示范基地破土动工。项目由农业部投资450万元。

6月　自治区党委授予邕宁县“2001—2003年度自治区农村基层组织建设先进县”称号。

7月5日　自治区党委、自治区人民政府授予邕宁县“2003年度广西经济发展十佳县”称号，列居广西各县（市）第四位。2005年被授予“2004年度广西经济发展十佳县”称号,列居广西各县（市）第二位，获奖金100万元。

9月15日　《国务院关于同意广西壮族自治区调整南宁市部分行政区划的批复》，同意撤销南宁市邕宁县、城北区、永新区，设立南宁市良庆区、邕宁区、西乡塘区。

11月20日 邕宁县人民法院吴圩法庭入选"2004年中国十佳人民法庭",是广西唯一入选的单位。

是年 邕宁县被评为"自治区社会治安综合治理先进县"。

2005年

2月17日 自治区人民政府落实《国务院关于同意广西壮族自治区调整南宁市部分行政区划的批复》,下文实施调整南宁市部分行政区划,原邕宁县的四塘、五塘、昆仑3个镇划归兴宁区管辖;长塘、伶俐、刘圩、南阳4个镇和蒲庙镇的莫村划归青秀区管辖;吴圩、苏圩、延安3个镇划归江南区管辖;良庆、那马、那陈、大塘、南晓5个镇划归新成立的良庆区管辖;蒲庙(不含莫村)、新江、那楼、镇龙、百济、中和6个乡镇划归新成立的邕宁区管辖。

3月16日 南宁市人民政府印发关于调整南宁市部分行政区划的通知,落实国务院、自治区的有关文件。

3月18日 南宁市在邕宁县体委球场举行邕宁县机关事业单位人员分流大会。会议结束后,分流到良庆区、江南区、兴宁区、青秀区的人员乘车前往新单位报到,分流到邕宁区的人员步行到新单位报到。

第一篇

行政区划

东晋至隋代，今邕宁县境先后属晋兴县、宣化县地。唐武德五年（622 年）后，今邕宁县境分属宣化、武缘、横山、如和、灵山等县地。宋开宝五年（972 年）至治平四年（1067 年），邕州所领诸县几经废省、合并、增划等。宋治平四年（1067 年），宣化县辖今邕宁县、南宁城区等地，今邕宁县行政区划格局始形成于这一时期。明崇祯十六年（1643 年）宣化县设 9 个乡。清宣统二年（1910 年）设 14 个乡 1 个镇。民国元年（1912 年）7 月撤宣化县，并入南宁府。民国 2 年（1913 年）6 月撤南宁府，改名南宁县。民国 3 年（1914 年）1 月南宁县改称邕宁县。民国 21 年（1932 年），邕宁县设 7 个区。1950 年 6 月，设第一至第六个区。后多次变动。1958 年 9 月设 14 个乡人民公社。1982 年底设 19 个人民公社。1984 年设 4 个镇 15 个乡。2000 年设 18 个镇 3 个乡。2005 年 3 月设 18 个镇 3 个乡。2005 年 3 月撤销邕宁县，行政区域分别划归新设立的南宁市邕宁区、良庆区，部分行政区域归属南宁市青秀区、兴宁区、江南区。

第一章 位置 建置

第一节 位 置

2004年，邕宁县位于东经107°58′~108°51′、北纬22°13′~23°06′，南北两端相距100千米，东西两端相距90千米。地处广西壮族自治区西南部、首府南宁市东南部。县境东界横县，东南与灵山县接壤，南与钦州市钦北区相连，西南与上思县毗邻，西连扶绥县，西北与南宁市江南区、新城区、永新区、兴宁区为邻，北接武鸣县，东北与宾阳县接壤。全县土地总面积4725平方千米。县人民政府驻蒲庙镇红星路，与南宁市嘉宾路1号市人民政府距离15千米。

第二节 建 置

今邕宁县境秦时隶属桂林郡，汉初属赵佗南越国的属地。汉武帝元鼎六年（公元前111年）平定南越国后，置南海、苍梧、郁林等九郡，今邕宁县属于郁林郡领方县及合浦郡合浦县辖地。后汉因之。

三国时代（220—280年），今邕宁县境属吴国辖地。吴孙皓在位时（264—280年）改领方县为临浦县，属交州郁林郡管辖。今邕宁县境属临浦县。

东晋大兴元年（318年），设晋兴县，属晋兴郡。晋兴县辖及今邕宁、武鸣、南宁等县市地。南北朝的宋、齐、梁、陈仍基本沿袭。

隋开皇十四年（594年），晋兴郡及晋兴县废，在今南宁市江南区雷村另置晋兴县。隋开皇十八年（598年）改晋兴县为宣化县，属郁林郡。宣化县辖及今邕宁县、南宁城区等地，治所在宣化城（今南宁城区）。

唐武德四年（621年），在宣化县置南晋州，初领宣化一县，州县并存。武德五年（622年），宣化县析出宣化、武缘、晋兴、朗宁、横山5县，隶属南晋州。武缘县治所在今邕宁县伶俐镇伶俐果苗场一带，辖及今邕宁等部分县地。同年设如和县，因县南如和水（今良凤江）为名，治所在今邕宁县西南苏圩，辖及今邕宁等部分县地，属钦州。贞观八年（634年）南晋州改称邕州，这是南宁简称为邕之始。景云元年（710年）武缘县治从今邕宁县伶俐镇迁出。景云二年（711年）原属钦州的如和县改隶邕州。天宝元年（742年）邕州改为朗宁郡。乾元元年（758年）朗宁郡复改为邕州。同年置封陵县，治所在今邕宁县七塘张村，辖及今邕宁等部分县地。至唐末，今邕宁县境分属武缘、如和、封陵等县地。

五代南汉时，宣化县城为邕州治所，也是建武军节度使驻地。邕州领辖宣化、武缘、朗宁、晋兴、封陵、思龙、如和7县。今邕宁县地属宣化、武缘、如和及钦州灵山县。

宋代，邕州所领诸县几经废省、合并或增划。其中开宝五年（972年）废封陵县并入武缘县，景祐二年（1035年）如和县并入宣化县。宣化县辖及今邕宁县、南宁城区等地。

元至元十六年（1279年）邕州改为邕州路，宣化县、武缘县属邕州路。泰定元年（1324年），将邕州路取南疆安宁之意改称南宁路。宣化县隶属南宁路。

明洪武元年（1368 年）南宁路改为南宁府。清代仍沿袭，宣化县隶属南宁府。宣化县治所设在今南宁城区。

民国元年（1912 年）7 月，废宣化县留南宁府，以南宁府长理事。民国 2 年（1913 年）6 月，南宁府改为南宁县，隶属邕南道。民国 3 年（1914 年）1 月，南宁县为了避云南省南宁县而易名为邕宁县，以原邕州、南宁各取一字而名县，隶属邕南道（同年 6 月改称南宁道）。民国 15 年（1926 年）广西废道设行政区，邕宁县隶属南宁区。民国 18 年（1929 年）7 月设南宁市政府，邕宁县政府与南宁市政府合署办公,同年 11 月撤销市建制。民国 19 年（1930 年）隶属南宁民团区。民国 23 年（1934 年）3 月属南宁行政监督区。民国 29 年（1940 年）属第九行政督察区，为第九区行政督察专员兼保安司令公署驻地。民国 31 年（1942 年）改隶第四行政督察区,为第四区行政督察专员兼保安司令公署驻地。

1949 年 12 月 4 日邕宁县解放，26 日邕宁县人民政府在南宁宣布成立，县政府驻地在今南宁市亭子路南宁糖业股份有限公司。1950 年 12 月，县政府办公地点从南宁迁至蒲庙，设在今蒲庙镇和平街县人民医院。1951 年 7 月县政府办公地点迁往五塘，设在今五塘镇中心小学。1953 年 1 月县政府办公地点由五塘迁回蒲庙（今县政府驻地）。

1951 年，邕宁县隶属南宁行政专员公署（下称专区。8 月改称宾阳专区迁往芦圩）。1952 年 7 月，邕宁县改隶邕宁专区。1953 年撤销邕宁专区，邕宁县隶属桂西僮族自治区（1956 年 3 月自治区改称自治州）。1958 年 3 月，邕宁县隶属邕宁专区（1958 年 11 月更名为南宁专区，1971 年专区改称地区）。1983 年 10 月 8 日经国务院批准归属南宁市（1984 年 1 月 26 日交接），为市辖县。2004 年 9 月 15 日国务院批准撤销邕宁县。

第二章　行政区域

第一节　行政区域划分调整

明末及清代宣化县行政区

明末（1643 年），宣化县政区设置 9 个乡，即上东、下东、上南、下南、太平、如和、思龙、西乡、北乡。乡设铺、堡、驿、寨，即昆仑、里段、大夹、林村、楼云、朝天、荷丹、归仁、高井、星盈、罗文、啼钟、棍献、关村、涯水、邓都、那旺、贵龙、黄腊、坛泽 20 个铺；张小、大座、渌开、伶俐、天窝、那漏、团罗、三官 8 个堡；长山、施湴、黄范、大滩 4 个驿；金城、那龙、八尺、迁龙、那南 5 个寨。

清朝光绪以前，县之下有团，团之下有村。光绪三年（1877 年），朝廷颁行新法，凡属公民，都有选举权、被选举权和议政权，于是有了自治乡的建置，将全县除城区外共划为 15 个自治乡，数个团合为一个自治乡。宣统二年（1910 年），宣化县（今邕宁县）政区建制除城区（南宁）外，划分为 14 个乡 1 个镇，即东门乡、亭子乡、心圩乡、石步乡、扬美乡、坛洛乡、蒲津乡、四塘乡、五塘乡、那马乡、吴村乡、迁龙乡、伶俐乡、刘圩乡、三官镇。辖 98 段（团），共有 80 个圩、1863 个村。其中，属今邕宁县地域范围的有 9 个乡镇。蒲津乡，设福安、万安等 8 段，辖 6 个圩、161 个村；四塘乡，设四塘、平洞等 3 段，辖 3 个圩、62 个村；五塘乡，设五塘、上六塘等 6 段，辖 6 个圩、197 个村；那马乡，设那马、清良等 2 段，辖 2 个圩、73 个村；吴村乡，设德馨、保良等 10 段，辖 3 个圩、100 个村；迁龙乡，设苏圩、同伦等 15 段，辖 6 个圩、139 个村；伶俐乡，设伶俐、半甲等 5 段，辖 2 个圩、91 个村；刘圩乡，设班峰一、长塘下等 4 段，辖 6 个圩、62 个村；三官镇，设第一、第三等 8 段，辖 20 个圩、414 个村。

民国时期邕宁县行政区

民国元年（1912 年）废县入府，宣化县并入南宁府。民国 2 年（1913 年）6 月，南宁府改为南宁县。民国 3 年（1914 年）1 月，南宁县为了避云南省南宁县而易名为邕宁县，以原邕州、南宁各取一字而得县名。民国前期，邕宁县的行政区域沿袭清代末期，即全县除城区（南宁）外划分为 14 个乡 1 个镇，村段（团）乡镇的名称和乡镇辖段（团）、段（团）辖村街的体制延续到 1931 年不变。

民国 21 年（1932 年）3 月，原系邕宁、扶南（今属扶绥县）两县共管的苏村划归邕宁县管辖。同年 5 月，将原扶南县管辖的韦卢村、芭粘村、芭粘新村、赖村、芭马村划入邕宁县；同时又将原扶南划入邕宁的里宁、欧村、那盆、定礼、莲塘、坛浩、定坡等 9 村（先划地未接管户籍人口）以及邕扶杂居之定英、塘岸、通客、马兴、团那、坛雹、那波（圩）、那蒙、军屯、坡娄、洞圩、那濑、晚利、那元、坛齐、桥定等 28 个村圩的扶南籍民户划归邕宁县管理。是年，根据广西省府要求，为便于调查人口，以适应征兵工作的需要，邕宁县实行县以下建立区乡镇村街甲户制度。这一制度是以十户为甲，十甲为村街，十村街为乡镇，十乡镇为区（镇同乡，街同村，在城市的称为镇、街，在农村的称为乡镇、村。

个别乡镇和村街的个数，等于十或多于十或少于十），把原来的城区和东门乡、石步乡、亭子乡、四塘乡、五塘乡、伶俐乡、蒲津乡、刘圩乡、吴村乡、那马乡、迁龙乡、坛洛乡、扬美乡、心圩乡、三官镇等15个乡镇以及村团全部重新调整，求合于区制，其乡镇村街一律重新命名。调整后，邕宁县编为7个区，69个乡镇，760个村街，7808个甲。

民国23年（1934年）10月，邕宁县归并原与武鸣县共管的龙山（原名白山村）；武鸣县归并原与邕宁县共管的塘历村。

民国26年（1937年），调整设置的7个区分别是城区、中区、八尺区、金城区、迁龙区、三官区、坛洛区。其中，属于今邕宁县地域范围的有金城区、八尺区、三官区和迁龙区4个区，共有39个乡镇。即金城区辖五塘乡、六塘乡、七塘乡、八塘乡、九塘乡、皇竹乡、伶俐乡、四塘乡、剪刀乡9个；八尺区辖蒲津镇、砧板乡、长塘乡、刘圩乡、麓阳乡、那里乡、镇南乡、良倖乡、那莲乡、平乐乡、良庆乡、赖村乡12个；三官区辖大塘乡、太安乡、雅王乡、南忠乡、台马乡、南晓乡、南间乡、南州乡、那陈乡9个；迁龙区辖吴村乡、定良乡、那马乡、坛白乡、卫正乡、辅正乡、苏圩乡、彝良乡、镇宁乡9个。

民国37年（1948年）12月，邕宁县设置城区、中区、金城区、八尺区、迁龙区、三官区、坛洛区7个区，共69乡镇。乡镇辖村。

城　区　辖9个乡镇，即模范镇、兴宁镇、邕西镇、邕北镇、德邻镇、邕南镇、明德镇、永宁镇、邕东乡。

中　区　辖9个乡，即二塘乡、东屏乡、亭子乡、沙井乡、心圩乡、西乡塘乡、石埠乡、乔板乡、同兴乡。

金城区　辖10个乡，即三塘乡、四塘乡、五塘乡、六塘乡、七塘乡、八塘乡、九塘乡、长安乡、剪刀乡、伶俐乡。

八尺区　辖12个乡镇，即蒲津镇、砧板乡、长塘乡、刘圩乡、麓阳乡、那里乡、镇南乡、那莲乡、平乐乡、良庆乡、赖村乡、良倖乡。

三官区　辖10个乡，即大塘乡、南晓乡、雅王乡、南州乡、台马乡、那陈乡、太安乡、南忠乡、南间乡、那悟乡。

迁龙区　辖9个乡镇，即苏彝镇、吴村乡、定良乡、那马乡、坛白乡、卫正乡、辅正乡、镇宁乡、洞天乡。

坛洛区　辖10个乡镇，即扬美镇、六一乡、下楞乡、大同乡、东南乡、金陵乡、那龙乡、襄定乡、武康乡、富庶乡。

中华人民共和国时期邕宁县行政区

1949年12月26日，邕宁县人民政府在南宁宣布成立。全县政区仍沿袭民国时期的区、乡镇名称，即城区（区治在南宁）、中区（区治在心圩）、八尺区（区治在蒲庙）、金城区（区治在五塘）、迁龙区（区治在苏圩）、三官区（区治在大塘）、坛洛区（区治在坛洛）7个区。乡镇辖村。12月28日，中共广西省委批准成立南宁市人民政府，邕宁县治的南宁改为省辖市。

1950年年初，邕宁县城区设立兴宁、民生、解放、上国、中山、临江、永宁、宁武、维新和水上街道办事处。同年2月市县分治，将邕宁县县城（南宁城区）及附近的亭子街、白沙村、水塘村、竹排冲、沙牛岭、滕屋、蔡屋、那坝、津头村、大麻村、小麻村、埌边村、长堽村、凌铁村、茅桥农场、东南村、永和村、中兴村、新屋村、淡村、平西村共21个自然村（街）划出，归南宁市管辖。6月，邕宁县6个区将原以地名为区名改为以序数为区名，即中区改为第一区，金城区改为第二区，八尺区改为第三区，三官区改为第四区，迁龙区改为第五区，坛洛区改为第六区。区辖乡镇，乡镇辖村。全县设6个区53

个乡，即第一区（原中区）8个乡、第二区（原金城区）9个乡、第三区（原八尺区）8个乡镇、第四区（原三官区）10个乡、第五区（原迁龙区）8个乡、第六区（原坛洛区）10个乡（其中，属于今邕宁县地域范围的有第二区、第三区、第四区和第五区4个区）。各区所辖乡镇名称：第一区辖西乡塘乡、石埠乡、乔板乡、心圩乡、安吉乡、亭子乡、沙井乡、同兴乡，区治所在地是心圩；第二区辖三塘乡、四塘乡、五塘乡、七塘乡、八塘乡、九塘乡、长安乡、伶俐乡、剪刀乡，区治所在地是四塘；第三区辖蒲津乡、良庆乡、那马乡、那莲乡、刘圩乡、镇南乡、长塘乡、镇安乡，区治所在地是蒲庙；第四区辖大塘乡、那陈乡、太安乡、南州乡、南晓乡、雅王乡、台马乡、南间乡、南忠乡、那悟乡，区治所在地是大塘；第五区辖苏良乡、吴村乡、洞天乡、辅正乡、卫正乡、镇宁乡、坛白乡、定良乡，区治所在地是苏圩；第六区辖六一乡、那龙乡、双定乡、金陵乡、富庶乡、扬美乡、大同乡、下楞乡、武康乡、东南乡，区治所在地是坛洛。乡辖村。

1950年下半年，原钦县那陈乡的六眼、那坛、思卢、那乐、濑沙等17个村，南荣乡的九平、坎在、那派、那忍、板滟等14个村插花地划归邕宁县管辖。原属钦县插入县内南忠乡的新棠、那鼻、那罗、白鹤、那敏、那岩、坛忠、坛王等12个村（圩）划归邕宁县管辖。同年9月，全县由6个区调整为14个区，即第一区（区治在心圩）、第二区（区治五塘）、第三区（区治在八塘）、第四区（区治在刘圩）、第五区（区治在蒲庙）、第六区（区治在良庆）、第七区（区治在吴圩）、第八区（区治在苏圩）、第九区（区治在那陈）、第十区（区治在大塘）、第十一区（区治在南晓）、第十二区（区治在老口）、第十三区（区治在坛洛）、第十四区（区治在那龙）。区辖乡，乡辖村。

1951年1月，将邕宁县第十区的大塘、太安、南州乡和第十一区的南晓、雅王、台马、南忠、南间、那悟乡划归钦县管辖。同年春，将邕宁县第十三区的坛洛、第十四区的那龙划归同正县管辖（同年7月，坛洛、那龙又划归隆安县管辖；同年11月，坛洛、那龙从隆安县划归邕宁县，坛洛为第十五区、那龙为第十六区）。同年2月，广东省灵山县第七区（含那楼、那路、光华、新江、那礼、百济、华灵7个乡）和均安乡的一部分划归邕宁县管辖（先托管，同年9月正式下文划拨），增设第十区（区治在百济）、第十一区（区治在新江）、第十二区（区治在那楼）。同年6月，全县各区进行调整，即第一区（区治在蒲庙）、第二区（区治在五塘）、第三区（区治在八塘）、第四区（区治在伶俐）、第五区（区治在刘圩）、第六区（区治在那楼）、第七区（区治在新江）、第八区（区治在百济）、第九区（区治在那陈）、第十区（区治在苏圩）、第十一区（区治在良庆）、第十二区（区治在吴圩）、第十三区（区治在老口）、第十四区（区治在心圩）、第十五区（区治在坛洛）、第十六区（区治在那龙）。区辖乡，乡辖村。

1952年10月，横县第十七区（区治在中和，原属永淳县）划归邕宁县管辖，为第十七区。

1953年4月，横县第九区（区治在南阳，原属永淳县）划归邕宁县管辖，为第十八区。

1954年3月，邕宁县的苏卢、陈尧2个乡及心南乡下屯、大岭2个屯和西乡塘南部地区划归南宁市郊区管辖。

1955年7月，钦县第十四区（大塘、南晓）大部分地域划归邕宁县管辖（南晓区的南忠、南间、那悟3个乡和台马乡的王排、岽桑、灵香、哥稔、六蒙、山塘、哥桐、坛蒙、岽眼、那苏、板崆等11个自然村仍属钦县），为第十九区（驻地大塘，含南晓）。8月，全县各区改数字区为以驻地名称为区名，即第一区改为蒲庙区，第二区改为五塘区，第三区改为八塘区，第四区改为伶俐区，第五区改为刘圩区，第六区改为那楼区，第七区改为新江区，第八区改为百济区，第九区改为那陈区，第十区改为苏圩区，第十一区改为那马区（1957年将那马区改为良庆区，区治从那马迁至良庆），第十二区改为吴圩区，第十三区改为老口区，第十四区改为心圩区，第十五区改为坛洛区，第十六区改为那龙区，第十七区改为中和区，第十八区改为南阳区，第十九区改为大塘区。10月，增设南晓区。全县设20个区。区辖乡，乡辖村。

1957年3月，将邕宁县那龙区业仁乡陇蒙自然村划归隆安县定华乡管辖；将邕宁县心圩区13个小乡、老口区石埠乡、吴圩区高仁乡高岭以北的6个自然村划归南宁市管辖。

1958年3月，撤区并乡，将全县244个乡（小乡）合并为59个乡（大乡），同时设立蒲庙、五塘、那楼、吴圩、南阳、老口6个办事处，作为县的派出机构。各办事处辖乡，乡辖高级农业生产合作社（以下简称“社”）。5月，南阳办事处并入那楼办事处。5个办事处中，属于今邕宁县地域范围的有蒲庙、五塘、那楼、吴圩4个办事处。各办事处所辖乡如下：蒲庙办事处辖蒲庙乡（辖9社）、新江乡（辖11社）、良庆乡（辖9社）、那秀乡（辖16社）、那路乡（辖9社）、伶俐乡（辖10社）、良俸乡（辖19社）、平乐乡（辖7社）、长塘乡（辖8社）、那莲乡（辖18社）、那马乡（辖13社）；五塘办事处辖五塘乡（辖11社）、八塘乡（辖7社）、九塘乡（辖5社）、上王乡（辖8社）、四塘乡（辖6社）、七塘乡（辖9社）、枫木乡（辖6社）；那楼办事处辖那楼乡（辖14社）、汉林乡（辖10社）、南阳乡（辖22社）、刘圩乡（辖12社）、中山乡（辖11社）、红星乡（辖13社）、中和乡（辖12社）、河浪乡（辖10社）、百济乡（辖10社）、方村乡（辖11社）、镇龙乡（辖16社）、屯林乡（辖8社）、那里乡（辖6社）；吴圩办事处辖吴圩乡（辖11社）、延安乡（辖7社）、大塘乡（辖15社）、台马乡（辖8社）、坛白乡（辖12社）、那齐乡（辖17社）、太安乡（辖11社）、雅王乡（辖9社）、苏圩乡（辖5社）、那陈乡（辖19社）、南州乡（辖11社）、慕村乡（辖8社）、下敏乡（辖12社）、南晓乡（辖9社）；老口办事处辖老口乡（16社）、沙井乡（6社）、下楞乡（12社）、金陵乡（9社）、杨美乡（14社）、心圩乡（6社）、富庶乡（9社）、江西乡（11社）、那洪乡（5社）、那龙乡（16社）、安吉乡（6社）、坛洛乡（13社）、襄定乡（16社）。

1958年8月，实行人民公社化，撤销办事处，并撤销乡级建制，大办“政社合一”的人民公社，将59个乡调整设置为14个人民公社。开始推行人民公社辖大队，大队辖生产队的管理体制。各人民公社名称及辖区分别是：东方红人民公社，辖原刘圩乡、南阳乡；星火人民公社，辖原蒲庙乡、那秀乡、新江乡；五星人民公社，辖原良庆乡、那马乡；红旗人民公社，辖原五塘乡、七塘乡、八塘乡；卫星人民公社，辖原伶俐乡、长塘乡；红山人民公社，辖原那陈乡、下敏乡、大塘乡、太安乡、南晓乡；胜利人民公社，辖原中和乡、平天乡；跃进人民公社，辖原那楼乡、镇龙乡；东风人民公社，辖原苏圩乡、那齐乡、延安乡、慕村乡、坛白乡、吴圩乡；红星人民公社，辖原百济乡、红星乡；双金龙人民公社，辖原那龙乡、金陵乡、双定乡；群英人民公社，辖原老口乡、扬美乡、江西乡；友谊人民公社，辖原坛洛乡、下楞乡、富庶乡；城庄人民公社，辖原心圩乡、安吉乡、沙井乡、那洪乡（其中，属于今邕宁县地域范围的有东方红、星火、五星、红旗、卫星、红山、胜利、跃进、东风、红星10个人民公社）。

1959年1月，将邕宁县城庄人民公社的心圩、安吉、沙井、那洪，群英人民公社的老口、扬美、江西，友谊人民公社的坛洛、下楞、富庶，双金龙人民公社的那龙、双定、金陵，东风人民公社的苏圩、那齐、延安、慕村、坛白、吴圩，五星人民公社文华大队的明华村，红旗人民公社三塘大队的三塘等划归南宁市郊区管辖。同年6月，武鸣县太平人民公社上江大队划归邕宁县管辖。

1959年4月，邕宁县将东方红、星火、五星、红旗、卫星、红山、跃进、胜利、红星等9个人民公社调整为30个人民公社，即蒲庙、良俸、那莲、那路、良庆、那马、新江、百济、红星、屯林、那楼、河浪、镇龙、刘圩、中和、方村、南阳、伶俐、长塘、那秀、五塘、七塘、八塘、那陈、下敏、大塘、太安、南州、南晓、雅王等人民公社。7月，又将30个人民公社调整为24个人民公社，即蒲庙、良庆、那马、新江、百济、红星、那楼、镇龙、刘圩、中和、平天、南阳、伶俐、长塘、那秀、五塘、上江、七塘、八塘、那陈、下敏、大塘、太安、南晓等人民公社。是年，全县有生产大队456个，生产小队3382个。

1960年6月，邕宁县将24个人民公社调整为14个人民公社，即蒲庙、良庆、新江、百济、那楼、刘圩、中和、南阳、伶俐、五塘、八塘、那陈、大塘、南晓等人民公社。其中增设蒲庙镇人民公社。7月，南宁市郊原西明区的吴圩、苏圩、老口、那龙、坛洛5个人民公社和佳棉农场、绿思园艺场划归邕宁县管辖，全县设20个人民公社，即蒲庙镇、蒲庙、良庆、新江、百济、那楼、刘圩、中和、南阳、伶俐、五塘、八塘、那陈、大塘、南晓、吴圩、苏圩、老口、那龙、坛洛等人民公社。

1961年2月至3月，将邕宁县原红旗公社上江大队划归武鸣县管辖。5月，全县设置蒲庙、那楼、伶俐、五塘、大塘、苏圩、坛洛7个区（大区），区辖人民公社。具体是：蒲庙区辖人民公社14个，即蒲庙、良俸、那路、那莲、城镇、幸福、刘圩、大里、那里、新江、汉林、良庆、那马、莲山；那楼区辖人民公社9个，即那楼、中山、河浪、镇龙、蟠龙、百济、屯林、红星、华灵；伶俐区辖人民公社7个，即伶俐、上王、长塘、五合、南阳、中和、平天；五塘区辖人民公社5个，即四塘、五塘、七塘、八塘、上江；大塘区辖人民公社9个，即大塘、太安、南州、团垌、南晓、台马、雅王、那陈、下敏；苏圩区辖人民公社7个，即苏圩、佳棉、那齐、仁德、延安、吴圩、坛白；坛洛区辖人民公社9个，即坛洛、下楞、富庶、那龙、金陵、双定、老口、江西、扬美。其中，属于今邕宁县地域范围的有蒲庙、那楼、伶俐、五塘、大塘、苏圩6个区。

1962年1月，增设红星区，辖人民公社4个，即百济、屯林、红星、华灵。同年7月，全县由8个区调整为20个区，即蒲庙、良庆、那马、新江、百济、那楼、中和、刘圩、南阳、伶俐、五塘、八塘（1963年2月改为九塘区）、吴圩、苏圩、那陈、大塘、南晓、老口（1963年初改为江西区）、那龙、坛洛。

1965年4月，那陈人民公社划出文林、六眼、那徐、濑岽4个大队和那陈大队的东降村、那蒙大队的华隆村，吴圩人民公社划出新桥大队，那马人民公社划出连山、一致2个大队，共同组建大王滩水上人民公社。

1968年11月20日，撤销大王滩水上人民公社。同年12月，全县设20个区，即蒲庙、良庆、那马、新江、百济、那楼、中和、刘圩、南阳、伶俐、五塘、九塘、吴圩、苏圩、那陈、大塘、南晓、江西、那龙、坛洛。当时各区所割公社情况是：蒲庙区辖17个人民公社（1970年增加从伶俐划入的新村人民公社）；良庆区辖6个人民公社(1969年1月增设那黄人民公社)；那马区辖5个人民公社(1970年增设一致、连山2个人民公社）；新江区辖7个人民公社（1969年1月增设屯亮人民公社）；百济区辖11个人民公社；那楼区辖17个人民公社；中和区辖7个人民公社（1969年1月增加从刘圩划入的周六人民公社）；南阳区辖7个人民公社；刘圩区辖8个人民公社（1969年1月增设团黄、谭村、那床、那烈4个人民公社）；伶俐区辖19个人民公社；五塘区辖20个人民公社（1970年撤销园林、定河2个人民公社）；九塘区辖9个人民公社；吴圩区辖8个人民公社（1969年1月增设新桥人民公社）；苏圩区辖17个人民公社（1969年将那坡、那蒙划归那陈区，增设新德人民公社）；那陈区辖9个人民公社（1969年1月增设那坡、那蒙2个人民公社，从大王滩划回文林、六眼、那徐、赖岽4个人民公社）；大塘区辖13个人民公社；南晓区辖9个人民公社（1969年1月增设派双、同里、那敏、团东4个人民公社）；江西区辖12个人民公社区；坛洛区辖18个人民公社（1969年1月撤销增朗，增设硃湖、丰平2个人民公社）；那龙区辖17个人民公社。其中，属于今邕宁县地域范围的有蒲庙、良庆、那马、新江、百济、那楼、中和、刘圩、南阳、伶俐、五塘、九塘、吴圩、苏圩、那陈、大塘、南晓17个区。同年12月，邕宁县撤区改社，将全县20个区改设为20个人民公社，即蒲庙、良庆、那马、新江、百济、那楼、刘圩、南阳、中和、伶俐、五塘、九塘、吴圩、苏圩、那陈、大塘、南阳、江西、那龙、坛洛人民公社；同时将原区所辖人民公社改为大队，大队辖生产队。

1979年5月，将邕宁县伶俐公社那舅大队新、旧屋2个生产队划归南宁市园艺场管辖。

1980年1月，从蒲庙人民公社划出蒲庙街、莫村、公曹、那晚、那元、那美等大队及村街，成立蒲庙镇人民公社。10月，全县撤销和增设一些大队，即南晓人民公社增设新民大队；良庆人民公社增设绿绕、那平大队；刘圩人民公社增设那度、三籁大队；百济人民公社增设华达、屯王大队；那楼人民公社增设屯寨、三江、那利、那他大队；那陈人民公社增设华群大队；新江人民公社增设力勒大队；吴圩人民公社撤销联平大队，增设平洞、平丹大队；苏圩人民公社撤销保伦大队，增设保卫、保城、保联、保安、方村、隆德、那盆大队；五塘人民公社增设坛皮、四六大队。

1982年8月2日，将邕宁县的江西、坛洛、那龙3个人民公社划归南宁市郊区管辖。12月27日，据邕宁县地名普查结果，按规定更改重名的大队名称，重新命名的大队有：蒲庙镇人民公社新乐大队改称永乐大队，蒲庙人民公社新安大队改称龙岗大队、和平大队改称梁村大队，苏圩人民公社方村大队改称镇宁大队、那盆大队改称敬德大队，那楼人民公社那马大队改称罗马大队。同年12月，恢复组建大王滩人民公社。

1984年9月，政社分开，撤销公社，建立乡、镇（相应撤销公社管委会，成立乡镇人民政府）。邕宁县将蒲庙镇、蒲庙、良庆、那马、新江、百济、那楼、刘圩、南阳、中和、伶俐、五塘、九塘、吴圩、苏圩、那陈、大塘、南晓、大王滩等19个人民公社，调整设置为4个镇15个乡，即蒲庙镇、五塘镇、吴圩镇、苏圩镇、蒲庙乡、良庆乡、那马乡、新江乡、百济乡、那楼乡、刘圩乡、南阳乡、中和乡、伶俐乡、九塘乡、那陈乡、大塘乡、南晓乡、大王滩乡。同时，全县将人民公社下辖的大队改为村民委员会，生产队改为村民小组，实行乡镇人民政府下辖村民委员会，村民委员会下辖村民小组。年底，全县有21个乡镇，234个村民委员会，7891个村民小组。

1987年8月，五塘镇分设四塘乡，苏圩镇分设延安乡，那楼乡分设镇龙乡，伶俐乡分设长塘乡。同年10月，蒲庙乡与蒲庙镇合并为新的蒲庙镇。至此，邕宁县设蒲庙、五塘、吴圩、苏圩4个镇和良庆、那马、新江、百济、那楼、镇龙、刘圩、南阳、中和、伶俐、长塘、四塘、九塘、延安、那陈、大塘、南晓、大王滩18个乡。同年，邕宁县将各乡镇村民委员会改置村公所，为乡镇派出机构；以自然村（坡）为单位设立村民委员会，为群众自治组织。全县共设立村（街）公所238个，村民委员会1210个。其中，蒲庙镇的莫村、永乐、公曹，刘圩乡的团黄、那烈、三籁、禄强、那床、谭村、那度，新江乡的力勒11个村民委员会实行村公所和村民委员会两个机构一套班子，直属乡镇人民政府领导。

1991年2月，邕宁县撤销大王滩乡，将原大王滩乡的文林村公所、六眼村公所、那徐村公所、濑崇村公所整体划归那陈乡管辖；将连山村公所、一致村公所整体划归那马乡管辖；将新桥村公所整体划归吴圩镇管辖。全县由22个乡镇减为21个乡镇。

1994年12月，九塘乡、大塘乡、南阳乡、刘圩乡、伶俐乡、良庆乡、那马乡、那楼乡、四塘乡改为镇建制。九塘乡改为镇建制时更名为昆仑镇。

1995年3月，撤销村（街）公所，改在原村（街）公所管辖区域设立村（街）民委员会（简称“撤所改委”）。全县有235个村民委员会和3个街民委员会。原以自然村设立的1210个村民委员会自行撤销。

1996年5月，南晓乡、那陈乡改为镇建制。

1998年，大沙田经济开发区成立南区和北区2个社区。

2000年6月，延安乡、新江乡、长塘乡改为镇建制。全县辖18个镇3个乡。同月，将蒲庙镇的汉林、团结、胜利3个街合并设立蒲津社区。

2002年，将乡镇驻地的村改设社区；大沙田、沿海、仙葫3个开发区设立社区，各社区设社区居民委员会。全县有34个社区，213个村。

2003年下半年，大沙田经济开发区管理委员会托管良庆镇玉洞村的大沙田、黄牛结尾、大岭脚、新坡4个自然村；沿海经济走廊开发区管理委员会托管良庆镇玉洞村的定天坡、了雷坡、定冲坡、坡洋坡、谢屋坡、老洋坡6个自然村；仙葫经济开发区管理委员会托管长塘镇的那舅、五合两个村和蒲庙镇的莫村村，以及蒲庙镇和合村的上州坡、下州坡自然村。

2004年，邕宁县辖18个镇3个乡，即蒲庙镇、良庆镇、那马镇、新江镇、那楼镇、刘圩镇、南阳镇、伶俐镇、长塘镇、四塘镇、五塘镇、昆仑镇、吴圩镇、苏圩镇、延安镇、那陈镇、大塘镇、南晓镇、中和乡、百济乡、镇龙乡。其中，那马镇、新江镇、镇龙乡、四塘镇、昆仑镇、延安镇6个为中等乡镇（二类乡镇），其他15个乡镇为大乡镇（一类乡镇）。全县设211个村，40个社区，有6988个村（居）民小组。各乡镇所辖村、社区如下：

蒲庙镇　社区6个、村17个，即：蒲津社区、那元社区、新兴社区、红星社区、金葫社区、莫村社区，公曹村、和合村、龙岗村、仁福村、孟莲村、光和村、新新村、新生村、州同村、良勇村、梁村村、良信村、广良村、联团村、那路村、华康村、张村村。其中，金葫社区、莫村社区等由仙葫经济开发区管理委员会托管。

良庆镇　社区8个、村9个，即：良庆社区、银沙社区、金象社区、银海社区、前进社区、五象社区、坡洋社区、玉龙社区，玉洞村、渌绕村、坛泽村、那平村、平乐村、那黄村、新团村、新兰村、新村村。其中，银沙社区、金象社区、银海社区、前进社区等由大沙田经济开发区管理委员会托管；五象社区、坡洋社区、玉龙社区由沿海经济走廊开发区管理委员会托管。

那马镇　社区1个、村7个，即：那马社区，冲陶村、坛良村、那僚村、共和村、子伟村、连山村、一致村。

新江镇　社区1个、村8个，即：新江社区，汉林村、华联村、力勒村、新乐村、那云村、屯亮村、那了村、团阳村。

百济乡　社区1个、村13个，即：百济社区，八联村、屯茶村、南弼村、华达村、平派村、屯林村、桥学村、南华村、红星村、屯宁村、新平村、华灵村、屯王村。

那楼镇　社区1个、村15个，即：那楼社区，屯六村、坛墩村、坛垌村、那文村、那头村、那盆村、中山村、屯了村、罗马村、那旺村、那务村、三江村、那利村、河浪村、华佳村。

镇龙乡　社区1个、村5个，即：镇龙社区，那他村、屯良村、棠梨村、那丰村、那良村。

刘圩镇　社区1个、村13个，即：刘圩社区，团黄村、谭村村、那床村、良合村、槐里村、麓阳村、那里村、那烈村、禄强村、那度村、三籁村、那救村、大里村。

南阳镇　社区1个、村6个，即：南阳社区，新光村、留凤村、雄会村、新楼村、二田村、施厚村。

中和乡　社区1个、村7个，即：中和社区，那例村、那才村、周禄村、坛西村、方村村、平天村、新安村。

伶俐镇　社区1个、村7个，即：伶俐（伶珑）社区，石塘村、沱江村、上王村、望齐村、那樟村、独岭村、王京村。

长塘镇　社区4个、村7个，即：长塘社区、那舅社区、五合社区、荣茉社区，天堂村、定西村、垌江村、德福村、长大村、那曾村、枫木村。其中，那舅社区、五合社区、荣茉社区等由仙葫开发区管理委员会托管。

四塘镇　社区4个、村5个，即：四塘社区、四塘煤矿社区、里罗煤矿社区、平垌煤矿社区，建新村、六村村、创新村、那笔村、同仁村。

五塘镇　社区1个、村13个，即：五塘社区，七塘村、西龙村、英广村、友爱村、坛棍村、四平村、永宁村、沙平村、两山村、六塘村、民政村、王竹村、四六村。

昆仑镇　社区1个、村8个，即：九塘社区，昆仑村、群星村、联光村、八塘村、太昌村、黄宣村、平地村、富兴村。

吴圩镇　社区2个、村10个，即：吴圩社区、明阳社区，平丹村、平垌村、那德村、康宁村、新桥村、定宁村、祥宁村、永红村、坛白村、那备村。

苏圩镇　社区1个、村15个，即：苏圩社区，苏保村、保安村、保卫村、保联村、保城村、慕村村、新德村、联英村、佳棉村、镇宁村、那海村、定计村、仁德村、隆德村、敬团村。

延安镇　社区1个、村5个，即：延安社区，敬德村、新城村、华南村、那齐村、平南村。

那陈镇　社区1个、村15个，即：那陈社区，邕乐村、和平村、坛留村、维坝村、西宁村、七齐村、西盛村、五龙村、华群村、那坡村、那蒙村、文林村、六眼村、那徐村、濑岽村。

大塘镇　社区1个、村13个，即：大塘社区，那梨村、那农村、南荣村、团垌村、南洲村、那造村、桥板村、横州村、百乐村、太安村、那团村、锦亮村、那湾村。

南晓镇　社区1个、村13个，即：南晓社区，晓元村、陵桂村、台马村、派双村、同里村、大满村、平朗村、团东村、雅王村、那敏村、福里村、新民村、团城村。

2004年9月15日，《国务院关于同意广西壮族自治区调整南宁市部分行政区划的批复》，同意撤销南宁市邕宁县、城北区、永新区，设立南宁市良庆区、邕宁区、西乡塘区。

2005年2月17日，《广西壮族自治区人民政府关于调整南宁市部分行政区划的通知》决定，调整南宁市部分行政区划：撤销邕宁县，设立邕宁区、良庆区。将原邕宁县的四塘、五塘、昆仑3个镇划归兴宁区管辖；长塘、伶俐、刘圩、南阳4个镇和蒲庙镇的莫村村（莫村12个村民小组，次年4月又将蒲庙镇和合村的上洲坡2个村民小组、下洲坡3个村民小组）划归青秀区管辖；吴圩、苏圩、延安3个镇划归江南区管辖；良庆、那马、那陈、大塘、南晓5个镇划归新成立的良庆区管辖；蒲庙（不含莫村）、新江、那楼、镇龙、百济、中和6个乡镇划归新成立的邕宁区管辖。3月18日，南宁市实施调整部分行政区划，撤销邕宁县，设立邕宁区、良庆区。

第二节　行政区域界线

县　界　线

清代，宣化县县域东至刘圩塘（今伶俐镇伶俐圩东部）接永淳县（1952年8月撤销，部分乡村分别并入横县、邕宁县、宾阳县）界65千米，东南至那莲圩（今蒲庙镇孟莲村）接广东省灵山县（今属广西）界25千米，南至坛王村（今苏圩镇敬团村）接忠州（今扶绥县南部）界50千米，西南至那乌塘接新宁州（今扶绥县东部）界30千米，西至坛洛塘接隆安县界70千米，西北至那合村接武缘县界50千米，北至高峰隘接武缘县界32.50千米，东北至昆仑山接宾州（今属宾阳县）界60千米。县境东西宽135千米，南北长82.50千米。

民国时期，邕宁县境东界永淳县，西界同正县（今扶绥县），南界广东钦县（今广西钦州市），北界武鸣县；东南界广东灵山县（今属广西），西南界扶南县、绥渌县（今扶绥县）、上思县，西北界隆安县，东北界宾阳县、上林县。邕宁县境域面积4579平方千米。

1949年中华人民共和国成立后至1982年，邕宁县因部分行政区划调整或乡村划出划入县域屡有变动，县界变动较多。1983年起，县域较为稳定。邕宁县县境东界横县，东南与灵山县接壤，南与钦州市钦北区相连，西南与上思县毗邻，西连扶绥县，西北与南宁市江南区、新城区、永新区、兴宁区为邻，北接武鸣县，东北与宾阳县接壤。

1996年下半年，邕宁县按照自治区、南宁市人民政府关于进行县级行政区域界线勘界工作部署，组成县界勘界工作小组对本县行政区域界线进行勘界。邕宁县分别与县界线周边的横县、宾阳县、灵山县、钦州市钦北区、上思县、扶绥县、武鸣县和南宁市郊区（2001年撤销郊区，县界与兴宁区、江南区接壤）、新城区等9个县（区）进行县级行政区域界线勘界。至2000年，经过4年多时间的县界勘定，邕宁县完成勘定县域界线贯通工作，并以法定程序进行界线埋设界碑，邕宁县与周边县（区）涉界线双方法人代表签订行政区域界线走向协议书，形成有效的法定界线。

根据2000年堪定县域行政区域界线，邕宁县与周边县（市、区）边界线总长554.96千米。其中，邕宁县与横县行政区划界线长89.90千米，与宾阳县行政区划界线长44.25千米，与钦州市钦北区行政区划界线长98.40千米，与上思县行政区划界线长56.19千米，与武鸣县、灵山县、扶绥县、南宁市兴宁区、江南区和新城区行政区划界线长266.22千米。地理位置于北纬22°13′~23°06′、东经107°58′~108°51′。县域南（大塘镇岽尖山）至北（昆仑镇白凿山）两端相距100千米，东（中和乡新安村坛甘坡）至西（苏圩镇新德村那投坡）两点相距90千米，总面积4725平方千米。至2004年，邕宁县域没有变动。

乡镇界线

2002 年年初，邕宁县按照自治区、南宁市人民政府关于进行乡镇级行政区域界线勘界工作部署，组成乡镇级勘界工作小组对 21 个乡镇进行乡镇级行政区域界线勘界。2003 年 11 月，全部完成 21 个乡镇、共 42 条总长 861.75 千米界线勘定贯通，涉界线乡镇双方法人代表签订乡镇边界线协议书，形成有效的法定界线。

第三章　县城　乡镇

第一节　县　城

邕宁县城在蒲庙镇的蒲庙圩，位于县境北部、自治区首府南宁市东南部的八尺江与邕江汇流处的邕江南岸和北岸，县城的北面与南宁市区凤岭新区连接。邕宁县城成为南宁市的副中心城市。

蒲庙于清雍正九年（1731年）建圩，是百年商埠。民国末年，蒲庙街区有朝阳、镇宁、裕顺、多福、远宁、山背等街，街区东至今县人民医院，西北至今港务站，南至今钢铁厂，北至邕江，建成街区面积1平方千米，居民2600人。1950年12月县政府办公地点从南宁迁至蒲庙圩，1951年7月迁往五塘。1953年1月，县人民政府办公地点从五塘迁回蒲庙圩。之后，街区建设不断扩大，至1990年，建成街区面积比邕宁县解放时扩大6倍，城镇非农业人口居民2.78万人。2004年，蒲庙街区东扩至八鲤亭，西跨八尺江，延伸至龙岗村，西南连公曹村、梁村，南至那元、那美坡，北过邕江至莫村（仙葫半岛），面积7平方千米，城镇居民6万人（含流动人口，不含"城中村"人口）。

县城设有蒲庙镇那元社区、蒲津社区、红星社区、新兴社区4个社区居民委员会。城内主要街道有那元路、新兴路、新城路、建设路、红星路、五一路、中学路、仙葫大道、蒲（庙）良（庆）大道等，有邕宁邕江大桥（县城标志性建筑物）、八尺江大桥2条大桥和航运码头、大众码头、临江门码头、华宏公司煤场码头4处较大码头；主要商贸市场有那元农贸市场、和平商场（旧市场）、邕宁商场等；大型超市有南百超市、新西洋超市、利客隆超市等；新兴商业步行街已成为县城的商业中心。

县城交通便利，是全县的政治、经济、文化、金融、信息、旅游中心。南（南宁）北（北海）钦（钦州）防（防城港）高速公路在县城附近龙岗村设蒲庙良庆出入口，湘桂铁路黎（黎塘）南（南宁）复线在县城边沿龙岗村设天坛火车站；省道公路南（南宁）西（西津）线从县城蒲庙经过，其中蒲庙至大沙田路段为二级公路；南（南宁）蒲（蒲庙）二级公路北线8千米路面扩为宽50米的仙葫大道，蒲庙距南宁市中心（市百货大楼）21千米。县城设有邕宁汽车总站和邕宁汽车客运南站，客车直通各乡镇政府所在地和南宁市区。邕江流经县城，可通航200~1000吨级船舶，上可达百色市等地，下可通广州市、香港等地区。南宁航空港——吴圩南宁国际机场在县境内的吴圩镇。县城通信设有邮政局、电信局和中国移动、中国联通邕宁分公司等，城乡实现传输电路数字化和程控电话，还有宽带网和县城街边IC公用电话亭等，移动、联通信号覆盖城乡。县城金融机构设有中国人民银行邕宁县支行、中国工商银行邕宁县支行、中国人民建设银行邕宁县支行、中国农业银行邕宁县支行、中国农业发展银行邕宁县支行、邕宁县农村信用联社、邕宁县城市信用社、邕宁县邮政储蓄所等；保险设有中国人民财产保险股份有限公司邕宁支公司、中国太平洋保险公司邕宁支公司、中国太平洋财产保险股份有限公司邕宁支公司、中国人寿保险股份有限公司邕宁支公司、中国太平洋人寿保险股份有限公司邕宁支公司等机构。县城的学校有县办城关小学4所，县办中学7所，县办中等技校1所等。南宁地区第一民族师范学校坐落在县城。邕宁中学是自治区"八桂名校"，邕宁县高级中学是自治区示范性高级中学。文娱体育场所有新兴大型广场、文化馆、广播电视台、有线电视网络、图书馆、体育运动场（馆）、网吧、游泳池、歌舞厅、影剧院、县政府礼堂（剧院）等，能够满足城区居民的文化娱乐和体育锻炼的需求。医疗卫生单位有县人民医院、县中医院、县妇幼保健院、县防疫站等和一批小诊所。县城街区依山傍水，具有半城绿树半城楼特色。县城内有五圣宫古庙（县级文物保护单位）、蒲津公园和蒲庙“八景”（侧赞朝云、岌岐霁雪、积翠夜月、银枕睛岚、石壑松涛、平桥杏雨、七星酒旆、八尺渔灯）等历史人文景观及自然景观。“邕宁壮族八音”闻名中外。县城工业发展较快，建成年销售额500万元规模以上的企业有12家，形成以水泥、造纸、化工、制药等为支柱的产业体系。

第二节　乡　镇

1991年2月，撤销大王滩乡，邕宁县由22个乡镇减至21个，即蒲庙镇、良庆乡、那马乡、那楼乡、刘圩乡、南阳乡、伶俐乡、长塘乡、四塘乡、五塘镇、九塘乡、吴圩镇、苏圩镇、延安乡、那陈乡、大塘乡、南晓乡、新江乡、百济乡、中和乡、镇龙乡。

1994年12月，九塘乡改为镇建制并改名昆仑镇，大塘乡、南阳乡、刘圩乡、伶俐乡、良庆乡、那马乡、那楼乡、四塘乡改为镇建制。1996年5月，南晓乡、那陈乡改为镇建制。2000年6月，延安乡、新江乡、长塘乡改为镇建制。

1996年、2001年，县、乡镇党政机构改革期间，自治区乡镇类别条件规定，邕宁县列为大县，全县列为大乡镇（即一类乡镇）有蒲庙镇、良庆镇、百济乡、那楼镇、刘圩镇、南阳镇、中和乡、伶俐镇、长塘镇、五塘镇、吴圩镇、苏圩镇、那陈镇、大塘镇、南晓镇15个。列为中等乡镇（二类乡镇）有那马镇、新江镇、镇龙乡、四塘镇、昆仑镇、延安镇6个。全县没有三类乡镇即小乡镇。

2004年，全县有18个镇、3个乡，即蒲庙镇、良庆镇、那马镇、那楼镇、刘圩镇、南阳镇、伶俐镇、长塘镇、四塘镇、五塘镇、昆仑镇、吴圩镇、苏圩镇、延安镇、那陈镇、大塘镇、南晓镇、新江镇、百济乡、中和乡、镇龙乡。

蒲　庙　镇

位于邕宁县北部，东接刘圩镇、那楼镇，南毗新江镇，西连良庆镇、那马镇，北邻南宁市新城区、长塘镇。土地总面积249平方千米。镇人民政府驻县城汉林街。是县人民政府所在地。

民国22年（1933年）蒲津乡更名为蒲津镇。1949年12月，蒲津镇改为蒲津乡，为八尺区所辖。1950年6月蒲津乡为第三区所辖。1950年9月为第五区所辖，1951年6月为第一区所辖，1955年8月为蒲庙区所辖。1958年3月设蒲庙乡，为蒲庙办事处所辖；同年8月设星火公社辖蒲庙、那秀、新江等大队。1959年4月设蒲庙公社。1961年5月设蒲庙区辖蒲庙、良俸、那路、那莲、城镇、幸福、刘圩、大里、那里、新江、汉林、良庆、那马、莲山等公社。1980年1月，从蒲庙人民公社划出蒲庙街、莫村、公曹、那晚、那元、那美等大队及村街，成立蒲庙镇人民公社，蒲庙人民公社和蒲庙镇人民公社同时并存。1984年9月蒲庙公社改为蒲庙乡。1987年10月蒲庙乡与蒲庙镇合并为新的蒲庙镇，原蒲庙镇、蒲庙乡撤销，新的蒲庙镇办公地点在原蒲庙乡政府。

2004年，蒲庙镇辖蒲津、那元、新兴、红星、金葫、莫村6个社区和公曹、和合、龙岗、仁福、孟莲、光和、新新、新生、州同、良勇、梁村、良信、广良、联团、那路、华康、张村17个村（金葫、莫村2个社区由仙葫经济开发区托管）。有村（居）民小组796个。总人口12.63万人。其中，男性6.54万人、女性6.09万人；农业人口8.48万人；壮族人口10.87万人，占总人口86.06%；汉族人口1.74万人，占总人口13.78%。农村居民讲壮话为主，城镇居民讲白话为主。耕地面积6186.67公顷。主要农产品有稻谷、花生、蔬菜、瓜果、甘蔗、茉莉花、桑蚕等。矿产资源有铜矿、石灰石、白云石、方解石、熔岩次生矿、河沙等，其中石灰石尤其丰富，是当地水泥厂的主要原料。

蒲庙镇是全县的政治、经济、文化、信息、旅游中心，为解放战争时期革命游击根据地。城镇水陆交通便利，南（南宁）北（北海）钦（钦州）防（防城港）高速公路、湘桂铁路黎（黎塘）南（南宁）复线、省道公路南（南宁）西（西津）线从蒲庙镇经过，设有邕宁、天坛2个火车站和高速公路出入口；南（南宁）蒲（蒲庙）二级公路直通南宁市区，县城设有邕宁汽车总站和邕宁汽车客运南站，客车直通各乡镇。邕江流经县城，可通航1000吨级船舶，上可达百色市等地，下可通广州市、香港等地区，境内建有蒲庙航运码头、蒲庙大众码头、银泉码头等。经济社会发展有了一定的基础。工业逐步形成以造纸、化工、农产品加工等为支柱的产业体系，银泉化工年产硫酸3万~5万吨。位于县城的南宁糖业股份有限公司蒲庙造纸厂（原蒲庙糖厂）、广西华宏水泥股份有限公司（原南宁地区蒲庙水泥厂）、广西银泉化工有限责任公司（原蒲庙硫酸厂）等都是邕宁县纳税大户之一。农业优势农产品有肉鸡、野猪、桑蚕、优质蔬菜等初具规模。1997年李冬兰创办“邕宁县良勇特种养殖场”，野猪养殖发展较快，并形成改良型野猪养殖业。该镇建成龙岗、梁村、和合、公曹4个村茉莉花生产基地，良勇、良信、广良、张村4个村西瓜种植基地，新新、新生、光和、孟莲4个村蔬菜生产基地，那路、联团、华康3个村种桑养蚕基地。卫生、教育等基础设施较为完善，集中了全县主要医院和重点中小学校。镇内旅游资源较为丰富，有国家重点文物保护单位顶蛳山贝丘遗址和县级文物保护单位五圣宫、北帝庙、那莲戏台，以及蒲津公园等人文景观，有龟山、清水泉等自然风光。2004年，全镇粮食总产量2.80万吨，蔬菜总产量4701吨，甘蔗（糖蔗）总产量5.80万吨，肉猪出栏5.10万头，家禽出栏258万羽，蚕茧总产量42.90吨，水果总产量3082吨，花生总产量3567吨，水产品总产量3930吨。地区生产总值8.47亿元，农林牧渔业总产值2.66亿元，乡镇企业总产值3.12亿元，财政总收入1.05亿元，农民人均纯收入2611元。

至2004年，建成新新村九碗坡、孟莲村那庭坡、良信村那祚坡、良勇村坛等坡、梁村地良坡、张村新坡、和合村平沙坡、良勇村那力坡和那稔坡及那晓坡等农村生态文明村。

良 庆 镇

位于邕宁县西北部，东接蒲庙镇，南连那马镇、新江镇，西界吴圩镇，北邻南宁市江南区。土地总面积124平方千米。镇人民政府驻地良庆圩，距县城8千米。

1949年12月为八尺区辖良庆乡。1950年9月为第六区。1951年6月为第十一区。1957年为良庆区。1958年3月为良庆乡，同年8月设五星公社辖良庆、那马等大队。1959年4月为良庆人民公社。1961年5月为蒲庙区辖良庆等人民公社。1962年7月设良庆区。1968年12月改为良庆人民公社。1984年9月为良庆乡。1994年12月为良庆镇（1996年1月19日举行撤乡建镇挂牌仪式）。

▲2002年，良庆镇政府外景　　（邕宁区史志办资料照片）

2004年，良庆镇辖良庆、银沙、金象、银海、前进、五象、波洋、玉龙8个社区和渌绕、坛泽、那平、平乐、玉洞、那黄、新团、新兰、新村9个村（银沙、金象、银海、前进4个社区由大沙田经济开发区托管，五象、波洋、玉龙3个社区由沿海经济开发区托管）。有村（居）民小组374个。总人口6.32万人。其中：男性3.32万人、女性3万人；农业人口4.90万人；壮族5.63

▲ 2002 年，良庆镇农家生态养鸡场

（县委宣传部供稿）

万人，占总人口 89.08%；汉族 6326 人，占总人口 10.01%。耕地面积 2545.80 公顷。主要农产品有稻谷、花生、西瓜、蔬菜、甘蔗、水果等。矿产资源有铁矿、铜矿等。铁矿主要分布于良庆、坛泽、禄绕、那黄、新村一带。

良庆镇为解放战争时期革命游击根据地。该镇交通便利，有（南宁）防（防城）铁路、桂（桂林）海（北海）高速路、南（南宁）北（北海）二级公路、南（南宁）蒲（蒲庙）二级公路南线和邕江过境，设有玉洞火车站、南北高速公路良庆出入口、高速公路玉洞出入口、良庆渡口、良庆码头、念水码头、青龙码头等。镇境内建有南宁市大沙田经济开发区和邕宁沿海经济走廊开发区。主要工业企业有陶瓷厂、缫丝厂、宁俊纸厂等。全镇固定电话用户、移动电话用户不断增加，逐步普及到各个村坡。特色种植业有蔬菜种植，新兰、新团、新村 3 个村是南宁市“菜篮子”工程基地，每年向南宁市供应蔬菜 3 万吨以上。石船（前）头贝丘遗址位于该镇那黄村北面 3.50 千米的邕江南岸台地上，是自治区文物保护单位。2004 年，全镇粮食总产量 9630 吨，甘蔗总产量 9.57 万吨，花生总产量 1230 吨，西瓜总产量 7180 吨，蔬菜总产量 8.15 万吨，水果总产量 9730 吨，家禽出栏 153 万羽，水产品总产 600 吨。地区生产总值 3 亿元，农林牧渔业总产值 1.95 亿元，乡镇企业总产值 1.52 亿元，财政总收入 2600 万元，农民人均纯收入 2639 元。

至 2004 年，建成平乐村叠乌坡、金村 17 组和 18 组，新村花民坡，平乐村 19 组，新兰村乌兰新坡、弹里坡，良庆书林 1 组、2 组、8 组，良庆街 1 组等农村生态文明村。

那 马 镇

位于邕宁县西南部，东与新江镇接壤，西连吴圩镇、那陈镇，南邻大塘镇，北毗良庆镇、南宁市江南区那洪镇。土地总面积 168 平方千米。镇人民政府驻地那马圩，距县城 25 千米。

1949 年 12 月为迁龙区辖那马乡，1950 年 6 月为第三区辖，1950 年 9 月为第六区（良庆）辖那马等乡。1958 年 3 月为那马乡，同年 8 月为五星人民公社辖良庆、那马等大队。1959 年 4 月为那马人民公社。1960 年 6 月那马人民公社并入良庆人民公社。1961 年 5 月为蒲庙区辖那马等人民公社。1962 年 7 月设那马区。1968 年 12 月改为那马人民公社。1984 年 9 月改为那马乡。1994 年 12 月改为那马镇（1995 年 4 月举行撤乡建镇挂牌仪式）。

▲ 2003 年，那马镇竹泉岛文化村大门

（邕宁区史志办资料照片）

2004 年，辖那马社区和冲陶、坛良、那僚、共和、子伟、连山、一致 7 个村。有村（居）民小组 211 个。总人口 2.54 万人。其中，男性 1.37 万人、女性 1.17 万人；农业人口 2.42 万人；壮族人口 2.10 万人，占总人口 82.68%；汉族人口 4270 人，占总人口 16.81%。耕地面积 2266.67 公顷。主要农产品有稻谷、花生、木薯、蔬菜、甘蔗、水果等。矿产资源有红朱砂、白泥等。

那马镇为第二次国内革命战争时期革命老区、解放战争时期革命游击根据地。有南（南宁）防（防城）铁路、桂（桂林）海（北海）高速路、南（南宁）北（北海）二级公路过境，宁村火车站、桂海高速公路那马出入口等形成较便利的交通路网。那马镇利用凤凰湖风景区和八尺江的资源优势发展旅游业，建成绿都温泉度假山庄、竹泉岛文化村、龙泉湾山庄、凤凰绿都生态农庄等一批旅游观光景点，并建有奶牛场和菠萝生产基地。2004年，全镇粮食总产量8330吨，水果总产量3.90万吨(其中菠萝2.92万吨），甘蔗总产量7万吨，花生总产量9670吨，蔬菜总产量3.30万吨，木薯总产量7580吨，水产品总产量1810吨。地区生产总值2.20亿元，农林牧渔业总产值1.80亿元，乡镇企业总收入3627万元，财政总收入427万元，农民人均纯收入2601元。

至2004年，建成那扭坡、坛僚坡、旧圩坡、那蓬坡、那略坡、苏岭新坡、益民新村、莲山村三坡和新村、那枧坡等农村生态文明村。

新 江 镇

位于邕宁县中部，东连那楼镇，西与那马镇毗邻，北与蒲庙镇、良庆镇接壤，南与大塘镇、百济乡交界。土地总面积165平方千米。镇人民政府驻地新江圩，距县城16千米。

▲2003年，新江镇政府大门

（邕宁区史志办资料照片）

1950年1月为广东省灵山县七区辖新江乡。1951年2月从灵山划归邕宁县为第十一区（先托管，后于同年9月21日正式下文划拨），同年6月改为第七区。1955年8月为新江区。1958年3月为新江乡，同年8月为星火人民公社辖新江等大队。1959年4月设新江人民公社。1961年5月为蒲庙区辖新江等人民公社。1962年7月设新江区。1968年12月改为新江人民公社。1984年9月改为新江乡。2000年6月改为新江镇。

2004年，辖新江社区和汉林、华联、力勒、新乐、那云、屯亮、那了、团阳8个村。有村（居）民小组220个。总人口2.90万人。其中，男性1.54万人、女性1.36万人；农业人口2.80万人；壮族人口2.74万人，占总人口94.48%；汉族人口1217人，占总人口4.20%。耕地面积2543.33公顷。主要农产品有稻谷、甘蔗、蜜本南瓜、花生、木薯等。矿产资源有铜矿等。

新江镇为解放战争时期革命游击根据地。有邕宁至钦州三级公路贯穿境内，新江至那马公路连接桂（桂林）海（北海）高速、南（南宁）北（北海）二级公路，交通较为便利。农业以种植水稻、甘蔗、密本南瓜、花生、木薯等农作物和养鸡、养猪、养鸭为主，蜜本南瓜种植是南宁市“菜篮子”样板工程之一。在汉林村有徐汉林烈士陵园，是邕宁爱国教育基地。建于清朝道光十七年的新江古桥（皇赐桥）在新江圩头的新江河上，1984年定为邕宁县重点文物保护单位，桥身全石、五拱，桥梁结构有特色，具很高的考古价值。1957年至1958年修筑的总库容2999万立方米的英雄水库群山环绕，树木葱郁，碧水绿树，是生态旅游观光点。2004年，全镇粮食总产量6899吨，甘蔗总产量12万吨，蜜本南瓜总产量8391吨，家禽出栏86.30万羽，肉猪出栏1.66万头，水产品总产量217吨。地区生产总值1.99亿元，农林牧渔业总产值1.90亿元，乡镇企业总产值55万元，财政总收入560万元，农民人均纯收入2560元。

至2004年，建成团达坡、曾屋坡、那坤坡、坛料坡、桥喜坡、那余坡、屯竞坡、堂久坡、那六坡等农村生态文明村。

百济乡

位于邕宁县南部，北连新江镇，东邻那楼镇、镇龙乡和灵山县太平镇，南毗南晓镇，西接大塘镇。土地总面积310平方千米。乡人民政府驻地百济圩，距县城38千米。

1950年1月为广东省灵山县第七区辖百济乡。1951年2月从灵山县划归邕宁县为第十区（先托管，后于同年9月21日正式下文划拨），同年6月改为第八区。1955年8月为百济区。1958年3月设百济乡，同年8月设红星公社辖百济、红星等大队。1959年4月为百济人民公社。1961年5月为那楼区辖百济、蟠龙等公社。1962年1月设红星区辖百济、屯林、红星、华灵等公社。1962年7月设百济区。1968年12月改为百济公社。1984年9月改为百济乡。

2004年，辖百济社区和八联、屯茶、南弼、华达、平派、屯林、桥学、南华、红星、屯宁、新平、华灵、屯王13个村。有村（居）民小组408个。总人口4.27万人。其中，男性2.30万人、女性1.97万人；农业人口4.17万人；壮族人口3.94万人，占总人口92.27%；汉族人口2732人，占总人口6.40%。耕地面积3320公顷。主要农产品有稻谷、花生、木薯、蔬菜、甘蔗、水果、松脂等。矿产资源有铀、铜、铅锌矿、重晶石等。

百济乡解放前夕曾是中共粤桂边区游击区之一，为解放战争时期革命游击根据地。有邕宁至钦州三级公路贯穿乡境南北。山地多，平地少，是邕宁县重要的甘蔗、水果、林木等生产基地。甘蔗是主要的收入来源，年种植甘蔗面积6666.67公顷；水果种植以龙眼、荔枝为主；林木建成了屯苏林场等5个666.67公顷林业基地，年产松脂2000吨。2004年，全乡粮食总产量2.66万吨，甘蔗总产量31万吨（居全县首位），水果总产量1710吨（其中龙眼、荔枝总产1360吨），肉猪出栏1.49万头，家禽出栏80.10万羽（百济土鸡、土鸭即芝麻鸭享誉邕城），水产品总产量714吨。地区生产总值3.01亿元，农林牧渔总产值1.86亿元，乡镇企业总产值1.16亿元，财政总收入480.90万元，农民人均纯收入2588元。

至2004年，建成八联村那例坡，红星村那诺新坡、金龙坡、那垌坡、那萎坡、坛里坡、那朗坡，屯林村三桥坡，南华村那放坡、坛旺坡，南弼村那罗坡等农村生态文明村。

那楼镇

位于邕宁县东部，北与蒲庙镇、刘圩镇接壤，东接中和乡、镇龙乡，南邻百济乡，西界新江镇。土地总面积220平方千米。镇人民政府驻地那楼圩，距县城26千米。

1950年1月前为广东省灵山县第七区辖。1951年2月从灵山县划归邕宁县为第十二区（先托管，后于同年9月21日正式下文划拨），同年6月改为第六区。1955年8月为那楼区。1958年3月为那楼乡，同年8月设跃进公社辖那楼、镇龙等大队。1959年4月为那楼人民公社。1961年5月设那楼区辖那楼、中山、河浪、镇龙、蟠龙、百济、屯林、红星、华灵等人民公社。1968年12月改为那楼人民公社。1984年9月改为那楼乡。1994年12月改为那楼镇（1995年3月10日举行撤乡建镇挂牌仪式）。

▲ 2005年，那楼镇罗马村小蚕共育中心工作人员在育蚕　　（苏广聪　摄）

2004年，辖那楼社区和屯六、坛墩、坛垌、那文、那头、那盆、中山、屯了、罗马、那旺、那务、三江、那利、河浪、华佳15个村。共有村（居）民小组215个。

总人口6.32万人。其中，男性3.36万人、女性2.96万人；农业人口6.15万人；壮族6.31万人，占总人口99.84%。耕地面积4209.33公顷。主要农产品有稻谷、花生、甘蔗、淮山、桑蚕、蔬菜、水果等。矿产资源有铜矿、重晶石、磨刀石等。

那楼镇解放前夕曾是中共粤桂边区游击区之一，为解放战争时期革命游击根据地。有蒲庙至灵山县太平镇公路通过，蒲庙过那楼至镇龙路段为柏油路。特色种植养殖业有淮山种植、“温氏鸡”公司+农户生产、种桑养蚕等。淮山是当地特产，淀粉含量高，具有固血蓄精的药效，加工成干条远销广东、湖南、河南、四川等地，是广西重要的淮山生产基地，素有“淮山之乡”美誉。2004年温氏养鸡353户，出栏肉鸡420万羽，纯收入630多万元。种桑养蚕已形成规模，2004年桑园面积1133.33公顷，成为南宁市最大的桑蚕生产基地。该镇的加工业较发达，有淮山、辣椒的加工，成为转移富余劳动力和农民增收的亮点。2004年，全镇粮食总产量3.21万吨，甘蔗总产量11.55万吨，淮山总产量938吨，水果总产量3645吨，桑蚕总产量4000吨，木薯总产量6104吨，蘑菇总产量938吨，玉米总产量1841吨，花生总产量1657吨，西瓜总产量6700吨，水产品总产量1600吨，牛出栏2300头，肉猪出栏5.72万头，家禽出栏128万羽。地区生产总值3.39亿元，农林牧渔业总产值2.58亿元，乡镇企业总产值5600万元，财政总收入431.96万元，农民人均纯收入2630元。

至2004年，建成中山街、华亮鹿龙坡、屯底堆砖坡、那盆那沈坡、那逻坡、坛波坡、那旦坡、那琅那枧坡、那桑新坡、坛悼新坡、那盆屯周南坡、坛墩坡、那利坡、屯了坡、那条坡等农村生态文明村。

镇 龙 乡

位于邕宁县东南部，南邻灵山县太平镇，北接那楼镇，东界中和乡，西连百济乡。土地总面积129平方千米。乡人民政府驻地镇龙圩，距县城36千米。

▲2003年，镇龙乡党政机关大门　　（滕永杰　摄）

1987年8月从那楼乡分设镇龙乡。

2004年，辖镇龙社区和那他、屯良、棠犁、那丰、那良5个村。共有村（居）民小组206个。总人口2.16万人。其中，男性1.16万人、女性9960人；农业人口2.13万人；壮族2.07万人，占总人口95.83%；汉族713人，占总人口3.35%。主要农产品有稻谷、甘蔗、花生、淮山、桑蚕、蔬菜、水果等。矿产资源有重晶石等。

镇龙乡为解放战争时期革命游击根据地。有蒲庙至灵山县太平镇公路通过，蒲庙过那楼至镇龙路段为柏油路，镇龙至灵山县太平镇路段为砂石路。特色种植养殖业有万亩淮山种植基地，甜竹笋生产基地，养鹅1万羽，养本地塘角鱼100万尾。1957年至1958年修筑的帽子岭小（一）型水库总库容615万立方米，防洪库容194万立方米，兴利库容487万立方米，死库容7万立方米，旱季为当地和那楼乡灌溉大批田地，使大部分农田旱涝保收。雷婆岭摩崖石刻位于该乡那良村那蒙坡南面的雷婆岭上，对研究当地民族文化具有很高的价值。2004年，全乡粮食总产量9538吨，木薯总产量1.79万吨，甘蔗总产量6.90万吨，淮山总产量1.48万吨，甜竹笋总产量240吨，肉猪出栏1.82万头，水产品总产量450吨。地区生产总值8100万元，农林牧渔业总产值7600万元，乡镇企业总产值2300万元，财政总收入196万元，农民人均纯收入2328元。

至2004年，建成坛迫坡、那旺坡、大匡坡、坛江坡、斑鲤坡、那黎坡、坡底坡、那丽坡等农村生态文明村。

刘圩镇

位于邕宁县东部，东连南阳镇、中和乡，南界那楼镇，西接蒲庙镇，北邻长塘镇、伶俐镇。土地面积158平方千米。镇人民政府驻地刘圩，距县城19千米。

1949年12月为八尺区辖刘圩乡。1950年9月设第四区。1951年6月为第五区。1955年8月为刘圩区。1958年3月为刘圩乡，同年8月设东方红人民公社辖刘圩、南阳等大队。1959年4月为刘圩人民公社。1961年5月为蒲庙区辖刘圩等人民公社。1962年7月设刘圩区。1968年12月改为刘圩人民公社。1984年9月改为刘圩乡。1994年12月改为刘圩镇。

2004年，辖刘圩社区和团黄、谭村、那床、良合、槐里、麓阳、那里、那烈、禄强、那度、三籁、那救、大里13个村。有村(居)民小组476个。总人口5.17万人。其中,男性2.70万人、女性2.47万人;农业人口5.01万人;壮族人口5.16万人,占总人口99.81%。耕地面积4466.67公顷。主要农产品有稻谷、玉米、香芋、甘蔗、桑蚕、蘑菇、水果等。矿产资源有铜、铁、石膏等。

刘圩镇为解放战争时期革命游击根据地。有南（南宁）西（西津）公路和邕（邕宁）灵（灵山）公路通过，交通较为便利。特色种植养殖有种桑养蚕基地、香芋种植基地和蘑菇生产基地。刘圩街附近的斑山很具特色，是县内的胜景之一。建于刘圩街上的斑峰书院历史悠久，清代进士钟德祥亲笔所书的"斑峰书院"条匾悬挂于门首，书院现仍保存较为完好。2004年，全镇粮食总产量2.41万吨，甘蔗总产量13.50万吨，西瓜总产量1656吨，花生总产量144吨，玉米总产量1500吨，香芋总产量7350吨，蘑菇总产量3880吨，蚕茧总产量825吨，水产品总产量905吨。地区生产总值3.90亿元，乡镇企业总产值4548万元，农林牧渔业总产值1.85亿元，财政总收入468万元，农民人均纯收入2580元。

至2004年，建成那任坡、平沙坡、那许坡、那布龟山坡、三籁那念坡、谭村坛诗坡、大里那冲坡等农村生态文明村。

南阳镇

位于邕宁县东部，东与横县峦城镇相接，南邻中和乡，西界刘圩镇，北连伶俐镇。土地总面积97平方千米。镇人民政府驻地南阳圩，距县城37千米。

1949年12月属永淳县南区。1950年1月撤销南区设立永淳县南阳区,同年4月撤销南阳区设南区，同年11月设立永淳县第六区（南阳、中和）。1952年8月从永淳县第六区划归横县为第九区。1953年4月横县第九区（南阳）划归邕宁县为第十八区。1955年8月为南阳区。1958年3月为南阳乡，同年8月设东方红人民公社辖南阳、刘圩等大队。1959年4月为南阳人民公社。1961年5月为伶俐区辖南阳等人民公社。1962年7月设南阳区。1968年12月改为南阳人民公社。1984年9月为南阳乡。1994年12月为南阳镇（1995年2月举行撤乡建镇挂牌仪式）。

▲2002年，南阳镇养鸭场一角 （邕宁区史志办资料照片）

2004年，辖南阳社区和新光、留凤、雄会、新楼、二田、施厚6个村。有村（居）民小组203个。总人口3.07万人。其中，男性1.59万人、女性1.48万人；农业人口2.95万人；壮族人口2.84万人，占总人口92.51%；汉族人口2273人，占总人口7.40%。耕地面积2387公顷。主要农产品有稻谷、玉米、花生、甘蔗、桑蚕、蔬菜、水果等。

南阳镇政府驻地南阳圩距南（南宁）柳（柳州）高速公路伶俐出入口处8千米，有柏油路通过；省道公路贯通境内，交通便利。特色养殖有良种瘦肉型猪，饲养量居全县第一。2002年全镇有百头以上猪场15家，小型猪场193家，生猪饲养7.41万头，年内出栏4.83万头，年末存栏2.58万头。山上养殖“生态鸡”是南阳镇一个新的经济增长点，2002年家禽年末存栏60万羽，年内出栏80万羽。该镇重视有线广播宣传，2002年有入户有线广播喇叭4568只，是邕宁县唯一拥有有线广播网络的乡镇。2004年，全镇粮食总产量1.63万吨，甘蔗总产量5.80万吨，花生总产量971吨，玉米总产量2191吨，蔬菜总产量8235吨，西瓜总产量872吨，水果总产量808吨，生猪存栏3.90万头，出栏5.80万头，家禽出栏96万羽，大牲畜出栏2260头，水产品总产量358吨。地区生产总值1.95亿元，农林牧渔业总产值1.01亿元，乡镇企业总产值4312万元，财政总收入300万元，农民人均纯收入2603元。

至2004年，建成南阳新村坡、那也坡、国荣坡、新光北歪坡、二田坛集坡、田挺坡等农村生态文明村。

中　和　乡

位于邕宁县东部，东邻横县，南毗灵山县，西连镇龙乡、那楼镇，北接刘圩镇、南阳镇。土地面积176平方千米。乡人民政府驻地中和圩，距县城34千米。

▲中和乡中和社区孙头坡居民住房

（2016年卢虹灵　摄）

1949年12月属永淳县辖中和乡。1950年11月设永淳县第六区（南阳、中和）。1952年8月从永淳县第六区划归横县为第十七区。1952年10月，横县第十七区（中和）划归邕宁县管辖为第十七区。1955年8月为中和区。1958年3月为中和乡，同年8月为胜利人民公社辖中和、平天等大队。1959年4月为中和人民公社。1961年5月为伶俐区辖中和等人民公社。1962年7月设中和区。1968年12月改为中和人民公社。1984年9月改为中和乡。

2004年，辖中和社区和那例、那才、周禄、坛西、方村、平天、新安7个村。有村（居）民小组332个。总人口3.30万人。其中，男性1.76万人、女性1.54万人；农业人口3.21万人；壮族人口3.29万人，占总人口99.70%。耕地面积2400公顷。主要农产品有稻谷、玉米、花生、甘蔗、木薯、水果等。矿产资源有重晶石膏等。

中和乡有南宁至灵山公路通过，蒲庙到中和圩路段是柏油路。每年农历二月初二，中和社区孙头坡举行传统抢花炮活动，有数千上万人到场观看。特色种养业有“公司+农户”模式的“温氏鸡”养殖业和“公司+基地+农户”模式的林、竹种植业。2004年，中和乡粮食总产量1.58万吨，甘蔗总产量6.50万吨，木薯总产量101吨（干片），花生总产量337吨，玉米总产量1493吨，蔬菜总产量939吨，西瓜总产量70吨，水果总产量653吨，生猪存栏2.35万头，出栏4.70万头，家禽出栏125万羽，大牲畜出栏800头，肉类总产量4602吨，水产品总产量688吨。地区生产总值1.69亿元，农林牧渔业总产值9829万元，乡镇企业总产值369万元，财政总收入268万元，农民人均纯收入2229元。

至 2004 年，建成中和社区的孙头坡、贵德坡、屯孙坡、祥旦坡，那例村屯杨坡，周禄村柳坡、坛春坡，方村村劳坡、杨坡，平天村派料坡等农村生态文明村。

伶 俐 镇

位于邕宁县东北部，东接横县，南毗南阳镇，西邻长塘镇，北接宾阳县。土地面积 264 平方千米。镇人民政府驻地伶俐圩，距县城经长塘镇过旧公路 44 千米、行高速公路 34 千米。

1949 年 12 月为金城区辖伶俐乡。1951 年 6 月设第四区。1955 年 8 月改为伶俐区。1958 年 3 月为伶俐乡，同年 8 月设卫星人民公社辖伶俐、长塘等大队。1959 年 4 月为伶俐人民公社。1961 年 5 月设伶俐区辖伶俐、上王、长塘、五合、南阳、中和、平天等人民公社。1968 年 12 月改为伶俐人民公社。1984 年 9 月改为伶俐乡。1994 年 12 月改为伶俐镇（1995 年 3 月举行撤乡建镇挂牌仪式）。

2004 年，辖伶俐（伶珑）社区和石塘、沱江、上王、望齐、那樟、独岭、王京 7 个村。有村（居）民小组 188 个。总人口 3.27 万人。其中，男性 1.74 万人、女性 1.53 万人；农业人口 2.96 万人；壮族人口 3.24 万人，占总人口 99.08%。耕地面积 2473.20 公顷。主要农产品有稻谷、玉米、花生、甘蔗、蔬菜、水果等。矿产资源有铁矿、铜矿、砂金矿、硅矿、重晶石、石灰石、沙金、河沙等。

伶俐镇为解放战争时期革命游击根据地。镇政府驻地伶俐圩有湘桂铁路黎（黎塘）南（南宁）复线经过，设伶俐火车站；南柳高速公路过境并设伶俐出入口；有柏油路经长塘通往县城；邕江贯通境内，并设有汽车渡口和码头，交通比较便利。镇内北面多为山地，南面多为丘陵间有平原，有利于发展农业生产。特色农业有粮食生产和竹笋生产。伶俐糖厂位于伶俐圩附近，是邕宁县纳税大户之一。2004 年，全镇粮食总产量 1.55 万吨，甘蔗总产量 3.70 万吨，水果总产量 2100 吨，蔬菜总产量 8.06 万吨，肉猪出栏 2.78 万头，家禽出栏 67.50 万羽，水产品总产量 600 吨，竹笋总产量 1000 吨。地区生产总值 3.18 亿元，农林牧渔业总产值 1.02 亿元，乡镇企业总产值 5500 万元，财政总收入 716 万元，农民人均纯收入 2398 元。

至 2004 年，建成梁屋坡、喃蒙坡、兰么坡、鸳鸯坡、王京坡 3 组、伶秀坡 6 组、角巴坡、学和坡、角浪坡、宁巴坡、国绿坡、排东坡、国尔坡等农村生态文明村。

长 塘 镇

位于邕宁县东北部，北接四塘镇、五塘镇，东连伶俐镇，南邻蒲庙镇、刘圩镇，西毗南宁市新城区。土地总面积 265 平方千米。镇政府驻地长塘圩，距县城 21 千米。

1987 年 8 月从伶俐乡分设长塘乡。2000 年 6 月改为长塘镇。

2004 年，辖长塘、那舅、五合、蓉茉 4 个社区和天堂、定西、垌江、德福、长大、那曾、枫木 7 个村（那舅、五合、蓉茉 3 个社区由仙葫经济开发区托管）。有村（居）民小组 334 个。总人口 3.81 万人。其中，男性 1.97 万人、女性 1.84 万人；农业人口 3.64 万人；壮族人口 3.27 万人，占总人口 85.83%；汉族人口 5291 人，占总人口 13.89%。耕地面积 3291.47 公顷。主要农产品有稻谷、玉米、花生、甘蔗、西瓜、蔬菜等。矿产资源有铁矿、铅锌矿、石灰石、磷矿、河沙等。

长塘镇有湘桂铁路黎（黎塘）南（南宁）复线经过，设长塘火车站；南柳高速公路过境，有柏油路经通往县城；邕江贯通境内，并在长塘圩设有汽车渡口和码头。邕江北岸以种植甜竹笋和经济林为主；邕江南岸以种植甘蔗、西瓜、玉米、花生等为主；上河片呈城郊型经济特点，主要种植水果、蔬菜和发展养殖业等。天堂村幸福坡生态文明村建设闻名区内外。2001 年 11 月，在广西首府南宁市举办首届国际生态卫生科学大会上，参会的世界各国生态卫生界专家、政府官员和联合国儿童基金会等国际组织的代表共 120 多人，在对邕宁县的农村生态卫生厕所及人口居住环境状况进行实地考察时，重点考察了长塘镇天堂村幸福坡，对该坡建造的粪和尿分开收集式的生态卫生厕所（旱厕）大为赞赏。长塘镇有多处文化古迹，位于定西村冲豆坡西面的青龙江贝丘遗址、长塘社区天窝坡东面的天窝（螺蛳山）贝丘遗址被列为自治区文物保护单位，位于五合村凌屋坡西南面的凌屋贝丘遗址、五合村那窝坡南面的那北咀贝丘遗址被列为县级文物保护单位。逃军山是游览胜地，山上有小庙，每年农历四月初八日当地群众举行祭祀活动，有游客数千上万人。2004 年，全镇粮食总产量 1.69 万吨，甘蔗总产量 6.09 万吨，花生总产量 1.53 万吨，水果总产量 2190 吨，蔬菜总产量 2.68 万吨，肉类总产量 3.40 万吨，水产品总产量 805 吨。地区生产总值 1.83 亿元，农林牧渔业总产值 1.83 亿元，乡镇企业总产值 3100 万元，财政总收入 287 万元，农民人均纯收入 2399 元。

至 2004 年，建成幸福坡、加踏坡、六倡外坡、冲么巴炉坡、王里 1 组 2 组、佛子、王村国喀坡 1 组 2 组、天窝 1 组 2 组、团岩坡等农村生态文明村。

四　塘　镇

位于邕宁县北部，北接武鸣县，东邻五塘镇，南界长塘镇，西毗南宁市兴宁区三塘镇。土地面积 129 平方千米。镇人民政府驻地四塘圩，距县城 24 千米。

▲ 1998 年，四塘镇政府大门　（邕宁区史志办资料照片）

▲ 1998 年，四塘镇推广站蔬菜大篷实验基地　（邕宁区史志办资料照片）

1987 年 8 月从五塘镇分设四塘乡。1994 年 12 月改为四塘镇（1995 年 1 月举行撤乡建镇挂牌仪式）。

2004 年，辖四塘、四塘煤矿、里罗煤矿、平垌煤矿 4 个社区和建新、六村、创新、那笔、同仁 5 个村。有村（居）民小组 140 个。总人口 2.62 万人。其中，男性 1.39 万人、女性 1.23 万人；农业人口 2.31 万人；壮族人口 2.54 万人，占总人口 96.95%；汉族人口 759 人，占总人口 2.90%。耕地面积 2538.73 公顷。主要农产品有稻谷、玉米、花生、甘蔗、西瓜、蔬菜等。矿产资源有煤矿、黏土、河沙等。

四塘镇为解放战争时期革命游击根据地。有南（南宁）梧（梧州）二级公路横贯东西，有县城蒲庙至四塘四级砂石路和四塘至武鸣三级砂石公路通过。特色农业有粮食生产基地、蔬菜生产基地和花木种植基地。该镇依托丰富的煤炭资源发展工矿企业，曾建有四塘、里罗、平垌 3 个国营煤矿，小煤窑较多；乡镇企业以机制砖为主，建有红砖厂 14 座，年产 1 亿块红砖。2004 年，全镇粮食总产量 1.17 万吨，甘蔗总产量 4.51 万吨，西瓜总产量 1.23 万吨，玉米总产量 1677 吨，花生总产量 760 吨，蔬菜总产量 2.73 万吨，水产品总产 801 吨，肉猪出栏 1.32 万头，牛出栏 412 头。地区生产总值 1.65 亿元，农林牧渔业总产值 8560 万元，乡镇企业总产值 611 万元，财政总收入 613 万元，农民人均纯收入 2657 元。

至 2004 年，建成苏村坡、山口坡、佛子坡、贤村上坡、滕村坡、那沙坡、三叉坡、新村坡、韦村坡、张村坡等农村生态文明村。

五塘镇

位于邕宁县东北部，北连武鸣县，东邻昆仑镇，东南接伶俐镇，南毗长塘镇，西界四塘镇。土地总面积 280 平方千米。镇人民政府驻地五塘圩，距县城 28 千米。

1949 年 12 月为金城区辖五塘乡。1950 年 1 月改为第二区。1955 年 8 月为五塘区。1958 年 3 月改为五塘乡，同年 8 月设红旗人民公社辖五塘、七塘、八塘等大队。1959 年 4 月设五塘人民公社。1961 年 5 月设五塘区（又称五塘实验区）辖四塘、五塘、七塘、八塘、上江等人民公社。1968 年 12 月改为五塘人民公社。1984 年 9 月改为五塘镇。

2004 年，辖五塘 1 个社区和七塘、西龙、英广、友爱、坛棍、四平、永宁、沙平、两山、六塘、民政、王竹、四六 12 个村。有村（居）民小组 444 个。总人口 6.08 万人。其中，男性 3.14 万人、女性 2.94 万人；农业人口 5.65 万人；壮族人口 5.91 万人，占总人口 97.20%；汉族人口 1397 人，占总人口 2.30%。耕地面积 4793.33 公顷。主要农产品有稻谷、玉米、花生、甘蔗、西瓜、蔬菜等。矿产资源有煤矿、黏土、河沙等。

五塘镇为解放战争时期革命游击根据地。有南（南宁）梧（梧州）二级公路横贯东西。1958 年兴建的西云江水库位于该镇北部，属中型水库，对当地的农田灌溉起到十分重要的作用。特色农业有粮食生产基地、蔬菜生产基地和无籽西瓜种植等。有沙江经过，盛产优质河砂（石英砂），同时又是红砖产地。宋代名臣滕甫墓位于沙平村坛祐坡，为县级文物保护单位。2004 年，全镇粮食总产量 2.42 万吨，西瓜总产量 3 万吨，花生总产量 865 吨，甘蔗总产量 2.70 万吨，玉米总产量 4103 吨，蔬菜总产量 7.30 万吨，水果总产量 3267 吨，牛出栏 616 头，猪出栏 3.25 万头，水产品总产量 1423 吨，家禽出栏 122 万羽。地区生产总值 3.88 亿元，乡镇企业总产值 1.68 亿元，农林牧渔业总产值 2.07 亿元，财政总收入 970 万元，农民人均纯收入 2708 元。

至 2004 年，建成五塘社区定新坡、那岑坡，西龙村坛白坡，沙平村沙平坡，民政村细村坡，友爱村罗伞坡，六塘村星洞坡等农村生态文明村。

昆仑镇

位于邕宁县东北部，东接伶俐镇、宾阳县陈平乡、高田乡，西连武鸣县上江乡，南邻五塘镇、北界宾阳思陇镇。土地总面积 133 平方千米。镇人民政府驻地九塘圩，距县城 52 千米。

1949 年 12 月为金城区辖九塘乡。1950 年 1 月为第二区辖九塘乡，同年 9 月设第三区。1955 年 8 月改为八塘区。1958 年 3 月为九塘乡，同年 8 月设红旗人民公社辖五塘、七塘、八塘等大队。1959 年 4 月为八塘人民公社。1961 年 5 月为五塘区辖八塘等人民公社。1962 年 7 月设八塘区。1963 年 2 月改为九塘区。1968 年 12 月改为九塘人民公社。1984 年 9 月改为九塘乡。1994 年 12 月改为昆仑镇。

2004 年，辖九塘社区和昆仑、群星、联光、八塘、太昌、黄宣、平地、富兴 8 个村。有村（居）民小组 212 个。总人口 2.69 万人。其中，男性 1.44 万人、女性 1.25 万人；农业人口 2.58 万人；壮族人口 2.67 万人，占总人口 99.26%。耕地面积 1921.13 公顷。主要农产品有稻谷、花生、甘蔗、木薯、蔬菜等。矿产资源有金矿、水晶矿、高岭土、花岗岩等。

昆仑镇有南（南宁）梧（梧州）二级公路横贯东西。因山地较多，有林业生产基地，是林木产地。

种有八角、速生桉等经济林木和竹类。昆仑关地势险要，易守难攻，自古以来是兵家必争之地，民国28年（1939年）12月在此发生的昆仑关战役国民政府军取得了抗击日寇的胜利。昆仑关战役遗址位于该镇北面的昆仑山东侧，民国35年（1946年）建立国民政府军陆军第五军昆仑关战役阵亡将士墓园建筑群，1982年邕宁县对其进行修复。昆仑关战役遗址为自治区文物保护单位。2004年，全镇粮食总产量9817吨，花生总产量401吨，甘蔗总产量8060吨，木薯总产量1393吨，水果总产量460吨，肉猪出栏1.56万头，水产品总产204吨。地区生产总值7035万元，乡镇企业总收入4150万元，农林牧渔业总产值1.06亿元，财政总收入160万元，农民人均纯收入2128元。

至2004年，建成九塘社茂亮坡、黄宣村小张新村坡、太昌村江地坡和王英坡、群星村六道坡、昆仑村铜锣坡、群星村坛表坡、八塘村坛屋坡、平地村顺天坡等农村生态文明村。

吴 圩 镇

位于邕宁县西部，东连那马镇、良庆镇，南界苏圩镇、延安镇、那陈镇，西接南宁市永新区江西镇及扶绥县，北邻南宁市国家经济技术开发区。土地总面积394平方千米。镇人民政府驻地吴圩社区，距县城48千米。

1949年12月为迁龙区辖吴村乡。1950年1月为第五区辖吴村乡，同年9月设第七区。1951年6月改为第十二区。1955年8月为吴圩区。1958年3月为吴圩乡，同年8月设东风人民公社辖吴圩、苏圩、那齐、延安、慕村、坛白等大队。1959年1月东风人民公社划归南宁市郊区管辖。1959年11月至1960年6月为南宁市郊西明区吴圩人民公社。1960年7月从南宁市郊西明区划归邕宁县为吴圩人民公社。1961年5月为苏圩区辖吴圩等人民公社。1962年7月设吴圩区。1968年12月改为吴圩人民公社。1984年9月改为吴圩镇。

2004年，辖吴圩、明阳2个社区和平丹、平垌、那德、康宁、新桥、定宁、祥宁、永红、坛白、那备10个村。有村（居）民小组386个。总人口6.15万人。其中，男性3.39万人、女性2.76万人；农业人口4.64万人；壮族人口5.63万人，占总人口91.54%；汉族人口4984人，占总人口8.10%。耕地面积5053.33公顷。主要农产品有稻谷、玉米、西瓜、甘蔗、蔬菜、水果、木薯等。矿产资源有铁矿、锰矿、锌矿、铜矿、铝土矿、磷矿、石灰石、泥炭矿、煤矿等。

吴圩镇为第二次国内革命战争时期革命老区、解放战争时期革命游击根据地。该镇区位优势明显，与南宁经济技术开发区、良凤江国家森林公园、大王滩水库旅游风景区相毗邻。交通便利，南（南宁）防（防城）铁路、南（南宁）友（友谊关）322线国道公路、邕（邕宁）钦（钦州）公路、南（南宁）友（友谊关）高速公路穿境而过；镇辖区内驻有南宁国际机场、广西壮族自治区玉米研究所、南宁正大建材有限责任公司、明阳糖厂、国营七坡林场、明阳农场、广西师范学院师园学院、广西职业技术学院等市属以上企业、中外合资企业、科研机构、大专院校等30多个单位。吴圩镇盛产西瓜，建有吴圩西瓜市场，是广西最大的西瓜生产基地和集散地，被誉为“西瓜之乡”。吴圩镇从20世纪70年代起重视种植西瓜，种植面积逐渐扩大。1989年实现西瓜品种良种化。1991年，瓜农开始运用营养杯育苗加地膜覆盖等先进栽培技术科学种植西瓜。1992年瓜农用葫芦瓜作砧木嫁接西瓜试种获得成功。1993年大面积推广西瓜嫁接生产技术。1994年瓜农引进“黑美人”“大宝蜜桂”等名、稀、特、优西瓜新品种，优化了西瓜品质。2000年种植西瓜5666.70公顷，总产量15.70万吨，仅西瓜一项农民人均收入1600元。有永红派斩、定合、定美农业综合示范基地和屯里空心菜生产基地，建立一万亩集观赏、休闲游、购物于一体的南宁河洲现代农业示范园。西瓜标准示范区被国家标准化管理委员会确定为第四批国家二类标准化示范区。工矿企业有水泥、化工、矿产等。2004年，全镇粮食总产量7664吨，西瓜总产量5.43万吨，甘蔗总产量13.42万吨，水果总产量6430吨，蔬菜总产量9.93万吨，肉猪出栏2.61万头，牛出栏2070头，家禽出栏228万羽，水产品总产2530吨。地区生产总值5.46亿元，乡镇企业总产值3.25亿元，农林牧渔业总产值2亿元，财政总收入4193万元，农民人均纯收入2838元。

至2004年，建成平凤坡、平况坡、河洲坡、派江坡、定文坡、定力坡、定文6组、天利坡、蕾蕉坡等农村生态文明村。

苏圩镇

位于邕宁县西部，东北接吴圩镇，东南邻延安镇，西南、西北界扶绥县。土地总面积223平方千米，镇人民政府驻地苏圩社区，距县城63千米。

1949年12月为迁龙区辖苏良乡。1950年1月为第五区，同年9月为第八区。1951年6月为第十区。1955年8月为苏圩区。1958年3月为苏圩乡，同年8月设东风人民公社辖苏圩、那齐、延安、慕村、坛白、吴圩等大队。1959年1月东风人民公社辖苏圩等大队划归南宁市郊区管辖，同年11月为市郊西明区苏圩人民公社。1960年7月从市郊西明区划归邕宁县苏圩人民公社。1961年5月设苏圩区辖苏圩、佳棉、那齐、仁德、延安、吴圩、坛白等人民公社。1968年12月改为苏圩人民公社。1984年9月改为苏圩镇。

▲1998年，苏圩镇蔬菜市场一角　（邕宁区史志办资料照片）

2004年，辖苏圩社区和苏保、保安、保卫、保联、保城、慕村、新德、联英、佳棉、镇宁、那海、定计、仁德、隆德、敬团15个村。有村（居）民小组301个。总人口6.13万人。其中，男性3.24万人、女性2.89万人；农业人口5.85万人；壮族人口4.74万人，占总人口77.32%；汉族人口1.38万人，占总人口22.51%。耕地面积6881.93公顷。主要农产品有稻谷、玉米、西瓜、甘蔗、蔬菜、水果等。矿产资源有铁矿、铝土矿、镍钴矿、磷矿、石灰石、煤矿等。

苏圩镇为第二次国内革命战争时期革命老区。交通十分方便，国道322线和南（南宁）友（友谊关）高速公路从该镇西北经过，并在苏圩设高速公路入口站，距苏圩镇政府6千米；南宁至扶绥、南宁至上思和南宁至延安从该镇经过；苏圩距南宁国际机场22千米；距铁路吴圩车站25千米。镇内各村均建有四级沙石路，各村坡均可通汽车。该镇属喀斯特地形地貌，形成许多千姿百态、奇形怪状的孤峰、小峰群和石笋群，以及十八罗汉洞、万人洞、一洞天、龙盘洞、姑娘洞、莲花仙子洞等奇特的溶洞，很有旅游开发价值。长寿山休闲观光农业示范基地占地533公顷，土质肥沃，无污染，种植各种优质蔬菜及瓜果，经加工后销往荷兰、德国、台湾、深圳、上海等地。长寿山上有莲花仙子洞，与基地连成一体，可建成集观赏、垂钓、休闲、度假为一体的旅游观光项目。苏圩盛产粮食和蔬菜，是“邕宁粮仓”和南宁市“菜篮子”基地之一。苏圩蔬菜市场是国家农业部定点的蔬菜批发市场，是蔬菜集散地。

2004年，全镇粮食总产量1.99万吨，蔬菜总产量4.80万吨，西瓜总产量5.06万吨，甘蔗总产量30.72万吨，水果总产量1990吨，肉类总产量3474吨，水产品总产量3400吨。地区生产总值3.40亿元，农林牧渔业总产值2.90亿元，乡镇企业总产值2.01亿元，财政总收入650万元，农民人均纯收入2875元。

至2004年，建成普钦坡、新宁坡、坛雹坡、向阳坡、洞天坡、双久坡、定灶瓦坡等农村生态文明村。

延 安 镇

位于邕宁县西南部，东连那陈镇，北与苏圩镇、吴圩镇接壤，西界扶绥县，南邻上思县。土地总面积154平方千米。镇人民政府驻地延安圩，距县城75千米。

▲ 1998年建成的延安镇那齐电灌渠道硬化（三面光）工程
（邕宁区史志办资料照片）

1987年8月从苏圩镇分设延安乡。2000年6月改为延安镇（2000年9月29日举行撤乡建镇挂牌仪式）。

2004年，辖延安社区和敬德、新城、华南、那齐、平南5个村。有村（居）民小组314个。总人口2.56万人。其中，男性1.40万人、女性1.16万人；农业人口2.47万人；壮族人口2.01万人，占总人口78.52%；汉族人口5369人，占总人口20.97%。耕地面积3396.53公顷。主要农产品有稻谷、西瓜、甘蔗、木薯、蔬菜、水果等。矿产资源有煤矿等。

延安镇为第二次国内革命战争时期革命老区。境内有南宁至北海旧公路经过，有那齐至延安四级柏油公路及延安至苏圩三级砂石公路。有蔬菜生产基地。腌酸菜是特色农产品，年产腌酸菜3万吨，生产的腌酸菜主要销往南宁等地。2004年，全镇粮食总产量7980吨，甘蔗总产量13万吨，水果总产量6800吨，西瓜总产量2.50吨，蔬菜总产量5.50万吨，木薯总产量2.46万吨，肉猪出栏8500头，家禽出栏44万羽，肉类总产量1330吨，水产品总产量868吨。地区生产总值1.70亿元，乡镇企业总产值3372万元，农林牧渔业总产值1.51亿元，财政总收入460万元，农民人均纯收入2844元。

至2004年，建成岜西周屋坡、坡蒌新坡、那究小岛坡、那齐乾隆坡、那吞新坡、大路坡、延安社区坛渌、新坡蒌、四坡蒌、敬德村新连坡、平南村三虾坡等农村生态文明村。

那 陈 镇

位于邕宁县西南部，东南与大塘镇接壤，西界延安镇、北邻那马镇、吴圩镇，西南连上思县。土地总面积293平方千米。镇人民政府驻地那陈圩，距县城80千米。

1949年12月为三官区辖那陈乡。1950年9月设第九区。1955年8月为那陈区。1958年3月为那陈乡，同年8月为红山人民公社辖那陈等大队。1959年4月为那陈人民公社。1961年5月为大塘区辖那陈等人民公社。1962年7月设那陈区。1968年12月改为那陈人民公社。1984年9月改为那陈乡。1996年5月改为那陈镇（1997年1月举行撤乡建镇挂牌仪式）。

2004年，辖那陈社区和邕乐、和平、坛留、维坝、西宁、七齐、西盛、五龙、华群、那坡、那蒙、文林、六眼、那徐、濑岽15个村。有村（居）民小组263个。总人口3.23万人。其中，男性1.82万人、女性1.41万人；农业人口3.09万人；壮族3.04万人，占总人口94.12%；汉族1228人，占总人口3.80%。耕地面积4177.80公顷。主要农产品有稻谷、西瓜、甘蔗、木薯、蔬菜、水果等。矿产资源还未查明。

那陈镇为解放战争时期革命游击根据地。有南宁至北海旧公路过境，有柏油公路经大塘镇到达县城。名优农产品有无籽西瓜、莲藕、优质米、叶类蔬菜等，柠檬果、杧果（又称芒果）、香蕉产量较多。

2002 年那陈镇调整农业产业结构，利用部分水田种植西瓜和优质谷，扩大种植荔枝、龙眼、柠檬、杧果、酸梅等良种水果 266.67 公顷，改良低产果园 240 公顷；大力发展新台糖 16、20、22、25 号等高产高糖良种蔗，全部实现甘蔗品种升级换代。2004 年，全镇粮食总产量 1.10 万吨，甘蔗总产量 24.50 万吨，水果总产量 7592 吨，蔬菜总产量 1.89 万吨，西瓜总产量 2.14 万吨，木薯总产量 2100 吨，肉猪出栏 9300 头，水产品总产量 1121 吨。地区生产总值 2.11 亿元，农林牧渔业总产值 1180.70 万元，乡镇企业总产值 1.02 亿元，财政总收入 513 万元，农民人均纯收入 2670 元。

至 2004 年，建成六晓坡、定进新坡、那蕾坡、思卢高坡、驮礼坡、华郡坡、那花坡、蕾福坡等农村生态文明村。

大 塘 镇

位邕宁县西南部，东界百济乡、南晓镇，西连那陈镇，南接上思县和钦州市钦北区，北邻那马镇、新江镇。土地总面积 500 平方千米。镇人民政府驻地大塘圩，距县城 60 千米。

1949 年 12 月为三官区辖大塘乡。1950 年 1 月为第四区。1950 年 9 月为第十区。1951 年春划归钦县辖为第十四区。1955 年 7 月从钦县划归邕宁县为第十九区。1955 年 8 月为大塘区。1958 年 3 月为大塘乡，同年 8 月设红山人民公社辖大塘、太安、南晓、那陈、下敏等大队。1959 年 4 月为大塘人民公社。1961 年 5 月为大塘区辖大塘、太安、南州、团垌、南晓、台马、雅王、那陈、下敏等人民公社。1968 年 12 月改为大塘人民公社。1984 年 9 月改为大塘乡。1994 年 12 月改为大塘镇。

2004 年，辖大塘社区和那犁、那农、南荣、团垌、南州、那造、桥板、横州、百乐、太安、那团、锦亮、那湾 13 个村。有村（居）民小组 409 个。总人口 4.55 万人。其中：男 2.53 万人、女 2.02 万人；农业人口 4.16 万人；壮族人口 4.36 万人，占总人口 95.82%；汉族人口 1545 人，占总人口 3.40%。耕地面积 7600 公顷。主要农产品有稻谷、西瓜、甘蔗、木薯、蔬菜、水果等。矿产资源有铜矿等。

大塘镇为解放战争时期革命游击根据地。交通便利，邕（邕宁）钦（钦州）公路、南（南宁）北（北海）二级公路、南（南宁）北（北海）高速公路、南（南宁）防（防城）铁路自北向南穿境而过，各条交通线过境均有 20 多千米。境内设有那铺火车站，并配有大型物资储运场。人工湖——凤亭河水库是旅游观光胜地。该镇农业主产粮食、甘蔗、水果等。有水果生产基地，红心橙果产量较多。大塘土鸭产量多销量大，很受消费者青睐。

2004 年，全镇粮食总产量 2.10 万吨，甘蔗总产量 25 万吨，西瓜总产量 2.10 万吨，木薯总产量 8000 吨，蔬菜总产量 13.50 万吨，水果总产量 73.13 万吨（其中红心橙 7300 吨），肉鸡出栏 80 万羽，大塘土鸭（即大塘芝麻鸭）出栏 90 万羽，水产品总产量 465 吨。地区国内生产总值 2.37 亿元，农林牧渔业总产值 2 亿元，乡镇企业总产值 1.62 亿元，财政总收入 1234 万元，农民人均纯收入 2610 元。

至 2004 年，建成林读坡、从龙坡、那铺坡、团东坡、西畴坡、派我坡、乔板村新坡、那甘坡、那提坡、坡天坡、那团坡、南平坡、写书坡等农村生态文明村。

南 晓 镇

位于邕宁县南部，东与钦州市钦北区新棠镇、长滩镇交界，南与钦州市钦北区小董镇、那蒙镇、大寺镇、贵台镇相连，西与大塘镇接壤，北与百济乡为邻。土地总面积 294 平方千米。镇人民政府驻地南晓圩，距县城 75 千米。

1949 年 12 月为三官区辖南晓乡。1950 年 9 月设第十一区。1951 年春划给钦县辖为第十三区。1953 年 12 月撤销第十三区，并入钦县第十四区（大塘）。1955 年 7 月从钦县划归邕宁县为第十九区辖南晓等乡。1955 年 10 月设南晓区。1958 年 3 月为南晓乡，同年 8 月为红山人民公社辖南晓等大队。

▲2003年，南晓圩街区外景　　（邕宁区史志办资料照片）

1959年4月为南晓人民公社。1961年5月为大塘区辖南晓等人民公社。1962年7月设南晓区。1968年12月改为南晓等人民公社。1984年9月改为南晓乡。1996年5月改为南晓镇（1996年9月13日举行撤乡建镇挂牌仪式）。

2004年，辖南晓社区和晓元、陵桂、台马、派双、同里、大满、平朗、团东、雅王、那敏、福里、新民、团城13个村。共有村（居）民小组387个。总人口4.11万人。其中，男性2.31万人、女性1.80万人；农业人口3.97万人；壮族人口4.03万人，占总人口98.05%。耕地面积3800公顷。主要农产品有稻谷、西瓜、甘蔗、水果等。矿产资源有铅锌矿、重晶石、萤石矿等。

南晓镇为解放战争时期革命游击根据地。地理位置优越，有邕（邕宁）钦（钦州）二级公路、南（南宁）北（北海）二级公路、南（南宁）北（北海）高速公路穿过镇境南北，南（南宁）防（防城）铁路穿境而过，在境内设有两个火车站，交通便利，是大西南出海大通道的窗口。有一个屯六水库“千岛湖”，湖景风光秀丽，开发前景广阔。该镇农业主产粮食、甘蔗、水果等。有水果生产基地，正常年景年产荔枝1000吨以上，是邕宁县荔枝主产地。果树林地多放养土鸡，年产土鸡500万羽，2003年注册“南晓土鸡”商标，南晓土鸡成为县内外小有名气的品牌。2004年，全镇粮食总产量1840吨，水果总产量7199吨，西瓜总产量3450吨，肉类总产量1.20万吨，肉鸭出栏80万羽，肉鹅出栏10万羽，肉猪出栏2.88万头，鸡出栏531万羽。地区生产总值3.35亿元，乡镇企业总产值5400万元，农林牧渔业总产值2.48亿元，财政总收入420万元，农民人均纯收入2625元。

2004年，建成那兰坡、团苏坡、陵兰坡、桂叶坡、那敏古练坡、大满团腾坡、屯六坡、团兰坡、兰东坡、大利坡、南宽李屋、南焕坡等农村生态文明村。

大王滩乡

位于邕宁县西南部，北接那马镇、吴圩镇，东邻大塘镇、那陈镇，南连那陈镇，西界吴圩镇。乡土地总面积80平方千米。乡人民政府驻地大王滩水库主坝附近，距县城35千米。

1965年4月，划出那陈人民公社的文林、六眼、那徐、濑岽大队和那陈大队的东降村、那蒙大队的华隆村，以及吴圩人民公社的新桥大队，那马人民公社的连山、一致大队，组建大王滩水上人民公社。1968年11月20日撤销大王滩水上人民公社。原从那陈、吴圩、那马3个人民公社划出的村，分别划归那陈人民公社、吴圩人民公社、那马人民公社管辖。1982年12月恢复组建大王滩人民公社。1984年9月为大王滩乡。1991年2月18日撤销大王滩乡，将原大王滩乡的文林村、六眼村、那徐村、濑岽村整体划归那陈乡管辖，将连山村、一致村整体划归那马乡管辖，将新桥村整体划归吴圩镇管辖。

1991年2月，总人口1.29万人。其中，农业人口1.24万人；壮族人口1.21万人，占总人口93.80%；汉族人口803人，占总人口6.22%。耕地面积1066.67公顷。主要农产品有稻谷、甘蔗、花生、柑橙、香蕉等。矿产资源主要有重晶石等。

大王滩乡有邕（邕宁）钦（钦州）公路和南（南宁）防（防城）铁路过境，火车站设在宁村。乡内有凤凰湖（大王滩水库），为首府南宁旅游景点，景区内有宾馆、餐厅、亭台楼阁、花圃鱼池等设施，有旅游车专线直通南宁。

第二篇

自然环境

邕宁县位于北回归线以南，终年太阳辐射强，高温、多雨、湿润，气候条件优越。地貌以丘陵平原为主，间有山地，丘陵面积较大，河谷平原、宽谷平原和丘间平原适宜耕种，是县内“粮仓”。以赤红壤为主的地带土壤，铁、褐煤、石灰石等储量大，物质循环快，生物生长繁殖快。植物品种繁多，以热带亚热带科属占优势，野生动物稀少，有些珍贵动物绝迹。处于北回归线以南的邕宁县，具有独特的自然环境。

第一章　地　质

距今约5.70亿年的寒武纪，邕宁处于海洋的环境。距今5亿年左右，发生郁南地层断裂运动，邕宁东北部地壳上升。距今4亿年左右，发生了强烈的广西地层断裂运动，县境上升为陆地，同时产生断裂，结束地槽沉积，转为地台。泥盆纪早期（距今3.20亿年至3亿年），地壳又逐渐下降，海水由南向北再次侵入县境，开始属滨海相沉积。石炭纪（距今2.65亿年至2.10亿年），海水从西向东进入，含钙质甚重，受侵时间最长，沉积了一套石灰岩。上二叠纪（距今2.03亿年至1.85亿年）沉积铁铝岩，灰岩间夹煤层。下三叠纪末至上三叠纪期间，发生印支地层断裂运动，广西地壳全面上升，县境内结束海侵历史，出现地层褶皱、断裂，造成大陆架构造。距今6000万年至现代，县境地壳经历数次变动之后，逐渐处于陆、湖相稳定期。

第一节　地壳演变

邕宁县境地壳演变先后经历下古生代、上古生代、中生代和新生代4个阶段。

下古生代　距今5.20亿年至3.20亿年。寒武纪继震旦世的海侵，全邕宁被海水淹没，沉积以砂页岩为特征的深海相类复理式建造，厚度达4800多米。寒武纪末，距今5亿年左右，发生郁南地层断裂运动，邕宁东北部地壳上升。志留纪末，距今4亿年左右，发生了强烈的广西地层断裂运动，县境上升为陆地，同时产生断裂，结束地槽沉积，转为地台。

上古生代　距今3.20亿年至1.85亿年。泥盆纪早期（距今3.20亿年至3亿年），地壳又逐渐下降，海水由南向北再次侵入县境，开始属滨海相沉积；中期（那高岭至郁江期），海水逐渐加深，成为海相沉积，在今伶俐、长塘、蒲庙、吴圩一带沉积一套碳酸盐硅质及泥岩等。石炭纪（距今2.65亿年至2.10亿年），海水从西向东进入，含钙质甚重，受侵时间最长，沉积一套石灰岩。蒲庙当时是个特殊地槽，海水最深，沉积了1700多米石灰岩。下二叠纪（距今2.10亿年至2.03亿年），今延安—明阳以南地区仍为浅海区，沉积碳酸盐岩；上二叠纪（距今2.03亿年至1.85亿年）沉积铁铝岩，灰岩间夹煤层。

中生代　距今1.85亿年至6000万年。下三叠纪（距今1.85亿年至1.70亿年），县境西南地区是浅海区域，沉积物以白云岩、灰岩为主。下三叠纪末至上三叠纪期间，发生印支地层断裂运动，广西地壳全面上升，县境内结束了海侵历史，导致地层褶皱、断裂，造成大陆架构造。上三叠纪（距今1.70亿年至1.55亿年）地壳继续上升，县境内为剥蚀区。下白垩纪（距今1.30亿年至9500万年）燕山运动第二幕波及县境东北部，沿巴马、南丹—昆仑关区域性的大断裂南东移，有酸性岩浆侵入，形成昆仑关花岗岩体和钨矿，其接触带的富兴、八塘有金矿。上白垩纪（距今9500万年至6000万年），受燕山断裂运动影响，产生南宁盆地和苏圩吴圩盆地。

新生代　距今6000万年至现代。县境地壳经历数次变动之后，逐渐处于陆、湖相稳定期。距今约1500万年期间，在七塘一带属湖相沉积，地层称新第三系邕宁群，以棕褐色泥灰岩、砂岩、泥岩为主，含丰富的田螺等淡水软体动物化石，间夹多层薄褐煤层，沉积层厚200~300米。在喜马拉雅运动影响下，地壳由前期的升降变为总体抬升，产生右江大断裂和吴圩—桂平大断裂。第四纪地层大都是未经固结的松散沉积物，特别是红土等土状堆积物及洪积层，侵蚀面很发育，河流的河床切割力很强，形成堆积、冲积层。吴圩那佳一带出现陆相沉积，岩性以白色、褐黄白色黏土为主，夹有泥炭，另外为洞穴及裂隙堆积。

第二节　地　层

邕宁县地层比较齐全，除太古界、元古界和下古生界的奥陶系、志留系未见出露外，以下古生代的寒武纪到新生代的第四纪的各系地层均有出露。其中，以泥盆系至中三叠系沉积较连续，发育较完整，以新生界特别是白垩系和上三叠统分布面积最广，共2000多平方千米，占全县总面积42.33%；以新第三纪陆、湖相沉积岩层出露最典型。新第三纪陆、湖相沉积岩层因有代表性，且最先发现，故“邕宁”被作为区域性地层单位的命名地称“邕宁群（统）”。以寒武系为最古老，距今约5亿年。

寒　武　系

主要出露于昆仑富兴以南、逃军山、七塘六留和五塘尖山以北一带，与武鸣高峰隘衔接。另外，还出露于吴圩那强铅锌矿等地。岩性为厚层灰绿——灰色泥岩与薄层转变页岩互层或夹层，为浅海相砂泥岩沉积，属上寒武统。

泥　盆　系

有下泥盆统、中泥盆统、上泥盆统。

下泥盆统主要分布于伶俐、长塘、五合、吴圩那德、苏圩大林一带，与古生界地层呈角度不整合接触。出露有两个组：莲花山组，底部为砾岩及石英砂岩，中部为灰白色石英砂岩，上部为粉砂岩及泥岩，分布于伶俐岜白岭、高塘村高山和剪刀圩一带，吴圩那德铅锌矿一带。这组的地层与下伏地层寒武系呈角度不整合接触；那高岭组，底部为灰绿色页岩，上部为灰绿、黄褐色泥岩或粉砂质泥岩，与下伏莲花山组地层呈整合接触，分布于伶俐岜白岭以南、长塘邕江北岸、剪刀邕江南岸、吴圩六坛以及那敏一带。此外，在吴圩坛河一带还有下泥盆统南丹型的益兰组和塘丁组出露：益兰组的岩性为灰、灰绿、灰黑色中厚质的泥岩、泥灰岩；塘丁组为灰黑色薄层状白云岩与硅质岩互层，与下伏益兰组呈组合接触。

中泥盆统与下泥盆统相伴出露，并与那高岭组整合接触。出露有郁江阶和东岗岭：郁江阶下部为灰色中厚层细砂岩、粉砂岩；上部为灰绿色、黄褐色中薄层粉砂岩、泥灰岩夹页岩；顶部为泥岩，分布于伶俐那车、石塘、吊丝村和剪刀村一带，吴圩那审、那杨一带。东岗岭属碳酸盐相的，主要分布于长塘、五合、砧板、良庆那黄以北、苏圩佛子岭定棉等地，岩性深灰色，以中薄层白云质灰岩和灰岩为主；属灰岩硅质岩相的，主要分布于长塘至良庆一带，岩性为深灰色至灰黑色薄层硅质岩、硅质页岩和泥岩。另外，在吴圩朱学岭一带还有中泥盆统南丹型的纳标组和罗富组：纳标组面积5平方千米，与下伏地层呈整合接触，岩性为灰黑色薄层硅质岩、钙质泥岩和黄褐色中薄层泥质灰岩及泥岩；罗富组面积约3平方千米，与下伏的纳标组呈整合接触，岩性为黑色的白云岩、硅质岩、泥岩和生物碎屑灰岩。

上泥盆统有上统碳酸盐相、榴江组硅质岩相。上统碳酸盐相分布于长塘以东地区，岩性以灰色的扁豆体灰岩、白云质灰岩及砾状灰岩为主；榴江组硅质岩相主要分布于七坡林场、天稔、那丹、六头、那佳等地，以及伶俐石桥、长塘定西一带，岩性以灰色、浅玫瑰色的硅质岩和扁豆体灰岩为主。

石 炭 系

石炭系有下石炭统、中石炭统和上石炭统。下石炭统的岩关阶，分布于蒲庙镇以北、迪堂以东、良庆坡祥、苏圩马兴山、狼红山、吴圩陈桥，岩性以灰黑色灰岩、硅质岩为主，与下伏地层呈整合接触；中石炭统，与下石炭统连续沉积，主要分布于蒲庙八鲤亭、那马六强、吴圩北批、马头山、苏圩仁德巴蕾山一带，岩性以黄龙灰岩和白云岩为主；上石炭统，与中石炭统连续沉积，分布于蒲庙清水泉、那莲，良庆的平乐，吴圩的平山屯和苏圩旧定娄以北一带，岩性以灰色细精质灰岩为主，含大量纺锤虫和蜓科化石。根据古生物推测，在石炭系时期蒲庙是特殊地槽，海水很深，沉积1700多米的灰岩。

二 叠 系

有下二叠统和上二叠统。

下二叠统又有栖霞阶和茅口阶。栖霞阶分布于苏圩的母猪山天招岭、吴圩明阳、苏圩定计岜独等地，岩性以深灰至浅灰色灰岩、生物碎屑灰岩、硅质岩和白云岩为主；茅口阶分布于苏圩的驮午至延安煤矿、吴圩明阳农场那晚村和那浪村一带，岩性以灰白色灰岩、白云质灰岩、古生物碎屑灰岩为主。上二叠统与下二叠统伴出，为平行不整合接触，岩性为灰白色白云质灰岩、铝土矿、烟煤黑色灰岩、硅质岩和灰黑色石灰岩等，分布于延安那齐、吴圩明阳抽水站一带。

三 叠 系

有下三叠统和中三叠统。

下三叠统分布于延安的朗圩和吴圩明阳农场，岩性以浅灰色浅红色白云岩、鲕状灰岩、灰岩为主；中三叠统见于延安煤矿南边，下部为灰绿色粉砂岩，上部为灰棕色薄质泥质粉砂岩。

侏 罗 系

有下侏罗统和中侏罗统。

下侏罗统分汪门组和百姓组。汪门组出露于延安那齐至那马和吴圩平洞等地，与二叠统和下三叠统呈不整合接触，岩性以砾岩、细砂岩和粉砂岩为主；百姓组与汪门组连续沉积，可分三段，下段为灰白、灰黄色之细粒岩屑质石英砂岩、石英细砂岩，上段为紫红色细碎屑岩。中侏罗统的那荡群，分布于大王滩水库及其西南部宽广带状地区，南晓雅王圩亦有出露，以细砂岩、岩屑质粗砂岩、粉砂质泥岩、钙质粉砂岩为主。

白 垩 系

分布于县境南部，普遍不整合于下伏古生界地层之上。蒲庙至南阳一带出露的是下白垩统，岩性以砂岩为主，县境南部十万大山盆地广泛出露的是下白垩统的新隆组和大坡组。新隆组分布为五段，第一段分布于与上思、钦州交界的广大地区，岩性以屑质砂岩、粉砂岩粉砂质泥岩为主；第二段与第一段相伴分布，岩性以粉砂岩、砾砂岩、细砂岩泥岩为主；第三段分布在那楼周围、大塘以西的广大地区，岩性以粉砂岩粗至中粒砂岩、屑质砂岩为主；第四段出露于大塘—那楼、南晓—百济，呈带状，中和的新安圩以西小片地带也有出露，岩性以粉砂岩、钙质粉砂岩为主；第五段与第四段相伴分布，岩性以粉砂岩、岩屑质砂岩、粗细不等粒度砂岩为主。大坡组，分布于大塘团豆、百浪，与新隆组连续沉积，岩性为紫红、灰色，含砾粒岩屑砂岩夹砾状屑粒砂岩及透镜状砾岩。

第　三　系

分老第三系和新第三系。

老第三系有古新统、始新统和未划分的老第三系。古新统底部为紫红色或浅灰色块状砾岩，下部为紫红色厚层块状长石、石英砂岩，上部为紫红色厚层块状含砾长石、石英砂岩夹长石粗砂、细砂岩及不等粒砂岩，分布于刘圩那里至南阳北面一带；始新统与下伏古新统是角度不整合接触，底部为浅灰色块状砾岩、夹砂岩透镜体或砾状砂岩，下部为紫红色厚层块状含砾粗砂岩、砾状砂岩，上部为紫红色厚层状泥岩、砂岩；未划分的老第三系，分布于良庆平乐一带，岩性以浅紫红色砾岩夹少量砾岩为主。新第三系的中新统，岩性为浅灰色砂质泥岩、灰绿色钙质泥岩和泥灰岩等，分布于南宁盆地边缘；上新统，分布于大塘、五塘、四塘、屯里杨村一带，与南宁市三塘衔接，属南宁盆地，岩性以浅淡色砂质泥岩、泥岩、砂岩为主，夹有丰富煤层。另外，苏圩和吴圩的孤立断陷盆地或山间盆地内还零星分布有新第三系上新统邕宁群，岩性为浅色砾岩、沙砾岩和粉土岩，夹煤和油页岩。

第　四　系

分更新统和全新统。

更新统主要分布在八尺江、良凤江沿岸，南宁盆地亦有零星分布，岩性为残积洪积的红黄色亚黏土，含少量粉砂和角砾，一般组成 2~3 级阶地。另外，在苏圩一带的溶洞还分布有更新统的洞穴堆积，堆积物下部暗黄色砂质砾石质，上部为黄白色含磷钙质泥质砂质。全新统与更新统相伴出，见于良庆等地，岩性为冲积砂砾质和灰黄色亚黏土、亚砂土层，组成河漫滩和一级阶地。另外，吴圩马头山和苏圩一带，有一级溶洞堆积，堆积物下部为黑色、灰色条带状磷块岩，中部为黄色含磷角状砾质，上部为黄棕色磷亚粘土质，有大量动物不完整骨骸化石。

第三节　岩　浆　岩

邕宁县境内，中生代三叠纪至新生代白垩纪岩浆活动比较活跃，以酸性侵入活动为主，按活动先后可分为印支期和燕山期。

印　支　期

在南晓的台马、贺杨山一带为灰色、深灰色块状的紫苏辉石花岗斑岩，呈岩体产出，与下侏罗统呈沉积不整合接触，出露面积约 45 平方千米。

燕　山　期

岩浆活动比较强烈，岩体受断裂控制比较明显。在昆仑关地区分布有浅细—中粒斑状黑云母花岗岩，呈岩基产出，与寒武系、中下泥盆统呈明显的侵入接触关系，出露面积约 75 平方千米。在潭鹤、太安分布有基性侵入岩——辉绿岩，呈深灰、灰绿和黑色块状结构，呈岩脉产出，与下白垩统呈突变侵入接触。

第四节 构 造

邕宁县境位于华南加里东地槽褶皱带西部地区，属广西山字形构造前弧西翼的一部分，并与东南向构造带互相干扰，曾经历4次强烈褶皱和多次较缓和的振荡运动，地质构造较复杂。

1991年至2004年，除1995年以外，邕宁县年均发生1~2次3级以下小地震。1995年五塘发生9次地震，有2次3级以上分别为3.9级和3.1级。

褶 皱

褶皱分为下古生代加里东期的地槽发育阶段、上古生代至中生代三叠纪（华力西—印支期）地台发展阶段、中生代侏罗纪至新生代（燕山期和喜马拉雅期）盆地发展阶段。

加里东期褶皱 主要形成昆仑关复式背斜的轴部，构造形态多为紧密线状复式褶皱，岩层倾角在30°~80°之间，局部近直立或倒转，褶皱、节理、劈理十分发育，构造线东西向，褶皱轴互相平行排列，方向稳定，局部受断裂构造干扰转东北或北西向。

华力西—印支期褶皱 吴圩坛河和长塘五合一带，由泥盆纪—三叠纪地层组成，形成于三叠纪后侏罗纪前，褶皱以北西向为主，局部为北东向和东西向，岩层倾角较缓，一般在10°~40°之间，局部接近水平、直立或倒转，以箱状褶皱为主，有些成倒转褶皱。五合长塘伶俐一带的平缓单斜构造，呈北东走向，南部被新生代红色盆地所掩盖，岩层产状稳定，倾角10°~30°，由上古生代碎屑岩、碳酸岩和硅质岩组成。

燕山期褶皱 分布在县境东部和东南部“南阳盆地”（刘圩、南阳一带），呈东西向，由下白垩统砾岩、含砾岩、砂岩组成，盆地西部团黄、刘圩、那思一带有平缓开阔褶皱，褶皱轴直立，两翼对称，岩层走向60°~110°，倾角8°~24°，沉积以砂页岩为主，北部为第三系覆盖。大塘—新安向斜，位于大塘—新安一带，北东走向，为侏罗—白垩系组成，向斜纵贯县境南部，长70千米，宽5千米~14千米。那楼背斜，位于大塘—新安向斜西北部，与向斜轴平行，核部由下白垩统新隆组第三段组成，西南宽缓，东北陡窄。力勒短轴背斜，走向近东西，出露于新江东北部，长约8千米~10千米，宽约4千米，由下白垩统新隆组第二段组成。

喜马拉雅期褶皱 分布于南宁盆地七塘至老口、群益至高峰林场地区，大致是北东向延伸，长60千米，宽15千米，为锤状断陷盆地，由下第三系磨拉石建造和第三系含煤建造所组成，两者呈角度不整合接触，盆地四周向中央倾斜，倾角一般在5°~20°之间，褶皱呈平缓波状起伏，轴面直立，两翼对称。

断 层

县境断层发育切割的地层为寒武系至第三系，断层主要形成于加里东期、印支期、燕山期和喜马拉雅期。有些断层是在前期断裂的基础上重新活动的。比较发育的断层可分为东西向、北西向和北东向三组。断层性质有逆断层、正断层、平推断层和复合性断层，以逆断层为主，正断层次之。

东西向断层组 主要分布在县境北部，与褶皱轴往往平行，断面倾角向南，在50°~70°之间，以逆断层为主，多在加里东期形成。

北西向断层组 分布在县境东南，倾角45°。属逆断层性质，主要有大塘断层，位于大塘—平朗一带，长23千米，走向305°，倾向220°，倾角64°，横切大塘—新安向斜东翼，属扭性平移断层；那良正断层，位于县境南端的那良，长 21 千米，走向 300° ~320°，倾向 80°，倾角 74°，横切大塘—新安向斜那背及北东向断层；柳桥正断层，位于吴圩那德柳桥村—南宁市郊江西一带，长 10 千米以上，西北端为第四系所掩盖，断层切割了寒武系、泥盆系和第三系，斜切周村背斜，断面倾向南西，此断层经历了加里东、印支—燕山和喜马拉雅期，为长期活动性质的复活断层；雅王圩扭性逆断层、坛河扭性平堆断层、台马复合断层等，长 10 千米 ~20 千米，倾向和倾角不一，横切或斜切北向褶皱断层，切割下白垩统——三叠系。

北东向断层组 主要分布于县境西北和广西山字形构造前孤区，前者以平行褶皱轴向的逆断层为主，后者为褶皱轴向的正断层。主要有覃河复合断层，位于五塘覃河西北侧，走向北东 50° ~70°，长约 58 千米，断面倾向不一，东北段倾向北西，倾角 70°，属逆断层，西南段倾向东南倾角 45° ~84°，属正断层；南晓断层，位于南晓一带，走向北东 50° ~70°，倾向北西，倾角 65° ~80°，属扭性逆冲断层，切割大塘—新安向斜东南翼，并被北西向断层错移；方村断层，位于坛河西侧，走向 65° ~80°，长约 26 千米，倾向北西，倾角 35° ~85°，属张扭性断层，纵切坛河背斜南东翼；五塘断层和古蒙正断层，走向 30° ~70°，长 4 千米 ~20 千米，倾向北西或东南，倾角不大明，斜切寒武系和第三系。

断裂带

县境处于 4 条（组）主要断裂带交叉切割成的菱形地块之上。

西南部断裂带 西南部断裂带(组)有 2 条。离县境较近的一条,西北起自隆林经田林、百色、田阳、田东、平果,再经县境吴圩,至陆屋东南;与这条断裂带相平行的另一条断裂带,西北起自田东县思林镇,经平果县果化镇、隆安县，再经县境吴圩南边和那陈、钦州市小董镇北边，直达安铺港。

东南部断裂带 即钦州、灵山断裂带有 3 条。近县境的一条东北起自灵山北边，经南乡和小董、大寺东南进抵中越边界；中间一条东北起自大安，经六陈、石南、百合、平山、灵山、陆屋、钦州、防城、东兴，进抵中越边界；离县境较远的一条，东北起自容县，经百合、平山、灵山南边和檀圩，于企沙西边进入北部湾。

东北部断裂带 即天峨—博白断裂带有 2 条。离县境较近的一条，西北起自天峨，经陆斡南边，横州北边、博白北边，至两广交界处；离县境较远的一条西北起自红水河，经马山、场圩、上林、宾阳南边和甘棠、横州北边，至百合北边。

西北部断裂带 即宁明—武鸣断裂带，起自武鸣经南宁市、扶绥西边，再经板利、宁明抵友谊关。

县境内，还有一条桂平—邕宁断裂带，自横县六景入邕宁县境，经伶俐、长塘、蒲庙北边至吴圩镇，与西北部断裂带在吴圩交叉。

第二章　地形地貌

邕宁县位于广西壮族自治区南部。县境东界横县，东南与灵山县接壤，南与钦州市钦北区相连，西南与上思县毗邻，西连扶绥县，西北与南宁市江南区、新城区、永新区、兴宁区为邻，北接武鸣县，东北与宾阳县接壤。县境地处南亚热带、北回归线以南。地理坐标位于东经 107° 58′ ~108° 51′、北纬 22° 13′ ~23° 06′。最北端是昆仑镇联光村白凿山，为北纬 23° 06′，最南端是大塘镇屯六水库南面岽尖山，为北纬 22° 13′，南北两端相距 100 千米；最东点是中和乡新安村坛甘坡的东面，为东经 108° 51′，最西点是苏圩镇新德村那投坡西南，为东经 107° 58′，东西两点相距 90 千米。土地总面积 4725 平方千米。邕宁县在最东点与最西点的时间差为 3 分半钟左右，当北京时间（东八区时区）为 12 时，县城驻地蒲庙镇的时间为 11 时 14 分钟，往后推迟约 46 分钟。

邕宁县地处南宁盆地东南部，地势是南部、北部高，中部低，由西向东倾斜。地形地貌分为山地、丘陵、平原 3 个类型，其中丘陵面积占全县总面积 58.16%，平原面积占 36%，山地面积占 5.84%。县境内，地形最高点是北部山地的小白凿山，海拔 957 米；地形最低点是东部邕江河谷平原伶俐独岭，海拔在 65~120 米。

第一节　山　地

邕宁县境内山地主要由中低山组成，面积约 276 平方千米。其中海拔 800~957 米的面积约 25 平方千米，主要分布在昆仑镇的北面和东面。其余为 400~800 米的低山，分布在昆仑、五塘、四塘等 3 镇的北面，邕江北岸的伶俐、长塘和那陈、大塘、百济的部分地区。

县内主要有北部山地和南部山地。此外，还有小片山地分布于丘陵地带，其中苏圩镇保联村东北有一片约 3 平方千米的山地，最高为栏头岭山峰海拔 401.80 米。

北部山地

大明山余脉一支从宾阳县思陇、高田之间伸入邕宁县境，于昆仑镇东北石牛山分为东西两支。东支延伸伶俐镇那樟，沿途又分为几小支向南延伸，最长的一支进入伶俐镇境内直抵邕江北岸，隆起西石贤岭、逃军山、石耕岭、拜茶岭；西支沿邕宁县、宾阳县和邕宁武鸣县交界抵西云江东侧，于邕、宾、武三县交界点附近隆起白凿山（大），然后分几小支伸入五塘。大明山余脉另有一支从宾阳县那平、那蓬之间进至邕宁县伶俐东北隆起三伏岭，然后分两小支伸延至邕江边，东支为邕宁横县界，西支至伶俐圩附近隆起东石贤岭，与西石贤岭隔伶江相望，称“金鸡对面啼”。另有一支大明山余脉从武鸣县境分多支进入西云江水库以西的邕宁县境，其最长一支经四塘同仁进抵长塘德福，隆起勾头岭。大明山余脉多路伸入邕宁县境，构成北部山地，称“封陵主干”，以昆仑（九塘）地势最高、面积最大、大山高峰最多。

北部山地海拔高度在 400~957 米之间，山体多呈断面，起伏较大，相对高度 50~200 米，坡度在

25° ~30°之间。山较陡峭，有的近乎壁立。山坡较和缓处已部分开垦为耕地。山梁、山坳的小路是交通隘口。山谷普遍狭窄，谷口宽于谷里，溪涧流经峡谷，涧底岩石裸露，低处形成水潭，宽谷可耕处已开垦成山坑田。山中部分有自然林覆盖，是自然林保护较好的地方，昔日山中林木郁葱，野生动物繁多，昆仑镇、伶俐镇是邕宁县木材集散地。2004 年自然林面积减小，木材、山货产量锐减。

大明山余脉分两支延伸入邕宁县境，以下诸峰为主体组成北部山地。余脉各小支再延伸，高度逐渐下降，形成丘陵。山地丘陵相接（有的受邕江支流切割），从北、东、南三面，环绕着狭小的南宁盆地东部（即四塘、五塘的沙江河谷平原）。

昆仑山　位于昆仑镇九塘圩北 4 千米的昆仑村，是邕宁、宾阳县交界山岭。著名的关隘昆仑关建在昆仑山和领兵山之间的山隘中，关城海拔 300 米，扼守贯通南北的道路。昆仑关是古代岭南（南宁）重要的东北门户，经石龟塘山峡通关而过的昆仑古道为古代驿道。昆仑山地势险要，昆仑关扼邕柳交通线咽喉，“盖昆仑关为南宁府境之冲要也”，战略地位极为重要，历来为兵家必争之地。民国 28 年（1939 年）12 月，在此地爆发了闻名中外的昆仑关战役。

白凿山　整座山脉位于邕宁、武鸣、宾阳三县交界地带，主峰位于昆仑镇九塘圩西北约 10 千米的武鸣六星村北与宾阳边界上，海拔 1006 米。大白凿山东南伸延一个高峰称小白凿山，海拔 957 米，位于邕宁、武鸣、宾阳三县分界岭，被称为邕宁第一高峰，呈南北走向，邕宁界内的小白凿山面积约 3 平方千米，是县内大冲江西支流和西云江东支流的发源地。传说以前遇到天旱，人们便上山凿洞求雨。明清两代曾在山上设军事哨所，抗日战争时期昆仑关战役中为中国军队据守。其西南分支为更古山和岽抱山。

岽抱山　位于昆仑镇联光村，呈西北—东南走向，最高峰海拔 539 米，为邕、武界岭，原是水源林保护区，生长有野玉兰花、甜茶、苦丁茶和多种药材等珍贵植物。

更古山　位于昆仑镇联光村西 2 千米，东西走向，海拔 460 米，面积约 3 平方千米。登上山顶可览昆仑镇山川美景，是昆仑通往武鸣山路的隘口。传说宋朝依智高曾经安放战鼓在山顶，指挥部属与狄青作战。在抗日战争时期的昆仑关战役中由国民政府军据守。

仙女山　位于昆仑关西 3 千米，海拔 713.60 米，为邕宁县、宾阳县界山。抗日战争时期昆仑关战役，中国军队荣誉一师反攻首先攻克仙女山（700 高地），设师指挥所于此。

石牛山　位于昆仑关东北 2 千米，邕宁县、宾阳县界山，海拔 643 米，是向东流的伶俐江、向北流的武鸣河、向南流的大冲江的发源地，具有“水南北分流”的地理特征。民国 28 年（1939 年）12 月昆仑关战役时，石牛山战场制高点标为 653 高地，中国军队与日军激战甚烈。

金龙山　位于昆仑镇联光村北 1 千米，南北走向，海拔 451 米，面积约 2 平方千米。山形似龙，山上有四方形似笼箱的岩洞，洞内有蛤蚧等动物。抗日战争时期昆仑关战役曾在金龙山发生战斗。

派仙山　位于昆仑镇黄宣村东 6 千米，东西走向，海拔 876.80 米，面积约 10 平方千米，是邕宁县与宾阳县交界的山。传说古时曾有仙人到此山弈棋、起舞于山间云雾之中。

当根岭　位于昆仑镇黄宣村东 4 千米，东西走向，海拔 733 米，面积约 7.50 平方千米，有自然林。

高鹤岭　位于昆仑镇富兴村南部 2 千米，东西走向，海拔 401.80 米，面积约 8.50 平方千米。附近山地有金矿。

六州岭　位于昆仑镇九塘圩东北 4 千米，南北走向，海拔 480 米，面积约 5 平方千米。传说古代有 6 名州官打败仗后到此山隐居至终老，故取名。

合灶头山　位于昆仑镇九塘圩东 4 千米，是邕宁与宾阳县分界山，东西走向，海拔 564 米，面积约 6 平方千米。该山形状似三块石头组成的火灶，故取名。

白头岭　位于昆仑镇太昌村西 1 千米，海拔 472 米，面积 6.50 平方千米。当气温下降近 0℃时，山顶有白雾。

六龙岭　位于昆仑镇八塘圩东南 3.50 千米，东西走向，海拔 522.40 米，面积约 7.50 平方千米。山形状似六龙汇集，从山顶北望可览昆仑镇全景，山脚有泉水可灌溉田地。

三壮岭 位于五塘西云江水库西边，南北走向，海拔471.90米，面积约8平方千米，有三峰突起似柱。

石等山 位于四塘镇那笔村北5千米，海拔430.80米，面积约10平方千米。山多石，山顶又高又尖，似大石竖立，故取名。

马鞍岭 位于四塘镇那笔村西北3千米，西南走向，海拔400.70米，面积约10平方千米。山形状似马鞍，故取名。

狮子岭 位于四塘镇同仁村雷屯坡，东西走向，海拔466米，面积约2平方千米。山形状似狮子，故取名。传说古时若在傍晚听到狮子岭半山腰洞口传出锣鼓声，当年风调雨顺，五谷丰登。后被州官派兵在狮子头正面下方小溪边凿掉狮子牙后，洞口不再传出音乐声。

三状岭 位于伶俐镇望齐北6.50千米，东西走向，海拔531.80米，面积约4平方千米，为红壤荒山，是邕宁县与宾阳县的分界岭。

逃军山 位于长塘圩邕江北岸10千米，南北走向，海拔472.90米，面积约10平方千米。清代以前山上有季雨林，解放初期还有少数次生季雨林。民国期间开办军山林场，中华人民共和国成立后林场规模扩大，种有杉、松等林木。山上有一大洞和一小古庙。

南部山地

十万大山余脉来自防城、上思县，于扶绥县那白分一支延伸入邕宁县延安镇、吴圩镇。主干大体上沿着南部县界由西向东延伸，分多支进入县境称“勾漏主干”。十万大山余脉支干在县境内延伸：从南晓镇延伸的一支经大塘镇、那陈镇至那马镇；从百济乡延伸的一支经那楼镇至新江镇；从镇龙乡延伸的一支，于八尺江和青龙江之间，经那楼镇至蒲庙镇，于那楼分支进入刘圩镇、长塘镇。此外，十万大山余脉还从扶绥县分支延伸到邕宁县苏圩镇，从灵山县、横县分支进入邕宁县中和乡、南阳镇。南部山地海拔高度400~500米。

南部山地山峰与山峦相连接，呈新月形，构成奇特地形地貌。南部山地面积、高度小于北部山地，山体状貌与北部山岭差别不大。因距离北部湾海湾最近处70千米至80千米，南部山地海洋性气候特征明显，湿度较大，阔叶林较多，植被季节性变化较小，山泉出水量较大，群众习惯沤田过冬，旱情要小于北部山地。

岽尖山 位于大塘镇南洲村西南10千米，东西走向，海拔509.10米，面积约4平方千米，是凤亭河水库的水源地，系南部山地第一高山。山体多石，山顶有块直立的大石，面积60多平方米。辛亥革命时，黄兴从此前往越南。抗日战争和解放战争期间，该山是中共领导地方游击队的根据地，山路可通往钦州大寺和县内大塘，被称为“革命走廊”。中华人民共和国成立初期，悍匪张瑞贵、韦秀英从此山出逃。20世纪50年代，台湾国民党曾多次空降特务于此山，后均被消灭。山上曾出土文物有几面古代铜鼓。今此地为南洲林场，人工林覆盖山野，郁郁葱葱。

架笔山 位于大塘镇那造村南11千米，东西走向，海拔405米，面积约5平方千米。因3个山峰形似插3支毛笔，故取名。

花甲山 位于大塘圩东北面6千米，东西走向，海拔415米，面积约4平方千米。山上岩石奇形怪状，酷似各种野兽，山花优美多姿。山上有泉水，有可容1000人的龙母洞（那台洞），洞中祭祀“飞龙”神，神前的古铜炉已被清巡检仇开倬拿走。传说有一洞口小的岩洞通往南晓镇，洞内缺氧无人敢深入。山顶稍平，有个被凿成空心的石鼓，以前乡人遇旱则蒙以猪皮，击鼓求雨。中华人民共和国成立前，每逢发生兵匪之乱，附近村民则上此山躲避。

狮子岭 位于大塘圩东面4.50千米，东西走向，海拔427.50米，面积约2平方千米，是土石荒山。狮子岭与花甲山对峙屹立，民国时建邕（邕宁）钦（钦州）公路从山脚经过，今又新增南防铁路、南防公路，是钦州防城往南宁的险要通道。民国时期日军从钦州进犯南宁，曾屯兵两山防守。抗日游击队和国民政府军曾于两山伏击日本侵略军运输车辆。

高头岭　位于那陈镇西盛村南 2.50 千米，南北走向，海拔 409.70 米，面积约 5 平方千米，是邕宁县与上思县的分界岭。

茶　山　位于百济乡屯茶村东面 5 千米，南北走向，海拔 434.50 米，面积约 30 平方千米，是邕宁县与钦州市钦北区的分界岭。茶山涵盖邕宁县境面积约 10 平方千米。

第二节　丘　陵

邕宁县丘陵地形面积 2748 平方千米，海拔在 200~400 米，大体上可细分为高丘地和低丘地两类。

高　丘

高丘海拔在 250~400 米，地貌与山地无大区别，山峦重叠、连绵不断。接近南北山地的与山地相连接；远离山地的，其过脉处有部分比较低平，但均是一伏一起，起为群峰并起，自成一簇一片，面积小的不足一平方千米，大的有几平方千米。全县高丘面积 463 平方千米，多分布于县境西南部和东南部。

吴圩镇有高丘 39.10 平方千米，坡度 10°～30°，植被为疏林、灌木丛、草丛等，分布于平洞、那丹、吴圩、那德、康宁、定宁、祥宁、那备、坛白等村屯。苏圩镇、延安镇有高丘 55.10 平方千米，坡度 12°～35°，植被为灌木丛、草丛等，分布于保安、保联、保城、苏保、慕村、联英、镇宁、仁德、新德、隆德、那齐、新城、延安、平南、华南等村屯。那陈镇有高丘 48.60 平方千米，坡度 20°～40°，植被多为疏林、灌木丛、草地等，分布于西盛、七齐、维坝、那坡、那蒙、邕乐、和平、一致、连山、六眼、那徐等村屯。大塘镇有高丘 62 平方千米，坡度 20°～40°，植被多为疏林、灌木丛、草地等，分布于南洲、桥板、那造、大塘、百乐等村屯。南晓镇有高丘 68.50 平方千米，坡度 30°~50°，植被多为疏林、草地等，分布于台马、晓元、派桑、南晓、同里、大满、新民、陵桂、那敏、福里、团城等村屯。百济乡有高丘面积 21.75 平方千米，坡度 15°～40°，植被多为疏林、灌木丛、草丛等，分布于华灵、屯茶、桥学、屯林、南蒋等村屯。五塘镇、四塘镇有高丘 36.30 平方千米，坡度 20°～25°，植被多为疏林、草丛等，分布于六村、两山、同仁、那笔、四麓、五塘等村屯。伶俐镇、长塘镇有高丘 34.40 平方千米，坡度 20°～40°，植被多为疏林、草丛等，分布于邕江北岸和与南阳、刘圩的交界处。良庆镇有高丘 4.25 平方千米，坡度 20°～30°，植被多为疏林草地等，分布于玉洞和五象岭园艺场。那马镇有高丘 10.10 平方千米，坡度 10°～40°，植被多为疏林草地等，分布于子伟、共和、那马等村屯。蒲庙镇有高丘 5.40 平方千米，坡度 15°～40°，植被多为疏林草丛等，分布于良勇、仁福村和蒲庙圩附近等村屯。位于蒲庙圩东南面的侧钻岭，海拔 208.60 米。刘圩镇有高丘 9.18 平方千米，分布于刘圩、良合、槐里、麓阳、那里。南阳镇有高丘 3.20 平方千米，分布于施厚、南阳等村屯。中和乡有高丘 2.20 平方千米，分布于新安等村屯。那楼镇、镇龙乡有高丘面积 3.10 平方千米，分布于那他、棠梨、那良等村坡。

低　丘

低丘海拔高度一般是 220~250 米，高低差 100 米左右，山坡普遍为缓坡，坡度一般在 20°以下。丘与丘距离宽阔，过脉处较低平，连接处亦无陡坡，丘与丘相连接。那楼一带称这种浑圆低丘为“汤圆山”。全县低丘面积 2285 平方千米。低丘地带主要分布于良庆、那马以东的县境中部，包括新江全部、蒲庙、刘圩、南阳、中和、那楼大部分，其他乡镇也有分布。

第三节 平 原

邕宁县境内有河谷平原、宽谷平原和丘间平原等，海拔高度 65~200 米，坡度小于 5°，总面积约 1701 平方千米。平原地区主产粮食，是县内的“粮仓”。

河谷平原

邕江河谷平原 位于邕江南岸，北至邕江边，南接丘陵地带，西起良庆玉洞，东抵伶俐独岭，是系列平原。平原被南面的山岭分割成 10 多个田垌，其中较大有独岭王京垌、天堂垌、定西洞江垌、龙岗梁村垌，较小的有仁福垌、和合垌等。田垌总面积 2000 公顷以上。田垌高度不一，一般海拔高度 65~85 米，100~120 米高度较少。土壤多属河流冲积土，质地沙质至重壤质，结构疏松，肥力中上，耕作层 12~18 厘米。各个田垌都缺自然直流灌溉，当蒲庙邕江水位 72 米以上时，大部分田垌被洪水浸淹。

八尺江河谷平原 分布于那马那僚至蒲庙公曹一带，与龙岗梁村平原相接，沿着江流呈带状弯曲伸展。山丘把平原分割成一个个田垌，小的 20~33 公顷，大的 133~200 公顷，最大的那马共和垌面积 200 公顷左右。八尺江河谷平原的地貌特征和水土条件，与邕江河谷平原极为相似，因八尺江河流长流域面积大，河流中下游平原地区除了受邕江洪水影响外，若流域内普降大雨，低洼处易受洪涝。

沙江河谷平原 即狭义的南宁盆地东小半部，东起七塘，西与南宁市三塘镇交界，面积约 2666.70 公顷，海拔 100~150 米。小山丘把平原分割成张村、坛湴、苏平等田垌。土壤由砾石层、红土层和近代冲积物组成，土层厚薄变化大。有来自北部山地流入沙江的 10 余条小支流，小部分田可自然水流灌溉。地下水位较高。

溶蚀平原

主要为宽谷平原。位于苏圩、吴圩一带联成片，总面积约 5333.30 公顷，海拔高度 70~120 米，为石灰岩与土山之间的平坦地形，地面大部分在同一水平线上，小部分接近于丘陵的高坡和稍有倾斜的地带，也有呈锅底状的。平原中偶有石灰岩孤峰和缓丘出露，缓丘相对高度 10~15 米。土壤有机质物少，为砖红壤性土，多含铁锰。

丘间平原

分布于山地、丘陵区内。面积 266.70~400 公顷的有南晓雅王垌、那楼中山罗马垌，刘圩团黄垌和槐里垌，南阳施厚垌，百济南弼垌等，面积 133.30~266.70 公顷的有南晓晓元垌、大塘南荣定西垌、刘圩麓阳垌等，面积 66.70 公顷左右的各乡镇都有。

丘间平原多见于山丘谷口会合处、溪涧汇流处、丘与丘的间隔处。海拔高度高于河谷平原和宽谷平原，一般 100~150 米，少数在 200 米。平原形状有块状、带状等。平原内地面高低差从几米到 10 多米，多向一面倾斜，有的则四周高、中间低。土壤性状和水利条件差异大，低丘区的平垌缺地表水灌溉，地下水位以刘圩、那陈为最低。丘间平原特别是平原中的水田，易受山洪冲刷，但受淹时间短暂。

高低丘平原地貌差异大，丘间平原的变化也各不相同。高丘平原雅王垌，四周山峦围绕，中间田畴，诸山脚下有泉水渗出，常受山洪冲刷，土壤湿度大，烂湴田较多。低丘平原那楼镇中山罗马垌，四周是“汤圆山”，垌面倾斜，高低差约 20 米，开阔。田块一般 0.07~0.20 公顷一块，最大的罗马“坛底”

田 1.33 公顷。田垌则无地表水灌溉，几天无雨即旱，一天大雨则山洪漫田。风调雨顺种水稻，雨量少时改种旱作物，当地称为“文武田”。1974 年当地兴修水利设施，灌溉条件得到改善，田地多改种水稻。中和圩的丘间平原，不规则地环绕于山丘脚边，面积 66.70 公顷以上。以上 3 个田垌，反映出全县丘间平原的特征及其变化。

第四节　石山　岩洞

石　山

邕江以南的苏圩、吴圩、良庆、蒲庙、长塘和伶俐等乡镇，分布有石灰岩。这些石灰岩大部分有土层覆盖，小部分裸露出地面，形成孤峰、小峰群和石笋群。其他岩石也有以小石山形状露出的。岩石小孤峰不多，零星分布于县境各地。小峰群主要分布在苏圩镇和吴圩镇。石笋群多见于荒地。

小孤峰　山体全部由岩石构成，无泥土覆盖的有斑山、岜兰山等，泥石混体的山体较多，有花甲山、尖山等。

斑山又名斑峰，位于刘圩东面 500 米，海拔 212.50 米，面积约 1 平方千米。山体皆为紫色砂岩，浑然一体，无碎块，无裂缝。山有三峰突起，山顶有泥土，生长着小片松林。山上有甘泉、鹞洞、仙人掌、梅崖等胜景。鹞洞位于半山，颇幽静，传清御史钟德祥曾到此读书。甘泉，泉水味甘温，用以泡茶，“匝月无变味者”。仙人掌，在山峰东北面，石为五指参错如人掌。梅崖，在山麓，石壁一幅自然梅花图，枝柯扶疏，巧过雕刻，石崖上边还刻有“晴雪梅花”四个大字。每年农历四月初八，村人上斑山闹歌圩、唱山歌者数以千百。

岜兰山位于长塘镇天堂村岜兰坡西半里，海拔高度 192.40 米，面积 0.10 平方千米。山体皆石灰岩，山的一面与土山相连，山上有洞。山下有小井，供岜兰、六占两坡人饮用。

岜西山位于延安镇那齐村西北。山势峻峭，有岩洞，可容千人。有泉水。清“咸同之乱”，村人于此筑城防护。

小峰群　分布于吴圩、苏圩一带，几座十几座小石山集中于一地，诸峰山体相连，峰峦突起，多悬崖乱石，有的山巅人迹罕至。

明阳峰群位于吴圩镇明阳，几座石灰岩山拔地而起。中华人民共和国成立后，山石用作水泥原料和其他建材原料，今山峰有的已削平，有的已接近削平。

苏圩峰群位于苏圩镇慕村、仁德、新德等地，分布有几十座石灰岩大石山。其中较著名是慕村龙凤山，山中有十八罗汉洞，龙凤山西边的和尚山（即“一洞天”），海拔 284.20 米，山间有平地，称“二垌地”。仁德村那稔坡西北的派凤山，海拔 286 米。与派凤山相邻的岜蕾山，最高峰海拔 325.40 米。土地革命时期，唐光天组织农军 800 人在岜鱼山举行武装起义。

岩　洞

县境内较大的岩洞有 38 个，多分布于邕江南岸，东西延伸略偏转西南。较有名的岩洞有：

砂百敢洞　位于良庆镇坡祥村附近的砂百敢山北部，洞口 3 个，洞内曲线全长 225 米，平均宽 4 米，高 2.50 米，洞顶厚 20~25 米。此洞因村人开山取石，已受破坏。

坛冲洞　位于长塘镇坛尧村西北，洞口垂直向下 6 米，洞内曲线全长 85.90 米，平均宽 6.60 米，高 5 米，洞顶厚 15~20 米，洞壁有少量钟乳石。

岜超洞　位于长塘镇天堂村西南，洞口垂直 5.30 米，洞内长 35.30 米，平均宽 13 米，高 5 米，有钟乳石。

十八罗汉洞　位于苏圩镇慕村龙凤山北侧，洞深 1.50 千米，洞口窄处只能单人匍匐而过，宽处可并行数人。洞内有可容 5000 人的 3 处大空地，有各种形状的钟乳石，有一处叩之发钟鼓声，其中一处钟乳石酷似十八罗汉，故取名十八罗汉洞。

万人洞　位于苏圩镇慕村龙凤山北侧，洞内可容 1 万人。

百敢山洞　位于苏圩镇慕村西面 2.50 千米，洞口高约 30 米，宽约 20 米。据当地人说，洞长约 2 千米，可容纳 1 万人。

岜蕾山洞　位于苏圩镇仁德村四图坡的岜蕾山，有 3 个岩洞。龙盘洞，深约 300 米，岩石多姿，可容 4000 多人；冲漠洞，洞内可容 1000 人；厚洞，洞口在半山腰，仅容一人通过，洞内有七八处大空地，可容 6000~7000 人。厚洞在上，冲漠洞在下，2 层洞的隔楼，厚近 2 米，薄仅 50 厘米左右。

第三章　气　候

邕宁县地处北回归线以南，属南亚热带季风气候，夏长冬暖，太阳热辐射量大，日照时数长，气温较高，霜冻较少，雨量适中。全年气候变化基本特征：每年12月下旬至次年2月是气温最低的冷天气，2月下旬至3月为冷暖天气交替，常出现低温阴雨天气，空气湿度较大；4—5月受西太平洋副热带高压西伸影响，雨量增多，易发生春旱；6—8月受夏季风影响和台风侵袭，易出现洪涝；8月下旬至9月受秋季风影响，雨量减小，易出现秋旱；10月中旬左右寒露风开始侵入；10—12月气温逐渐由高温转低温，白天气温较高，晚上气温较低的日暖夜凉，昼夜温差5℃~10℃左右，空气干燥。

第一节　太阳辐射与日照

太阳辐射

1960年至1990年，邕宁县境内历年平均太阳总辐射量每平方厘米110.60千卡；1991年至2004年，历年平均太阳总辐射量每平方厘米110千卡。1960年至2004年，历年平均太阳总辐射量每平方厘米110.30千卡。

日照时数

县境内日照时数年度变化特征：冬末春初最少，春末夏初逐渐增多，盛夏秋季充足，深秋渐减。全县于1960年至1990年，累计历年平均日照时数1692.40小时；1991年至2004年，累计历年平均日照时数1563.09小时。1960年至2004年，历年平均日照时数1652小时。1991年至2004年，累计历年平均日照时数比1960年至1990年减少129.90小时。1991年至2004年，1993年日照时数1729.20小时属正常；除2003年日照时数1945.20小时偏高外，其余年份的年日照时数属偏少。

1991年至2004年邕宁县日照时数

表2-3-1-1　　单位：小时

月份 年份	1月	2月	3月	4月	5月	6月	7月	8月	9月	10月	11月	12月	全年
1991	16.20	48.60	45.00	140.00	162.70	146.80	187.20	186.10	266.40	171.10	122.70	79.10	1571.90
1992	96.00	43.90	46.80	116.80	104.20	166.60	197.40	243.70	184.80	214.10	135.70	141.80	1691.80
1993	67.50	106.50	58.30	74.80	130.50	162.60	211.90	219.00	209.90	204.10	136.10	148.00	1729.20
1994	65.00	41.70	47.20	97.30	149.10	125.90	134.90	174.00	156.50	200.30	180.20	110.20	1482.30
1995	47.20	25.00	38.80	98.60	182.50	148.30	187.30	130.00	190.70	169.40	120.00	136.80	1474.60
1996	66.70	108.70	88.50	53.40	162.80	179.50	144.70	161.10	165.30	214.00	157.90	102.50	1605.10
1997	66.70	47.10	24.30	96.90	141.00	112.30	73.60	141.30	136.50	158.50	111.60	22.20	1132.00

续表

月份 年份	1月	2月	3月	4月	5月	6月	7月	8月	9月	10月	11月	12月	全年
1998	30.70	56.50	51.20	146.50	137.80	87.30	169.10	246.90	199.50	205.40	142.20	134.80	1607.90
1999	82.30	82.20	71.30	88.00	108.50	177.40	150.70	156.30	195.20	152.60	130.40	162.60	1557.50
2000	62.30	24.00	50.40	77.10	117.60	162.40	236.50	213.00	180.80	127.50	168.80	136.40	1556.80
2001	59.40	39.60	68.00	58.50	124.60	146.20	166.50	184.60	156.30	109.60	181.00	86.10	1380.40
2002	93.90	34.00	39.40	151.30	160.20	150.20	141.80	181.10	147.50	162.80	112.30	60.20	1434.70
2003	152.40	80.10	73.00	131.50	168.10	157.70	292.60	195.60	180.10	187.70	162.50	163.90	1945.20
2004	56.80	81.80	58.40	123.20	149.00	202.70	162.40	201.90	206.10	222.60	112.70	136.20	1713.80

第二节 气 温

邕宁县境内地处低纬度，热量丰富，夏季有短期酷热，冬季虽有三九寒冬但冷期较短。

春季（2月至4月），早期偶尔出现低温阴雨甚至倒春寒天气，3月至4月气温回升较快，多数年份发生春旱；夏季（5月至8月）气温高，6月至8月日平均气温多数大于27℃，日最高气温超过35℃，为一年中的最热期；秋季（9月至11月）末期气温逐渐下降，气候宜人，10月多发生寒露风天气，易发生秋旱；冬季（12月至次年1月），气温多在10℃以上，气候干冷，偶有霜冻。

据县气象部门记载，1960年至1990年，全县历年平均气温21.80℃（正常年份气温）；1991年至2004年，历年平均气温22.10℃。1960年至2004年，历年平均气温21.90℃。

1991年至2004年，年平均气温年际变动在21.50℃~22.80℃之间，变幅1.30℃，年平均气温除1995年、1996年略低，1998年、2003年略高外，其余年份气温正常。常年最热期为7月、8月，日平均气温大多超过26℃，日最高气温经常在35℃以上。7月、8月月平均最高气温变动在27.90℃~29.40℃之间。14年中，日极端最高气温为1991年6月3日38.20℃。常年最冷月为1月份，月平均气温年际变动在11.60℃~15.10℃之间。日极端最低气温为2003年1月7日2.20℃。

由于地形地势等环境条件差异，南北气温常年相差1℃~2℃，自西南向东北递减。东北面的昆仑、五塘、四塘等乡镇山地地势较高，林木茂盛，温度最低；西南面的大塘、南晓、百济等乡镇是温度次低的地方；蒲庙、长塘、伶俐等乡镇的邕江两岸低平地带，地面温度最高。昼夜温度差异，冬季相差最大，有时相差17℃以上。

1991年至2004年，邕宁县日平均气温≥10℃的年平均天数为353天，比1960年至1990年日平均气温≥10℃的年平均天数多6天；≥10℃的年平均积温49429.20℃，比1960年至1990年年平均值偏多1332.80℃，每月日平均温度≥10℃的积温均有不同程度的增加。每年日平均气温≥10℃的天数增多，说明气候呈逐渐偏暖的趋势，适宜农作物、果树生长的气候条件提早，每年农业生产相应会提早些。

1991年至2004年邕宁县气温表

表2-3-2-1　　单位：摄氏度

月份 年份	1月	2月	3月	4月	5月	6月	7月	8月	9月	10月	11月	12月	年平均
1991	12.80	16.30	18.60	23.3	26.6	28.00	28.30	27.9	27.8	23.6	19.0	16.0	22.4
1992	12.50	12.80	15.60	23.10	25.80	27.40	27.60	29.10	28.00	23.10	18.60	17.40	21.80
1993	11.60	15.50	17.70	22.10	25.90	28.10	29.20	28.40	27.00	22.40	19.40	14.10	21.80
1994	14.90	14.40	15.70	24.60	27.00	27.50	27.60	27.90	26.20	22.40	20.80	16.30	22.10
1995	12.10	13.40	16.80	22.90	26.20	28.10	28.60	27.30	26.80	24.10	18.30	14.60	21.60

续表

月份 年份	1月	2月	3月	4月	5月	6月	7月	8月	9月	10月	11月	12月	年平均
1996	11.80	12.90	16.30	19.00	25.90	28.10	28.20	27.70	26.80	24.20	20.90	15.60	21.50
1997	15.10	14.20	18.10	22.70	25.90	27.60	27.30	27.90	24.90	24.30	20.10	15.40	22.00
1998	12.70	15.00	17.60	25.00	26.60	27.50	28.40	29.30	27.60	24.70	20.40	17.10	22.70
1999	14.40	17.20	18.50	24.40	25.10	28.60	28.60	27.70	26.90	24.30	19.50	14.10	22.50
2000	14.80	12.40	17.30	23.00	25.80	27.90	29.00	29.00	26.90	23.40	18.30	16.70	22.10
2001	14.90	14.30	18.60	21.80	25.60	27.30	28.00	28.20	27.00	24.60	18.70	13.80	21.90
2002	14.30	16.90	20.00	24.20	26.40	27.80	28.30	27.40	25.80	23.00	18.70	14.90	22.30
2003	13.60	17.50	18.60	24.00	27.20	27.60	29.40	28.80	26.80	24.20	20.60	15.10	22.80
2004	13.80	15.90	17.20	23.30	25.50	28.20	27.70	28.80	27.50	23.90	20.70	19.80	22.30

第三节　降　雨

邕宁县境内季风气候明显，年降雨量适中，降雨量大小除受季风和台风影响外，还受当地地形和植被等因素的影响。1960 年至 2004 年，正常年份全县大部分乡镇年降雨天数 130~150 天，历年平均降雨量 1243.80 毫米。

1960 年至 1990 年，全县历年平均降雨量 1243.70 毫米。1991 年至 2004 年，历年平均降雨量 1244.10 毫米。1960 年至 2004 年，历年平均降雨量 1243.80 毫米。

1991 年至 2004 年，县城日 24 小时降雨量最大值为 1992 年 5 月 24 日 222.20 毫米，比 1960 年至 1990 年日 24 小时最大降雨减 21.10 毫米；1 小时降雨量最大值为 1992 年 5 月 24 日 95.10 毫米，比 1960 年至 1990 年 1 小时最大降雨减 10 毫米；10 分钟降雨量最大值为 1995 年 5 月 28 日 23 毫米，比 1960 年至 1990 年 10 分钟最大降雨减 9.20 毫米；最长一次降雨量最大值为 1998 年 6 月 28 日至 7 月 15 日 298.30 毫米；最长连续降雨天数为 1998 年 6 月 28 日至 7 月 15 日，共 18 天；最长无雨天数为 2003 年 10 月 4 日至 11 月 17 日，共 45 天；历年平均有雨天数 141 天，最多有雨天数的年份为 1997 年共 165 天，最少有雨天数的年份为 2003 年共 105 天。期间，年降雨量最多年份是 2001 年，达 1827.80 毫米；年降雨量最少年份是 2000 年，为 930.10 毫米。年降雨量的差异，主要与夏季风活动是否频繁有密切关系。

降雨量季度差异较大，大致与夏季风进退一致。各季度雨量占年总雨量为夏季占 45% 左右，秋季占 30% 左右，春季占 16% 左右，冬季占 9% 左右。每年雨季一般从 4 月中旬开始，9 月下旬结束。降雨量季度差异有利于早稻、晚稻和其他粮食作物以及经济作物的生长。

1991 年至 2004 年邕宁县降雨量

表 2-3-3-1　　单位：毫米

月份 年份	1月	2月	3月	4月	5月	6月	7月	8月	9月	10月	11月	12月	全年
1991	18.10	2.70	57.60	12.50	20.70	250.60	321.00	148.40	13.20	38.70	39.50	46.70	969.70
1992	88.20	63.00	23.50	23.50	271.70	179.00	209.00	57.50	41.20	2.40	53.30	56.70	1069.30
1993	15.60	64.30	31.90	121.30	303.20	176.40	38.50	266.50	100.30	22.80	77.50	5.50	1223.80
1994	1.90	44.60	167.60	26.00	188.50	184.90	476.30	188.80	150.70	63.30	24.30	124.50	1641.40
1995	41.00	35.00	65.60	41.80	119.40	327.00	148.90	243.30	210.80	116.80	41.80	6.50	1397.90
1996	13.60	16.90	122.80	48.50	176.30	203.10	97.60	140.50	163.00	41.30	0.70	8.00	1032.30

续表

月份 年份	1月	2月	3月	4月	5月	6月	7月	8月	9月	10月	11月	12月	全年
1997	50.40	16.00	161.00	303.90	154.60	153.40	261.00	256.40	72.50	37.90	6.10	47.20	1520.40
1998	28.20	17.80	71.20	63.00	168.20	398.60	305.70	120.80	46.90	73.90	4.00	24.70	1323.00
1999	58.00	1.40	13.30	41.50	142.40	103.90	181.30	226.00	91.60	66.4	102.00	56.60	1078.40
2000	2.50	44.70	44.90	85.10	162.30	27.40	254.30	125.50	55.00	153.40	6.40	0.90	962.40
2001	35.90	56.50	77.60	103.30	326.20	333.90	410.00	216.60	118.10	104.40	37.20	50.00	1869.70
2002	22.80	17.90	24.80	81.70	161.50	221.00	270.40	312.30	139.60	97.50	66.70	62.40	1478.60
2003	59.50	26.90	46.70	79.10	169.40	307.10	154.30	155.10	203.00	3.80	1.10	3.30	1209.30
2004	56.40	22.70	31.40	89.90	120.30	118.10	217.70	114.30	29.10	0.00	38.00	8.60	846.50

第四节　湿　度

1991年至2004年，邕宁县年平均水汽压为22.20毫巴。极端最大水汽压为2004年7月3日39.70毫巴，极端最小水汽压为1993年1月28日3.30毫巴；年平均水汽压最大值是2002年为23.10毫巴，年平均水汽压最小值为1992年及1996年的21.20毫巴。历年月平均水汽压最大值出现在7月为31.70毫巴，历年月平均水汽压最小值出现在1月为12.10毫巴。年平均相对湿度78%。年平均相对湿度最大值是2002年为82%；年平均相对湿度最小值是1991年、1992年、1999年及2004年，均为77%。历年月平均相对湿度最大值出现在6月、7月及8月，为82%；月平均相对湿度最小值出现在12月，为72%。

第五节　风　霜　蒸发

风

邕宁县境内的风一般比较平和，风速在3~4级的居多，8级及以上大风比较少。主导风一般有东南风和东北风。东南风一般在每年的3月开始，4月盛行，6月至8月比较强，9月逐减。东北风一般始于每年的9月，12月至次年的2月较强，之后多为东南风所代替。1991年至2004年，全县每年出现大风袭击影响，表现形式为台风、尘卷风、北风等，出现风速大于或等于每秒17米的大风20多次。其中2001年因受台风影响，全县出现8级及以上大风8次。

霜

县境内在每年的春季和冬季，发生霜冻，但霜期较短。1991年至2004年，历年平均无霜期为350~358天，霜期最短的为1~2天，最长的为连续4天。其中连续发生霜冻日期为1993年12月25日至28日，1996年2月18日至26日，1999年12月22日至25日。

蒸　发

1991年至2004年，县境内历年平均水蒸发量为1680毫米。历年平均相对湿度为82%。县境内属多云量，历年平均总云量7.50，其中1月至8月云量较多，9月至12月云量较少。

第四章　水　文

邕宁县境内有邕江和邕江主要支流、板暮河等河流共 14 条，主要溪涧 30 多条，小溪涧 100 余条，河流与溪涧总长 611.75 千米；有地下河系 6 条和潜水地段 6 处。集雨面积 50 平方千米以上河流除邕江外有石楞河、沙江、沱江、良凤江、八尺江、新江河、青龙江、板暮河、马峦江 9 条，1991 年至 2004 年年平均流量合计为每秒 79.48 立方米。

第一节　地　表　水

邕宁县境内大明山余脉沿北部县界自东而西，十万大山余脉沿南部县界自西而东，邕江（过境客水）自西而东横贯县境中部偏北，使境内的大部分地表水流入邕江成为邕江水系。境内河流，以邕江邕宁段为干流，注入邕江的主要支流有江北和江南两部分，江北有三塘江、四塘江（石楞河）、沙江（大冲江）、沱江（伶江）、那车江等，江南有良凤江（水塘江）、八尺江、新江河（那岳江）、青龙江和马峦江等。马峦江流经横县境内汇合并注入郁江（邕江下游横县河段）。板暮河源于县境内，流经钦州汇合并流入北部湾。1991 年至 2004 年，全县有主要大小河流 14 条，主要溪涧 30 多条，其他小溪涧 100 余条，河流与溪涧总长 611.75 千米。全县径流总量 515 亿立方米。

邕　江

邕江是县境最大河流。邕江指珠江流域西江支流郁江自西向东流经南宁市及邕宁县河段，上起江西乡宋村的左江、右江汇合点，下止邕宁县与横县交界的六景乡道庄村，全长 133.8 千米。邕江邕宁县境内的邕江河段西自良庆镇大沙田水塘江口，纳良凤江水入县境，东至伶俐镇汇合那车江水东出县境，全长 83 千米。邕江河最宽处系石塘湾河段 300 多米，最窄处系牛湾、砧板处河段宽 260 多米。邕江自西而东的河滩有饭滩、鲤鱼基、东瓜滩、石燕滩等，最浅处是饭滩，航道枯水期水深仅 1 米左右，最深处是县城自县气象局至县氮肥厂河段南边，枯水期水深 16 米左右。邕江邕宁段河水年内变化：1 月至 4 月和 11 月至 12 月为枯水期，5 月河水逐增，10 月逐减，7 月至 9 月为汛期。1991 年至 2004 年，邕江邕宁段邕宁邕江大桥处平均每秒流量约 1550 立方米；邕江邕宁蒲庙河段最高水位系 2001 年 7 月 8 日为 74.125 米，最低水位系 1995 年 8 月 9 日为 65.25 米。邕江在邕宁县境内的一级支流主要有八尺江、良凤江、青龙江、三塘江、沱江、沙江、那车江等。

1991 年至 2004 年邕江蒲庙河段最高水位情况

表 2-4-1-1

年　份	月	日	时	水位（米）
1991	8	8	15：00	67.49
1992	7	28	16：00	70.88

续表

年　份	月	日	时	水位（米）
1993	8	3	14：00	68.30
1994	7	22	17：00	72.60
1995	8	9	0：00	65.25
1996	8	22	12：00	69.25
1997	8	27	15：00	68.25
1998	7	7	16：00	68.13
1999	8	3	12：00	66.11
2000	7	4	21：00	70.73
2001	7	8	0：00	74.125
2002	8	14	7：00	70.02
2003	8	30	8：00	66.98
2004	7	24	8：00	68.03

主要河流

良凤江　又名水塘江、那利河。古称如和水、乌水江。有二源：一源于苏圩镇北面邕宁县与扶绥县交界诸高山南麓和苏圩镇仁德以西的石山群，诸水经蓄入坛蓬、六思等水库，汇合于定英村附近，称派欢江；另一源于扶绥县公高山东麓，称派乐江，汇入天堂水库，到毛村西北与派欢江汇合。二源汇合后称良凤江。良凤江纳吴圩诸水，于小那丹流向南宁市入县境，在大沙田水塘口注入邕江。良凤江流经苏圩、吴圩、良庆3个镇，河流长65.33千米，枯水期部分河段流量较少，有的断流，1991年至2004年入邕江处平均每秒流量6.80立方米。

八尺江　是邕江邕宁段最大一级支流。八尺江有三源：正源于凤亭河，东源于南洲江，西源于平江。凤亭河又名山子峒江，发源于上思县蕾帽岭北麓，流经那陈维坝村坛白坡附近，后与南洲江汇合，流至大王滩。上游大塘段建筑凤亭河水库（大型）。南洲江发源于崇尖山北麓，经南洲圩至滑石江，纳入大塘坛灵坡的一条小溪，折向西北至大塘公安坡与凤亭河汇合。平江河发源于上思县客突山南麓，向东北流经上思县上英、上楠、古律坡，流入邕宁那陈镇西盛村的百或坡，经百排坡东北三里处与另一源出自上思县枯罗坡，经那多坡注入那陈镇西盛村蒙湾水库（又称哥沙河），相汇于哥足（哥沙坡附近）。另一源出自上思县哥埋坡西北边的南洲林场平江分场处汇合称为平江河，再与发源于扶绥县破豆经邕宁延安帮北坡，在那陈镇五龙村洞圩坡纳淋对沟汇合平江河，流经王天（地名）。另有一源泉出自延安百二牛岭，经马颈水库，过永安坡东流至那陈镇五龙村华台坡东北，在那赵坡普楼岭峡谷和向东流的驮礼江相汇注入平江河。流经驮利、那垃坡、坛排坡附近，与发源于那陈镇七齐村巴里坡山麓、流经维坝村坛白坡水磨、直至下敏河又称双藤河，汇合后再与凤亭河在三江口汇合，流入大王滩。1958年在培茶、横其、横斗、屯六筑拦河坝4处，建成凤亭河水库东干渠结瓜库群和屯六水库，这2处水库的水流经大塘镇康力汇合成滑石江，滑石江再纳来自那梨、那形2处小河水，至公安与凤亭河汇合，至大王滩又筑建大王滩水库（大型），至良庆镇新兰汇合新江河，再汇合沿途诸多小河小溪，于蒲庙镇和合村寨上坡边流入邕江。八尺江流经县内大塘、那陈、吴圩、那马、良庆、蒲庙等乡镇，流域面积2144平方千米。八尺江在境内河流长度126.60千米，河宽60~100米，枯水期中游水面最窄处仅有8市尺宽，故得名“八尺江”。大王滩以下的八尺江河段水缓，蒲庙邕江河口至蒲庙镇孟莲村可通行小货船，至良庆镇新兰村可通行小艇(船)。1991年至2004年入邕江处平均每秒流量32立方米。县境内八尺江一级支流有新江河、州同江、那覃江、滑石江、南洲江、凤亭河、平江河等。

新江河 原称那岳江、仁利水，是八尺江最大一级支流，是邕江的二级支流，其主要源流有新江河、那翁江、思灵江。新江河有3源，正源出自镇龙乡帽子岭水库和屯良、那他，西源出自百济乡那徐、屯卢，东源出自那楼镇坛墩，至三江附近3源先后汇合，至新江镇团阳村附近纳那翁江，再至蒲庙那岳纳思灵江，于良庆镇新兰村流入八尺江。那翁江又名迎利江，有3源，正源汇集百济屯茶和南晓镇团城诸小溪水，西源汇集大塘镇那铺、那浮、南荣诸小溪水和百济乡文笔水库的溪水，正源、西源于百济乡迎利汇合，东源汇合百济、南华两水，与正、西源合流，再纳上游英雄水库的两条小溪水，至新江镇那桃附近流入新江河。思灵江又名思陵江，一源出自那陈镇定止岭东麓，另一源出自大塘镇园林坡，两源于那陈镇百派汇合后，又至良庆镇那岳与新江河汇合，新江河至良庆镇新兰附近流入八尺江。新江河长55.55千米，1991年至2004年入八尺江处平均每秒流量10.80立方米。

青龙江 邕江一级支流。正源出自那楼镇屯六村，至那楼镇佃马建起那淋水库，沿途纳诸水，至刘圩镇那布附近建青龙江水库，于长塘镇冲豆流入邕江；东源汇集刘圩镇那救、那里、麓阳、槐里诸溪水，至团黄附近建起马安水库，然后汇入青龙江水库。青龙江流经那楼、刘圩、长塘3个镇，流域面积218平方千米，河长30千米，1991年至2004年入邕江处平均每秒流量2.80立方米。

三塘江 邕江一级支流。正源两支出自三塘与武鸣县高峰岭附近，一源流经大邓，另一源流入延安水库，两源汇合于九曲湾，流经三塘圩称三塘江，经屯里流入邕宁长塘镇那舅村，至剪刀流入邕江。1991年至2004年平均每秒流量1.30立方米。

沙　江 又名大冲江，是邕江的一级支流、县境内第二大支流。正源为八塘江，支流较大的有6条（包括四塘江）均自北向南相汇。八塘江有3源：东源出自派仙山西麓；中源出自昆仑古稀，经古棣汇于昆仑；西源出自白凿山东边汇于那灰。东、中、西三源汇于八塘后称八塘江，进入五塘镇沙平村后称沙江。沙江自东向西流，经王竹、两山、友爱，至合江进入四塘，转向南流，于宝盖附近纳四塘江，进入长塘境于大冲江口入邕江。沙江有6条较大支流：七塘江，古称大教江，有3源，分别来自昆仑那杏、平里和五塘六塘以北诸山南麓，至五塘下良汇合，于两山流进沙江；四麓溪，源出六拉、扛马，至那尚附近流进沙江；那昔溪，源出林村附近，至花头流进沙江；西云江，是沙江最大的支流，其3源皆来自武鸣县，至甲江坡汇流后称西云江，江长约30千米，后蓄入西云江水库，库容区跨邕宁、武鸣两县，再经五塘圩，于合江附近流进沙江；覃何江，又名龙头江，发源于三北岭西和武鸣县境，至那棍后为四塘、五塘界河，于合江附近流进沙江；四塘江（如下述）。沙江在县境内流经九塘、五塘、四塘、长塘，境内流域面积764.50平方千米，河段长47.72千米，江宽约20~50米，水浅，大冲江口水位与邕江水位等高，下游可通小艇，产石英砂。1991年至2005年大冲江口入邕江处平均每秒流量13.70立方米。

四塘江 又称石楞河，正源两支皆源于武鸣县他沙，汇合后自高峰林场延河分场流入邕宁县境，自北向南流经古蒙、那笔、至四塘称四塘江，经创新转东流，于宝盖附近汇入沙江。西源出自四塘镇同仁村顶香山北麓，流入六拿水库，经同仁村至创新村那下坡与正源合流。四塘江只流经四塘镇境内，长50.45千米，流域面积171.10平方千米。1991年至2004年平均每秒流量2.90立方米。

沱　江 又名伶俐江、伶江。正源出自宾阳县高田圩一带，流经陈平入县境伶俐镇那樟，于下王纳一源自昆仑镇六沟溪水；另一源出自昆仑镇那呈，两水于伶俐镇石龙汇合，至下王与蕉芭之间纳马笃、黄岭来水，两水于伶俐沙江汇合称沙江，流至下坛伍后与石龙来水汇合称沱江，流经伶俐称伶江，经武陵入邕江。流域面积256.30平方千米，境内河段长53.97千米，1991年至2004年入邕江处平均每秒流量5.20立方米。

那车江 有3源，皆出自县境内三状岭南麓，一源流经晚英，另一源流经那安，再一源流经新吴，三源流至伶俐镇那车村称那车江，后入邕江。那车江河段长10多千米，1991年至2004年入邕江处平均每秒流量约1立方米。

马峦江 源于县境内，有平歪河、那律江、沙江3条源流，至南阳镇雄会村汇合出境后称马峦江，经横县流入郁江（邕江下河段）。正源平歪河有3源，西源出自镇龙乡帽子岭东麓的棠梨村江万坡附近，沿途纳来自鞍马山等诸溪水；中源出自灵山县太平镇池塘村，至中和乡池库附近与西源汇合；东源汇集中和乡新安、平天诸溪水，至中和乡平天村那利坡北与中西源汇合后称平歪河（又名长滩江），为邕宁横县界河。那律江一源出自刘圩镇大里，另一源出自刘圩镇那里，汇合后于南阳镇雄会村流入平歪河。沙江源出南阳镇草章水库，经施厚、南阳，于贵村东北流入平歪河。南阳镇新光狮子岭水库的水也流入平歪河。平歪河汇集诸水后出县境为马峦河。马峦河在县境内各河流域面积共516平方千米，流经镇龙、那楼、刘圩、南阳、中和等乡镇，河段长61.33千米，1991年至2005年出县境处平均每秒流量5.50立方米。

板暮河 为古代如洪江上源之一，流入北部湾。该河在县境内有3源：雅王江源于大塘圩东北，古沙溪源于大塘圩东南，南晓江源于大塘花楼岭。3条源流于南晓大满汇合，流入钦州，经板暮村后称板暮河。另有源于南晓派桑、经同里出境，至钦州奇陵村汇入板暮河的一条支流。板暮河在县境内流经大塘、南晓，长18.80千米。1991年至2004年出县境处平均每秒流量4立方米。

主要溪涧

县境内直接流入邕江的短流程主要溪涧有30余条，其中流程5千米以上有位于邕江以北的罗村至剪刀、那窝至砧板、花陈至砧板、白沙至大东瓜、石龙至那扣5条，邕江以南的玉洞至良庆、坛芦至良庆、晚练至岜平、旧村至张村、六倡至天窝、望江岭东至伶俐果苗场、定温至咘蒙7条。间接流入邕江的短流程溪涧有80多条。此外，南晓、中和、南阳等乡镇有10多条短流程溪涧流向钦州市钦北区和横县境内。

第二节　地　下　水

邕宁县地下水类型主要有岩溶水、裂隙水、裂隙孔隙水。地下水水位，以五塘较高，刘圩、那陈较低。已查明有6个潜水位地段和6条地下河，皆分布于邕江南岸。县内的地下河系，皆位于潜水地段。

潜水地段

明阳农场至苏圩 潜水地段位于吴圩镇永红、那备、坛白和苏圩镇定计、佳棉等村的部分地方，面积97平方千米，地层上部为第四系覆盖、下部为灰岩断层，枯水位深度0~12米，年水位幅度6~10米。

那齐至新城 潜水地段位于延安镇那齐、新城村，面积19平方千米，地层上部为第四系覆盖，下部为灰岩断层，枯水位深度0~8米，年水位幅度4~7米。

三联医院至隆德 潜水地段位于延安镇，潜水地段面积11平方千米。水位幅度未查明。

清水泉至那粒 潜水地段位于蒲庙，潜水地段面积30平方千米，地层为石丘洼地，基岩为灰岩，枯水位深度0~10米，年水位幅度0~8米。

独岭至定西 潜水地段位于伶俐、长塘的邕江南岸，潜水地段面积45平方千米，地层为残山坡丘，上部是第四系覆盖，下部为灰岩，枯水位深度0~5米，潜水每秒流量0.03~0.05立方米。

虾公岩 潜水地段位于县城蒲庙镇仁福村，上为砾岩砂岩，下为灰岩，潜水地段面积和水位幅度未查明。

地下河系

清水泉地下河系 位于蒲庙县城西南面，清水泉属地表水邕江水系，出水口在蒲庙镇新新村。清水泉地表水面积 200 平方千米，枯水期出口每秒流量 0.90 立方米，流程大于 10 千米。所经天窗有两个：一个枯水位深度和水位年变幅均为 4 米，另一个枯水位深度 14 米、水位年变幅 6 米。以清水泉至那粒为主流，其他支流未探明。清水泉为县城和蒲庙镇邻近村的生产生活用水来源。

虾公岩地下河系 位于蒲庙县城东北面 3 千米，属地表水邕江水系。出水口在蒲庙镇仁福村邕江南岸虾公岩，旱季可见流水从出口洞穴注入邕江，雨季则被邕江水淹没。出口处产河虾，壳软肉多味美。地下河补充水源面积 13 平方千米，流程大于 10 千米，枯水期出口每秒流量 0.50 立方米。

永红咘表地下河系 位于吴圩镇永红村，属地面水邕江水系。出水口在吴圩永红咘表，地下河补充水源面积 230 平方千米，流程大于 10 千米，所经天窗枯水位深度和水位年变幅为 8 米。枯水期出口每秒流量 1.50 立方米，出水口处安装有抽水泵，总抽水量每秒 0.60 立方米。

那齐咘表地下河系 位于延安镇那齐村，出水口在延安那齐咘表，地下河补充水源面积 73 平方千米，流程 10 千米，所经天窗枯水位深度 5.50 米。出口处有大水池，常年不干涸。枯水期出口每秒流量 0.50 立方米。

明阳农场地下河系 位于吴圩镇明阳农场，地下河补充水源面积 50 平方千米，流程 8 千米。所经天窗 2 个，一个枯水位深度和水位年变幅 5.10 米，另一个枯水位深度和水位常年变幅 4 米。明阳农场地下河出水口处有深潭，深 250 多米，面积 25 公顷，出水口在吴圩镇明阳农场，枯水期出口流量每秒 0.50 立方米。

三联医院地下河系 位于苏圩镇原三联医院。暗河出水口在扶绥县，溢流天窗的枯水位深度和水位年变幅 6.90 米。该处地下河补充水源面积未查明。

第五章　土壤　植被

1964年，邕宁县进行第一次土壤普查，选择代表性的农业区进行调查。1979年10月开始进行第二次土壤普查，1980年9月结束。第二次普查在全县范围内开展，采用取土壤剖面、采集纸盒标本、进行评土、整理资料、编绘图幅、做土壤常规化验等方式。全县调查面积35.56万公顷（已减去划出的江西、那龙、坛洛土地面积），占土地总面积（除村庄、道路、水面、石山）81.80%。其中水田5.17万公顷，占水田沿用面积98.40%；旱地1.77万公顷，占旱地沿用面积101.40%；荒林地28.62万公顷，占沿用面积78.40%。1999年至2000年，邕宁县林业部门开展森林二类调查，全县有林业用地面积18.68万公顷。2000年全县森林覆盖率37.86%。2004年全县森林覆盖率39.10%。

第一节　土壤类型

1979年至1980年，邕宁县开展第二次土壤普查（至2004年未再进行普查），全县的土壤划分为6个土类、15个亚类、56个土属、104个土种。土壤垂直分布规律大致是：海拔600米以上，分布有花岗岩等红壤；海拔100~150米的丘陵地区，分布有花岗岩丘陵赤红壤、砂页岩丘陵赤红壤、部分砂岩赤红壤；海拔80~150米的低丘，分布有第四纪红土母质红壤、侵蚀赤红壤，水稻土有红泥田、黄泥田、紫泥田等；海拔80米以下的河流两岸分布有潮泥田、潮沙田、泥田等。土壤水平分布规律大致是：东南部丘陵区的南晓、大塘、百济、新江、中和、刘圩、那楼等乡镇分布有大量的紫色砂页岩风化发育形成的紫泥田、紫泥土、砂页岩丘陵赤红壤等；东北部山地的昆仑、伶俐2个镇，有部分为花岗岩母质、砂页岩母质，分布有花岗岩赤红壤、杂沙田、砂页岩赤红壤、粉结田、沙土田等；中部五塘、南阳、良庆、蒲庙4个镇部分丘陵区分布有第四纪红土、砂页岩赤红壤、黄泥田等；西南部的苏圩、吴圩2个镇分布有大量石子田、铁子底田、沙土田等，沿邕江两岸的河谷平原分布有潮泥田、潮沙田等。

水稻土类

全县水田面积5.17万公顷，占耕地面积75%，分布在各乡镇。水稻土类分为7个亚类、23个土属、62个土种。7个亚类分别是：

淹育性水稻土　有1.94万公顷，占水稻土面积37.60%，分布于各地的丘陵、坡地、台地、阶地。田地靠提水或降雨灌溉，土壤熟化程度低，质地沙壤至粘壤，耕层浅薄，肥力中下，有碍层次或因子，属中低产田。此亚类分为7个土属、21个土种。

潴育性水稻土　有1.33万公顷，占水稻土面积25.80%，分布于河谷平原和宽谷、丘陵间的垌田。田地耕种时间长，熟化程度和肥力较高，水利条件好，旱涝保收。其剖面特点，在犁底层下，有淋溶淀积明显的潴育层。此亚类分7个土属、23个土种。

潜育性水稻土　有1.69万公顷，占水稻土面积32.80%，除良庆镇以外各乡镇都有。分布面积

2000公顷以上的有那楼、百济、大塘、南晓等乡镇，666.67公顷至2000公顷的有那陈、新江、那马、刘圩等乡镇，666.67公顷以下的有苏圩、昆仑、中和、伶俐、五塘等乡镇。主要分布于丘陵间底垌和低洼地带。由于地下水位高或地表长期渍水，土壤中铁锰等物质呈还原状态，致使土体中产生青灰、蓝灰或黄绿色的潜育层，潜育层有大量亚铁存在，是县内主要的低产田。此亚类有2个土属、2个土种。

沼泽性水稻土 有1666.67公顷，占水稻土面积3.20%，分布于丘陵山间和低洼地方。田地由于地下泉水上涌或长期渍水形成沼泽，土体稀烂呈糊状，土色蓝灰青灰，人畜难下田耕作，称烂湴田。此亚类分3个土属、7个土种。

侧渗性水稻土 有142.60公顷，占水稻土面积0.28%，零星分布于坡地和阶地梯田。田地铁锰随水流失多，漂洗层越浅对水稻生长影响越大，生产性能差。此亚类有2个土属、5个土种。

盐渍性水稻土 有70.13公顷，占水稻土面积0.14%，多分布于熔岩地区的垌田，土壤中含多量碳酸钙。此亚类分为石灰板结田1个土属和鸭屎田2个土种。

矿毒性水稻土 有74.13公顷，占水稻土面积0.14%，分布在县城周围工厂区及大塘糖厂附近。此亚类有1个土属、2个土种。

红土壤类

仅有1个土属、厚层花岗岩红壤1个土种，面积400公顷，占荒林地及旱地面积0.13%，分布于昆仑镇北端的小白凿山、灯草山一带花岗岩山地，海拔600米以上，土体厚度大于80厘米，呈灰黄色，质地中壤，酸性，坡度较大，植被茂盛，松杉生长良好，属林地。

砖红壤性红壤土类

有砖红壤性红壤1个亚类，面积10.26万公顷，占全县荒林地总面积35.87%，其中耕型有6666.67公顷，是全县面积较大的土类，分布于海拔500米以下地带。分为12个土属、18个土种。

第四纪红土赤红壤 1个土种，面积2.15万公顷，占全县自然土和旱地土的7.06%。分布于蒲庙、良庆、那马、伶俐、五塘、吴圩、苏圩、南晓等乡镇。通常土体深厚，呈棕黄色至黄红色，质地中壤至重壤，酸性，有机质、全磷、全钾含量较低，肥力较差。

耕型红土赤红壤 面积2609.73公顷，占全县林荒牧旱地0.91%，占旱地14.75%。是红土赤红壤经过耕作培肥、种植旱作物而形成的耕型土壤。有赤红土、水质赤泥土2个土种。

砂页岩赤红壤 面积3.53万公顷，占全县林地、荒地、牧地、旱地的12.34%。分布于海拔500米以下的丘陵、台地，由砂页岩风化物发育而成。该土属只有厚层砂页岩赤红壤1个土种。

耕型砂页岩赤红壤 面积220.33公顷，占全县荒林地0.08%，占旱地土1.24%。耕性良好，适种性广。该土属分赤沙土、赤壤土2种。

花岗岩赤红壤 仅有花岗岩赤红壤1个土种，面积1375.67公顷，占全县荒林地面积0.48%。分布于昆仑镇、南晓镇的花岗岩中低丘地区，是花岗岩风化物发育形成。属林地、牧地和荒地。

耕型花岗岩赤红壤 有杂沙赤红土1个土种，面积186.40公顷，占全县荒林地面积0.07%。分布于南晓镇、昆仑镇的花岗岩丘陵地区。

石灰岩赤红壤 面积1.06万公顷，占全县荒林地3.71%。分布于石灰岩与第四纪红土交错的地方。该土属分为3个土种。

耕型铁砾赤红壤 面积922.87公顷，占全县荒林地0.30%，占旱地5.21%。分布于蒲庙、良庆、五塘、苏圩、吴圩、伶俐等乡镇的丘陵缓坡地方。保水性差，有铁砾障碍层。该土属分3个土种。

砂岩赤红壤 1个土种，面积1.60万公顷，占全县荒林地面积5.57%。分布于县境东北及西南部的高丘和低丘地区。

耕型砂岩赤红壤 面积2393.33公顷，占全县荒林地0.83%。分布于伶俐、五塘、蒲庙、苏圩、南阳等乡镇的砂岩丘陵缓地。该土属只有赤红沙土1个土种。

页岩赤红壤 有厚层页岩赤红壤1个土种，面积1万公顷，占全县荒林地的3.49%。分布于苏圩、那陈、五塘、伶俐、蒲庙等乡镇。

耕型页岩赤红壤 有赤红黏土1个土种，面积1554.27公顷，占全县荒林地0.54%。分布于吴圩等乡镇。

石灰土类

有棕色石灰土1个亚类，棕色石灰土、耕型中性石灰土2个土属，棕色石灰土和棕泥土2个土种。面积共2458.33公顷，占全县荒林地0.86%。分布在蒲庙、良庆、苏圩、吴圩、伶俐等乡镇。

紫色土类

紫色土面积17.12万公顷，占全县荒林地58.13%。其中耕型紫色土7122.33公顷，占旱地40.24%。主要分布在南部丘陵一带。分为3个亚类、12个土属、12个土种。3个亚类：

酸性紫色土 面积16.75万公顷，占荒林地面积58.53%。其中耕型4074.13公顷，占旱地23.02%。分布在南部的丘陵地区。该亚类划分为6个土属、6个土种。

中性紫色土 面积607.53公顷，占荒林地0.19%。该亚类分为2个土属、2个土种。

石灰性紫色土 面积3063.53公顷，占荒林地1.10%。分布在邕江以南。该亚类划分为4个土属、4个土种。

冲积土类

冲积土面积1.08万公顷，占全县荒林地总面积3.76%。该土类分河流冲积土和洪积土两类。

河流冲积土 面积2451.33公顷，占全县荒林地0.85%。属近代河流冲积物，分布于小平原或河流两岸。该亚类分为4个土属、4个土种。

洪积土 面积8310.60公顷，占全县荒林地2.73%。分布于冲积扇或河谷地带。该亚类分为2个土属、5个土种。

第二节 土种特征

1979年至1980年土壤普查，邕宁县对分布面积较大的各个土种的特征特性进行调查。全县共有18种土种特征资料。因为前志已作详述，所以这里只选出几种有代表性的记述。

淹育型红土母质黄泥田

面积2579.87公顷，占水稻土总面积4.99%。分布于蒲庙、四塘、五塘、吴圩、苏圩、那陈、良庆、南晓、伶俐等乡镇的地势较高的阶地或缓坡。开垦种稻不久，土壤熟化程度不高，心土与母质层差异不大，一般耕作层较浅，肥力较低。代表剖面为四塘镇四塘村。剖面，A层0~13厘米，淡黄色，轻粘，块状，紧实，粗根少，少量铁子，酸碱值 6.0；P 层 13~25 厘米，淡黄色，重壤，块状，坚实，少量铁子，酸碱值 6.5；C 层 25~100 厘米，黄红色，轻黏，块状，坚实，少量铁子，酸碱值 6.0。农田化学样测定，碱解氮含量百万分之一百〇二，速效磷含量百万分之四十一，耕层浅，质地黏，速效磷钾缺乏。

潴育型紫色岩母质紫沙田

面积 1868.13 公顷，占水稻土面积 3.61%。分布于刘圩、中和、南阳、那楼、蒲庙、伶俐、南晓、那马等乡镇较多，新江、百济、苏圩、吴圩等乡镇的紫色砂岩丘陵地区垌田次之。土体带紫色，潴育层呈紫灰色有锈斑，耕层沙土至沙壤，疏松，容易耕作。土壤熟化程度较高，有机质、速效钾含量中等，速效磷不足。代表剖面为中和乡那例村。剖面 A 层 0~15 厘米，棕紫色，沙壤，单粒，疏松，粗根多，酸碱值 6.0；P 层 15~25 厘米，紫色，沙土，小块状，紧实，细根少，酸碱值 6.0；W 层 25~51 厘米，紫灰色，中壤，块状，松软，粗根少，有锈斑，酸碱值 6.5；C 层 51~100 厘米，紫黄色，中壤，块状，较实，酸碱值 6.5。养分测定，有机质 2.15%，全氮 0.085%，速效磷含量百万分之三，速效钾含量百万分之六十。

潜育型浅浸田

面积 9567.27 公顷，占水稻土总面积 18.50%。分布于那楼、百济、大塘、南晓、那陈、那马、新江、刘圩、中和等乡镇的丘陵底垌、山冲、排水不良的洼地，习惯冬季泡或用冷泉水灌溉，致使田面长期渍水，水温低，耕层、犁底层甚至心土层发生潜育化，但底土不烂。土性冷，有效养分缺乏，禾苗回青慢，常发生黑根，分蘖少。代表剖面为那楼镇那丰村。剖面 A 层 0~20 厘米，灰紫色，中壤，块状，软，粗根中，亚铁反应弱，酸碱值 5.5；P 层 20~25 厘米，深灰色，中壤，块状，稍实，根极少，亚铁反应中等，酸碱值 6.0；G 层 25~100 厘米，灰黄色，粘壤，块状，紧实，亚铁反应强，酸碱值 6.0。

砂岩耕型酸性紫沙土

面积 2031.13 公顷，占旱地面积 11.84%。分布于蒲庙、那楼、刘圩、南阳、南晓等地紫色岩丘陵缓坡。土体带紫，耕层为淡紫色。沙质，无结构，疏松，耕作容易，抗旱能力弱。有机质含量低，速效磷、钾中等。代表剖面为蒲庙镇新新村。剖面 A 层 0~15 厘米，浅紫色，沙质，单粒，疏松，根细多，酸碱值 6.0；B 层 15~100 厘米，紫色，沙壤，碎小块，紧实，根极少，酸碱值 6.5。耕层农化样本测定，有机质 0.83%，碱解氮含量百万分之二十七，速效磷含量百万分之五，速效钾含量百万分之五十一。

耕型砂岩中性紫沙土

面积 2183.20 公顷，占旱地面积 12.34%。分布于新江、那楼、中和、南阳、刘圩、那陈、蒲庙等乡镇丘陵地区。土体厚，中性呈紫；少土轮换耕作培肥，种植旱作物发育形成。耕层黄紫色，沙壤，单粒无结构，疏松，中性反应，保水保肥性能差，耕作容易。有机质、全磷含量低，全钾含量高。代表剖面为新江镇新江村。剖面 A 层 0~23 厘米，黄紫色，沙壤，单粒无结构，疏松，粗根多，酸碱值 7.0；B 层 23~37 厘米，红紫色，中壤，碎块状，较实，根细少，酸碱值 7.0；C 层 37~100 厘米，紫红色，轻壤，小块状，紧实，酸碱值 7.5。

第三节　土壤耕层

据第二次土壤普查，邕宁县土壤总的特点是耕层较浅薄，质地较黏。全县水稻土耕作层小于12厘米以下的有7678公顷，占水稻土总面积14.80%；12~18厘米的有2.54万公顷，占水稻土总面积49.90%；18厘米以上的有1.86万公顷，占水稻土总面积36.10%。水稻土耕层质地：属沙土的4670.73公顷，占水稻土总面积9%；沙壤的3402.80公顷，占水稻土总面积6.60%；壤土的3.12万公顷，占水稻土总面积60%；黏土的1.24万公顷，占水稻土总面积24%。

全县旱地耕层度小于10厘米的面积有1582.87公顷，占旱地总面积8.90%；10~15厘米的面积有8785.87公顷，占旱地总面积49.60%；15~20厘米的面积有5976.20公顷，占旱地总面积33.70%；20厘米以上的面积有1353.27公顷，占旱地总面积7.70%。旱地的耕层质地：属沙土的面积有4354.73公顷，占旱地总面积25%；沙壤的面积有4190.07公顷，占旱地总面积24%。

全县水稻土地下水位30厘米以上的面积有1.12万公顷，占水稻土总面积21.70%；地下水位30~60厘米的面积有7550.27公顷，占水稻土总面积14.60%；地下水位60厘米以下的面积有3.29万公顷，占水稻土总面积63.70%。

第四节　土地肥力

土壤养分主要元素是氮、磷、钾。第二次土壤普查显示，邕宁县缺乏有机质的土壤占土壤总面积43.80%，土壤普遍缺氮，缺磷占土壤总面积79.60%，缺钾占土壤总面积44.70%。

土壤有机质

土壤氮素的供给来源是土壤有机质。据第二次普查887个农化样本化验：水田有机质无小于1%的面积，小于2%的面积有1.64万公顷，占水稻种植面积31.69%；大于4%的面积有832.07公顷，占水稻种植面积1.61%。旱地土有机质含量小于1%的面积有7828.93公顷，占旱地总面积44.24%；1%~2%的面积有8902.47公顷，占旱地总面积50.30%；2%~3%的面积有966.80公顷，占旱地总面积5.40%。

县内的水田有机质含量比旱地高。但同是水稻土，由于水型不同，有机质含量也不同。例如：潜育性水稻土的有机质含量为冷浸田4.25%、冷水底田3.30%，淹育性水稻土有机质积累少，有机质含量分别为黄泥田2.25%、紫泥田2.59%、潮泥田2.17%；潴育性水稻土有机质含量，分别为潴育性沙土田2.04%、潴育性紫泥田2.22%。

土壤全氮

第二次普查耕地总面积6.94万公顷，其中水田5.17万公顷，旱地1.77万公顷。县内土壤普遍缺氮。土壤全氮（N）含量分级：

水　田　含氮量小于0.05%的水田面积757.53公顷，占普查水田总面积1.40%；含氮量0.05%~0.075%的面积4154.27公顷，占普查水田总面积8.0%；含氮量0.075%~0.10%的面积1.17万公顷，占普查水田总面积22.70%；含氮量0.10%~0.15%的面积2.76万公顷，占普查水田总面积53.30%；含氮量 0.15%~0.20% 的面积 6498.93 公顷，占普查水田总面积 12.60%。含氮量大于 0.20% 的面积 963.53 公顷，占普查水田总面积 1.90%。

旱　地　含氮量小于 0.05% 的面积 4070.27 公顷，占普查旱地总面积 23.01%；含氮量 0.05%~0.07% 的面积 7568.87 公顷，占普查旱地面积 42.81%；含氮量 0.07%~0.10% 的面积 4563.87 公顷，占普查旱地面积 25.80%；含氮量 0.10%~0.15% 的旱地面积 1183.20 公顷，占普查旱地面积 6.70%；含氮量 0.15%~0.20% 的旱地面积 309.60 公顷，占普查旱地面积的 1.71%。旱地无含氮量大于 0.20%。

土壤含磷量

县内水稻土耕层全磷（P）含量 0.01%~0.07%，一般在 0.04% 左右。旱地土壤全磷含量 0.01%~0.06%，一般在 0.03% 左右。全县水稻土缺磷含量小于百万分之五的面积占 85.21%，含量百万分之五至百万分之十（中等）的面积占 12.34%，含量大于百万分之十（丰富）面积仅占 2.44%。含量小于百万分之五的旱地缺磷面积占 63.31%，中等（含量百万分之五至百万分之十）面积占 25.75%，含量大于百万分之十（丰富）面积占 10.93%。

水　田　普查面积 5.17 万公顷，其中土壤速效磷（P）含量小于百万分之三的面积 2.96 万公顷，占普查总面积 51.20%；含量百万分之三至百万分之五的面积 1.45 万公顷，占普查总面积 28%；含量百万分之五至百万分之十的面积 6380.60 公顷，占普查总面积 12.30%；含量百万分之十至百万分之二十的面积 1129.93 公顷，占普查面积 2.20%；含量百万分之二十至百万分之四十的面积 130.87 公顷，占普查总面积 0.30%。

旱　地　普查面积 1.77 万公顷，其中土壤速效磷（P）含量小于百万分之三的面积 6443.93 公顷，占普查总面积 36.40%；含量百万分之三至百万分之五的面积 4800 公顷，占普查总面积 27.12%；含量百万分之五至百万分之十的面积 4558.13 公顷，占普查总面积 25.75%；含量百万分之十至百万分之二十的面积 1935.20 公顷，占普查总面积 10.93%。

以上水田旱地两项普查合计 6.94 万公顷，其中土壤速效磷含量小于百万分之三的面积 3.60 万公顷，占普查总面积 51.87%；含量百万分之三至百万分之五的面积 1.93 万公顷，占普查总面积 27.81%；含量百万分之五至百万分之十的面积 1.09 万公顷，占普查总面积 15.71%；含量百万分之十至百万分之二十的面积 3065.13 公顷，占普查总面积 4.42%；含量百万分之二十至百万分之四十的面积 130.87 公顷，占普查总面积 0.19%。

土壤含钾量

县内土壤全钾含量低的在 0.14% 以下，高的在 3.70% 以上，一般在 1% 左右。其中，紫砂页紫泥育田 1.77%，红土黄泥育田 0.34%，花岗岩潴育杂砂田 2.46%，砂页岩赤红壤 1.25%，花岗岩赤红壤 3.71%，石灰岩赤红壤 0.14%，紫页岩酸性紫黏土 1.42%，河冲积物淹育潮沙田 0.58%，洪积物砾质壤土 0.14%。

全县的土壤速效钾含量为百万分之十一至百万分之二百一十，缓效钾含量百万分之四十至百万分之三百五十八。除了紫色岩、花岗岩、砂页岩形成的土壤有效钾较丰外，其余仍有一半的耕地缺钾。耕地土壤速效钾含量小于百万分之五十的有 3.10 万公顷，占全县耕地面积 44.70%，含量百万分之五十至百万分之一百的有 2.83 万公顷，占 40.80%，含量大于百万分之一百的有 1 万公顷，占 14.40%。土壤速效钾（K）含量如下：

水　田　普查面积 5.17 万公顷，其中土壤速效钾含量小于百万分之三十的，占普查总面积 17.60%；土壤速效钾含量百万分之三十至百万分之五十的面积 1.25 万公顷，占普查总面积 24.30%；土壤速效钾含量百万分之五十至百万分之一百的面积 2.21 万公顷，占普查总面积 42.70%；土壤速效钾含量百万分之一百至百万分之一百五十的面积6290.60公顷，占普查总面积12.20%；含量大于百万分之二百的面积1660.93公顷，占普查总面积3.20%。

旱　地　普查面积1.77万公顷，土壤速效钾含量小于百万分之三十的面积3452.13公顷，占普查总面积20%；土壤速效钾含量百万分之三十至百万分之五十的面积5863.93公顷，占普查总面积33%；土壤速效钾含量百万分之五十至百万分之一百的面积6240.47公顷，占普查总面积35.30%；土壤速效钾含量百万分之一百至百万分之一百五十的面积1936.73公顷，占普查总面积10.90%；土壤速效钾含量大于百万分之二百的面积124.93公顷，占普查总面积0.80%。

第五节　土地生产能力

邕宁县有荒地、林地、牧地、园地、水田、旱地共35.56万公顷。按全国第二次土壤普查土地评级分为六级，邕宁县土地评级分为四级土地。

一级土地面积1.79万公顷，占评级总面积5.05%。土壤类型包括潴育黄泥田、黄泥育田、潴育沙田土、沙质赤壤土、砾质壤土等30多种。这些土壤基本上没有限制因素，土层较深厚，质地适中，养分含量较高，水利条件好。一年两熟或三熟，种稻谷年亩产600千克以上，种甘蔗亩产4吨以上，种花生亩产100千克以上。

二级土地面积3.05万公顷，占评级面积8.59%。土壤类型包括淹育沙质黄泥田、冷底田、赤红黏土、赤沙土、砾质黏土等35种。这类土壤耕作层浅，或有石子、铁子，漏水漏肥，或质地过沙、过黏、过酸，肥力较低，水利条件较差，影响产量，一般种水稻年亩产425~550千克，种甘蔗亩产3吨以上，种花生亩产75千克以上。

三级土地面积2万公顷，占评级面积5.63%。土壤类型包括红泥田、黄泥骨田、烂底田、铁子土、石灰性紫沙土、砾质沙土等28个土种。这类土壤耕层浅薄或质地黏重，石子、铁子较多，有不良的青泥层，酸性强或碱性大。一年两熟，水田年亩产稻谷275~400千克，旱地种甘蔗亩产2~2.50吨，种花生亩产50千克。

四级土地面积6.22万公顷，占评级面积17.48%。土壤类型包括多铁子土、厚层砂岩赤红壤、厚层中性紫泥土、厚层酸性紫沙土等17种。这类土壤泥脚深烂，多石子和多铁石子，质地不良，水利条件差，坡度大于15度，耕作困难，一年仅一熟，宜农林业生产。

县内的粮食特别是水稻，是在一级至四级土地上种植，产量高低不一。第二次土壤普查全县共普查水田面积5.17万公顷。其中，亩产300千克以下有1.56万公顷，占普查总面积30.19%；亩产300.50~400千克的有1.24万公顷，占普查总面积23.92%；亩产400.50~500千克的有1.25万公顷，占普查总面积24.16%；亩产500.50~600千克的有6646.07公顷，占普查总面积12.86%；亩产600.50~700千克的有3103.67公顷，占普查总面积6%；亩产700千克以上有1485.93公顷，占普查总面积2.87%。

第六节　植　被

邕宁县境内的植被主要由自然植被和人工植被组成。自然植被是山地、丘陵地野生的自然林和灌木丛及草类植被；人工植被是通过植树造林、种草种花绿化等形成。县内组成的各种植物群落主要有森林、灌丛、草甸、农作物、荒漠等植被。1999年至2000年，邕宁县林业部门开展森林二类调查，全县有林业用地面积18.68万公顷。其中，森林15.44万公顷，疏林地2700公顷，灌木林地6700公顷，未成林造林地 1200 公顷，草地、荒地等无林地 2.18 万公顷。在无林地 2.18 万公顷中，宜林荒山荒地有 900 公顷，采伐迹地有 900 公顷，火烧迹地有 2200 公顷。2001 年至 2004 年，没有再次开展森林二类调查。

森林植被

1991 年，邕宁县有森林面积 15 万公顷，全县森林覆盖率 36.60%。根据县林业部门开展森林二类调查，2000 年森林面积 15.44 万公顷，其中经济林 2.30 万公顷，竹林 2200 公顷，针叶林 11.59 万公顷，阔叶林 5800 公顷，针阔混交林 500 公顷，其他林木 7000 公顷。大部分森林植被为自然林，也有部分森林植被为人工林。邕宁县森林以用材林为主，在 21 个乡镇均有分布，集中分布于昆仑、伶俐、长塘、百济、大塘等乡镇，其中昆仑、伶俐林区是木材主产区，占全县木材产量约 40%。针叶树种主要有本地马尾松、杉木等，引进的有湿地松；阔叶树种主要有大叶桉、小叶桉、马占相思、楠木、樟木等，引进有速生桉等。全县用材林面积约 5 万公顷。经济林主要有龙眼、荔枝、杧果、八角、柑橙、油茶、油桐、木菠萝、板栗、桃果、扁桃、柠檬、酸梅等果树。经济林分布于全县 21 个乡镇，其中荔枝主产地为南晓镇、百济乡、大塘镇等乡镇。全县经济林面积 2.30 万公顷。竹林有撑高竹、粉单竹、勒竹、吊丝竹、撑绿杂交竹等竹类，分布于全县 21 个乡镇。四塘、五塘、伶俐、长塘、新江、中和、昆仑、大塘、那陈等乡镇竹的开发利用发展较快，已形成一定规模。全县竹林面积约 5000 公顷。2000 年全县森林覆盖率 37.86%。

邕宁县加强对各类森林植被的保护。2004 年，水源林保护区有大王滩水库水源林保护林区、凤亭河水库水源林保护林区、屯六水库水源林保护林区、英雄水库水源林保护林区、青龙江水库水源林保护林区、西云江水库水源林保护林区 6 个，面积 283.50 平方千米；自然保护区有八鲤亭森林公园保护区、南晓森林公园保护区和五象森林公园保护区 3 个，面积 3000 公顷；全县森林覆盖率 39.10%。1994 年至 2004 年，全县依法审批占用林地 36 宗，面积共 621.87 公顷，收取森林植被恢复费共 1596 万元；查处毁林开垦共 85 起，清理开垦林地共 500 公顷。1991 年至 2004 年，全县封山育林面积 3 万公顷，人工植树造林面积 8.08 万公顷。

灌丛植被

邕宁县地带植被为常绿灌木丛，主要分布于苏圩、吴圩、良庆、蒲庙、长塘、伶俐、四塘、五塘、昆仑、百济、大塘、南晓等乡镇的石山和高山地带，多与疏林、草丛杂生。2000 年灌木林地面积 6700 公顷，占全县有林业用地面积 3.59%。

草丛植被

主要是天然草地，多位于平原和坡度 10° ~50°的荒山、荒地、滩涂等无林地带，种类主要有蕨草、毛草、杂草及藤类植物等，在全县 21 个乡镇均有分布。人工种植的草地主要集中在县城和南宁市大沙田经济开发区、南宁市仙葫经济开发区、邕宁沿海经济走廊开发区 3 个开发区的绿化带，以及各乡镇政府、工矿企业所在地。2000 年，全县草地、荒地等无林地 2.18 万公顷，占全县有林用地面积 11.67%。

农作物植被

主要分布于邕江河谷平原、八尺江河谷平原、沙江河谷平原、溶蚀平原、丘间平原和邕江南岸的低丘地带，种有水稻、玉米、大豆、花生、甘蔗、木薯、红薯、高粱、桑树、蔬菜、茶树、烟草、西瓜等。1991年，全县种植水稻、玉米、红薯、大豆面积共7.73万公顷，种植花生、甘蔗、西瓜、蔬菜、木薯、桑树面积共5.62万公顷。2004年，全县种植水稻、玉米、红薯、大豆面积共8.20万公顷，种植花生、甘蔗、西瓜、蔬菜、木薯、桑叶面积共11.48万公顷。

第六章　自然资源

邕宁县境内土地、水、矿产、动物、植物等资源比较丰富。其中，矿藏资源有 23 种；哺乳类、两栖类、爬行类野生动物有 50 多种，野生鱼类有 30 多种，野生鸟类有 30 多种；植物种类有 1000 多种，其中乔木类 30 多种，竹子类 10 多种，果树类 20 多种，淀粉类 20 多种，中草药类 300 多种，花卉类 50 多种。

第一节　土地资源

1991 年，邕宁县土地面积 4725 平方千米。有耕地面积 7.58 万公顷，其中水田面积 5.15 万公顷（保水田 3.73 万公顷）、旱地面积 2.43 万公顷（水浇地 965 公顷）。

1995 年，县土地部门开展土地利用调查，全县利用土地总面积折合 4677.24 平方千米。其中，集体土地面积 40.71 万公顷，折合 4071.15 平方千米；国有土地面积 3686.80 公顷，折合 36.87 平方千米；国有林场土地面积 477.53 平方千米；国有后备土地面积 91.69 平方千米。

2000 年，县土地部门统计，全县耕地面积 7.57 万公顷，园地面积 1.33 万公顷，林地面积 21.21 万公顷，草牧地面积 1.53 万公顷。城镇居民工矿用地面积 1.71 万公顷，其中集体所有土地 1.22 万公顷，国有土地 4892.64 公顷。交通用地面积 5705.30 公顷，占全县土地面积 1.83%。其中，铁路 333.02 公顷，占全县交通用地面积 5.84%；公路用地 2206.42 公顷，占全县交通用地面积 38.67%；农村道路用地 2931.57 公顷，占全县交通用地面积 51.38%。水域面积 2.04 万公顷，其中河流水面 4976.39 公顷，水库 6887.80 公顷，坑塘水面 5946.86 公顷，沟渠水面 2028.85 公顷，滩涂水面 367.80 公顷，水工建筑物 144 公顷，苇地 1.85 公顷。2004 年，全县土地面积仍为 4725 平方米，有耕地面积 7.57 万公顷，其中水田 4.86 万公顷、旱地 2.71 万公顷。

第二节　水　资　源

邕宁县境内邕江及其支流等大小河流主要有 14 条，溪涧主要有 30 多条，有地下河系 6 条和潜水地段 6 处，有 7 座大中型水库和众多的小山塘水库及水泉水井等，水资源比较丰富，年平均拥有水资源量 24 亿立方米，供水与需要用水基本平衡。

水资源总量

1993 年，经县水利局调查，县境内河流总长 611.75 千米（含邻县入境河流），邕江多年平均径流量为 418 亿立方米，平水年（P=50%）径流量为 388 亿立方米，偏枯水年（P=75%）径流量为 338 亿立方米，枯水年（P=95%）径流量为 307 亿立方米。邕江邕宁段多年平均流量为 1560 立方米每秒。县境内集雨面积 50 平方千米以上河流除邕江外，还有石楞河、沙江、沱江、良凤江、八尺江、新江河、青龙江、板暮河、马峦江 9 条，多年平均流量合计为每秒 79.48 立方米。7 座大中型水库（凤亭河、屯六、大王滩、英雄、青龙江、六思、西云江）有效库容合计 5.15 亿立方米。境内 100 余条小河溪涧等多年平均径流量 26.49 亿立方米。2004 年全县 93 万人，人均拥有水量 2956 立方米；邕江过境客水径流量 488.80 亿立方米；全县径流总量 515 亿立方米；全县人畜饮水和工农业用水年用水量 10 亿立方米左右；年可供水量平水年为 13.91 亿立方米，偏枯年为 13.30 亿立方米，枯水年为 13.19 亿立方米。

供 需 邕宁县水资源比较丰富，全县的水资源基本能够满足工农业生产和城乡居民生活用水及牲畜饮水需要。在遇到大旱之年，个别村坡出现暂时的人畜饮水困难，也能够通过从较近的村拉装自来水或就地打井取水及用水车拉水供给等办法解决饮水问题。1998 年，县水利局统计全县可供水情况：平水年供水保证率（P=50%）水资源总量 24.58 亿立方米，可供水量 13.92 亿立方米；偏枯水年供水保证率（P=75%）水资源总量 21.40 亿立方米，可供水量 13.31 亿立方米；枯水年供水保证率（P=95%）水资源总量 19.44 亿立方米，可供水量 13.20 亿立方米。

1998 年，全县可从邕江、八尺江、良凤江、沙江、沱江等 10 余条主要河流和溪涧及 6 个大中型水库、6 条地下河和 6 条富水地段中取水用水。县城人口 9.60 万（含城中村和城郊农村人口），人均每天生活用量 0.22 立方米，用水普及率 100%。全县 80 万农业人口和 50 多万头牲畜，人均每天生活需水定额 0.13 立方米，牲畜每头日均需水定额 0.04 立方米。全县年可供水量 13.20 亿立方米。1991 年至 2004 年，全县年用水量 7.89 亿立方米，其中工业用水 6000 万立方米，农业用水 6.75 亿立方米，非农业人口用水 700 万立方米，农业人口用水 3700 万立方米，畜牧用水 1000 万立方米。这一时期，全县可供水量满足用水的需要。

▲ 2002 年 7 月 2 日建成通水的中和乡水厂
（邕宁区史志办资料照片）

水力资源 1991 年至 2004 年，全县水力资源蕴藏量 2.64 万千瓦，可开发利用量 1.32 万千瓦，年发电量约 6315 万千瓦小时。已开发 56 处，装机 64 台 5325 千瓦，占可开发量 40%。2004 年，尚能发挥作用有 18 处，装机 27 台 3917 千瓦，年发电量 294 千瓦小时。

第三节 矿产资源

2004 年，邕宁县进行矿产资源普查，主要有铁、锰、铜、铅、锌、铝土矿、镍、钴、金、磷、水晶、重晶石、萤石、石灰岩、石英砂、砂岩、泥岩、河砂、黏土、高岭土、花岗岩、泥灰、煤 23 种。县境内矿藏有矿床、矿点、矿化点 97 处。其中，中型矿床 2 处，小型矿床 21 处，矿点 60 处，矿化点 14 处。主要矿产为褐煤、水泥用石灰岩、建筑用石灰岩、砖瓦用黏土、建筑用河砂等。

金 属 矿

铁 矿 分布于伶俐、长塘、良庆、吴圩（那丹）、苏圩等乡镇，有矿床、矿点 5 处，以堆积型褐铁矿为主。经过普查，良庆铁矿区有资源储量 676.10 万吨，为小型矿床。伶俐、长塘、良庆、吴圩（那丹）、苏圩等矿床、矿点曾开采过，2004 年已全部停采。

锰　矿　分布于吴圩镇天稔、平庄、茶山和苏圩镇敢渌等地。经普查有资源储量 10.05 万吨，曾大量开采。2004 年锰矿资源储量近枯竭，只有天稔矿点仍在开采。

铜　矿　2004 年查明全县有矿点、矿化点 10 处，储量未查明。分布于伶俐、良庆、蒲庙、那楼、大塘、新江等乡镇。铜矿矿化微弱，平均品位含量多在 1% 以下，未开采。

铅锌矿　全县发现有长塘镇广伯、拜茶山，吴圩镇周村，南晓镇小满，百济乡那徐 5 处矿床、矿点。吴圩镇周村矿点平均品位铅含量 5.33%、锌 3.64%、铜 2.43%，资源储量铅 5599 吨、锌 3822 吨、铜 821 吨，为小型矿床。曾开采，2004 年停采。

铝土矿　分布于吴圩镇明阳和苏圩镇至延安镇一带。查明吴圩镇那浪矿点 1 处，矿石品位铝含量达 53.63%~56.26%。2004 年年未查明资源储量，未开采。

镍钴矿　苏圩镇六里至那标有小型矿床 1 处。资源储量镍 1177 吨，钴 571 吨。矿石平均品位锰含量 11.45%，镍 0.28%，钴 0.12%。至 2004 年年未开采。

金　矿　分布于昆仑镇富兴、八塘一带，为含金石英脉型金矿，有矿脉几十条，含金储量 6~11 吨。曾开采，2004 年停采。伶俐镇上王村等地也有砂金矿，未查明储量。

非金属矿

磷　矿　分布于长塘镇吊丝、吴圩镇天稔等村，探明资源储量 6 万吨，未开采。吴圩镇马头山、苏圩镇仁德、长塘镇天堂村等地有磷矿，因磷矿品位低储量少，未开采。

水晶矿　有矿化点 1 处，产于昆仑关花岗岩体中，质量较差，储量少，未开采。

重晶石　分布于伶俐、长塘、中和、那楼、百济、南晓等乡镇。其中长塘窑上、大东瓜矿点 2 处，矿石品位 95.28%。县矿产公司曾开采，年产矿石 5000 吨，2004 年停采。

萤石矿　有南晓镇卜罗村矿点 1 处。矿体呈脉状，长约 250 米，宽 1.50~2.50 米，为萤石、重晶石共生矿床，资源储量 18 万吨。曾开采，2004 年停采。

石灰岩　分布于苏圩、吴圩、蒲庙、良庆、长塘、伶俐等乡镇。蒲庙镇 3 处水泥用石灰岩资源储量为新乐山 1254 万吨、莲塘岭 1375 万吨、花凉山 3425 万吨，为蒲庙水泥厂的主要原料基地。全县水泥用石灰岩是富矿，储量 10 亿吨以上。建筑用石灰岩分布地区与水泥用石灰岩相同，资源储量近 10 亿吨，大量开采用于建筑或筑路石渣等。

石英砂　有伶俐石园岭矿点 1 处。资源储量 319.80 万吨，为小型矿床。曾开采，2004 年停采。

河　砂　分布于邕江、八尺江、青龙江、沙江、沱江等河流阶地、河滩河床，是富矿。质量最好的建筑用砂产自沙江。2004 年，县内持证开采砂场 27 个，年产砂 100 万吨以上。

高岭土　分布于昆仑镇欧家村一带，资源储量 78.80 万吨。开采用于陶瓷制品原料。

黏　土　全县大部分乡镇均有分布，资源储量丰富。其中四塘、五塘两镇开采砖瓦用黏土。

砂岩泥岩　水泥配料用砂岩、泥岩矿分布于蒲庙镇龙窝岭矿点，资源储量 1205 万吨，为中型矿床；桐油岭至公禀岭砂岩、泥岩矿资源储量 85 万吨，为小矿床，持证开采。良庆镇书林、稔水一带也是砂岩矿点，曾开采，2004 年停采。

花岗岩　资源储量昆仑镇六庙 157 万立方米、坛板储量 209 万立方米，均为小型矿床，花岗岩花色品种欠佳，为普通饰面石材。曾开采，2004 年停采。

泥炭矿　系腐殖酸煤，分布于吴圩镇，有 3 处，资源储量为康宁 45.60 万吨、那佳 492 万吨、那坛 46.70 万吨，为中、小型矿床，可作化工原料。那佳泥炭矿开采用作烧砖燃料。

煤　矿　主要为褐煤，有少量无烟煤。褐煤主要分布于四塘、五塘等乡镇，四塘、五塘褐煤资源储量2737.80万吨，其中基础储量1789.20万吨。煤层薄，灰分较高，含硫中等，发热量偏低，煤质较差，是烧制砖瓦最佳燃料。2003年停采。苏圩镇那坛、吴圩镇那佳2处褐煤矿床，未开发。延安镇褐煤已开采。无烟煤分布于苏圩镇、延安镇及百济乡雷公岩一带，资源储量约150万吨，曾开采，后因经济效益差停采。

第四节　植物资源

邕宁县地处亚热带，年降雨量充沛，土壤、气候适宜多种植物生长。1991年境内植物种类主要有蕨类、裸子类和被子类植物，种类有1000多种。乔木树有松、桉、樟等，以马尾松、湿地松和桉树居多。地带植被为常绿灌木丛，森林植被为马尾松、湿地松、桉树等人工林。经济果木林有荔枝、龙眼、柑橙、杧果等。2004年，属国家一级珍贵树种有蚬木、格木，属国家二级珍贵树种有楠木等。珍稀植物有金花茶、苏木等。

乔　木　类

主要有蚬木、格木、楠木、金花茶、桫椤、柠檬桉、速生桉（引进）、大叶榕、马尾松、杉木、苦楝树、樟树、榕树、桉树、枫树、梡木、木棉、湿地松（引进）、红椎、青岗栎、相思树、麻栎、酸枣、香椿、黄良木、沙樠、山桂、谷沙、潦木、乌桕、洗手果、银木、刺桐、油桐、八角树、橡胶木、鸭脚木等30多种。其中属国家一级珍贵树种有蚬木，属国家二级珍贵树种有楠木等；属珍稀植物有金花茶等。

竹　子　类

主要有粉单竹、吊丝竹、马蹄竹、撑篙竹、勒竹、南竹、根竹、刺竹、广宁竹、利竹、桃榔竹、甜竹、杂交竹、壮绿竹等10多种。

果　树　类

主要有阳桃、酸梅、桃果、柠檬、柑、橙、木菠萝、杧果、龙眼、荔枝、板栗、柚子、大青果、柿子、杨梅、土番桃、牛甘果、豆稔、山梨、沙梨、黄皮果等20多种。

淀　粉　类

主要有莲藕、黄狗蕨、圆羊齿、蕨、狗脊、石岩羌、红叶树、萝卜树、括楼、美人蕉、鸡头薯、野葛、社槠、奶酱菜、露水藤、六叶黄精、淡紫百合、金刚头、土茯苓、马蹄、凉薯、淮山、薯莨、木薯等20多种。

中草药类

主要有淮山、地桃花、秋葵、刺苋菜、土牛七、红花酢浆草、酢浆、闹阳花、金纽扣、丁茄、假烟叶、一箭珠、山芝麻、母草、小驳骨、黑草、独脚疳、大驳骨、黑墨草、金光菊、鬼针草、九里明、野菊花、草鞋根、一点红、蒲公英、六耳棱、羊耳菊、青蒿、苍耳子、大小蓟、六月雪、鹅不食草、白花草、土蒲公英、艾叶、红背菜、小飞逢、毛大丁、土茵陈、稀签草、飞机草、苦地胆、白头翁、过塘龙、水葫芦、五指牛奶、穿破石、楮实、三指牛奶、小叶榕、来服子、雷公根、野独活、土藿香、半枝莲、九层楼、益母草、紫苏、薄荷、毛根、淡竹叶、竹茹、车前草、人字草、野葛、葫芦茶、千斤拔、猫尾草、铁扫把、牛大力、硬骨藤、鸡血藤、水罗伞、丁葵草、野花生、金钱草、黑血藤、鸡骨草、相思豆、海桐皮、草决明、石莲子、苏木、过江龙、九龙藤、槐米、榲树、土荆芥、藜、铁包金、黄鳝藤、猩猩草、麻风树、算盘子、毛果算盘子、磨盘根、鬼画符（黑面神）、山柑子、白乌桕、白饭树、红蓖麻、扭曲草、巴豆、仙鹤草、紫叶紫珠、马鞭草、路边青、五指风、红路边青、臭牡丹、夹竹桃、羊角扭、剑麻、野百合、百合、大叶麦冬、天冬、芦荟、万寿竹、杠板归、火炭母、首乌、凰尾草、犁头草、海金沙、三十六根、古羊藤、络石藤、扛官回、玉叶金花、山枝子、白花蛇舌草、牛白藤、钩藤、鸡疾藤、水线草、黄根、红茅大戟、了哥王、土常山、飞龙掌血、两面针、三椏苦、小芸木、野茶辣、单面针、九节木、无根藤、山苍子、路路通、盐肤木、黑脚蕨、梅叶冬青、救必应、土太片、金刚兜、牛尾菜、土茯苓、金银花、火柴树、水木通、威灵仙、老鼠拉东瓜、仙茅、大叶金不换、小叶金不换、莪术、莪苓、红扣、春砂仕、观音杆、草扣、艳山姜、高良姜、姜黄、千层纸、土地榆、红毛毡、血党、大罗伞、三加皮、五加皮、鹰不扑、大通草、一匹绸、空心菜、扭肚藤、宽筋藤、粪箕笃、金锁匙、称钩风、金钱风、防已、鸡爪藤、八角枫、大花老鸦嘴、爵床、穿心莲、曼赤车、糯米团、透明草、冬叶、无患子、假鹰爪、醉鱼草、断肠草、黄药子、田基黄、木贼、水菖蒲、千年见、野芋头、水芋头、土半夏、天南星、芥、紫头婆、使君子、浮萍、斑叶兰、石仙桃、水竹草、九节风、大小钻、红花青藤、山萎、假蒌、鱼腥草、马足蕨、金毛狗脊、罗麻藤、五爪金龙、崖爬藤、灯芯草、横经席、红白花、石蒜、朝天缸、红爆牙狼、白花败酱草、商陆、马齿苋、水田七、杂寄生、露兜勒、落葵、百部、量天尺、仙人掌、仙人球、大叶石韦、猴羌、党参、南沙参、半边莲、大叶半边莲、胭脂花、铁树、紫花地丁、落地生根、洋吊钟、垂盘草、圆叶节节草、厚朴、黄连、虎杖、夜交藤、木鳖子、柯子、巴豆、乌梅、皂角、刺角、赤小豆、葛根、槐米、槐角、土杜仲、土黄柏、五倍子、蒙花、巴戟、杞子、银花、泽兰、佩兰、地丁、桔梗、蔓荆子、良羌、草果、草豆蔻、玉金、千年健、射干、棕榈子、雷丸、马勃、卷柏、木贼、贯仲、石苇、海风藤、乌药、木通、草乌、淫羊霍、金果榄、广防己、石南藤、青相子、透骨草、急性子、大风子、芙蓉叶、翻白草、地榆、王不留行、功劳叶、女贞、鸦胆子、川练子、通草、前胡、独活、柴胡、蛇床子、红大戟、茜根草、续断、刘寄奴、旱莲草、苍耳子、野菊花、茵陈、胆草、半边莲、紫草、红灯笼、马鞭草、谷精草、红蔻、黄精、玉竹、宣草根、七叶一枝花、香附等300多种。其中属珍稀植物有苏木等。

花 卉 类

主要有金花茶、桂、兰、鱼子兰、树兰、玉兰、菊、万寿菊、洋菊、芍药、海棠、夹竹桃、玫瑰、佛桑、木芙蓉、鹰爪兰、茶花、向日葵、蜀葵、千叶榴、杞子、狗牙花、萱、玉簪、水指甲、夜合、含笑、绣球、鸡冠、莲、凌霄、杜鹃、翦春罗、胭脂、五凰、锦蓬松、六合梅、棠棣、瑞香、紫薇、长春、山丹、滴滴金、金钱、山茶、铁树、昙、仙人掌、水仙、牡丹、夜来香、蔷薇、木棉、石榴、凤凰等50多种。

第五节　动物资源

动物分野生动物和家庭驯养动物两大类。邕宁县内有四塘、五塘、昆仑、伶俐、百济、大塘、那陈、南晓、吴圩、蒲庙等林区。20世纪90年代，因居住在林区附近的村民乱伐林木，开垦荒地，使野生动物生存空间减少和生存环境恶劣，加上一些不法分子偷猎、滥捕和贩卖、宰杀野生动物，造成一些野生动物绝迹，有的处于濒危，野生动物的种类、数量逐渐减少。1995年起，县林业部门会同公安、工商等部门联合开展野生动物保护活动，宣传野生动物法律法规，开展“爱鸟周”及保护野生动物宣传活动，打击捕捉、贩卖、宰杀野生动物行为，动员村民退耕还林、植树造林、绿化荒山、爱护野生动物等，境内野生动物有了较好的生存环境，野生动物的种类数量逐渐恢复、增多。2004 年，属于国家重点保护野生动物一类名录的有蟒蛇，二类名录的有山瑞、鳖、虎纹蛙、果子狸、豹猫、野猪、松鼠、乌龟、金环蛇、银环蛇、白鹭、鹌鹑、八哥、鹩哥、喜鹊、环颈山鹧鸪、山斑鸠、火斑鸠、猫头鹰、鸦鹃、中华蜜蜂等。家庭驯养动物除传统的品种外，有从外地引入的动物，如美国王鸽、鸵鸟、火鸡、七彩鸡、驴、鹿等。

野生动物

哺乳类野生动物有豹猫、果子狸、野猪、松鼠、猪仔狸、黄鼠狼、竹鼠、野兔、黄尾狸、五间狸、七间狸、九间狸、黄腰狸、刺额狸、田档狸、番薯狸、水狗狸、山鼠等 20 多种。其中属于国家重点保护野生动物二类名录的有果子狸、豹猫、野猪、松鼠等。

两栖类野生动物有山瑞、虎纹蛙、鳖、泽蛙、树蛙、田蛙、长腰蛙、青竹蛙、犁头蛙、蟾蜍、乌龟、鹰嘴龟、红肚龟、金钱龟、臭头龟等 10 多种。其中属于国家重点保护野生动物二类名录的有山瑞、鳖、虎纹蛙等。

爬行类野生动物有蟒蛇、乌龟、穿山甲、蛤蚧、马鬃蛇、壁虎、金环蛇、银环蛇、金钱蛇、眼镜蛇、双线蛇、过树龙蛇、青竹蛇、白花蛇、草花蛇、黄梢蛇、乌梢蛇、泥蛇、藤蛇、赤练蛇、棕耙蛇、铁线蛇、红头蛇、口合蛇、偏头合蛇、蜈蚣等 20 多种。其中属于国家重点保护野生动物一类名录的有蟒蛇，二类名录的有乌龟、金环蛇、银环蛇等。

野生鱼类有鲢鱼、鳙鱼、草鱼、青鱼（黑鲩）、鲤鱼、鲮鱼、鲫鱼、鳡虎鱼、胡鲶鱼（塘角鱼）、团头鲂鱼（扁）、泥鳅鱼、白肌银鱼（银鱼）、赤眼鳟鱼（赤眼鲮）、桂华鲮鱼（青衣）、卷口鱼（老鼠鱼）、蛇乌鱼（实心仔）、鲇鱼（鲶）、盔钻鱼（骨鱼）、长鳗鱼（鲋）、黄鳝鱼、白鳝鱼、大眼鳜鱼（桂花）、斑鳢鱼（塘斑鱼）、岩鲮鱼（木鹿鱼）、大刺鳅鱼（纳锥）、斑鱼等 30 多种。

野生鸟类有凫（水鸭）、白鹭、翡翠、八哥、鹩哥、画眉、喜鹊、乌鸦、斑鸩、山斑鸠、火斑鸠、鹧鸪、环颈山鹧鸪、鹌鹑、雉鸡、红毛鸡、百伶（山麻雀）、麻雀、“十姐妹”、啄木鸟、绿豆雀、鹰、鸮、鸮（猫头鹰）、红母鸡、黄莺、杜鹃、鸦鹃、布谷、伯劳、鸿雁、燕子、苦娃鸟、山胡鸟、白眼圈鸟、猪屎喳鸟、高冠鸟等 30 多种。其中属于国家重点保护野生动物二类名录的有白鹭、鹌鹑、八哥、鹩哥、喜鹊、环颈山鹧鸪、山斑鸠、火斑鸠、猫头鹰、鸦鹃等。

野生昆虫类主要有瓢虫、甲虫、蝽、蝉、蛉、蓟马、蛾、蝶、黄蜂、蛛蛛、蝗虫、黑蜂、蚁、中华蜜蜂、蝇等 30 多种。其中属于国家重点保护野生动物二类名录的有中华蜜蜂等。

家庭驯养动物

家庭驯养动物有猪、牛、羊、狗（犬）、猫、兔、鸡（含火鸡）、鸭、鹅、鸽子、驴、鹿、蜂、鹧鸪等。

第七章　自然灾害

1991年至2004年，邕宁县主要发生旱灾、水灾、霜冻和雷电等自然灾害，出现频率为春旱1.56年一遇，秋旱1.75年一遇，洪涝灾2.33年一遇，风灾、雹灾等时有发生，给群众造成不同程度的损失。

第一节　旱　灾

邕宁县境内降雨量多的月份，一般在5月、6月、7月、8月，因此易出现春旱和秋旱。历年的春旱一般出现在3月至4月，秋旱出现在9月至10月。1991年至2004年，全县出现春旱年数9年（较大旱情，下同），平均为1.56年一遇；秋旱出现8年，为1.75年一遇；夏旱出现1年，为14年一遇；冬旱出现3年，为4.67年一遇。

1991年1月至6月上旬，降雨量188.30毫米，比上年（简称同比）减少402.90毫米，全县多数的小河溪涧断流、小山塘水库干涸，吴圩、苏圩、那陈等部分乡镇人畜饮水发生困难，是继清光绪二十八年（1902年）后的特大旱灾，南宁市和县人民政府用车运水到苏圩、吴圩、那陈等乡镇供人畜饮用。全县早稻计划种植面积4.01万公顷，只种下早稻2.85万公顷，有收成的2.58万公顷；下半年又遇到严重秋旱，晚稻失收面积6786.70公顷。全县全年粮食减产11.50万吨。1992年春旱特别严重，降雨量仅为38毫米，比常年偏少7成。

1991年9月11日至10月10日，连续30天无降雨。1992年9月11日至10月31日，降雨量4.10毫米。1993年9月20日至10月28日，降雨量只有8.70毫米。1995年9月13日至10月12日，降雨量14.30毫米。1996年10月6日至10月31日，连续25天无降雨。

1998年11月至1999年3月发生春旱，总降雨量不足90毫米，与历年同期降雨量平均值相比减少50%。至1999年3月10日，全县有1173处山塘和7个小型水库干涸，大王滩、英雄、青龙江等大水库的水位降至无法放水，有1.13万公顷冬春作物受旱，1.04万公顷农田无水犁耙，6400人和1500头牲畜饮水困难。1999年早稻种植6.26万公顷，比上年同期减少7.10%。

2000年出现冬、夏、秋旱。1月降雨量2.50毫米，同比减少92%成；6月降雨量27.40毫米，同比减少75%；9月降雨量55毫米，同比减少53%；11月、12月降雨量分别为6.40毫米、0.90毫米，同比减少84%和96%；12月无雨天数29天，12月1日至19日、21日至30日这两段时间没下过雨。

2003年9月中旬后雨量偏少，10月、11月和12月总降雨量为8.2毫米，仅为历年同期的6.50%，最长连续无降雨日数从10月4日至11月17日长达45天，年降雨日数只有105天，是历史上最少的年份。全县水库有效蓄水量为1.58亿立方米，占有效库容27.61%，同比少1.48亿立方米，比历年平均值少1.25亿立方米。全县有13座水库和688座山塘干涸，有62个村委会5.78万人和2.85万头牲畜出现饮用水困难，受旱农作物面积达1.40万公顷（重旱3200公顷、干枯1300公顷）。因受旱全县农业经济损失3819.28万元。中共邕宁县委、县人民政府组织发动群众开展抗旱自救工作。

2004年遇到春旱、秋旱和冬旱，全县降雨量偏少，是自1954年以来春、秋、冬旱情最严重的一年。

全县农作物受灾面积 5.09 万公顷，成灾面积 4886.67 公顷，受灾人口 14.70 万，成灾人口 9.30 万，农作物经济损失 8633 万元，直接经济损失 8754.60 万元。

第二节 洪涝灾害

邕宁县境内洪灾多于涝灾。发生洪水灾害的是沿河、沿江和沿溪洞低平地方，邕江、八尺江等 14 条较大的河流易发生洪灾，邕江流域的良庆、蒲庙、长塘、伶俐 4 个镇易受洪灾影响。发生涝灾是在排水（水流）不畅、不快的低平地方，主要是吴圩、苏圩平原地带和良庆镇的稔水、书林田垌（因内水外排流受邕江防洪堤影响）易受涝灾。县内发生洪涝的月份一般在每年的 6 月、7 月、8 月，以 8 月居多。洪灾影响最大的是邕江，其次是八尺江等。1991 年至 2004 年，邕江发生洪灾年数 6 年（邕江蒲庙水位在 69 米以上），平均为 2.33 年一遇。县城洪水警戒线高程为 64.97 米。当邕江河水高程达到 65.35 米（蒲庙水文观测点，高程比南宁市大坑口水文观测点低 3 米）时，洪水超过警戒线 0.38 米，县城五一路的船厂工场被淹；当洪水高程达 66.10 米时，超过警戒线 1.13 米，县城新兴路（八尺江桥西）通往木器厂的道路低处被淹，木器厂成为孤岛；当洪水高程达 67.10 米时，超过警戒线 2.13 米，县城新兴路（八尺江桥西）邕宁建筑公司砂场被淹；当洪水高程达 68.25 米时，超过警戒线 3.28 米，县城新兴路（八尺江桥西）畜牧站被淹；当洪水高程达 68.85 米时，超过警戒线 3.88 米，县城新兴路（五圣宫前面）航运一公司和五一路计生服务站（原司法局宿舍）被淹；当洪水高程达 69.78 米时，超过警戒线 4.81 米，县城和平街低处被淹；当洪水高程达 70 米时，八尺江、邕江沿岸蒲庙、良庆、长塘等乡镇低洼地农田被淹 1333 公顷；当洪水高程达 70.02 米时，超过警戒线 5.05 米，县城新兴路（八尺江桥东）林业局宿舍外地坪被淹；当洪水高程达 70.20 米时，超过警戒线 5.23 米，县城和平商场低洼处被淹；当洪水高程达 70.45 米时，超过警戒线 5.48 米，县城五一路城关第三小学（特殊学校）被淹；当洪水高程达 70.47 米时，超过警戒线 5.50 米，县城五一路水产畜牧局宿舍外低处被淹；当洪水高程达 70.53 米时，超过警戒线 5.56 米，县城新兴路（八尺江桥西）通往和合村道的水电预制厂被淹；当洪水高程达 70.58 米时，超过警戒线 5.61 米，县城新兴路（八尺江桥西）通往和合村道的南蒲纸厂原料场被淹；当洪水高程达 70.67 米时，超过警戒线 5.70 米，县城和平商场被淹；当洪水高程达 70.85 米时，超过警戒线 5.88 米，县城新兴路（八尺江桥西）畜牧良种繁殖场被淹；当洪水高程达 70.90 米时，超过警戒线 5.93 米，县城新兴路（八尺江桥西）公路局室外地坪被淹；当洪水高程达 71 米时，超过警戒线 6.03 米，县城单位、居民区房屋及街道等被淹三分之一；当洪水高程达 72 米时，超过警戒线 7.03 米，县城街区建筑被淹三分之二，农田、鱼塘被淹 4 万公顷左右；当洪水高程达 73 米时，超过警戒线 8.03 米，县城基本被淹，交通中断。

1992 年 7 月 28 日，邕江蒲庙水位 70.88 米，超过警戒线 5.91 米，县内沿河低洼地农作物受淹面积 1333 公顷，经济损失 120 万元。

1994 年 7 月至 8 月，受 5 号热带风暴环流影响，邕江上游左右江流域和县内出现大范围连续降大雨、暴雨，蒲庙降雨量最多时达 136.40 毫米，有的乡镇降雨量达 200 毫米。7 月 22 日，邕江蒲庙河段水位高达 72.60 米，超过警戒线 7.60 米。邕江蒲庙河段洪水先后于 7 月 1 日至 22 日、8 月 3 日、8 月 21 日上涨 3 次，洪水持续时间长达 1 个月，县城蒲庙主要街道水最深处 1.62 米，交通中断。邕江流经的良庆、蒲庙、长塘、伶俐等乡镇受洪灾严重，八尺江流经的那马镇政府及镇中学被淹。全县有 200 个村委会 8.07 万户受灾，重灾 40.38 万人次，损毁民房 2486 间，受伤 6 人，死亡 2 人，淹死牲畜 180 头，农作物受灾 21.33 万公顷，毁坏水利设施 126 处，水毁中小桥梁 7 座，县城蒲庙成泽国，县城至南宁交通中断，700 家工商企业因水淹被迫停产停业，全县直接经济损失 1.40 亿元。

1996年8月22日，邕江上游普降大雨、暴雨，邕江蒲庙水位涨至69.25米，超过警戒线4.28米，县境内沿邕江的乡镇有49个村委会、251个自然村、767个村民小组、1650户8100人次受水灾影响，3266.70公顷农作物受淹，全县直接经济损失563万元。

1997年8月27日，受13号台风影响，右江流域普降大雨和局部暴雨，邕江蒲庙河段水位上涨至67.16米，超过警戒线2.19米，沿河农作物受淹面积1333公顷，经济损失约120万元。

2000年7月4日，邕江蒲庙河段水位涨至70.73米，超过警戒线5.76米，沿河农作物受淹面积1330公顷，经济损失约110万元。

▲2001年7月，邕宁县遭受特大洪涝灾害。图为蒲庙镇汉林街被浸情况（邕宁区委宣传部供稿）

2001年7月发生罕见洪灾，为1913年（蒲庙龙岗新村水位高74.91米）以来的特大洪涝灾害。受3号强台风（榴莲）影响。7月1日至3日，县内普降大雨至暴雨，平均降雨量达160毫米，吴圩、苏圩、延安、那陈、大塘、那马、南晓、新江等乡镇出现内涝，大部分农作物被淹。7月1日上午7时30分，邕江蒲庙河段水位涨至65米，开始超过警戒水位线。7月2日，那马镇沿河沿江的那马、共和、那僚、连山、坛良等村受灾严重，大片农田被淹。那马镇政府、派出所、那马中学等9个机关事业单位被洪水浸泡5天，水、电、通信、交通中断。3日，吴圩国际机场被淹，水深1米，所有航班被迫紧急转移广州机场，机场被迫关闭。吴圩镇政府及吴圩镇所在地的明阳糖厂、明阳机引厂等大批厂矿场站也被淹，水深达2米，交通中断，500名职工被洪水围困。同日，伶俐镇伶俐街和武陵坡被上涨大水所淹，街道淹水最深处3米，被淹时间长达7天。县内沿江两岸的村坡大片田地被淹，房屋倒塌严重。7月3日和4日，邕江蒲庙水位接近69米，天气放晴，内滞渐退，群众认为水位不会再上涨。县气象局预测邕江蒲庙河段水位还将继续上涨3~4米，最高洪峰水位可能达到74.81米，建议做好县城及临河乡镇人员和物资转移工作。中共邕宁县委、县人民政府和防汛指挥部等部门，及时组织力量投入抗洪救灾，及时转移人员和大批物资。7月6日早上邕江蒲庙水位达到72.70米，超过1994年洪峰水位。7月8日零时，最高洪峰74.125米，超过警戒线9.155米。7月1日至9日，全县降雨量达1142.50毫米，占全年平均降雨量的92.60%。7月10日，洪水基本退出县城。此次洪灾全县受灾面积1717.50平方千米，受灾人口68.83万人次，占总人口75.50%，成灾人口44.83万人次，占总人口49.20%。县城蒲庙被淹，平均水深1米，最深2.60米，交通、水电全部中断，部分通讯中断，县城一片泽国，学校被迫停课。县人民政府大院被淹，水最深处（大门口）2米多，最浅处（政府饭堂）0.80米。全县房屋倒塌7042间，损毁2.80万间，因灾伤病人员4915人次，死亡3人；被洪水围困村民、居民10.19万人次，无家可归1.15万人次；农作物受灾面积8.48万公顷，占农作物种植面积59.30%，其中受灾较重面积4.38万公顷，占种植面积31%，无收成面积1.69万公顷，占种植面积16.50%；受淹鱼塘3373.30公顷，损失水产品6790吨，损失牲畜5810头，损失家禽79.80万羽；公路、桥梁等交通基础设施损失1.40亿元，城市基础设施损失1.20亿元；受淹企业97家，工业企业损失9600万元；其他方面损失1.14亿元。全县100座大中小型水库有8座出现险情。全县因水灾直接经济损失合计共16.20亿元，其中农业经济损失11.50亿元。

2004年，邕宁区洪涝受灾面积7900公顷，成灾面积4886.67公顷，受灾人口14.70万人，成灾人口5.40万人，农作物经济损失1245万元，直接经济损失2743万元。

第三节 病 虫 害

农作物病虫害

邕宁县农作物虫害主要有三化螟、稻飞虱、稻纵卷叶螟、稻瘿蚊、鼠害等，以三化螟、稻飞虱发生频率最高；病害主要有稻瘟病、稻纹枯病等。1991 年至 2004 年，县内农作物病虫害主要有水稻病虫、玉米病虫、花生病虫、甘蔗病虫、蔬菜病虫、西瓜病虫和果树病虫。1991 年至 2004 年，全县水稻主要病虫害：稻瘟病发生面积 5.90 万公顷，稻纹枯病发生面积 36.40 万公顷，三化螟发生面积 11.70 万公顷，稻飞虱发生面积 34.60 万公顷，稻纵卷叶螟发生面积 26.90 万公顷，稻瘿蚊发生面积 8.70 万公顷。鼠害每年发生面积 2.67 万公顷，主要危害水稻、玉米、花生、木薯、红薯、甘蔗等作物，发生程度为中等偏轻，局部偏重。

森林病虫害

1991 年后，县内森林主要病虫害有松毛虫、桉叶小卷蛾、松墨天牛、蝗虫、松梢螟、青枯病、椿象、荔枝蒂蛀虫、松杉苗立枯病、赤枯病、白粉病、荔枝毛毡病、白蚁、白蛾蜡蝉等。松树纯林面积大，中幼林多，积温高，每年都发生松毛虫危害。2000 年起，发现松毛线虫及青枯病。

第四节 冻灾 风灾 雷电灾害

1991 年至 2004 年，邕宁县其他灾害造成影响和损失的主要有霜冻和雷电灾害，风灾、雹灾、山体滑坡、塌方等灾害也时有发生，造成一些地方民房、田地及农作物受损。其间，没有发生重大灾情。

冻 灾

1992 年 2 月至 3 月，出现日平均气温小于或等于 14℃连续 5 天以上过程的低温阴雨天气达 37 天，其中以 3 月下旬为最长，达 11 天。由于低温阴雨天气持续时间长，致使已播下的早稻秧苗受影响。据县农委统计，全县早稻烂秧率为 20%，烂种 500 吨左右。

1993 年 12 月 25 日至 28 日，县内连续 4 天出现日平均气温 11℃霜冻天气，其中 26 日至 27 日平均气温 8℃，极端最低气温 4℃。甘蔗、蔬菜等农作物受冻害面积 1460 公顷。

1996 年 2 月 18 日至 26 日，连续出现日平均气温 10℃的低温天气。其中有 4 天日平均气温低于 5℃，极端最低气温 2.6℃。是自 1956 年以来 40 年内县内罕见的冻害天气。全县甘蔗、蔬菜等农作物受冻害面积 3150 公顷，经济损失约 180 万元。同年 2 月 17 日至 25 日，3 月 18 日至 28 日，4 月 1 日至 17 日，这三段时间无光照，是县内自 1976 年至 1996 年罕见的低温阴冷、日照偏少的天气（霜冻日 11 天），甘蔗、蔬菜等农作物受到不同程度冻害，面积累计 6380 公顷。

1999 年 12 月 22 日至 25 日，县内各乡镇农作物遭受到霜冻或冰冻，是自 1975 年以来罕见的霜冻灾害，受冻害的蔬菜面积 4453.30 公顷，各种水果受灾面积 1.41 万公顷，果树苗木等受霜冻灾害总计 8485.88 万株，甘蔗受冻后大面积陆续枯死，全县农作物受冻害面积 4.02 万公顷，损失折合人民币 4.84 亿元。

2004 年，全县农作物因霜冻受灾面积 3220 公顷，成灾面积 1506.67 公顷，受灾人口 8.60 万人，成灾人口 5.30 万人，直接经济损失 2117 万元。

风 灾

1995 年 6 月，新江和那马乡出现一定范围的尘卷风，吹倒不少甘蔗和芭蕉。1996 年 9 月 9 日至 10 日，受第 15 号热带风暴环流影响，邕宁县出现持续 5 个小时的东北大风天气，有大片的甘蔗、果树、林木被吹倒，少量民房瓦面被吹翻，有的电杆被吹倒。1993 年至 2004 年，邕宁县辖区内出现风速每秒大于或等于 17 米的大风共有 15 次。大风的出现一般是在每年的 6 月至 10 月，以受亚热带季风气候影响出现的台风最为突出，台风伴随大暴雨天气，给当地群众生产生活带来不同程度的影响。

雷电灾害

1991 年至 2004 年，全县累计发生雷电灾害 50 件，受伤 3 人，死亡 1 人，直接经济损失 57 万元。其中，2002 年 3 月 30 日至 12 月 14 日为雷暴日发生期，共发生雷暴日 35 天，为雷暴日发生最多的年份，全县发生雷电灾害 30 件，受伤 2 人，直接经济损失 45 万元。

第三篇

人口与计划生育 | 居民生活

第一章　人　口

1991年，邕宁县总人口84.13万人。2004年全县总人口93.88万人。1991年至2004年，邕宁县人口密度呈上升趋势，但人口分布不平衡。县城和各乡镇所在地人口居住较为集中，人口密度大；农村人口居住分散，人口密度较小。随着改革开放的深入，邕宁县人口文化结构不断优化，人口构成渐趋合理，流动人口逐年增多。1991年至2004年，全县人口出生15.20万人，平均每年出生1.09万人；人口死亡8.87万人，平均每年死亡6337人；人口自然增长每年平均增加4548人。

第一节　数量　分布　变动

人口数量

邕宁县户籍人口（不含流动人口）总数，包括农村居民（农业人口）和城镇居民（非农业人口）两大类。

1991年末，全县居民户籍总数17.64万户，人口总数84.13万人。其中，男性43.99万人，女性40.14万人；农业户籍15.75万户，农业人口77.44万人；非农业户籍1.89万户，非农业人口6.69万人。各乡镇人口数量是：蒲庙镇10.59万人，良庆乡4.33万人，那马乡2.30万人，新江乡2.59万人，百济乡3.84万人，那楼乡5.93万人，镇龙乡2.02万人，刘圩乡5.06万人，南阳乡2.95万人，中和乡3.02万人，伶俐乡3.02万人，长塘乡3.35万人，五塘镇5.76万人，四塘乡2.63万人，九塘乡2.48万人，吴圩镇5.46万人，苏圩镇5.56万人，延安乡2.40万人，那陈乡3.11万人，大塘乡3.92万人，南晓乡3.81万人。

2004年年末，全县居民户籍总数26.43万户，人口总数93.88万人。其中，男性50.20万人，女性43.68万人；农业户籍21.67万户，农业人口83.53万人；非农业户籍4.76万户，非农业人口10.35万人。各乡镇人口数量是：蒲庙镇12.63万人，良庆镇6.32万人，那马镇2.54万人，新江镇2.90万人，百济乡4.27万人，那楼镇6.32万人，镇龙乡2.16万人，刘圩镇5.17万人，南阳镇3.07万人，中和乡3.30万人，伶俐镇3.27万人，长塘镇3.81万人，五塘镇6.08万人，四塘镇2.62万人，昆仑镇2.69万人，吴圩镇6.15万人，苏圩镇6.13万人，延安镇2.56万人，那陈镇3.23万人，大塘镇4.55万人，南晓镇4.11万人。

1991年至2004年，人口逐年增长，全县人口自然增长平均每年增加4548人。

1991年至2004年邕宁县人口基本情况

表3-1-1-1

年度	居民户数（万户）		人口数量（万人）				人口出生率‰	人口死亡率‰	人口自然增长率‰	每平方千米人口密度
	总户数	其中农业户数	总人口数	其中 男	女	农业人口				
1991	17.64	15.75	84.13	43.99	40.14	77.44	12.33	4.81	7.52	178.05
1992	18.03	16.37	85.34	44.73	40.61	77.93	16.44	6.48	9.96	180.61

续表

年度	居民户数（万户）		人口数量（万人）				人口出生率‰	人口死亡率‰	人口自然增长率‰	每平方千米人口密度
	总户数	其中农业户数	总人口数	其中						
				男	女	农业人口				
1993	18.69	16.48	86.47	45.37	41.10	78.65	13.32	5.94	7.38	183.01
1994	19.15	16.87	87.24	45.85	41.39	79.01	11.10	5.41	5.69	184.63
1995	19.55	16.97	87.87	46.19	41.68	79.24	10.93	5.32	5.61	185.97
1996	20.49	17.54	88.49	46.52	41.97	79.55	10.39	5.41	4.98	187.28
1997	20.67	17.59	89.09	46.84	42.25	79.96	10.31	4.68	5.63	188.55
1998	21.14	17.80	89.62	47.13	42.49	80.04	11.01	5.15	5.86	189.67
1999	21.35	17.95	90.24	47.45	42.79	80.48	11.52	4.80	6.72	190.98
2000	22.15	18.62	91.21	47.93	43.28	81.36	14.08	5.27	8.81	193.04
2001	22.60	18.75	91.94	48.30	43.64	81.89	12.16	4.73	7.88	194.58
2002	23.40	19.06	92.60	48.60	44.00	82.49	11.17	3.71	7.46	195.98
2003	23.85	19.55	93.08	49.06	44.02	82.80	10.87	3.19	7.68	196.99
2004	26.43	21.67	93.88	50.20	43.68	83.53	14.54	6.32	8.22	198.69

人口分布

邕宁县土地总面积4725平方千米。1991年，全县平均每平方千米人口178.05人。1998年平均每平方千米人口189.67人。1999年平均每平方千米人口190.98人。2002年平均每平方千米人口195.98人。2004年平均每平方千米人口198.69人。1991年至2004年，全县人口密度呈上升趋势。

2004年，邕宁县各乡镇平均每平方千米人口情况：蒲庙镇507.53人，良庆镇510.13人，那马镇151.29人，新江镇175.66人，百济乡137.68人，那楼镇287.75人，镇龙乡167.48人，刘圩镇326.75人，南阳镇316.72人，中和乡187.59人，伶俐镇123.88人，长塘镇143.65人，五塘镇216.94人，四塘镇203.03人，昆仑镇201.59人，吴圩镇156.18人，苏圩镇275.05人，延安镇166.01人，那陈镇110.26人，大塘镇90.82人，南晓镇139.96人。人口密度最大的乡镇是良庆镇、蒲庙镇、刘圩镇、南阳镇等，人口密度平均每平方千米人口在300人以上；人口密度最小的乡镇是大塘镇、那陈镇、伶俐镇、百济乡、南晓镇等，人口密度平均每平方千米人口在140人以下。人口密度大的乡镇主要是由于地势较为平坦，交通便利，同时良庆镇、蒲庙镇处于经济开发区地带，蒲庙镇还是县城所在地。人口密度小的乡镇主要是地处山区地带，交通不便，生产、生活条件相对较为劣势所致。

人口变动

自然变动 1991年，全县出生1.04万人，出生率12.33‰；全县死亡4047人，死亡率4.81‰；全县人口自然增长数6327人，增长率7.52‰。2004年，全县出生1.36万人，出生率14.54‰；全县死亡5933人，死亡率6.32‰；全县人口自然增长数7717人，增长率8.22‰。1991年至2004年，全县人口出生累计15.20万人，平均每年出生1.09万人；人口死亡累计8.87万人，平均每年死亡6337人；全县人口自然增长平均每年增加4548人。

人口迁移 邕宁县户籍人口迁移主要有婚嫁、学生外出读书和毕业返乡、青年应征入伍和军人转业及退役返乡、职工工作调动、社会人员流动就业谋生等。1991年至2004年，全县办理户口迁移6.85万人次，其中迁出3.99万人次，迁入2.86万人次。

人口流动 邕宁县户籍人口流动主要有县内农村剩余劳动力和社会青年外出务工，县外人员到邕宁务工、置业和经商（含暂住流动人口）等。2003 年，全县外出务工人员 5.18 万人。1991 年至 2004 年，全县流动人口累计 92.23 万人次，流动人口平均每年 6.59 万人次。其中，县内农村劳动力外出务工 78.25 万人次，县外人员到邕宁务工、置业和经商累计 13.98 万人次。

第二节 人口构成

民族构成

1990 年，经第四次全国人口普查，邕宁县居民有壮族、汉族、瑶族、水族、苗族等 23 个民族。全县各民族人口分别为：壮族 75.63 万人，汉族 7.14 万人，瑶族 1494 人，水族 129 人，苗族 91 人，藏族 75 人，侗族 71 人，仫佬族 52 人，回族 39 人，毛南族 21 人，布依族 10 人，普米族 9 人，京族 8 人，满族 5 人，朝鲜族 4 人，土家族 3 人，高山族 3 人，蒙古族 3 人，彝族 3 人，仡佬族 2 人，维吾尔族 2 人，黎族 2 人，傣族 1 人，未知民族 3 人，外国人加入中国籍的人口 5 人。

2000 年，经第五次全国人口普查，邕宁县居民有壮族、汉族、蒙古族、回族、维吾尔族等 34 个民族（含居住半年以上务工人员民族）。全县各民族人口分别为壮族 78.13 万人，汉族 8.31 万人，瑶族 1164 人，苗族 425 人，侗族 164 人，布依族 158 人，回族 140 人，仫佬族 96 人，蒙古族 86 人，水族 77 人，彝族 46 人，藏族 75 人，土家族 47 人，维吾尔族 44 人，满族 36 人，黎族 35 人，毛南族 30 人，傣族 29 人，京族 19 人，朝鲜族 12 人，仡佬族 9 人，普米族 8 人，白族 8 人，傈僳族 7 人，高山族 3 人，土族 3 人，拉祜族 2 人，畲族 1 人，羌族 1 人，布朗族 1 人，乌孜别克族 1 人，哈尼族 1 人，纳西族 1 人，德昂族 1 人，其他民族 1 人，外国人加入中国籍的有 8 人。

2004 年，邕宁县居民有壮族、汉族、瑶族、藏族等 21 个民族。全县各民族人口数分别为壮族 86.48 万人，占全县总人口 92%；汉族 7.02 万人，占全县总人口 7.50%；瑶族、苗族、侗族、仫佬族、毛南族、回族、京族、彝族、水族、仡佬族、满族、蒙古族、土家族、朝鲜族、黎族、藏族等民族 3804 人，占全县总人口 0.50%。

性别构成

2000 年，经第五次全国人口普查，邕宁县居民人口性别、年龄构成：1 岁以下（不包括 1 岁）岁男性 6670 人、女性 4903 人，1~4 岁男性 2.42 万人、女性 1.76 万人，5~9 岁男性 3.60 万人、女性 2.60 万人，10~14 岁男性 5.54 万人、女性 4.43 万人，15~19 岁男性 5.42 万人、女性 4.13 万人，20~24 岁男性 4.04 万人、女性 2.95 万人，25~29 岁男性 4.13 万人、女性 3.29 万人，30~34 岁男性 4.35 万人、女性 3.51 万人，35~39 岁男性 3.79 万人、女性 3.26 万人，40~44 岁男性 2.49 万人、女性 2.24 万人，45~49 岁男性 2.63 万人、女性 2.44 万人，50~54 岁男性 2.18 万人、女性 2.14 万人，55~59 岁男性 1.72 万人、女性 1.52 万人，60~64 岁男性 1.49 万人、女性 1.35 万人，65~69 岁男性 1.20 万人、女性 1.19 万人，70~74 岁男性 8581 人、女性 9563 人，75~79 岁男性 4761 人、女性 6155 人，80~84 岁男性 2381 人、女性 3961 人，85~89 岁男性 807 人、女性 1881 人，90~94 岁男性 198 人、女性 569 人，95~100 岁以上男性 61 人、女性 184 人。是年，全县总人口 86.85 万人。其中，男性 47.33 万人，占总人口 54.49%；女性 39.52 万人，占总人口 45.51%。性别比 119.77（男）：100（女）。

2004 年，邕宁县总人口 93.88 万人。其中，男性 50.2 万人，占总人口 53.47%；女性 43.68 万人，占总人口 46.53%，性别比 114.46（男）：100（女）。

年龄构成

2000 年，经第五次全国人口普查，邕宁县居民人口年龄构成：1 岁以下（不包括 1 岁）岁 1.16 万人，1~4 岁 4.18 万人，5~9 岁 6.20 万人，10~14 岁 9.97 万人，15~19 岁 9.55 万人，20~24 岁 6.99 万人，25~29 岁 7.42 万人，30~34 岁 7.86 万人，35~39 岁 7.05 万人，40~44 岁 4.73 万人，45~49 岁 5.07 万人，50~54 岁 4.32 万人，55~59 岁 3.24 万人，60~64 岁 2.84 万人，65~69 岁 2.39 万人，70~74 岁 1.81 万人，75~79 岁 1.09 万人，80~84 岁 6342 人，85~89 岁 2688 人，90~94 岁 767 人，95~100 岁及以上 245 人。是年，全县 60 岁以上有 9.14 万人。

2004 年，邕宁县居民人口年龄构成：0~4 岁 4.70 万人，5~19 岁 14 万人，20~49 岁 37 万人，50~59 岁 28 万人，60 岁及以上 10 万人。其中 80~99 岁 1.38 万人，100 岁以上 19 人。

文化构成

2000 年，经第五次全国人口普查，邕宁县居民文化构成：研究生 33 人，本科 2353 人，大专文化 1.38 万人，高中文化 5.44 万人，中专文化 2.12 万人，初中文化 32.16 万人，小学文化 35.56 万人，文盲、半文盲 5817 人。

2004 年，邕宁县居民文化构成：大专以上文化 2 万人，高中（中专）文化 10 万人，初中文化 35 万人，小学文化 46 万人，文盲、半文盲 1200 人。

职业构成

1991 年，邕宁县从业人员共 43.33 万人。其中，第一产业（农业）从业人员 36.89 万人，第二产业（工业）从业人员 2.30 万人，第三产业（服务业）从业人员 4.14 万人；职工人数 3.87 万人。

1997 年，邕宁县从业人员 46.57 万人。其中，第一产业（农业）从业人员 38.30 万人，第二产业（工业）从业人员 3 万人，第三产业（服务业）从业人员 5.26 万人；职工人数 4.22 万人。

2004 年，邕宁县从业人员 48.24 万人。其中，第一产业（农业）从业人员 36.36 万人，第二产业（工业）从业人员 4.31 万人，第三产业（服务业）从业人员 7.56 万人；职工人数 4.21 万人。

第三节　婚姻　家庭

邕宁县的男女婚姻能遵守《中华人民共和国婚姻法》的有关规定。适龄结婚男女普遍是自由恋爱，婚姻自主；家庭的结构呈多样化，3~5 人之家居多，家庭成员男女平等，尊老爱幼，和睦相处。

婚　姻

1991 年后，邕宁县男女的婚事，一般遵循自由恋爱、自主择偶和一夫一妻制。男女恋爱的途径主要有以媒人、朋友介绍和男女自主交结朋友方式。男女结婚提倡晚婚，结婚年龄一般为男性 22~25 岁以上，女性 20~23 岁以上。

县内居民的婚姻关系相对较稳固。1991 年，全县登记结婚 4618 对，离婚 89 对。2004 年，全县登记结婚 8983 对，离婚 392 对。青年男女结婚，一般都送彩礼，并择吉日举行婚礼。中老年人丧偶或离婚后，再婚的较少，有的再婚者只同居作伴，不办理结婚登记手续。

家　庭

县内城镇、农村家庭一般以男方为户主，孩子的姓氏一般随父姓。20 世纪 90 年代起，城镇家庭一般生育 1 孩，农村家庭一般生育 1 孩或 2 孩。家庭成员有夫妻 2 人之家，有父母和 1 孩 3 人之家，有父母和 2 孩或 1 孩祖父母 4 人或 5 人之家，有父或母和 1 孩之家等。家庭结构形式有二世同堂、三世同堂、四世同堂，以三世同堂居多。

1991 年，县内平均每户家庭 4.77 人。其中，农村家庭平均每户 4.92 人，城镇家庭平均每户 3.54 人。

2004 年，全县平均每户家庭 3.55 人。其中，农村家庭平均每户 3.85 人，城镇家庭平均每户 2.17 人。

县内的城镇和农村家庭男女平等，家事民主，和睦相处，尊老爱幼，与邻为善，互相帮助。

第四节　人口普查

2000 年，邕宁县贯彻落实《第五次全国人口普查办法》，开展第五次人口普查工作。县和乡镇两级分别成立第五次人口普查领导小组和普查办公室，落实普查经费。全县选调普查员和指导员 3688 名，分别参加南宁市和邕宁县举办的人口普查业务培训。之后，全县 21 个乡镇和 3 个开发区举办基本单位普查培训会议。全县虚拟普查区 10 个，调查小区 3009 个，绘制普查区、调查小区示意图，入户摸底、编制户主姓名底册、人员登记，复查、快速汇总、审核、编码、光电录入等。

2000 年 11 月 1 日零时，是第五次人口普查的标准时间。查清自 1990 年第四次全国人口普查以来邕宁县人口在数量、素质、结构、分布和居住环境等方面的变化发展情况，为科学地制定国民经济和社会发展战略与规划、制定人口政策、统筹安排人民物质和文化生活，实现人口与资源的协调发展提供可靠的依据。这次普查对户籍在邕宁县而外出有半年以上的人不予登记，对在县内居住半年以上的流入人员予以登记，全县登记的人口总数 868476 人（因人口统计时间与统计口径不一致，导致该数据与表 3-1-1-1 中 2001 年年末人口数 91.94 万人有差异）。

2001 年全国第五次人口普查邕宁县户数、人口数和性别比情况表

表 3-1-4-1

地区别名	户数（户）			人口数（人）												家庭户平均每户人数（人）
				合计				家庭户				集体户				
	合计	家庭户	集体户	合计	男	女	性别比	小计	男	女	性别比	小计	男	女	性别比	
邕宁县	232119	227295	4824	868476	473301	395175	119.77	836324	450876	385448	116.97	32152	22425	9727	230.54	3.68
蒲庙镇	32597	31929	668	114557	59992	54565	109.95	110375	57696	52679	109.51	4182	2296	1886	122.09	3.46
良庆镇	10887	10730	157	45488	24321	21167	114.90	44132	23228	20904	111.12	1356	1093	263	415.50	4.11
那马镇	6212	6151	61	23622	12912	10710	120.55	23234	12647	10587	119.45	388	265	123	214.88	3.78
那楼镇	14224	14205	19	53522	28345	25177	112.58	53468	28315	25153	112.57	54	30	24	120.83	3.76
刘圩镇	12677	12639	38	45606	23995	21611	111.03	45451	23891	21560	110.81	155	104	51	204	3.60
南阳镇	7354	7336	18	25833	13434	12399	108.35	25762	13379	12383	108.05	71	55	16	337.50	3.51
伶俐镇	7795	7686	109	27429	14775	12654	116.76	26784	14252	12532	113.72	645	523	122	427.50	3.48
五塘镇	14850	14589	261	57245	30987	26258	118.01	55965	30050	25915	115.96	1280	937	343	273.51	3.84
四塘镇	7666	7567	99	28104	15303	12801	119.54	27468	14894	12574	118.45	636	409	227	179.82	3.63
昆仑镇	5901	5881	20	19506	10611	8895	119.30	19455	10567	8888	118.90	51	44	7	614.29	3.31

续表

地区别名	户数（户）			人口数（人）												家庭户平均每户人数（人）
				合计				家庭户				集体户				
	合计	家庭户	集体户	合计	男	女	性别比	小计	男	女	性别比	小计	男	女	性别比	
吴圩镇	17698	16719	979	66208	37212	28996	128.33	60389	33296	27093	122.90	5819	3916	1903	205.73	3.61
苏圩镇	14837	14750	87	59349	32048	27301	117.39	58826	31689	27137	116.78	523	359	164	218.63	3.99
那陈镇	8111	8073	38	28836	16526	12310	134.25	28722	16440	12282	133.86	114	86	28	311.11	3.56
大塘镇	11219	11108	111	41463	23453	18010	130.23	40848	22981	17867	128.63	615	472	143	330.71	3.68
南晓镇	9480	9461	19	35115	20016	15099	132.56	35040	19955	15085	132.28	75	61	14	428.57	3.70
新江乡	6101	6086	15	24187	12992	11195	116.06	24142	12962	11180	115.95	45	30	15	193.33	3.97
百济乡	8999	8946	53	37026	20400	16626	122.69	36586	20043	16543	121.15	440	357	83	432.10	4.09
镇龙乡	4278	4266	12	15813	8560	7253	118	15785	8538	7247	117.79	28	22	6	366.67	3.70
中和乡	6826	6792	34	25919	13935	11984	116.28	25815	13855	11960	115.86	104	80	24	325	3.80
长塘乡	8561	8439	122	31877	17374	14503	119.80	30296	16066	14230	112.91	1581	1308	273	478.73	3.59
延安乡	6551	6531	20	23265	13010	10255	126.87	23218	12974	10244	126.66	47	36	11	318.18	3.56
大沙田、沿海开发区（虚拟镇）	9295	7411	1884	38506	23100	15406	149.94	24563	13158	11405	115.37	13943	9942	4001	248.46	3.31

第五节　老龄人口

老龄人口数量

经县统计部门抽样调查数据推算，1991 年全县 60 岁及以上老年人 4.60 万人，占总人口 5.47%。1997 年，全县 60 岁及以上老年人 7.90 万人，占全县总人口 8.87%。1999 年，全县 60 岁及以上老年人 9.68 万人（其中 65 岁以上 6.18 万人），占全县总人口 10.73%，邕宁县开始进入人口老龄化。2004 年，全县 60 岁以上（含 60 岁）老年人 10.42 万人，占全县总人口 11.11%。其中，60~64 岁 3.03 万人，65~79 岁 6.01 万人，80 岁以上 1.38 万人。

百岁老人

1991 年,全县有百岁以上(含百岁)老年人 4 人。1994 年,百岁以上(含百岁)老年人 5 人。1998 年，百岁以上（含百岁）老年人 13 人。2001 年,百岁以上（含百岁）老年人 16 人。2004 年,百岁以上（含百岁）老年人 19 人。邕宁县百岁老人有逐年上升的趋势。

1991 年至 1994 年，百岁老人享受县人民政府发放生活补贴每人每月 5 元。1995 年，百岁老人享受县人民政府发放生活补贴每人每月 20 元。1996 年起，县人民政府决定发给百岁老人每人每月“寿星津贴”50 元。2003 年 7 月至 2005 年 3 月，每人每月发给“寿星津贴”增至 100 元。

百岁老人寿星津贴发放工作，由县财政按有关规定划拨专款到县老龄工作委员会办公室，再由县老龄工作委员会办公室负责造册登记发放到个人。

1991 年至 2004 年邕宁县百岁（含百岁）以上寿星老年人情况表

表 3-1-5-1　单位：人

年份	人数	姓名	性别	民族	出生年月	居住地
1991	4		其中男性 1 人			
1992	4		均为女性			
1993	4		均为女性			
1994 年至 1996 年	5	黄月华	女	壮	1890-05	百济乡红星村那菱坡
		蒙爱娇	女	壮	1892-10	刘圩镇良合村良珍坡
		施　珍	女	壮	1894-08	南阳镇新楼村大黎坡
		郭杏香	女	壮	1894-02	蒲庙镇广良村平那坡
		廖秀春	女	壮	1894-03	刘圩镇那里村山泽坡
1997 年至 1998 年	13	郭杏香	女	壮	1894-02	蒲庙镇广良村平那坡
		黄桂昌	女	壮	1894-03	百济乡华灵村古先坡
		施　珍	女	壮	1894-08	南阳镇新楼村大黎坡
		李少林	女	壮	1895-11	刘圩镇刘圩村中兴坡
		闭如英	女	壮	1896-01	吴圩镇平垌村大麻坡
		谢奕善	男	汉	1896-05	延安镇那齐村新造坡
		谭阮氏	女	归侨	1897-04	邕宁县人民医院宿舍
		方耀光	男	壮	1897-10	刘圩镇那里村山泽坡
		李桂芳	女	壮	1898-03	中和乡坛西村那烟坡
		李群英	女	壮	1898-06	南晓镇新民村古沙坡
		奚世仓	男	壮	1898-10	苏圩镇佳棉村双久坡
		周月围	女	壮	1895-07	吴圩镇平垌村榨油坡
		李建军	男	壮	1896-01	伶俐镇粮食管理所宿舍
1999 年至 2001 年	16	郭杏香	女	壮	1894-02	蒲庙镇广良村平那坡
		黄桂昌	女	壮	1894-03	百济乡华灵村古先坡
		李少林	女	壮	1895-11	刘圩镇刘圩村中兴坡
		闭如英	女	壮	1896-01	吴圩镇平垌村大麻坡
		谢奕善	男	汉	1896-05	延安镇那齐村新造坡
		谭阮氏	女	归侨	1897-04	县人民医院宿舍
		李桂芳	女	壮	1898-03	中和乡坛西村那烟坡
		李群英	女	壮	1898-06	南晓镇新民村古沙坡
		奚世仓	男	壮	1898-10	苏圩镇佳棉村双久坡
		梁金伞	女	壮	1898-08	那楼镇三江村那度坡
		陆桂芳	女	壮	1899-08	南阳镇新楼坡 19 组
		黄　氏	女	壮	1896-11	那楼镇那楼村小河坡
		陈玉良	女	壮	1900-02	那楼镇坛吞村坛吞坡 14 组
		施乃香	女	壮	1900-02	南阳镇新楼村 11 组
		陆美才	女	壮	1901-04	昆仑镇黄宇村那崇坡
		黄桂芳	女	壮	1896-07	那陈镇和平村思卢坡
2002 年至 2004 年	19	闭如英	女	壮	1896-01	县中医院宿舍
		李连蕊	女	壮	1902-09	刘圩镇中兴村 6 组
		李婆潘	女	壮	1902-10	刘圩镇大里村大里坡 7 组

续表

年份	人　数	姓名	性　别	民　族	出生年月	居住地
2002年至2004年	19	李春秀	女	壮	1901-05	蒲庙镇华康稔床坡
		赖桂清	女	壮	1902-09	那楼镇罗马村那造坡27组
		陈水媚	女	壮	1902-08	苏圩镇仁德村集益坡5组
		黄细兰	女	壮	1898-09	那楼镇三江村那度坡
		刘子用	女	壮	1895-03	中和乡那例村屯库坡4组
		梁金伞	女	壮	1898-08	那楼镇三江村那度坡
		胡碧云	女	壮	1903-10	五塘镇五塘社区新村坡
		黄桂昌	女	壮	1894-03	百济乡华灵村古先坡
		黄　氏	女	壮	1896-11	那楼镇那楼村小河坡
		陈玉良	女	壮	1900-02	那楼镇坛吞村坛吞坡14组
		施乃香	女	壮	1900-02	南阳镇新楼村11组
		陆美才	女	壮	1901-04	昆仑镇黄宇村那崇坡
		刘振宏	女	壮	1903-12	那陈镇韦坝村7组
		陆　文	女	壮	1904-06	大塘镇南州村南州街
		李少美	女	壮	1903-11	昆仑镇黄宣村小陨坡
		林秀芳	女	汉	1903-06	县政府大院宿舍

说明：表中空白栏表示缺相关内容

第二章　计划生育

1980 年，邕宁县开始实行计划生育。1991 年后，中共邕宁县委、县人民政府先后出台一系列计划生育政策和措施，全面落实乡镇、村（社区）、村民小组三级计生网络，明确职、权、责和报酬，加强对计划生育工作的领导，计划生育工作顺利推进，人口增长速度逐年下降，人口素质不断上升。

1991 年、1995 年、2000 年，邕宁县人口出生数分别为 11388 人、11555 人、11912 人；出生率分别为 13.58‰、13.14‰、12.25‰；自然增长率分别为 9.13‰、8.08‰、8.45‰；计划生育率分别为 67.11%、90.68%、88%；领取独生子女证分别 582 人、505 人、598 人。2004 年，全县人口出生 11912 人，计划生育率 85.26%，二孩计生率 71.96%，政策外多孩率 2.84%，当年领取独生子女证 598 人。

1994 年，邕宁县被评为自治区计划生育达标单位和计划生育先进单位、南宁市计划生育工作先进单位。1995 年邕宁县被自治区人口与计划生育领导小组评为计生目标任务二等奖和计生达标县。1995 年至 1998 年邕宁县获中共南宁市委、市人民政府授予计划生育先进单位。1999 年，邕宁县获自治区人口与计生目标管理（二类县）达标县、计生"三为主"达标单位称号。2004 年，邕宁县获南宁市人口与计划生育工作目标责任制一等奖。从 1995 年至 2004 年，邕宁县获南宁市人口与计划生育工作目标责任制一等奖 4 次。

第一节　机　构

邕宁县人口和计划生育局（县计划生育委员会、县计划生育局）是主管人口和计划生育的县人民政府工作部门。

1965 年 5 月，成立邕宁县计划生育委员会。1991 年，邕宁县计划生育委员会机关内设有办公室、统计股、宣传股等 6 个股室，人员编制 27 名，在职干部职工 24 人。乡镇计划生育站（办公室）21 个，共有干部职工 49 人。全县 235 个行政村有专兼职计划生育工作人员 235 名。每个村民小组各配有 1 名人口管理员。1992 年 9 月，成立邕宁县计划生育协会，人员编制 3 名，在职人员 3 人。是年，各乡镇相继成立计划生育协会，全县计划生育协会 266 个，有会员 9.66 万人，协会理事 874 人。

1996 年 11 月，邕宁县计划生育委员会更名为邕宁县计划生育局。1997 年，局机关内设行政秘书股、财务股、政策法规股、宣传教育股、规划统计股、技术药具股 6 个股，人员编制 21 名。

2004 年 8 月，邕宁县计划生育局更名为邕宁县人口和计划生育局。2005 年 3 月，局机关内设办公室、政策法规股、发展规划股、宣传教育股、科学技术股 5 个股室，人员编制 15 名，其中局长 1 名、副局长 3 名，实有在职在编人员 13 人。县人口和计划生育局下设县计生服务站，有事业编制 30 名，在职人员 26 人，其中干部 21 人。县计划生育协会在职人员 1 人。全县 21 个乡镇计划生育站（办公室）和大沙田、沿海、仙葫开发区计生分局，在编在职干部职工共 200 人，其中干部 120 人。全县有村、社区计划生育工作人员 7378 人。其中，专抓计生的村民委员会（社区居民委员会）副主任 238 人，村级计生专干 336 人，村民小组人口管理员 6804 人。全县有村、社区计划生育协会 265 个，自然村（坡、屯）计划生育协会会员小组 5787 个，会员户 8175 户，会员 9.54 万人。

县人口和计划生育局（县计划生育委员会、县计划生育局）办公地址位于县城新兴路中段。

1991年至2005年3月，县人口和计划生育局（县计划生育委员会、县计划生育局）历任局长（主任）：陆育狮，陆文轩，李碧兰（女），梁尚斌，陈庆登。

第二节　生育调节

生育政策

1979年起，邕宁县贯彻落实国家计划生育政策。是年11月，自治区颁布《广西壮族自治区革命委员会关于计划生育工作若干问题的规定（试行草案）》明确：在生育孩子的数量上，提倡一对夫妇最好只生育1个孩子，最多不要超过2个（包括抱养、给养）；生育间隔3周年以上；再婚夫妇在再婚前已有2个孩子的也不要再生育；自1980年1月1日起凡生第三个孩子（第二胎是双胞胎者除外）的属违反计生规定，属于超生。同时制定相应的奖励办法和处罚措施，首次提出单位主要领导要对本单位的计划生育工作负直接责任，把计划生育工作作为评先进和考核干部职工的一项内容。还规定：提倡晚婚，农村男25周岁、女23周岁，城市男26周岁、女24周岁以上结婚为晚婚。1979年11月，邕宁县开始办理发放“独生子女优待证”（2002年9月后称“独生子女父母光荣证”）。

▲1982年计划生育《独生子女优待证》封面

（滕永杰　摄）

1982年，《中共广西壮族自治区委员会、广西壮族自治区人民政府关于贯彻执行国家计划生育政策的若干规定（试行）》文件明确：必须普遍提倡一对夫妇只生育一个孩子，严格控制二胎，坚决杜绝多胎生育。提倡晚婚晚育。男女青年按法定年龄推迟3年以上结婚为晚婚，妇女24周岁以上生育为晚育。此后，邕宁县逐步制定相应计划生育文件，在全县推行计划生育，育龄妇女凭“生育证”（计划生育服务手册）怀孕、持“生育证”生育，提倡一对夫妇只生一个孩子，实行晚婚晚育，少生优生优育。

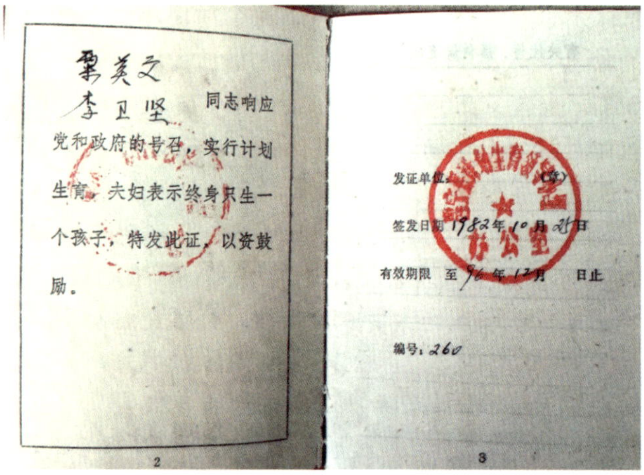

▲1982年计划生育《独生子女优待证》内容

（滕永杰　摄）

1985年4月，《自治区人民政府关于贯彻执行国家计划生育政策的若干规定》颁布。是年6月，邕宁县根据以上规定颁布《邕宁县人民政府关于贯彻执行国家计划生育政策的若干规定》，继续提倡一对夫妻只生育一个孩子，生育必须按计划进行，凡允许生育二个孩子、三个孩子的，生育间隔不得小于4周年。男25周岁以上、女23周岁以上初婚为晚婚，女24周岁以上生育第一胎为晚育。

1989年，贯彻执行《广西壮族自治区计划生育条例》及《广西壮族自治区计划生育条例实施细则》和南宁市人民政府有关文件，规定生育必须按计划进行，禁止计划外生育，严禁无证生育。一对夫妇只生育一个孩子。凡安排生育第二个孩子的，生育间隔时间不得小于4周年。凡符合生育条件的，必须经过夫妻双方共同申请，由女方所在单位根据上级分配的生育指标，报女方所在地计划生育部门审批，夫妻必须领得准生证后方能怀孕生育。同时依法加强计划生育管理，对计划生育的家庭给予一定的奖励，对违反计划生育政策的超生家庭，按有关规定给予相应的处罚。是年，邕宁县人口出生数11388人、出生率13.58‰、自然增长率9.13‰、计划生育率67.11%。1994年11月起，贯彻落实修改颁布施行的《广西壮族自治区计划生育条例》，规定原二孩生育政策口子不变；凡允许安排生育二孩的夫妻，要交纳计划内二孩生育费；实行统一的生育证管理制度。

1991年至1999年，全县领取独生子女证的夫妇有4723户，独生子女家庭占育龄夫妇家庭比率由1991年2.20%提高到1999年3.62%。

2002年9月起，贯彻落实《中华人民共和国人口与计划生育法》(简称《计划生育法》)，同时贯彻落实《广西壮族自治区人口与计划生育条例》《广西壮族自治区计划生育技术服务管理条例》《广西壮族自治区社会抚养费征收办法》《广西壮族自治区流动人口计划生育工作管理办法》等计生政策。《广西壮族自治区人口与计划生育条例》有关生育政策的“口子”保持不变。鼓励公民晚婚、晚育，男25周岁、女23周岁以上初婚的职工，除国家规定的假期外，另增加晚婚假12天；已婚女职工在24周岁以上生育第一胎的，增加产假14天，同时给予男方护理假10天；在产假期间领取独生子女父母光荣证的，另增加产假20天；对晚婚晚育者，婚假、产假期间，工资、奖金照发，不影响其应享受的福利及评奖评先。2003年7月，邕宁县实施《广西壮族自治区人口与计划生育管理办法》，该办法到2004年不变。2000年至2004年，领取独生子女证的夫妇有2061户，独生子女家庭占育龄夫妇家庭比率由2000年的3.96%提高至2004年的6.64%。

2004年，全县人口出生率12.12‰、自然增长率8.45‰、计划生育率85.26%，二孩计生率71.96%，政策外多孩率2.84%。

节育政策

1988年12月，邕宁县贯彻执行《关于贯彻执行自治区计划生育条例的若干规定》，坚持以避孕为主，推行综合长效节育措施。规定有生育能力的夫妻，已生育一个孩子的，要有一方落实避孕措施，已生育两个孩子以上的，原则上要有一方采取绝育措施。1992年2月，中共邕宁县委、县人民政府印发《关于开展依法管理计划生育工作的决定》，规定凡已生育一个孩子，又未持有二胎生育指标的已婚妇女，要放置宫内节育环。对已生两个孩子或两个孩子以上的育龄夫妻，未采取节育、绝育措施的，原则上要有一方采取绝育措施；对已生两个孩子或两个孩子以上的夫妻，凡超孕的，要坚决采取补救措施，同时进行一方绝育；凡超生的夫妻，女方年龄在40周岁以下的，采取一方绝育措施。2003年7月，实施《广西壮族自治区人口与计划生育管理办法》，其中第十四条第二款规定：“已生育一个子女的已婚育龄妇女应当首选使用宫内节育器；已生育二个及二个以上子女的夫妻，一方应当首选绝育措施。”2004年，出生11912人，已婚育龄妇女17.01万人，期末节育人数14.76万人，综合避孕节育率86.80%。

第三节　宣传教育　优生优育

人口生育基础教育

1991年起，邕宁县在全县范围内开展人口与计划生育基础知识教育，教育对象为15周岁以上各种婚龄和婚育的人，教育内容是人口理论、计生政策、五期保健（青春期、新婚期、孕产期、育儿期、中老年保健期）等。通过人口学校开展培训，组织专家咨询等形式开展教育。至1996年年底，全县有人口学校2606个，举办人口与计划生育基础知识教育学习班1.57万期，受教育13.07万人次。2001年1月，县计生局、计生协会联合南宁市计生委，在邕宁南阳镇二田村召开计划生育宣传教育现场会，计生专家、技术人员给群众宣讲有关计划生育政策、法律法规和计生科普知识，发放科普读本2500册。2003年至2004年，县计划生育等部门通过深入各乡镇开展文化、卫生、科技“三下乡”活动，加强人口生育基础教育，共发放宣传资料20万份，发放避孕药具2万多盒。

计生法律法规宣传教育

1991年，邕宁县计划生育宣传主要抓“五个一”，即县乡村三级有一名计生宣传员、有一间人口（人基）学校、有一间广播室、有一处宣传栏、每个村民小组有一条标语，开展人口与计划生育知识宣传。1991年至1995年，全县书写固定计划生育宣传标语、铁皮标语、横幅等4310条（幅），各种标语2万条。

1996年以后，推行电视教育，在县电视台开展人口与计划生育知识宣传。全县购置扩声机225部，电视机224部，录像机22台，摄像机2部，话筒225只，照相机25部，高音喇叭280只；印制《广西壮族自治区人口与计划生育条例》10万册，《广西壮族自治区人口与计划生育条例实施细则》12万册，宣传袋6万只；先后到21个乡镇及部分村坡宣传，发放计生宣传资料10万份。

2002年，印发《关于开展〈人口与计划生育法〉〈计生条例〉宣传服务活动的通知》，决定在全县范围内开展《中华人民共和国人口与计划生育法》（以下简称《人口与计划生育法》）、《计生条例》宣传服务和开展计划生育优质服务月活动。

1991年至2004年，每年举办“五期”（青春期、新婚期、孕产期、育儿期、中老年保健期）保健和计划生育法律法规知识学习班，学习对象是农村育龄群众，重点学习《人口与计划生育法》《广西壮族自治区计划生育条例》《广西壮族自治区人口与计划生育条例》；采用夜校方式，以自然村为单位，共举办5236个班，参加学习培训21万人次，占农村育龄群众92.50%。其间，先后举办计生政策、法律法规、专业知识培训班60期，参加培训的计生管理干部、计生人员、执法部门干部、村级计生专干累计3510人次。

婚育新风进万家活动

1991年，县内少数居民，特别是农村居民存在“无后为大”的重男轻女思想，生育第一胎是女孩的，为生男孩而违反计划生育政策超生的现象时有发生；未婚先育、早婚早育等现象在县内也不时发生。是年，开始进行“生男生女一样好”等婚育新风宣传活动，生男育女一样好的思想逐渐为群众所接受。

1999年起，邕宁县贯彻落实中央宣传部、人口计生委、教育部、卫生部、文化部、民政部等13个部委下发的《关于广泛开展婚育新风进万家活动的意见》精神，在全县开展“婚育新风进万家”活动，宣传新的婚育观念和社会风尚，主要内容是晚婚晚育、少生优生、男女平等、生男生女一样好、女儿也是传后人、计划生育丈夫有责等。活动方式主要有知识竞赛、咨询服务、讲座、专业知识培训、开展“文明户”评比、宣传一条街、文艺演出等。2001年10月1日，县计划生育等部门在南阳镇二田村组织开展“迎国庆，庆中秋”主题活动，倡导婚育新风。当晚，有8对新人在南阳镇二田村委会的主持下举行集体婚礼，并与村委会一一签订计划生育合同。2000年至2001年，中共邕宁县委、县人民政府组织丰富多彩的宣传文艺节目，分别到21个乡镇及部分村坡作巡回演出，共演出48场，观众13.50万人次，同时发放计生宣传资料11万份，发放避孕药1万件。2003年8月25日，县计划生育部门与县计划生育协会、县文学艺术界联合会联合举办“计生漫画展览及百名画童计生宣传漫画现场表演”活动，百名儿童、百米长卷、百幅漫画，推动邕宁县婚育新风进万家宣传活动持续深入开展。

优生优育

邕宁县通过宣传教育、婚育检查、少生优生等措施做好优生优育工作。20世纪90年代，中共邕宁县委派出讲师团成员，定期向群众宣传普及优生优育知识。县人口计划生育部门做好新婚人群的培训，在县、乡镇计生服务站建立健全人口学校，配有电视机、录像机、扩大机、录音机、照相机等设备；组织一支爱心服务队，长年到全县21个乡镇为群众开展各种优质服务活动；制作VCD光盘让群众观看，内容有新婚知识、出生缺陷预防知识、优生优育知识、科学育儿知识等；购置100多种涉及新婚、优生、优育、优教和科技类知识书籍供群众阅读。县人口计生局每年分期分批组织农村新婚夫妇到县、乡镇人口学校和县计生服务站（所）接受新婚知识、优生优育知识等培训，免费赠送《新婚夫妇必读》《出生缺陷预防知识》《育龄群众应知应会》《孕期保健知识》等书籍资料和避孕药具，对办理登记结婚手续的青年传授优生优育和避孕节育知识，为新婚夫妇上课和提供咨询指导服务。1991年至2004年，每年举办“五期”保健和计划生育法律法规知识学习班，累计举办5236个班，参加学习培训21万人次，占农村育龄群众92.50%。通过宣传培训，实行计划生育、晚婚晚育、少生优育，已成为县内多数未婚青年男女新的婚育观念。

第四节　计划生育技术服务

1991年，县、乡镇两级设立有专门的计生服务机构，县计生服务站开展绝育、放环、健康检查等技术服务，乡镇计生服务站主要开展放环、孕前优质健康检查、计生政策宣传等服务。县、乡镇两级有计生技术员（经卫生技术培训，取得岗位专业技术资格证）共56人，其中县计生服务站有医学专业技术人员14人，21个乡镇计生服务站各配备有2名卫生技术员。245个村（居）委会建立有计生服务室，配备有专职计生技术员（经卫生技术培训，取得岗位专业技术资格证）各1人。除县、乡镇两级专门的计生服务机构外，县人民医院、县中医院和各乡镇卫生院根据工作需要和技术力量，结合开展绝育、放环、取环等手术服务。对实施的计生手术项目，凭乡镇计生服务所、县计生服务站证明，计生对象均可免费。

1997年至1998年，计划生育技术服务工作以“双优”（优化设施、优质服务）为主体，全面推进计划生育优质服务。其间，县、乡镇两级共投入153万元新建、扩建服务站（所）工作用房1700平方米，21个乡镇服务所均有较规范的宣传室、咨询室、手术室等；各乡镇共配备有技术人员297人，技术人员持证上岗率100%；全面开展避孕节育服务，推广应用节育新技术、新办法、新材料，不断改革避孕药具管理体制，完善药具供应，提高药用效率，做到安全、方便。

2001年，县计生局、县卫生局、县人民医院和县技术服务站，组织计生医疗队巡回大塘、苏圩、吴圩、南阳、那楼、五塘、百济等乡镇，设立8个医疗服务点，为群众免费义诊2.69万人次，查出患有甲亢、子宫肌瘤、肾囊肿、胆囊炎等120多个病例。2002年，县计生局开展科技优质服务活动，全县参加健康检查的育龄妇女9.87万人，育龄妇女健康检查率60.12%，查出各种疾病562例，治疗251例，指导到医院治疗311例。同时，开始启动出生缺陷干预工程，开展地中海贫血检测，经查发现有阳性29人。2003年3月，经中共邕宁县委、县人民政府批准，县人事局和县计生局通过严格考录，给21个乡（镇）和开发区计生服务所（分局）各配备2名有医学技术专业的计生技术员。是年，先后派出计生技术人员900人次为8万多育龄妇女进行健康检查，查出各种病例500多人次。2004年，计生部门以宣传和技术服务为切入点，开展“计划生育流动服务与宣传服务万里行活动”，为育龄群众健康检查1268人，发放计生药具1262件，地贫检测1046人。

1991年至2004年，县计生服务站派出技术人员4850人次对育龄妇女进行健康普查，全县有38万人次育龄妇女参加体检，查出各种病例2600人次，有病人员都及时得到医治；免费为育龄夫妇发放避孕药具，免费为育龄妇女看病治病、诊治500人次。

第五节 计划生育综合管理

管理制度

2000年3月，出台《邕宁县开展计划生育“三好一满意”工作实施方案》，决定从2000年起在全县计生系统广泛开展“三好一满意”（宣传服务好、执法服务好、科技服务好、群众对计划生育工作满意）活动。2002年，印发《邕宁县计划生育优质服务月活动方案》。2003年7月至2004年，邕宁县实施《广西壮族自治区人口与计划生育管理办法》。

人口生育计划

1991年年初，全县发放“生育证”7742本，年末人口出生1.04万人，人口自然增加6327人，增长率7.52‰。2004年年初，发放“生育证”1.25万本，年末人口出生1.36万人，人口自然增加7717人，增长率8.22‰。

邕宁县“八五”计划人口自然增长率年均9‰，1991年至1995年实际人口自然增长率年均7.23‰；“九五”计划人口自然增长率年均12‰，1996年至2000年实际人口自然增长率年均6.34‰；“十五”计划人口自然增长率年均10‰，2001年至2004年实际人口自然增长率年均7.81‰。1991年至2004年，全县人口出生累计15.20万人，年均人口出生1.09万人；全县人口年均少生2000多人，累计少生约3万人。

社会抚养费征收管理

1991年，县内的社会抚养费按照有关规定进行征收和管理。1998年5月，出台《邕宁县关于进一步抓好计划生育费管理工作实施方案》，决定对全县计划外生育费的征收、使用进行全面清理，对1985年以来借支、挪用计划生育费的，要求在1998年11月30日前清理回收，同时按“乡收县管，财政监督”管理体制的要求，将收取的计划生育费全部上交县计生局或县财政专户，以便接受同级财政的监督。2001年，县人民政府印发《关于变更计划外生育费名称并纳入预算管理的通知》，将计划外生育费名称变更为社会抚养费；社会抚养费纳入财政预算管理，收费单位将社会抚养费及时足额上缴国库。至2004年，邕宁县社会抚养费做到按规定有序管理。

流动人口计生管理

1996年始，邕宁县按照中央综治委《关于加强流动人口管理工作的通知》要求，加强对流动人口的管理，查清本辖区内的外来人口数量、流动人口结构、居住分布情况，落实计划生育措施情况等，并给外来务工人员发放“流动人口婚育证明书”，建立流动人口流出流入原始登记，使流动人口计划生育管理形成制度化。

计划生育村民自治

2001年起，邕宁县在各个村委会推行计划生育村民自治制度，村委会按照法律规定对计划生育工作实行自治管理，村民通过民主选举、民主决策、民主管理和民主监督来实现计划生育村民自我管理。

2004年，全县实行计划生育村民自治制度的村、社区有244个，占全部村、社区97.21%。有244个村、社区制订《计划生育村民自治章程》和《村规民约》，按照规定进行计划生育村民自治管理，村民和居民较自觉遵守计划生育政策，计划外生育和违法生育现象减少。

1991年至2004年邕宁县计划生育基本情况表

表3-2-5-1　　单位：人

年度	计生率		多孩率		女性初婚		
	计划内出生人数	计生率%	多孩人数	政策外多孩率%	人数	晚婚人数	晚婚率%
1991	7642	67.11	1091	9.58	4615	3075	66.63
1992	6941	43.36	2742	17.13	4938	3247	65.76
1993	5001	41.69	2177	18.15	4486	3024	67.41
1994	10296	86.51	789	6.63	4496	3065	68.17
1995	10478	90.68	329	2.85	5105	3593	70.38
1996	10493	90.26	297	2.55	5849	3755	64.20
1997	9678	88.94	297	2.73	5483	3469	63.27
1998	9784	87.94	267	2.40	4953	3253	65.68
1999	10624	87.69	218	1.80	5279	3551	67.27
2000	11107	88.00	205	1.62	5218	3451	66.14
2001	10587	88.00	210	1.75	4309	2842	65.95
2002	10759	88.25	209	1.71	3630	2480	68.32
2003	10514	86.05	297	2.43	4048	2764	68.28
2004	10156	85.26	366	3.07	6011	4207	69.99

1991年至2004年邕宁县计划生育发证及社会扶养费征收情况表

表3-2-5-2

年　度	生育证（本）	独生子女证（本）	社会抚养费征收（万元）
1991	7742	582	78
1992	7941	559	461
1993	5110	431	468
1994	10446	459	640
1995	12478	505	670
1996	12500	554	516
1997	10678	574	474
1998	10784	502	421
1999	12624	557	480
2000	13107	571	709
2001	13587	442	403
2002	13759	469	334
2003	13514	504	438
2004	12525	598	449

第三章　居民生活

20 世纪 90 年代，随着改革开放的不断深入，全县经济快速发展，城乡居民收入逐年增长，生活水平不断提高。1991 年，全县城乡居民生活水平还较低，农民人均纯收入 712.70 元，农民人均住宅面积 13.04 平方米，干部职工平均工资收入 2091 元。居民多数家庭拥有自行车、缝纫机、手表、收音机等“老四件”，电视机、洗衣机、电冰箱、收录机、电风扇等进入更多居民家庭。1992 年始，全面推进由计划经济转向社会主义市场经济的经济体制改革，市场供应全面放开，城乡居民收入进一步增加，消费水平进一步提高。1993 年，取消居民粮食、食油定量供应制度。与此同时，实行国有企业改革，部分富余人员下岗失业自谋职业，促进个体工商业快速发展。1996 年，农民人均纯收入 1870 元，人均住房面积 20.76 平方米；城镇职工平均货币工资 5133 元，城镇居民人均住房面积 10.68 平方米。从 1997 年始，生活消费品除粮食、食用油、燃煤等主要商品外，许多商品逐步放开供应。1998 年，食用油供应放开，城镇消费品市场趋旺。农村用电户 17.46 万户、有电视机 12.85 万户、自来水受益 10.97 万户。

2000 年至 2004 年，邕宁县城乡居民收入大幅度增长。八大类消费支出全面增长，尤其是交通通信、医疗保健、家庭设备及用品三大类消费支出，汽车、电脑、录像机等进入居民家庭，并占有一定的数量，食品消费支出所占比重明显下降。但与城镇居民比，农村居民家用电器普及率仍然较低。2004 年，全县农民人均纯收入 2844 元，比 2000 年农民人均纯收入增加 802 元，农民人均住宅面积 24.08 平方米；城镇居民人均可支配收入 7570 元，比 2000 年城镇居民人均可支配收入增加 2835 元，城镇居民人均住房面积 34.45 平方米。居民收入扣除消费价格上涨等因素，城乡居民生活水平显著提高。城镇居民生活达到小康水平，农村居民生活总体上超过温饱线，部分农村富裕户逐步向小康水平迈进。

第一节　城镇居民生活

收　入

1991 年后，邕宁县城镇居民收入逐年上升，生活质量不断提高，但居民的收入不够平衡。县党政机关、企事业单位（含公办学校、国有企业）在职干部职工，主要收入来源有工资、物价补贴、岗位津贴、奖金等；其他居民主要收入来源于自谋职业、生产经营和家庭副业等。

1991 年，没有城镇居民人均可支配收入统计。全县干部职工年平均工资收入 2091 元，加上奖金、加班费、兼职和经商等收入，干部职工年人均收入 2355 元。其中，全民所有制职工 3.06 万人，全年工资总额 6557.50 万元，职工平均工资 2143 元；城镇集体所有制职工 5852 人，全年工资总额 1072.50 万元，职工平均工资 1833 元。1995 年，全县城镇居民人均可支配收入 1739 元。2000 年，全县职工工资总额 2.98 亿元，其中国有单位 2.25 亿元、城镇集体单位 1221 万元，职工平均工资 6844 元，城镇居民人均可支配收入 4735 元。1996 年至 2000 年五年城镇居民人均可支配收入平均每年增长 22.18%。2004 年，全县职工工资总额 5.41 亿元，其中国有单位 3.69 亿元、城镇集体单位 4846 万元，干部职工平均工资收入 1.30 万元，城镇居民年人均可支配收入 7570 元。2001 年至 2004 年，城镇居民人均可支配收入平均每年增长 14.20%。

支　出

1991年至2004年,城镇居民支出主要用在住房、教育、食品消费、衣着消费、通信与交通、医疗保健、文化娱乐购置家具和家用电器等方面，部分内容没有具体消费统计数据。

住房消费　1991年后，随着旧县城改造扩建和大沙田、沿海和仙葫3个经济开发区开发建设，部分干部职工及城镇居民购买宅基地建私人住房；特别是1993年，县内实行干部职工住房制度改革，取消福利分房制度，将公有住房按标准价出售给干部职工，至2003年末，全县干部职工个人购买公有住房（含半产权）累计8584套（户），资金1.17亿元。居民住房条件逐步得到改善。2004年，城镇居民人均住房面积34.45平方米，比1996年人均10.68平方米增加23.77平方米。

耐用品消费　居民消费结构明显改善,由生存型需求“三转一响”(即自行车、手表、缝纫机、收音机）向享受型需求“六大件”（即电视机、洗衣机、电冰箱、电话、摩托车、音响）转变。1991年，电视机每百户拥有87台，电话机每万人拥有35部，两轮摩托车每万人拥有16部。1996年全县移动电话650台。2000年，电视机每百户拥有103台，电话机（含固定电话和移动电话）每万人拥有1250部，两轮摩托车每万人拥有1140部，电冰箱每万人拥有1716台，音响每百户拥有93台。2004年，电视机每百户拥有112台，电话机（含固定电话和移动电话）每万人拥有6820部，两轮摩托车每万人拥有3142部，电冰箱每万人拥有2520台，音响每百户拥有103台。彩色电视机、冰箱、洗衣机、手机、中高档家具等普遍为城镇居民所拥有。

服　装　20世纪90年代，改革开放后的邕宁县经济社会发展较快，人民生活水平逐年提高，城镇居民衣服穿着也随着发生变化，由过去衣服以自己缝制为主，变为以购买服装为主。1991年至1995年，邕宁县居民人均衣着消费支出从162元增加到361元。其间，低收入家庭人均衣着消费支出从108元增加到192元，中等收入家庭人均衣着消费支出从157元增加到369元，高等收入家庭人均衣着消费支出从225元增加到482元。

1996年至2000年，邕宁县城镇居民人均衣着消费支出从383元减少到326元。其间，低收入家庭人均衣着消费支出从231元减少到到173元,中等收入家庭人均衣着消费支出从382元减少到335元,高等收入家庭人均衣着消费支出从518元减少到492元。

进入21世纪，富裕家庭的青年男女穿着讲究，追求时代潮流新款，讲究美观、大方、时髦和名牌产品，着装四季分明并突出个性美，一般是中高档产品；中老年人的着装讲究美观、大方得体，低中高档兼有之；少年儿童的服装讲究个性，美观得体，颜色、款式多样，因人而异，五花八门各具特色。男士着装主要有牛仔裤、休闲衣裤、西服、皮衣、夹克、衬衣、皮夹、羊毛衫裤、套装、保暖内衣裤等；女士着装主要有牛仔裤、连衣裙、七分袖外套、套装、皮衣裤、羽绒服、毛呢冬裙、针织衫、衬衫、风衣、羊毛衫、保暖内衣裤、吊带裙等。逢年过节或喜庆场合，人们的穿着较平时讲究着装美和仪表美。2001年至2004年，邕宁县城镇居民人均衣着消费支出从371元增加到463元。其间，低收入家庭人均衣着消费支出182元，中等收入家庭人均衣着消费支出366元，高等收入家庭人均衣着消费支出698元。

第二节　农村居民生活

农村居民收入

1991年，邕宁县农村居民主要收入来源是出售稻谷（稻米）、糖料蔗、蔬菜、水果、禽畜和水产品等农副产品及外出务工工资等。其中，收入较多的是有技术专长的各类种养专业户、承包户和有专业技术的务工人员。是年，全县农民所得5.52亿元，人均纯收入712.70元。

1994年后，除家庭经营收入外，农民工外出务工收入成为农民收入的重要组成部分。是年，全县农民人均纯收入1038元，人均年纯收入首次达到1000元以上。1996年，全县农民人均纯收入1870元。2000年，由于主要农产品粮食、甘蔗、水果减产，多数农产品仍在低位运行，农民增收幅度较小，农民人均纯收入2042元，比1999年增加105元。2004年，全县农民人均纯收入2844元，比2003年增加254元，劳务输出成为多数农村家庭收入的重要来源。

农村居民家庭消费支出

1991年后，邕宁县农村居民在收入增加的基础上，生活水平显著提高，消费结构也发生变化。在农民生活消费中，一部分用于物质生活，一部分用于精神生活。物质生活方面的支出主要有居住消费、食品消费、衣着消费、交通通信消费、家庭用品消费等，精神生活方面的支出主要是文化娱乐消费、教育消费、医疗保健消费等。1991年，农民人均有粮食304千克，人均住房面积13.04平方米，家用电器每百户有电视机55.71台（其中彩色电视机1.43台）、电风扇101.43台。1996年，农民人均有粮食422千克，人均住房面积20.76平方米，家用电器每百户有电视机98台（其中彩色电视机11台）、电风扇231台。2002年，县统计局抽样调查140户农村居民家庭，调查数据显示，户均人口4.63人，全年人均生活消费现金支出1334.85元；次年，被抽样调查的140户农村居民家庭户均人口4.77人，年人均生活消费现金支出1341.75元。2004年，随着收入水平的提高，农民生活消费比例加大，重点用在住房、衣着、交通通信、家庭用品、医疗保健等方面的支出。

住　房

1991年后，随着县内小城镇建设和生态文明村建设的推进，全县农民居住条件逐年得到改善。1991年，全县农民人均住宅面积13.04平方米。1996年，全县农民人均住宅面积20.76平方米（其中钢筋砖木结构住房8.17平方米，占39.35%）。2001年，农民私人建房投入1.38亿元，其中县城农业户1056万元，开发区农业户5487万元，乡镇农业户7231万元。2003年，农民私人建房投入1.44亿元，其中县城农业户1417万元，开发区农业户836万元，乡镇农业户1.21亿元。2004年，农村居民人均住宅面积24.08平方米。有些较富裕的乡村家庭到县城、开发区或小城镇商住区购地建房、购商品房，从农村搬迁到城镇居住。

食品消费

1991年以后，随着居民收入不断增加，生活逐年富裕，人们的饮食质量逐步提高。农村居民主食以大米为主，食物逐渐讲究荤素搭配、有营养，一日三餐。农民自产的杂粮如玉米、红薯、木薯等大部分用作饲料，有的人把新鲜玉米、南瓜、红薯作为零食。农村居民的饮食从吃得饱向吃得好转变。

据县统计局对140户农村居民家庭抽样调查：2002年，邕宁县农村居民家庭年人均消费粮食271.93千克、蔬菜179.81千克、调味品2.82千克、食用油19.86千克、猪肉14.16千克、牛肉0.05千克、羊肉0.02千克、家禽14.35千克、肉禽制品0.54千克、蛋类及蛋制品0.54千克、奶和奶制品0.04千克、鱼类5.16千克、食糖1.90千克、白酒5.82千克、啤酒1.32千克、饮料1.70千克、糖果0.69千克、糕点0.69千克；2003年，邕宁县农村居民家庭年人均消费粮食266.11千克、蔬菜168.78千克、调味品2.31千克、食用油18.92千克、猪肉14千克、牛肉0.03千克、羊肉0.01千克、家禽9.56千克、肉禽制品3.69千克、蛋类及蛋制品0.46千克、奶和奶制品0.07千克、鱼类5.91千克、食糖1.03千克、白酒3.32千克、啤酒1.21千克、饮料2.02千克、糖果1.58千克、糕点3.51千克。

出　行

1991年，居民出街入市、走亲访友主要以自行车为主，个别地方主要山区以步行为主；跨乡镇、出县外主要以乘坐客车为主。1993年起，个体客车增长较快，摩托车逐渐进入乡村家庭，摩托车价格一般每辆4000~7000元，县城出现人力三轮车（后发展为动力三轮车，称“摩的”），城乡交通条件进一步改善，出街入市多数以车代步。2004年，居民出街入市、走亲访友多为摩托车、客车，少部分富裕家庭购买有小轿车。

衣　着

20世纪80年代，随着生活水平的提高和市场衣物品种的增多，农村居民衣着观念从实用耐穿向求美求新转变，中、青年男女穿直筒裤、喇叭裤、牛仔裤时髦一时，老年男子仍穿中山服较多。到80年代后期，中、青年男子流行宽裆“老板裤”、夹克衫、西服，女青年流行健美裤、蝙蝠衫、西装套裙、喇叭裙等，在讲究衣料质量的同时，还讲究衣着的色调、图案和款色。此时，呢绒和绸缎大部分替代棉布料，服装由过去以自己缝制为主变为以购买为主。

20世纪90年代，市场上各种布料品种花式越来越多，除各种质地的棉布以外，还有菜卡、涤纶、尼龙、人造纤维等。各种价位各种档次的衣服变多，村民可在市场或成衣店里按需购买。此时购买面料的人越来越少，因为购布料做成衣太麻烦。较少赶圩的中老年人多由在外务工的子女帮买衣服。到90年代末期，农村居民较为注重服装多样化、个性化，特别是居住在城市边沿和城镇的农民，从衣着上已难以与城里人区别。一些中青年男子在春秋季节穿西服、系领带，老年人钟情于宽松适体的休闲装、运动装、中山装等。牛仔裤、文化衫、T恤衫仍是少男少女的首选。女装虽然也以西装为主，但其样式、风格各异，追求个性风格的女子喜欢穿紧身衣裤、短上衣、短裙、短裤以及各种裙装、旗袍等。冬季穿棉衣、棉裤者减少，穿羊毛（绒）衫、毛裤者增多，外套主要有棉大衣、呢子大衣、羽绒服、风衣、皮衣等。穿着时尚、打扮漂亮的农村姑娘、小伙子与城市人基本无区别，穿着与城里人有区别的主要是老人、小孩和妇女。

2001年至2004年，大量农村青年到城镇务工，其服饰受城镇影响较大；留在农村的妇女、老人、小孩，穿着方式各异。随着生产的发展，物质和文化生活的提高，以及交通条件的改善，农村消费习惯有新的变化和发展。农村居民的穿戴用品多由新颖、美观、质优的品种取代，除保留一些风俗习惯外，民族间穿着已没有太大差别。

第四篇

农林牧渔业 | 水利

邕宁县是一个农业大县。粮食作物主要有水稻、玉米、红薯、大豆、高粱等，经济作物主要有甘蔗、花生、蔬菜、西瓜、水果、木薯、烟叶等。家禽饲养主要有鸡、鸭、鹅等，家畜饲养主要有猪、羊、牛、兔等，水产养殖主要有各种淡水鱼品种、虾类品种以及龟、鳖、蟹、螺、蚌等。

中共邕宁县委、县人民政府一直把农业发展摆在首要地位。1991年起，县委、县政府确立“农业强县”的发展思路，依托资源优势和政策优势，培植支柱产业，培育名优品牌，推动产业化经营。1991年，邕宁县在九塘乡开发万亩杂交稻、千亩果园和万亩竹笋示范园。1997年，全县形成优质米基地、竹笋基地、龙眼荔枝基地、瓜菜基地、水产养殖基地、名特优水果基地、良种甘蔗基地、生态农业基地、草食动物基地、观光旅游基地10大农业生产示范基地。1997年，全县农林牧渔业总产值25.30亿元，比1991年的7.15亿元增长2.54倍。1998年至1999年，建成苏圩镇现代农业科技示范园、长塘乡定西村葡萄种植示范园和吴圩镇河洲村农业示范园。2000年至2004年，全县先后建成五塘镇凌慕垌农业示范园、苏圩镇佳棉农业示范基地、长塘镇现代农业综合开发示范区、大塘镇农业综合开发示范区等。示范园（区）的基础建设有渠道硬化、机耕道、给排水灌溉设施等。同时建成五塘镇、那楼镇多种经营产业化（速生桉树）示范区，开发面积共266.66公顷，国家投入资金435万元。1991年至2004年，全县先后建立数十个农业科技和农业综合开发示范园（区）。农业开发示范园（区）采用多方投资、业主经营运作的模式，即国家投资建设基础设施，业主自己投入生产经营资金，自担风险。农业科技和农业综合开发示范园（区）的建立，对邕宁县农业的发展起到一定的示范引导作用。同时，邕宁县加强农资、农机、农技、培训等农业服务，尤其是1999年已建立运营的14个农村合作基金会对拓宽农村金融渠道，增加农业投入，加快农业发展起到积极的推动作用。2004年，全县农林牧渔业总产值38.35亿元，比1991年的7.15亿元增长4.36倍；全县农民人均纯收入2844元，比1991年的713元增长2.99倍。邕宁县获1993年、2003年、2004年全国粮食生产先进县，2003年、2004年广西经济发展十佳县。

第一章　农林牧渔业管理

1991 年，邕宁县建立县、乡镇两级农业管理机构。县级设有县农业委员会、农业局、水产畜牧局、林业局、糖料局、农业机械化管理局等，乡镇级设立的农业管理机构有农村合作经济经营管理站、农业技术推广站、水利管理站、农机管理站、林业管理站、畜牧兽医站、甘蔗站等。在村级配有农技员，负责指导农业生产技术。1992 年至 1995 年，全县农村建立股份合作制组织有 114 家。1998 年，全县农村股份合作制、集体、个人私营实体发展到 1.38 万家。2001 年，撤销农村合作经济经营管理站、农业技术推广站、水利管理站、畜牧兽医站、农机管理站、甘蔗站，将其合并设立新的乡镇农业服务中心机构。1999 年至 2001 年，全县农村社会化服务体系进一步完善，乡镇、村两级各类中介组织各服务性组织 235 个，为农户提供产前、产中和产后服务。

第一节　机　构

邕宁县农业委员会

1985 年 7 月成立邕宁县农业委员会。1991 年至 1996 年 11 月，县农业委员会内设办公室、综合信息股、农村合作经济经营管理股，下设县水果生产办公室、扶贫与抗灾办公室、农业资源区划办公室，在编在职干部 23 人、工人 4 人。1996 年 11 月，邕宁县农业委员会改为邕宁县政府农村工作领导小组办公室。县农业委员会办公地址在县政府机关大院。

1991 年至 1996 年 11 月县农业委员会历任主任：黄家仁，张光廷，陆文轩。

邕宁县政府农村工作领导小组办公室

1996 年 11 月，邕宁县农业委员会改为邕宁县政府农村工作领导小组办公室。县政府农村工作领导小组办公室是县人民政府统筹、协调、指导全县农村工作的办事机构（为县政府常设议事协调机构的办事机构），内设行政秘书股、综合信息股、农村合作经济经营管理股，人员编制 14 名，在编在职干部 13 人、工人 1 人。设有县水果生产办公室、扶贫与抗灾救灾办公室、农业资源区划办公室。

2001 年 11 月，撤销县政府农村工作领导小组办公室，其农村经济管理职能划归县农业局负责。县政府农村工作领导小组办公室办公地址在县政府机关大院。

1996 年 11 月至 2001 年 11 月县政府农村工作领导小组办公室历任主任：陆文轩，范余鉴。

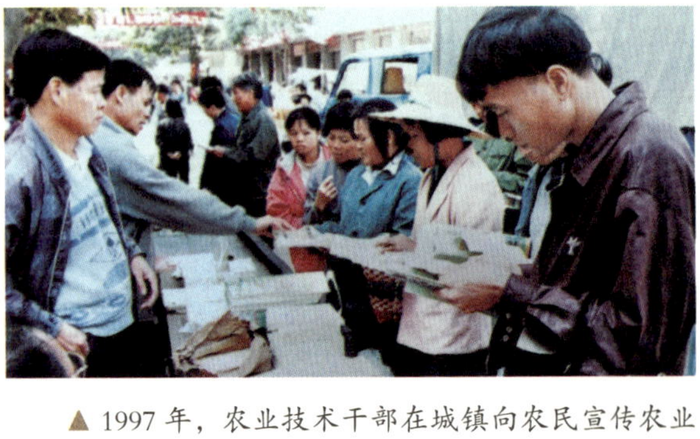

▲ 1997 年，农业技术干部在城镇向农民宣传农业生产技术　　（邕宁区史志办资料照片）

邕宁县农业局

1959年12月成立邕宁县农业局。1991年，县农业局机关内设有办公室、财务室、统计职称室、项目办公室、档案室等，在编在职干部5人；局下辖单位31个（其中乡镇农业技术推广站21个），在编在职干部职工共263人（干部137人）。1997年，局机关内设行政秘书股、生产技术股、财务室、项目办公室4个股室，人员编制17名。2001年11月，县乡镇企业局和县政府农村工作领导小组办公室并入县农业局，局机关内设办公室、科技项目股、计划财务股、政策法规股、畜牧水产管理股、农村经济经营管理股、乡镇企业管理股7个股室，在编在职干部25人、职工2人；局下设有县农业技术推广中心（站）、县农业广播电视学校、县病虫测报站、县农药检定所、县土肥站、县水果办、县经济作物指导站、县种子公司、县蚕种站、县农科所、县伶俐果苗场、县五合华侨农场12个事业单位；县农业部门（含下辖单位）在职干部职工共531人（其中干部107人），离退休干部职工247人；同年11月，将21个乡镇农业技术推广站人、财、物划归所在乡镇的农业服务中心，由当地乡镇人民政府管理。2004年，县农业局机关内设有办公室、生产信息股、科教项目股、经营管理股、政策法规股5个股室，人员编制21名，其中局长1名、副局长3名，在编在职干部19人、职工2人。局下设有县农技推广中心（站）、县农业广播电视学校、县植保站（病虫测报站、农药检定站、农业环保站）、县土肥站、县水果办、县经济作物指导站、县种子公司、县蚕种站、县农科所、县伶俐果苗场、县五合华侨林场11个企事业单位，县农业部门（含下辖单位）在职干部职工共498人。县农业局办公地址在县城新兴路。

▲2003年，县农业局办公大楼

（邕宁区史志办资料照片）

1991年至2005年3月县农业局历任局长：张光廷，杨芝晗，农恒志，邓健民，刘次邻。

邕宁县水产畜牧局

1991年，邕宁县畜牧水产养殖局（1981年5月成立）为县人民政府工作部门。局机关内设有办公室、计划财务股、畜牧股、水产股等股室，在编在职干部13人。局下设有县畜牧兽医站、县水产技术推广站、县渔政监督管理站、县畜牧兽医技术服务中心、县兽医卫生监督检验所、县水产公司、县鱼种场、县种猪场和21个乡镇畜牧兽医站等事业单位，在编在职干部职工共140人。

1996年11月，邕宁县畜牧水产养殖局更名为邕宁县畜牧水产局，为县人民政府直属事业单位，是县政府主管全县畜牧水产业的职能部门。1997年，局内设有行政秘书股、计划财务股、畜牧股、水产股4个股室，人员编制13名，在编在职干部13人；局下设有县畜牧兽医站、县水产技术推广站、县渔政监督管理站、县畜牧兽医技术服务中心、县兽医卫生监督检验所、县水产公司、县鱼种场、县种猪场和21个乡镇畜牧兽医站等事业单位，在编在职干部97人、职工44人。

2001年11月，邕宁县畜牧水产局更名为邕宁县畜牧水产技术服务中心，为县人民政府直属事业单位。局内设办公室、综合技术服务股等股室，在编在职干部10人。县畜牧水产技术服务中心下设

▲ 2003 年，县畜牧水产局办公大楼一角
（邕宁区史志办资料照片）

有县兽医检疫站、县畜牧品种改良站、县兽医卫生监督所、县大沙田畜禽防检站、县渔政监督管理站、县水产技术推广站、县畜牧兽医技术服务中心、县水产公司、县鱼种场、县种猪场等事业单位，在编在职干部 53 人、职工 46 人。局管理的 21 个乡镇畜牧兽医站和水产站人、财、物划归所在乡镇农业服务中心，由当地乡镇人民政府管理。

2004 年 8 月，邕宁县畜牧水产技术服务中心更名为邕宁县水产畜牧局，为县人民政府直属相当正科级事业单位。局内设有办公室、渔业管理股、畜牧兽医与药政股 3 个股室，人员编制 10 名，其中局长 1 名、副局长 2 名，在编在职干部 10 人。局下设有县兽医检疫站、县畜牧品种改良站、县兽医卫生监督所、县大沙田畜禽防检站、县渔政监督管理站、县水产技术推广站、县畜牧兽医技术服务中心、县水产公司、县鱼种场、县种猪场等事业单位，在编在职干部 54 人、职工 45 人。

县水产畜牧局办公地址在县城新城路。

1991 年至 2005 年 3 月县水产畜牧局（县畜牧水产技术服务中心）历任局长（主任）：赵成章，韦培俊，黄併才，陆文轩。

邕宁县林业局

1991 年，县林业局（1959 年 12 月成立）机关内设林政办公室、林业公安股、防火办公室、林业技术推广站、森林防疫站等，局下设有县木材公司、县伶俐苗圃、县龙岗苗圃、五塘木材检查站（1992 年成立，1993 年并入蒲庙木材检查站）、蒲庙木材检查站和 21 个乡镇林业站等事业单位。林业部门在编在职干部职工共 154 人，其中县林业局及二层机构人员 67 人，各乡镇林业站共 87 人。

1997 年，县林业局机关内设行政秘书股、林政资源股、护林防火办公室、生产技术股 4 个股室，人员编制 20 名。

2001 年，县林业局机关内设行政办公室、生产技术股、林政资源管理股、森林防火办公室等，局下设有县林业技术推广站、县森林防疫站、县林业公安股、县能源办公室、县木材检查站、县森林消防队、县木材公司、国营南州林场、县伶俐苗圃、县龙岗苗圃和 21 个乡镇林业站。全县林业行业干部职工共 593 人，其中县林业局及二层机构人员 67 人，林场人员 439 人，21 个乡镇林业站 87 人。是年 11 月，机构改革将 21 个乡镇林业站并入乡镇农业服务中心。

2004 年，县林业局机关内设行政办公室、生产技术股、林政资源管理股、森林防火办公室等，局下设有县能源办、县森林公安分局（2004 年设立）、县森林病虫防治站、县森林稽查队（2004 年 4 月组建）、县林业技术推广站、县森林消防队、四塘木材检查站、吴圩光明木材检查站（2000 年设立）等，在职人员 60 多人。

县林业局办公地址在县城新兴路八尺江桥东。

1991 年至 2005 年 3 月县林业局历任局长：范余鉴，李增寿，邓承森。

邕宁县糖业管理中心

前身为县糖料局，1984 年 8 月成立。1996 年 11 月更名为县糖业办公室，为县人民政府直属事业单位，主管全县蔗糖生产的协调办事机构。1997 年，县糖业办公室设行政秘书股、生产技术股 2 个股，核定编制 15 名（含挂牌的县甘蔗技术推广站 8 名）。2001 年 11 月，县糖业办公室改为县糖业管理中心，其行政职能并入县农业局。2004 年，县糖业管理中心为县人民政府直属事业单位，核定编制 14 名（含县甘蔗技术推广站 8 名），实有 12 人。县糖业管理中心办公地址在大沙田经济开发区德政路 66 号。

1991 年至 2005 年 3 月县糖业管理中心（县糖料局）历任主任（局长）：黄天荣，凌定贤。

邕宁县农业机械化管理中心

1960 年 6 月，成立邕宁县农业机械化管理局。

1991 年，邕宁县农业机械化管理局内设机构有行政秘书股、管理股、科教股等股室，在编在职干部 12 人。局下设有县农机安全监理站、县农机化技术推广服务站、县农机校、县机耕队、县农机供应公司、县农机化服务中心等单位，在编在职人员共 78 人。管理 21 个乡镇农机管理服务站，总编制 61 名，在职人员 52 人。

1997 年，县农业机械化管理局为县人民政府直属事业单位，内设机构有行政秘书股、机务管理股、农机科教股 3 个股，人员编制 13 名，在编在职人员 12 人。局下设有县农机安全监理站、县农机化技术推广服务站、县农机校、县机耕队、县农机供应公司、县农机化服务中心及 21 个乡镇农机管理服务站等单位，在编在职人员共 244 人。

▲ 2003 年，县农机安全监理站办公楼

（邕宁区史志办资料照片）

2001 年 11 月，邕宁县农业机械化管理局改为邕宁县农机管理中心，仍为县人民政府直属事业单位，内设机构有行政秘书股、监督管理股、科教股，在编在职人员 12 人。是年机构改革后，将 21 个乡镇农机管理服务站人、财、物并入所在乡镇的农业服务中心。农机管理中心下设有县农机安全监理站、县农机化技术推广服务站、县农机校、县机耕队、县农机供应公司、县农机化服务中心等单位。

2004 年，县农业机械化管理中心内设机构有行政秘书股、监督管理股、科教股，在职人员 10 人。农机管理中心下有县农机安全监理站、县农机化技术推广服务站、县农机校、县机耕队、县农机供应公司、县农机化服务中心等单位，在编在职人员共 90 多人。县农业机械化管理中心办公地址在县城五一路。

1991 年至 2005 年 3 月县农业机械化管理中心（县农业机械化管理局）历任主任（局长）：林暄辉，钟宁，梁任升，潘祥楚。

第二节　耕地　劳动力

耕　地

1991 年后，由于开发区占用耕地和增加复耕、开荒，邕宁县总耕地面积基本保持不变，但由于人口增长，人均耕地面积呈逐年递减趋势。1991 年 12 月，邕宁县有耕地面积 7.58 万公顷，其中水田 5.15

万公顷(保水田3.73万公顷)、旱地2.43万公顷(水浇地965公顷),人均耕地面积900平方米。1995年，全县有耕地面积7.53万公顷，其中水田5.06万公顷（保水田3.68万公顷）、旱地2.47万公顷，人均耕地面积860平方米。随着人口的增长和经济发展，旱地面积总量虽然有所增加，但是水田总量和人均占有量减少，有的乡镇耕地面积减幅较大。良庆镇境内有大沙田经济开发区和沿海经济开发区，因开发需要土地，2002年耕地面积比2001年减少117公顷，水田面积比上年减少35.80公顷。2003年全县有耕地面积7.58万公顷，其中水田4.86万公顷、旱地2.72万公顷，人均耕地面积813.34平方米，全县耕地面积、水田面积、旱地面积和人均耕地面积分别比上年减少700公顷、500公顷、200公顷和13.33平方米。2004年，全县有耕地面积7.57万公顷，其中水田4.86万公顷、旱地2.71万公顷，人均耕地面积806.67平方米。邕宁县耕地面积主要分布在吴圩、苏圩、蒲庙、大塘、五塘、那楼、刘圩、那陈、百济等乡镇。2004年，这些乡镇耕地面积都超过6500公顷。

1991年至2004年邕宁县耕地面积情况表

表4-1-2-1　　单位：万公顷、平方米

年　份	耕地总面积	其中		人均耕地面积（平方米/人）
		水田	旱地	
1991	7.58	5.15	2.43	900.00
1992	7.57	5.14	2.43	886.67
1993	7.56	5.13	2.43	873.34
1994	7.56	5.13	2.43	866.67
1995	7.53	5.06	2.47	860.00
1996	7.52	5.03	2.49	846.67
1997	7.55	4.98	2.57	846.67
1998	7.57	4.97	2.60	846.67
1999	7.57	4.96	2.61	840.00
2000	7.57	4.96	2.61	826.67
2001	7.61	4.90	2.71	826.67
2002	7.65	4.91	2.74	826.67
2003	7.58	4.86	2.72	813.34
2004	7.57	4.86	2.71	806.67

劳　动　力

1991年，邕宁县农村劳动力主要从事农、林、牧、渔业。全县农村劳动力总数39.25万人（女劳动力19万人）。其中，农、林、牧、渔业劳动力36.35万人，其他劳动力2.90万人。

1991年后，随着经济发展加速，特别是工业快速发展，城市化不断扩大，以及随着农村劳动力的增长，人多地少矛盾和农村劳动力过剩问题日益突出。为解决过剩农村劳动力就业问题，增加农村收入，邕宁县采取县、乡镇、村三级联合组织劳务输出，由县劳动就业服务中心负责全县农村富余劳动力向广东珠江三角洲等发达地区输出劳务，主要从事建筑、电子、服装等行业。农村劳动力也有一部分到县城、南宁市区、防城、北海等广西区内各地外出务工，主要从事经商、餐饮、美发、服务、娱乐、制造、厂矿、建筑、交通运输等行业。外出务工人员从事的职业主要有建筑领班、木匠、模板工、泥水工、油漆工、电工、餐饮服务员、酒楼服务员、厨师、清洁工、装卸搬运工、家具装造工、送货员、司机、理发师、美发师、洗车工、门卫、保姆、电子技术员、制造工、装配工、皮革加工、服装加工、

纸箱制造、个体商贩等。1991 年，全县农村劳动力外出务工 9300 人。1995 年，农村劳动力外出务工 4.99 万人。

1996 年，全县农村劳动力总数 42.89 万人（女劳动力 20.70 万人）。其中，农林牧渔业劳动力 33.28 万人（其中农业 32.14 万人，林业 0.10 万人，牧业 0.71 万人，渔业 0.33 万人），其他劳动力 9.61 万人。2000 年，全县农村劳动力外出务工 7.73 万人。

2004 年，全县农村劳动力总数 49.64 万人（女劳动力 23.70 万人）。其中，农、林、牧、渔业劳力 36.27 万人，其他劳动力 13.37 万人。2004 年，全县农村劳动力外出务工 8.57 万人。

邕宁县农村外出务工人员虽多，但缺少职业技能培训。2004 年，全县开始实施农村劳动力转移培训阳光工程，提高外出务工人员的职业技能，当年参加开展示范性职业技能培训 1500 人，参加培训的人员部分安排在本县和南宁市就业，部分到广州、东莞等地就业。1991 年至 2004 年，全县农村劳务输出累计 78.25 万人次，其中从事工业 6.16 万人次、建筑业 5.85 万人次、交通运输业 8.72 万人次，从事商业、餐旅业、制造业、娱乐业、公共事业、服务业、农牧业、渔业、矿业、木材森林业、金融业、新闻出版广告业、医疗服务业等行业 57.52 万人次；在县外务工人员累计 13.58 万人。

第三节　家庭联产承包责任制

邕宁县第一轮土地承包期从 1981 年开始，同时实行稳定山林权、划定自留山和确定林业生产责任制的林业“三定”工作。1991 年，农业生产继续实行家庭联产承包责任制，坚持土地是公有制（集体）前提下，承包者可以在承包地上自主开展生产活动，劳动所得除按合同约定向国家交纳农业税（公粮），交集体“三提五统”提留部分外（三提：管理费、公积金、公益金，五统：教育费附加、民兵训练、优抚、乡村道路维修、计划生育统筹费），剩余产品归承包者所有。全县家庭联产承包责任制经营形式主要是家庭分散经营和集体统一经营的农村双层经营体制，并积极探索农村规模集约经营路子，利用专业户作典型示范带动，逐步推行连片开发，规模经营。1996 年第一轮土地承包期到期，按照党中央、国务院“在原定的耕地承包期到期之后，再延长 30 年不变”并提倡在承包期内实行“增人不增地、减人不减地”的政策，邕宁县出台《关于在全县农村开展土地延长承包期工作方案》《关于农村土地承包期工作若干问题的处理意见》和《关于农村土地承包期工作若干问题的补充意见》等文件。1997 年，全县农村土地延长承包期工作全面铺开，有 235 个村委会、7100 个村民小组共 17.57 万户，与县人民政府重新签订土地承包合同共 18.87 万份，涉及耕地面积 7.12 万公顷。1998 年，全县发放土地承包经营权及合同书的农户累计 14.73 万户，占农户总数的 83.51%。至 2004 年 12 月，全县发放土地承包经营权证书的农户累计 18.12 万户，占农户总数（全县农户总数 19.86 万户）的 91.23%，涉及耕地面积 7 万公顷。农户家庭承包耕地流转总面积 2871.60 公顷，其中转包面积 1088 公顷，转让面积 86.66 公顷，互换面积 168.53 公顷，出租面积 207.13 公顷，其他形式流转面积 1321.26 公顷；实行适度规模经营 50.13 公顷。

▲ 2004 年，刘圩镇麓阳村农民使用牛力耕作

（邕宁区史志办资料照片）

自 1981 年开始实行稳定山林权、划定自留山和确定林业生产责任制的林业“三定”工作后，邕宁县的山林除国有林场外，农村林地的权属为集体所有。至 2004 年，除个别地方如蒲庙镇、新江镇等一些村

屯保留部分集体山林外，全县大部分集体林地都划分给农户承包管理和经营，名为责任山，农户对林地有经营管理和使用权，所有权为生产队（村民小组）。随着林业“三定”工作的落实，邕宁各地出现“开山热”，主要是开山种植水果、林木、甘蔗等，促进当地经济的发展。1991 年至 2004 年，全县种植水果面积 26.31 万公顷；造林面积 8.08 万公顷，其中荒山造林 3.57 万公顷；甘蔗面积 38.33 万公顷。

第四节　基本农田保护与农田基本建设

基本农田保护

1996 年 4 月，邕宁县开始实施基本农田保护，编制《邕宁县基本农田保护区规划》，规定基本农田保护以 1996 年为基期年，2010 年为目标年。全县划定基本农田保护控制指标为基期年耕地面积 14.27 万公顷（按县土地部门土地变更调查面积计算，不是按耕地统计面积计算，下同。1996 年全县耕地变更调查面积 14.27 万公顷，耕地统计面积 7.52 万公顷；2000 年全县耕地变更调查面积 13.92 万公顷，耕地统计面积 7.57 万公顷），目标年耕地面积 14.34 万公顷，划定基本农田保护面积 28.60 万公顷，其中基本农田 12.50 万公顷。全县农田保护区 241 片、地块共 9301 块，耕地面积共 12.88 万公顷，保护率 85.40%，农田保护达到上级规定指标要求；划定预留用地面积共 3828.83 公顷，其中预留占用耕地面积 1859.80 公顷，预留用地低于上级规定指标要求；全县人均保有耕地面积 0.08 公顷。

▲ 20 世纪 90 年代，邕宁县基本农田保护区
（邕宁区史志办资料照片）

1996 年，全县基本农田保护区分为粮食、糖蔗、蔬菜和水果、油料等 4 个区划：粮食主产保护区为蒲庙、良庆、百济、刘圩、那楼、长塘、五塘、吴圩、苏圩、大塘、南晓 11 个乡镇。糖蔗主产保护区为蒲庙、百济、那楼、刘圩、长塘、五塘、吴圩、苏圩、延安、大塘、南晓 11 个乡镇。蔬菜和水果主产保护区为蒲庙、良庆、四塘、五塘、吴圩、苏圩、延安 7 个乡镇。油料主产保护区为蒲庙、良庆、那马、新江、那楼、长塘、伶俐、吴圩、苏圩 9 个乡镇。全县粮食、糖蔗、蔬菜和水果、油料 4 个保护区划面积共 12.88 万公顷，保护率 85.40%。

1999 年 12 月，修编的《邕宁县土地利用总体规划（1997 年至 2010 年）》对 1996 年编制《邕宁县基本农田保护区规划》的基本农田保护区作了修订，全县基本农田保护区调整为粮食、糖蔗、蔬菜、油料等 4 个农作物主产区。全县农田面积 13.61 万公顷，划定基本农田保护面积 12.50 万公顷，保护率 87.20%。主产粮食、糖蔗、蔬菜（水果）、油料保护区的乡镇不调整。

2003 年，全县基本农田保护区作了新修订，粮食主产保护区从 11 个乡镇（蒲庙、良庆、百济、刘圩、那楼、长塘、五塘、吴圩、苏圩、大塘、南晓）调整为 20 个乡镇（蒲庙、良庆、那马、新江、百济、那楼、中和、刘圩、南阳、长塘、伶俐、四塘、五塘、昆仑、吴圩、苏圩、延安、那陈、大塘、南晓）。全县划定基本农田保护区地块共 8514 块，落实基本农田保护区面积 12.50 万公顷，保护率 87.20%，建立基本农田保护区标志牌 163 块。县人民政府与村委会、村民小组、农户签订基本农田保护责任书，全县基本农田保护区的图件等资料全部归档，并报自治区、南宁市备案。

农田水利建设

1991年,全县水田5.15万公顷,其中保水田3.73万公顷。旱地2.43万公顷,旱涝保收田地面积3.02万公顷,有效灌溉田地面积3.35万公顷。机灌田地面积4660公顷,电灌田地面积8580公顷,水轮泵灌田地面积226公顷,直流灌溉田地面积1.99万公顷。

1991年至2004年,全县累计建成抗旱水井314口,集雨水柜435座,电灌站8个,建成渠道防渗硬化"三面光"累计300千米。其中,2004年11月,邕宁县对大王滩水利灌区的良庆、那马、吴圩、苏圩、延安等乡镇进行节水配套改造工程,项目计划总投资2283.80万元(国家及县财政投资2100万元),受益乡镇群众(良庆、那马、吴圩、苏圩、延安等乡镇)投工投劳折价183.80万元。

全县农田灌溉用水主要为水库、山塘、河流、地下河水等。农田灌溉以水利渠道、水管输送水至田垌地块,水田旱地以漫灌、串灌为主。农田采用机械抽水喷灌的较少。1993年邕宁县投资35万元建成机械抽水喷灌设施示范,喷灌面积80公顷。1997年投入357万元建成苏圩镇现代农业科技示范园133公顷,采用机械抽水标准自动化节水灌溉。1999年投入25万元建成长塘镇定西村葡萄种植园15公顷,采用机械自动化节水喷灌。至2004年,全县采用机械自动化节水喷灌面积共350公顷。

2004年,全县有水田面积4.86万公顷、旱地面积2.71万公顷,旱涝保收面积3.87万公顷;当年实际灌溉面积2.73万公顷,电、机排灌面积共1.87万公顷。

第五节　农业综合开发

邕宁县农业综合开发区

位于南(宁)北(海)二级公路旁30千米处的大沙田开发区锦绣银庄内,始建于1997年6月,有干部职工31人(均从有关单位抽调人员),其中管委会办公室7人,基地管理员2人,工人22人。开发区管委会租用南洲林场畲地面积40公顷,作为高产、高质、高效农业示范基地,种植红龙果(又称火龙果)、芦笋。开发区通过向农民租用土地,进行招商引资,引进新品种、新技术、新项目。1996年底,外引内联新项目27个,协议投资4150万元,到位资金1900多万元,其中外资项目7个,总投资137万美元。引进台湾名特优新蔬菜20多种,水果10种。2001年11月,该农业综合开发区停业,管委会干部回县直机关上班。

农业专业化规模化生产

一乡一品　1991年始,邕宁县的县域农业经济以"服务城市、富裕农民"为发展思路,进一步调整农业产业结构,逐步向城郊型农业经济模式发展,重点发展高产、优质、高效农业,农业专业化、规模化生产已经形成,一乡一品农业经济发展较快。邕宁县农业专业化规模化生产,是在一村一品基础上发展起来的,以乡镇为单位,专业化、规模化、集约化生产模式。如蒲庙的花椰菜和香葱,主要由新新村和新生村等村生产花椰菜,孟莲村是南宁市的香葱基地之一。至1993年,全县21个乡镇逐步形成"一乡一品"。如蒲庙、刘圩、南阳的优质米,良庆的辣椒、葱、蒜,蒲庙的花椰菜、香葱,新江的蜜本南瓜,五塘的苦瓜、生姜、葛薯,那楼的淮山,南晓的土鸡、荔枝,大塘的土鸭,百济的土塘角鱼,南阳的瘦肉型猪,吴圩、苏圩、延安的西瓜,苏圩的蔬菜,延安的酸菜,四塘的红薯,那马的萝卜、菠萝,百济、吴圩、那陈、大塘、南晓的水果,刘圩的香芋,新江、伶俐、长塘的甜笋、酸笋等具有一定知名度。一乡一品逐步向一村一品发展。至2002年，农业专业化、规模化取得明显成效，农业效益明显提升，全县农林牧渔业总产值32亿元，其中农业占总产值比重70.04%，林业占2.66%，牧业占23.94%，渔业占3.36%。在农业中蔬菜占总产值比重20.72%，甘蔗占12.24%，粮食占11.35%，水果占4.91%。从农业结构中，逐年调减粮食种植面积，增加经济作物面积，呈现以蔬菜、畜牧产品、甘蔗、粮食为农业四大经济支柱。2004年，全县农林牧渔业总产值38.35亿元，比1991年的7.15亿元增长536.36%。

种养专业户　1991年，全县种养专业户共3520户。1993年以后，在专业户的示范和帮带下，专业户有了较快的发展。2004年，全县种养专业户1.23万户，占总农户数的6.47%，其中种养专业示范户3600户、养鱼专业户1987户、养鸡专业户3791户、种植专业户2280户、养鸭专业户483户、养鹅专业户95户、养猪专业户60户。1991年至2004年，全县农村种养逐步走向专业化，出现一批以从事种植或养殖业为主，达到一定规模或取得一定成效的农户。

种桑养蚕　1991年，县扶持农民发展桑蚕茧开展规模化经营桑蚕茧，全县桑园面积360公顷，产鲜茧371.10吨。1992年邕宁县被列为自治区桑蚕茧基地之一。1997年县制订《邕宁县桑蚕生产1996年至2006年发展规划》。2001年，全县实施桑园每亩补贴40元政策。2004年底，全县桑园面积2211公顷。种桑养蚕逐渐形成产业和邕宁蚕茧品牌，全县建立桑蚕专业合作社10个，养蚕基地3个，小蚕共育示范点（户）7个，设立蚕茧收购点25个，种桑养蚕农户有2万户，种桑养蚕年收入超万元的农户370户，涌现出李文周、黄大展、杜万聪、赖觅加、杜月芳、黄秀波、杨美娟等种桑养蚕致富的典型户；年内全县桑茧产量3488吨，养蚕农民增加收入3000万元。

▲2002年，南阳镇桑蚕基地

（邕宁区史志办资料照片）

大棚种植　1999年，邕宁县在农业综合开发中，开始引进农业种植大棚在五塘等镇作推广示范，主要用作发展名优蔬菜等，并进行反季节生产试验。年内县财政投入专项资金1175万元，先后在五塘、吴圩、苏圩等乡镇建成农田种植大棚558个，总面积12.02万平方米。2004年，县内的种植大棚因投资大，难推广发展。

1999年至2004年，县内的558个种植大棚累计种植20种以上作物，主产蔬菜、西瓜、水果累计452吨，累计培育各类种苗100万株以上，其中果树苗25万株。

观光型农业

观光农家游　南晓镇那兰村距南宁市78千米，距南晓镇政府3千米，交通便利，山清水秀，鸟语花香，环境优美。每年春天，村边大树上栖息近万只白鹭等鸟类，由此得名“白鹭村”，是自治区级鸟类保护点。那兰村民爱鸟护鸟，利用白鹭和优美环境逐渐发展观光农家游，在村边山上种植各种优质荔枝、龙眼等水果，果园放养土鸡，筑水塘养鱼，种优质水稻等生态农业。2000年，有数百名观光游客到那兰村观鸟和开展“农家乐”“吃农家饭”“买土特产”农家游活动，后游客逐年增多。

观光果园　那马镇距南宁市20千米，交通便利。1999年，那马镇引进水果项目在共和村向农民租用土地开发农业观光果园，面积200公顷，种植红龙果（火龙果）、大青枣等优质生态水果供游客采摘。2002年，那马农业观光果园开放供游客采摘水果。每年水果成熟季节，南宁市等地的游客到该果园游览和采摘果品有1000多人。

农业示范园区

乡镇级科技示范园（区） 1991年，邕宁县在九塘乡（1994年改为昆仑镇）开发万亩杂交稻，千亩果园和万亩竹笋示范园。万亩竹笋示范园是全县农业综合开发最早最大的示范园，后因资金和管理不到位等原因，该园开发困难重重。至1998年，昆仑镇已种植甜竹笋1333公顷，投产660多公顷，产鲜笋5000吨。

▲2000年，广西壮族自治区党委常委、南宁市委书记、市人大常委会主任李克（中）到邕宁县五塘镇检查工作

（县委宣传部供稿）

1997年，全县形成10大农业生产示范基地：南阳、中和、那楼、百济等乡镇优质米基地，蒲庙镇观光旅游基地，长塘、伶俐、昆仑、镇龙、新江等乡镇竹笋基地，四塘、百济、南晓等乡镇龙眼荔枝基地，吴圩、苏圩、延安、良庆、那马、五塘等乡镇瓜菜基地，那马镇水产养殖基地，南北公路沿线的良庆、那马等乡镇名特优水果基地，大塘镇良种甘蔗基地，刘圩、南晓等乡镇生态农业基地，那陈、大塘、伶俐、长塘等乡镇草食动物基地。

1998年至1999年，建成长塘乡定西村葡萄种植示范园，投资25万元，园区面积15公顷。2002年至2003年，投资50万元建成新江镇南瓜标准化生产示范基地21.33公顷，带动全镇种植南瓜1333.33公顷，总产量1.80万吨，产值916万元；同时在新江镇汉林村建成53.33公顷的罗非鱼养殖基地，在长塘镇建成133.33公顷良种甘蔗示范基地以及温氏肉鸡示范基地等。

2000年至2004年，先后建成长塘镇现代农业综合开发示范区、大塘镇农业综合开发示范区等。示范园（区）的基础建设有渠道硬化、机耕道、给排水灌溉等设施。建成五塘镇、那楼镇多种经营产业化（速生桉树）示范区，开发面积共266.66公顷，国家投入资金435万元。

1991年至2004年，全县21个乡镇先后建成的各类科技示范园（区）40多个。主要有四塘、五塘开发的无籽西瓜、苦瓜示范基地，延安的酸菜基地，苏圩的蔬菜基地，吴圩的康宁屯里千亩连片蔬菜高产种植示范基地、永红派斩、定合、定美农业综合示范基地、屯里空心菜生产基地等，吴圩西瓜标准化示范区被国家标准化管理委员会确定为第四批国家二类农业标准化示范区。农业开发示范园（区）采用多方投资、业主经营运作的模式，即国家投资建设基础设施，业主自己投入生产经营资金，自担风险。科技示范园（区）的建立，为全县农业生产起到一定的示范引领和推动作用。

县级科技示范园（区） 1998年至1999年，邕宁县在苏圩镇建成苏圩现代农业科技示范园，面积133.33公顷，总投资357万元；在吴圩镇建成南宁河洲现代农业实验区，规划面积686.66公顷，总投资4000万元。南宁河洲现代农业实验区位于南宁机场高速公路邕宁吴圩镇河洲村至渌慕村公路两侧，长6千米，纵深600~700米的地段，2003年6月完成基本设施建设，设6个示范区。实验区主要种植南亚热带特色水果、绿化苗木、良种果苗、无公害蔬菜以及奶水牛养殖和水牛奶加工等，为南宁市主要无公害农产品生产基地和南亚热带特色农产品生产基地。

2000年至2004年，先后建成五塘镇凌慕垌农业示范园、苏圩镇佳棉农业示范基地等。示范园（区）的基础建设有渠道硬化、机耕道、给排水灌溉等设施，建成具有不同功能的各种大棚500多个，种植各种蔬菜瓜果10多种，组培苗100万株，果树苗60万株。

第六节　技术培训

1991年后，农业技术培训工作由县农业局、县科技局、县农机管理中心和县畜牧水产管理中心（后改为水产畜牧管理局）等部门共同组织实施。县城和乡镇的农业、水利、农机技术员183人，其中高级职称13人，中级职称97人，初级职称73人。全县有农民技术员326人，每个村委会有农民技术员1名，科技示范户、技术能手、典型户2万户。全县形成县、乡镇、村三级农业技术推广培训服务网。

1999年，邕宁县率先在广西开展农民技术职称评审工作。依托乡镇党委、乡镇成人技术学校等培训基地，对农民开展多形式的农业科技培训，培训内容有农作物种植与管理、病虫害防治、良种推广、化肥与农药的使用、农技推广与应用、动物饲养、农产品加工、农产品销售等，学习期满，经县人事部门组织开展农民技术职称评审，通过后由县人事局发给农民技术职称资格证（绿色证书）。是年，培训农民8500名，有182名农民获得技术职称资格。

2000年，开展各类农业技术培训12.50万人次，对2600多名乡土人才建立档案入库管理，评定农民职称265人，选拔表彰乡土拔尖人才87人，苏圩镇覃庆桐获全国首届“优秀农村人才”称号。

2001年始，县政府每年都组织开展科技含量较高的专家团科技、文化、卫生“三下乡”活动，以专家团成员为主，辅以各个有关部门的技术人员，每次30~40名科技人员深入乡镇开展科技咨询、举办田头课堂。全年培训农民9.80万人次，组织农民申报技术职称701名，各乡镇选拔表彰拔尖人才480名。

2002年，全县共举办农民技术培训班8期，参加培训的各乡镇农民技术员和水果、优质谷种植专业户共1761人次。通过邀请自治区、南宁市农业专家授课、到现场参观学习、印发学习资料等形式，系统学习龙眼、荔枝高产栽培技术，无公害农产品生产技术，甘蔗高产栽培、生猪饲养、免耕抛秧技术等知识，共发放“绿色证书”（农民技术资格证书）582本。

2003年，邕宁县举办各种培训班947期，培训农民14.50万人次，为1591名乡土人才发放“绿色证书”。表彰乡土拔尖人才550名，其中县级50名、乡镇级500名。

2004年，全县有农业技术推广机构31个，农业职业技术学校1所，农业技术推广学校和成人技术培训学校21所，农民田间技术培训学校9所，培训机构更加完善，培训工作更趋正常化。

▲2003年，邕宁县举办无公害农产品生产管理技术培训班
（邕宁区史志办资料照片）

1991年至2004年，全县举办各类种养科技知识培训及现场会共6368期（场、次），参加培训共107.92万人次，咨询种养科技知识共37.50万人次，发放“绿色证书”共1.35万本;“三下乡”活动中，张贴宣传标语共23万条，挂横额共150幅，出版报（墙报）共1560期，出宣传车辆210辆次，专家团下乡传授科技知识600人次，发放科技资料共50万份，到场接受科技知识的农民5.30万人次。

第七节　减轻农民负担

1991年至2002年，邕宁县农民负担主要有按农户土地承包合同约定向国家交纳农业税（公粮）及其附加费。此外，村提留和乡统筹费及一些部门和单位的乱集资、乱罚款、乱摊派、打白条等也增加了农民负担。

20世纪90年代初期，邕宁县根据有关规定，落实农民合理负担的各项提留统筹费主要有向集体交“三提五统”和向农民征收的行政事业性收费及政府性基金、集资等费用。“三提”是指村级三项提留，即公积金、公益金和管理费。村提留是村集体经济组织按规定从农民生产收入中提取的用于村一级维持或扩大再生产、兴办公益事业和日常管理开支费用的总称。“五统”是指五项乡统筹，即教育附加费、计划生育费、民兵训练费、民政优抚费、民办交通费（乡村道路维修费）。乡统筹费是乡镇合作经济组织依法向所属单位（包括乡镇、村办企业、联户企业）和农户收取的，用于乡村两级办学（即农村教育事业费附加）、计划生育、优抚、民兵训练、修建乡村道路等民办公助事业的款项。1993年6月起，根据中央的部署要求，邕宁县组织对全县涉农负担文件进行清理，停止执行3个涉农文件共25项收费，平均每年每个农民减轻负担45.70元，全县减轻农民负担总额3700万元。1996年，农民负担控制在农民年均纯收入的3.50%左右。1998年，邕宁县给14.42万农户发放农民负担监督卡，占总农户数的83.51%；年内对15个乡镇进行农民负担监督执法抽样检查，清退学校乱收费16.70万元。1991年至1998年，农民承担的提留统筹费控制在农民每年人均纯收入的3.50%左右。

1999年起，邕宁县落实村提留乡统筹费“一定三年”不变的政策，农民承担的提留统筹费严格控制在上年农民人均纯收入的5%以内；县、乡镇成立“减负”工作领导小组，坚持党政一把手亲自抓负总责的工作制度，建立健全农民负担监督管理“四项制度”（党政一把手负总责制度、“一票否决”制度、农民负担预决算制度、乡镇经管站统一管理制度），严格执行村提留乡统筹政策，逐步推行村提留统筹资金由乡镇经管站统一管理制度。

2001年，全县收上乡镇统筹费1029.87万元，占应收统筹费3348.72万元的30.75%。其中，教育附加费收上883.33万元，优抚费（含五保）收上58.80万元，计划生育费收上23.49万元，民兵训练费收上39.75万元，乡村道路维修费收上24.50万元。

2002年上半年，全县收上提留统筹费479.10万元，比2001年上半年减少43.90万元，下降8.39%；农民人均负担5.90元，比上年同期减少0.50元。是年，邕宁县取消向农民收取优抚费项目，转由县财政负担，匡算减少农民负担81.68万元，农民人均减少负担1元。1991年至2002年，农民每年人均负担农业税（公粮）及其附加费159.44元。

2003年2月，邕宁县被定为自治区农村税费改革试点县，新的农业税税制在全县实施，农民人均负担54.67元，比税费改革前农民人均负担159.44元减少负担104.77元。2003年3月20日起，邕宁县贯彻落实自治区人民政府办公厅关于停止征收乡统筹费等通知精神，取消“三提五统”及屠宰税等8个项目的征收，年免收金额3161万元。2003年，下发《邕宁县人民政府关于开展农民负担专项检查的通知》，并组织农业、监察、财政、物价、审计、教育、民政等部门人员，对全县21个乡镇的农村中小学收费、农民建房收费、农业生产性收费的不合理收费和搭车收费等13个方面内容进行检查。全县共抽查5次，走访农户1680户，查看有关票据3787张。对检查发现的问题限期整改，情节严重的公开曝光，并追究当事人和有关领导的责任。

2004年起，邕宁县农业税税率在税改后6.50%的基础上再降到5.50%，全县少征农业税及其附加382.76万元。仅此一项，农民人均减轻负担4.65元。2004年，全县18.12万农户发放农民负担监督卡，占总农户数的91.23%。

1998年至2004年，全县累计开展农民负担执法检查39次，参加执法检查人数3238人次，走访农户6261人次，查看各类收费票据1.88万张；查处各类涉及农民负担案（事）件16件，进行党纪政纪处分3人，清退各类涉农乱收费87.23万元；清理和取消各类涉农收费项目12项，减轻农民负担7376.69万元，农民人均减轻负担87.82元。

第二章 种植业

邕宁县种植业主要由粮食作物和经济作物构成。1991 年，粮食作物主要有水稻、玉米、红薯、大豆、高粱等，经济作物主要有甘蔗、花生、蔬菜、西瓜、水果、木薯、烟叶等。1998 年起，全县大豆、高粱、烟叶的种植面积逐年减少，甘蔗、西瓜、蔬菜、桑树、水果等种植面积逐渐增加。2004 年，水稻种植面积 6.34 万公顷，产量 29.05 万吨；甘蔗种植面积 3.45 万公顷，产量 232.91 万吨；西瓜种植面积 1.89 万公顷，产量 28.66 万吨；蔬菜种植面积 3.06 万公顷，产量 56.50 万吨；桑树种植面积 2211 公顷，产量 3488 吨；水果种植面积 2.36 万公顷，产量 12.15 万吨。水稻种植面积相对较为稳定。

第一节 粮食作物

水 稻

邕宁县是粮食生产大县，以水稻为主。每年种植水稻两造（早造、晚造），种植面积占常年全县粮食种植总面积的 85%。水稻主产区主要分布在蒲庙、良庆、百济、刘圩、那楼、长塘、五塘、吴圩、苏圩、大塘、南晓等乡镇。1991 年，全县水稻种植面积 6.87 万公顷，产量 22.91 万吨。是年，获国务院 1991 年国家粮食生产先进单位。1994 年列为全国粮食生产基地。2004 年种植水稻面积 6.34 万公顷，产量 29.06 万吨，获农业部授予 2003 年至 2004 年全国粮食生产先进县称号。1991 年至 2004 年，全县水稻种植面积累计 91.88 万公顷，产量累计 409.50 万吨。

水稻品种 1991 年至 1995 年，全县早造水稻种植品种主要有珍桂矮、汕优桂 99、汕优桂 32、汕优桂 33、汕优 63、特优 63、七桂粘 7 个；晚造水稻种植品种有博优 903、博优 64、汕优桂 99、特优 63、珍桂矮、七桂粘 6 个。1998 年，邕宁县开始推广优质谷种植，在刘圩、南阳、中和、大塘、南晓、苏圩等乡镇开始种植“八桂香”“籼小粘二号”“桂香粘”等优质稻面积 92 公顷，获得成功。次年底，县人民政府出台《邕宁县 2000 年优质谷产业化经营实施方案》，将任务落实到各乡镇，将刘圩、南阳、蒲庙等乡镇列为县优质谷生产基地。1996 年至 2000 年，早造水稻种植品种有团东香、八桂香、珍桂矮、七桂粘、特优 524、Ⅱ优 838、特优 63、汕优 63、粤香粘 9 个；晚造水稻种植品种有八桂香、七桂粘、博优 968、博优 24、博优 903、特优 524、汕优 63、珍桂矮 8 个。2001 年年初，县粮食局与自治区农科院水稻植物研究所合作，在海南省育种基地成功育出优质种子 200 千克，命名为“金邕”系列品种（金邕香、金邕 5 号、金邕 8 号、金邕 15 号）。同年下半年，在中和等乡镇试种成功。2002 年，销售“金邕”系列种子 8 吨。2003 年至 2004 年，全县优质谷种植面积 4.47 万公顷，优质谷产量 23.83 万吨，粮食部门收购 5600 吨。2001 年至 2004 年，早造水稻种植品种有中二软粘、丰穗粘、八桂香、桂华粘、桂丰 6 号、珍桂矮、泰国丝苗、油粘 8 号、特优 1025、特优 253、Ⅱ优 838、特优 63 等 12 个；晚造水稻种植品种有中二软粘、泰国丝苗、油粘 8 号、秋优 1025、秋优 99、博优 253、博优 968、博优 903、珍桂矮 9 个。

水稻种植技术 邕宁县水稻种植普遍是一年两造，即早造和晚造，种植方法有直播种植、旱育稀

▲ 1997 年，邕宁县召开水稻旱育稀植和抛秧技术培训会
（邕宁区史志办资料照片）

植、抛秧栽培、免耕抛秧等。早稻一般在每年 3 月 10 日前后播种，4 月 10 日前后插秧、抛秧；晚稻一般在每年 7 月 10 日前后播种，8 月 10 日前后插秧、抛秧。移栽植密度常规稻一般每公顷基本苗 120 万 ~150 万苗，杂交稻每公顷基本苗 60 万 ~75 万苗；抛秧常规稻一般每公顷秧苗 37.50 万 ~42 万穴，杂交稻每公顷秧苗 33 万 ~37.50 万穴；稻田直播种植常规稻每公顷用种 45 千克至 60 千克，杂交稻每公顷用种 30 千克至 37.50 千克。

1992 年，邕宁县开始引进水稻旱育稀植技术，在旱育稀植试验获得成功后逐年增加推广应用。1996 年，邕宁县引进水稻抛秧技术，通过试验取得成功后，推广应用面积迅速扩大。1997 年，全县应用水稻旱育稀植技术 5.34 万公顷，占全县水稻种植面积 77.96%；推广水稻抛秧面积 3473.33 公顷，占全县水稻种植面积 5.07%。1998 年，应用水稻旱育稀植技术 5.56 万公顷，占全县水稻种植面积 82.25%；水稻抛秧面积 1.62 万公顷，占全县水稻种植面积 23.96%。

2001 年，邕宁县引进水稻免耕抛秧技术。该技术能节约农业生产成本，水稻增产效果明显，在县内得到一定的推广。全县推广水稻免耕抛秧技术面积从 2003 年的 4060 公顷增至 2004 年的 6600 公顷。

2001 年至 2004 年，平均每年推广旱育稀植面积占当年全县水稻种植总面积 95% 以上，平均每年推广水稻抛秧（含免耕抛秧）面积占当年水稻种植总面积 85% 以上。推广应用以上几项新技术，对邕宁县长期以来水稻生产因受春秋“两寒”“两旱”（倒春寒、寒露风，春旱、秋旱）影响导致晚造单产低的问题基本得到解决，既提高了农民劳动效率，又为增产增收提供了技术保障。

田间管理 水稻田间管理主要有水、肥和病虫害的管理。水的管理最讲究浅湿排灌，稻田返青期保持浅水层，分蘖期湿润灌溉，苗数达到有效穗数 80% 左右时开始露田和晒田，幼穗分化后灌水并保持浅水层至抽穗扬花期，灌浆成熟期间歇灌溉，干湿交替，收获前 7 天左右断水。施肥讲究配方施肥。配方施肥一般为氮、磷、钾比例 1 : 0.5 : 0.8。亩总施肥量纯氮 9.50 千克至 12.50 千克，纯磷 4.70 千克至 6 千克，纯钾 7.50 千克至 10 千克，施肥以前重、中控、后轻方法进行。推广使用农家有机肥，通过深耕深施，做到全层深施。同时采用平衡施肥技术施肥。邕宁县是病虫害高发区，主要有稻瘿蚊、三化螟、稻纵卷叶螟、鼠害、稻瘟病、稻纹枯病等，农民往往根据不同水稻生长期和县植保部门发布水稻主要病虫害测报进行防治，力求做到早发现、早防治，减少因灾害造成的损失。

▲ 1998 年，南宁市粮食生产现场会在邕宁县召开
（邕宁区史志办资料照片）

玉　米

1991年，邕宁县种植玉米面积3282公顷，产量3251吨，平均亩产74千克。1995年，种植玉米面积1.08万公顷，产量3.72万吨。1997年，玉米推广应用掖单系列、西主3号、桂项等优良组合品种，良种率90%以上；同时推广应用地膜覆盖种植技术753.33公顷，平均亩产368.50千克。1998年推广应用玉米地膜覆盖种植技术1553.33公顷，平均亩产379.20千克。2002年，种植玉米面积9752公顷，产量3.67万吨。随着邕宁县农业产业结构调整，玉米种植面积不断扩大，品种不断更新换代，种植技术和单产不断提高。2003年，邕宁县实施高抗、大穗型玉米新品种“3303”示范推广项目2000公顷，经验收，平均亩产425千克，比掖单4号等常种品种每亩增产50千克，增长10%以上。2004年，全县种植玉米1.17万公顷，产量4.27万吨。玉米种植居全县粮食生产第二位，玉米生产占常年粮食生产总面积10%。1991年至2004年，全县玉米种植面积累计13.53万公顷，总产量45.66万吨。

红　薯

红薯是邕宁县主要杂粮之一。1991年，红薯种植面积4107公顷，总产量2603吨，平均亩产42千克。1995年，随着化肥的普遍使用，红薯种植面积不断扩大，产量不断提高，全年种植红薯6307公顷，总产量11330吨，平均亩产120千克。2000年，红薯种植面积5836公顷，总产量1.07万吨，平均亩产122千克。2004年红薯种植面积5436公顷，总产量9067吨，平均亩产111千克。1991年至2004年，全县红薯种植面积累计7.65万公顷，总产量11.48万吨。

木　薯

邕宁县木薯生产主要分布在吴圩、那陈、大塘、南晓、百济等乡镇。1991年，县种植木薯面积3313公顷，亩产207千克，总产1.03万吨。1995年至2000年，先后引进华南205、214、983、8013等7个优良木薯品种进行繁育示范和推广，获得成功，单产增加明显，2000年平均亩产646千克，年总产量5.18万吨。2002年，全县种植木薯面积5400公顷，亩产644千克，产量5.22万吨。2003年，中共邕宁县委、县人民政府把大力发展木薯生产作为加快农业产业结构调整、促进农业产业化和增加农民收入的重要举措来抓，各乡镇相继成立木薯产业化发展领导小组，抓好木薯种植面积、优良品种和配套高产技术的推广。是年，全县木薯种植面积6573公顷，产量6.53万吨，分别比上年增长17.85%和20.06%，木薯良种率达到85%，其中高产优质、早中熟、适应性强的新品种有GR911、GR891、南植199、华南205等。2004年，全县种植木薯面积5332公顷，亩产652千克，总产5.22万吨。

豆　类

大豆（黄豆）、绿豆、饭豆等豆类是邕宁县的主要杂粮，其中又以大豆为主，占豆类总面积的65%。1991年，全县大豆种植面积320公顷，总产量227吨。1997年至1998年，引进和推广大豆“桂早1号”“桂313号”等优良新品种。1998年，全县大豆种植面积较大，共有2232公顷，总产量3449吨。2000年，全县大豆种植面积1717公顷，总产量3018吨。2004年因受干旱天气影响，大豆种植面积有所减少，总产量明显下降，全县种植大豆面积1069公顷，总产量1698吨，种植面积和产量分别比2003年减少516公顷和940吨。1991年至2004年，全县大豆种植面积累计1.77万公顷，总产量2.76万吨。

1991 年至 2004 年邕宁县粮食作物种植面积产量表

表 4-2-1-1　　单位：公顷、吨

年份	总面积	总产量	水稻		玉米		木薯		红薯		大豆	
			面积	产量	面积	产量	面积	产量	面积	产量	面积	产量
1991	77603	235527	68666	229065	3282	3251	3313	10295	4107	2603	320	227
1992	81666	306021	71126	290642	4848	9763	3013	10050	4613	4222	428	553
1993	84577	336143	66969	294334	9731	32842	3700	14200	5473	5917	831	1233
1994	85667	340014	67083	294711	10606	34832	4393	18160	5480	6989	928	1387
1995	88217	360922	68211	308252	10827	37166	7767	43820	6307	11330	1074	1645
1996	88132	362209	68440	312956	10539	35571	7720	50445	6133	9360	1113	1791
1997	87479	375171	68516	324584	10592	38048	6993	44498	5860	8598	1547	2386
1998	88785	383464	67624	327841	11203	38868	5887	30577	6180	9330	2232	3449
1999	83300	368387	62573	312553	11501	40010	5207	43957	4800	9124	1813	2716
2000	82595	340717	61990	284368	10471	38356	5353	51825	5836	10717	1717	3018
2001	81874	285373	62230	240083	10308	30492	5260	51979	5480	9045	1552	2390
2002	79471	379083	60435	287016	9752	36689	5400	52181	5436	9067	1509	2490
2003	80859	352101	61491	298173	9947	37988	6573	65295	5373	9334	1585	2638
2004	83078	346843	63415	290568	11678	42700	5332	52181	5436	9067	1069	1698
合计	1173303	4771975	918769	4095146	135285	456576	75911	539463	76514	114703	17718	27621

第二节　经济作物

甘　蔗

邕宁县是广西蔗糖优势产区之一，甘蔗种植分布各乡镇，以蒲庙、百济、那楼、刘圩、长塘、五塘、大塘、南晓、吴圩、苏圩、延安等乡镇居多。种植期分春植、秋植、冬植。

1991 年，全县甘蔗种植面积 2.22 万公顷，平均亩产 4 吨，总产量 123.66 万吨。随着良种的不断引进、试验、示范和推广，全县种植的甘蔗品种主要有桂引选 83/2 号、农林 8 号、台优 16 号、巴西 5 号、CP80/1827 等，良种蔗比普通品种增产 10%，糖分提高一个百分点，县政府引导蔗农大力发展良种蔗种植。1997 年，推广应用甘蔗与豆类等其他作物间套种技术 2443.33 公顷，提高土地利用率。1998 年，全县甘蔗种植面积 2.76 万公顷（其中与豆类等其他作物间套种面积 3233.33 公顷），总产量 162.84 万吨，比 1997 年分别增长 11.96% 和 12.34%。2000 年 11 月 15 日，自治区物价局下发文件，确定 2000/2001 年榨季原料蔗收购价每吨 170 元，良种蔗每吨加价 15~20 元。2001 年全县种植良种新台糖 16 号 1.77 万公顷，占 61.43%。种植良种新台糖 22 号 0.28 万公顷，占 9.91%。

期间，各乡镇采取有效措施发展甘蔗生产。如百济乡做出“稳粮、重蔗、兴水果”的发展思路，提出“向荒山荒地荒坡要钱要效益”的口号，通过联系糖厂预付甘蔗种、农药、化肥和机耕费等款项以及帮助维修蔗区道路的方式，激发农民种植甘蔗的积极性，不少荒山荒地得到开发利用。2001 年，该乡甘蔗种植面积 3466.67 公顷，比 1991 年的 366.67 公顷增加 3100 公顷，良种率 93%，2001/2002 年榨季进厂原料蔗 25 万吨，其中进厂原料蔗 100 吨以上的农户有 379 户，甘蔗生产成为百济乡的支柱产业。延安乡政府实行“肥料种子预付、无偿技术指导、支农财政倾斜、收成平本扣除”的激励机制，扶持农民种植甘蔗，2001 年甘蔗种植面积 2533.33 公顷，产量 14 万吨，优良品种占播种面积 98%。

2002 年，在五合华侨林场引进种植新台糖 25 号、93/159 等 5 个优良品种共 36 公顷，为下一步甘蔗更新换代打下基础。是年，全县甘蔗种植面积3.58万公顷（其中宿根蔗1.80万公顷，春植蔗1.23万公顷，秋植蔗0.17万公顷，冬植蔗0.15万公顷），总产量237.64万吨，全县农业人口种蔗年收入人均达500元。是农村经济支柱产业之一。2004年，全县甘蔗种植面积3.45万公顷，总产量232.91万吨。1991年至2004年，全县累计甘蔗种植面积38.33万公顷，总产量2333.21万吨，年均产甘蔗166万吨。

花　生

邕宁县种植花生历史悠久。花生是豆科作物，果实为荚果，分大中小三种，按季节种植分为春植花生和秋植花生。1991年后，邕宁县先后实施《中低产春花生增产技术开发》《春花生标准化栽培技术规程推广》《大面积示范推广花生新良种和综合增产技术》《花生应用多效唑技术示范推广》《花生品种优化布局与良种基地建设》等一系列的农业科技项目，促进了全县花生品种的更新换代和农民种花生技术水平的提高。1991年，全县花生种植面积6666公顷，产量6136吨。2000年花生种植面积9428公顷，产量2.02万吨，花生种植面积位列广西第五位。2001年起，邕宁县成为自治区花生良种繁殖基地，每年向外地花生生产区供应花生种1000吨、向本地和外地花生加工企业供应商品花生果5000吨，发展种植优良花生新品种已成为增加本地农民经济收入的有效途径之一。2003年，邕宁县实施“梧油7号”“中花8号”花生新良种示范繁育项目，每亩产量比其他品种增收30千克以上，此后在全县全面推广种植该品种。2004年花生种植面积1.02万公顷，产量2.29万吨。1991年至2004年，全县花生种植面积累计12.25万公顷，总产量23.79万吨。其中，春植花生9.83万公顷，产量20.18万吨；秋植花生2.42万公顷，产量3.61万吨。

西　瓜

邕宁西瓜在国内享有一定知名度，产品销往全国各地。主要西瓜产地吴圩镇、苏圩镇、延安镇、那陈镇，种植面积和产量占全县的60%以上。

▲2001年，延安镇黑美人西瓜生产基地

（邕宁区史志办资料照片）

1991年，邕宁县西瓜种植面积7273公顷，产量8.29万吨。邕宁县注重引进西瓜新品种和培育西瓜市场。1991年起，全县逐渐淘汰西瓜品种新红宝（原种植面积占70%），引进“黑美人”等名优品种，并逐渐形成吴圩、苏圩、延安、那陈、五塘、蒲庙6个西瓜批发销售市场，其中吴圩西瓜批发市场是南宁市最大的西瓜集散地。至1993年，“黑美人”西瓜成为全县西瓜种植主要品种，占全县种植面积的70%；其次是无籽西瓜品种，主要产地在五塘、四塘、蒲庙、长塘等乡镇。1996年全县西瓜种植面积7947公顷，总产量14.81万吨。2000年，全县西瓜大丰收，种植面积共1.99万公顷，产量41.68万吨。2000年后，瓜商大都直接到西瓜田地收购西瓜，西瓜批发销售市场逐渐失去西瓜集中交易的市场功能。2001年、2002年，邕宁县在吴圩成功举办两届邕宁西瓜节，促进当地瓜农西瓜生产。

2004年10月，全县有西瓜生产基地1.07万公顷，通过自治区农业厅无公害农产品产地认定。

2004年西瓜种植面积1.89万公顷，总产28.66万吨。1991年至2004年，全县西瓜种植面积共18.61万公顷，产量303.70万吨。

蔬　菜

1990年起，邕宁县通过市财政支持和自筹资金在苏圩、吴圩、延安、蒲庙、良庆、五塘、四塘、那马等乡镇建设了蔬菜生产基地，并根据产量建有苏圩、吴圩、延安、蒲庙、五塘、那马6个大型蔬菜批发销售市场，其中苏圩蔬菜批发市场是南宁市最大的蔬菜批发集散地。邕宁蔬菜销往自治区内南宁、北海、防城港等市，自治区外的湖南长沙市、贵州贵阳市、广东广州市、深圳市等和港、澳地区。

▲2001年，苏圩镇蔬菜生产基地

（邕宁区史志办资料照片）

1991年，全县蔬菜面积9193公顷，产量12.49万吨。全县蔬菜品种主要有绿叶类、白菜类、根菜类、瓜类、豆类、茄果类、薯芋类、水生蔬菜类，以及葱、蒜、姜、香菜类等50种。蔬菜种植较有特色的主要有苏圩的豆角、苦瓜、青瓜，五塘的苦瓜，那楼的淮山，刘圩的香芋，新江的蜜本南瓜，良庆的辣椒，蒲庙的香葱等；一些村如吴圩镇的光明、坛白、永红、康宁等村1995年成了蔬菜村。县内广泛推行无公害蔬菜生产技术。冬春时节多采用地膜覆盖，瓜类蔬菜还采用双膜覆盖栽培。种植抗病抗虫害良种，多施有机肥，用洁净水源灌溉，对病虫害首先做好防治措施，使用高效低毒化学农药和生物农药，采用预振杀虫灯、黄色诱虫板、防虫网等物理防治技术，蔬菜质量实行安全监测。1997年，全县蔬菜种植面积2.31万公顷，产量38.26万吨，成为全国十市十县蔬菜产销地之一。2000年全县蔬菜种植面积2.77万公顷，总产量52.93万吨。2003年9月，邕宁县被农业部确定为第二批全国创建无公害农产品（蔬菜）生产示范县。全县成立蒲庙、良庆、那马、吴圩、苏圩、四塘、五塘7个乡镇农产品质量安全流动工作站。2004年1月1日起，全县实行蔬菜质量安全市场准入制度。县内有四塘同仁村、五塘凌慕村、那马新华村、大塘百乐村被确定为中国—东盟首届博览会无公害蔬菜供应基地。同月成立县农产品质量安全检测站。同年9月，新增成立延安、刘圩2个镇农产品质量安全流动工作站，形成了覆盖全县蔬菜9个主产区的县、乡镇两级监测网络。县、乡镇两级监测网络站成立后，共出动监测车728

▲2003年，县农业科技人员实地进行蔬菜质量安全抽样检测

（邕宁区史志办资料照片）

车次，检测蔬菜样品6718个，合格6379个，平均合格率94.95%；开展农产品质量安全宣传活动258次，举办无公害农产品生产技术培训班11期2210人次，开展技术咨询和技术指导4.30万人次。2004年，农业部开展全国主要城市蔬菜质量安全监测和“创建全国无公害蔬菜生产示范基地县”活动，对邕宁县进行8次抽检，抽检结果均为合格；全县9个主要蔬菜产区受经常性监测和指导的蔬菜生产基地面积2333.33公顷，有5593公顷的蔬菜生产基地通过自治区农业厅无公害产品产地认定；邕宁县“创建全国无公害农产品（蔬菜）生产示范基地县”项目通过自治区农业厅阶段性验收。2004年，蔬菜种植面积3.06万公顷，产量56.50万吨。1991年至2004年，全县蔬菜种植面积累计32.18万公顷，累计产量554.77万吨。

蚕 桑

邕宁县种桑养蚕历史悠久。20世纪80年代，县内桑蚕生产以那陈、大塘、南晓、百济等乡镇为主产区。1991年后，蚕桑生产转移到蒲庙、那楼、镇龙、刘圩、新江等乡镇，全县蚕桑种植面积360公顷，产鲜茧371吨。1994年蚕桑种植面积640公顷，产鲜茧781吨。1995年起，由于受到国际蚕茧丝绸市场疲软影响，蚕茧收购价低下，挫伤桑农种桑养蚕的积极性，蚕桑种植面积和鲜茧产量分别由1995年的606公顷685吨下降至1998年的300公顷289吨。1998年后，随着蚕茧价格逐渐回升，蚕茧生产逐步恢复。1999年5月，成立那楼镇桑蚕茧专业合作社，兴办小蚕共育示范基地，形成产销、加工一条龙服务。2001年起，蚕桑生产有较大的发展，全县蚕桑种植面积和鲜茧产量分别从2000年的567公顷681吨增加到2001年的1967公顷2751吨。2002年建成那楼镇罗马村、蒲庙镇华康村、刘圩镇那救村、良庆镇书林村4个蚕业生态村，以“蚕桑—沼气—沼肥—桑园—蚕茧”模式辐射全县各蚕区农户。2004年，全县蚕桑种植面积2211公顷（含房前屋后，畲地等空地面积），产鲜茧3488吨。1991年至2004年，全县蚕桑种植面积共1.33万公顷，产鲜茧1.82万吨。

▲2005年，那楼镇罗马村小蚕共育中心
（苏广聪 摄）

烟 叶

邕宁县农村有种植生烟传统，1969年至1978年，农村群众种植生烟年均万亩以上。随着经济发展，烟草行业对烟叶品种、质量要求提高及产地规模化，全县种植面积逐年减少。至1991年，全县种植面积3.13公顷，烟叶产量3.20吨，主要分布在刘圩、南阳一带。1992年后，全县生烟种植只有零星面积。2004年，由于全县种植烟草很少，统计部门没有列入统计内容。

1991年至2004年邕宁县经济作物种植面积产量

表4-2-2-1　　单位：公顷、吨

年份	面积小计	花生		甘蔗		西瓜		蔬菜		桑蚕	
		面积	产量	面积	产量	面积	产量	面积	产量	面积	产量
1991	52910	6666	6136	22221	1236562	7273	82900	9193	124900	360	371
1992	58813	6394	11894	24084	1449931	6693		9493		567	675

续表

年份	面积小计	花生		甘蔗		西瓜		蔬菜		桑蚕	
		面积	产量	面积	产量	面积	产量	面积	产量	面积	产量
1993	60800	7644	15764	26192	1671820	8413		11873		633	767
1994	63433	8657	14797	24905	1508630	7900		16133		640	781
1995	63042	8938	17959	24270	1393035	7680		21820		606	685
1996	68769	8948	17509	24318	1299366	7947	148100	22207	362700	300	309
1997	71716	9029	17949	24322	1427528	9593	128300	23113	382600	300	277
1998	80543	9382	18359	27613	1628423	10987	214300	26200	448100	300	289
1999	84809	9273	19098	25980	1520386	15520	237700	27940	448000	433	417
2000	92859	9428	20212	24819	1310666	19893	416800	27673	529300	567	681
2001	97722	9097	14418	29156	1804148	20200	249700	30713	531200	1967	2751
2002	102789	9396	19904	35838	2376362	25560	282600	30647	565000	2133	3189
2003	108597	9408	20930	35082	2376141	19553	372800	34187	656500	2300	3494
2004	109468	10249	22931	34526	2329076	18893	286600	30647	565000	2211	3488
合计	1116270	122509	237860	383326	23332074	186105		321839		13317	18174

说明：表中空白栏表示缺相关数据

第三节　水　果

20世纪90年代始，为增加经济收入，邕宁县水果种植从以农村房前屋后零星空地为主，转为大面积开山拓荒种植。尤其是1996年邕宁县提出“再造一个山上邕宁”发展目标后，各乡镇大搞农业综合开发，水果种植面积不断扩大，产量快速提升。全县水果主要有龙眼、荔枝、柑橙、香蕉、杧果等。水果生产注重引进新品种和品种的改良，龙眼有大乌圆、石硖、储良、灵龙等优良品种，荔枝有黑叶荔、糯米糍、妃子笑、鸡嘴荔等优良品种，杧果主要有紫花杧、桂香杧等品种，菠萝有菲律宾、皇后等品种，蕉类有西贡蕉、美蕉、仙人蕉、威廉斯蕉、芭蕉等品种。邕宁县生产的水果主要以鲜销为主，除供应本地市场外，还销往全国各地，包括香港、澳门地区，部分水果甚至销往越南、泰国等国家。

▲邕宁杧果　　（滕永杰　摄）

1991年，全县水果种植面积7080公顷，其中果园面积5413.67公顷。水果产量4.63万吨，其中香芭蕉1.25万吨、菠萝1.46万吨、柑果8532吨、橙果4264吨、龙眼1077吨、荔枝375吨、梨果800吨、杧果66吨、三华李1073吨、酸梅444吨、其他水果4237吨。

1993年，邕宁县水果种植面积10419公顷，水果产量6.32万吨，名列全国水果总产量100强县（市）排行榜，居自治区第6位。1996年，全县水果种植面积18097公顷，总产量7.27万吨，水果产量名列自治区第7位，获自治区水果生产10强县称号。

2003年，全县水果种植面积2.42万公顷，总产量10.29万吨，产值2.30亿元。其中，香蕉芭蕉1840公顷，产量1.20万吨；菠萝1866.67公顷，产量3万吨；柑橙类1313.33公顷，产量1.60万吨；龙眼6800公顷，产量1万吨；荔枝8000公顷，产量5000吨。

2004年，水果种植面积2.36万公顷，产量12.15万吨。

1991年至2004年，全县水果种植面积26.31万公顷，总产量125.36万吨。

1991年至2004年邕宁县水果种植面积产量

表4-2-3-1

年份	面积（公顷）	产量（吨）
1991	7080	48023
1992	8839	54725
1993	10419	63221
1994	13107	85078
1995	16054	95241
1996	18097	72745
1997	20955	101122
1998	22540	95925
1999	25398	122509
2000	24180	94298
2001	24281	88785
2002	24317	107499
2003	24233	102925
2004	23551	121462
合计	263051	1253558

龙眼

龙眼是亚热带果树，喜高温多湿，耐旱、耐酸、耐瘠、忌浸，在红壤丘陵地、旱平地生长良好，栽培容易，寿命长，产量高，经济收益大，邕宁县各地均有种植，尤其以大塘、四塘、伶俐、长塘等乡镇为最多，并形成了龙眼种植带。1991年后，水果生产注重引进新品种和品种改良，龙眼新品种主要有大乌圆、石硖、储良、灵龙等优良品种。1991年，全县龙眼种植面积546.67公顷，产量1077吨。1994年种植面积1869.20公顷，产量1650吨。1996年种植面积4806公顷，产量2498吨。随着农业综合开发的加快，各地果场不断涌现，龙眼种植面积不断扩大。1999年，全县龙眼种植面积7209.87公顷，投产面积3123.53公顷，产量1.55万吨，产值6975万元。此后，邕宁县因遭受1999年12月霜冻灾害影响，龙眼产量连续几年明显下降。2000年、2001年，全县龙眼产量分别是7839吨和8535吨，产值分别为4703万元和5121万元。2003年，全县龙眼种植面积6800公顷，产量1万吨，出现有伶俐果场66.67公顷大乌园龙眼基地、良庆镇平乐村马氏园33.33公顷石硖龙眼基地、大塘镇太安邕昌果场23公顷石硖龙眼基地等。2004年，全县龙眼种植面积6876公顷，产量1.03万吨。

荔枝

荔枝是邕宁县传统水果，主要分布在南晓、百济、大塘、镇龙等乡镇。传统品种主要有黑叶荔、香荔、

▲2003年，南晓镇荔枝种植面积3467公顷，产量5000吨。图为南晓镇荔枝生产基地

（邕宁区史志办资料照片）

禾荔等，引进优良品种主要有糯米糍、三月红、妃子笑、桂味等。因受天气、气候、管理等因素的影响，荔枝挂果有大小年之分，不同年份其产量变化也很大。1991年，全县荔枝种植面积800.67公顷，产量375吨。1995年，南晓镇实施"再造一个山上南晓"工程，发动群众大搞农业综合开发，引进自治区水果办投资1000万元建成200公顷的名优水果示范场，形成以那敏村为中心的万亩荔枝基地。1996年，全县荔枝种植面积2715.87公顷，产量1564吨，比1995年的2382吨减产818吨。1999年，全县荔枝种植面积7976公顷，投产面积2845.73公顷，产量1.50万吨，产值5997万元。2000年起，因遭受1999年12月霜冻灾害影响，荔枝产量连续几年明显下降。2000年全县荔枝产量5131吨，产值2566万元，分别比上年减少9861吨和3431万元。2001年，全县荔枝种植面积8720.07公顷，投产面积1660公顷，产量5293吨，产值2646万元。2003年，全县荔枝种植面积8000公顷，产量5000吨。2004年，全县荔枝种植面积8020.05公顷，产量6807吨。

柑　橙

邕宁县柑橙种植主要分布于那陈、大塘、百济、南阳、那楼、镇龙等乡镇，品种主要有脆皮金柑、椪柑、温州蜜柑、蕉柑、大红柑、蜜柑、年橘、官溪蜜柚等。那陈镇生产的柑橙最负盛名，皮薄而坚，浓甜化渣，汁液丰盈，还隐约透出一股特有的幽香。镇龙乡产的官溪蜜柚果形特大，果肉淡红色，甜酸适口，化渣，味芳香，很受消费者青睐。1991年，全县柑橙种植面积1757.40公顷，产量1.28万吨，其中柑果1259公顷8532.10吨、橙果498.40公顷4264.30吨。1996年，全县柑橙种植面积1740.06公顷，产量7757吨，其中柑果1198.93公顷5771吨、橙果541.13公顷1986吨。1998年，全县柑橙种植面积1946.87公顷，投产面积1946.87公顷，产量1.21万吨，产值1992万元。其中柑果1277.47公顷，投产面积1277.47公顷，产量7271吨，产值1018万元；橙果669.40公顷，投产面积669.40公顷，产量4872吨，产值974万元。2000年，全县柑橙种植面积1620.06公顷，产量1.11万吨，产值1805万元。其中柑果1036.53公顷，产量6985吨，产值978万元；橙果583.53公顷，产量4134吨，产值827万元。2003年，邕宁县形成那陈、大塘的柑橙种植带，全县柑橙种植面积1313.33公顷，产量1.60万吨。2004年，全县柑橙种植面积1298.67公顷，产量1.41万吨。

▲邕宁柑橙　（邕宁区史志办供稿）

香蕉芭蕉

邕宁县盛产香蕉和芭蕉，在各乡镇均有种植，常出现在村坡的房前屋后、路边、旱地和山坡上，种植较多的有延安、五塘、长塘、南阳、中和等乡镇。香蕉品种很多，有西贡蕉、畦头大蕉、天宝蕉、美蕉、广东香蕉1号、广东香蕉2号、广西矮香蕉、仙人蕉、威廉斯蕉、高脚顿地雷、矮脚顿地雷等，尤以西贡蕉、美蕉、仙人蕉、威廉斯蕉等品种种植较为普遍。香蕉味道甘甜细软可口，含有多种微量元素和维生素，能帮助肌肉松弛，使人身心愉悦，并具有一定的减肥功效，因此普遍受到众人喜爱。与香蕉比较，芭蕉个体校直略细，呈“圆缺状”，其味道甜但回味带酸，具有一定的药用价值。1991年，邕宁县香蕉种植面积1166.67公顷，产量1.30万吨。1995年种植2116.60公顷，产量3.64万吨。2000年，因遭受1999年12月霜冻灾害影响，香蕉芭蕉产量明显下降，全县种植面积991公顷，产量1.24万吨，产值1238万元，分别比上年减少649.27公顷、7061吨和1483万元。2003年，全县香蕉芭蕉种植1840公顷，产量1.20万吨。2004年种植1932公顷，产量1.57万吨。

菠　萝

菠萝是邕宁县的主要水果之一，主要产于那马、南晓、大塘、那陈、延安、良庆、五塘等乡镇，尤以那马镇最有名。1991年，全县菠萝种植面积1474.80公顷，产量1.46万吨，其中那马镇产量6736.20吨。1996年全县菠萝种植面积1866.73公顷，产量2.52万吨，其中那马镇产量1.50万吨。1998年，那马镇菠萝种植面积997公顷，产量2.24万吨，占全县菠萝产量的81.61%。1999年全县菠萝种植面积1929.60公顷，产量3.90万吨，产值2728万元。此后，因遭受1999年12月霜冻灾害影响，菠萝种植面积略有减少。2000年全县种植面积1745.07公顷，比上年减少184.53公顷。2003年，全县菠萝种植面积1866.67公顷，产量3万吨。2004年，邕宁县菠萝种植面积1843.12公顷，产量2.85万吨。

▲ 1997年，大塘镇菠萝园

（邕宁区史志办资料照片）

第四节　农作物病虫害防治

1991年后，邕宁县农作物病虫害监测对象主要以水稻病虫、玉米病虫、花生病虫、甘蔗病虫为主。2000年以后，增加对蔬菜病虫、西瓜病虫和果树病虫的监测工作。县农作物病虫测报部门定期或不定期向全县范围内发布病虫预测预报，指导农民开展病虫害防治工作。

全县实施的重大植保防害科技项目有：1997年至1999年实施《植保减灾保产工程》项目，每年实施水稻面积2.70万公顷，平均每年实现减灾增产1.20万吨。2002年至2003年，实施《广西农业植物有害生物疫情普查》项目，共普查了全县21个乡镇，普查面积8万公顷，普查植物29类（种），普查发现全县农作物发生的有害生物有144种，其中有11种为国内植检对象。2003年至2004年，实施《邕宁县30万亩无公害水稻优质谷产业化技术集成》项目，该项目区通过了土样、水样等抽检关，组装集成了适合全县推广应用的无公害优质谷生产配套技术。同期实施由自治区科技厅下达的《广西农村可持续发展示范点建设——邕宁县长塘镇生态富民示范点建设》项目，按照“猪—沼—鱼—果（菜）—灯”“五个一”工程的要求进行组织实施。在项目示范地点长塘镇定西村，经组织验收，该村示范户种植生态西瓜、甜玉米等户均收入4200元，纯收入2200元，小型养殖池养殖本地塘角鱼，平均每池（10平方米）纯收入336.60元，每年可放养3批次，经济效益相当可观。

2004年，由县质量技术监督局发布了水稻生产技术规程地方标准《无公害农产品邕宁县水稻生产技术规程》，该技术规程标准是广西第一部地方性无公害水稻生产技术规程标准。《广西生态富民小康建设示范“十百千万”工程》项目，分别在蒲庙、长塘、刘圩、南阳、那陈、五塘、苏圩、四塘、五塘9个乡镇20个村坡组织实施，参与农户300户。同时实施全国《生态农业病虫无害化治理示范县》项目，其中实施水稻螟虫等重大病虫综合防治示范面积0.20万公顷，辐射面积1万公顷，培训农民7500人次，综防区平均亩产比非综防区增长10.20%，每亩实现增收48元。

1991年至2004年，县植保部门发布水稻主要病虫害测报期数266期，最少是1992年发布测报13期，最多是2002年发布测报29期。发布病虫害测报年平均准确率91.80%。全县水稻主要病虫害防治：稻瘿蚊发生面积8.70万公顷，防治面积7.76万公顷，挽回稻谷损失1.60万吨，实际损失稻谷5000吨。稻瘟病发生面积5.90万公顷，防治面积4.80万公顷，挽回稻谷损失1万吨，实际损失稻谷6000吨。稻纹枯病发生面积36.40万公顷，防治面积31.80万公顷，挽回稻谷损失8.50万吨，实际损失稻谷4000吨。三化螟发生面积11.70万公顷，防治面积10.30万公顷，挽回稻谷损失0.90万吨，实际损失稻谷0.40万吨。稻飞虱发生面积34.60万公顷，防治面积32.90万公顷，挽回稻谷损失10.80万吨，实际损失稻谷1.10万吨。稻纵卷叶螟发生面积26.90万公顷，防治面积24.70万公顷，挽回稻谷损失7.20万吨，实际损失稻谷1.40万吨。鼠害每年发生面积2.67万公顷次，主要危害水稻、玉米、花生、木薯、红薯、甘蔗等作物，发生程度为中等偏轻局部偏重，经防治后为轻度局部中等，防治效果80%。

第三章　养殖业

1991年后，随着市场经济体制的建立和发展，邕宁县家禽家畜饲养发展较快，水产养殖有所发展，特种养殖从无到有。全县动物防疫、检疫工作日趋健全，养殖业健康发展，成为农民增收的重要产业，“再造一个养殖业邕宁”的工作目标取得明显成效。

1991年，全县鸡、鸭、鹅年末存栏318万羽，出栏622万羽，禽肉产量9004吨，禽蛋产量1142吨；猪年末存栏34.05万头，出栏22.19万头，猪肉产量1.71万吨；耕牛、菜牛年末存栏15.54万头，菜牛出栏6600头，牛肉产量574吨；羊年末存栏1500头，出栏1000头，羊肉产量11吨。全县有养鱼专业户（包括网箱养殖户）1350户6565人。

2004年，全县鸡、鸭、鹅年末存栏共868.68万羽，出栏共2581.50万羽，禽肉产量4.05万吨，禽蛋产量2065吨；猪年末存栏36.85万头，出栏56.45万头，猪肉产量4.29万吨，其中三元杂肉猪出栏约占总量的62%；耕牛、菜牛、奶牛年末存栏15.36万头，菜牛出栏2.75万头，牛肉产量2481吨；羊年末存栏7800头，出栏9900头，羊肉产量129吨。全县有养鱼专业户1987户6915人。

1991年至2004年，全县鸡、鸭、鹅年末存栏累计7136.03万羽，年末出栏1.78亿羽，禽肉产量28.22万吨，禽蛋产量2.18万吨；猪累计存栏540.41万头，出栏546.39万头，猪肉产量41.45万吨；牛存栏累计220.14万头，菜牛出栏16.46万头，牛肉产量1.43万吨；羊存栏累计5.25万头，出栏5.68万头，羊肉产量748吨。全县池塘、山塘、水库养鱼和江河网箱养鱼发展较快，大水库水面养殖利用率不断提高，鱼类产品产量逐年增加，14年水产品总产量19.01万吨。

第一节　家禽饲养

邕宁县农家都有养鸡、养鸭的习惯，逢年过节多数农户都是宰杀自家养的鸡、鸭和鹅等。县内家禽饲养的形式有家庭饲养、专业户饲养等；有圈养，也有放养。放养于山上果园中的南晓土鸡和放养于山塘、溪涧、田垌中的大塘、百济土鸭颇受欢迎。

▲ 1998年，苏圩镇养鸭场一角

（邕宁区史志办资料照片）

家禽品种

1991年，全县养殖的家禽品种以鸡、鸭、鹅为主。鸡品种主要有艾维茵、麻鸡、二黄鸡、石岐杂、罗斯鸡等。鸭品种主要有樱桃谷鸭、麻鸭、康贝尔鸭等。鹅品种主要有狮头鹅、阳江鹅、豁鹅等。邕宁县家禽品种不断引进和改良。1996年至1998年，先后引进良凤花鸡、北京鸭、番鸭等品种。1999年，引进金定鸡、土洋杂交番鸡等品种。2001年引进饲养黑凤鸡、珍珠鸡和四川白鹅等禽品种。优良品种的引进饲养，大大提高家禽产品的产量、质量和经济效益。

家禽养殖专业户

1991 年，全县养鸡专业户 160 多户，出栏肉鸡 200 多万羽。1995 年起，部分养鸡专业户利用果林地养鸡，果林地养鸡主要分布于蒲庙、南阳、大塘、南晓等乡镇。因果园、林地等自然环境极适合鸡的生活习性，养殖的鸡群成活率高、毛色光亮、肉质香美，深受消费者青睐。全县果林地养鸡年产 1000 多万羽以上。2004 年，全县共有养鸡专业户 3791 户，出栏肉鸡 1301.50 万羽，占全县 79.30%，主要分布蒲庙、那楼、南阳、吴圩、大塘、南晓等乡镇；全县养鸭专业户 483 户，出栏肉鸭 674.30 万羽，占全县 75.40%，主要分布良庆、那马、南阳、吴圩、苏圩等乡镇；全县养鹅专业户 95 户，出栏肉鹅 31.06 万羽，占全县 65.70%，主要分布南晓、中和等乡镇。

▲ 1998 年，位于大沙田经济开发区的南宁正大畜牧有限公司种鸡场　（邕宁区史志办资料照片）

▲ 20 世纪 90 年代后期，邕宁县果林地养鸡　（邕宁区史志办资料照片）

产业化养鸡

2003 年起，由南宁正大畜牧有限公司、南宁广东温氏公司负责推广提供鸡苗、饲料、技术、药物及产品销售服务，养殖户负责鸡舍搭建和鸡群的饲养管理，实行风险共担的产业化养鸡模式。2004 年底，正大“公司 + 基地（农户）”养鸡发展有 45 户，重点分布于那马、吴圩、苏圩等乡镇，出栏肉鸡 270 万羽；温氏“公司 + 基地（农户）”发展到 1030 户，分布于蒲庙、长塘、那楼、刘圩、中和、新江等乡镇，出栏肉鸡 450 万羽。

▲ 2003 年，南宁广东温氏公司在新江镇举办养鸡宣传动员大会　（邕宁区史志办资料照片）

家禽产量

1991 年，全县鸡、鸭、鹅年末存栏 318 万羽，出栏 622 万羽，禽肉产量 9004 吨，禽蛋产量 1142 吨。2004 年，全县鸡、鸭、鹅年末存栏共 868.68 万羽，出栏共 2581.50 万羽，其中出栏的鸡 1639.90 万羽、鸭 894.23 万羽、鹅 47.28 万羽；禽肉产量 4.05 万吨，禽蛋产量 2065 吨。1991 年至 2004 年，全县鸡、鸭、鹅年末存栏累计 7136.03 万羽，其中鸡存栏 4341.93 万羽，鸭存栏 2660.72 万羽，鹅存栏 133.38 万羽；鸡、鸭、鹅年末出栏 1.78 亿羽，其中鸡出栏 1.08 亿羽、鸭出栏 6797.10 万羽、鹅出栏 268.91 万羽；禽肉产量 28.22 万吨，禽蛋产量 2.18 万吨。

1991年至2004年邕宁县主要家禽存栏出栏及产量

表4-3-1-1

年份	年末存栏（万羽）				出　栏（万羽）				禽肉产量（吨）	禽蛋产量（吨）
	合计	鸡	鸭	鹅	合计	鸡	鸭	鹅		
1991	318.00				622.00				9004	1142
1992	203.00				624.00				9005	1148
1993	226.00				657.00				9863	1667
1994	332.00				758.00				11401	2983
1995	413.00				896.00				14213	3612
1996	460.00				1008.00				17172	
1997	531.00	305.16	224.70	1.30	1158.00	683.30	466.50	8.90	19879	3783
1998	494.80	287.29	195.84	11.67	918.16	488.17	415.91	14.08	14014	992
1999	580.40	358.00	209.00	13.40	1292.40	798.80	474.90	18.70	22300	
2000	586.60	371.00	202.00	13.60	1583.10	999.50	560.00	23.60	24644	
2001	632.98	406.01	215.58	11.39	1733.80	1165.70	546.01	22.11	27341	1189
2002	687.15	439.81	233.64	13.70	1856.80	1232.70	565.42	58.73	29035	1524
2003	802.42	478.88	300.89	22.65	2149.23	1319.80	784.13	45.21	33761	1685
2004	868.68	515.78	323.07	29.83	2581.50	1639.90	894.23	47.28	40529	2065
合计	7136.03				17837.99				282161	

说明：表中空白栏表示缺相关数据

第二节　家畜饲养　特种动物饲养

家畜饲养

邕宁县家畜饲养主要有猪、牛、羊，其次是狗、兔、马等。狗以本地种为主，兼养少量宠犬。兔以肉用型为主，养长毛兔较少。牛主要是菜牛、耕牛。

猪　全县养殖品种有长白、大约克、杜洛克、二元杂、三元杂等品种。1991年起，县内良种生猪重点推广二元杂母猪和三元杂瘦肉型猪，以三元杂瘦肉型猪为主。良种生猪主要分布于南阳、四塘、新江、蒲庙、吴圩、五塘等乡镇。1991年，全县猪年末存栏34.05万头，出栏22.19万头，猪肉产量1.71万吨。2004年，猪年末存栏36.85万头，出栏56.45万头，猪肉产量4.29万吨，其中三元杂肉猪出栏约占总量的62%。1991年至2004年，猪累计存栏540.41万头，出栏546.39万头，猪肉产量41.45万吨。

牛　全县养殖的牛从体形分有水牛和黄牛两种，从用途分有耕牛、菜牛、奶牛等。牛以草食放牧为主，辅以人工喂养。1991年，全县耕牛、菜牛年末存栏15.54万头，菜牛出栏6600头，牛肉产量574吨。2004年，全县耕牛、菜牛、奶牛年末存栏15.36万头，菜牛出栏2.75万头，牛肉产量2481吨。1991年至2004年，全县牛存栏累计220.14万头，菜牛出栏16.46万头，牛肉产量1.43万吨。

1991年起，邕宁县实施肉牛品种改良，先后引进尼里、摩拉、拉菲、西门塔尔等良种公牛进行人工授精配种，设有人工授精配点30个，本交点6个，饲养良种公牛11头（西门塔4头，摩拉2头，尼里5头）。1996年，引进奶牛。至2004年，全县完成牛杂交配种1.39万胎次，生产杂交犊牛994头。

耕牛一直是农户重要的耕作劳役工具。1990年起，由于农业机械化不断推广，耕牛发挥的劳役作用有所减弱，但在农村劳作中还占据重要的位置。2004年，全县耕牛8万头。

菜牛又称商品食用牛。随着人们生活水平的不断提高，对牛肉的消费需求量增多，养殖菜牛、育肥牛成为农民增加经济收入的门路之一。1991 年起，县内育肥牛基地主要分布于大塘、南阳、伶俐、那马、五塘等乡镇。2004 年，全县菜牛（肥牛）出栏 2.75 万头。

奶牛养殖是邕宁县 1996 年引进的新项目。邕宁县引进南宁市雄牛牧业有限责任公司，该公司在那马镇共和村建立养殖场养殖奶牛，是广西最大的私营奶水牛养殖场。2004 年，养殖场存栏奶水牛、黑白花奶牛 270 多头，年产鲜奶 4000 吨。

▲ 2002 年，南宁市雄牛牧业有限责任公司在那马镇饲养的水牛　（邕宁区史志办资料照片）

秸秆氨化养牛是邕宁县的一大特点。县内农作物秸秆资源丰富，采用氨化技术，不但使耕牛一年四季有足够的草料，而且通过秸秆喂牛“过腹还田”，还能为农作物提供优质基肥。2001 年至 2004 年，县内实施《国家级秸秆养牛示范县项目》，在南阳、伶俐、五塘、那马等乡镇建立了示范点，项目取得成果，推动全县秸秆氨化养牛业的发展。2004 年，全县秸秆氨化养牛约 3 万头。

羊　全县养殖品种以本地山羊为主，少数引进外地的黑山羊。以农村散养、一棚数羊方式居多，管理粗放，出栏率低，难以满足市场需求。1991 年，全县羊年末存栏 1500 头，出栏 1000 头，羊肉产量 11 吨。1997 年，羊年末存栏 2600 头，出栏 1400 头，羊肉产量 21 吨。2000 年，羊年末存栏 4200 头，出栏 6200 头，羊肉产量 80 吨。2004 年，羊年末存栏 7800 头，出栏 9900 头，羊肉产量 129 吨。1991 年至 2004 年，羊存栏累计 5.25 万头，出栏 5.68 万头，羊肉产量 748 吨。

特种动物饲养

1991 年后，县内养殖特种动物主要有野猪、梅花鹿、七彩山鸡、鹌鹑、肉鸽等。县内办理特种动物养殖经营许可证的养殖场主要有蒲庙镇良勇村野猪养殖场、广西邕宁县金鹿发展有限公司大塘养殖场等。其中野猪养殖以蒲庙镇良勇村最多，年出栏 1000 头以上。1997 年底，良勇村妇代会主任李冬兰创办“邕宁县良勇特种养殖场”，并带动周边群众致富，野猪养殖得到大发展。李冬兰于 2002 年、2003 年、2004 年、2005 年分别被授予广西壮族自治区“三八”红旗手，自治区“农村优秀人才”，全国“三八”红旗手、自治区“优秀共产党员”，全国“民族团结进步模范个人”、自治区劳动模范、广西“十大女杰”提名奖等奖项。梅花鹿养殖场于 2003 年 10 月落户大塘镇太安村，由广西邕宁县金鹿发展有限公司投资，主营梅花鹿养殖及产品加工，2004 年该场梅花鹿存栏 500 头。

1991 年至 2004 年邕宁县主要家畜存栏出栏及产量

表 4-3-2-1

年份	牛			羊			猪			马
	年末存栏（万头）	出栏（万头）	肉产量（吨）	年末存栏（万头）	出栏（万头）	肉产量（吨）	年末存栏（万头）	出栏（万头）	肉产量（吨）	年末存栏（万头）
1991	15.54	0.66	574	0.15	0.10	11	34.05	22.19	17085	0.16
1992	15.75	0.71	615	0.18	0.29	30	35.48	24.55	18901	0.14
1993	16.23	0.87	653	0.23	0.10	10	37.64	26.97	20613	0.13

续表

年份	牛			羊			猪			马
	年末存栏（万头）	出栏（万头）	肉产量（吨）	年末存栏（万头）	出栏（万头）	肉产量（吨）	年末存栏（万头）	出栏（万头）	肉产量（吨）	年末存栏（万头）
1994	16.51	0.89	667	0.23	0.10	10	40.56	32.38	24931	0.10
1995	17.09	0.92	804	0.20	0.18	19	41.74	33.91	26113	0.10
1996	17.16	0.91	803	0.22	0.17	18	43.06	35.40	27260	0.09
1997	17.32	0.93	805	0.26	0.14	21	43.34	39.40	28140	0.07
1998	17.56	1.08	952	0.32	0.27	71	43.74	42.36	31854	0.08
1999	15.10	0.82	719	0.38	0.46	56	40.40	43.20	32485	0.06
2000	14.70	1.08	942	0.42	0.62	80	35.90	43.80	33330	0.05
2001	13.33	1.10	996	0.58	0.67	86	35.28	45.16	34365	0.03
2002	13.17	1.23	1114	0.59	0.72	94	35.71	47.10	35798	0.05
2003	15.32	2.51	2176	0.71	0.87	113	36.66	53.52	40677	0.05
2004	15.36	2.75	2481	0.78	0.99	129	36.85	56.45	42908	0.04
合计	220.14	16.46	14301	5.25	5.68	748	540.41	546.39	414460	1.15

第三节　畜禽疫病防治

1991年起，邕宁县县级畜禽动物检疫防疫机构设有县畜牧兽医站和大沙田畜禽防疫检疫站；乡镇动物检疫防疫机构为21个乡镇的畜牧兽医站（2001年年底机构改革时并入乡镇农业服务中心）。2004年，全县有畜禽动物检疫员共156人，其中县级28人、乡镇级128人。

畜禽防疫

1991年起，邕宁县建立和完善县、乡、村三级防疫网点，对猪瘟、牲畜口蹄疫等重大动物疫病实行常年免疫、突击免疫、窝边免疫和强制免疫。

1999年5月，以四塘镇为试点，全县逐步开展牛口蹄疫免疫工作，当年防疫耕牛11.85万头。2001年11月，全县对免疫的动物实行发放免疫证、上挂耳标、建立免疫档案等动物免疫标识管理制度，猪、牛、羊凭免疫证和钳封耳标进入流通环节。2004年，全县共使用猪瘟（含三联苗）疫苗92万头份，免疫注射91.02万头次，免疫密度99.40%；使用猪口蹄疫疫苗120万毫升，免疫注射85.92万头次，免疫密度99%；使用牛口蹄疫疫苗45万毫升，免疫注射17.56万头次，免疫密度98.70%；山羊痘及规模养禽场高致病性禽流感的免疫密度均达到自治区、南宁市要求。

1991年至2004年，全县审查核发动物防疫合格证9890本，兽医经营许可证820本。

畜禽检疫

1991年至2004年，全县动物检疫范围包括20个活畜交易市场、60个动物产品交易市场、44个牲畜屠宰场。对检疫合格的动物及产品出具检疫合格证明，加盖、加封检疫验讫印章和标志；对动物及产品运载工具实施消毒，并出具消毒证明；对检疫不合格的病害动物及产品，进行防疫消毒、高温处理或销毁等无害化处理。14年内，全县依法对动物活体检疫的猪436.30万头、牛7.96万头、禽

8960万羽；屠宰检疫的猪190万头、牛5万头、禽620万羽、零散肉5659.75吨；依法对病害动物及产品进行无害化处理，共处理病害猪2130头、病害牛820头、病害禽5.30万羽，病害动物产品21吨；依法处理各种动物防疫检疫案件共896件，罚没款累计16万元。

第四节　水产养殖

水产养殖业是邕宁县农业经济重要产业之一。1991年，全县有养鱼专业户（包括网箱养殖户）1350户6565人。2004年，全县有养鱼专业户1987户6915人。1991年至2004年，全县池塘、山塘、水库养鱼和江河网箱养鱼发展较快，大水库水面养殖利用率不断提高，鱼类产品产量逐年增加，14年水产品总产量19.01万吨。

水产品种类和良种推广

县内淡水鱼品种有50多种，其中人工养殖品种有草鱼、鲢鱼、鳙鱼、鲮鱼、鲤鱼、塘角鱼、鲶鱼、赤眼鳟、淡水白鲳、罗非鱼、黄颡鱼、鲫鱼、鲂鱼、鳊鱼、银固、光倒刺巴、泥鳅、斑鱼、黄鳝等。虾类品种有本地河虾、塘虾，引进品种南美白对虾、罗氏沼虾等。其他品种有龟、鳖、蟹、螺、蚌等。

▲1998年，位于那马镇占地面积14.57公顷的广西水产研究所中试基地　（邕宁区史志办资料照片）

1990年，引进台湾单性罗非鱼品种养殖成功并推广。1991年起，引进推广的水产品良种品种：鱼类有白鲳、鲶鱼、美国叉尾鮰、斑鱼、建鲤、丰鲤、加拉鲮、埃及塘角鱼，虾类有罗氏沼虾、南美白对虾等品种。至2004年，全县渔业养殖良种覆盖率95%。

县内有2个鱼苗人工孵化基地，即1996年兴建的位于那马镇的自治区水产研究所罗非鱼苗场人工孵化基地以及20世纪90年代后期设立的位于伶俐镇的远东农牧渔发展有限公司（台湾独资），2个基地每年可供鱼苗1.50亿尾以上。其他养殖品种的苗种主要来源南宁市江南区的亭子、横县的峦城、灵山的县城和钦州的小董等地。总体上全县鱼苗种自供能力不足，大多依靠外购。此外，每年汛期还从邕宁河段捞取各类鱼苗数亿尾供应本地和外县养殖户。

鱼类养殖

池塘养鱼　池塘养鱼是县内水产养殖的主要模式，养殖草鱼、鲢鱼、鳙鱼、鲤鱼、罗非鱼等品种，产量占水产品总产量的70%以上。鱼饵料基本来源是施放畜禽粪肥培养浮游生物、人工种植青饲料和投喂配合料。1991年，全县池塘养殖水面积1933公顷，水产品总产量2139吨，平均每公顷1.10吨。2004年，池塘养殖水面积2672公顷，水产品总产1.28万吨，平均每公顷4.80吨。1991年至2004年，全县池塘养鱼水面积累计3.25万公顷，总产量9.12万吨。

山塘水库养鱼　县内大部分山塘、水库已于20世纪80年代实行承包责任制，渔业养殖面积、产量也逐年提高。1991 年，全县山塘、水库放养面积 2873 公顷，水产品总产量 1208 吨，平均每公顷 0.42 吨。2004 年，放养面积 4028 公顷，鱼产量 1.15 万吨，平均每公顷 2.85 吨。1991 年至 2004 年，全县山塘水库养鱼面积累计 5.13 万公顷，总产量 6.30 万吨。

网箱养鱼　县内网箱养鱼始于 1995 年，较早的网箱养殖主要分布于蒲庙镇的清水泉、邕宁邕江河段及五塘镇的西云江水库（台商独资）等，网箱养鱼 500 箱。后扩大到四塘、那马、南阳、新江等乡镇的水库、池塘，以及伶俐镇的邕江河段。主要养殖罗非鱼、草鱼、鲤鱼兼少量名特优品种，每张网箱规格为 15~30 平方米。1997 年至 1998 年，县畜牧水产局实施“城郊大水面网箱养鱼高产技术”项目面积 646.13 公顷，鲜鱼产量 633 吨。2004 年，全县网箱养鱼 550 箱，面积 8344 平方米，总产量 834.40 吨，平均每平方米单产 0.10 吨。

▲ 20 世纪 90 年代，邕宁县网箱养罗非鱼
（邕宁区史志办资料照片）

稻田养鱼　县内那马、那陈、大塘、南晓、中和、刘圩、那楼、百济、新江、昆仑等乡镇，群众历来有利用冬闲田蓄水养鱼和利用部分农田水稻与鱼一起种养的习惯。1991 年，全县稻田养鱼面积 315 公顷，鱼产量 43.60 吨，平均每公顷产 0.13 吨。1996 年至 1998 年，邕宁县实施自治区《冬闲田高产技术养殖示范项目》，主要示范推广各闲田养殖建鲤、罗非鱼、草鱼等，对调动农民发展稻田养鱼有较大的促进作用。1997 年至 1998 年，县畜牧水产局实施“冬闲稻田养鱼”项目面积 508.67 公顷，鲜鱼产量 238 吨。2002 年起，镇龙乡大面积推广稻田养殖塘角鱼，成为邕宁县水产养殖业的一大特色。2004 年，稻田养鱼面积 291.30 公顷，鱼产量 312.30 吨，平均每公顷产 1.07 吨。

其他养殖　主要是利用小河沟和家庭小鱼窝（池）进行养殖，规模虽小，但丰富了农民群众日常的菜篮子，还可增加家庭经济收入。1991 年，全县河沟养殖面积 367 公顷，鱼产量 536 吨，其中家庭小鱼窝（池）47.50 公顷，鱼产量 59 吨。2000 年，全县河沟养殖 637 公顷，鱼产量 5009 吨，其中家庭小鱼窝（池）321 公顷，鱼产量 646 吨。1991 年至 2004 年，全县其他养殖面积 5705 公顷，总产量 3.69 万吨。

▲ 1998 年，位于那马镇的广西水产研究所中试基地种虾场
（邕宁区史志办资料照片）

鱼病防治

1991 年至 2004 年，全县渔业鱼病防治坚持“以防为主，防重于治”的方针，常用鱼病防治主要鱼药有强氯精、生石灰、漂白粉、美曲膦酯、高锰酸钾、硫酸铜、硫酸亚铁等。

鱼病防治提倡使用生物药物制剂及无毒、无害药品，严禁使用危害人体健康的违禁鱼药。养殖后期尽量不使用鱼药，要使用鱼药时严格执行休药期不少于15天规定（休药期未规定鱼病治疗的药品）。

虾和贝类生产

县内虾类品种有本地河虾、塘虾等品种。1991年，引进罗氏沼虾、南美白对虾等品种。贝类有螺、蚌等品种。县内居民水产品消费中，虾类和贝类消费仅次于鱼类，但因产量少，1991年没有全面统计。1996年，全县虾和贝类产量67吨。2002年，全县虾和贝类产量89吨。1991年至2004年，全县虾和贝类产量约1000吨。

渔业产量

1991年，全县渔业养殖面积共5173公顷，总产量3883吨。其中池塘1933公顷，产量2139吨；山塘水库共2873公顷，产量共1208吨；其他养殖367公顷，产量536吨。此后，全县水产品产量不断增加。1994年产量8859吨。1996年产量1.15万吨。2000年产量1.76万吨。2003年产量2.13万吨。2004年，全县有渔业养殖水面共7021公顷，其中池塘2672公顷，山塘水库4028公顷，其他养殖321公顷；全县水产品产量2.61万吨，人均24千克；渔业总产值1.75亿元，占农业总产值4.50%。1991年至2004年，全县有渔业养殖水面共8.95万公顷，其中池塘3.25万公顷，山塘水库5.13万公顷，其他养殖5705公顷，水产品总产量19.01万吨。

渔政管理

1992年，邕宁县成立渔政监督管理站，有干部7人，配备有快艇、木制机动渔船各1艘，照相机、望远镜各1台，主要负责全县渔政监督管理，查处电鱼、毒鱼、炸鱼等违法行为，调查处理渔业生产纠纷等。

1996年，县渔政监督管理站与有关部门配合，对邕宁县邕江河段进行执法检查，共扣押非法作业船60艘，没收电鱼器具一批，收缴罚没款3.86万元。2001年，对邕江河段开展执法检查16次，查处非法电鱼案件9起，收缴罚没款8000元，没收电鱼器具一批；查处渔业污染事件2起，为养殖户挽回经济损失9万元。2003年，出动渔政快艇巡查邕江河段25次，查处非法电鱼案件16起、非法经营利用水生野生动物案件4起，收缴罚没款1.40万元，没收一批违法作业工具。

1991年至2004年，全县累计查处违法案件407起。其中，查处电鱼案件263起，炸鱼案件129起，毒鱼案件15起，收缴罚没款近20万元，没收一批违法捕鱼工具，为养殖者挽回渔业经济损失200万元。调查处理渔业生产纠纷数十起。

第四章　林　业

林业是邕宁县重要产业。1991 年起，全县林业工作以造林灭荒、绿化达标为重点，大力发展林业。是年，全县林业总产值 795 万元。1991 年后，随着县内大沙田经济开发区、沿海经济走廊开发区和仙葫经济开发区建设，以及小城镇、生态文明村的规划建设步伐加快，为制止乱占用林地行为，邕宁县于 1994 年依法加强对林地的保护，对各类建设征占用林地进行审批管理，打击毁林开垦及乱占滥用林地行为。1996 年，提出再造一个“山上邕宁”发展目标，林业年总产值 5246 万元。1999 年，邕宁县制定林业分类经营政策，实现林业五大转变，即以木材生产为主转向以生态建设为主，由采伐天然林为主转向采伐人工林为主，由毁林开垦转向退耕还林、由无偿使用生态效益转向有偿使用生态效益，由县林业部门办林业转向社会办林业，促进了林业发展。“全国第六批省柴节煤试点县”和“重点火险建设县”分别通过农业部和自治区检查验收达标。1994 年至 2004 年，全县依法审批占用林地 36 宗，面积共 621.87 公顷，收取森林植被恢复费共 1596 万元；查处毁林开垦共 85 起，清理开垦林地共 500 公顷。2004 年，全县林业总产值 14.11 亿元，森林覆盖率 39.10%。

邕宁县先后获广西“1993 年度消灭宜林荒山达标县”“1995 年实现造林绿化达标县”和林业部授予的“1994 年平原绿化先进单位”等称号。

第一节　森林资源

森林面积蓄积

1991 年，邕宁县有森林面积共 15 万公顷，全县森林覆盖率 36.60%。1996 年，全县有林总面积 17.47 万公顷，活立木总蓄积量 240.68 万立方米，森林覆盖率 37.40%。1998 年，全县有林面积 18.92 万公顷，森林蓄积量 517.20 万立方米，森林覆盖率 37.81%。

1999 年至 2000 年，经森林二类调查，全县有林业用地面积共 18.68 万公顷。其中，森林 15.44 万公顷，疏林地 0.27 万公顷，灌木林地 0.67 万公顷，未成林造林地 0.12 万公顷，无林地 2.18 万公顷。在森林 15.44 万公顷中，经济林 2.30 万公顷，竹林 0.22 万公顷，针叶林 11.59 万公顷，阔叶林 0.58 万公顷，针阔混交林 0.05 万公顷，其他林木 0.70 万公顷。在无林地 2.18 万公顷中，宜林荒山荒地 0.09 万公顷，采伐迹地 0.09 万公顷，火烧迹地 0.22 万公顷。2000 年，森林覆盖率 37.86%。

2002 年，全县森林面积 16.20 万公顷，森林蓄积量 399 万立方米，森林覆盖率 39%。2003 年全县森林面积 16.24 万公顷，森林覆盖率 39.05%。2004 年，森林覆盖率 39.10%。

2001 年至 2004 年，没有开展森林二类调查。

林区分布

1991 年，县内有昆仑、伶俐、长塘、百济、大塘 5 个林木主产区，森林面积占全县森林总面积约

50%。自然保护区有八鲤亭森林公园保护区、南晓森林公园保护区和五象森林公园保护区 3 个，面积 3000 公顷。水源林保护区有大王滩水库水源林保护林区、凤亭河水库水源林保护林区、屯六水库水源林保护林区、英雄水库水源林保护林区、青龙江水库水源林保护林区、西云江水库水源林保护林区 6 个，面积 283.50 平方千米。2000 年始，邕宁县划定国家级生态公益林区。县内划定的生态公益林区分布在大塘、南晓、那陈、那马、长塘、伶俐、昆仑等乡镇的林区，面积 2.20 万公顷。2004 年，以上各类林区面积保持不变。

木材林　县内木材林主要有针叶树种和阔叶树种。针叶树种主要有本地马尾松、杉木等，引进的有湿地松；阔叶树种主要有大叶桉、小叶桉、马占相思、楠木、樟木等，引进有速生桉等。用材林主产区昆仑、伶俐、长塘、百济、大塘 5 个乡镇，其中昆仑、伶俐林区是木材主产区，占全县木材产量约 40%。其他乡镇均大面积分布用材林。2004 年，全县用材林面积约 5 万公顷。

经济林　县内经济林主要有龙眼、荔枝、杧果、八角、柑橙、梨、油茶、油桐、木菠萝、板栗、桃果、扁桃、柠檬、酸梅等果树。经济林分布于全县 21 个乡镇，其中荔枝主产地为南晓、百济、大塘等乡镇，龙眼以大塘、四塘、伶俐、长塘等乡镇为最多，柑橙主要分布于那陈、大塘、百济、南阳、那楼、镇龙等乡镇，八角产地为昆仑镇。1991 年，全县荔枝种植面积 800.67 公顷，龙眼种植面积 546.67 公顷，柑橙种植面积 1757.40 公顷。1996 年，全县荔枝种植面积 2715.87 公顷，龙眼种植面积 4806 公顷，柑橙种植面积 1740.06 公顷。1999 年，全县荔枝种植面积 7976 公顷，龙眼种植面积 7209.87 公顷，柑橙种植面积 1683.40 公顷，杧果种植面积 1910.27 公顷，梨树种植面积 215.80 公顷，酸梅种植面积 219.33 公顷。2003 年，全县荔枝种植面积 8000 公顷，龙眼种植面积 6800 公顷，柑橙种植面积 1313.33 公顷，杧果种植面积 1833.33 公顷。2004 年，全县经济林面积 2.30 万公顷。

竹　类　县内有撑高竹、粉单竹、勒竹、吊丝竹、撑绿杂交竹等竹类，分布于全县各乡镇。1991 年以前，竹林多分布于各村坡周边，山上也有零星分布，主要是用材林。1991 年后，竹子种植以经济效益为主，多向山地发展，并形成一定规模的竹林场。镇龙乡镇龙村曾大仁开办的俊源竹场 1992 年面积 15.33 公顷，1993 年发展至 80 公顷，1996 年发展到 160 公顷。四塘、五塘、伶俐、长塘、新江、中和、昆仑、大塘、那陈等乡镇竹的开发利用发展较快，形成一定规模。2000 年，全县竹林面积 2200 公顷。2004 年全县竹林面积 5000 公顷。

第二节　育苗造林

育　苗

20 世纪 80 年代初期土地、山林实行承包后，造林用地分散，邕宁县难以形成万亩连片开发种植。1991 年，县内停止飞机播树种造林，以人工育苗造林、点播树种造林为主。县内树种育苗场有国有育苗企业、集体育苗场和个人育苗场等。1998 年，全县苗圃有 202 个，年产树苗 3949 万株，种苗主要有针叶树种和阔叶树种等。

2000 年，引进新树种，主要是马占相思、巨尾叶桉等。这些树种育苗技术要求严格，个人育苗逐步退出育苗市场，育苗开始转为以企业化专业化为主。

2003 年，吸引内外资 1300 万元，营造以巨尾叶桉为主的速生丰产林 5087.60 公顷，其中 78.30% 是非公有林，个体造林户发展到 22 户。

2004 年，全县有龙岗苗圃、伶俐苗圃 2 个国有苗圃场，集体、联营和个人育苗场有 171 个，产苗 1267.12 万株。

1991 年至 2004 年，全县有育苗单位（含国营、集体、个人）累计 502 个，育苗面积共 471 公顷，

▲ 2002 年，县林业局速生丰产林育苗基地
（邕宁区史志办资料照片）

产苗量共 1.62 亿株。

伶俐苗圃 1966 年在伶俐建立时称伶俐果苗场，属国有企业苗圃，由县林业局管理，1969 年停办，1982 年重建，经营面积 80 公顷，其中育苗 2 公顷，以育桉树、相思树为主。1996 年苗圃改革，由财政全额拨款改为差额后又变为自收自支事业单位。苗圃长期被周边村群众侵占，2000 年后仅有苗圃 40 公顷，年产苗量约 300 万株。2004 年前后，该苗圃处于瘫痪状态，靠出租土地维持职工生活。

龙岗苗圃 1966 年建立时称良庆书林苗圃，属国有企业苗圃，由县林业局管理，经营总面积 1.02 公顷，其中育苗地 0.13 公顷，育苗种类有桉类（主要是柠檬桉）、松苗、扁桃、杧果、龙眼、荔枝、三华李、柑橙等。2003 年，能用于生产苗木有 1.30 公顷，年产苗量 200 万株。

三元苗圃 2001 年，南宁三元集团下属丰林公司，在邕宁县创办速生桉苗木繁育基地（三元苗圃），面积 5.30 公顷，年产苗量 500 万株。

南宁益民苗圃 2003 年，南宁益民扶贫公司在那马镇创办培育速生桉苗木繁育基地，面积 0.60 公顷，年产速生桉苗 80 万株。

造 林

邕宁县造林的区域主要是荒山、荒地和林木砍伐区及退耕还林坡地等。造林树种主要有速生桉、马占相思、马尾松、杉木、竹等。

1991 年下半年开始，每年全县通过县、乡镇、村层层签订造林灭荒、平原绿化责任状，开展造林灭荒绿化活动。通过组织干部职工深入乡、村组织群众义务投工造林，推行承包造林，成立乡村林场、联办林场等形式大规模造林。1991 年全县造林总面积 3709 公顷。

1994 年造林总面积 5818.50 公顷。是年，邕宁县通过自治区绿化委员会和区林业厅检查验收，实现了全县造林灭荒、平原绿化“双达标”。

1997 年，全县参加义务植树活动 29.20 万人次，植树 70.80 万株，其中公路边、村边、河边、水库边植树 8.30 万株。完成“军民共建绿化工程”66.67 公顷，造林补植面积 1387.20 公顷。

2000 年，建设桂海（桂林—北海）高速公路县境内段绿色长廊，启动珠江流域防护林工程，利用国债投资 341 万元，在邕江、八尺江两岸、高速公路（县境内）、二级公路（县境内）及凤亭、大王滩等大中型水库周围造防护林共 1565.20 公顷，累计封山育林 2792 公顷，完成人工造林 2001 公顷。

2001 年，邕宁县出台《关于加快营造速生丰产林的决定》调整林种结构，制定造林优惠政策，加大引资造林力度，建立速生丰产林基地，发展非公有林业。是年，全县完成造林任务 4333.30 公顷。

2004 年，建成 100 公顷以上速生丰产林基地 30 个，营造速生丰产林 3.10 万公顷，其中非公有林 2 万公顷。2004 年全县造林总面积 5810 公顷。

1991 年至 2004 年，全县干部职工、群众累计参加义务植树造林活动 400 万人次，累计造林面积 8.08 万公顷，其中荒山造林 3.57 万公顷。迹地（旧林地）更新 13.60 万公顷，低产林改造 1.77 万公顷，用材林 5.04 万公顷，经济林 8030.30 公顷。在植树造林中，种松树 2.24 万公顷，种杉木 967.70 公顷，种竹 3227 公顷，种桉树 1.83 万公顷，种相思树 1100 公顷，种速生丰产林 1.86 万公顷。

第三节　森林保护

封山育林

1991年起，邕宁县结合植树造林、灭荒绿化及绿色工程建设，实行封山育林（封山期一般为三年左右，期间禁止放养牛羊、割草、砍伐林木）。封山育林面积大部分在昆仑、伶俐、长塘、百济、大塘主要林区，部分在蒲庙、吴圩、苏圩、南晓、大塘等乡镇水源林保护区及部分村屯的山林。至2004年，全县封山育林面积3万公顷。

生态公益林

2000年始，邕宁县划定国家级生态公益林区。县内划定的生态公益林区分布在大塘、南晓、那陈、那马、长塘、伶俐、昆仑等乡镇的林区，面积2.20万公顷。2002年起，邕宁县对全县生态公益林区实行资金补偿试点，每年可从国家获得补助112万元。2003年，全县退耕还林面积666.67公顷，其中有646.67公顷为生态林。

退耕还林

2000年开始实施退耕还林。邕宁县以那马镇为试点，实施退耕还林面积11公顷获得成功。年内实行县财政资金补助方式，全县全面实施退耕还林。

2002年，自治区下达给邕宁县退耕还林任务2000公顷，其中坡耕地造林666.67公顷、配套荒山造林1333.33公顷。邕宁县采取措施，将任务分解到11个乡镇25个行政村，并与144户农户签订退耕还林合同。是年，完成退耕还林面积1433.33公顷，其中退耕地造林100公顷，宜林荒山荒地造林1333.33公顷。国家安排的项目种苗补助150万元和现金补助20万元全部到位，粮食兑现到户61.05吨。

2002年至2004年，邕宁县退耕还林1733公顷，其中生态林占97%，涉及19个乡镇59个村824户，国家安排的项目种苗补助150万元和现金补助20万元全部到位，粮食兑现到户61.05吨。

古树名木保护

1991年始，县林业部门对古树名木进行造册登记备案，并挂牌和划定保护区，加以重点保护。2004年，全县有古树名木共1589株。其中，属国家一级珍贵树种、树龄500年以上（含500年）有2株；属国家二级珍贵树种、树龄300~499年有85株；属国家三级珍贵树种、树龄100~299年有1502株。树种以桑科小叶榕和大叶榕为主，其次是荔枝、龙眼、樟树、扁桃树等，多分布于村头、村边、畲地边等地方。

森林病虫害防治

1991年后，县内森林主要病虫害有松毛虫、桉叶小卷蛾、松墨天牛、蝗虫、松梢螟、青枯病、椿象、荔枝蒂蛀虫、松杉苗立枯病、赤枯病、白粉病、荔枝毛毡病、白蚁、白蛾蜡蝉等。松树纯林面积大，中幼林多，积温高，每年都有发生松毛虫危害。1999年起，使用飞机喷洒农药防治消灭大面积森林病虫害，年内飞机喷洒农药防治森林病虫害面积 2666.70 公顷。2000 年后，发现松毛线虫及青枯病，县建立了以县森林防疫站为中心，形成县、乡镇、村三级虫情监测网，建立完善测报制度。

1991 年至 2004 年，全县累计防治森林病虫害面积 7.21 万公顷。其中，人工防治森林病虫害面积 5.91 万公顷，飞机喷洒农药防治森林病虫害面积 1.30 万公顷。

森林防火

1991 年，县、乡镇两级人民政府相应成立护林防火领导机构和护林防火制度。1993 年成立县森林消防队，人员 30 人，经费由林业资金列支。

▲ 21 世纪初，邕宁县森林消防队开展森林灭火演练
（邕宁区史志办资料照片）

1993 年，在伶俐、昆仑、大塘、那马、百济、中和、蒲庙、五塘 8 个乡镇设立防火瞭望台，配备兼职护林员 188 人，建立无线通信基站 8 个，形成了森林防火观察通信网络。防火瞭望台因经费不足维持至 1995 年止。

1995 年始，在伶俐镇林区开设森林防火林带 5 千米。年内，全县建设 300 千米的防火林带。

1997 年，县森林消防队正式定编，财政定额拨款，不足部分由林业资金补。

1999 年，全县 21 个乡镇相继组建半专业森林消防队，配备兼、专职消防人员 160 多人。每个乡镇平均有风力灭火机 2 台以上，扑火二号工具 20 把。县森林消防队有防火器械、风力灭火机由 1993 年 5 台，逐步增加到 2004 年 65 台，扑火二号工具 1000 把。

1991 年至 2004 年，全县发生森林火灾共 137 次，森林受害面积 851.20 公顷，其中由生产用火引起 57 次，占火灾总次数的 42%；非生产用火引起火灾（包括吸烟、烧火取暖、烧烤食物、烧路边草、小孩玩火、扫墓等）60 次，占 43.80%；故意纵火 20 次、占 14.20%。县内森林火灾大部分集中在每年的 11 月至翌年 4 月发生。

保　护　区

水源林保护区　1991 年至 2004 年，县内有水源林保护林区 5 个，面积 283.50 平方千米。分别是：大王滩水库水源及水源林保护林区，位于那马镇、吴圩镇、那陈镇大王滩水库区，保护区面积 168.40 平方千米；凤亭河水库水源及水源林保护林区，位于大塘镇凤亭河水库区，保护面积 6 平方千米；屯六水库水源及水源林保护林区，位于大塘镇那造、横州村一带水库区，保护面积 77.60 平方千米；英雄水库水源及水源林保护林区，位于新江镇英雄水库区，保护面积 12.20 平方千米；青龙江水库水源及水源林保护林区，位于刘圩镇青龙江水库区，保护面积 2.90 平方千米；西云江水库水源及水源林保护林区，位于五塘镇西云江水库区，保护面积 16.40 平方千米。

自然保护区　2004 年，邕宁县规划建设的自然保护区有八鲤亭森林公园保护区、南晓森林公园保护区和五象森林公园保护区 3 个，面积 3000 公顷。南晓森林公园保护区位于南晓镇南晓社区一带，保护区级别为市级规划开发，面积约 1000 公顷，景区内林木茂密，为鸟类栖息地；五象森林公园保护区，位于良庆镇玉洞石象岭，保护区级别为市级，面积约1000公顷，景区内林木密布、风景秀丽，已开发为旅游区；八鲤亭森林公园保护区，位于蒲庙圩东南面，保护区级别为市级，面积约1000公顷，景区内林木茂盛，园林景色秀美。

第四节　林政管理

治理乱砍滥伐

邕宁县是木材产区，1991年后社会上一些木材收购单位和私商非法收购、贩运木材，加上县内有些山林的权属不明确，山界林权混乱，造成乱砍滥伐，全县木材年均损失2142立方米。对乱砍伐林木问题，邕宁县加强管理，完善以林业公安为主体的林区治安防范体系，依法适时开展专项打击乱砍伐林活动；广泛开展林业法制教育，层层制定护林公约；推行护林承包责任制，加强采伐管理，有效制止了乱砍滥伐。为了有效保护全县森林资源，派出以森林公安为主的工作队会同各乡镇人民政府，深入林区制止和调查处理毁林案件，并清理整顿林区内木材加工厂。1991年至2004年，全县发生毁林案件85起，涉及林木面积累计1500公顷，损失木材3万立方米。

采伐管理

邕宁县严格执行森林采伐限额制度，加强采伐管理，保证木材采伐量不超过生长量。1991年，全县发放林木采伐证8569立方米。1992年、1996年，村及村以下木材采伐量分别是1.48万立方米和1.19万立方米。在木材生产中，商品材部分是以县木材公司为主。1997年起，采取管好源头与整顿流通相结合的办法，在年度采伐指标下达前，对上年度各个木材采伐区进行检查验收，严格进行伐前设计、伐中检查、伐后监督管理，发现问题及时纠正，林政、林业公安、木材检查等部门密切配合，共同查处乱砍滥伐等各类破坏森林资源违法行为。是年共查处破坏森林案件140起，查处违法人员199人次，依法没收木材876立方米。1999年起，严禁采伐天然林、水源林、防护林，全县木材采伐量3095立方米。2000年采伐2万立方米。2001年采伐1.08万立方米。2004年，发放林木采伐证2.95万立方米。1991年至2004年全县凭采伐证砍伐林木累计29.19万立方米。

调处山林纠纷

1991年后，全县山林纠纷一直呈递增趋势。由于历史遗留的山林权属不确定性，群众存在争议，悬而不决，矛盾激化，出现上访甚至发生群体械斗流血事件。县派出工作队会同各乡镇政府，深入林区、村坡调查处理山林纠纷案件。1997年，全县调解处理山林纠纷84起，涉及山林面积1049.79公顷。1998年，调解处理山林纠纷84起，涉及山林面积872.28公顷。1999年至2001年，调解处理山林纠纷47起。1991年至2004年，全县调结山林纠纷案件141起，其中跨地（市）、县（区）山林纠纷案件15起、县内山林纠纷案件126起。

野生动物保护

1991年始，邕宁县投入大量的人力、物力、财力，严厉打击各种贩卖、宰杀野生动物违法犯罪活动。在学校、社会上加大宣传力度，保护县内野生动物资源。从1995年起，每年3月开展“爱鸟周”

宣传活动。1998 年，在县城举行“1999 年广西爱护野生动物万人签字大会”，有 1000 多人参加签名。

1999 年，在县大沙田破获 1 起最大贩卖、宰杀野生保护动物案，收缴国家级、自治区级野生保护动物巨蜥 72 条（其中活体 4 条），蟒蛇尸体 1 条，穿山甲鳞片 50.50 千克，蛤蚧 378 条，果子狸尸体 4 只，猫头鹰死体 3 只，抓捕罪犯嫌疑人 3 人。之后，每年开展“候鸟保护行动”“春蕾行动”和“绿剑行动”，严厉打击破坏野生动物资源违法犯罪活动。

2000 年，在南晓镇南晓社区那兰坡建立了村级鹭鸟保护区，面积 2 平方千米。2004 年 12 月，邕宁县划定南晓镇晓村一带为候鸟栖息地保护区，面积 18.60 平方千米。

木材经营管理

1991 年至 1995 年，邕宁县木材经营以县木材公司为主，县内商品材部分主要通过该公司领取采伐证采伐后销往各生产厂家或外地。1996 年木材由计划调拨转向市场营销后，主要通过木材市场进行销售。因此，邕宁县的木材经营管理主要放在县木材公司和木材市场上。县木材市场位于县城八尺江桥东，由县木材公司经营和日常管理，行政管理主要由县林业局和县工商局实施。在管理上重点检查木材来源是否合法，手续是否齐全，销售渠道是否顺畅，并协助广西丰林公司中密度纤维板厂、阳光中密度纤维板厂、邕宁县木器厂等县境内木材加工企业理顺各方面关系，确保正常生产。

第五节 林 产 品

1991 年，邕宁县木材种类主要有马尾松、杉木、大叶桉、小叶桉、马占相思、楠木、樟木、枫木、苦楝树、竹等，年生产木材 5.33 万立方米。1995 年有木材 7.39 万立方米。2000 年，湿地松、速生桉逐渐上市，年产木材 6.45 万立方米。2003 年有木材 11.09 万立方米。1991 年至 2004 年，邕宁县林产品产量为锯材 50 万立方米，包装箱 800 万个，胶木板 10 万立方米，纤维板 100 万立方米，松香 19 万吨，松节油 5 万吨。林副产品产量为油桐籽 450 吨，松脂 20 万吨，八角 50 吨，笋干 1980 吨，桉叶油 100 吨。

木 材

1991 年，邕宁县年产木材 5.33 万立方米。为弥补县内部分乡镇对木材需求量的不足，木材实行计划调拨持续到 1995 年底。1996 年逐步由市场配置。木材进入市场后，木材销售主要在县内进行，小部分销售到县外，也有从县外销到县内的。销售对象主要是木材加工厂（企业）、纤维板厂、造纸厂、家具厂等。县内设有 1 个木材市场，位于县城八尺江桥东，由县木材公司经营和日常管理，行政方面接受县林业局和工商局等管理。2003 年，全县有木材 11.09 万立方米。1996 年至 2004 年，邕宁县木材市场木材年均交易量 34 万立方米。

木材加工方面，县境内木材加工企业有广西丰林公司中密度纤维板厂、阳光中密度纤维板厂、邕宁县木器厂等。木材加工主要是制材加工、人造板等。1995 年前，以生产锯材、木制品为主。1996 年起，一批木材加工企业相继出现，综合利用木材，生产纤维板、胶合板、刨花板、刨切单板等。制材加工有锯材、包装箱、木片、木制品等。1991 年至 2004 年，在县境内生产纤维板、胶合板、刨花板等消耗木材共 100 万立方米，生产锯材共 50 万立方米，包装箱共 800 万个，木片共 10 万吨。

松脂产品

20 世纪 80 年代中期，国内外的松香、松节油需求量回升，松脂产品出口获利大。由于建小松香厂投资小，见效快，县境内除原有的乡镇企业松香厂外，乡镇企业又陆续新建一批小松香厂，1988 年全县有松香厂 18 家。大部分松香厂采取简易办法生产，原料、燃料消耗大，产品质量低；有的地方滥采乱割松脂，松树被采割强度惊人（被采割多次的松树不成木材）；有的地方乱采伐林木作燃料。为保护森林松脂资源，保证松香生产质量，邕宁县贯彻执行自治区人民政府关于脂松香生产实行许可证制度的规定，实行重新登记，发给生产许可证。经过整顿，至 1991 年，县内经批准获松香生产许可证的有县松香厂、高峰林场松香厂、七坡林场松香厂和百济乡松香厂、南晓镇松香厂等 15 个厂，年生产松香累计超过 1 万吨。2004 年底，全县有松脂厂 8 个。1991 年至 2004 年，全县松脂产量 20 万吨，累计生产松香 19 万吨、松节油 5 万吨。

第六节　林　场

邕宁县境内自治区属林场有高峰林场、七坡林场、南宁市树木园（良凤江国家森林公园）3 个，县属林场有南州林场，此外还有乡镇林场、村属集体林场、联办林场和私营林场。

自治区属林场

高峰林场　1952 年建立，总场设在南宁市兴宁区邕武路。2004 年全场总经营面积 3.70 万公顷，其中森林面积 3.25 万公顷，森林覆盖率 80.30%。在邕宁县境内有林面积 1.44 万公顷，其中经营面积 1.32 万公顷，设有界牌、六里、东昇、银岭、延河、万盘、平甫、军山、六塘 9 个分场，涉及四塘、五塘、昆仑、伶俐、长塘等乡镇，有用材林 17678.10 公顷，经济林 1514.10 公顷，防护林 1612.60 公顷，特种用材林 27.20 公顷。主要林产品有松脂年产 87 吨，八角年产 79.13 吨，桂皮年产 98.61 吨，水果年产 50 吨。

七坡林场　前身是南宁林场，1950 年 1 月广西省人民政府接管，总场设在吴圩镇七坡。2004 年全场总经营面积 1.88 万公顷，其中森林面积 1.25 万公顷，森林覆盖率 71.10%。在邕宁县境内经营面积 1.37 万公顷，有林面积 7821.80 公顷。总场下设 4 个营林分场，11 个林站，涉及吴圩、苏圩、延安 3 个乡镇。主要林种为用材林，一般用材林 5036.40 公顷，短轮伐期用材林 1590.40 公顷，经济林 663.10 公顷，水源涵养林 509.80 公顷，防护林 22.10 公顷。主要林产品有松脂年产 4000 吨，水果年产 1000 吨。

▲ 1991 年，广西国营七坡林场场部

（邕宁区史志办资料照片）

南宁市树木园　1979 年建立，总场设在南宁市良凤江。1997 年成为国家级森林公园。2004 年全场总经营面积 4714.50 公顷，其中森林面积 4024.20 公顷，森林覆盖率 79.50%。在邕宁县境内经营面积 3037.50 公顷，有林面积 2559.40 公顷。设有分场 2 个，涉及良庆、那马 2 个乡镇，主要有用材林、防护林，一般用材林 2000 公顷，短轮伐期用材林 1084 公顷，防护林 1475.40 公顷。主要林产品有松脂年产 807 吨。

县属林场

邕宁县县属林场有 1 个，即南州林场，建于 1957 年，下设分场 8 个，森林派出所 1 个。总场设在大塘镇南州村。1991 年，全场经营面积 10176 公顷，拥有林木总蓄积 60.80 万立方米，森林覆盖率 73.28%，绿化率 87.51%；林场大部分为马尾松纯林，另有经济林面积 277 公顷。1995 年总场举债迁址至大塘镇太安村，后因生产资金不足，加上经营不善，同年起开始走下坡路。1997 年全场负债严重，拖欠职工工资，林场开始推行自营经济，并将土地向外出租经营，2000 年 9 月由南宁三元物业有限公司托管。2003 年该公司利用林场土地造林 2200 公顷，全场人工造林 4025 公顷，育苗 8.90 公顷，产出圃苗木 1594 万株。2004 年 7 月中共邕宁县委、县政府决定解除南宁三元物业有限公司托管合同；年内，全场有职工 380 人，其中离退休职工 183 人，出租 1000 公顷，有 300 名职工从事自营经济养家维持生活。

乡镇林场

1991 年，全县乡镇林场有良庆、那楼、百济等 7 个林场，经营总面积 200 公顷。后因生产资金不足，加上经营不善负债等原因，至 1998 年有 5 个林场停止经营。1999 年，全县乡镇林场仍在经营的有那楼镇柳龙林场和那强林场 2 个，经营总面积 50 公顷。2000 年至 2004 年，柳龙林场和那强林场各有 1 人管理，经费不能自给。

村属集体林场

1991 年，全县有村属集体林场 20 个，经营总面积约 500 公顷。村办集体林场由于经营管理不到位、资金缺乏、技术人员短缺等原因，有的被迫停办。至 1999 年，全县有村属集体林场 17 个。2004 年，全县仅存有刘圩镇麓阳村启蒙坡林场、良合村良住坡林场和南晓镇晓元村林场 3 个。

联办林场

1991 年，全县由集体和私人等联合投资经营的联办林场有 51 个，经营总面积约 4500 公顷。1999 年底，全县有联办林场 23 个，经营总面积 3231 公顷。2003 年，联办林场已全部承包到个人。至 2004 年，仍在经营的有伶俐三状岭和望江樟 2 个林场。

私营民营林场

1991 年，县内由个人投资经营的私营林场仅有苏圩金腾林场 1 个，经营面积 500 公顷。

2000 年，邕宁县为促进非公有林业良性发展调整了林业政策，私营民营林业有所发展。至 2004 年，全县有私营民营林场 22 个，经营面积 2 万公顷。

第七节　农村能源建设

1997 年起，邕宁县在蒲庙镇州同村、南阳镇新光村和二田村、四塘镇的六村和同仁村、伶俐镇王京村等进行农村能源生态农业示范点建设工作，至 1998 年，共建设沼气池 715 座，推广省柴灶 1.08 万户。1998 年 11 月，县政府印发《邕宁县能源生态农业项目建设实施方案的通知》，提出利用 5 年（1998 年至 2002 年）时间，在邕宁县实施"生态县"及"生态村"项目建设工程。2002 年全县计划新建沼气池 2 万座，卫生厕所 1.20 万座，新建生态村 42 个。至年底，全县各项生态能源建设基本完成。2004 年，全县建成沼气池 9.10 万座，建成卫生厕所 11.80 万座，建成生态文明村 251 个。

省柴灶建设

1988 年始，邕宁县实施全国改灶（燃）节柴试点县建设，采取政府补贴与群众自筹相结合的方式，在农村推广省柴灶、节柴改灶，减少农村能源耗材，增加森林蓄积量。1988 年 7 月至 1993 年 12 月，累计推广省柴节煤灶 14.38 万户，占总农户 91%，超额完成项目合同任务。通过开展省柴节煤试点，全县农村形成年节能 11.70 万吨标准煤，折 17.50 万立方米木材，相当于保护 1.80 万公顷山林免遭采伐。因省柴灶省柴高效，20 世纪 90 年代后推广很快，至 1994 年，全县累计推广省柴灶、节柴改灶 15.89 万户，创造年节约木材 19.31 万立方米，并通过国家验收。

1994 年后，在改灶、改燃节柴基础上，采取县政府补助引导群众建沼气池，用沼气代替木柴减少农村生活用柴，保护森林资源。1994 年至 2004 年，全县累计建成省柴灶 12.29 万座。2004 年以后，随着煤气和沼气使用在城乡普及，省柴灶建设趋少。

沼气池建设

沼气是有机物质在厌氧环境中，在一定的温度、湿度、酸碱度的条件下，通过微生物发酵作用产生的一种可燃气体。沼气可用于照明、煮饭、煮菜、烧水等，为农村提供廉价优质的燃料。沼气池出来的废弃物是沼液和沼渣，可以作为农药添加剂、肥料、饲料等来使用，大大减少化肥和农药带来的危害，有利于生产绿色产品和无公害产品。建设一个沼气池可以使用 20 年左右，综合利用好沼气池不仅可以节约能源、改善和保护环境，而且还能节约化肥和农药、提高农作物的产量和质量、促进和带动饲养业的发展。

邕宁县生态能源建设起步较早，20 世纪 50 年代末至 70 年代初曾两次在农村兴办沼气池，但由于当时条件和技术等方面的限制，沼气使用率和保存率较低，无法普及。1991 年 1 月，成立县农村能源工作站，负责农村能源建设工作，开展改灶节柴、沼气池技术推广。

1998 年，全县实施自治区生态农业示范工程。3 月，县政府印发《关于下达 1998 年度沼气池建设计划的通知》，将全县 8000 户沼气池建设任务分解下达到各乡镇。全年举办建设沼气池技术培训班 7 期，培训沼气池技术员 507 人，为群众提供建设沼气池技术咨询 1.60 万人次，供应 300 多套沼气炉具，组建 6 个建池施工队为群众建设沼气池。

1999 年 9 月，县政府印发《邕宁县 1999 年下半年沼气池建设实施方案》，提出 1999 年全县建设沼气池 1 万座的任务，并将任务下达到各乡镇，要求以"大会战"方式，集中各单位的人力、物力、财力，重点抓好农村沼气池建设。全县采取政府补贴与群众自筹相结合的方式推广沼气池能源建设，县财政投资 230 万元补助沼气建设，县直单位资助 28 万元，镇村投入 7 万元，确保新建沼气池每座得到0.90吨水泥补助。群众也自筹资金275万元投入沼气池建设中。同时从1月至12月，县实施养殖—沼气—种植三位一体生态农业试验示范，在蒲庙镇州同村、南阳镇二田村、刘圩镇那救村和四塘镇同仁村推广100户沼气综合利用。示范户均年增收节支1020元。是年，全县新建沼气池6000多座。

2000年4月，县政府提出确保本年度全县新建2万座沼气池建设任务要求，在5—6月掀起一次大办沼气池高潮。2000年6月至2001年12月，在长塘镇团岩坡、加踏坡、那马镇坛僚坡3个生态村实施南宁市生态村沼气综合利用示范，60个示范户平均每户年增收节支2215.43元。

2003年1月，实施农业部2002年农村能源基本建设户沼气项目，在县内完成以沼气池建设为重点的“一池三改”（即沼气池，改厕、改厨、改圈）建设任务950户。2003年10月，县实施农业部、发改委2003年农村沼气建设国债项目，在县内开展以沼气建设为重点的“一池五改”（“一池”即沼气池，用于照明、燃料和肥料等。“五改”即改厕，推广水冲卫生厕和旱用卫生厕；改厨，改造厨房和省材灶；改圈，改造牛栏、猪栏；改水，改人畜饮水为自来水；改路，改村坡道路为沙石路或水泥路）建设3000户。2004年6月，项目农户950户用上优质的沼气燃料和高效有机肥料，形成年增收节支114万元，年节柴2373吨，改善了农村生态环境。2004年12月，完成3000户项目建设。

至2004年12月，全县农村累计建成使用沼气池9.19万座，推广集中供气沼气工程（100立方米以上）5座。

第五章　农业机械

1980 年前后，农业生产推行家庭联产承包责任制后，邕宁县农村原生产队集体所有的农业机具已基本折价处理。

▲ 1996 年，邕宁县抛秧机推广使用现场
（邕宁区史志办资料照片）

1991 年后，县内国有的农场、林场、机耕队的农业机械购置，多是卖旧买新，总量基本不变。农村群众联户、独户购置农业机械数量增长较快，联户、独户购置拖拉机，机具类型和性能品质，由原来的粗制、品质低劣，逐步向多功能型、多品种、高品质发展。用途上有动力机械、耕作机械、运输机械、排灌机械、植保机械、收获机械、农产品加工机械、水稻生产机械、甘蔗生产机械、林果生产机械、蔬菜生产机械、养殖机械、农田水利建设机械等。农业机械在邕宁县农业生产、农民生活和农村建设等领域得到普遍应用。动力机械主要有柴油机、电动机、汽油机等几种，其中柴油机、电动机使用较多，柴油机主要用于农田排灌动力，电动机主要是为农产品加工提供动力。

1991 年，全县拥有农业机械总动力 26 万千瓦，农业机耕机械总数 2.20 万台，农机总作业值 1.04 亿元。1998 年，全县拥有农业机械总动力 45.24 万千瓦，农机总作业值 2.65 亿元。2001 年，全县拥有农业机械总动力 58.39 万千瓦，农机总作业值 2.70 亿元。2004 年，全县拥有农业机械总动力 61.30 万千瓦，有农业机耕机械总数 3.39 万台，农机总作业值 3.32 亿元。

第一节　农用机械

耕作机械

1991 年后，邕宁县农机耕作机械主要有拖拉机、耕整机、机耕（滚）船以及配套农具等。投入耕作的主要是大中型拖拉机、手扶拖拉机、微型拖拉机等。多功能拖拉机主要用于农业运输。配套农具主要有机引犁、机引耙和旋耕机等。机引犁主要与大、中型拖拉机配套使用的三铧犁、四铧犁以及与微型拖拉机、耕整机配套的单铧犁等。机引耙主要是与微型拖拉机及耕整机配套的钉齿耙使用，原来与大、中型拖拉机配套的圆盘耙已被旋耕机所取代。机耕（滚）船由于微型手扶拖拉机和耕整机的出现而逐渐淘汰。

1991 年，全县有农业机耕机械总数 2.20 万台，其中大中型拖拉机 3394 台，小型拖拉机 1.07 万台，耕整机及微型拖拉机 523 台，机耕（滚）船 216 台，大中型机引农具 296 台，小型拖拉机耕整机、微型拖拉机机引农具 6876 台。

1996 年，全县有大中型拖拉机 248 台 1.99 万千瓦，小型拖拉机 1.25 万台 10.94 万千瓦，微型拖拉机 1380 台 6459 千瓦。当年实际机耕面积 2.59 万公顷，占全县耕地面积的 31.30%。

1998 年，全县有大、中型拖拉机 326 台，1.44 万千瓦；小型拖拉机 1.33 万台，12.22 万千瓦；微型拖拉机 1948 台，1.06 万千瓦。当年实际机耕面积 2.94 万公顷，占全县耕地面积的 39.30%。

2001 年，全县有大中型拖拉机 3034 台 5.58 万千瓦，小型拖拉机 1.14 万台 10.67 万千瓦。当年实际机耕面积 3.42 万公顷，占全县耕地面积的 45%。

2003 年，全县有大中型拖拉机 3288 台 5.75 万千瓦，小型拖拉机 1.12 万台 10.82 万千瓦。甘蔗机械深耕深松面积 1.45 万公顷。

1991 年至 2004 年，全县累计有大中型拖拉机 1.93 万台，其中变型拖拉机 1.17 万台；小型拖拉机 17.97 万台，其中小四轮拖拉机 4834 台；耕整机及微型拖拉机 2.56 万台；机耕（滚）船 3460 台；大中型机引农具 6493 台；小型拖拉机耕整机、微型拖拉机机引农具 13.36 万台。全县有农业动力机械累计 26.48 万台，其中柴油机 18.09 万台，电动机 7.95 万台，其他动力机械 4445 台。

植保机械

1991 年后，县内植保机械主要有机动喷雾器、甘蔗中耕施肥培土机、化肥深施器以及背负式人力喷雾器等。机动喷雾器除农场及部分大型果园使用外，一般农户不使用。甘蔗中耕施肥培土机，是县农机化管理中心实施甘蔗生产机械化科技示范项目后，2002 年从自治区农机研究所引进，并未能大量推广使用。化肥深施器全县累计购进 200 台，由于操作麻烦、工效低，群众不愿使用。背负式人力喷雾器是农村每家每户都购置使用的半机械植保机具。

1991 年，全县植保机械总数 143 台，全为机动喷雾（喷粉）机。2004 年，植保机械总数 175 台，其中机动喷雾（喷粉）机 132 台。1991 年至 2004 年,全县累计有植保机械（均为半机械喷雾喷粉机具）1775 台。

排灌机械

县内排灌机械主要有水泵和喷淋机。水泵有离心泵、自吸泵。1991 年后，离心泵和喷淋机逐年减少,农户新购买使用的主要是自吸泵,且都是趋向 6~9 厘米管径的小型泵,12 厘米管径以上的大泵较少。1991 年，全县有排灌机械总数 4859 台，其中农用水泵 4397 台、喷灌机械 462 台，动力 2.79 万千瓦。1996 年，全县有农用排灌机械 5657 台 4.02 万千瓦。1998 年全县有农用排灌机械 5658 台 4.30 万千瓦。1999 年后，县内排灌机械增加较快。2000 年有农用排灌机械 1.17 万台 6.05 万千瓦。至 2002 年，全县有农用排灌机械 1.65 万台 9.21 万千瓦。2003 年有 1.73 万台 9.44 万千瓦。2004 年,全县有排灌机械 1.46 万台，其中农用水泵 1.40 万台、喷灌机械 555 台，动力 10.02 万千瓦。

1991 年至 2004 年，全县累计有排灌机械 11.65 万台 77.42 万千瓦。其中，农用水泵 10.81 万台，喷灌机械 8415 台。

收获机械

1991 年后，邕宁县虽然曾极力推广使用水稻收获机械，但由于群众经济承受能力和机具性能等方面原因，一直得不到广泛推广，县内农户没有收获机械，每年全县水稻机收面积除国营场站外，农村

▲ 2002 年，邕宁县蔗农利用甘蔗收割机收割甘蔗
（邕宁区史志办资料照片）

农户机收面积较少。1991 年，全县有收获机械 9 台，均为联合收割机。

2004 年，县政府采取措施大额补贴农户购买高性能联合收割机。全县购买收获机械 5 台，其中联合收割机 3 台、割晒机 2 台。

1991 年至 2004 年，全县累计有收获机械 212 台，其中联合收割机 127 台、割晒机 85 台。

脱粒机械

1991 年，全县有机动脱粒机 3127 台。县内农民使用的水稻脱粒机械经历两次变换。第一次是始于 1991 年，逐步淘汰人力打谷机，推广使用动力打谷机。第二次是 1995 年，由不带筛选功能的动力打谷机向有带筛选功能的动力打谷机变换。2004 年，全县有机动脱粒机 9024 台。打谷机均是带筛选功能的动力打谷机，每年机械脱粒率 95% 以上。1991 年至 2004 年，全县累计有机动脱粒机械 6.72 万台。

农产品加工机械

1991 年，邕宁县使用的农产品加工机械，主要有粮食加工机械、油料加工机械、饲料加工机械、蔗糖加工机械等。

粮食加工机械主要有碾米机、磨浆机等。1990 年前后，县内农村曾兴起小型家用碾米机，因机械性能和效率问题逐步淘汰。1997 年后，自动化程度高，能自动进料，集碾、磨、清选功能于一体的高性能碾米机，迅速取代了旧式不带清选功能的碾米机，这种碾米机加工量大、效率高，一般是一自然村（坡）一机即可满足要求。

油料加工机械主要有花生脱壳机和榨油机，县内产花生的农村使用花生脱壳机和榨油机加工花生油。

饲料加工机械主要有粉碎机和切蔓机等，县内农村使用粉碎机比较普遍，群众用作饲料的玉米、木薯等均用粉碎机加工；猪、牛养殖场和专业户使用切蔓机、粉碎机加工饲料较多。

蔗糖加工机械使用较少，主要在镇龙、百济、新江、昆仑、延安、那陈等乡镇的个别村坡使用机械加工蔗糖。

1991 年至 2004 年，全县累计有农产品加工机械 10.49 万台，其中，粮食加工机械 6.53 万台，油料加工机械 7159 台，饲料加工机械 3.24 万台，蔗糖加工机械 563 台。

运输机械

1991 年后，县内城镇乡村交通四通八达，交通运输事业迅速发展。全县农民购置用于运输的机械有汽车、农用汽车、微型汽车等车辆。1991 年，全县主要用于农业运输农用重型、微型汽车 133 辆。1996 年全县有农用载重汽车 1405 辆 11.63 万千瓦。1998 年，全县有农用载重汽车 1406 辆 12.11 万千瓦，农用运输车 768 辆 3.37 万千瓦。2002 年有农用载重汽车 1532 辆 13.66 万千瓦，农用运输车 1077 辆 3.58 万千瓦。2004 年，全县有农用重型、微型汽车 2525 辆。

1991 年至 2004 年，全县累计有农用运输车船 2.76 万台。其中，载重汽车 1.54 万辆；机动运输船 3100 艘；微型汽车（小四轮、三轮车）9170 辆，其中小四轮车 7753 辆。

农田水利建设机械

1991年后，邕宁县农田水利建设机械发展较快。由于全县各种建设工程建设较多，有的农田水利建设机械已经混用。农田水利建设机械主要有推土机、挖掘机、装载机和翻斗自卸车等。这些机械主要用途是路桥建设和楼房等工程建设，只有在秋冬农田水利基本设施建设和维护期间才用于农田水利方面。

1991年至2004年，全县累计有农田水利建设机械4448台，其中推土机525台，装载机27台，渔用机动船3896艘。

第二节　农机管理与服务

农机车辆管理

1991年后，邕宁县农机化管理工作从以行政手段管理为主，转向以法规管理与行政管理相结合。先后建立农机职业技能考核鉴定组、农机产品质量投诉站等管理机构，保护农机经营者的合法权益，促进农业机械化的发展。县农机安全监理站接受公安交警部门委托负责全县拖拉机的检查审验、新车登记入户发牌发证和驾驶员考核发证等工作。1996年，全县换发牌照的拖拉机6569辆，审验拖拉机驾驶员3678人。1998年，完成拖拉机和拖拉机驾驶员审验分别为7650台、3472人。

1999年至2001年，县农机监理站平均每年年检拖拉机6850台，年度审验驾驶员1500人，办理新车入户800台，考核发证新驾驶员700人。开展上路检查2112人次，检查拖拉机1.29万台次，纠正违章车辆案件4567起，道路外拖拉机事故率0.05‰。1999年，邕宁县农机监理站获广西农机“十佳监理站”称号。2000年，被农业部评为全国“文明监理，优质服务示范窗口”单位。

2003年，县农机部门组织开展农机安全专项检查与整治6次，组织农机安全执法人员下乡、上路检查3847人次，检查各种农业机械1.02万台次，纠正各种违章2485人次，教育驾驶员及群众3万多人次，完成拖拉机年检和检测6337台，确保拖拉机以较好的技术状态投入到农业生产。

1991年至2004年，全县农机每年事故率均控制在0.80‰以下。全县拖拉机年检累计8.39万台，拖拉机驾驶员年审累计5.21万人。

农机供应

县农机供应公司属国有企业，办公地址在县城五一路中段，公司建筑占地2.21万平方米，主要经营农机台套及配件，1991年公司在职人员35人。1991年，该公司在县城那元和吴圩、苏圩、五塘、南阳等乡镇设有农机配件供应门市部。县城那元门市部1989年8月建成开业，建筑面积218.60平方米；南阳门市部1990年12月建成开业，建筑面积162平方米，2001年5月拍卖作价3.50万元；吴圩门市部1993年5月建成开业，建筑面积760平方米；苏圩门市部1994年1月建成开业，建筑面积658.89平方米；五塘门市部建筑面积100平方米，2002年7月作价4万元拍卖给私人。公司在新江、那马、百济、那楼、刘圩、伶俐、昆仑、四塘、大塘、那陈、南晓等乡镇设有农机配件代销店。县农机供应公司在21个乡镇建有农机零配件供应门市部或代销店。

1992年，县农机供应公司有固定资产443.91万元。1991年至1996年，公司年平均营业额1000万元，税利11万元。1997年、1998年，公司销售总收入分别是748万元和700万元，两年共销售拖拉机645台，农机台套3317台。1998年起，由于经营管理不善，经营业务逐渐萎缩。2000年10月，乡镇农机配件门市部、代销店全部停止营业。县内的农机零配件供应由个体经营店取代。县农机公司所有的农机零配件门市部从2000年起全部实行承包经营，不再实行统一经营。2001年公司有固定资产120万元，销售总收入416万元。2004年，公司在职人员17人，全县有农机零配件供应店90间。

农机技术推广

1991年至1995年，邕宁县进行机械化肥深施推广、机耕与牛耕水稻产量对比试验。在机耕与牛耕产量对比试验中，蒲庙镇农机站和刘圩镇农机站实施的试验田，机耕比牛耕分别增产16.70%和15.40%。

1997年、1998年进行抛秧机推广，县农机技术推广站到北海市农机技术推广站购回1台抛秧机样板后，仿造了3台抛秧机，到各乡镇示范推广。经过2个耕种季示范，抛秧机未卖出1台，但抛秧技术很快被群众接受。因为机抛同手工抛秧相差不大,加上农村一家一户仅有0.40公顷左右的水田，不适宜机械抛秧作业，群众用手工抛秧更显方便灵活。抛秧机推广示范经过两个耕种季后，便自动退出。

1999年、2000年进行水稻联合收割机、割晒机推广，县农机局购买和组织6台中小型水稻联合收割机到蒲庙、南阳、四塘、五塘、苏圩、吴圩等乡镇进行示范推广，有蒲庙镇龙岗村和苏圩镇佳棉村群众各购水稻联合收割机1台。由于机械性能不稳定，故障较多，维修困难，因此未能推广。2000年进行工厂化育秧推广，邕宁县农机局投资4万元在蒲庙镇龙岗村颜村坡建育秧大棚1个，规划一次育秧供大田秧苗13.30公顷，后由于温控设施不配套，加上技术跟不上，育秧失败无法推广。

2002年，自治区、南宁市甘蔗生产机械化科技推广示范项目在长塘镇定西村加踏坡实施，是年示范基地6.70公顷，次年增至13.30公顷，实施全程机械化作业，并进行机耕与牛耕对比试验。该项目总投资105万元，其中自治区财政85万元，南宁市财政10万元，县财政10万元，建设周期4年。经专家验收显示，机械化作业比传统畜力作业种植每亩增产2.06吨，机耕比牛耕每亩增产2.30吨。经过机耕种植甘蔗明显比牛耕种植甘蔗耐旱，群众对机械化作业种植非常欢迎。

2004年机耕种蔗1.44万公顷，比上年增3800公顷。甘蔗机械化生产项目实施成功后，2003年，自治区农机化管理中心投资35万元，建立新江南瓜生产机械化科技示范基地，建设周期2年。项目实施中，购置了大型拖拉机1台，真空液肥抽吸机1台，带动群众应用机械种植南瓜666.70公顷。2004年国家出台补贴农民购买大型农机具政策，自治区财政补贴20万元，发动农民购买4台每台机价20.50万元日本洋马水稻联合收割机。这4台机分别是五塘1台、四塘2台、蒲庙1台。

农机生产服务

1991年后，县内农机生产服务内容主要是机耕、农业运输、机械脱粒、农村粮食和饲料加工、农业抗旱救灾、农田水利基本建设以及村镇建设等。1991年至1993年6月，县政府采取供应平价油办法鼓励农机下田作业，因此这段时间收费较优惠，机耕耙田每亩价格30~40元，打谷机脱粒每亩价格10~15元（也有以袋计收每袋谷2元）。1993年全县机犁、耕作业面积3.93万公顷。

1993年取消柴油平价供应后，县农机部门在全县范围内组织农机服务队255个，为农户提供服务，为无机耕户代耕。农机服务队由机耕手组成，由村级具体组织，经自由组合成为农机服务队，农机具由机耕户提供，属个人所有。农机服务收费普遍采用参照市场价格，并通过机耕队与农户双方议定的办法进行收取报酬。参加农机服务队的机耕报酬除被耕户按机耕面积支付一定的费用外，由村公所出具证明，机耕手还可得到政府相应的农机服务柴油补贴。1996年全县机耕作业面积4.50万公顷。

1997年，县农机部门组织全县21个乡镇机耕队262个，拖拉机4511台，有计划地为无机农户连

▲ 1998 年，蒲庙镇农机服务队在镇农机推广站门前等候队长下达农机作业任务指标并签订代耕作业合同

（邕宁区史志办资料照片）

片代耕作业，参加机耕服务的机耕手得到政府的柴油补贴。1998 年机耕作业面积 5.27 万公顷，粮食机械脱粒 8.30 万公顷，农机排灌 6 万公顷。

2001 年，组织农机服务队 369 个、拖拉机 7442 台实行代耕服务合同制度，为无机耕农户代耕、代运、代抗旱。当年机耕作业面积 7.35 万公顷，粮食机械脱粒 6.58 万公顷，农机排灌 2 万公顷，农业运输 1.51 万吨千米。农机系统年经营收入 2900 万元。

1993 年至 2001 年，机耕耙田每亩价格 40~60 元，打谷机脱粒每亩价格 25~40 元（以袋计收每袋谷 3~4 元），农业运输、农田排灌等由双方议定价格。

2003 年，组织各乡镇农机服务队 345 个，参加农机服务队的机械和车辆 7218 台（农机具由农机所有者提供，服务队员由农机所有者组成，多为个体），通过代耕服务合同制度，为无机耕农户代耕、代运和抗灾救灾。全年机犁耙作业面积 7.43 万公顷，机械深耕、深松 20.54 万公顷，机械收割水稻 1641 公顷，粮食机械脱粒 6.16 万公顷，农机排灌 3.49 万公顷，农业运输 250 万吨，农副产品加工 45 万吨。农机作业总值 3.18 亿元，其中农机年经营服务收入 674 万元。

2002 年至 2004 年，机耕耙田每亩价格 60~80 元，打谷机脱粒每亩价格 30~45 元，农业运输、农田排灌等由双方议定价格。

1991 至 2004 年，全县适宜机耕地区机耕较为普遍；农机完成的农业运输占年度农业运输量的 70%；机械脱粒面积占年度种植面积的 90%，累计 75.43 万公顷；农村粮食、饲料加工全部实现机械化；农机抗旱抽水灌溉面积每年 2 万 ~3.30 万公顷，占年度抗旱灌溉面积 40% 以上；农田水利基本建设和村镇建设等也投入了大量的机具，完成了大量的工作量。

农机技术培训

农机技术培训工作主要是以县农业机械化技术学校培训为主，乡镇农机站联合培训为辅。同时与县人事局联合开办汽车驾驶和农机修理技工资格培训班。1992 年 7 月 1 日，县农业机械技工学校改名为县农业机械化技术学校，校园占地 1.47 万平方米，属财政全额拨款事业单位；1991 年在职人员 23 人，2004 年在职人员 19 人。县农业机械化技术学校是培训拖拉机手、汽车和摩托车驾驶员、各种类型农机操作手以及农机管理人才的基地。

1991 年至 1996 年，全县共培训 7671 人，平均每年培训 1278 人。1996 年培训 2299 人。

1998 年培训 1425 人，其中汽车司机 80 人、拖拉机驾驶员 1125 人，其他 220 人。同时县农机部门还通过开现场会、短期培训等形式，培训机械抛秧、化肥深施、甘蔗深耕深松、节水、联合收割等技术操作能手 5300 多人次，为农业现代化建设提供专业人才。

2001 年共培训 1489 人，其中汽车司机 305 人、拖拉机驾驶员 700 人，其他 484 人。培训通过联训和定点培训的办法，把科学技术送到农民家门口，使大批农村青年掌握一门致富技术。

2003 年，全县组织农机“送教下乡”4 次，培训各类农机技术人员 1420 人，其中拖拉机驾驶员 649 人。完成农机“绿色证书”培训发证 100 人。

1991年至2004年，全县累计开办农机技术培训2.08万人次，其中，拖拉机驾驶员9221人次，农机操作手3380人次，其他（县农机校培训摩托车驾驶员和汽车驾驶员）8215人次。

农机维修

1991年，县内农机维修服务有县农机修造一厂、二厂和乡镇企业农机维修店和社队集体的维修店。乡镇农机主要由乡镇企业和社队集体办的维修店来完成。1991年全县有维修店91间，维修人员136人。1994年，南阳、四塘、大塘等6个乡镇企业农机维修店和社队集体的维修店，因经营管理不善先后倒闭，由个体私营企业接管经营农机维修。2003年，全县有三级修理各类型拖拉机1.57万台，修理农用汽车3079辆，修理各种农机具3.31万台次，农机修理总收入146.62万元。2004年年底，全县有农机维修店147间，维修人员1339人。

油料供应

1991年至1993年6月，县内农用柴油指标由县农机局统一分配、调拨，在保证机耕和救灾用的前提下，实行农机油田挂钩，并采取供应平价柴油的办法鼓励农机下田作业。农机员机耕作业面积经核准后由村公所出具证明到当地农机站领取平价柴油指标。一般情况下，县内农机油料供应由县石油公司统一进货批发，乡镇供销社负责零售。1992年后，邕宁县农机部门相继建设农机加油站15座，承包租用其他部门兴建的加油站2座，农机油料供应除百济、中和、伶俐、延安4个乡镇由乡镇供销社供应外，其他乡镇全部由农机部门办的农机加油站组织供应。1997年，国家加强对成品油市场进行整治，实行经营许可证制度，农机部门办的加油站部分因设施简陋、验收不达标而被取消经营资格。1998年大整顿时，14座农机加油站申报继续经营，仅有10座验收合格。1999年，国家对成品油市场进一步加强管理，县内石油批发业务仅有中国石化和中国石油等几家经营，油源趋于垄断，部分农机加油站油源没有保障以致停业，部分加油站转卖给中国石化公司。其中，2000年至2001年，蒲庙加油站和那楼、吴圩、大塘、南晓4个乡镇农机加油站转卖给中国石化邕宁公司，刘圩、南阳农机加油站转卖给私人。2004年底，吴圩、苏圩、四塘、那陈4个乡镇农机加油站由私人承包经营，那马、新江、镇龙、五塘、长塘以及县农机服务中心苏圩加油站已全部停业。

第六章 水 利

邕宁县水资源丰富，集雨面积在50平方千米以上的江河有9条。明清至民国时建有引水工程92处，灌溉面积仅占民国时期水田面积的5.90%。中华人民共和国成立后，县党委和政府大力建设水利工程，从1951年至1990年，建成大、中型水库各3座，小型水库107座，小山塘4073处，水轮泵站21处，电灌站304处。蓄水工程有效库容6.19亿立方米，全县蓄水、引水和提水工程灌溉农田面积4.29万公顷，占全县耕地56.75%。

1991年起，邕宁县重点做好水库的除险加固工作，发挥水利的农田灌溉、发电、养鱼等作用。2004年，县内水利灌溉工程有5344处，其中大型水库3座，中型水库4座，小（Ⅰ）、小（Ⅱ）型水库94座，10万立方米以下库容的山塘、水库4073处。总库容15.56亿立方米，有效库容共6.17亿立方米，死库容共4.32亿立方米，水面积共1亿平方米，设计灌溉农田面积4.17万公顷，有效灌溉农田面积2.22万公顷。

第一节 机 构

1959年12月成立邕宁县水利局，1963年1月更名为邕宁县水利电力局。邕宁县水利电力局（水利局）是县人民政府主管全县水利行政的职能部门，统一管理全县水资源和河道、水库，主管全县防汛抗旱和水土保持工作，负责全县水利、水电和行业管理。

1991年，邕宁县水利电力局机关内设机构有办公室、计财室、综合室等，核定行政编制18名，实有在编人员17人。局下设有县水利工程管理站、县水利水电设计室、县水利建设站、县水政水资源管理站、县水库移民安置办公室、县防汛抗旱办公室、县物资车队等事业单位；下辖国营水利管理机构42个，其中乡镇水利水土保持管理站21个，国有水利工程单位18个（即：西云江、青龙江、英雄、天堂、六思、康宁、六冬7个水库管理所，大王滩、大塘2个灌区管理所，明阳、那齐、咘表、蒲庙、清水泉、长塘、伶俐、那才、南阳等9个电灌站），其他单位3个（水泥构件预制厂、机电安装修理队、水电建筑工程公司）。全县水利行业有干部职工764人，其中干部114人、专业技术管理人员52人。

1997年，县水利电力局机关内设机构有行政秘书股、计统股、财务股、防汛抗旱办公室4个股室。局机关人员编制18名，其中行政编制16名，工勤编制2名；机关实有在编人员18人。

2001年11月，邕宁县水利电力局更名为邕宁县水利局。局机关内设机构有行政秘书股、计财股、综合股等股，核定行政编制16名，工勤编制2名；实有在编人员17人。局下设有县水利工程管理站、县水利水电设计室等31个企事业单位，其中有国营水库7个、国营灌区管理所2个、国营电灌站9个。全县水利行业有干部职工524人，其中干部114人。是年，将21个乡镇水利站并入各乡镇农业服务中心。

2004年，县水利局机关内设行政秘书股、计财股、综合股、水利水电设计室等5个股室，核定行政编制12名（其中领导4名），工勤编制1名；机关实有在编人员12人。下设国有水利工程单位18个，即西云江水库管理所、青龙江水库管理所、英雄水库管理所、天堂水库管理所、六思水库管理所、康宁水库管理所、六冬水库管理所、大王滩灌区管理所、大塘灌区管理所、明阳电灌站、那齐电灌站、凤凰电灌站、蒲庙电灌站、清水泉电灌站、长塘电灌站、伶俐电灌站、那才电灌站、南阳电灌站，其他单位4个，即水泥构件预制厂、机电安装修理队、水电建筑工程公司、县水利局抗旱服务队。全县水利行业有干部职工473人，其中干部130人、专业技术管理人员135人。县水利局办公地址在县政府机关大院。

1991年至2005年3月县水利局历任局长：张耀华，郑其柱，刘次邻，李增寿。

第二节　水利工程

蓄水工程

蓄水工程包括拦河引水工程、塘坝工程、方塘工程、大口井工程4类。1991年，全县有大、中型水库各3座，小型水库107座，小山塘4073处，水轮泵站21处，电灌站304处。蓄水工程有效库容6.19亿立方米，全县蓄水、引水和提水工程灌溉农田面积4.29万公顷。2004年，邕宁县有蓄水水利灌溉工程5344处，设计灌溉农田面积4.17万公顷，丰水期有效灌溉农田面积3.69万公顷，枯水期和干旱季节有效灌溉农田面积略有减少。其中蓄水工程1亿立方米以上库容的有大王滩水库、凤亭河水库、屯六水库等3座大型水库；1亿立方米以下1000万立方米以上库容的有西云江水库、六思水库、英雄水库、青龙江水库等4座中型水库；10万立方米以上库容的小（Ⅰ）、小（Ⅱ）型水库94座；10万立方米以下库容的山塘水库共有4073处。总库容15.56亿立方米，有效库容共6.17亿立方米，死库容共4.32亿立方米，水面积共1亿平方米，设计灌溉农田面积4.17万公顷，有效灌溉农田面积2.22万公顷。

▲建于20世纪50年代末的邕宁县那马镇那马社区大王滩水利渠道（良庆区地方志办供稿）

大王滩水库　位于那马镇濑沙村，属大型水库。1958年8月兴建，1964年建成。1973年6月1日划归自治区水电厅管理。水库主坝高39.50米，长670米，坝顶宽3米；副坝9座，总长1135米。溢洪道宽97米，设计泄洪流量2620立方米/秒。水库集雨面积907.50平方千米，总库容5.79亿立方米，有效库容1.23亿立方米。设计灌溉面积1.06万公顷。工程投资2072万元，其中国家投资1896.84万元，自筹175.16万元。完成水库土方503.46万立方米、石方43.37万立方米、砌石12.19万立方米、混凝土2.40万立方米。1990年实灌农田面积2800公顷。2004年实灌农田面积2333.30公顷。工程配套有主渠1条，长17.50千米，流量10.38立方米/秒；干渠2条，总长42.15千米，其中东干渠长27.60千米、流量2.80立方米/秒，西干渠长14.55千米、流量5立方米/秒；支渠17条，全长108.31千米，流量0.03~1.36立方米/秒；斗门137座，渡槽30座，总长285米。建成“三面光”渠道长17.67千米。

凤亭河水库　位于大塘镇那造村安祥圩东1千米处。1958年8月兴建，1960年8月建成坝首。1973年6月1日划归自治区水电厅管辖。凤亭河水库由南宁专署农林水利局设计，属大型水库。水库有大塘灌区和钦北灌区两个灌区。大塘灌区1971年春开灌，钦北灌区1977年春开灌。凤亭河水库与

▲ 1958年兴建的凤亭河水库

（邕宁区史志办资料照片）

屯六水库相连，是库中库。两水库（凤亭河、屯六）总投资4430.15万元，完成水库土石方673.11立方米，砌石7.12万立方米，混凝土1.34万立方米。凤亭河水库主坝高53.76米、长198.70米，副坝4座，副坝最高18.88米。水库的主副坝均为土质，排洪道均为开敞式宽顶堰、梯形断面，凤亭河水库排洪道底宽15米。凤亭河水库集雨面积176平方千米，总库容5.07亿立方米，有效库容2.65亿立方米。水库设计灌溉面积7933.30公顷（含屯六水库），其中邕宁县大塘灌区4533.30公顷，钦北灌区3400公顷；有效灌溉面积4866.70公顷，其中大塘灌区2133.30公顷，钦北灌区2733.40公顷。1990年实灌农田面积2866.70公顷，其中大塘灌区1533.30公顷，钦北灌区1000公顷。2004年实灌农田面积3000公顷。工程配套有连通渠1条，长3.30千米，底宽2米，最大流量16.90立方米/秒。凤亭河水库之水通过放水闸，水注入屯六水库，再分流屯六隧洞与育流闸到大塘、钦北两灌区。大塘灌区总干渠1条，长1.50千米；干渠2条，长49.50千米，支渠11条，长111.80千米；分支渠5条，长71千米；渡槽39座，长2368米；反虹管4座，长504米；隧洞1座，长81米；渠涵3座，斗门95座，制节闸2座，泄洪闸27座；40千瓦小水电站1座，75千瓦电提水1座；建成"三面光"渠道长12.62千米。钦北灌区总干渠1条，长14千米；干渠3条，长56.10千米；支渠14条，长90.80千米；渡槽26座，长2077米；虹吸管1座，长592米；隧洞18座，长2608米；渠涵5座，分水闸4座，制节闸1座，泄洪闸46座；2500千瓦小水电站3座，470千瓦机电提水10座；建成"三面光"渠道长32.40千米。

屯六水库 位于南晓镇屯六坡，属大型水库，建于1958年8月，1960年8月建成。水库主坝、副坝为土质，排洪道底宽14米；主坝6座，总长847.80米；副坝10座，总长571.60米。水库集雨面积98.50平方千米，总库容2.12亿立方米，有效库容8430万立方米。该水库与凤亭水库相连，是库中库。

▲ 1958年兴建的屯六水库 （邕宁区史志办资料照片）

西云江水库 位于五塘镇北部5千米处，自治区水利厅和南宁地区水利局共同勘测设计，属中型水库。1958年9月兴建，1963年7月竣工。水库主坝高42.50米，坝长240米，坝顶宽4米；副坝1座，坝高27米，坝长130米，坝顶宽4米。主副坝均属土质。北端设放水闸。溢洪道为宽顶堰泄洪，顶宽63米，最大排洪能力965立方米/秒。完成水库土方209.98万立方米，石方8.50万立方米，砌石2.50万立方米，混凝土0.65万立方米。总投资684万元，其中国家投资372万元，集体自筹312万元。水库集雨面积130.70平方千米，总库容7569万立方米，有效库容3431万立方米，设计灌溉农田面积4866.70公顷，有效灌溉农田面积4333.30公顷。1990年实灌农田面积2666.70公顷。2004年实灌农田面积2333.30公顷。工程配套有总干渠1条，长500米；干渠4条，长33千米；支渠15条，长127.80千米，斗渠30条，长143千米；渡槽19座，长756米；反虹管7座，长458米；隧洞8座，长1635米；泄洪闸7座，节制闸5座。小水电站2个，装机4台共1600千瓦。建成“三面光”渠道长22.45千米。

六思水库　位于苏圩镇保伦村，属中型水库。该水库由桂西壮族自治州农林水利局设计，1956年9月动工，1957年4月竣工。水库坝首高20米，长324.40米，坝顶宽3.50米。溢洪道为侧槽式泄洪，消力池消能。最大泄洪量173立方米/秒。完成水库土方48.36万立方米，石方5.02万立方米，砌石1.27万立方米，混凝土0.03万立方米。总投资为103.91万元，其中国家投资45.96万元，集体自筹57.95万元。六思水库（包括坛逢、六桃、新生3个水库）集雨面积32.03平方千米，总库容1172万立方米，有效库容805.80万立方米。设计灌溉1986.70公顷，有效灌溉1900公顷。1990年实灌1666.70公顷。灌溉最多的1981年达1956.70公顷。2004年实灌1066.70公顷。工程配套有总干渠长1.35千米，西干渠长24千米，东干渠长6.60千米，主要支渠6条总长23.21千米。

英雄水库　位于新江镇华联村那花坡，距新江圩15千米。水库集雨面积25.03平方千米，属中型水库。1957年9月兴建，1958年建成。总投资54.40万元，其中国家投入16万元，自筹38.40万元。完成水库土方14.60万立方米，石方5.20万立方米，砌石0.68万立方米，混凝土0.02万立方米。设计灌溉500公顷,有效灌溉173.30公顷。1990年实灌农田面积13公顷。2004年实灌农田面积320公顷。

青龙江水库　位于刘圩镇良合村那布坡，距刘圩8千米。水库集雨面积196平方千米，属中型水库。1957年11月兴建，1958年3月建成。总投资69.94万元，其中国家23万元，自筹46.94万元。完成水库土方19.65万立方米，石方1.98万立方米，砌石0.85万立方米，混凝土0.03万立方米。灌区内团黄村附近建小（一）型马安水库1座，有效库容87万立方米。1972年至1974年建刘圩电灌片，设22个抽水点，灌溉刘圩、长塘两镇稻田。青龙江水库建有干渠1条长19千米，反虹管2座长80米，渡槽12座长1218米。设计灌溉农田面积666.70公顷，有效灌溉农田面积466.70公顷。1990年实灌农田面积89.33公顷。2004年实灌农田面积193.30公顷。

引水工程

1991年，全县在小河小溪涧建拦河堤坝，引水自流灌溉农田的引水工程共236处，引水流量约4立方米/秒，实有效灌溉农田面积共1500公顷。1996年，全县有引水工程341处，引水流量约6立方米/秒，设计灌溉面积2433公顷，当年有效灌溉面积1820公顷。2004年，全县有引水工程共341处，引水流量约6立方米/秒，设计灌溉农田面积共2433.30公顷，实有效灌溉农田面积共1820公顷。

提水工程

1991年，全县建有电灌站、水轮泵站和机灌站等提水工程共710多处，总装机容量19900千瓦/540台，有效灌溉农田面积共5000公顷。2004年，全县有提水工程共930处，总装机容量25776千瓦/1033台，设计灌溉农田面积共2.71万公顷，有效灌溉农田面积共1.29万公顷。提水工程中有电灌站328处、装机20578千瓦/431台（含国营82台套，11530千瓦），设计灌溉农田面积2.30万公顷，有效灌溉农田面积9580公顷；机灌站586处、装机为5191千瓦/586台，设计灌溉农田面积3740公顷，有效灌溉农田面积3120公顷；水轮泵站16处、装机16台，设计灌溉农田面积346.70公顷，有效灌溉农田面积180公顷。灌溉渠道总长3741.10千米，其中流量在0.10立方米/秒以上的渠道1198.10千米，流量在0.10立方米/秒以下的渠道2543千米。其中龙岗电灌站位于蒲庙镇龙岗村，是一座分二级提水灌溉的电灌工程，1999年10月兴建，2000年3月竣工投入使用，总投资95万元，其中财政75万元、群众自筹20万元，总装机容量104千瓦，抽水总扬程23.90米，保灌农田面积186.70公顷，其中一级站灌溉61.40公顷、二级站灌溉125.30公顷。

地下水取水井

1991年，县内的苏圩、蒲庙、良庆等乡镇建有地下取水井20多眼，主要解决人畜饮水，另灌溉农田面积200公顷。

1999年至2001年，邕宁县投入1400万元，引导群众再自筹部分资金新打地下水取水井314眼，新增和改善农田灌溉面积1255.70公顷。2002年、2003年，分别完成地下打井23眼、24眼。2004年，全县完成地下水取水井15眼。

1991年至2004年，全县建有地下水取水井430多眼，灌溉农田面积约1700公顷。

▲2001年，邕宁县财政扶持苏圩镇农民打建的深水井　（邕宁区史志办资料照片）

集雨水柜

1991年至1998年，县内未重视集雨水柜建设，农民自筹建造的集雨水柜极少。1999年始，由县政府投资在缺水的苏圩、吴圩、延安、蒲庙、良庆、新江等乡镇建地头集雨水柜，使大旱之年减少农作物失收。至2001年，全县建成地头集雨水柜共435座，县财政投资100.45万元，新增、改善灌溉农田面积共916.30公顷。

2002年至2004年，全县建成地头集雨水柜434座，投资100万元，灌溉农田面积共620公顷。

1999年至2004年，全县累计建成地头集雨水柜869座，总投资200.45万元，灌溉农田面积共1536.30公顷。

▲2001年建成的伶俐镇独岭村地头集雨水柜　（邕宁区史志办资料照片）

第三节　防汛抗旱

邕宁县是广西遭受洪涝灾害和旱情影响较严重的地区之一。1991年前后，县级成立有县防汛抗旱指挥部，乡镇成立有防汛抗旱领导小组，加强对防汛抗旱工作的领导，采取有力措施，确保全县防洪抗旱工作取得新成效。

防　汛

邕宁县境内邕江及其支流等主要大小河流有14条，主要溪涧30多条，小溪涧100多条，总长611.75千米。县境内最大河流邕江（过境客水）是洪水灾害频发之河，三塘江、四塘江、沙江、伶江（沱江）、那车江、八尺江、新江河、青龙江、板蓉河和马恋江等时有洪灾发生。

1991年前，邕宁县在邕江流经的县城和良庆、蒲庙、长塘、伶俐等乡镇江岸低洼地段筑有简易的防洪堤坝12处，总长3.28千米，用于保护企业、民房和农田。1991年至1996年，共对蒲庙县城、寨上、

▲ 2002 年 5 月，邕宁县召开防汛工作会议
（邕宁区史志办资料照片）

仁福等 6 座防洪堤进行除险加固，同时对胜利水库、三帮水库等 6 座小型水库进行除险加固。1996 年，全县有防洪堤坝 75 座，总长 8.63 千米，防洪面积 1667 公顷。

1997 年，病险水库除险加固成为邕宁县水利建设工作的重中之重，县政府通过国家、集体、群众各出一点和“谁受益、谁管理、谁投入”的办法，筹集资金并组织群众对病险水库进行除险加固。至 1998 年年底，全县完成除险加固的水库有文笔、草樟、朗加、闭婆、红洞、六嫁之、那林、六华、简竹、那河、坛念、红旗 12 座，完成投资 587.02 万元；新生、康宁、六冬、马安、坛逢、三甲、六品、香流 8 座水库进入全面施工阶段，完成投资 201.62 万元；英雄水库除险加固基本完工，完成投资 464.82 万元。

2001 年 7 月上旬，邕宁县遭受一次特大洪灾。7 月 8 日邕江蒲庙河段水位升至 74.125 米，吴圩、苏圩、延安、那陈、大塘、那马、南晓、新江等 21 个乡镇不同程度出现内涝，低洼地段大部分农作物被淹，大中小型水库有 8 座出现险情，全县因水灾直接经济损失 16.20 亿元。灾情发生后，中共邕宁县委、县人大、县政府、县政协四家班子领导亲临受灾现场指挥抗洪救灾工作，组织抢险队伍和救灾小组，深入各灾区了解情况，同时发动群众做好灾后自救、恢复生产、重建家园工作。7 月 17 日，中共中央政治局委员、国务院副总理、国家防汛抗旱总指挥温家宝到邕宁县视察并指导防洪抗灾工作。此次洪灾，县政府共安排口粮救济金 401 万元，灾民房屋维修和房屋倒塌恢复重建经费 1006.50 万元，安排特困户恢复生产经费 45 万元，安排防疫卫生经费 30 万元，发放社会各界捐赠赈灾大米 270 吨、衣服 25 万件、赈灾款 505 万元，解决因灾缺粮灾民 3.80 万户 16.67 万人，恢复民房 2392 户 8611 间；新建吴圩镇永红村定美灾民新村、苏圩镇宁村普钦灾民新村、苏圩镇隆德村定美灾民新村；全年共发放城镇居民最低生活保障金 43.20 万元，5666 人次，解决“低保”对象 189 户 519 人。

▲ 2001 年 7 月上旬，邕宁县出现民国 2 年（1913 年）以来的特大洪涝灾害，县城所有街道被淹。图为 7 月 7 日县城五圣宫前受淹情况 （滕 忠 摄）

2002 年，全县进一步强化防洪抗洪措施，组建防洪抢险突击队 30 人，各乡镇防洪抢险队 3100 人，乡镇配备防汛通信器材和抢险物资，县防汛责任领导与乡镇政府领导签订防洪保安责任状，修订《邕宁县防洪预案》，对防汛通信网络进行更新、改造，并扩建了 400 兆通信网，使全县 80% 以上的水库可用无线对话机联系，对 97 座中、小型水库进行安全监控。2003 年，县政府拨出专项防洪款 15 万元购买冲锋舟和防汛指挥艇各 1 艘，增购手机、对讲机、雨具及其他防洪物资一批。2004 年，县政府投入防洪抢险资金 8 万元，增配通信防汛网络器材及防洪抢险物资一批。至 2004 年，全县建有防洪堤坝 75 处，总长 8.63 千米。防洪堤坝保护部分城镇农村民房、企业和农田，农田保护面积 1666.70 公顷。

抗 旱

综合抗旱 1991 年至 1996 年，邕宁县投入水利建设资金 6020.03 万元，兴建长塘粟屋、良庆平乐等18座小型电灌站，装机20台套，735千瓦，灌溉面积646公顷,并解决部分群众的生产生活用电；完成西云江水库、六思水库和大王滩灌区、蒲庙电灌站等42.30千米的渠道“三面光”防渗工程建设。1997年至1998年，邕宁县投入1253.46万元对英雄水库、草樟水库、那林水库等21座中、小型水库进行除险加固；各乡镇建立抗旱分队，总人数69人；县防汛抗旱办公室安置各种抗旱设备866.95千瓦/171台，运水车2辆，抗旱浇地控制面积5333.33次，解决人畜饮水4.20万人/3.30万头。1997年11月，被国家防汛抗旱指挥部、财政部农业司确定为“全国县级服务队建设示范县”。1999年至2001年，投资1621.07万元新建拦河坝73座、地头水柜435座、地下打井314眼、山塘70座、电站2座，新增和改善灌溉面积共3298.87公顷；投资95万元建设蒲庙镇龙岗电灌站，保灌农田面积186.70公顷。2002年至2003年，完成建设大塘灌区干渠防渗加固工程14.80千米、南阳电灌站技改工程病险水库除险加固11座、中和人饮工程、国债人饮工程项目28个；新建拦河坝79座、地头水柜191座、地下打井47眼、山塘107座、电站2座，清淤渠道2837.20千米；共投入水利建设资金4828.60万元，新增灌溉面积2193.33公顷，恢复和改善灌溉面积2.71万公顷。2003年下半年，邕宁县出现特大旱灾。9月中旬后雨量偏少，10月、11月和12月总降雨量为8.20毫米，仅为历年同期的6.50%，最长连续无降雨日数从10月4日至11月17日长达45天，是历史上最少的年份。全县水库有效蓄水量为1.58亿立方米，占有效库容27.61%，同比少1.48亿立方米，比历年平均值少1.25亿立方米。全县有13座水库和688座山塘干涸，有62个村委会5.78万人和牲畜2.85万头出现饮用水困难，受旱农作物面积达1.40万公顷（重旱3200公顷、干枯1300公顷）。因受旱全县农业经济损失3819.28万元。中共邕宁县委、县人民政府成立抗旱救灾督查领导小组，分别深入全县21个乡镇实行分片包干，组织发动群众开展抗旱自救工作。全县共投入抗旱2.30万人次，出动抗旱机具0.12万台/1.44千瓦，投入资金105万元，投入抗旱用油90吨，抗旱面积7600公顷，临时解决饮水困难5.78万人，牲畜2.85万头。

▲1996年，蒲庙电灌一级站（邕宁区史志办资料照片）

▲2003年，县气象局开展人工增雨防雹的车载火箭发射系统（邕宁区史志办资料照片）

人工降雨 邕宁县一般在每年的4月（春旱）和8月、9月（秋旱），实施人工影响天气降雨。通过人工降雨作业缓解旱情，使大旱之年农作物损失降至最低限度。

1991年至2000年,人工降雨作业是用6门三七高炮发射降雨弹,进行人工影响天气使之降雨。每年，由县水电局负责人工降雨作业，经费由县政府开支人工降雨经费5万元~10万元/年。县内人工降雨作业点有蒲庙、新江、四塘、大塘等6个。人工降雨作业年均8次~15次。

2001年上半年至2004年，县内人工降雨改由县气象局负责，经费由县财政支付，年支出人工降雨费约10万元。人工降雨作业用火箭发射降雨弹，共有3架火箭发射架，其中1架备用。人工降雨作业年均10多次。

第四节 水利工程维护

邕宁县大部分水库、水渠和防洪堤等水利工程大都是20世纪50年代、60年代所建，由于受到当时资金、技术等方面因素的限制，经过几十年的使用后一些水库出现堤坝塌陷现象，病险水库除险加固和水渠防渗维修工作成为20世纪90年代邕宁县水利建设的重点内容。

水库除险加固

病险水库除险加固建设工程是邕宁县年度水利建设的重中之重，根据自治区提出的要求，邕宁县坚持“三个一点”（国家、集体、群众各出一点）或采取“谁受益、谁管理、谁投入”的筹措资金办法，分别对全县被列为病险水库的中型、小型水库进行分期分批除险加固。

1991年至1996年，邕宁县投资130万元，对县内胜利、三帮等12座小型水库以及蒲庙、寨上、仁福等6处防洪堤进行了除险加固。

1997年至1998年，投资587.02万元，完成文笔、草樟、朗加、闭婆、红洞、六嫁之、那林、六华、简竹、那河、坛念、红旗12座小型水库除险加固工程；新生、康宁、六冬、马安、坛逢、三甲、六品、香流等8座水库除险加固工程全面施工，完成投资201万元；基本完成英雄中型水库加固工程，完成投资464.82万元。

▲21世纪初，新加固的新江镇柱蚕水库大坝

（邕宁区史志办资料照片）

1999年至2001年，县投资1526.92万元，完成帽子岭水库、军山水库、六学水库、六爷水库、那寨水库、坛姜水库、福海水库、六峨水库等27座病险水库加固，改善灌溉面积1.08万公顷。

2002年，投资160万元，对百济乡派丰水库、蒲庙镇前进水库、南阳镇狮子岭水库、刘圩镇六彭水库、吴圩镇六银水库等9座病险水库进行除险加固。

2003年，对六冬、三甲、石圳3座病险水库的大坝、排洪道等进行除险加固，总投资105万元，其中市财政46.50万元、县配套46.50万元、群众自筹12万元。

1991年至2004年，全县先后对病险水库进行除险加固共71座，加固防洪堤6处，累计投资3174.92万元，其中市财政46.50万元。

渠道防渗

2004年，在提水工程中，邕宁县有灌溉渠道总长3741.10千米。由于工程项目使用时间较长，加之平时不注重维修，因此一些渠道出现渗漏现象较为严重，影响水渠的使用。在一些水库的自流灌溉渠道中，渗漏现象也不同程度的存在。

1991年，邕宁县利用自治区“以奖代补”的投资奖励政策，由施工单位出资垫支，待工程竣工验收合格后再拨付工程款的做法，对全县水利渠道进行硬化防渗建设。

▲ 2002 年，南阳镇水利一级渠道三面光硬化建设
（邕宁区史志办资料照片）

1991 年至 1995 年，全县完成西云江、六思水库和大王滩灌区、蒲庙电灌站等 42.30 千米的渠道硬化“三面光”（渠道三面水泥硬化）防渗工程建设，总投资 180 万元。

1997 年至 2004 年，全县完成对苏圩镇六思水库灌区渠道、南阳镇南阳电灌站灌区渠道 3 个流量以下的未实施硬化的主干渠进行硬化和大塘灌区干渠防渗硬化渠道等硬化“三面光”建设总长 307.82 千米，总投资 1405.55 万元。其中 2003 年，投资 783.55 万元，对大塘灌区干渠防渗硬化 14.80 千米，恢复灌溉面积 800 公顷，改善有效灌溉面积 2266.70 公顷。2004 年，投资 170 万元，硬化新江水库北干渠渠道 7.85 千米，恢复和改善灌溉面积 733.30 公顷。

1991 年至 2004 年，全县累计完成水利渠道“三面光”防渗硬化 350.12 千米，总投资 1585.55 万元。

电灌站技改

在 20 世纪 50 年代、60 年代、70 年代，全县建有明阳、那齐、咘表、蒲庙、清水泉、长塘、伶俐、那才、南阳、新村、平乐 11 座国营电灌站。至 1990 年，全县建有 293 座集体电灌站（其中蒲庙镇 50 座、良庆乡 15 座、那马乡 3 座、新江乡 4 座、那楼乡 24 座、刘圩乡 23 座、南阳乡 26 座、中和乡 23 座、伶俐乡 38 座、五塘镇 31 座、大王滩乡 24 座、吴圩镇 25 座、苏圩镇 2 座、那陈乡 4 座、大塘乡 1 座）。国营电灌站有的设备老化，需要进行技术更新改造。

1996 年，完成明阳电灌站机房改建、蒲庙电灌站机房改建和机电设施的技术更新改造工作。

南阳电灌站是邕宁县较大的国营电灌工程单位，1965 年 1 月开工，1966 年 5 月竣工。设三级抽水，装抽水机 12 台，总功率 1115 千瓦，总扬程 64.50 米。电灌站设备老化，渠道崩塌、淤积、渗漏严重。2002 年，自治区、南宁市投资共 460 万元对南阳电灌工程进行技术更新改造，当年投入 98 万元，完成机电泵购进及安装 21 台 / 套，完成渠道硬化 750 米。至 2003 年年底，全县建成一级干渠防渗“三面光”工程 7.30 千米；完成一级泵房机组安装 6 台，管道安装 130 米，建配电房主体工程 1 间；修建朗加和河田主体工程并各安装机组 2 台，安装管道 75 米，渠道工作桥 5 座；修建三级泵房 1 座和管理房 1 座，改善灌溉面积 400 公顷。2004 年完成三级抽水技术更新改造，一级站装抽水机 6 台，功率 660 千瓦，扬程 26.50 米，抽水流量每秒 1.80 立方米；二级站装抽水机 2 台，功率 220 千瓦，扬程 19 米，抽水流量每秒 0.23 立方米；三级站装抽水机 1 台，功率 40 千瓦，抽水流量每秒 0.20 立方米；灌溉面积 600 公顷。

1991 年至 2004 年，全县完成对南阳、蒲庙、明阳等电灌站的机电房改建和机电设备技术更新改造，总投资 750 万元。

第五节　水库移民搬迁安置

1991 年，邕宁县由国家负责安置、扶持、补助的水库搬迁移民共 5.56 万人，分散在 16 个乡镇、48 个行政村。国家投入巨资，帮助水库移民兴办一批工程建设项目，改善他们的生产生活条件。

1995 年，兴建南阳镇雄会、五塘镇六和等 4 幢小学教学楼，建筑面积 1240 平方米，改善移民区办学条件。1996年，架设10千伏输电线路49.50千米，安装变电器27台630千伏安，解决库区那陈、大塘、新江3个乡镇水淹区30个村、坡9135人用电难问题。1994年至1996年，先后建成大塘镇八百桥等交通桥梁6座，解决4个村（坡）小学生上学难和1980人的交通困难问题。

1991年至1996年，建成南阳镇留凤村泗贵坡等人畜饮水工程14处，解决14个村坡6241人及2650头牲畜饮水难问题；建设小型电灌站9处，总装机容量181千瓦/9台；安装变压器9台，容量320千伏安，设计灌溉面积97公顷；兴建、加固防洪堤11处，总长3.28千米，保护民房85间、人口1300人、耕地416.93公顷。这六年间，国家共为邕宁县水库移民各项建设投资225.70万元。

1999年至2001年，全县共完成水库移民建设项目投资229.56万元（其中国家投资113.40万元，群众自筹116.16万元），完成那马镇那枧坡、六冷坡，大塘镇那造坡、念吉坡、培茶坡，那陈镇那元坡、晚里坡、美梧坡，吴圩镇明阳旧街、新蕾芜坡，五塘镇六糠坡，四塘镇建新坡、红庄坡及南阳镇留凤村、雄会村15处人畜饮水工程建设，受益6291人；完成大王滩库区务村电灌站、长塘镇新华坡电灌站工程技术更新改造；完成那陈镇通快、大塘镇班依等3处10千伏输电线路的架设；完成刘圩镇那布、团黄，苏圩镇新旧3处交通桥梁的维修和建设；完成修建南晓镇坛标、大塘镇南来2条机耕道共8.50千米；扶持大塘镇念吉、双固、乔德、横斗、吉林、培茶、美林，那陈镇邕乐村，四塘镇维新坡、建新新村，长塘镇新华坡等乡镇库区移民发展种植纸用竹子，种植甘蔗、西瓜及养鸡、养猪。

2002年，完成编写《西津库区邕宁县移民遗留问题处理2002年至2007年规划及总体规划报告》，项目规划总投资4458.65万元；完成那陈镇六眼村、那雷村，大塘镇双固村、九平村4个人饮工程初步设计任务；完成南阳镇留凤村人饮工程和四塘镇建新村委新村电灌站的主体工程建设任务。

2003年至2004年，完成南阳镇雄会电灌站等渠道“三面光”工程2.40千米；完成西云江库区公路桥项目建设；完成那马镇那柳机耕道路、大塘镇那造机耕道路和双固机耕道路、那陈那细电灌站4个移民项目建设；完成南阳镇狮子岭水库除险加固和大塘镇双固人畜饮水工程建设；完成村坡机耕路7条23千米，解决8个坡移民交通难问题；完成6个坡人畜饮水工程，解决移民2000人的饮水困难；扶持那陈镇邕乐村移民种植良种枇杷10公顷。

1991年至2004年，邕宁县在16个乡镇48个村安置水库移民共投资7764.81万元（国家投资、群众自筹），帮助解决水库移民搬迁遇到的一系列生产生活等问题。

第六节　水利利用与管理

水利综合利用

1991年至1996年，邕宁县水利部门充分利用水资源，大力开展生活供水、小水电、工商、建材、民房建筑、水泥预制构件、机电维修、饮食服务以及种、养等综合经营项目。实施“31128”综合利用工程，连片开发西云江水库、英雄水库、明阳电灌站3个果场共36.70公顷，种植荔枝、龙眼，杧果等优质水果苗2.20万株；兴建1个占地面积1000平方米的大塘牲畜专业批发市场；开发、经营年产40吨罗非、白鲳、草鱼的清水泉网箱养殖基地1个；建设蒲庙、那齐2个电灌站综合经营生产基地；开办五塘铸造厂、水电开发公司、水泥预制构件厂、水电安装队、抗旱服务队等8个经济实体。其中，在抓好六思、康宁、啼表，那齐、南阳、长塘、那才7个水厂的供水业务基础上，1995年、1996年先后投资920万元建成大塘天湖、刘圩青龙江、新江英雄3个水厂。1991年至1996年，全县水利综合经营收入累计7131万元（含农业水费731万元）。

1999年后，邕宁县注重加强“五小”抗旱水利工程（即地头水柜、拦河坝、山塘、地下打井和小型提灌站）的建设和管理，因地制宜，掀起以国家投入为重点的骨干水利工程建设和以群众投入为主

▲ 1996 年，邕宁县组织军民开展农田水利冬修场景
（邕宁区史志办资料照片）

体的小型水利节水灌溉工程群建设高潮。1999 年至 2001 年，全县新建拦河坝 73 座，新增、改善灌溉面积 614 公顷；建成地头水柜 435 座，新增、改善灌溉面积 961.33 公顷；地下打井 314 眼，新增、改善灌溉面积 1255.67 公顷；新建山塘 70 座，新增、改善灌溉面积 436 公顷；新建电灌站 2 座，新增、改善灌溉面积 31.87 公顷。全县“五小”水利工程建设总投资 1621.07 万元。

2002 年，县水利部门利用自治区关于旱地节水灌溉工程奖励投资及县政府出台的关于旱地节水打井工程奖励投资政策，发动广大群众因地制宜兴建小型抗旱水利工程群。全年“五小”水利工程建设总投资 246.85 万元，完成地下打井 23 眼，新建地头水柜 193 座，建成拦河坝 50 处，筑小山塘 83 座，新增和改善灌溉面积 2100 万公顷。

2003 年，全县共建成地头水柜 191 座、拦河坝 29 处、小型电灌站 2 座、灌溉水井 24 眼、小山塘 24 座。“五小”水利工程建设总投资 800.08 万元，获自治区、南宁市奖励投资 129.50 万元。

水政水资源管理

1991 年，邕宁县加强水政水资源管理，县人民政府先后颁布《邕宁县水资源暂行管理办法》《邕宁县取水许可制度实施细则》《邕宁县水资源费征收、使用实施细则》《邕宁县取水登记规则》《邕宁县取水申请及审批程序》等规范性文件，使水政水资源、河砂管理等纳入法制化轨道。1992 年 6 月、1994 年 7 月，先后两次铲除大王滩副坝的违章建筑。1995 年 5 月拆除强占蒲庙电灌站主干渠兴建的厂房。1996 年，依法收回被群众占领的伶俐电灌站土地。1991 年至 1996 年，共办理、更换取水许可证 1050 本，收上水资源费 120 万元；办理、更换河道采砂许可证 75 本，收上采砂管理费 19.50 万元。

1997 年至 1998 年，共发放和审验取水许可证 440 本，收上水资源费 98 万元，收上河道采砂管理费 12 万元，依法查处各种水事案件 10 起，没收非法所得 8000 元，罚款 2000 元，挽回经济损失 2.84 万元，拘留不法分子 36 人，收回被私人占用的土地 8 公顷。

1999 年至 2001 年，共年审、更换取水许可证 439 本，收上水资源费 191 万元；年审、更换采砂许可证 102 本，收上河道采砂管理费 22.70 万元。依法查处各种水事案件 15 起，罚款 6.20 万元，勒令清退违章收费 2900 元。

2002 年，对未经批准擅自凿井取水、侵占邕江河岸边违章建厂房、毁渠建厂、敲诈勒索采砂船、非法采砂等一系列案件进行依法查处，查处水事案件罚款 1 万多元。

2003 年，县人民政府先后制定《邕宁县人民政府关于加强河道管理的通告》《邕宁县人民政府限期拆除仙葫开发区邕江河段沿河砂场的通告》等文件，加强对河道水资源的管理。全县共年审、更换取水许可证 40 本，收上水资源费 70 万元；年审、更换采砂许可证 20 本，收上河道采砂管理费 7 万元。依法查处各种水事案件 5 起，修复反虹管 2 处，恢复灌溉面积 166.67 公顷。

1991 年至 2004 年，全县共办理和审验取水许可证 2034 本，收上水资源费 749 万元，办理、更换河道采砂许可证 225 本，收采砂管理费 101 万元；依法处理各种水事案件 83 件，拆除违法建筑房屋 59 间和违章砂场 18 处，收回被占地 10.40 公顷，依法罚款 9 万元，调处山塘、水事等水利纠纷案件 18 件，结案率 100%。

水利灌溉管理

1991年，邕宁县水利灌溉管理主要由乡镇水利水土保持管理站和国有水利工程单位实施。全县有乡镇水利水土保持管理站21个，国有水利工程单位18个（即：西云江、青龙江、英雄、天堂、六思、康宁、六冬7个水库管理所，大王滩、大塘2个灌区管理所，明阳、那齐、吣表、蒲庙、清水泉、长塘、伶俐、那才、南阳9个电灌站）。1991年至1996年，共办理、更换取水许可证1050本，收上水资源费120万元。1997年至1998年，共发放和审验取水许可证440本，收上水资源费98万元，查处各种水事案件10起。

2001年11月，邕宁县有国营水库7个，国营灌区管理所2个，国营电灌站9个。是年，将21个乡镇水利站并入各乡镇农业服务中心，乡镇水利灌溉管理转由乡镇农业服务中心负责。1999年至2001年，共年审、更换取水许可证439本，收上水资源费191万元，勒令清退违章收费2900元。

2003年，全县共年审验、更换取水许可证40本，收上水资源费70万元，依法查处各种水事案件5起，修复反虹管2处，恢复灌溉面积166.67公顷。

2004年，县水利局下设国有水利工程单位18个，即西云江水库管理所、青龙江水库管理所、英雄水库管理所、天堂水库管理所、六思水库管理所、康宁水库管理所、六冬水库管理所、大王滩灌区管理所、大塘灌区管理所、明阳电灌站、那齐电灌站、凤凰电灌站、蒲庙电灌站、清水泉电灌站、长塘电灌站、伶俐电灌站、那才电灌站、南阳电灌站，其他单位4个，即水泥构件预制厂、机电安装修理队、水电建筑工程公司、县水利局抗旱服务队。

1991年至2004年，县水政站共办理和审验取水许可证2034本，收上水资源费749万元，依法处理各种水事案件83件，调处山塘、水事等水利纠纷案件18件。

第七节　水土保持

邕宁县水土保持、治理水土流失管理始于1995年8月。县人民政府先后颁布了《邕宁县关于开展水土保持监督执法的通告》《邕宁县实施〈水土保持法〉办法》《邕宁县开发建设项目水土保持方案管理暂行规定》等文件，依照有关法规、规章对全县水土资源进行全面摸底，制定了水土保持治理规划方案，开展办理登记、发放水土保持方案许可证和依法征收水土保持设施补偿费、水土流失防治费等业务，并利用国家自治区专项资金，有计划地组织开展治理水土流失较严重的土地及田块等。

1998年，邕宁县投资330万元，其中国家专项资金110万元、自治区专项资金74万元、县专项资金36万元、有偿资金77万元、群众投工投劳折价33万元，对苏圩镇毛村坡耕地水土流失进行治理，土地面积1335.13公顷。2001年，投资552万元，其中国家250万元、自治区124万元、县53万元、有偿57万元、群众投工投劳折价68万元，对长塘镇定西村耕地水土流失进行治理，土地面积1200公顷。2004年，投资660万元，其中国家300万元、自治区120万元、县30万元、群众投工投劳折价210万元，对蒲庙镇孟莲村耕地水土流失进行治理，建成电灌站8个，硬化渠道1700米，修机耕道5000米，治理土地面积773.33公顷。1995年至2004年，全县投入治理水土流失专项资金共3084万元，其中县出资290万元、上级专项资金2794万元，治理耕地水土流失面积共7481.58公顷。

1996年至2004年，全县依法征收水土保持设施补偿费和水土流失防治费205万元；发放水土保持方案许可证30多本，查处水土保持违法乱纪法案件7起，扣押柴油机10台、抽砂泵8台、抽水机5台及胶管等采砂器械一批。完成对21个乡镇的水土流失情况进行调查摸底、归类，划分水土流失重点防治区和对英雄、长绿、龙溪等14个小流域综合治理规划；累计批建水土保持项目128个，先后实施对英雄、长绿、龙溪等 14 个小流域综合治理，完成水保林种植 200 公顷、修林区简易公路 7.60 千米、水土流失综合治理面积 40 公顷、封山育林治理 1266.70 公顷、育苗 0.30 公顷、种草 4.10 公顷、坡改梯 40 公顷、保土耕作 200 公顷。其中对英雄水库流域进行水土保持综合治理投资 239 万元，完成经济林种植 53.30 公顷、水保林种植 147.90 公顷、育苗 0.30 公顷、种草 4.10 公顷、坡改梯 40 公顷、保土耕作 200 公顷、修筑简易公路 3 千米、封山育林治理 15 平方千米。

邕宁县志
YONG NING XIAN ZHI

第五篇

工业 | 乡镇企业

邕宁县工业发展较快，企业数量和产业类型较多。1991年，全县工业企业共2362家（户）。其中，国有（全民所有制）企业59家，集体企业76家，“三资”（中外合资、外商投资、港澳台投资）企业4家，个体和私营企业2223家。1991年全县全部工业总产值（当年价，下同）5.35亿元。其中，轻工业总产值3.54亿元，重工业总产值1.81亿元；乡及乡以上工业总产值4.86亿元；国有企业工业总产值4.22亿元，集体企业工业总产值5733万元。

1995年，全县全部工业总产值20.05亿元。其中，轻工业总产值12.89亿元，重工业总产值7.16亿元；乡及乡以上工业总产值16.51亿元；国有企业工业总产值7.27亿元，集体企业工业总产值3.53亿元。

2002年，全县全部工业总产值41.19亿元。其中，轻工业总产值22.09亿元，重工业总产值19.10亿元；乡及乡以上工业总产值30.93亿元；国有企业工业总产值8.12亿元，集体企业工业总产值3.23亿元。

1992年至2004年，全县工业所有制结构、行业结构、管理体制、经营模式、运行方式发生深刻变化，基本实现从计划体制向市场体制转型。国有企业推行产权制度改革，集体企业通过转换经营机制促进发展，一些企业从困境中停产、转产、兼并和破产等，国有企业、集体企业产值在全县国民生产总值所占比重逐渐下降。期间，县内国有控股股份制企业（混合型股份制企业）、“三资”企业和民营股份制企业等多种所有制异军突起，其总产值在全县国民生产总值所占比重逐渐上升。

2004年，全县有工业企业共4317家(户)。其中，县属国有企业17家(其中国有控股股份制企业6家，混合型股份制企业1家)，集体企业37家（其中集体民营企业1家，对外分块租赁、对外租赁等形式企业10多家），“三资”企业30多家（其中在邕宁县纳税18家），个体私营企业4206家（其中民营股份制企业30多家）。全县有轻工业企业3630家，有重工业企业620家；乡及乡以上企业有220家，其中规模以上企业有70家、大中型企业有11家。2004年，全部工业总产值53.27亿元。其中，轻工业31.70亿元，重工业21.57亿元；国有工业企业总产值9.76亿元，集体工业企业总产值6.77亿元，“三资”企业工业总产值9.72亿元，个体私营企业工业总产值27.02亿元。

第一章 工业管理

第一节 管理机构

1991年至2004年，全县工业生产由县经济委员会（1963年7月成立，后改为县计划经济局、县计划与经济局、县发展计划局）、县计划委员会、县经济贸易局、县经济技术协作办公室（1983年2月成立）、县对外经济贸易委员会（1987年12月成立，后改为县对外经济贸易局）、县二轻手工业联社（二轻局）、县对外经济贸易合作局（原县对外贸易委员会）等部门管理，以县经济委员会、县经济贸易局管理为主，县计划委员会、县经济技术协作办公室、县对外经济贸易局、二轻手工业联社（二轻局）、县对外经济贸易合作局（原县对外贸易委员会）等为协作单位。县发展和改革局、县经济贸易局的机构编制情况详见本志第九篇《经济综合管理》、第七篇《商贸旅游》相关章节。

邕宁县二轻工业联社是二轻工业的联合组织，前身是县手工业联社（1955年6月成立），后改为县二轻工业局。1991年局内设办公室、行政科、生产科、财务科，在职干部职工17人，设局长1人，副局长2人。1996年11月，撤销邕宁县二轻工业局，保留县二轻工业联社为县政府直属事业单位，赋予行业管理职能。1997年县二轻工业联社人员编制4名。2004年，联社内设办公室、行政股、生产股科、财务股科，人员编制16名，在职干部职工7人，其中主任1人、副主任1人。县二轻工业联社办公地址在县城新兴路。

1991年至2005年3月县二轻工业联社（县二轻工业局）历任主任（局长）：何志刚，陆文轩，周庆泽。

第二节 国有企业改革

完善经营体制和扭亏增盈

完善承包制 1991年后，县政府管理国有企业的主要方法是实行“厂长（经理）承包、纯收入提成”和“总收入承包、自负盈亏”的承包责任制。1992年始，全县全面落实政企分开，企业享有自主权，企业有更多自主权和发展空间，引导工业实施“产业树支柱、企业上规模、产品创名牌、管理上水平”发展战略。实行企业经营承包责任制和工效挂钩的分配办法，全县61家国有企业的厂长、经理与县政府签订一年一度的承包责任；同时，对31家国有企业和52家集体企业实行工效挂钩的工资制度。1992年，全县与县政府签订责任制的企业97%，多数企业能完成责任规定的任务，全县乡及乡以上的工业企业完成总产值约7亿元，比上年增长1.50亿元，产品销售收入5.61亿元，比上年增长36.50%。1993年，全县工业总产值12.76亿元，比上年增长5.90亿元。此后，县内工业持续增长。至2004年，全县工业总产值53.27亿元。

扭亏增盈 1991年至1993年，因银行压缩银根，减少信贷规模，县内企业出现暂时的资金短缺，内部管理不善和产品市场竞争力较弱，出现亏损等问题。1994年起，县政府采取一系列应对措施：一是在全县范围内开展“练内功、抓管理、增效益”活动。实施班组建设和职工技术业务培训，提高职工队伍整体素质，提高生产劳动效率；建立健全以责任制为核心的各项制度，强化企业内部管理，推进科学化、现代化管理；抓好生产现场管理，改进工艺，实施技改，降耗节能，促生产发展，扭亏增盈，保证生产任务完成；抓好市场营销，打开产品销路的同时，产销适于市场需求的产品。二是通过银行等多方筹措资金，投入生产和技改，以提高企业生产能力和产品质量及降低成本，其中1991年至1996年，投入技改资金1.16亿元。三是大中型企业帮扶小企业。四塘煤矿、蒲庙糖厂等帮扶砖瓦厂、农机二厂、伶俐水泥厂等小企业发展生产。四是政府主导全面整顿企业。通过一系列措施，扭转了大批企业严重亏损的局面。1994年，全县乡及乡以上工业企业169家，完成工业总产值9.39亿元，比上年增长3.87%；销售收入10.96亿元，比上年增长10.48%；税收总额2.27亿元，比上年增长34.32%；亏损额440万元，比上年下降64%。1998年至1999年，全县开展产品及产品质量为中心的整顿，整顿企业201家，合格率60%以上。2000年，全县工业企业198家，完成工业总产值21.14亿元，比上年增长6.50%；销售收入25.08亿元，比上年增长9.73%；企业亏损面38.30%，比上年下降1个百分点。至2003年，全县工业企业生产、扭亏增盈销售等经济效益明显回升。

转换经营机制

五自主政策 1991年，县政府开始对企业进行转换企业机制探索，出台政策，赋予企业享有自主决策、自主经营、自负盈亏、自我发展、自我约束权限，成为名副其实有主权的法人实体和市场竞争主体。是年，在蒲庙糖厂进行试点。次年，全县以国有企业为重点，在61家国企中推行以企业转换经营机制，落实企业自主权，把企业真正推向社会主义市场经济。之后，在全县企业普遍推行“五自主”（生产经营、产品定价、内部分配、劳动用工和技术改造自主）经营机制，全面落实政企分开和“五自主”企业自主权。1994年起，县内自主决策开发新产业的企业有：四塘煤矿投资110万元建成制钉厂、年产铁钉1000吨，投资350万元建成砖厂、年产机制砖1500万块，1995年企业由亏损212.30万元变盈利84.60万元；蒲庙糖厂投资3400万元新建年产15万吨硅酸盐水泥厂；明阳糖厂投资1900万元续建6000千瓦火热电厂；伶俐糖厂投资1000万元建成年产1万立方米蔗渣纤维板厂，投资600多万元在邕宁沿海经济走廊开发区建成年产1500万块机制砖厂。

企业用工制度改革 1992年起，县政府推进企业用工制度改革。当年在蒲庙糖厂等国有企业推行企业全员劳动合同制试点，国有企业的固定正式工（干部和工人）都要与企业签订劳动合同，为企业合同制员工。1995年后，全县100多家国有、集体企业推行全员劳动合同制，职工与单位签订劳动合同率达到85%以上。1997年，独立核算的企业，人均全员劳动生产3.24万元。2004年，企业全员劳动合同制进一步完善。

企业产权制度改革

改革开放后，县政府不断改革企业经营体制，但由于多年形成的体制惯性制约，国有企业始终无法摆脱困境。1997年3月，县政府开始进行国有企业的产权改革，坚持“抓大放小”方针和“抓住大的，搞活中的，放开小的”原则，稳妥推进企业改为股份制合作制、产权转让、租赁、破产等产权改革。

股份制改造 1997年下半年，邕宁县国有企业开始实行股份制改造。县委、县政府制订政策，对企业职工持股按成交价20%优惠，一次性交清股金的，股本金按优惠价再优惠30%。首批改制国有企业有县造纸厂、县农机二厂等5家。改制企业按程序严格审批由职工出资认购股份，达到规定要求后，由股东选举产生董事会、监事会，企业以股份合作制模式进行运转经营。企业改制后，员工既是劳动者又是出资者，成为企业主人，增强了责任感和共担风险意识，调动了职工的积极性。次年，股份合

▲ 1995 年，邕宁县造纸厂车间　　（邕宁区史志办资料照片）

作制改制企业 7 家，分别是县商业局南宁批发站、四塘煤矿、矿产公司、医药公司、明阳水泥厂、房地产开发公司、农机一厂。截至 2004 年，股份制改造的国有企业、集体企业 26 家，其中国有控股股份制企业 6 家。

1997 年和 2000 年，邕宁县造纸厂先后进行两次股份制改造。该厂始建于 1958 年，属全民所有制企业，全国 500 家最大造纸及纸制造业企业。1997 年占地面积 9.35 万平方米（其中生产区占地面积 7.10 万平方米），固定资产原值 3108.40 万元，净值 2012 万元。职工 618 人，退休职工 83 人，生产“邕桥”牌系列书写纸。按批准的《改制实施方案》《募股说明书》《股份制合作公司章程》，公司将 2624.73 万元的净资产扣除改制其他费用及改制优惠后，余下 566.89 万元全部出售给员工认购，按工作职务、岗位职责和贡献大小确定相应认股股份。具体为，职工需认购 5000 股，董事会（厂级领导）1.75 万元（3.50 倍），副职 80%；中层干部、中级职称 1.25 万元（2.50 倍），副职 80%；聘任的管理人员班组长 7500 元（1.50 倍）。历年的公共积累，亦作为国有，首次认股，不实行资产量化。邕宁县纸业有限公司正式运营时职工实际认购 365 万元。

2000 年 10 月，南宁糖业股份有限公司、高州市糖纸有限公司与邕宁纸业有限公司以邕宁纸业现有 566.89 万股（每股出资额 1 元）股权基准，南宁糖业、高州糖纸以此为标准投资参股该公司，邕宁纸业公司改为邕宁纸业有限责任公司。邕宁纸业有限责任公司的资产不包括职工房屋等非经营性资产，此后职工等非经营性资产发生的费用不在新公司列支。

经参股变更后的广西南蒲纸业股东出资和股本分别是：邕宁纸业职工出资 226.70 万元，持股 226.76 万股，占公司总股本 40%；高州糖纸出资 158.73 万元，持股 158.73 万股，占总股本 28%；南宁糖业出资 181.40 万元，持股 181.40 万股，占总股本 32%。邕宁纸业认股职工 527 人，每人出资 4000 元，认购 4000 股，原来多交的认购资金按 1 元 / 股退现金给还本人。邕宁纸业职工股，采用持股会形式，持股会人数占认购职工总数的 5%，为体现责、权、利原则，设立权益股。权益股按公司高级管理人员 6000 股 / 人配购（1 元 / 股），公司中层管理人员 4000 股 / 人配购。

县属糖厂划入南宁统一糖业　1996 年下半年，县明阳糖厂、蒲庙糖厂、伶俐糖厂人财物及债权债务整体划入南宁统一糖业有限责任公司。三家糖厂产品由南宁统一糖业公司统一销售和纳税，糖厂向县交纳的税、费范围和标准不变。保留各厂厂名与产品商标，各糖厂划分的蔗区范围不变，县获得 10% 糖指标审批权。糖厂橘水、蔗渣优先供应县内纸厂、酒厂，糖厂需要编织袋、硫酸、煤炭、化肥优先购用县内企业产品。各糖厂仍保留使用原银行账号，原替县内其他企业贷款担保的事宜，改由公司担保，并由县财政向公司办理反担保。

产权转让　1996 年，县良庆陶瓷厂成为全县首个国有企业产权转让单位。该厂位于良庆镇，占地面积约 80 公顷，是国有大型企业，职工 240 多人，固定资产 260 多万元，主产陶瓷产品。1995 年，该厂工业总产值 206 万元，亏损 41 万元。次年 5 月 7 日，县政府同意县良庆陶瓷厂接受南宁市味精厂整体兼并。陶瓷厂 1995 年在册企业人员（包括固定工、合同制工人、离退休职工）原则上由南宁市味精厂接收，并保留其所有制身份；在良庆陶瓷厂区内生产原产品或开发新产品的，必须在邕宁县注册和税务登记。

租　赁　1998 年起，县属国有企业实行“分块对外租赁”或“分立租赁”的方式进行改制。实行对外租赁经营的有农机一厂、酒厂、塑料制品包装厂、氮肥厂、罐头食品厂等。实行分立租赁的企业有明阳磷肥厂、氮肥厂、水产公司、农机一厂附属铁钉厂、四塘煤矿附属铁钉厂等。1998年10月，明阳磷肥厂职工组建成立“邕宁县明阳化肥有限公司”，选举产生法人代表，进行工商注册登记，实行独立核算、自主经营、自负盈亏的新法人实体。将磷肥厂复合肥车间、磷肥车间、高炉车间、机修车间等少部分资产租给新成立的明阳化肥有限公司经营。依法订立“分立租赁合同”。承租方明阳化肥有限公司负责安置明阳磷肥厂全体职工就业，负责按规定上缴明阳磷肥厂已离退休职工及租赁退休职工的养老保险统筹金，支付离退休职工工资、福利及医疗费用。保留明阳磷肥厂法人资格，历史债权债务与明阳化肥有限公司无关。县第二工业公司实行“集体民营”形式进行改制。1999年年底，实行“分块对外租赁”“整体对外租赁”等多种形式改制的企业18家。

破　产　2001年12月，县缫丝厂因经营不善成为县内首家破产企业。次年，四塘煤矿被批准宣告破产。2003年，县农机一厂、县煤炭公司依照《中华人民共和国破产法》进入破产还债法律程序，县饮食服务公司、县印刷厂、县塑料包装厂、县贸易总公司、县明阳水泥厂等企业进入破产法律程序。县内破产企业对单位职工，采取置换身份、解除合同工和办理提前退休等办法进行安置。截至2004年，全县宣告破产企业6家，分别是缫丝厂、农机一厂、贸易总公司、煤炭公司、酒厂、四塘煤矿。

第三节　工业设备更新技改投入

1991年至1996年，邕宁县国有企业和集体企业（不含“三资”企业、股份制企业、联营企业和私营企业）为提高市场竞争力，通过企业自筹资金、县财政补助的办法筹措资金进行工业生产设备更新、技术改造。期间，全县国有企业和集体企业累计投入设备更新、技术改造资金1.16亿元，年均投入设备更新、技术改造资金1933.33万元。其中，县财政扶持企业进行工业生产设备更新、技术改造共投入4000万元。

▲2003年，南蒲纸业有限公司技术改造引进新设备

（邕宁区史志办资料照片）

1997年，县电业公司投资133.40万元对中和乡两线一地供电网改造为二线制供电，并完成中和变电站的技改工作。2001年，县电业公司完成农村电网改造，基本实现每个乡镇建有35千伏变电站的目标，形成35千伏网架的农村电力网。伶俐糖厂、蒲庙糖厂等一些企业投入巨资进行技术改造，加强对废气、废渣、废水“三废”治理。2000年至2001年，邕宁县实施企业技改项目27项，完成技改项目投资1.60亿元。

2002年，邕宁县实施企业技改项目15项，技改项目投资1.10亿元。其中广西万利来食品有限公司投资1043万元，南宁杨森淀粉化工有限公司投资2040万元，广西昌弘制药有限公司投资1150万元。

2003年，县电业公司实施第二期农电网改造，完成10千伏线路改造1892.72千米，低压线路改造548.18千米，更换高耗能变压器135台，容量12.84万千伏安，累计新增配电变压器115台，容量3.69

万千伏安，累计改造台区280个。全年农电网改造投资5594.10万元。同时，一些国有企业如伶俐糖厂等也投入巨资进行技改，以降低生产成本，提高经济效益；有11项非国有经济技改项目共投资额9083万元。2013年，邕宁县共实施工业技改项目20个，技改投资1.56亿元（不包括南宁糖业集团在邕宁的投资）。

1991年至2004年，全县国有企业和集体企业累计投入设备更新、技术改造资金9亿多元，年均投入设备更新、技术改造资金6500万元。县财政对企业进行工业生产设备更新、技术改造给予大力扶持。

第四节　集体企业改革

企业困境

1991年后，县内二轻工业生产出现下滑态势。1994年后，受生产原材料价格大幅度上涨影响，企业生产成本增加，县二轻企业亏损逐年增大。1997年，县内集体企业有下岗、失业人员的单位有县钢铁厂、那莲棉织厂、县茶厂、县农具厂、县木器厂、县皮鞋厂、县松香厂、县制革厂、县纸箱厂、县工艺厂、县服装厂、县纸箱厂、县二轻供销公司、县航运公司、县第一运输公司、县第二运输公司、县交通工程公司、县企业供销公司、县建筑工程公司等。1998年，管理体制弊端渐渐显现，企业无法消化内部高额的固定成本，大部分企业的产品进入市场后销售难。是年，县第二工业公司改制为集体民营企业。此前，县二轻企业通过推行《二轻工业企业承包经营试行方案》办法，实行租赁、承包等经营机制来恢复企业生产，但收效甚微，产值产量呈逐年下降趋势。除松香厂外，其余9家企业均处于停产或半停产状态，企业职工下岗人员共534人，占在职职工总数63%。1999年，实行“对外分块租赁”“对外租赁”等形式改制企业18家。2001年7月，邕宁县遭受特大洪水灾害，县城二轻企业全部被洪水浸淹，县纸箱厂、县木器厂因附近八尺江冲妈太防洪堤渗漏和崩塌，两次被洪水围困，时间长达1个多月（6月23日至8月10日），洪水水位最高时木器厂生产车间被淹至屋顶，松香厂成品车间因地势低，产品来不及转移而全部受损。洪灾造成二轻企业直接经济损失890万元，间接经济损失955万元，房屋倒塌29间，是二轻行业历史上受自然灾害损失最严重的一次。2002年后，二轻行业呈萎缩态势，停产企业有5家，开工企业仅有4家，生产的企业全部是由承包者组织生产，在职人员110人，年内总产值1000万元，主要产品有松香、松节油、花茶、中密度纤维板、再生革等。1991年至2004年，县二轻工业松香总产6.68万吨，花茶叶总产643吨，再生革总产505.36万张，胶合板总产1万平方米，改制钢材总产（1991年至1995年）4259吨，纸箱总产（1991年至1993年）3108.87万平方米，机制纸板总产（1991年至2001年）6501.65吨，木家具总产（1991年至2002年）1.92万件，棉布总产（1991年至2002年）1308.97万米，皮鞋总产（1991年至1996年）6.58万双；工业总产值3.68亿元，销售总收入3.91亿元，总上缴税金2235.90万元，总利润为负数。

全县二轻工业总产值从1991年的2458万元下降至2003年的1387万元。期间，开工生产的企业有县松香厂、钢铁厂、木器厂、制革厂、皮鞋厂、那莲棉织厂、茶厂、纸箱厂、工艺美术厂、服装厂、被服厂、文印厂、农具厂、饲料添加剂厂和南龙化工皮革有限公司（中外合资）等15家，职工总人数1210人，固定资产原值1953.74万元，净值1356.87万元，涉及林产化工、钢延压、制革、胶合板、造纸、棉织、制茶、服装、工艺美术等行业，产品有松香、改制钢材、皮革、胶合板和各种日用品约20种。

企业停产兼并

1992年后，二轻工业企业相继出现停产、半停产、拖欠工资等现象。县政府和企业采取措施，实行生产自救。加强企业管理，盘活资金；兼并或关停部分企业；转让出租企业闲置设备，筹措生产资金。当年，南龙公司、饲料添加剂厂停产，皮鞋厂、农具厂、被服厂3家企业实施兼并、合并，县二轻企业由15家减为10家。经过整合优势资源，多数企业得以继续发展生产，1992年实现工业总产值3051.34万元，比上年增长24.12%；产品销售收入3045.80万元，增长55.26%；税金233.40万元，增长41.82%，并扭亏为盈，实现利润39.25万元。1993年，县二轻企业实现工业总产值3859万元，税利391.90万元，是历史最好水平。

1997年，二轻供销公司兼并二轻印刷厂，拍卖陈旧设备，出租厂房，重新安排该厂职工5人，为他们办理养老保险，同时将22名退休职工生活费由每月40元提高到125元。

2001年9月，县松香厂因之前给本系统其他企业贷款提供担保连本带息500多万元，被县工商银行起诉，同期被县法院冻结其银行账户，造成资金无法周转，并造成企业经营压力和信用危机，县松香厂因此半停产4个月，产值减少800万元，亏损增大。

2003年，随着金融部门加快处置困难企业不良贷款本息步伐，二轻系统有县茶厂、县制革厂、县那莲棉织厂3家被起诉的企业资产被南宁市中级人民法院、县人民法院委托拍卖公司变卖或拍卖，生产和经营无法运转而停产。至年底，县二轻系统完全停产（停业）的企业有7个，半停产企业3个。

新技术开发

1991年起，县二轻企业为扩大生产规模，增加产品品种，进行较大的技术开发。1993年5月，县制革厂年产规模7万张猪牛皮革的天然革车间投产，总投资40万元；8月，县木器厂年生产规模1200立方米水泥模板、细木工板的蒸汽压机车间投产，总投资25万元。1995年9月，县纸箱厂年生产规模3000吨机制纸板的纸板车间投产，总投资200万元；11月，县松香厂年生产规模5000吨反光标线涂料的热熔型反光标线涂料车间投产，总投资95万元。1996年10月，松香厂年生产规模500吨松香树脂的松香树脂车间投产，总投资75万元。1991年至1996年，县二轻企业进行较大的技术开发项目5个，总投资435万元。

2000年，承包纸箱厂的南宁市光明造纸厂投资50万元对原有设备进行改造，提高机制纸板产品质量，增加销售量，产销率保持95%以上，仅生产半年时间，产值超过100万元，一跃成为县二轻系统仅次于松香厂的第二支柱企业。

企业拍卖

1991年起，为帮助困难企业摆脱困境，由经营状况尚好的企业提供担保，二轻部分企业先后向银行借贷专项基金和流动资金。由于种种原因，困难企业没有起死回生，担保的企业被拖垮，部分提供担保的企业被银行拍卖。1999年12月至2002年12月，县钢铁厂先后拍卖1栋3层办公综合楼、生产设备及部分土地，拍卖所得款用于归还银行178.90万元债务。2002年5月，效益较好的县松香厂因其在1993年至1995年为县供销公司、茶厂等企业贷款提供担保（本金400万元，利息215万元）被依法拍卖，拍卖价130万元。2003年3月底，县制革厂、木器厂、那莲棉织厂、纸箱厂、茶厂、钢铁厂6家企业欠县工商银行债务合计2489.25万元；另钢铁厂承担1000万元的贷款担保责任。2003年，受银行加紧追收逾期贷款，清理债务的政策影响，有3家企业被拍卖而停产，分别是：县茶厂位于八尺江边的土地于7月份以21.80万元价格拍卖，成套制茶设备9月份以4.53万元价格拍卖；县制革厂生产车间设备及土地作价110万元变卖；县那莲棉织厂全部生产设备拍卖成交价15.49万元。1991年至2004年，二轻部分企业累计欠银行借贷（不含利息）3880多万元，部分提供担保的企业被银行拍卖所得款460.72万元。

第五节 矿业管理

采矿生产管理

县内矿业实行审批和凭采矿许可证开采。1991年至1995年，矿产管理部门签发采矿许可证累计210本,年检证320本,收上各项税费约510万元,依法查处关闭不合格煤井10处,收缴电动机、鼓风机、钻机、铁锤、钢钎等工具一批。1996年至1998年，签发采矿许可证累计273本，年检证462本，持证开采率98%，收上各项税费602万元。县矿管、安监、劳动、工商、税务、公安等部门抽调人员组成检查队，检查煤井、石场累计119处，依法查处关闭不合格煤井30处，煤压产2万吨，收缴电动机、鼓风机、钻机、铁锤、钢钎等工具122件，价值3.50万元，追缴偷税漏税费3.68万元；查处违法案件39起，行政拘留17人，缴获雷管77枚，导火索380米，自制炸药1440千克。1999年至2000年，县矿管、安监、劳动、工商、税务、公安等部门抽调人员180人次组成工作队，清理整顿煤灰、石灰石、河沙、黏土、黄金等矿口（场）共357处，清理整顿面100%，依法取缔、关闭不合格煤井232个、露天矿（石场）20处，查处石场9处、露天矿8处，补办事故隐患矿场12处，避免人员伤亡事故2起，收缴钻机89台、铁锤185把、钢钎134条、飞轮8个、提升机124台、电动机23台、马达108台、其他开采工具数千件价值30万元，追缴偷漏税费15万元，立案查处各种违法犯罪案件3起。2001年至2002年，全县出动车辆310辆次，铲车8台次、钩机4台次、执法人员1860人次，依法关闭不具备安全生产条件和无开采证的小煤井387个、露天矿场40处，查处露天矿场21处，收缴钻机铁锤、钢钎等工具一批。

整治小煤矿

2000年起，县政府根据上级部署开始打击和关闭取缔非法小煤矿，先后4次组织国土、公安、交警、安监、司法、劳动、电业和四塘、五塘镇政府等有关部门，对四塘、五塘小煤矿（井）进行大规模全面清理整顿，出动车辆256辆次、铲车6台次、钩机4台次、人员1733人次，炸毁小煤井148个、斜井5个，填埋6个，捣毁工棚9间，收缴电动机组4套、柴油机4台、电动机5台、潜水泵8台、鼓风机8台、水泥2吨、炸药50千克、雷管80枚、原煤420吨，查扣后推车2辆，拆除钩机5台，罚款1.60万元，抓获非法采矿人员272人，劝退民工460人。同时，要求全县所有非法煤矿开采一律停业整顿，对不具备条件的矿场限期整改。2003年，全县整顿矿山煤井11次，依法查处非法开采小煤矿井426个，没收矿产品375吨，查扣电机组9套，抓获非法采煤人员24人，收缴铁铲、钢钎、卷扬机等采煤工具一批。

第二章　工业所有制

1991 年，邕宁县工业企业有国有企业、集体企业、“三资”企业、个体和私营企业等。其中，国有企业总产值占全县工业总产值 78.97%，集体企业占 10.72%，“三资”企业占 1.32%，个体和私营企业占 8.99%。

2004 年，邕宁县工业企业有国有企业（含国有控股股份制企业）、集体企业、“三资”企业、个体和私营企业（含民营股份制企业）等多种所有制并存与发展。其中，国有企业总产值占全县工业总产产值的 18.32%，集体企业占 12.70%，“三资”企业占 18.25%，个体和私营企业占 50.73%。

第一节　国有企业

1991 年，邕宁县国有工业企业有 52 家，即县明阳糖厂、伶俐糖厂、蒲庙糖厂、县酒厂、县良庆陶瓷厂、良庆纸袋厂、良庆缫丝厂、县印刷厂、蒲庙大米厂、五塘大米厂、邕宁水厂、县农药厂、县羽绒厂、县综合食品厂、县罐头厂、县糖业食品加工厂、县农机修理制造厂、县农机修理制造二厂、四塘煤矿、县氮肥厂、县造纸厂、明阳磷肥厂、明阳水泥厂、县电业公司、县木材公司、县水电预制构件厂、县矿产公司、县煤炭管理公司、县预制厂、县建筑材料公司、县物资公司、县贸易公司、县砖瓦厂、县农机公司、县花岗岩石材公司、县外贸公司、县炸药厂、县爆竹厂等。

▲ 1995 年，县明阳糖厂外景　　（邕宁区史志办资料照片）

主要骨干企业中，年产值 500 万元以上规模企业有县明阳糖厂、伶俐糖厂、蒲庙糖厂、明阳水泥厂、县造纸厂、良庆纸袋厂（含良庆缫丝厂）、蒲庙大米厂、县煤炭管理公司等，较大企业有县电业公司（年产值 496 万元，下同）、县矿产公司（420 万元）、县氮肥厂（417 万元）、四塘煤矿（401 万元）、县综合食品厂（含罐头厂，389 万元）、明阳磷肥厂（309 万元）、县酒厂（239 万元）、县糖业食品加工厂（221 万元）、县印刷厂（188 万元）、县建筑材料公司（162 万元）、邕宁水厂（128 万元）等。

位于县城的企业有 41 家：县蒲庙糖厂、县酒厂、县印刷厂、蒲庙大米厂、邕宁水厂、县农药厂、县羽绒厂、县综合食品厂、县罐头厂、县糖业食品加工厂、县农机修理制造厂、县氮肥厂、县造纸厂、县电业公司、县木材公司、县水电预构件厂、县矿产公司、县煤炭工业管理公司、县外贸公司、县贸易公司、县预制厂、县建筑材料公司、县物资公司、县砖瓦厂、县农机公司、县爆竹厂、县炸药厂等。驻乡镇的企业有 11 家：县明阳糖厂、明阳磷肥厂、明阳水泥厂、县伶俐糖厂、县良庆陶瓷厂、良庆纸袋厂、良庆缫丝厂、县五塘大米厂、县农机二厂（驻地五塘镇）、县四塘煤矿、县花岗岩石材公司（驻地四塘镇）。

1991 年，驻县的自治区属国有企业有 1 家，即广西明阳淀粉厂（位于吴圩镇明阳）。驻县的南宁地区属国有企业有 7 家，分别是明阳机械厂（明阳大修厂）、蒲庙水泥厂（位于县城）、明阳机引食品厂、明阳农场砖瓦厂、明阳麻绳厂、明阳机引厂（位于吴圩镇明阳）。

1991 年，全县国有工业企业总产值 4.22 亿元，占全部工业总产值 5.35 亿元的 78.88%，占全县地区生产总值（当年价）8.46 亿元的 49.88%。

1991 年后，随着社会主义市场经济体系逐步建立，县内国有工业企业生存日趋艰难。1994 年，县内国有工业企业亏损占全县企业总数的 41.18%。1995 年后，县内部分国有工业企业因经营管理不善、产品缺乏市场竞争力等原因而“关、停、并、转”。1995 年，南宁地区华宏水泥厂（国企）改制为广西华宏水泥股份有限公司，成为驻县首家国有控股股份制企业。1997 年，县内国有工业企业出现下岗、失业人员的单位有县酒厂、县印刷厂、县罐头厂、县造纸厂、四塘煤矿、县塑料包装制品厂、明阳磷肥厂、明阳水泥厂、县氮肥厂、县农机修理制造一厂、县羽绒厂、县水电预制厂、县机耕队、县矿产公司、县煤炭工业管理公司、县花岗岩石材公司、县外贸公司、县贸易公司等。1997 年下半年，县内国有工业企业开始进行企业产权制度改革，先后改制为国有控股股份制企业有县酒厂、良庆缫丝厂、县印刷厂、县罐头厂、县农机修理制造二厂、县造纸厂、四塘煤矿、县矿产公司、明阳水泥厂、农机修理制造一厂、明阳磷肥厂等。1996 年 7 月，明阳糖厂、伶俐糖厂、蒲庙糖厂 3 家县属国有工业企业从邕宁县划入南宁统一糖业有限公司管辖。

1995 年至 2004 年，先后有县农药厂、县羽绒厂、县综合食品厂、县罐头厂、县糖业食品加工厂、县农机修理制造厂、县农机修理制造二厂、四塘煤矿、县花岗岩石材公司、县良庆陶瓷厂、明阳磷肥厂、县塑料包装制品厂（砖瓦厂）、县预制厂、县印刷厂、县氮肥厂、县酒厂、县水电预制构件厂、良庆纸袋厂、良庆缫丝厂、五塘大米厂、县煤炭管理公司、县物资公司、县木材公司、县爆竹厂、县炸药厂等工业企业处于停产、半停产状态，有的企业转产，有的企业合并，有的企业停业等。期间，县内国有工业企业先后被依法宣告破产的有县良庆缫丝厂、县农机修理制造一厂、县酒厂、县煤炭管理公司、四塘煤矿等，进入破产法律程序的国有工业企业有县印刷厂、县塑料包装制品厂（砖瓦厂）、明阳水泥厂等。

▲ 2003 年，广西明阳生化科技股份有限公司总部办公楼
（邕宁区史志办资料照片）

2004 年，全县有县属国有工业企业 17 家，即广西南蒲纸业有限公司（由县造纸厂、南宁统一糖业有限公司、高州市糖纸有限公司组成）、县印刷厂、县氮肥厂、县酒厂、县自来水公司（水厂）、县冷冻厂、明阳水泥厂、县罐头厂、蒲庙大米厂、县农机公司、邕宁电业公司、县农机修理制造二厂、县建筑材料公司、县水电预制构件厂、县物资公司、明阳磷肥厂、县矿产公司等。其中，国有控股企业（股份制企业）有县印刷厂、县罐头厂、县农机修理制造二厂、县矿产公司、明阳水泥厂、明阳磷肥厂（邕宁县明阳化肥有限公司）6 家，混合型股

份制企业有广西南蒲纸业有限公司 1 家。主要骨干企业有广西南蒲纸业有限公司、邕宁县自来水公司（邕宁水厂）、邕宁电业公司、县建筑材料公司、明阳水泥厂、明阳磷肥厂、县水利电力局预制构件厂、县矿产公司等。

2004 年，位于在县城的企业有 14 家：广西南蒲纸业有限公司（县造纸厂）、县印刷厂、县氮肥厂、县酒厂、县自来水公司、县冷冻厂、县罐头厂、蒲庙大米厂、县农机公司、邕宁电业公司、县建筑材料公司、县水电预制厂、县物资公司等。驻乡镇的企业有 3 家：县明阳水泥厂、明阳磷肥厂（位于吴圩镇明阳），县农机修理制造二厂（位于五塘镇）。驻县的自治区属企业有 2 家：广西农垦明阳机械厂（原明阳机械厂，位于吴圩镇明阳）、广西明阳生化科技股份有限公司（广西明阳淀粉化工股份有限公司,原广西明阳淀粉厂,位于吴圩镇明阳）。原南宁地区属企业有 5 家：广西华宏水泥股份有限公司（原蒲庙水泥厂，2003 年 8 月撤南宁地区设立崇左市后改为南宁市属企业，位于县城），广西国营明阳农场麻绳厂（原明阳麻绳厂，位于吴圩镇明阳）、广西南宁地区机引厂（原明阳机引厂，位于吴圩镇明阳）、广西南宁地区明阳罐头食品厂（原明阳机引食品厂，位于吴圩镇明阳）、广西国营明阳农场砖瓦厂公司（1995 年 5 月注册成立，位于吴圩镇明阳）。南宁市属企业有 3 家：南宁糖业股份有限公司明阳糖厂（位于吴圩镇明阳），南宁糖业股份有限公司伶俐糖厂（位于伶俐镇），南宁糖业股份有限公司蒲庙造纸厂（位于县城）。

2004 年，全县国有工业企业总产值 9.76 亿元，占全部工业总产值 53.27 亿元的 18.32%，占全县地区生产总值 60.31 亿元的 16.18%。

第二节　集体企业

1991 年，邕宁县集体工业企业有 76 家，即县钢铁厂、县那莲棉织厂、县茶厂、县农具厂、县木器厂、县皮鞋厂、县松香厂、县制革厂、县纸箱厂、县服装厂、县被服厂、县文印厂、县工艺美术厂、县饲料添加剂厂、县南龙化工皮革有限公司（中外合资）、县农业生产资料公司、县供销社驻南宁站、县新兴文印厂、县航运公司、县综合化工厂、县饲料加工厂、良庆航运砖厂、县第一运输公司、县第二运输公司、县交通工程公司、县企业供销公司、县工业供销公司、县制药厂、伶俐水泥厂、县第二工业公司、县粮油公司、县饲料公司、县粮油购销公司、县粮油贸易公司、县交通工程公司、县航运公司、县第一航运公司、县第二航运公司、县建筑工程公司、县农机供应公司、县二轻供销公司、县木材公司、县汽车检测站、县汽车修配厂、蒲庙电镀厂、县造船厂等。主要骨干企业有县钢铁厂、县松香厂、县航运公司、县综合化工厂、县饲料加工厂、良庆航运砖厂、县交通工程公司、县纸箱厂、伶俐水泥厂、县石油公司、县交通工程公司、县航运公司、县第一航运公司、县第二航运公司、县建筑工程公司、蒲庙电镀厂、县造船厂等。位于县城的企业有 72 家，即县钢铁厂、县茶厂、县农具厂、县木器厂、县皮鞋厂、县松香厂、县制革厂、县纸箱厂、县服装厂、县被服厂、县文印厂、县工艺美术厂、县饲料添加剂厂、南龙化工皮革有限公司（中外合资）、县农业生产资料公司、县新兴文印厂、县航运公司、县综合化工厂、县饲料加工厂、县第一运输公司、县第二运输公司、县交通工程公司、县企业供销公司、县工业供销公司、县制药厂、县第二工业公司、县粮油公司、县饲料公司、县粮油购销公司、县粮油贸易公司、县交通工程公司、县航运公司、县第一航运公司、县第二航运公司、县建筑工程公司、县农机供应公司、县二轻供销公司、县木材公司、县汽车检测站、县汽车修配厂、蒲庙电镀厂、县造船厂等。位于乡镇的企业有 3 家，即县伶俐水泥厂（位于伶俐乡）、良庆航运砖厂（位于良庆乡）、县那莲棉织厂（位于蒲庙镇孟莲村那莲街）。企业位于南宁市的有 1 家，即县供销社驻南宁站。

1991 年，全县集体工业企业总产值 5733 万元，占全部工业总产值 5.35 亿元的 10.65%，占全县地区生产总值 6.74%。

▲ 1996 年，年生产能力 20 万吨水泥的伶俐水泥厂
（邕宁区史志办资料照片）

1991 年至 1993 年，由于受到银行压缩银根、减少信贷规模等因素影响，县内企业出现一系列不良现象，主要表现在：生产、周转资金短缺；企业管理不够完善，应变措施跟不上市场经济形势发展；缺乏名牌产品，市场竞争力较弱，产品滞销；生产原材料燃料价格上扬，成本增大等。全县集体企业亏损面越来越大。政府和企业虽然采取各种补救措施，但整体仍呈现优存劣汰、逐渐萎缩态势。此后一些集体企业停产、改制、拍卖等，企业下岗和失业员工逐年增多。1992 年，南龙化工皮革有限公司、县饲料添加剂厂停产，县农具厂、县皮鞋厂、县被服厂合并。1997 年 8 月，县大沙田水厂（原私营企业那马水厂，1988 年建）改制为南宁市邕宁县大沙田供水有限责任公司，属股份合作制民营企业。

2004 年，县属集体工业企业有 36 家，即县钢铁厂、县木器厂、县纸箱厂、县工艺美术厂、县服装厂、县农业生产资料公司、县供销社驻南宁站、县航运公司、县综合化工厂、县第一运输公司、县第二运输公司、县交通工程公司、伶俐水泥厂、县第二工业公司、县工业供销公司、县企业供销公司、县二轻供销公司、县粮油公司、县饲料公司、县交通工程公司、县航运公司、县第一航运公司、县第二航运公司、县建筑工程公司、县农机供应公司等。主要骨干企业有县钢铁厂、县农业生产资料公司、县综合化工厂、县航运公司、县交通工程公司、伶俐水泥厂、县建筑工程公司等。位于县城的企业有 34 家，即县钢铁厂、县木器厂、县纸箱厂、县工艺美术厂、县服装厂、县农业生产资料公司、县航运公司、县综合化工厂、县第一运输公司、县第二运输公司、县交通工程公司、县第二工业公司、县工业供销公司、县企业供销公司、县二轻供销公司、县粮油公司、县饲料公司、县交通工程公司、县航运公司、县第一航运公司、县第二航运公司、县建筑工程公司、县农机供应公司；位于南宁市区的企业有 1 家，即县供销社驻南宁站；位于乡镇的企业有 1 家，即伶俐水泥厂。

2004 年，全县集体工业企业总产值 6.77 亿元，占全部工业总产值 12.71%，占全县地区生产总值 11.23%。

第三节 “三资”企业

1991 年，邕宁县开始引进“三资”工业企业，大力发展外向型创汇工业企业。是年，全县有“三资”工业企业 4 家，其中县城有邕劲毛绒布有限公司（中外合资）、邕仙服装有限公司（中外合资）、邕仙鸭业发展有限公司（鸭翅冷冻厂，中外合资），大沙田开发区有南宁正大畜牧有限公司（1991 年 5 月成立，中外合资）。全县“三资”企业工业总产值 707 万元人民币，占全部工业总产值 1.32%，占全县地区生产总值 0.84%。

随着改革开放的深入和开发区建设步伐加快，“三资”企业发展较快。1993 年，全县“三资”企业 7 家。1995 年全县“三资”企业发展至 21 家。

2002 年，县内有“三资”企业 41 家，具体是：位于县城有邕宁县八鲤水泥有限公司、广西邕宁

▲ 1998 年，位于大沙田经济开发区的南宁正大畜牧有限公司外景　（邕宁区史志办资料照片）

金泉食品有限公司 2 家；位于邕宁沿海经济开发区有龙昌日用品工业南宁有限公司、龙昌机械南宁有限公司、昌顺塑胶南宁有限公司、米特日用品工业南宁有限公司、南宁龙泰通建材有限公司、南宁华邦制衣有限公司、南宁三元物业有限公司纤板厂、德燊电子南宁有限公司、南宁丰德电子有限公司、南宁嘉澳毛皮制品有限公司、南宁海荣达生物开发有限公司、派罗特克高温材料有限公司、广西日顺化工有限公司、南宁悦丰生物工程有限公司、广西锦莹药业有限公司、美联添加剂南宁有限公司、广西万顺食品有限公司、南宁华威制衣有限公司、广西昌弘制药有限公司（在建）19 家；位于大沙田开发区有南宁东诚制衣有限公司（在建）、南宁正大畜牧有限公司、广西大昌畜牧有限公司、南宁泰格金属制品有限公司、南宁金钢水泥有限公司、南宁韦医生美容品有限公司、南宁科宝纸业有限公司、南宁锦明公司导光纤维中心、广西景皇成片土地开发公司（经营市场）、台农种苗南宁有限公司、南宁老虎五金建材有限公司（销售）11 家；位于仙葫开发区有南宁利达编织品有限公司、南宁荣昌房地产开发有限公司（在建）、南宁海地房地产开发有限公司（在建）3 家；驻地乡镇 6 家，其中吴圩镇 2 家（南宁正大建材有限公司、金满顺食品南宁有限公司），良庆镇 1 家（美王食品工业南宁有限公司），那马镇 1 家（南宁邕兴农业养殖有限公司），伶俐镇 2 家（南宁远东农牧渔有限公司、南宁鑫远东农牧渔有限公司）。在“三资”企业中，规模以上（年产值 500 万元）的企业有 13 家：南宁正大畜牧有限公司（年产值 3.08 亿元人民币，下同）、南宁三元物业有限公司纤板厂（年产值 1.37 亿元）、龙昌日用品工业南宁有限公司（年产值 7195 万元）、南宁金钢水泥有限公司（年产值 2999 万元）、广西大昌畜牧有限公司（年产值 2250 万元）、南宁泰格金属制品有限公司（年产值 760 万元）、广西锦莹药业有限公司（年产值 1498 万元）、南宁华邦制衣有限公司（年产值 3102 万元）、南宁正大建材有限公司（年产值 7316 万元）、邕宁县八鲤水泥有限公司（年产值 3296 万元）、南宁利达编织品有限公司（年产值 1565 万元）、德燊电子南宁有限公司（年产值 799 万元）、美联添加剂南宁有限公司（年产值 543 万元）。在邕宁县交纳国税地税的“三资”企业共 20 家，有 21 家企业注册与交纳国税地税分别在南宁市高新技术开发区、南宁市永新区、南宁市江南区、南宁市城北区，南宁地区等。

1993 年至 2004 年，县境内有的“三资”企业因经营管理不善等各种原因停产或转让，先后有邕劲毛绒布有限公司、邕仙服装有限公司、邕仙鸭业发展有限公司、宁海塑料包装有限公司（中外合资）、宁海冶化有限公司、南龙化工皮革有限公司（中外合资）、深圳达荣塑料包装有限公司、宁雅冶化有限公司（中外合资）、海昌有限公司、津海塑料气泡布有限公司、蒲昌有限公司（中外合资）、南宁市丰伸食品工业有限公司（外商投资）、南宁龙泰通建材有限公司（2001 年 12 月停产）、邕宁县八鲤水泥有限公司（2002 年 6 月由中外合资传为内资）、广西万顺食品有限公司（2002 年企业停产转让）、邕力丙纶丝有限公司（中外合资）等 10 多家“三资”企业停产或转让。

2004 年，全县有“三资”企业 30 多家，在邕宁县交纳国税地税的“三资”企业有 18 家，即南宁三元物业有限公司纤板厂、德燊电子南宁有限公司、广西日顺化工有限公司、南宁悦丰生物工程有限公司、美联添加剂南宁有限公司、南宁正大畜牧有限公司、广西大昌畜牧有限公司、广西景皇成片土地开发公司、台农种苗南宁有限公司、南宁老虎五金建材有限公司、南宁荣昌房地产开发有限公司、南宁海田房地产开发有限公司、南宁正大建材有限公司、金满顺食品南宁有限公司、广西邕宁金泉食品有限公司、美王食品工业南宁有限公司、南宁邕兴农业养殖有限公司、南宁远东农牧渔有限公司。

2004 年，全县“三资”企业工业总产值 9.72 亿元人民币，占全部工业总产值 18.25%，占全县地区生产总值 16.12%。

第四节 个体私营企业

企业规模

1991 年，县内个体私营企业发展较快，全县有城镇和农村个体私营工业企业 2223 家（户），分布在县内各乡镇圩集和县城及大沙田开发区等。主要产业有食品加工、制衣、制革、制鞋、饲料、酿酒、建材、矿产、肥料、化学等。较大的个体私营工业企业有那马水厂（建于 1988 年）等。1991 年，全县个体私营企业工业总产值 4806 万元，占全部工业总产值 8.97%，占全县地区生产总值 5.67%。

1993 年 5 月，邕宁县出台《关于加快发展个体和私营经济的决定》文件，从政策上允许、鼓励和发展个体私营经济，放宽经营对象与范围，享受优惠待遇并依法保护其合法权益。从此，邕宁县个体私营经济得到新的发展。县内个体私营企业经营者除了从事农副产品加工、粮食加工、制衣、制革、制鞋、饲料、酿酒、木材加工、建材、矿产、化学等外，允许有能力的个人承包、租赁和收购国有企业及集体企业等。1994 年大塘糖厂建成投产，是县内首家民营股份制企业；邕宁沿海经济走廊开发区设立私营工业园，占地面积 533 公顷，先后有 89 家私营企业进驻置业；良庆造纸厂、蒲庙硫酸厂等被私人收购并经营。

▲ 2003 年，县大明印刷厂外景　（邕宁区史志办资料照片）

2004 年，邕宁县有城镇和农村个体私营工业企业 4206 家(户)，分布在辖区内各乡镇圩集、县城、邕宁沿海开发区、大沙田开发区和仙葫开发区等，主要产业有食品加工、制衣、制革、制鞋、饲料、酿酒、肥料、建材、矿产、化学、日用品、造纸、印刷、金属制品、制药、机械制造、电子等。其中，民营股份制企业有 30 多家。规模以上私营工业企业（年产值 500 万元以上）有 43 家：广西宁振工贸公司、广西（南宁）鸿牌饲料有限公司、南宁东方复合袋有限责任公司、邕宁县和平松香厂、邕宁县福宁钢铁厂、广西南宁市邕宁县香怡茶业公司（原香怡茶厂）、广西万利来工贸有限责任公司、广西帝凯维动物营养有限公司、南宁三金制药责任公司、南宁市无机盐化工厂、邕宁县南晓林化厂、龙昌日用品工业（南宁）有限公司、南宁市邕宁穗邕塑料彩印包装厂、广西传新工贸有限公司、南宁广迪工贸有限责任公司邕宁造纸厂、邕宁县蒲新纸厂、广西邕宁县西南轧钢厂、广西华锑化工有限公司、广西松日有色金属有限公司、广西邕宁县蓝天钢管厂、南宁飞捷钢结构工程有限公司、邕宁广元化工有限公司、南宁百洋饲料科技有限公司、南宁欣荣金属包装桶厂、南宁泰格金属制品有限公司、广西黑五类食品股份有限公司、南宁市林产土特产品有限公司、邕宁县吴圩那祥松香厂、广西方略药业有限公司、广西锦莹药业有限公司、邕宁县浙联茧丝贸易有限公司、南宁通威饲料有限公司、广西日星金属化工有限公司、南宁正虹饲料有限公司、广西莱特道路设施有限公司、广西南宁桂西福利印刷厂、德森（南宁）电子有限公司、南宁华邦制衣有限公司、南宁华威制衣有限公司、邕宁县勇新林业工厂、南宁市银泉化工有限公司、广西盛誉糖机设备制造有限责任公司、广西中高糖机设备制造有限责任公司。较大的私营工业企业有邕宁县大明印刷厂等。

2004 年，全县个体私营企业工业总产值 27.02 亿元，占全部工业总产值 50.73%，占全县地区生产总值 44.82%。

主要个体私营企业简介

广西宁振工贸公司 前身为良庆造纸厂（1978 年建成投产，为乡办企业，年产 500 吨），位于良庆镇，宁俊收购该厂后于 1998 年 6 月注册成立公司。是一家以造纸、制糖为主业的大型民营企业集团——广西华劲集团的全资子公司，是全国最大的民营自制化学浆造纸企业。该公司 2001 年 1 月收购江西省灏江造纸厂，先后收购兼并自治区内外多家企业及经济实体。2003 年公司占地面积 32.27 公顷，有员工 1000 多人，固定资产 1.10 亿元；纸产品为"华劲"牌精白书写纸、高白胶版印刷纸、静电复印纸、电脑原纸等各种中高级文化用纸；浆纸年产量 4 万吨，产值 1.60 亿元，缴纳税金 1700 多万元。

▲ 2003 年 6 月 25 日，自治区党委副书记、南宁市委书记李纪恒（左三）视察广西宁振纸业有限公司

（邕宁区史志办资料照片）

南宁市银泉化工公司 前身为蒲庙硫酸厂（1989 年建成投产，为乡办企业，年产 1 万吨），位于蒲庙镇，杨辉进先是承包、后收购该厂，1999 年 1 月注册成立公司，是一家集生产、销售、仓储、贸易、物流、港口、房地产开发和进出口业务于一体的工贸型企业。公司拥有蒲庙硫酸厂、银泉码头、广西银泉物流有限责任公司、广西银泉贸易有限责任公司及吉泰化工责任公司（防城港），共有员工 320 多人，固定资产 7.10 亿元。扩建后设有年产 12 万吨硫酸设施，内河（邕江）码头可泊千吨船、年货物吞吐能力 60 万吨，可储 10 万吨硫酸贮罐及 10 万吨液碱库容贮罐，配有卫星定位监控系统，有 3500 吨位危险品运输车队。企业通过国家质量及环境管理体系认证，具备工业产品生产、危险化学品经营运输及港口经营许可证和出口企业资格证书。2001 年工业产值 1152 万元，销售收入 2242 万元。该公司被评为"全国诚信守法乡镇企业""南宁市明星私营企业""南宁市工业发展十佳企业"等称号。

▲ 2002 年，大沙田供水有限公司外景

（邕宁区史志办资料照片）

南宁市邕宁县大沙田供水有限责任公司 前身为那马水厂（后改称邕宁县大沙田水厂），由周德礼投资建于1988年，为私营企业，向那马圩及周边村坡供水。1992年大沙田水厂一期工程开工建设，1994年5月开始向大沙田开发区等地供水，日供水1万多立方米。1996年固定资产1977万元。1997年9月整体改制为南宁市邕宁县大沙田供水有限责任公司，属股份合作制民营企业。2003年，该公司拥有大沙田水厂和那马水厂，有员工82人，日供水能力5万立方米，年售水量660万立方米左右，收入1300万元以上。1995年获全国“农村百佳水厂”南宁市“经济效益杯”银杯奖称号，1998年获南宁市“二十强私营企业”等称号。

第三章　主要行业和名优产品

1991 年，邕宁县工业产业主要有制糖、采矿、建材、造纸、化学、食品、饲料、医药、机械等。按工业产业分类，全县有 24 个企业行业。各行业的工业企业数分别是：煤炭开采和洗选业企业 4 个，黑色金属矿采选业企业 1 个，非金属矿采选业企业 1 个，农副食品加工业企业 10 个，食品制造业企业 5 个，饮料制造业企业 2 个，纺织业企业 3 个，纺织服装、鞋、帽制造业企业 4 个，皮革、毛皮、羽（绒）毛及其制品企业 3 个，木材加工及木、竹、藤、棕、草制品业企业 3 个，家具制造业企业 1 个，造纸及纸制品业企业 4 个，印刷业和记录媒介的复制企业 3 个，化学源料及化学制品制造业企业 8 个，医药制造业企业 1 个，塑料制品业企业 1 个，非金属矿物制品业企业 10 个，黑色金属冶炼及压延加工业企业 1 个，金属制品业企业 1 个，专用设备制造业企业 4 个，工艺品及其他制造业企业 1 个，电力、热力生产和供应业企业 8 个，水生产和供应业企业 2 个，房屋和土木工程建筑业企业 1 个。

1992 年后，县内新增工业产业行业主要有通信设备与计算机及其他电子设备制造业企业、有色金属冶炼及压延加工业企业。消失的行业有煤炭开采和洗选业、非金属矿采选业企业。

▲ 1996 年，县明阳糖厂车间一角

（邕宁区史志办资料照片）

2004 年，邕宁县较大工业产业主要有制糖业、采矿业、建材业、造纸业、化工业、食品加工业、饲料加工业等。按工业企业行业分类主要有 24 个行业。各行业的工业企业数分别是：黑色金属矿采选业企业 1 个，农副食品加工业企业 18 个，食品制造业企业 6 个，饮料制造业企业 2 个，纺织业企业 1 个，纺织服装、鞋、帽制造业企业 6 个，皮革、毛皮、羽（绒）毛及其制品业企业 1 个，木材加工及木、竹、藤、棕、草制品业企业 5 个，家具制造业企业 1 个，造纸及纸制品业企业 6 个，印刷业和记录媒介的复制企业 3 个，化学源料及化学制品制造业企业 16 个，医药制造业企业 5 个，塑料制品业企业 4 个，非金属矿物制品业企业 13 个，黑色金属冶炼及压延加工业企业 4 个，有色金属冶炼及压延加工业企业 2 个，金属制品业企业 6 个，专用设备制造业企业 5 个，通信设备与计算机及其他电子设备制造业企业 4 个，工艺品及其他制造业企业 3 个，电力、热力的生产和供应业企业 8 个，水的生产和供应业企业 2 个，房屋和土木工程建筑业企业 4 个。

邕宁县工业产品获得名优产品主要有："明阳"牌一级白砂糖及赤砂糖，"八鲤"牌一级白砂糖及食用酒精，"伶俐"牌一级白砂糖，"潭峰"牌变性淀粉，"白帆"牌脂松香，"明阳"牌 425 标号普通硅酸盐水泥，"桂昆仑"牌普通硅酸盐水泥，"八鲤"牌普通硅酸盐水泥，"华宏"牌各强度等级普通硅酸盐水泥，"古庙"牌各强度等级普通硅酸盐水泥等 10 多个品牌。

第一节 制 糖 业

邕宁县种植甘蔗、加工蔗糖历史悠久，各乡镇均种植，是广西重要产糖地区，蔗糖产品畅销全国各地和出口国外。制糖工业是邕宁县工业的龙头企业，创税利大户。

1991年，全县有甘蔗加工企业4家，其中县国有企业3家，分别是伶俐糖厂、明阳糖厂、蒲庙糖厂，南宁市企业1家即南宁糖纸厂。是年，机制糖产量9.55万吨，制糖产业（不含南宁糖纸厂，下同）总产值2.57亿元，占全县工业总产值48.11%，产品销售税金及附加共2515.80万元，实现税利4254.47万元。1993年，由于甘蔗丰收，蔗糖生产量高，全县生产机制糖16.11万吨。1994年，大塘糖厂建成投产，为中型股份制企业，日榨甘蔗2500吨，年处理甘蔗能力30万吨。县属制糖企业相继扩建：伶俐糖厂扩建后日榨甘蔗3500吨，年处理甘蔗能力60万~70万吨；明阳糖厂扩建后日榨甘蔗1万吨，年处理甘蔗能力120万~130万吨；蒲庙糖厂扩建后日榨甘蔗2500吨，年处理甘蔗能力30万吨。1995年，蔗糖生产有所回落，全县生产机制糖11.55万吨。1991年至1995年进厂原料蔗累计748.97万吨，机制混合糖产量64.31万吨。1999年，生产机制糖增至19.81万吨。1996年至2000年进厂原料蔗710.53万吨，机制混合糖产量74.42万吨。2001年生产机制糖下降到11.48万吨。2004年生产机制糖高达29.73万吨，制糖业总产值8.60亿元，占全县工业总产值16.14%，实现税利2.41亿元。2001年至2004年，进厂原料蔗2360.91万吨，机制纯合糖产量256.91万吨。1991年至2004年，累计生产机制糖234.57万吨。

明阳糖厂 位于吴圩镇明阳。始建于1956年，次年1月投产，县属国有企业，1996年7月整体划归南宁糖业股份有限公司。国家大型一档企业，“全国500家最大食品制造企业”之一。日榨甘蔗从建厂的250吨提高至2004年的1万吨以上。2004年在职员工1160人，其中技术人员214人；固定资产2.30亿元；机制糖产量16.80万吨，工业总产值3.20亿元（按1990年不变价），税利1.15亿元，其中税金5149万元。

伶俐糖厂 位于伶俐镇。始建于1956年，次年1月投产。县属国有企业，1996年7月整体划归南宁糖业股份有限公司。“全国500家最大食品制造企业”之一，广西大型骨干企业。设备生产能力为平均日榨甘蔗3500吨，卫生纸1500吨。2003年，下设车间3个，科室14个，管理部1个，人造板厂1个，卫生纸筒厂1个，服务公司1个；在职职工836人，其中长期临时工116人；榨甘蔗63.57万吨，产白砂糖7.21万吨，赤砂糖8621吨；实现产值1.75亿元，利税3138.84万元，其中利润1125.96万元。

▲1996年，县蒲庙糖厂厂区一角 （邕宁区史志办资料照片）

蒲庙糖厂 位于县城蒲庙镇。始建于1981年，1984年1月投产。县属国有企业，1996年7月整体划归南宁统一糖业有限责任公司，日处理甘蔗能力2500吨。2000年改建为造纸厂，主要生产纸浆、酒精和化肥。2002年1月更名为蒲庙造纸厂。

第二节　采　矿　业

1991 年至 2004 年，邕宁县境内矿产资源有煤、铁、锰、钴、铅、铜、金、银、石英砂、高岭土、花岗岩等 23 种，部分矿种品位较高，全县从事矿业开采及加工近万人，采矿产业年均创税利 1660 多万元。

煤　炭

县内煤炭主要品种有褐煤、烟煤、腐殖酸煤等。分布在四塘、五塘、吴圩、延安等乡镇。1991 年至 1996 年，县境内从事褐煤开采南宁市属企业有平垌煤矿、里罗煤矿、里彩煤矿，年开采量 30 万吨左右；县属企业四塘煤矿，集体和个体小煤窑（井）500~600 个，年开采量 60 万吨以上。县境内煤矿年产值 5000 万元以上，管理部门收缴管理费 2656 万元。1997 年至 1998 年，里彩煤矿停产，里罗、平垌和四塘煤矿开采量下降，四塘、五塘小煤窑降至 192 个。从事采煤业人员：国有煤矿 1920 人，个体煤窑 2136 人。全县年开采褐煤下降至 38.10 万吨，总产值 2692.80 万元。1999 年后，煤炭储量大幅减少。四塘煤矿处于半停产和半转产状态，2002 年宣告破产。2003 年，县政府根据上级有关精神要求所有小煤井（窑）停止采煤，小煤井（窑）全部关闭停产。烟煤分布于延安至那齐一带，地下煤层延伸长 9 千米左右，煤发热量为 500~700 大卡，煤层厚度 0.40~3.60 米，远景储量 150.30 万吨。1996 年起，由延安乡企业开采，年产 1 万吨。腐殖酸煤分布吴圩镇康宁、那佳村一带，煤发热量为 2000~3000 大卡，煤层厚度 4~10 米，最厚 27.69 米；工业分析结果是灰分 37.87%~48.07%，腐殖酸 32.68%~37.65%，褐煤脂 3%~24%，含油率 10%；远景储量 595.50 万吨，煤层厚度大，可露天开采；腐殖酸煤可作化工原料、饲料添加剂和加工成腐殖酸肥料等。

石　灰　石

分布在蒲庙、良庆、长塘、伶俐、吴圩、苏圩等乡镇。1991 年至 2004 年，石灰石开采场（点）256 处，从业人员 1200 多人，年开采片石 250 万吨，石碴年产 25.50 万吨，年产值 3200 多万元。

黏　土

分布在昆仑镇八塘、水口一带。1991 年至 2004 年，由县花岗岩石材开发总公司组织开采，有黏土开采矿口 8 个，从业人员 160 多人，年产 4600 立方米，年产值 920 万元。

高　岭　土

分布在昆仑、吴圩、苏圩等镇。1991 年至 2004 年，开采矿口 14 个，从业人员 120 多人，年产量 2.70 万吨，年产值 162 万元。

重　晶　石

分布在长塘、百济、吴圩、伶俐等乡镇。1991 年，开采矿口 10 多个，从业人员 1000 多人，年产 7500 多吨，年产值 600 多万元。由于重晶石市场销售不畅及价格偏低，开采量逐年减少，生产处于时断时续。2004 年开采矿口减至 4 个。

黄　金

分布在昆仑镇排东、排西、老山一带。1991 年至 2004 年，开采矿点 3 个，从业人员 60 多人，年产黄金 1800 克，年产值 12 万元。

其　他　矿

主要有锰矿、铁矿、铅锌矿、萤石矿等，以县矿产公司开采为主。1991 年至 2004 年，开采矿口 14 个，从业人员 260 人，年产量 2 万 ~3 万吨，年产值 20 万 ~30 万元。

第三节　建　材　业

1991 年至 2004 年，全县建材工业主要有水泥及制品、红砖、河砂、石材、木材钢材玻璃等行业，全行业呈稳步发展态势，累计生产水泥 1395.15 万吨。

水　泥

1991 年，县内有南宁地区华宏水泥厂、明阳水泥厂、伶俐水泥厂，从业人员 1600 多人，水泥总产量 36.17 万吨，总产值 5000 万元。县内从事水泥制品的企业有 3 家，即县预制厂、县水电局预制构件厂和县建筑公司预制构件厂。县预制厂 1991 年水泥产品产值 38 万元；县水电局预制构件厂主要产品有水泥电杆和水泥管等，年产值约 15 万元；县建筑公司预制构件厂主要产品有房屋构件和水泥多孔板等，年产值 30 万元（1995 年停产、转产）。此外还有一批个体和联营的小水泥制品厂（场），主要生产水泥瓦、水泥空心砖、水泥花窗等，产品销往县内外城乡及农村。南宁地区华宏水泥厂扩大生产能力后年产水泥 100 万吨；明阳水泥厂 1996 年职工 594 人，其中各类技术人员 73 人，固定资产 6351 万元，产水泥 12 万吨；伶俐水泥厂年产水泥 20 万吨，“桂昆仑”牌（普通）硅酸盐水泥产品 1989 年获南宁市优质产品，1992 年通过国家水泥产品质量认证，1994 年获广西名牌产品。1991 年至 1994 年，全县累计产水泥 170.88 万吨，年平均产水泥 42.72 万吨。1995 年至 1996 年，县内新建成投产的水泥厂有 4 家（良庆水泥厂建成因缺资金未投产，设计年产水泥 15 万吨）。其中，南宁金钢水泥厂年产水泥 20 万吨；南宁正大建材有限公司年产水泥 35 万吨；县八鲤水泥厂年产水泥 15 万吨；邕宁沿海开发区平乐水泥厂年产水泥 15 万吨。全县水泥年产量从 1995 年的 54.16 万吨增至 1998 年的 105.24 万吨。2004 年，全县有水泥厂 7 家，从业人员 1800 多人，水泥总产量 183.19 万吨，总产值 9000 万元。1991 年至 2004 年，全县平均年产水泥 99.65 万吨。全县水泥预制构件产量由 1991 年的 7300 立方米提升到 2004 年的 1 万多立方米，年均产水泥构件约 1 万立方米。

广西华宏水泥股份有限公司位于县城蒲庙镇，前身为南宁地区蒲庙水泥厂，始建于 1958 年，国有大型企业，广西最早的水泥生产企业之一。1994 年 8 月改组为国有控股建材企业。2004 年划归南宁市管理。

红　砖

县内的黏土矿资源丰富，适用于制砖瓦和水泥配料等。1991 年全县有砖厂约 150 家，从业人员

▲ 2002 年，良庆砖厂一角

（邕宁区史志办资料照片）

6000 人，产红砖 1.29 亿块，总产值 1.60 亿元。规模较大的有大塘砖厂、四塘煤矿砖厂（年产砖 1500 万块）、明阳砖厂（年产砖 167 万块）、明阳农场砖厂、航运良庆砖厂、蒲庙糖厂煤灰混凝土承重砌块厂等（年产 5 万立方米）。大塘砖厂年产红砖 2300 万块，产品畅销县内外，曾出口新加坡。1991 年至 1994 年，县内砖厂从事瓦片生产，总产量 715 万片，平均年产 178 万片。随着农村砖混结构平顶房的推广，瓦片市场消失。1995 年至 1997 年，邕宁县有仙葫砖厂（年产砖 2000 万块）等先后建成投产。1998 年县内基本正常生产的砖厂下降到 50 家，年产红砖 8.21 亿块，总产值 1.53 亿元，从业人员 3000~4000 人。2002 年县内煤矿全部关闭停产，砖厂用煤成本加大，红砖生产日渐艰难。2004 年县内有砖厂 40 家，年产红砖 1.50 亿块。1991 年至 2004 年，全县平均年产机制砖 2.30 亿块。

河　砂

县境内有大小河流 14 条，河砂资源丰富。河砂产量较大是邕江邕宁段和八尺江沿河一带。产自五塘镇的石英砂为特产河砂，主要集中在沙江中下游至大冲口河段，畅销县内和自治区内外。1991 年至 1998 年，全县有采砂场（点）51 个，采砂船 70 余艘，从业人员 500 多人，年均产砂 102.49 万立方米，总产值 1537.35 万元。2003 年取消不具备采砂条件的砂场（点）20 个。2004 年有采砂场（点）27 个，年产砂 100 万吨以上，产值 1500 多万元。

石　材

县内石灰岩是富矿，分布在蒲庙、伶俐、良庆、长塘、吴圩、苏圩等乡镇；花岗岩储量约 360 万立方米，分布在昆仑、南晓等镇。有国营花岗岩石材公司和乡镇企业及村集体、个体开采的石场。1991 年至 1998 年全县有采石场 200 个，年产石材 500 万立方米。2000 年至 2002 年，年均产花岗岩板材约 3 万立方米。2004 年有采石场 160 个，年产石材 400 万立方米。2003 年至 2004 年年均产花岗岩板材 3000 平方米。邕宁县有县氮肥厂石灰窑、蒲庙镇企业石灰窑等，1991 年至 2004 年，全县年平均产建筑石灰约 8000 吨。

木材钢材玻璃

县境内木材资源丰富，从事木材加工有广西丰林公司中密度纤维板厂、阳光中密度纤维板厂、县木器厂、县木材公司、县农具厂等木材加工企业，产品有锯材、木制品、纤维板、胶合板、刨花板、刨切单板等。1991 年至 2004 年，

▲ 1998 年，位于大塘镇的福宁钢铁厂车间一角

（邕宁区史志办资料照片）

累计加工木材17万立方米，锯材50万立方米，胶合板10万立方米，纤维板100万立方米，蔗渣碎粒板2万立方米，包装箱800万个，木片10万吨。从事钢材加工有县钢铁厂、大塘福宁钢铁厂等企业，主要从事改制钢材。1991年至2004年累计产成品钢材7.40万吨。县内有南宁市特种玻璃厂，位于邕宁沿海开发区内，生产“正运牌”汽车安全玻璃，产品于1996年通过国家安全质量认证，年产值500多万元。2004年停产。

第四节 造 纸 业

1991年，邕宁县造纸主要有县造纸厂和乡镇企业的良庆造纸厂及吴圩、蒲庙、邕江、强民、伶俐等企业，生产机制纸及纸板7600吨。

2002年，全县造纸企业增加到11家，年产8.50万吨，总产值3.30亿元。主要企业是广西南蒲纸业有限公司正常日产量2500吨，宁振工贸公司良庆造纸厂年产机制纸2.50万吨，蒲庙造纸厂年生产漂白蔗渣3.40万吨。南宁市和邕宁县的造纸用纸浆由蒲庙造纸厂统一供应。

2004年，全县有造纸企业11家，纸浆总产7.24万吨，机制纸及纸板总产7.16万吨，总产值4.20亿元，税利6100多万元。

1991年至2004年，全县机制纸及纸板产量累计34.69万吨。

广西南蒲纸业有限公司

位于县城邕江与八尺江交汇处。前身系邕宁县造纸厂，建于1958年。国有中型二档企业，全国500家最大造纸及纸制品企业。1997年实行股份制改造，更名为邕宁纸业有限公司。2001年，因无力解决污染环境问题，在南宁糖业股份有限公司和广东省高州市糖纸有限公司投资参股下改制成为广西南蒲纸业有限公司。2004年企业员工400多人，固定资产4223万元。产品有双胶纸、防近视纸、版纸、书皮纸、书写纸等，日产量2500吨，年产机制纸2.50万吨，年销售收入9000多万元。有光纸获“自治区优质产品”称号，纸产品畅销自治区内外及国外的东南亚地区。

▲2005年，蒲庙造纸厂生产车间　　（李东方　摄）

蒲庙造纸厂

位于县城蒲庙。前身是蒲庙糖厂，县属国有企业，1996年7月整体划归南宁统一糖业有限责任公司。2000年改建为造纸厂，主要生产纸浆和酒精及化肥，其中酒精年生产能力2万吨。2003年，生产绝干浆6.15万吨，食用酒精2.46万吨，复合肥2.06万吨，销售收入2.22亿元，实现利润3019万元，税利6578万元。

第五节　化　工　业

化　肥

1991年，邕宁县有化肥生产企业2家，即邕宁县氮肥厂和邕宁县明阳磷肥厂。邕宁县氮肥厂位于县城蒲庙，始建于1971年，为国有中型企业。1991年有职工512人，年产合成氨1万吨，年产值417万元；1994年4月停产；1995年转产复合肥，当年产值398万元。邕宁县明阳磷肥厂位于吴圩镇明阳，始建于20世纪70年代初。1991年有职工250人，产磷肥9000吨，产值309万元。1991年至1994年，全县化肥产量铵1.44万吨、年均3587吨，氮肥总产9338吨、年均2334吨，磷肥总产3770吨、年均942吨。2004年，全县化肥生产企业6家，新增化肥企业有永丰复合肥厂、明阳复合肥厂、蒲庙复合肥厂、刘圩镇复合肥厂等。其中，广西万利信工贸有限公司南宁肥业分公司（原邕兴复合肥料厂）建于1996年，年产复合混肥、生态有机肥、有机无机复混肥共2万吨。1996年至2004年全县生产混合肥等17.40万吨，年均1.90万吨。其中2004年全县化肥总产量3.20万吨，产值3642万元。

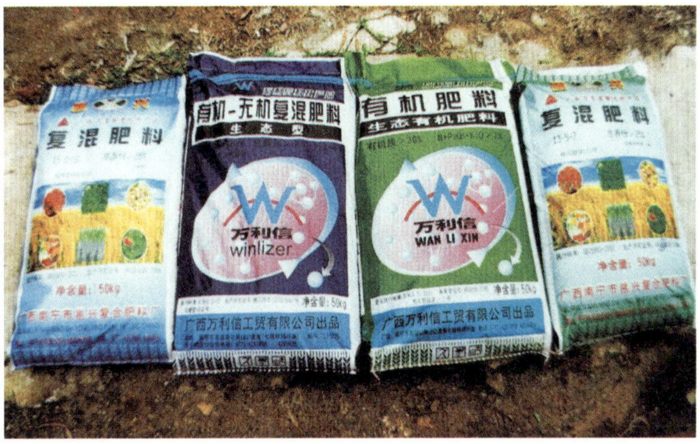

▲2002年，广西万利信工贸有限公司南宁肥业分公司生产的肥料　（邕宁区史志办资料照片）

松　脂

1991年至1997年，县内陆续新建一批小松香厂，松脂加工企业达到15家。骨干企业有县松香厂、吴圩那祥松香厂、县和平松香厂、南州林场松香厂和百济乡百达化工厂、百济乡那花松香厂、南晓镇松香厂、大塘镇松香厂等，年生产松脂产品1万吨。一些小松香厂采取简易办法生产，原材料和燃料消耗大，产品质量低，缺乏市场竞争力，被迫关停。2001年，全县乡镇松香厂8家，总产值5556万元。2004年，全县松脂加工企业8家，年产松脂产品1万吨。其中勇新林业化工厂建于1998年，产品有松香、松节油，产品质量达到特级、一级标准，2001年产值1926万元，产品出口交货值1626万元，缴税104万元。1991年至2004年，全县松香产量19万吨，松节油产量5万吨，年均产值8000多万元。

▲1998年，大塘镇松香厂车间一角　（邕宁区史志办资料照片）

邕宁县松香厂　位于县城蒲庙。始建于20世纪70年代初，后经扩建增挂邕宁县道路工程材料厂牌子，设有松香车间、制桶车间、涂料车间，年产松香1万吨、各型牌号松香树脂300吨、松节油1200吨、松香包装桶6万只、200升闭口钢桶30万只、热溶型道路标线涂料5000吨、溶剂型道路标线涂料2000吨、其他涂料1000吨，采用国际标准生产的“白帆牌”松香、松节油获“自治区优质产品”称号和出口商品质量许可证书，“白帆牌”松香、松节油产品80%以上通过外贸部门出口到日本、韩国及西欧等国，销往中国香港地区。

硫　酸

1991年，县内硫酸生产企业仅有蒲庙硫酸厂1家。1996年，县氮肥厂硫酸厂建成投产。是年，蒲庙硫酸厂产硫酸1万吨，产值400多万元，税利60多万元。1999年1月，注册成立广西银泉化工有限公司，注册资金14万元，是集生产、储备、贸易、物流、进出口业务于一体的民营化工企业，员工200多人，建有年产8万吨硫酸生产线，能储存4万吨硫酸存罐，有1500吨位危险品专业运输车队。2002年5月，广西银泉化工有限公司收购县氮肥厂的硫酸厂。企业通过ISO9001质量管理体系认证，获农业部评定的“全面质量管理达标企业”证书，浓度为98%的硫酸评为广西乡镇企业优质产品。2004年县内经营硫酸仅广西银泉化工有限公司1家，年可供硫酸40万吨以上。1991年至2004年，全县硫酸总产10.90万吨，年均产量约7853吨。

▲2004年，年生产1万吨硫酸的蒲庙硫酸厂

（邕宁区史志办资料照片）

第六节　食品加工业

粮食加工

1991年，邕宁县粮食加工企业较大的有县蒲庙大米厂和五塘大米厂2家。此外，还有乡镇和村坡粮食加工点等。食品工业有县糖业食品加工厂、县罐头食品厂、县综合食品厂、明阳罐头厂、县酒厂等。蒲庙大米厂1991年有职工47人，总产值566万元，1993年有职工57人，总产值433万元。五塘大米厂1991年有职工24人，总产值105万元，1993年有职工20人，总产值115万元。随着粮食市场的放开，国家干部、职工及城镇居民的粮食供应不再由县粮食部门负责后，生产经营不善。1995年五塘大米厂整体并入五塘粮所附营厂。2001年3月投资185万元建成县粮食局储备管理公司大米厂，日加工大米50吨。2004年全县有食品加工企业10多家，主要有广西明阳生化科技股份有限公司、县酒厂和金泉食品公司、丰伸食品公司、凯茜淀粉公司、黑五类食品公司、广西万利来工贸有限公司、南宁多乐乳品有限公司等。1991年至2004年，全县年均产糖果（粒）50吨、食用植物油1817吨、小麦粉制品224吨、大米类制品20吨、罐头1438吨、淀粉2.74万吨、精制面条409吨、乳制品（2002年至2004年）1540吨，共加工大米1.09亿吨用于供应粮食市场和驻县部队。

广西明阳生化科技股份有限公司　位于吴圩镇明阳。前身是国有企业明阳淀粉厂，后改为广西明阳淀粉化工股份有限公司，是国内最大的变性淀粉生产企业，资产总额4.10亿元，固定资产总额1.70亿元，年均产各类淀粉8万吨，酒精1.50万吨，主导产品有木薯变性淀粉系列产品，广泛应用于造纸、纺织、食品、饲料、医药、化工、建材等行业，1997年通过ISO 9002质量体系认证。"潭峰"牌淀粉系列产品多次被评为广西优质产品、名牌产品，产品畅销国内外。

酿　酒

1991年，县内酿酒企业有邕宁县酒厂、伶俐糖厂、明阳糖厂、蒲庙糖厂及城镇乡村的食用酿酒企业及个体酿酒户。邕宁沿海开发区建成后，该开发区也有部分酿酒企业。个体酿酒作坊主要酿制白酒（米酒），年产散装米酒2000多吨，产品在县内销售，少量销往邻县乡村。其中，县酒厂年产食用酒精1万吨，小曲酒2000吨；蒲庙糖厂年产食用酒精2.40万吨；县杨森淀粉酒精有限公司生产淀粉、酒精等系列产品，2001年营业收入5036万元，上缴税金80万元。1991年至2004年，全县年均产饮料酒（白酒）约9679吨，发酵食用和工业酒精2.64万吨。

第七节　饲料加工业

1991年，邕宁县饲料加工业主要是蒲庙饲料厂和各乡镇粮所，利用米糠生产配合饲料供应市场和猪、鸡、鸭养殖专业户，总产量9100吨。

1992年8月，南宁正大饲料厂在大沙田开发区建成投产，生产的"正大"牌系列猪、鸡、鸭全价饲料和浓缩料是广西优质产品，年产饲料18万吨。

1999年10月，在邕宁沿海走廊开发区建设广西鸿牌饲料有限公司，占地面积2.80公顷，是南宁市唯一由本地企业家投资兴建的高科技大型民营企业。

2002年5月，南宁通威饲料有限公司投产，投资5000万元建成的集饲料生产、销售为一体的大型现代化饲料企业，设备采用国际先进饲料加工生产工艺，企业通过IS0 9001国际质量体系和国家产品质量认证。主要生产、经营"通威牌"鱼饲料、畜牧饲料和饲料添加剂、浓缩料，年产各类饲料20多万吨。

2004年，全县有饲料生产厂6家，即南宁正大饲料厂、南宁通威饲料有限公司、正虹饲料公司、南宁百洋饲料技术有限公司、县饲料公司、广西鸿牌饲料有限公司，总产量30多万吨，总产值7.11亿元。

1991年至2004年，全县累计生产饲料190万吨，年均13.57万吨；全县累计生产饲料添加剂2.54万吨，年均产量0.30万吨。

南宁正大畜牧有限公司

位于大沙田开发区银海大道。由泰国正大集团与邕宁县对外经济贸易开发总公司合作兴建，分别占股份85%、15%。1991年5月成立，1992年8月试产，1993年2月投产，至2004年年底累计总投资1亿元人民币。拥有年产24万吨产品的饲料厂1家、年产1600万羽"罗斯"商品代肉鸡苗的种鸡场1个和年产1200头母猪规模的现代化祖代种猪场1个。生产经营"南宁正大"牌、"正大"牌、"兆兴"牌的猪、鸡、鸭、鱼系列饲料。连续多年被列入"中国最大五百家外商投资大型企业""广西十强饲料企业"，广西"经济综合实力百强企业"。饲料产品获广西著名商标称号。2004年创税利2900万元，年内发展养鸡专业户350户，肉鸡存栏量500万羽，饲养肉猪农户70户，户均600头，年出栏率3.50万头，种母猪存栏量5000头，出栏小猪5万头。

广西鸿牌饲料有限公司

位于邕宁沿海经济走廊开发区私营工业园。建于1999年10月，占地面积2.80公顷，是南宁市唯一由本地企业家投资兴建的高科技大型民营企业，也是“广西水产畜牧业重点龙头企业”“南宁市农业产业化龙头企业”“南宁市优秀私营企业”“AAA级’银行信用等级企业”和“广西优质产品”企业。2003年经过招商引资进入邕宁沿海经济走廊开发区投资近2000万元，建设具有高新技术的现代化新厂户，拥有八条国内先进的生物饲料生产线。2004年产量12万吨，销售收入2.50亿元，位广西同行市场销售量前4名。

第八节　名优产品

1991年至2004年，邕宁县工业产品获得名优产品主要有“明阳”牌一级白砂糖及赤砂糖、“八鲤”牌一级白砂糖及食用酒精、“伶俐”牌一级白砂糖等10多个品牌。

“明阳”牌一级白砂糖　明阳糖厂生产。1996年至1997年，被评为轻工业部优良产品、广西优质产品。1999年至2003年，质量检查连续获全国第一名、第二名和第三名。2002年、2003年质量检查分别获自治区第二名和第一名。国家商标局批准为出口糖商检注册商标之一。

“八鲤”牌一级白砂糖　蒲庙糖厂生产。1995年获“全国轻工优质产品奖（部优）”“广西优质产品”称号。国家商标局批准为出口糖商检注册商标厂家之一。

“雪兰”牌一级白砂糖　伶俐糖厂生产。被自治区人民政府评为自治区优质产品。

“伶俐”牌一级白砂糖　伶俐糖厂生产。被自治区技术监督局评为2002年度广西优质产品。

“潭峰”牌木薯淀粉　广西明阳生化科技股份有限公司生产。2003年被评为广西优质产品和广西名牌产品。

“白帆”牌脂松香　邕宁县松香厂生产。1991年至1999年，多次被评为广西优质产品。

“明阳”425标号普通硅酸盐水泥　邕宁县明阳水泥厂生产。1991年被评为广西优质产品。

“桂昆仑”牌普通硅酸盐水泥　邕宁县伶俐水泥厂生产。1994年被评为广西优质产品。

“八鲤”牌普通硅酸盐水泥　南宁市八鲤建材有限公司（前身为县八鲤水泥厂）生产。被评为广西优质产品。

“华宏”牌、“古庙”牌各强度等级普通硅酸盐水泥　广西华宏水泥股份有限公司（前身为南宁地区蒲庙水泥厂）生产。被评为广西优质产品，“华宏”普通硅酸盐水泥于2005年被广西质量技术监督局授予“广西名牌产品”称号。

第四章　乡镇企业

1991年至2001年，邕宁县乡镇企业总数从1.75万家发展到2.07万家，从业人员从3.34万人增加到6.92万人，总产值从3.69亿元（现价总产值2.28亿元）增加到4.54亿元，营业总收入从2.45亿元增加到6.14亿元，上缴税金从1122万元增加到1.18亿元，实现利润从1615万元增加到2.40亿元。2002年，乡镇企业总产值49.96亿元，营业收入67.56亿元，增加值8.97亿元，企业利润2.52亿元，上缴税金1.26亿元，固定资产原值12.53亿元，固定资产净值8.48亿元，劳动者报酬3.47亿元。2003年，全县乡镇企业总数1.69万家，总产值26.82亿元，总收入34.31亿元，实现利润1.42亿元，营业收入34.31亿元，增加值6.98亿元，上缴税金1.03亿元，固定资产原值17.47亿元，固定资产净值1.22亿元，劳动者报酬3.78亿元。

第一节　管　理

机　构

邕宁县乡镇企业管理局　1976年成立邕宁县社队工业局，先后改为县人民政府企业局、县乡镇企业联社、县乡镇企业管理局。邕宁县乡镇企业管理局是县人民政府主管全县乡镇企业的职能部门。1991年12月更名为邕宁县乡镇企业管理委员会。1996年11月，邕宁县乡镇企业管理委员会更名为邕宁县乡镇企业管理局。1997年，局机关内设行政秘书股、生产项目股、经营管理股、财务统计审计股，人员编制17名，在职干部职工13人。2001年11月，县乡镇企业管理局并入县农业局，其职能相应划入县农业局。2002年年初，恢复邕宁县乡镇企业管理局，在职干部职工6人，办公地址在县城红星路。2004年下半年撤销该机构。

1991年至2005年3月县乡镇企业管理局（县乡镇企业管理委员会）历任局长（主任）：何庚翼，卢共生，李加伶。

乡镇与村两级企业管理机构　1991年，全县各乡镇均设乡镇企业办公室，不核定人员编制，管理人员的配备由乡镇自定，办公经费和管理人员工资从本乡镇企业统筹解决。2000年，全县各乡镇企业办公室管理人员共约80人，其中乡镇政府干部兼任10多人。办有企业的村也设立村级企业办公室。2001年11月政府机构改革，撤销乡镇企业办公室，职能并入乡镇农业服务中心。

管理体制改革

1991年后，县和乡镇及部分行政村均建立乡镇企业管理机构。县办、乡镇办乡镇企业继续推行和完善“联产计酬”和“承包责任制”等多种形式的责任制。1997年开始进行产权制度改革，蒲庙硫酸厂等3家企业转产、兼并，伶俐水泥厂等2家企业实行抵押承包、租赁经营，大沙田水厂改为有限责任公司。次年，原邕宁良庆造纸厂兼并蒲庙镇造纸厂后成立广西宁振工贸有限公司，年产量1.80万吨，产值9000多万元，成为全县最大的乡镇企业。原邕宁县香怡茶厂投资新建香蕾茶厂，组成邕宁县香怡茶业公司，年产量增至2万担，并在北京市建立独立核算的产品经营部，带动当地农民种植茉莉花66.67公顷，每年为花农增加收入160万元，成为农业产业化的龙头企业。原蒲庙硫酸厂改制成立南宁银泉化工有限公司，从单一化生产向多元化经营发展。1998年股份制和股份合作制企业达到40多个，有资金7131万元，其中个人资金3817万元，年末固定资产原值1.56亿元，营业收入1.04亿元。

第二节 企业类型

邕宁县乡镇企业有县乡镇集体企业、私营企业和个体企业三大类，县乡镇办企业以工业企业为主，规模较大；村办、联户办、个体户办企业从事农副产品加工业、建筑业、交通运输和流通服务业等，规模较小。1991年，乡镇办企业107家，村办企业50家，个体及联营企业1.74万家。1997年7月1日，《中华人民共和国乡镇企业法》正式实施，乡镇企业重新登记备案，当年底全县登记的企业总数1.38万家，从业人员5.17万人。2000年，全县乡镇企业1.92万家，从业人员6.59万人。此后，私营企业、个人独资企业快速发展，股份合作企业、有限责任公司逐渐兴起。2001年年底，全县乡镇企业2.07万家，其中第一产业35家、第二产业3084家、第三产业1.76万家。2002年，全县乡镇企业2.09万家，其中集体企业52家、股份合作企业16家、有限责任公司23家、股份有限公司1家、私营企业232家、个人独资企业6278家、其他企业1.43万家，从业人员7.06万人，总产值49.96亿元，营业收入67.56亿元，增加值8.97亿元。2003年，全县乡镇企业1.69万家，其中内资企业1.69万家（股份合作企业22家，联营企业6家，有限责任公司84家，股份有限公司5家，私营企业141家，个人独资企业490家，其他企业1.62万家）、港澳台投资企业7家、外商投资企业1家，从业人员7.41万人，总产值26.82亿元。2004年，县内乡镇企业中不再有集体企业，同时出现联营企业。

县和乡镇集体企业

1991年至2004年，县办乡镇企业仅邕宁县伶俐水泥厂一家。该厂位于伶俐镇独岭村，1987年建成投产，年生产能力20万吨水泥，主要产品“桂昆仑”牌525标号普通硅酸盐水泥，1989年获南宁市优质产品奖，1992年通过国家水泥产品质量认证，1994年获广西名牌产品称号。伶俐水泥厂全面推行质量管理并通过农业部达标验收，获广西乡镇企业管理一级企业。

1991年，全县乡镇办企业总数107家。1995年乡镇办企业数量最多，达到129家。骨干企业有蒲庙硫酸厂、大塘砖厂、百济松香厂、良庆造纸厂等。蒲庙硫酸厂1989年建成投产，年生产能力1万吨，主要产品工业硫酸达到国家质量要求，1996年产值412万元、创税62万元，2001年产值412万元。大塘砖厂1989年建成投产，1995年进行技改扩建，年生产红机砖2300万块，产品不仅畅销本地区，还出口新加坡。百济松香厂采用蒸汽法生产，主要生产优质松香和松节油，年生产能力3000吨，1996年完成产值1611万元，创税利57万元。良庆造纸厂建于1978年，主要产品是单双面书写纸，原生产能力500吨，1993年后经多次技改扩建。该厂坚持以人为本，强化管理，形成独具特色的管理模式，效益逐年向好，1996年制纸4668吨，完成工业总产值2381万元，创税165万元。

2000年，乡镇集体企业155家，其中农业52家、工业87家、建筑业2家、交通运输业2家、批发零售贸易业6家、旅游饮食服务业5家、其他1家；从业人员6518人，其中农业2338人、工业3838人、建筑业218人、交通运输业50人，批发零售贸易业38人、旅游饮食服务业33人、其他3人。

2002年，乡镇集体企业52家，从业人员5069人，总产值5亿元，营业收入5.02亿元，增加值1.09亿元，企业利润1084万元，上缴税金1312万元，固定资产原值1.81亿元，固定资产净值1.06亿元，劳动者报酬3035万元。

2003年后，县内乡镇企业中不再有集体企业。同时出现联营企业。

私营和个体企业

私营和个体办企业是全县乡镇企业的主体，主要以第三产业为主，企业规模小，数量众多。1991年，全县个体企业总数1.69万家，总收入1.86亿元。1998年，个体私营企业完成营业收入40.45亿元，占全县乡镇企业总收入的87.10%，平均每个企业完成营业收入29.20万元；全县第三产业的乡镇企业1.21万家，占乡镇企业总数85.60%，完成营业收入3.22亿元，占总收入的69.50%，其中个体私营第三产业完成营业收入31.63亿元。

2000年，私营企业130家，其中工业61家、建筑业5家、交通运输业4家、批发零售贸易业35家、旅游饮食服务业25家（其中饮食业22家）；从业人员2892人，其中工业2290人、建筑业77人、交通运输业172人，批发零售贸易业105人、旅游饮食服务业248人（其中饮食业234人）。个体企业1.89万个，其中工业2663个、建筑业99个、交通运输业4580个、批发零售贸易业8460个、旅游饮食服务业2683个（其中饮食业1508个）、其他434个；从业人员5.65万人，其中工业1万人、建筑业934人、交通运输业7635人，批发零售贸易业2.55万人、旅游饮食服务业1.16万人（其中饮食业4843人）、其他894人。

2002年，乡镇企业中有私营企业232家，从业人员3783人，总产值2.87亿元，营业收入3.32亿元，增加值5101万元，企业利润1124万元，上缴税金939万元，固定资产原值8646万元，固定资产净值6008万元，劳动者报酬2070万元；个人独资企业6278家，从业人员1.79万人，总产值14.85亿元，营业收入22.28亿元，增加值2.76亿元，企业利润1124万元，上缴税金939万元，固定资产原值8646万元，固定资产净值6008万元，劳动者报酬2070万元。

2003年，乡镇企业中有私营企业141家，从业人员5277人，总产值3.15亿元，营业收入3.55亿元，增加值5972万元，企业利润880万元，上缴税金1161万元，固定资产原值2.54亿元，固定资产净值2.32亿元，劳动者报酬3428万元；个人独资企业490家，从业人员2093人，总产值1.35亿元，营业收入1.56亿元，增加值2752万元，企业利润764万元，上缴税金536万元，固定资产原值4739万元，固定资产净值3455万元，劳动者报酬995万元。

2004年，私营企业和个体企业主要分布在县城蒲庙、开发区和各乡镇政府所在地。

第三节 产业结构

行业分布

行业构成 邕宁县乡镇企业按行业划分有农业、工业、商品流通业、建筑业、交通运输业、餐饮业和旅游服务业7类。1991年，全县乡镇企业1.75万家，现价总产值2.28亿元。

1996年，企业总数2.01万家，完成总产值22.08亿元。其中，工业企业2413家，完成总产值8.56亿元，分别占全部乡镇企业总数及总产值12%和38.80%；交通运输业5475家，完成总产值5.98亿元；分别占全部乡镇企业总数及总产值27.20%和27%；建筑业470家，完成总产值2.27亿元，分别占全部乡镇企业总数及总产值2.30%和10%。工业、交通运输业和建筑业三大行业实现产值占乡镇企业总产值 75.80%，农业、商品流通业、餐饮业和旅游服务业四大行业占 24.20%。1997 年 7 月 1 日，《中华人民共和国乡镇企业法》正式实施，乡镇企业重新登记备案，当年底企业总数 1.38 万家，从业人员 5.17 万人，分别比 1996 年下降 31.34% 和 28%。

2000 年，全县乡镇企业 1.92 万家，其中农业 52 家、工业 2811 家、建筑业 106 家、交通运输业 4586 家、批发零售贸易业 8501 家、旅游饮食服务业 2713 个家（其中饮食业 1530 家）、其他 435 家；从业人员 6.59 万人，其中农业 2338 人、工业 1.61 万人、建筑业 1229 人、交通运输业 7857 人，批发零售贸易业 2.56 万人、旅游饮食服务业 1.18 万人（其中饮食业 5077 人）、其他 897 人。

2001 年，全县有乡镇企业 2.07 万家，总产值 45.41 亿元。其中，农业企业 35 家，实现总产值 4909 万元，分别占乡镇企业总数和总产值的 0.17% 和 1.08%；工业和建筑业 3084 家，实现总产值 19.66 亿元，分别占乡镇企业总数和总产值的 14.89% 和 43.29%；商业、运输业、餐饮服务业等 1.76 万家，实现总产值 25.26 亿元，分别占乡镇企业总数和总产值的 85.02% 和 55.62%。

2002 年，全县乡镇企业 2.09 万家，其中农林牧渔业 6 家、采掘业 116 家、制造业 2735 家、建筑业 129 家、交通运输仓储业 4265 家、批发零售业 9559 家、住宿及餐饮业 3830 家、社会服务业 130 家、其他 90 家，从业人员 7.06 万人，总产值 49.96 亿元，营业收入 67.56 亿元，增加值 9.97 亿元，企业利润 2.52 亿元，上缴税金 1.26 亿元。

2003 年，全县乡镇企业 1.69 万家，其中采掘业 74 家、制造业 1827 家、建筑业 2 家、交通运输仓储业 1630 家、批发零售业 1.05 万家、住宿及餐饮业 1870 家、社会服务业 918 家、其他 6 家，批发零售业和社会服务业的企业数较上年有所上升；从业人员 7.41 万人，总产值 26.82 亿元，营业收入 34.31 亿元，增加值 6.98 亿元，企业利润 1.42 亿元，上缴税金 1.03 亿元。

2004 年，建筑业、交通运输业、商品流通企业、餐饮服务业为乡镇企业的主要行业，农业企业和工业企业数量和规模不大。

1997 年邕宁县乡镇企业七大行业发展情况

表 5-4-3-1

行业＼内容	企业个数（个）		从业人员（人）		营业收入（万元）		总产值（万元）	
	1997 年	占总数（%）	1997 年	占总数（%）	1997 年	占总数（%）	1997 年	占总数（%）
农业企业	6	0.04	187	0.36	2086	0.53	16651	5.75
工业企业	2115	15.30	13600	26.30	115954	29.40	100090	34.50
建筑业	343	2.49	3397	6.60	19430	4.90	26590	9.20
交通运输业	4016	29.10	8380	16.20	71011	18	67470	23.20
商品流通业	7103	51.50	23609	45.70	138281	35.10	41484	14.30
旅游饮食业	122	0.88	2312	4.50	30411	7.71	36714	12.60
其他	84	0.63	180	0.35	17121	4.34	1100	0.38

2002 年邕宁县乡镇企业各行业发展情况

表 5-4-3-2

单位：万元

行业＼内容	企业个数（个）	从业人员（人）	增加值	总产值	营业收入	利润总额	上缴税金	固定资产原值	固定资产净值	劳动者报酬
农林牧渔业	6	89	254	3889	3134	143	54	29	21	53
采掘业	116	1089	1221	5520	7793	327	186	1009	321	829
制造业	2735	20352	33991	188266	205314	5122	4890	73445	51628	11498
建筑业	129	1111	3078	17466	16124	492	272	1113	778	752

续表

内容 行业	企业个数（个）	从业人员（人）	增加值	总产值	营业收入	利润总额	上缴税金	固定资产原值	固定资产净值	劳动者报酬
交通运输仓储业	4265	7189	13029	68254	89077	4665	1751	21985	13983	4933
批发零售业	9559	25949	24975	169017	268727	9961	3799	14096	9426	10300
住宿及餐饮业	3830	13920	12505	44034	81549	4315	1519	12980	8099	6010
社会服务业	130	510	302	1585	1593	72	35	270	213	179
其　他	90	401	302	1579	2301	105	49	360	308	124
合 计	20860	70610	89657	499610	675612	25202	12555	125287	84777	34678

三次产业　1991 年，全县乡镇企业 1.75 万家，涉及第一、第二、第三产业。其中，第一产业主要是果林场、养殖场，均为集体企业，数量少、规模小；第二产业主要是工业企业和建筑企业等，第三产业包括商业、运输业、餐饮服务业等。2001 年全县乡镇企业总数 2.07 万家，企业总产值 45.41 亿元。其中第一产业有 35 家，总产值 4909 万元，分别占乡镇企业总数和总产值的 0.17% 和 1.08%；第二产业有 3084 家，实现总产值 19.66 亿元，分别占企业总数和总产值的 14.89% 和 43.29%；第三产业有 1.76 万家实现产值 25.26 亿元，分别占企业总数和总产值的 85.02% 和 55.62%。2004 年，3 个产业比较，第一产业比例有所下降，第二产业相对较平稳，变化不大，第三产业比例呈上升趋势。

区域分布　乡镇企业遍布全县 21 个乡镇及大部分村，其中企业较为发达的有蒲庙镇、良庆镇、五塘镇、四塘镇、吴圩镇、苏圩镇、大塘镇 7 个。1998 年，上述 7 个乡镇企业营业收入 2 亿元以上，总收入 33.80 亿元，占全县乡镇企业总收入 45.37 亿元的 74.51%。2004 年，建筑业、交通运输业、商品流通企业、餐饮服务业等乡镇企业主要分布在县城、开发区和各乡镇政府所在地，个别工业企业如松香厂、淀粉厂、矿场和一些农业企业等分布在村上。

1997 年和 1998 年邕宁县乡镇企业主要指标完成情况

表 5-4-3-3　　单位：万元

内容 乡镇	1997 年			1998 年		
	营业收入	总产值	工业总产值	营业收入	总产值	工业总产值
蒲庙	46854	36863	8906	55819	44926	12846
良庆	54528	52283	30663	65272	59022	42377
那马	11810	7461	2115	14119	9706	3074
新江	5279	4879	2156	6500	6345	2810
百济	8124	7757	3514	7930	10088	4568
那楼	8135	5582	446	9762	7260	685
镇龙	5524	2832	1025	6443	3683	1333
刘圩	7074	4543	813	8699	5933	1035
中和	6198	5213	904	7042	6778	1295
南阳	7581	6374	903	8964	8286	1174
伶俐	8261	6002	2790	10016	7805	3627
长塘	5635	3723	1243	6925	4840	1616
五塘	42022	25764	12881	49205	29698	16746

续表

内容 乡镇	1997 年			1998 年		
	营业收入	总产值	工业总产值	营业收入	总产值	工业总产值
四塘	36334	30910	15344	41535	34871	19947
昆仑	4395	4073	250	5424	5271	232
吴圩	42789	23302	4402	51351	29032	4415
苏圩	44286	28512	5896	54084	33130	7670
延安	6637	6517	920	7198	5245	1198
那陈	6354	4852	277	7673	6310	190
大塘	18366	12354	9901	20760	14061	7998
南晓	18324	9303	4710	19036	10203	6127
合计	394510	289099	110059	463757	342493	140963

企业技改 邕宁县乡镇企业是在农村的工业和农副产品初级加工的基础上发展起来的，以乡镇（公社）、村（大队）和村民小组（生产队）及个体户为单位，开办有小食粮加工、小煤窑（井）、小农具修理店、小农机修理厂、小木器厂、小采石场、小采砂场等小企业。为了巩固和发展乡镇企业，从1997 年起，县政府和各有关企业采取措施，同时通过向外引进、向上争取、向金融部门贷款和自筹资金等办法，加大技术改革、设备更新的投入。1997 年计划新建和技改项目 116 项，总投资 5.50 亿元，主要投向农业综合开发、观光农业和轧钢、印刷等工业企业以及原有企业技改扩建；当年实际竣工项目 60 项，完成投资 9041 万元，其中，自筹 1813 万元、引进 5528 万元、银行贷款 1700 万元；在建项目 34 项，筹建项目 22 项。1998 年新增资金投入 7863 万元，其中集体企业新增投入 1230 万元，私营企业 398 万元，个体企业 6235 万元。资金来源有吸纳股金及风险金 5933 万元，引进和自筹资金1200 万元，银行贷款 550 万元及其他新投入资金 180 万元；新增投入的资金用于固定资产 6343 万元，用于流动资产 1520 万元。

工业企业

工业是全县乡镇企业的支柱产业。1996 年，全县乡镇企业 2.01 万家，总产值 22.08 亿元，其中，工业企业占 2413 家、总产值 8.56 亿元，分别占全县乡镇企业数和总产值的 12% 和 38.80%。1998 年，乡镇企业工业企业 1957 家，完成工业总产值 14.10 亿元，其中集体企业 131 家、占工业企业总数的 6.70%，实现工业产值 5.86 亿元、占工业总产值 41.56%。2001 年全县乡镇企业中有工业企业 2959 个，占乡镇企业个数的 14.30%，实现企业总产值 17.94 亿元，工业增加值 3.26 亿元，占乡镇企业的总产值和增加值均达到 39% 以上。主要有建材、造纸、化工、食品加工等行业。

非金属矿物制造业 包括水泥、红砖机、玻璃等生产企业。1996 年，全县乡镇企业中，水泥厂 2 个，年生产水泥 35 万多吨，实现年产值 2782 万元；另外，建成未投产的水泥生产企业 1 个（年生产能力 8 万吨），在建水泥厂 2 个；有红砖生产厂家 47 个，年产量 3.50 亿块，比 1995 年增长 5%；生产汽车安全玻璃企业 1 个，是全广西乡镇企业唯一生产此类产品的企业。2001 年，全县乡镇企业有水泥厂 2 个，水泥产量 13.90 万吨；有红砖生产企业 47 个，红砖产量 4.83 亿块。

造纸及纸制品业 1995 年以前，乡镇企业有大小纸厂 10 多个，产品有瓦楞原纸、文化用纸、卫生纸等，全年产量 5663 吨。1996 年后，按照环境保护要求，关停一批污染大的小纸厂。1996 年开工生产的纸厂有 4 个，主要生产单双面书写纸和高级卫生纸，产量 6280 吨；纸箱厂 1 个，生产纸箱 16.60 万平方米。2001 年后，有 3 家产值 500 万元以上的造纸厂正常生产，年纸张总产量 2.60 万吨以上。

化学工业　1996年，乡镇企业化学工业主要硫酸、松香、松节油、等产品。1996年开工生产的硫酸厂1个，产量6757吨，产值412万元；松香厂8个，生产松香7955吨，松节油808吨，产值4926万元。2001年化工行业主要有松香厂、冶炼厂、硫酸厂等企业9家，实现工业总产值5556万元。

食品加工业　主要有粮食加工、食用植物油生产、制糖、饲料生产等。最大的企业是大塘糖厂，1996年生产机制糖1.89万吨，食用植物油1490吨，粮食加工19.50万吨。2001年食品加工业主要有制糖业、制茶叶、罐头等，生产企业有县大塘糖厂、香怡茶业公司、广西传新工贸有限公司等。2001年蔗糖产量为8751吨，茶叶1.50万担，水果类罐头7150吨。

骨干企业

2001年，县内年销售收入500万元以上的乡镇企业24家，其中1000万元以上的企业8家；销售收入2000万元以上的企业有广西宁振工贸公司、邕宁县大塘糖厂、南宁市平乐水泥厂3家。

邕宁县大沙田供水有限责任公司　位于大沙田开发区，前身是大沙田水厂，1997年9月改制为有限责任公司，日供水量为5万吨。1995年评为全国农村百佳水厂。2001年公司实现营业收入903万元，上缴税金72.30万元。

邕宁县香怡茶业公司　位于蒲庙镇。1993年建成投产，主要生产“彬源”牌茉莉花茶系列产品，年生产能力2万担。在北京设立茶庄，形成以北京为中心，覆盖山东、河南、河北等地区的销售网络。在老挝投资建设有机茶种植基地866.67公顷。2001年生产茶叶750吨，营业收入3800万元。

南宁市平乐水泥厂　位于邕宁沿海经济走廊开发区内，1994年建成投产，年生产能力8.80万吨，主要产品是“超魁”牌525号普通硅酸盐水泥。平乐水泥厂重质量，1996年通过国家水泥产品质量认证。

南宁市特种玻璃厂　位于邕宁沿海经济走廊开发区。生产“正运”牌汽车安全玻璃。1996年通过国家安全质量认证。

广西宁振工贸公司　位于良庆镇。前身为邕宁县良庆造纸厂，1998年7月注册成立，2001年1月收购江西省灏江造纸厂。主要产品是中高档文化用纸。2001年生产各类纸张2.30万吨，产值1.15亿元，上缴税金536万元。

南宁市银泉化工公司　位于蒲庙镇。前身为蒲庙硫酸厂，1999年1月注册成立，工贸型企业，生产与销售相结合，采用锌精矿脱硫生产硫酸，年生产能力4万吨，有万吨硫酸贮藏罐以及运力250吨位的危险品运输车队，年可供应硫酸12万吨。2001年完成工业总产值1152万元，销售总收入2242万元。

邕宁县杨森淀粉酒精有限公司　位于吴圩镇。前身为广西山圩农场淀粉化工厂，2000年被整体收购并成立公司，主要生产木薯淀粉、酒精等系列产品。2001年实现营业收入5036万元，上缴税金80万元。

▲1996年，蒲庙硫酸厂一角

（邕宁区史志办资料照片）

出口创汇企业

1998年，主要出口（间接）产品为松香，出口企业有5个，出口交货值3060万元，分别为大塘镇勇新化工厂1341万元，百济乡那花松香厂822万元，吴圩镇那样松香厂205万元，吴圩镇三益化工厂334万元，百济乡白达化工厂258万元。至2001年，全县具备出口能力的乡镇企业5个，分别是：广西勇新林业化工厂、邕宁县南晓林化厂、邕宁县吴圩那祥松香厂、南宁市天鹅冶炼厂、邕宁县吴圩镇铁声木器厂，出口产品主要是松香、锑（铝）锭和木器具，出口交货值3065万元（人民币），全部通过外贸部门间接出口。

邕宁县勇新林业化工厂位于大塘镇。1998年建厂，主要生产松香、松节油，产品质量达到特级、一级标准，大部分通过外贸部门出口。2001年实现工业总产值1926万元，出口交货值1626万元，上缴税金104万元。

第六篇
经济开发区

1987年10月，邕宁县创办大沙田经济开发区（1992年年初更名邕宁县大沙田经济技术开发区，1994年10月更名南宁市大沙田经济开发区）。1993年5月，成立邕宁县莫村综合开发区（1995年3月改称邕宁县仙葫经济开发区，2001年1月更名南宁市仙葫经济开发区）。1993年6月8日，成立邕宁沿海经济走廊开发区。各开发区相应成立管理委员会，为县人民政府派出机构（2004年8月前，南宁市大沙田经济开发区为县政府直属事业机构），推行“政企合一”管理体制。邕宁县利用开发区优越的南宁市区城乡接合部条件和自然资源优势，出台开发区优惠政策，开展招商引资，吸引国内外大批客商前来投资置业，共谋发展，使三个开发区成为全县最具活力的新的经济增长点。

1993年6月，中共邕宁县委、县政府出台《关于邕宁县各开发区管委会责、权、利挂钩的若干规定》，最大限度授权开发区。开发区在土地征用、土地变更、项目审批、建筑市场管理、人事管理和辖区人员管理等方面有一定的自主权。财政收支实行包干制。1992年开始，县财政对大沙田开发区的税利实行全额返还（土地税除外），开发区土地开发利润的60%上缴县财政。

1998年5月，县政府授权开发区管委会在其辖区范围内实行统一领导、统一规划、统一开发、统一管理、统一收费，明确从1999年起到2005年，开发区征收各项税款，在分税制财政体制下，属县财政收取部分实行7：3分成，即70%返还开发区，30%归县财政。各种罚没收入、行政事业收费及附加费由县各职能部门授权开发区收取，用于开发区建设，属中央、自治区、南宁市收取部分由开发区交由有关部门上缴。县土地局指导各开发区规范区域内的土地征用、划拨及国有土地使用权出让，并实施对土地利用的监督检查，代签土地使用合同，代办国有土地使用权的出租、转让、抵押登记手续。在开发区范围内，实行“企业无主管”制度，行政职能部门特别是经济主管部门不干预企业的生产、经营、决策和管理，不得随意到开发区进行各种形式检查。如确需到开发区检查的，须经中共邕宁县委和县政府主要领导签字同意，并有开发区管委会人员陪同，方可进入开发区进行依法检查。

2002年起，县人民政府授权各开发区实行特区式封闭管理，明确规定开发区作为特区，拥有相对独立的综合管理权限。各开发区的内设机构享有县（市）相关审批管理权限，县级职能部门将其行使的县和中共南宁市委、市人民政府授予相关审批管理权限，下放或委托各开发区行使。同时，中共邕宁县委、县人民政府在人财物权给予开发区更大的自主权。建立零收费区。除上交国家、自治区和国家、自治区明令不能减免的收费以及政府专项基金外，其他收费在开发区内免缴。各开发区收取的土地出让、收益金，除上交国家和自治区外，从2002年起5年内全部留在开发区用于基础设施建设。开发区设立一级财政、一级金库，以2000年为基数，2002年至2005年3个开发区地方财政收入实行超基数部分八成留用。

2003年6月，中共邕宁县委办公室、邕宁县人民政府办公室根据中共邕宁县委、县人民政府《关于进一步加快开发区发展的若干规定》，印发《关于大沙田、沿海、仙葫3个开发区托管部分行政村、坡的实施方案》的通知，确定各开发区托管的范围：大沙田经济开发区托管良庆镇玉洞村委会的大沙田、黄牛结尾、大岭脚、新坡4个自然坡，这4个自然坡分别纳入大沙田开发区社区管理。沿海经济走廊开发区托管良庆镇玉洞村委会的定天坡、了蕾坡、定冲坡、坡洋坡、老洋坡、谢屋坡6个自然坡。仙葫经济开发区托管长塘镇的那舅、五合2个村委会；蒲庙镇的莫村村委会与和合村委会的上洲坡、下洲坡，上洲坡、下洲坡纳入仙葫经济开发区就近社区管理。

至2004年，邕宁县开发区建设初具规模。3个开发区征用土地累计2488.64公顷，其中大沙田开发区624.67公顷、沿海开发区777.24公顷、仙葫开发区1086.73公顷。3个开发区建成街区面积16.20平方千米，其中大沙田开发区6.50平方千米、沿海开发区4.20平方千米、仙葫开发区5.50平方千米。3个开发区成立社区居民委员会12个，居民共8.39万人。其中，大沙田开发区居民5万人，沿海开发区居民1.53万人，仙葫开发区居民1.86万人；流动人口共2万人。

招商引资工作取得大成果，开发区交通、通信、银行、学校、医疗、水电、市场等市政设施日臻完善，逐步形成以饲料、建材、医药、电子、轻工、机械、房地产、物流、休闲娱乐等为主的产业。1991年至2004年，累计引进协议项目773个，协议投资306.60亿元，实际到位项目500多个，实际到位资金累计123.88亿元。其中，大沙田开发区引进协议项目161个，协议投资47亿元，实际到位项目100多个，到位资金39.24亿元；沿海开发区引进协议项目373个，协议投资92.60亿元，实际到位项目200多个，到位资金39.64亿元；仙葫开发区引进协议项目239个，协议投资167亿元，实际到位项目215个，到位资金45亿元。引进和实际利用外资分别为大沙田开发区8.75亿美元、沿海开发区1.26亿美元、仙葫开发区234万美元。2004年，3个开发区完成规模口工业总额产值21亿元，占全县规模口工业总产值的66.30%；财政收入2.35亿元，占全县财政收入的38.52%。

1991年至2004年，邕宁县大沙田和沿海开发区享受国家级开发区、西部大开发和自治区及南宁市、邕宁县有关开发区的优惠政策，仙葫开发区享受西部大开发、自治区及南宁市、邕宁县有关开发区优惠政策。优惠政策主要体现在税收和土地使用等方面。

第一章　南宁市大沙田经济开发区

南宁市大沙田经济开发区前身是邕宁县大沙田经济开发区，成立于1987年10月，是广西最早的县级开发区。1994年10月，大沙田开发区被自治区人民政府命名为自治区（省）级经济开发区，更名为南宁市大沙田经济开发区。1998年，开发区南区和北区居民委员会成立，2个社区居民共8428户2.80万人。2001年5月，大沙田经济开发区升格为国家级经济开发区。开发区位于南宁市区南部、良庆镇西北部，地处南宁市与邕宁县的城乡接合部、南宁至北海二级公路的出口处，东界五象岭园艺场，南傍五象岭，西临良凤江，北依邕江，是南宁的南大门。距南宁吴圩国际机场25千米，距钦州市110千米，距防城港170千米，距北海港205千米，具有沿海、沿边、沿江、沿市、沿路的"五沿"区位优势。2002年6月，开发区重新调整社区，调整后设立前进社区、银沙社区、银海社区、金象社区4个社区。2003年，大沙田经济开发区托管良庆镇玉洞村委会的大沙田、黄牛结尾、大岭脚、新坡4个自然坡；开发区社区总人口3.64万人，其中常住人口2.23万人、流动人口1.41万人；辖区内自治区、市、县机关及企事业单位200家。2004年，大沙田开发区征用土地面积624.67公顷，建成街区面积6.50平方千米，居民5万人。大沙田开发区环境秀美，客商云集，市场繁荣，是综合性、现代化的南宁市新兴卫星城市，是南宁市最繁华的市区之一。

第一节　机　构

1987年至1991年，邕宁县大沙田经济开发区工作人员由中共邕宁县委、县政府从县直机关单位抽调人员组成。1992年年初，开发区更名为邕宁县大沙田经济技术开发区，成立开发区管理委员会（1994年改称南宁市大沙田经济开发区管理委员会，简称大沙田开发区管委会），县人民政府正式授予大沙田开发区管委会行使政府职权，开发区管委会主任一职由县政府领导兼任，副主任由县委任命，其他人员由管委会主任任命，管委会可以向社会招聘工作人员。同年，邕宁县大沙田经济技术开发区地产事务公司成立，管委会主任兼任公司经理。从此，大沙田开发区推行"政企合一"的管理体制正式形成。

▲2003年，大沙田经济开发区管理委员会办公大楼
（邕宁区史志办资料照片）

1997年6月19日，县机构编制委员会核定南宁市大沙田经济开发区管理委员会职能配置、内设机构和人员编制，明确大沙田经济开发区管理委员会是邕宁县人民政府直属副处级事业机构，县政府授予行使管理职权，在开发区内实行统一领导、

统一管理，行使县一级综合经济管理权和部分行政管理权。管委会组成人员由正副主任和总工程师、总经济师、总设计师及办公室主任组成。管委会正、副主任由县政府任命，其他人员由开发区管委会考核，实行聘任和聘用。另外，由县委、县政府指定有关业务部门领导为委员，组成项目联审机构。管委会设工作机构5个，即办公室、招商部、地产部、建设部、财务部。开发区管委会参照公务员管理，分配制度有别于公务员工资，按照以岗定薪和多劳多得原则，实行工作绩效分配制，以招商引资为中心，量化考核，易岗易薪。公务员工作作为档案工资予以保留。

2003年10月22日，县机构编制委员会核定大沙田管委会编制48名。其中，党工委书记1名，副书记2名（其中1名为管委会主任），管委会主任1名，副主任3名，各局、办按1正1~2副配备。经费来源为财政全额拨款。内设机构7个，即办公室（编制12名）、社会事务管理局（编制4名）、经济发展局（挂招商局、安监局牌子，编制8名）、国土资源局（编制5名）、规划建设局（编制5名）、人事劳动和社会保障局（编制3名）、财政局（编制5名）。其他管理部门有县财政全额拨款直属事业单位3个，编制20名，分别是县大沙田城管中队（编制10名）、大沙田计划生育局（编制8名）、大沙田文化站（编制2名）。

2004年8月，南宁市大沙田经济开发区管理委员会由县人民政府直属事业单位改为县人民政府派出机构，与中共南宁市大沙田经济开发区工作委员会（中共邕宁县委派出机构）合署办公，一个机构两块牌子，机构规格均为副处级。编制共48名。其中，党工委书记1名，副书记2名（其中1名为管委会主任），管委会主任1名，副主任3名，各局、办按1正1~2副配备。

2005年3月，中共南宁市大沙田经济开发区工作委员会、南宁市大沙田经济开发区管理委员会，办公地址在南宁市大沙田经济开发区德政路。

1991年至2005年3月大沙田经济开发区管理委员会历任主任：杜万恒，张宣东。1997年9月至2005年3月主任职位空缺。

第二节 开发区规划与基础设施建设

开发区规划

1987年，邕宁县人民政府办公室批复经县政府研究同意的由县城乡建设环境保护局、大沙田经济开发区工作委员会、苏州城建环保学院建筑系大沙田规划组共同拟订大沙田开发区总体规划。次年12月大沙田经济开发区破土动工，邕宁县采取措施加快建设步伐。

1989年1月，由县人民政府下文批复同意大沙田开发区总体规划和A区小区规划。开发区建设项目地点在邕宁县良庆乡玉洞村的大沙田、黄牛结尾、大岭脚、新坡4个坡；规划范围4.28平方千米；项目建设内容为食品、建材、化学、电子、仓装改制及其他工业项目，并建设相应配套的生活服务设施；建设期限为5年，即从1988年至1992年；计划总投资3.50亿元，分3期实施，主要用于基础工程、公共配套工程建设和一些工厂的建设；计划1988年完成

▲2002年，大沙田经济开发区一角

（邕宁区史志办资料照片）

小区规划及第一期工程的施工设计，按投资先后分别报送项目审批，并实施“三通一平”（通水、通电、通车和场地平整）工作，1990年完成80%建设任务，1992年全部完成大沙田开发区规划建设任务。提出其性质是发展以信息和知识为基础的经济；其经济体制主要靠本地资源和外地资源发展经济，产品面向全国，甚至国际；其所有制结构以发展集体所有制和个体经济为主，适当发展全民经济为原则。当时，中共邕宁县委、县政府明确大沙田开发区为乡镇级经济开发区，规划建设面积较少、档次较低，将其定位为以引进各类工业建设为主，允许国营、集体和城乡居民经营办企业，开办服务业等。

至1990年，共投资6000多万元，征用土地51.73公顷，完成通水、通电、通路和大部分土地平整工作，有偿转让土地28公顷，建成水厂和变电站，开通程控电话、公共汽车，一批商店和饮食业开门营业，引进一批工业企业和房地产企业。至1992年，基本完成开发区首期规划建设任务。

▲2002年，大沙田经济开发区金沙广场

（邕宁区史志办资料照片）

1992年6月，重新调整开发区总体规划设计。调整方案是将开发区划分为23个小区（即第一小区至第二十三小区），开发区功能定位为：引进外资，成为外资投资区；成为内地少数民族地区的改革开放实验区；将广西区内贫困县乡引来办企业，易地扶贫；支持和发展边境贸易。其发展目标是建设成为综合性、现代化、外向型的工农业生产和出口创汇基地。1994年6月1日，新规划方案经邕宁县十一届人大常委会第六次会议批准后实施，开发区规划面积6.50平方千米。同时，南宁市人民政府在制定《南宁市城市总体规划（1995—2010年）》中，将大沙田开发区列入南宁市快速环城路至高速外环规划建设区内，纳入南宁市城市总体规划。开发区在大沙田南宁至蒲庙、南宁至北海主干道公路两旁划分四个功能小区（共23个小区），即生活住宅区、工业区、文化教育区和金融商贸区，组成综合性开发区，将其建成有工业、金融、商贸、居住、学校、医院、公共设施、绿化休闲等项目和配套完善的综合性开发区。1994年10月，大沙田开发区被自治区人民政府命名为自治区（省）级经济开发区，更名南宁市大沙田经济开发区，开发区规划面积6.50平方千米保持不变。

至1996年，开发区初步建成以饲料加工为龙头，医药、建材、机械加工、导光材料、纸业、食品加工和房地产业等为代表的现代产业群。2001年5月，大沙田经济开发区、邕宁沿海经济走廊开发区、南宁高新技术产业开发区一同申报（南宁市以南宁高新技术产业开发区名义申报）成国家级经济开发区。2001年，开发区规划面积由原来的6.50平方千米增至39.60平方千米，新增规划面积33.10平方千米列为2005年后的第二期开发。

截至2004年，大沙田经济开发区建成街区面积6.50平方千米，累计规划利用土地624.67公顷，实际完成利用土地624.60公顷。其中征用集体土地353.30公顷，原南宁地区五象岭园艺场、南宁地区复退军人医院等19个自治区、市直单位以及玉洞村委会的大沙田、黄牛结尾、大岭脚、新坡4个自然坡已实际使用土地271.30公顷，实际利用率99.99%。道路、绿化、公建部分用地面积163.30公顷，占规划面积的26.14%；开发区出让土地面积累计190公顷，占规划面积30.41%。建成区面积6.50平方千米，人口5万人，引进各类企业100多家，累计投资39.24亿元，工业总产值累计60亿元，技工贸收入累计80亿元，财政收入累计2.80亿元。

基础设施建设

1988年起，邕宁县采取措施加快大沙田开发区建设步伐。在房屋建设方面，采用三种方式进行房

▲ 1998 年，位于大沙田经济开发区的新加坡城一角

（邕宁区史志办资料照片）

屋建设：由开发区按规划统一建成商品房销售；由开发区预收用户款统一代建房后交付使用；由开发区统一搞好基建基础后由用户按规划自建。建设房屋价格由县城建、物价、财政、审计等部门核定。水电路建设方面，通过各方面不断加大投入，并注重做好招商引资工作，取得良好效果。至 1990 年，共投资 6000 多万元，其中群众集资 230 多万元；征用土地 51.73 公顷，其中完成通水、通电、通路和平整土地 30 公顷，有偿转让土地 28 公顷；建成日产万吨水厂一座，所有住户都用上自来水；建成 3.50 万伏变电站；开通程控电话、公共汽车；一批商店和饮食业开门营业；引进南宁正大畜牧有限公司、中外合资汉兴制药厂、南宁边贸市场等企业，有的已试业投产。

1991 年后，国家严格控制基建项目政策严重影响房地产开发，中共邕宁县委办公室、县人民政府办公室、县人大办公室、县政协办公室、县土地局以及良庆镇政府等单位参与大沙田开发，推动开发区的建设发展。但由于"全民开发"缺乏统一的规划和管理，用地管理不规范，开发建设起点低、设计水平低，缺乏特色，导致建成的一批不符合规划的低矮楼房被推倒重建，损失很大。

1992 年重新确定开发区总体规划后，有大批企业和个人到开发区投资置业谋发展，房地产开发商抓住机会大量购置宅地开发房地产，开发区房地产开发开始快速发展。

1992 年至 1994 年，开发区先后开通 200 门程控电话、南宁火车站至大沙田公共汽车，开设建设银行及农业银行办事处；铺设小区路网路基，架设供电线路，建设供、排水管道，完成工业区（第 17、18、23 小区）和商贸中心区（第 13、14 小区）的供电、排水工程；完成 10 号、11 号路路基，8 号、9 号路地下水管建设，新建竣工 10 万吨级水厂，开辟临时停车场 1 个、农贸市场 1 个等。

1995 年至 1997 年，开发区先后完成 3 号、10 号、12 号、14 号和南蒲公路大沙田段道路的排水，完成 9 号路路面工程，开发区小学教学楼竣工；8 号、11 号路全线贯通，12 号路路基连接通车；实施"三个三"工程，即 3 个项目（1 个客运中心、1 个娱乐城、1 条下水道）、3 条路（整顿南北公路两旁环境、扩建亭江路、南蒲二级公路大沙田段）、3 所学校（大西南大学、广西佩珠民族艺术学校、大沙田中学）等建设。

1999 年，投入资金 3295.79 万元，完成道路总长 8200 米，铺设混凝土路面 22.69 万平方米，建设下水道 1.24 千米，绿化面积 1.83 万平方米。同年 9 月，经县人民政府同意，大沙田开发区首次对 25 条路街进行命名。其中，大道 4 条，分别是金沙大道、金象大道、银沙大道、银海大道；道路 12 条，分别是百灵路、春风路、德政路、建设路、锦绣路、民兴路、前进路、民安路、荣光路、幸福路、团结路、东风路；街道 9 条，分别是紫云街、先锋街、顺风街、光明街、常乐街、公平街、志远街、平和街、湾仔街。

2000 年，投入资金 1899.50 万元，完成道路总长 3923 米，铺设混凝土路面 4.76 万平方米，建设下水道 2975 千米，绿化面积 1694 平方米。2001 年，投入资金 1200 万元，完成道路总长 1177 米，铺设混凝土路面 1.29 万平方米，建设下水道 2230 米，完成土方工程 51 万立方米，主要完成工业品营运停车场候车厅和道路 90% 的工程量以及管委会办公楼 85% 工程量，完成第 10 小区间道路路基及下水道，完成建设路中段、团结路南段、荣光路道路及排水工程的设计和招投标工作。

2002年至2003年，投入2300多万元进行基础设施建设，进一步建设完善开发区水、电、路、通讯、路灯等大量的市政工程，完成营运停车场候车厅95%工程量，建成金沙广场，完成第7小区、第10小区、黄牛结尾等道路排水、排污工程，完成管委会办公楼、大沙田道路运输服务中心等项目建设并投入使用，重新规范开发区夜市摊点和钢材市场。银海大道拓宽工程于2003年7月动工，同时重点路段锦绣路在建设中。

▲1998年，位于大沙田经济开发区的南宁供电局电网
（邕宁区史志办资料照片）

2003年12月24日，经县人民政府同意，大沙田经济开发区对部分街道命名和更名，新命名的街道有永兴路、建新路、秀林路等共16条，更名的街道有团结北路改为三叠石路等共11条。大沙田开发区与相关部门协作，有计划地分期分批落实辖区内街道路牌标志和门牌的设置。

▲2000年，大沙田金沙大道
（邕宁区史志办资料照片）

1998年至2004年，开发区先后完成道路总长25.17千米，铺设水泥路面29.37万平方米，建设下水道34.90千米，绿化面积4.70万平方米，新种各类树木2000株，完成全长1.83千米的南北公路大沙田段改造，建设大沙田综合市场、营运停车场候车厅、管委办公大楼，建成金沙广场，完成第7小区、第10小区、黄牛结尾等道路排水、排污工程，开发区管委办公楼及大沙田道路运输服务中心等项目建成并投入使用，重新规范开发区夜市摊点和钢材市场，银海大道拓宽工程动工，完成银海大道改造、亮化及绿化工程、锦绣路排水、建设路东段、德政路东段、东风路南段工程、大沙田公交候车亭的建设和第10小区农贸市场及周边附属道路建设工程，完成垃圾中转站建设工程等。

1991年至2004年，大沙田开发区基础设施建设累计投资5亿元，城市供水、供电、道路、通讯、绿化、路灯等市政基础设施基本完善。建成日供水量10万吨的水厂及日供水量5万吨的备用水厂；建成容量为220千伏及35千伏的2座变电站，开发区内低压线路125千米、10千伏线路47.40千米、电力电缆3.80千米、公用变压器40台、线路断路器10台以及客户专变117台，辖区内可实现环网供电；建成街道41条，其中大道4条；开通万门程控电话；规划并建成市场3个，即景皇市场、祥荣综合市场、银沙市场；建成客运中心1个，为公用型的二级客运服务站，占地面积1.50万平方米，2004年进站发班车辆155辆，日均发班约350个班次，日均运送旅客4600人次；南宁市区内公交车往返大沙田开发区，有大沙田开发区至南宁火车站、埌东汽车站等上落候车点（站），在大沙田开发区站（点）发车的公交车线路有7条。

路街简介

金沙大道　从龟贝桥至良庆玉洞新坡村，长1.80千米，宽55米，双向4车道。1998年6月开工建设，2000年3月投入使用，总投资2800万元。

金象大道 南接建设路，北至水塘江桥头。长1.85千米，其中1千米宽60米、0.85千米宽50米，双向6车道。1993年年底开工建设，1995年下半年通车，总投资3000万元。

银沙大道 从良庆玉洞新坡至水塘江桥止，里程1.30千米，双向4车道。在西南省道路址上扩建，路宽40米（原道路宽30米，后扩宽10米）。1999年11月开工建设，2001年建成，投资1800万元。

银海大道大沙田段 南连银海大道沿海开发区段，北止龟贝桥。1998年兴建，路宽40米。2002年初扩建至60米，年末建成，双向6车道。累计投资2500万元。

▲1998年，大沙田金象大道

（邕宁区史志办资料照片）

第三节　优惠政策

1991年起，南宁市大沙田经济开发区通过降低门槛、低价用地等方式“筑巢引凤”，采用“走出去”招商引资和奖励招商引资有功人员及项目引荐人等办法招商引资，取得显著成效。开发区初步形成以饲料、建材、医药、机械加工和房地产为主的高新技术产业。至2004年，开发区累计引进协议项目161个，累计协议投资47亿元，实际到位39.24亿元；累计实现国内生产总值（GDP）20亿元，工业总产值60亿元（其中外资实际工业总产值35.97亿元），技工贸总收入80亿元，财政收入2.80亿元。

1991年至1993年，大沙田开发区根据县人民政府有关土地出让价格政策规定，执行土地低价出让，地价略低于1994年5月的土地价格。地价由开发区主任办公会议或开发区地价确定领导小组结合县地价评估所提供的评估价格讨论确定。

1994年5月1日至2002年6月，大沙田开发区执行低价土地政策吸引投资者。开发区管委会根据县人民政府有关规定，把开发区经营的土地分为四类，执行不同的价格。同时规定，“三资”（中外合资、中外合作、外资）企业使用地块按类别优惠10%~20%。大沙田开发区土地有偿使用地段划分为一级、二级、三级和四级地段。一级地段地价每平方米525元，每亩35万元；二级地段地价每平方米450元，每亩30万元；三级地段地价每平方米375元，每亩25万元；四级地段地价每平方米300元，每亩20万元。

大沙田开发区土地有偿使用价格

表6-1-3-1　　单位：元/平方米

项目 金额 类别	出让金	征地开发费	综合配套费	小区配套费	土地管理费	合计	折万元/亩
一级	32	210	184	78	21	525	35
二级	27	180	158	67	18	450	30
三级	23	150	131	56	15	375	25
四级	18	120	105	45	12	300	20

地产开发是大沙田开发区主要的招商方式，占全开发区土地总出让比例最大。土地出让由开发区向社会发售“三通一平”宅基地，出让土地以协议方式，地价由开发区主任办公会议或开发区地价确定领导小组结合县地价评估所提供的评估价格讨论确定。1991 年至 2002 年 6 月，开发区管委会出让土地共 4640 宗，面积 173.70 公顷（其中项目用地 140 宗，面积 137.70 公顷；私人宅基地 4500 宗，面积 36 公顷），收取土地出让金 2.20 亿元。其余 65.06 公顷用于道路、公建项目等基础设施建设。

2002 年 7 月 1 日，新修订的《中华人民共和国土地管理法》实施后，大沙田开发区经营性土地均由县国土资源局按《招标拍卖挂牌出让国有土地使用权规定》进行“招、拍、挂”出让。2002 年至 2004 年，大沙田开发区经营性土地以“招、拍、挂”方式出让土地面积 26.05 公顷。

第四节 项目引进及主要企业

项目引进

大沙田开发区引进本着既讲数量又讲质量的原则，对进入开发区的项目进行严格筛选，凡污染大、效益低、耗能大、工艺落后的企业均不能进入开发区。

1987 年至 1996 年，共引进工商企业 78 家，其中“三资”企业 18 家、国有企业 47 家、私营企业 13 家，协议性投资总额 8.70 亿元，利用外资 4.40 亿元。开发区引进项目主要有饲料、医药、建材、机械加工、导光材料、纸业、食品加工和房地产业等。1997 年，接待项目洽谈 80 多人次，签订大沙田客运中心、广西佩珠民族艺术学校等项目合同 4 个，意向投资 2 亿元。

1999 年至 2011 年，邕宁县通过各种渠道进行招商宣传，利用宣传媒体牵线搭桥，并组织人员到越南、广东、玉林等地开展招商活动。1999 年大沙田开发区引进项目 17 个，意向投资 5700 万元，引进外资 218 万美元。2000 年引进项目 9 个，协议投资 1 亿余元，实际投入 3400 万元，实际利用外资 198.50 万美元。2001 年引进项目 3 个，意向投资 6500 万元，引进外资 28 万美元，其中较大的有通威公司项目。2001 年，开发区逐渐形成以建材、医药、机械加工、房地产等为代表的现代产业群。

2002 年，大沙田开发区引进项目有大田制衣厂、广西万寿堂药业有限公司、南宁维联手套制衣有限公司、南宁百事红化工有限公司、大沙田中心医院、南宁恒颖药业有限公司、南宁顾地门窗有限公司、邕宁国际商会企业员工住宅楼、南宁银象纸制品有限公司、南宁市东城制衣有限公司、阳光时代置地有限公司、并山别墅娱乐城、大沙田综合医院等 13 个，协议投资 7.10 亿元，实际投资 1.18 亿元，合作利用外资 17 万美元。新注册内资企业 12 家，注册资金 7000 万元；新投产企业 7 家；新开工项目 6 个。

2003 年，引进项目 16 项，协议投资 4.13 亿元，实际投入 1.8 亿元，实际利用外资 115.35 万美元，在谈项目 14 个。引进的龙头项目有南宁广东温氏畜牧有限公司、五象金谷商城、南宁禾力药业有限公司等。全年有 6 个项目竣工投产，9 个项目开工建设。

截至 2004 年，累计引进房地产公司 10 家，包括邕宁县房地产公司、“斯壮家园”、“阳光新城”、鑫金房地产公司等，房地产实际总投资 10.97 亿元；累计引进外资房地产公司 5 家，实际总投资额 3.58 亿元；累计引进其他房地产项目 5 家，实际总投资 1.59 亿元，实现销售额 4.13 亿元。

1991 年至 2004 年，大沙田开发区引进协议项目累计 161 个，进驻开发区置业的各类企业 100 家（其中世界 500 强企业 2 家），累计协议投资 47 亿元，实际到位 39.24 亿元。其中，来自日本、澳大利亚、瑞士、泰国、马来西亚等国家和中国香港、中国台湾地区的“三资”企业 21 家（其中外资工业企业 11 家，实际投资 8.75 亿美元）。主要企事业单位有南宁正大畜牧有限公司、广西水利电力职业技术学院南校区、南宁机电工程学校、广西佩珠民族艺术学校、南宁机电工程学校、广西崇左市复退军人医院等。

主要企业

至1996年年底，大沙田经济开发区引进的工商企业有78家，其中“三资”企业18家、国有企业47家、私营企业13家。除房地产企业外，进驻较早的工商企业及单位有大沙田水厂、南宁正大畜牧有限公司、南宁金钢水泥有限公司、广西水电工程局电力安装公司、南宁三金制药有限责任公司、广西锦莹药业有限公司、广西帝凯维动物营养有限公司、西南学校、崇左复退军人医院、大沙田农村信用社等。至2004年，进驻南宁市大沙田经济开发区的企业200余家。主要企业单位有南宁正大畜牧有限公司、广西锦莹药业有限公司、广西水电工程局电力安装公司、南宁三金制药有限责任公司、南宁金钢水泥有限公司、广西帝凯维动物营养有限公司等。引进房地产公司主要有邕宁县房地产公司、“斯壮家园”、“阳光新城”、鑫金房地产公司等10家。

广西水电工程局电力安装公司 位于建设路，占地面积1.80万平方米。隶属广西壮族自治区水电工程局。拥有两栋办公大楼、一个辅机厂、一个停车场及10栋职工住宅楼。2004年公司有员工502人，专业技术干部116人，其中高级职称9人，中级职称32人，初级职称75人，具备各级注册建造师资质26人。主要从事水利水电、火电、送变电等工程的机电设备安装、金属结构制作安装等。注册资金1195万元，资产总值5000万元，拥有大中型施工机械设备708台（套），设备原值1860万元。具有年完成生产总值1亿元、安装发电机组150万千瓦、金属结构制作安装8000吨的施工生产能力。

南宁三金制药有限责任公司 位于金象大道。桂林三金集团股份有限公司的子公司。前身是广西药材公司下属企业——南宁恒颖药业有限公司，成立于1994年12月，桂林三金集团股份有限公司于2003年8月收购南宁恒颖药业有限公司其中78%的股份，更名为南宁三金制药有限责任公司。厂区占地面积4000平方米，生产中成药制剂，主要产品是“龙血竭胶囊”，2005年总产值526.10万元，销售收入520.80万元。

南宁金钢水泥有限公司 位于金象大道，占地面积23.73公顷。成立于1993年12月，1996年8月正式投产，是由南宁建设股份有限公司、南宁地区混凝土厂、香港桂港财务有限公司三方共同出资兴建，总投资1.80亿元，年产30万吨42.50级普通硅酸盐水泥，2005年产量22.56万吨，销售23.31万吨，实现工业总产值5433万元，产品销售收入5508.80万元。

第五节　金融邮电及教育卫生服务

▲ 1998年，大沙田开发区小学外景

（邕宁区史志办资料照片）

1991年至2004年，南宁市大沙田经济开发区设有金融、保险、邮政、通讯、学校、卫生等服务机构，服务功能较为完善。大中专院校有广西水利电力职业技术学院南校区、南宁机电工程学校和佩珠民族艺术学校等；小学中学有西南学校、南宁市大沙田开发区小学、南宁市大沙田开发区大联小学等；金融机构有建行大沙田分理处、工行大沙田分理处、农行大沙田支行、中行大沙田分理处、大沙田农村信用社等；

保险机构有中国人民保险股份有限公司邕宁支公司大沙田营销服务部、中国太平洋财产保险股份有限公司邕宁支公司大沙田营销部等；医疗机构有广西崇左市复退军人医院和南宁市第二人民医院大沙田分院等。

▲ 1997 年 7 月 1 日，由县农村信用社投资建成位于大沙田经济开发区的银田大厦金融培训中心对外营业

（邕宁区史志办资料照片）

金融服务

1991 年，县农村信用社在大沙田经济开发区开设大沙田农村信用社。次年，有中国建设银行邕宁县支行、中国农业银行邕宁县支行设立驻开发区办事机构。随后，中国工商银行邕宁支行、中国银行南宁市支行（1994 年进驻，1999 年迁离）以及保险公司相继成立营业机构。2004 年，辖区内有金融机构 4 家（营业网点 4 家），保险机构 2 家。4 家金融机构分别是建行大沙田分理处、工行大沙田分理处、农行大沙田支行、大沙田农村信用社（营业网点分别是大沙田农村信用社总社营业厅、商贸城分社、玉洞分社、金象分社）；2 家保险机构分别是中国人民保险股份有限公司邕宁支公司大沙田营销服务部、中国太平洋财产保险股份有限公司邕宁支公司大沙田营销部。

邮政通讯服务

1991 年至 2004 年，大沙田经济开发区有邮政机构 1 个，即大沙田邮政营业厅，位于金象大道；有电信营业所 1 个，位于金沙大道；移动通信大沙田服务厅 1 个，位于金沙大道，主要经营“全球通”、“神州行”“移动梦网”和“动感地带”等品牌业务。

教育服务

大沙田经济开发区为吸引投资者投资置业，通过投资建设新学校和改造升级当地小学、鼓励私人办学的方式，建设 3 所大型全日制义务教育学校，分别是大西南学校、南宁市大沙田开发区小学、南宁市大沙田开发区大联小学。进驻大沙田经济开发区大中专院校有 3 所，分别是广西水利电力职业技术学院南校区、南宁机电工程学校和佩珠民族艺术学校。

▲ 1998 年，大沙田开发区小学逸夫综合楼

（邕宁区史志办资料照片）

卫生服务

1991 年至 2004 年，入驻大沙田开发区的市级卫生医疗机构有 2 家，即广西崇左市复退军人医院和南宁市第二人民医院大沙田分院。开发区有社会力量办（企业办、校办、民办、个体）医院、卫生室和医疗诊所 93 家（个）。

第二章　邕宁沿海经济走廊开发区

邕宁沿海经济走廊开发区成立于1993年6月8日。位于南宁市区南部，距市区6.50千米，地处南宁至北海二级公路邕宁段两旁的带状区域；东连南宁至北海高速公路（南宁至北海二级公路往东1.50千米），南接那马镇，西至南宁至北海二级公路往西1.50千米处，北邻南宁市大沙田经济开发区；北靠南宁市，南向北海、钦州、防城三大港口城市，是大西南五省（区）出海最便捷的黄金通道，是“南北钦防”经济开放带的组成部分和南宁市南部工业区的组成部分。西南距南宁国际机场30千米，南端距钦州港85千米、防城港120千米、北海港195千米，南（南宁）北（北海）高速公路贯穿开发区南北，南宁市外环高速公路、黎南铁路复线横穿开发区东西，中国—东盟国际物流园及南宁市第二大火车客货运站——南宁玉洞火车站坐落在开发区内，交通便利。沿海经济走廊开发区发展较快，成为一个以工业为主，兼具商贸、物流、房地产、旅游等综合性多功能的新市区。开发区于1998年3月晋升为自治区（省）级开发区，1999年4月被批准为广西乡镇企业示范区，2000年9月被命名为全国乡镇企业东西合作示范区，2000年12月被命名为全国乡镇企业科技园区。2001年5月，沿海经济走廊开发区和大沙田经济开发区作为南宁高新技术产业开发区的一部分，成功申报成国家级经济开发区（南宁市以南宁高新技术产业开发区名义申报，实际上沿海经济走廊开发区和大沙田经济开发区与南宁高新技术产业开发区没有直接联系）。2002年5月30日，开发区设立社区3个，分别是五象、坡洋和玉龙社区。

截至2004年，开发区引进签约项目373个，协议性投资92.60亿元；实际到位项目200多个，实际投入39.64亿元；合同利用外资4.67亿美元，实际利用外资1.26亿美元；累计实现工业总产值60.78亿元，产品销售收入53.68亿元，财税收入2.94亿元，出口值6852.39万美元。开发区内有机关、企事业单位共185个，3个社区，共有家庭4256户1.53万人。

第一节　机　构

1993年6月邕宁沿海经济走廊开发区刚成立时，工作人员根据实际需要从县直机关单位抽调。1994年4月，邕宁沿海经济走廊开发区管理委员会（简称沿海开发区管委会）成立。次年10月，中共邕宁县委、县人民政府明确开发区管理体制，确定沿海开发区管委会是邕宁县人民政府的派出机构，行使县一级综合经济管理权和部分行政管理权。管委会下设办公室、项目计划招商部、开发总公司、规划建设分局、土地分局、国税分局、地税分局、劳动人事分局、财政分局、工商分局、环保分局，总编制82名，其中办公室（含招商部、检察室、纪检监察室、饭堂）21名、土地7名、规划建设9名、劳动3名、工商3名、地税3名、国税3名、财政4名、公安办事处及治安中队17名、总公司12名。1995年4月，南宁市检察院同意县检察院在邕宁沿海经济走廊开发区设立检察室。1997年3月，管委会根据工作需要调整内部机构和人员，增设企管办，人员编制3名；大幅度减少总公司编制至3名。

1997年12月，县机构编制委员会明确沿海开发区管委会职能、内设机构和人员编制。内设机构6个：办公室、经济发展局（挂招商局牌子）、财政办公室、规划建设局、土地局、劳动人事局。总编制50名，

▲ 2002 年，邕宁沿海经济走廊开发区管委会综合办公楼外景　（邕宁区史志办资料照片）

其中管委会主任 1 名、副主任 3 名，各办、局按正职 1 名、副职 1~2 名配备。

2001 年 11 月，中共邕宁县委、县人民政府明确中共邕宁沿海经济走廊开发区工作委员会与邕宁沿海经济走廊开发区管理委员会合署办公，一个机构两块牌子，分别是中共邕宁县委和县人民政府派出机构，机构级别为正科级，办公地址在广西邕宁县私营企业工业园内。

2002 年 2 月，开发区管委会调整管理和服务机构。分别是：党工委办公室、管委会办公室内设秘书科、党建科和事务科；招商局、经济发展局内设投资科、产业科和宣传科；规划建设局内设建设科、结算科和办证科；国土资源局、农村工作局内设用地科、征地科和监察科；劳动人事局、安全生产监督管理局内设人事科和安全科；财政局内设财税科和会计科；纪检监察局内设监察科、信访科和审计科；公安办事处、综治办内设综治科和综合科；治安中队内设 2 个分队、6 个班；城管环卫绿化中队内设城管科、环卫科、园林科和 4 个班；外商投资服务中心内设项目科和服务科；个体私营投资服务中心内设项目科和服务科；法律服务中心内设法律科和律师科；商会内设会员部和经济部；图书馆内设采编科和管理科；总公司科（室）由总公司自行设定。

2005 年 3 月，中共邕宁沿海经济走廊开发区工作委员会和邕宁沿海经济走廊开发区管理委员会的机构性质、机构级别等与 2011 年 11 月维持不变。其办公地址在广西邕宁县私营企业工业园内。

1993 年 6 月至 2005 年 3 月邕宁沿海经济走廊开发区历任主任：王刚，黄如谋，黄国华。

第二节　开发区规划与基础设施建设

开发区规划

1996 年年底，邕宁沿海经济走廊开发区管委会委托广西城乡规划设计院承担邕宁沿海经济走廊开发区总体规划任务。1998 年 10 月，邕宁县人民政府同意《邕宁沿海经济走廊开发区总体规划》。开发区规划范围：北始于南宁至北海二级公路（邕宁段）6.50 千米收费站处，南到南宁至北海二级公路（邕宁段）16 千米处，沿南宁至北海二级公路东西两侧各 1.50 千米，基本呈长方形状，规划面积约 16 平方千米。开发区的性质是以发展无污染深加工工业为主，中转仓储与批发贸易为辅，兼顾居住的工贸新区。开发区规划期限为 1997 年至 2015 年，人口规模 12 万至 15 万人，用地规模 16.80 平方千米，人均用地 118 平方米（按 14 万人口计算）。开发区总体布局是将开发区整体分为南区、中区和北区 3 个区。南区是以平乐村南北各 1.50 千米为范围，用地面积约 600 公顷，容纳人口 5.60 万，主要布置大型工业项目、大型专业批发市场、住宅以及职业培训中心。中区是以铁路以南、南区以北为范围，用地面积约 380 公顷，容纳人口 2.30 万，主要布置中转仓储、中型食品加工业、大型娱乐设施，兼顾居住功能。北区是以铁路以北至南宁至北海二级公路 6.50 千米处为范围，用地面积约 687 公顷，容纳人口 6.30 万，主要布置中小型企业、居住、行政、大中专学校、医院及体育设施。道路交通规划方面，将开发区道路建成棋盘式路网：南北向建设 3 条主干道，道路宽分别是 55 米、44 米、24 米，3 条次干道，道路宽 32 米；东西向 8 条主干道，道路宽分别是 44~60 米，次干道宽 32 米，支路宽 18 米。在开发区南北两端各设汽车客运站 1 座，在北区设公交车辆始发站和 2 个停车场，在中区和南区各设

1个停车场，规划道路和广场用地242公顷。规划建设10个公园，绿地总面积200公顷，其中公共绿地126公顷。建公共厕所30座，垃圾转运站按服务半径1000米设10个。自来水由大沙田水厂和那马水厂供给。建设110千伏玉洞变电站和110千伏平乐变电站，另建设10千伏配电所6座。此外，对排水工程、环境保护、消防、电信等方面也做了详细的规划。

至2004年，邕宁沿海经济走廊开发区完成玉洞商贸城基础设施建设和市场、街道的建设，建成农贸市场和商品市场；建成或在建的城区街道81条，其中大道2条（银海大道、玉洞大道，在建）、道路19条、街道60条；建成那马、大沙田2个规模10万吨/日的水厂双源头供水保障系统，22万伏、11万伏和3.50万伏变电站各2座；建成邕宁邮电局玉洞支局，开通3500门程控电话和移动电话差转台；开通南宁市区至开发区的公交线路1条（即21路公共汽车。过境公交车线路有3条，即501路、55路、65路），实施南宁至北海二级公路（玉洞段）扩建工作；建立银行、学校、医院等服务体系；金象商住1区、金象商住2区、金象商住3区、金象商住4区、玉洞商贸城、私营企业工业园等道路、排水沟、排污沟、挡土墙、绿化等基础设施完善，开发区供水、排水、供电、道路、通讯、交通等基础设施建设基本完成。建设有私营企业工业园、建材工业园、医药工业园、食品工业园、有色金属加工工业园、南宁东盟国际物流园、那马特色休闲娱乐园等园区，成为开发区重要的经济增长点。

沿海经济走廊开发区规划范围内的土地以林地为主，耕地占29%，其中水田占耕地的7.50%。1993年至2003年，征用土地面积1179.24公顷，其中征用水田60.21公顷、旱地171.52公顷、鱼塘9.06公顷、开荒地86.44公顷、林地203.90公顷、荒地647.41公顷、水库0.67公顷、轮歇地0.03公顷。在征用的土地中，道路和公共设施占用109.61公顷，铁路占用7.99公顷，外环路占用6.53公顷，项目使用土地480.06公顷，土地存量173.06公顷。开发区实际开发面积736.27公顷，其中项目用地566.60公顷（工业项目233.33公顷，商业住宅207.12公顷，其他用地126.15公顷），道路和公建155.16公顷，外环路6.53公顷，铁路7.99公顷。开发区建成面积630.64公顷，其中项目建成面积506.51公顷，公共设施和道路包括铁路、外环路建成面积124.12公顷。

邕宁沿海走廊开发区的房地产开发以开发住宅地为主，每块60~140平方米。1993年6月至2004年，开发区规划并开发金象商住1、2、3、4区和玉洞商贸城、金象市场商住区、玉洞花园等商住小区7个，规划开发面积386.12公顷，实际开发249.12公顷，规划入住人口6万人，实际入住人口约2万人。其中，金象商住区（含金象商住1、2、3区）规划用地面积86.64公顷，规划居住4533户2.02万人；金象商住4区规划面积128.86公顷，作为集商贸、办公、居住、文化娱乐于一体的商住区，规划居住1902户1.50万人；玉洞商贸城规划面积135.88公顷，规划居住人口1.95万人（含村庄3500人）；玉洞花园小区规划面积22.94公顷，规划居住人口2000人；金象市场商场商住小区规划11.80公顷，规划居住500户2000人。2004年，处在规划开发的有玉泉湖住宅小区、平乐商贸城、五象岭住宅小区等；落户开发区房地产公司有南宁市英华房地产开发公司、金鸿昌房地产开发公司、南宁国田房地产开发公司等企业。

基础设施建设

1993年邕宁沿海经济走廊开发区成立后，启动市政基础设施的规划、资金筹措和建设，并着手抓好征地拆迁和招商引资工作。

1994年邕宁沿海经济走廊开发区建设私营企业工业园，1995年建设建材工业园、医药工业园、食品工业园、有色金属加工工业园、南宁东盟国际物流园、那马特色休闲娱乐园6个工业园。这7个园区的建立和发展，成为开发区重要的经济增长点。1996年12月，投入2400多万元完成玉洞商贸城基础设施建设和市场、街道的建设，建成农贸市场和商品市场开始营业，成为附近乡镇地域的农副产品集散地。1993年至1998年，沿海开发区投入2.60亿元进行基础设施建设，建成日供水10万吨的那马水厂和大沙田水厂 2 座；建成 22 万伏、11 万伏和 3.50 万伏变电站各 1 座；建成邕宁邮电局玉洞支局，开通 3500 门程控电话和移动电话差转台；开通南宁市区至开发区公交线路 1 条（即 21 路）；建立银行、学校、医院等服务体系。开发区供水、排水、供电、道路、通讯、交通等基础设施建设基本完成。

2003 年 12 月 24 日，经县人民政府同意，邕宁沿海经济走廊开发区对建成和在建的 81 条街道进行命名。其中：大道 2 条，分别是在建的银海大道和玉洞大道；道路 19 条，分别是建业路、月湖路、新晖路、建源路、凤凰路、玉环路、五象路、金城路、花园路、景华路、怡和路、祥和路、北园路、秀和路、龙海路、龙泉路、海象路、环象路、凤湖东路—凤湖西路；街道 60 条，分别是建业一街至建业三街、兴业一街至兴业三街、月湖一街至月湖二街、玉龙一街至玉龙二街、新晖一街、益民街、康平街、乐华街、永和街、宝安街、江平街、商城一街至商城三街、富田街、庆丰街、云中街、天翔街、柳叶街、翠亭街、白街、青竹街、龙兴街、华盛街、德云街、景华一街至景华四街、南云街、桂花街、莲花街、建福街、迎春街、北街、五象西一街至五象西三街、五象南一街至五象南四街、五象北一街至五象北二街、凤湖一街至凤湖六街、天湖街、东湖一街至东湖三街、西平一街至西平五街、翠竹街、秀田街、广兴街、天源街、大明街、海象一街至海象五街、玉田街、碧云街、碧春街、文德街、文德一里、龙海一里至龙海二里、玉田一里至玉田四里、建业一里至建业三里、兴业南一里至兴业南三里、兴业北一里至兴业北二里、创新一里至创新二里、玉龙一里至玉龙六里、常德一里至常德二里、月湖一里至月湖二里、长良一里至长良三里、大明一里至大明二里、建福西一里。沿海开发区协同相关部门落实辖区内街道路牌标志和门牌的设置。

至 2004 年，沿海经济走廊开发区建成由南宁供电局 22 万伏、11 万伏变电站，双回路供电和邕宁县电业公司 2 座 3.50 万伏变电站线路供电网络供电；总装机容量 15.65 万千伏安。建成有那马、大沙田 2 个规模为 10 万吨 / 日的水厂双源头供水保障系统。私营企业工业园开通 3500 门程控电话和移动电话差转台，设有邕宁邮电局玉洞支局。沿海经济走廊开发区开通南宁市内公交车线路 1 条，即 21 路玉洞站—火车站（12.50 千米）。过境公交车线路有 3 条，即 501 路、55 路、65 路。

1993 年至 2004 年，邕宁沿海开发区水、电、路等基础设施建设累计投入 3.59 亿元。其中：铺设砂石道路和水泥道路 81 条，投入 9860 万元；推运土方投入 6500 万元；铺设排水沟、排污沟投入 6504 万元；挡土墙投入 864 万元；绿化投入 120 万元。金象商住 1 区、金象商住 2 区、金象商住 3 区、金象商住 4 区、玉洞商贸城、私营企业工业园等道路、排水沟、排污沟、挡土墙、绿化等基础设施完善。开发区重点开发建成的私营企业工业园、建材工业园、医药工业园等 7 个园区，至 2004 年，累计引进项目到位 207 个，实际投入 30 多亿元，累计产值 50 多亿元。

工业园简介

私营企业工业园　邕宁沿海走廊开发区私营企业工业园是广西最大的私营工业园，始建于 1994 年，规划用地面积 533.33 公顷。开发区把私营企业工业园作为重点发展园区之一，将发展非公有制经济，特别是私营企业作为发展突破口，做好“私”字文章，取得显著成效。1998 年，私营企业工业园初具规模，实际开发面积 313 公顷，先后引进企业 91 家（其中私营企业 89 家），协议投资 15 亿元，实际到位 6 亿元；行业涉及轻工、机械、制药、饲料、建材、精细化工、生物工程等；主要企业有龙昌日用品工业（南宁）有限公司、南宁华威制衣有限公司，南宁市中高糖机制造有限公司、广西盛誉糖机制造有限公司、德燊电子（南宁）有限公司、南宁鸿牌饲料有限公司、南宁百洋饲料科技有限责任公司、南宁轮鹰减速机制造有限公司、湖南正虹饲料集团股份有限公司南宁分公司等，其中有来自美国、日本、新西兰、澳大利亚、新加坡等国家和中国台湾、香港、澳门等地区的企业。1998 年该园区工业产值 1.60 亿元，产品销售收入 1.08 亿元。2002 年，私营企业工业园内设有邕宁邮电局玉洞支局，开通 3500 门程控电话和移动电话差转台。至 2004 年，累计引进签约项目 148 个，实际到位项目 100 多个、实际

▲2002年，位于邕宁沿海经济走廊开发区的邕宁县蓝天钢管厂
（邕宁区史志办资料照片）

投资8亿元。除工业项目外，该园区还引进休闲娱乐项目。如位于该园区的富皇山庄，占地1公顷，建筑面积6000平方米，可同时供600人用餐、120人住宿，有停车场、各类球馆、教室、会议厅、歌舞厅、商场、钓鱼台等设施，环境优美，集住宿、餐饮、钓鱼、健身、旅游、娱乐于一体。2004年，上述企业大部分投产，行业涉及轻工、机械、制药、饲料、建材、精细化工、生物工程、旅游等，年产值4亿元，税收1500万元，从业人员5000人。

建材工业园 建于1995年，规划用地面积333.33公顷。至2004年，累计开发土地66.67公顷，引进项目共30多个，骨干企业有广西丰林林业开发有限公司、南宁市平乐水泥厂、南宁市共利钢管有限公司、邕宁县蓝天钢管厂、邕宁县西南轧钢厂、南宁飞捷钢结构工程有限公司等。2004年产值4亿元，税收2000万元，从业人员2000人。

医药工业园 建于1995年，规划用地面积333.33公顷。2004年，园区累计开发土地66.67公顷，引进项目共10多个，其中骨干企业有广西昌弘制药有限公司、广西中医学院制药厂、广西红日股份有限公司、广西古方药业有限公司、广西千珍制药有限公司、广西欢宝药业有限公司、广西方略药业有限公司、广西一致药业有限公司等。2004年产值10亿元，年税收8000万元。

食品工业园 建于1995年，规划用地面积333.33公顷。至2004年，累计开发土地66.67公顷，引进项目共45个。骨干企业有广西果母生物饮业有限公司、南宁黑五类食品股份有限公司、南宁多乐乳品有限责任公司、南宁双荣农牧开发有限公司、南宁三麦食品有限公司、南宁新兴科农食品有限公司等。2004年产值4亿元，税收1500万元，从业人员3000人。

有色金属加工工业园 建于1995年，规划用地面积333.33公顷。至2004年，累计开发土地53.33公顷，引进项目10多个，骨干企业有广西华锑化工有限公司、广西日星化工有限公司、广西日顺化工有限公司、广西松日有色金属有限公司、美联（南宁）添加剂有限公司、南宁西科源化工有限公司等。2004年产值3亿元，税收1800万元，从业人员1000人。

南宁东盟国际物流园 前身是玉洞物流中心。建于1995年，总规划用地面积10平方千米，建设规模为137万平方米，年物流服务作业能力558吨，主要建设4个物流服务功能区，总投资额7.77亿元。项目基础设施（一期工程）建设规划用地173.33公顷，投资额3亿元，拟采用长方形布局。2004年，为服务广西作为中国内陆面向东盟国家的“桥头堡”地位，更名为“南宁东盟国际物流园”。重新定位为：将港口的功能延伸到内陆，打造“无水港”，为广西北部湾经济区、大西南及东南亚建立集信息、商贸、仓储、金融、展示功能为一体的综合物流园。占地面积3.66平方千米，一期工程面积88.34万平方米，物流用地72.52万平方米，其中保税物流用地25.65万平方米、商贸物流用地36.21万平方米、综合管理服务用地10.66万平方米（其中首批开工建设项目占地面积21.13公顷）。一期首批开工建设项目包括保税库区、公共库区、粮食、白糖专用库区、水果、海鲜冷藏库区、集装箱联运中心、商贸展示中心、综合管理服务区等，各功能区域总规划面积约13.20万平方米，计划总投资4.20亿元。至2004年，该园区开发土地46.67公顷，进园区项目有5个，即广西超大运输有限公司玉洞物流中心、广西防城港务集团公司物流中心、广西昌弘制药有限公司医药物流中心、广西锐升通盛仓储配送有限公司钢材加工及物流配送中心、广西南宁南盟贸易有限公司广西物资加工配送中心。

第三节　优惠政策

1993年起，邕宁沿海经济走廊开发区注重抓好重点项目招商工作，采用“低门槛让利招商”的优惠政策：实行贴本让利的特殊政策，工业项目用地低于成本价出让；各种费用在国家政策规定范围内，实行灵活执行的办法，能减则减，能缓则缓，能免则免，尽量减少投资者的投资风险。同时，严禁任何单位和个人以任何方式向企业乱收费、乱摊派、乱罚款。

1994年初，县政府出台《关于私营企业工业园内投资办企业的优惠的若干规定》，以超常规的优惠政策吸引投资者。对投资者在使用土地、税收、工商管理和建设收费等方面给予优惠，全方位为入园企业提供优质服务。私营企业在工业园使用土地的，仅要求交足征地成本费（土地补偿费、安置费、青苗补偿费）和交通建设基金费，土地使用权出让的基准价各项收费项目采取少收或免收。涉及收费项目20多项，其中免收项目3项，即免收综合配套费每平方米40元、小区配套费每平方米20元、城镇建设配套费按建筑面积每平方米8元。优惠政策的实施，短期内吸引大量企业落户。截至1994年年底，引进项目169个（家），协议性投资总额超10亿元，其中外资企业11家，引进资金6.83亿元，涉及产业有机械、电子、轻工、食品、房地产、五金、服装等。投资超2000万元的项目21个，其中超亿元的2个，分别是三元物业发展有限公司中密度纤维板项目投资2.50亿元、中外合资南宁龙昌日用品有限公司南宁分厂投资1.80亿元。是年，开发区已建成投产的企业有南宁市平乐水泥厂、正大种鸡场、南宁市特种玻璃厂等50多家，正在动工兴建的有三元物业发展有限公司、龙昌日用品工业（南宁）有限公司、龙泰建材有限公司、南宁铁达糖业公司等100多家企业。

至1996年，开发区累计开发面积553公顷，引进签订项目258个，协议性投资37亿元，实际投入10.88亿元，开工项目210个，建成投产项目117个。其中利用外资超亿元项目10个，超2000万元项目36个。至2003年，开发区累计引进签订项目336个，协议性投资65亿元，实际投入23亿元，合同利用外资3.21亿美元，实际利用外资8697万美元。

1993年至2004年，邕宁沿海经济走廊开发区累计引进签约项目373个，协议投资92.60亿元，项目到位200多个，实际投资39.64亿元，合同利用外资4.67亿美元，实际利用外资1.26亿美元。

第四节　项目引进及主要企业

项目引进

1993年邕宁沿海经济走廊开发区成立后，实行招商风险包干责任制，推行全员招商制、招商英雄榜、招商白旗榜等激励机制和奖惩制度。通过组团招商、委托招商、网上招商、以商招商以及国外招商、自治区外招商等方式，把有实力的大企业吸引到开发区落户。重点招商行业为建材、机械、医药、轻工、饲料、有色金属深加工、现代物流、特色休闲娱乐等。重点引进对象主要有“三资”企业、大型企业和高新技术项目。最早进入开发区的企业有1990年成立的广西欢宝药业有限公司、1994年成立的南宁市平乐水泥厂等。1993年至1996年，引进项目258个，协议投资37亿元，开工项目210个，建成投产117个，实际投资10.88亿元，其中美国、新加坡、新西兰、泰国等国家和中国台湾、香港、澳门等地区的商家投资项目27个，利用外资超过1亿元的项目10个，2000万元至1亿元的项目36个。涉及行业有电子、建材、日用化工、医药、印刷、食品、服装、机械、轻工、娱乐、五金等。

1999年至2001年，开发区引进一大批投资大、纳税多、用工人数多、投产快的项目，共引进项

▲ 1997 年，位于邕宁县沿海经济走廊开发区的中美合资南宁中密度纤维板厂 （邕宁区史志办资料照片）

目 73 个，协议性投资 9.87 亿元，其中超过 1 亿元项目 1 个，2000 万元至 1 亿元项目 12 个，实际投资 4.43 亿元。在引进项目中，有“三资”企业 7 家（项目共 30 个），涉及机械、塑料、电子、建材、食品等行业。

至 2003 年，沿海开发区引进外资企业有来自美国、澳大利亚、新西兰、日本、泰国等国家和中国台湾、香港、澳门等地区，有派罗特克（南宁）有限公司、龙昌日用品工业（南宁）有限公司等外商独资企业 14 家，有广西丰林林业有限公司等中外合资企业 8 家；涉及建材、塑料、服装、制药、林产、食品等多个产业；实际利用外资 8697 万美元，完成工业总产值 14.60 亿元，实现产品销售收入 12.50 亿元，出口总额 1800.20 万美元。大型企业和高新技术项目主要有广西南宁黑五类食品股份有限公司、广西南宁百洋饲料集团有限公司、广西南宁市中高糖机设备制造有限公司、广西南宁市西南轧钢厂、南宁市共利钢管制造有限责任公司、南宁科达建材化工有限公司、广西药物研究所兽药厂、广西昌弘制药有限公司、广西锦莹药业有限公司、广西千珍制药有限公司、广西欢宝药业有限公司、琼林学校等。

▲ 1998 年，位于邕宁县沿海经济走廊开发区的南宁市穗邕塑料厂彩印包装厂生产车间 （邕宁区史志办资料照片）

截至 2004 年，开发区引进签约项目 373 个，协议性投资 92.60 亿元；实际到位项目 200 多个，主要有工业、商贸、物流、房地产、旅游、医药、印刷、机械、轻工、娱乐、五金、教育等行业，涉及建材、塑料、服装、制药、林产、食品、建筑等多个产业，实际投入 39.64 亿元；合同利用外资 4.67 亿美元，实际利用外资 1.26 亿美元。入园企业单位 140 多个。

主要企业

1993 年至 2004 年，邕宁沿海走廊开发区进驻的主要企业有广西丰林木业开发有限公司、广西南宁黑五类食品股份有限公司、广西南宁百洋饲料集团有限公司、广西鸿牌饲料有限公司、广西华锑化工有限公司、广西南宁市中高糖机设备制造有限公司、广西南宁市西南轧钢厂、南宁市共利钢管制造有限责任公司、南宁科达建材化工有限公司、广西昌弘制药有限公司、广西药物研究所兽药厂、南宁市平乐水泥厂、广西锦莹药业有限公司、广西千珍制药有限公司、广西欢宝药业有限公司等企业单位 140 多个。

广西南宁百洋饲料集团有限公司 位于邕宁沿海经济走廊开发区私营企业工业园。前身是“南宁百洋饲料科技有限公司”，占地面积 1.33 公顷，成立于 2000 年 4 月。2003 年 6 月起用现名。是广西第一家专业从事水产苗种繁育、水产养殖和水产饲料研发、生产、销售、技术服务的大型农业产业化企业和自治区农业产业化重点龙头企业。2004 年，下属企业 9 家：南宁大大饲料有限公司、广西南宁北粮饲料有限公司、桂林百洋饲料有限公司、广西桂林龙生物技术有限公司、广西南宁百洋养殖有限公司、广西钦州百洋养殖有限公司、广西横县百洋养殖有限公司、广西南宁百洋良种猪繁育有限公司、广西南宁百洋食品有限公司；推出新产品2个，淘汰旧产品3个；实现工业总产值9645.80万元，销售收入9108.90万元，完成水产饲料总产量2.68万吨。

南宁市共利钢管制造有限责任公司 位于邕宁沿海经济走廊开发区私营工业园。建于2003年7月，广西大型的双面螺旋缝埋弧焊钢管的专业生产企业，注册资金1000万元，占地面积3万平方米，建筑面积1.29万平方米（其中第一期建筑面积3000平方米），拥有一条先进的专业生产线，可生产直径219~2820毫米、壁厚5~16毫米的各种规格螺旋钢管。适用于石油、天然气、煤气、自来水、排污、大型中央空调、消防工程等承压管线，以及能源、交通、化工、电力、水电、灌溉、建筑等领域。设计年生产能力3万吨。产品执行GB/T9711.1 — 1997和SY/T5037 — 2000标准。2004年员工60人，其中管理人员13人、制管专业技术人员40人，生产各种规格螺旋钢管5000多吨，工业总产值1820万元，销售收入1976万元。成功生产直径2820毫米、壁厚16毫米的螺旋钢管，为全国首创。

广西华锑化工有限公司 位于邕宁沿海经济走廊开发区私营工业园。中国五矿有色金属股份有限公司全资子公司，成立于2001年3月，是国内唯一集科研、生产、金融、全球营销及资源控制为一体的阻燃剂生产企业。生产高效阻燃添加剂——氧化锑，无腐蚀、无放射、无毒、非易燃易爆品，可做延缓剂、催化剂、添加剂。综合研发实力在国内同行中位居前三甲，具有出口锑品供货资格的企业，同时还是国际氧化锑工业协会（IAOIA）的全权会员，及其在中国的两个常任理事单位之一。注册资金600万元，设计年产量1.50万吨。2004年公司有总资产1亿多元，占地4.93公顷（其中一期项目占地0.93公顷），有员工70余名、管理人员13人、技术人员33人，销售收入超2亿元。

广西千珍制药有限公司 总部位于邕宁沿海经济走廊开发区私营工业园。拥有药品生产基地2个。主要生产穿心莲胶囊、维C银翘片、猴头菌片、三七片、陈香露白露片、石淋通颗粒、无糖型板蓝根颗粒、夏桑菊颗粒、复方肝炎颗粒、小儿化痰止咳冲剂、小儿氨酚黄那敏颗粒（小儿速效感冒冲剂）、蛇胆川贝液、僮克停（小儿复方麻黄碱桔梗糖浆）、感冒止咳糖浆等10多个品种。2004年有员工200多人，其中各类专业技术人员53人（其中，中级6人、初级24人），占员工总数26.50%，年产销量5000万元。

广西丰林木业开发有限公司 位于邕宁沿海开发区南北公路12千米处，为中国纤维板行业百强企业之一。前身为南宁三元物业发展有限公司中密度纤维板厂（中美合资），占地33.33公顷，建筑面积2万平方米，协议项目投资概算2.10亿元（其中基建投资1.80亿元），职工240人，设计规模为年产密度纤维板6万立方米，是香港一企业家投资兴办的外商投资企业。1995年8月开工，次年9月投产，是全国规模最大的中密度纤维板厂家之一。产品规格面积1220毫米×2440毫米，厚度有6毫米、9毫米、12毫米、15毫米、16毫米、18毫米、20毫米、22毫米等8种。2000年8月资产重组成立广西丰林木业开发有限公司。2004年世界银行国际金融公司IFC参股该公司。

第三章　南宁市仙葫经济开发区

南宁市仙葫经济开发区位于邕宁县城北部，东临邕江，与蒲庙镇张村相望；南临邕江，与县城和蒲庙镇仁福村、和合村相望；西接南宁市绕城高速公路；北与桂柳高速公路相连。规划总面积20平方千米，2004年建成街区面积5.50平方千米。开发区于1993年5月筹备，次年4月5日成立邕宁县莫村综合开发区管理委员会，办公在县人民武装部综合楼。1995年3月改称邕宁县仙葫经济开发区。1999年1月1日，邕宁县仙葫开发区管理委员会（简称仙葫开发区管委会）从县城迁至仙葫西区管委会办公楼办公。开发区区位优势明显，地处城乡接合部，水陆交通便利，是大西南最大的出海交通枢纽，成功引进和开发房地产、科技教育、工业、商贸等产业，发展成为南宁市卫星城。2001年1月，邕宁县仙葫经济开发区晋升为自治区（省）级开发区，更名为南宁市仙葫经济开发区。2002年7月，南宁市仙葫经济开发区设立蓉茉社区、金葫社区2个社区，居民共360户2200人，流动人口约1万人。2003年，仙葫经济开发区行政托管长塘镇的那舅村委会、五合村委会以及蒲庙镇的莫村村委会、和合村委会的上洲坡与下洲坡，莫村、那舅村、五合村由村调整为社区建置，和合村委会的上洲坡、下洲坡就近划入社区管理，托管农村人口共1.16万。2004年，开发区建成街区面积5.50平方千米，辖社区5个，居民1.86万人，流动人员5000多人；累计协议投资项目239个，协议投资167亿元；累计到位建设项目215个，投资总额45亿元；合同利用外资1645万美元，实际利用外资234万美元；地区生产总值累计12.30亿元，工业总产值3.60亿元，财政收入1.30亿元。2005年3月，开发区辖社区5个，分别是蓉茉社区、金葫社区、莫村社区、那舅社区、五合社区，总人口1.86万人。

▲2003年，仙葫经济开发区管委会办公区

（邕宁区史志办资料照片）

第一节　机　构

1993年5月，邕宁县莫村综合开发区筹备处成立，办公在县城红星路县人民武装部综合楼，从县直机关和蒲庙镇政府抽调、借调人员30多人到开发区工作。1995年3月成立邕宁县仙葫综合开发区管理委员会，为县人民政府的派出机构。开发区管理委员会内设机构有办公室、财务部、招商部和县土地管理分局、城乡建设分局、公安办事处等，随后增设计划、劳动人事、国税、地税、财政、工商等。其中办公室、财务部和招商部直接由开发区管委会领导，其他机构实行管委会和县主管部门双重领导，

▲ 1996 年，自治区政府副主席袁凤兰（左二）到仙葫开发区调研。邕宁县县长张国环（左一）陪同调研　　（仙葫开发区管委会供稿）

即行政上由开发区管委会领导，业务上受归口委、办、局的领导。工作人员主要从县直各单位借调，少数人员从社会招聘。1997 年，县政府落实开发区管委会机构编制。

2001 年始，南宁市仙葫经济开发区管理委员会各职能部门岗位（职位）推行定岗不定人的管理办法，干部职工实行聘任聘用制，实行一年一度的公开竞争上岗。所有新进人员全部面向社会公开招聘，择优录用。实行服务首问责任制、服务承诺制，对项目引进前、生产前、生产中、生产后提供高效优质一条龙服务，营造良好的投资软环境。开发区先后制订《责任追究制》《首问责任制》《一次性告知制》《限时办结制》《服务承诺制》《否定事项报备制度》《关于实行工作责任追究的决定》《政务公示制度》《值班制度》《考勤制度》《招待用餐制度》等制度。是年 11 月，中共邕宁县委、县人民政府明确中共南宁市仙葫经济开发区工作委员会与南宁市仙葫经济开发区管理委员会合署办公，一个机构两块牌子，分别是中共邕宁县委和县人民政府派出机构，机构级别为正科级。

2002 年 1 月 1 日起，县政府授权仙葫经济开发区管理委员会在辖区内实行统一领导，统一管理，行使县一级综合经济管理权和部门管理权限。仙葫经济开发区对辖区的党务、行政、经济及社会事务进行特区式封闭管理；行使县环保局、建设局、国土资源管理局、教育局、劳动和社会保障局、发展计划局、交通局、对外贸易局、人事局、农业局、民政局、公安局、文化和体育局、旅游公司、农业机械化管理中心、科技局、财政局等职能部门的部分职权。实行封闭式管理后，累计办理各类证件 4500 份（件）。

2004 年，仙葫经济开发区管理委员会内设机构有办公室、财政办、招商局、城管中队、规划建设局、国土资源分局、社会事务管理局、人事劳动和社会保障局、财政分局、投资服务中心、治安中队、计生分局、环卫站、水电队、绿化队等管理和服务机构，共有人员 60 多人。中共南宁市仙葫经济开发区工作委员会和南宁市仙葫经济开发区管理委员会的机构性质、机构级别等与 2001 年 11 月维持不变。其办公地址在南宁市仙葫经济开发区西区。

1993 年 6 月至 2005 年 3 月仙葫经济开发区管理委员历任主任：王统福，苏一孔。

▲ 2001 年 2 月 23 日，南宁市政府副市长郑军健（左一）向邕宁县县长罗大光（右二）授“自治区级南宁市仙葫经济开发区”牌匾　　（仙葫开发区管委会供稿）

第二节　开发区规划

1991 年，邕宁县开始规划建设南宁市仙葫经济开发区，从修路建桥等基础设施建设入手，稳步推进开发区建设。1994 年，仙葫经济开发区规划建设分为西区、南区和东区 3 个功能区，发展定位为“房地产、科教、高新科技、仓储、度假、金融、商贸”等产业和行业。2002 年 4 月，邕宁县根据建设

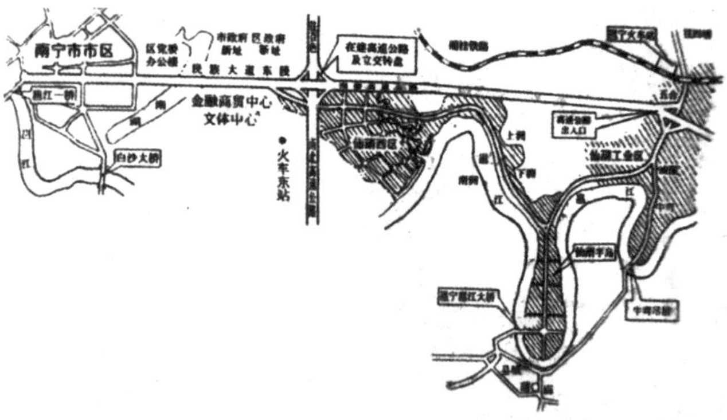

▲1996 年，邕宁县仙葫开发区区位示意图

（邕宁区史志办资料照片）

部专家组调研后提出的建议，将开发区发展定位调整为重点发展“房地产、文教科研、休闲娱乐”等产业和行业，重点开发建设五合大学城、美食城等。首期规划土地开发面积 20 平方千米，规划征用土地面积 1286.80 公顷。其中：耕地 166.50 公顷，占规划征用地 12.94%；林地 919.93 公顷，占规划征用地 71.49%；荒草地等 200.37 公顷，占规划征用地 15.57%。1993 年至 2004 年，开发征用土地 1086.73 公顷，实际使用土地 556.67 公顷，其中道路、绿化、公共设施建设用地 216.67 公顷。仙葫经济开发区管理委员会设在西区。

西　区

仙葫经济开发区西区位于开发区西部，与南宁市埌东新区接壤，距南宁市中心区 6 千米，南宁至北海、南宁至桂林、南宁至百色 3 条高速公路交会处，是大西南出海陆上交通枢纽；南面的邕江航道可通航 1000 吨船舶，上达百色市，下至广州市和香港、澳门等地，是南宁市埌东新区向东扩展的重要区位。1994 年规划建设定位为发展高新科技、仓储、房地产、科研和度假等产业和行业，面积 5.50 平方千米。2002 年将定位调整为发展房地产、文教科研、休闲娱乐等产业和行业。2004 年已初步形成房地产、文教卫生、科研、商业、度假等产业和行业。

南　区

仙葫经济开发区南区位于开发区南部，地处邕江环绕的仙葫（莫村）半岛，纳入县城新区规划建设。1994 年定位为发展金融、商贸、房地产等产业和行业，规划面积 3.50 平方千米。2002 年将定位调整为发展房地产、文教科研、休闲娱乐、金融、商贸等产业和行业。2004 年已初步形成房地产、文教卫生、金融、商业、邮政、休闲娱乐、政务办公等产业和行业。

东　区

仙葫经济开发区东区位于开发区东部，地处邕江边，地势平缓，荒山荒地连片，开发成本较低，附近的湘桂铁路设有邕宁火车站和南柳高速公路五合出入口。1994 年定位为发展工业、科研、房地产等产业和行业，规划面积 11 平方千米。1999 年将定位调整为以建设五合大学城为主，配套休闲度假城等产业和行业，规划面积 9 平方千米。2004 年，东区的五合大学城建设初具规模，形成文教科研、工业等产业和行业。

第三节　园区建设

1992 年起，邕宁县加强仙葫经济开发区园区建设，土地出让、招商引资、项目引进等各项工作稳步推进。至 2004 年，开发区各功能区的“五通一平”（通水、通电、通路、通排水、通电讯，土地平整）、水泥道路、下水道工程、双拱涵工程、挡土墙、绿化和市政设施等基础设施建设累计投入 4.70 亿元。

土地出让与招商引资

1994年至2002年6月，由开发区党工委、管理委员会确定出让土地的价格（地价），经与投资商协议的方式出让土地，累计出让土地2280宗533.30公顷，其中项目用地80宗453.30公顷、私人宅基地2200宗80公顷。2002年7月至2004年12月，仙葫经济开发区经营性土地由邕宁县国土资源局按有关规定实行土地使用权挂牌出让，并以招、拍、挂方式出让土地，累计出让土地110.99公顷。1993年至2004年，累计出让土地883.33公顷。

仙葫经济开发区利用国家西部开发政策，坚持以项目带动土地开发与利用，通过一系列优惠政策和为投资者提供优质服务，"低门槛"出让土地、"筑巢引凤"和走出去及请进来等招商方法开展招商引资。1993年至2004年，仙葫经济开发区引进协议投资项目239个，累计协议投资167亿元，实际到位投资项目215个，到位资金45亿元。其中外资企业5家，协议投资1645万美元，实际到位外资234万美元。引进的企业主要有广西房地产开发总公司、南宁半岛房地产有限责任公司、广西利达编制品有限公司、中房集团南宁房地产开发公司、南宁金胤房地产开发有限责任公司、南宁房地产开发经营公司、广西合诚房地产开发有限公司、广西佳园房地产有限公司、广西海田房地产开发有限公司、广西大股份有限公司等100余家。

路桥建设

1992年1月，开工建设蒲庙至南宁（北线）二级公路（后改称仙葫大道），1997年8月竣工通车。是年，扩建蒲庙至上下洲仙葫大道二级公路路段约8千米，路面扩宽为55米，双向6车道，投资4000多万元。接着，规划建设蓉茉大道及其他的街巷道路建设。1998年，仙葫半岛仙葫大道和西区蓉茉大道及部分主要街道开始安装路灯。

▲2002年4月27日，建设部专家组到仙葫开发区调研，指导开发区规划建设（仙葫开发区管委会供稿）

为将仙葫（莫村）半岛纳入县城新区规划建设，拓宽县城规模，1992年至1993年那平桥（中型桥）建成通车；1993年1月，开工建设邕宁邕江大桥，1996年9月建成通车，实现县城与开发区公路连接。邕宁邕江大桥总长度458.40米，宽18.90米，主跨312米，是当时世界上跨度最大的中承式拱桥，总投资6000万元，其中社会捐资200万元。2004年3月，开工建设仙葫大桥。该桥从仙葫西区横跨邕江连接龙岗路网，全长1190米，宽28米，计划投资1.53亿元，2005年3月邕宁撤县设区时仍在建设中。

至2004年，开发区建成或基本建成街道112条，其中大道2条（仙葫大道、蓉茉大道）、街道42条、里巷68条（2004年8月26日，县政府同意仙葫开发区街道命名方案）；投入1600多万元安装主要街道路灯，其中在仙葫大道大转盘等安装有4组高杆灯。路街名称及分布：

仙葫西区道路25条，分别是凤起路、开天路、盘古路、通福路、乐业路、福宜路、同兴路、开泰路、燕舞路、望秀路、通泰路、富兴路、德圣路、德贤路、曾屋路、军堂路、牛岭路、宏福路、宏达路、长福路、长宁路、灵龟路、莺歌路、剪刀路、人杰路；街道4条，分别是人和一街、人和二街、剪刀一街、剪刀二街；里巷17条，分别是盘古路西一巷至四巷、乐业路西一里、通福路北一里、通福路北二里、同兴西一里至三里、通福北一里、通福北二里、蓉茉大道西一里至三里、望秀路东一里、通泰路北一里至三里、仙葫大道南一里、仙葫大道南二里、富兴路南一里、德圣路西一里、德贤路西一里至四里、开泰路莫家巷、宏达路东一里。仙葫半岛道路15条，分别是环葫西路、环葫南路、环葫东路、仙临路、仙安路、五岭路、莫村路、丽春路、秀岛路、春晖路、明月路、金泽路、彩虹路、福兴路、永春路；街道4条，分别是雅宁街、金葫一街、金葫二街、环葫一街至四街；里巷8条，分别是环葫西路东一里、仙安路北一里、莫村路东一里至二里、莫村路西一里至二里、雅宁街西一里至三里、秀岛路东一里、彩虹路北一里、彩虹路北一里一巷至六巷。

仙葫大道是从南宁市凤岭新区与仙葫经济开发区西区接壤处起，至仙葫半岛环葫南路。该大道在原南（宁）蒲（庙）大道基础上扩建，长14.40千米。按浅丘区二级公路标准建设，路基宽15米，水泥混凝土路面宽12米（部分为柏油路面），设计每小时行车速度80千米，工程投资1亿元，1992年1月开工，1997年8月竣工通车。1998年，扩建蒲庙至上下洲路段约8千米，路面扩宽为55米，双向6车道，投资4000多万元。2004年6月，南（宁）蒲（庙）大道改称仙葫大道。

蓉茉大道是由仙葫西区凤起路至仙葫西区灵龟路，路面宽30米，柏油路面，是街区主干道，长2.20千米。2003年扩建，路面扩宽为55米，双向6车道，投资1000万元。

至2005年3月，开通2条从仙葫经济开发区到南宁市内市公交车线路，即从仙葫经济开发区至南宁市朝阳广场的42路、87路公交车；途经仙葫经济开发区的市公交车线路有1条，即2005年3月开通从县城至仙葫经济开发区（东区）五合大学城至五合子垒703路公交车。县城有发往四塘、五塘、昆仑镇客运车途经仙葫开发区东区。

市　场

随着仙葫经济开发区的开发建设，邕宁县注重开发区市场的配套建设。1998年4月，仙葫西区第一个农贸市场建成并投入使用。2002年，金葫农贸市亭、莫村综合农贸市亭两个市亭相继竣工，金葫农贸市亭于当年开业。2004年12月19日，位于西区开泰路的仙葫正佳市场开业。至2005年3月，开发区建成使用农贸市场4个，其中西区2个，仙葫半岛2个。仙葫经济开发区较大的超市有康源超市（位于西区）等。

▲1996年，县自来水公司环城·仙葫东区过江·连接西区管道工程开工庆典　　（邕宁区史志办资料照片）

水　电

供　水　1994年至1996年，开发区生产生活用水由南宁市区水厂供水。1996年初，邕宁县投资320万元铺设由县城至莫村半岛（南区）跨邕江河底输水管道工程，首期日供水2万立方米，当年8月竣工供水；1998年年初，完成邕江河底输水管从县城向仙葫经济开发区南区、东区供自来水建设。1998年3月，投资615.32万元建设西区自来水厂工程竣工使用（水源抽取邕江），日供水约5000立方米（2004年日供水能力提高至1万立方米）。

排　水　1995年，邕宁县开始对开发区各功能区排水及下水道排水工程进行规划建设。至2004年，累计投入1700万元，完成建设下水道排水工程、双拱涵工程、排水沟工程等30多项，总长100多千米。

供　电　仙葫开发区用电，由邕宁县电业公司供电。1993年至1996年10月，沿南宁至蒲庙二级公路（北线）输电线路10千米。1997年，莫村半岛10千伏输电工程兴建，当年竣工供电。1998年，完成由县城至开发区西区、东区10万伏高压主输电线路以及各小区低压供电线路的工程建设任务，线路总长46千米。

▲ 1996年，县电业公司工人在仙葫经济开发区立电线杆
（邕宁区史志办资料照片）

广　场

2003年，开工建设位于仙葫大道的东方市政广场，次年7月竣工，总投资800万元。该广场占地1.30公顷，可容纳近3000人；广场地面铺设硬化砖（或水泥）和绿化美化，安装各种路灯，设有体育活动器械2处，免费供居民和游人游览、文体活动。

2005年年初，五合大学城绿化广场建成并投入使用。该广场占地10公顷，可容纳近5000人，总投资800万元。

重大项目引进

仙葫经济开发区在项目招商引资工作中，重点做好重大项目的招商。1993年至2004年，开发区累计引进投资亿元以上项目有广西东方外语职业学院、中房南宁公司碧丽山庄、龙胤花园、广西佳园房地产公司观澜溪谷项目等11个，投资2000万~5000万元项目有26个。2005年3月，仙葫经济开发区重大项目有的已进场开工，有的竣工、有的基本完成。主要有南宁东方外国语学校（占地10公顷，计划投资1.15亿元），广西利达编织品有限公司生产基地（占地6.67公顷，计划投资1亿元），广西路桥公司生活区（占地26.67公顷，计划投资2.30亿元），广西全诚公司丽小湾别墅区（占地20公顷，计划投资3亿元），中房南宁公司碧丽山庄（占地20公顷，计划投资3亿元），龙胤花园（占地16.67公顷，计划投资4.50亿元），托斯卡那别墅区（占地23.34公顷，计划投资6亿元），广西佳园房地产公司观澜溪谷项目（占地33.34公顷，计划投资4亿元），天池山橘郡项目（占地33.34公顷，计划投资3.90亿元），南宁市房地产开发经营公司海茵国际花城（占地30公顷，计划投资4亿元），广西东方外语职业学院（占地66.67公顷，计划投资6亿元）。

工业园区项目

仙葫经济开发区工业园区以引进科研、科技产业、新产品等为主，部分项目通过产业转移。1997年建成仙葫砖厂，年产红砖2000万块；建成邕宁县大明印刷厂，当年产值5万元。至2001年，园区

▲位于仙葫开发区的别墅区——龙胤花园

（仙葫开发区管委会供稿）

内建成企业有：泰格金属制品有限公司、南宁正大建材有限公司、南宁金钢水泥厂、南宁科宝纸业公司、广西大昌维他麦畜牧有限公司等。其中，投产企业有广西医用塑料包装厂、广西利达纺织品出口生产基地、富缘汽车维修中心、仙葫水厂等。2003年，工业园区工业产值3亿元。2004年工业园区产值3.60亿元。1993年至2004年，引进各类企业签约项目182个，累计协议投资91亿元，实际到位资金35亿元。

房地产开发项目

仙葫经济开发区以引进和建设高档房地产业为主，先后开发金地世家、天池山橘郡、龙胤花园、丽水湾别墅、枫丹丽舍、临江别墅等房地产小区。建成兴宁园、利源山庄、明月园、蓉茉商住城、金葫商住区等一批房地产项目。其中较大房地产小区有10个，分别是金地世家、彩虹家园、龙胤花园、海茵国际花城、路桥公司别墅区、丽水湾别墅、碧丽山庄别墅、托斯卡那、滨江别墅区、枫丹丽舍等。至2002年，在仙葫西区临界邕江地带集中建别墅群面积340公顷，协议投资总额16亿元。1993年至2004年累计引进房地产项目33个，协议投资76亿元，实际到位投资10亿元，规划房地产面积5.12万公顷，建成房地产总面积约105万平方米，建成住宅小区可入住居民8600户4万人。

第四节　金融邮电及教育卫生服务

金融服务

仙葫开发区成立后，注重加强金融服务。至2004年，有3个金融单位落户开发区：邕宁县农村信用联社蓉茉分社，位于仙葫开发区蓉茉大道旁；中国农业发展银行邕宁支行，位于仙荫大道东段；中国工商银行邕宁县支行仙葫分理处（2004年5月，中国工商银行邕宁县支行将八尺江储蓄所搬迁至仙葫开发区，并更名为中国工商银行邕宁县支行仙葫分理处）。

邮政通讯服务

1993年后，仙葫开发区先后有县邮政局、移动邕宁分公司、县电信局、联通邕宁分公司等服务单位驻地办公。县邮政局办公楼位于仙葫大道东段，1998年在仙葫开发区设邮政业务网点1个，联通专营店1个，移动专营店1个。2001年，移动邕宁分公司在仙葫开发区设移动专营店1个。2004年，邕宁县电信局在仙葫开发区设仙葫电信分局和电信业务网点。2005年3月，联通邕宁分公司在仙葫开发区设有一级代办点（合作特许营业厅）1个。

教育服务

1999年至2001年，仙葫经济开发区先后引进广西公安管理干部学院、南宁东方外国语学校等项目。

2002年4月，邕宁县将开发区发展定位调整为重点发展“房地产、文教科研、休闲娱乐”等产业和行业后，在仙葫经济开发区管理委员会挂牌成立五合大学城筹建处，加大五合大学城开发建设。是年，南宁五合职业技术学院、广西幼儿师范学校签约进驻五合大学城，成为首度进驻大学城的两所院校。

▲2004年1月10日，中共邕宁县委书记张国环（前中）率队在广西东方外语职业学院工地现场办公

（仙葫开发区管委会供稿）

2003年5月，县人民政府通过五合大学城概念性规划（土地利用规划），11月举行五合大学城奠基仪式。是年，有广西中医学院、广西法官学院、广西图书发行学校、广西东方外国语职业学院、广西政法管理干部学院、广西大学专家培训基地等6所院校及科研单位签约落户五合大学城，总计划用地253.33公顷。此后，广西艺术学院附属中等艺术学校、广西新华书店、广西师范学院等相继落户开发区。

至2004年，开发区共引进大专院校14所，协议投资56亿元，项目计划用地573.33公顷。

卫生服务

2003年，建设仙葫医院，该医院位于仙葫开发区（西区）仙葫大道旁。

2004年，仙葫开发区辖区内有社区、事业单位和个体办医疗诊所（卫生室）9个。其中民营医院1个，即仙葫医院；社区卫生室3个，即五合社区卫生室、那舅社区卫生室、莫村社区卫生室；学校卫生室1个，即东方外国语学院卫生室；个体医疗诊所4个。

第七篇

财税 | 金融

第一章 财 政

1991年，邕宁县财政总收入9551万元，财政总支出9599万元。1993年起，全县年度财政计划预算基本实现“收支平衡，略有节余”，全县财政实现从保障“吃饭财政”（即保障公职在职人员工资和离退休人员生活费）向“建设财政”（即保障公职人员工资和生活费按时足额发放同时保障年度财政计划预算经费支出）跨越。1996年，邕宁县财政总收入2.07亿元，财政总支出1.62亿元。2000年，邕宁县财政总收入2.90亿元，财政总支出2.31亿元。2002年，邕宁县财政总收入3.68亿元，财政总支出3.33亿元。2004年，全县财政总收入6.10亿元，比1991年增加收入5.14亿元，位居全自治区县级财政收入第二名，全国西部地区县级财政收入排名第25位；县财政总支出5.51亿元，节余5900万元。

第一节 机 构

邕宁县财政局

1991年，邕宁县财政局（1956年成立）机关内设行政秘书股、人教监察法制股、预算股、企财股、事财股、农税股、农财股、社保股、综合股、会计股、三大检查（税收、财务、物价大检查）办公室、农业综合开发办公室、民族经济发展资金管理局、国有资产管理局14个股室（局），下辖21个乡镇财政所。1997年，局机关内设行政秘书股、预算股、人教监察法制股、企财股、农业税收管理股、农业财务管理股、综合计划财务股、社会保障财务管理股、会计事务管理股、行政事业财务管理股、民族经济发展资金管理局、三大检查办公室、农业综合开发办公室13个股室（局），在财政局设有县国有资产管理局，财政局下辖21个乡镇财政所。财政局机关人员编制60名（含国有资产管理局），全县财政在职干部职工共278人。1998年成立县预算外资金管理局。1999年撤销三大检查办公室，成立财政稽查办公室。2003年，增设工资统发办公室，由预算股代管，全县财政在职干部职工共273人。2004年成立县资产经营有限责任公司，全县财政在编在职干部职工221人。2004年，县财政局办公地址在仙葫大道东段。

▲2003年，邕宁县召开全县财政工作会议

（邕宁区史志办资料照片）

1991年至2005年3月县财政局历任局长：张国兴，潘朝美，梁斌。

财政分局

1996年成立大沙田经济开发区财政分局。此后，邕宁县在邕宁沿海、仙葫2个开发区分别设立财政分局。3个开发区财政分局人、财、物交由所属经济开发区管理委员会管理。

2003年，3个开发区财政分局为一级金库，总收入1.10亿元，比上年增长39%。2004年总收入2.35亿元，占全县财政总收入的38.52%。

▲2003年，镇龙财政所办税服务厅
（邕宁区史志办资料照片）

乡镇财政所

1991年，全县设有蒲庙、良庆、那马、新江、那楼、镇龙、百济、刘圩、中和、南阳、伶俐、长塘、四塘、五塘、昆仑、吴圩、苏圩、延安、那陈、大塘、南晓21个乡镇财政所，为事业单位，每个乡镇财政所人员编制根据乡镇大小一般核配7~22名。乡镇财政所人财物由县财政局管理。2004年，全县乡镇财政所仍设有21个，其机构性质、管理体制和人员编制与1991年保持不变。

第二节　财政收入

财政总收入

1991年起，邕宁县相继制定农业综合开发、搞活工业、吸引外资、发展内联、引进人才等一系列经济政策，确立“巩固提高第一产业，加快发展第二产业，大力发展第三产业”的方针，并从1993年1月起实施粮食购销体制改革，实行粮价放开。一系列的政策措施调动了农业、工业、商业等各行业的生产积极性，财政工作不断上新台阶。1991年，全县财政总收入9551万元。1996年财政收入2.07亿元。1997年后，随着对外开放的深入和三个经济开发区建设步伐加快，邕宁县实行“外经、外贸、外资、外企并举，外资、内资一起引，内商外商一起联”的招商引资政策，集体企业、“三资”企业、个体私营企业发展较快，集体、个体、私营、外资和混合型经济快速发展，为增加财政收打下基础。2001年，全县财政总收入3.26亿元。2004年，全县财政总收入6.10亿元。1991年至2004年，全县财政总收入累计36.85亿元，年平均增长率7%。其中，工商税收入累计25.12亿元，占总收入的68.17%；企业收入累计2.87亿元，占总收入的7.79%；农业税收入累计4.74亿元，占总收入的12.86%；其他收入累计3.30亿元，占总收入的8.95%；财政专项收入累计8286.90万元，占总收入的2.23%。

1991年至2004年邕宁县财政总收入情况

表7-1-2-1　　单位：万元

年度	总收入	其中				
		工商税收入	企业收入	农业税收入	其他收入	专项收入
1991	9551	6905.00	976.80	702.00	561.00	406.20

续表

年度	总收入	其中				
		工商税收入	企业收入	农业税收入	其他收入	专项收入
1992	8113	6361.00	291.00	875.00	366.80	219.20
1993	13581	10747.70	246.70	1129.80	1151.80	305.00
1994	17350	11298.30	2689.10	2047.70	812.50	502.40
1995	19245	11512.50	2618.30	3645.90	994.70	473.60
1996	20715	13922.00	892.00	4567.00	819.00	515.00
1997	22766	15663.90	8538.00	4927.60	815.50	505.50
1998	24935	17214.00	658.00	5398.00	1069.00	596.00
1999	27015	18520.00	1294.00	4231.00	2290.00	680.00
2000	29006	19340.00	1516.00	4342.00	2993.00	815.00
2001	32557	21461.00	4888.00	2953.00	2688.00	567.00
2002	36786	24637.00	3296.00	4697.00	3444.00	712.00
2003	45895	32802.00	2652.00	6179.00	3418.00	844.00
2004	61030	40790.00	5843.00	1694.00	11557.00	1146.00

财源培植

培植特产税源 1991年至2004年，全县财政累计投入2940万元，主要扶持吴圩镇发展西瓜生产基地、苏圩镇发展蔬菜生产基地，扶持那楼、蒲庙、五塘、大塘、南晓、延安、那陈等乡镇发展西瓜、水果、桑蚕等名、特、优生产，加快培植发展农业特产税源。1991年，全县特产税收入270万元。1992年至1996年，全县农业特产税收入5621万元。2000年，农业特产税收入2883万元。2003年全县特产税收入3209万元。每年特产税收入占农业税总收入51%左右。2004年起，邕宁县停止征收特产税，对历年所欠的特产税仍追收。是年，全县收上历年所欠特产税2628万元。

培植农业税等税源 1991年至1996年，县财政累计投入3244万元，扶持农业、林业、养殖业和蔗糖生产，大力培植农业税、农业特产税、耕地占用税、契税等"四税"税源；利用世界银行贷款建立高产、高糖新蔗种繁殖基地一批，创建一批"吨糖田"（每亩产白砂糖1吨）、"吨粮田"（每亩产粮1吨）、"万元田"（每亩产值1万元）示范基地并获成功和推广。1999年至2001年，利用西部扶贫项目资金投入530万元，在那马镇、南晓镇建立53.33公顷连片开发水果生产基地，发展以各种优特稀水果品种为主的"养殖—沼气—种植"三高（高产、高质量、高效）生态农业。2003年，安排427万元资金支持长塘镇建设洞江农业综合开发示范项目区1160公顷，投入400万元支持大塘镇建设特多惠科技项目示范园区143.33公顷，争取得到上级支农补助资金160万元建立苏圩镇新德村200公顷无公害蔬菜生产示范基地、新江镇农业机械推广示范基地、良庆桑蚕专业合作社和大塘元昌保鲜库科技项目等。全县农业税收入从1991年702万元增加到2002年4697万元。2003年，邕宁县实行农村税费改革，调减农业税负担，当年农业税收入（含历年尾欠）6179万元。2004年，

▲甘蔗是邕宁县重要税源之一。图为2004年蔗农护理甘蔗 （邕宁区史志办资料照片）

全县农业税收入 1694 万元。2006 年起取消农业税。

培植工业税源　1991 年至 2004 年，县财政累计投入 5000 多万元用于大沙田、沿海、仙葫 3 个经济开发区建设，加快发展工业，培植工业新税源。其中 1998 年，县财政从大沙田、沿海、仙葫 3 个经济开发区交纳的税款中，返还 2500 万元用于 3 个经济开发区基础设施建设，改善投资环境，加快开发区的发展进程。1998 年年底，大沙田、沿海、仙葫 3 个经济开发区累计引进项目 400 个，协议投资 55 亿元，实际投资 21.40 亿元，开工项目 181 个，建成投产 129 个，实现工业产值 12 亿元；3 个开发区交纳工商税 1648.80 万元，比 1997 年增加 777.90 万元，增长 89.30%。2003 年，大沙田经济开发区财政收入 4069 万元，邕宁沿海经济走廊开发区财政收入 4780 万元，仙葫经济开发区财政收入 3100 万元。2004 年，大沙田、沿海、仙葫 3 个经济开发区财政总收入 2.35 亿元，占全县财政收入的 38.50%，比 2003 年增收 1 倍，成为全县财政收入新的增长点。此外，1994 年建成大塘糖厂，并加强对伶俐糖厂、明阳糖厂、蒲庙糖厂和南宁糖纸厂的技术改造，增加制糖业工业税源。

第三节　财政支出

邕宁县财政支出坚持“一要吃饭，二要建设”原则，保证全县公职在职干部职工工资和离退人员生活费按时足额发放以及机关事业单位正常运转的前提下，根据财力安排建设资金，保证重点，兼顾一般。

1991 年，全县财政总支出 9953.60 万元，赤字（超支）38 万元。1993 年，全县财政总支出 1.07 亿元，年度财政支出节余 2800 万元。是年后，全县财政每年收支都有节余。1996 年，全县财政总支出 1.62 亿元。2000 年，全县财政总支出 2.31 亿元。2004 年，县财政总支出 5.51 亿元，节余 5900 万元。1991 年至 2004 年，全县财政总支出累计 30.99 亿元。

1991 年至 2004 年，全县财政累计投入建设 6.55 亿元。其中，投入 6086 万元建设中学校舍，建成校舍面积 12.57 万平方米，改建危房 455 栋总面积 12.27 万平方米；投入 8976 万元用于农村生态文明示范村建设和人畜饮水工程；投入 4644 万元用于补助推广农业新技术、农业产业结构调整、农业综合开发和推广科学种养新技术；支援经济不发达地区扶贫资金 1081.60 万元；投入 1.10 亿元用于市政基础设施建设；投入 225 万元完成 21 个乡镇文化站和篮球场建设；投入 229 万元建成面积 9490 平方米的乡镇卫生院门诊、病房楼房；投入 1.30 亿元建设公路、桥梁；投入 1.60 亿元扶持企业技术改造等。

1991 年至 2004 年邕宁县财政支出情况表

表 7-1-3-1　　单位：万元

类别＼年份	1991	1992	1993	1994	1995	1996	1997	1998	1999	2000	2001	2002	2003	2004
基础建设	1991350	140	33	219.30	441	373	133	92	85	50	56	80	152	300
企业挖潜改造	343.40	37	772.40	119.50	268	130	70		32		10	20	53	145
科技三项资金	13.20	8	0.20	17.30	2.90	95	42	76.60	30	70	90	133	337	535
支援农村生产	1196.20	654.80	439.40	893.70	884	575	527	667.60	1327	1350	765	1312		
农业综合开发					197	241	70	130	135	139	101	123	160	85
农林水事业费						546	581	820.70	770	937	1159	1218	2869	4099
工业交通事业费						79	50	97.10	55	46	36	50	35	47
文体广播事业费								486.60	565	643	836	1075	1339	2026
教育事业费	3646	4315.30	5105.60	6717.70	8057	4924	5589	5299.90	5875	6844	8855	10093	10984	14472
科学事业费						32	33	41.90	34	29	20	30	36	42
卫生事业费						852	945	1012.90	958	1012	1192	1279	1981	2064
税统财审事业费								1589.10	1486	1770	2085	2156	2534	3079

续表

年份 类别	1991	1992	1993	1994	1995	1996	1997	1998	1999	2000	2001	2002	2003	2004
抚恤福利救济	146.30	157.50	167.60	249.70	210	231	271	240.10	312	340	1003	707	1174	1081
行政事业离退休						1527	1730	1873	2077	2412	3294	4563	5095	7984
社会保障补助								30.90	129	300	381	724	755	1271
行政管理费	1287.90	1494	2008.30	2129.70	2549	2255	1997	2204.50	2276	2630	2781	3221	3458	5812
公检法司经费	293.80	417.70	378.90	817.20	1094	874	985	1108.80	999	1283	1623	1605	2398	3053
城市维护费	166.60	92	105.70	197.80	212	184	235	265.10	251	782	732	819	1636	3204
政策性补贴						638	535	400.20	574	191	280	110	147	298
支援不发达地区	101.70	17.50	2.40	40	55	35	64	113	164	44	57	43	31	314
专项支出	221.90	198.80	324.90	381.70	392	290		457.20	529	638	761	743	917	865
其他支出	2186.60	985.60	1371.60	900.80	1195	2284	860	1353.80	3174	1570	3355	2806	2629	4346
合　计	9953.60	8515.20	10710	12684	15583	16165	16376	18344	21850	23079	29537	33280	38720	55122

说明：表中空白栏表示缺相关数据

第四节　财政管理

财政管理体制

1991 年起，邕宁县根据自治区和南宁市关于财政管理体制改革的部署，对县级财政管理体制和县企业财务制度进行改革。

1991 年至 1993 年，在全县企业推行和完善承包经营责任制以及企业实行工资总额同经济挂钩的办法。

1994 年起，全面改革县内企业财务与会计制度，实施企业财务通则、企业会计准则和分行分业的会计制；改革县内国有企业利润分配制度，取消承包所得税及“税前还贷”制度，实行税利分流，规范税前扣除和列支标准，以促进企业经营机制的转换；实行以增值税为主体消费税和营业税为补充的流转税制，统一内资企业所得税。县、乡镇财政分级管理体制进一步规范、完善，实行“核定收支基数，收大于支，定额上解，超收分成；支大于收，定额补助，超收分成”的“一定三年不变”财政管理体制。

1994 年，邕宁县贯彻落实国家税收统一分为中央税收、地方税收和中央地方共享税收，实行分税制财政管理体制；9 月，撤销邕宁县税务局，设立县国税局和县地方税务局，建立中央与地方税收体系。

2004 年，邕宁县制订出台《邕宁县 2004 年至 2007 年乡镇财政管理体制方案》，调整乡镇财政管理体制，进一步划分收支范围，收入基数不核定，只核定支出基数，通过把招商引资新办企业上缴的地方税收全留乡镇，调动乡镇积极性，发展乡镇财源。同时取消旧管理体制中各乡镇既得利益（财政结余或赤字）以及转移支付补助办法，进一步理顺县与乡镇财政分配的关系。

政府采购管理

1999 年，全县开始推行县政府采购制度，县直属机关单位申请公费购买大宗办公用品均实行统一购买。5 月，成立邕宁县政府采购办公室，挂牌在邕宁县财政局，编制 5 名，工作人员从县财政局在职人员中调配。年内，采购节约支出 57 万元，比单位采购计划节约 12%。

政府采购对社会热点、难点的采购项目，通过招标方式确定供应商，实行动态定点管理，对采购量少、市场货源充裕、价格透明较高的采购项目，采取询价、协议供货等多样采购方式。2004年，单位计划采购2518.90万元，实际采购支出2273.30万元，节约资金245.60万元，节约率9.70%。

1999年至2004年，全县集中采购节约1088.70万元，年均181.45万元，年均节约率16.26%。

行政事业单位财务管理

1991年起，邕宁县加强行政事业单位财务管理，确保财政资金高效正常运行。1993年，贯彻落实《广西壮族自治区行政事业性收费管理条例》《广西壮族自治区预算外资金管理条例》，规范教育、交通、公安等14个部门的行政事业性收费项目标准。1995年，对全县行政事业单位的预算外资金进行全面清理，完善财政专户储户，加强预算外资金管理。至1996年，全县有87个行政事业单位（不含乡镇）参加财政专户储存，累计存款额8473万元。1997年至1998年，彻底清理公费配备手机、公费安装私人电话等，从人、车、会、电话上严格控制财政开支。

2002年，围绕推进财政改革和强化财政管理，重点进行会计信息质量检查、会计执法检查和“收支两条线”等专项检查。对各乡镇农村合作基金会资金账务进行大检查，并针对存在的财务管理不规范等问题举办会计业务培训班，促使全县基金会账务管理步入正轨。开展卫生系统会计质量信息检查和行政事业单位“收支两条线”专项检查，规范行政事业性收费票据的领购、核销工作，对违规单位和个人依法查处。

2003年，先后对教育系统、乡镇农业服务中心、部分县直机关等进行财务检查，查处违规单位13个，对56个财务状况不良的单位实行整改。加强预算外资金的监督管理，促使全县预算外资金上缴专户达1.34亿元，征上政府调控基金302万元。加大催收财政周转金和农村合作基金会欠款工作力度，防范和化解财政风险。全年共追收财政周转金和资金占用费190万元，催收农村合作基金会欠款本息共140万元。

1991年至2004年，邕宁县贯彻执行适度从紧的财政政策。县财政部门对县属100多个行政、事业单位的财务实行按季度进行会审，对审查中发现财务管理不规范和违反财经纪律的问题及时提出整改措施和处理意见，并跟踪和督促落实。同时，组织开展财务重点检查和经常性检查。每年年终，要求各行政、事业单位开展单位财务管理自查和互查活动，通过年度财务管理总结经验教训，并针对存在问题做好整改工作。

企业财务管理

1991年起，邕宁县对县属企业财务制度进行改革，推行和完善企业承包经营责任制以及企业实行工资总额同经济效益挂钩的办法，进一步调动各企业员工的工作积极性。1992年，对停产的南龙公司、饲料添加剂厂、皮鞋厂、农具厂、被服厂等企业实施清产核资，对部分国有企业进行清产核资及改制。推行企业转换经营机制，落实企业自主权，实行企业经营承包责任制和工效挂钩分配办法，全县61家国有企业的厂长、经理与县政府签订一年一度的承包责任；同时，对31家国有企业和52家集体企业实行工效挂钩的工资制度。

1994年始，邕宁县实施财政部颁发的《企业财务通则》《企业会计准则》和分行分业的会计制度，规范企业财务行为，使县内企业会计同国际会计惯例接轨。是年，对县百货公司、糖烟酒公司、食品公司、五金公司、饮食服务公司等国有流通企业，推行以租赁和承包为主要形式的“国有民营”。对产品有销路的工业企业，县财政给予资金支持，扩大生产，加快产品销售，加速资金周转，增加盈利。同时，继续深化企业改革。1995年，全县亏损企业由年初的12家减至9家，减亏35%。

1998年，县财政筹措资金1500万元，重点帮扶县明阳糖厂、县蒲庙糖厂、造纸厂、农资公司等，作为企业的生产流动资金，用于发展生产和扩大生产。同时，县财政以企业税收返还形式，投入500万元帮扶县内引进的外资企业和民营企业发展生产。对亏损企业，以扭亏为重点，强化企业内部管理，开展班组核算，降低成本，提高产品质量，加强产品销售；同年，根据国务院《关于进一步深化粮食流通体制改革的规定》精神，建立县粮食风险基金，消化县粮食部门政策性财务挂账370万元。全县工业生产在亚洲金融风暴影响下仍保持增长，工业产值31.30亿元，比1997年增长9%。是年，共清产核资企业26个。

1999年至2004年，先后对县松香厂、县制革厂、那莲棉织厂、茶厂、钢铁厂等停产、半停产或拍卖的集体企业进行清产核资。同时，对部分国有企业进行改制、整改和清产核资工作。截至2004年，实行股份制改造的国有企业、集体企业26家，其中国有控股股份制企业6家。

国有资产管理

1991年，全县为国有企业资产登记做好前期准备工作，为国有企业深入开展企业改革改制打基础。1992年，邕宁县国有资产管理部门开展对县属国有企业单位进行产权登记，查清全县国有企业“家底”，防止国有资产流失，企业产权登记重点是对占用国有资产的企业进行登记。1993年至2002年，重点开展国有资产清产核资和产权登记工作，强化企业基础管理。2003年，县财政部门探索国有资产改革新路子，参与和支持县国有资产体制改革。拨出资金332万元，用于县四塘煤矿、县农机一厂、县煤炭公司的破产清算和破产企业职工的安置；对县自来水公司兼并改制的资产评估结果进行核准，参与县糖业烟酒公司、县明阳水泥厂的改制工作，为企业走出困境出谋划策；协调县五金公司、县羽绒厂的债务清理和偿还及县市场服务中心的接收等工作；结算济民小区的基建工程，财政预算安排168万元，解决超深工程资金缺口和小区公共设施建设问题，为困难企业职工安排住房；为县氮肥厂、县糖业烟酒公司、县罐头食品厂等困难职工解困和送温暖，确保困难企业和全县社会稳定。

清产核资 1994年，全县清查国有企业103家，资产账面值共9.12亿元，清查核定9.14亿元，资产盘盈1426万元，资产盘亏3205万元。通过价值重估，固定资产原值从3.12亿元增至4.78亿元。这次清产核资中发现有的企业国有资产流失大，资金挂账款额多；有的企业债务重，持续发展困难；有的企业“家底”不清，产权关系不明，资产管理不严，制度不规范，造成国有资产流失。1997年起，开展集体企业和农村集体资产的清产核资工作。1998年全年共清产核资26家企业，占该清产核资企业的100%；完成全县农村集体资产清产核资的人员培训、方案制定、基础调查、实物评估、填表、数据汇总和数据录入等工作。1997年至1998年，全县共评估13个单位的资产，评估总值4191万元，为40个单位确认资产额7000万元，为80多个单位共1000多户核定住房主权，资产总值3100多万元。同时，对邕宁县直管公房进行实地考察、测量、评估，加强对全县公房的管理。此后，根据实际情况开展个别企业的清产核资工作，确保企业改革改制顺利推进。

国有资产产权登记 1992年，首先对全县范围占用国有资产的企业单位进行产权登记，全县占用国有资产的企业应登记113家，实际登记113家，登记企业单位国有资产总额5.72亿元，属企业权益总金额1916万元。1995年，对全县范围行政事业单位进行产权登记，全县应登记单位205个，实际登记196个，占有、使用国有资产共3.93亿元。1998年，全县全面开展国有资产产权登记工作。汇总行政事业单位国有资产年报90家、国有企业单位40家，资产总额15.66亿元。其中：行政事业单位资产总额4.92亿元，国有企业资产总额10.74亿元；国有资产总额8.50亿元（其中行政事业单位国有资产4.92亿元，国有企业单位国有资产3.58亿元）。经过资产汇总和调查研究，制定资产核定、资产评估、评估立项、评估确定等管理办法，规范产权界定和资产评估。此后，国有资产产权登记暂告一段落。

单位预算外资金管理

1991年，邕宁县贯彻《广西壮族自治区预算外资金管理条例》，规范教育、交通、公安等14个部门的行政事业性收费项目标准。1995年，对全县范围内的行政事业单位的预算外资金进行全面清理，完善财政专户储户，加强对预算外资金的管理。1997年始，邕宁县对县直属行政、事业单位的预算外资金，按有关政府调控资金政策规定实行按比例征收入库。县政府调控资金由县财政负责征收管理，用于县内经济建设。1998年，邕宁县制订出台《关于加强预算外资金管理的通知》《关于违反预算外资金管理规定的处理办法》《关于加强预算外资金账户管理问题的通知》，规范全县预算外资金的管理，执行预算外资金“三个还权”，即还所有权于国家、还调控权于县政府、还管理权于县财政。全面清理全县行政、事业单位的预算外资金银行账户，对86个单位预算外支出账户规定了各单位预算外资金的收缴和划拨全部通过县预算外资金集中账户，县直行政事业单位全年缴入县预算外资金集中账户6507万元，比1997年增加2191万元。1997年、1998年两年共征收政府调控资金603.80万元。1999年起，邕宁县预算外资金实行“收支两条线”管理，在票据上做到“凭证购票，定量领购，以旧换新，随收随缴，票款同行，金额缴存”；并本着“量入为出，以收定支，收支平衡，略有节余”原则，合理安排预算外资金的使用。对有预算外收入的单位公务费、业务费等公用经费进行审核，防止资金使用上的随意性。同时，加强对全县预算外资金的稽查。2000年共查处15个预算外资金银行账户多头开户的单位，撤销违规的银行账户，对违规坐支的6个单位进行行政处罚，促使县直单位全年缴存资金9958万元。2001年、2002年，全县财政专户缴存资金分别是1.36亿元和1.18亿元。2003年，邕宁县加大对预算外资金监督稽查力度，对全县435个有收费项目的行政事业单位的收支情况进行全面检查，严肃处理一批违规的单位和个人，使全县预算外资金上缴专户达到1.34亿元，征上政府调控基金302万元。1997年至2004年，全县按规定征收县直属行政、事业单位的政府调控资金累计2298.80万元。1991年至2004年，全县参加预算外资金账户管理的行政、事业单位87个（不含乡镇），县直行政、事业单位划入县预算外资金财政专户储存累计8.24亿元。其中，融通间歇资金共3200万元用于支持县内经济建设。

财政监督

1991年，邕宁县成立县税收检查、物价检查、财务检查办公室，常年开展税收、物价、财务三大检查。开展“三查”活动以有关部门的财务人员为主，邀请县人大代表、政法部门人员参加。检查方式采取单位自查和重点检查相结合。1991年，全县各单位自查面100%，重点检查面28.60%，查出违纪金额和应补入库金额分别是618万元和625万元。1996年，全县各单位自查面100%，重点检查面76.50%，查出违纪金额和应补入库金额分别是506.80万元和571万元。1998年，共查出各项违纪金额146.14万元，并及时催缴入库。同时，对全县800多个收费点、260个收费单位进行年度验审，纠正一些单位在收费过程中存在违反收费政策和财政财务制度的行为。2002年，围绕推进财政改革和强化财政管理，重点进行会计信息质量检查、会计执法和“收支两条线”等专项检查，同时对各乡镇农村合作基金会资产账务进行大检查，举办财政所所长和会计业务培训班，共追回各项欠款3.08亿元。2003年，共查处违规单位13个，对56个单位的财务状况进行整改，规范各部门的财务管理。加大催收财政周转金和农村合作基金会欠款工作力度，化解财政风险。全年共追收财政周转金和资金占用费190万元，催收农村合作基金会原欠款本息共140万元。

1991年至2004年，全县查出442个单位涉及“收支两条线”预算外资金违纪金额1970.80万元，对查出的各单位违纪金额全部上缴县财政金库，追收财政周转金和占用资金498.45万元。

农村税费改革

2003年2月，邕宁县被定为自治区农村税费改革试点县。改革农村税费主要目的是减轻农民负担，改革内容是“三取消、二调整、一改革”，“三取消”即取消乡镇统筹费、取消农村教育集资等专门面向农民征收的行政事业性收费和政府性基金、集资，取消屠宰税和统一规定的劳动积累工和义务工；“二调整”是调整农业税政策、调整农业特产税政策，减轻税负；“一改革”是改革村提留征收使用办法。2003年落实政府与农户签订农业税费合同18.16万户，占总农户数的96.73%。

改革后，2004年农民每亩耕地平均负担农业税及其附加费31.40元，比改革前156.60元减负幅度平均下降79.95%。农民人均负担由改革前的159.44元下降至54.67元，人均减轻负担104.77元。

第二章 税 务

1991 年,税收 7073 万元。是年起实行征管、检查两条线的管理模式,推行“上门缴税”等。1994 年,国家实行分税制，邕宁县税务局分设为县国家税务局和县地方税务局。2001 年，实行信息化税收征管。2004 年，国税收入 2.11 亿元，地税收入 2.50 亿元。1991 年至 2004 年，邕宁县累计征收国家和地方税款 25.34 亿元，其中查补税款 5776.50 万元，收缴涉外税收 1680 万元。

第一节 机 构

邕宁县税务局

1950 年 1 月成立邕宁县税务局。

1991 年至 1994 年 9 月 30 日，县税务局机关内设 15 个股、室、队，下设乡镇税务所 17 个、税务站 13 个。1994 年，县税务部门在职干部职工 229 人，聘助征员 100 人。县税务局办公地址在县城新城路东段。

1991 年至 1994 年 9 月县税务局历任局长：朱沛鸿。

邕宁县国家税务局

1994 年 9 月 30 日成立，次年 1 月 1 日正式运行。局机关内设办公室、人教股、监察室、征管股、税收股、计会股 6 个股室和票证中心、信息中心；局下设蒲庙分局和涉外税收管理所、发票管理所、征收管理处，以及刘圩、南阳、伶俐、中和、百济、新江、良庆、吴圩、苏圩、那马、大塘、那陈、南晓、四塘、五塘、昆仑、长塘 17 个税务所；在职干部职工 172 人，其中局机关 55 人。1997 年进行征管机构改革，成立吴圩、大塘、大沙田、五塘、伶俐 5 个税务分局。局下设 6 个征收分局、1 个稽查分局、17 个征收处、3 个稽查所，局机关内设 8 个股室，干部职工 174 人。次年 9 月，在原有蒲庙镇办税服务厅基础上增设 3 个办税服务厅。2001 年，局机关内设股室 6 个、管理中心 2 个，设置征收分局 6 个，稽查分局 1 个，征收所 15 个，稽查所 3 个，在职干部职工共 159 人，其中局机关 57 人。2004 年,局机关内设股室 6 个，有事业单位 2 个，直属稽查局 1 个，征收分局 1 个，在职干部职工共 159 人，其中局机

▲ 2002 年，邕宁县国家税务局组织员工深入基层开展税收宣传演出活动 （邕宁区史志办资料照片）

关59人。2005年3月，县国家税务局办公地址在仙葫开发区蓉茉大道3号。

1994年9月至2005年3月县国家税务局历任局长：梁沛鸿，罗晓，姚沛奇。

邕宁县地方税务局

1994年9月30日成立，次年1月1日正式运行。局机关内设办公室、征管科、税政科、人事教育科、计划统计会计科5个科室，局下设有稽查、蒲庙、邕宁沿海3个分局和19个乡镇税务所，在职干部职工123人、助征员60人。2005年3月，局机关内设办公室、征管股、税政股、人事教育股、监察室、计划财务股6个股室；局下设有征收管理分局、稽查分局和大沙田、邕宁沿海、吴圩、五塘、刘圩、大塘、仙葫、伶俐10个税务分局，以及那马、新江、那楼、南阳、良庆、四塘、苏圩7个税务所。在职干部职工122人，助征员35人。2005年3月，县地方税务局办公地址在仙葫大道东段。

▲2003年，县地方税务局干部上街设点宣传税法
（邕宁区史志办资料照片）

1994年9月至2005年3月县地方税务局历任局长：王汝卫。

第二节　税种与收入

税　种

1991年至1993年，地方税开征的税种主要有增值税、消费税、营业税、内资企业所得税、个人所得税、外商投资企业和外国企业所得税、资源税、固定资产投资调节税、印花税、土地使用税、屠宰税、房产税、车船使用税（对外商投资企业和外国企业仍暂征房地产税、车船使用牌照税）、城市维护建设税等。1994年实行新税制改革，实施分税制管理体制。征收的税种有：增值税、消费税，进口商品增值税、消费税，铁路、银行总行、保险总公司营业税、所得税、城市维护建设税，中央企业所得税，海洋、石油企业所得税，外资银行、地方银行及非银行金融企业所得税，证券交易税，“三资”企业（中外合资经营企业、中外合作经营企业、外资企业）的所得税、个人各项税收，出口产品退税，集贸市场、个体税收，中央税的滞纳金、补税及罚款，中央、地方共享税附征的教育费附加，能交基金、预算调节基金等税种。2000年，征收的税种调整为增值税、消费税、中央企业所得税、外商企业投资所得税、外国企业所得税、金融保险企业的营业税及所得税、信用合作社营业税及所得税、个人储蓄利息所得个人所得税、中央税的滞纳金及罚款、出口产品退税等。2002年1月1日起，税种调整为增值税、消费税、中央企业所得税、金融保险企业的营业税及所得税、信用合作社营业税及所得税、新办企业所得税、外商企业投资所得税、外国企业所得税、个人储蓄利息所得税、车辆购置税、中央税的滞纳金及罚款、出口产品退税等。至2004年，税种相对稳定。

税　收

1991年起，邕宁税务部门注重抓税源培植，重点帮扶纳税大户如县内的明阳、伶俐、蒲庙、大塘

▲ 2004 年年初，县地方税务局召开 2003 年度工作总结暨表彰会 （邕宁区史志办资料照片）

四家糖厂和大沙田、沿海、仙葫三个开发区招商引资的企业及一批规模以上企业、第三产业、金融、交通等，培植大批税源企业。1991 年至 2004 年，税务部门累计落实促产人员 300 人、促产项目 100 多个，增加产值 3.57 亿元，利润 5540 万元，税收 3651 万元。其中 2004 年 4 家糖厂纳税共 1.28 亿元。全县税收从 1994 年的 1.59 亿元上升至 2004 年的 4.61 亿元。1991 年起，税务部门按有关规定，依法给予企业办理减免税和退税以扶持企业发展生产，至 2004 年，累计办理各项减免税和退税共 5515.90 万元，扶持企业发展生产，增加企业的产值和税收。

1991 年至 2004 年邕宁县税务部门税收入库情况

表 7-2-2-1 单位：万元

年　度	县税务局	县国家税务局	县地方税务局	备注
1991	7073.00	—	—	由县税务局组织税收
1992	6364.50	—	—	
1993	11300.00	—	—	
1994	15908.00	—	—	
1995	—	11200.00	4708.00	1994 年撤销县税务局分设县国家税务局、县地方税务局
1996	—	10200.00	5530.70	
1997	—	11395.00	6110.20	
1998	—	12246.20	6915.70	
1999	—	12712.00	8525.00	
2000	—	12721.00	9636.40	
2001	—	14334.00	13731.00	
2002	—	15574.00	14258.00	
2003	—	20769.00	16719.10	
2004	—	21100.00	24980.30	

说明：表中有“—”表示无数据

1991 年至 2004 年，全县共清查出偷税漏税 8000 多户（家），补收税款 2.23 亿元，追缴补收增值税 933.20 万元，征收涉外税款 1680 万元、消费税 71.90 万元，追缴所得税 10 万元，收罚款 190.99 万元，收滞纳金 227.93 万元。其中，县国税局共清查出偷税漏税等 1000 多户（家），补收税款 6504.35 万元，追缴补收增值税 933.20 万元、消费税 71.90 万元，追缴所得税 10 万元，罚款 127.99 万元，收滞纳金 211.93 万元。县税务局在 1991 年至 1994 年查补税款 5776.50 万元，征收涉外税款 1680 万元；县地税局清查出偷税漏税等 7000 多户（家），查补税款 1 亿元，罚款 63 万元，滞纳金 16 万元。

1991 年至 2004 年，县内由县税务部门征收各项税收累计入库 29.40 亿元。其中，县税务局入库 4.06 亿元（1991 年至 1995 年），县国税局入库 14.23 亿元，县地税局入库 11.11 亿元。

第三节　税收宣传

1991 年至 2004 年，邕宁县财税务部门经常开展多种形式的税收宣传活动。在每年 4 月“税收宣传月”

▲ 1996 年，县地方税务局组织开展税法宣传活动

（邕宁区史志办资料照片）

活动期间，组织税务干部上街向群众发税收宣传资料，组织百名税务干部上门为企业、下岗职工开展送税收优惠政策，组织文艺队进企业、上街演出和宣传税收，设立税务咨询服务点，为群众解答有关税务问题，在《邕宁报》、邕宁电视台开辟“国税之声”专栏，宣传税收作用、税收政策，引导纳税人依法纳税，树立纳税光荣意识；以“税收宣传月”为主题宣传“税收管理与依法治国”“税收与文明”“校园税收作文竞赛”“依法纳税与强国富民”“税收与未来”“税收与公民”“诚信纳税，利国利民”“依法诚信纳税，共建小康社会”等税收宣传活动。1991 年至 2004 年，税务部门投入税收宣传经费 16 万元，举办税法、税收宣传讲座 20 次，听众 4500 人次，举办企业领导和财务人员学习班学习《中华人民共和国税收征收管理法》共 8 期 420 人次；税收宣传文艺演出 50 场次，观众 4.50 万人次；发手机税收宣传短信 2.50 万条，发放税收宣传资料 1.60 万份，开展税收宣传有奖问答发放奖品价值 6000 元，参加有奖问答群众 1 万人次；举办全县“财税杯”气排球比赛 49 场次，观众 1.20 万人次。

第四节　税务管理

税收征收管理

国税征收管理　1991 年起，邕宁县税务部门推行征管、检查两条线征管模式，征管、检查互相监督、相互促进，各基层税所配备征管员、检查员，同时实行纳税人依时申报，上门缴税。1992 年 7 月后，实行纳税人上门申报、纳税制度和征查分离模式。基层税务单位分设征管组、检查组，小税务所将专管员分为征管员、检查员，或税务所只设征管员，由县国税局组织检查组进行检查。国税分局、税务所的门面征收和市场征收点，凡收取现金的，一律实行一人开票，一人收款，交叉复核，二人盖章。1995 年，建立完善的纳税户籍管理制度，严格实行“以票管税”，加强对发票的管理，4 月 3 日建立蒲庙办税大厅，承办各项税收业务，简化纳税程序，逐步实现税务专管员由管户向管事转变，全面承办日常税收征管业务的全过程，实行集中、公开、规范的税务服务。1999 年，对机糖、水泥、淀粉、化工、造纸等实施重点税源的监控制度，从纳税申报到税款入库全程监控，并建立重点税源台账，编制《重点纳税人税收情况表》，逐月分析，发现问题，及时解决。2001 年，配备各类计算机、服务器，形成各级征管局的局域网络，征管信息资源逐步规范，实现自治区局、市局、县局、分局四级远程传送网络，县局和各分局之间远程传送数据交换，建立“以申报纳税和优化服务为基础，以计算机网络为依托，集中征收”的税收征管模式；推行多元化纳税申报，可以电话申报、向征管分局或开户银行网络申报，使纳税人足不出户就可以跨区域完成纳税申报。2002 年，全县有 5800 个体户纳税人实现银行网络申报纳税，占“双定”（定期定额）纳税总户数 96%；有 130 户非个体查账征收户实现电话申报纳税，占该类纳税总户数 40%。2003 年，实行“集中征收、属地管理，一级稽查”新的税收征管模式后，原来采取网上报税的增值税一般纳税人和采取电话报税的非个体小规模企业，以及采取银行网络扣税完成申报的个体“双定”户，其申报方式与原来不变，即每月期税内所有采取网上或电话报税的企业都可以通过拨号上网、拨打电话来完成申报纳税，个体“双定”户到当地开户银行网点存足纳税款，由开户银行办理扣缴。同时，开展代征工作，按照税源情况，设立6个代征员，全年代征税款入库219万元；依法治税，该征的足额收上，该减免退税的及时办理，加快企业资金回笼，增强企业活力；对下岗失业人员26人经营工商业办理税务登记，免收税务登记证工本费1820元；对达不到增值税起征点的个体户3382户，免征税款152.34万元。

地税征收管理 1991年起，县地方税务局征管推行“上门缴税”，票、款分离，征、查两条线征管模式和“以票管款”方法；加强税收征管的同时，开展税收大检查，严格审批动用已收的税款，开展涉外税收的征收管理；建立和健全征管档案资料的管理、评比等制度和征管办法；完善纳税人监控网络，执行纳税人户籍管理，统一纳税人档案的形式和内容，明确纳税人按时依法申报纳税，规范纳税户的关、停、并、转登记程序，监控纳税户的生产经营、财务、纳税情况，准确记录入档；建立护税协税网络，对年缴纳地方各税达5万元、年缴纳个人所得税达1万元及建设工程投资额达50万元的单位和个人都统一建档，列入重点税源监控。1997年，县局机关和蒲庙、五塘、吴圩分局实行计算机财务管理、税收征收管理，蒲庙、五塘、吴圩分局与银行合作，实行“银税一体化”税收征管模式。2001年起，对饮食、娱乐行业使用税控装置，安装税控收款机，实行税控与发票管理相结合，从源头上进行管理。加强税收电子化、信息化、网络化建设，形成县局、分局分别建立局域网，局域网之间通过电话拨号进行通讯的网络结构，纳税户籍管理、纳税申报征收、税收会计、发票管理、财务会计、工资管理、人事档案管理等集为一体的信息化税收征管和办公模式。2002年，全县税务分局、税务所全面实行“银税一体化”税收征管。1995年至2003年，全县建立地税协作代征单位30个、代扣缴义务人1500个，累计代征代缴、代扣代缴地方各税7326万元。2004年，全县地方税收缴税企业1.08万户，其中：国有企业373户，集体企业510户，国有联营企业26户，其他有限责任公司367户，股份有限公司68户，私营独资企业59户，私营合资企业70户，有限责任公司46户，中外合资企业28户，港澳台独资企业7户，中外合作企业3户，外资企业15户，其他企业103户，个体工商业户9012户。

违法案件查处

1991年至2004年，全县依法查处税收违法案件44起，其中大案、要案39起，抓获违法人员13人（4人被司法机关追究刑事责任），查获各类假发票2.02万份，面值4.15亿元。其中，县地税局查处印造、贩卖、使用假发票案件5起，抓获违法人员13人（其中4人被司法机关追究刑事责任），查获各类假发票2.02万份，面值4.15亿元；县国税局立案大案、要案39起，查结大案、要案37起，移送司法机关2起。

第三章 金 融

1991年，形成由中国人民银行邕宁县支行负责银行监督管理，以县工商银行、县农业银行、县建设银行3家国有商业银行为主体，以及县政策性银行、保险公司、城乡信用社等多家金融机构并存的金融体系。全县有银行营业网点100个，有商业保险机构1个。

1994年，全县有银行营业网点115个（为县内银行营业网点最多的年份）。1998年，全县有银行营业网点109个。

▲ 1996年，县城市信用社营业厅
（邕宁区史志办资料照片）

2003年4月，中国银行监督管理委员会成立后，中国人民银行部分监管职能逐步移交给中国银行监督管理委员会。年底，中国银行业监督管理委员会广西监管局设立驻邕宁监督管理组。

2004年1月1日起，中国银行业监督管理委员会广西监管局驻邕宁监督管理组开始履行对辖区银行业金融监督管理职能。2004年6月，邕宁监督管理组改为广西监管局邕宁监管办事处。年内，全县有银行营业网点86个（为县内银行营业网点最少的年份）。

2004年，邕宁县有商业保险机构4个，银行与非银行金融机构90个。其中，银行金融机构27个；一级法人农村信用社24个，信用社分社及储蓄所22个；邮政储蓄13个；非银行金融保险公司4个。

第一节 机 构

2004年，银行有中国人民银行邕宁县支行、中国工商银行邕宁县支行、中国人民建设银行邕宁县支行、中国农业银行邕宁县支行、中国农业发展银行邕宁支行，信用合作社有邕宁县农村信用联社、邕宁县城市信用社、大沙田农村信用社，农村合作基金有县农村合作基金联合会和大塘镇、延安镇、吴圩镇、苏圩镇、那陈镇、南晓镇、四塘镇、五塘镇、昆仑镇、蒲庙镇、刘圩镇、那楼镇、良庆镇13个乡镇农村合作基金会，商业保险有中国人民财产保险股份有限公司邕宁支公司、中国太平洋财产保险股份有限公司邕宁支公司、中国人寿保险股份有限公司邕宁支公司、中国太平洋人寿保险股份有限公司邕宁支公司。此外，在县城和部分乡镇设有邮政储蓄点，办理邮政储蓄。

银 行

1991年，邕宁县有银行4家，营业网点100个，银行机构从业人员847人。其中，大专以上文化98人，占在职人数11.57%；中专136人，占在职人数16.06%；中级职称38人，占在职人数4.49%。2004年全县有银行5家，营业网点86个，银行机构从业人员1022人。其中，大专以上文化314人，占在职人数30.72%；中级职称88人，占在职人数8.61%。

中国人民银行邕宁县支行 成立于1950年1月，位于县城新兴路。1991年，中国人民银行邕宁县支行设有办公室、纪检监察室、发行股、保卫股、会计股、国库股和综合业务股等股室，在职员工30人。1997年5月，增设农村合作金融管理股。2000年12月，撤销发行股、保卫股。2003年10月，将会计股、国库股合并改为营业室。2004年，中国人民银行邕宁县支行设有货币信贷与统计股、办公室、营业室等股室，在职员工27人。

▲2003年，中国工商银行邕宁县支行召开电子银行业务推介会（邕宁区史志办资料照片）

中国工商银行邕宁县支行 成立于1979年11月，位于县城新兴路，是国有独资商业银行中国工商银行的分支机构。1991年至1992年，均设有7个股室，4个分理处、4个储蓄所，员工107人。1993年，增设大沙田办事处。1995年，内设科室8个，4个分理处、1个办事处、4个储蓄所，员工138人。八尺江储蓄所搬迁至华宏水泥公司，更名为中国工商银行华宏储蓄所。1996年2月撤并各科室，设办公室、计划信贷部、储蓄部、财务结算部“三部一室”，员工134人。同年7月，大沙田办事处划归南宁分行直接管辖。1997年1月，明阳分理处划归南宁工行江南支行管理。1997年县内3家糖厂贷款划归南宁工行直接管理。同年4月，邕宁县第一台自动取款机在县城的县工行一所投入使用，工行向社会推出“星级服务”新举措，全行储蓄业务实现全自治区通存通兑，对公电子汇兑实现全国24小时抵达。1998年12月8日，工行伶俐分理处划归伶俐信用社。工行邕宁支行机构设置营业部、储蓄部、计信部、办公室、2个分理处（八尺江分理处、蒲庙糖厂分理处）、3个储蓄所（城关一所、二所、华宏所）。1999年10月27日，工行蒲庙糖厂分理处搬迁至那元路，并更名为工行那元分理处。年末，工行员工99人。2000年11月8日将华宏储蓄所搬迁至那元分理处并更名为那元储蓄所，将那元分理处搬迁至沿海开发区并更名为玉洞分理处。2003年，工行邕宁支行机构设置为业务管理部、客户经理部、办公室等，对外营业网点6个，即营业部、第一储蓄所、第二储蓄所、那元储蓄所、八尺江分理处、玉洞分理处。2004年年初，一所与营业部业务整合，成为营业大厅；5月15日，八尺江储蓄所搬迁至仙葫开发区并更名为仙葫分理处；9月15日，那元储蓄所并入第二储蓄所，设立隆安县国泰街分理处。2004年底，工行邕宁支行在职职工52人，柜员合同工23人。

中国建设银行股份有限公司邕宁支行 原称中国人民建设银行广西壮族自治区邕宁县支行，1978年9月成立，位于县城新兴路。1996年4月1日起，称中国建设银行南宁分行邕宁县支行。1998年11月至2004年12月8日，称中国建设银行邕宁县支行。2004年12月9日起，称中国建设银行股份有限公司邕宁支行。1991年至2003年，建行邕宁县支行内部机构有办公室、房地产信贷部、业务部、筹资储蓄部、会计部、保卫部、电脑室；2004年内部机构设有综合部、营业部，职工29人。营业网点设置：1988年1月30日设立支行储蓄专柜和支行储蓄所，2003年12月19日支行储蓄所撤并到那元分理处。1989年2月18日设立五一储蓄所，1994年1月28日搬迁到邕宁商场，并更名为商场储

▲2004年，中国建设银行邕宁县支行办公大楼　　（邕宁区史志办资料照片）

蓄所。2003年9月27日商场储蓄所撤销，业务合并到支行储蓄所。1994年5月28日设立和平储蓄所，2001年5月11日撤销后业务合并入支行储蓄所。1989年3月10日设立那元储蓄所，1994年5月11日起升格为分理处，2003年12月19日搬迁到原支行储蓄所营业办公并更名为红星分理处。1988年6月21日设立吴圩办事处，1996年7月24日划给建行南宁分行江南办事处管辖。1992年8月29日设立大沙田办事处，1998年2月10日划给建行南宁分行江南办事处管辖。1994年5月11日设立五塘分理处，1998年1月12日撤销后移交给农行邕宁县支行。1994年11月17日设立大塘服务点，1997年6月30日撤销后移交给大塘农村信用社。

中国农业银行邕宁县支行　1956年春成立。1991年至1996年，内设机构有办公室、人事教育科、信贷科、计划科、会计出纳科、保卫科、信息电脑中心、行政服务中心，办公地址在县城红星路。辖基层网点38个，其中，营业部1个、办理处1个、分理处3个、营业所19个、储蓄所14所。1993年，22个营业网点开办电脑对公和储蓄存款业务。1994年，增设和升级延安、七坡、新乐、四塘金融机构。1998年，县城红星分理处（原房产信贷部）搬迁到大王滩储蓄所，更名为大王滩分理处。汉林储蓄所并入新兴储蓄所，从八尺江桥头搬至百货公司早晚门市部原址营业，七坡分理处并入吴圩营业所，保留七坡分理处名称，大沙田办事处更名为大沙田分理处。1999年至2001年，撤并网点5个，分流人员40人。2002年，大沙田、新兴、五塘营业部（处）实行柜员制，在大沙田安装ATM（自动取款机）；撤并苏圩、刘圩储蓄所和新江、中和营业所。2004年，农行县支行内设机构有办公室、客户部、信贷部、个人业务部、经营核算部，辖基层网点20个，员工248人。

▲2002年，中国农业银行邕宁支行营业厅　　（邕宁区史志办资料照片）

中国农业发展银行邕宁支行　1997年3月19日成立，人员及财产从县农行划转，员工20人，设办公室、信贷部、财务部。业务属政策性业务，贷款分两类：一类是继续按封闭管理方式并带有政府指令性的贷款，另一类是在国家制度的政策框架内，按商业性原则掌握的贷款。2002年，内设有办公室、信贷部、会计出纳部，员工20人。2003年，将办公室并入会计出纳部，内设机构为信贷部、会计出纳部。2004年，内设机构有办公室、信贷部、会计出纳部，员工21人。

信用合作社

邕宁县农村信用合作社联合社　成立于1985年10月，位于县城新城路。1996年10月31日县农

▲ 1996 年，县农村信用合作社联合社营业厅

（邕宁区史志办资料照片）

▲ 20 世纪 90 年代初，县城市信用社综合大楼落成典礼

（邕宁区史志办资料照片）

▲ 2002 年，中国人民保险公司邕宁支公司营业厅

（邕宁区史志办资料照片）

村信用联社与农业银行邕宁县支行正式脱离行政隶属关系，下辖营业机构网点 46 个，干部职工 462 人。设有办公室、稽核监察部和人事、信贷、资金组织、财务、电脑、保卫科。2001 年机关部室减少至 5 部 1 室，员工 36 人。2004 年，下属有机构网点 46 个，其中独立法人机构信用社 24 个，非独立法人机构信用社 18 个，储蓄所 4 个，干部职工共 451 人。

邕宁县城市信用社　成立于 1993 年，位于县城新兴路。1998 年 12 月与中国人民银行邕宁县支行分设。2001 年 11 月 29 日，划归邕宁县农村信用联社统一管理，设县城和大沙田营业网点，员工 27 人。从此，不存在县城市信用社。

大沙田农村信用社　位于大沙田经济开发区金沙大道，成立于 1993 年 12 月。2004 年营业机构网点 4 个，分别是总社营业厅、商贸城分社、玉洞分社、金象分社，职工 32 人。其中大学本科 6 人，大学专科 19 人，中专 5 人；中级职称 4 人，初级职称 8 人。2004 年年末，存款余额 1.40 亿元，贷款余额 1.20 亿元，其中支持开发区个体工商户和企业贷款余额 1.10 亿元，占贷款总额的 90.20%。

保险公司

1953 年 3 月成立邕宁县保险公司。1991 年，邕宁县商业保险机构有中国人民保险公司邕宁支公司（后更名为中国人民财产保险股份有限公司邕宁支公司）。1994 年 12 月，设立中国太平洋保险公司邕宁支公司（2002 年 11 月撤销）。1996 年 4 月，成立中国人寿保险股份有限公司邕宁支公司。2002 年 1 月，成立中国太平洋财产保险股份有限公司邕宁支公司、中国太平洋人寿保险股份有限公司邕宁支公司。

中国人民财产保险股份有限公司邕宁支公司　该公司前身为中国人民保险公司邕宁支公司。1991 年至 1996 年，中国人民保险公司邕宁支公司设有办公室、计财、运输工具、财险、人险科等科室，设有吴圩营业部和大沙田办事处等机构网点，员工 32 人。2002 年，该公司设有综合科、财产科、运输工具科、营销科、理赔科等科，有员工 45 人。2003 年 7 月，中国人民保险公司邕宁支公司改制，更名为中国人民财产保险股份有限公司邕宁支公司。2004 年，该公司设有营业一部、营业二部、综合部、业务部等部，开办有吴圩营业部、大沙田营业部，有员工 45 人。公司办公地址在县城建设路。

中国太平洋保险公司邕宁支公司 成立于1994年12月3日，隶属中国太平洋保险公司南宁市分公司，有员工20人。2002年11月撤销。

中国太平洋财产保险股份有限公司邕宁支公司 成立于2002年1月。公司设有综合、理赔、业务一、业务二、客户部。2004年，公司有员工230人（含经销员20人）。公司办公地址在县城新兴路县烟草公司二楼。

▲1996年，中国财产保险股份有限公司邕宁县支公司员工利用电脑处理业务　（邕宁区史志办资料照片）

中国人寿保险股份有限公司邕宁支公司 成立于1996年4月19日，公司设有办公室、综合业务科、查勘定损理赔室等科室。2004年，公司有员工19人，其中代理员7人。公司办公地址在县城建设路。

中国太平洋人寿保险股份有限公司邕宁支公司 成立于2002年1月，公司设有综合部、个险科、团体险科、银邮部等科部。2004年，公司有员工30人（含代办员20人）。

农村合作基金会

1993年7月5日，成立吴圩镇农村合作基金会。此后，其他部分乡镇先后成立农村合作基金会。基金会主任一般由乡镇农业经营管理站站长或乡镇政府一名干部兼任，工作人员5~9人。同时，相应成立理事会和监事会，负责对基金会的管理和监督。1994年6月16日，县农业委员会成立县农村合作基金会联合会（1995年11月24日挂牌运作），行使对农村合作基金会管理、指导、协调和服务职能，基金会联合会工作人员7人，另设理事会5人，监事会3人。1999年6月底，全县农村合作基金会有14个，即县农村合作基金会联合会和蒲庙镇、那楼镇、刘圩镇、昆仑镇、五塘镇、四塘镇、吴圩镇、苏圩镇、延安乡、那陈镇、大塘镇、良庆镇（良庆镇农村合作基金会成立后未运作）、南晓镇13个乡镇农村合作基金会，入股会员6.20万个（户），其中县农村合作基金联合会入股会员2.30万个（户）、乡镇农村合作基金会入股会员3.90万个（户），入股金额共1.11亿元。1993年至1999年，全县农村合作基金会累计投放资金3亿元，对邕宁县农村经济的发展起到一定作用。

1999年7月26日起，根据上级关于清理整顿农村合作基金会的精神，全县农村合作基金会全部停止营业并进行清理整顿，追收欠款，将入股会员的股金全部退还会员。在清理整顿期间，农村合作基金会交由财政部门托管。

邮政储蓄

1991年，邕宁县邮电局设有储汇股，负责邮政储蓄等业务，储蓄业务人员9名。1998年撤销邮电局改设邮政局后，县邮政局设有储汇部，人员10名，并在部分乡镇和开发区共开设13个邮政储蓄业务网点。2004年，撤销储汇部，在局设储蓄一班、储蓄二班、储汇综合班，储蓄业务人员15名。同时，在大沙田、仙葫、邕宁沿海经济走廊3个开发区邮政所和较大的乡镇邮政所开设邮政储蓄业务。

第二节 金融体制改革

管理职能转变

1991年以后,邕宁县辖区的银行、非银行(保险)金融工作,由中国人民银行邕宁县支行负责监督管理。

1999年8月，对邕宁县农村合作基金会和供销社股金进行全面清理整顿。是年，中国人民银行邕宁县支行把保险机构、保险业务的管理职能移交广西保险监管办事处。2000年10月，中国人民银行邕宁县支行撤销发行库，工作重点转移到监管农村信用社，并于2001年完成对邕宁县城市信用社的更名改制工作(更名改制为农村信用社，设县城和大沙田营业网点，由县农村信用联社统一管理)。

2003年，广西银监局邕宁监督管理组设立后，中国人民银行邕宁县支行对邕宁辖内金融机构的大部分监管职能移交邕宁监督管理组，由银监部门履行监管职能。

经营体制改革

1984年8月以后，邕宁县农村信用社在中国农业银行邕宁县支行的监管下，按照合作金融的方向开展业务工作，但这种经营管理体制制约农村信用社金融业务发展。至1995年，邕宁县辖区商业性、政策性金融业务没有明确区分，存在着商业银行本身既经营商业性金融业务，又从事政策性金融业务的现象。

▲ 1998年，在邕宁县农村信用联社支持下建成的泰和砖厂
(邕宁区史志办资料照片)

1996年，根据《国务院关于农村金融体制改革的决定》，全国农村信用社与中国农业银行脱离行政隶属关系，农村信用社的业务管理和金融监管分别由县联社和中国人民银行承担。脱钩以后，中国人民银行制定并颁发《农村信用合作社章程(范本)》等一系列规章制度，规范农村信用社的经营行为，强化金融监管责任制，有效防范和化解局部地区出现的农村信用社支付风险。同时，通过发放支农再贷款等措施，支持、帮助农村信用社发展业务，改善经营状况，改进支农服务，实现政策性金融与商业性金融分离，注重运用信贷政策调整经济结构。

1997年3月30日后，中国农业发展银行邕宁支行从中国农业银行邕宁县支行分设，独立行使政策性银行职能。

第三节 银行业务

存 款

1991年后，邕宁县各银行机构通过优化设置营业网点、增加营业网点和安全设施，改善银行金融

▲ 2002 年，中国农业银行邕宁县支行各项存款突破 10 亿元。图为农行县支行在县城开展宣传活动

（邕宁区史志办资料照片）

▲ 21 世纪初，刘圩农村信用社送物资上门支持农民开展春耕生产

（邕宁区史志办资料照片）

服务，提高工作效率和服务质量等措施，吸收社会闲散资金。1996 年 5 月以后虽然连续经历 8 次降息，但全县各项存款仍稳步增长。2000 年年末，全县银行机构各项存款总余额 21.69 亿元。2004 年年末，全县银行机构各项存款总余额 41.06 亿元，其中城乡居民储蓄存款余额 27.85 亿元，占各项存款余额的 67.83%。

在各项存款总余额中，县工商银行存款余额 1991 年 1 亿元，2004 年 8.43 亿元；县建设银行存款余额 1991 年 2675 万元，2004 年 2.67 亿元；县农行存款余额 1991 年 1.69 亿元，2004 年 15.35 亿元；县信用联社存款余额 1991 年 1.02 亿元，2004 年 13.61 亿元。

贷　款

邕宁县各银行机构在吸收各项存款的同时，盘活资金，支持辖区经济发展。全县银行金融机构各项贷款呈波浪式增长。1991 年，县工商银行贷款余额 1.54 亿元，县建设银行贷款余额为 898 万元，县农业银行贷款余额 1.56 亿元，县信用联社贷款余额 6625 万元。1997 年以后，随着商业银行信贷政策的调整，信贷业务的重新定位，银行各个分支机构对县域经济的支持逐步减少，由农村信用社来承担支持县域中小企业、民营企业的发展重任。2004 年年末，全县银行金融机构各项贷款余额共 17.27 亿元。其中，县农村信用社各项贷款余额 9.50 亿元，占全县银行机构各项贷款余额的 55.01%；县工商银行贷款余额 2.37 亿元；县建设银行贷款余额 671 万元；县农业银行贷款余额 4.77 亿元。

1991 年至 2004 年邕宁县金融机构存款贷款余额情况表

表 7-3-3-1　　单位：万元

年度	各项存款余额			各项贷款余额					
	总余额	其中		总余额	其中				
		城乡储蓄存款存款	企业存款		工业贷款	商业贷款	农业贷款	基建贷款	个人消费
1991		23985	8571	31846	13653	8703	9873		
1992		31669	8238	35580	14090	10010	7332		
1993		48279	13071	45522	17149	15036	17840	400	
1994	97823	71276	22034	79361	18742	18799	10125	650	
1995	115484	89500	21600	97074	23226	24355	15191	2150	
1996	151455	113562	33075	10928	23184	27731	17947	2950	

续表

年度	各项存款余额			各项贷款余额					
	总余额	其中		总余额	其中				
		城乡储蓄存款存款	企业存款		工业贷款	商业贷款	农业贷款	基建贷款	个人消费
1997	156034	115194	35974	112415	17096	30822	17260	2950	
1998	169309	128343	31371	114089	16447	28061	22445	3506	
1999	186330	132697	36353	109220	12331	26493	18578	1074	
2000	216873	151013	46190	99394	8162	18894	19813	1068	
2001	227094	163791	38098	110066	9888	21222	24207	1366	6706
2002	266714	188269	44201	120850	11591	21297	26530	2499	8576
2003	332652	227442	61241	145442	11737	18656	29344	4397	16561
2004	410551	278482	81726	172740	7191	19703	31234	3910	3012

说明：表中空白栏表示缺相关数据

货币投放与回笼

1991年，县内流通的人民币是第三套、第四套人民币。1999年10月1日，中国人民银行发行的第五套人民币在县内开始流通。从2000年7月1日起，第三套人民币“1角、2角、5角、1元、2元、5元、10元券纸币和1角、2角、5角、1元券硬币”停止流通。其间，中国人民银行发行的流通纪念币和纪念钞，与发行的各套人民币等值流通。至2005年3月，在邕宁县发行的流通纪念币和纪念钞共有38种，面值分别为1元、5元、10元、50元和100元等；在县内流通的第四、五套人民币有100元、50元、20元、10元、5元、1元等纸币，硬币1元、1角等。

▲2002年，中国农业银行邕宁支行在县城安装使用的银行机
（邕宁区史志办资料照片）

为了加速企业资金周转，促进邕宁县经济发展，提高票据的抵用率，1991年起推行银行票据县城同城票据交换；1995年8月起参加南宁市的同城票据交换。2003年，设立大沙田、邕宁沿海、仙葫3个开发区乡级金库。2004年，为全县企事业单位核发贷款卡345张。1998年10月至2004年，开展县城同城票据交换，提高票据的抵用率；为企事业单位核发、换发人民币存款账户“开户许可证”9886本，其中基本结算账户5807本、一般账户285本、专用账户3404本、临时账户390本。

1991年至2004年，全县银行累计办理各级预算收支业务47.35亿元；全县货币投放累计701.97亿元，货币净投放累计25.40亿元。其中，1991年全县货币投放5470万元、货币净投放1134万元；2004年货币投放106.13亿元、货币净投放2.44亿元。全县货币回笼累计676.93亿元。其中，1991年全县货币回笼4336万元，2004年全县货币回笼103.70亿元。

1991年至2004年，全县银行办理联行往账共11.01万笔，金额共206.09亿元；联行来账共11万笔，金额共163.96亿元。

第四节 商业保险业务

1991年，邕宁县有中国人民保险公司邕宁支公司1家，全县承保金额8.14亿元，保费收入1010万元，赔款支出230万元。2004年，全县有保险公司4家，有各类保险险种180多种，开办的保险种类100多种，承保金额103.45亿元，保费收入8168万元，赔款支出1563万元。

险 种

▲2002年，中国人民保险公司邕宁支公司员工在商谈业务（邕宁区史志办资料照片）

1991年至1995年，中国人民保险公司邕宁支公司开办的险种有企业财产保险、机动车辆保险、船舶保险、种植养殖保险、货物运输保险、家庭财产保险、产品质量保险、雇主责任保险、公众责任保险、简易人身保险、学生平安保险、人身意外伤害保险等100多个。

1996年，中国人民保险公司邕宁支公司在县内开办的保险种类有企业财产、机动车辆、货物运输、船舶、种植养殖、产品责任、雇主责任、公众责任等12类共100多个险种。中国人寿保险股份有限公司邕宁支公司在县内开办的保险种类有简易人身、福寿安康、人身安康、养老金、人身意外伤害及附加医疗、学生团体平安及附加疾病住院、驾驶员安康、公路旅客意外伤害、计生系列、家庭幸福、夫妻恩爱、执勤人员意外伤害、少年儿童幸福终身、“九九”鸿福终身、大额人身平安、分期增额、重大疾病住院治疗18类100多个险种。中国太平洋保险公司邕宁支公司开办的保险种类有车、意外、财产等近30个险种。

2004年，中国人寿保险股份有限公司邕宁支公司开办的保险种类有千禧理财、鸿鑫两金、鸿丰两金、康宁终身、康宁定期、吉祥卡、鸿裕两金和涉及人身、意外、健康、养老等100多个险种。中国人民财产保险股份有限公司邕宁支公司开办的险种有企业财产保险、家庭财产保险、机动车辆保险、船舶保险、货物运输保险、工程险、种植养殖保险、森林险、医疗责任保险及其他保险等。中国太平洋人寿保险股份有限公司邕宁支公司开办的保险种类有传统寿险、意外险、分红险等近100个险种。

保险承保和收入

1991年，全县保险公司办理保险承保金额8.14亿元，保险业务收入1010万元。1996年，全县保险公司办理保险承保金额25.40亿元，保险业务收入2416.31万元。2000年，全县保险公司办理保险承保金额54.73亿元，保险业务收入3551万元。其中短期业务承保金额49.64亿元，保险业务收入2133万元；长期业务承保金额5.09亿元，保险业务收入1418万元。2004年，全县保险公司办理保险承保金额共103.45亿元，保险费收入8168万元。

1991年至2004年，全县保险公司保险承保金额601.05亿元，保险费收入4.45亿元。

保险理赔

1991年，县内保险公司受理符合理赔的各种保险理赔案2362件，理赔支付230万元。

1996年8月22日，邕江上游普降大雨、暴雨，邕江蒲庙河段水位涨至69.25米，超过警戒线4.28米，县城、沿邕江的乡镇有49个村委会受水灾，全县保险公司理赔支付1835.80万元，为赔款最多的年度。

2001年7月至8月，邕宁县全境受到3号“榴莲”、4号“尤特”台风的袭击，县城主要街道水深2.60米，交通、水电全部中断。2001年，全县的保险公司受理理赔案2742件，理赔支付1468万元。

2004年，全县保险公司理赔支付共1563万元。

1991年至2004年，全县保险公司受理保险理赔案3.60万件，理赔支付金额共1.59亿元。

第五节　金融管理

经营管理

1991年以后，全县各金融机构加强对到期、逾期贷款清收力度，建立健全“审贷分离”制度，除农村信用社发放小额农贷信用贷款外，其余基本实行抵押贷款，还通过辖区内金融联席会议通报逃废债企业名单。

人民银行邕宁县支行每年对金融机构进行年检。1998年至1999年，清理邕宁县典当行2家。查禁和取缔大王滩锦乡果园“三九”鸿春泰庄园私自以“三高”农业（高产、高质、高经济效益的农产品或项目）旗号开展集资活动，调查邕宁县农村合作基金会及县供销社股金服务部问题。通过地方政府向中央专项借款的方式，邕宁县人民政府于2000年1月和9月分别获中央专项借款4580万元和300万元用于农村合作基金会清偿债务；2001年1月获400万元用于供销社清偿入股社员股金债务。由人民银行邕宁县支行发放金融稳定再贷款。1991年至2003年，人民银行邕宁县支行累计检查金融机构171个次，检查项目38个，处罚金额103.38万元；8次检查全县各金融机构执行人民币账户管理和结算纪律，处理违规储蓄和使用银行存款账户1382户，对违反结算纪律的金融机构作了处罚并责令整改。人民银行邕宁县支行制作“高息存款不受法律保护”牌，分发到辖区74个经办储蓄业务的营业网点悬挂，同时组织人员到各网点检查存款利率执行情况。

清理农村合作基金会

1993年，邕宁县开始建立农村合作基金会。1998年，邕宁县针对农村合作基金会存在经营管理不善等一系列问题，开始对农村合作基金会进行清理整顿和加强防范风险工作。

至1999年6月，全县有农村合作基金会14个，其中县级1个、乡镇13个（有1个成立后未运作）；全县入股会员6.20万个（户），占全县总农户数的33.40%；入股金额1.11亿元，筹集资金余额1.01亿元（代管集体资金2000万元）；累计投放资金总额3亿元（其中投放农业1.50亿元，占50%；投放乡镇企业1亿元，占33.30%；投放其他5000万元，占16.60%），农民直接从农村合作基金会获得利益800万元，上交国家税金120万元。其中，邕宁县农村合作基金联合会入股会员2.30万个（户），占全县总农户数的13.53%；筹集资金9200万元，其中入股金额7583万元、代管集体资金1617万元；累计投放资金总额1.20亿元（其中，投放农业5000万元，占41.67%；投入乡镇企业4600万元，占 38.30%；投放其他 2400 万元，占 20%）；农民和集体经济组织从农村合作基金会获得利益 500 万元，上交国家税金 90 万元。13 个乡镇农村合作基金会入股会员 3.90 万个（户），入股金额 3517 万元。1999 年 7 月，基金会股金总额 8847.76 万元。农村合作基金会对农村经济发展起到一定作用。

农村合作基金会是新兴产物，在运营中缺乏管理经验，制度不全，监督不力，因此出现一系列严重问题，主要表现在：一是基金会放款或有的领导批准放款中收受回扣；二是基金会工作人员巧立名目乱发补贴，有的非基金会工作人员到基金会领取补助；三是违章违规乱发、滥发奖金；四是有关部门从基金会乱提取管理费，分红提成；五是有关部门或个人到基金会乱报销费用；六是在基金会打白条借款；七是放贷审批不严格，放款无法收回等。这些问题使乡镇农村合作基金会经营管理失控，财务陷入资不抵债严重局面。1999 年 7 月，刘圩基金会总资产 84.79 万元，总负债 272.25 万元，净负债 187.46 万元；延安基金会总资产 213.20 万元，总负债 704.21 万元，净负债 491.01 万元。乡镇农村合作基金会负债成为普遍现象。到 1999 年 11 月 30 日，全县 14 个农村合作基金会共有资产 2343 万元，其中银行存款和现金 886 万元，总负债 9731 万元，净负债 7388 万元。资不抵债让农村合作基金会无法继续经营，农村合作基金会有众多的入股会员，如股金不保将会出现无法预测的社会稳定问题。

1999 年 7 月 26 日起，邕宁县根据自治区关于清理整顿农村合作基金会的会议精神，对全县农村合作基金会全部实行停止营业并进行清理整顿，追收欠款，将入股会员的股金退还会员。在清理整顿中，邕宁县委、县政府主要采取以下措施：

一是做好清理整顿的准备工作。全县先后召开 4 次清理整顿农村合作基金会议，成立由县长为组长，各有关部门领导为成员的清理整顿工作领导小组。有农村合作基金会的乡镇也相应成立清理整顿工作领导小组。为确保安全，要求全县农村合作基金会的财产、账簿、票证等在 1999 年 7 月 23 日统一转到当地派出所或安全的地方保存，并派员对股金进行清查。经核查，全县 14 个基金会股金共 8847.76 万元，逾期款 5698.17 万元，其中县外 1136.18 万元。为稳定基金会会员，各基金会在营业点张贴清理《公告》，县乡镇工作队深入乡村向储户做好宣传解释工作，取得会员户的支持。

二是追收欠款。中共邕宁县委、县政府于 1999 年下发《关于加强我县农村合作基金会逾期借款追收工作的通知》，抽调县直机关 200 人组成追收欠款工作组，下乡与乡镇干部职工开展追收突击活动。通知规定：对党政机关、企事业单位及干部职工个人逾期借款限期归还，对拒不还款的干部职工坚决处罚；农户、商户欠款不还的，依法扣押，拍卖其动产和不动产，以归还欠款；对欠款不还的企业，有盈利的限期归还欠款，经营正常但资金周转困难的争取银行贷款并分期归还，经营差、濒临破产的拍卖其财产或整体出售变现归还欠款。清理整顿期间，全县有 128 名国家干部因欠款不还被“三停”（停工资、停工作、停职务），后有 120 人还清欠款。有 100 名干部为他人担保负连带责任被“三停”，后有 83 人还清欠款。纪委、监察和检察部门对清理整顿中发现的腐败问题坚决查处，共追究刑事责任 1 人，民事处分 7 人，党纪政纪处分 1 人。对不按时归还欠款的单位，属财政拨款的，财政局停拨其经费，并拍卖处理该单位动产和不动产，偿还欠款。属自收自支单位的，主管部门停拨经费，并拍卖其单位的动产和不动产，偿还欠款。到 2001 年 4 月，对欠款不还的农户、商户，共依法扣押汽车 13 辆、摩托车 6 辆，查封房屋 41 间。县人民法院成立金融法庭，优先审理、优先执行农村合作基金会案件。到 2001 年 4 月，法院共受理基金会起诉案件 369 件，审结 301 件，执行金额 1047 万元。在基金会清理中出现追收欠款难度大的问题，如起诉到法院的基金会案件金额 1692 万元，仅执行 1047 万元。

三是偿还会员股金。全县 14 个农村合作基金会共有股金 21991 笔，股金余额 8252.58 万元，其中个人 21571 笔，金额 6775.87 万元。县政府为兑付会员户股金，申请得到专项贷款 4580 万元，并多方筹资。至 2001 年 2 月 28 日，兑付个人股金 6680.77 万元，解决基金会可能引发的社会不稳定问题。

在清理整顿时，农村合作基金会交由乡镇财政所托管，对欠款户和欠款企业，由政法部门、乡镇政府、财政所组织追缴。这项工作 2005 年邕宁撤县设区后仍延续。

第八篇

商贸 | 旅游

第一章　商业管理

1991年起，邕宁县国有商业企业和集体商业企业在社会主义市场竞争中出现购销萎缩趋势，县人民政府对企业实行宏观管理，制定出台商业企业体制改革政策，指导企业进行体制改革，在企业全面推行和完善各种承包责任制，对一些资不抵债的企业实行关、停、并、转、联营、租赁和拍卖等措施。1991年，全县社会商业商品纯购进2.71亿元，社会农副产品收购总额2.39亿元；社会商业商品纯销售总额2.68亿元，社会商品零售总额3.33亿元，其中对农民农业生产资料零售7240万元；个体工商业1.11万户（其中城镇1866户、农村9281户），从业人员1.43万人，营业额5611万元。

1996年，全县批发贸易业商品购进总额5.49亿元，其中生产购进1.83亿元；销售总额5.61亿元，其中批发4.15亿元、零售1.46亿元；餐饮业销售总额1.04亿元，其中商品零售总额1.04亿元；社会消费品零售总额6.72亿元。个体工商业1.43万户（其中城镇3049户、农村1.12万户），从业人员1.87万人，注册资金1.14亿元，营业额1.60亿元，其中商业1.10亿元、饮食业1928万元、服务业866万元、修理业204万元、其他1998万元。

2000年，全县社会消费品零售总额9.09亿元。其中，国有经济1.40亿元，集体经济1.12亿元，个体经济4.82亿元，联营经济232万元，股份制经济98万元，港澳台投资经济172万元，其他经济1.70亿元；批发零售贸易业4.42亿元，餐饮业1.69亿元，制造业1.16亿元，农业生产者1.82亿元。

2003年，全县商品销售总额15.86亿元，社会消费品零售总额9.83亿元（新口径，与旧口径的区别是不含制造业零售和农业生产零售）。其中，国有经济1.14亿元，集体经济1.28亿元，私营经济2920万元，个体经济6.92亿元，股份制经济1001万元，其他经济950万元；批发零售贸易业8.69亿元，餐饮业1.04亿元，其他952万元。

2004年，全县商品销售总额17.92亿元，社会消费品零售总额11.17亿元。

第一节　机　构

1991年后，邕宁县商业贸易工作先后由县财贸委员会、县商业局、县经济贸易局、县对外经济贸易合作局（原县对外贸易委员会）等部门管理，以县商业局、县经济贸易局管理为主，县财贸委员会、县对外经济贸易合作局等协作管理。

县经济贸易局

前身为邕宁县商业局，1956年1月成立。1991年，邕宁县商业局机关内设行政秘书股、人事教育股、贸易管理股、财务审计股、县酒类流通管理办公室等股室，在职在编干部职工20人，其中局长1人、副局长2人；下属公司11个，管理乡镇食品站18个。1997年，邕宁县商业局更名为邕宁县贸易局，为县人民政府直属事业单位，局机关内设行政秘书股、人事教育股、贸易管理股、财务审计股、县家畜定点屠宰管理办公室、县酒类流通管理办公室等，在职在编干部职工17人；下属公司11个，管理乡镇食品站18个，百货批发站4个，商业零售网点83个，干部职工共930多人。2001年11月，邕宁县贸易局、邕宁县计划与经济局等合并成立邕宁县经济贸易局，局机关内设行政秘书股、人事教育股、贸易管理股、财务审计股、县家畜定点屠宰管理办公室、县酒类流通管理办公室、县商品流通执法队等，在职在编干部职工15人，其中局长1人、副局长2人；下属公司11个，管理乡镇食品站18个，百货批发站4个，零售网点83个，干部职工共847人。2004年撤销县对外贸易经济合作局和在县农业局挂牌的县乡镇企业局后，以上两个单位的职能划入县经济贸易局，县经济贸易局是主管全县工业发展、工业经济运行调节、内外贸易管理、对外经济合作和促进中小企业发展的县人民政府工作部门，局机关内设党政办公室、经济运行股、商务股、企业股4个股室，机关人员编制21名，其中局长1名、副局长3名。县经济贸易局办公地址在县城中学路。

1991年至2005年3月县经济贸易局（商业局）历任局长：黎志光，梁祖见，周志诚。

县粮食局

1950年3月成立邕宁县粮食局。1991年，县粮食局与县粮油公司合署办公，局机关内设秘书股、财会股、计划统计股、储运股、人事监察股、审计股、购销股7个职能股，编制15名，在职干部职工15人。下属单位25个，即蒲庙、良庆、那马、新江、百济、那楼、刘圩、南阳、中和、伶俐、长塘、五塘、四塘、九塘、吴圩、苏圩、延安、那陈、大塘、南晓20个乡镇粮食管理所，以及县直属粮库（1993年更名为邕宁县粮油购销公司）、县粮油公司、县饲料公司、蒲庙大米厂、五塘大米厂（1995年大米厂整体并入五塘粮所）；有那路、大王滩、镇龙、五合等66个站点；有粮食仓库总库容9.75万吨；固定资产1.70亿元；职工总数884人。1993年邕宁县粮油贸易公司成立；撤销粮食局汽车队，成立邕宁县粮油贸易运输公司。1994年4月，县粮油公司、饲料公司、粮油购销公司、粮油贸易公司、粮油贸易运输公司、蒲庙大米厂合并成立邕宁县国家粮食专储总公司，是年6月更名为邕宁县粮食专储总公司。1997年，县粮食局机关内设有行政秘书股、财会股，计划统计购销股、储运股，编制15名，在职干部职工17人。下属单位21个，即20个乡镇粮食管理所和县粮食专储总公司，有在职职工共870人。1998年4月，以县粮食专储总公司仓储部为基础，成立邕宁县粮食局蒲庙粮库；11月，更名邕宁县粮油贸易公司，停止粮食储备；12月邕宁县储备粮管理公司成立，负责县级储备粮的收储轮换等业务；20个乡镇粮所收储业务与附营业务分离，成立20个粮油贸易中心，开展粮油等附带经营业务（简称附营）。2004年，县粮食局设行政秘书股、财会股、综合股，编制9名，在职7人。下属单位43个，收储企业22个，即20个乡镇粮食管理所和蒲庙粮库、县储备粮管理公司；附营企业21个，即20个乡镇粮油贸易中心和县粮油贸易公司。在职职工总数624人。县粮食局办公地址在县城新兴路。

1991年至2005年3月县粮食局历任局长：黄文枝，周永光，周志诚，曾月清，农建学。

县对外贸易经济合作局

1987年12月成立邕宁县对外经济贸易委员会。1991年，县对外经济贸易委员会设办公室、业务股等，在职干部职工10人。1996年，更名为邕宁县对外贸易经济合作局，为县政府直属事业机构，设综合业务股、企业管理股、项目招商股等，在职干部职工7人。2001年11月至2004年8月，县对外贸易经济合作局为县人民政府工作部门，局机关内设综合业务股、对外贸易和企业管理股，行政编制5名，在职干部5人。2004年8月机构改革后，撤销县对外贸易经济合作局。县对外经济贸易委员会（县对外贸易经济合作局）办公地址在县城红星路。

1991年至2005年3月县对外贸易经济合作局（县对外经济贸易委员会）历任局长（主任）：赵鸿飞，黄大能，慕俊钰，余启茂。

县经济技术协作办公室

1990年，县经济技术协作办公室（简称县经协办）从县对外经济贸易委员会分出成为独立机构。1996年为县人民政府直属事业单位。1991年至1998年编制4名，在职人员4人。2001年11月撤销后，其职能并入其他部门。县经协办办公地址在县政府机关大院。

1991年至2005年3月县经协办历任主任：韦焕权，慕俊钰，黄国春。

县招商促进局

2004年8月，成立邕宁县招商促进局，为县人民政府直属事业单位，有干部职工8人。县招商促进局成立时办公地址在县城红星路，后迁至仙葫大道东段县环保局二楼。

2004年8月至2005年3月县招商促进局历任局长：李加伶。

县供销合作联社

1954年8月成立邕宁县供销合作社联合社。1991年，邕宁县供销合作社联合社为事业单位，设行政办公室、监事会办公室、人教股、计财股、业务股、经营管理股6个股室，下属商业企业有县农业生产资料公司、县土产果品公司、南宁采购供应站，管理蒲庙、良庆、那马、新江、百济、中和、那楼、刘圩、南阳、伶俐、五塘、昆仑、吴圩、苏圩、大塘、那陈、南晓17个乡镇供销合作社，全县供销行业在职干部职工1908人，其中县供销社在编在职干部职工20多人。1992年6月，县供销合作社联合社第六次社员代表大会召开，选举产生第六届社务管理委员组成人员。1997年12月，县供销合作社联合社是县人民政府直属事业单位，实行企业化管理，主管全县各基层供销合作社和直属公司的职能部门，内设理事会办公室、监事会办公室、人教股、计财审计股、综合业务股、经营管理股6个股室，有人员编制32名，其中主任1名、副主任3名。1998年7月，县供销合作社联合社第七次社员代表大会召开，恢复理事会、监事会制度，选举县第七届理事会、监事会组成人员。2001年，精简机构，县供销合作社联合社内设政秘股、综合股、计财股，在职干部职工22人，管理县农资公司、县土产果品公司、南宁采购供应站和17个乡镇供销合作社；全县供销行业在职干部职工共1360人，固定资产原值7782万元，自有流动资金4117万元。2003年12月，县供销合作社联合社第八次社员代表大会召开，选举县第八届理事会、监事会组成人员。2004年，县供销合作社联合社内设政秘股、综合股、计财股，在职干部职工18人。管理县农资公司、县土产果品公司、南宁采购供应站和17个乡镇供销合作社，全县供销行业在职干部职工843人。全县供销行业固定资产原值6767万元，自有流动资金4390万元。县供销合作社联合社办公地址在县城新兴路。

1991年至2005年3月县供销合作社联合社历任主任：李健光，黄智，李品光。

县信息化工作办公室

2004年8月，成立邕宁县信息化工作办公室，为县信息化工作领导小组的常设办事机构，也是县人民政府信息化工作主管部门，核定编制5名，实有在职人员5人。办公地点在县城红星路。

2004年8月至2005年3月县信息化工作办公室历任主任：谭世忠。

县烟草专卖局

1984 年 10 月成立广西壮族自治区邕宁县烟草专卖局、广西壮族自治区烟草公司邕宁支公司，一套人马两块牌子，既是邕宁县烟草专卖法规的执法主体，又是烟草及其制品经营的企业，受上级烟草主管部门和中共邕宁县委、县人民政府双重领导的“政企合一”单位。1987 年支公司改称广西壮族自治区烟草公司邕宁县公司。1996 年 3 月，更名为广西南宁烟草（集团）有限公司邕宁分公司。公司设非独立核算分支机构 5 个，职工 31 人。2003 年取消独立法人资格，资产归南宁市烟草专卖局（公司）统一管理，财务实行报账制。2004 年，县烟草专卖局（营销部）内设综合管理办公室、专卖办、业务股 3 个股室，管理蒲庙、吴圩、大塘、大沙田、四塘 5 个批发部和蒲庙、吴圩、大塘、刘圩、大沙田、四塘 6 个烟草专卖管理所，在职职工 133 人。县烟草专卖局办公地址在县城新城路。

县医药管理局

县医药管理局是负责全县各医疗单位、乡村卫生所（室）、个体卫生室、各乡镇供销社药品代批点和药品零售店的药品供应。1987 年，县医药管理局在县医药公司（1962 年 10 月成立县医药公司，前身为中国医药公司邕宁县公司）挂牌，为两块牌子一套人马机构，办公地址在县城新城路。1991 年，县医药管理局（县医药公司）在职干部职工 96 人。1998 年 5 月，县医药公司改制为股份合作制企业，更名为邕宁县医药有限公司。2002 年 4 月，设立南宁市药品管理局邕宁县分局，由南宁市药品管理局直接管理分局工作。此后，辖区药品管理由南宁市药品管理局邕宁县分局负责。2004 年，南宁市药品管理局邕宁县分局在职干部职工 9 人。

邕宁石油分公司

1978 年成立邕宁县石油公司。1991 年，县石油公司由南宁石油分公司管理。1996 年有干部职工 57 人。1998 年 6 月，县石油公司随自治区石油总公司上划中石化集团公司，成为中央直属企业。1999 年 8 月，县石油公司成为南宁石油分公司的分支机构。1999 年 10 月实行统一管理，人、财、物管理集中于分公司，县石油公司向业务职能部门发展。2000 年 6 月，中国石油化工重组上市，县石油分公司也随之划分为股份公司和存续公司，分别更名为中国石油化工股份有限公司广西南宁邕宁石油分公司和广西壮族自治区邕宁县石油公司（简称邕宁石油分公司），分别隶属南宁石油分公司的股份公司和存续公司。2002 年实行地县一体化，取消邕宁石油分公司法人资格，成为南宁石油分公司的一个组成部分。2004 年，邕宁石油分公司有加油站 19 座，职工 70 人，其中临时工 51 人。

县物资局（总公司）

1962 年 3 月成立邕宁县物资局。1991 年，邕宁县物资局（与物资供应公司一套人马两块牌子）设有金属公司、化建公司、机电公司、回收公司、经营管理股、那元营业部和五塘供应站、四塘供应站、明阳供应站、大塘供应站、南阳供应站等 11 个机构，全局共有职工 80 人。1992 年，县物资局改称为县物资总公司，新设燃料公司南宁分公司、矿产公司、生资公司和五一营业部。1995 年，南宁分公司、矿产公司、那元营业部、五一营业部停业。1998 年，县物资总公司下设燃料公司、金属公司、化建公司、机电公司、回收公司、经营管理股、生资公司和五塘供应站、四塘供应站、明阳供应站、南阳供应站等 11 个机构，共有干部职工 83 人。2004 年，县物资总公司有职工 50 人，原在县城经营的 5 个门店已全部发包给个人，主要经营水泥和钢材。县物资总公司办公地址在县城五一路。

第二节 商业企业及经营网点

1991 年，邕宁区有国有商业企业 10 个，国有经济商品购进总额 2.70 亿元、商品销售总额 3.37 亿元。国有商业企业主要有邕宁县烟草公司、百货公司、食品公司、糖业烟酒公司、五金交电化工公司、煤炭公司、饮食服务公司、医药公司、石油公司、商业局南宁批发站，均从事批发和零售业务。集体企业 7 个，集体经济商品购进总额 1.59 亿元、商品销售总额 1.77 亿元。集体企业主要有县供销社农业生产资料公司、县供销社土产果品公司、县供销社南宁采购供应部、第二糖烟酒公司、第二工业品公司、第二饮食公司、第二服务公司，其中同时从事批发与零售业务的企业 5 个、专门从事零售的企业 2 个。国有和集体商业企业主要从事百货、针纺织、五金、交电、化工、糖烟酒、肉类、冷饮等商品的批发和零售以及饮食、旅社、理发、照相等经营。个体工商业 1.11 万户，从业人员 1.43 万人，注册资金 3004 万元，营业额 6459 万元。其中，城镇个体工商户 1861 户，从业人员 2505 人，注册资金 829 万元，营业额 222 万元；农村个体工商业 9270 户，从业人员 1.18 万人，注册资金 2175 万元，营业额 6237 万元。

1995 年，邕宁区有国有商业企业 10 个，国有经济商品购进总额 2.83 亿元，国有经济商品销售总额 2.79 亿元。集体企业 7 个，集体经济商品购进总额 2.67 亿元、商品销售总额 2.79 亿元。个体工商业 1.37 万户，从业人员 1.79 万人，注册资金 1.04 亿元，营业额 1.06 亿元。其中，城镇个体工商户 2793 户，从业人员 3923 人，注册资金 1830 万元，营业额 2371 万元；农村个体工商业 1.09 万户，从业人员 1.40 万人，注册资金 8589 万元，营业额 8278 万元。商业网点 83 个。

1998 年，邕宁区有国有商业企业 8 个，即邕宁县烟草公司、百货公司、食品公司、糖业烟酒公司、五金交电化工公司、煤炭公司、饮食服务公司、石油公司，国有经济商品批发贸易购进总额 8723.40 万元，商品销售总额 2.35 亿元。集体企业 7 个，即县供销社农业生产资料公司、县供销社土产果品公司、县供销社南宁采购供应部、第二糖烟酒公司、第二工业品公司、第二饮食公司、第二服务公司，集体经济商品批发贸易购进总额 8635.40 万元，商品销售总额 1.72 亿元。个体工商业 1.40 万户，从业人员 1.88 万人，注册资金 9825 万元，营业额 2.34 亿元。其中，城镇个体工商户 3050 户，从业人员 4400 人，注册资金 2215 万元，营业额 9519 万元；农村个体工商业 1.09 万户，从业人员 1.44 万人，注册资金 7610 万元，营业额 1.39 亿元。商业网点 83 个。私营及个体经济商品销售总额 2.61 亿元。

2000 年，邕宁区有国有商业企业 8 个，主要经营批发和零售商品，商品购进总额 1.37 亿元、销售总额 1.56 亿元。集体企业 7 个，即县供销社农业生产资料公司、县供销社土产果品公司、县供销社南宁采购供应部、第二糖烟酒公司、第二工业品公司、第二饮食公司、第二服务公司，商品购进总额 1.03 亿元、销售总额 1.03 亿元。股份有限制企业 1 个（批发），商品购进总额 5902 万元、销售总额 6289 万元。国有和集体商业企业主要从事百货、针纺织、五金交电、化工、糖烟酒、冷饮等商品的批发和零售，此外还有饮食、旅社、理发、照相、旅游等经营活动。全县社会消费品零售总额 9.09 亿元，其中，国有经济 1.40 亿元，集体经济 1.12 亿元，个体经济 4.82 亿元。

2002 年，邕宁区有国有企业 8 个，即邕宁县烟草公司、百货公司、食品公司、糖业烟酒公司、五金交电化工公司、煤炭公司、饮食服务公司、石油公司；国有控股商业企业 2 个，其中批发企业 1 个（商业局南宁批发站）、零售企业 1 个（即医药公司）。国有及国有控股企业从业人员 485 人，商品购进总额 6185 万元、销售总额 1.57 亿元。集体企业 7 个，从业人员 33 人，商品购进总额 8075 万元、销售总额 8384 万元。股份有限制企业 1 个（零售），从业人员 95 人，商品销售总额 4417 万元。是年，批发零售贸易业和餐饮业机构网点法人单位共 161 个，网点 1.17 万个，人员 1.78 万人。其中，国有经济法人单位 66 个，网点 209 个，人员 972 人；集体经济法人单位 62 个，网点 583 个，人员 1458 人；

私营经济法人单位 22 个，网点 52 个，人员 360 人；个体经济网点 1.07 万个，人员 1.43 万人。全县社会消费品零售总额 10.50 亿元。其中国有经济 1.21 亿元，集体经济 1.49 亿元，个体经济 5.99 亿元，私营经济 134 万元，联营经济 393 万元，股份制经济 54 万元，港澳台投资经济 142 万元，各种其他经济 1.74 亿元。

2004 年，邕宁区有国有商业企业 7 个，即邕宁县烟草公司、百货公司、食品公司、糖业烟酒公司、五金交电化工公司、饮食服务公司、石油公司；集体企业 7 个，即县供销社农业生产资料公司、县供销社土产果品公司、县供销社南宁采购供应部、第二糖烟酒公司、第二工业品公司、第二饮食公司、第二服务公司。国有商业企业主要从事批发和零售，集体企业主要经营零售兼批发。此外，有公私合营商业和商业合作店、经营网点，个体商业主要从事零售业务，有部分从事批发业务。全县商品销售总额 17.92 亿元，社会消费品零售总额 11.17 亿元。

第三节 体制改革

国有商业体制改革

县商业局系统体制改革 1991 年起，中共邕宁县委、县人民政府先后出台《关于邕宁县企业产权界定和产权处置的暂行办法》《关于推行股份制和股份合作制的暂行办法》《关于国有集体企业产权转让和出售的暂行办法》《关于国有集体企业改制后劳动人事体制改革的暂行办法》《关于国有企业改制后职工安置和社会保险的暂行办法》《关于扶持帮助困难企业和特困职工的暂行办法》等企业改革改制文件 7 个，推行全县国有企业和县办国有集体企业改革。

1992 年，邕宁县在县百货公司百货大楼试行经营放开、价格放开、分配放开、用工放开的“四放开”改革，次年在商业行业全面推行。1995 年，商业行业全面推行全员劳动合同制和干部聘任制，同时推行全员承包和“国有民营”“集体所有民营”的承包责任制，实行工资与经济效益挂钩、企业内部招标承包、风险抵押承包、柜组承包等多种经营方式。

1996 年，邕宁县在县饮食服务公司、县百货公司、县第二工业品公司、县第二糖烟酒公司、县第二服务公司、县商业旅游贸易公司等 33 个门店实行公有民营的“民营责任制”改革。对一些亏损、偏远的小门店、基层站进行关、停、并、转、联营、租赁，对亏损严重、濒临破产、扭亏无望、资不抵债的五塘、那楼、大塘、吴圩、那陈百货批发站进行拍卖偿还债务。

1997 年至 1998 年，县人民政府将全县社会消费品零售总额 120 万元任务分解到县商业局所属 11 个企业，签订经营目标责任书，实行风险抵押。进一步推行“民营责任制”，改革企业内部人事管理、劳动用工、利益分配，南宁批发站改为股份合作制企业，在县第二糖烟酒公司、县工业品公司、县商业旅游贸易公司实行“抽本”承包或租赁经营，县第二服务公司采取“定额计酬、超额分成、风险共担”形式经营。

1999 年至 2001 年，县商业系统贯彻落实南宁市人民政府《关于国有中小企业放开搞活若干问题的补充规定》，继续转换企业经营机制。县五金公司采用百元销售额工资含量的分配办法，后转变为金星商场和维修部内部整体抽资和租赁承包。县百货公司实行全部抽资承包。县饮食服务公司主要门市部福兴大酒楼实现经营权与所有权剥离，实行整体内部承包。县糖业公司向职工内部拍卖沿街门店 26 间，所得资金用于偿还银行贷款和置换职工身份。县百货公司、县五金公司、县饮食服务公司同样探索拍卖资产、以资抵债等改革改制办法。2002 年，县糖业公司对外拍卖加工厂部分闲置仓库、车间、空地共 1.57 公顷，偿还债务 835 万元；县百货公司拍卖处理原第二生活区的房产、土地和胜利街的第一、第二、第三、第四、第五门店，以及新兴街早晚门市部、百货大楼部分房产，偿还债务 390 万元。

是年，11个国有集体企业累计亏损450.66万元，其中，县糖业公司亏损11万元，五金公司亏损7.50万元，县饮食服务公司亏损13.50万元，县百货公司亏损0.31万元。

2003年至2004年，县饮食服务公司、县贸易总公司等开展破产前期工作。县糖烟酒公司、县百货公司、县五金公司实行以资抵债的探索，为企业实行股份合作制，重谋发展创造机会。

1991年至2004年，县经济贸易局（商业局）管理的国有商业企业主要有日用百货、五金交电、针织品、化工建材、糖烟酒、肉类、冷饮等商品的批发零售企业和饮食、旅游、理发、照相、旅社等行业的经营企业。2004年，国有商业企业有7家，分别为县糖业公司、县百货公司、县五金交化公司、县饮食服务公司、县食品公司、县煤炭公司、县商业局南宁批发站；集体商业企业有4家，分别为县第二工业品公司、县第二饮食公司、县第二服务公司、县第二糖烟酒公司；县商业行业有批发站4个，食品站21个，零售网点83个（其中县城10个）。

粮油系统体制改革 1991年至1992年，粮食购、销、调、存、加工等，执行统一由粮食局包干的管理形式。1993年1月1日，粮食价格放开后，按照国务院《国营工业企业转换经营机制条例》和《国营商业企业转换经营机制实施办法》，县粮食局在县局适当调控基础上，把经营权、财务管理权、用工权、分配权下放给企业，使企业成为独立核算、自主经营、自负盈亏、自我积累、自我发展，具有法人权利义务的经济实体。1994年，将粮食局下属的县粮油公司、饲料公司、粮油贸易运输公司、粮油购销公司、粮油贸易公司、蒲庙大米厂6个单位合并，成立邕宁县粮食专储总公司。1998年，邕宁县粮食流通体制改革的核心内容是“三项政策一项改革”，即按保护价敞开收购农民余粮，粮食收购资金实行封闭运行，粮食收储企业实行顺价销售和加快国有粮食企业自身改革。邕宁县各级政府和粮食企业积极推进粮食流通体制改革。1998年年底，县粮食局下辖的20个乡镇粮所实行粮食收储企业与附营企业的人、财、物彻底分离。分离后，有收储企业22个、附营企业21个，分流到附营企业的人员有559人，占在职职工870人的64.25%。从2000年新粮上市起，邕宁县早籼稻和玉米退出保护价收购范围，粮食购销企业按照“购得进、销得出”原则收购；而列为保护价收购范围的粮食，国有粮食购销企业常年挂牌敞开收购农民余粮。2002年，邕宁县执行自治区人民政府《关于进一步深化我区粮食流通体制改革的意见》，取消粮食定购任务，放开粮食购销市场，放开粮食购销价格，全县仅保留1.11万吨公粮任务和5000吨县级储备粮任务。

2003年，制定《邕宁县国有粮食企业改革实施方案》，把邕宁县储备粮管理公司和县吴圩军供站改为事业单位；推进企业产权结构调整，进行以股份制为主多种形式的企业改革；根据实际保留城区骨干粮站和部分乡镇粮所，每个粮站（粮所）保留不少于3名管理人员，工资由县财政支付；做好企业职工包括离退休人员的安置工作。粮油系统体制改革工作一直延至2004年。

其他国有商业体制改革 1992年，县物资局改称为县物资总公司，新设燃料公司南宁分公司、矿产公司、生资公司和五一营业部。此后，由于市场竞争激烈多变、银根紧缩等原因，县物资总公司陷入资金匮乏、生意难做的困境，经济效益逐年下降，至1996年，企业负债1700万元。1995年起，县物资总公司转换经营机制：一是对经营效益差的公司实行转、并、停；二是对其余公司、站实行内部招标承包，风险抵押，分明责权利；三是允许部分承包者采取入股形式筹集资金，克服资金周转困难，自主经营；四是鼓励少部分职工停薪留职，自谋出路。1997年至1998年，县物资总公司对下属各公司、站全面实行经营承包，风险抵押，责权利分明；承包者在原有物资的基础上，总公司给予少量的流动资金；承包者采取内部入股的形式筹措资金，自主经营。另外，有50%干部职工在挂靠各承包公司的前提下自谋职业。由于采取积极措施，尽管1994年至1998年企业负债达3000万元，但总公司还能继续维持下来。至2004年，公司仍按改制后的模式运作。

1997年9月，县医药公司开始实行体制改革，将县医药公司改制为县医药有限公司。9月26日，召开第四届第六次职工代表扩大会议，通过《关于实行有限公司改制的决定》，采取将国有企业资产评估作股，企业职工出资认股、投股，按股分红，改造成股份合作形式。企业改制工作在县改制办指导下进行。公司先后制定《邕宁县医药有限公司实施方案》《邕宁县医药有限公司章程》《邕宁县医药有限公司股东说明书》等。实施过程中，由县国有资产管理局、县改制办对公司资产进行审查清算，核定资产净值 241.96 万元（土地除外），参股职工于 1998 年 2 月底完成入股交款工作。参股职工 90 人，参股率 90%。1998 年 5 月 21 日，召开全体股东大会，选举产生董事会和监事会。选出董事长 1 人，董事 4 人，监事长 1 人，监事 2 人。改制后，新领导班子按照新机制开展工作：一是精简机构，将公司由原来 8 个科室减至 5 个科室，人员重新调整，把富余人员充实到生产一线；二是制定和完善相关制度；三是在人事、用工、分配“三项制度”改革方面，制定相关方案和办法，打破大锅饭和平均主义，坚持效益优先、兼顾公平原则，实行贡献与报酬挂钩办法，按新的工资结构进行分配，调动职工的工作积极性；四是搞活零售业，采取以岗定人、定任务等措施，取得较好经济效益，1998 年零售总额达 260 万元，比 1997 年增长 3.80%；五是积极与医疗卫生单位联系，争取他们对医药公司改制后新运作的支持。县医药公司实行体制改革后虽然取得一定成果，但由于南宁市药品市场的开放，严重冲击其经营，所以经济效益仍有滑坡趋势。1998 年销售总额 688.70 万元，负利润（亏损）43 万元。此后，县医药有限公司内部的一些改革仍在进行。2004 年，公司仍按改制后的模式运作。

集体商业体制改革

1996 年，邕宁县供销社有 16 个基层社召开新一届社员代表大会，选举产生理事会、监事会领导机构，恢复 1988 年取消的理事会、监事会制度。改革内部经营机制，全系统逐步完善主任（经理）目标责任制、安全责任制、职工岗位责任制和劳动合同制等制度，推行集体经营、定额管理、风险抵押等多种形式的经营承包责任制，实行责权利相结合、工效挂钩的分配制度。1999 年起，对全县供销社商业企业人事制度、劳动用工制度、分配制度 3 项制度进行改革，推行全员劳动合同制和干部聘用制，进一步理顺企业内部劳动关系。2001 年，在全县基层供销社推行整体改制、职工全员身份置换改革，完成试点单位职工全员身份置换 60 多人。2003 年 12 月，那楼供销社改制为南宁市邕宁县飞戈农副产品有限公司。2004 年，完成全县各乡镇供销社职工全员身份置换 600 多人。

第二章 圩场 市场

1991年，邕宁县提出“建设一个集贸市场，活跃一片经济，富裕一方群众”市场发展思路，大力培养和发展城乡集贸市场，以适应社会主义市场经济发展需要。此后，通过自筹资金、银行贷款和引进资金等形式，多方筹集资金兴建各类市场，同时鼓励引导社会力量投资兴办市场，逐步形成综合农贸市场和专业市场相结合、大小市场相配套的市场结构，市场布局比较合理。县内城乡市场的健康发展和繁荣，加快农副产品流通，促进当地经济发展。

第一节 圩场（集市）

邕宁县的圩场多分布在交通便利、人口集中、经济基础较好的地方。县境北部南（南宁）梧（梧州）二级公路（国道322、324线）沿途有四塘圩、五塘圩、九塘圩，邕宁至宾阳三级公路有七塘圩。县境南部的南（南宁）北（北海）二级公路（国道325线）沿途有那马圩、大塘圩、南晓圩，邕宁（吴圩镇）至钦州干线公路沿途有那陈圩、大塘圩、南晓圩、台马圩等，乡道南晓镇至雅王村有雅王圩，县道三级公路大塘镇至南州有南州圩，村道大塘镇至凤亭有凤亭圩，县道三级公路蒲庙镇至百济乡沿途有新江圩、那礼圩、百济圩。县境中部、东部三级公路（省道101线）南宁至横县沿途有良庆圩、蒲庙圩、刘圩圩、南阳圩，县道蒲庙镇至那楼镇有那楼圩，县道三级公路蒲庙经长塘至伶俐沿途有长塘圩、伶俐圩，县道邕宁至灵山二级公路通往中和乡沿途有中和圩、新安圩。县境西部公路（国道322线）通往吴圩镇、苏圩镇沿途有吴圩、苏圩，通往延安镇的县道有延安圩等。

1991年前，县内一些乡村小圩场（集）和新建的圩场（集）开圩后，由于当地农副产品交易量较少，物品流通不畅等原因而停止圩日。1991年后，随着改革开放的深入，各地国有企业、民营企业、联营企业和个体私营企业迅速发展壮大，社会产品日益丰富，商品流通不断扩大，市场空前繁荣，邕宁县各圩场不断拓展。2004年，全县有乡镇圩场（农贸市场）27个，不成圩日的圩场有昆仑镇八塘圩、长塘镇五合圩、蒲庙镇那莲圩、镇龙乡镇龙圩、那马镇大王滩圩等。

1991年至2004年，邕宁县各圩场均为每3天一圩日（集市），周而复始。蒲庙圩、南阳圩、百济圩、五塘圩、延安圩、南晓圩、南州圩、那马圩等为同一圩日，新江圩、那楼圩、刘圩圩、吴圩圩、那陈圩、九塘圩、雅王圩、新安圩、凤亭圩等为同一圩日，良庆圩、中和圩、伶俐圩、长塘圩、四塘圩、苏圩圩、大塘圩、七塘圩、台马圩、那礼圩等为同一圩日。

蒲 庙 圩

位于蒲庙镇北部之邕江南岸，县城所在地。建圩于清雍正九年（1731年）。开圩前原是一片荒山野岭，有一条自东南向西北流来的山沟水注入邕江，出口处有棵大榕树，地名叫作蛮瘴麓。明清时期，蒲庙附近一带盛产蔗糖，地方官员多到此挑选上好的白糖进贡朝廷，因此这里的白糖有“贡尖白糖”之称。远近糖商慕名到那莲收购白糖，因八尺江水浅，商船改泊蛮瘴麓，装船外运。从此，蛮瘴麓的大榕树

▲2003 年，邕宁商场水果销售点 （邕宁区史志办资料照片）

下便有人设摊卖粥，逐渐形成集市。蒲庙地名来源之说有二：一说相传有一年夏天，邕江水涨，河面漂来一尊木偶女菩萨，船家 3 次把它推出冲口仍漂回来，那些善男信女即叫船家捞起，搭棚奉祀，称“亚婆庙”（地点在今县城团结街原向秀丽酒家仓库）；一说是有一老太婆最早建屋于此，经营买卖，因常施善心善事，死后有人立庙纪念，名为“亚婆庙”。当地白话亚婆庙简称为“婆庙”，音同“蒲庙”，遂有“蒲庙”圩名。民国期间，蒲庙圩有私营商业、手工业榨油、制熟烟、客栈、饮食等行业。1950 年 12 月，县政府从南宁迁至蒲庙圩，此后为县城所在地以及区、乡镇政府（公所）驻地，有国营、集体和个体企业，是全县政治、经济、文化中心。1991 年后，随着改革开放的深入，国有企业、民营企业、联营企业和个体私营企业迅速发展壮大，社会产品日益丰富，商品流通不断扩大，市场空前繁荣。其间，新建和扩建一批市场、商场和街道。邕宁商场大楼及市场于 1993 年竣工使用。新兴商业步行街于 2001 年开工，2005 年基本建成。2004 年，圩内居民 6 万人，壮汉杂居。开圩日定为农历三月十二日，3 日一圩。赶圩人数农忙时节少至 1000 人，节假日时多达 2 万人。上市交易大宗商品有粮食、蔬菜、水果、禽畜、水产品、肉类、服饰、五金日用百货等。

良 庆 圩

位于良庆镇北部之邕江南岸。清道光二十二年（1842 年）建圩。开圩日定为农历三月二十日。因原地有株野生杏树，取名杏圩。民国 25 年（1936 年）扩建圩街，改称良庆圩。良庆圩历来为区、乡镇政府（公所）所在地。1991 年后，随着改革开放的深入，商品流通不断扩大，市场繁荣。2004 年，圩内居民 1800 人，壮汉杂居。3 日一圩。赶圩人数农忙时节少至 800 人，节日前多达 3000 人。上市交易大宗商品有蔬菜、瓜果、生猪、家禽、肉类等。

那 马 圩

位于那马镇北部。始建于清康熙二十四年（1685 年），因圩建在那马村而得名。后因该地交通不便，于清道光十八年（1838 年）迁移到八尺江南岸建新圩，仍沿用那马圩名至今。那马圩历来为区、乡镇政府（公所）所在地。中华人民共和国成立后，那马圩街道沿八尺江往下游方向扩建延伸。该圩仅有一条街，圩街从那马精神病医院至八尺江桥头，街总长 800 多米，街道宽 8~12 米，其中建有市亭的街道宽 15 米。1984 年征用新华坡集体土地兴建新街，1991 年新街竣工并于农历三月十六日（开圩日）举行庆典对外开放。新街建成后不久，圩（集）日的贸易活动逐渐转至新街。2004 年，圩内有居民 2127 人，壮汉杂居。3 日一圩，天亮开始成圩，天黑散圩。赶圩人数农忙时节少至 800 人，节日前多达 1 万人。上市交易大宗商品有粮、油、蔬菜、水果、畜禽、鲜鱼、禽蛋、肉类等，其中菠萝年交易量 2.92 万吨。

新 江 圩

位于新江镇中部。于清光绪十一年（1885 年）由香频村人始建。最初取名福圩，后改称新圩，因与灵山县新圩重名，又以地处江边改称新江圩。新江圩历来为区、乡镇政府（公所）所在地。1991 年后，随着改革开放的深入，市场繁荣。1998 年投资 130 万元新建农贸市场 1 个，面积 1800 平方米，设摊位 144 个，商铺 33 间。2004 年，圩内居民 2000 人，壮汉杂居。3 日一圩。赶圩人数农忙时节少至 800 人，节日前多达 3000 人。上市交易大宗商品有土鸡鸭、肉类、优质米、蜜本南瓜、竹笋等。

▲ 2003 年，新江镇农民种植的新台农一品南瓜在市场上热销（邕宁区史志办资料照片）

百 济 圩

位于百济乡东南部。建圩于清代，因地形似犁头口，故名百济（壮语“百”为“口”，“济”指“犁头”）。百济圩历来为区、乡镇政府（公所）所在地。20 世纪 90 年代，该圩向西扩建新街，集市中心从百济粮所附近转移至新街（该处原是一片田地）。2004 年，圩内居民 2000 人，壮汉杂居。3 日一圩。赶圩人数农忙时节少至 800 人，节日前多至 6000 人。上市交易大宗商品有粮食、荔枝、龙眼、土鸡鸭、肉类、土塘角鱼、松脂、蚕茧等。

那 礼 圩

位于百济乡北部，距百济圩 10 千米。建于清道光十三年（1833 年），道光中叶至咸丰年间毁于匪乱，同治年间几度重建，是百济乡第二个圩集。那礼圩民国时期为乡政府所在地。20 世纪 90 年代扩建，建有农贸市场和新街。2004 年，圩内居民 400 人。3 日一圩。赶圩人数农忙时节少至 100 人，节日前多达 300 人。上市交易大宗商品有土鸡鸭、肉类、水果等。

那 楼 圩

位于那楼镇中部。于清雍正元年（1723 年）开圩。最初为当地周、王、滕、杜等姓几户人家设摊卖茶粥，由于地处周边村庄中心，继而客商聚集成圩。那楼圩历来是区乡镇政府（公所）所在地。20 世纪 90 年代，圩场不断拓展。1994 年 8 月，在旧街东面征地 26.67 公顷开发新街，同年 8 月 6 日新街第一期工程开工兴建。2002 年 2 月征用新街北面与小何坡接壤的空地，进行新街第二期工程建设，兴建市场、商铺、住宅楼等。逢圩日，该圩新街、旧街一样繁华热闹。每年 12 月至次年 4 月淮山收获季节，天刚拂晓，各村新鲜淮山进市场交易，日交易最多达 180 吨，是南宁周边淮山交易最大的市场。2004 年，圩内居民 6500 人，壮汉杂居。3 日为一圩，有赶早圩的习惯。赶圩人数农忙时节少至 1000 人，节日前多达 1.50 万人。上市交易大宗商品有淮山、柑橙、龙眼、西瓜、辣椒、蚕茧、蘑菇、鸡鸭、肉类等。

刘圩圩

位于刘圩镇西部。相传建于清代，因为刘氏始建，且当地刘姓人多，故称刘圩。刘圩历来多为区、乡镇政府（公所）所在地。1994 年在刘圩街西面征用土地 3.30 公顷，总投资 196 万元扩建新街；1996 年 10 月征用土地 3.80 公顷，投资 260 多万元建设斑峰农贸市场；1997 年新街和农贸市场建设基本完成，圩场街区面积比原来扩大两倍。2004 年，圩内居民 2500 人，壮汉杂居。3 日一圩。赶圩人数农忙时节少至 1000 人，节日前多达 7000 人。上市交易大宗商品有蘑菇、香芋、香油、水果、蚕茧、土鸡鸭、肉类等。

南阳圩

位于南阳镇中部。相传在清康熙十九年（1680 年），广东南海县黎姓两兄弟到南阳谋生，老大定居于大黎村，老二定居于小黎村。因小黎交通方便，地位适中，发展成为小黎圩。民国 3 年（1914 年），当地知名人士认为小黎名字狭隘，即上书永淳县知事，将小黎改称南阳，含意是小黎地势向南，在此建圩阳光普照乡里，前途光明。南阳圩历来为区、乡镇政府（公所）所在地。1994 年征地扩建新街一期工程，1996 年进行新街二期工程建设，两期工程共建成街道 4 条，店铺 189 间。1999 年至 2001 年对旧街进行改造和进行新街三期工程建设，建成店铺 144 间，排水沟 3 条，公厕 2 座等。2004 年新街第四期工程基本完成。2004 年，圩内居民约 1200 人，壮汉杂居。3 日一圩。赶圩人数农忙时节少至 1000 人，节日前多达 1.50 万人。上市交易大宗商品有粮食、食油、禽畜、肉类、水果等。

中和圩

位于中和乡北部，始建于民国 7 年（1918 年）。圩名来由是，因当时属永淳县中团，又全部是茅屋，壮语茅草发音为“和”，故取名中和。中和圩历来为区、乡镇政府（公所）所在地。1991 年以前中和街街道狭窄，集市拥挤，特别在节期圩日，鸡、鸭买卖摆到邕灵公路沿边，造成交通堵塞。1991 年以后，中和乡先后投资兴建中和西街、北街。2002 年，中和乡实施新街改造工程，占地面积 3.50 公顷，当年完成“三通一平”（通路、通电、通水，平整土地）、排水沟等基础设施。2003 年，投资 45 万元建设新的农贸市场，部分单位、居民进驻新街建楼房，街区面积逐步扩大。2004 年，圩内居民 2100 人。3 日一圩，上午 11 时成圩，下午 3 时左右散圩。赶圩人数农忙时节少至 800 人，节日前多达 7000 人。上市交易大宗商品有粮食、水果、鸡鸭、肉类、淮山等。

新安圩

原位于中和乡新安村六吉坡，偏离邕（邕宁）灵（灵山）公路。1993 年，中和乡在邕灵公路旁征地 2.30 公顷建设新圩场，1996 年旧圩场搬迁至新圩场。新圩场距离中和乡人民政府驻地 13 千米。2004 年，圩内居民 630 人。3 日一圩。赶集人数农忙时节少至 500 人，节日前多达 5000 人。上市交易大宗商品有肉类、土鸡鸭、水果等。

伶俐圩

位于伶俐镇南部。唐武德五年（622 年）至景云元年（710 年）是武缘县治所在地（地址在邕江南岸，今伶俐果苗场内）。宋治平四年（1067 年）始在江北建集镇。原名乌朗圩，清道光二十二年（1842 年）改称伶俐圩。伶俐圩历来为区、乡镇政府（公所）所在地。1991 年开发伶俐圩邕江南岸农贸市场，1998 年市场交易棚竣工，对外开放。2004 年，圩内居民 4500 人，壮汉杂居。3 日一圩，赶圩人来得早也散得早，下午 2 时左右散圩。赶圩人数农忙时节少至 1000 人，节日前多达 6000 人。上市交易大宗商品有优质米、花生油、鸡鸭、肉类、竹笋、水果（含西瓜）、木材等。

长塘圩

位于长塘镇东南部。于明洪武三年（1370 年）始建，因圩址设于邕江的转弯处，站在圩边只见江水像一张长长的水塘，故名长塘圩。长塘圩为镇政府所在地。1987 年长塘圩有综合市亭 1 座，面积 360 平方米，设有猪仔、鸡苗、鸭苗行 1 处。1997 年建新市亭 1 座，钢架拱顶结构，面积 800 平方米，市亭周围露天市场面积 2350 平方米。有新街、旧街 2 条，建有店铺 198 间（家）。2002 年投入 5.50 万元铺设水泥街道 320 米。2004 年，圩内居民 1300 人，壮汉杂居。3 日一圩。赶圩人数农忙时节少至 800 人，节日前多达 8000 人。上市交易大宗商品有优质大米、土鸡鸭、肉类、猪仔、水果、竹笋等。

四塘圩

位于四塘镇中东部。始建于明洪武元年（1368 年），初名朝天铺，清顺治年间（1644—1661 年）改为四塘圩。旧圩原在古驿道边，民国 23 年（1934 年）迁至南（南宁）柳（柳州）公路边，取名朝川圩，后又复名四塘圩至今。四塘圩为镇政府所在地。1998 年该圩西面四塘江西岸的小城镇开工建设，同时建农贸市场，有市亭 2 座（该处未形成集贸点）。2004 年，圩内居民 2500 人，壮汉杂居。3 日一圩，中午 12 时成圩，下午 4 时许散圩。赶圩人数农忙时节少至 1000 人，节日前多达 8000 人。上市交易大宗商品有粮食、花生油、肉类、鸡鸭、水果（含西瓜）、蔬菜、仔猪、红砖等。

五塘圩

位于五塘镇中西部。建于唐武德五年至乾元元年（622—758 年），清顺治年间取名五塘圩。五塘圩历来为区、乡镇政府（公所）所在地，1951 年 7 月至 1953 年 1 月曾是邕宁县政府驻地。贸易市场有 3 处。20 世纪 90 年代，圩场不断拓展。1992 年五塘商场竣工，面积 3894 平方米。1994 年五塘西瓜交易市场竣工，面积 14 万平方米。1996 年五塘农贸市场竣工，面积 6.75 万平方米，该圩新街市场建成后旧街市场部分停止使用。2004 年，圩内居民 1.50 万人，壮汉杂居。3 日一圩。赶圩人数农忙时节少至 1000 人，节日前多达 1.50 万人。上市交易大宗商品有优质米、西瓜、蔬菜、花生油、禽畜、肉类、红砖、建筑用优质砂等。

▲ 1996 年，五塘镇农贸市场一角

（邕宁区史志办资料照片）

七 塘 圩

位于五塘镇东部。清代建大陆圩和七塘驿。中华人民共和国成立后，大陆圩改为七塘圩。该圩设有新旧市场 2 处。2004 年，圩内居民 8000 人，壮汉杂居。3 日一圩。赶圩人数农忙时节少至 800 人，节日前多达 8000 人。上市交易大宗商品有粮食、花生油、蔬菜、水果（含西瓜）、鸡鸭、肉类等。

九 塘 圩

位于昆仑镇北部。宋代、清代设九塘驿。民国 25 年（1936 年）建九塘圩。九塘圩历来为区、乡镇政府（公所）所在地。该圩原建有 4 座圩亭面积 747 平方米，露天市场面积 1450 平方米。改革开放后，圩场逐渐拓展。1992 年在南（南宁）梧（梧州）公路旁建新农贸市场 1 个，市亭面积 1190 平方米，露天市场面积 1914 平方米，商铺 115 间。2004 年，圩内居民 1500 人，壮汉杂居。3 日为一圩。赶圩人数农忙时节少至 800 人，节日前多达 7000 人。上市交易大宗商品有粮食、鸡鸭、食油、肉类、木材、竹木器、竹笋、八角等。

吴 圩 圩

位于吴圩镇北部。相传系吴姓人于清嘉庆三年（1798 年）始建，取名吴村圩，后改称吴圩。吴圩历来为区、乡镇政府（公所）所在地。1992 年 6 月，广西最大的西瓜市场——吴圩西瓜市场竣工开业，西瓜季节日平均成交量 2250 吨以上。1993 年至 1996 年，先后建成“富润”农贸市场和占地 8.67 公顷的新瓜菜批发市场以及占地 2.67 多公顷“金祥”农贸市场。至 2001 年，该圩有吴圩综合市场、新瓜菜市场、金洋市场、旧西瓜市场等大型综合市场。2004 年，圩内居民 2.50 万人，壮汉杂居。开圩日定为农历二月二十三日，3 日一圩。赶圩人数农忙时节少至 1000 人，节日前或西瓜销售旺季多达 1.50 万人。上市交易大宗商品有西瓜、蔗糖、水泥、优质大米、鸡鸭、蔬菜、肉类等。

苏 圩 圩

位于苏圩镇中部。唐武德五年（622 年）至宋景佑年间为如和县治，元末由苏姓人建圩。清道光末期有苏圩（旧圩）和迁龙圩（新圩），民国期间并为一圩称苏圩。苏圩历来为区、乡镇政府（公所）所在地。该圩地处邕宁、扶绥、上思三县交会点，又是附近乡镇农副产品集散地，随着改革开放的深入，客商云集，市场贸易繁荣，素有“上苏（苏圩）下芦（芦圩）”之说。外销产品以西瓜、蔬菜、大米、果蔗、耕牛、生猪、鸡鸭为大宗。蔬菜批发市场每天交易蔬菜和西瓜 300 吨，圩日成交瓜、菜类 500 吨，年成交量 15 万吨，成为邕宁、扶绥、上思、宁明、崇左等县和周边乡镇瓜菜交易中心及供求辐射点。广东、四川、重庆、贵州、湖北、湖南、河南、河北等 16 个省区客商云集苏圩，将苏圩及周边县镇农产品运往全国各地，同时将外地供求信息反馈给当地农户，黑皮冬瓜种植就是由外地客商提供信息而发展起来的。蔬菜批发市场南边的苏圩农副产品批发市场，投资 700 万元，占地 11.27 公顷，

▲ 1998 年，苏圩镇蔬菜市场一角
（邕宁区史志办资料照片）

是国家农业部的定点批发市场。2004 年，圩内居民 1.20 万人，壮汉杂居。3 日一圩。赶圩人数农忙时节少至 1000 人，节日前或蔬菜销售旺季多达 2 万人。上市交易大宗商品有蔬菜、水果（含西瓜）、粮食、食油、土鸡鸭、肉类等。

延 安 圩

位于延安镇西部。建于民国 7 年（1918 年），因村前有五口鱼塘，曾取名为五塘圩。后因与县内五塘圩同名，1958 年以革命圣地延安取名，改称延安圩。延安圩为镇政府所在地。该圩原仅有一条 50 多米长狭窄的街道，店铺少。1995 年征地 10 公顷扩建新街和农贸市场，1998 年 1 月 11 日新街竣工开业。2004 年，圩内居民 1200 人，壮汉杂居。开圩日定为农历八月初一日，3 日一圩。赶圩人数农忙时节少至 800 人，节日前多达 3000 人。上市交易大宗商品有西瓜、优质米、食油、土鸡鸭、肉类、蔬菜等。

那 陈 圩

位于那陈镇北部。始建于清顺治二年（1645 年），由陈、覃两姓最先到此地耕种、卖粥，后渐有商贩聚集而成圩，因陈与覃两姓氏近音，故得圩名。初始，该圩建在山坡顶，街巷呈“十”字形，街道狭窄。十字街附近建有一古庙，名为“文武庙”。清康熙二十年（1681 年），铸一铜钟挂于文武庙，至今仍在。那陈圩历来为区、乡镇政府（公所）所在地。1985 年 4 月，在那陈圩平天堂至老臭塘一带，开设新市场，名为进宏市场。1997 年 1 月 13 日进宏市场建成对外开放营业后，山坡顶的旧圩不再成圩集。2004 年，圩内居民 4000 多人，壮汉杂居。3 日一圩，上午 9 时成圩，中午 12 时散圩。赶圩人数农忙时节少至 1000 人，节日前多达 6000 人。上市交易大宗商品有香蕉、柑橙、柠檬、杧果、土鸡鸭、肉类、果苗等。生晒酱油为当地特产，味香醇，久存而质不变。

大 塘 圩

位于大塘镇中东部。清代由六马村雷姓人在新庆村创建。民国 21 年（1932 年）改建新圩，因圩边有口大鱼塘，故称大塘。大塘圩历来为区、乡镇政府（公所）所在地。该圩地处南宁至北海二级公路，来往客商多在此圩稍憩停留，人流和物流量较大，饮食服务业兴旺。1996 年后，该圩先后建成新街市场和昭见市场等，旧市场为日常果蔬市场，新街市场为鲜活家禽市场，昭见市场为夜市。2004 年，圩内居民有 9586 人，壮汉杂居。3 日一圩。赶圩人数农忙时节少至 1000 人，节日前多达 9000 人。上市交易大宗商品有肉类、粮食、蔬菜、香蕉、橙子、荔枝、龙眼、土鸡鸭等。

南 州 圩

位于大塘镇南部，距大塘圩 14 千米。该圩建于清代。南州圩市场原在南州街，为一条狭长街道。2000 年后，在南州村委大楼前建钢混结构的农贸市亭，该圩集迁移到新址——南州农贸市场。2004 年，圩内居民有 300 多人。3 日一圩，上午 10 时成圩，下午 1 时散圩。赶圩人数农忙时节少至 200 人，节日前多达 2000 人。上市交易大宗商品有肉类、土鸡鸭、鱼、水果、竹笋等。

凤 亭 圩

位于大塘镇南部，坐落在凤亭湖水库旁，属那造村委会辖地。该圩距离大塘圩 28 千米。民国 29

年（1940年）3月，与凤亭村相距不远的安详圩毁于日本侵略军飞机轰炸。不久，当地村民相约在凤亭村进行商贸交易，逐渐形成凤亭集市。2004年，该圩建有钢混市亭1栋及露天市场，圩内居民有400多人。3日一圩。赶集人数农忙时节少至150人，节日前多达500人。上市交易大宗商品有土鸡鸭、水果、肉类、水产品等，不时有5~10千克的鲜活大鱼上市。

南晓圩

位于南晓镇西南部。始建于清乾隆十七年（1752年）。南晓圩原称那晓圩。宋朝狄青带兵攻打邕州侬智高时，北方军队难以听懂当地方言而戏称当地方言为“难晓”，难、南同音故得名。关于南晓名称来源的另一种说法是南晓地处邕州南部。南晓圩历来为区、乡镇政府（公所）所在地。2001年该圩建成综合市亭、禽畜市亭和果品交易市亭等农贸市场。2004年，圩内有居民1800人，壮汉杂居。开圩日定为农历二月初二日，3日一圩。赶圩人来得早，中午12时许散圩。赶圩人数农忙时节少至800人，节日前多达6000人。上市交易大宗商品有水果（荔枝、西瓜、柑橙、香蕉、龙眼，其中荔枝收获季节时是大宗商品），优质米、食油、鸡鸭、肉类等。树下养殖的“南晓土鸡”是南宁市唯一注册商标的鸡品牌，年出栏500万羽。

▲2003年，南晓镇街貌　（邕宁区史志办资料照片）

雅王圩

位于南晓镇东北部。清代建圩。因地形似乌鸦，人丁兴旺，故名雅（鸦）王（旺）。2004年，该圩建有市亭1座及露天市场，圩内居民475人。3日一圩。赶圩人数农忙时节少至200人，节日前多达1000人。上市交易大宗商品有水果、鸡、鸭、鱼和肉类等。

台马圩

位于南晓镇东南部。民国初年建圩，曾数次废圩和复建。2004年，该圩建有市亭1座及露天市场，圩内居民有286人。3日一圩。赶圩人数农忙时节少至200人，节日前多达1000人。上市交易大宗商品有水果（含西瓜）、鸡、鸭、鱼和肉类等。

第二节　市　场

1991年，邕宁县城较大的商店有县百货大楼（三层）、蒲庙供销社百货楼（二层）、县花纱门市部和县二轻门市部等。1991年后，在邕宁县城商业中心地带先后建成县供销合作社联合社综合大楼、邕宁商场、县饮食服务公司商业大楼等。2001年开设利客隆、海顺等超市。2003年建成新兴商业街等。

1991年至2004年，南宁市大沙田经济开发区规划并建成市场3个，即祥荣综合市场、银沙市场、景皇市场。其中，祥荣综合市场、银沙市场为大沙田开发区管委会投资兴建，景皇市场为台资企业独资兴建。邕宁沿海开发区建成综合商贸市场 1 个，即玉洞商贸城。南宁市仙葫经济开发区建成使用农贸市场 4 个。其中，西区 2 个，即仙葫西区第一农贸市场、仙葫正佳市场；仙葫半岛 2 个，即金葫农贸市亭、莫村综合农贸市亭。此外，仙葫经济开发区较大的超市有康源超市，位于西区。其间，各乡镇均有农贸市场，并实施改造扩建或新建。全县累计投资 6782 万元建成新农贸市场及市亭 60 多个，投入市场维修资金 1500 多万元。邕宁县市场规模不断扩大，市场功能逐步完善。

县城与开发区市场

邕宁商场　位于县城中心的新兴路，1993 年建成，次年开业，为四层楼和 2 栋市亭，占地 1.24 万平方米，建筑面积 1.59 万平方米，为县城规模较大商品较齐全的综合性商场，主要经营农副产品、干（食）杂、饮食、日用杂品、成衣百货，家电家具、网吧、羽毛球馆等。商场交由个体户和私营企业经营，由县市场服务中心管理。

▲ 2003 年，县城邕宁商场外景
（邕宁区史志办资料照片）

邕宁和平商场　位于县城和平街，1989 年 1 月建成开业，占地面积 1938.30 平方米，建筑面积 3783.04 平方米。商场为二层框架结构，一楼经营蔬菜、禽类、肉类、水产品、豆制品、调味品、熟食卤品、水果、粮油制品、副食品等，二楼经营服装、小百货等，成为城乡接合部和县城周边乡镇、村坡农副产品、副食品交易重要集散地，为县城第二大综合市场。商场交由个体户和私营企业经营，由县市场服务中心管理。

那元农贸市场　位于县城新城路，占地 5705.50 平方米，1988 年 1 月开业，主要经营蔬菜、禽类、肉类、水产品、调味品、水果、粮油制品、副食品等。商场交由个体户和私营企业经营，由县市场服务中心管理。1990 年后，因农副产品销售量少，把市场的一部分改为停车场。

▲ 2003 年，县城和平市场外景
（邕宁区史志办资料照片）

南百超市　位于县城新兴步行街，2003 年 9 月开业，经营面积 2600 多平方米，营销商品有 1.80 万种，年销售额 1300 万元。

新西洋超市　位于县城建设路，2003 年 7 月开业，经营面积 800 多平方米，营销商品有 8300 多种，年销售额 1000 多万元。

景皇市场　位于大沙田经济开发区前进街。由广西景皇成片土地开发有限公司（台湾）独资兴建，1995 年 3 月开工，次年 10 月竣工使用。市场总面积 0.77 公顷，市场交易面积 5400 平方米。总投资 680 万元。市场年交易额 1 亿多元，为大沙田开发区早期较繁荣的市场。交易货品主要有鸡、鸭、鱼、肉、熟食、蔬菜、水果、干杂、成衣、百货等。

祥荣综合市场　位于大沙田经济开发区德政路。由大沙田开发区管委会投资兴建，1998 年 5 月开工，次年 11 月竣工使用，市场占地 0.41 公顷，市场交易面积（含交易大楼）6800 平方米，总投资

1600万元。市场年交易额2000万~3000万元。市场东楼主要经营货品种类有活鸡、活鸭、干杂、水果、蔬菜等，市场西楼主要经营货品有肉类、水盘鸭及鱼、熟食、各类家具等。

银沙市场 位于大沙田经济开发区金沙大道与银沙大道交汇处。由大沙田开发区管委会投资兴建，占地0.25公顷，建有市场交易大楼，建筑面积2200平方米，摊位360个，铺面10间。2001年开工建设，次年6月开始经营，总投资360万元。市场年交易额2000万元左右。交易货品主要有鸡、鸭、鱼、肉、熟食、蔬菜、水果、干杂、成衣、百货等。

玉洞商贸城 位于邕宁沿海开发区私营工业园对面。1995年12月开建，规划面积186.67公顷，有市场、医院、公共汽车站、学校、金融、汽车检测中心等公共设施用地，是开发区商贸、办公、居住、文化娱乐中心，定位为附近乡镇地域的农副产品集散地。1996年12月，投入2400多万元完成基础设施建设和市场、街道的建设，建成的农贸市场和商品市场开始营业，个体经营户600户，县公安局车辆检测中心、公交公司公共汽车站、修理厂等已动工建设。玉洞商贸城规划商住地450块，其中规划面积为4.60米×20米商住地324块，4.60米×27米商住地55块，4.60米×16米商住地34块，其他37块，同时规划有综合商住楼等。

仙葫西区第一农贸市场 位于南宁市仙葫经济开发区西区。1998年4月建设并投入使用，占地4公顷，列入当年县政府为民办实事项目，总投资480万元。

仙葫正佳市场 位于南宁市仙葫经济开发区开泰路。建成面积1.20万平方米，2004年12月19日开业。规模较大，功能齐全，包括农贸市场在内的综合商场。总投资4000万元。

金葫农贸市亭 位于南宁市仙葫经济开发区仙葫半岛仙葫大道。由仙葫开发区管委会投资，2002年竣工开业，建筑面积1000平方米。

莫村综合农贸市亭 位于南宁市仙葫经济开发区福兴路。由仙葫开发区管委会投资，2002年竣工，建筑面积3000平方米。由于人员流动量不大等原因，开业条件未成熟，至2004年，该市亭未开业。

市场建设

1991年，邕宁县有农贸市场、商场等31个，占地面积10.28万平方米，建筑面积4万平方米。是年，对市场进行扩建及维修，总投资368万元。1992年，五塘镇开始规划沿南（南宁）梧（梧州）二级公路两旁开发建设6千米集商住、饮食、贸易、加工修理、加油站等为一体的经济走廊，筹集资金先后建成面积3894平方米的五塘商场、占地面积14公顷的五塘西瓜交易市场、占地面积6.75公顷的五塘农贸市场等。1992年中和乡决定搬迁新安圩，1993年征地2公顷开发建设新安圩。1995年5月，邕宁县糖业公司在南宁市沙井兴建两栋仓库竣工投入使用；9月，县五金公司在县钢铁厂租房增设金升商场；10月，县第二饮食公司与南宁市百货大楼股份有限公司联办的邕宁连锁店开业。1991年至1996年，邕宁县商业部门采取招商引资办法，投入资金630万元增建、重建、扩建和买入商业网点6860平方米。

1996年起，凡符合条件的单位和个人申请并经县人民政府批准，都可以投资开办市场。是年，五塘镇引资40万元兴建永宁交易市场，占地0.80公顷，为邕宁县首个村级农副产品交易市场。1996年4月，县糖业公司在南宁市五一路购买土地0.53公顷，投资591万元建两栋住宅楼和一栋综合楼用于营业，建筑面积5346.40平方米，次年末竣工投入使用。是年5月，县第二服务公司投资40万元重建汉林旅社竣工开业。是年11月，县百货公司扩建面积为1000平方米的自选商场竣工开业；县饮食服务公司引进资金400万元，重建并装修面积5400平方米的福兴大楼；县食品公司建成面积1000平方米，日宰生猪200头的半机械化城关屠宰场竣工营业；县五金公司投资和职工集资共100万元兴建面积2030平方米的综合楼和住宅楼，于1999年竣工，解决单位职工的居住问题，增加公司办公及经营用房。1996年年底，全县有农贸市场、商场等53个，其中专业市场8个，总建筑面积8万平方米，总投资

3000多万元。1998年9月新安新圩场建成开业。2004年，有农贸市场、商场等74个，其中专业市场8个，市场占地面积60万平方米，建筑面积约40万平方米，总投资3414万元。

2000年8月，县五金公司投资56万元建金星商场，该商场建筑面积815平方米，10月竣工并对外租赁营业。

2001年11月，县百货公司投资90万元建一栋综合楼，一楼为商场面积350平方米，二楼至七楼为居住房共12套。是年12月，县第二服务公司投资82万元，拆旧房新建一栋六层综合大楼，一楼至三楼房用于商业，四楼至六楼房用于职工集资住宅房共9套。

2002年2月，动工兴建五合国家粮食储备库，项目总投资4125万元，年底主体及附属工程完成。2003年3月，五合国家粮食储备库项目通过竣工验收并交付使用，被评为优良工程。

至2004年，邕宁县先后投资建成大沙田景皇市场、吴圩镇金洋市场和西瓜市场等。初具规模的商贸市场、点有吴圩镇明阳农场商贸市场、吴圩镇南宁机场商贸市场、吴圩镇明阳糖厂商贸市场、四塘镇四塘煤矿商贸点、四塘镇南宁市里罗煤矿商贸点、四塘镇南宁市平垌煤矿商贸点、延安镇那齐商贸点、镇龙乡镇龙商贸点、蒲庙镇新安商贸点等。厂矿场商贸点每逢星期六、星期日上午交易。不成圩（集）日的有那路圩、那莲圩、那里圩、五合圩、八塘圩、大王滩圩等；但有的圩街仍是商贸点，当地居民为方便物品交易自定集日，如那路圩等。

1991年至2004年，全县27个圩场中，有26个圩场改造扩建或新建，是中华人民共和国成立以来全县圩场建设投入资金最多、建设规模最大的时期，特别是乡镇政府驻地的圩场，街区面积成倍扩大。期间，邕宁县通过自筹资金、引进资金等办法，累计投资6782万元建成新农贸市场及市亭60多个。

县内早期的31个农贸市场，多数属国有市场，设施陈旧简陋，设备需要更新。1991年起，邕宁县先后投入专项维修经费，对全县老旧市场设施进行维修，更新市场设备，安装市场内照明灯、添置更换肉台板、添瓦补漏、铺设市场水泥地板和维修市场排水沟等，至2004年累计投入市场维修资金1500多万元。

1991年至2004年邕宁县各乡镇新建农贸市场及市亭情况

表8 2-3-1

圩　名	市场名称	市场市亭个数（个）	占地面积（公顷）	建筑面积（平方米）	投资（万元）	开业时间（年、月、日）	附　注
蒲庙圩	邕宁商场	1	1.24			1994.01.28	县城农贸市场
	邕宁商场大楼	1		15934	1000	1994.01.28	可容纳摊位1200个
	邕宁商场市亭	3		7000	150	1994.01.28	砖混平顶市亭1个，钢架拱顶大棚2个
良庆圩	良庆新街农贸市场	1	3.50		70	1992	
	良庆新街中心市场市亭	1		1200	15	1993	
	良庆新街水果市亭	1		320	6	2004	钢架拱顶大棚
那马圩	新街农贸市场	1	5		240	1991.04.30	1993年旧街市场和市亭停止使用
	新街市场市亭	3		2700	30	1991	砖瓦结构市亭
	那马蔬菜水果市亭	3		4800	50	1996	钢架拱顶大棚，2004年该市场部分改建为温泉
新江圩	新江新农贸市场	1		1800	130	1999	市场投资含市亭建设
	新江新农贸市场市亭	1		600	10	1999	钢架拱顶大棚
百济圩	百济新农贸市场	1	3		100	1995	新街市场开业后旧市场停用
	百济新农贸市场市亭	4		5800	80	1995	砖瓦市亭1个，钢架拱顶大棚3个

续表 1

圩 名	市场名称	市场市亭个数（个）	占地面积（公顷）	建筑面积（平方米）	投资（万元）	开业时间（年、月、日）	附 注
那礼圩	那礼市场市亭	2		600	10	1991	猪肉市亭、成衣市亭各 1 个
	那礼禽畜交易市场	1		300	15	2002	
那楼圩	那楼新街农贸市场	1	26.67			1996	
	那楼新街市场愣仓市亭	1		800	18	1996	
镇龙街	镇龙街农贸市场市亭	1		940	80	2001.11 竣工	砖混结构平顶市亭
刘 圩	刘圩农副产品交易市场	1	3.79		260	1996.11.01	斑峰市场
	刘圩农副产品交易市亭	2		180		1996.11.01	斑峰市亭
南阳圩	新街市场	1	11		500	2001	
	新街市场市亭	1		150	3	2001	
中和圩	中和新圩市场	1	3.33		300	2002	
	中和新圩市场市亭	1	0.32		120	2002	
新安圩	新安新圩农贸市场	1	2		80	1998.09	新市场开业后旧市场停用
	新安新圩农贸市场市亭	1		300	30	1998.09	
伶俐圩	伶俐南岸农贸市场	1	2			1998	伶俐南岸新市场
	伶俐南岸农贸市场市亭	1		150		1998	钢架拱顶大棚
	伶俐农贸市场	1				2001	伶俐北岸市场新建市场
长塘圩	长塘新农贸市场	1	2.53		110	1998	
	长塘新农贸市场市亭	1		420	8	1998	
四塘圩	四塘新农贸市场	1	3		100	1998	新市场位于四塘小城镇，开业后不久停用
	四塘新农贸市场市亭	2		1200	20	1998	钢架拱顶大棚
五塘圩	五塘商场	1		3894		1992	砖混结构三层平顶市亭
	五塘西瓜交易市场	1	14			1994	又称五塘商贸城，作为大宗农副产品批发交易市场
五塘圩	五塘农贸市场	1	6.75		100	1996	又称九百垌市场
	五塘农贸市场市亭	2		400		1996	
九塘圩	九塘农贸市场	1		1190		1992	新街市场
	九塘甜竹笋农贸市场	1	3			1993	旧街新市场
	九塘农贸市场市亭	1		200	27	1997	新街市场
吴 圩	吴圩富润农贸市场	1			500	1994	新建市场
	吴圩新瓜菜市场	1	8.70		34	1996.06.09	
	吴圩新瓜菜市场市亭	1		1000		1996	
	吴圩金洋农贸市场	1	2.70	1200		1996	
	吴圩金洋农贸市场市亭	1		500		1996	
	吴圩综合市场市亭	6		840	16	2001	旧街新建市场
	吴圩西瓜市场	1	1			1992.06	旧西瓜市场
苏 圩	苏圩蔬菜批发市场	1	3		220	1993	含市亭建设
	苏圩蔬菜批发市场市亭	8		1000		1993	
	苏圩农副产品批发市场	1	11.27		700	1995	农业部定点批发市场
	苏圩农副产品批发市场市亭	1		100	3	1995	铁皮钢架大棚
	苏圩新街市场市亭	3		800	16	2001	

续表 2

圩　名	市场名称	市场市亭个数（个）	占地面积（公顷）	建筑面积（平方米）	投资（万元）	开业时间（年、月、日）	附　注
延安圩	延安农贸市场	1	10		580	1998.01	新建市场
	延安农贸市场市亭	2		900	18	1998.01	铁皮钢架大棚
	延安蔬菜市场市亭	1		2100	120	1998.12	砖混结构二层楼
那陈圩	那陈进宏农贸市场	1	8		500	1997.01	新建农贸市场开业后旧街市场停用
	那陈进宏市场市亭	4		3484	84.2	1996	
大塘圩	大塘综合农贸市场	1		3600		1996	新街市场
	大塘农贸市场市亭	4		3600	70	1996	车站对面、粮油、畜牧等市亭
	大塘昭见夜市	1				1996	开业后不久停用
南洲圩	南洲农贸市场	1				2001	新建市场
	南洲市场市亭	1		370	7	2001	
南晓圩	南晓水果市场市亭	1		300	6	1993	新街市场
	南晓农贸市场	1		1500		2001	
	南晓禽畜交易市场市亭	1		1400	28	2001	
雅王圩	雅王农贸市场	1				1996	改造扩建
	雅王市场市亭	1		600	12	1996	
台马圩	台马农贸市场	1				1991	改造扩建
	台马市场市亭	2		800	16	1991	

说明：表中空白栏表示缺相关数据

第三章 商品经营

1991年,全县商品总购进5435.60万元,商品总销售5793.40万元。1991年后,随着改革开放的深入,县内各地市场、商场、圩场的消费品更加丰富,物品包装比以前较讲究,既美观又卫生。如糖粒、月饼出现由原来的纸包装转为塑料包装,散装的酱油、酒类逐渐成瓶装出售。成衣交易在县城和各乡镇圩场个体户逐渐增多,品种多种多样,西服在农村市场开始出现,村民改变以往买布量身裁衣的做法。家用电器出现黑白电视、电饭锅、电吹风、电风扇等,自行车在各乡镇市场交易活跃。1992年邕宁县商业行业实行"四放开"改革后,企业活力不断增强,整体经营状况逐步改善。1993年全县商业行业商品购进7738.20万元,完成年度计划153.20%;商品销售9227.40万元,完成年度计划200.60%,与上年同期相比增长147.10%。1995年,县内大市场和商场出现大量电冰箱洗衣机、彩色电视机、空调机等高档商品,摩托车逐渐进入县城市场。美容美发店、饭店和个体旅馆等服务行业在县城和各乡镇街圩逐渐火热起来,促进社会消费。这一时期,食品、水果、洗涤用品、服装、家具、家用电器、自行车、摩托车、建材等,以及在县城的美容美发、技术咨询等服务产品成为邕宁县主要社会消费品。1996年商品总购进5435.60万元。1991年至1996年,全县商品总购进3.42亿元。1997年后,全县国有、集体商业企业销售额呈逐年下降趋势。2002年全县商品总销售2260万元。1991年至2002年,全县商品总销售6.24亿元,其中总零售2.93亿元。2003年、2004年商业行业商品零售纳入全社会零售总额。

第一节 社会消费品零售总额

1991年,邕宁县社会消费品零售额2.61亿元,其中县城零售额0.90亿元、乡镇零售额1.71亿元。2000年全县社会消费品零售额9.09亿元,其中县城零售额3.77亿元、乡镇零售额5.32亿元。2004年全县社会消费品零售额11.17亿元,其中县城零售额4.46亿元、乡镇零售额6.71亿元。1991年至2004年,全县社会消费品零售额累计99.48亿元,其中县城零售额39.21亿元、乡镇零售额60.27亿元。

1991年至2004年邕宁县社会消费品零售总额

表8-3-1-1　　单位:亿元

年 度	全县总销售额	其 中	
		县城零售额	乡镇零售额
1991	2.61	0.90	1.71
1992	2.96	1.05	1.91
1993	3.08	1.01	2.07
1994	4.07	1.58	2.49
1995	5.67	2.43	3.24
1996	6.72	2.37	4.35
1997	7.83	3.15	4.68

续表

年 度	全县总销售额	其 中	
		县城零售额	乡镇零售额
1998	7.81	3.01	4.80
1999	8.45	3.31	5.14
2000	9.09	3.77	5.32
2001	9.69	4.00	5.69
2002	10.50	4.24	6.26
2003	9.83	3.93	5.90
2004	11.17	4.46	6.71

第二节 日用百货 五金交电

日用百货

1991年，县内营销日用百货商品的国有商业企业主要是县百货公司、县糖业烟酒公司和县五金公司等，集体商业企业主要有乡镇供销社、县第二糖烟酒公司和县供销联社等。营销日用百货商品的还有部分民营企业和个体商店（摊点）。营销的日用百货商品种类主要有：食品、家用电器、电子产品、体育器材、床上用品、服装鞋帽、文化用品、自行车、摩托车、建筑材料、五金交电等商品2万种。2004年，经营日用百货的国有企业主要有县百货公司、物资公司、县商业局南宁批发站等，集体企业主要有县供销合作社、县第二服务公司、县第二糖烟酒公司等，民营企业主要有南百超市、新西洋超市、海顺超市等。此外，不少的个体商店、摊点也在经营日用百货。经营日用百货的摊店主要分布在县城和各乡镇的街道、圩场和集市。

▲1996年，邕宁百货大楼外景　　（邕宁区史志办资料照片）

1991年，县百货公司在县城商业街区路段开设百货经营商店25间和百货大楼，在五塘镇、吴圩镇等乡镇设百货批发门店和零售店8间，在职职工180人，日用百货商品销售额1200万元，盈利15万元，上缴税额40万元。2000年，县百货公司减亏18万元。2002年，县百货公司亏损3100元。2004年，县百货公司所经营的日用百货商品主要有化妆护肤品、洗涤用品、香皂、药皂、肥皂、牙膏、牙刷、日用小百货、小五金、挂包、家庭装饰用品、日用塑料用品、搪瓷器皿、玻璃器皿、铝制品及不锈钢器皿、保温瓶、儿童玩具、妇婴卫生用品、针织衣裤、羊毛及化纤织物、枕巾、棉被、面巾、餐巾、围巾、手套、袜子、雨具、服装鞋帽、布匹、食品、饮料、矿泉水、蜡烛、钟表、眼镜、珠宝玉器、黄金首饰、旅游工艺品、自行车、特种劳动保护用品、家用电器、电子产品、体育器材、电器及液化气厨具等1万多种。这一时期，新的商品不断丰富，如洗涤用品除传统用的肥皂外，相继出现洗衣膏、洗衣粉、洗衣液等，矿泉水、方便面、速食面、八宝粥、自动伞、电热壶等新产品相继出现。

2004年，县百货公司在县城商业街区路段设有百货经营商店18间和百货大楼，在职职工128人，日用百货商品销售额700万元。

五金交电

1991年至2004年，县内营销五金交电商品主要是国有集体企业县百货公司、五金交电化工公司、物资公司、乡镇供销社和集体及个体商店（摊点）等。五金交电经营大五金主要有钢板、钢筋、扁铁、万能角钢、槽铁、工字铁等；小五金主要有建筑五金、白铁皮、锁具、铁钉、铁丝、钢铁丝网、钢丝剪，家庭五金、各种工具，电闸刀、电缆、电线、电灯、电风扇、黑白电视机以及交流配电设备、配件等。五金交电营销点主要分布在县城和各乡镇供销社、集市等。随着新产品的出现，经营的产品除上述品种外，县城和各开发区以及较大乡镇政府所在地的商店还经营彩色电视机、洗衣机、空调机、电冰箱、电磁炉等。2000年，县五金公司减亏1万元；2002年亏损7.50万元。五金交电面临较大的改革压力。其间，因企业部分门店出租，营业额难以掌握。

第三节　药品与医疗器械

邕宁县药品的经营主要有县医药公司和个体药店。个体经营（零售）医药要经县医药管理部门审批，凭“药品经营（零售）合格证”开办医药零售店。大的医疗器械一般由医院直接与商家或厂家联系购买，医药公司和个体药店只经营体温计、血压量压器、针头、针筒、药箱等小的医疗器械。

国有药店

县医药公司是国营医药批发零售兼营的商业企业，成立于1962年。1987年，县医药公司增挂县医药局牌子，两块牌子一套人马。1991年，邕宁县医药公司经营西药、中成药、中药材和保健品等2500多个品种，公司下设门市部7个、批发部3个（即县城批发部、南宁转运站批发部、大沙田批零部）、中药收购部1个、中药饮片加工场1个。是年，全公司药品购进总额989.73万元（其中中药材收购11.38万元），销售总额1090.88万元，实现利润74.80万元，上缴税利18.44万元。1996年公司共有干部职工96人，药品购进总额978.40万元（其中中药材收购23.66万元），销售总额1303.10万元，实现利润665万元，上缴税利50.60万元。1998年，县医药公司增设兽药门市部1个、日杂门市部1个，有营业面积1186平方米，仓库面积2732平方米，在册职工99人。是年6月，公司改为股份制企业，全年药品销售总额688.70万元，负利润43万元，上缴税金36.50万元。2001年，公司共设有9个医药零售门店、1个中药材收购部、1个保健品经营部和1个中药饮片加工厂，在职职工97人。全年药品购进总额503万元，销售总额578万元。

个体药店

1991年至1996年，全县经县医药管理部门审批发放“药品经营（零售）合格证”累计56本，有个体经营（零售）药店56户。

1997年，县人民政府对全县药品经营市场进行清理整顿，取消10多家（户）违规经营个体药店的“药品经营（零售）合格证”，一些药店停业整顿。次年，全县经批准开办的个体经营（零售）药店共3户。

2000年，全县经批准开办的个体经营（零售）药店20多户，个体药店年销售总额183万元。次年，有个体经营（零售）药店 51 户。其中，大沙田经济开发区 16 户，沿海经济开发区 2 户，吴圩镇 7 户，蒲庙镇 4 户，大塘镇 4 户，苏圩镇 4 户，那马镇 3 户，良庆镇 2 户，新江镇 2 户，四塘镇、昆仑镇、刘圩镇、南阳镇、伶俐镇、南晓镇、那陈镇各 1 户，个体药店年销售总额 350 多万元。

2004 年，全县经批准开办的个体经营（零售）药店 51 户，个体药店年销售总额 450 多万元。

1991 年至 2004 年，全县经批准开办的个体经营（零售）药店累计销售总额 3083 万元。

药品销售

1994 年，全县医药药品销售 1303 万元，为 1991 年至 2004 年药品年度销售额最高的一年。1995 年，受药品市场放开，县内个体药店增多，药品销售呈多样化，县医药公司药品销售逐年下降。2003 年，县医药公司实行各部门、门店承包经营，医药药品销售 410 万元，为 1991 年至 2004 年药品年度销售最低的一年。1991 至 2004 年，全县医药药品总销售 1.06 亿元。

第四节　农产品交易　家畜定点屠宰

农产品交易

邕宁县物产丰富，城乡市场繁荣，乡镇农贸市场农副产品交易活跃，大宗农副产品主要有优质米、蔗糖、玉米、花生、食油、蔬菜、水果（含西瓜）、家禽家畜、水产品及肉类等。邕宁和平商场经营的农产品主要有蔬菜、禽类、肉类、水产品、豆制品、调味品、熟食卤品、水果、粮油制品、副食品等，成为城乡接合部和县城周边乡镇、村坡农副产品交易重要集散地。那元农贸市场主要经营蔬菜、禽类、肉类、水产品、调味品、水果、粮油制品、副食品等农产品。开发区市场如位于大沙田经济开发区的景皇市场交易的农产品主要有鸡、鸭、鱼、肉、熟食、蔬菜、水果、干杂等，祥荣综合市场主要经营活鸡、活鸭、干杂、水果、蔬菜、肉类、水盘鸭鱼、熟食及各类家具等，银沙市场交易农产品主要有鸡、鸭、鱼、肉、熟食、蔬菜、水果、干杂等。乡镇圩场如那楼圩上市交易大宗农产品有淮山、柑橙、龙眼、西瓜、辣椒、蚕茧、蘑菇、鸡鸭、肉类等，五塘圩上市交易大宗农产品有优质米、西瓜、蔬菜、花生油、禽畜、肉类等，吴圩上市交易大宗农产品有西瓜等水果及蔗糖、优质大米、鸡鸭、蔬菜、肉类等，大塘圩上市交易大宗农产品有肉类、粮食、蔬菜、香蕉、橙子、荔枝、龙眼、土鸡鸭等。

1991 年，城乡集贸市场商品贸易成交额 1.19 亿元。1993 年集贸市场商品贸易成交额 1.78 亿元。1996 年集贸市场商品贸易成交额 3.22 亿元。2002 年，城乡集贸市场农副产品成交额 5.50 亿元。2004 年，城乡集贸市场商品贸易成交额 4.21 亿元。1991 年至 2004 年，城乡集贸市场农副产品成交额累计 41 亿元。

家畜定点屠宰

1997 年起，为确保上市销售的猪肉质量，邕宁县实行生猪定点集中屠宰制度。县城和乡镇圩场共设屠宰场（点）31 个，生猪进场点屠宰 11.80 万头，进场点屠宰的猪肉占上市猪肉量 82%。1998 年，在五塘镇沙平村、永宁村设立代宰点，取得经验后，在全县村级全面铺开，生猪进点屠宰 13.80 万头。1999 年，设立生猪屠宰厂、场（点）43 个，其中县城、大沙田、五塘镇、吴圩镇屠宰场实现半机械化。进点屠宰家畜 15.60 万头，税费收入 750.30 万元，其中国税、地税 383.70 万元，工商费 234 万元，畜牧检疫费 132.60 万元。

2000 年至 2001 年，进点屠宰家畜 32.80 万头，税费收入 1808.80 万元，其中国税、地税 1037.90 万元，工商费 492 万元，检疫费 278.90 万元。2002 至 2004 年，全县累计进点屠宰家畜 53.46 万头，税费收入 2542.43 万元。

1999 年至 2004 年,县人民政府抽调县贸易、公安、工商、畜牧等有关部门人员组成联合执法检查组，不定期对家畜屠宰开展执法检查,确保定点屠宰制度的落实。累计组织执法检查 255 次,出动人员 3.95 万人次，捣毁私宰窝点 34 个，查处私宰违法案件 108 起，查扣私宰肉类 4520 千克（其中病害肉类占 70%），罚款 1 万元。

第五节 酒类流通

邕宁县生产米酒历史悠久，逢年过节当地群众喜欢饮纯正米酒。米酒以农户自制和个体生产居多，酿制方法是将大米蒸熟，晒凉后用传统酒饼发酵，然后用传统酿酒工具蒸煮出酒水。米酒酒味香醇，俗称“土茅台”。1991 年后,生产米酒采用新技术,酒味和口感不如传统方法生产的米酒,年产米酒 1.50 万吨，以散装米酒为主，销往县内农村居民和邻县村民。

此外，邕宁县酒厂和蒲庙糖厂、伶俐糖厂、明阳糖厂等厂家生产的食用酒和工业用酒精是邕宁县酒类生产大户，其生产和流通都要经工商等有关部门认证批准。

1991 年至 1998 年，生产米酒实行凭许可证经营，销售米酒不需许可证。1998 年起，为杜绝市场上流通假酒、毒酒危害消费者,邕宁县设立县酒类专卖管理办公室,按有关规定对酒类营销商实行凭“酒类零售经营许可证”经营管理。是年，全县发放“酒类零售经营许可证”310 份。

2000 年至 2004 年，全县发放“酒类零售经营许可证”3191 份，其中个体约有 3000 份，发放“酒类批发经营许可证”4 份。

第六节 物资 烟草 石油

物 资

1991 年后，邕宁县各类物资以市场调节为主，敞开供应，物价随行就市。全县物资供应以市场供需要求进行购销，基本做到供销平衡。县内物资供销形式呈多样化，有县物资公司、县乡供销社，又有众多的民营、个体、社会专营店和代销店等。经营品种主要有木材、钢材、水泥、种子、化肥、农药、农机具、玻璃、机电产品、食品、日用品等。

1991 年，县物资局购进各类物资额 1341 万元，物资销售额 1419 万元，实现税利 28 万元。1993 年，县物资总公司购进额 8854 万元，物资销售额 8959 万元，实现税利 52 万元。1991 年至 1993 年，全县物资市场出现购销两旺局面，各公司、站均取得较好经济效益。1994 年起，物资流通发生重大变化，市场疲软，企业出现亏损现象，年内亏损 354 万元。1995 年，县物资总公司一方面压价促销，降价处理部分库存物资，处理债权债务纠纷，关、停部分分公司，一方面实行内部招标承包，承包者对总公司负责，定期交纳一定的承包金，总公司对承包者在业务上进行指导，承包者自主经营、自负盈亏。由于资金投入不足、周转困难，企业还是连年亏损。1995 年物资总公司购进额 697 万元，销售额 1069 万元，亏损 356 万元。1996 年亏损 207 万元。1997 年亏损 150 万元。1998 年县总公司物资购进额 212 万元，物资销售额 249 万元，亏损 143 万元。1994 年至 1998 年，企业负债达 3000 万元。1991 年至 2004 年，邕宁县物资总公司经营点主要集中在县城，经营的物资主要有钢材、水泥等建筑材料和抽水机、喷灌机、碾米机、电动机、打谷机等农机具，以及农资、农机配件等。2004 年，县物资总公司在县城经营的5个门店已全部发包给个人，个体经营户主要经营水泥和钢材，同时经营碾米机、电动机、打谷机等农机具和种子、化肥、农药等品种。

烟 草

1991年起，邕宁县烟草销售采取由公司委托供销社批发和增设零售点等方式进行销售，年销售卷烟1.41万大箱，销售金额1699.20万元，实现利润54.80万元。1995年，邕宁县烟草专卖局（分公司）的烟草营销开始由县城向乡镇延伸，分别在大沙田和吴圩、苏圩、四塘等乡镇建立营销网点，年销售卷烟1.23万大箱，销售金额3784万元，实现利润166万元。2000年，县烟草专卖局（分公司）的烟草销售批发网点全面向下延伸，取消委托批发，组建零售户网点，初步形成辐射全县的农村卷烟批发网点，烟草在县城和农村各代销店均有销售，全年销售卷烟1.49万大箱，比1999年增长29%。2001年至2003年，先后实行访销、配送分离；推行访销、配送的网点运行模式，缩减下伸网点，将全县22个网点组建成6个配送中心（由县烟草分公司统一配送）；推行"电话订货、网上配货、电子结算、现代物流"网建模式。2003年有卷烟零售户4185户，销售卷烟1.86万大箱，实现商业税利584万元，销售卷烟和商业税利分别比2002年增长4.45%和32.10%。2004年，由6个农村下伸批发网点组成的卷烟批发体系，以及由30台卷烟配送车辆和100名访销配送人员组成的卷烟配送体系覆盖全县城乡市场及农村，有100多个各种卷烟牌号全部入网销售。

1991年至2004年，邕宁县烟草局查处各类违法案件1200起，查处卷烟3000件，烟丝烟叶250吨，标值1000万元。邕宁烟草与广西军区犬队合作，钻研"辑烟犬查烟"科研项目，开创全国"缉烟犬查烟"先河，为地方卷烟市场的打假、打私工作开辟新途径，为国家挽回经济损失365万元。

石 油

1991年以前，成品油购进全部由南宁石油分公司计划分配。1991年至1997年，成品油由县石油公司自主采购，销售形式主要以批发为主、零售为辅。1988年县石油公司划入中石化后，成品油由南宁石油分公司统一配送，经营品种有汽油、柴油、煤油、润滑油等，并通过自建、租赁、收购等方式拥有邕宁县成品油零售市场。

1992年，建成四塘加油站。1993年建成那马、八鲤2个加油站。1995年建成龙岗加油站，并在县城增设八尺江桥头、那元2个特油经营部。1996年分别在大沙田、仙葫2个开发区征地建加油站。之后，在一些乡镇政府所在地和公路交通便利的地方相继建设加油站。至2003年，邕宁县辖区内有石油加油站（不含高速公路加油站）89个。其中，邕宁县石油公司开办的加油站6个，县农机部门开办的加油站14个，中石油等其他企事业和个人开办的加油站69个。加油站分布较集中的有县城、四塘镇、五塘镇、吴圩镇、苏圩镇、沿海开发区等。2004年，邕宁县辖区内符合安全规定，持有"成品油零售批准书"的加油站50多个。

1991年，全县购进石油8256吨，销售8278吨，上缴税利72.20万元。1993年，购进石油6601吨，销售6264吨。1996年，购进石油1.09万吨，销售1.18万吨，上缴税利71.60万元。1998年，全县购进石油7346吨，销售6659吨。1991年至2004年，全县购进汽油4.72万吨，销售汽油5.23万吨；购进煤油5060吨，销售煤油5161吨；购进柴油8.86万吨，销售柴油9.74万吨；购进润滑油1734吨，销售润滑油1756吨。

第四章 粮 油

第一节 粮食流通体制改革

1991 年至 1992 年，邕宁县粮食实行统购统销政策，粮食管理体制从国家计划逐步转变为市场调节。执行国家计划政策时期，全县粮食购、销、调、存、加工统一由粮食部门实施，公粮、购粮由国家统一定价。粮食企业财务管理实行“钱随粮走”“钱粮挂钩”管理办法。

1993 年 1 月 1 日起，邕宁县实行粮食购销价格放开。放开范围：保留粮食定购数量，取消对农民定购粮食任务与供应平价化肥、柴油及预购定金挂钩的“三挂钩”政策，粮食收购随行就市、按质论价。公粮属农业税，依法征收实物，也可以用钱抵征。取消城镇居民定量口粮平价供应，粮票、粮卡停止使用，保留城镇居民购粮证。军供、侨汇粮油供应及结算办法和价格，按国家统一规定执行。对农村缺粮户（含军属、烈属、低保户、五保户、水库淹没区搬迁户）的口粮，一律改为随行就市、议价供应。建立健全粮食储备制度，全县按每月人均 10 千克的标准建立 4 个月的储备。

1998 年，邕宁县印发《邕宁县实施粮食流通体制改革方案》。规定在按保护价收购农民余粮、资金实行封闭运行前提下，现行政企合一的体制一分为三，即粮食行政主管部门、粮食储备管理部门和粮食企业；储备与经营分开，粮食企业附营业务与收储业务分离；解决粮食财务挂账，实行收购资金封闭运行；建立和完善本级粮食风险基金制度；粮食企业人员下岗分流，两年内，国有粮食企业在职职工分流 60%。是年粮食流通体制改革后，全县有粮食收储企业 22 个，附营企业 21 个，分流到附营企业的人员 559 人，占 1997 年年末在职职工人数（870 人）64.25%。

2002 年，取消粮食定购任务，粮食由市场收购，鼓励符合一定条件的多种所有制主体从事粮食收购。县粮食局精简机构，竞聘上岗，局机关编制由 15 人减至 9 人。

2003 年，受全球粮食减产和粮食库存减少及粮食价格上涨等因素影响，县内市场粮食价格从 9 月起大幅度上涨。是年 11 月，县人民政府印发《邕宁县粮食应急预案》，成立邕宁县粮食应急指挥部，明确县粮食、物价、交通等有关部门在遇到严重自然灾害或重大突发事件时的职责，做好粮食应急准备、应急措施、应急响应等工作，保障粮食有效供给，确保粮食安全，维护社会稳定。

第二节 粮油购销

粮食购销

1991 年，邕宁县执行粮食统购统销政策，由县粮食部门按国家粮食购销价格，实行粮食统一收购，统一按计划销售。

1993 年，邕宁县执行国家粮食价格放开政策，粮食购销价格放开，实行粮食定量购买制度，取消城镇居民定量口粮平价供应，停止使用粮票，保留城镇居民购粮证。次年，全县恢复 1990 年落实的国家粮食定购任务，农户按照水田面积和村民小组的任务数分摊交纳购粮和公粮。

1995年，县粮食部门实行“两线运行”机制，即实行政策性业务和商业性经营分开，防止两种不同性质的经营费用互相挤占。实行“两线运行”机制后，按来源划清1994年至1996年的政策性亏损挂账和商业性经营挂账，政策性亏损挂账部分报经自治区人民政府确认，在当地农业发展银行开专户管理，停止收息，从1995年起分5年消化完毕；商业性经营亏损部分由企业自行负责，分5年消化完毕。

2002年，全县实行“一取消，两放开”（即取消粮食定购任务、放开粮食统购统销）的粮食购销政策。公粮实物仍由粮食部门代收。次年，全县实行税费改革，农民以现金纳税，粮食部门不再代收公粮实物。

定购粮 1991年，全县定购粮入库（含公粮、购粮，下同）3970吨。1994年，全县定购粮入库424吨，为1991年至2004年粮食收购量最少的一年。1995年，全县实施“米袋子”工程，落实粮食县长负责制，是年粮食收购恢复正常，入库定购粮2.93万吨。1997年至2000年，邕宁县落实自治区人民政府有关政策，连续4年调减国家粮食定购任务，共调减2052吨，减幅60.44%。公购粮任务比例从调减前1：3.16降至1：0.72。

1999年至2000年，全县继续执行国务院制定的“三项政策”，即按保护价敞开收购农民余粮、粮食收储企业实行顺价销售、粮食收购资金封闭运行。对1996年、1997年“高价位粮”（收购的定购粮、保护粮价格因比市场价格高，不能顺价销售称为“高价位粮”）的库存陈粮采取轮换库存办法，进行补贴销售。规定：由粮食购销企业按每千克原粮不低于0.96元销售，如亏损由县粮食风险基金补贴（从1998年起，各地、市、县建立粮食风险基金，自治区按1：1.50的比例给予配套补助）；按收购价加适当的利息和一次性销售费用作为补贴成本计算补贴。补贴标准是：销售1996年、1997年度收购的定购粮，每千克原粮补贴0.54元；销售1997年度收购的保护价粮，每千克原粮补贴0.34元。为促进高价位粮销售，补贴额按实际销售量核拨，即在每千克原粮销售价不低于0.96元前提下，销售1千克粮给1千克补贴款。自治区核定邕宁县高价位定购粮、保护价粮库存为8150吨（贸易粮，下同），其中定购粮8070吨（1996年5500吨，1997年2570吨）、保护价粮80吨。销售粮食差价补贴负担比例为自治区负担38%，县财政负担62%。

1991年至2001年，全县粮食定购（公粮购粮）任务29.78万吨，其中公粮8.80万吨；实际完成定购粮21.17万吨，其中公粮6.52万吨；收购议价粮7.64万吨；粮食总购进50.57万吨；粮食总销售51.86万吨；粮食总库存29.99万吨。

2002年，邕宁县对粮食收购经营者实行资格审批制度，取消粮食定购任务，开放粮食市场。

2003年，贯彻落实《国务院办公厅关于开展全国粮食清仓查库工作的通知》精神，于3月31日开展粮食清仓查库；4月10日至29日，南宁市粮食清仓查库工作组按照“有仓必到，有粮必查，查必彻底”要求，对邕宁县粮食收储企业22个库（所）、66个站（点）共300间有粮的仓库存粮进行清查，掌握各种性质粮食的入库时间、数量、品种、品质和陈化情况，以及超储粮食的数量和粮食收储企业的人员状况。是年5月1日起，邕宁县取消城镇居民粮食供应转移证。同年，邕宁县实行陈化粮购买资格审批和监管制度。

粮食收购价格 1993年，邕宁县执行国家粮食价格放开政策，粮食购销价格放开。1994年，恢复1990年落实的国家粮食定购任务，农民交公粮代金的每50千克稻谷收购价格70元，交公粮实物的每50千克稻谷收购价格50元（粮食部门与财政部门实物结算价）。1995年，交纳公粮代金的每50千克稻谷收购价格110元，交公粮实物的每50千克稻谷收购价格49.50元（粮食部门与财政部门实物结算价）。粮食部门收购定购粮食部分：每50千克普通早籼稻谷收购价格60元，每50千克普通晚籼稻收购价格70元。1996年、1997年，国家提高粮食定购收购价格，普通早籼稻收购价格由每50千克60元提高到每50千克70元。1999年、2000年，继续执行国务院制定的“三项政策”。2000年新粮上市起，早籼稻退出保护价收购范围。2002年，全县取消粮食定购任务，放开粮食收购价格；交纳公粮部分仍由县粮食部门收购，交公粮代金的每50千克稻谷收购价格50元，交公粮实物的每50千克稻谷收购价格45.50元。

1994 年至 2002 年邕宁县粮食收购价格情况

表 8-4-2-1 单位：元 /50 千克（原粮）

年度	公粮		购粮		保护价粮	
	收代金	粮食与财政实物结算价	普通早籼谷	普通晚籼谷	普通早籼谷	普通晚籼谷
1994	70	50				
1995	110	49.50	60	70		
1996	110	70	70	84		
1997	70	65	70	比早稻高一个等级	60	
1998	60	60	60	70	55	60
1999	60	53	53	58	51	56
2000	48		41	58	退出保护价	56
2001	48		43	55	退出保护价	56
2002	50	45.50	取消粮食定购任务、放开粮食收购价格			

说明：表中空白栏表示缺相关数据

专项粮食供应 1991 年至 2000 年，县内主要有部队用粮、城镇居民定量粮、行业用粮和农村群众生活安排用粮等专项粮食供应。2001 年，南宁市、邕宁县划拨救济专款 52 万元用于安排农村 4 月至 7 月的救济粮，共发放救济粮 382 吨，解决 4341 户 8556 人缺粮问题。是年 7 月初，县内遭受百年一遇的特大洪涝灾害，水稻受灾面积 2.74 万公顷，县人民政府决定从 1999 年入库的定购粮中加工成大米供应灾区群众。

退耕还林粮食补贴 2002 年，国家开始实施退耕还林工程，对退耕还林农户实行鼓励政策，向退耕还林农户无偿提供粮食补助，标准为每公顷每年补助 225 千克，补助年限按经济林补助 5 年、生态林补助 8 年计算。2002 年至 2003 年，全县每年退耕还林任务指标 666.70 公顷，每年由县林业部门对农户退耕还林面积进行验收并出具验收合格证，由县粮食部门凭县林业部门出具的验收合格证供应粮食。2003 年，实际兑付农户退耕还林补助粮食 4500 吨。2004 年起，退耕还林补助粮食改为现金补助，按每千克稻谷折价 1.40 元计补。

油料购销

邕宁县是花生食用油产地之一。1991 年至 1992 年，县内花生种植面积、产量逐年减少，全县食用油库存仅 135 吨，需从县外调入平价油和购进议价油平价定量供应给城镇居民。县粮食部门从县外调入平价食用油 54 吨，购进议价食用油 440 吨；销售食用油 387 吨，其中平价油 37 吨。1993 年，取消平价油定量供应，油料、食油的购销转向市场为主。1994 年，县粮食部门逐渐退出油料购销经营，油料购销从此主要在各日用百货店、县城各超市以及各地市场进行。

第三节 粮油储藏加工

粮食储藏仓库

1991 年，邕宁县主要粮食储存场地有县粮食局直属粮食储藏仓库和 21 个乡镇粮食管理所和 88 个站（点）粮食储藏仓库，总仓容 8.89 万吨。1991 年后，县内粮食储藏仓库主要有平顶仓、普通木架房式仓、拱顶仓、简易仓等。自1992年起建新式粮食储藏仓库后，县内原建有的苏（联）式储粮仓库逐渐被改造并淘汰。1992年至1998年，建平顶仓库5栋，仓容7500吨。其中，在蒲庙镇八鲤亭建2栋6间仓库，仓容3000吨；在良庆乡建2栋6间仓库，仓容3000吨；在大沙田开发区新建1栋3间仓库，仓容1500吨。2000年，邕宁县粮食仓容9.75万吨。2002年至2004年，邕宁县粮食仓容年均9.85万吨。

▲1998年，位于县城八鲤亭的县储备粮仓库（邕宁区史志办资料照片）

储备粮储藏

1991年3月，邕宁县承储国家专项储备粮（贸易粮，下同）分别由百济粮所、那楼粮所、刘圩粮所储存。1993年起，承储自治区专项储备粮和县级专项储备粮。1991年至2004年，全县粮食储存年均2万吨。储备粮管理符合"一符三专四落实"（"一符"指账目实物相符，"三专"指专仓储存、专人保管、专账记载，"四落实"指数量落实、质量落实、品种落实、地点落实）要求，常年达到"无害虫、无变质、无鼠雀、无事故"的"四无"标准。2000年以后，由县储备粮管理公司承担县级储备粮的储藏及管理，蒲庙粮库承担自治区专项储备粮的储藏及管理。县级储备粮储藏采用机械通风降温、粮情测控系统新技术和"二氧化碳与磷化氢混合环流熏蒸"方法。在南宁市每年组织的春、秋季粮油安全普查交叉检查中，邕宁县在"一符四无"、科学保粮、安全工作等方面均符合要求，连续5年被自治区粮食局评为先进"四无"粮仓县。

粮食加工

1991年后，邕宁县粮食加工以县粮食管理部门和乡镇粮食管理所附属大米加工厂为主，有县大米厂和五塘、良庆、苏圩、吴圩等大米加工厂20个。其中，县粮食局储备粮管理公司大米厂投资185万元于2001年3月建成投产，厂址在良庆粮所内，装配有筛选机、色选机，每日加工大米50吨，是自治区最先进的大米生产线之一。此外，农村各个自然村都有1~3台碾米机，由个体户为当地村民加工大米。2002年，按照国家有关规定，对小麦粉、大米、食用植物油、酱油、食醋5类食品的生产加工企业实施许可证制度。2003年，有吴圩粮所、苏圩粮油贸易中心等几家附属厂，办理大米生产许可证。是年，县粮食局储备粮管理公司大米厂注册"金葫"牌优质大米商标，为邕宁优质谷生产、收购、加工、销售，走"公司＋基地＋农户"的优质稻产业化经营道路创造有利条件。

1991年至2002年，全县年加工大米、面条约4万吨。2003年至2004年，全县粮食年加工2.50万吨。1991年至2004年，全县累计粮食加工50多万吨。

食用油加工

1991年，邕宁县粮食管理部门附属厂有榨油设备10多台，年榨油量约2000吨。1994年，邕宁县粮食专储总公司建设1座年产2400吨的精制油厂，并以"生鱼"牌商标投向市场。1996年至2004年逐年减产。2004年，全县食油加工除良庆粮油贸易中心榨油厂、苏圩粮油贸易中心榨油厂等几个以代农民加工为主的附属厂正常生产外，其余已转行或停产。1991年至2004年，全县食油加工累计产出食油1.50万吨。

第五章 供销合作社商业

1991年，邕宁县供销合作社联合社和基层供销合作社推行以基层社为单位，实行经营管理由社主任负责制；全县供销社有综合商场、商铺门店、饮食店、影城、加油站等经营摊点560多个，商品总购进1417万元，商品总销售1.64亿元，营业利润24.60万元。1997年起，县供销合作社联合社牵头组织创办以基层供销社为依托、以农民为主体的“供销社＋农户”模式的农业专业合作社，引导农民进入市场，发展农业经济，增加农民收入。2001年，全县供销社有经营商店摊点616个，上缴税金135万元，营业利润3.52万元。2004年，全县供销社有经营商店摊点430个，固定资产原值6767万元，自有流动资金4390万元，商品总购进额、总销售额比2008年后各年均有增加，但营业利润亏损391.27万元。1991年至2004年，全县供销社商品销售利润有3年盈利、11年亏损，盈亏相抵共亏损3391.15万元。

第一节 体制改革

1991年起，邕宁县供销合作社联合社和基层供销合作社推行以基层社为单位，实行经营管理由社主任负责制。

1996年后，县供销合作社联合社有16个基层供销合作社召开社员代表大会，选举产生理事会和监事会组成人员，建立基层供销合作社理事会、监事会制度。基层供销社的经营管理，逐步建立完善主任（经理）目标管理责任制、法定代表人离任审计制、安全生产责任制、职工岗位责任制、劳动合同制等制度，推行集体经营、定额管理、风险抵押等多种形式的经营承包责任制，实行责权利相结合、工效挂钩的分配制度，克服平均主义。是年，入股农户达7万多户，社员股金从1994年325万元发展到1996年3032万元，占全系统流动股金31%。

1999年起，对全县供销社商业企业人事制度、劳动用工制度、分配制度3项制度进行改革，推行全员劳动合同制和干部聘用制，进一步理顺企业内部劳动关系。县供销合作社联合社所属企业进一步完善经营承包责任制，除部分化肥经营、农副产品收购以及医药经营门店外，其余经营门店均实行“抽本”（扣除成本）承包经营办法。

2001年，邕宁县制定《关于进一步推进基层供销社改革和供销社直属企业产权制度改革实施方案》，在全县基层供销社推行整体改制、职工全员身份置换改革，选定那马供销社和那楼供销社作为改革试点单位。是年，完成试点单位职工全员身份置换60多人。2003年12月，那楼供销社改制为南宁市邕宁县飞戈农副产品有限公司。2004年，完成全县各乡镇供销社职工全员身份置换600多人。

第二节 社员股金

1991年起，邕宁县贯彻落实供销社吸纳当地干部职工、农民入股的政策，通过吸纳社员股金筹集社会资金形式，促进县、乡镇供销社发展。供销社社员股金实行保息分红，社员股金的股息按银行一年期定期存款利率支付（以当年存款利率计），分红按所在单位经营盈亏情况兑付，兑现亏损保息，保证分红年年兑现，不拖欠。

1994 年，全县各级供销社发展社员入股股金 352 万元。1997 年 6 月，邕宁县各级供销社停止办理社员入股。至此，全县各级供销社发展社员入股股金共 3555.96 万元，占全县供销社总自有流动资金 51.45%。

1998 年，县供销社对入股股金进行全面清理整顿和兑付。

2003 年，全县供销社应清退入股社员股金 3555.96 万元，已兑付 3498.91 万元，未兑付 57.05 万元，其中农民及社会团体股金 7.20 万元、供销社职工原始股金 49.85 万元。至 2004 年，未兑付社员的股金全部兑现完毕。

第三节　经营商店摊点与商品购销

经营商店摊点

1991 年，全县供销社有综合商场、商铺门店、饮食店、影城、加油站等经营摊点 560 多个。

1994 年 6 月，县供销合作社联合社投资 500 万元建七层综合大楼，建筑面积 4080 平方米，1996 年 1 月竣工。综合大楼一层、二层楼出租，用以经营饮食、日用百货等。1998 年新江供销社利用本社的闲置土地和仓库，与县工商部门联办农贸市场，建成房屋、商铺（摊位）34 间，用以出租经营等。

1996 年，全县供销社经营商店摊点 616 个，其中 300 平方米以上商场 16 个，加油站 14 个，联办影城 1 个，其他商店摊点 585 个，固定资产原值 7921 万元，自有流动资金 9793 万元，全年上缴税金 150 多万元。2001 年，全县供销社有经营商店摊点 616 个，固定资产原值 7782 万元，自有流动资金 4117 万元，全年上缴税金 135 万元。2004 年，全县供销社有经营商店摊点 430 个，固定资产原值 6767 万元，自有流动资金 4390 万元，全年上缴税金 100 多万元。

1991 年至 2004 年，全县供销社累计投入 2100 多万元，先后建成邕宁县供销合作社联合社综合大楼、县土产果品公司那元商场、金都酒楼、刘圩综合商场、南阳综合商场、五塘综合商场、吴圩综合商场、苏圩加油站、大塘加油站、南晓加油站、苏圩液化石油气站、苏圩影城等。

商品购销

1991 年至 2003 年，全县供销社主要从事农村生产资料、生活资料的供应和农副产品的生产扶持、收购、加工、销售，以及副食、酱料的生产加工等，共投入资金新建改建砖炉 17 座，设立固定收购点 25 个，流动收购点 13 个。累计完成商品总购进 20.03 亿元，其中农副产品收购完成 1.36 亿元；累计完成商品总销售 26.25 亿元，其中商品零售完成 15.78 亿元；累计销售各种化肥 104.03 万吨，农药 3238 吨，农用薄膜 775 吨，中小农具 70.79 万件。

2004 年，全县供销社完成商品总购进 2.20 亿元，其中农副产品收购完成 1527 万元；完成商品总销售 2.38 亿元，其中商品零售 7027 万元；销售各种化肥 8.87 万吨，农药 1269 吨，农用薄膜 586.70 吨。

1991 年至 2004 年，全县供销社累计收购桑蚕茧 7947.90 吨、蘑菇 2497.30 吨、四季豆 2040.40 吨、木薯干片 3.03 万吨、西瓜 1649 吨、菠萝 106 吨、香芋 150 吨、甜玉米 90 吨。其中，1991 年县供销合作社联合社被自治区供销社评为“科技兴农，开拓经营，文明经商先进单位”；1998 年县供销合作社联合社被南宁市人民政府授予“1997 年度完成南宁市社会消费品零售总额先进集体”等称号。

1991年至2004年邕宁县供销社商品购销及利润情况

表 8-5-3-1　　单位：万元

年　度	商品总购进	其中农副产品收购	商品总销售	其中商品零　售	营业利润
1991	1417	896	16369	9712	24.60
1992	14873	1279	16358	10149	-182
1993	16142	1047	17885	10863	-166.26
1994	15657	1445.14	18164	11280	-127.10
1995	23785	1616.92	24592	14587	-236.42
1996	24405	897	25706	16783	-307.93
1997	23705	806.57	25780	17689	-552.19
1998	18112	449	20104	14656	-552.96
1999	15696	397.02	16599	12631	-559.36
2000	16702	821.24	17769	13013	-235.69
2001	17140	1305	19526	1557	3.52
2002	18376	1349.42	20205	5168	14.08
2003	21100	1353.70	23500	5735	-122.17
2004	21989	1527	23791	7027	-391.27

说明："-"符号表示亏损

第四节　农业专业合作社

1997年起，邕宁县供销合作社联合社牵头组织创办以基层供销社为依托、以农民为主体的"供销社＋农户"模式的农业专业合作社，引导农民进入市场，发展农业经济，增加农民收入。各类农业专业合作社根据市场需要发展种养项目，本着平等互利、民主管理、对内服务原则，由基层供销社领办营业执照，农民群众自愿参与入社合作的办法，建立各种种养专业合作社。1997年6月，刘圩供销社香芋专业合作社和蔬菜专业合作社成立，入社农户2700户，种植香芋50公顷，淮山60公顷，蔬菜100公顷。之后，有那楼、新江、蒲庙、南晓、苏圩、大塘、那陈、南阳、伶俐、百济10个供销社成立桑蚕茧专业合作社，入社农户1.49万户，有桑田700公顷。那楼供销社还成立有淮山专业合作社。

1999年冬，蒲庙供销社在蒲庙镇良信村成立桑蚕专业合作社，有36户农民种桑，面积2.57公顷，入社农户6户。至2004年，蒲庙供销社桑蚕专业合作社入社农户693户，桑园面积发展至65.27公顷，年产鲜茧50吨。2001年，那楼、蒲庙、新江、南晓4个桑蚕专业合作社被南宁市供销合作社评为市供销系统先进专业合作社；那楼桑蚕专业合作社被全国供销合作总社评为全国示范专业合作社，为广西唯一获此称号的基层专业合作社。

2003年，全县供销社领证开办专业合作社的有刘圩供销社香芋专业合作社、蔬菜专业合作社，那楼、新江、蒲庙、南晓、苏圩、大塘、那陈、南阳、伶俐、百济供销社桑蚕茧专业合作社，蒲庙镇良信村桑蚕专业合作社等13个，入社农户1.50万户，入社股金7.06万元。专业合作社引导农民种植桑园面积2433.33公顷、淮山666.67公顷、香芋300公顷、蔬菜（甜南瓜、法国豆、蘑菇等）20公顷，有种桑养蚕、淮山、香芋等生产基地5个。那楼桑蚕茧、那楼淮山、刘圩香芋逐渐形成品牌。是年，那楼桑蚕专业合作社被评为自治区级示范专业合作社。

2004年，全县供销社参与农业产业化经营，领证开办专业合作社14个，入社农户7.09万户，入社股金7.10万元。

第六章 服务业 对外贸易

第一节 服务业

1991年后，邕宁县商业服务业快速发展，主要有金融业、食宿和餐饮业、信息传输、软件和信息技术服务、美容美发、修理等。尤其是食宿、餐饮、美容美发等服务业在县内发展较快。

住 宿

1991年，县城旅馆主要有县政府招待所（县政府管理）、人民旅社（县外事办管理）、东楼旅社（县饮食服务公司管理）、思鸿园旅社（县劳动局管理）和汉林旅社等。其中县政府招待所、人民旅社、东楼旅社是国有企业，汉林旅社是集体企业，个体旅店有6个；各乡镇所在地和大沙田经济开发区有供销社开办的旅社和一些个体旅店。1995年起，随着流动人口的增加，个体旅店逐渐增多。至2000年，全县个体旅馆（店）有100多个。

2003年，全县经营住宿业的单位有158个，客房总数2729间，床位5417张，年接待旅客住宿人数51.30万人（天），营业收入2417.10万元，利润总额287.70万元，年末从业人员1193人。按登记注册分类：国有单位有邕宁宾馆（原县政府招待所）、思鸿园旅社、外事办接待处（县外事办管理，主要供县内单位使用，不对外开放）、人民旅社、东楼旅社（县饮食服务公司管理）5个，床位340张，营业收入640万元；集体单位有汉林旅社（县第二服务公司管理）、伶俐旅社、苏圩旅社、吴圩旅社、大塘旅社、五塘旅社、那楼旅社、刘圩旅社、那陈旅社、南晓旅社、九塘旅社、南阳旅社10多个（位于乡镇政府驻地，由供销社创办和管理），床位595张，营业收入115.70万元；股份合作单位1个，床位20张，营业收入7000元；联营单位1个，床位15张，营业收入5000元；有限责任单位1个（银田酒楼），床位220张，营业收入496.70万元；私营单位3个（兴大酒楼、兴泰酒楼、富皇钓鱼度假山庄），床位210张，营业收入267.60万元；个体旅馆（店）139个，床位4017张，营业收入895.90万元。按单位类型分：宾馆或饭店5个，客房302间，床位580张，年接待旅客住宿人数1.22万人（天），营业收入1375.30万元，亏损61.30万元，年末从业人员476人；旅馆150个，客房2387间，床位4727张，年接待旅客住宿人数49.31万人（天），营业收入1020.50万元，利润总额333.50万元，年末从业人员710人；招待所3个，客房40间，床位110张，年接待旅客住宿人数7770人（天），营业收入21.30万元，利润总额9.50万元，年末从业人员7人。

2004年，县城主要有邕宁宾馆（1998年2月县政府招待所更名为邕宁宾馆）、人民旅社、东楼旅社、思鸿园旅社等；全县个体旅馆（店）有130多个，较大的个体（个人资本租赁经营）宾馆有仙葫大酒店等。邕宁宾馆是集住宿、餐饮、会议、商务于一体的综合性旅馆，2004年房间设有双人间、五人间、六人间等，共有床位300多张，其中普通床位280张、豪华床位50张，室内配置有空调、电视机和卫生间，宾馆设有客房部和餐饮部，共有职工90多人，其中合同工50余人、临聘人员40人。2004年，大沙田开发区、仙葫开发区、邕宁沿海经济走廊开发区的宾馆、旅馆随着开发区的发展不断涌现，3个开发区共有旅馆30多个；各乡镇政府所在地的圩街一般都办有3~10家的旅店。

餐 饮

邕宁的风味小食主要有生榨米粉、卷筒粉、干捞粉、老友粉、螺蛳粉、桂林米粉、米粉虫、米饺、多层粉糕、糖糕，糯米制品主要有五色糯米饭、粽子、水馍、水圆糍、灰水糍粑、蕉叶糍粑、艾糍、沙糕、芝麻饼等，肉类食品有猪肉、鸭肉、鸡肉、鹅肉、牛肉、狗肉、羊肉、鱼、虾、螺等。特色的食品有那楼生榨米粉、那楼淮山、百济芝麻鸭、良庆脆皮扣、良庆韭菜、刘圩香芋、大塘鸭、吴圩牛杂、那路白切狗肉、长塘扣肉、长塘鱼生、南晓鸡等。邕宁县饮食业主要以个体为主。

▲ 2002 年，位于县城的新华酒楼
（邕宁区史志办资料照片）

1991 年，县城饮食业有醉邕酒楼、思鸿园酒楼、向秀丽酒楼等酒楼，有个体饮食店（含大排档）、饮食摊点 70 多个；乡镇的个体餐饮服务业基本上取代原供销社办的粉店、饭店。全县饮食业营业额 536 万元。

1997 年，全县饮食业营业收入 1.36 亿元，其中国有经济 1989 万元、集体经济 297.90 万元、个体经济 1.11 亿元、联营经济 190 万元。饮食业商品零售总额 1.33 亿元，其中国有经济 1725.80 万元、集体经济 292.90 万元、个体经济 1.11 亿元、联营经济 190 万元。

2000 年，全县饮食业有新的发展，营业收入增加，饮食业社会消费品零售总额 1.69 亿元，比 1998 年的 1.48 亿元增加 2100 万元。

▲ 2003 年，位于邕宁沿海经济走廊开发区的钓鱼山庄餐厅
（邕宁区史志办资料照片）

2003 年，全县限额以上登记注册的内资企业有 6 个，从业人员 448 人，营业收入 1964 万元；国有企业 1 个（醉邕酒楼，县政府管理），从业人员 69 人，营业收入 363 万元；集体企业 1 个（大聚会酒楼，县供销社管理），从业人员 60 人，营业收入 311.90 万元；联营（集体联营）企业 1 个（银田酒楼），从业人员 40 人，营业收入 165.30 万元；有限责任公司 1 个（仙葫大酒店），从业人员 150 人，营业收入 356.50 万元；私营企业 1 个（福兴酒楼），从业人员 129 人，营业收入 767.30 万元。限额以下法人单位 10 个（新华酒楼、永通大酒楼、碧丽城酒楼、虹桥饭店、思鸿

园酒楼、春雄酒楼、友地酒楼等），产业活动单位1376个，从业人员3970人，营业收入8538万元。其中，个体餐饮业产业活动单位1351个，从业人员2720人，营业收入5374万元。全县饮食业法人单位16个，产业活动单位1383个，从业人员4418人，营业收入1.05亿元，商品零售额1.04亿元。

2004年，县城有酒店和饮食店近100个。县城主要酒楼有醉邕酒楼、友地酒楼、大银元酒楼、新华酒楼、新兴酒楼、福兴酒楼、碧丽城酒楼、美食城、永通酒楼、红桥饭店、春雄酒楼等，其他饮食店（含大排档）80多个。大沙田开发区酒楼主要有银田酒楼、兴大酒楼等，饮食店和饮食摊点数十个。邕宁沿海开发区酒楼主要有富皇钓鱼度假山庄、南宁富丽酒店、粤海酒家等。仙葫开发区酒楼主要有仙葫大酒店、新兴酒楼（分店）、肥仔饭店等。有一些酒楼如醉邕酒楼、友地酒楼、福兴酒楼、富皇钓鱼度假山庄等还设有包厢、舞厅，并配有电视和唱碟，供人们唱歌、跳舞、卡拉OK等娱乐。此外，各乡镇政府所在地随着居民生活水平的提高和人们活动的频繁，饭店、酒楼渐渐增多，小的乡镇如镇龙乡有3家，大的乡镇如吴圩镇有10多家。乡镇中较有名的酒楼和饭店有吴圩镇珍珍饭店第一连锁店、四季香饭店、小金山饭店、明阳宾馆，大塘镇凤亭湖大酒家、银满楼酒家，良庆镇三和餐馆，那楼镇新新酒楼，那陈镇桃花源酒家等。

第二节 对外贸易

1991年后，邕宁县抓住机遇，先后建成大沙田、沿海、仙葫3个开发区，通过招商引资大力发展出口产品创汇企业。出口贸易以三资企业为主。出口企业有龙昌日用品工业有限公司、华邦制衣有限公司、泰格金属制品有限公司、利达编织品有限公司、美王食品有限公司、金满顺食品有限公司等10余家，出口产品主要有蔗糖、牙刷、各类毛刷制品、服装、电子元件、中成药、螺杆、天然仪器色素、编织品、果脯、茶叶、松香等，产品销往泰国、马来西亚、新加坡、波兰、沙特阿拉伯、尼日利亚、新西兰、美国、挪威、日本等国家和地区。

1991年，全县外销产品主要有蔗糖、中成药、螺杆、编织品、茶叶、松香等，收入31.04万美元。1995年创汇收入128.54万美元。1996年后，全县创汇收入逐年上升。1999年，出口创汇额771.34万美元。2000年出口创汇额1069.78万美元。1999年至2001年，主要出口创汇的三资企业有广西日顺食品有限公司、龙昌日用品工业（南宁）有限公司、南宁华邦制衣厂等16家，出口产品有耐高温材料、氧化锑、牙刷、裁断机、模具、服装、天然食品色素、竹藤编织品等；年出口创汇额达100万美元以上的企业有龙昌日用品、华邦公司、德燊公司、丰德公司、日顺公司、泰格公司、锦莹公司、利达公司8家；出口贸易非外商企业有广西华宏水泥股份有限公司、邕宁县松香厂、广西盛糖机制造有限公司、国营七坡林场等4家。2004年外销产品主要有蔗糖、牙刷、各类毛刷制品、服装、电子元件、中成药、螺杆、天然仪器色素、编织品、果脯、茶叶、松香等，创汇收入1800万美元，为历史最高纪录。1991年至2004年，全县外销产品出口创汇收入1亿美元。

第七章　旅　游

邕宁县旅游资源有奇山、秀水、幽洞、湖库、森林、古庙、古遗址、古石器、古战场、古宅等。名胜古迹有昆仑关古战场遗址、新石器时代贝丘遗址、古庙五圣宫、雷婆岭摩崖石刻等。山水景观有斑山、岜博山、逃军山、凤凰湖、千岛湖、凤亭河水库以及蒲庙清水泉等，溶洞有十八罗汉洞、仙人洞等。标志建筑有1996年建成的世界同类桥梁跨度最大的邕宁邕江大桥(2005年9月更名蒲庙大桥)。2004年规划开发有灵龟山和各种果园观光、田园风光以及农家乐一日游等。旅游文化资源还有邕宁“壮族八音”“壮族抢花炮”“壮族嘹啰山歌”等民族民俗风情。

邕宁县旅游开发起步较迟，1982年县境有南宁市大王滩（凤凰湖）旅游风景区、县城五圣宫和蒲津公园等。1991年，到县内景区览胜观光游客3万多人。2004年，旅游景点有昆仑关、贝丘遗址、斑峰书院、五圣宫、蒲津公园、雷婆岭摩崖石刻、竹泉岛、凤凰湖风景区等，到县境内景区览胜观光游客5万多人。由于各景点缺乏资金投入，至2004年，县境内除大王滩风景区和竹泉岛外，其他景点未开通旅游线路。全县没有形成旅游产业，因此旅游收入较少，1991年至2004年的旅游收入未列入统计。

第一节　机　构

1991年至1997年9月，邕宁县旅游工作由县外事办公室负责。1997年9月，成立邕宁县旅游总公司，由县外事办公室组建。1998年10月，成立邕宁县旅游管理办公室，县外事办公室、县旅游管理办公室和县旅游总公司一套人马，联合办公，在职人员10人。2004年，该机构（县外事办公室、县旅游管理办公室和县旅游总公司）在职人员5人。办公地址在县城红星路南段。县旅游总公司和县旅游管理办公室自成立之日起至2005年3月，没有任命公司经理和办公室主任，其工作职责一直由县外事办主任承担。

第二节　昆　仑　关

昆仑关位于邕宁县昆仑镇北面4千米处昆仑村的昆仑山（又名坻宝山）与领兵山的要隘上，昆仑古道沿峡谷通过关楼城门，距南宁市区56千米，是中国十大名关之一，也是著名的昆仑关战役遗址。1994年8月，昆仑关战役遗址被列为自治区文物保护单位。

▲昆仑关南门牌坊　（滕永杰2012年摄）

相传始自唐代“垒石为关”，重兵驻守。北宋景祐二年（1035年）设置昆仑关，正式建关楼，派兵驻守。关楼几次重建（修）。

1976年5月邕（邕宁）柳（柳州）公路铺设柏油路面时，关楼城墙被人拆毁，1980年12月自治区文化局拨专项经费由邕宁县负责修复，1982年9月竣工。

大明山余脉3条会合于昆仑山附近形成独特地貌，方圆数十里山峰高耸，峡谷树木参天、溪涧流水潺潺，关楼地势险要，易守难攻，有“一夫当关，万夫莫开”之势。民国18年（1929年）修建的邕宾（邕宁至宾阳）公路旁经关楼。昆仑关是南宁东北门户，为历代兵家必争之地，曾在此地发生5次战役。其中以宋朝名将狄青“上元三鼓绝昆仑”和民国28年（1939年）12月抗击日本军队的昆仑关战役而闻名中外。战后，由国民政府军第五军军长杜聿明组织，在昆仑山（关）上建立陆军第五军昆仑关战役阵亡将士墓园，于民国33年（1944年）建成。墓园南大门牌坊为三门四石柱，门柱内外及横批均刻有题联（诗），从南大门铺设331级石台阶直达山顶，山上建有纪念塔、公墓碑记等。纪念塔高14.74米，塔的基部为六角形，高约2米，刻有题词及纪念碑文；纪念塔基部以上为三角形，正南面有杜聿明题词“陆军第五军昆仑关战役阵亡将士纪念塔”。在纪念塔的北面有3座平台形公墓，面积266平方米，每座平台各有一块长3米、高1.20米铭刻阵亡将士姓名的石碑。东北面约600米处建有一座纪念亭（六角亭）及北门（出口）牌坊（一门二石柱），门高4.50米、宽2.60米，牌坊横批及门柱内外均刻有题词。墓园纪念建筑均为花岗岩材料，有国民党党政军要员蒋介石、李宗仁、何应钦、白崇禧、李济深、陈诚、杜聿明、张治中、张发奎、顾祝同、于右任、余汉谋、徐永昌、林蔚、黄旭初等人，分别在牌坊、纪念塔、纪念亭等题联、题词（诗）及写碑文。

▲昆仑关北门牌坊

（滕永杰2012年摄）

第三节　顶蛳山贝丘文化遗址

顶蛳山贝丘文化遗址位于蒲庙镇新新村九碗坡顶蛳山上，总面积5000平方米，1994年发现，属新石器时代，距今5000~10000年，为全国重点文物保护单位。1997年4月由中国社会科学院考古研究所、自治区文物工作队及南宁市博物馆联合进行第一次发掘。是年被评为全国十大考古新发现之一，命名为顶蛳山文化。

1997年至2000年，先后3次进行发掘，发掘面积共1050平方米，发掘清理出墓葬331座400多具古人遗骸，众多密集的墓葬为广西乃至全国同时期遗址所罕见，为广西体质人类学的研究提供最丰富的古代人体骨骼资料。同时出土大量陶片、石器、骨器和蚌器及20多件陶器等史前人类使用过的生活用具、生产工具，发现同期研究领域尚无报道过的肢解葬和长方形干栏式建筑遗迹，使这一岭南古代建筑在广西首次通过考古得以确认。发掘取得的成果在广西史前考古领域是空前的。2001年7月，顶蛳山贝丘文化遗址被列为国家级重点文物保护单位。

第四节　凤凰湖　千岛湖

凤　凰　湖

凤凰湖风景区位于那马镇连山村，距南宁市区32千米。邕宁县于1958年在八尺江上游的大王滩修筑大型水库，1964 年竣工称大王滩水库。1982 年列为南宁市大王滩旅游风景区，后为国家级旅游风景区。由于大王滩旅游景区位于凤凰岭山下，因此该旅游景区于 2001 年改称为凤凰湖风景区。

传说很久以前，有个赤脚大仙云游到凤凰岭，下到八尺江边饮水解渴，见两岸田园缺水龟裂禾苗枯萎，便以葫芦汲水浇灌，可是遍地禾苗枯萎难以全部救活。赤脚大仙遂立志堵江蓄水灌溉，便腾云驾雾到十万大山，用拐杖把猫头山挑了回来。入夜，恰好来到凤凰岭上空，突见江边灯火辉煌，鼓乐喧天，人头攒动。大仙按下云头，将猫头山放在八尺江边，然后走近一看，原来是人们在为大王祝寿开怀畅饮狂欢。大仙被当作贵客被众人敬酒灌得酩酊大醉，待酒醒时已过鸡叫三遍，法术失灵，无法搬动猫头山。江没堵成，赤脚大仙自悔贪杯误了大事，急得一跺脚，在一块巨石上留下深深脚印。搬不动的猫头山与凤凰岭之间后来形成八尺江峡谷险滩大王滩，天长日久，发源于十万大山的八尺江水在此受阻使大王滩逐渐扩大。修筑水库后，"仙人脚印"巨石深藏水底。

凤凰湖景点由湖泊、小岛、湖汊、上游河流两岸自然风光等组成，水面面积 5 万平方千米，湖面阔广，水深清澈，泊有许多小游艇和小竹排及竹排小木屋；湖中小岛建有新颖别致的小木屋，若隐若现；景区建有园林式度假村，有别致优雅的亭台楼阁、宾馆，有会议室、歌舞厅、游泳池、烧烤场等设施。每年到此处旅游的人颇多。

千 岛 湖

千岛湖风景区位于南晓镇西部，从南（南宁）北（北海）二级公路 60 千米处往右直走便可到达湖边。千岛湖面积 1200 公顷，湖水平均深约 10 米，最深处 20 米，湖水清澈碧绿，水质优良。湖面上 108 个小岛星罗棋布点缀其间，故称千岛湖。相传在很久以前，有 108 位梁山泊的将星因逆天行道，被天庭贬到此偏僻的屯六为山。

千岛湖为人工湖，又称屯六水库，与凤亭河水库相连，库区长 35 千米。湖岸附近为水源林保护区，林木葱郁，百鸟栖息，林间、湖面不时有鸟儿飞翔与歌唱，此景观与童子牧九牛、岽尖山等景点，共同绘成一幅秀丽的千岛湖山水画，游人乘船游览美不胜收。

第五节 其他旅游景点

蒲津公园

邕宁县蒲津公园是一个天然石山公园，位于邕江南岸县城繁华地段之山岭，融山水美景、蒲庙百年商埠老街情景、五圣宫胜景和邕宁邕江大桥（彩虹桥）等景观于一体，环境优美。公园总面积 9.66 万平方米，建筑面积 1628.53 平方米。从公园可以俯视县城全景和眺望滔滔邕江之水及江边美景，造型新颖的电业大楼与邕宁邕江大桥交相辉映。

▲蒲津公园银枕峰瑶池莲台观世音塑像（滕永杰 2012 年摄）

蒲津公园建于民国 26 年（1937 年），由金枕峰、银枕峰及楼台岭等山岭组成，建公园时刻有"蒲津公园""景物宜人"等石刻，几经沧桑仍清晰。在园内原建有的亭台楼阁等因年久失修荡然无存。1982 年，邕宁县政府拨专款在园内修建亭台楼阁、回廊曲径、园林花圃、鱼池、动物园、娱乐场等景点，保护、种植奇花异木，并把景区扩大至楼台岭。

园内有8处景区，设有游乐场和体育活动场所。公园有南大门、北大门（正门）。北大门有水帘洞瀑布，迎面岩嶂叠翠，秀丽多姿，石景、洞景、园林景色、亭台楼阁相映成趣。园内有一尊高大财神爷塑像，手捧元宝神气十足；有一只五百余年“灵龟”，龟背上有字迹图案，来历传奇；银枕峰建一“瑶池”，莲台上有一观世音塑像；银枕峰东面古色古香的银峰阁依附山傍，登阁览胜，无限风光尽在眼前。园内有天然形成的形态各异的怪石，林木茂盛，浓荫蔽日，鸟语花香。特有的奇、秀、峻、新之美景，吸引县内外不少游客慕名而来。

徐汉林烈士陵园

陵园位于新江镇汉林村西南的盘古山上。徐汉林是内蒙古自治区阿鲁科尔沁旗张家店村人，民国14年（1925年）生于林西县十间房屯一个贫苦农民家庭。民国36年（1947年）4月参加中国人民解放军，同年10月加入中国共产党。先后参加辽沈、平津和衡宝战役，在平津战役中荣立大功。1949年冬，中国人民解放军南下解放广西，徐汉林是45军134师400团6连7班副班长。1950年9月23日拂晓，解放军包围盘踞在新江乡盘古村（当时属广东灵山县辖，1951年2月划归邕宁县辖）的反共救国军第19师74团土匪。在剿匪战斗中，徐汉林是十勇士突击队员，在接近土匪碉堡时，炸药包导火索脱落丢失，他把手榴弹塞进炸药包引爆炸药，与碉堡土匪同归于尽，解放军全歼土匪，击毙70多人，俘虏300多人。战后，徐汉林被所在部队追授“模范共产党员”称号，追记三大功。邕宁县政府把盘古村命名为“汉林村”以示纪念。1954年在企沙山始建徐汉林烈士墓。1957年，县政府把原葬在企沙山的徐汉林等烈士遗骸迁葬到盘古山顶建徐汉林烈士陵园，水泥台阶拾级而上，山顶平台建有一座六角形徐汉林纪念亭，广场建有一座烈士墓。1965年烈士墓改建为钢筋水泥结构，为圆形，底部周长10.25米，高1.80米。墓碑高2.20米，宽1.20米，厚0.37米，墓碑铭刻“徐汉林、姜志福、杨景尧、郭桐之、王景和、王开来等23位烈士之墓”。1975年扩建陵园时，在上山台阶半山腰处两边平台各建一间烈士遗物陈列室，存放有数十块赞颂烈士的牌匾和物品、史料等。1998年，将陵园确定为邕宁县爱国主义教育基地，并确定为县级文物保护单位。

▲位于新江镇汉林村的徐汉林烈士陵园

（黄琼露2009年摄）

斑峰书院

斑峰书院位于邕宁县刘圩镇斑山脚下的刘圩街，始建于清光绪四年（1878年），由当时刘圩团72村群众集资所建。书院书生曾有考中进士1人，文举3人，武举1人，恩贡1人，秀才15人。邕宁县“一门三进士”（钟德祥、钟德瑞、钟刚中）中的钟德瑞及同榜举人梁润堂、谭可经等曾在书院就读，故书院誉满全县。

书院初建时有前（头）、后二座。民国13年（1924年）增建南北厢房各4间。民国28年（1939年），

▲斑峰书院旧址　　（邕宁区史志办资料）

在校舍西面建大门，大门两边各建传达室1间，大门与前座之间为操场。今大门、操场及北厢房已不复存在，头座还基本保持原貌，二座、三座经过历代改建，原貌略有改变，但整体仍基本保持原来书院的框架。民国时期，斑峰书院出一批人才。中华人民共和国成立后，斑峰书院曾用作学校教室，1998年被列为县级文物保护单位。斑峰书院留存文物有江南道监察御史钟德祥“斑峰书院”墨迹及其他碑刻等。

五 圣 宫

▲ 2005年维修后的蒲庙五圣宫　　（滕永杰 2012年摄）

五圣宫位于县城蒲津公园东北面山脚下，背靠终年古木苍翠的银枕峰，面向邕江，处在县城繁华街道，平时宫外车流不断，行人不绝，宫内有“万籁此俱寂，但听钟磬音”的肃穆庄严与清静。

五圣宫建于清雍正九年至乾隆八年（1731—1743年）间，多次重建，最后一次重建于光绪十一年（1885年），后又维修数次。

五圣宫为砖木结构，双层青砖琉璃瓦，分前后两进和东西侧房，总面积600平方米，建筑面积483平方米，前后座两边各有侧室及通道，正殿祀奉北帝，东殿祀奉龙母、天后，西殿祀奉伏波、三界，故称五圣宫。宫墙内外为假清水墙，檐下及墙上端均饰有人物、花木浮雕及水粉画，前厅脊中饰双龙戏珠，两边饰灰雕人物组画雕像，厅室外檐顶边分别饰石狮、鲤鱼等塑像。五圣宫建筑独具风格，工艺美术形象生动，技术精湛，是保存完整又具有地方民族特色的建筑。此处既是民众烧香拜佛祈求安宁吉祥圣地，又是县城景观。1989年10月，五圣宫被列为县级文物保护单位。

雷婆岭摩崖石刻

雷婆岭摩崖石刻位于邕宁县镇龙乡（2005年7月撤销后并入那楼镇）那良村那蒙坡南面的雷婆岭北面上半山腰，距县城45千米，县城蒲庙到灵山县的县道由西往东穿过山之北麓。雷婆岭海拔209米，林木葱郁，山势较缓。从岭北往上至岭巅有一条长约200米，南北宽8~15米不等的石沟，石沟四周古树参天，沟内香烟缭绕。石沟两边有一石刻群，石刻东西长约70米，高约7米，分布面积约350平方米，壁上刻有碑、匾40余幅，最早的石刻始于清嘉庆二十四年（1819年），最迟的石刻于2004年所刻。

石刻内容多是赞誉风景，亦有歌功颂德等，如“甘露恩浓”“泽沛雷岩”“洞天福地”“德慰岩芳”。石匾大小不一，字体各异，参差错落，因势而刻。雷婆岭摩崖石刻为县级文物保护单位。

相传雷婆岭半山腰处建有一座雷婆庙，因年久失修已无存，今仅存用几块石条搭成的庙址，又叫“三清庙”。每年农历五月初五，附近村民自发地聚集到摩崖石刻处，用三牲（猪、羊、牛）举行祭祀活动，祭祀完毕还进行舞狮、放花炮、唱采茶、诗会等活动，参与祭祀和观光游的人少则数千，多则上万。活动后还刻碑留念。岭上距石刻 100 多米处有一个无底洞，至今无人能窥洞底。

▲雷婆岭摩崖石刻群　（邕宁区委宣传部供稿）

竹　泉　岛

竹泉岛文化村位于那马镇八尺江边，距南宁市区 21 千米，有南宁至北海二级公路通过。景区内拦江坝飞珠溅玉，涛声阵阵，激流浅滩，水清砂亮，鱼虾戏水。岛上翠竹簇簇，碧草如茵，万绿丛中成片的桃花、三角梅姹紫嫣红，艳丽动人。木楼客舍掩映在翠竹园林中，充满诗情画意。遍布景区的股股清泉四季恒温，水质优良，可饮可浴。景区内可烧烤、钓鱼、游泳、行船、放排、漂流和开展各种水上、草地上的娱乐活动。

清　水　泉

清水泉又名鸳鸯泉，位于县城西南面 6 千米处，与著名的顶蛳山贝丘遗址相隔数百米。清水泉分清泉和浊泉两处，两泉相距约 100 米，清、浊两泉相依，一上一下，清浊分明，实为奇观，故当地群众将两泉称为鸳鸯泉。

浊泉水潭呈椭圆形，四周向下倾斜像一口锅，水面面积约 100 平方米，潭水常年橙黄，水位稳定。浊泉出水洞口平时涌水量少，雨季下大暴雨涌水量增多。浊水潭的水向南流入农田或小溪。

▲清水泉　（张艺军 2012 年摄）

清泉水潭呈葫芦状，分上下两部分，中间筑一条长 42 米、高 6 米的堤坝隔开。上部分为泉水出水口。清泉每秒流量 1 立方米，是县城自来水的取水池，日供水量 5 万吨以上。清泉水质优良，是附近村民和县城居民饮用水源，可供当地 15 万人左右的生活用水和工农业生产用水。下部分是天然水潭，取水池的余水流入水潭后，沿着弯曲的小溪流入八尺江。清泉水潭面积约 3 万平方米，水潭浅处 1 米，深处 20 多米，潭水清澈碧绿，水温常年保持 18℃左右，含有多种矿物质。

鸳鸯泉东边奇石耸峙，草木芳香，自然环境优美。清水泉规划开发集饮用水、游泳、餐饮、娱乐城（有邕宁“壮族八音”“壮族嘹啰山歌”等表演）和考古（顶蛳山贝丘遗址）等为一体的综合性旅游场所。

十八罗汉洞

十八罗汉洞位于苏圩镇慕村西面龙凤山北侧，从苏圩镇沿邕（邕宁）扶（扶绥）公路往西 4 千米处，距离南宁市区约 48 千米。龙凤山特有的喀斯特地貌，漫山奇石色彩斑斓，山上溶洞众多。最奇的是十八罗汉洞，为海底沉积的石灰岩溶洞，洞深约 1500 米。洞口岩石突兀，奇形怪状，宽处可容数人并行，窄处 1 人匍匐爬过；洞内弯曲幽深，洞中有洞，相互连通，犹如迷宫。洞内有三大溶洞厅，可容纳数千人。进入洞内第一和第二大厅，可见众多石柱、石笋、石幔、钟乳石等，千姿百态，形象生动，引人入胜；第三大厅天然形成 18 尊栩栩如生、犹如魁伟罗汉的乳石，故取名十八罗汉洞。洞内有众多古代海洋生物化石，具有观赏价值和科学研究价值。

仙人洞

仙人洞位于距十八罗汉洞 3 千米处的岜博山，洞深 500 米，自然分成 10 多个美妙的钟乳石厅，有许多奇形怪状的石笋、石幔、石乳等。

逃军山

逃军山又称道人山，位于长塘镇邕江北岸高山，距长塘圩 10 千米。逃军山属大明山余脉，南北走向，海拔 472.90 米。山上有杉、松等人工林和自然林木，风景秀丽。山上有一洞，可容纳 1000 多人。

相传，历代当地老百姓每逢兵乱、逃避征兵等，常常躲避于此山，故称逃军山。传说明末清初，有一乡人李花龙，在某年农历四月初八日，率众起义激战数月，先后攻占数座城池，得胜班师于长塘割据为王，人称他为李哑王。官府派五万清兵清剿李哑王，义军失利退至逃军山凭险坚守，官兵久攻伤亡惨重未果，便围困义军断其粮草，缺粮义军以野菜野果等充饥，坚持至第三年的农历四月初八日，终因缺粮和寡不敌众，全军亡于山上。李哑王死后，乡人在山坳上建一座"圣宫庙"祭祀，庙门柱刻"军中好汉超千古，山上灵神护万民"的对联。此后，乡人对该古庙多次维修。每年农历四月初八日，当地群众到逃军山古庙举行祭祀活动，同时进行舞狮、放花炮、文艺表演等，参与祭祀和观光游客有数千甚至上万人。

那蒙坡古民居群

邕宁县南部的镇龙乡那良村那蒙坡有一处古民居群，为明末清初建筑。该古民居群与雷婆岭摩崖石刻仅一山之隔，相距 1.50 千米，距县城 45 千米，有县级公路通到该坡。

那蒙坡古民居群地处丘陵，群山绿树环抱，环境优美；古宅依山而建，坐北朝南，清一色砖瓦，拾级而上，参差错落，鳞次栉比，布局井然，规模宏大，蔚为壮观。古民居建筑分为一进或二进，各家房屋独立建造；二进为国字形"四合院"，前后各一进，在两边各建小屋作为厨房或杂物房。古民居多数为一进三间为一厅（厅堂）二房（寝室），设厅堂、寝（卧）室等，寝室分楼上和楼下两层。至 2004 年，古民居群有 15 栋共 70 多间房屋保存完整，多数有村民居住。在古民居群中最值得观赏的是滕氏大宅院落，有 3 大栋宅院和各式房间 30 多间，均为青砖青瓦、砖木结构，保存完整；古宅建筑风格迥异、新颖，有合纵连横构造，其独特的壮族居民建筑风格令人称奇。

▲ 21 世纪初，镇龙乡那良村那蒙坡古民居
（邕宁区委宣传部供稿）

▲21世纪初，镇龙乡那良村那蒙坡古民居

（邕宁区委宣传部供稿）

那蒙坡古民居群中的村民家中保存有一些古董，其中有一具保存完整的竹制花轿，为民国初年之物。花轿长88厘米、宽78厘米、高148厘米，材质优良，做工考究，制作精巧，系手工制作、竹编而成。该花轿为2人抬红色新娘轿，原配对的黑色新郎竹花轿已遗失。长辈老人说，中华人民共和国成立前，每逢村里有人结婚，新郎新娘都喜欢坐花轿，用新郎轿抬新郎去迎接新娘，用新娘轿抬新娘回家。办婚事前，要把新娘轿重新刷红、新郎轿刷黑一次，然后再把花轿装饰漂亮。婚事使用花轿，周而复始，遂成婚俗。中华人民共和国成立后，青年人结婚坐竹花轿次数和兴趣逐减，不久便停用。

北觥坡百年民宅

邕宁县蒲庙镇仁福村北觥坡有一处百年民宅，建于清代，是抗法英雄苏元春的得力助手——颜崇魁的故居。北觥坡百年民宅距县城3千米，有县道和村级公路通到该坡。

据北觥坡颜氏族谱和碑文记载："颜崇魁，字春宇，是北觥颜氏第十三代人，官至五品，适光绪甲申乙酉之交，法寇侵扰安南，公应镇南关苏帅元春之聘，参赞戎机，运筹决策，卓著勤劳，后钦功蒙保授五品蓝翎同千职衔，族内常称其三老爷。"该坡颜氏族谱和碑文详细介绍颜崇魁在清光绪十年至光绪十一年（1884—1885年）间，因法国军队在越南的法属领地不断侵犯中国广西边境，应守卫镇南关将帅苏元春之聘，颜崇魁前往镇南关与苏元春共同抗击法军。朝廷视颜崇魁与法军作战战功卓著，授予他五品蓝翎同千职衔。丙申岁（1896年），颜崇魁解甲归田，回归家乡北觥坡安度晚年。回归故里之年适逢"饿殍载道，目不忍睹"。具有慈善之心的颜崇魁"倡设紫善堂，施米施粥，得救济而庆再生者以千万计"。此外，颜崇魁还置枪械，集团练，协同地方官府勇剿当地土匪盗贼，并于"蒲市"介议捐资办学，为当地社会公益事业作贡献。

北觥坡百年民宅，是颜崇魁回故乡定居后，择该坡东面之吉祥地，把当时其他地方别具特色新颖的民居建筑艺术，融入当地壮族民居建筑传统格式，有所结合地建成风格独特的居室。古宅有6进（栋）居室（寝室分楼上和楼下两层），为青砖瓦的砖木结构，分卧屋、客厅、餐厅等，至今保存完整，为颜氏后人居住。颜氏古宅部分屋檐顶盖琉璃瓦、屋脊角饰雕物像，所有居室的门、窗、神楼、屋檐等，均雕刻花鸟虫鱼和龙凤呈祥等图案。在部分居室屋内外墙壁上，还有数幅彩色壁画，内容鲜明各异，多为福禄吉祥图案，有部分壁画仍鲜艳夺目。在2栋前大门的墙壁上方左右两侧各有题字2幅。居室的装饰、雕刻和壁画，丰富多彩、古色古香，为别具特色的壮族古民居建筑艺术。

▲北觥坡古民居内堂　　（粟英文2012年摄）

那兰白鹭村

南晓镇那兰白鹭村距南晓镇 3 千米，距南宁市区 78 千米。每年春天，村边大树上栖息近万只白鹭等鸟。2000 年，那兰村利用白鹭和优美环境开发观鸟农家游。那兰村因村民爱鸟护鸟由此得名“白鹭村”，是自治区级鸟类保护点，常常有游客慕名到那兰村观看白鹭和开展“农家乐”“吃农家饭”“买土特产”等农家游活动。

观光果园

1999 年，那马镇引进水果项目在共和村开发农业观光果园，面积 200 公顷，种植红龙果（火龙果）、大青枣等优质生态水果。那马农业观光果园距南宁市区 20 千米，环境优美，优质水果品种多。2002 年，果园开放供游客观光和采摘水果。

邕宁邕江大桥

位于县城蒲庙镇，西连建设路，东接仙葫开发区莫村半岛，是广西壮族自治区重点工程，列入交通部“八五”联合科技攻关项目。1993 年 1 月开工，1996 年 9 月竣工通车，总投资 6000 万元。大桥为中承式钢骨拱桥，总长 458.40 米，主跨 312 米，其跨度居当时世界同类桥梁之首。桥面总宽 18.90 米，行车道 12 米，人行道 2×3.45 米，纵坡 2%。结构为两条平行的钢管铪箱型截面拱肋，肋宽 3~4 米，肋高 5~6.80 米，矢高 52 米，矢跨比六分之一。引桥为两组 4×16 米预应为 U 型空心板设计荷载：汽车—超 20 级，挂车—120，人群 3.50 千牛 / 平方米。设计洪水频率：P=1%。设计通航水位：H—71.46 米。设计通航净高：250×10 米。由武警交通指挥部工程设计研究所设计，广西公路桥梁工程总公司第二工程处施工。桥结构新颖，技术含量高，采用一系列先进的设计、施工技术和最新科技成果。桥型美观，桥身涂上多种颜色，光彩夺目，远看似雨后的彩虹，故又称“彩虹桥”，在桥上可览蒲庙美丽风光。此桥为南宁市区内标志性桥梁之一。

▲ 2000 年，邕宁邕江大桥夜景　　（滕泽发　摄）

第六节　旅游规划建设与旅游服务

旅游规划建设

1991 年至 1997 年，邕宁县旅游业处于起步和开始规划建设状态。1996 年，邕宁县规划开发建设蒲庙旅游区、那马旅游度假村和抗日昆仑关战役纪念馆等。1998 年县旅游管理办公室成立后，与县外事办公室、县计划与经济局、县旅游总公司联合拟定《1999—2010 年邕宁县旅游资源开发规划》，报经县人民政府同意后实施。规划内容：在邕宁建设昆仑关、千岛湖、苏圩十八罗汉洞、大王滩和蒲庙五大旅游区。昆仑关旅游区包括昆仑山、昆仑关及其附近的更鼓岭、白凿山、仙女山、山心岭和西云江水库等，规划建设成爱国主义教育、弘扬民族精神的景点，辅之以观赏、娱乐、考察、研究等相结合的多功能人文景观旅游区；千岛湖旅游区包括凤亭河水库、屯六水库和岽尖山等，规划建设成以水上观光、森林旅游、登山和避暑为主，又含娱乐、休闲和会议的综合性旅游度假区；苏圩十八罗汉洞旅游区包括十八罗汉洞、岜博山两处旅游景点，规划建设成以观赏喀斯特地貌的奇山、溶洞为主，配之以各种娱乐设施、田园风光及民俗风情等旅游项目的综合性旅游区；大王滩旅游区包括大王滩水库（凤凰湖）、良凤江树木园等，规划建设成集游览、会议、度假、水上游乐、野营为一体的旅游景区；蒲庙旅游区包括蒲津公园、五圣宫、邕宁邕江大桥、清水泉以及邕江沿岸的灰窑田、豹子头、石船头等石器时代古文化遗址和新发现的顶蛳山贝丘遗址等，规划建设成为集历史教育与各种文化娱乐相结合的丰富多彩的旅游区。

2000 年，中共邕宁县委、县人民政府把顶蛳山文化博览园的规划建设列为十大为民办实事之一来抓，聘请北京大学旅游开发与规划研究中心负责该旅游区的总体规划。年初，顶蛳山文化博览园规划被列为自治区、南宁市重点旅游建设项目，批准申请使用 2000 年自治区旅游发展资金。2001 年 2 月，邕宁县在南宁国际大酒店举办顶蛳山文化博览园规划评审会，由国家旅游局、广州中山大学和广西等地的旅游、城建、环保、文物、考古等方面的 14 位专家组成评审组，通过阅读文本、现场考察、听取汇报和讨论评议，予以原则通过。方案经完善后，于是年 10 月报南宁市人民政府审批。11 月，顶蛳山文化博览园被列为国家计划委员会重点旅游项目库。是年，顶蛳山文化遗址被列为国家级重点文物保护单位。2002 年，该项目因靠近清水泉饮用水保护水源区域，致使环保测评达不到上级验收的标准要求而放弃开发。

2001 年，邕宁县初步对外开放的旅游景点有那马竹泉岛、南晓那兰白鹭村。那马竹泉岛建设有岛屿、草坪、烧烤场、泉水游泳池等基础设施，年接待游客上万人。南晓那兰白鹭村建成的旅游基础设施有人工湖、水车、观鸟台等。2002 年，增加开放的景点有昆仑关、吴圩河洲农业观光园等。各旅游景点游客人数逐渐增多。

2004 年，邕宁县开放的旅游景点有蒲津公园（收门票）、昆仑关、徐汉林烈士陵园、五圣宫、斑峰书院、雷婆岭摩崖石刻、凤凰湖（收门票，由自治区水利厅下属机构大王滩管理处和旅游部门管理）、竹泉岛、十八罗汉洞、仙人洞、逃军山、那蒙坡古民居群、北觥坡百年民宅、邕宁邕江大桥、河洲农业观光园、那兰白鹭村等，其他一些景点（区）有的在开发或计划开发中。

旅游服务

1991 年至 1997 年，邕宁县旅游业处于起步阶段，县内旅游服务活动主要由相关旅游景点（区）如大王滩旅游区等组织开展。1998 年起，县外事办、县旅游管理办公室、县旅游总公司开展多形式的宣传活动，宣传邕宁县旅游资源，吸引各方面资金投入旅游资源开发建设。是年 8 月，举办清水泉旅游综合娱乐中心投资洽谈会，尔后多次与香港、福建等地客商洽谈旅游景点投资事宜。

2002 年，县旅游管理办公室通过与南宁各大旅行社联系，吸引顺达旅行社、新华旅行社等几十个团队到那马竹泉岛和南晓镇那兰白鹭村旅游。利用荔枝成熟时节，与广西中国旅行社推出邕宁南晓品尝荔枝一日游线路，吸引更多游客到南晓镇旅游、购买荔枝，并引导群众发展第三产业，促进当地经济发展。

2003 年，县旅游部门接到那马竹泉岛投资业主反映，竹泉岛上游河区因部分群众非法采砂造成河床泥土流失，致使河下游的旅游区水质受到污染，影响旅游经营。县旅游部门与水政部门深入调查，及时制止非法采砂行为，保护投资者合法权益。同时，县旅游部门为外商牵线搭桥，对有意向到邕宁投资旅游开发的韩国宇成株式会社驻中国总代理南宁朗玛厅贸易有限公司等单位和个人，陪同其实地考察，推介邕宁旅游资源和开发前景，热心为他们做好服务工作。

2003 年至 2004 年，在非典型肺炎（简称非典）疫情影响期间，组织对辖区各旅游景点进行防病宣传，开展卫生状况检查和督查，要求各景点搞好清洁卫生并加强卫生管理，重点做好封闭区域和相关设施的通风消毒以及流动人员的体温监测等服务工作。

第九篇

交通 | 邮政 | 电信

第一章 交 通

邕宁县交通主要依靠公路、铁路、水路，有少量使用航空运输。1991年，全县有公路50条（含国道、省道），公路里程1964千米，管理公路里程731千米。1991年起，邕宁县加大对公路、桥梁等交通基础设施建设的投入，先后建成南宁至蒲庙二级公路（南线）、明阳农场二级公路、仙葫大道、长塘至风门、新江至那马、那齐至九塔等道路，以及邕宁邕江大桥、八尺江桥等桥梁。1991年，邕宁县通公路的行政村有223个，占全县行政村总数的94.90%。1998年全县235个行政村全部通村级公路。2002年从县城至21个乡镇的公路全部铺柏油路面。2004年，全县1695个自然村（坡），通公路有1576个。1991年至2004年，全县公路、桥梁等交通基础设施建设共投入5.60亿元。2004年，全县公路总里程1046千米（其中经过县境的高速公路120千米，县管二级公路160千米，不含村级公路的县道公路766千米），经过县境的铁路104千米，县境内的邕江航道83千米。南宁国际机场坐落在吴圩镇，全县形成陆、水、空交通路网。

运输业方面，民营运输业快速发展。1991年，全县营运汽车有1444辆，客运量291万人次，货运量168万吨，其中陆运142万吨、水运26万吨。2004年，全县有从事公路运输业的民用汽车4365辆（其中营运货车4081辆，营运客车284辆），营运三轮摩托车2787辆，客货船64艘（其中客船36艘，货船28艘）；公路运输和水路运输全年客运量913万人次，货运量579万吨。1991年至2004年，全县公路、水路运输客运量累计7623万人次，货运量累计4636万吨。

第一节 机 构

邕宁县交通局

1959年7月，成立邕宁县交通运输局，后改为邕宁县交通局。邕宁县交通局是主管全县公路、水路交通行政管理和行业管理的县人民政府工作部门。

1991年，县交通局机关内设秘书股、综合股2个股，局机关人员编制9名。二层事业机构设县公路管理所、公路运输管理所、航务管理所和县养征所；局下辖县交通工程公司、航运公司、第二航运公司、第一运输公司、第二运输公司、汽车检测站、汽车修配厂等10多个企业和公路道班23个、乡镇交通管理站21个。交通部门干部职工110多人。

2004年9月，县交通局机关内设办公室、综合股2个股室，局机关人员编制8名，其中局长1名、副局长2名。二层事业机构设有县公路管理所、公路运输管理所、航务

▲ 1996年，县交通局办公大楼

（邕宁区史志办资料照片）

管理所、交通局养征所、交通战备办公室、路政大队、收费站等；局下辖县征稽所、航运公司、第一运输公司、第二运输公司、运输服务公司等企业 13 个，道班 23 个，乡镇交通管理站 21 个。交通部门干部职工 1259 人。县交通局办公地址在仙葫大道东段。

1991 年至 2005 年 3 月县交通局历任局长：王波，黄恩立，杜朝坚。

自治区、南宁市驻邕宁县机构

驻县的自治区、南宁市交通单位和交通管理机构有邕宁汽车总站、县海事处（由南宁航政所管理）、自治区高速公路管理局邕宁高管所（由自治区高速公路管理局管理）、自治区邕宁县公路局（位于大沙田开发区，由南宁市公路管理局管理）、县航标站（由南宁航标局管理）等。各单位根据不同的工作职责和业务范围共同对邕宁县辖区内的交通进行管理。

▲ 2003 年，县公路局办公大楼

（邕宁区史志办资料照片）

第二节 公路线路

国 道

2004 年，经过邕宁县境的国道有南北（南宁至北海）、南柳（南宁至柳州）、南友（南宁至友谊关）3 条高速公路以及南梧（南宁至梧州）、南北（南宁至北海）2 条二级公路。境内高速公路总里程 130 千米。

南宁—北海高速公路 途经县境西北部，为水泥混凝土路面，全长 170 千米。其中，南宁—钦州 65 千米，路基宽 33.50 米，为双向 6 车道；钦州—北海 105 千米，路基宽 28 米，为双向 4 车道。公路经过县境长塘镇、蒲庙镇、良庆镇、那马镇、大塘镇、南晓镇，境内长 65.79 千米。高速公路邕宁段于 1995 年开工，1998 年竣工。

南宁—柳州高速公路 又称“桂海”高速公路，全长 246.60 千米，途经县境东部，为水泥路面，路基宽 33.50 米，为双向 6 车道。公路经过县境长塘镇、伶俐镇，县内长 42 千米。高速公路邕宁段于 1997 年 9 月开工，1999 年竣工。

南宁—友谊关高速公路 途经县境西部，为柏油路面（国道 322 线），路宽 22.50~26 米，双向 4 车道，全长 179.20 千米。公路经过县境的吴圩镇、苏圩镇，境内长 20 多千米。高速公路邕宁段于 2003 年 4 月开工，2005 年 12 月竣工通车。该高速公路邕宁段通往南宁吴圩机场。

省 道

南宁—梧州公路 又称邕柳公路、南柳公路，途经县境东部，原设计起点于南宁，终点至全州，民国 10 年（1921 年）由广西省省长马君武令邕宁兴建南宁至五塘路段。马君武去职后，工程停顿。民国 14 年（1925 年）9 月再度勘测，是年 10 月成立邕宾公路局，由邕宁、宾阳两县征调民工 1.28 万人，募工 500 人，兴建五塘至宾阳路段。民国 16 年（1927 年）6 月 8 日，邕宾路段 152.64 千米全线通车，路基宽 5 米，砂土路面。民国期间，该路是省道。南宁—梧州公路经县境四塘镇、五塘镇、昆仑镇（九塘），境内长 59 千米。1972 年，四塘至五塘路段长 16 千米的路面铺柏油，是县境铺设柏油路面最早的公路。该

▲21世纪初，位于南宁仙葫经济开发区西区的南柳、南北高速公路交会点　　（邕宁区史志办资料照片）

路于1985年按二级公路标准改建为南宁至梧州二级公路（邕宁、宾阳路段），全长400千米，其中邕宁路段长约55千米，1993年10月18日竣工通车，在五塘圩北面设有收费站。

南宁—友谊关公路　途经县境西部，全长223.77千米。清光绪年间修通友谊关至那堪路段。民国15年（1926年）由邕宁、扶绥两县续建南宁至那堪路段，民国21年全线通车，为砂土路面。中华人民共和国成立初期南宁机场搬迁至吴圩后不久，南宁至吴圩机场路段改建为二级公路，是县境最早最好的二级公路。公路经过县境吴圩镇、苏圩镇，境内长28.60千米。

吴圩—北海公路　民国19年（1930年）建南宁—钦州段，长143千米，为三级砂土公路，称“邕钦”公路。该路经过县境吴圩镇、苏圩镇、那陈镇、大塘镇、南晓镇，境内长67.50千米。中华人民共和国成立初期，从钦州续建至北海，称“吴北”公路。

南宁—北海公路　途经县境南部，起点于南宁，终点至北海，经过县境良庆镇大沙田、那马镇、大塘镇、南晓镇。公路全线按二级公路标准建设，双向4车道，全长204千米，其中境内19.50千米。1986年开工，1995年竣工通车。

南宁—西津公路　旧称“邕永”（即邕宁县城南宁至永淳县城峦城）公路，今称南西公路。民国22年（1933年）始建南宁—蒲庙路段，抗日战争时期该路段受破坏。1956年调集民工4000人修复南宁亭子至蒲庙段，邕宁县城蒲庙开始通汽车。1960年由广西交通勘测院勘测，调集南宁市郊、邕宁县、横县、宾阳县和上林县等地民工施工。1965年4月，南宁至西津公路建成通车，全长约125千米。1972年，继南（南宁）柳（柳州）公路铺设柏油路面之后，南宁亭子至蒲庙八鲤亭路段铺设柏油路面，其余路段仍为砂土路面。该路途经县境良庆、蒲庙、刘圩、南阳，县内长57.50千米。1995年11月开工扩建南宁—西津公路邕宁县城蒲庙—南宁路段（南线），全线长20千米，起点于大沙田开发区新坡村，途经良庆镇，终点至县城八尺江桥。该路段在三级路的基础上按平原丘陵区二级公路标准建设，路基宽15米，水泥混凝土路面宽12米，设计行车速度每小时80千米，工程投资5900万元；路基工程资金由柳沙大地股份有限公司全额负责，路面工程资金由工程指挥部筹措和向银行贷款解决；由邕宁公路局和广西巨力工程公司等单位（公司）承建，1999年6月竣工通车，在大沙田设邕宁县青龙江收费站。2004年7月，该路段的蒲庙八尺江桥—蒲庙良庆高速路出入口约4千米扩建路面宽为55米，2006年6月竣工。

南宁—吴圩机场高速公路　位于县境西部，起点于南宁市区，终点至吴圩机场。公路于1998年11月开工，2000年9月竣工通车，为水泥混凝土路面，全长21.46千米，分城市道路段和高速路段。城市道路段长3.02千米，宽100米，双向行道。其中机动车道宽各12.75米，辅道宽各6.50米，人行道宽各3.50米，中央分隔带10.50米，两边分隔带各宽22米，设计行车速度每小时60千米。高速路段为双向6车道，长18.44千米，宽42.50米，其中机动车道宽各12.75米，中央分隔带10.50米，设计行车时速120千米。途经吴圩镇，县境长6.25千米。

县　道

仙葫大道　始称南蒲（南宁至蒲庙）北线大道。起点于南宁市凤岭新区与邕宁仙葫开发区西区接

▲ 2003 年，道路施工现场　　（邕宁区史志办资料照片）

壤处，终点至仙葫半岛环葫南路，全线长 14.40 千米。初建时该路按浅丘区二级公路标准建设，路基宽 15 米，水泥混凝土路面宽 12 米（部分为柏油路面），设计行车速度每小时 80 千米，工程投资 1 亿元。资金由上级补助、县财政拨款、社会集资和向银行贷款筹措。由广西路桥总公司第二工程处等单位（公司）承建。1992 年 10 月开工，1997 年 8 月竣工通车。该路从县财政局大门的大转盘至县交通警察大队的路段长 3 千米，宽 60 米，双向 8 车道。2004 年，投资 4000 多万元对上下洲路段约 8 千米进行扩建，扩建后路面宽 50 米，双向 6 车道；是年 6 月，南蒲北线大道改称仙葫大道。该路段在邕宁邕江大桥北设有县级收费站。

明阳农场二级公路　起点于明阳农场场部，终点连接邕钦（邕宁至钦州）公路吴圩段，全线长 5 千米。由四级柏油路改建为二级柏油路，改建资金由农场自筹，总投资 240 万元。1993 年 5 月开工，1994 年 5 月竣工通车。

其他县道建设　1991 年至 2004 年，邕宁县投入 1 亿多元对县级公路进行维修、扩建、新建和铺设柏油路面及水泥路面。2002 年，全县 21 个乡镇全部通柏油公路。1998 年至 2004 年新开辟建设的那齐—延安—九塔、长塘—风门、新江—那马 3 条县道公路总里程 35 千米。2004 年，全县有县道 25 条，总里程 766 千米。

1991 年至 2004 年邕宁县县级公路建设情况

表 9-1-2-1

起止地点	开工年月	竣工年月	总里程（千米）	等级结构	总投资（万元）	备　注
那齐—延安—九塔	1998.3	1998.12	16.00	三级砂土	430	新建
蒲庙—四塘里罗	1999.5	1999.12	3.04	四级柏油	117	改建
延安镇—那齐	1999.12	2001.12	13.00	四级柏油	320	改建
蒲庙—五合凌屋	2000.3	2000.12	1.50	三级水泥	255	改建
蒲庙—四塘	2001.3	2001.12	1.10	四级水泥	12	县市办实事项目
蒲庙牛湾—长塘	2001.9	2002.10	14.80	四级柏油	1200	改建
蒲庙—长塘牛湾	2002.3	2002.10	3.35	四级柏油	121	大修
苏圩—延安	2002.5	2002.12	12.36	四级柏油	537	改建
长塘—伶俐	2002.9	2004.6	14.05	四级柏油	715	改建
新江—那马	2002.9	2004.9	12.30	三级砂土	1529	新建
蒲庙—百济	2003.2	2003.12	46.00	四级柏油	1000	改建
长塘—风门	2003.11	2004.6	2.00	四级柏油	56	新建
良庆—那马	2004.6	2004.12	11.30	四级柏油	489	县市办实事项目
蒲庙—四塘	2004.6	2004.12	5.00	四级水泥	2000	改建
蒲庙—百济	2001.3	2003.12	46.00	四级柏油	1000	改建
	2004.3	2007.10	46.00	三级柏油	3000	扩建

村级公路

1991 年，邕宁县通公路的行政村有 223 个，占全县行政村总数的 94.90%。1998 年全县 235 个行政村全部通公路。其中，有232个行政村通三级砂土公路，有1个行政村（蒲庙镇广良村）通水泥公路，有2个行政村（四塘镇同仁村、刘圩镇那床村）通柏油公路。2004年，全县有1570多个村坡通砂土公路。1991年至2004年，邕宁县累计投入通村、通坡公路建设资金4000多万元，建成村级砂土公路共250多千米（不含蔗区路、机耕路）。

1991年至2004年邕宁县部分村级公路建设情况

表9-1-2-2　　单位：千米、万元

起止地点	开工年月	竣工年月	总里程（千米）	等级结构	总投资（万元）	备注
百济华灵—大塘那么	1991.3	1991.12	7.00	四级砂土	128	
那陈那蒙—西盛	1993.3	1993.12	20.00	四级砂土	360	
伶俐—沱江	1993.2	1993.12	4.70	四级砂土	85	
伶俐沱江—上王	1994.2	1994.12	9.21	四级砂土	165	
长塘—新屋	1994.2	1994.12	4.60	四级砂土	46	
镇龙—太平那线	1995.3	1996.12	9.55	四级砂土	171	
百济那恋—南华	1995.3	1996.12	5.00	四级砂土	90	
延安—华南	1995.3	1996.12	10.91	四级砂土	118	
昆仑—黄宣	1996.3	1996.12	3.00	四级砂土	54	扶贫路
新江那了—南北二级公路	1996.3	1996.8	1.00	四级砂土	13	扶贫路
大塘太安—锦亮	1996.3	1997.9	7.00	四级砂土	126	扶贫路
那陈和平—大塘派我	1997.2	1997.12	6.45	四级砂土	141	
长塘—枫木	1998.3	1998.12	7.31	四级砂土	104	
百济—屯王	1998.3	1998.12	8.00	四级砂土	78	
伶俐沱江—那樟	1998.2	1998.12	13.50	四级砂土	192	
那陈哥章—七齐	1998.2	1998.12	7.50	四级砂土	102	
长塘长大—那曾	1998.3	1998.12	4.20	四级砂土	108	
长塘农中—百乐	1998.2	1998.12	5.33	四级砂土	40.20	
四塘下丹—同仁	1999.3	2000.6	5.07	四级柏油	162	新建
伶俐上王—官乙	2001.2	2001.12	8.00	四级砂土	42	
蒲庙—州同	2001.3	2001.11	4.80	四级砂土	17	扶贫路
百济—坛关	2004.3	2004.12	6.50	四级砂土	117	
镇龙那良—中和平天	2004.3	2004.12	9.33	四级砂土	130	市县办实事项目
刘圩—那床	2004.3	2004.12	3.00	柏油路	35	
伶俐沱江—武罗	2004.3	2004.12	5.00	四级砂土	50	

第三节　水路　铁路　航空

水　路

邕江航道　邕江航道邕宁河段长83千米，流经良庆镇、蒲庙镇（县城）、长塘镇、伶俐镇，上可达南宁市、百色市等地，下可通横县、梧州市、广州市和香港、澳门地区等，枯水期可通航200~300吨船舶，丰水期可通航500~1000吨船舶。1991年蒲庙航运站继续开办乘客业务，1994年4月30日停止客运业务。邕江航道邕宁段水路运输有船舶货运。

八尺江航道　八尺江流经大塘、那陈、吴圩、那马、良庆、蒲庙等镇的村坡，在航道下游八尺江出口处的蒲庙镇寨上村江口坡连接邕江航道。八尺江航道蒲庙河段长约6千米，丰水期适航10~100

吨船舶，水路运输有货运；八尺江航道良庆河段丰水期适航小船艇，枯水期不能行船。

水库航道 县内有大型水库2座，航道共50多千米，适航中小船艇。其中：大王滩水库航道全线长20多千米，主航道适航500~1000吨船舶，水路运输有客运、货运；凤亭河水库区航道全线长20多千米，主航道适航500吨~1000吨船舶，水路运输有客运、货运。

铁 路

1991年，经过邕宁县境的铁路有湘桂铁路、南防铁路2条，过境铁路长104.07千米，沿途设有五合（1993年改为邕宁火车站）、长塘、伶俐、吴圩、宁村、那铺、石浪7个火车站。2000年至2002年建设湘桂线黎南铁路南环线。2005年3月，经过邕宁县境的铁路有湘桂铁路、南防铁路、湘桂线黎南铁路南环线3条。县境铁路总里程127.07千米，设有长塘、伶俐、邕宁（五合）、吴圩、宁村、那铺、石浪、天坛、玉洞9个火车站。

湘桂铁路 湘桂铁路桂林—南宁段途经县境东北部，民国27年（1938年）始建，次年11月因日军入侵广西省被迫停止铁路施工。1950年10月续建，1951年3月5日建成通车。铁路途经县境长塘镇和伶俐镇，境内长41千米，沿途设有邕宁（五合）、长塘、伶俐3个火车站。

南防铁路 南宁—防城港铁路途经县境西南部，由广西壮族自治区和铁道部合资兴建，1978年3月开工，1986年竣工通车。该铁路在南宁市郊沙井与湘桂铁路连接，经过县境吴圩镇、那马镇、大塘镇、南晓镇，境内长63.07千米，沿途设有吴圩、宁村、那铺、石浪4个火车站，各站开办乘客和货物运输业务。

湘桂线黎南铁路南环线 黎塘—南宁环城铁路途经县境西北部，用于货物运输，铁路标准按国家Ⅱ级建设，设计时速100千米，由中铁五局（集团）第二工程有限公司承建。该铁路在长塘镇五合与湘桂铁路连接，在南宁市郊那洪镇与黎南铁路连接，2000年1月1日开工，2002年12月竣工。经过县境长塘镇、蒲庙镇和良庆镇，境内长23千米，沿途设有天坛、玉洞2个火车站。

航 空

南宁吴圩国际机场位于邕宁县吴圩镇，1958年由南宁机场迁建，1962年11月投入使用，距南宁市区32千米，距邕宁县城56千米。1989年5月，南宁吴圩机场停航进行场道盖被施工，在原有的跑道、联络道、站坪的面积上加盖混凝土，并将跑道向南延长300米至2700米。同时完善跑道助航灯光等配套设施，提高机场起降标准，可保障MD-82以下各型飞机的起降。1990年航班每周10多班。此后，机场逐步开辟新航线。1994年，有国内航线14条，地区包机航线1条、国际航线1条，通往北京、广州、上海、昆明、成都、贵阳、重庆、武汉、长沙、沈阳、深圳、海口、汕头、厦门等市，以及中国香港地区、越南河内等地，总航程13076千米。每周航班由10多班增至70多班。1994年12月18日，吴圩机场举行扩建奠基典礼，计划投资2.01亿元，其中民航投资4000万元。主要项目有2.84万平方米的停机坪、2.40万

▲1997年4月28日建成使用的南宁吴圩国际机场候机楼
（选自1998年10月出版的《南宁市志》经济卷下卷）

平方米的候机楼和容纳450辆汽车的停车场。建成后可满足高峰期每小时1000人次的旅客流量，年吞吐量250万人次。整个工程计划2年建成。2002年机场旅客吞吐量100万人次。

2004年，南宁吴圩国际机场开通并执行的航线有30条，其中国际航线1条、国内和地区航线29条，可通52个国内外大中城市；每周航班462架次，加班或临时性专包机949架次；旅客吞吐量184.91万人次，货物吞吐量2.26万吨。

第四节　桥梁　车站　渡口码头　高速路出入口

桥　梁

1991年起，邕宁县加大桥梁建设投入。1993年至1996年，邕宁县投资6000万元建成邕宁邕江大桥。2002年9月投资1526.80万元建成那马镇步马桥（长93米）和冲陶桥（长93米）2座小型桥梁，2004年9月竣工通车。1991年至2004年，邕宁县境新建大型桥梁有邕宁邕江大桥、仙葫大桥2座，扩建公路桥梁有八尺江桥1座；建成中型桥梁6座；建成各类型小桥（含水毁重建、加固、扩宽桥梁）有屯王桥、那尚桥、丰资桥、堂久桥等30多座；拆除的大桥有1座，即邕宁邕江牛湾吊桥。

邕宁邕江大桥　1993年1月开工建设，是广西壮族自治区和南宁市的重点工程，列入交通部“八五”联合科技攻关项目，1996年9月建成通车，实现县城与南宁市仙葫经济开发区公路（莫村）连接。总长度458.40米，宽18.90米，主跨312米，是当时世界上跨度最大的中承式拱桥。结构为2条平行的钢管铪箱型截面拱肋，肋宽3.00~4.00米，肋高5.00~6.80米，矢高52米，矢跨比六分之一。引桥为两组4×16米预应为U型空心板。桥面行车道12米，人行道2×3.45米，桥面总宽18.90米，纵坡2%。设计荷载：汽车—超20级；挂车—120；人群3.50千牛/平方米。设计洪水频率：P=1%。设计通航水位：H—71.46米。设计通航净高：250×10米。该桥由武警交通指挥部工程设计研究所设计；由广西公路桥梁工程总公司第二工程处施工。总投资6000万元，其中社会捐资200万元。桥结构新颖，技术含量高，采用一系列先进的设计、施工技术和最新科技成果。桥型美观，桥身涂上多种颜色，光彩夺目，远看似雨后的彩虹。大桥建成后，世界著名桥梁专家、日本长大株式会社社长西田繁一发来贺电，祝贺大桥建成。1998年，该工程获国家科技进步奖二等奖。

▲1996年9月建成的邕宁邕江大桥（邕宁区史志办资料照片）

八尺江桥　位于县城西面的八尺江，为石拱桥，桥长125.40米，桥孔数3个，每孔净跨25米，始建于1959年，1961年10月竣工通车。1991年，县政府投资150万元扩建八尺江桥，桥面宽由9米扩至15米，其中行车道由7米扩至12米。1991年3月开工，9月竣工通车。

▲八尺江桥　（邕宁区史志办资料照片）

牛湾吊桥　位于县城东北面3.50千米的邕江蒲庙河

段，桥的南端连蒲庙镇仁福村迪塘坡，北端接长塘乡五合村牛湾坡，桥主跨274米，全长310米，车行道宽3.70米，设计载重40吨（车距80米），时速履带车辆10千米、轮式车辆30千米，是大跨度军（民）用组合铁架吊桥（战备桥）。由广州军区工程科研设计所与工程兵工程学院道桥渡教研室共同设计，广州军区工程兵部队承建。1984年开工，1985年7月竣工通车。投资156万元（不含战备钢梁款和工程兵劳动工资）。牛湾铁架吊桥是邕宁邕江段建成的第一座桥梁。吊桥的管理与养护由邕宁县负责。随着邕宁邕江大桥的建成通车，牛湾吊桥使用价值逐减，管养费用难以维持，1998年3月由县交通局组织拆除。

仙葫大桥 位于仙葫开发区西区，横跨邕江。大桥全长1190米，宽28米，双向四车道，由主桥、引桥、引道组成。主桥最大跨径145米，双薄壁钢筋混凝土桥墩，高约22米（最高30.50米）；两岸引桥均为9×30预应力钢筋混凝土连续箱梁，花瓶式钢筋混凝土桥墩，高度4.20~13米。2004年3月开工建设，2005年3月撤销邕宁县成立邕宁区时桥面未合龙。大桥投资1.53亿元，前期工程由邕宁县投入资金约5000万元，后期工程建设由邕宁区承担费用1.03亿元。

火 车 站

1991年至2004年，县境有火车站9个，期间建设的有天坛火车站和玉洞火车站2个、更名1个。

伶俐火车站 位于湘桂铁路县境段的伶俐镇伶俐圩（邕江北岸），建于20世纪50年代初，为四等小型火车站，建有售票候车室、货物装卸场地等设施。承办火车普通客车客运业务、火车货运业务。伶俐镇是蔗糖和木材主产地区，由伶俐火车站承办部分蔗糖、木材等大宗货物运输。

长塘火车站 位于湘桂铁路县境段的长塘镇长塘圩（邕江北岸），建于20世纪50年代初，为四等小型火车站，建有售票候车室、货物装卸场地等设施。1991年承办火车普通客车客运业务和大宗木材等货物运输业务。2001年起停止客运业务。

邕宁火车站 位于湘桂线县城附近的长塘镇五合街，建于20世纪50年代初，原名五合火车站，1993年2月改名邕宁火车站，为四等小型火车站，建有售票候车室、货物装卸场地、仓库等设施。承办火车普通客车客运业务，以及县城需要的煤炭、工业原材料等和外运大宗农产品大部分都由该站承办货物运输。

天坛火车站 位于湘桂铁路黎南铁路南环线县城附近的龙岗村（五象新区龙岗片区），2002年12月设站（未定等级），建有货物装卸场地、仓库等设施。2003年南环线铁路建成通车后，货物营运火车不得进入南宁市区，运到市区内的货物大部分在天坛火车站装卸。该站是南宁市内的货物营运集散地。

玉洞火车站 位于湘桂线黎南铁路南环线县境的良庆镇玉洞村（邕宁沿海走廊开发区），2002年12月设站（未定等级），建有货物装卸场地等设施。主要以承办货物运输为主，是南宁市内的货物营运集散地。

吴圩火车站 位于南防铁路县境段的吴圩镇平垌村，1986年设站，为四等小型火车站，建有售票候车室、货物装卸场地等设施。承办火车普通客车客运业务和外运大宗农产品（西瓜、蔬菜）等、货物运输业务。

宁村火车站 位于南防铁路县境段的那马镇宁村，1986年设站，为四等小型火车站，建有售票候车室、货物装卸场地等设施。承办火车普通客车客运业务和外运大宗农产品等货物运输业务。

那铺火车站 位于南防铁路县境段的大塘镇南荣村那铺坡，1986年设站，为四等小型火车站，建有售票候车室、货物装卸场地等设施。承办火车普通客车客运业务和外运大宗农产品等货物运输业务。

百浪火车站 位于南防铁路县境段的南晓镇福里村百浪坡，1986年设站，为四等小型火车站，建有售票候车室、货物装卸场地等设施。承办火车普通客车客运业务和外运农产品等货物运输业务。

汽　车　站

1986年，在县城蒲庙设有邕宁汽车总站，在县境主要公路干线沿线的九塘、五塘、吴圩、苏圩、大塘、那楼、南阳等乡镇，共设有7个国营汽车站，开办客运业务。因县内个体和联营客运车辆从1983年起逐年增多，7个国营汽车站因乘客减少于1986年停止客运。1991年，随着个体和联营客运车辆增多，在全县21个乡镇设立汽车客运场（点）。2004年，县内主要有邕宁汽车总站、邕宁汽车客运南站、大沙田客运站和全县21个乡镇设立的汽车客运场（点）。

邕宁汽车总站　位于县城蒲庙镇新兴路与建设路交会处，成立于1956年。建站时原站址在蒲庙镇汉林街，员工8人，面积约40平方米；1958年移至县工人文化宫处；1960年搬至现址。新车站建于1990年，占地面积1.63万平方米，设有售票候车室、行李货物仓库、停车场、职工宿舍等设施。1991年，主要客运线路有蒲庙至南宁、蒲庙至大沙田、蒲庙至五合等。

2002年有县公交公司、邕宁公路客运服务站、总站汽车修理厂、吴圩公路货运服务站、吴圩汽车修理厂、五塘汽车站、苏圩汽车站7个下属生产经营单位，二级客运资质，经营旅客运输、汽车维修、客运货运服务、汽车配件销售、停车、铺面租赁等业务，有营运客车51台，运行班线20条，覆盖南宁、河池、梧州等地，辐射广东、海南、贵州等省，共有在职员工233人，实现内部营业收入1110万元。

2004年，车站设有行政办公室、计财科、安全科、生产科，同时有县公共交通有限公司、邕宁公路客运服务站、总站汽车修理厂、吴圩公路货运服务站、吴圩汽车修理厂、五塘汽车站、苏圩汽车站7个下属生产经营单位，共有员工95人。有营运客车43辆、货车1辆。客车经营业务主要为直达快运和普通客运。运行班线20条，辐射南宁、河池、广东、海南、贵州等省、地市。2004年1月起，与南宁琅东汽车站实现电脑联网售票，在邕宁县可售南宁至柳州、桂林、玉林、贵港、梧州、贺州、钦州、北海、防城港、河池等地市车票，以及南宁至广东、贵州、四川、重庆、云南、湖南、福建、浙江等外省主要城市车票。是年，县汽车总站客运量117.09万人，客运周转量1072.56人千米，营业收入1235万元。

邕宁汽车客运南站　位于县城那元农贸市场附近，2002年3月开工建设，11月竣工投入运营，工程投资30万元，建有综合楼、停车场等设施。客运线路有蒲庙至大沙田，蒲庙至长塘、伶俐、南阳、中和、那楼、百济、新江等乡镇。

大沙田客运站　位于良庆镇境内的南宁市大沙田开发区内，2001年筹建，由邕宁县投资建设，2003年8月建成投入运营，建有综合楼，设售票候车室、停车场等设施。客运线路有大沙田至邕宁汽车客运南站（蒲庙），大沙田至那马、大塘、南晓、那陈等镇。

渡　口

1991年，邕宁县有大小渡口30多处。其中，县境邕江河段沿江的横水渡渡口有思贤塘、良庆陶瓷厂、莫村、牛湾、剪刀、五合华侨林场、和平、岜平、长塘圩、伶俐圩等；八尺江上有那莲、下梁、上梁、八尺江、寨上5个渡口；大王滩、凤亭河等水库区航道设有渡口多处。汽车渡口有伶俐、长塘等渡口。至2004年，30多处渡口仍在使用。

伶俐汽车渡口　位于伶俐镇伶俐圩的邕江边，1960年设置，有汽车渡船2艘，全天使用。解决伶俐糖厂和伶俐镇邕江两岸村屯通车问题。平时每天有80~100辆汽车渡过，糖厂甘蔗榨季（每年11月至次年4月）每天有600多辆汽车渡过。

长塘汽车渡口 位于长塘镇长塘圩的邕江边,1995 年开工,同年竣工并投入使用,有汽车渡船 1 艘,全天使用。解决邕江北岸长塘火车站及河两岸村屯通车问题。

码 头

1991 年前，邕江邕宁河段建的简易小码头有良庆稔水码头、青龙码头（良庆大沙田）、蒲庙临江门旧码头、蒲庙航运码头、蒲庙大众码头、思贤塘码头、蒲庙圩正宁街码头、缸瓦窑码头、土地公码头、三团码头、长塘圩堤岸码头、长塘圩对岸码头、伶俐横水码头 13 个；八尺江蒲庙段建成的简易小码头有那莲圩街东码头、那莲圩正码头、八尺江码头、志德码头、木材公司码头、华宏水泥厂煤场码头 7 个。2001 年建成良庆圩邕江南岸的良庆码头。2002 年青龙码头迁至稔水码头，改称青港码头。2004 年，邕江邕宁河段的青港码头、良庆码头、蒲庙大众码头、蒲庙航运码头、伶俐横水码头和八尺江蒲庙段的木材公司码头、志德码头、华宏水泥厂煤场码头等仍继续使用。2005 年，新建大型码头银泉码头（鉴于前志未收录码头，本志对旧码头一并补录）。

思贤塘码头 位于良庆镇思贤塘江边，为简易小码头，长 26.67 米、宽 1.67 米，石阶数十级，横、直渡两用，建于清光绪年代。邕宁县解放前有来往货船及搭客小艇停泊，中华人民共和国成立初期码头因年久失修倾塌停用。

良庆圩码头 位于良庆镇良庆圩江边，为简易小码头，长 33.33 米、宽 2.33 米，有石阶 70 余级，建于清同治十三年（1874 年）。邕宁县解放前有来往货船及搭客小艇停泊，中华人民共和国成立初期停用。

蒲庙圩正宁街码头 又名港务站码头。位于县城蒲庙圩团结街江边，长 33.33 米，宽 2.67 米，石阶 200 余级，始建于清嘉庆十八年（1813 年），为简易小码头。1952 年设立国营邕宁航站即蒲庙港务站后，维修重建码头并更名为港务站码头。1961 年起办理南宁航运过往客船乘客业务，并用小艇送乘客上客船，1994 年停止使用。

▲临江门码头 （2012 年滕永杰 摄）

缸瓦窑码头 位于县城蒲庙圩原多福门外今建设银行大楼前面溪边，因遗址在缸瓦窑旁故取名缸瓦窑码头，长 10 余米，宽 3.33 米，石阶 50 余级，始建于清嘉庆年代。邕宁县解放前有来往货船及小艇停泊，解放初停用。20 世纪 80 年代，码头被填平作为蒲庙搬运社停放木车场所，后卖给县建设银行建大楼。

大众码头 位于县城蒲庙圩原那元大冲沟边，为斜坡无码头级，岸边建有小平台（平盆），长约 10 余米，宽约 3 米，为简易小码头，始建年月未详。1958 年对大冲沟填土和砌排水拱管后，对码头进行维修并建小平台及货场，长约 20 余米，宽约 3 米，道路可通行汽车至货场。1987 年货场改建为蒲庙镇剧场，道路改道过剧场旁为小通道不通行汽车，从此货船泊位渐少。2004 年仍有小货船断断续续泊位。

临江门码头　位于县城蒲庙圩原临江门江边，长约 8 米，宽约 5 米，石阶数十级，为简易小码头，清末及民国时期有较多来往货船及搭客小艇停泊，特别是每当八尺江航道拥挤时，邕江船商多数停泊此码头后上陆路或搭乘小艇来往那莲圩码头洽谈生意。码头平台原有块大石伸向江面称钓鞭石，夏天游泳的人常从钓竿石上跳入水中戏水，“文化大革命”期间（1966 年至 1976 年）采石社把石炸毁。相传是蒲庙圩最早的码头，始建年月不详。邕宁县解放后停用。

土地公码头　位于县城蒲庙圩今城关派出所宿舍斜对面江边，为简易小码头，长 6 米，宽 4 米，石阶数十级，晚清及民国时期有来往货船及小艇停泊。始建年月未详。解放初停用。

三团码头　位于县城蒲庙圩金星商场后面江边，为简易小码头，长约 5 米，宽约 2 米，石阶数十级，晚清及民国时期有来往货船及小艇停泊。相传在清末年间，此处曾发生大鱼吃人事件，一段时间知情商船不敢泊此，人也不敢在此游泳，后有街民煮滚热大东瓜丢入水中，吃人大鱼吞食后被滚热的东瓜烫死。始建年月未详。邕宁县解放初期停用。

航运码头　又名五圣宫码头、莫村渡口。位于县城蒲庙圩五圣宫前面江边，长约 6 米，宽约 4 米，石阶数十级，为简易小码头，20 世纪 50 年代以前有来往货船及搭客小艇停泊，始建于清代年间（年月未详）。1958 年 10 月兴建西津水电站后，因 1964 年 6 月西津水电站开始蓄水发电，邕江水上涨淹没码头及部分码头级而停止使用。20 世纪七八十年代，县航运公司在古码头旁建一栋 2 层综合楼并重建码头后，更名为航运码头。2004 年仍使用。

长塘圩堤岸码头　位于长塘镇长塘圩附近江边，长 30 多米，宽 2.67 米，石阶 200 余级，始建于清同治年间，为简易小码头，20 世纪 50 年代以前有来往货船及搭客小艇停泊。1964 年 6 月，因西津水电站开始蓄水发电，邕江水位上涨淹没码头及部分码头级而停止使用。

长塘圩对岸码头　位于长塘镇长塘圩对面邕江北岸，长 30 余米，宽 2.67 米，石阶 200 余级，清嘉庆年间建，为简易小码头，20 世纪 50 年代以前有来往货船及搭客小艇停泊。码头年久失修损毁，清光绪年间重建。1964 年 6 月因西津水电站开始蓄水发电，邕江水上涨淹没码头及部分码头级而停止使用。

伶俐横水码头　位于伶俐镇伶俐圩附近江边，始建清嘉庆十年（1805 年），为简易小码头，20 世纪 50 年代前有来往货船及搭客小艇停泊。1964 年 6 月因西津水电站开始蓄水发电，邕江水上涨淹没码头及部分码头级而停止使用。

那莲圩街东码头　位于蒲庙镇孟莲村那莲街东（社坛），长 30 米，宽 2 米，石阶 50 级，为简易小码头，20 世纪五六十年代前有来往货船及搭客小艇停泊。始建年月未详。20 世纪五六十年代停用。

那莲圩正码头　位于蒲庙镇孟莲村那莲圩正街，始建于明崇祯年间（1628–1644 年），长 33.33 米，宽 2.67 米，石阶 100 余级，为沙石土质简易小码头。清道光十五年（1835 年）重修，长 100 米，宽 4 米，石阶 52 级，有来往货船及搭客小艇停泊。20 世纪五六十年代停用。

八尺江码头　位于县城蒲庙八尺江桥东从蒲庙往南宁方向左边八尺江河岸，为天然山石码头，长 33.33 米，宽数米，有来往货船及搭客小艇停泊。始建年月未详。20 世纪五六十年代停用。

青龙码头　位于良庆镇大沙田五象岭青龙江附近江边，为小型码头，距蒲庙—南宁省道公路 100 余米，20 世纪七八十年代建成使用。2002 年因搬迁至稔水码头而停止使用。

青港码头　又名稔水码头。位于良庆镇良庆稔水江边，距蒲庙一南宁省道公路约 100 米，原为砂场，20 世纪七八十年代建成使用。2002 年青龙码头般迁至稔水码头，扩建后改称青港码头，属小型码头，有道路通行汽车至货场。2004 年码头仍继续使用。

良庆码头　又名航运码头。位于良庆圩的邕江南岸，距南宁市区 10 千米，距邕宁县城 8 千米；距蒲庙一南宁省道公路 100 余米，为中型码头。2000 年 5 月开发建设，2001 年 10 月竣工。码头占地面积 1.04 公顷，装卸工作区长 60 米，建有 250 吨以上泊位 3 个，配备 1 台套起重机装卸机械，年吞吐能力20万吨。2004年码头仍继续使用。

银泉码头 位于蒲庙镇张村岜平坡江边，距蒲庙—长塘县道公路100余米，为大型码头，由广西银泉化工有限公司投资经营。银泉码头第一期工程于2005年1月18日开工兴建，次年12月竣工，工程总投资1805万元。码头占地面积2.06公顷，装卸码头占岸线长135米，可同时泊1000吨以上船舶2艘，配备专用装卸起重机械1台套，年货物吞吐能力60万吨。码头采用桩柱结构建设，集装卸、储、运于一体，是南宁市区设备较齐全、技术较先进的第二大码头。

志德码头 位于县城蒲庙八尺江桥西从蒲庙往南宁方向右边八尺江岸。始建于20世纪80年代，为小型码头，原货物由人扛肩挑。2003年7月成立志德公司后，维修和扩建码头，长约90米，宽20米至40余米，并增设4台小型装卸升降机等设备，有道路通行汽车至码头。2004年仍继续使用。

▲木材公司码头遗址 （2017年滕永杰 摄）

木材公司码头 位于县城蒲庙八尺江桥东桥头旁边，从蒲庙往南宁方向左边河岸（八尺江码头下游），长20余米，宽40余米，为简易小型码头，20世纪七八十年代由县木材公司投资建设并作为自用码头，设有木材货场和砂石货场，有道路通行汽车至货场，装载木材船及砂石船泊于此。2004年仍继续使用。

华宏水泥厂煤场码头 又名蒲庙水泥厂码头。位于县城蒲庙县造纸厂宿命区旁边，长90余米，宽8~12米，距码头20余米处建有水泥仓库、煤场等设施，有道路通行汽车至货场。1959年由华宏水泥厂投资兴建（为自用码头），1961年建成使用。2004年码头仍继续使用。

高速公路出入口

2004年，经过县境的南柳高速、南友高速、南北高速3条高速公路，在县境沿途设有高速公路出入口5个，按规定对进入高速路的车辆收费。

五合出入口 位于南柳高速公路邕宁县境段的长塘镇五合街附近，1999年建五合收费站和职工宿舍等设施。

伶俐出入口 位于南柳高速公路邕宁县境段的伶俐镇独岭村，1999年建伶俐收费站和职工宿舍等设施。

蒲庙良庆出入口 位于南北高速公路邕宁县境段的蒲庙镇龙岗村与良庆镇楞塘坡分界线结合部，1998年建蒲庙良庆收费站和职工宿舍等设施。

玉洞出入口　位于南北和南友高速公路交会处的邕宁县境内良庆镇玉洞村，2000 年建玉洞收费站和职工宿舍等设施。

那马出入口　位于南北高速公路邕宁县境内的那马镇那马圩附近，1998 年建那马收费站和职工宿舍等设施。

吴圩出入口　位于南友高速公路邕宁县境内的吴圩镇的南宁吴圩国际机场东北面，2004 年建有吴圩收费站等设施。

第五节　公路水路运输

公路运输

邕宁县从事公路运输业的有县交通部门、个体户和联营户等。

1991 年，全县从事公路运输业的民用运输汽车有 1360 辆。其中，县交通部门 31 辆，个体户和联营户 864 辆，其他 465 辆；载客汽车 160 辆，载货汽车 1200 辆。全县完成客运量 291 万人次，货运量 165 万吨。全县 21 个乡镇均通客运班线。县内主要客运班线有蒲庙—刘圩—南阳、蒲庙—那楼—镇龙、蒲庙—新江—百济、蒲庙—良庆—那马、蒲庙—大塘—南晓、蒲庙—吴圩—苏圩、蒲庙—四塘—五塘—九塘、蒲庙—长塘—伶俐等，另外有蒲庙—南宁汽车总站的客运班线，主要由县汽车总站营运。是年已有三轮摩托车运客，但没有登记管理。

1996 年，全县有从事公路运输业的民用汽车 2694 辆（其中私人 1892 辆；载客汽车 361 辆，普通载运汽车 2333 辆），营运三轮摩托车 4464 辆。全年完成客运量 586 万人次，货运量 317 万吨。是年始，对从事客运的三轮摩托车由县交警部门进行登记管理。

2000 年，全县有从事公路运输业的民用汽车 2193 辆（其中载客汽车 861 辆，普通载运汽车 1332 辆），摩托车 2.69 万辆（其中两轮摩托车 2.48 万辆）。全年完成客运量 500 万人次，货运量 245 万吨。

2004 年，全县有从事公路运输业的民用汽车 4365 辆（其中营运货车 4081 辆，营运客车 284 辆），营运三轮摩托车 2787 辆。全年客运量 891 万人次，货运量 556 万吨。县内主要客运班线有：蒲庙—大沙田、大沙田—大塘—南晓、大沙田—大塘—那陈、蒲庙—刘圩—南阳、蒲庙—那楼—镇龙、蒲庙—新江—百济、蒲庙—良庆—那马、蒲庙—大塘—南晓、蒲庙—吴圩—苏圩、蒲庙—四塘—五塘—九塘、蒲庙—长塘—伶俐等，另外有蒲庙—南宁汽车总站的客运班线，主要由县汽车总站营运。

1991 年至 2004 年，全县公路运输客运量累计 7315 万人次，货运量累计 4169 万吨。

公共交通

1992 年，开通邕宁县大沙田经济开发区到南宁火车站的公共汽车线路。至 2004 年，在大沙田开发区发站的公共汽车线路共有 23 路大沙田南—朝阳花园（12 千米）、29 路大沙田站—会展路口、31 路大沙田南—北大客运中心（12.60 千米）、55 路西乡塘站—大沙田站、501 路火车站—平乐路、801 路大沙田客运中心—安吉客运站 7 条。

1993 年至 2004 年，邕宁沿海经济走廊开发区开通南宁市内公交线路 1 条，即 21 路玉洞站—火车站（12.50 千米）；过境公交线路 3 条，即 501 路、55 路、65 路。截至 2005 年 3 月，南宁市仙葫经济开发区到南宁市内的公交车线路有 2 条，即仙葫经济开发区至南宁市朝阳广场 42 路、87 路公交车；途经仙葫经济开发区的市公交车线路有 1 条，即 2005 年 3 月开通的县城经仙葫经济开发区（东区）五合大学城至五合子垒 703 路公交车。

水路运输

邕宁县从事水路运输业的有县水上运输公司、个体户和联营户，营运水路主要在邕江、八尺江和水库区航道。

1991年，全县有客货船73艘，其中客船26艘，货船47艘。全年完成客运量24万人次，货运量123万吨。

1996年，全县有客货船94艘，其中客船34艘，货船60艘。全县有水上运输公司21家，从业人员466人。因县内公路的快速发展和陆路交通便利，水上运输业务逐年下降。是年，完成客运量24万人次，货运量46万吨。

2004年，全县有客货船64艘，其中客船36艘，货船28艘。全年客运量22万人次，货运量23万吨。

1991年至2004年，全县水路运输客运量累计308万人次，货运量累计467万吨。

1991年至2004年邕宁县客货运输车船情况

表9-1-5-1 单位：辆

年度	民用车辆（不含企事业）			船舶			客运三轮摩托
	总数	货车	客车	总数	货船	客船	
1991	1360	1200	160	73	47	26	1991年至1995年没有统计数字
1992	1819	1484	335	73	47	26	
1993	2244	1854	390	73	47	26	
1994	2798	2381	417	73	47	26	
1995	2631	2259	372	73	47	26	
1996	2694	2333	361	94	60	34	4464
1997	2694	2333	361	80	48	32	3753
1998	2349	2051	298	96	63	33	3500
1999	2209	1951	258	94	59	35	2113
2000	2193	1332	861	93	56	37	2087
2001	2215	1963	252	91	52	39	2932
2002	3077	2816	261	77	39	38	1830
2003	3681	3408	273	66	30	36	2767
2004	4365	4081	284	64	28	36	2787

1991年至2004年邕宁县交通运输基本情况

表9-1-5-2

年份	公路里程（千米）	货运量（万吨）			客运量（万人次）		
		总数	公路	水路	总数	公路	水路
1991	765	288	165	123	315	291	24
1992	813	210	174	36	386	360	26
1993	833	244	209	35	462	434	28
1994	902	255	226	29	415	391	24
1995	902	281	245	36	577	553	24
1996	917	363	317	46	610	586	24
1997	928	280	245	35	466	445	21
1998	994	287	270	17	486	470	16
1999	1025	287	275	12	496	480	16
2000	1032	300	286	14	500	481	19

续表

年份	公路里程（千米）	货运量（万吨）			客运量（万人次）		
		总数	公路	水路	总数	公路	水路
2001	1032	362	346	16	542	522	20
2002	1032	409	390	19	661	640	21
2003	1032	491	465	26	794	771	23
2004	1046	579	556	23	913	891	22

第六节　管　理

1995 年，邕宁县人民政府贯彻《中华人民共和国公路管理条例》，颁发《关于要求将乡村道路交由乡镇负责养护管理的意见的通知》，规定县道乡村公路实行分级管理，县地方公路干线由县交通局管理养护，乡村地方公路交由乡镇管理，实现公路管理体制改革。2003 年，依照《中华人民共和国公路法》和有关法律法规，制订《邕宁县整顿道路运输市场秩序实施方案》和事故应急预案及重大事故责任追究制度，建立健全道路安全管理工作制度，开展“安全生产活动月”和“夯实安全基础工作年”等活动，加强交通安全管理，维护全县公路的路产路权和公路畅通，确保公路运输安全。1991 年至 2004 年，全县公路和水路交通运输安全生产无重大责任事故。除交通部门以外，管理道路交通安全的机构还有公安局交通警察大队等。

▲ 2003 年，位于苏圩镇的苏圩养护站

（邕宁区史志办资料照片）

公路养护

邕宁县内纳入养护的公路，由县公路局负责管养国道、省道干线和县道支线公路，由县交通局公路管理所负责管养其他地方公路。

1991 年至 1993 年，全县纳入养护的公路 2213 千米，好路率 24%，控制差路率在 30% 以内，晴雨通车里程保持 93.50%。投入公路养护费 1000 万元。

1994 年至 1996 年，全县纳入养护的公路 2565.56 千米，好路率 25%，差路率控制在 25% 以内，晴雨通车里程保持 96%。投入公路养护费 1195.50 万元。

1997 年至 1998 年，全县纳入养护的公路 1678.52 千米。其中：县公路局管养的国道、省道干线和县道支线共 700.20 千米，好路率 75.30%；县交通局公路管理所管养

▲ 2003 年，位于蒲庙镇的那元养护站

（邕宁区史志办资料照片）

地方公路858.32千米，好路率34.55%，差路率10.87%；120千米由乡镇级进行养护。投入公路养护费709.99万元，其中县公路局414万元，县交通局295.99万元。1998年，全县公路绿化里程249千米，绿化率72%；南北（南宁—北海）、南梧（南宁—梧州）2条二级公路移交南宁市郊区公路局管养。

▲ 2006年，邕宁交通征费稽查所大门

（邕宁区史志办资料照片）

1999年至2001年，全县养护公路1032.26千米。新增吴圩机场高速公路邕宁段6.25千米由南宁高速公路管理处管养。纳入县交通局养护的地方公路434.02千米，其中常年养护336千米，季节性养护98.02千米。公路养护良等路124.50千米，晴雨通车里程416千米。投入公路养护费共358万元。县乡道路种植路树31万株，绿化里程156千米。

2002年至2004年，全县养护的公路3112.59千米，投入公路养护费347万元。2004年养护公路1051.99千米（含村级公路6千米）。纳入县交通局养护的地方公路443.24千米。其中，县道129.70千米，乡镇道、专用公路313.54千米；砂土路333.35千米，沥青路83.54千米，水泥路26.35千米。是年县道好路率74.80%，差路率4.60%（控制在指标以内），乡镇道晴雨通车率95%；投入公路养护费126万元。

1991年至2004年，全县养护公路1.06万千米，投入公路养护费3610.49万元。

交通规费征收

1991年后，邕宁县交通规费主要由县交通征费稽查所（隶属南宁交通征费稽查处领导）征收。征收范围：公路养路费、车辆建设基金、货运交通建设基金、客运交通建设基金、运输管理费、车辆购置附加费、新增车辆建设资金7种公路规费。此外，邕宁县交通局养征所依照有关规章，征收农用拖拉机、摩托车养路费。征收的交通规费和养路费，主要用于地方公路建设等。

1991年，全县征收规费490.40万元，其中农用拖拉机、摩托车养路费76.70万元。1996年征收规费2366.50万元，其中农用拖拉机、摩托车养路费498.70万元。1997年7月后，邕宁县依照《广西壮族自治区交通规费征收使用管理方法》进行征收交通规费，是年征收规费706.10万元，其中农用拖拉机、摩托车养路费604万元。2001年，南蒲二级公路青龙岗收费站收费额530万元；全县征收农用拖拉机、摩

▲ 2006年，邕宁交通征费稽查所营业厅

（邕宁区史志办资料照片）

托车规费 863 万元，运输管理费 136 万元，航务管理费 7.20 万元。1991 年至 2001 年，征收交通规费 2852 万元。2003 年征收交通规费 1678 万元，其中养路费 1530 万元。1991 年至 2004 年，全县依照有关规章征收交通规费 1.47 亿元。

路政监管

1991 年起，邕宁县境内的公路干线和县道支线营运车辆逐年增多，县交通部门加强对营运车辆的安全生产检查，及时纠正违章行为，促进交通运输的安全。1998 年起，认真贯彻落实 1997 年 7 月 3 日第八届全国人民代表大会常务委员会第二十六次会议通过的《中华人民共和国公路法》，加强路政队伍建设，依法行政，维护公路的路产路权，保障公路畅通。1999 年至 2001 年，处理有关公路案件 48 起，其中临时建筑占用公路 27 起、毁坏路产 5 起、埋设管线 7 起、增设道口 9 起，收取路损赔（补）偿款 27.10 万元。1991 年至 2004 年，累计出动执法人员上路稽查 910 天，出动车辆 1070 辆次，人员 1.02 万人次，查处违章营运车辆 1.81 万辆次，纠正违章车 4030 辆次，暂扣证牌 3570 块，警告教育违章驾驶人员 1.33 万人次。查处涉路案件 168 起，其中建筑占用公路 53 起、毁坏路产 75 起、埋设管线 27 起、增设道口 13 起，结案率 100%，按照有关规定收取路产路权赔（补）偿款 60.10 万元。

▲ 21 世纪初，县交通局执法人员到延安镇检查客车营运情况
（邕宁区史志办资料照片）

航运航政监管

1991 年起，县交通部门重点加强全县水路运输安全生产监管，与运输船舶签订《运输船舶安全目标管理责任状》4 期。2001 年至 2002 年，完成第三期乡镇运输船舶安全责任目标管理，签订第四期（每期 3 年）目标管理责任状；成立县交通局安全生产领导小组，制订《邕宁县整顿道路运输市场秩序实施方案》和事故应急预案及重大事故责任追究制度，建立健全道路安全管理工作制度；平均每年船舶年审 76 艘，占应年审率 96%；举办驾乘人员上岗资格培训 19 期 380 人，并有计划地开展交通安全检查。2003 年至 2004 年，县交通部门继续落实运输安全生产制度，开展“安全生产活动月”和“夯实安全基础工作年”等活动，共检查码头、渡口和水库 53 处，检查驾乘及相关人员 65 人次、船舶 836 艘次，检查水库排筏 32 只次，查处各种违章船舶 38 艘次。1991 年至 2004 年，加强对码头、渡口和运输船舶进行水上运输安全督查，出动车辆 530 辆次，人员 4290 人次，检查码头、渡口 219 处，船舶 3433 艘次，水库排筏 473 只次，查处违章船舶 345 艘次，及时纠正和处理各种违章行为。

车船维修

邕宁县内设有汽车、摩托车和船舶维修厂家（店），各车船维修厂家（店）凭营业执照经营，维修各种车辆和船舶。

1991年，全县有汽车、摩托车维修经营户（含船舶）60家，其中，甲类2家，乙类6家，丙类52家。2002年，按照上级有关规定取消车辆维修经营户41家；全县有车辆维修经营户221家（其中，甲类1家，乙类10家，丙类210家），船舶维修厂1家。2004年，全县有车辆维修经营户318家（其中，乙类7家，丙类311家），船舶维修厂2家。

1991年至2004年邕宁县车辆船舶维修经营户情况

表9-1-6-1 单位：家

年度	车辆维修				船舶维修
	总数	甲类	乙类	丙类	
1991	60	2	6	52	1
1992	82	2	9	71	1
1993	122	2	17	103	1
1994	158	2	28	128	1
1995	168	3	8	147	1
1996	177	3	18	156	1
1997	217	1	9	207	1
1998	212	1	9	202	1
1999	236	1	9	226	1
2000	209	1	9	199	1
2001	199	1	10	188	1
2002	221	1	10	210	1
2003	231	0	8	223	2
2004	318	0	7	331	3

第二章 邮 政

邕宁县邮政网点设置与服务，一般以乡镇区划为单位设置，在个别乡镇区划内有企事业单位较多的某一地段，另设置邮政网点。

1991 年，全县 21 个乡镇和 3 个开发区设置邮政网点 27 个，邮电业务总量 240.26 万元。1996 年起，邮电业务总量快速增长，由 1995 年的 904 万元增加到 1996 年的 2205.11 万元。1998 年 9 月，邮政和电信分开，全年邮电业务总量 4773 万元（含邮政和电信）。2004 年，全县邮政业务量 980 万元。2005 年 3 月，设置邮政网点 29 个，形成县、乡镇二级邮政服务网；全县 210 个村委会、41 个社区居委会全部通邮。

第一节 机 构

1953 年 7 月，成立邕宁县邮电局。1991 年，县邮电局由上级邮电部门和县人民政府管理，设办公室、邮政股、电信股、储汇股、财务股、劳资股、政工股、总供股、保卫股，下辖吴圩、苏圩、五塘、那楼、伶俐 5 个邮电支局，设百济、新江、刘圩、南阳、中和、九塘、南晓、那陈、那马、良庆、大王滩、镇龙、长塘、四塘、里罗、明阳、劳大、延安、和平街 19 个邮电所，以及五合邮政代办所和那路邮政代办所。县邮电部门有干部职工 244 人。

1998 年 9 月 19 日，撤销县邮电局，将县邮电局分设邕宁县邮政局和邕宁县电信局。县邮政局设综合办公室、经营服务部、财务部、储汇部、迅达商贸公司等机构；班组设营业班、封发班、邮储班、投递班、司机班、经警班、邮政超市、柯达彩扩中心、联通专营店、移动专营店等；局下辖分支机构 26 个，分布在全县 21 个乡镇和 3 个经济开发区（大沙田、沿海、仙葫开发区），其中开办邮政储蓄业务的网点 13 个。县邮政部门有干部职工 118 人。

▲ 2003 年，县邮政局大门
（邕宁区史志办资料照片）

2004 年 3 月，县邮政局对内设机构进行调整，撤销经营服务部、财务部和储汇部，设综合办公室、市场部、监督检查室、多种经营办公室；班组设有营业班、储蓄一班、储蓄二班、储汇综合班、发行班、封发班、投递班、司机班、经警班、物流公司等；局下辖分支机构 26 个，分布在全县 21 个乡镇和 3 个经济开发区。

2004 年，县邮政局设综合办公室、经营服务部、财务部和储汇部；班组设有营业班、储蓄一班、储蓄二班、储汇综合班、发行班、封发班、投递班、司机班、经警班、物流公司等；局下辖分支机构 29 个，分布在全县 21 个乡镇和 3 个开发区。县邮政部门有干部职工 185 人，其中劳务工 58 人。县邮政局办公地址在仙葫大道东段。

1991 年至 2005 年 3 月县邮电局历任局长：蔡富伶，陈克川，廖发群，黄渊国，樊树君，王建岭。

第二节 业 务

1991 年至 2004 年，邕宁县邮政（邮电）局开办的业务有：普通函件业务（信函、明信片、邮筒、邮送广告、印刷品、盲人读物、邮资凭证销售），普通包裹业务，机要通信业务，集邮业务（1996 年恢复），快递业务（1984 年开办特快函件、特快包裹、快递包裹业务，以最快的运输手段运发，优先处理，专人专车投递，国内大中小城市 2~3 天到达，国际 3~5 天到达，同城 4 小时内送达），物流业务（有功能物流和一体化物流服务两种，功能物流包括直递运输业务、直递包裹业务、同城配送业务、区域配送业务），电信业务，储蓄业务，汇兑业务及金融中间业务。此外，还代办除金融代办业务以外的所有其他代办业务和报刊订阅与零售业务，以及邮品的销售业务等。

▲ 1996 年，县邮电局移动电话基站

（邕宁区史志办资料照片）

1991 年，县邮政局完成邮政业务（含电信业务，下同）量 240.26 万元。1996 年完成邮政业务量 2205.11 万元。1998 年完成邮政业务量 4447.63 万元。1999 年完成邮政业务（不含电信业务，下同）量 325.57 万元。2004 年完成邮政业务量 980 万元。1991 年至 2004 年，全县完成办理函件（含商业信函）2537.49 万件，完成邮政业务总量 1.73 亿元；邮政业务总收入 1.45 亿元，其中办理包裹收入 44.51 万元，1994 年起办理特快函件专递收入 23.57 万元。1988 年至 1995 年，部分报社、出版社自行发售报纸书刊，县邮政局代办邮订较少。1996 年至 2004 年，县邮政局恢复部分报纸、书刊邮订业务，收入 214.27 万元；邮政其他收入 326.01 万元。

1991 年，除镇龙乡等小的乡镇外，邕宁县城和较大的乡镇政府所在地都办有邮政储蓄，全县完成邮政储蓄余额 435.32 万元。2004 年全县完成邮政储蓄余额 1.57 亿元。1991 年至 2004 年，全县完成邮政储蓄余额 8.02 亿元。

第三节 服务网点

1991 年至 2004 年，邕宁县邮政局在全县各乡镇设有邮政（电）所和邮政服务网点，共有邮政网点 29 个。全县各乡镇的村民委员会和社区居民委员会全部通邮。

在 21 个乡镇的政府所在地均设有邮政（电）所，分别为蒲庙镇（邮政编码 530200）、良庆镇（邮政编码 530201）、那马镇（邮政编码 530202）、新江镇（邮政编码 530203）、百济乡（邮政编码 530204）、那楼镇（邮政编码 530205）、镇龙乡（邮政编码 530206）、刘圩镇（邮政编码 530207）、南阳镇（邮政编码 530208）、中和乡（邮政编码 530209）、伶俐镇（邮政编码 530211）、长塘镇（邮政编码 530212）、昆仑镇（邮政编码 530214）、五塘镇（邮政编码 530215）、四塘镇（邮政编码 530216）、吴圩镇（邮政编码 530225）、苏圩镇（邮政编码 530228）、延安镇（邮政编码 530229）、那陈镇（邮政编码 530231）、大塘镇（邮政编码 530232）、南晓镇（邮政编码 530233）。在一些乡镇街道、企业、开发区等设有邮政（电）所或服务网点。分别是：长塘镇五合街（邮政编码 530213）、里罗煤矿（邮政编码 530217）、大王滩水库（邮政编码 530218）、大沙田开发区（邮政编码 530219）、玉洞（沿海开发区邮政编码 530221）、仙葫开发区（邮政编码 530222）、吴圩镇明阳农场（含明阳劳动大学邮政编码 530226）、吴圩镇明阳糖厂（邮政编码 530227）。

第四节　邮路与投递

1991 年，从南宁到县城及各乡镇使用车辆运输、投递邮件。火车运输：委托南宁到伶俐邮电支局和长塘邮电所办理，邮件直投，不经县邮电局，每天对开 1 次。汽车运输：委托南宁到五塘邮电支局、九塘邮电所，南宁到良庆、那马邮电所，南宁到苏圩、吴圩邮电支局，南宁到那陈邮电所、大塘邮电支局及南晓邮电所办理，邮件直投，不经县邮电局，每天对开 1 次；委办县城至那楼、苏圩邮电支局和新江、百济、中和、那马、延安、镇龙邮电所的邮件运输，每天对开 1 次；自办县城至刘圩、南阳、四塘、五塘、九塘、良庆、吴圩、那陈、大塘、南晓等邮电所的邮件运输，每天 1 次。自行车投递：从乡镇邮电所到各村庄基本上用自行车投递，全县有自行车投递线路 71 条 2244 千米（单程），涵盖各村公所（行政村）及公路沿线各自然村。步行投递：特别崎岖不能骑自行车的地段（村庄）采用步行投递，步行投递线路总长 223 千米。邮件采取分拣封发的方式。县出口邮件按出口运邮交通工具的开行班次和时间进行封发，进口邮件进局后及时开袋，分拣出本地投递邮件和转支局所邮件，本地投递的及时分拣给各投递段，转支局所的按运输班次时间封发转出。县城每天开信报箱 2 次、封发 3 次。邮件投递分县城投递和农村投递 2 种。县城投递由专职投递员分路（街）按户投递，农村投递由专职乡镇邮递员分路按投递点及信箱或捎转等方式投递。投递频次为每日 1 次。1998 年至 2004 年，县城投递员不分节假日和星期天，邮件和报刊天天投送。农村则 2~3 天投送一次。

第五节　资　费

1990 年 7 月 31 日起，邕宁县执行新的国内邮件资费标准。其中，本埠（县内）的平信资费由 0.04 元提高至 0.10 元，每重 20 克 0.10 元；外埠（县外）的平信资费由 0.08 元提高至 0.20 元，每重 20 克 0.20 元。适当提高了印刷品、包裹等邮件资费。提高后的平信、挂号信等邮件资费延用至 1999 年 2 月。

1999 年 3 月 1 日起，邕宁县执行新的国内邮件资费标准。信函首重 100 克每重 20 克（不足 20 克按 20 克计算）、续重 101~2000 克每重 100 克（不足 100 克按 100 克计算）的邮资为本埠（县内）平信 0.60 元，外埠（县外）平信 0.80 元。挂号信每件 2 元。其他邮政资费详见《邕宁县执行的国内邮件资费》表。

2004 年 1 月 1 日起，国家邮政局对国际信函、明信片、印刷品等国际函件业务的资费结构，以及国际邮件挂号费等特别服务费进行调整。主要是将国际信函资费由全球划一资费调整为分组计费，调整后国际信函总体资费水平下降 5%~8%，部分区域资费降幅达到 30%。同时，国内邮件挂号费从原来的每件 2 元上调为每件 3 元。

邕宁县执行的国内邮件资费

表 9-2-5-1　　单位：元

邮件资费种类	计费标准	资费标准	
		本埠（县内）	外埠（县外）
基本资费			
信函	首重 100 克内，每重 20 克（不足 20 克按 20 克计算）	0.60	0.80
	续重 101~2000 克每重 100 克（不足 100 克按 100 克计算）	1.20	2.00
明信片	每件	0.60	
非基本资费			
印刷品	首重 100 克（不足 100 克按 100 克计算）	0.30	0.60
	续重每重 100 克（不足 100 克按 100 克计算）	0.15	0.30
邮简	每件	0.60	0.80
回音卡	每件	0.60	
挂号费	每件	2.00	
回执	每件	3.00	
盲人读物	按水路、陆路平常邮件寄递	免费	
包裹	每 500 克为一计费单位	按寄递里程分区核定。具体标准详见现行《包裹资例表》	
每件挂号费		2.00	
特快专递邮件	起重 200 克（或其零数）	20.00	
	每续重 200 克（或其零数），重量 1000 克（含 1000 克）以内的邮件或重量 1000 克以上且空间运距，超过 1000 公里的省际邮件	6.00	
	重量超过 1000 克的省内邮件、空间运距不超过 1000 公里的省际邮件的超过 1000 克部分的	4.00	
邮政汇兑 汇费	每汇 1 元（不足 1 元按 1 元计算）	0.01	
	每笔汇款最低汇费	2.00	
	每笔汇款最高汇费	50.00	
邮政汇兑 退汇、改汇费	每件	2.00	
邮政汇兑 撤回汇款手续费	每件	2.00	
邮政汇兑 使用电报办理汇兑的电报费	每件	2.00	
邮政汇兑 电报汇款附言电报费	每字	0.13	
邮政汇兑 礼仪汇款吉祥卡服务费	每件	1.00	
机要邮件 文件类	计费单位与资费标准同国内挂号信函资费		
机要邮件 刊物类	计费单位与资费标准同国内挂号印刷品资费		
机要邮件 机要保密费	每件	1.00	
保价费	每保 1 元（不足 1 元按 1 元计算）	0.01	
	每件最低保价费	1.00	
存局候领手续费	函件和汇兑业务每件	1.00	
	包裹每件	3.00	
撤回邮件或更改收件人名址手续	每件	2.00	
使用电报办理查询、撤回、更改收件人地址、姓名电报费	每件加收	2.00	

本表邮件资费自 1999 年 3 月 1 日起实施

第三章　电　信

1991 年，邕宁县通信机构有县邮电局，邮电业务总量 240.26 万元。1994 年，县内开通无线寻呼和模拟移动通信，信号覆盖城镇乡村。1995 年县城实现程控电话，城乡电话传输实现电路数字化。1996 年开通移动数字通信，邮电业务总量快速增长，由 1995 年的 904 万元增加到 1996 年的 2205.11 万元。1998 年，实现城乡程控电话，全县 235 个行政村通程控电话。是年 9 月，撤销县邮电局，邮政和电信分开，通信机构设有县电信局、广西移动通信有限责任公司邕宁分公司等。全年邮电业务总量 4773 万元（含邮政和电信）。2003 年，设中国联合通信有限公司邕宁分公司。2004 年，全县电信业务量 1.45 亿元。

▲ 2000 年，邕宁电信大楼

（邕宁区史志办资料照片）

第一节　机　构

1953 年 7 月，成立邕宁县邮电局。1991 年，县邮电局设办公室、邮政股、电信股等股室，下辖吴圩、苏圩、五塘、那楼、伶俐 5 个邮电支局，设有百济、新江、刘圩等 19 个邮电所，设有五合邮政代办所和那路邮政代办所。有干部职工 244 人。开办的邮政服务业务有函件、储蓄、汇兑业务和电信业务等。1998 年 9 月 19 日，撤销邕宁县邮电局，分设邕宁县邮政局和邕宁县电信局。

邕宁县电信局

1998 年 9 月 19 日，设立邕宁县电信局。县电信局内设机构有综合办公室、计划财政部、经营建设维护部等，下辖吴圩电信支局、大沙田电信分局，全局干部职工 118 人。此后，由邕宁县电信局负责全县电信业务。2003 年，局内设机构有综合部、客户服务中心、大客户部、商业公众部和维护安装部，分设 30 个营业网点，全局干部职工 90 人（含归并到电信局管理的邕宁电信实业分公司）。邕宁县电信局办公地址在县城新兴路东段。

1998 年 9 月至 2003 年 12 月县电信局历任局长：钟正宣，梁学兵。

广西电信有限公司邕宁分公司

2003 年 12 月，县电信局更名广西电信有限公司邕宁分公司。2004 年，电信有限公司邕宁分公司设综合部、经营建设维护部、维护安装部、大客户服务部、商客服务部、客户服务中心等，下辖大沙田电信分局、仙葫电信分局，公司员工有 103 人。

广西移动通信有限责任公司邕宁分公司

1999 年 7 月 7 日，从邕宁县电信局分出成立广西移动通信公司邕宁营业部，负责经营原中国电信在邕宁县境内的所有移动通信业务，有员工 17 人。2000 年 8 月 18 日，广西移动通信公司邕宁营业部更名广西移动通信有限责任公司邕宁分公司，有员工 9 人。2004 年，有员工 136 人。

中国联合通信有限公司邕宁分公司

2003 年 3 月成立，其前身为中国联合通信有限公司邕宁经营部（2002 年在县城设经营部），下设县城蒲庙营业厅和大沙田营业厅。邕宁分公司设有市场部、大客户部、数据部、综合部、建设维护部、大沙田经营部，有员工 63 人。

▲中国联通邕宁分公司获得 2003 年度 CDMA 业务季度精英团队奖第二名　（邕宁区史志办资料照片）

第二节　固定电话　电报

固定电话

1991 年，邕宁县固定电话通话线路 1736 千米 / 对。1994 年，开通移动交换基站，至 1996 年开通移动交换基站 4 个，信道 86 个。1994 年，开通无线寻呼 “BP” 机。1995 年，投资 53.50 万元进行县城电话扩容，电话容量由 7000 门扩大至 19716 门，县城实现程控交换机，并实现城乡电话传输电路数字化。1998 年，实现农话数字程控交换机 25 处 2.04 万门，全县 235 个行政村全部通程控电话。2004 年，有固定电话交换机基站 132 个。

市　话　2005 年 3 月前，县内城镇居民凡安装使用电话，住宅电话的（市话）每部月租费 20 元，拨打市话前 3 分钟通话费 0.20 元；办公电话的每部月租费 25

▲ 2002 年，县电信局工作人员在县城楼顶安装无线市话（小灵通）室外天线　（邕宁区史志办资料照片）

元,拨打市话每3分钟通话费0.20元。1991年城镇电话拥有量721部,2004年城镇电话拥有量1.58万部。

农　话　2005年3月前，县内农村居民凡安装使用电话，每部电话月租费10元，拨打市话前3分钟通话费0.20元；办公电话每部月租费20元，拨打市话前3分钟通话费0.20元。1991年全县农村电话拥有量1084部，2004年农村电话拥有量2.86万部。

公用电话　1991年至1998年，全县有公用电话776部。2001年，县城设有IC卡电话亭，IC卡电话销售额609.30万元。2004年，有公用电话1100部，城镇设IC卡电话亭516个。IC卡电话卡值有20元、30元、50元、100元4种，县内IC卡电话可在全国各地的IC卡电话亭通用。

无线市话　无线市话"小灵通"是不在固定电话网络基础上采用数字微蜂窝技术，将用户端以数字无线方式接入市话网，实现普通电话在本地网络覆盖区内自由移动通话。1998年，南宁市（含邕宁县、大沙田）开通小灵通电话，月租每部25元，拨打市话前3分钟通话费0.20元，3分钟以后每分钟0.10元，接听免费，长途电话按长话费规定收费。2002年全县小灵通电话拥有量7210部，2004年有8100部。

电　报

县内邮政开办的国内电报服务业务有特别、特急、邮送业务和军政、公益、公务、普通、银行汇款业务等。1990年7月31日起，执行新的国内邮件资费标准，电报资费每字0.07元，特急或加急的收费加倍；新闻电报每字0.01元,加急的加倍收费。1999年3月1日起,执行新的国内邮件资费标准(见表9-2-5-1《邕宁县执行的国内邮件资费》)。随着固定电话和移动通信的快速发展，电报业务量逐年下降，1991年承办公众电报量6.78万份，2004年承办1700份。

1991年至2004年邕宁县电信分公司业务基本情况

表9-3-2-1

年度	固定电话			公众电报总量（份）	电信业务总量（万元）
	合计（部）	城镇电话总量（部）	农村电话总量（部）		
1991	1805	721	1084	67828	13.63
1992	2067	940	1127	66553	78.82
1993	2360	1155	1205	65403	11.20
1994	5921	3309	2612	45641	37.52
1995	10842	6682	4160	29855	64.06
1996	19088	12903	6185	19308	1661.10
1997	19921	9710	10211	12207	1532.20
1998	23929	10715	13214	8201	2245.10
1999	30410	13473	16937	5112	220.95
2000	39667	18029	21638	2502	203.75
2001	55683	23052	32631	777	359.67
2002	69695	30784	38911	3935	5578.29
2003	37553	11197	26356	1879	6682.89
2004	44307	15757	28550	1700	6901.20

第三节 移动通信

业 务

1994 年，邕宁县邮电局开通无线寻呼“BP”机 127 自动寻呼台，第一代“模拟”移动通信（TACS）和无线寻呼“BP”机 127 自动寻呼台由于价格偏高，用户较少。1996 年 10 月，邕宁县开通数字移动通信系统（GSM）。是年，拥有“BP”机用户 648 户。1997 年，“模拟”移动通信网络初具规模，网络覆盖县城、开发区及经济较发达的乡镇，有用户 3000 户。至 1998 年，邕宁数字移动通信的规模、覆盖范围、容量和发展用户均超过“模拟”移动通信。1998 年县内移动通信用户有 3628 户。1999 年 11 月 8 日，广西移动通信公司邕宁营业部推出“模拟”移动通信“本地通”业务。2000 年 4 月 10 日，推出“模拟”通信“八桂通”业务。

随着第二代数字移动通信系统（GSM）的应用和发展，广西移动邕宁分公司于 2001 年 5 月 1 日开始向邕宁原“模拟”用户提供转（GSM）服务；12 月 31 日，邕宁“模拟”用户退网、转数字网率达 100%。是年，邕宁建成 DCS1800 网络，使单一的 GSM900 网络发展到 GSM900 和 DCS1800 双频网络，并在 GSM 网络的基础上升级至二代半 GPRS 网络。2000 年“BP”机用户增至 1 万多户，有移动通信用户 1.24 万户。2001 年，随着手机用户增多，“BP”机用户逐年锐减。“全球通”移动电话，每部月租 50 元，接听和拨打电话每分钟 0.40 元，长途电话每分钟 0.40 元＋长话费。“广西通”月租 25 元，接听和拨打电话每分钟 0.20 元，长途电话每分钟 0.20 元＋长话费等。

▲ 2002 年，邕宁移动公司员工利用信息化办公
（邕宁区史志办资料照片）

2003 年 3 月成立中国联通有限公司邕宁分公司后，联通邕宁分公司主要业务有“联通新时空 CDMA”，由 GSM 网 130、131、132 业务和联通新时空 CDMA 网 133 业务组成。“联通寻呼”主要有传统寻呼业务、增值业务、无线信息业务和呼叫中心业务。“移动增值”包括彩 e、互动视界、掌中宽带、神奇宝典、定位之星等。“数据如意”涵盖如意公话、如意商话、如意卡族、如意宽带四大品牌。2003 年初，移动邕宁分公司经营的“BP”机业务停止使用。是年，全县有移动通信用户 8 万户，联通用户 2.30 万户，总收入 1200 万元。

2004 年 7 月，联通邕宁分公司推出全球畅通的“世界风”具有一机两网，实现 CDMA 和 GSM 两网之间切换的优点等。是年，广西移动邕宁分公司主要业务有“神州行”（2000 年 6 月 28 日开通）、“广西通”（2001 年 8 月 23 日开通）、“全球通”“全球呼”（2001 年 3 月 30 日开通）、“移动梦网”“动感地带”（2002 年 10 月开通）、“彩信”（2002 年 10 月开通）、“企信通”“彩铃”（2004 年 4 月开通）、无线市话“小灵通”等。

2004 年，全县有移动通信用户 14 万户，联通用户 4.10 万户，总收入 2010 万元。

设　施

1994年2月，邕宁县邮电局在县邮电大楼建成开通第一个“模拟”移动基站，第一代“模拟”移动通信（TACS）开通、无线寻呼“BP”机127自动寻呼台开通。1996年，县邮电局开通移动交换基站4个，信道86个。2001年6月23日，广西移动邕宁分公司在镇龙乡设立的移动通信基站开通。至此，全县21个乡镇通移动电话，信号覆盖各乡镇所在地、3个开发区和铁路、高等级公路及部分行政村。

2002年，广西移动邕宁分公司完成GSM七期工程及滚动工程建设，新建基站18个，扩容基站26个。在原来乡乡通移动电话的基础上又进一步扩大信号覆盖范围，实现桂海高速公路邕宁段全面信号覆盖和85%以上的行政村通移动电话。中国联通邕宁营业部在全县完成GSM五期工程新建基站16个。

2003年，广西移动邕宁分公司启动GSM八期工程，以乡镇、高速公路覆盖为重点，建设16个移动通信基站，手机信号、GPRS覆盖由原来的乡乡通延伸到城区周边村屯、铁路沿线、二级公路沿线、桂海等高速公路沿线，并扩容基站38个，网络容量大幅增加，始终保持网络信号优势。联通邕宁分公司建设昆仑、七塘、仙葫、五合、长塘、伶俐、大沙田、四塘、五塘、玉洞、邕宁交警、五象、南阳、延安、刘圩、永红、镇龙等基站52个，实现“乡乡通”和主要公路沿线通工程。

▲2002年，中国联通邕宁分公司CDMA网络设备（邕宁区史志办资料照片）

2004年，广西移动邕宁分公司加强对信号盲区的基站建设，全面保持信号覆盖、通话质量；新开通新江镇那云、那陈、那蒙和吴圩镇坛乐等26个基站，先后对五合二站、长塘垌江等56个基站进行扩容，网络规模不断增加，网络容量25万门。邕宁移动网络信号覆盖到全县21个乡镇、3个开发区及大部分村屯，在高速公路、二级公路、重点工程、重要的旅游景点均实现无缝覆盖。联通邕宁分公司承担邕宁县“村村通话”工程任务，投资2000万元完成那齐、那路、雅王、永红、平乐、良庆等村屯公路网线摩托罗拉C网边际站开通；陆续开通（C3.3目标网）伶俐信用社、蒲庙镇新生村、邕宁电视台、邕宁国税、百济乡红星村、长塘镇天堂村、垌江村、苏圩镇敬团村、保卫村等站点；调整基站的位置及站型，对部分基站进行升级、更换设备、

▲2003年，广西移动通信有限责任公司邕宁分公司服务厅一角（邕宁区史志办资料照片）

搬迁等，信号覆盖范围进一步扩大，联通新时空133CDMA信号覆盖全县村居委会95%。

营销网点

移动网点　1991年至1999年6月，邕宁县邮电局在县城有营业厅1个。1999年7月，移动邕宁营业部在县城有营业厅1个。1999年12月28日，移动邕宁营业部大沙田营业厅开业，在四塘、吴圩、苏圩等乡镇开设社会代办点。2001年，广西移动邕宁分公司发展4个专营店，32个社会代办点，形成21个乡镇、3个开发区有专营店、社会代办点和社会直销员的营销服务网，社会渠道成为发展业务的主要力量。2002年，移动邕宁分公司设有自营服务厅2个、合作营业厅4家，代办点38个。2003年，自营服务厅增加至25个。2004年，对社会直销队伍进行整合，把直销队伍纳入服务厅管理范围，各服务厅定期组织开展各种特色营销服务活动，把营销服务活动开展到各厂矿单位、社区、村屯，形成自营服务厅、社会代办渠道及社会直销员的服务营销网络。至此，移动自营服务厅扩大至26个，每个乡镇有1个自营服务厅。

联通网点　2003年，联通邕宁分公司在全县21个乡镇设立营销中心，通过区域代理管理，对各乡镇代理商的需求及时补给。2004年，设县城蒲庙营业厅1个和大沙田营业厅（自办）1个，建立10多个一级代办点（合作特许营业厅）等销售网点。

第四节　互联网服务

1994年年初，邕宁县邮电局开通数据通信（分组交换）。1996年，开通宽带网，有互联网用户17户。

1999年起，邕宁电信局投入数万元发展互联网，“多媒体”用户不断增多。至2001年，全县有“多媒体”用户3202户。互联网多在机关和企事业单位使用。2001年县城有网吧经营场所5个。

2002年，服务经营网吧发展较快，出现从县城向经济开发区和乡镇所在地的圩场发展，全县有网吧经营场所44个。

2003年12月，县图书馆向读者开放多媒体电子阅览室，全国文化信息资源共享工程同时上网开通。是年，全县有网吧经营场所60个。

2004年，邕宁县投入74万元启动开发建设政府信息网络，建成县党政机关部门网点57户，建成21个乡镇政府网点和3个开发区网点用户7000多户。全县有宽带网用户1.30万户。

▲1997年，县电信局营业厅

（邕宁区史志办资料照片）

邕宁县志
YONG NING XIAN ZHI

第十篇
经济综合管理

第一章　计　划

邕宁县计划部门根据南宁市国民经济和社会发展计划，结合实际，拟订编制邕宁县国民经济和社会发展的计划，经报中共邕宁县委、县人民政府审定后，提交县人民代表大会审议通过，由县人民政府下达实施计划目标任务，由县计划部门监督计划的实施全过程。

1991 年至 2004 年，邕宁县先后编制并实施邕宁县第八个、第九个和第十个五年计划，较好地完成各项目标任务。

第一节　机　构

1955 年 8 月，成立邕宁县计划委员会。

1991 年，邕宁县计划委员会机关内设秘书科、综合计划科、基建工业科、综合信息科，在职干部职工 15 人。

1996 年 11 月，县计划委员会、县经济委员会、县财贸委员会、县经济体制改革委员会合并为县计划与经济局。县计划与经济局是县人民政府管理国民经济和社会发展，协调经济运行和推行经济体制改革的综合部门。局机关内设机构有行政秘书股、政工股、经营管理股、生产技术股、综合计划股、基建项目股和体改办公室 7 个股室，人员编制 40 名，在职干部职工 35 人。

2001 年 11 月，县计划与经济局分设为县发展计划局和县经济贸易局，县物价局在县发展计划局挂牌。县发展计划局机关内设办公室、综合股、固定资产投资股和基本建设项目前期工作科；保留县国防动员委员会国民经济动员办公室，设在县发展计划局，在职干部职工 13 人。

2004 年 8 月，县发展计划局改组为县发展和改革局，为县人民政府工作部门。局机关内设机构有办公室、国民经济综合股、项目前期工作股、固定资产投资股、工业经济发展股 5 个股室。县物价局在县发展和改革局挂牌，保留邕宁县国防动员委员会国民经济动员办公室，设在县发展和改革局。县发展和改革局机关编制 22 名（含物价局 7 名），其中局长 1 名、副局长 4 名（其中 1 名兼县物价局局长）。县发展和改革局办公地址在县城红星路。

1991 年至 2005 年 3 月县计划委员会（计划与经济局、发展计划局、发展和改革局）历任主任（局长）：黄刚福，吕予旋，张本生。

1991 年至 1997 年 5 月县经济委员会历任主任：吕予旋，苏猛，赵鸿飞。

1991 年至 1996 年 11 月县财贸委员会历任主任：胡学恭，卢庆桃。

1991 年至 1997 年 5 月县经济体制改革委员会历任主任：李嘉奇，黄永康。

第二节　计划体制改革

1991 年后，随着国家经济体制由计划经济体制向市场经济体制的过渡，计划体制逐步由过去的指令性计划向指导性计划转变。县级计划编制形式由以短期计划为主、中长期计划为辅，转向以中长期计划为主、短期计划为辅。计划指标体系由繁到简，计划指标由计划编制部门层层下达到最为基层的单位和企业，改变为下达到县各有关部门和乡镇政府。

2002年5月始，邕宁县计划部门将部分基建项目审批权授予大沙田、沿海、仙葫3个经济开发区管委会，授予的主要职能有：限额内基本建设项目建议书、可行性研究报告、初步设计及概算、年度投资计划的审批（不需市、县平衡建设经营条件，即不涉及项目进口设备免税、利用外国政府及国外金融机构贷款，不使用国家、自治区、市、县财政性资金的开发区自筹资金及企业自筹资金的限额内开发区内基本建设项目）；重点建设项目招投标方式（原审批方式为核准，一般在可行性研究报告中确定）；1000万元以下房地产开发预备项目计划的立项；其他审核事项由开发区管委会直接报批或由县发展计划局转报。凡一般性项目都由各个开发区自己审批。

2003年7月，县计划部门对基本建设项目审批制度作三方面的改革：一是取消部分事项审批。不需要中央、自治区、南宁市和县政府投资，属国家和自治区产业政策鼓励发展，符合自治区、南宁市和县发展规划，邕宁县审批权限内的项目，取消审批（外商投资项目和国家另有规定的项目除外）。属于企业出资的，由企业自主决策。二是简化投资项目审批程序。自治区政府出资的项目，按照自治区政府2001年有关简化投资项目审批程序规定执行。市、县审批权限内仍需保留审批的项目进一步简化审批程序，市、县政府没有出资的项目，只审批项目建议书；市、县政府部分出资（含政府融资借款）的项目，重点审批可行性研究报告；市、县政府全额或大部分出资（含政府融资借款）的项目，审批项目建议书、可行性研究报告或初步设计。三是建立投资项目登记备案制度。凡不需要政府审批的投资项目，在项目开工前均须向计划部门报送项目备案材料，包括项目业主、项目名称、建设地点、建设内容、投资规模、建设工期、资金来源等主要内容，办理登记备案手续。项目业主凭计划部门出具的投资项目备案证到相关部门（规划、土地、建设、环保、劳动安全、地震、消防等）办理其他手续。

2004年，主要编制全县国民经济和社会发展五年规划总体纲要、各个专项规划以及年度计划主要预期目标。计划指标主要是生产总值、工业和农业总产值、财政收入、固定资产投资、社会消费品零售、利用外资、出口总值、人口增长、社会就业和城乡居民收入等方面。

第三节　计划编制

地方年度计划

邕宁县国民经济和社会发展年度计划，按南宁市计划指标体系，结合邕宁县的实际编制，并下达年度计划目标任务。

1991年至1998年，邕宁县编制的年度计划有《邕宁县农村经济计划》《邕宁县工业交通计划》《邕宁县商品流通计划》《邕宁县地方财政预算计划》《邕宁县商品流通外贸外经计划》《邕宁县中等学校招生计划》《邕宁县人口发展计划》《邕宁县环境保护计划以及商品木材采伐计划》等。

1999年，县增加了国民经济和社会发展主要调控预期目标；地方财政预算专项计划从2000年起取消。主要调控预期目标中列出总量指标，商品木材采伐计划从1999年起取消。木材采伐由林业部门自行分配，控制指标自行分解下达；商品流通和外经外贸计划于1999年不再分解到各部门；交通运输计划从2000年起取消。计划内容除人口发展计划和中等学校招生计划部分指标为指令性计划外，其余指标均为指导性计划。

2000年至2003年，县编制下达的综合和单项计划有《邕宁县国民经济和社会发展主要调控预期目标》《邕宁县农村经济计划》《邕宁县工业经济计划》《邕宁县商品流通计划》《邕宁县对外经济贸易计划》《邕宁县人口发展计划》《邕宁县中等学校招生计划》等。

2004年，县编制下达的综合和单项计划有《邕宁县国民经济和社会发展主要预期目标》《邕宁县农村经济预期目标分解》《邕宁县工业总产值预期目标分解》《邕宁县乡镇工业产值预期目标分解》《邕宁县中等学校招生计划》等。

地方中长期计划

邕宁县的中、长期计划，在计划实施前一年左右开始编制。中、长期计划编制程序，由县人民政府部署计划编制任务，各相关单位和部门编制出计划初步方案，交县计划部门综合形成计划征求意见稿，然后发至各单位、各乡镇及企业单位、有关领导和专家及各界人士进行讨论修改和补充完善，最后形成计划报县人民政府审定后提交县人民代表大会通过。

1991年至2004年，县编制的中长期综合计划有《邕宁县域国土总体规划、邕宁县国民经济和社会发展十年规划和第八个五年计划纲要》《邕宁县国民经济和社会发展第九个五年计划和2010年远景目标纲要》《邕宁县国民经济和社会发展第十个五年计划纲要》等。主要编制的中长期专项规划有《邕宁县市场建设规划》《邕宁县造纸工业规划》《邕宁县"菜篮子"工程规划》《邕宁县蔗糖业"九五"期发展规划》《邕宁县农业发展规划》《邕宁县农业产业化规划》《邕宁县旅游发展规划》《邕宁县小康建设规划》《邕宁县工业发展布局规划》《邕宁县草山草坡综合开发和秸秆养畜规划》《秸秆还田项目发展规划（1998年至2003年）》等。根据国家的有关文件精神，从第十一个五年规划开始，中长期计划改为中长期规划。

第四节　计划执行

1991年至2004年，邕宁县制订并实施第八个、第九个和第十个五年计划。

第八个五年计划

县第八个五年计划（1991年至1995年，以下简称"八五"计划）制订并实施于1991年，至1995年止。

1995年，全县完成地区生产总值27.61亿元（1990年不变价16.18亿元），完成"八五"计划15.66亿元的103.32%，年平均增长13.87%（绝对值为当年价，增长速度为不变价，下同），与全国、自治区同步实现比1980年翻两番的目标；三次产业的比重分别为47.30 ∶ 32.90 ∶ 19.80；财政总收入1.92亿元，完成"八五"计划1.01亿元的190.10%，年平均增长15.80%；全部工业总产值20.05亿元（1990年不变价13.52亿元），完成"八五"计划11.75亿元的115.06%，年均增长23.53%；全社会固定资产投资五年累计完成16.94亿元，比"七五"期增加13.37亿元，年均增长51.16%；社会消费品零售总额5.67亿元，完成"八五"计划的98.80%，年平均增长17.15%；人均地区生产总值3153元，年均增长14.36%；农民人均纯收入1252元，完成"八五"计划的143.90%，年均增长14.61%；期末人口总数87.86万人，年均自然增长率7.22‰，低于"八五"计划指标13‰的5.78个千分点。

"八五"计划实施过程中存在的主要问题：一是国民经济发展水平仍较低，总体结构不合理。由于邕宁县经济发展基数较低，"八五"期末全县地区生产总值不高，人均3153元。三次产业中农业仍占大头，工业和第三产业不发达，经济结构不合理。二是农业生产水平和产业化程度低，农产品增产不增收。农业生产力仍较落后，机械化程度低，基础设施较薄弱，容易受到自然灾害的影响。农业产业化程度低，各种社会化服务体系不健全，产后的流通销售等环节与生产脱节，没有形成产、加、销

“一条龙”产业链，致使农副产品“卖难”问题无法解决，农业增产不一定增收。三是工业支柱产业少，适应市场能力差。全县较大的工业产品有机制糖、机制纸及纸板、配混合饮料、水泥、人造板等，1995 年产量分别达到 11.55 万吨、1.40 万吨、14.32 万吨、54.16 万吨和 0.36 万立方米，产业集群企业少，规模仍较小，竞争力不强。工业产品深加工和综合利用差；生产技术和管理水平低，企业亏损面大，经济效益差；产品更新换代慢，名优产品少；专业技术人才缺乏，科技队伍仍较薄弱；企业缺乏流动资金等。归根结底是企业没有真正走向市场。四是第三产业发展滞后。旅游、信息咨询业、社会服务业发展缓慢，商品流通也不景气，造成第三产业比重偏低。五是资金投入缺乏，制约了文教卫生和其他各项社会事业的发展。

第九个五年计划

县第九个五年计划（1996 年至 2000 年，以下简称“九五”计划）制订并实施于 1996 年，至 2000 年止。

2000 年，全县完成地区生产总值 41.17 亿元（不变价为 24.26 亿元），完成“九五”计划 35.36 亿元的 68.61%，年平均增长 8.44%；三次产业的比重分别为 46.90 ∶ 32.80 ∶ 20.30；财政总收入 2.90 亿元，完成“九五”计划 3.14 亿元的 92.36%，年平均增长 8.60%；全部工业总产值 35.47 亿元（1990 年不变价 28.27 亿元），完成“九五”计划 38.87 亿元的 72.73%，年均增长 15.90%；全社会固定资产投资五年累计完成 46.33 亿元，完成“九五”计划 30 亿元的 154.43%，比“八五”期增加 29.39 亿元，年均增长 4.33%；社会消费品零售总额 9.09 亿元，完成“九五”计划 10 亿元的 90.90%，年平均增长 9.90%；人均地区生产总值 4527 元，年均增长 6.03%；城镇居民人均可支配收入 4735 元，年均增长 22.18%；农民人均纯收入 2042 元，完成“九五”计划 3150 元的 64.83%，年均增长 10.28%；期末人口总数 91.21 万人，年均自然增长率 8.81‰，低于“九五”计划指标 12‰的 3.19 个千分点。

▲ 20 世纪 90 年代后期，南宁市市长林国强（右三）视察南宁正大畜牧有限公司　　（大沙田经济开发区管委会供稿）

“九五”计划实施过程中存在的主要问题：一是总体发展速度放慢，经济总量不高，产业结构层次仍较低，城乡居民收入增长缓慢。“九五”期，邕宁县经济增速减缓，产业发展水平较低，经济总量较小，综合经济实力比全国平均水平仍有较大差距，特别是人均水平差距更大。由于制订“九五”计划时，正处于经济发展过热阶段，物价指数较高，计划目标相应定得过高，加上 1993 年以后的国内生产总值等统计数均进行了较大的调整、致“九五”计划部分指标没有完成。此外，三次产业的结构层次较低，一产的比重仍达 46.90%，二、三产业的发展还没有取得突破性进展。二是农业结构不够合理，产品“卖难”问题较突出。在农业内部，主要收入还是靠种植业和畜牧业，林业和渔业收入比重偏低。生产经营方式较粗放，农产品生产趋同，常规品种多，名优特产品少，并且对产品的加工、包装、流通工作做得不够。在“买方”市场的条件下竞争力较弱，以致出现部分农副产品“卖难”问题。三是工业优质品牌少，市场竞争力不强。邕宁县工业历来靠蔗糖和水泥等产品支撑，近年虽崛起正大饲料、三元纤维板等新产品，而名牌产品少，规模大的、高新技术的企业更少，产品竞争力不强，一旦出现市场需求下降，就会对全县经济造成较大的负面影响。四是招商引资目标未能如期实现。虽然“九五”期间比“八五”期间利用外资增长较大，但由于受到东南亚金融危机及国家压缩固定资产投资等影响，招商引资困难，近年引进项目相对减少，“九五”期间利用外资计划未能如期实现，在一定程度造成经济增长后劲不足。五是社会保障体系尚不健全。市场经济要求必须要有高度发达的社会保障体系，但邕宁县的社会保障体系刚刚处于起步阶段，未能适应经济社会发展的需要，尚待不断探索和完善。

第十个五年计划

县第十个五年计划（2001年至2005年，以下简称“十五”计划）制订并实施于2001年，至2004年止。2005年3月，因南宁市部分行政区划调整撤销邕宁县，故2005年无统计数据。

2001年，全县完成地区生产总值42.41亿元（2000年价为42.82亿元），比上年增长3.99%；三次产业的比重分别为45.20 ：33.00 ：21.80；财政总收入3.26亿元，比上年增长12.24%；全社会固定资产投资完成9.98亿元，比上年增长1.38%；社会消费品零售总额9.69亿元，比上年增长6.25%；实际利用外资488万美元，比上年下降18.67%；外贸出口总值1060.37万美元，比上年增长30.86%；人均地区生产总值4631元，比上年增长2.30%；城镇居民人均可支配收入5256元，比上年增长11%；农民人均纯收入2160元，比上年增长5.78%。

2002年，全县完成地区生产总值45.43亿元（2000年价为47.24亿元），比上年增长10.33%；三次产业的比重分别为44.50 ：33.20 ：22.30；财政总收入3.68亿元，比上年增长12.99%；全社会固定资产投资完成10.74亿元，比上年增长7.52%；社会消费品零售总额10.50亿元，比上年增长7.62%；实际利用外资602.85万美元，比上年增长23.39%；外贸出口总值1287.41万美元，比上年增长21.41%；人均地区生产总值4924元，比上年增长9.50%；城镇居民人均可支配收入5653元，比上年增长7.55%；农民人均纯收入2368元，比上年增长9.63%。

2003年，全县完成地区生产总值52.09亿元（2000年价为50.81亿元），比上年增长7.56%；三次产业的比重分别为42.20 ：35.40 ：22.40；财政总收入4.59亿元，比上年增长24.76%；全社会固定资产投资完成16.04亿元，比上年增长49.35%；社会消费品零售总额9.83亿元，比上年下降6.38%；实际利用外资737.65万美元，比上年增长22.36%；外贸出口总值1598万美元，比上年增长24.16%；人均地区生产总值5613元，比上年增长7%；城镇居民人均可支配收入6908元，比上年增长22.20%；农民人均纯收入2590元，比上年增长9.36%。

2004年，全县完成地区生产总值60.31亿元（2000年价为59.60亿元），比上年增长14%，完成“十五”计划64亿元的94.23%，2001年至2004年年平均增长9.69%；三次产业的比重分别为39.70 ：38.90 ：21.40；财政总收入6.10亿元，完成“十五”计划4亿元的152.50%，2001年至2004年年平均增长20.43%；全部工业总产值达到53.27亿元，2001年至2004年年平均增长13.89%；全社会固定资产投资完成29.71亿元，比上年增长85.22%，2001年至2004年完成66.47亿元，完成“十五”计划45亿元的147.71%，年均增长31.79%；社会消费品零售总额11.17亿元，比上年增长13.69%，完成“十五”计划14.66亿元的76.20%，2001年至2004年年平均增长5.29%；实际利用外资815万美元，比上年增长10.50%，2001年至2004年完成2644万美元，完成“十五”计划6000万美元的44.07%，比“九五”时期下降55.80%；外贸出口总值1883.04万美元，比上年增长18.20%，完成“十五”计划2600万美元的72.42%，2001年至2004年年均增长23.48%；人均地区生产总值6451元，比上年增长8.94%，完成“十五”计划6716元的96.05%，2001年至2004年年均增长9.19%；城镇居民人均可支配收入7570元，比上年增长9.58%，完成“十五”计划6089元的124.32%，2001年至2004年年均增长14.20%；农民人均纯收入2844元，比上年增长9.81%，完成“十五”计划3647元的77.98%，2001年至2004年年均增长8.63%；期末人口总数93.88万人，年均自然增长率7.70‰，低于“十五”

计划期指标10‰的2.3个千分点。

“十五”计划实施过程中存在的主要问题：一是经济总量不高，产业结构层次仍较低。从2004年数据看，一产的比重达39.70%，均高于二产38.90%和三产21.40%的比例，二、三产业的发展还没有取得突破性进展，三次产业的结构层次较低。二是农业结构不够合理，产品“卖难”时有发生。在农业内部，主要收入还是靠种植业和畜牧业，林业和渔业收入比重偏低。生产经营方式较粗放，农产品生产趋同，常规品种多，名优特产品少，并且对产品的加工、包装、流通工作做得不够，产业化程度仍较低。在市场经济条件下竞争力较弱，以致出现部分农副产品“卖难”问题。三是工业经济规模小，优质品牌少，市场竞争力不强。邕宁县工业化程度低，名牌产品少，大规模及高新技术的企业更少，产品竞争力不强，容易受到市场需求变化的影响。四是第三产业发展缓慢。由于流动人口少，商品贸易业、餐饮服务业不发达，旅游娱乐业以及各种咨询服务业没有发展起来，所以影响第三产业的发展。五是城镇基础设施不够完善，城镇化程度低。由于全县经济工作的重点主要放在三个开发区，对县城和乡镇所在地的城镇建设重视不够，基础设施投入少，致使城镇基础设施仍较落后，城镇街道狭窄、破烂不堪，乡镇街道脏、乱、差的问题较突出，供水、排水、环保设施不健全，美化、亮化和绿化更欠缺。由于城镇没有大的产业群作支撑，城镇常住人口少，流动人口更少，造成全县的城镇化程度低，2004年全县城镇化率仅为24%。六是社会保障体系尚不健全。2004年全县的社会保障体系刚刚建立，城镇低收入阶层的社会保障问题，农村的医疗、养老问题等都没有健全，未能适应经济社会发展的需要，尚待不断探索和完善。

邕宁县1991年至2004年国民经济和社会发展主要计划指标完成情况

表10-1-4-1

指标名称	计算单位	第八个五年计划实际完成						第九个五年计划实际完成						第十个五年计划实际完成					
		1991	1992	1993	1994	1995	五年平均增长%	1996	1997	1998	1999	2000	五年平均增长%	2001	2002	2003	2004	2005	四年平均增长%
1. 地区生产总值	亿元	8.46	9.83	14.58	22.08	27.61	13.87	31.07	34.59	37.40	39.36	41.17	8.44	42.41	45.43	52.09	60.31	—	9.69
第一产业增加值	亿元	4.85	5.81	7.49	10.54	13.05	8.74	14.24	16.06	17.48	18.32	19.33	5.35	19.17	20.23	21.99	23.92	—	6.09
第二产业增加值	亿元	2.09	2.29	4.21	7.22	9.10	22.54	10.66	11.67	12.29	12.82	13.49	12.14	14.00	15.08	18.44	23.49	—	14.92
其中：工　业	亿元	1.82	1.96	3.66	6.27	7.85	22.38	8.77	9.56	10.20	10.74	11.31	12.38	11.81	12.71	14.61	17.36	—	12.68
建筑业	亿元	0.27	0.33	0.55	0.95	1.25	23.56	1.89	2.11	2.09	2.08	2.18	10.57	2.19	2.37	3.83	6.13	—	24.93
第三产业增加值	亿元	1.52	1.73	2.88	4.32	5.46	17.57	6.17	6.86	7.63	8.22	8.35	9.09	9.24	10.12	11.66	12.90	—	9.74
2. 三次产业构成	%	100	100	100	100	100		100	100	100	100	100		100	100	100	100	—	
第一产业	%	57.30	59.10	51.40	47.70	47.30		45.80	46.40	46.70	45.80	46.90		45.20	44.50	42.20	39.70	—	
第二产业	%	24.70	23.30	28.90	32.70	32.90		34.30	33.80	32.90	33.00	32.80		33.00	33.20	35.40	38.90	—	
第三产业	%	18.00	17.60	19.70	19.60	19.80		19.90	19.80	20.40	21.20	20.30		21.80	22.30	22.40	21.40	—	
3. 财政收入	亿元	0.96	0.81	1.36	1.74	1.92	15.85	2.07	2.28	2.49	2.70	2.90	8.60	3.26	3.68	4.59	6.10	—	20.43
其中：地方财政收入	亿元	0.96	0.81	1.36	1.04	1.27	6.66	1.34	1.46	1.64	1.80	2.00	9.51	2.25	2.25	2.80	3.79	—	17.33
4. 全社会固定资产投资	亿元	0.99	1.25	2.68	4.05	7.97	51.16	7.98	9.44	9.99	9.07	9.85	4.33	9.98	10.74	16.04	29.71	—	31.79
各计划期累计完成	亿元					16.94						46.33					66.47	—	
5. 全部工业总产值（当年价）	亿元	5.35	6.85	12.76	17.45	20.05	23.53	25.39	25.12	31.30	33.27	35.47	15.90	37.73	41.19	44.08	53.27	—	13.89
其中：乡及乡以上	亿元	4.86	6.28	10.39	12.97	16.51	14.31	20.17	22.31	22.58	24.49	26.23	9.63					—	
其中：规模以上工业总产值	亿元											15.09		17.31	19.46	24.01	31.63	—	20.32
6. 社会消费品零售总额	亿元	2.61	2.96	3.08	4.07	5.67	17.15	6.72	7.83	7.87	8.45	9.09	9.90	9.69	10.50	9.83	11.17	—	5.29
7. 实际利用外资额	万美元	100	329	300	500	986		1846	1500	1294	742	600	-9.46	488	602.85	737.65	815	—	7.96
各计划期累计完成	万美元					2215						5982	170.07				2644	—	-55.80
8. 外贸出口总值	万美元	45	88	10	0	100	17.32	388	512	510	771	810	51.95	1060	1287.41	1598	1883.04	—	23.48
9. 人均生产总值（当年价）	元	1009	1160	1697	2542	3153	14.36	3523	3896	4186	4376	4527	6.03	4631	4924	5613	6451	—	8.94
10. 城镇居民人均可支配收入	元					1739					4450	4735	22.18	5256	5653	6908	7570	—	14.20
11. 农村居民人均纯收入	元	713	758	867	1038	1252	14.61	1465	1686	1805	1937	2042	10.28	2160	2368	2590	2844	—	8.63
12. 期末人口总数	万人	84.14	85.34	86.47	87.24	87.86		88.49	89.09	89.63	90.24	91.21		91.94	92.60	93.08	93.88	—	
人口自然增长率	‰	7.52	9.96	7.38	5.69	5.61	7.22	4.98	5.63	5.86	6.72	8.81	6.39	7.88	7.46	7.71	7.77	—	7.70

说明：1. 规模以上工业和规模以下工业在“九五”期间的1999年才开始划分，故1999年之前没有规模以上工业数据，只列乡及乡以上工业指标；2. 城镇居民人均可支配收入指标在“十五”计划期间才开始列入考核指标，故“十五”计划之前数据不全。3.2005年3月撤销邕宁县，所以表中2005年相关数据没有统计。

第五节 经济运行调研

1991年起，邕宁县计划部门按季度、半年、全年对全县经济运行情况和计划完成情况进行分析研究，做好国民经济的预测、检查、监督、协调、服务工作。配合南宁市百家工业景气问卷调查，建立县工业景气调查资料和基本建设项目库以及固定资产投资项目库等。按照国家的产业政策和自治区颁布的产业指导目录，从计划的制订和项目的审批进行宏观调控。同时，根据上级的要求和中共邕宁县委、县人民政府的部署，不定期地对某些经济现象进行专题调研，供领导决策参考。

▲1996年春，邕宁县在县城召开经济能人座谈会，邕宁县县长张国环（右二）等领导出席会议并讲话 （杨青生 摄）

1991年至2000年，县计划部门进行调研的课题及形成的调研材料有《邕宁县乡镇煤矿调查报告》《邕宁县造纸工业专题规划调查情况的汇报》《加快“两个转变”步伐，稳定发展蔗糖生产》《利用资源优势，加快发展乡镇企业》《充分发挥区位优势，促进农业全面发展》《发挥地缘优势，建设农业强县》《邕宁县环境与社会经济可持续发展研究》《邕宁县特色农业综合开发路子探索》《充分发挥旅游资源优势，加快步伐建设旅游大县》《三高一低翻三番，强县富民达小康》《邕宁县草场资源核查情况汇报》等。

2001年至2002年，调研的课题及形成的调研材料有《邕宁县实施西部大开发战略的总体设想》《加快邕宁县小城镇经济发展的对策建议》《关于加强城镇化进程的决定》《邕宁县农业产业化基本情况调查汇报》《邕宁县区域经济发展研讨》《农民外出打工情况调研》《农产品销售服务调研》《在西部大开发和加入WTO的新形势下，加快邕宁县经济发展研究》《加快邕宁县工业发展，提高县域工业化水平》等。

2003年至2004年，调研的课题及形成的调研材料有《加快县域第三产业发展调研》《农产品市场和市场体系建设调研》《发展混合股份制经济调研》《中央宏观调控措施落实情况调研》《农村三大会战建设情况调研》《广西石漠化基本情况调查》等。

第六节 重点项目建设与监督

1991年至1995年，邕宁县累计完成“八五”计划固定资产投资15.98亿元，比“七五”计划时期增加12.23亿元，增长3.30倍。重点项目监督主要有邕宁邕江大桥建设工程、南宁至蒲庙二级公路（北线和南线）建设工程等；建成了邮电综合大楼，开通了程控电话、移动电话及BP机业务；建成邕宁商场、吴圩西瓜市场等。

1991年至1996年，对大沙田等3个经济开发区建设监督。大沙田经济开发区、沿海经济走廊开发区和仙葫经济开发区共开发土地12平方千米，开发区的水、电、交通、通信等设施逐步完善；引进和新建了一批三资企业，其中泰国南宁正大饲料有限公司正大饲料厂、南宁正大建材有限公司建材厂、南宁三元物业有限公司中密度纤维板厂、龙泰通石材厂、龙昌塑料有限公司牙刷厂等6家企业年产值超亿元；与南宁市投资合建的八鲤水泥厂、平乐水泥厂、特种玻璃厂等一批企业竣工投产。

1996年至2000年，全县完成“九五”计划的全社会固定资产投资额46.32亿元，比“八五”计划时期增加30.34亿元，增长189.80%，其中基本建设完成投资22.05亿元，更新改造完成投资4.38亿元。建成邕宁邕江大桥，南蒲二级公路北线和南线，修建一批乡村公路，1998年实现村村通沙石公路，1996年至2000年新增公路里程162千米；全面完成全县农村电网改造一期工程（除南晓、大塘、那马以外的乡镇）；对英雄水库、青龙江水库等中小型水库进行除险加固；引进和建成一批工业、技改项目，有南宁三元物业发展有限公司中密度纤维板厂扩建4万立方米纤维板项目、广西绿鑫环保科技有限公司年产1500吨降能塑母粒项目、南宁糖业股份有限公司年产蔗渣3.40万吨项目、大沙田供水有限公司新增日供水量5万吨的基建项目、明阳生化科技股份有限公司新增年产干法变性淀粉和羧甲基淀粉360吨的技改生产线、广西松日有色金属有限公司年产1万吨氧化锑生产线扩建项目和南宁黑五类食品有限责任公司年产4650万袋南方河粉扩建项目等；进行中小学危房改造，新建一批学校、医院、住宅区、街道等公共设施；建成一批专业和综合批发市场及一批农村生态建设示范村。除常规的基建项目审批以外，会同县地税局开展全县历年建成使用和在建项目固定资产投资方向调节税联合大检查，对县内3个经济开发区及各乡镇共计44个项目的固定资产投资调节税缴交情况进行检查清理，查补税款280万元，入库金额150万元。

在“十五”计划时期的2001年至2002年，监督项目有五合国家粮食储备库、县城新兴广场三期工程、第二期农村电网改造工程、邕宁县信息宽带网工程等。2001年，对县基层公共设施包括农村中小学、卫生院、村卫生所、村卫生室、乡村办公用房建设项目进行收集、汇总、编制、上报。同时，与有关部门完成邕宁—陆川二级公路项目建议书的编写。五合国家粮食储备库项目总投资4125万元，2002年2月动工，年底主体及附属工程完成；县政府信息宽带网工程于2002年4月开工，年底完成县城部分网络用户的线路铺设；县城新兴广场第三期工程项目总投资2亿元，工程于2002年9月动工兴建，第一阶段拆迁涉及13个单位67户，年底完成路基铺设；县第二期农村电网改造工程总投资8022.02万元，凤大公司一、二期农网改造工程总投资2810万元。

2003年至2004年，先后完成一批重点项目建设。其中，2003年完成的有五合国家粮食储备库、县城新兴广场三期工程、县自来水公司改制、县信息宽带网工程等。具体是：2003年3月五合国家粮食储备库项目通过竣工验收并交付使用，被评为优良工程；县城新兴广场第三期工程项目于是年2月建成通车，商业文化街长600米、宽30米；四栋安置楼建设竣工验收，安置拆迁户96户；实施县自来水公司的改制工作，为县政府多争取资金1000万元；10月，县城机关单位和部分网络用户已开通政府宽带网；做好县城给水扩建工程和仙葫大桥等项目前期工作；是年年底，第一期商铺建设完成主体工程。2004年，有县城新兴广场三期工程、县城3个道路出入口工程、仙葫大桥、县城给水扩建工程、县疾病预防控制中心、银海大道延长线拓宽工程、五合大学城主干道工程等重点项目的建设；直接负责的新兴广场三期工程已完成街道及商铺建设，完成投资7100万元。

第二章 统 计

1991 年后，邕宁县统计工作的报表主要有定期报表、快报表和年报表 3 种。定期报表是按月和按季度或半年期或年终统计上报的报表；快报表是年度统计快报，在每年 12 月份上报的报表；年报表是年度综合统计报表，当年 12 月份上报的报表。1991 年至 1994 年，县统计报表用手工汇总。1995 年始，使用计算机汇总。2000 年，全县各乡镇实现用计算机汇总和网上传输数据，由县统计局通过计算机处理程序得出综合数据，然后上网传输上报统计数据。2003 年起，劳动工资统计年报取消快报统计。县级统计年报经南宁市统计部门审核后才能对外公布，县统计局于次年公布地方当年年度统计公报，并编印《邕宁统计年鉴》。2004 年，将原属第三产业的农林牧渔业服务业划归第一产业（农林牧渔业）。

第一节 机 构

县统计局

1963 年 3 月，成立邕宁县统计局。邕宁县统计局是县人民政府主管全县统计工作和国民经济核算工作的职能部门。

1991 年，县统计局机关内设办公室、核算与法规股、专业股、信息网络中心；下设综合统计、国民经济核算平衡统计、工业统计、农业统计、交通邮电统计、财贸统计、固定资产投资统计、人口与就业统计 8 个专业统计。编制 12 名，在编在职干部 12 人。下辖县农村经济抽样调查队 9 人。各乡镇统计站有统计人员 1~2 人。

1996 年 11 月机构改革后，县统计局机关内设秘书股、社会商业股、工交物质基建股、农业统计股，有编制 12 名，实有在编人员 12 人。

2001 年 11 月，邕宁县进行机构改革，撤销各乡镇统计站，在每个乡镇设统计助理岗位，配 1~2 人负责本乡镇统计工作。

2004 年，县统计局机关内设行政综合科和社会经济科，有编制 11 名，实有干部职工 9 人；下设综合统计、国民经济核算平衡统计、工业统计、农业统计、交通邮电统计、外经与财贸统计、固定资产统计、人口与就业统计 8 个专业统计。各乡镇政府均设有统计站，每个站配备 1~2 名专职或兼职统计员，各自担负本乡镇的统计工作。县统计局办公地址在县城红星路。

1991 年至 2005 年 3 月县统计局历任局长：韦立多，区秀兰（女）。

县农村社会经济调查队

邕宁县农村社会经济调查队前身是县农村抽样调查队，1987 年改为现名，是自治区属驻邕宁县机构，为自治区统计部门和县政府双重领导的相当正科级机构，经费属自治区统计部门直拨，设正、副队长各 1 名。根据需要，队长可由同级统计局局长兼任。1991 年，县农村社会经济调查队编制 6 名，在编人员6人。2000年编制6名，在编人员4人。2004年编制6名，在编人员4人。县农村经济调查队办公地址在县城红星路。

1991年至2005年3月县农村社会经济调查队历任队长：韦立多，李万孔。

第二节　专项统计

农业统计

1991年至2004年，邕宁县农林牧渔业综合统计报表为全面报表，包括综合年报和定期报表。农林牧渔业综合统计报表的资料，由各乡镇人民政府负责搜集各村数据汇总上报县，由县统计局整理汇总上报上级统计局。

农业统计报表有综合年报和综合定期报表2种。综合年报包括农村基本情况及从业人员构成，耕地面积情况，农业机械化情况，农村能源、物资消耗及农田水利情况，农业主要产品生产情况，蔬菜及花卉生产情况，茶叶水果生产情况，林业生产情况，畜牧业生产情况，渔业生产情况，农林牧渔业总产值、总产值计算表，农林牧渔业中间消耗计算表，乡镇农村社会经济情况等。综合定期报表包括农作物播种面积（季节报），非农户农作物播种面积（季节报），春收作物实际产量，夏收粮食预计（实际）产量，全年农作物产量预计，畜牧业生产情况（季节报），非农户畜牧业生产情况（季节报），农林牧渔业总产值（季节报）。2004年，新增畜牧业规模养殖情况表。2005年又增加“畜牧业规模养殖企业情况”的统计内容。

▲21世纪初专业户饲养的肉猪

（邕宁区史志办资料照片）

工业统计

县工业综合统计报表包括综合年报和定期报表。工业统计主要通过两种渠道实施。一是块块为主的逐级汇总上报规模以下工业数据，即以乡镇一级部门统计为主抽样调查搜集统计资料，然后由县统计局负责汇总辖区所有规模以下工业的统计数据后上报南宁市统计局。二是由规模以上工业企业直接报送，即由辖区统计范围的规模以上工业企业直接填报统计资料报送县统计局，县统计局负责汇总上报市统计局。工业统计报表包括：规模以上工业产值总值及产品产量表，规模以上工业主要经济指标，主要工业产品销售量与库存量，规模以下主要产品产、销、存表，目录企业基层表，规模以下工业企业调查表，个体及经营户调查表等。反映的指标主要有：工业总产值、主要产品产量、工业增加值、销售产值、主营业务收入、主营业务成本、流动资产平均余额、产成品、利润、税金及附加、财务费用、从业人数等。

1991年，国有、集体、股份制、联营和个体、外商，以及香港、澳门、台湾投资工业经济调查统计，有工业总产值、主要工业产品产量、全民所有制独立核算工业企业主要财务成本指标等报表，工业总产值分别用1990年不变价和当年价计算。在计算工业总产值中分乡及乡以上工业、村办工业、城乡联营和个体工业、农村个体工业进行统计。

1993年，取消《全民所有制独立核算工业企业》统计口径，增加《独立核算工业企业》统计口径。

1995年，增加私营工业以及村办工业年产品销售收入100万元以上的工业企业统计。次年，在财务指标中增加“利税总额”指标统计。

1998 年，开始进行规模以下工业抽样调查。原来县管理的明阳糖厂、蒲庙糖厂、伶俐糖厂归南宁市直接管理，由南宁市直接统计。而按属地统计原则，以上 3 家糖厂应由县级统计。为了各级政府以及各部门的需要，邕宁县工业统计报表须分别进行含 3 家糖厂和不含 3 家糖厂两种统计，同时增加“规模以上工业”统计。“规模以上工业企业”的划分依据是年产值 2000 万元以上的工业企业。1999 年，全县全部工业企业 2676 家，其中规模以上企业 49 家，规模以下企业 2617 家。

2003 年，全县全部工业企业 4262 家，其中规模以下工业企业 4185 家。次年，取消《乡及乡以上工业企业》统计口径，工业统计采取全面调查统计和抽样调查统计相结合进行，即规模以上工业企业、规模以下工业企业（含年产值 50 万 ~500 万元）进行全面统计，年产值 50 万元以下村级工业企业及个体工业户则实行抽样调查统计。行业划分将原属工业制造业中的摩托车修理业划归第三产业服务业。2004 年起，工业总产值分别用 1990 年不变价、当年价、上年价和缩减指数法计算。

交通邮电统计

1991 年起，邕宁县继续进行交通邮电年报表统计。主要统计内容有公路里程、货运量、客运量，年末民用汽车、机运船、载货挂车、轮胎式拖拉机及其他机动车辆拥有量，货运量、客运量、货运周转量、客运周转量、邮政电信业务总量，独立核算单位主要财务指标。

1995 年起，交通统计内容增加摩托车拥有量，邮电系统增加城市及农村电话用户、无线寻呼用户、移动电话用户等统计指标。

贸易统计

邕宁县批发零售业和餐饮住宿业综合统计报表包括综合年报和定期报表。批发贸易零售业和住宿餐饮业报表分综合统计表和基层表两类，综合报表包括《社会消费品销售总额月报表》《批发零售商品销售总额和分类销售额月报表》。这两种报表由各乡镇抽取样本自行推算，每月填报，上报县级汇总。基层表分为限额以下批发零售业、餐饮业、星级以下住宿业样本单位调查表和限额以下批发零售业经营情况表等 5 种。

1991 年至 1993 年，商业统计采取条块统计相结合，数据主要来源于县商业局、县供销社、县粮食局等主管局的综合数据，分国有、集体、私营经济等经济类型进行统计。主要统计内容有商品购进总额和商品销售总额，商品购进总额按从生产者购进、批发贸易业购进、进口及其他购进进行分组，商品销售总额按批发、零售总额进行分组。1994 年起，商业、供销、粮食系统逐步实行承包、租赁等体制改革，统计数据的完整性受到影响。1996 年，除了继续沿袭以往的主管局负责向县统计局上报综合数据外，个体商业零售额依据工商报表进行推算，农民对非农业生产者的零售额依据县工商局的集市贸易报表进行推算，增加了“限额以上”和“限额以下”统计口径。1999 年，开展对限额以下（小型企业、个体户）抽样调查，企业统计开始采用双轨制统计，即限额以上批零贸易业采取全面调查，限额以下批零贸易、餐饮业采取全面调查和抽样调查相结合。2003 年，抽样调查数据处理使用国家统计局规定的处理程序。年报统计新增住宿业统计，限额以下批零贸易、餐饮业销售情况以定期报表代替年报，“限额以上批发零售贸易业商品分类销售额”和“限额以上批发零售贸易业商品销售库存”以定期报表代替年报。

2005 年 1 月起，邕宁县按照自治区统计局的《批发和零售业、住宿餐饮业统计报表制度》要求，原则以乡镇为辖区的所有企业和个体户按属地进行抽样调查，抽取样本，采取环比系数推算总体。批发贸易零售业和住宿餐饮业的报表分月报、季报和年报。主要报表由批发零售业商品销售情况、星级住宿和限额以上餐饮业经营情况、社会消费品零售总额、限额以下餐饮企业和个体户能源消费情况、成品油零售企业能源商品销售与库存等组成。

劳动工资统计

1991年起，县内进行劳动工资统计，按报送期分别为定期报表（半年期）和年报报表（年终）。由县统计局开展对辖区内机关、团体、企事业单位的劳动工资进行统计（不包括乡镇、私营企业和个体工商户）。定期报表为月报统计，年度分快报和年报统计。内容有单位从业人员和劳动报酬、单位从业人员变动情况等，按经济类型分为国有、集体和其他经济，按国民经济15个行业进行分组。

1996年，劳动工资统计变动较大，统计分组增加了按隶属关系和企业、事业、机关分组。2000年，取消隶属关系分组统计。2003年，取消快报年度统计，即快报和年报合并，增加服务业财务状况统计年报和服务业个体抽样调查。统计范围为各种经济类型的独立核算的服务业企业、行政事业单位和个体工商户。主要资料来源为独立核算服务企业和行政事业单位的“财务状况报表”和“服务业个体抽样调查表”，由基层单位和个体户填报，由县级汇总并对数据质量进行检查及评估。经劳动工资统计，1991年全县干部职工人均工资收入2091元，2004年干部职工人均工资收入12975元。

固定资产投资统计

1991年起，全县固定资产投资统计包括基本建设投资统计、更新改造投资统计、全民其他投资统计、城镇集体投资统计、商品房统计和城镇工矿区私人建房投资统计。固定资产投资统计，分定期报表和年报表。基层定期报表月报为固定资产投资统计、房地产开发统计，由各投资建设单位直报县统计局；城镇集体投资统计、城镇工矿和农村私人建房统计由乡镇政府负责年报统计，然后上报县统计局。

2003年，统计仍然采用6套报表，原统计口径“国有及其他投资统计”改为“城镇固定资产投资统计”。基本建设投资统计范围为计划总投资（或实际需要总投资）50万元及50万元以上的基本建设项目。更新改造投资统计范围为计划总投资（或实际需要总投资）50万元及50万元以上的更新改造（或项目）。其他固定资产统计范围是除基本建设、更新改造以及城镇工矿区私人建房投资以外的固定资产投资。房地产开发投资统计范围包括各种经济类型的房地产开发公司、商品房建设公司及其他房地产开发公司统一开发的房屋建筑物和配套的服务设施及土地开发工程。1991年，全县统计固定资产投资9902万元；2004年，全县统计固定资产投资29.71亿元。

第三节　国民经济核算

1991年，邕宁县开始构建县级核算体系。1992年至1993年，县级国民经济核算体系建立基本框架。1995年，基本完成县级国民经济核算体系。国内生产总值作为衡量国民经济发展规模、速度、结构、效益的代表性指标，要求按季度进行考核。

2004年，将地区GDP的中文名称作如下调整：地区GDP的中文名称改为“地区生产总值”；将“邕宁国内生产总值”的中文名称改为“邕宁生产总值”，简称为“邕GDP”；在地区GDP核算中，从2004年起，按上级要求各市、县（区）GDP的中文名称改为“地区生产总值”，邕宁县作为特定地区，其生产总值名称用行政区的名称作定语，即“邕宁县生产总值”，简称为“邕宁县GDP”；地区生产总值数据需经自治区统计局审核、评估后，才能对外公布。按照规定，年末预计的当年GDP数据不得对外公布；是否测算月度GDP，由各市、县（区）统计局自定，但测算结果不得对外公布；各市、县（区）2003年人均

GDP 指标仍按历年计算方法计算。2004 年全县地区生产总值（GDP）60.31 亿元，人均（GDP）6451 元。

第四节 抽样调查

农业产量抽样调查

1991 年至 2004 年，邕宁县继续在全县各个行政村开展粮食实割实测抽样调查，每个村抽出 15 块样本田，分早稻、晚稻进行，由县、乡镇、村三级农业服务和统计部门有关人员组成抽样验收小组。经过抽样推算，1991 年全县粮食产量 23.53 万吨；2004 年全县粮食产量 34.51 万吨。

农村住户抽样调查

2000 年起，按照上级统计部门的部署试行对县内农村住户抽样调查。次年实施对县内农村住户抽样调查。内容是通过被调查户记账取得农村居民的现金收支和实物收支及生产生活等情况资料。其余调查内容采取季末或年底对调查户一次性调查方式取得资料。调查数据处理使用国家统计局农村社会经济调查总队统一研制的计算机处理程序，由县统计局通过网上综合表和基层数据汇总并上报。调查方案严格执行全国统一的统计分类标准和指标编码。

2003 年，经过抽样调查 140 户，农村居民家庭平均每户人口数 4.77 人，平均每人住房面积 24.08 平方米，生活消费现金支出 1341.75 元，平均每人全年总收入 3440 元、总支出 2813 元。

2004 年 11 月，农村住户调查换点，从 13 个乡镇抽选 14 个行政村，每个村各抽取 10 个住户，共 140 户。农村住户调查分为定期报表和年报两种报表方式，基层定期报表由抽中的调查户填报，按季度上报。2004 年全县农民人均纯收入为 2844 元。

城镇住户抽样调查

2003 年，邕宁县试行城镇住户抽样调查，次年 1 月实施。抽查主要内容为城镇居民家庭人口、就业、收入、支出、消费、手存现金、商品需求、家庭主要耐用品拥有和住房等变化情况。蒲庙镇 4 个社区和大沙田开发区 4 个社区为被抽中单位，从被抽中的社区中遵循随机等距原则按 1 比 6 的比例抽选出一相样本，全县共抽中一相样本 800 户，对抽选的大样本或一相样本开展城镇居民基本情况抽样调查（即一次性调查），取得调查户家庭人口、就业人口、收入等辅助资料后，根据这些资料进行分组，按比例抽出二相样本 80 户，作为经常性调查户，开展日记账工作。二相样本定为 3 年，3 年后通过再次开展一次性大样本调查来轮换，城镇居民家庭成员基本情况、就业情况、现金收支、消费支出、非现金（实物及服务）收入等内容采用日记账方法收集，记账户记账周期为 1 个月。城镇居民家庭主要耐用消费品拥有和各类住房基本情况年初一次性填报。对可支配收入、消费支出两个指标的年度资料计算方差，定期检查抽样调查误差，采用对比方法，分析抽样调查数据与全面统计资料的差异程度，系统评估调查结果代表性。调查统计资料汇总方式实行超级汇总。县统计局按月收集住户记账本，并编码、录入、审核，将审核后的数据上报。2003 年，全县城镇居民人均可支配收入 6908 元。

规模以下工业抽样调查

2003 年年报开始，要求对县内规模以下工业进行抽样调查。调查内容是对规模以下工业企业单位年产品销售收入 50 万元及以上的非国有企业实施全面调查，凡企业单位年总产值达到 40 万元的均列入 50 万 ~500 万元企业统计范畴，不足 40 万元的企业单位按规模以下工业抽样调查实施方案要求抽样调查。企业抽样采用半距起点等距抽样办法，即按照重新整理的经济类型单位数和市统计局反馈的抽样数目计算组距，选取序号为组距一半的单位作为第一个样本单位，然后每隔一个组距抽取一个样本，直到抽完最后一个样本。乡镇个体单位仍然采取整群抽样，以工业总产值均值与全乡镇最为接近的村作为样本群，样本那群中的村所有个体工业户都作为样本进行调查。经过抽样调查，结果是规模以下工业总产值分别为 2003 年 12.72 亿元，2004 年 13.03 亿元。

限额以下批发零售贸易业餐饮业抽样调查

1999 年至 2002 年，将全县小型贸易、餐饮业企业和个体户作为总体抽样框，企业按 10% 比例抽取 88 个样本单位，个体户按 1% 的比例抽取 114 个样本户，样本单位遍布全县各乡镇，调查时点为每年的 3、6、9、12 月，调查内容主要是被调查样本户在规定调查时点内的营业销售额（收入）情况。2003 年，继续推行抽样调查方法，抽样方法、抽样程序、样本单位、调查周期一律按自治区统计局的要求进行，调查时点为 2、5、8、11 月，每月的调查时间为 1 周（报告期必须是连续的 7 天，定为每月的 8~14 日）。年内，样本单位数为 197 个，调查内容不变。

2004 年，在原抽样总体框和样本单位的基础上根据实际情况进行补充调整，建立新的总体抽样框和样本单位库，年内样本单位调整为 190 个，调查内容不变。

农产品价格抽样调查

1991 年起，开展全县农产品价格抽样调查。全县共抽 12 个单位即 6 个乡镇、3 家糖厂和县粮食局、县供销社、县食品公司作为调查点样本单位，调查内容是粮食、水果、蔬菜、肉类、食品等，抽样调查以月报表及年报表形式上报自治区城调队。1995 年后，农产品价格抽样调查由月报改为季报。

1999 年，南宁市统计局部署进行农产品价格抽样调查。全县在原自治区调查点的基础上，增补调整样本点至 14 个点，即 8 个乡镇、3 家糖厂和县粮食局、县供销社、县食品公司。2000 年，自治区城调队取消邕宁调查点。邕宁县报南宁市统计局的农产品价格抽样调查至 2005 年 3 月。

贫困村监测抽样调查

2004 年起，县统计局按自治区级贫困村统计监测调查部署要求，确定那楼镇那旺村屯灵坡第九村民小组为贫困监测调查点，抽取 10 户样本调查户作为邕宁县贫困村监测户。监测调查内容主要是样本户年内种养等各项收入情况，并按规定完成样本户监测调查任务。

第五节　大型普查

人口普查

第四次全国人口普查　1990 年，进行第四次全国人口普查，1990 年 7 月 1 日零时为全国普查登记标准时间。普查内容有姓名、与户主关系、性别、年龄、民族、户口状况和性质、1985 年 7 月 1 日常住地状况、迁来本地的原因、文化程度、在业人口的行业、在业人口的职业、不在业人口状况、婚姻状况、妇女生育及存活子女数、1989 年 1 月 1 日后妇女的生育状况等。普查结果，邕宁县第四次普查登记人口数为常住人口 829651 人（包括外来人口，不包括外出人口），户数 170104 户。常住人口中，男性 439961 人，女性 389690 人；壮族 757251 人，汉族 70471 人，其他民族 1929 人；城镇人口 58167 人，乡村人口 771484 人。人口出生率 24‰，死亡率 5.09‰，人口自然增长率 14.15‰。

第五次全国人口普查 2000 年，进行第五次全国人口普查。第五次全国人口普查标准时间为 2000 年 11 月 1 日零时，涉及内容为人口总量、性别、年龄构成、地区分布、民族构成、文化构成、行业和职业构成、就业状况、婚姻家庭状况、育龄妇女生育状况、死亡人口状况、住房和生活措施状况、人口流动迁移状况等。普查结果，邕宁县第五次普查登记人口数为常住人口 86.90 万人（包括外来人口，不包括外出人口），户数 22.83 万户，户籍人口为 91.53 万人（包括外出人口，不包括外来人口）。常住人口中，男性 47.43 万人，女性 39.47 万人；汉族 8.40 万人，其他民族 78.50 万人；城镇人口 20.74 万人，乡村人口 66.16 万人。人口出生率 13.69‰，死亡率 5.04‰，人口自然增长率 8.65‰。

经济普查

2004 年 12 月，邕宁县开展第一次全国经济普查工作，标准时间为 2004 年 12 月 31 日，普查对象是辖区内从事第二产业和第三产业的全部法人单位、产业活动单位和个体工商户。2004 年，全县第二、第三产业有法人单位 626 家，其中企业法人单位 146 家，事业法人单位 269 个，机关法人单位 72 个，社会团体法人 24 个，民办非企业法人 28 个，其他法人 87 个；产业活动单位 436 个，其中第二产业 14 个，第三产业 422 个；个体经营户 8337 户。2005 年 7 月，基本完成普查工作。普查结果：2004 年末，邕宁县全部工业总产值 53.27 亿元，建筑业总产值 1.32 亿元，商品销售额 5.27 亿元，社会消费品零售总额 3.52 亿元，服务业营业收入 6301 万元。

第三章　价　格

1991 年起，邕宁县物价局建立健全企业定价许可制度、居民基本生活必需品监审制度、商品和收费明码标价制度，以市场价格为主的价格机制已经基本确立。1991 年至 1997 年，全县主要商品零售价格年环比指数依次为 108、102.44、117.70、106.67、100.42、121.01、117.01（以 1990 年为 100）。1998 年后，不再进行全县主要商品零售价格年环比指数统计。

1998 年 5 月 1 日，《中华人民共和国价格法》颁布实施。邕宁县进一步完善价格形成机制、健全价格调控体系，加大“清费、治乱、减负”力度，发挥价格对调整经济结构的作用，县物价局加强对粮油副食品、煤气、水稻种子、农业生产资料销售价格的监审。1999 年起，围绕清费、治乱、减负和整顿市场价格秩序为中心，加强价格和行政事业性收费管理，规范价格监督检查工作，全县行政事业性收费进一步规范，涉农收费的价格违法行为逐年减少。2001 年起，监制并上墙 673 块涉农价格和收费公示牌，县办学校和各村完小教学点都在醒目位置公示学校收费，乡镇在集贸市场或政府的政务公开栏悬挂各项收费公示牌。2004 年，制订邕宁县公路客运基准票价，核准班线临时客运标价（普通座席）、车辆停放保管服务费，审核物业服务收费，并重点对粮食、居民生活用电价格和行政事业性收费等加强监管。

1991 年至 2004 年，全县逐步形成国家定价、国家指导价、市场调节价 3 种价格形式并存的价格管理新体制。

第一节　机　构

邕宁县物价局前身是邕宁县物价委员会，1963 年 11 月成立。1984 年 9 月撤销县物价局委员会，成立县物价局。邕宁县物价局是县人民政府主管全县价格工作的职能部门。

1991 年，县物价局机关内设工业交通价格管理科、财贸流通领域价格管理科、非商品收费价格管理科，编制 7 名，在编在职 7 人；下辖物价检查所，在编在职 5 人。次年 7 月，成立邕宁县价格事务所，属集体性质，与物价局实行“一套人员，两块牌子”管理，主要开展价格信息、政策有偿咨询、价格认证和涉案物品价格鉴证业务。

1997 年 3 月，县物价局机关内设价格管理股、收费管理股、综合股，编制 9 名，在编在职 9 人，其中局长 1 人、副局长 2 人。下设物价检查所，在编在职 7 人。2000 年 6 月成立邕宁县价格认证中心，与县物价局“一套人员，两块牌子”，主要承办县价格事务所的业务。

2001 年 11 月机构改革后，县物价局在县发展计划局挂牌。2004 年 8 月机构改革，县物价局在县发展和改革局挂牌，人员编制 7 名，局长由县发展和改革局副局长兼任。是年，县物价局在编在职干部 8 人，设局长 1 人、副局长 2 人；下设物价检查所，在编在职干部职工 7 人。县物价局办公地址在县城红星路。

1991 年至 2005 年 3 月县物价局历任局长：黄光汉，何桂春（女），龚建宝。

第二节 商品价格

1991年，邕宁县物价部门依照价格法和有关规章规定，将商品价格管理分为政策定价（石油、土地、铁路、个别药品等物品价格）、政府指导价（粮食、猪肉、火柴、食盐、煤油等物品价格）、市场调节价（各类服装价格，水产品、蔬菜、家电、烟酒价格，部分药品、钢材、水泥价格等）三种。对粮食、煤炭、石油、运输、矿产、蔗糖、农用物资、医药、蚕茧等重要商品，大幅度调整价格。其中，粮所一号米的售价由每千克0.29元调整为0.56元，三号米由每千克0.27元调整为0.50元；县城居民生活用水价格由每立方米0.20元调整为0.30元；乡镇煤矿原煤价格由每吨48元调整为51元，块煤在原煤一级基价上可加价30%；石灰石收购价由每吨2.41元调整为4.25元，销售价由每吨2.90元调整为5.80元；河砂核定最高限价，中粗细砂收购价每立方米6.20元，销售价为每立方米10元。

1993年，邕宁县建立和完善对已放开商品的价格调控，对放开的重要商品价格和劳务收费，实行提价申报、备案制度。对一些重要价格实行动态管理，必要时由地方政府和物价管理部门制定临时最高限价、最低保护价。次年，调整粮食购销价格和深化粮食购销体制改革，对居民基本生活必需品和服务等33种监审商品的指导性差率、批零差率、加工费率及利润率进行监审。1995年，县物价部门对米、面复制品、饮食业大众化品种、饼干、糕点价格实行差率控制，对鲜猪肉价格实行差率控制，整顿食糖价格，对化肥、农药、农地膜等采取具体作价办法。

1997年至1999年，调整鲜猪肉价格，审核化肥价格、药品价格，公布第一批自治区管理的药品价格共57种，其中化学药品有“四环素”等29种、中成药有“金鸡冲剂”等28种；调整全县民用爆破器材销售价格，统一成品油零售价格，对粮油副食品价格、农资销售价格、煤气价格进行监审，审核化肥1.19万吨，对水稻种子的销售价格审核2次共207.50吨；调整食盐价格，审核杂交水稻种子价格、成品油销售价格和桑蚕茧购销价格，明确糖料蔗收购价格与白砂糖销售价格实行联动挂钩；放开了毛竹购销价格、化肥零售价格。

2000年，邕宁县桑蚕鲜茧收购价和干茧供应价格继续实行中央指导下的省级政府定价，厂丝出厂价继续实行中央政府指导价，优质优价和联动挂钩；审核杂交水稻种子19.50万千克的销售价格；调整县城灯用煤油价格，批发价每吨由2250元调为2585元，零售价每吨由2850元调为2885元；调整县城食盐零售价格，复合膜小包装500克每袋0.80元，1000克每袋1.50元，散装加碘精制盐500克零售价0.59元。2001年，县物价部门对石油成品油价格贯彻调价8次；审核水稻种子销售价格和贯彻落实粮食收购价格；审核电业部门农村电价，农网改造时预收农户出资部分每户200元，实际开支每户165.43元，余下34.57元及时退给出资农户。

2003年，县物价部门审核县城居民生活用电“一户一表”改造，居民出资标准每户460元。10月26日开始，县粮食价格出现波动，尤其是面粉，特一粉从每千克1.20元上涨至1.30元，标准粉从每千克0.82元上涨至1.00元；11月12日，特一粉每千克上涨至1.50元，标准粉每千克上涨至1.10元。大米价格波动不大，早籼大米价格由每千克0.85元上涨至0.90元，优质大米价格维持在每千克1.20元。

2004年，晚稻优质大米价格每千克2.50元，新鲜蔬菜每千克1.42元，去骨统猪肉每千克11.20元，土项鸡每千克22元，草鱼每千克10.20元，一级白砂糖每千克5元，一般水泥每袋（50千克）13.50元，洗衣粉每袋（500克）3.80元，进口含氮46%尿素每千克2.20元。

第三节　商业性服务价格

1991 年起，邕宁县物价部门先后对县内的有线电视、水厂自来水供水价格、县城居民户交城市垃圾收运处理费、卫生行业收费、公路水路客运基准票价及节假日客运票价、住宿及娱乐场所收费、住宅小区物业管理服务收费、电业部门农网改造方农户出资部分、县城居民生活用电和用水“一户一表”改造居民出资标准、涉农项目收费、停车场收费等，进行商业性服务收费标准审核定价。

2003 年 8 月，审核开放商业性投资的旅游景点的门票价格及景点内的相关服务价格。已经由业主委员会选择物业管理公司的物业管理服务价格，宾馆、饭店、商场、写字楼等非强制、非垄断的停车保管服务价格，中药饮片价格，民办医疗机构的医疗服务价格，公办医疗机构特需门诊、康体保健、民间特色医疗服务价格，非强制性的短期培训班收费，咨询、职业介绍、婚姻介绍、广告设计等信息服务价格，会计师事务所除了验资、专项审计外的服务价格，律师事务所除代理民事、刑事、仲裁案件外的服务价格，国家机关车队车辆对外服务价格，事业单位和社会团体等非企业组织按自愿有偿原则提供的服务价格。以上各类不再进行申办“收费许可证”，改由市场调节价格。

2004 年，制订邕宁县公路客运基准票价，审核平安佳园、枫丹丽舍、碧丽山庄、丽水湾别墅、新加坡城、阳光新城、金地世家、彩虹家园住宅小区、润和谷住宅小区、金地嘉园、金腾嘉园的物业服务收费。核准五塘、九塘班线临时客运标价（普通座席）为：蒲庙至九塘 11 元 / 人，蒲庙至八塘 10 元 / 人，蒲庙至七塘 9 元 / 人，蒲庙至六塘 8.50 元 / 人，蒲庙至五塘 7 元 / 人，蒲庙至四塘 6 元 / 人，蒲庙至三塘路口 5 元 / 人，蒲庙至二塘路口 4.50 元 / 人，蒲庙至埌东车站 2.50 元 / 人。核准南宁天宇物业管理有限公司负责的彩虹家园住宅小区、润和谷住宅小区物业管理服务收费标准是：按建筑面积计，住宅 0.45 元 / 平方米，车库、杂物房按住宅楼的 50% 计收，商铺 0.90 元 / 平方米。车辆停放保管服务费为室外临时停放的小型汽车 3 元 / 辆 . 次、摩托车 0.30 元 / 辆 . 次、自行车 0.10 元 / 辆 . 次，室内临时停放的小型汽车 5 元 / 辆 . 次、摩托车 0.50 元 / 辆 . 次、自行车 0.20 元 / 辆 . 次；室外过夜停放的小型汽车 6 元 / 辆 . 次、摩托车 1 元 / 辆 . 次、自行车 0.30 元 / 辆 . 次，室内过夜停放的小型汽车 3 元 / 辆 . 次、摩托车 0.30 元 / 辆 . 次、自行车 0.10 元 / 辆 . 次；室外月票小型汽车 80 元 / 辆、摩托车 25 元 / 辆、自行车 8 元 / 辆，室内月票小型汽车 100 元 / 辆、摩托车 30 元 / 辆、自行车 10 元 / 辆。

第四节　行政事业收费

1991 年，邕宁县加强行政事业收费管理，实施收费许可证的年度审验制度，大幅度调整和取消收费项目，调整医疗卫生、教育、公安、交通、劳动、人事、环保、广电、建设、矿产、工商行政管理、税务、土地管理等系统的行政事业性收费标准。县物价局、财政局、审计局联合成立县收费年审办公室，首次开展行政事业性收费年审，全县行政事业性收费单位 219 个，参加审验 179 个，取消收费项目 15 个。其中取消的收费项目有：公安部门查口卡费、自行车转籍费、自行车过户费，卫生部门个体行医管理费，建委口内国营管理费，教育部门社会力量办学管理费，劳动部门劳动服务公司直接领导和组织的种植、养殖业上缴管理费，工商部门新机动车辆交易费、旧机动车辆交易费，文化部门社会文化管理许可证，商业部门糖业公司酒精管理费，档案部门利用档案经济效益费等。次年，核发“汽车摩托维修收费资格认可证”76 份，“文化娱乐收费资格认可证”8 份，“社会力量办学资格认可证”13 份，“劳务收费资格认可证”277 份，“广西壮族自治区行政事业性收费许可证”626 份。

1993 年，行政事业性收费单位年审 401 个，审查收费项目 916 项，换发“广西壮族自治区行政事业性收费许可证”256份。公布取消邕宁县1992年至1993年自定的收费项目33项。其中包括编制部门的行政事业单位之间调动入编费、县外人员调入邕宁县行政事业单位入编费、超编入编费；计划部门的经办基建项目审核行文手续服务费（生产性建设、生产性开工项目、非生产性开工项目）；县经济委员会的集体工业企业管理服务费，修理业、装配业、劳务、代加工业管理服务费，集体交通运输业管理服务费，饮食业及其他服务业管理服务费；税务部门的税务担任常年税务、财务顾问收费，承办各项税收业务咨询费，代办税务登记、纳税申报、缴交税金手续费，税务财务人员培训收费，受托建账、建制的收费，代办会计核决算的收费，受托代征税款、基金的服务费，受托调解、查证税务、财务纠纷的收费，受理微机提供资料、培训操作、打印税务登记的收费，受托查偷欠税案的审核费；公安（消防）部门的易燃易爆生产经营、仓库人员培训收费，义务消防、防火业务培训收费，避雷针测试收费（由气象部门执行），消防场地选定指导费；劳动部门的工人转行训练费，工人交流服务费，普调工资审批费，合同制工人转定级审批费，复核工龄服务费；粮食部门“农转非”粮食审批手续费，办理粮食关系迁出迁入收费，年度换发粮簿收费（工本费除外）；统计部门的统计数字查询服务费。次年，取消收费项目49项，查出违纪单位8个，违纪项目10项，违纪金额19.43万元，实行经济制裁13.88万元。

1996年起，实行每两年换发一次“行政事业性收费许可证”的管理制度。次年开始清理整顿邮电、电力、城镇供水等垄断行业越权收费、搭车收费等，取消收费项目22项，换发“行政事业性收费许可证”365份。

1998年，在全县一定范围内试行企业交费登记卡制度，制止向企业乱收费。免费发放《企业交费登记卡》80份（含乡镇、私营企业）。同年取消行政事业性收费项目69项，降低收费标准3项，变更收费标准11项。是年起，每隔3年对全县收费单位的收费人员进行岗前培训，截至2004年，共计培训收费人员4027人次，合格者发给“收费员证”，实行收费持证上岗制度。

1999年起，县内具有行政性收费的单位，规定每年要到县物价部门进行年审。1999年至2004年，全县参加行政性收费单位年审累计3323个（次）。

第五节　价格管理

物价检查

1991年至2004年，邕宁县物价检查工作主要是贯彻国务院关于“既要稳定物价、又要振兴经济”的方针，开展农业生产资料价格、节日市场物价大检查。组织县物价、财政、税务部门进行财政、税务、物价三大检查，执行商品价格和商品明码标价检查，开展“物价计量信得过”等活动。全县自查单位有510个，重点检查单位1533个，查出价格违法行为案件212起，查出违纪金额119.66万元，实行经济处罚86.59万元，其中退还缴费者25.68万元。查出自立项目收费有37项，违纪金额83万元。有5个部门42个门店获得“物价计量信得过”称号。

价格听证　1997年始，县物价部门依据《广西壮族自治区行政性收费管理条例》规定，对关系人民生活的较大幅商品价格调整、经营服务收费等实行价格听证会制度，邀请县人大、政协等相关部门和用户代表参加听证会。1997年举行县城等水厂供水价格调整听证会。1999年，通过举行水价调整听证会，审核落实吴圩水厂、南阳水厂的自来水供水价格。2001年，落实对食糖和糖料蔗的价格管理，完成自治区物价局关于糖料蔗价格管理征求意见稿的听证、汇报工作。2002年，邕宁县召开价格听证会，审核县自来水公司、大沙田水厂、苏圩六思水库、那齐电灌站、长塘水厂、那楼水厂的自来水供水价格。2004年，通过召开听证会，审核了五塘自来水公司供水价格，审核了南晓水厂、六冬水库人饮工程、大塘灌区雅王人饮工程、大王滩灌区管理所人饮工程的供水临时价格，审核了西云江水电站、尖山水电站、石楞水电站、马安水电站上网电价。

临时限价 2003年4月下旬，受非典型肺炎疫情（简称“非典”）的影响，县内市场上防治“非典”药品、医疗器械、卫生用品以及防治“非典”有关的居民生活必需品价格出现异常波动，一些不法商家趁机通过哄抬物价、“搭车”涨价、以次充好、囤积居奇、短斤缺两等牟取暴利。邕宁县根据自治区要求对防治“非典”有关药品、医疗器械依法实行临时限价，对防治“非典”相关商品实行价格临时干预，规定与防治“非典”相关的实行市场调节价的药品、医用材料和医疗器械，如中药材、呼吸机、紫外线灯、灭菌车的销售价格，保持在年内4月21日的价格水平，确需突破的，按批发环节的进销差不超过15%，零售环节的进零差不超过30%定价出售。对市场物价异常波动首次做出临时限价，稳定了县内市场物价。

价格认证

2000年始，邕宁县价格认证中心接受县交警大队及下辖5个交警中队、柳南（柳州至南宁）高速公路五大队及南北（南宁至北海）高速公路六大队委托，对辖区交通事故的车损和财物损失进行价格鉴证。

2000年至2004年，辖区内累计涉案物品评估4049宗，金额共9499.11万元。其中，刑事案件610起，金额1161万元；民事案件3439起，金额8338.11万元。

治理乱收费

1991年起，邕宁县组织物价局、监察局、纠风办、教育局、财政局、审计局、减负办等单位组成联合检查组，依法进行“清费、治乱、减负”检查和专项治理及价格监督检查。检查整治内容包括对农业生产资料价格，减轻农民负担，成品油、液化气价格，药品价格，医疗服务收费和电信、移动、寻呼电话收费，电力价格，邮电、教育、劳动、税务收费及农业粮食价格，医疗服务收费，爆破物品价格。同时，对大沙田开发区、沿海走廊开发区向企业收费等进行检查及专项治理。

1991年至2004年，全县累计检查单位1675个，查处违法行为共345起，查处违法所得860.71万元，退还用户、缴费者共116万元，没收非法所得4.69万元，共处罚6.40万元，经济制裁共410万元，缴交县财政共42.20万元。

第四章　审　计

1991年起，邕宁县审计部门依法对全县财政、金融、行政事业单位、国有企业单位、领导干部廉政、基建项目投资和国外援款贷款项目等进行审计监督，维护经济秩序，严肃财经纪律，保障全县改革开放和国民经济社会的健康发展。

1991年至2004年，全县累计完成审计各类项目314个，查出违纪违规金额2.40亿元，应归还侵占挪用原渠道资金5353万元，审计处理处罚2826.45万元，上缴县财政3112.50万元，向中共邕宁县委、县人民政府及被审计单位提出审计意见和建议共116条。

第一节　机　构

1984年8月，成立邕宁县审计局。邕宁县审计局是县人民政府负责对县级人民政府各部门、各乡镇人民政府、国家金融机构、全民所有制企事业单位以及其他有国家资产单位的财政、财务收支的真实、合法、效益进行审计监督的职能部门。

1991年，县审计局机关内设综合审计股、财金审计股、行事审计股、工商审计股、基建审计股5个股，编制17名，在职干部职工17人。其中，局长1人、副局长1人，高级职称1人、中级职称6人。

1997年，县审计局机关内设行政秘书股、财金审计股、工商审计股、行事审计股、基建审计股5个股，人员编制19名，在职干部职工19人。其中，局长1人、副局长1人，经济高级职称1人、中级职称6人。

2001年，县审计局机关内设行政秘书股、财金审计股、行事审计股、工商审计股、基建审计股5个股，人员编制14名，在职干部职工10人，其中，局长1人、副局长1人，经济中级职称7人。

2005年3月，县审计局机关内设办公室、财金审计股、行事审计股、工商审计股、固定资产投资审计股5个股室，编制14名，在职干部职工12人，其中，局长1人、副局长1人，经济中级职称5人。县审计局办公地址在县城建设路中段。

1991年至2005年3月县审计局历任局长：梁祖见，苏启积（女），李东风，梁岩。

第二节　专项审计

企业审计

1991年至1996年，邕宁县对62家企业进行审计，其中工业交通农林企业39家、商业供销粮食物资外贸企业23家，查出违纪违规金额1694万元，追回挤占挪用资金283万元，审计处理处罚21.77亿元。

1997年至1998年，全县审计国有企业5家，其中财务收支审计3家、专项审查2家，查出违规金额527万元，审计处理处罚190万元，上缴县财政10万元。

1999 年至 2001 年，全县对企业审计项目 8 个（其中专项审计调查 1 个），查出违规金额 994 万元，审计处理处罚 708 万元，上缴县财政 182 万元。

2002 年后，随着一些大型企业上划市级管理和部分国有企业改制，专项审计工作重点转移到其他方面，对国有企业审计工作暂时停止。

财税金融审计

1991 年至 1996 年，全县审计财税金融单位 38 个，查出违纪违规金额 56 万元，审计处理处罚 1.42 万元。

1997 年至 1998 年，全县审计财税金融单位 12 个，其中县财政 2 个、乡镇财政 7 个、银行机构 1 个、保险机构 2 个，查出违规金额 431 万元。

1999 年至 2001 年，全县审计财税金融单位 9 个，查出违规金额 2741 万元，其中指明要求纠正金额 2684 万元，上缴县财政 2450 万元。

2002 年至 2004 年，全县审计单位 14 个，其中财税金融单位 4 个、本级财政预算执行情况审计单位 5 个、2003 年度县本级财政预算执行情况审计单位 5 个，查出违规金额 20 万元，应予纠正金额 17 万元，查出延压滞留预算资金 2402 万元，其他问题金额 784 万元，上缴县财政 4 万元。

基本建设审计

1991 年至 2004 年，全县审计基本建设项目共 60 项，仅发现在 1996 年的教育、卫生行业和沿海开发区基本建设项目存在问题。其中，1996 年全县审计基本建设项目 22 项，资金总额 2447 万元，核减基建工程款 163 万元。

行政事业单位审计

1991 年至 1996 年，对县内 46 个行政事业单位预算外资金进行审计，查出违纪违规金额 570 万元，追回挤占挪用资金 188 万元，审计处理处罚 12.39 万元。

1997 年至 1998 年，全县审计行政事业单位 14 个，涉及交通、教育、卫生、计生、民政、环保及开发区等部门和单位，查出违规金额 1103 万元，追回挤占挪用资金 101 万元，审计处理处罚 122 万元。

1999 年至 2001 年，全县审计行政事业单位 38 个，涉及水利、林业、畜牧、民政、教育、卫生防疫、土地、城建、矿产、环保、劳动、法院、检察院等部门和单位，查出违纪违规金额 8070 万元，追回挤占挪用资金 3443 万元，审计处理处罚 2038 万元。

2002 年至 2004 年，全县审计行政事业单位 22 个，涉及民政、社会保障、部分乡镇和三个开发区等部门和单位，审计查出应缴县财政未缴预算收入 36 万元，违规虚列支出金额 120 万元，乱收费乱摊派金额 26 万元，查出管理不规范金额 3069 万元。

国外援款贷款审计

1997 年始，邕宁县接受世界银行贷款发展林业、水利、畜牧等事业项目。至 1998 年，全县审计世界银行贷款项目 6 个，项目计划投资总额 770 万元，累计完成投资 340 万元，查出违规金额 35 万元。

1999 年至 2004 年，全县审计世界银行贷款项目 21 个，涉及森林资源发展和保护、水利、畜牧、环保、卫生防疫等部门和单位，查出违规金额 215 万元。

经济责任审计

1999 年始，县审计部门接受中共邕宁县委、县人民政府委托，授权对乡科级领导干部任期经济责任审计。1999 年至 2001 年，全县审计乡科级领导所在单位 19 个（其中企业单位 3 个），查出违纪违规金额 3217 万元，审计处理处罚 97 万元。

2002 年至 2004 年，邕宁县审计乡科级领导所在单位 29 个（其中企业单位 1 个，乡镇机关 2 个），查出违纪违规金额 1545 万元，其中主管责任 174 万元、直接责任 36 万元、管理不规范金额 616 万元，应纠正金额 1814 万元。

固定资产投资审计

2002 年起，县审计部门依据授权对县内国家建设项目进行审计。2002 年完成基建工程专项审计 1 项、基建工程竣工决算审计 72 项，核减工程投资金额 320 万元；基建工程拟预算（含标底预算）审计 13 项，未发现问题。

2003 年至 2004 年，全县完成基础工程专项审计 1 项；基建工程竣工决算审计 286 项，核减工程投资金额 1064 万元；完成开工前审计 48 项，未发现问题。

第三节　其他审计

1991 年至 1996 年，邕宁县审计师事务所（1988 年成立，1999 年撤销）为工商企业年检，累计提供资金验证 1391 户，验证资金 2 亿元；接受审计查证 102 项。

1995 年至 1996 年，县审计师事务所为企业办理 22 个建设项目的验证，审核资金总额 2447 万元，核减工程支出费用 163 万元。

1997 年至 1998 年，县审计部门接受中共邕宁县委、县人民政府委托，对县内企业财务收支审计、经理厂长离任审计、经济案件鉴证等 66 项，注册资金验证和年检 154 项，基建工程预算审计 74 项，基建工程审计共审核工程投资总额 6092 万元，核减工程投资总额 551 万元。

第五章 工商行政管理

1991年起，邕宁县工商行政管理体制进一步优化，在市场建设、市场管理、商标广告合同管理、工商登记管理和维护消费者权益等方面做了大量工作，维护搞活和发展邕宁市场经济秩序。

2001年，邕宁县根据国务院、自治区有关文件精神，对下岗职工从事个体和私营经济减免1年工商管理行政性收费，从事社区居民服务业免收3年工商管理行政性收费。2002年10月17日起，下岗失业人员从事个体经营的，除国家限制的行业（包括建筑业、娱乐业以及广告业、桑拿、按摩、网吧、氧吧等）外，3年内可免交个体工商注册登记费（包括开业登记、变更登记、补换营业执照及营业执照副本）、个体工商户管理费、集贸市场管理费、经济合同鉴证费、经济合同示范文本工本费。上述收费优惠政策暂定执行至2005年12月31日。同时将指导广告业发展的职能划归经济贸易部门承担，取消市场培育建设、全县市场布局规划、开展各类交易市场登记的管理职能，把引导个体、私营经济发展职能交给个体私营经济协会承担。

第一节 机 构

1965年5月，成立邕宁县工商行政管理局。邕宁县工商行政管理局是县人民政府主管市场监督管理和行政执法的职能部门。

1991年，县工商行政管理局机关内设行政秘书股、市场监督管理股、公平交易监督股、监察法制股、登记注册股、商标广告经济合同管理股、财务基建股、企业个体监督管理股8个股，下辖工商所17个，机关人员编制28名，实有28人，其中局长1人、副局长3人。工商部门共有在职干部149人。

1997年，县工商行政管理局机关内设机构与1991年保持不变，下辖工商所23个。机关人员编制30名，其中局长1名、副局长3名。工商部门共有干部职工217人，其中干部159人、工人58人。

1999年，省（区）级以下工商行政管理机关实行垂直管理，县工商行政管理局的人、财、物直接受自治区工商行政管理机关管理。县工商行政管理局设8个股，下辖26个工商所和1个经检中队，共有干部职工281人，其中局长1人、副局长3人。次年，县工商行政管理局撤并10个工商所。

2002年至2004年，县工商行政管理局设政工科、办公室与法规股、公平交易股、商标广告与消费者权益保护股、企业注册与个体私营经济管理股、市场与合同规范管理股、财务股7个科（股、室），总人数157人，其中局长1人、副局长3人。下设10个工商所，即：商场工商所、蒲庙工商所、大沙田工商所、苏圩工商所、五塘工商所、大塘工商所、南阳工商所、刘圩工商所、那楼工商所、百济工商所，1个经济检查大队。2003年11月18日，邕宁县人民政府接收邕宁县市场开发服务中心市场资产、债务和人员，共移交市场51个，债务900万元，人员136人。

县工商行政管理局办公地址在仙葫大道东（莫村半岛）。

1991年至2005年3月县工商行政管理局历任局长：黄信籍，黄万钟，莫乃华，廖庆科。

第二节　市场管理

1991 年，邕宁县有农贸市场、商场等市场 31 个。1996 年，有农贸市场、商场等市场 53 个。2004 年，有农贸市场、商场等市场 74 个。

1991 年至 2004 年，由县工商部门管理的市场范围有蒲庙、良庆、那马、新江、百济、中和、那楼、刘圩、南阳、伶俐、五塘、九塘、南晓、吴圩、苏圩、那陈、大塘等乡镇；较大的市场有县城的和平商场、邕宁商场，开发区的大沙田市场，以及位于乡镇的蒲庙市场、百济市场、那楼市场、刘圩市场、南阳市场、五塘市场、吴圩市场、苏圩市场、那陈市场、大塘市场等。邕宁县工商局定期或不定期派出人员到营业场所检查经营情况，发现违法行为及时纠正、处罚。1998 年，在四塘、五塘和昆仑 3 个工商所成立执法小组，试行市场巡查制，随后在全县各工商所推广。2000 年，推行经济区域巡查制，把邕宁辖区划定为 4 个经济区域，相应成立 4 个经济区域巡查队。2002 年，开展办案工作“群星争辉”活动，制定错案追究制度。

1991 年至 2004 年，全县立案办案 8510 起。其中，查处五粮液走私案 5 起，查处越南白糖走私案 22 起，查处商标违法案件 93 起，查处其他走私案 18 起，查处非法传销案 2 起，查处违法经营农资案 97 起，查处骗取企业动产抵押登记案 1 起等。依法依规取缔私设屠宰点 16 处，没收私宰肉 10 吨、注水肉和有病毒肉 15.80 吨，查处私宰生猪 760 头、不合格秤杆和失准计量器具 2061 把；开展打击传销行动 13 次，捣毁传销窝点 16 个，吊销两家传销公司的营业执照，查扣湖南某公司用于非法传销活动的折椅 214 张，查扣传销书籍《传销技艺》《成功之路》98 本、其他传销物品一批，遣散传销人员 349 人；取缔不符合规定农资经营点 16 处，捣毁一个农药制假窝点；查处非法制售假冒“喷施宝”塑料包装瓶案，没收包装瓶 30 万只、模具 9 套、电动机 4 台、空气压缩机 1 台，罚款 1 万元；查扣非法经营化肥及假劣化肥 1082 吨、杂交水稻种子 2.11 吨、农药 7.99 万瓶（袋）、农药粉剂 3 吨；没收非法经营化肥 90 吨、农药 1 吨、假冒化肥袋 1.70 万只；查处 1 个地下烟丝加工窝点，查扣烟丝 200 千克、卷烟 22 件 303 条，没收假卷烟 200 条；县工商行政管理局会同有关部门 8 次集中整治学校周边的网吧、电子游戏室，查扣电脑主机 86 台，没收非法出版影碟 252 张、盗版非法出版书籍 5323 本、邪教“法轮功”非法出版物一批、盗版光盘 786 张；配合盐业部门没收不按正常渠道购进的食盐 1 吨，查扣假冒碘盐 30 吨；查扣并放生野生保护动物一批，其中青蛙 2.32 吨、蛇 382 条共 150 千克、果子狸 8 只、白鹭 16 只、龟 97 千克、猫头鹰多只；查扣并没收不合格桂林三花酒 380 瓶、酒类（散装米酒）共 2 吨、不合格啤酒 600 瓶，收缴假冒伪劣“千杯少”品牌酒 776 瓶、不合格袋装米酒 1150 袋，其中 2001 年五一期间，在大沙田开发区内查获一起 100 万元销售假酒大案，共查获各种假酒 9 万瓶、假商标 20 万枚；查扣非法经营药品 200 件；端掉地下饮料食品加工窝点 15 处，查扣没收无注册商标、无经营场地、无组织机构（简称“三无”）和过期食品 1382 袋（支）、“三无”过期变质饮料食品 100 万瓶（袋、支）、“三无”食品风味小吃 6031 包（袋），查扣假冒伪劣饮料 1500 瓶、

▲ 2001 年，县工商局工作人员深入市场检查，让群众吃上“放心肉”　（县工商局供稿）

掺假花生油 1.61 吨、过期饼干饮料 3.82 吨、旧调味品空瓶 2 万只、劣质棕榈油 6.27 吨、猪油 380 千克、劣质香肠 1.58 吨、奶粉 315 袋；没收酥糖 150 千克、奶油糕 240 块，没收过期劣质食品 5 吨；捣毁 1 家洗衣粉非法生产点，查扣仿冒洗发水 120 瓶、"立白" 香皂 506 块、"两面针" 牙膏 802 支；捣毁地下制假窝点 8 处，收缴侵犯注册商标专用权物品 8.60 万件、假冒伪劣物品约 3 吨；没收非法经营邮票 4445 枚、易燃易爆物品 183 千克、烟花爆竹 300 千克、伪劣电线 33 捆、伪劣插头 24 只、假冒劣质农机产品 37 件（台），收缴剧毒灭鼠药 3.02 吨及毒鼠强 18 个品种 3150 包；销毁劣质饮料 100 万瓶（支、袋）、假冒爆竹 300 千克、劣质水泥 4.20 吨及其他假冒伪劣物品一批；查扣走私小汽车 4 辆（移交钟山县工商局处理）；罚没入国库款共 100 万元。

第三节　商标广告与经济合同管理

商标管理

邕宁县工商部门依照商标法、合同法和广告管理规定，对辖区内的商标注册和使用商标活动，以及合同、广告活动依法进行管理。

代理商标注册　1991 年至 2004 年，县商标管理部门受理企业申请商标注册共 22 件，经审核后报上级商标管理部门审核，批准注册的商标累计 12 件，变更商标 2 件。其中，1993 年为 2 家企业办理印刷商标许可证 2 份，县内印刷企业首次拥有印刷商标权。

查处违章商标　1991 年至 2004 年，经查验商标和巡查市场商品商标，对侵权商标和假冒商标依法进行查处，累计纠正商标使用不当 61 起，查处违章商标共 176 起，移交司法机关追究刑事责任 1 起，收缴侵犯注册商标标识 12 万件（张）和仿冒商标假酒、假洗发水、伪劣商品等物品一批，罚款 5.90 万元。

商标年检　1991 年至 2004 年，县商标管理部门对指定商标印刷 2 家企业进行年度检查和换发许可证，从源头上防止商标侵权行为。期间，对县内 33 家企业使用商标进行定期和不定期检查，审验商标注册证 49 件。

广告管理

户外广告需经县工商局广告部门审核批准方可张贴或发布。1991 年至 2001 年，由县工商局负责广告工作。2002 年起，县工商局将广告审批权下放至各工商所管理。

1991 年至 1992 年，县内建有户外广告栏 30 处，核发 "广告登记证" 8 份，查处各种假广告 15 起，没收违法广告 386 张。

1993 年至 1997 年，全县共有户外广告栏 44 处，新建户外广告栏 14 处，广告管理重点是对发布食品、药品、医疗、医疗器械、农药、兽药的广告进行检查，共核发 "广告登记证" 28 份，指导 2 家广告经营企业规范经营。清理乱张贴的户外广告共 5300 份，办理户外广告印刷品广告登记证共 27 份，查处广告违法案 1 起，查处广告违章行为共 14 起，罚款 1000 元。

1998 年至 2001 年，投资 1.80 万元在县城改造 17 个户外广告栏。核发 "户外广告登记证" 共 84 份，经审批发布的张贴广告 2190 张，横幅广告 295 条，店堂广告 35 块，广告牌 79 块，车体广告 185 条，广告牌 70 块。县市场开发服务中心建立广告部，严把广告审批关，抓好广告发布事前监管。清理乱张贴广告 15 次 2 万张，拆除乱设、乱挂广告牌、横幅 57 块（条），检查纠正不当电视广告内容 7 处。加强对店堂广告的管理，发出限期整改通知书 7 份。收缴内容虚假、淫秽印刷品广告 1.50 万份，查处违法广告案 8 起，行政告诫 126 起，处罚 101 起，罚款 1.17 万元。

2002年至2004年，各工商所共办理广告登记33份，清理乱拉挂乱张贴广告1086张，查处广告违法案97起，罚款7.10万元。

经济合同管理

1991年至1992年，开展“重合同守信用”活动，新发展“重合同守信用”企业1家，复评10家，同时推行经济合同示范文本制度，共对23家企业发放合同示范文本292本。两年共在企业建立合同联系点42个，上门服务76次，检查企业65家共58份合同，金额4231万元，发现确认无效合同案件3起，金额51.44万元，向公安机关移交合同违法案件1起，鉴证合同7份，金额11万元，为当事人挽回经济损失1277万元。

1993年至1994年，宣传修正后的《中华人民共和国经济合同法》，深入企业指导检查，为企业订购资料300册，全县85%的企业用上统一合同文本，共鉴证合同5份，为企业挽回经济损失180万元。组织10家企业申报自治区级“重合同守信用”企业，有6家企业获“重合同守信用”称号。为11家企业进行合同协查，协查金额274万元，为企业挽回损失16.40万元，鉴证合同2份，金额215万元。

1995年至1997年，按照《企业动产抵押登记管理办法》，对116家企业办理了动产抵押登记，抵押价值2.86亿元，同时加强对动产抵押物的监督管理，防止国有资产流失。开展建筑工程承包合同鉴证业务，鉴证合同61份，金额9499万元，纠正企业合同中存在问题211个，为企业挽回经济损失2100万元。

1998年至2002年，继续做好企业动产抵押工作，办理企业动产抵押登记24份，查处骗取企业动产抵押登记案1起；在沿海开发区举办邕宁县第一期企业合同培训班，有60家企业负责人参加。调解合同纠纷15起，纠正农民和经纪人不完备的合同条款126例，为群众挽回经济损失3515万元。鉴证合同24份。

2003年至2004年，成立“邕宁县重合同守信用协会”，评出“重合同守信用”企业20家。办理企业动产抵押物登记23份，合同金额9000万元；开展“重合同、守信用”企业认定公示活动，通过审核，共认定2004年度自治区级、市级“重合同、守信用”企业22家。

第四节　工商登记

企业登记管理

1991年至1996年，邕宁县清理党政机关办企业，推进企业转换经营机制，建立现代企业制度，调整投资环境。1996年底，全县登记注册的国有、集体、股份制、股份合作制、联营企业以及其他企业2191户，注册资金12.44亿元，分别比1991年增长153%和448%。其中，企业法人702户，占企业总数32%；国有企业723户（含分支机构），占企业总数33%，注册资金6.04亿元，占注册资金总数49%；集体企业1392户（其中乡镇企业205户），占企业总数63.40%，注册资金5.02亿元，占注册资金总数40.20%；股份制企业54户，占企业总数2.50%，注册资金1.27亿元，占注册资金总数10%；股份合作制企业15户，占企业总数0.70%，注册资金325万元，占注册资金总数0.20%；联营企业3户，占企业总数0.10%，注册资金206万元，占注册资金总数0.17%；其他企业7户，占企业总数0.30%，注册资金600万元，占注册资金总数0.48%。按产业结构划分，第一产业36户，占企业总数1.60%；第二产业443户，占企业总数20.20%；第三产业1715户，占企业总数78.20%。

1997年，县工商局年检企业1892户，年检率93.20%。年检中，依法注销无经营能力、停业半年以上的企业 105 户；因填报材料不全暂缓通过年检的企业 50 户。为 273 户企业办理变更登记。全县新登记注册的内资企业 117 户，注册资本 8206 万元。年底，全县在册的内资企业 1944 户，同比减少 10%；注册资金 12.33 亿元，同比增长 54.90%。

1998 年，县工商局为 6 户改制企业办理登记发照手续。完成经济户口档案规范工作，重新编制装订企业档案 1881 户。健全企业回访制度和新办企业定期检查制度，防止“三无”（无资金、无场地、无机构）企业产生。全县企业年检率 96.70%，注销企业 63 户，吊销 68 户。新登记企业 108 户，办理变更登记 253 户，注销登记 208 户。

1999 年至 2000 年，县工商局开展对登记和不登记在册的企业进行全面清理整顿，对经营成品油、石油液化气、印刷等重点企业进行专项整顿，同时对已登记在册的娱乐行业企业进行重新审核。参加年检企业 1778 户，吊销 27 户，变更 355 户，新发展企业 203 户，注册资金 8 亿元。

2001 年至 2002 年，全县发展新登记企业 339 户，注册资金 1834 万元。纠正 60 家企业使用印章与核准登记名称不相符的行为，对 14 家不按时提交年检材料的企业进行查处。年检 1480 户，年检率 95%。

2004 年，全县经登记的私营企业 468 家，其中新登记 157 家，年检率 94.49%；其他企业 1407 家，其中新登记 80 家，年检率 93%；个体户 18097 户，其中新登记注册 3077 户，年检率 93%。

个体私营经济登记管理

1991 年，全县有个体工商户 1.11 万户，从业人员 1.43 万人，注册资金 3004 万元，总产值 2170 万元，销售额（营业额）5611 万元；私营企业有 27 家（雇工 612 人，注册资金 238 万元），独资企业 6 家，合资企业 21 家，有限责任公司 1 家。

1993 年，中共邕宁县委、邕宁县人民政府出台《关于加快发展个体和私营经济的决定》。县工商部门结合实际制订出全县工商业个体私营经济管理发展规划和措施，加强对个体私营经济进行扶持、监督和管理。一是加强管理，组建 4 个具有巡查、执法和轮训职能的执法中队，与工商所互为呼应，相互补充，对个体工商户私营企业等的经营行为全方位监督，拓宽监管领域，强化监管职能，及时查处各种违法行为。二是严把登记注册关，开展前置条件审批复查，凡未经有关部门审批及办理前置审批手续的，督促限期补办，对已经有关部门批准注册登记的服务营业场所重新登记，或变更或注销登记。三是建立经营户档案，把经营者的开业登记、年检、变更登记、被查处或奖励等情况输入电脑，实行动态管理。四是建立预警示制度，发现个体私营企业等有轻微违章行为的，首先以口头或书面形式进行警示，促其自行改正，不处罚。五是实行回访制度，对被查个体私营企业定期进行回访复查，防止反弹。六是实行低门槛政策，扩大工商业登记服务范围，把登记范围拓宽至种植业、养殖业，砂石开采业等。七是强化监管和服务，对新办工商业执照的个体私营户实行限时办结制，并进驻邕宁县政务服务中心开办服务窗口以方便群众办事，同时加强年检，个体工商户年均年检率验照率 90% 以上，私营企业年均年检率 92% 以上，通过年检清理无照经营、注销“三无”个体私营户。

1998 年，新发展个体工商户 2682 户，其中下岗职工领正式执照 231 户，从业 257 人，资金 65.54 万元。私营企业呈现迅猛发展的势头，年内新发展私营企业 80 户，同比增长 75%；年末总户数为 193 户（其中分支机构 22 户），增长 37.90%；投资者 496 人，注册资金 1.58 亿元，雇工 2098 人。个体私营经济创造的总产值、营业额近 3 亿元，增长 38.30%。全县个体工商户验照 1.14 万户，核准注销 1467 户，期满注销 52 户，验照率为 93.30%；私营企业实际通过年检 123 户（含补检），核准注销 6 户，下落不明按“三无”企业注销 5 户，年检率为 94.60%。清理无照经营 309 户，超越经营范围 7 户，处以罚款 4000 元。对逾期不参加年检的私营企业依法吊销营业执照 21 户（含下落不明按“三无”企业注销）。

2000 年，个体户年检 1.31 万户，注销 2588 户，验照率 93%。验照年检期间共清理无照经营 210 户，责令限期补办营业执照 190 户，清理不良文化字号名称 12 户。

2004 年，帮助 250 户经营户建立“两账两票一卡”制度，制作“公示牌”250 块，分别钉挂在经营户醒目处；制作“商品销售信誉卡”250 本，分发到农资经营户。新登记注册的个体户 3077 户，私营企业新登记 157 户。全县有个体工商户 1.47 万户，从业人员 1.94 万人，注册资金 1.61 亿元，总产值 3315 万元，销售额营业额 3 亿元；私营企业有 442 家（雇工 6069 人）；独资企业 168 家；合资企业 58 家；有限责任公司 216 家。

第五节　维护消费者权益

1991 年至 1996 年，邕宁县消费者协会贯彻落实《中华人民共和国消费者权益法》，开展形式多样的消费者权益法和“3・15”国际消费者权益日宣传活动，维护消费者合法权益。

1997 年至 1998 年，县消费者协会开展以“讲诚信、反欺诈”为主题的消费者权益宣传咨询活动，在县城举办假冒伪劣商品曝光展览；开展“为了农村消费者”为主题的消费者权益保护宣传咨询活动，表彰 17 个“讲诚信、反欺诈”先进单位和 19 名先进个人，曝光假冒伪劣商品 200 种。

▲ 2002 年，县工商局开展“打假护农”执法宣传活动　（邕宁区史志办资料照片）

1999 年至 2001 年，开通“12315”投诉举报专用电话；在全县 25 个工商所设立投诉点，开展以“明明白白消费”为主题的消费者宣传活动；在蒲庙镇红星路开展“打假维权，消费者满意街”活动，并在蒲庙城关第一小学、第二小学设立“青少年维权岗”，在蒲庙镇龙岗村设立“消费者投诉举报站”。

2004 年，在那楼镇第一初级中学举行 12315 社会服务网络进校园启动仪式，向广大师生展示真假伪劣商品品种 40 个，现场讲解鉴别办法，发放宣传资料 5000 份，知识问答试卷 4000 份。有 9 个单位被自治区消费者协会评为“无假冒伪劣制售单位”“无假冒伪劣经销单位”，有 17 个单位和 19 户个体户获县消费者协会授予的“讲诚信、反欺诈”称号。

1991 年至 2004 年，县消费者协会无偿受理消费者投诉案 1840 件，为消费者挽回经济损失 318.87 万元，接待消费者来访和咨询（含电话）2.06 万人次。县消费者协会提供案情后，县工商部门查处并对损害消费者权益行为给予罚款 1 万元。

第六节　个体劳动者管理服务

邕宁县个体劳动者协会是社团组织，组织会员自我服务、自我教育、自我管理、自我发展，是县政府联系个体劳动者的“桥梁”和“纽带”。县个体劳动者协会在全县 21 个乡镇设有分会。2004 年年底，县个体劳动者协会有工作人员 5 人，21 个基层分会有工作人员共 51 人，全县有个体劳动者协会会员 1.90 万人。县个体劳动者协会在县工商局办公，各分会办公地点在当地工商所或工商所派驻的办公室内。

1991 年后，个体劳动者协会发挥“桥梁”和“纽带”作用，为会员开展各项服务活动。组织个体户举办职业道德学习培训班，组织会员学习各种法律法规，帮助下岗职工再就业；开展“光彩服务周”“争创文明个体工商户”等活动，组织个体户开展以“学雷锋树新风”“志愿服务南博会”为主题的青年志愿者便民服务等系列活动。

1991 年至 2004 年，个体劳动者协会会员参政议政建言献策，全县个体户有 24 人当选为南宁市、邕宁县人大代表和县政协委员。举办各种培训班，县个体劳动者协会先后到各乡镇举办职业道德与技能等培训班 26 期，参训人数 3200 人次；举办餐饮、旅店服务员上岗培训 2 期 4 个班，参训人员 160 人，有 110 人取得了合格证书。开展普法学法活动，县个体劳动者协会与县司法局联合举办 1 期骨干普法培训班，个体工商户 60 人参训；组织会员学习各种法律法规，共编印普法学习资料 5.45 万册、禁毒书籍 6000 册，发放《法律法规知识汇编》1 万本，出版板报 7 期，举办 2 期法律知识竞赛，参赛个体工商户 1.40 万人次。为个体户办实事，组织会员外出参观学习 1.96 万人次，帮助下岗职工 187 人走上个体经营道路，为个体户 400 人办理财产保险，为特困个体户 22 人减免个体管理费，并同县人民医院协商，给个体户发放医疗优惠卡。开展献爱心捐资救灾活动，先后有个体劳动者 3.52 万人积极参加各种社会捐助活动，累计捐款捐物折合人民币 37.33 万元。开展个体户文体活动，先后组织个体户篮球队 5 个和足球队 1 个参加各种比赛 40 场次，举办“邕宁县个体劳动者光彩杯卡拉 OK 大赛”、光彩事业“宝城花园杯”“小灵通”“宁振杯”等卡拉 OK 演唱比赛 4 次，开展“诚信春风满邕宁”文艺演出晚会 1 次，播放电影专场晚会 28 场。开展学雷锋送温暖活动，组织个体户商界进社区，参加修理家电、自行车、钟表、裁剪、理发等义务服务共 1571 人次，其中“五四”青年节期间，组织青年个体户上街提供便民服务 500 人次，将义卖所得款 1000 多元全部捐献给农村贫困学校。开展“送温暖”活动，各级个体协会在每年春节等重大节日，组织慰问个体户 210 人次，慰问个体特困户 150 人次，给县福利院、那路敬老院送去价值 2000 元的物品，送给百济乡困难户价值 3000 元的物品。组织开展创优争先活动期间，全县个体工商户有 359 人获得县级以上先进个人（优秀个体户）称号。其中，有 1 家私营企业被自治区工商局、自治区个体协会、自治区私营企业协会评为自治区先进个体户和私营企业，2 名个体工商户被评为自治区先进营销户，1 人被评为自治区“营销贩运大户”，10 名个体工商户在南宁市实现社会消费品零售 100 亿元表彰会上受表彰，10 名个体户获得中共南宁市委、市人民政府授予的优秀个体户，2 家私营企业成为南宁市 20 强企业，10 户个体工商户获得县级“诚实守信”牌匾，109 名个体户被评为县级文明个体户，217 人（个体户）被评为县级、市级先进个人（优秀个体户）。

第六章　质量技术监督管理

邕宁县质量技术监督部门依照《中华人民共和国计量法》《中华人民共和国标准化法》《中华人民共和国产品质量法》《广西壮族自治区产品质量监督条例》《广西壮族自治区计量条例》和《广西壮族自治区实施〈特种设备安全监察条例〉办法》等法律法规和有关规章，对全县计量、产品质量、标准化、特种设备安全、企事业单位代码进行监督管理，打击假冒伪劣产品商品，维护社会主义市场经济秩序。1991 年至 1996 年，共查处违法产（商）品货值金额 358 万元，受理各种违反技术监督法律、法规案件 195 起，罚没款 30 万元。2001 年，捣毁制假售假窝点 3 个，立案查处违法案件 75 起，罚没款 18.60 万元，没收假冒劣质饮料 1 吨、劣质螺纹钢筋 35 吨。2003 年，在全县范围内对肥料、水泥、钢筋、食品进行打假检查，共封存 46 吨存在质量问题的复合肥、58 吨重量不足的水泥产品，对 15 家生产、销售不合格肥料、水泥、钢筋、食品的企业和店铺进行处罚；办理质量技术监督案件 206 件，其中立案处罚案件 78 件，现场处罚案件 128 件。

第一节　机　构

邕宁县技术监督局是县人民政府统一管理和组织协调全县标准化、计量、质量工作的职能机构。

1991 年 7 月成立邕宁县技术监督局。局机关内设行政秘书股和稽查股，人员编制 8 名。下属事业单位有邕宁县计量测试所、邕宁县产品质量监督检验所，在编在职干部职工共 10 人。

1997 年，县技术监督局机关内设办公室、综合管理股和法规监督股，在编在职干部职工 18 人。

1999 年 9 月，县技术监督局在职 19 人，退休 2 人。将该单位人、财、物（固定资产）划归南宁市质量技术监督局管理。次年 10 月 1 日挂牌，称邕宁县质量技术监督局，设行政秘书股和稽查股，在编在职干部职工共 19 人。

2000 年 12 月，成立邕宁县打击销售假冒伪劣商品违法犯罪活动领导小组，办公地点设在县质量技术监督局，挂邕宁县人民政府打假办公室牌子。

2001 年 11 月，原属于县劳动局管理的锅炉、压力容器、压力管道、特种设备职能移交到县质量技术监督局，从县劳动局划入行政编制 1 名，行政人员 1 人，固定资产 1.40 万元。

2005 年 3 月，县质量技术监督局为正科级单位，设办公室、综合管理股和法规监督股（增挂稽查大队牌子），行政编制 15 名，后勤服务事业编制 2 名，在职干部职工共 12 人。县质量技术监督局办公地址在县城新兴路。

1991 年至 2005 年 3 月县技术监督局历任局长：黄旭信，何可访。

第二节　计量监督

邕宁县质量技术监督局按照有关计量规定，强制检定台秤、案秤、地中衡、杆秤、天平、砝码、医用血压计、压力表、量具、流量计、燃料加油机、血压计、压力表、游标卡尺、千分表、百分表等计量器具。1991年，县质量技术监督局强制检定各种计量器具2553台（件）。其中台秤909台，案秤614台，地中衡43台，杆秤803杆，天平秤52台，砝码295只，医用血压计14台，压力表19只，量具99件。推行法定计量单位改制台案秤130台；更换增铊563只、毫升量提74套288只；安装地秤5台。

1996年，共检修各种强制检定和非强制检定计量器具1726台（只）。其中，燃料加油机420台，台案秤670台，地磅25台，天平秤31台，砝码550只，压力表、血压计30只。

2000年，县质量技术监督局强制检定各种计量器具786台（件），完成4台地中衡的安装调试，完成392台加油机两个周期的强检工作，完成1132台电话计费器的检定工作。

2003年，县质量技术监督局检定计量器具2212台（只）。其中，加油机702台次，血压计25只，天平秤46台，砝码717只，电话计费器545台，衡器177台。

1991年至2004年，县质量技术监督局强制检修、检定各种计量器具6.66万台（件），检定收入21.70万元。其中，对全县69家加油站的298台加油机实行计量铅（签）封控税；衡器强制检定覆盖至乡镇达100%、村级贸易点95%以上。同时开展服务中国—东盟博览会计量专项监督检查。

第三节　产品商品质量监督管理

企业产品质量

1991年，邕宁县质量技术监督部门为企业提供标准备案14个，并协助自治区、市业务部门实现计量定级升级7个厂（其中二级5个，三级2个），提高企业生产质量和经济效益。

1992年，加强工业产品质量管理和检验工作，向食品、电子、肥料等个体厂家发放临时生产许可证6本，对116家产销企业产品进行质量监督检查125批次；帮助企业加强产品质量管理，使4个厂家8种产品取得自治区质检所颁发的“产品检验合格证”；对企业备案标准20份；对县内17家食品生产企业和食品经销企业生产、经销的84种食品进行“食品标签通用标准”检查，合格率80%。1993年，对全县10家茶叶生产厂家进行质量监督抽查，合格9家，合格率90%。

2000年，县质量技术监督部门加强对企业产品质量的监督检查，给检验合格产品的生产企业颁发生产许可证43个、检验合格证6个。对生产不合格产品的企业，采取监督与服务相结合的办法，帮助企业查找原因，限期整改，做到既监督又服务，促进企业产品质量的提高。2001年，检查饮料生产企业11家，抽取送检饮料样品16批次；检查花生油生产厂家56家；日常监督检查各种产品样品96个。2002年，检查3个开发区和11个乡镇的饮料生产厂家10家、面条加工厂3家、腐竹加工厂2家、月饼加工厂25家，质检人员现场对食品进行定性鉴定，未发现有氰化钠等质量问题。

2003年，县质量技术监督部门加强对食品质量安全市场准入制度的管理，全县有25家企业申报市场准入证，有8家企业9个产品获证。做好企业产品质量普查建档工作，有320家企业建立质量档案。加大企业产品质量监督检查力度，严格把好产品源头关，共监督检查产品608批次。

1991年至2004年，邕宁县质量技术监督部门对企业进行产品质量抽样检验，共检验企业1270家（次），检验企业各种产品及工商户经销商品（花生油、糕点、各种饮料、茶叶、果脯、印刷品、化肥、农药、汽油、松香、松节油、水泥及其制品、钢材、电器产品、红机砖、铝合金建筑型材等）样品2630个批次，经法定质检机构检验合格样品2367批次，合格率为90%。

酒类产品质量

1991年，县质量技术监督部门检验米酒样品150批，发放临时生产许可证95份，为企业提供标准备案14个。1993年，对全县320名米酒生产员分期进行米酒生产技术培训；通过培训，米酒质量合格率由1992年的53%增至90%，米酒生产质量大大提高。2000年，共抽检酒样216批次，合格样品201批次。2001年共抽检酒样240批次，合格样品221批次。对不合格的酒产品按规定进行清理整治。

1991年至2004年，县内有1家国企酒厂和数十家酒厂及个体私营米酒作坊，县质量技术监督部门对全县米酒生产技术人员分期进行技术培训，累计培训320人次；同时加强对酒类生产厂家管理，发放临时生产许可证共250份。县质量技术监督部门检验酒类样品2122个批次，经法定质检机构检验，酒类产品质量合格率从1991年的58%增至2004年的95%。

营销商品质量

1991年起，县质量技术监督部门加强对营销产品质量的监督检查，确保市场营销产品质量。1994年，共检验米酒、花生油、糕点、各种饮料、茶叶、面条、果脯、印刷品、化肥、农药、汽油、松香、松节油等商品254个。1996年，检查钢材、皮鞋、信封、咸脆花生、电器、水泥、饲料、煤气、编织品、酒精、米酒、花生油、糕点、各种饮料、茶叶、面条、果脯、肥料、农药等商品325个。1998年检验各种商品产品566批次，合格样品475批次，合格率83.92%，比1997年提高10.80个百分点。1999年，抽取检验肥料样品78批次，合格样品69批次，合格率88.46%；抽取检验建材样品34批次，合格样品10批次，合格率29.41%；抽取检验各种商品13类245批次，合格样品189批次，合格率77.14%。

1991年至2004年，邕宁县质量技术监督部门对县内商店营销的商品进行质量抽样检验，共检验商店1025家次，检验各种商品及工商户经销商品（花生油、糕点、饮料、茶叶、果脯、印刷品、化肥、农药、汽油、松香、松节油、水泥及其制品、钢材、电器产品、红机砖、铝合金建筑型材等）样品1630个批次，经法定质检机构检验合格样品1467批次，合格率为90%。

查处假冒伪劣产品商品

1991年起，邕宁县组织有关部门开展查处假冒伪劣产品商品活动。县政府成立邕宁县打击制售假冒伪劣商品违法犯罪活动领导小组，负责联合打假的日常工作；组织县质量技术监督、工商、物价、公安等部门依法对辖区内的假冒伪劣产品商品进行查处，保护广大消费者的切身利益。1991年，对市场计量器具和商品质量进行检查6次，收缴市制秤及不合格杆秤1154杆。

1994年，全县没收不合格、非法定量单位计量器具73件；立案查处案件34起，其中计量案件8起，标准化案件12起，质量案件14起；查出违法商品货值金额91.73万元，依法罚款4.34万元。

1998年，县技术监督局查处没收过期白糖150千克，不合格电线100捆，不合格衡量器100把，秤砣60只，过期、不够重量定量包装食品200袋，立案查处各种违法案件125起，捣毁制假窝点2个，罚没款15万元。

2000年，立案查处各种假冒伪劣违法案件68起，依法罚款15万元，捣毁制假售假商品6个，没收一批不合格产（商）品。其中饮料8万多袋，复合肥58吨，国家明令淘汰的压力锅113只，杆秤150杆，其他超期食品、标实不符、缺斤短两的定量包装商品13类125件。

2003年，在全县范围内对肥料、水泥、钢筋、食品进行打假检查，共封存存在严重质量问题的复混肥料46吨、重量不足的水泥产品58吨，对15家生产、销售不合格肥料、水泥、钢筋、食品的企业和店铺进行处罚。

1991年至2004年，组织联合打假行动30次，县质量技术监督局单独检查120多次，出动行政执法人员3820人次，检查企业、商店、加油站等单位2865家（户），查处无标生产产品企业11家，处罚制假和不合格产品企业15家，立案查处各种违法和假冒伪劣案件1174起，捣毁制假售假窝点16个；收缴市制秤、不合格杆秤和非法定计量器具共1847杆；依法罚款186.66万元；为企业挽回经济损失16.20万元，为消费者挽回经济损失4.50万元；收缴假冒伪劣酒类、食品类、药品类、低压电器类商品上百个品种4320件；检查各类产品、商品2790批（次），查出各类不合格产品、商品样品800多个；查处不合格钢材61.80吨，没收劣质螺纹钢材35吨；查处不合格松香195吨、不合格柴油汽油141.50吨；查处过期变质食品215千克、劣质化妆品470瓶（支）、假冒饲料260袋、假冒伪劣质量认证标志白糖173吨，没收假冒劣质饮料1万袋共1吨；查处假冒伪劣农药、化肥446.50吨；封存存在严重质量问题的复合肥料46吨、重量不足的水泥产品58吨、不合格肥料产品56吨；查处违法金额453万元，查获不合格产品标值182.80万元，查出违法商品货值金额301.35万元，查获假冒伪劣商品标值78万元，没收商品货值金额7.50万元。

第四节　企事业单位代码监督管理

根据《广西壮族自治区组织机构代码管理办法》规定，在本自治区行政区域内依法成立的机关、企业事业单位、社会团体和其他组织都必须办理组织机构代码。组织机构代码是根据国家有关代码编制规则编制，赋予本自治区行政区域内的组织机构在全国范围内唯一的、始终不变的法定标识。代码证书是组织机构代码的法律载体，包括书面正本、副本和电子副本。1991年后，每年的1月1日起至4月30日止对代码证书的有效性进行年度检验。经检验合格的，应当在代码证书的书面正本和副本上加盖年度检验合格印章。代码证书自发证之日起有效期为4年，每4年换发1次。组织机构应当在4年期限届满之日起30日内，持代码证书到原发证的代码主管部门办理换证手续。邕宁县质量技术监督局依照组织机构代码管理规定，对县内机关、企业事业单位进行机构代码证书、年检代码等管理。1992年前，办理发放广西统一代码证书。1991年至1992年，县质量技术监督局共办理发放广西统一代码证书310份（本），年审代码证书410份。1993年后，办理发放全国统一代码证书。1993年至2004年，县质量技术监督局共办理发放全国统一代码证书6125份（本），年审代码证书3047本，对190个违反管理办法规定不按时换证、年检的机构进行了行政处罚。

第五节　标准化监督管理

1991年，邕宁县质量技术监督局为县内企业提供标准化生产和产品标志备案。1991年至1996年，为企业提供标准产品备案共77个，对县内17家食品生产企业和食品经销企业生产、经销的84种食品进行“食品标签通用标准”检查，合格率80%；食品标签认证23个。1997年10月，邕宁县被自治区确定为第一批消灭无标生产试点县。2004年4月8日实施《无公害农产品　邕宁县水稻生产技术规程》，成为广西第一个县级水稻无公害生产技术规程。《无公害食品　邕宁西瓜种苗培育技术规程》《无公害食品　邕宁西瓜病虫草害防治技术规程》《无公害食品　邕宁西瓜生产技术规程》3个地方标准于2004年12月29日实施。1997年至2004年，全县收集各种标准文本298份，为企业编写、修改各类企业标准产品358个；办理产品标准备案142份；注册登记247户工业企业产品标准共898个，其中界定为消灭无标生产试点范围的工业生产企业为120户产品标准239个，产品标准覆盖率由试点前的51.84%提高到97.55%。

第七章 安全生产监督管理

1991年起，邕宁县人民政府贯彻执行“安全第一、预防为主”的方针，坚持开展安全生产、安全监察和劳动保护，处理工伤事故和生产安全事故，逐步落实安全生产责任制，加大安全生产综合监管力度，推进安全生产宣传教育培训工作，提升全县安全生产综合管理水平。

1991年至2004年，全县开展安全生产大检查206次，检查企业共1874家，检查煤矿矿井共1158个（口），检查矿山采石场共561处，检查建筑工地共180处，下达整改指令书1686份，及时清除事故隐患632处。

第一节 机 构

1991年，邕宁县人民政府在县劳动局成立安全生产委员会及其办公室。县劳动局内设劳动安全监察股，配备安全监察员若干名，根据国家监察、行业主管、企业负责、群众监督的劳动保护管理模式行使监察职能。是年11月，安全生产监察职能从县劳动局内划出，交由县经济贸易局承担。2001年12月，成立邕宁县安全生产监督管理局（简称县安监局），为县经济贸易局内设机构，核定编制2名，局长由经济贸易局副局长兼任。2004年8月，县安全生产监督管理局由副科级的部门内设机构升格为正科级的政府工作部门，局机关内设行政办公室、安全生产监督管理股，人员编制6名，实有干部职工6人。办公地址在县城红星路。

2001年12月至2005年3月县安全生产监督管理局历任局长：黄国春，黄武昌。

第二节 宣传教育与培训

宣 传

1991年至2001年，邕宁县每年5月开展“安全宣传周”活动，在全县建筑工地和生产经营单位悬挂安全生产横幅，张贴宣传画，展示宣传板报，开展劳动保护和安全生产知识竞赛，举办安全知识讲座，发动职工查找安全隐患、为安全生产献计献策，组织安全岗位练兵等。2001年，县安全生产委员会组织放映安全宣教电影《隐患就在你身边》87场，观众共7.80万人次。

2002年起，国务院将每年6月定为全国“安全生产月”。全县利用广播、电视、报刊、事故展板等多种形式，开展安全生产月宣传活动。2002年11月实施《中华人民共和国安全生产法》后，推行普法宣传教育，利用和剖析事故案例，开展“查隐患、堵漏洞、保安全”的安全生产宣传活动。县安监局订购《安全生产法规选编》3000本发放到各单位。至2004年，累计印发安全生产法律法规宣传资料5万份，组织播放光盘47场次，到有关单位、企业上课50次。

培　训

1991年至1996年，多层次、多渠道开展职工培训，累计举办特殊作业人员培训班41期，培训司炉工321人次，电工777人次，焊工544人次，起重工42人次，矿井长283人次，并对1741名持证人员进行复审和换证。

1997年至2001年，按照“先培训、后就业，先培训、后上岗”的原则，加大对各类人员的培训力度，受训人数达到1.34万人。其中，初次就业人员培训7009人，技术等级培训673人，下岗、失业职工培训1274人，复退军人培训158人。

2003年，2次邀请有关专家对县安委会成员单位分管领导和具体工作人员近300人进行安全法律法规和有关安全监管知识培训。2002年至2004年，全县有关职业培训单位举办各类安全生产讲座10余次，参加讲座人员近2万人次。

第三节　综合监督管理

1991年至2001年，邕宁县安全生产管理工作贯彻落实“安全第一，预防为主”的方针，实行安全监察管理行政首长负责制，按照“谁主管、谁负责”的原则和“横向到边、纵向到底”的要求，落实管理责任，健全管理网络。组织各类特种作业人员进行岗位培训并持证上岗，督促各厂矿企业对新工人进行入厂教育、车间教育、岗位教育的“三级教育”。2001年，开展安全生产大检查5次，炸封违规矿井99口，检查建筑工地23家，下达整改指令书186份，检验锅炉116台，检验压力容器28台，鉴定危房170处（面积9.35万平方米），处理工伤事故案件13起。

2002年至2004年，县人民政府实行安全生产目标管理责任制，层层签订安全生产管理责任书，做好人员、管理、措施、经费“四落实”。县政府与21个乡镇、3个开发区和31个行业主管部门签订《安全生产目标管理责任书》，各辖区、部门、行业分别与所属单位签订责任书，各单位将具体责任落实到科室、班组、个人。

1991年至2004年，邕宁县每年定期组织检查辖区内企业执行国家有关劳动安全方针、政策、法规、指示，以及是否建立健全劳动保护和安全生产制度和操作规程的情况。全县开展安全生产大检查206次，检查企业1874家，检查煤矿矿井1158个（口）、矿山采石场561处、建筑工地180处等，及时清除事故隐患632处，下达整改指令书1686份。

▲1996年，县矿山安全卫生监察人员到矿山检查工作

（邕宁区史志办资料照片）

第四节 安全生产专项整治

1991年至1999年，邕宁县开展以行业、季节、事故类型等为特点的劳动保护和安全生产重点监察活动。2002年6月起，全县先后开展煤矿、非煤矿山、道路交通运输、公众聚集场所消防、易燃易爆物品、食品职业卫生、危险化学品、建设施工、水上交通运输、农药和特种设备11项安全生产专项整治活动。至2002年末，共查出各类事故隐患816条，发出限期整改指令书194份。2003年，加强对煤矿和非煤矿山领域专项整治工作，取缔四塘、五塘一带死灰复燃的小煤窑，炸封矿井137口；对全县206家非煤矿山进行规范整改开采，取缔43家。2004年9月21日和10月9日，县长温达勤和副县长王洲在四塘煤矿及七坡林场分别召开打击非法小煤窑开采大会和预防火灾事故现场会，要求采取坚决措施，迅速扭转乱挖乱采的局面，遏制火灾事故多发的势头。

第五节 特种设备安全监察

1991年至2005年3月，邕宁县贯彻落实国务院《特种设备安全监察条例》和《广西壮族自治区实施〈特种设备安全监察条例〉办法》，对县内企事业单位使用锅炉及压力容器设备等特种设备进行安全监察。

锅炉安全检验

1991年至2001年，由县劳动局负责特种设备安全监察，组织开展锅炉安全检验12次，检验锅炉542台。其中，处理无证安装锅炉1台，监督大修锅炉7台，鉴定报废锅炉1台。2002年至2004年，由县质量技术监督局接管特种设备安全监察，出动执法人员710人次，检查企事业单位1100家，发出安全监察指令书174份，责令整改305家，检查锅炉1156台。其中，查处违法使用锅炉524台，封存锅炉41台，解体毁坏锅炉12台，拆除“土锅炉”8台，责令停止使用锅炉4台，责令改正锅炉109台，完成整改锅炉96台，立案查处75起。

压力容器检验

1991年至2001年，由县劳动局负责压力容器安全检验，组织开展压力容器安全检验12次，检验压力容器305台（套）。2002年至2004年，由县质量技术监督局负责压力容器安全检验，开展气瓶普查和整治工作，检查充装气瓶单位6家，普查气瓶24.08万只，分别与6家气瓶充装站签订《南宁市气瓶充装单位安全目标责任书》；普查登记压力管道62个单位，管道总长23千米；普查锅容管特设备267家，检验登记锅炉231台、压力容器61台、特种设备60台，责令改正95台，封存、捣毁46台（次）。

操作人员持证上岗

1991年至2004年，县内特种设备操作人员实行持证上岗。全县组织举办特种设备操作人员培训班236期，培训特种设备操作人员1530人次，取得锅炉操作等合格证1327人次。

第十一篇

城乡建设 | 国土资源管理 | 环境保护

第一章　城乡建设

1991年后，邕宁县城所在地蒲庙街区面积不断扩大，市政基础设施不断完善。1996年9月，邕宁邕江大桥的建成通车，加快了仙葫经济开发区仙葫半岛、南区的开发建设，县城逐步扩大至仙葫半岛，建成街区面积从1950年的1平方千米、居民2600余人，发展至2004年的7平方千米、居民6万余人。至2004年，已成为风光秀丽、环境优美、基础雄厚、商业繁荣的南宁市副中心城市。

1991年后，邕宁县继续做好县城市政基础建设和管理的同时，有计划有组织地开展小城镇和生态文明村规划建设。至2004年，各乡镇政府所在地街区面积不断扩大，南宁市大沙田经济开发区、邕宁沿海经济走廊开发区、南宁市仙葫经济开发区3个开发区的道路、街道、供水、供电、市场等一批基础设施逐步得到建立和完善，全县先后建成生态文明示范村251个。

第一节　机　构

邕宁县规划建设局

1976年7月，成立邕宁县基本建设局。1984年8月，县基本建设局改为县城乡建设环境保护局。1987年10月，县城乡建设环境保护局改为县城乡建设委员会。邕宁县城乡建设委员会是县人民政府综合管理全县建设工作的职能部门。

1991年，邕宁县城乡建设委员会内设行政秘书股、计划财务股、市政公用事业管理股、城乡规划管理股、技术股、建筑业管理股6个股，核定编制12名，在编在职干部12人。设有县规划站、设计站、质监站、建管站、房管所、城管大队、房产公司、建筑公司、自来水公司、环卫站（含卫生监察队）、蒲津公园（含县园林管理所，1996年4月成立）等事业、企业单位和21个乡镇城建所，在编在职干部职工58人。

1996年11月，邕宁县城乡建设委员会更名为邕宁县建设局。1997年，县建设局机关内设行政秘书股、计划财务股、市场公用事业管理股、技术股、建筑业管理股、规划股6个股，机关人员编制18名，实有人员18人。

2001年，县建设局机关内设行政秘书股、建筑业管理股、城镇规划管理股、市政公用副业管理股，在编在职干部9人。设有县城乡规划管理站、建筑设计所、建筑规划设计室、建筑工程管理站、建筑工程质量监督站、建设工程招标投标管理站、燃气管理站、城建档案馆、房地产管理所、城建管理监察大队、环卫站、园林管理所等事业单位，在编在职干部职工75人。同年，将县建设局管理的21个乡镇建设站划归属地乡镇政府管理，县建设局在业务上负责指导乡镇建设站开展工作。

2004年8月，邕宁县建设局更名为邕宁县规划建设局，主管全县规划建设、房产、园林、城市市容行政管理工作。县规划建设局是主管全县规划建设、房产、园林、城市市容行政管理工作的县人民政府工作部门。局机关内设办公室、城镇规划管理股、建筑业管理股、市政公用事业管理股4个股室，人员编制13名，实有人员13人。设有县城乡规划管理站、建筑设计所、建筑规划设计室、建筑工程管理站、建筑安全监督站、建筑工程质量监督站、建安劳保费管理站、建设工程招标投标管理站、燃气管理站、城建档案馆、房地产管理所、城建管理监察大队、招投标事务所、建设监理有限责任公司、环卫站、园林管理所、蒲津公园等事业单位，在编在职干部职工 89 人。县规划建设局办公地址在县城红星路。

1991 年至 2005 年 3 月县建设局（县城乡建设委员会）历任局长（主任）：赖轲，黄成超，苏春香（女），李兆祥，黄荣先。

邕宁县住房制度改革领导小组办公室

1993 年 3 月成立邕宁县住房制度改革领导小组办公室，为临时机构。1996 年 11 月，确定为县人民政府直属事业单位，与县住房制度改革资金管理中心一个机构两块牌子，机构规格相当正科级。1997 年 3 月，县住房制度改革领导小组办公室（县住房制度改革资金管理中心）设综合股和资金管理股，核定编制为 10 名，实有人员 10 人。下辖邕宁县房地产评估事务所。2003 年，撤销邕宁县住房资金管理中心。2005 年 3 月，该单位机构性质和规格保持不变，人员编制 5 人。

1996 年 11 月至 2005 年 3 月县住房制度改革领导小组办公室历任主任：黄永康。

▲ 1998 年，县住房制度改革办公室办公楼
（邕宁区史志办资料照片）

南宁住房公积金管理中心邕宁县管理部

1994 年 4 月成立县住房制度改革资金管理中心，为临时机构，工作人员从有关部门抽调。1996 年 11 月机构改革后，县住房制度改革资金管理中心确定为县人民政府直属事业单位，与县住房制度改革领导小组办公室一个机构两块牌子。1997 年 3 月，县住房制度改革资金管理中心（县住房制度改革领导小组办公室）设综合股和资金管理股，核定编制为 10 名。下辖邕宁县房地产评估事务所。2003 年，撤销邕宁县住房制度改革资金管理中心，成立南宁住房公积金管理中心邕宁县管理部，管理全县的公积金业务。2004 年，管理部在职干部 5 人。县住房资金管理中心办公地址在县城红星路。

1996 年 11 月至 2005 年 3 月南宁住房公积金管理中心邕宁县管理部（县住房制度改革资金管理中心）历任主任：黄永康，韦立多。

第二节　县城建设

县城规划实施

1991 年起，邕宁县注重县城规划和建设，县城的规模不断发展扩大。1992 年，邕宁县对县城发展定位重新进行编修，历经多次修改修订形成《邕宁县城总体规划》，并上报南宁市政府审批。1997 年 1 月，南宁市人民政府同意《邕宁县城总体规划》。从此，邕宁县实施县城发展定位为全县的政治、经济、文化中心和南宁市的卫星城，以制糖、建材、农副产品加工等工业为主导产业。县城的发展以城区为依托，重点向邕江北岸莫村发展。总体布局：由以政治、经济、文化为中心的现状城区和以商业、金融、高新技术为主的莫村新区以及以居住为主的八尺江西片区等三个片区组成。县城及县域规划与南宁市城市总体规划衔接，尤其在南北公路两侧根据南宁市城市总体规划和远景规划的要求，按组团发展建设。县城人口发展规划：至2010年，县城居住人口达到8万人。

2001年，邕宁县按南宁市城市总体规划和远景规划的要求，对《县城地形图》进行修测编制，在总体规划基础上进一步编制详细规划。

▲2000年，邕宁县城一角　（邕宁区史志办资料照片）

2002年，根据南宁市城市建设“136”目标（即自2002年起，南宁市城市建设要实现“1年小变、3年中变、6年大变”目标）发展规划和城市建设发展的需要，中共邕宁县委、县人民政府提出“依托大南宁，勾画大蒲庙，建设新邕宁，实现新跨越”的发展思路，把县城定位为南宁市区的副中心，以生活居住为主的滨江新城。完成18平方千米的《县城地形图》修测编制后，委托广西城乡规划设计院对《县城总体规划》进行修编，并编制《县人民政府仙葫办公新址详细规则》平面规划图。根据规划，仙葫开发区包括三大功能区：西区接南宁市凤岭新区，距南宁市区6千米，面积5.50平方千米，南宁至北海、南宁至柳州、南宁至百色3条高速公路交会于此，邕江环绕，千吨级船队可直达广东、香港、澳门，是大西南最大的出海交通枢纽；半岛区即仙葫（莫村）半岛，通过邕江大桥与邕宁县城连成一体，规划面积3.50平方千米，是县城新城区主体；东区即五合大学城，总面积21.50平方千米，区内有湘桂铁路线的邕宁火车站和南柳高速公路出入口，有休闲度假城等规划配套项目。至2003年，引进项目143个，协议投资96亿元，实际投入29亿元，出口创汇总产值692万美元。通过进一步加大对旧城改造和新城扩建的投资，实施把县城建设成为南宁市区的副中心，以生活居住为主的滨江新城。

2004年，仙葫南区莫村半岛开发建设初具规模，先后有县人民政府仙葫办公综合大楼和县交通局、县建设局、县人事局、县环保局、县民政局、县劳动和社会保障局、县残疾人联合会等一批办公新楼建成。县人民政府原计划于2004年年底搬迁至莫村半岛新行政办公大楼办公，因准备撤县设区南宁市人民政府不同意搬迁（2005年3月南宁市行政区划调整后，将莫村半岛新行政办公大楼划归青秀区政府为办公楼，折价返还邕宁区、良庆区各1000万元）。至2005年3月，已有县交通局、县建设局、县人事局等10个单位搬迁至新址办公，县邮政局、县工商局、县农发行等一批驻县单位也迁至仙葫半岛新址办公。2005年3月，县城建成街区东至八鲤亭、张村一带，东北跨邕江至仙葫半岛（莫村），西连公曹村、梁村，西北跨八尺江至龙岗村，北跨八尺江（桥）至和合村，南至那元村、那美村一带，县城建成街区面积7平方千米（其中邕江南面街区4.50平方千米，邕江北面街区2.50平方千米），人口6万多人。

市政基础设施建设

路街巷建设　1991年至1997年，邕宁县投资876.14万元改造新兴路等路段，对县城新兴路（3150米）、团结街（210米）、城南路（800多米）、县建筑公司—县造纸厂（458米）、红星路人行道及非机动车道（350米）、县交通局—中石油公司加油站（250多米）及农行路、外贸路、红星路、五一路、蒲中路、邕高路等18条路段铺设水泥路面和人行道铺设阶砖。其中，1997年投资86.14万元完成县汽车站十字路口—广西华宏公司煤场长550米的道路铺设水泥路面，使县城通往仙葫开发区、南宁市区的交通连成一体，增强了县城交通能力。1998年至2004年，投资1.08亿元完成红星路—建设路（1440米）、县国税局蒲庙分局—蒲庙供销社路段（150多米）、那元路口—南糖公司蒲庙造纸厂路（2090米）等10多条路、街道铺设水泥和柏油路面；完成团结街、和平街、汉林街小街小巷改造，铺设水泥道路面积1593平方米。其中，2003年投资180万元修建县农行—县印刷厂长200多米街道水泥路；完成县农行—县汽车站道路扩建并铺设水泥路面6290平方米；投资780万元在新兴广场铺设宽30米、长54.40米水泥道路。在县城蒲庙镇建设路和仙葫半岛（莫村）街道铺设盲人引道各1200多米。

路街巷命名　1991年前，由邕宁县公安局、县规划建设局（县城乡建设委员会）等部门，对县城（蒲庙）部分主要街道进行命名。1991年主要街道有和平街、团结街、胜利街、汉林街和新兴路、五一路、新城路、红星路、中学路、建设路、那元路等，红星路立有路牌，其他路街没有立路街牌；在和平街、团结街、胜利街、汉林街及附近的小街小巷使用同一名称，街道命名缺少规范。2001年，县民政部门开展对县城路、街、巷命名更名前期调研工作，计划进行规范管理。2005年3月，因撤县设区，县城街区重新命名工作中断。

县城园林绿化亮化　1991年，邕宁县城绿化面积38.15公顷，其中公共绿化面积20公顷，县城绿化覆盖率12.72%。1991年后，县城各单位开展绿化美化庭院活动；1994年制订《邕宁县关于加强城镇绿化工程管理的暂行办法》。1995年7月10日，邕宁县城乡建设委员会印发《关于加强城镇园林绿化管理的通知》，对建筑工程绿化配套建设进行了具体的规定。1999年始，邕宁县响应南宁市提出"创建中国绿城"的号召，开展以创建绿化先进单位、花园式单位、最佳花园式单位为主要内容的"园林绿化达标竞赛"等活动。1991年至2001年，全县共投入800万元对县城进行绿化美化亮化工作。先后在五一路人行道植树96株；在蒲津公园新建园林景点3处，种植一批绿化树；完成新城路人行道绿化，种植蝴蝶果树85株，绿化美化县城中心路段石狮子小景；完成县人事局、县司法局、县城关二小等单位庭院的绿化，种植花草和绿树；在蒲津公园建造1座三塔式凉亭——清心亭，在裕寿园景点内规划绿化美化面积775平方米、建造1尊高9.988米的"财神爷"塑像和1座灵龟殿（1993年建造），铺植草皮275平方米，植树28株；在县城红星路北段、五一路东段、那元路等几条新建扩建街道和临街一批商住、企业工业区进行绿化美化，种植乔灌木6184株、草本1.20万株，铺草2.50万平方米；完成仙葫大道绿化带和大转盘的绿化，总长8100米，种有大王椰590株、朱槿1200株、红叶乌桕600株、九里香600株，共铺草地1.78万平方米；在建设路种荫香树苗80株，大王椰86株；在新兴广场铺设马尼拉草皮1.30万平方米，种植长春花、一串红、万寿菊等时花4万盆，种植黄素梅、福建茶等花带1万平方米，种植扁桃、大王椰等乔木300株。2001年7月3日至10日，邕宁县遭受百年一遇的大洪灾，县城街道被淹深3米，园林绿化遭受大损失，县城中心广场、建设路的木樨榄、黄素梅球等绝大部分低矮乔灌木和街头小绿地被淹死，人行道树有20株因长期积水死亡，年内补植绿树、铺植草皮。2002年起，邕宁县以参加创建"中国绿城""创建文明县"以及自治区市容"南珠杯"竞赛等活动为契机，深入开展以庭院绿化美化、公共绿地建设、阳台绿化美化、拆围建绿、拆墙透绿和生态示范村村容村貌绿化美化为主要内容的园林绿化建设。2002年至2004年，全县累计投入园林绿化经费839万元，重点投入县城新城路、建设路和新兴商业街街头绿化，各单位庭院绿化，各乡镇及生态示范村建设等，期间城区新增绿地7.53万平方米，县城人均有公共绿地面积6.35平方米。完成县农行路绿化改造和县农行至县印刷厂、县农行至县汽车站2条新建道路的绿化美化工作，种植垂叶榕180株，新植细叶榕148株、朱砂红256株、垂叶榕85株，新增各类绿地26.43万平方米。

街区路灯　1991年，邕宁县城各街道装置路灯175盏，路灯线路总长7.44千米，主要集中在新兴路、五一路、建设路、中学路、红星路和团结街、胜利街、汉林街、和平街等。1994年至1995年，投资30多万元安装红星路彩虹灯3200米；投资40万元安装4处高电杆路灯，在石狮子处安装新式高电杆汞灯、钠灯。1998 年至 2001 年，投资 30 多万元对团结街 18 套路灯改造和安装城南路至蒲庙二中路 26 基水泥杆高压钠灯、五一路华宏水泥厂后门至县中医院 20 基钢管高压钠类路灯；投资 60 万元对红星路、新兴路路灯改造，安装新式路灯 135 柱盏；投资 5 区等共 66 千米。

城市供电 1991 年后，县城居民和工（商）业用电，以外电供电即广西电网供电为主，占总用电量的 98% 以上。自备发电厂的有蒲庙糖厂和南宁地区华宏水泥有限公司火力发电厂等。1991 年，广西电网供电限额用电，县城电力供应紧缺，不时出现拉闸断电现象。1992 年蒲庙变电站由 110 千伏扩建至 2 万千伏后，县城除个别时段限制用电外，一般不出现拉闸停电。2003 年 9 月后，由于广西经济社会发展对电力需求大于电力增长速度，加上遭遇 50 年一遇的持续干旱，造成广西水力发电不足，电力供应再次紧缺。2004 年全县正常电力需求最高为白峰 65 兆瓦，晚峰 79 兆瓦，上级电网限定指标为 40 兆瓦，枯水期全县电网每天缺电 35.30 兆瓦，占需求负荷 50%，每天拉闸限电线路 30 条左右（含县城供用电线路）。2005 年初，县城供用电逐渐恢复正常。

县城路段街道

1991 年，邕宁县城街道主要有新兴路、五一路、新城路、红星路、中学路、建设路、团结街、汉林街、胜利街、和平街等，总长 10.61 千米；有数十条小街小巷。此后，邕宁县不断扩建、改造邕江南岸的旧县城，并随着仙葫开发区的开发建设加快建设邕江北岸的县城新区莫村半岛。至 2004 年，邕江南岸的旧县城主要路街有新兴路、新城路、五一路、红星路、建设路、那元路、团结街、胜利街、汉林街、和平街、新兴步行街等，总长 14.91 千米；有小街小巷数十条。邕江北岸新区莫村半岛道路 15 条，分别是环葫西路、环葫南路、环葫东路、仙临路、仙安路、五岭路、莫村路、丽春路、秀岛路、春晖路、明月路、金泽路、彩虹路、福兴路、永春路；街道 4 条，分别是雅宁街、金葫一街、金葫二街、环葫一街至四街；里巷 8 条，分别是环葫西路东一里、仙安路北一里、莫村路东一里至二里、莫村路西一里至二里、雅宁街西一里至三里、秀岛路东一里、彩虹路北一里、彩虹路北一里一巷至六巷。

新兴路 始于团结街（五圣宫）经八尺江桥至松香厂止，长 3150 米，路面宽 28 米，铺设柏油路面，人行道铺设阶砖，种植绿化树，路段有县建材公司、航运公司、供销社、图书馆、总工会、电影公司、二轻联社、农业局、林业局、计生局、公路局、建设银行邕宁支行、工商银行邕宁支行、汽车站等单位，是主要商业街。

新城路 始于县农机一厂至蒲庙造纸厂（蒲庙糖厂）止，长 4290 米，铺设水泥路面，人行道铺设阶砖，种植绿化树。其中，那元路口至蒲庙造纸厂长 2090 米，路面宽 45 米；那元路口至县农机一厂长 2200 米，路面宽 24~40 米。路段有县委党校、县信用联社、人民银行邕宁支行、县国土资源局、县水产畜牧局、县物资总公司等单位。

五一路 始于县物资公司（新城路十字路口）至县农科所止，长 1600 米，路面宽 24 米，铺设水泥路面，人行道铺设阶砖，种植绿化树。路段有县中医院、县农科所、石油公司、县糖业管理中心、县农业机械管理中心、县农机公司等单位。

红星路 始于石狮子（新兴路）至建设路止，长 700 米，铺设柏油路面，人行道铺设阶砖（设盲人引道），种植绿化树。其中，石狮子至县政府大门口长 310 米，路面宽 24 米；县政府大门口至建设路长 390 米，路面宽约 10 米。立有路牌，是县城“拆围建绿、拆墙透绿”“门前三包”绿化美化亮化示范街。路段有县党政机关、县农业银行、县人民法院、县公安局、县人民检察院、县人民防空办公室、县文化和体育局、县人民武装部、县调处办公室等单位。

建设路 始于县汽车站（新兴路十字路口）至蒲庙大桥西端止，长 950 米，路面宽 24 米，铺设水泥路面，人行道铺设阶砖（设盲人引道），种植绿化树和绿化带，是主要商业街。路段有县审计局、县矿产公司、保险公司等单位。

那元路　始于新城路十字路口至大小叶榕树止，长 500 米，路面宽 24 米，铺设柏油路面，人行道铺设阶砖，种植绿化树。路段有县卫生防疫站、邕宁汽车客运南站等单位。

那美路　始于那元路大榕树至那美村止，长 1100 米，路面宽 24 米，铺设柏油路面，种植绿化树。

新兴步行街　始于彩虹夜市（连接建设路）至新城路十字路口止，街道长 600 米，宽 24 米，铺设水泥路面，人行道铺设阶砖，种植绿化树，是商业中心街。路段有邕宁高中等单位。

团结街　始于五圣宫至县城关第一小学路口止，街道长 210 米，宽 24 米，柏油路面，是县城老商业街。

胜利街　始于县花纱门市部至县人民医院止，街道长 310 米，宽 18 米，柏油路面，是县城老商业街。

汉林街　始于县城关第一小学路口至县自来水公司止，街道长 630 米，宽 13~24 米，水泥路面，是县城老商业街。路段有蒲庙镇政府、县卫生局等单位。

和平街　由和平商场附近的三条街组成，长共 590 米，是县城商业街。

中学路　北接新兴路，南至邕宁县邕宁中学，长 280 米。路段有县工商局、县贸易局、县教育局等单位。

第三节　建筑业管理

建筑施工管理

1991 年，邕宁县建筑管理部门受理全县建筑工程报建项目 118 个，经审批办理施工许可证 100 份，总建筑面积 12.79 万平方米，总投资额 3140 万元。有施工企业 46 家，其中外来施工企业 33 家。

1996 年，县建筑管理部门发放施工许可证 105 份，总建筑面积 18.44 万平方米，总投资额 1.23 亿元。全县注册登记资质等级以上营业范围的各类施工企业 13 家，从业人员 2500 多人；外来施工企业 33 家，从业人员 4200 多人。县建筑管理部门落实南宁市建设委员会《关于实行工程建设项目报建管理的通知》精神，初步建立工程招标和安全生产等管理机制，进一步加强项目承包、工程建设项目报建管理和安全生产监督检查制度；配合南宁市建设委员会组织的每年一次安全生产大检查。县建设管理站被自治区建设委员会评为“建筑管理先进单位”。

2000 年，县建筑管理部门审批发放施工许可证 102 份，建筑面积 20.12 万平方米，总投资额 1.62 亿元。报监 96 项，建筑面积 21.80 万平方米，投资额 1.52 亿元。有外来施工企业 32 家。县建设部门开始实行施工企业安全目标管理责任制，与各施工单位签订责任状。

2004 年，全县工程报建项目 255 个，审批办理施工许可证 217 个，总建筑面积 195.36 万平方米，总投资额 13.69 亿元。有施工企业 50 家、房地产开发公司 50 家。是年，全县进行建筑安全生产大检查 6 次，下发限期整改通知书 145 份。

1991 年至 2004 年，全县城镇建筑企业（含 3 个开发区）工程报建项目 1763 个，经县主营业务部门审批办理施工许可证 1558 个，总建筑面积 300.07 万平方米，总投资额 30.10 亿元。

建筑工程招标投标管理

1996 年，县建筑管理部门初步建立工程招标管理机制，开始推行工程招投标工作。

1998 年 7 月，邕宁县成立建筑工程招标投标管理站，对县内国有集体投资额 50 万元以上项目进行招投标。是年全县共办理工程招投标项目 73 个，总投资额为 8709.95 万元，总建筑面积为 15.45 万平方米。其中，办理招标项目 24 个，总投资额 4950.93 万元，总建筑面积 7.88 万平方米；办理直接发包项目 49 个，总投资额 3759.02 万元，总建筑面积 7.57 万平方米。

2004 年，全县办理工程招投标项目 225 个，总投资额 12.18 亿元，总建筑面积 167.18 万平方米。其中，招标项目106个，总投资额10.74亿元，总建筑面积119.77万平方米；直接发包项目119个，总投资额1.44亿元，总建筑面积47.41万平方米。

1998年至2004年，全县办理工程招投标建设项目929个，投资总额21.85亿元，建筑总面积354.92万平方米。其中，办理招标项目344个，投资额16.42亿元，建筑面积183.88万平方米；直接发包项目585个，投资额5.43亿元，建筑面积171.04万平方米。

第四节 房地产开发与房产管理

房地产开发

1993年始，邕宁县房地产开发进入快速发展阶段，参与房地产开发的企业10多家，房地产发展重点在县城和大沙田经济开发区、邕宁沿海经济开发区、仙葫经济开发区等。1993年，房地产开发公司经营收入1193.69万元，经营利润43.57万元，税后利润3.48万元。2002年，核发单位和个人《房屋所有权证》769本；受理单位和个人抵押申请558宗，累计抵押金额1.51亿元；发放《房屋所有权证》425本，在建工程抵押证明133份。2003年，有房地产开发项目14个，开发面积36.60万平方米；全年核发《房屋所有权证》1676本；商品房按揭830宗；第二期公房拍卖成交22间，成交额74.27万元。2004年参与房地产开发的企业50家，在县城和3个开发区建成一批高、中档次住宅小区，其中高档房产有仙葫开发区西区龙胤花园、滨江别墅、丽水湾等，县城有新兴商业步行街等，房地产开发公司经营收入、利润不断增加。

1996年至2004年，全县共办理商品房预售许可证135宗，面积120万平方米；销售合同备案4320份；商品房按揭登记4320宗，面积6.20万平方米。

房产管理

1993年始，县城、大沙田开发区、邕宁沿海经济走廊开发区和仙葫开发区及21个乡镇小城镇建设迅速发展，全县房地产抵押、买卖市场活跃。建设、土地、税务、公安、银行等部门根据各自工作职责进行房屋交易管理。1995年起对全县房地产市场进行规范管理。1997年始对房屋租赁由物业、公安、流动人口管理、计生、社区等部门和单位进行综合管理。

2002年对县政府、财政局、七坡林场、中和粮所、刘圩卫生院等18个单位75幢房屋进行安全鉴定，鉴定面积1.71万平方米。加强直管公房的管理，做好公房的经营和第二期拍卖准备工作，公房经租率95.20%，租金收缴率100%。县房地产管理所全年完成各项收费27.30万元。2003年，办理房地产抵押登记699宗，在建工程抵押230宗。

1993年至2004年，全县办理房产抵押登记4244宗，办理房屋租赁登记1860宗。2000年至2004年，在建工程抵押1036宗。

第五节 市容市貌与环境卫生管理

1991年至2004年，邕宁县加强市容市貌与环境卫生管理，重点对县城、大沙田开发区、沿海经济走廊开发区和仙葫开发区等市场的市容市貌与环境卫生进行整顿治理。1996年邕宁县获广西首届“南珠杯”先进城市奖。1998年至2000年，邕宁县先后获广西市容市貌“南珠杯”竞赛活动第二届和第三届先进城市奖。2002 年获广西第四届“南珠杯”进步奖。

市容市貌管理

1991 年始，邕宁县参与南宁市开展创建卫生文明城市活动，对县城和 3 个开发区及商贸市场因乱摆乱卖摊点、乱堆放卫生垃圾、乱停乱放车辆等形成的“脏、乱、差”现象进行重点治理。至 1998 年，全县依法依章拆除违章建筑房屋 40 间，拆除乱盖、乱搭、乱拉等违章建筑物 154 处，查处占道施工 40 起、乱摆乱卖摊点 680 个，清除马路占道摊点 50 个，查处车辆乱停乱放 230 辆（次），清除乱堆放卫生垃圾 130 处，收缴乱拉、乱盖雨篷 25 块，清理跨街广告横额 83 幅、违章广告 32 块，清理跨门槛经营 80 户，查处损坏市政公用设施和园林绿化设施案件 15 件；取消县城违章停车场 1 处，办理三轮车临时停放占道许可证 236 本，办理临时占道经营摊点 246 个；签发大沙田开发区《规划检查通知书》240 份、《限期整改通知书》12 份、《停工通知书》35 份，解决群众投诉的市容市貌环境卫生问题 10 件。

▲ 2002 年，县环卫站监察队员上街劝导乱摆摊点，保持良好的市容市貌　（邕宁区史志办资料照片）

2002 年，县建设、公安、工商等部门联合查处和清理县城内乱张贴、乱散发、乱喷涂非法小广告 1 万张，清理乱挂非法广告 1800 条，处理违章乱摆乱卖 380 起；拆除乡镇乱搭乱盖违章建筑 105 间，面积 4350 平方米。加强对建筑市场的整治，依法调查处理无规划、无报建违法建筑工程 24 起，面积 2.30 万平方米，发出行政处罚决定书 34 份。

1991 年至 2004 年，邕宁县组织建设（城建）、工商、交通、公安、交警等部门，开展市容市貌大检查和整治活动共 52 次，出动人员 5130 人次，宣传活动 20 场次，发放宣传材料 10 万份，宣传车 56 辆次。全县依法依章拆除违法违章建筑房屋 240 间，纠正违章占道经营 1 万起，取缔违法违章市场 8 处，拆除违章广告 1000 块，清理违章广告横额 3500 条，清除违章小广告 2.50 万条，纠正车辆乱停乱放 1360 辆（次），纠正垃圾乱丢乱放 5600 处（次），纠正跨门槛经营 210 户，取缔无证经营摊点 137 个，签发开发区《规划检查通知书》350 份、《限期整改通知书》43 份、《停工通知书》50 份，解决群众投诉的市容市貌环境卫生问题 20 件。

创建“三城”活动

1995 年起，邕宁县参与南宁市创建双拥（拥军优属，拥政爱民）城、卫生城和文明城“三城”活动。1995 年至 1997 年，投入 1346 万元帮助县武警中队修路、装修办公室、建篮球场和解决吴圩镇驻军饮水、用地问题，以及实施县城主干街道设施建设等；拆除违章建筑物 520 处，清除违章广告牌 30 幅，处理跨门槛占道经营摊点 200 处，沿街经营户签订门前“三包”（包环境卫生、包

▲ 2002 年，环卫工人使用垃圾压缩车装运垃圾　（邕宁区史志办资料照片）

治安、包秩序）责任书95%以上，新建一个占地2.67公顷的垃圾处理场，清理清运县城垃圾349吨，疏通县城排水渠道、水沟180条共3800米，修整、冲洗公厕72座（含乡镇、县城责任单位及企业公厕），填平低洼地43处共7.40万平方米。在创“三城”活动中，邕宁县获南宁市创“三城”南宁杯卫生城市优胜奖。

1998年，因南宁市创建“三城”活动内容有变化，邕宁县停止参与南宁市创建“三城”活动。

“南珠杯”竞赛

1996年，邕宁县成立“南珠杯”竞赛活动领导小组，参与自治区开展的城市“南珠杯”第一、二届竞赛活动（1998年止）。竞赛期间，邕宁县人民政府与21个乡镇政府、24个责任单位及14个企业签订了责任状；投入531万元对县城进行绿化、美化和亮化建设；城区绿化覆盖率40.24%，绿地率33.17%，人均有公共绿地面积6.92平方米；清理和拆除违章建筑、违章广告牌、车辆乱停乱放、跨门槛经营及占道经营等。邕宁县获自治区第一届、第二届“南珠杯”竞赛“先进城市”奖。

环境卫生管理

公共卫生厕所 1991年，县城有公共卫生厕所4座。1996年，邕宁县投资50万元在县城建成二类公厕1座，改建旧公厕为二类公厕4座，对5座公厕实行承包管理，以厕养厕，每人每次如厕收费0.20元（现役军人免费）。至2004年，全县有公共卫生厕所27座，其中县城5座、乡镇所在地（不含县城单位、村公厕）20座、开发区2座。

生活垃圾清运 县城的生活垃圾由县环卫站负责清运处理。各乡镇圩场和大沙田、邕宁沿海经济走廊及仙葫3个开发区成立有环卫站（组），负责所在地的环境卫生工作。1991年，在县城街巷边沿定点放置垃圾收集桶60多个，并沿主要街道安放固定式垃圾箱、果皮箱150多个。1995年在县城实行上门收集、有偿清运垃圾，住户每户每月交垃圾清理费4元（后升至8元）。1996年，投资10万元兴建蒲庙镇八鲤亭大型垃圾处理填埋场。2002年，投资23万元购置垃圾筛分机械设备，6月起县城垃圾全部运往南宁市城南垃圾处理场处置。2004年，县城交垃圾费住户6000多户。1991年至2004年，县城清运生活垃圾4.87万车次，清运各类垃圾15.60万吨。

▲2002年，环卫工人打扫街道 （邕宁区史志办资料照片）

街道清扫 县城街道环境卫生清扫由县环卫站负责。1991年起，街巷保洁清扫采取分片、分路段包干办法，将责任落实到人。2004年，对清扫工作重新划定街道路段，定岗、定员、定任务、定质量、定经费承包到组，并实行竞聘上岗。县城街区清扫保洁面积从1991年的13万平方米增至2004年的18.60万平方米，主要保洁路街有新兴路、新城路、五一路、红星路、建设路、那元路、新兴广场、新兴步行街、团结街、胜利街、汉林街、和平街、县人民政府大院等。

第六节　小城镇与村庄建设

小城镇建设

1991年，邕宁县有良庆、百济、吴圩、苏圩、大塘等乡镇续建没有完工的新街开发项目。1994年，全县启动编制小城镇规划工作，当年由有关部门和相关乡镇编制完成《九塘乡总体规划》《伶俐乡总体规划》《刘圩乡总体规划》《百济乡总体规划》《那陈乡总体规划》。1995年至1996年，邕宁县先后有四塘小城镇、吴圩小城镇列为自治区第一批6个小城镇建设示范点。1998年完成《那马镇总体规划》《大塘镇总体规划》。1999年，苏圩小城镇建设列为自治区小城镇经济综合开发示范点。2000年，全县完成乡镇总体规划编制。2001年，《苏圩镇总体规划》（2000年至2020年），经县人民政府审批同意实施。2002年，良庆小城镇、长塘小城镇、大塘小城镇建设列为自治区第二批小城镇建设。2004年，完成大塘、刘圩、南阳、中和、新江、百济、长塘等7个乡镇的地形图修测工作，《五塘镇总体规划》（2003年至2020年）经县人民政府审批同意实施。

1991年至2004年，邕宁县建设有3个经济开发区，即南宁市大沙田经济开发区（1987年起开发建设）、邕宁沿海经济走廊开发区（1993年起开发建设）、南宁市仙葫经济开发区（1993年起开发建设）。邕宁县不断加强开发区的基础设施建设，道路、街道、供水、供电、市场等一批设施逐步得到建立和完善。

蒲庙镇　1991年后，蒲庙镇协助县人民政府完成县城那元新街市场开发建设。1993年起，蒲庙镇协助县人民政府开发建设仙葫开发区莫村半岛，县城建设向邕江北岸（莫村）发展。蒲庙镇协助县人民政府对龙岗等村编制开发规划，完成龙岗新区的开发规划。2000年，蒲庙镇在龙岗村公路两旁开发建成一批店铺。2004年，仙葫开发区莫村半岛建成道路15条、街道4条、里巷8条，一批商住区和单位楼房相继建成，成为县城的重要组成部分。

良庆镇　1984年，良庆镇在镇政府所在地投资近100万元征用土地4公顷用于开发建设良庆新街市场。1991年后，续建和完善良庆新街市场建设，建成一批店铺和住宅。2004年，开发建设占地3.30公顷的金和商住小区，并初成规模。

根据中共邕宁县委、县政府的建设规划，1987年起在良庆镇大沙田一带开发建设南宁市大沙田经济开发区，1993年起在玉洞一带开发建设邕宁沿海经济走廊开发区。至2004年，南宁市大沙田经济开发区开发面积624.67公顷，建城区街道41条；邕宁沿海经济走廊开发区开发面积249.12公顷，建城区街道81条。

那马镇　1984年，那马镇投资180万元征用土地4公顷用于开发建设新街市场。1991年，新街市场建成，是年4月30日举行新街开街庆典。1994年至2004年，经招商引进一批项目，先后建成竹泉岛文化村、龙泉湾度假山庄、广西绿都温泉度假酒店、那马绿都温泉度假山庄、凤凰绿都生态农业观光园、奶牛场、广西水产研究所中试基地、广西果母饮业有限公司和万顷房地产公司等。

新江镇　1997年，新江镇投资75万元在新江河北岸开发建设综合小区，面积6799.32平方米，规划宅基地57宗，至2004年该小区建设已成规模；投资68.50万元建成农产品批发市场1个，至2001年竣工。1998年，投资130万元扩建新江街旧市场，新建成农贸市场1个，面积1800平方米，设有摊位144个，建成店铺33间。1999年至2002年，投资250多万元铺设过街水泥道路2千米及维修街道。2003年，投资110万元建成综合停车场、公厕1座、文化活动中心大楼，并进行街道绿化美化等。

百济乡　1991年后，续建占地约3公顷的百济新街，至2004年百济新街建成店铺近200间。1991年至2004年，投资100多万元先后完成百济、那礼（即红星）两圩的城镇规划和开发设计、百济新街农贸市场改造和那礼圩禽畜交易市场、百济停车场、百济乡宣传文化橱窗长廊及2座公厕等建设。

那楼镇　1994年8月6日，那楼镇投资1000多万元征用土地30公顷开发新街市场。至2004年，新街建成1.50千米的环街柏油道路、一批商铺及住宅楼、停车场、公共卫生设施等。

镇龙乡　原有旧街1条，长约200米。1994年，开发建成南北长300米新街主街道。至2004年，建成2纵3横5条共800米新街道路和1个市亭等。

刘圩镇　1994年，刘圩镇投资196万元征用土地3.30公顷，用于新街扩建，1997年新街建设基本完成。1996年10月，投资260万元征用土地3.79公顷开发建设斑峰农贸市场；同年11月，斑峰农贸市场建设完成。刘圩新街扩建和斑峰农贸市场建成后街区面积比原来扩大2倍。

南阳镇　1994年，南阳镇投资510多万元征用土地11公顷用于开发建设新街市场，建设新街分成四期工程实施。至2004年，建成市亭1个、街道4条（水泥路面）、店铺和住宅350多间、公厕2座，并对旧街进行改造扩建。

中和乡　1991年，中和街饮水工程竣工使用。1992年，中和乡决定将新安街搬迁至邕宁至灵山中和新安路段公路边，投资80万元征用土地2公顷，至1996年，新街建成店铺及住宅80多间，1998年9月建成新安新街。2002年，投资300万元征用土地3.33公顷开发建设中和新街，至2005年3月，该市场正在建设中。2003年，投资79万元对中和旧街进行改造，建成农贸市场、篮球场、文化活动中心大楼、公厕等公共设施。

伶俐镇　1991年，伶俐新街（新岸）一期工程开工。1995年新街一期工程建成店铺53间。1991年至1999年，投资200多万元实施新街建设，建成店铺110间，铺街道水泥路面1千米，修复镇卫生院处的水毁防洪堤、公厕和完成伶俐工业园建设规划方案等。1998年，引资征用土地2公顷建成邕江南岸伶俐市场，年内南岸市场交易大棚市亭竣工投入使用，南岸横渡码头竣工使用；至2001年，南岸市场建成店铺14间。

长塘镇　1992年，长塘镇投资110多万元征用土地2.55公顷开发建设长塘新街。1997年，建成农贸市亭1个，面积800平方米，周边露天摊位面积2350平方米。1998年，建成店铺、住宅楼100多间。2000年至2002年，投资13万元完成长塘街横渡码头维修、铺水泥街道720米。

根据中共邕宁县委、县政府的建设规划，1993年起在那舅村、五合村和蒲庙镇莫村、和合村（上洲坡、下洲坡）一带开发建设南宁市仙葫经济开发区。至2004年，开发区开发征用土地1086.73公顷，使用面积556.67公顷，建城区街道112条。

四塘镇　1993年始，沿南梧二级公路两旁开发建成一批住宅、商铺、饮食等。1995年1月，四塘小城镇建设项目举行奠基典礼，该项目是自治区第一批6个小城镇建设示范点之一，也是南宁市第一个农村小城镇建设示范点，面积约3公顷。至2004年，投资1100万元建成农贸市场1个、一批店铺和住宅楼及1000多米新街道路铺水泥等；投资460万元建成公厕1座、街道排水沟400米、停车场1个、宣传文化综合楼、四塘街人饮工程等。

五塘镇　1992年，建成五塘大型商场，面积3894平方米。从此，五塘镇沿南梧二级公路两旁开发建设6千米综合开发长廊，集商住、贸易、娱乐、餐饮、加油等为一体。1994年建成五塘西瓜交易市场（五塘商贸城），面积14公顷，成为五塘镇的大宗农副产品批发交易市场。1996年建成五塘农贸市场（九百垌市场），面积6.75万平方米；旧街的集贸逐渐沿公路两边市场转移。1997年，建成七塘农贸市场（七塘新市场），面积6.70公顷（该市场没有投入使用，后为七塘村农村住宅建设用地）；建成沙平市场、永宁市场等村级市场，总面积28万平方米。

昆仑镇　1992年，九塘乡（昆仑镇）投资90万元征用土地2公顷，在南梧二级公路旁开发建设新街。至2004年，建成街道2条总长243米、农贸市场市亭1个面积1190平方米、店铺住宅115间。

吴圩镇　1991年，续建吴圩新街。1992年6月9日，广西最大的西瓜市场——吴圩西瓜市场建成开业，西瓜上市季节日成交量2250吨以上。1994年，投资500万元建成富润农贸市场。1996年，投资34万元建成占地面积8.67公顷的新瓜菜市场，投资60万元建成占积2.67公顷的金洋农贸市场；是年，吴圩小城镇建设列入自治区小城镇综合改革试点。1999年至2004年，投资150多万元先后建成吴圩街道水泥路面85%、宣传文化站大楼、电影院、一条绿化美化和安装高压钠路灯及不锈钢双面玻璃宣传橱窗示范街、综合性灯光球场和休闲绿化广场各1个。

苏圩镇 1991年续建苏圩新街。1992年开发建设苏圩蔬菜批发市场，占地面积3公顷，次年建成投入使用，日成交蔬菜、西瓜300吨以上。1995年，苏圩镇投资2460万元在苏圩蔬菜批发市场南边建设苏圩农副产品批发市场，占地11公顷，是农业部定点批发市场。1999年，苏圩农副产品批发市场建成店铺120多间，设有40吨电子磅秤，营销与全国的电子信息网络联网；苏圩被列为自治区小城镇经济综合开发示范点；苏圩义学塘商住小区占地5.06公顷，规划住宅260宗。2004年，苏圩义学塘商住小区已初成规模。

延安镇 1991年，延安镇投资10多万元铺成旧街水泥道路800米。1995年，投资580万元开发建设占地10公顷的新街农贸市场，投资115万元建成长500米宽18米的农贸市场水泥大道；1998年1月11日，新街农贸市场建成开业。1998年，投资120万元建成蔬菜市场，同年11月30日竣工。1998年至2004年，投资500万元先后架设100千伏的农贸市场供电、铺设那齐街道水泥路面、建设延安自来水厂日供水800吨、铺设延安至那齐柏油公路8千米（2001年11月竣工通车）和建1座公厕等。

那陈镇 1993年，那陈镇投资33.50万元建成占地1120平方米的供销社农资门市部。1994年至1996年，投资469万元征用土地8公顷开发建设新街，建成面积3484平方米的进宏农贸市场、店铺20间、停车场4500平方米及一批商铺住宅；由县工商部门投资84.20万元建成面积1340平方米的综合市场市亭，于1996年竣工使用，新街农贸市场基本建成，市场开业。1997年至2003年，投资221万元先后建成镇基金会大楼至电业站400米水泥路、进宏市场街道水泥路、宣传文化大楼、那楼镇过境公路水泥路面等。

大塘镇 1991年后，续建大塘新街。1999年，大塘镇投资100多万元征用土地3.21公顷建成大塘综合农贸市场，面积3600平方米；建成大塘昭见夜市（开业后不久停业，后改建住宅）。2001年至2003年，投资120多万元先后完成大塘街2条街道水泥路面铺设及排水沟建设、大塘主街民族大道路灯安装、大塘街道两旁绿化、大塘街入口处1座公厕修建等工作。2002年，建设金城、糖厂、金利和马鞍岭住宅小区，2003年4个住宅小区竣工。

南晓镇 2001年，南晓镇投资350万元开发建设南晓新街，年内完成新街连接南宁至北海二级公路、面积2900平方米的禽畜交易市场及农贸交易市场建设。2002年，投资130万元对1300米过街公路铺设水泥路面。2003年6月19日起，投资200万元征用土地1公顷开发建设南晓东盟泰景商旅长廊新街。2004年，该项目完成“三通一平”基础设施建设。

村庄建设

农村住房建设 1991年后，县内农村居民逐渐建钢筋水泥砖混结构新式楼房代替砖木结构房，一般是二、三层楼，正屋三间一字排列，正中间的为厅堂，两侧为寝室，建筑面积一般为110平方米左右。屋面前留天井，四周砌上围墙，侧面开大门出入。也有建正屋五间一字排列结构的，面积120~160平方米左右。另一种普遍流行的房屋结构是正屋三间一字排列，两层楼，屋前建长廊走廊，连接走廊正前方两侧是长方形的小房（厨房），中间留空天井，正面砌上围墙，开有大门出入。也有建成连接厨房的第二排正屋排列结构，其房间长度、大小、形状与第一排正屋的大体相同。1994年，邕宁县有计划地推进农村生态文明村建设，以原宅址、原屋搞建设，不拆旧屋建新村为工作思路，以群众自筹资金为主，县财政补助一点的办法建设生态文明村。2003年，邕宁县出资帮助12户特困农户将居住的茅草房改建成砖混结构楼房，全县农村居民结束居住茅草房的历史；完成蒲庙镇良信村等30个生态示范村的地形图测量工作。2004年,全县建成生态文明村251个；全县农民人均住房面积24.96平方米,比1991年增加11.90平方米。

生态文明村建设　1994年起，邕宁县根据自治区、南宁市人民政府的部署，有计划有组织地开展生态文明村建设。1995年至1998年，邕宁县组织有关部门和乡镇，共同编制完成《五塘镇规划》《五塘镇七塘集镇规划》《吴圩镇平凤小康示范村建设平面布置图》。2000年，全县完成测量村庄165个，规划设计小康示范村78个（其中四塘镇同仁村规划为自治区生态示范村，吴圩镇河洲村、平凤村为南宁市小康文明示范村）；完成吴圩镇机场高速公路沿线渌村等4个村庄规划，并经南宁市规划管理局审批同意。2000年4月10日，全县生态文明示范村建设工作现场会分别在良庆镇叠乌坡、长塘乡幸福坡召开，总体要求是：以原宅址、原屋搞建设，不拆旧屋建新村为工作思路，以改水、改厕、改电、改厨、改路、燃料沼气化、村庄绿化美化、户间路硬化、电话程控化、电视闭路化、人畜分离化、言行文明化和有文化活动场所、设施及软件配套等，以群众自筹资金为主，县财政补助一点的办法建设生态文明村。2001年，测量及规划南阳镇二田村、长塘镇垌江村等5个村。2003年，完成蒲庙镇良信村等30个生态示范村的地形图测量工作。至2004年，全县建成生态文明村251个，沼气池9.10万座，卫生厕所11.80万座。

生态文明村选介

幸福坡　是长塘镇天堂村委的一个自然坡(屯)。1999年,居住壮族76户341人,其中劳动力162人,外出务工85人。耕地面积45.47公顷，其中水田18.13公顷；主要农作物有水稻、甘蔗、西瓜、花生、玉米等；农民人均纯收入3000元；集体企业有碾米、鱼塘、小林场、砂场等，年收入5000元，集体有资金3万元；全坡二层砖混结构楼房45栋；有摩托车32辆、汽车3辆、手扶拖拉机4台、手机28部，家家户户添置了彩色电视机，用上了自来水。但人居环境还存在脏乱差现象，如房前屋后有猪圈牛栏，人畜混居，道路泥尘，垃圾乱扔等。1999年10月列为邕宁县生态示范村后，在县、镇、村的帮助下，进行以生态卫生旱厕、沼气池、人畜分居、厨房改造、村道硬化、农电网改造、电话入村、自来水进家庭、有线电视入户和绿化美化等10项配套设施为主要内容的生态示范村建设，走一条不拆旧房建新村的道路。至2004年，群众义务投工2.20万个，投资16.50万元，建成沼气池81座，生态卫生厕所76座，太阳能公厕1座6蹲位；完成村内1600米的下水道和1万平方米的道路硬化建设；完成农电电网改造，安装卫星接收闭路电视，可收看电视节目12套；建成占地1024平方米的灯光球场1个、露天舞台和文化室等文娱活动场所；进行村庄的美化和绿化，种植绿树875株，花草3100平方米；统一规划建成猪、牛栏128间，实现人畜分居；新建楼房15栋，全坡新楼房占总房屋的65%。农民人均纯收入4000元，有摩托车62辆，汽车5辆，手扶拖拉机8台，手机116部，程控电话入户38部。

良庆社区一组　是新规划建设的园林式别墅新村。由县城乡规划设计室设计，广西壮族自治区第二建筑公司承建，2004年5月开工建设。计划建筑面积1.33万平方米，居住77户320人，投资580万元，第一期工程投入390万元。资金来源靠集体和住户投入为主，各级政府投入为辅。每住户建筑费用8万元（不含装修费用），建筑面积260平方米，每栋别墅住2户。2004年建成别墅16栋，2005年竣工。次年春节入住32户，每户配备有沼气和太阳能热水，并建有篮球场1个。2004年农民人均纯收入5000元，收入来源主要靠种植蔬菜、经商和外出务工等。

第七节　城镇职工住房管理

1991年前后，邕宁县党政机关、事业单位和国有企业的干部职工住房实行福利分配，由所在单位按照住房分配有关政策规定作为福利分配，收取低廉租金。1993 年 3 月，实行住房制度改革，取消福利分房制度，县城党政机关、企事业等单位公有住房出售给干部职工。1995 年 1 月至 2004 年，全县党政机关、企事业单位建立职工住房公积金制度。

住房建设

1991 年，邕宁县城镇职工住房是由单位统一规划建设的公有住房，建设经费全由单位负责，住宅建成后由所在单位按照住房分配有关政策规定进行福利分配，收取低廉租金。

1995 年，邕宁县政府以职工个人集资为主，政府、单位给予适当扶持为辅进行集资建房。1997 年县人民政府在县城实施安居工程建设，共投入资金 650 万元，兴建住房 4 幢 114 套，建筑面积 9800 平方米。1995 年至 1998 年，全县共有 131 个单位集资建房，投入资金 2299 万元，新建住房 2731 套，面积 20.62 万平方米。2002 年至 2004 年，全县有 22 个单位办理集资建房手续，共建 32 幢 784 套 8.09 万平方米，解决了一批住房困难职工的住房问题。

福利分配

1991 年，邕宁县干部、职工住房仍实行福利分配，由所在单位按照住房分配有关政策规定进行福利分配，收取低廉租金。县内的党政机关、事业单位和国有企业单位，建造干部职工住房都要向县人民政府书面申请，经批准后，由县财政拨给建房经费。住宅建成后，房屋产权属单位所有，单位根据干部、职工的住房申请，按享受福利分配住房标准进行分房。此类房屋称为公有住房。

县内享受福利分配住房标准为县处级干部 90 平方米，科级干部 70 平方米，普通干部和职工 50~60 平方米。原则上夫妇双方（每个家庭）安排一套（间）住房。实际上住房缺口较大，多数干部、职工的住房达不到享受面积。

单位干部、职工的住房租金较低，有的单位不收房租。县政府大院砖木结构住房（平房）每平方米月租金 0.10 元，楼房每平方米月租金 0.20 元，单位在发职工工资时按月收取住房租金。住房租金由单位自行管理。

1993 年起，由于推行住房制度改革，干部职工住房实行福利分配的政策取消。

住房制度改革

住房租金改革 1991 年至 1993 年，邕宁县城镇职工住房实行福利分配制度，收取低廉租金。县政府大院砖木结构住房（平房）每平方米月租金 0.10 元，楼房每平方米月租金 0.20 元。

1994 年 7 月，开始实行住房制度改革公有住房出租标准。标准住房（新房）月租金每平方米 1.60 元，非标准旧房月租金每平方米 1.20 元，砖木结构的住房旧房月租金每平方米 0.60 元。之后，根据实际情况适当调整住房租金。

1996 年 5 月，再次调整住房租金标准。标准住房（新房）月租金每平方米 3.10 元，非标准旧房月租金每平方米 2.10 元，砖木结构的住房旧房月租金每平方米 1.20 元。

1999 年 8 月 1 日起，对已购买部分产权的公有住房按产权比例计收房租。各单位收取的住房租金，一律存到县住房资金管理中心在银行开设的专户内，专项用于住房维修和养护，严禁挪作他用。

公房出售 1993 年 3 月 26 日起，在县城的县直（含蒲庙镇）党政机关、企事业单位和驻县境内的中央、自治区、地市直属企事业单位，首次进行公有住房出售。

1994 年，在全县 20 个乡镇（蒲庙镇除外）的党政机关及镇属企事业单位实行按标准价出售公有住房。住房改革实行按标准价售房为主，出租为辅，售租并举的路子。同时推行住房公积金、新房新制度，不断完善住房的投资体系，全县逐步实现住房商品化。10 月，全县按成本价进行政策衔接，加大力度进行公有住房的出售。

至 1999 年年末，全县已向干部职工出售公有住房的单位共 235 个，出售住房共 8355 套，面积共 48 万平方米。其中，全产权（房产权属于个人所有）7562 套，面积 44 万平方米；半产权（即 50% 房产权属于个人所有，另一半房产权为公有）793 套，面积 4 万平方米。累计归集售房款 1.11 亿元。

2000 年，邕宁县制订出台《邕宁县已购公有住房上市交易实施细则》，允许已购公有住房上市交易。至 2001 年底，全县购公有住房上市交易 33 套，成交金额 108 万元。2002 年，全县购公有住房上市交易 42 套，成交金额 82 万元。

2001 年，邕宁县人民政府制订出台《县人民政府关于在驻邕宁县区、地（市）垂直管理单位进行住房补贴试点的通知》文件，对驻邕宁县的自治区、南宁地区、南宁市属单位进行住房补贴试点。至 2002 年，邕宁县审批驻县 2 个单位住房补贴，共发放住房补贴 51 万元。

2002 年至 2003 年，全县出售公有住房 229 套（含补买全产权），归集房款 510.88 万元。

1993 年至 2004 年，全县的公有住房出售 90% 以上，没有出售的公有住房多数分布在乡镇和学校。县人民政府遵循“能售则售，不售则租”的原则，对县内未出售的公有住房实行出租。

住房公积金　1995 年 1 月起，邕宁县建立住房公积金制度。规定：党政机关、事业单位干部职工按月工资（基础工资、级别工资、开放费、生活补贴）8% 缴交住房公积金，县财政按 1 ∶ 1 将住房公积金补贴转到个人住房公积金账户，退休时发还个人；企业单位干部职工按单位效益 5%~12% 缴交住房公积金，单位按 1 ∶ 1 将住房公积金补贴转到个人住房公积金账户，退休时发还个人。

1998 年，全县建立住房公积金制度的单位 375 个，参加缴交公积金的干部职工 2.20 万人。其中，党政机关事业单位干部职工 1.24 万人，企业干部职工 9580 人。全县累计归集售房公积金 1920 万元，支付购房、离退休职工公积金 284 万元，购买国债 350 万元，实际余额 1631 万元。

国务院《住房公积金管理条例》颁布后，邕宁县人民政府于 1999 年 4 月出台《县人民政府关于加强住房公积金管理的通知》文件，把住房公积金制度纳入法制化管理。

2000 年，全县住房公积金的缴存比例为 6%~10%，即按职工上年度月平均工资乘以职工住房公积金的缴存比例足额缴交。2000 年至 2002 年 3 月，邕宁县开始实行住房公积金委托贷款，累计发放公积金贷款 450 万元，受益职工 175 人。至 2002 年年末，全县参加缴交住房公积金的单位共 390 个，参加缴交住房公积金的职工 2.28 万人，归集住房公积金共 2257 万元，支付购房、离退休职工公积金共 1554 万元。

2003 年，全县归集住房公积金共 3200 万元，发放个人住房公积金贷款 1250 万元，回拨职工住房公积金 122 万元。

住房维修

1991 年至 1992 年，邕宁县公有住房的维修由职工所在单位负责。机关事业单位大的公有住房维修由单位向上级主管部门申请经费，报经县政府同意后由财政部门向维修单位划拨维修经费。1993 年，邕宁县实行公有住房出售后，对公有住房公共部位、共用设施的损坏维修由职工所在单位负责，县住房改革办公室审核后拨给维修费用专款。

1999 年，县人民政府出台《关于严格控制住房维修资金使用，加强住房公共设施管理的通知》，规定由指定的维修队统一维修，维修资金不再拨到单位。1999 年至 2001 年，全县回拨房屋维修资金共 785 万元。

第二章　国土资源管理

1992年，邕宁县根据1986年6月25日第六届全国人民代表大会常务委员会第十六次会议通过的《中华人民共和国土地管理法》，出台《邕宁县国有土地使用权有偿出让和转让试行规定》，对国有土地的范围和出让程序作出具体规定，明确城镇国有土地是指县城、建制镇、工矿区范围内属于全民所有的土地。集体土地必须经征用变为国有土地后方能出让使用权。依法使用国有土地的单位和个人只有使用权没有所有权。土地开发及使用权出让的计划由政府制订实施。土地使用者必须按照土地使用权出让合同的规定和城乡规划的要求，利用、经营土地。1994年8月，邕宁县出台《邕宁县国有土地使用权有偿使用收入征收管理暂行办法》，明确政府垄断土地的一级市场，实行统一规划、统一征地、统一开发、统一出让划拨、统一管理；对于土地使用权有偿合作收放的内涵作了具体明确的界定，对收入管理、收入使用提出了明确的要求。1995年10月，邕宁县人民政府印发《邕宁县建设工程全过程管理程序、行政划拨土地使用权程序、招标出让土地使用权程序和拍卖出让土地使用权程序》，对各管理部门工作程序分别作具体的说明，对招标出让和拍卖出让土地使用权过程中应负的责任和工作程序作出严格的规定，并列出《邕宁县招标出让土地使用权程序》和《邕宁县拍卖出让土地使用权程序》。1991年至2004年，邕宁县依法强化土地管理，落实耕地保护措施，治理水土流失，合理开发利用土地。1991年、1992年、1993年和1996年，邕宁县先后四次被评为广西土地管理先进县。

第一节　机　构

邕宁县土地管理局

1986年10月，成立邕宁县土地管理局。县土地管理局是县人民政府负责全县土地、城乡地政统一管理的职能部门。

1991年，县土地管理局机关内设办公室、规划股、地籍股、监察股、地价股、调处股、财务股，机关人员编制12名，在编干部职工12人。局二层事业机构设有县土地管理监察大队（1991年成立）。全县土地部门干部职工83人，其中在编37人、编外聘用人员46人。局办公地址在县城新城路。

▲1998年，县土地管理局大门

（邕宁区史志办资料照片）

1995年，县土地管理局对21个乡镇土地管理站（所）实行垂直管理。局二层企事业机构设有县土地管理监察大队、县地产开发公司（1992年6月成立）、县地价评估事务所（1995年成立）以及设有蒲庙、良庆、那马等21个乡镇土地管理站（所），在职人员130人。

1996年，县土地管理局机关内设办公室、规划科、地籍科、监察科、财务科，人员编制18名，实有人员18人。局下属企事业单位有县地价评估事务所、县技术服务站以及21个乡镇土地管理所等。局机关及下属机构在职人员135人，其中干部54人、工人81人。

2001年，县土地管理局机关编制18名，实有人员17人。局机关及下属二层机构在职人员112人，其中干部51人，职工61人。同年12月，县土地管理局与县矿产资源管理局合并为县国土资源局。

1991年至2001年历任县土地管理局局长：黄成超，何可访，玉臻。

邕宁县矿产资源管理局

1987年3月，成立邕宁县矿产资源管理局。县矿产资源管理局是县人民政府管理矿产资源、地质环境和地质勘查行业的职能部门。

1991年，县矿产资源管理局机关内设办公室、人事秘书股、计财股、矿产检察室和矿产黄金派出所，人员编制30名，实有干部职工30人；局机关办公地址设在建设路。局下设有县矿产公司、县建材公司、县煤炭工业管理公司、县花岗岩石材开发总公司、县矿产物资供销公司5个企业单位，干部职工200人；设有蒲庙、良庆、伶俐、长塘、四塘、五塘、昆仑、苏圩、延安、南晓11个矿产管理站，专职管理人员25人，兼职、聘用人员35人。

1997年，县矿产资源管理局机关内设行政秘书股、矿产管理股、地质环境安全卫生监督股，机关人员编制11名，实有11人。

2001年，县矿产资源管理局设行政秘书股、矿产管理股、地质环境安全卫生监督股，机关人员编制11名，在职干部10人、职工1人；下有县矿产公司、县建材公司、县煤炭工业管理公司、县花岗岩石材开发总公司、县矿产物资供销公司5个企业单位，干部职工（含离休退休人员）250人；设矿山安全卫生监督站、矿业黄金派出所2个自收自支事业单位，人员16人；设有蒲庙、良庆、那马、长塘、伶俐、四塘、五塘、昆仑、吴圩、苏圩、延安、南晓12个乡镇矿产管理站，管理人员33人。

▲1998年，县矿产局大门　　（邕宁区史志办资料照片）

2001年12月，县矿产资源管理局与县土地局合并为县国土资源局，县矿产局人、财、物及所属企业整体并入县国土资源局管理。

1991年至2001年县矿产资源管理局历任局长：王如谋，黄瑞棕。

邕宁县国土资源局

2001年12月，县土地管理局与县矿产资源管理局合并为县国土资源局，为正科级机关单位。局机关内设办公室、财务股、地籍管理股、土地利用股、规划耕保股、执法监察股、矿产管理股、调处股等8个股室，核定编制21名，实有人员21人。局下设县地产开发公司、土地开垦整理中心、土地储备中心、执法监察大队、技术服务站、地价评估事务所及21个乡镇国土资源管理所等企事业单位，在职干部职工共96人。

2005年3月，县国土资源局机关内设办公室、地籍管理股、规划耕保股、土地利用股、监察股、调处股等 6 个股室，核定编制 21 名，实有人员 21 人。局下设县地产开发公司、土地开垦整理中心、土地储备中心、执法监察大队、技术服务站、地价评估事务所及 21 个乡镇国土资源管理所等企事业单位，局机关和企事业单位有在职干部 77 人、工人 65 人。县国土资源局办公地址在新城路北。

2001 年 12 月至 2005 年 3 月县国土资源局历任局长：玉臻，李瑞荣。

第二节　土地征用

1991 年起，邕宁县按照国家土地管理法律法规和《广西壮族自治区土地管理实施办法》等规定，依法依规征用和管理土地。因国家建设需要征用土地，县内征用耕地 0.20 公顷以下（含 0.20 公顷），其他土地 0.67 公顷以下，由县人民政府批准；超过县审批权限的土地征用，由南宁市人民政府和自治区人民政府批准。至 2005 年 3 月，全县经自治区、南宁市和县人民政府批准征用土地累计 831 宗，共 4504.67 公顷。国家建设征用土地，由用地单位向被征地单位支付各项补偿费。

征地程序及补偿

征地程序　根据 1995 年 10 月邕宁县人民政府印发的《邕宁县建设工程全过程管理程序、行政划拨土地使用权程序、招标出让土地使用权程序和拍卖出让土地使用权程序》等规定，县内征用土地由用地单位凭有关文件，向县或县以上人民政府提出申请用地报告，经县或县以上土地管理部门审核后，报用地审批权限的人民政府批准，再报县土地管理部门办理征地有关手续。在核发《建设用地许可证》前，由县土地管理部门组织用地和被征地双方到实地标定用地界址，核实无误后才发证。工程完成后，用地单位凭“建设用地许可证”到县土地管理局领取“土地使用证”。1998 年 8 月 29 日第九届全国人民代表大会常务委员会第四次会议通过修订《中华人民共和国土地管理法》和 2004 年 8 月 28 日第十届全国人民代表大会常务委员会第十一次会议《关于修改〈中华人民共和国土地管理法〉的决定》实施后，邕宁县征地程序先后按新修订的土地法律进行修改完善和实施，同时执行国土资源部关于《招标拍卖挂牌出让国有土地使用权规定》。

征地补偿　1995 年 5 月前，县内征用土地按照《邕宁县国有土地使用权有偿出让和转让试行规定》等有关补偿政策和规定，地价补偿由征用土地单位与土地持有单位（人）双方协商确定。1995 年 6 月后，邕宁县确定部分区域有偿使用土地基本标准价格，土地定价区域范围包括蒲庙镇、大沙田开发区、沿海开发区部分区域及莫村（仙葫）开发区，面积 14.90 平方千米。用地类型分为商业用地、住宅用地和工业用地，土地级别分为一级、二级、三级、四级 4 个等级，一级地价最高，四级地价最低。同一类型和同一级别的土地不同地域地价是不同的，如同是一级的商业用地在仙葫开发区基准地价是 1127 元 / 平方米，大沙田开发区基准地价是 1053 元 / 平方米，在仙葫开发区国有土地使用权协议出让最低地价是 788.90 元 / 平方米，大沙田开发区国有土地使用权协议出让最低地价是 737.10 元 / 平方米。确定有偿使用土地基本标准价格分为土地有偿使用价格、国有土地使用权协议出让最低价。1997 年，南宁市人民政府出台《南宁市征用农村集体所有制土地补偿标准的规定》，邕宁县严格执行此规定，对南宁至吴圩机场高速公路邕宁段建设用地给有关群众进行补偿。对土地开发征用土地补偿工作，严格把关，履行手续，按协议办事。1991 年至 2002 年，邕宁县按照被征用土地前 3 年平均年产值和被征用的集体（生产队、村民小组）人均有耕地面积，计算土地补偿费和安置补偿费。2003 年，县人民政府关于《邕宁县大沙田、沿海、仙葫经济开发区辖区基础设施用地被征用土地年平均产值基数标准和补偿标准》出台，征地补偿费用标准公开、透明。邕宁县土地有偿使用价格根据不同类别确定，如 1995 年至 2005 年一类地区 133 元 / 平方米、二类地区 113 元 / 平方米、三类地区 90 元 / 平方米、四类地区 67 元 / 平方米、五类地区 39 元 / 平方米，土地价格由土地出让金、征地土地平整费、小区配套费、土地管理费等组成。

1995 年至 2005 年邕宁县土地有偿使用价格表

表 11-2-2-1　单位：元 / 平方米

项目＼价格＼类别	一类地区	二类地区	三类地区	四类地区	五类地区
出让金	8	8	6	4	4
征地土地平整费	60	50	40	30	22
综合配套费	40	30	20	15	10
小区配套费	20	20	20	15	
土地管理费	5	5	4	3	3
合　计	133	113	90	67	39

1995 年至 2005 年邕宁县蒲庙镇及仙葫开发区基准地价表

表 11-2-2-2　单元：元 / 平方米

用地类型	土　地　级　别			
	一	二	三	四
商业用地	1127	642	391	162
住宅用地	494	256	166	83
工业用地	297	229	145	60

1995 年至 2005 年邕宁县大沙田开发区基准地价表

表 11-2-2-3　单元：元 / 平方米

用地类型	土　地　级　别			
	一	二	三	四
商业用地	1053	739	535	
住宅用地	781	680	525	
工业用地	420	375	300	

1995 年至 2005 年邕宁县蒲庙镇及仙葫开发区国有土地使用权协议出让最低价格表

表 11-2-2-4　单元：元 / 平方米

用地类型	土　地　级　别			
	一	二	三	四
商业用地	788.90	449.40	273.70	113.40
住宅用地	345.80	179.20	116.20	66.40
工业用地	178.20	137.40	87.00	48.00

1995 年至 2005 年邕宁县大沙田开发区国有土地使用权协议出让最低价格表

表 11-2-2-5　单元：元 / 平方米

用地类型	土　地　级　别			
	一	二	三	四
商业用地	737.10	517.30	374.50	
住宅用地	546.70	476.00	376.50	
工业用地	255.00	225.00	180.00	

用地项目与征地面积

1991 年，全县按征用土地有关补偿政策和规定办理征用土地的单位有广西武警总队第四支队，用地面积 24.16 公顷。1993 年,办理征用土地的单位有南宁市正大饲料厂,用地面积 25.33 公顷。1995 年，吴圩机场扩建办理用地面积 4 公顷，八鲤水泥厂办理用地面积 8.73 公顷，南宁市环卫处垃圾场办理用地面积 25.53 公顷。1996 年，自治区重点工程南宁至南间高速公路邕宁路段长 58 千米，办理用地面积 600 公顷；南蒲二级公路改建工程办理用地面积 34 公顷。

1991 年至 2004 年（2003 年没有统计数据），邕宁县境内国家建设办理征用土地 831 宗，面积 4504.67 公顷，其中耕地面积 2053.39 公顷。县内建设办理用地面积 462.90 公顷，其中集体建设用地面积 301.23 公顷、农村居民建设用地面积 161.67 公顷。

1991 年至 2004 年邕宁县征地情况表

表 11-2-2-6 单位：公顷

年 度	宗数（宗）	征地面积	
		总 量	其中耕地面积
1991	52	27.28	17.89
1992	70	42.03	22.96
1993	54	94.94	30.78
1994	28	46.82	14.99
1995	20	20.47	6.00
1996	22	12.67	3.02
1997	62	40.00	5.87
1998	423	2963.65	1506.91
1999	6	155.55	77.90
2000	5	188.28	117.53
2001	23	395.54	88.79
2002	45	476.84	160.76
2003			
2004	21	40.60	

说明：表中空白栏表示缺相关统计数据

第三节 地籍与建设用地管理

邕宁县土地管理部门根据 1986 年颁布的《中华人民共和国土地管理法》，以及 1990 年 5 月 19 日国务院令第 55 号发布的《中华人民共和国城镇国有土地使用权出让和转让暂行条例》第四条“依照本条例的规定取得土地使用权的土地使用者，其使用权在使用年限内可以转让、出租、抵押或者用于其他经济活动。合法权益受国家法律保护”、第六条“县级以上人民政府土地管理部门依法对土地使用权的出让、转让、出租、抵押、终止进行监督检查”、第七条“土地使用权出让、转让、出租、抵押、终止及有关的地上建筑物、其他附着物的登记，由政府土地管理部门、房产管理部门依照法律和国务院的有关规定办理。登记文件可以公开查阅。”的规定，扎实开展地籍管理和建设用地管理工作。1992 年起依法开展国有土地使用权出让、国有土地使用权转让等业务，1996 年至 2005 年 3 月，依法开展国有土地使用权抵押业务，不断推动邕宁县经济社会健康发展。

地籍管理

1992年，县土地局完成《邕宁县土地资源调查报告》《邕宁县土地利用现状图》和《邕宁县乡（镇）土地利用现状图》的撰写、编绘工作，汇总了全县乡镇、村土地面积分类统计表，签订土地权属界线核定书620份、争议原由书298份，完成图、文、表、片资料840宗。1995年，邕宁县土地详查成果通过自治区级验收，成果达到全国土地利用现状调查技术规程要求。同时对1991年以来全县范围内土地利用变化情况进行全面调查，对原编绘的《土地利用现状图》进行修改。1991至1996年，邕宁县土地登记发证8.96万宗，面积2122.89公顷。其中，国有土地证1279宗，集体土地证8.83万宗。土地登记发证占全县任务的92.30%。

▲21世纪初，邕宁县在县城召开向国土部汇报土地规划、耕地保护工作会议（邕宁区史志办资料照片）

1997年至1998年，全县土地初登记发证3797宗，其中单位179宗、个人3618宗，国有土地权属变更211宗。其间，做好地籍变更调查工作，建立初始土地统计台账、变更土地统计台账、土地变更调查记录表，汇总土地面积，建立土地统计薄及土地变更平衡表，修编土地利用现状变更图。1998年，八大类土地变更情况为：耕地面积14.25万公顷，园地面积1.27万公顷，林地面积21.28万公顷，牧草面积1.65万公顷，城镇村及工矿用地面积1.71万公顷，交通用地面积5610.77公顷，水域面积2.08万公顷，未利用土地面积3.97万公顷。

1999年至2001年，全县完成土地初始登记发证12027宗，其中单位379宗、个人11648宗，办理土地抵押登记611宗、土地权属变更721宗。

2002年至2003年，邕宁县继续抓好土地登记发证、土地变更调查、地籍档案管理等工作。2002年审核办理各类土地登记9733宗。2003年，全县共核发土地使用证5076宗（含土地初始登记、变更登记、抵押登记等）。

2004年，全县土地初登记6615宗，面积295.81公顷；办理土地变更登记2132宗，面积1731.15公顷；受理城镇住户土地登记2526宗。

建设用地管理

国有土地行政划拨 1992年推行城镇国有土地使用制度之前，邕宁县建设用地长期实行行政划拨使用制度。建设用地单位按照国家征用土地有关规定，向县人民政府提交用地申请，由县政府根据用地审批权限审批，经批准后用地单位办理有关用地手续。建设用地单位按有关规定给予被征地单位土地、房屋、青苗和其他地上附着物补偿，签订用地协议后即可使用土地。1991年，全县共征拨土地52宗，面积27.28公顷，其中水田17.89公顷。1992年共征拨土地70宗，面积42.03公顷，其中水田22.96公顷，占当年征拨土地面积的54.63%。1998年2月17日国家土地管理局发布的第8号令《国有企业改革中划拨土地使用权管理暂行规定》，提出国有企业使用的划拨土地使用权，应当依法逐步实行有偿使用制度。对国有企业改革中涉及的划拨土地使用权，根据企业改革的不同形式和具体情况，可分别采取国有土地使用权出让、国有土地租赁、国家以土地使用权作价出资（入股）和保留划拨用地方式予以处置。2001年国土资源部《关于改革土地估价结果确认和土地资产处置审批办法的通知》（国土资发〔2001〕44号），为国有划拨用地的价值认定及其估价提供政策和法律依据。至2004年，邕宁县按照相关法律法规做好国有土地划拨工作。

国有土地使用权出让 1992年，邕宁县根据1986年颁布的《中华人民共和国土地管理法》和1990年发布的《中华人民共和国城镇国有土地使用权出让和转让暂行条例》，出台了《邕宁县国有土地使用权有偿出让和转让试行规定》，对国有土地的范围和出让程序作出具体规定，明确城镇国有土地是指县城、建制镇、工矿区范围内属于全民所有的土地。集体土地必须经征用变为国有土地后方能出让使用权。依法使用国有土地的单位和个人只有使用权没有所有权。土地开发及使用权出让的计划由政府制订实施。还规定：土地使用者必须按照土地使用权出让合同的规定和城乡规划的要求，利用、经营土地。有违反者，责令限期纠正，并可处以1000~3000元的罚款，情节特别严重者，另行论处；无充足理由而不能按期完成建设计划者，责令其加快速度，并可处以500~2000元罚款；罚款必须在规定的期限内缴纳，逾期不缴纳的每日加收相当于罚款数额3%的滞纳金，对拒不服从处理者，由县人民政府无偿收回全部或部分土地使用权。

1994年8月，邕宁县出台《邕宁县国有土地使用权有偿使用收入征收管理暂行办法》，明确政府垄断土地的一级市场，实行统一规划、统一征地、统一开发、统一出让划拨、统一管理；对于土地使用权有偿合作收放的内涵作了具体明确的界定，对收入管理、收入使用提出了明确的要求。土地使用权有偿使用收入包括土地出让金、土地收益金两部分。土地出让金包括县人民政府土地管理部门将国有土地使用权出让给土地使用者，按规定向受让人收取的土地出让款（指土地出让的交易总额）；土地使用期满，土地使用者需要继续向土地管理部门缴纳续期土地使用权出让价款；原通过行政划拨获得土地使用权的土地使用者，将土地使用权有偿转让、出租、抵押、作价入股和投资，按规定补交土地出让价款。

1995年10月，邕宁县人民政府印发《邕宁县建设工程全过程管理程序、行政划拨土地使用权程序、招标出让土地使用权程序和拍卖出让土地使用权程序》，对各管理部门工作程序分别作具体的说明，对招标出让和拍卖出让土地使用权过程中应负的责任和工作程序作出严格的规定，并列出《邕宁县招标出让土地使用权程序》和《邕宁县拍卖出让土地使用权程序》。

1992年至1996年，全县有偿出让国有土地共482宗，面积231.39公顷，出让金1081.02万元。

1997年至2002年，全县有偿出让国有土地510宗，面积210公顷，出让金1.20亿元。

2003年起，全县国有土地使用权实行挂牌出让。2003年至2004年，全县出让国有土地使用权180宗，面积329.61公顷，成交额5.70亿元。其中，拍卖14宗，面积9.05公顷，出让金4808.80万元；挂牌出让53宗，面积176.12公顷，出让金3.72亿元；协议出让113宗，面积144.44公顷，出让金1.50亿元。全县处置闲置用地共109宗，面积100公顷，收取土地闲置费67.54万元。

国有土地使用权转让 1992年，邕宁县出台的《邕宁县国有土地使用权有偿出让和转让试行规定》中规定：关于转让土地使用权，要通过出让方式取得并投入开发建设资金已超过投资总额的25%以上的土地使用权可以转让。转让双方持所签订的转让合同和土地使用证，到县土地管理局办理土地使用权变更登记，如转让土地上有建筑物、其他附着物的还须到房产所办理房屋产权变更登记。土地使用权转让时的价额减转让者可收回的成本后的余额视为土地增值额，对土地使用权转让者须收取土地增值费：土地增值额小于或等于转让者可收回的成本的部分100%以下部分按30%收取，100%至200%部分按40%收取，200%以上部分按50%收取。如土地使用权转让时的价格明显低于政府规定的价格，县政府有权按其价格优先购买，收回土地使用权。如果是行政划拨土地使用权转让的，受让者是原土地使用者，经政府批准后要与土地管理部门补签土地使用权出让合同，补交出让金；受让者不是原土地使用者，则政府首先要从土地使用者手中收回划拨土地使用权，再与新的受让者签订出让合同，由新的受让者缴交出让金，政府可从出让金中给原土地使用者以适当的土地开发补偿。

1992 年实行土地使用制度改革后，当年有国有土地使用权转让 1 宗，1994 年增至 24 宗，随后转让数量逐年增加。到 1996 年，全县已有国有土地使用权转让 195 宗，面积 1 公顷。1998 年转让 162 宗，2000 年转让 314 宗，2001 年转让 412 宗。1992 年至 2001 年，全县共转让国有土地使用权 1231 宗。2002 年至 2004 年，县内国有土地使用权转让 857 宗。

国有土地使用权抵押　1996 年，邕宁县地价评估事务所根据《中华人民共和国城镇国有土地使用权出让和转让暂行条例》有关规定，扩大评估范围，增加了办理抵押评估业务。县地价评估事务遵循地价评估原则，采取多种评估方法，既考虑抵押贷款偿还的安全性，又顾及土地市场的发展，实地勘查，收集足够资料，按时按质按量给客户提供《土地评估报告》，不断增强抵押贷款中地价评估的真实性，并为抵押权人提供担保。随着土地使用制度改革的不断深化和县内 3 个开发区的快速发展，不少企业和外商投资者纷纷利用国有土地使用权做抵押，向银行贷款用于扩大投资。

1996 年至 1998 年，邕宁县地价评估事务所办理土地抵押评估业务 138 宗。1999 年至 2000 年，全县完成抵押评估 281 宗，评估面积 597.44 公顷，评估抵押额 5.29 亿元。2001 年至 2004 年，全县共办理土地抵押登记 1245 宗，抵押金额 5.65 亿元。

集体建设用地管理　集体建设用地，主要指农民住宅用地和村组、公共设施及公益事业建设用地。根据 1986 年颁布的《中华人民共和国土地管理法》第三十七条规定："乡（镇）村建设应当按照合理布局、节约用地的原则制定规划，经县级人民政府批准执行。"乡（镇）村建设用地审批权限和有关补偿费用标准与国家建设征用土地的规定相同。对于农村居民建住宅，则坚持"保护耕地"的原则，要求尽量利用荒坡、隙地或原有宅基地上进行加工改造，一般不准占用良田。确实需要使用耕地的，必须由本人申请，报县政府批准。需要使用其他土地的，也要经乡镇人民政府批准。

根据 1988 年 4 月 1 日施行的《广西壮族自治区土地管理实施办法》第四十一条规定："农村居民建住宅，应当使用原有的宅基地和村内空闲地以及其他非耕地。需要占用耕地的，应当向所在村的村民委员会申请，经村民委员会讨论通过，乡级人民政府审核，报县级人民政府批准；使用原有的宅基地、村内空闲地和其他土地的，经村民委员会审核，报乡级人民政府批准。"同时第二十九条规定："乡（镇）村企业（含个体工商户和个人合伙，下同）建设需要使用土地的，由建设单位或者个体户持县级以上人民政府计划部门批准的设计任务书和有关批准文件，向县、市人民政府土地管理部门申请，按照征地的审批程序办理。"

随着改革开放的深入和人民生活水平的不断提高，农村居民修建住宅以改善住房条件的需求日渐增多，乡镇村企业也得到较快发展。1991 年始，县土地管理局对土地实行"五统一"（即统一规划、统一征地、统一开发、统一管理、统一出让）的办法，加强对集体土地的征收和管理，规范全县农村居民建住宅、乡镇村企业建设的用地需要。1991 年至 1996 年，全县集体建设用地 233 宗，面积 301.23 公顷；农村居民建房用地 1.56 万宗，面积 161.87 公顷。1997 年至 2000 年，全县建设用地 1.60 万宗，面积 180 多公顷。2002 年，县国土资源局办理集体建设用地 33 宗。2003 年，办理集体建设用地 479 宗。2004 年办理 493 宗。

第四节　土地监察

土地监察网

1991 年后，邕宁县逐步完善县、乡镇、村和坡屯土地管理监察网，各乡镇、村、坡（屯）建立领导小组，配有专（兼）职土地监察员、联络员和信息员共200多名。邕宁县每年从土地管理费中拨出专项经费，作为信息员的生活补贴和业务费，对监察员、信息员进行不定期的业务培训和业务指导，并签订土地管理工作责任状。2004年，聘请的乡镇、村、坡屯土地监察信息员238名。

调处土地纠纷

县内较大的土地纠纷案件，由县调解处理土地山林水利纠纷办公室处理，一般较易处理的土地纠纷案，能调解处理的，由县土地监察受理调处。1993年至1998年，县土地局协助县政府处理土地纠纷中属争议案的有105宗，结案83宗，结案率79.05%；全县召开土地权属争议协调会52次，通过协调，促成争议双方解决的案件13宗。2002年，县国土资源局调处土地权属纠纷11起。1991年至2004年，县土地监察受理土地纠纷21宗，调处结案21宗；受理土地权属纠纷案21起，调处结案21起。

▲2002年，邕宁县国土资源局落实土地管理法律法规，组织力量拆除非法占地建筑物 （邕宁区史志办资料照片）

违法用地清查

1991年起，县土地部门对全县农村非农业建设用地、非农业建设用地和隐形土地交易等违法违章建设用地进行清查处理，查出各种违法案件1000多起，申请法院对违法占地建筑强制拆除5次，拆除违章建筑50多间。1994年始，邕宁县开展创建无违法批地、无违法管理、无违法用地“三无”乡镇活动。同时制订出“三无”乡镇评比标准及奖励办法。是年，依法拆除违法违章占地建房100多户，同时对各类违法土地案件进行查处，全县查处隐形土地交易累计清理行政划拨土地出租单位70个，个体户3334宗，收取土地收益金23.07万元，收取土地管理费32.13万元；年内有5个乡镇达到县级“三无”标准。1995年，全县查处各类违法违章土地案件1050宗，收回土地管理流失费100多万元；年内有17个乡镇达到县级“三无”标准。1996年，全县查处非农业建设用地385宗，面积7.67公顷，收上罚款54万元；年内达到县级“三无”乡镇有16个，良庆、新江、刘圩、南阳、镇龙5个乡镇被评为自治区级“三无”乡镇。1998年始，全县查处违章占地建房案件397起。其中，经过学习、宣传和教育，自行停止和纠正的案件261起；依法立案处理的案件21宗，结案14宗，结案率66.70%；收上罚没款40万元。县土地局监察股被自治区土地局评为“1998年度土地监察先进集体”。2002年，县国土资源局共制止16宗违法占用耕地建房行为，劝拆违法用地建设房屋2间。1991年至2004年，全县查出违法违章占地建设共1.65万宗，其中占地建房6707宗、占地建设9765宗（含隐形土地交易等3404宗），依法依章查处1.64万宗，收土地收益金、罚款等1108.33万元。

第五节　矿产资源管理

邕宁县矿藏较多，有煤、铁、锰、铜、金等23种。邕宁县依法保护矿产资源和合理开采利用矿产。2000年，全县有采矿企业和以矿产为原料的加工企业93家。2004年，全县有采矿场点222处。

1991年至2004年，全县共清理整顿煤炭、石灰石、河砂、黏土、黄金等矿口（场）1539个。其中，取缔关闭、炸掉、填埋违法违章矿口（场）1496个，查处石场、砂场43个。追缴偷税漏税18.68万元，罚款1.60万元，查处非法采矿人员296人。

矿藏区划分布

蒲庙伶俐石灰岩矿区 位于蒲庙镇、长塘镇、伶俐镇一带。经县国土资源部门（下同）普查和勘探，矿藏区划石灰岩分布较集中，储量多，其中蒲庙一带的水泥用灰岩矿床有3处，资源储量6616万吨，有多处石灰岩资源未勘查。2004年，该矿藏区划开采的矿山有69个，主产水泥原料，小部分建筑石料；水泥原料供水泥生产企业4家。

苏圩石灰岩矿区 位于苏圩镇一带。该矿藏区划石灰岩分布面积广，出露层位多，未勘查资源储量。2004年，该矿藏区划开采的矿山有33个，主产建筑石料，小部分供水泥厂用作原料。

昆仑高岭土矿区 位于昆仑镇北部一带。经普查有小型高岭土（为陶瓷级高岭土）矿床1处，资源储量76.80万吨。2004年，该矿藏区划开采矿山3个，年产高岭土3.60万吨。

昆仑花岗岩矿区 位于昆仑镇九塘一带。2004年，经普查矿藏区划内的板坛、六庙一带有花岗岩矿床2处，资源储量366万立方米；板坛有开采矿场2个，年产花岗岩料1500立方米。

六塘黏土矿区 位于五塘镇六塘、七塘一带，面积29.80平方千米。2004年，矿藏区划内多为丘陵山地，耕地较少，有开采场11个，年产砖瓦用黏土22.96万立方米，供砖窑生产红砖。

五塘黏土矿区 位于四塘镇六村至五塘镇一带，面积53.40平方千米。2004年，有开采场3个，年产砖瓦用黏土6.90万立方米，供砖窑生产红砖。

四塘黏土矿区 位于四塘镇南部的里罗、创新一带，面积29.90平方千米。2004年，开采场7个，年产砖瓦用黏土16.10万立方米，供砖窑生产红砖。

良庆石灰岩矿区 位于良庆镇西部一带，面积8.30平方千米。2004年，有采矿场7个，年产石料4.32万吨，主产建筑石料，小部分供水泥厂用作原料。

苏圩马兴石灰岩矿区 位于苏圩镇马兴山一带，面积6.10平方千米。2004年，有开采场5个，年产石料7万吨，主产建筑石料，小部分供水泥厂用作原料。

吴圩石灰岩矿区 位于吴圩镇南马头山一带，面积4.30平方千米。该矿藏区划石灰岩资源储量未经勘查，矿山经开采已成为小残山，有的已采至地下，形成坑，并积水成潭。2004年，有开采场33个，年产石料50.40万吨。另一矿藏区划位于吴圩镇东南马鞍山一带，面积13.60平方千米。2004年，有开采场5个，年产石料14.50万吨，主产建筑石料，小部分供水泥厂用作原料。

吴圩黏土矿区 位于吴圩镇明阳农场一带，面积8.50平方千米。2004年，有开采场1个，年产砖瓦用黏土4.29万立方米。另一矿藏区划位于吴圩镇西北坛白一带，面积约9.20平方千米。2004年，有开采场2个，年产砖瓦用黏土2.86万立方米。

延安黏土矿区 位于延安镇延安一带，面积16.50平方千米。2004年，有开采场1个，年产砖瓦用黏土8600立方米。

那楼黏土矿区 位于那楼镇坛垌一带，面积47.70平方千米。2004年，有开采场2个，年产砖瓦用黏土1.72万立方米。

中和黏土矿区 位于中和乡中和一带，面积64.80平方千米。2004年，有开采场1个，年产砖瓦用黏土1.43万立方米。

吴圩铅锌矿区 位于吴圩镇北部周村一带，面积3.70平方千米。2004年，经勘查有小型铅锌矿床2处，资源（矿石）储量10.50万吨，其中铅5599吨、锌3822吨、铜821吨。

吴圩泥炭矿区 位于吴圩镇那佳六冬一带，面积14.80平方千米。2004年，经勘查有泥炭小型矿床3处，资源储量586.30万吨。有开采场5个，年产泥炭4.50万吨。

吴圩锰矿区　位于吴圩镇西部康宁一带，面积 20.20 平方千米。2004 年，经勘查有堆积型氧化锰小矿床 1 处，由 3 个矿点组成，资源储量 10.50 万吨。有开采场 1 个，年产锰矿石 100 多吨。

河砂矿区　县内较大的河砂矿藏区划有 2 个：一个位于邕江邕宁河段，除禁采河段外，均为允许开采；一个位于五塘镇沙平村一带，盛产优质河砂（石英砂）。2004 年，有采砂场 27 个，年产河砂 51 万立方米。

南晓萤石矿区　位于南晓镇卜罗村一带，面积 2.30 平方千米。2004 年，经预查有小型萤石矿床 1 处，资源储量约 18 万吨。有开采场 1 个，年产萤石矿 5000 吨。

矿产开采管理

1991 年，邕宁县允许采矿企业开采市场条件好、有经济效益、开采过程中能有效控制对生态环境影响的矿产，主要有煤、石灰岩、黏土、花岗岩、高岭土、泥炭和河砂等。自治区实行产量调控的萤石、重晶石、氧化锰等矿产按规划指标生产，不得过量开采；其他矿产的产量由市场需求决定，对规划目标产量不作硬性调控。实行“矿产资源开发与矿山环境保护并重，预防为主，防治结合”“谁开发、谁保护、谁污染、谁治理”的原则，加强对矿区开采场环境的保护与治理及恢复工作。

2000 年，通过行政手段进一步优化矿业结构，使矿产资源的勘查、开采和矿产加工协调发展。对达不到最低开采规模的小矿山，通过联合、重组、兼并等方式达到优化。对生产能力低、浪费资源、破坏环境的小矿山限期关闭。重点加强石灰岩、砖瓦黏土等矿产开发利用，加快水泥等加工企业的发展，提高水泥产品的产量、质量和档次。城镇周边，铁路、高速公路、国道、省道两侧可视范围，一律不得开办新矿山开采各种矿产资源，已有的石灰岩、黏土矿山实施关闭或搬迁到划定的允许开采区内。少数石灰岩、黏土矿区，有的自然景观已受严重破坏，允许继续开采到地平面为止，然后平整土地，植树种草，恢复生态环境。

▲ 2002 年，邕宁县国土资源局组织力量整顿非法生产小煤矿（邕宁区史志办资料照片）

2002 年，关闭县内开采的煤场（矿），禁止开采煤和开采过程中对环境造成严重影响的矿产。

2005 年 1 月起，县内矿产新开采必须达到最低开采规模要求。即水泥用石灰岩大型矿年开采量 100 万吨，中型 50 万吨，小型 30 万吨；建筑用石灰大型矿 1.50 万吨，中型 2 万吨；河砂大型 100 万吨，中型 50 万吨，小型 30 万吨；其他矿产开发采矿 3 万吨左右。加强矿产品的深加工，逐步减少原矿的销售量；不断提高水泥产品的质量和档次，开发水泥新品种；淘汰实心砖，普及空心砖和轻质建材的生产；加强高岭土的开发利用，形成陶瓷系列产品；开发花岗岩饰面材料、建筑型材料新品种。采用先进技术和设备，严格按批准的矿山开采场设计和开发利用方案施工。露天开采，必须按设计规定的采场边坡要求，由上而下分台阶开采。水泥工业淘汰旧的生产方式，推广干法窑外分解生产工艺。同时推广新的制砖工艺。通过矿产业结构调整，全县矿产开采场总数由 2004 年的 169 个，减少至 2005 年 1 月的 97 个，分别为石灰岩开采场 47 个、砖瓦黏土开采场 19 个、建筑用砂（河砂）开采场 10 个、花岗岩开采场 2 个、高岭土开采场 2 个、泥炭开采场 2 个、萤石开采场 1 个、锰矿开采场 1 个、铅锌矿开采场 1 个、其他（机动）开采场 12 个。年内，业主对已关闭的当地 51 处矿山开采场遗留的废弃矿渣、废土、废物等进行清理，填埋废矿场井口，平整弃土，植树种草，复垦土地并用于农、林、牧、渔生产，完成四塘、五塘煤矿区和蒲庙、吴圩采石场矿区的重点矿区生态环境保护恢复治理任务，使废矿山的生态环境逐步得到恢复。

矿产监察

邕宁县依法依规章保护矿产资源和合理开采利用矿产，实行严格办理采矿业证照，禁止无证采矿，依法依规查处违法违章采矿。

1991 年至 2004 年，县矿产管理等部门协同公安机关组成工作队，先后对全县违法违章采矿开展治理整顿 260 多次，出动车辆 1300 辆次，出动执法人员 5620 人次，张贴标语 2300 条，挂横额 30 多条，清理整顿煤炭、石灰石、河砂、黏土、黄金等矿口（场）1539 个。其中，取缔关闭、炸毁、填埋不具备安全生产条件违法违章的各种矿口（场）1496 个，查处石、砂场 43 个。追缴偷漏税费共 18.68 万元，罚款 1.60 万元，补办沙场采矿证 5 本，调处矿界纠纷 8 次，排除矿山事故隐患 12 处，避免人员死亡 2 起，捣毁工棚 9 间，收缴违法违章采矿工具钻机 89 台、提升机 184 台、电动机 68 台、柴油机 4 台、马达 108 台、水泥 2 吨、炸药 1490 千克、导火索 380 米、雷管 157 枚、原煤 1005 吨，拆除钩机 5 台，查扣后推车 2 辆，收缴铁锤、钢钎、飞轮等各种违法违章开采工具数千件，价值 7.50 万元；依法惩处违法犯罪 42 起，行政拘留共 17 人，查处非法采矿人员 296 人，劝退民工 460 人。

第三章　环境保护

1991年起，邕宁县依法加强环境保护和环境污染治理。县环保部门加强对环境污染监测和依法治理环境污染，有效地控制和改善了辖区内的环境质量，县城空气环境质量达到国家环境质量二级标准，邕江八尺江断面水质量达到三类标准。1991年至2002年，县城112个网格区域环境噪声平均值白昼55.20分贝、夜间41.10分贝；在县城交通干线16个监测点噪声平均值71.60分贝。2003年至2004年，县城112个网格区域环境噪声平均值白昼56.20分贝、夜间44.10分贝；在县城交通干线16个监测点噪声平均值72.60分贝。县城区域环境噪声昼间值及交通干线噪声平均值轻微超标。同时，县林业部门采取植树造林、退耕还林，县农业部门采取水土保持发展生态农业，县矿产部门采取矿山生态环境保护恢复治理等措施，共同做好环境保护和环境污染治理工作。

第一节　机　构

1989年12月，成立邕宁县环境保护局。县环境保护局是县人民政府主管环境保护工作的职能部门。

1991年，县环境保护局机关内设机构有办公室、环境管理股、环境监理股，下设县环境监测站，干部职工16人。局办公地址在县城新兴路中段。1996年11月机构改革后，邕宁县环境保护局更名邕宁县环境保护委员会办公室，为县人民政府常设议事协调机构的办事机构，有人员编制7名。1999年12月，县环境保护局办公地点从县城新兴路中段搬迁至仙葫经济开发区莫村半岛彩虹路。

2001年11月，邕宁县环境保护委员会办公室更名邕宁县环境保护局，改为县人民政府工作部门，局机关内设有综合管理股，下设县环境保护监测站，干部16人、职工4人。2005年3月，县环境保护局机关内设办公室、综合管理股，下设县环境保护监测站、县环境监理大队，干部职工26人。

1991年至2005年3月县环境保护局（县环境保护委员会办公室）历任局长（主任）：李永安，梁振武。

▲1997年，邕宁县组织开展环境保护知识竞赛活动
（邕宁区史志办资料照片）

▲2003年，广西环境警示教育图片巡回展在邕宁县城展出
（邕宁区史志办资料照片）

第二节　城乡环境质量监测

1991年至1995年，邕宁县环境监测站通过摄像机、照相机、放像机、监理仪器等共监测企业134家（次），监测数据2857个。其中，废水数据984个，工业废气数据1524个，环境大气数据45个，工业噪声数据304个。1999年至2001年，县环保部门对39个企业进行监测，监测和采样344个次，获得污染因子1789个。2003年，完成对县城环境空气常规监测，获得二氧化硫、二氧化氮、总悬浮颗粒物日平均浓度有效数据460个；完成南宁市降水酸度和降尘监测工作，获得降尘量有效数据60个，获得降雨量、酸碱度、电导率监测数据420个；完成邕江河水枯水期、平水期、丰水期的监测，获得分析数据300个；完成网格噪声常规监测工作，获得监测数据2420个；完成85家企业的水、气、声的排污监测，形成报告150多份，提供数据1万多个，为开展全县环境管理、监理等工作提供科学依据。

环境质量监测点

1991年，在邕宁县城设立大气环境质量监测点3个（包含对照点），降尘监测点2个，降水监测点1个。在蒲庙镇、良庆镇等乡镇设地表水监测断面5个点。以上在城乡设立的环境质量监测点，未经自治区环境技术认证。

1998年，邕宁县城乡大气、降水、地表水、城市区域噪声环境质量监测点（位）通过自治区环境技术认证，确定县城大气质量监测点3个，县城降尘监测点2个，县城降水监测点1个，地表水监测断面5个点（即在邕江邕宁段的良庆、长塘、邕宁邕江大桥、八尺江入邕江口、伶俐各设水质控制断面监测点），县城设环境噪声监测点112个，道路交通噪声监测点16个。2004年，邕宁县设置的各环境质量监测点与1998年保持不变。

大气环境质量监测

1991年至2001年，县城监测点的大气环境监测质量为每立方米二氧化硫平均值0.06毫米、二氧化氮平均值0.01毫米；大气TSP（总悬浮颗粒物）每立方米平均值0.26毫米。县城大气环境监测质量达到国家规定的大气环境质量二级标准。

2002年至2004年，县城大气总悬浮颗粒物每立方米平均值为0.15毫克、二氧化氮平均值为0.01毫克、二氧化硫平均值为0.01毫克，每月每平方公里降尘平均值为17.02吨，县城环境空气质量达到国家二级标准。

地表水质量监测

1991年至2004年，在邕江邕宁段的良庆、长塘、邕宁邕江大桥、八尺江入邕江口、伶俐各设水质控制断面1个，了解河流的水质情况，并根据沿邕江邕宁各工矿企业的排污特点，择取酸碱值（PH）、高锰酸盐指数、挥发酚等14个项目指标进行评价。平水期，5个河段平均超过地面水三类水质标准；丰水期5个河段水质评价主要超标污染物为溶解氧、挥发酚；枯水期5个河段有3个河段超过地面水三类水质标准，占比例60%，主要超标污染物为粪大肠菌群、挥发酚、生化需氧量。

噪声质量监测

1991年至2002年，在县城设立的112个环境噪声监测点的网格区域环境噪声平均值，白昼为55.20分贝、夜间为41.10分贝；在县城交通干线设立的16个监测点，噪声平均值为71.60分贝。

2003年至2004年，在县城设立的112个环境噪声监测点的网格区域环境噪声平均值，白昼为56.20分贝、夜间为44.10分贝；在县城交通干线设立的16个监测点，噪声平均值为72.60分贝。经监测，县城区域环境噪声昼间值及交通干线噪声平均值轻微超标。

企业排污监测

1991年至1998年，县环保部门监测县内企业134个（次），监测数据2857个。其中，废水数据984个，工业废气数据1524个，环境大气数据45个，工业噪声数据304个。1998年，全县全年工业废水排放控制在2600万吨，工业废气排放耗氧量控制在3.64万吨，废气污染物二氧化硫和氮氧化物排放控制在5718吨，粉尘排放控制在5521吨。

1999年至2002年，县环保部门对39个企业进行监测、采样344个（次），获得污染因子1789个，大气噪声监测获得总悬浮颗粒、二氧化硫、氮氧化物96个（次）、噪声224个（次）。总量上比1998年有所下降。2002年，全县废气排放量为134.33万标立方米。其中，二氧化硫排放量为2555.17吨，烟尘为1080.21吨，工业粉尘为1493.75吨；县城大气总悬浮物日均值为每立方米0.09毫克，二氧化硫为每立方米0.003毫克，氮氧化物为每立方米0.07毫克，降尘为每月每平方千米11.89吨，均达到国家空气质量二级标准（其中二氧化硫日均值达到一级标准）；工业废水排放量4122.45万吨，工业废水中主要污染物化学需氧量为17.67万吨；邕江邕宁段水质明显改善，各项指标均达到地表水环境质量标准三类水标准。

2003年至2004年，为县内企业建设项目“三同时”（即环境设施同主体工程同时设计、同时施工、同时投产）环保设施竣工验收监测和污染纠纷仲裁，提供科学数据7万个。其中2003年二氧化硫排放量4688.77吨，达标率39.27%；烟尘排放量1435.82吨，达标率80.74%；工业粉尘排放量1100.61吨，达标率73.03%；化学需氧量排放量1.34万吨，氨氮排放量212.44吨，工业废水排放达标率91.43%，工业固体废物排放量400吨，工业固体废物处置利用率99.36%，无危险废物排放。是年，经上级审核监测数据168项，合格为149项，基本合格为6项，不符合为零项，不适用为13项，通过自治区计量认证。

第三节 建设项目环保管理 排污管理

建设项目环保管理

邕宁县环境保护局贯彻执行国家环保法律法规，加强保护管理，促进经济与环保协调发展。1991年至1995年，进行两次较大规模的环保执法检查，查处违反“建设项目环境管理办法”规定的企业34家和一些环保设施运转不正常的单位。1994年7月，全国人大常委会副委员长王丙乾带领全国环保执法检查团对县境内大王滩水库和明阳农场淀粉厂进行检查，肯定邕宁县环保工作取得的成绩，指出存在的问题，提出工作要求。之后，邕宁县政府按要求切实做好整改工作。1991年至1996年，全县共审批新建、扩建、改建项目“三同时”252项，大、中型建设项目“三同时”执行率100%，小型建设项目“三同时”执行率95%以上。1997年，完成治理项目有废气治理设施7台、工业废水治理设施5台，总投资416.35万元。1998年完成废气治理设施5台，工业废水治理设施6台，总投资422万元。

1999年起，邕宁县贯彻执行国务院1998年11月19日发布施行的《建设项目环境保护管理条例》，加强对项目“三同时”等的监督管理。2001年，由县人大、政府、政协牵头，组织有关部门分成两个工作组对全县企业执法情况进行检查，重点检查取缔关停的小企业有无死灰复燃、原已达标的企业治理设施是否正常运转、有无反弹或偷排现象等，收到良好效果。1999年至2001年，县环保部门共审批建设项目87个，项目总投资2亿元，其中环保投资894.13万元。

2002年，县环保部门贯彻执行国家环境保护总局通过并发布从2002年2月1日施行的《建设项目竣工环境保护验收管理办法》，严格把好建设项目审批关的同时，把好项目竣工验收关，控制新增污染源，对验收不合格的企业坚决不准生产。同时实行污染防治设施建设全过程监督管理，保证建设项目“三同时”的执行。全年共审批建设项目85个，否决2个对环境影响较大的项目。

2003年1月1日，国家环境保护总局公布并施行《建设项目环境保护分类管理名录》。2003年9月1日，施行《中华人民共和国环境影响评价法》。县环保部门按照有关规定，对一切产生污染的建设项目坚持先评价、后建设的原则，严格把好审批关，对一些不符合产业政策，不符合环保要求的建设项目不予审批。2003年，县环境保护局共审批建设项目102项，项目总投资1.40亿元，其中环保投资945.35万元，环保投资占总投资的6.75%；不同意建设项目有4项；按照《建设项目竣工环境保护验收管理办法》共验收建设项目12项。

1991年至2004年，县环保部门严格审批县内新增建设项目698项，否决不符合环保要求的建设项目10项，对385项竣工项目进行环保设施验收。

企业排污管理

1991年至1996年，县环保部门在全县范围开展“双达标”（污染源、污染物达到国家与地方规定排放标准）限期治理，纳入限期治理的企业共25家，治理项目61项。其中，1996年9月、10月，全县分两批关停、取缔重污染小型企业15家。

其间，县环保部门根据国务院颁布的《征收排污费暂行办法》《超标污水排污费征收标准》和自治区物价局《关于重新印发〈广西壮族自治区环保系统行政事业性收费项目及标准〉的通知》精神，依法征收、合理使用排污费。收费项目有污水超标排污费、废气超标排污费、工业企业与建筑施工噪声超标排污费、加倍收费、提高征收标准5%等6项。征收的排污费主要用于缴费单位的污染源治理补助、重点污染源治理补助、综合性治理措施补助和补充环保部门的建设经费。1991年县环保局征收的排污费有131.07

▲2001年，位于大塘镇的大塘天湖水厂清水处理过滤系统
（邕宁区史志办资料照片）

万元，1993 年征收 100.24 万元，1996 年征收 212.61 万元。1991 年至 1996 年，县环保局共征收排污费 984.11 万元，开征排污费的企业有 38 家。

1997 年年底，全县完成治理项目 60 项。经南宁市环保局组织的企业污染物达标排放验收，全县所有治理项目全部通过市级验收，完成限期治理任务的 98.36%。

2000 年，根据自治区《关于开展排污口规范化列入 2000 年治理工作的通知》精神，县环保局把排污口规范列入限期治理达标放在重点工作来抓。到 2000 年 11 月底，完成排污口规范化整治 56 个，其中废气排放口 38 个、废水排放口 18 个。这为加强污染现场监督管理，全面掌握全县工业企业排污的真实情况，依法征收排污费管理等提供科学依据。1999 年至 2001 年，依法征收排污费共 780.33 万元，并严格按照“收支两条线”的规定管理使用，其中按规定审批补助污染源同治理 336.50 万元。

2002 年 10 月上旬，县内较大的造纸企业宁振工贸公司投资 600 万元改造造纸中段废水治理工程竣工投入使用。年底，该企业通过南宁市组织的达标排放验收。治理后全县工业废水、工业废气、工业粉尘排放浓度分别是：化学需氧量（COD）每升 64.40~138.40 毫克、烟尘每立方米 38.30~202 毫克、工业粉尘每立方米 36.56~146 毫克。污染物去除率分别为：化学需氧量（COD）25%~90%、90%~95%、90%~99.90%，达到国家规定的污水综合排放标准 GB8978 — 1996 二级标准和大气污染物综合排放标准 GB16297 — 1996 二级排放标准。2002 年，县环保部门依法征收的排污费共 224 万元。2003 年征收排污费 318.84 万元。

▲ 2002 年 12 月投入使用的广西宁振纸业有限公司造纸中段废水处理站　（邕宁区史志办资料照片）

1991 年至 2004 年，邕宁县环境保护部门对县造纸企业和制糖企业等排污较严重的企业单位，依照有关规定征收排污费 3319.35 万元。

第四节　环境综合治理与监督执法

环境综合治理

1991 年至 1995 年，邕宁县环境污染防治投资 2581.85 万元建设环保设施，建成运行废气治理设施 144 个、工业废水处理设施 33 个。平均每年处理工业企业燃料燃烧废气量 25.08 亿标立方米，废气处理率 98%；生产工艺废气经过净化处理 16.47 亿标立方米，净化率 37.55%。工业废水处理量 1402.26 万吨，废水处理率 68.31%；废水达标排放量 1031.20 万吨，达标率 5%。工业固体废弃物综合利用 14.08 万吨，综合利用率 95%。

1996 年 12 月，县政府下发《县人民政府关于我县第一批重点污染源限期治理的通知》。1997 年完成废气治理设施 7 台，工业废水治理设施 5 台，总投资 416.35 万元。1998 年完成废气治理设施 5 台，工业废水治理设施 6 台，总投资 422 万元。

2000 年，县人民政府和县政府办公室分别印发《关于印发邕宁县 2000 年工业污染达标排入工作方案的通知》和《邕宁县2000年工业污染源达标排放“零点行动”工作方案的通知》，明确邕宁县2000年限期治理达标排放的企业25家，治理项目61项，其中列为自治区级治理8家21项、列为市县两级治理17家40项。2000年，全县用于治理总投资6719万元，其中宁振工贸有限公司投资2000万元、蒲庙糖厂投资1300万元，投入的资金大部分为企业自筹。华宏水泥股份有限公司、南宁市糖业股份有限公司蒲庙糖厂、明阳糖厂、伶俐糖厂、明阳农场生化科技有限公司、八鲤水泥厂、蒲庙镇硫酸厂7家企业治理成绩显著，治理后的工业废水、工业废气、工业粉尘排放浓度及污染物去除率均达标。南宁市糖业股份有限公司蒲庙糖厂的酒精废液、蒲庙镇硫酸厂的工业废水均达到零排放，各种环保设施运转正常。年底，全县61项治理项目中，除广西宁振工贸有限公司良庆造纸厂中段废水1项未完成治理任务外，其余60个项目全部通过南宁市环境监测站的达标验收监测，完成限期治理任务98.36%。此后，邕宁县重点督促广西宁振工贸有限公司良庆造纸厂加快造纸中段废水处理工程进度。2002年，该治理项目通过南宁市组织的达标排放验收。

▲2001年，位于仙葫经济开发区的环境宣传牌（邕宁区史志办资料照片）

2003年后，县环保部门注重巩固污染治理达标成果。严格审批建设项目，控制新增污染源。2003年审批建设项目102项，项目总投资1.40亿元，其中环保投资945.35万元，占总投资的6.75%；不同意没有符合环保要求的建设项目4项。加强对污染源的监督检查。2003年进行例行检查95次，没有发现重大污染事故，各工厂企业“三废”（废气、废水、废渣）跑、泄、漏现象极少出现。依法加大排污费征收力度，2003年收上排污费318.84万元。以县人大、县政府组成环保执法领导小组，分成3个检查小组重点检查是否有国家明令禁止的“15小”和“新5小”企业，促进企业进行清洁生产。五是加强环境污染事故应急调查处理工作。2003年收到群众投诉68次，发生污染事故3起、纠纷5起，处理率100%，结案率95%。

▲2003年，南宁糖业股份有限公司蒲庙造纸厂污水处理系统（邕宁区史志办资料照片）

燃烧及噪声污染治理　1991年起，邕宁县环保管理部门根据南宁市和邕宁县环境保护目标责任的要求，全面贯彻落实《南宁市人民政府关于禁止在我市禁烧区内焚烧秸秆及其他废弃物的通告》的规定，每年在南宁国际民歌节等重大活动期间，加强对县内禁烧区的监督检查，及时制止乱焚烧秸秆的行为。同时，在全县农村开展改灶节柴，改燃节柴，减少农村能源耗材。1994年，全县推广省柴灶后农村大部分农户用沼气代替木柴煮饭菜等，年节约木材17.50万立方米。1991年至2004年，全县建成省柴灶12.29万座。此外，还在全县范围重点开展非工业性燃煤炉灶的清理整顿工作，有计划、有步骤地将非工业性燃煤炉灶改为燃油或燃气炉灶。其中2000年至2004年，对全县30家较大的宾馆及餐饮服务单位的燃煤炉灶提出改造。在高考、中考期间，认真贯彻落实《南宁市环境噪声污染防治条例》，对县城及3个开发区的街道、大排档、卡拉OK厅、建筑工地等场所进行检查，分发相应通知和宣传资料，严格控制噪声污染。经监测，县城区域噪声平均值昼间、夜间均达到国家规定的标准。

水土流失治理　1991年起，全县开展绿色工程活动，在农村开展植树造林，在城镇开展种植绿化树木和花草竿等。1991年至1993年，全县完成人工造林2.36万公顷，其中工程林1.32万公顷。1997年，全县完成造林补植1387.20公顷。1998年完成造林2780.90公顷。1999年至2001年，全县完成人工造林8990.60公顷。2002年，全县植树造林6698公顷，封山育林2446.30公顷。2003年，全县退耕还林666.70公顷，植树造林181.50万棵，森林面积16.27万公顷，森林覆盖率38.56%。

1991年至2004年，全县干部职工、群众参加义务植树造林活动400万人次，造林面积8.08万公顷，累计完成坡度25度以上坡耕地退耕还林1750公顷。14年间，全县划定有水源林保护林区5个，护林面积283.50平方千米；全县规划建设的自然保护区有八鲤亭森林公园等3个，保护面积3000公顷；全县投入治理水土流失专项资金3084万元，其中县出资290万元、上级专项资金2794万元，治理水土流失面积共7481.58公顷。

环境监督执法

1991年起，邕宁县通过县环保管理部门，每年开展污染源的监督管理，主要是现场检查企业环保治理设施运转、污染源排放等情况，及时发现和制止污染源发生。同时，重点开展检查国家明令禁止的年产50吨以下的染料厂（包括染料中间体）、年产100吨以下的土法炼砷厂、年产10吨以下的土法炼汞厂、年产2000吨以下的土法炼铅锌厂（包括氧化锌）、土法炼油厂、土法选金厂、土法农药厂、年产1000万米以下的土法漂染厂、土法电镀厂、土法石棉制品厂等15类小企业和新5类小企业情况。

2001年，由县人大、县政府、县政协牵头，组织环保、建设、企业管理、工商等有关部门分成2个组对县企业执行环保情况进行检查，重点检查取缔关停的“15小”（小造纸、小制革、小染料、土炼焦、土炼砷、土炼汞、土炼铅锌、土炼油、土炼金、小农药、小电镀、土法生产石棉制品、土法生产放射性制品、小漂染）企业是否有死灰复燃，原达标的企业治理设施是否正常运转，有无反弹或偷排污现象。高考期间，由公安、交通、教育、环保、城管等有关部门组成工作组对考场周边环境进行监控，净化高考环境。

2002年，全县共接待环境污染投诉群众来访44人次，受理调处环境污染纠纷案件15起，从严处罚偷排工业废水企业1家。

1991年至2004年，县环保管理部门开展环境监督执法检查1330次，出动人员2492人次；经检查，县内有个别工厂企业出现少量“三废”跑、泄、漏，没有发生重大污染事故；全县接到来信来电投诉640次，处理率100%，结案率95%；全县依法关停、取缔重污染15类小企业15家，限期治理污染企业13家。

第五节　水　质

1991年至2004年，县境内水源地大部分的河流和地下水均没有受到大的污染，水质比较好，特别是地表水基本符合国家《地表水环境质量标准》三类水质标准要求。

邕江邕宁段水质

县水利局在邕江邕宁段的良庆、仙葫开发区、蒲庙、邕宁邕江大桥各设一个水质控制断面，并在八尺江入邕江口设置一个水质控制断面，以了解八尺江来水对邕江水质的影响。邕江（八尺江）水质评价项目是根据该河流历年来的水质情况，并结合邕宁县沿邕江各工矿企业的排污特点，择取酸碱值（PH）、高锰酸盐指数、挥发酚等 14 个项目指标进行评价。水样的采集、分析按照《水环境监测规范》（SL219 — 98）的要求进行，水质、水量同步施测。水质的评价采用国家《地表水环境质量标准》GB3838 — 2002）。评价结果：2000 年，参评的 5 个河段有 4 个河段水质超过（GB3838 — 2002）三类水质标准占比例 80%。其中八尺江入邕江口生化需氧量超标 5.60 倍，挥发酚超标 5 倍，高锰酚盐指数超标 2.10 倍，水中溶解氧含量仅为 2.40 毫克 / 升，为劣五类水质；仙葫开发区挥发酚超标，为五类水质；蒲庙和邕宁邕江大桥两河段均为四类水质，主要超标污染物为溶解氧和粪大肠菌群。全年水质评价主要超标污染物为溶解氧、粪大肠菌群和挥发酚。平水期，5 个河段均超过地面水三类水质标准，其中八尺江入邕江口生化需氧量超 3.40 倍，挥发酚超标 1.80 倍，每升水中溶解氧 1.50 毫克，为劣质五类水质；仙葫开发区挥发酚超标 3.40 倍，为五类水质。丰水期 5 河段水质评价主要超标污染物为溶解氧、挥发酚。枯水期 5 个河段有 3 个河段超过地面水三类水质标准，占比例 60%，八尺江入邕江口仍为劣质五类水质，蒲庙和邕宁邕江大桥均为四类水质，超标污染物为粪大肠菌群。枯水期 5 河段水质评价主要超标污染物为粪大肠菌群、挥发酚、生化需氧量。

水源地水质

2000 年，评价 13 个地表水水源地取水点水质，除伶俐糖厂取水点和大塘天湖水厂取水点水质等级为合格外，其他水源地取水点水质等级为良好；评价 29 个地下水水源地取水点，水质等级达到优良 14 个，水质良好 3 个，水质较好 6 个，水质较差 6 个，水质合格率 79.30%。在水质不合格的 6 个水源地中，良庆新村花民那福坡取水点水体酸碱值为 5.80，水质偏酸性，水质较差。地下水水源地水质超标主要污染物为酸碱值、挥发酚。评价 7 个供水水库水质，均为良好。

邕宁县志
YONG NING XIAN ZHI

第十二篇

政党 | 群团

第一章　中国共产党邕宁县地方组织

1991 年，中共邕宁县委员会辖基层党委 33 个、党组 9 个、党总支 227 个、党支部 1602 个，共产党员总数 1.82 万名。2005 年 3 月，县委辖基层党委 37 个、党组 11 个、党总支 132 个、党支部 1429 个，共产党员总数 2.34 万名。

1991 年至 2004 年，中共邕宁县委员会贯彻落实中共十一届三中全会以来的路线方针政策，坚持以经济建设为中心，推动全县经济和社会事业持续、快速、健康发展。坚持推进政治体制改革、经济体制改革和社会事业体制改革，健全民主集中制，强化集体领导。通过历次党代会、常委会、全委会的召开和调查研究，对全县政治法制建设和经济社会发展作出重大决策。不断加强党的思想建设、组织建设和作风建设；加强党的纪律检查和统一战线工作，与工商联和党外人士合作共事；加强农村工作和新农村建设，减轻农民负担，提高农民收入。基层各级党组织不断改进和加强自身建设，落实好上级的决策部署，发挥党支部战斗堡垒作用。广大共产党员充分发挥先锋模范作用，为当地经济社会发展和社会稳定作出积极贡献。

第一节　组织机构

中共邕宁县委员会

1991 年 9 月前，中共邕宁县委员会（简称县委）延续 1988 年 9 月起的第六届委员会，先后任书记 2 人，副书记 7 人，常务委员（简称常委）6 人。1991 年 9 月至 1993 年 11 月，第七届委员会先后任书记 1 人，副书记 6 人，常委 4 人。1993 年 11 月至 1998 年 10 月，第八届委员会先后任书记 3 人，副书记 7 人，常委 15 人。1998 年 10 月至 2002 年 10 月，第九届委员会先后任书记 1 人，副书记 7 人，常委 11 人。2002 年 10 月至 2005 年 3 月，第十届委员会先后任书记 2 人，副书记 5 人，常委 8 人。

县委办公地址在县城红星路。县委与县人大常委会、县人民政府、政协邕宁县委员会在同一大院办公。县委独立一幢 5 层办公楼。

1991 年至 2005 年 3 月中共邕宁县委员会历届书记、副书记、常委任职情况表

表 12-1-1-1

届　别	职　务	姓　名	性　别	民　族	籍　贯	任职起止年月
中共邕宁县第六届委员会	书　记	黎明顺	男	壮族	邕宁大塘	1988-09—1991-08
		容小宁	男	汉族	广东东莞	1991-08—1991-09
	副书记	农万菊	男	壮族	邕宁南晓	1988-09—1990-08
		黄参光	男	壮族	邕宁那楼	1988-09—1991-09
		淡　北	男	汉族	广西横县	1989-04—1991-09
		吴庆平	男	壮族	广西武鸣	1990-06—1990-08
		黄家范	男	壮族	邕宁那陈	1990-12—1991-09
		陆荣发	男	壮族	广西武鸣	1991-05—1991-09
		何济麟	男	壮族	邕宁中和	1991-05—1991-09

续表 1

届别	职务	姓名	性别	民族	籍贯	任职起止年月
中共邕宁县第六届委员会	常务委员	黄家范	男	壮族	邕宁那陈	1988-09—1990-12
		淡　北	男	汉族	广西横县	1988-09—1989-04
		杨玉宗	男	壮族	邕宁蒲庙	1988-09—1991-09
		范宝忠	男	汉族	北京市	1988-09—1990-08
		尹　彤	男	汉族	广东东莞	1988-09—1991-05
		曾全秀	男	壮族	邕宁南晓	1988-09—1991-09
中共邕宁县第七届委员会	书记	容小宁	男	汉族	广东东莞	1991-09—1993-11
	副书记	黄家范	男	壮族	邕宁那陈	1991-09—1993-09
		淡　北	男	汉族	广西横县	1991-09—1993-09
		何济麟	男	壮族	邕宁中和	1991-09—1993-11
		陆荣发	男	壮族	广西武鸣	1991-09—1993-11
		林暄辉	男	壮族	南宁市郊	1993-03—1993-11
		张国环	男	壮族	广西武鸣	1993-09—1993-11
	常务委员	张国环	男	壮族	广西武鸣	1991-09—1993-09
		胡杰民	男	汉族	广西柳州	1991-09—1993-09
		王统福	男	壮族	邕宁吴圩	1991-09—1993-11
		杨玉宗	男	壮族	邕宁蒲庙	1991-09—1993-11
中共邕宁县第八届委员会	书记	容小宁	男	汉族	广东东莞	1993-11—1995-11
		陆荣发	男	壮族	广西武鸣	1995-11—1998-08
		张国环	男	壮族	广西武鸣	1998-08—1998-10
	副书记	陆荣发	男	壮族	广西武鸣	1993-11—1995-11
		张国环	男	壮族	广西武鸣	1993-11—1998-08
		林暄辉	男	壮族	南宁市郊	1993-11—1996-10
		莫炳久	男	壮族	邕宁蒲庙	1995-11—1998-08
		罗大光	男	汉族	广东东莞	1998-08—1998-10
		覃善开	男	壮族	广西贵港	1998-08—1998-10
		黄礼新	男	壮族	邕宁吴圩	1998-08—1998-10
	常务委员	李　烜	男	壮族	广西资源	1993-11—1996-05
		张光廷	男	汉族	广西宾阳	1993-11—1998-10
		莫炳久	男	壮族	邕宁蒲庙	1993-11—1995-11
		杨玉宗	男	壮族	邕宁蒲庙	1993-11—1998-10
		卢学智	男	壮族	邕宁那陈	1993-11—1998-10
		王统福	男	壮族	邕宁吴圩	1993-11—1996-04
		黄礼新	男	壮族	邕宁吴圩	1993-11—1998-08
		覃善开	男	壮族	广西贵港	1995-12—1998-08
		王标文	男	汉族	广东化州	1996-04—1998-10
		张宣东	男	汉族	广东潮安	1996-06—1997-03
		于宝柱	男	汉族	河北吴桥	1996-06—1998-10
		胡书文	男	汉族	南宁市	1998-08—1998-10
		黄展邦	男	汉族	广西宾阳	1998-08—1998-10
		邓启国	男	汉族	南宁市	1998-09—1998-10
		郑国健	男	汉族	广西贵港	1998-09—1998-10
中共邕宁县第九届委员会	书记	张国环	男	壮族	广西武鸣	1998-10—2002-10
	副书记	罗大光	男	汉族	广东东莞	1998-10—2002-09
		覃善开	男	壮族	广西贵港	1998-10—2002-10
		黄礼新	男	壮族	邕宁吴圩	1998-10—2001-04
		郑国健	男	汉族	广西贵港	2001-04—2002-10
		温达勤	男	壮族	广西上林	2002-09—2002-10
		陆彦明	男	壮族	广西武鸣	2002-09—2002-10
		卢学智	男	壮族	邕宁那陈	2002-09—2002-10
	常务委员	张光廷	男	汉族	广西宾阳	1998-10—2000-08
		胡书文	男	汉族	南宁市	1998-10—2000-08
		黄展邦	男	汉族	广西宾阳	1998-10—2002-10
		黄济法	男	壮族	邕宁中和	1998-10—2002-10
		邓启国	男	汉族	南宁市	1998-10—2000-12
		郑国健	男	汉族	广西贵港	1998-10—2001-04
		于宝柱	男	汉族	河北吴桥	1998-10—2000-12
		陆彦明	男	壮族	广西武鸣	1998-10—2000-09

续表 2

届　别	职　务	姓　名	性　别	民　族	籍　贯	任职起止年月
中共邕宁县第九届委员会	常务委员	李王玉	男	汉族	湖南嘉禾	2000-12—2002-10
		胡　军	男	汉族	安徽铜陵	2001-08—2002-10
		舒善隆	男	苗族	广西龙胜	2002-09—2002-10
中共邕宁县第十届委员会	书　记	张国环	男	壮族	广西武鸣	2002-10—2004-07
		温达勤	男	壮族	广西上林	2004-07—2005-03
	副书记	温达勤	男	壮族	广西上林	2002-10—2004-07
		卢学智	男	壮族	邕宁那陈	2002-10—2004-12
		郑国健	男	汉族	广西贵港	2002-10—2005-03
		陆彦明	男	壮族	广西武鸣	2002-10—2005-03
		蔡中平	男	瑶族	广西平乐	2004-09—2005-03
	常务委员	黄展邦	男	汉族	广西宾阳	2002-10—2004-07
		黄济法	男	壮族	邕宁中和	2002-10—2005-03
		李王玉	男	汉族	湖南嘉禾	2002-10—2005-03
		舒善隆	男	苗族	广西龙胜	2002-10—2005-03
		黄汉锋	男	壮族	广西武鸣	2002-10—2005-03
		磨瑛津	女	壮族	广西上林	2002-10—2005-03
		胡　军	男	汉族	安徽铜陵	2002-10—2005-03
		黄丽娟	女	壮族	广西全州	2004-07—2005-03

说明：表中“职务”栏中的书记、副书记，同时也是常务委员

县委工作机构

1991 年，县委工作部门 8 个，即县委办公室、县委组织部、县委宣传部、县委统一战线工作部、县委政策研究室（1996 年 11 月并入县委办）、县委政法委员会、县直属机关委员会、县委老干部局（1996 年 11 月并入县委组织部）。

县委直属事业单位设置：县委党史资料征集办公室、县委党校、邕宁报社等。

1996 年 11 月实施机构改革后，县委工作部门有 8 个，即县委办公室、县委组织部、县委宣传部、县委统一战线工作部、县委政法委员会（县社会治安综合治理委员会）、县纪律检查委员会（与县监察局合署办公）、县直属机关委员会、县机构编制委员会办公室。

县机要局、县委保密委员会办公室（县国家保密局）设在县委办公室，县委、县政府信访办公室在县委办公室挂牌。县精神文明建设委员会办公室设在县委宣传部，正科级机构。县委台湾工作办公室挂县人民政府台湾事务办公室牌子，设在县委统一战线工作部；县少数民族语言文字工作委员会设在县委统一战线工作部；县民族事务委员会在县委统一战线工作部挂牌。

县委直属事业单位设置 3 个：县委党校、县委党史资料征集小组办公室、邕宁报社。

以上 8 个县委工作机构为正科级，3 个县委直属事业单位为相当正科级。

2001 年 11 月实施机构改革后，县委工作部门 7 个，即县委办公室、县委组织部、县委宣传部、县委统一战线工作部、县委政法委员会、县机构编制委员会办公室、县直属机关工作委员会。县纪律检查委员会与县监察局合署办公。

保密委员会办公室（保密局）、机要局、督查室在县委办公室挂牌；精神文明建设委员会办公室在县委宣传部挂牌；台湾工作办公室、民族事务局在县委统一战线工作部挂牌；社会治安综合治理委员会办公室在县委政法委员会挂牌。机构编制委员会办公室为县机构编制委员会的常设办事机构，既是县委工作机构，又是县人民政府工作机构。县委、县人民政府信访办公室由县委办公室领导；县委老干部局（正科级）由县委组织部领导。

县委派出机构 2 个：中共邕宁沿海经济走廊开发区工作委员会（与邕宁沿海经济走廊开发区管理委员会合署办公）、中共南宁市仙葫经济开发区工作委员会（与南宁市仙葫经济开发区管理委员会合署办公）。

县委直属事业单位3个：县委党校、县委党史研究室、邕宁报社（2003年12月停办报纸）。

2004年8月实施机构改革后，县委工作部门7个，即县委办公室、县委组织部、县委宣传部、县委统一战线工作部、县委政法委员会、县机构编制委员会办公室、县直属机关工作委员会。县纪律检查委员会与县监察局合署办公。

县委保密委员会办公室（县国家保密局）、县委机要局、县委督查室在县委办公室挂牌；县精神文明建设委员会办公室在县委宣传部挂牌；县委台湾工作办公室（县人民政府台湾事务办公室）、县人民政府宗教事务局在县委统一战线工作部挂牌。县社会治安综合治理委员会办公室与县委政法委员会合署办公。县委、县人民政府信访办公室由县委办公室领导；县委老干部局由县委组织部领导。

县委派出机构3个：中共南宁市大沙田经济开发区工作委员会（与大沙田经济开发区管理委员会署办公，一个机构两块牌子）、中共邕宁沿海经济走廊开发区工作委员会（与邕宁沿海经济走廊开发区管理委员会合署办公，一个机构两块牌子）、中共南宁市仙葫经济开发区工作委员会（与南宁市仙葫经济开发区管理委员会合署办公，一个机构两块牌子）。

县委直属事业单位3个：县委党校、县委党史研究室、县新闻信息中心。

县委工作部门的机构为正科级。中共南宁市大沙田经济开发区工作委员会为副处级，中共邕宁沿海经济走廊开发区工作委员会、中共南宁市仙葫经济开发区工作委员会为正科级。县委、县政府信访办和县委老干部局为正科级。县委直属事业单位为相当正科级。

1991年至2005年3月县党委办公室历任主任：李福明，赵鸿飞，梁学谦，卢武德，陆彬，黄汉锋。

1991年至1997年4月县委政策研究室历任主任：巫永辉，李福明。

基层组织

1991年，邕宁县设置有基层党委33个，党组9个，党总支227个，党支部1602个，共产党员总数1.82万名。2005年3月，邕宁县设置有基层党委37个，党组11个，党总支132个，党支部1429个，共产党员总数2.34万名。

乡镇党委 1991年年初，全县设有蒲庙镇、五塘镇、吴圩镇、苏圩镇、良庆乡、那马乡、新江乡、那楼乡、刘圩乡、南阳乡、伶俐乡、长塘乡、四塘乡、九塘乡、延安乡、那陈乡、大塘乡、南晓乡、中和乡、百济乡、镇龙乡、大王滩乡22个乡镇党委（是年2月，撤销大王滩乡党委）。1994年12月，九塘乡党委改为昆仑镇党委，大塘乡党委、南阳乡党委、刘圩乡党委、伶俐乡党委、良庆乡党委、那马乡党委、那楼乡党委、四塘乡党委分别改为大塘镇党委、南阳镇党委、刘圩镇党委、伶俐镇党委、良庆镇党委、那马镇党委、那楼镇党委、四塘镇党委。1996年5月，南晓乡党委、那陈乡党委分别改为南晓镇党委、那陈镇党委。2000年6月，延安乡党委、新江乡党委、长塘乡党委分别改为延安镇党委、新江镇党委、长塘镇党委。2005年3月，邕宁县设有蒲庙镇、良庆镇、那马镇、新江镇、那楼镇、刘圩镇、南阳镇、伶俐镇、长塘镇、四塘镇、五塘镇、昆仑镇、吴圩镇、苏圩镇、延安镇、那陈镇、大塘镇、南晓镇、中和乡、百济乡、镇龙乡21个乡镇党委。

1991年至2005年3月，邕宁县各乡镇党委历任书记：蒲庙镇陆文轩、莫炳久、韦文新、张国兴、李关明、邓承森、薛建秋；良庆镇（乡）卢武德、李镇宙、谭耀辉、杨毅生、磨瑛津（女）、黄朝浩；那马镇（乡）凌定贤、黄典贵、闭孙席、曾文祥（女）、粟盛斌、李振权、黄均梅（女）；新江镇（乡）黄永康、陆耀林、黄国春、杨俊康、何小白；百济乡苏显作、黄併才、龚建宝、杨德全、玉品升、蒙东山；那楼镇（乡）赵鸿飞、李关明、陆武辉、陆元锦；镇龙乡杨正烈、黄正本、黄守刚、黄战声；刘圩镇（乡）李华山、韦文新、李品光、王宪周、黄智、黄精华；中和乡梁波、梁德谷、孙朝南、雷运玉、方德贤、黄武昌、李开安、陆中明；南阳镇（乡）施大训、慕俊玉、韦培俊、黄尚忠、黄济法、苏桂庆、黄国胜；

伶俐镇（乡）陆增杰、潘世润、玉集轩、陈庆登、李达周；长塘镇（乡）劳冠元、农元威、刘次邻、李俊裕、李少珊（女）、黄飞宗；四塘镇（乡）卢学智、孙汝堂、黄礼生、滕美如（女）、粟盛斌、黄汉锋、陈增强；五塘镇龚秉田、周志诚、谢克福、张国兴、黄锦结、苏凯精、潘祥楚、龚选林；昆仑镇（九塘乡）潘世润、胡大同、李加伶、滕达初；吴圩镇钟宁、蒙杜荣、廖茂隆、刘次邻、刘绪雄、李瑞荣、钟正宁、黄奕信；苏圩镇梁任升、李增寿、邓健民、曾月清；延安镇（乡）苏猛、李杰林、乐叙炳、潘泽朝、吴方雄、黄志春、李仕学；那陈镇（乡）梁尚斌、吴方雄、潘元海、黄朝浩、李兴义；大塘镇（乡）赖克明、黄典贵、周裕平、农建学、韦煊才；南晓镇（乡）郑文农、黄云舒、李生、杨毅生、钟正宁、陈应进。1991 年 1 月至 1991 年 2 月大王滩乡党委书记：陆大秀。

县直部门机关党委　1991 年，邕宁县部门机关党委有 2 个，分别是县人民武装部党委、县直属机关党委。

1999 年 2 月，成立中共邕宁沿海经济开发区工作委员会、中共邕宁县教育局委员会、中共邕宁县计划与经济局委员会；5 月，成立中共邕宁县公安局委员会；7 月，成立中共南宁市大沙田经济开发区委员会。2001 年 9 月，成立中共南宁市仙葫经济开发区工作委员会；11 月，县直属机关党委改为县直属机关党工委，县计划与经济局党委更名为县经济贸易局党委。2002 年 9 月，成立中共南宁市大沙田经济开发区工作委员会，撤销中共南宁市大沙田经济开发区委员会。2003 年 3 月，成立中共邕宁县工商行政管理局委员会。2004 年 2 月，中共邕宁县工商行政管理局委员会更名为中共邕宁县工商行政管理局机关委员会；4 月，成立中共邕宁县国家税务局机关委员会。

2005 年 3 月，县直部门机关党委有 10 个，分别是县人民武装部党委、县直属机关党工委、县教育局党委、县经济贸易局党委、县公安局党委、县工商行政管理局机关党委、县国家税务局机关党委、邕宁沿海经济开发区党工委、仙葫经济开发区党工委、大沙田经济开发区党工委。

1991 年至 2005 年 3 月县人民武装部党委历任书记：黎明顺，容小宁，陆荣发，李王玉，皮燕明，褚友元。

1991 年至 2005 年 3 月县人民武装部党委历任第一书记：陆荣发，张国环，温达勤。

1991 年至 2005 年 3 月县直属机关党委（党工委）历任书记：莫炳久，黄仪才，何培树，卢民祯。

1999 年 2 月至 2005 年 3 月县教育局党委历任书记：李佩侯，贺建宁，李镇宙。

1999 年 2 月至 2001 年 11 月县计划与经济局党委历任书记：容颜英（女）。

2001 年 11 月至 2005 年 3 月县经济贸易局党委历任书记：容颜英（女）。

1999 年 5 月至 2005 年 3 月县公安局党委历任书记：王义，唐斌。

2004 年 4 月至 2005 年 3 月县国家税务局机关党委历任书记：姚沛奇。

2003 年 3 月至 2005 年 3 月县工商行政管理局机关党委历任书记：莫乃华。

1999 年 7 月至 2005 年 3 月中共南宁市大沙田经济开发区工作委员会历任书记：卢武德。

1999 年 2 月至 2005 年 3 月中共邕宁沿海经济走廊开发区工作委员会历任书记：黄国华，黄锦结。

2001 年 9 月至 2005 年 3 月中共南宁市仙葫经济开发区工作委员会历任书记：苏一孔。

企事业单位党委　1991 年，邕宁县企事业党委有 9 个，分别是邕宁县明阳糖厂党委、邕宁县伶俐糖厂党委、邕宁县蒲庙糖厂党委、广西七坡林场党委、广西农垦明阳机械厂党委、邕宁县四塘煤矿党委、邕宁县南州林场党委、中国农业银行邕宁县支行党委、南宁地区水泥厂党委。

1994 年，南宁地区水泥厂党委改为广西华宏水泥股份有限公司党委。1996 年 7 月，县明阳糖厂党委、县伶俐糖厂党委、县蒲庙糖厂党委上划南宁统一糖业有限责任公司党委管理。1997 年 6 月，成立中共邕宁县农村信用合作联社委员会。2002 年，县四塘煤矿党委随着企业破产自然消失。

2005 年 3 月，全县企事业单位党委有 6 个，分别是广西七坡林场党委、广西农垦明阳机械厂党委、县南州林场党委、中国农业银行邕宁县支行党委、县农村信用合作联社党委、广西华宏水泥股份有限公司党委。

党　组　1991年，邕宁县有党组9个，分别是县人大常委会党组、县人民政府党组、县人民法院党组、县人民检察院党组、县政协党组、县公安局党组、县农业委员会党组、县经济委员会党组、县财贸委员会党组。

1997年4月，成立中共邕宁县计划与经济局党组，撤销原中共邕宁县经济委员会党组、中共邕宁县财贸委员会党组；1999年2月，成立中共邕宁县人民政府农村工作领导小组党组，撤销中共邕宁县计划与经济局党组（改设党委）；5月，撤销中共邕宁县公安局党组（改设党委）。2000年10月，成立中共邕宁县工商行政管理局党组、中共邕宁县国家税务局党组。2001年5月，成立中共邕宁县质量技术监督局党组。2002年3月，成立中共邕宁县工商业联合会党组；5月，成立中共南宁市药品监督管理局邕宁县分局党组。2004年4月，撤销中共邕宁县国家税务局党组（改设党委）；11月，中共南宁市药品监督管理局邕宁县分局党组更名为中共南宁市食品药品监督管理局邕宁县分局党组。

2005年3月，邕宁县有党组11个，分别是县人大常委会党组、县人民政府党组、县人民法院党组、县人民检察院党组、县政协党组、县农业委员会党组、县人民政府农村工作领导小组党组、县工商行政管理局党组、县质量技术监督局党组、县工商业联合会党组、南宁市食品药品监督管理局邕宁县分局党组。

第二节　重要会议

党代表大会

1991年9月、1993年11月、1998年10月和2002年10月，邕宁县委先后召开第七次、第八次、第九次和第十次党代表大会，各次党代会分别选举产生中共邕宁县第七届、第八届、第九届和第十届委员会及中共邕宁县纪律检查委员会。在县各届委员会第一次全体委员会议上，选举产生中共邕宁县各届委员会常务委员、书记、副书记。在县纪律检查委员会历次第一次全体委员会议上，选举产生县纪律检查委员会常务委员、书记、副书记。

1993年11月始，邕宁县委员会由每届任期3年改为每届任期5年。2003年，县党代表大会代表实行常任制。是年2月，举行中共邕宁县第十次代表大会第一次年会。此后，县党代表大会每年召开一次年会。

中共邕宁县第六次代表大会　1988年9月5日至8日在县政府礼堂召开。代表总数228名，出席会议代表226名，特邀、列席人员28名。代表中，各级干部代表151名，占66.23%；各类专业技术人员代表41名，占17.98%；各条战线的先进模范人物代表36名，占15.80%；少数民族代表203名，占89.04%；妇女代表35名，占15.34%。大会听取和审议县第五届委员会、县纪律检查委员会工作报告；选举产生中共邕宁县第六届委员会委员21名，县纪律检查委员会委员11名。在六届一次全体委员会议上，选出中共邕宁县委常委9名（黎明顺、农万菊、黄参光、黄家范、淡北、杨玉宗、范宝忠、尹彤、曾全秀），书记1名（黎明顺），副书记2名（农万菊、黄参光）。

中共邕宁县第七次代表大会　1991年9月16日至20日在县政府礼堂召开。代表250名，出席会议代表249名，列席23名，特邀来宾12名。代表中，各级领导干部148名，占59.20%；各类专业技术人员46名，占18.40%；各条战线先进模范人物55名，占22%；少数民族208名，占83.20%；妇女41名，占16.40%。大会听取和审议县第六届委员会工作报告、县纪律检查委员会工作报告；选举产生中共邕宁县第七届委员会委员19名，候补委员4名；选举产生县纪律检查委员会委员11名。在七届一次全体委员会议上，选出中共邕宁县委常委9名（容小宁、黄家范、淡北、何济麟、陆荣发、张国环、杨玉宗、胡杰民、王统福），书记1名（容小宁），副书记4名（黄家范、淡北、何济麟、陆荣发）。

中共邕宁县第八次代表大会　1993年11月17日至21日在南地蒲庙水泥厂礼堂召开。代表250名，出席会议代表250名，列席36名，来宾8名。代表中，各级领导干部155名，占62%；各类专业技术人员和管理人员62名，占24.80%；先进模范人物63名，占25.20%；公安武警8名，占3.20%；少数民族224名，占89.60%；妇女43名，占17.20%。大会听取和审议县第七届委员会工作报告、县纪律检查委员会工作报告；选举产生中共邕宁县第八届委员会委员23名，候补委员4名；选举产生县纪律检查委员会委员15名。在八届一次全体委员会议上，选出中共邕宁县委常委11名（容小宁、陆荣发、张国环、林暄辉、李烜、张光廷、莫炳久、杨玉宗、卢学智、王统福、黄礼新），书记1名（容小宁），副书记3名（陆荣发、张国环、林暄辉）。

中共邕宁县第九次代表大会　1998年10月17日至20日在县政府礼堂召开。代表260名，出席会议代表260名，列席35名，来宾7名。代表中，各级领导干部155名，占59.62%；专业技术、管理人员47名，占18.08%；先进模范人物48名，占18.46%；离退休干部9名，占3.46%；武装干部1名，占0.38%；少数民族234名，占90%；妇女54名，占20.77%。大会听取和审议县第八届委员会工作报告、县纪律检查委员会工作报告；选举产生中共邕宁县第九届委员会委员25名，候补委员4名；选举产生县纪律检查委员会委员15名。在九届一次全体委员会议上，选出中共邕宁县委常委11名（张国环、罗大光、覃善开、黄礼新、张光廷、胡书文、黄展邦、黄济法、邓启国、郑国健、于宝柱），书记1名（张国环），副书记3名（罗大光、覃善开、黄礼新）。

中共邕宁县第十次代表大会　2002年10月16日至19日在县政府礼堂召开。代表276名，出席会议代表274名，列席74名，来宾7名。代表中，各级领导干部164名，占59.42%；专业技术、管理人员48名，占17.39%；先进模范人物52名，占18.84%；离退休干部10名，占3.62%；武装干部1名，占0.36%；少数民族243名，占88.04%；妇女54名，占19.57%。大会听取和审议县第九届委员会工作报告、县纪律检查委员会工作报告；选举产生中共邕宁县第十届委员会委员25名，候补委员4名；选举产生县纪律检查委员会委员15名。在十届一次全体委员会议上，选出中共邕宁县委常委11名（张国环、温达勤、卢学智、郑国健、陆彦明、黄展邦、黄济法、李王玉、舒善隆、黄汉锋、磨redirect津），书记1名（张国环），副书记4名（温达勤、卢学智、郑国健、陆彦明）。

县委全委（扩大）会议

1991年至2004年，邕宁县委各届全委分别于1991年4月、1991年9月、1993年1月、1993年11月、1994年3月、1995年2月、1997年1月、1997年5月、1997年7月、1997年11月、1999年1月、1999年2月、2000年12月、2001年12月、2002年10月、2002年12月、2003年12月、2004年10月召开全委（扩大）会议共18次，审议并通过各届各次全委（扩大）会议工作报告等事项。

党代表年会

1991年至2002年，中共邕宁县委未实施党代表大会常任制，没有实行每年召开县党代会年会制度。

2003年2月17日至18日，在县政府礼堂召开中共邕宁县第十次代表大会第一次年会。出席会议代表271名，列席83名。大会听取和审议中共邕宁县第十届委员会工作报告、县纪律检查委员会工作报告；审查通过《邕宁县党代表大会常任制试行办法》《邕宁县党代表大会常任制代表活动暂行办法》和《邕宁县党代表大会常任制代表意见、建议处理办法》。

第三节 重大决策

发展工业

1992 年 3 月，中共邕宁县委员会、县人民政府印发《关于加快工业发展的若干决定》文件。决定：各级政府和各部门，必须牢固树立以经济建设为中心的思想，大力支持搞好工业企业；进一步为工业企业创造良好外部条件；深化改革，转换企业机制；推动技术进步，促进新产品开发。由此，决策形成邕宁县“一城两岸三区四线”即建设一座大学城（五合大学城），邕江蒲庙段两岸经济开发，大沙田经济开发区、沿海经济走廊开发区和仙葫经济开发区 3 个经济开发区建设，县境内 4 条二级公路主干线沿途乡镇开发建设的发展战略。

1991 年，全县工业总产值 5.35 亿元，占全县地区生产总值 63.20%；2004 年工业总产值 53.27 亿元，占全县地区生产总值 88.34%。

精神文明建设

1994 年 6 月，邕宁县委、县人民政府印发《关于加强群众性精神文明建设的决定》。文件决定：加强思想建设，树立精神支柱；加强道德教育，树立新风尚；加强文化建设，优化文化环境；加强环境建设，创造优良秩序；加强载体建设，创文明示范典型。主要措施：开展讲文明树新风活动，培养“四有”（有理想、有文化、有道德、有纪律）社会主义新人等。

1991 年至 2002 年，邕宁县连续 4 次获“南宁市文明县”称号。1997 年，邕宁县被评为自治区“双文明（物质文明、精神文明）建设工作先进单位”。2004 年，全县有自治区级文明单位 15 个，南宁市级文明单位 46 个，县级文明单位 421 个。

农业综合开发

1991 年 12 月，印发《中共邕宁县委员会　邕宁县人民政府关于加快我县农业综合开发的决定》文件，决定通过采取各项有效措施，大力发展开发性农业，加快全县农业综合开发步伐，增加农民收入。其主要内容：一是开发“三荒”，即开发荒山、荒地、荒水，充分利用农业新资源，开拓新的生产领域；二是开发“一冬”，即冬季农业开发生产；三是改造“四低”，即改造低产田地、低产水面、低产林果、低产畜禽。计划到 1993 年完成灭荒造林任务。到 1993 年，各地发展龙眼、荔枝、杧果较快，全县建成果园 5589 公顷，水果产量 6.32 万吨；建成亩产鱼 250 千克以上水面 1000 公顷，全县鲜鱼产量 6402 吨；开发冬闲田产值 1.20 亿元；高产稳产田 1.33 万公顷，杂交稻面积占水稻种植面积的 80% 以上；生猪饲养量 64.61 万头，出栏 26.97 万头，奶母牛 5.14 万头以上，全县肉类产量 3.8 万吨。

1994 年 10 月，邕宁县委、县人民政府印发《关于加快发展水果生产的决定》。文件决定：建立发展水果生产的激励机制；鼓励发展多层次、多形式横向水果经营体系；加强水果科研工作和科学技术推广。

1995 年 7 月，邕宁县委、县人民政府印发《关于加快发展畜牧水产养殖业的决定》文件。决定：建立目标责任制；加大畜牧水产养殖业开发力度；多渠道筹集资金投入；发挥经济能人示范作用；抓好畜牧、水产协会建设；抓好技术服务工作；加强乡镇畜牧兽医站、水产站建设；把邕宁县打造成为全国商品瘦肉型猪及南宁市“菜篮子”工程项目基地县。同时，邕宁县委、县人民政府就开发荒地荒山作出决定：发展规划和任务；建立激励机制；稳定和完善土地承包责任制，搞好土地使用权有偿转让；制定优惠政策，鼓励多形式开发；严把苗木质量关，加强技术指导；保证和增加经费的投入。是年，全县果园面积 8679 公顷，水果产量 9.52 万吨；养鱼面积 6333.33 公顷，鲜鱼产量 9318 吨；杂交稻种植面积 5.03 万公顷，杂交稻面积占水稻种植面积的 73.69%；生猪饲养量 75.65 万头，出栏 33.91 万头，母牛 5.55 万头，肉类产量 4.11 万吨；造林面积 2420 公顷。

1999 年，全县果园面积 8679 公顷，水果产量 12.25 万吨；养鱼面积 6638 公顷，鲜鱼产量 1.68 万吨；生猪饲养量 83.60 万头，出栏 43.20 万头；家禽饲养量 1872.38 万羽，出栏 1292 万羽；内类产量 5.68 万吨；造林面积 2117 公顷；杂交稻面积占水稻种植面积的 79.38%。

2004 年，全县水果总产量 12.15 万吨，全县肉类总产量 9.04 万吨，猪牛羊肉产量 4.56 万吨，大牲畜年底存栏 14.80 万头，猪年底存栏 37.92 万头；水产品产量 2.61 万吨；造林总面积 5810 公顷。邕宁县是全国水果生产基地之一，畜牧水产业是全县农业经济中一项“富民强县”支柱产业。

推广科学技术

1992 年 3 月，邕宁县委、县人民政府出台《关于加快工业发展的若干决定》，决定推动技术进步，促进新产品开发。要求各工业企业必须把发展高新技术提高到重要位置，依靠科学进步，开发新产品，占领国内外市场，提高劳动生产率，提高经济效益。

1995 年 9 月，邕宁县委、县人民政府出台《关于加速科学技术进步的决定》。文件决定：全面实施科教兴县战略；大力推进农业和农村科技进步；努力提高产业技术创新能力；建设一支庞大的科技队伍，提高全民科技文化素质；切实加强党和政府对科技工作的领导。

1997 年，邕宁县获全国科技工作先进县。2003 年，全县有 11 个乡镇被评为“自治区科技进步先进乡镇”。2004 年 1 月，邕宁县获 2001 年至 2002 年度全国科技进步先进县，列为广西壮族自治区 8 个全国先进县之首；是年被科技部授予第二批全国科技进步示范县称号；有 13 个乡镇通过自治区科技进步考核。

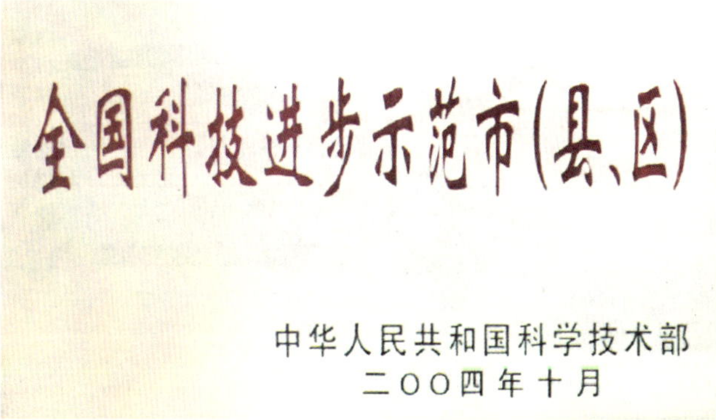

▲ 2004 年 10 月，邕宁县获全国科技进步示范县奖。图为奖匾　　（邕宁区史志办资料照片）

发展个体和私营经济

1993 年 5 月，邕宁县委、县人民政府印发《关于加快发展个体和私营经济的决定》。1998 年 5 月，县委、县人民政府印发《关于进一步加快个体、私营经济发展的若干规定》。文件决定：简化办事程序；实行优惠政策；在有条件的地方，经县政府批准，可开办个体、私营经济区，并享受更特殊的优惠政策；鼓励行政机关在职人员带薪留职离岗从事个体、私营经济；大力培育和开拓村级农贸市场；坚决治理“三乱”（乱收费、乱摊派、乱罚款），严格收费管理；个体、私营企业在建设、生产、经营过程中，与当地群众发生民事纠纷或治安问题的，当地有关部门要及时到现场控制事态发展和调查处理；减少检查、评比活动；加强领导，把发展个体、私营经济列入国民经济和社会发展规划，努力提高其在国家经济中的比重；将发展个体、私营经济任务作为对各级党委、政府领导成员考核内容。

2004 年，全县有非公有制企业 468 家，从业人员 6000 多人；个体经济 1.80 万户，从业人员 1.90 万人。全县非公有制企业完成工业总产值 27.15 亿元，占全县工业总产值的 50.73%，占全县地区生产总值 44.82%；非公有制经济零售总额完成 9.45 亿元，占全县社会消费品零售总额的 85.40%。

开发区建设

1991 年后，邕宁县党委、政府集中人力、财力抓好南宁市大沙田经济开发区、邕宁沿海经济走廊开发区、南宁市仙葫经济开发区建设，利用本地优越的城乡接合部条件和自然资源优势，出台开发区优惠政策，开展招商引资，吸引国内外大批客商投资置业，共谋发展。1993 年 6 月，中共邕宁县委、县政府出台《关于邕宁县各开发区管委会责、权、利挂钩的若干规定》，最大限度向开发区授权。1998 年 5 月，县委、县政府授权开发区管委会在其辖区范围内实行统一领导、统一规划、统一开发、统一管理、统一收费。2002 年起，县委、县人民政府授权各开发区实行特区式封闭管理，明确规定开发区作为特区，拥有相对独立的综合管理权限。2002 年 8 月，县委、县人民政府印发《关于加快南宁市仙葫经济开发区“五合大学城”建设的若干优惠规定》。文件规定：凡到“五合大学城”投资兴办教育以及相关项目的，投资主体无论是国家、集体、个人或企业，均享受本规定有关项目投资的优惠政策；项目业主自行争取上级部门的优惠政策，仙葫开发区管委会按上级政策兑现等。2004 年，五合大学城已有 25 家大学院校签约进驻，协议投资总额 55.68 亿元，提前 3 年完成项目引进任务；已有广西东方外国语学院建成招生开学，广西法官学院、广西图书发行学校等 6 家院校进场开工建设。

▲ 1998 年，南宁市大沙田开发区小学校园一角 （邕宁区史志办资料照片）

1991 年至 2004 年，邕宁县大沙田和沿海开发区享受国家级开发区、西部大开发和自治区及南宁市、邕宁县有关开发区的优惠政策，仙葫开发区享受西部大开发、自治区及南宁市、邕宁县有关开发区优惠政策。

至 2004 年，邕宁县开发区建设初具规模。3 个开发区征用土地累计 2488.64 公顷，其中大沙田开发区 624.67 公顷、沿海开发区 777.24 公顷、仙葫开发区 1086.73 公顷。建成街区面积 16.20 平方千米，其中大沙田开发区 6.50 平方千米、沿海开发区 4.20 平方千米、仙葫开发区 5.50 平方千米。建成区社区居民委员会 12 个，常住居民 8.39 万人，流动人口 2 万人。在常住居民中，大沙田开发区居民 5 万人，沿海开发区居民 1.53 万人，仙葫开发区居民 1.86 万人。

招商引资工作取得大成果。1991 年至 2004 年，累计引进协议项目 773 个，协议投资 306.60 亿元，实际到位项目 500 多个，实际到位资金累计 123.88 亿元。其中，大沙田开发区引进协议项目 161 个，协议投资 47 亿元，实际到位项目 100 多个，到位资金 39.24 亿元；沿海开发区引进协议项目 373 个，协议投资 92.60 亿元，实际到位项目 200 多个，到位资金 39.64 亿元；仙葫开发区引进协议项目 239 个，协议投资 167 亿元，实际到位项目 215 个，到位资金 45 亿元。引进和实际利用外资分别为，大沙田开发区 8.75 亿美元、沿海开发区 1.26 亿美元、仙葫开发区 234 万美元。开发区交通、通信、银行、学校、医疗、水电供给、市场等市政设施日臻完善，逐步形成以饲料、建材、医药、电子、轻工、机械、房地产、物流、休闲娱乐等为主的产业。2004 年，3 个开发区完成规模口工业总额产值 21 亿元，占全县规模口工业总产值的 66.30%；财政收入 2.35 亿元，占全县财政收入的 38.50%。开发区已成为全县最有活力的新的经济增长点。

开展农村税费改革试点

2003 年,邕宁县被列为自治区开展农村税费改革工作试点县。农村税费改革的主要内容是“三取消、二调整、一改革”。“三取消”即取消乡镇统筹费、农村教育集资等专门面向农民征收的行政事业性收费和政府性基金、集资，取消屠宰税，取消统一规定的劳动积累工和义务工；“二调整”即调整农业税和调整农业特产税政策；“一改革”即改革村提留征收使用办法。农村税费改革试点的配套措施是：清理各项涉农收费项目，坚决取消所有不合法和不合理的收费，建立和健全农民负担监督管理机制。完善乡镇级财政体制，规范县、乡镇、村三级之间的分配关系。规范征收行为，加强农业税收征管。

农村建设“三大会战”

2003 年 11 月，县委、县人民政府印发《关于开展邕宁县乡村公路、农田水利和生态文明村建设三大会战的决定》文件。主要目标任务：用 3 年时间（2004 年至 2006 年）进行乡村公路、农田水利、生态文明村“三大会战”，计划新建乡村公路 96 条，总里程 603.25 千米；农田水利计划除险加固水库 6 座，改善灌溉面积 1.11 万公顷；计划建设生态文明村 150 个；新建沼气池 3 万座，新建卫生厕所 1.50 万座，新建生态家园 5000 户。工作措施为：制定规划实施方案，抓好项目前期工作，突出重点项目，搞好典型示范；大力推进乡村公路建设，全面改善农村交通状况；抓好农田水利建设，夯实农业发展基础；改善生态环境，提高农民生活质量；建立多渠道筹资机制，加大资金投入；强化项目管理，有效地推进工程建设。同时加强领导，明确责任，上下联动，齐抓共管；加强督查和建立完善奖惩机制。至 2004 年年底，全县乡村公路建设投资 2220 万元，建成 31 条乡村道路，总长 186.50 千米，解决 55 个行政村 10 万人行路难问题；投资 225 万元建成 30 个村（坡）人饮工程，解决 3.11 万人饮水困难问题；投资 160 多万元，完成新江镇英雄水库北干渠 7.84 千米渠道防渗工程；投资 800 万元，完成大王滩 10 千米渠道硬化防渗工程；投资 2590 万元，恢复改善灌溉面积 7066.67 公顷，治理水土流失 14.50 平方千米；投资 2200 万元，新建生态文明村 25 个，建成沼气池 8882 座、卫生厕所 5034 座，改善农村人居环境。1998 年至 2004 年，建成沼气池 9.10 万座，建成卫生厕所 11.80 万座，全县建成生态文明村 251 个。

▲ 2000 年 10 月 8 日，自治区党委书记曹伯纯（前排左四）在自治区党委常委、南宁市委书记李克（前排左六），市长林国强（前排左一）陪同下，到邕宁县那马镇检查工作
（县委宣传部供稿）

建设南宁河洲现代农业实验区

2003 年，建立南宁河洲现代农业实验区。该实验区位于吴圩镇河洲村至渌摹村公路两侧长约 6 千

米，纵深600~700米的地段，规划土地面积686.66公顷，涉及吴圩镇吴圩社区居委会和康宁村委会的7个自然坡。实验区特点："高起点规划，高标准建设，高效益管理"，突出"服务"，体现"现代"。实验区建设形式：农民出租土地，管委会包装推介、对外招商引资；实行政府引导、公司运作的模式。实验区计划种植南亚热带特色水果、绿化苗木、良种果苗、无公害蔬菜、养殖水奶牛和酸奶生产等，整个建设项目计划投资4000万元。实验区建设目标：成为南宁市主要无公害农产品生产基地，满足首府南宁市民需求；成为南亚热带特色水果生产基地，生产具有市场竞争优势的区域性产品和品牌；成为标准化栽培品牌香蕉生产样板，引导香蕉生产开展"技术革命"，全面提升南宁市香蕉产业水平。实验区管委会于2003年6月22日挂牌成立。2004年，南宁河洲现代农业实验区内各种基础设施建设完成，分为大棚无公害蔬菜栽培区、新品种苗木培育区、名特优水果母本园、亚热带水果新品种种植区、盆景花卉展示区、生态农业示范区6个园区。

第四节　组织建设

1991年，中共邕宁县委下辖党委34个，党组9个，党总支227个，党支部1602个；全县党员总数1.82万名，其中预备党员473名，女党员2113名；全年发展新党员233名；全县干部总数9694人，其中女干部2257人，少数民族干部8308人。2004年，县委下辖党委37个，党组11个，党总支132个，党支部1429个；全县党员总数2.34万名，其中预备党员686名，女党员3852名；全年发展新党员652名；全县干部总数1.19万人，其中女干部4286人，少数民族干部1.10万人。

机　构

中共邕宁县委组织部　简称县委组织部，是县委主管党的组织工作和干部工作的职能部门。

1991年，县委组织部机关内设办公室、组织科、干部科、干部监督科、干部教育科、知识分子工作科、组织员办公室7个科室，核定人员编制21名，设部长1名、副部长2名。1997年，县委组织部机关内设办公室、组织股、干部股、干部调查审理股、知识分子工作股、电化教育科、组织员办公室7个股室，核定人员编制34名。2004年，县委组织部机构和人员编制维持不变。

县委组织部办公地址在县城红星路。

1991年至2005年3月县委组织部历任部长：淡北，张国环，莫炳久，覃善开，黄展邦，舒善隆。

中共邕宁县委老干部局　简称县委老干部局。1991年，县委老干部局为县委工作部门。1996年11月，该单位并入县委组织部，为设在县委组织部的机构，受县委组织部领导。2005年3月，县委老干部局的机构性质和管理模式维持不变。县委老干部局办公地址在县委、县政府办公大院。

1991年至2005年3月县委老干部局历任局长：郑世英（女），罗临祺，陆琼彪，谭耀辉，方德贤。

基层组织建设

整顿后进党支部　1992年，成立县、乡镇农村基层组织建设领导小组，对农村后进党支部进行整顿转化工作。县委先后从125个（次）单位选派出150多名党员干部组成工作组，采取单位包村三年责任制和驻村帮扶整顿转化达标等办法，全面整顿转化后进党支部。至1998年，经过对全县144个后进党支部的整顿转化工作，达到一类支部有52个，二类支部92个。有52个村有村级集体经济，42个党支部成为乡镇级以上先进支部。邕宁县进入自治区农村基层组织建设工作优秀县行列。

"双为"竞赛活动　1992年至1993年，邕宁县在农村开展为期两年的党员"双为"（为共同富裕出力、为建设家乡献策）竞赛活动；在机关，开展“当好公仆，优质服务”活动；在企业，开展“当主人、创效益、减亏损、做贡献”活动；在乡镇企业，开展“奔小康，比贡献”活动。两年内，全县参加竞赛的党员有7818人，培养入党积极分子793人，申请入党1118人，发展党员246名。

党建目标管理责任制　2000年，邕宁县首次实行党建工作目标管理责任制，把党建工作纳入规范化管理轨道。县委通过建立“三个一”（一个乡镇党委示范点、一个村党支部示范点、一个屯示范点）联系示范点，带动全县创建农村基层组织建设综合示范村活动的开展；通过建立“四个一”（建立一个社区党支部示范点、一个非公企业党支部示范点、一个乡镇商会党支部示范点、一个社会力量办学党支部示范点）联系示范点，探索新经济组织党建工作新方法。抓好以“五个好”（领导班子好，党员队伍好，工作机制好，工作业绩好，群众反映好）和“六个好”（领导班子好，基层组织建设好，党员干部队伍好，工作机制好，小康目标建设好，群众反映好）为主要内容的农村基层组织建设工作。当年经过县、市、自治区三级检查验收，全县各乡镇、村全部达标。2001年至2004年，继续以创建“四有”企业党组织工作为重点，加强国有企业党建工作。同时，以蒲庙三中、城关一小2所学校为党建工作试点，推行发展党员公示制，严把党员入口关。

▲2000年，县电业公司共产党员是农村电网改造的排头兵
（邕宁区史志办资料照片）

▲2002年11月8日，中国共产党第十六次全国代表大会在北京召开，邕宁县各级党组织通过电视等方式组织党员收看。图为县电业公司党总支部组织党员收看开幕式实况
（邕宁区史志办资料照片）

“非公”经济组织党建　2001年始，县委在县内“非公”经济组织中开展“四个一”建立党组织示范点活动。至2004年，全县符合条件建立党支部的非公企业共35家，已建立党支部20家；在全县49家有党员的“非公”经济组织中，建立党组织的有47家，党组织覆盖率96%；在“非公”经济组织发展党员691人。2003年至2004年，三元中密度纤维板厂、英华学校、银象纸制品有限公司党支部被确定为南宁市非公党建示范点。

党员电教网点　1991年，邕宁县党员电教采用录像电视播放为主要形式。在各电教网点配备有电视机、影碟机和电视柜。1995年后，逐步建立有线和无线党员远程电教点，在县委党校和乡镇党校等为远程电教点，形式多样化。至2004年，全县党员电教已覆盖21个乡镇和全部县直机关及企事业党组织；建有电教网点 190 个，其中四塘镇、南阳镇为自治区级党员电教科技示范乡镇，五塘社区等 60 个社区、村为自治区、南宁市党员电教科技示范村网点，科技示范户 10 个；有中央党校党员干部现代远程教育站点 30 个，村级电教播放点 33 个，农村党员、电教播放中心户 180 个；制作“乡土教材”电教片 20 多部，引进电教片近 1000 部，收看、观看电教片的党员和干部 120 万人次。

领导干部包村制度 2003 年开始，全县共落实 106 个县直单位负责联系 88 个生态文明村，37 个单位负责联系 19 个贫困村。确定县级“五村、两规范”（科教兴村、经济强村、文明建村、民主理村、依法治村；村级工作规范化管理、村干部规范化管理）建设示范点 2 个，确立乡镇级“五村、两规范”建设示范点 21 个。开展机关党建“三优两满意”（优良作风、优质服务、优美环境，群众满意、基层满意）活动。全县 634 名科级以上干部全部落实包村包户，每人写有 1 篇以上调研文章。开展“模范社区”创建活动和社区党建工作。2004 年至 2005 年 3 月，继续推行县、乡镇领导干部挂点联系和部门包村制度，全县确定 26 个重点建设的“五村、两规范”示范点进行建设。抓南阳镇二田村田挺坡、吴圩镇永红村天利坡等 3 个市级示范点和 5 个县级示范点建设。同时，每个乡镇建设 1~2 个“五村、两规范”示范村。县委拨出专款 25 万元作为示范村点创建经费，并明确由县委组织部、基层办牵头，会同县民政局、县农业局、县科技局等有关部门到全县 26 个示范村点具体指导，发挥示范点的示范效应。

推优育苗 2003 年，邕宁县第六中学开展“推优育苗”试点工作，为解决农村党员后备力量薄弱、素质偏低的问题提供一条新路子。取得经验后，在全县各中学有高中班的学校推广，扩大“推优育苗”面。至 2004 年，全县各学校团组织推出对入党积极分子“苗子”991 名进行培养，其中被学校党支部确定为入党积极分子的有 265 名。

农村党员致富示范户培训 2004 年始，县委组织开展农村党员科技示范户和党员致富能手的培训工作，各基层党组织以党校为阵地举办村干部和党员培训班。年内，全县累计举办各类培训班 289 期，培训村干部、党员 2.19 万人次，树立党员科技示范户 43 户、党员科技致富能手 432 名、农村党员“双带”（带头致富、带领群众致富）典型 315 名、党员小康标兵 63 名。

发展党员

1991 年至 2004 年，邕宁县委按照“坚持标准、保证质量、改善结构、慎重发展”的十六字方针做好党员的发展工作。发展党员工作主要在党支部进行，报经上级党委审批。发展党员在机关事业单位中严格按申请人向党组织递交入党申请书，党支部（党小组）对申请人进行培养、教育和考察，召开党支部大会讨论接收申请人入党，预备党员面对党旗举手宣誓，召开支部大会讨论预备党员转正问题等程序进行。有个别农村党支部因上级监督不到位未能严格按规定程序进行，发展新党员质量不高。1991 年全县发展新党员 233 名。1996 年发展新党员 682 名。1991 年至 1996 年共发展党员 2373 名，其中工农业生产一线占 36.83%，少数民族占 75.30%。2000 年发展新党员 826 名。2004 年发展新党员 652 名。1991 年至 2004 年累计发展党员 8160 名。

▲ 1997 年，县沿海经济走廊开发区举办入党积极分子培训班
（邕宁区史志办资料照片）

1991年至2004年邕宁县中共党组织、党员基本情况表

表12-1-4-1

年度	党委（个）	党组（个）	总支（个）	支部（个）	党小组（个）	党员总数（人）	女党员（人）	预备党员（人）	发展党员（人）
1991	34	9	227	1602	1407	18160	2113	473	233
1992	34	9	227	1602	1407	18238	2111	380	246
1993	33	9	230	1622	1411	18382	2163	468	314
1994	32	9	231	1616	1411	18516	2505	517	381
1995	32	9	236	1589	1206	18935	2633	646	517
1996	31	9	235	1562	1270	19464	2596	826	682
1997	29	8	40	893	1481	19789	2764	977	818
1998	28	7	40	882	1336	20326	2881	981	822
1999	32	6	36	907	1122	20874	3069	982	793
2000	37	8	120	1266	980	21466	3266	930	826
2001	36	8	123	1342	559	21723	3354	853	630
2002	34	11	126	1357	526	22169	3505	989	624
2003	33	11	125	1357	533	22530	3637	837	622
2004	37	11	132	1429	456	23392	3852	686	652

干部学习教育培训

1991年至2004年，邕宁县委通过开办联办成人中专班、脱产干部中专班、农村干部中专班、函授大专班、电视大学班和鼓励干部参加各类高等院校学历学习，以党校为主阵地，举办干部理论及业务知识学习培训，选派干部挂职学习锻炼等，对干部进行形式多样的教育。1991年至2004年，全县参加学历学习并取得毕业的干部累计有1058人，其中取得中专毕业学历465人（含农村干部135人），大专以上学历593人；以自治区、南宁市和县级党校为主阵地，全县开办各种类型的干部学习培训班共960期，参训干部7.78万人次。

干部任免

1991年至2004年，县委因工作需要提拔任用干部876人，干部岗位交流658人，选派干部到乡镇机关、县直机关、市直机关挂职锻炼49人；对不称职、搞内耗不团结或不适应在任岗位工作的干部免去职务218人，改任非领导职务41人，办理提前退休干部127人。

知识分子工作

管理制度 1993年至2004年，邕宁县先后制定出台《关于进一步加强我县知识分子工作的若干规定》《邕宁县科学进步奖励暂行办法》《关于调动知识分子积极性的若干规定》《邕宁县拔尖人才选拔管理暂行办法》《邕宁县拔尖人才届满调整暂行办法》《邕宁县拔尖人才管理暂行办法补充规定》等制度，推进知识分子工作制度化、规范化管理。县专家咨询服务团下基层进农户，开展科学技术知识宣传和培训普及工作。

评审拔尖人才 县拔尖人才：1993年始，邕宁县开展评审县级专业技术拔尖人才工作，程序为

单位推荐、专家评审、组织考核、县委审定。专业技术拔尖人才任期 4 年，初次评审后备人选 20 名。1994 年，评选出县首批（届）专业技术拔尖人才 4 人。此后分别于 1997 年、2001 年和 2004 年评选出第二批拔尖人才 9 人、第三批 9 人、第四批 9 人。1993 年至 2005 年 3 月，经过评审评选出邕宁县 4 批（届）拔尖人才共 31 人；成立邕宁县专家咨询服务团，成员共 27 人。市拔尖人才：1991 年至 2004 年，经推荐、专家评审、组织考核、南宁市委审定，邕宁县有 12 名优秀专业技术人员被选为南宁市专业技术拔尖人才，8 人被选为南宁市优秀青年专业技术人才，13 人被选为南宁市农业专家咨询服务团成员。

服务社会 1991 年至 2004 年，邕宁县组织专家咨询服务团开展专业技术人员“文化、科技、卫生”三下乡活动，累计举办各类技术培训班 2.29 万期，参加培训学习的干部、群众 226.30 万人次，发放各种科技资料 74.62 万份，放映科普电教片 1939 场次，观众达 63 万人次，接受科技咨询群众 23.20 万人次，出版科普墙报、板报 1504 期。

老干部工作

1991 年起，中共邕宁县委、县人民政府采取多种措施落实离退休干部政治、生活待遇，发挥老干部作用。1995 年，符合离休条件的干部全部办理离休手续；有 13 个单位拖欠离休干部费共 9.04 万元得到兑现；有 17 个单位对离休干部实行医疗费包干的不良做法得到纠正，按中共中央有关规定对医疗费实行实报实销；县供销社对 10 个基层社共拖欠 10 名干部生活补贴费 2.40 万元问题给予解决。

▲ 2003 年，中国农业银行邕宁县支行员工慰问离退休干部（邕宁区史志办资料照片）

1996 年，全县有离休干部 190 人。其中，享受厅（局）级待遇 1 人，正处级 13 人，副处级（含享受副处级）126 人，科级及以下 50 人；抗日战争时期入伍的 12 人，解放战争时期入伍的 178 人；行政机关 67 人，事业单位 67 人，企业单位 56 人。有 48 名老干部继续为社会作贡献，其中创办经济实体 27 人、搞种养 14 人、办学 1 人、从事其他公益活动 6 人。中共邕宁县委、县人民政府落实自治区有关文件精神，解决多年来企业离休干部与机关离休干部养老金差距问题。全县有老干部活动室 15 间，面积 1230 平方米。邕宁县组织参加南宁市举办的离休干部门球比赛获得第一名。

1998 年，成立邕宁县老干部工作领导小组，由一名县委副书记任组长，县委常委、组织部部长和一名副县长任副组长；全县 68 个有老干部的单位落实分管领导，蒲庙镇、那楼镇、县粮食局、县电业公司、县医药公司等 17 个有老干部较多的单位还成立老干部工作领导小组，加强对老干部工作的领导。

1999 年至 2001 年，邕宁县坚持每逢春节、重阳敬老节等重大节日，县委、县政府、县人大、县政协四家班子领导成员分别登门拜访老干部，关心他们的生活，了解他们的身体健康情况和听取老干部的意见。县委老干部局对因病住院的老干部及时派员到医院探望，坚持每年为 80 岁以上的老干部送生日蛋糕并登门祝寿，按照规定每月组织老干部阅读文件共 698 人次。从县财政拨款解决困难企业离休干部医药费 25 万元，较好地解决困难企业离休干部医药费问题。建立和完善离休干部离休费和医药费保障机制。至2001年，有85个单位参加医疗费统筹，占应参加统筹单位的95%。

2004年，全县有离休干部138人。其中，享受厅（局）级待遇1人，处级和享受处级待遇105人，科级3人；享受厅（局）级单项医疗待遇23人；抗日战争时期入伍的10人，解放战争时期参加工作的128人；行政机关50人，事业单位47人，企业单位41人。是年，邕宁县召开全县老干部工作情况通报会3次，听取情况通报会的老干部1500人次；安排老干部阅读文件260人次；县老干部局协调并帮助26个特困企业解决42名离休干部生活补贴费8万元。同时，组织老干部参观学习、请老干部参加重要会议以及召开座谈会等。发挥老干部的作用，组织参加各种社会活动，有49名离休老干部继续献余热为社会做贡献，其中从事关心下一代工作18人、从事技术服务8人、创办各种经济实体9人、参与扶贫开发4人。

第五节　宣传教育

机　构

中共邕宁县委宣传部（简称县委宣传部）是中共邕宁县委主管全县意识形态工作的综合职能部门。

1991年，县委宣传部机关内设办公室、宣传科、外宣科、邕宁县新闻出版管理办公室4个科室。1996年，县委宣传部机关内设办公室、宣传股、理论股、思想教育股4个股室，机关人员编制23名（含县委新闻出版管理办公室2名和县精神文明建设委员会办公室6名）。

2001年11月后，县委宣传部加挂县精神文明建设委员会办公室牌子（2001年11月前，县精神文明建设委员会办公室设在县委宣传部）。县委宣传部人员编制18名（其中精神文明建设委员会办公室3名），其中部长1名、副部长2名，文明委办领导职数2名。

2004年9月后，县委宣传部机关内设办公室、宣传股、理论股、外宣股4个股室，加挂县精神文明建设委员会办公室牌子，机关人员编制19名（其中县精神文明建设委员会办公室5名），其中部长1名、副部长3名（其中1名兼任县精神文明建设委员会办公室主任）。

县委宣传部办公地址在县城红星路。

1991年至2005年3月县委宣传部历任部长：杨玉宗，黄济法。

理论教育

邕宁县理论教育的形式主要有举办培训班、组织订阅理论刊物、单位组织学习等。

1991年至1994年，组织全县党员干部学习宣传《关于社会主义若干问题讲话》《毛泽东选集》（第二版）、《邓小平文选》，中共十三届七中全会，中共十四届三中、四中全会决定等精神。组织订阅《广西理论学习》等刊物1.23万册。举办2期理论骨干培训班。组织全县6736名党员参加党的知识考试。召开乡镇党校建设经验交流会，指导明阳农场、七坡林场、明阳糖厂、明阳水泥厂、蒲庙糖厂、县氮肥厂和县邮电局建立企业党校。举办2期共有150人参加的副科级以上领导干部理论学习培训班。

1995年至1996年，在全体党员中开展建设有中国特色社会主义理论和党章的学习。利用电视节目开展党的知识竞赛。指导基层党校开展党员教育活动，七坡林场党校和四塘镇党校被评为“1995年度自治区先进基层党校”。开展农村党员“奔小康先锋户”和“两个根本性转变”学习教育活动，以及开展学习邓小平建设有中国特色社会主义理论和党章的活动。

1997年至2011年，召开全县发展非公有制经济理论研讨会。举办“全面贯彻落实党的十五大精神，实现邕宁县改革与发展新突破”征文比赛。组织全县干部职工学习邓小平理论，开展“三讲”（讲学习、讲政治、讲正气）教育活动，学习当代英雄楷模——李向群先进事迹。全县乡镇党委中心组成员撰写的理论文章有8篇发表在《邓小平理论和南宁实践》一书。

2002年至2004年，举办全县300名领导干部学习中共十六大精神研讨班。抓好各级党委中心组的学习，每个中心组成员做到学习有资料、有笔记、有心得体会、有一个以上联系点（单位）。举办为期一周的538名科级领导干部学习贯彻“三个代表”重要思想培训班。全县21个乡镇分别举办为期5天的“三个代表”重要思想学习班。组织由县四家班子领导和县委党校教师组成的宣讲团到基层宣讲40场，听众8000人次；在县城组织6场“三个代表”重要思想报告会，听众6000人次。掀起新一轮解放思想再学习、再教育活动。在全县开展学习郑培民活动。统一印制《邕宁县理论学习笔记本》，作为全县理论学习制度化、规范化的一项新举措。重点学习《宪法修正案》《中国共产党党内监督条例》《中国共产党纪律处分条例》《中共中央关于加强党的执政能力建设的决定》等法规文件和“学习牛玉儒，做党和人民的好干部”等专题，观看廉政电教片。开展“加快发展，壮大县域经济”大讨论。有14篇理论研究文章在市级以上党报发表。

▲2004年，邕宁县青少年第十届读书教育活动动员会在县城召开（邕宁区史志办资料照片）

▲2004年，县电业公司举办学习“三个代表”重要思想骨干培训班（邕宁区史志办资料照片）

社会宣传

重点工作宣传 1991年至1994年，主要开展中国共产党邕宁县代表大会、县人民代表大会的筹备和召开及其目标任务的宣传，以及抗洪救灾、南宁市“创三城”（文明城、卫生城、双拥城）、征兵工作等宣传活动。1995年至1997年，宣传贯彻《中华人民共和国国旗法》，全县征订大小国旗800套；邀请全国、全区英模报告团和“老红军、老革命前辈”演讲团到邕宁县作报告；开展迎香港回归、庆祝中共十五大召开、“文化、科技、卫生”三下乡等宣传。2001年至2004年，宣传中共十五届五中全会和自治区党委七届九次全会精神；宣传纪念中国共产党建党80周年、“三个代表”重要思想、建设生态示范村、反对邪教、首届南宁吴圩西瓜节、“严打”活动；出版发行《风光旖旎新邕宁》纪念邮册；举办“国防在我心中”演讲比赛和宣传等。

读书教育活动 1995年始，组织全县中小学生参加全国第二届至第十届青少年“热爱祖国，做四有新人”读书教育活动，读书教育活动内容有“爱祖国，爱科学”“光辉的五十年”“讲公德、守法纪”“崇尚科学，传播文明”“走向世界的中国”“奋发有为建小康”等；发行《中华美德贤文》1.60万册，开展“三德”（社会公德、职业道德、家庭伦理道德）教育活动；举办庆祝中华人民共和国成立47周年暨纪念中国工农红军长征胜利60周年“工行杯”大型歌咏比赛；发动全县中、小学生参加自治区“做人与做事”征文和演讲比赛等活动。1995年，城关第二小学教师陆增瑜和城关第一小学学生莫成千出席北京表彰会；1997年，邕宁高中黄冬和明阳联办学校黄济华出席北京表彰会；1999年县委宣传部何光民和邕宁高中学生梁宣、中和乡中心小学学生玉婷婷出席北京表彰会。1995年至2004年，全县参加读书教育活动的中小学生87万人次。

版报宣传 邕宁县各机关、企事业单位和乡镇政府所在地都建有宣传栏，每逢有较重大事件、先进典型事迹和节庆日等都组织开展板报宣传，并组织举办多次板报宣传栏目设计评比颁奖活动。1999年至2004年，全县累计出版板报2.10万期共2.50万个专版；其中县城宣传长廊出版70期共120个长版。

爱国主义教育 1991年起，组织党员、干部职工和学生到革命烈士墓、革命烈士纪念碑、纪念馆、昆仑关抗日战场遗址等爱国主义教育基地和国防教育基地参观和瞻仰革命先烈，并通过组织开办中小学国防教育课、“少年军校”班、国防教育室和放映爱国主义影片录像以及开展“民族精神永放光芒”演讲比赛活动等形式，开展爱国主义教育和国防教育。1991年至2004年，全县参加和接受爱国主义教育的中小学生10万人次，接受国防教育3万人次，中小学生参加军训1.50万人次，参加爱国主义演讲活动800人次。

▲1994年12月16日，邕宁县在昆仑关隆重举行昆仑关战役胜利55周年纪念活动。自治区政协副主席韦瑞霖和南宁市、邕宁县、武鸣县、宾阳县有关领导以及各届人士、青少年学生共1600多人参加纪念活动。图为活动现场　　（邕宁区委宣传部供稿）

专题宣传 1992年至1994年，邕宁县与广西人民广播电台联合举办“今日邕宁”征文活动，广西人民广播电台每年使用邕宁县稿件约150篇；县委宣传部和县委组织部牵头拍摄的专题片《领头雁》被南宁市电视台采用。县委宣传部为邕宁县委、县人民政府在北京召开的经济技术洽谈会和企业经济宣传提供图片1000余张，完成大沙田经济技术开发区《投资指南》一书的图片拍摄工作；组织邕宁专版稿件在香港《大公报》和《文汇报》上刊登，以配合广西首届国际民歌节和广西1993年香港招商活动；参与完成《邕宁县投资指南》一书的采编工作，出版《邕宁县投资指南》；完成《中国北部湾——广西经济》《中国著名乡镇文化通》两书中邕宁部分的采编工作；完成《农民日报》邕宁专版、《沿海画报》邕宁报道图片文字的采编工作；邀请人民日报社、工人日报社、中国青年报社、新华社广西分社等上级新闻单位到邕宁县采访报道；在《人民日报》和中央电台开辟一个版面和专栏（1994年）宣传邕宁县改革开放以来所取得的成就。1995年，《邕宁报》由旬刊改为周刊，全年出版47期，发行近20万份。1995年至1996年，协助广西电视台拍摄《今日邕宁行》电视专题片；做好沿海经济走廊开发区玉洞商贸城宣传工作，协助新华社广西分社编写《广西城市手册》（南宁）卷，在自治区和南宁市新闻媒体宣传邕宁县“八五”成就。1998年至1999年，完成《邕宁县四十周年建设成就》专刊，以及《邕宁风光》明信片和报告文学集《昆仑关风采》一书的图片征集编辑出版工作。2002年至2004年，开展村级“三个代表”重要思想学习教育活动，春耕生产、第二届西瓜节等宣传活动；宣传全县抗击“非典”事迹，宣传城市建设管理“一城两岸三区四线”（一座大学城、邕江蒲庙段两岸、三个开发区、四条二级公路干线沿线建设）成就，宣传农村税费改革，宣传黄金多英勇事迹，宣传解放思想再讨论活动，开展“三个代表”重要思想学习宣传教育活动等；在《南宁晚报》开辟邕宁专版，共办48期；重点宣传邕宁县首届“十个十佳”

事迹，先进典型李开安（邕宁县优秀共产党员、优秀基层领导干部、见义勇为，南宁市优秀共产党员）、李冬兰（创办“邕宁县良勇特种养殖场”驯养野猪形成特色养殖业，是自治区“农村优秀人才”“优秀共产党员”、南宁市劳动模范、市“十大杰出青年”和全国“三八”红旗手）、庞惠广（中共中央组织部、中共中央宣传部、中央文明办、人事部授予第六届“人民满意的公务员”）事迹，邕宁县获“2003年度广西经济发展十佳县”事迹，邕宁县乡村公路、农田水利、生态文明村“三大会战”成就等。

邕宁县新闻报道材料主要由县委宣传部专职通讯员和业余通讯员采写并报道。1991年至2004年，全县采写的邕宁新闻稿被《人民日报》《工人日报》等中央级新闻媒体采用稿累计380篇，《广西日报》等新闻媒体采用稿233稿，南宁市及以上新闻媒体采用稿1672篇，《邕宁报》（1993年2月28日复刊）和《邕宁广播电视台》采用稿3万多篇。

第六节　统一战线

机　构

中共邕宁县委统一战线工作部（简称县委统战部）是县委主管统一战线工作的职能部门。

1991年，县委统战部机关内设办公室（行政秘书科）、县委对台湾工作办公室（1997年更名县委台湾工作办公室，挂县人民政府台湾事务办公室牌子）等机构，在县委统战部加挂县民族事务委员会牌子。县委统战部人员编制11名（含民族事务委员会），其中部长1名、副部长2名。

1997年，县委统战部机关内设机构有秘书股和党派、宗教、工商经济股2个股，在县委统战部加挂县民族事务委员会（2011年更名为县民族事务局）牌子。县委台湾工作办公室（挂县人民政府台湾事务办公室牌子）、县少数民族语言文字工作委员会设在县委统战部。县委统战部人员编制13名，其中部长1名、副部长2名。

2001年，县委统战部机关内设机构有秘书股等，在县委统战部加挂县委台湾工作办公室、县民族事务局牌子。

2004年，县委统战部机关内设机构有办公室1个，在县委统战部加挂县委台湾工作办公室（县人民政府台湾事务办公室）、县人民政府宗教事务局牌子。县委统战部人员编制8名［含县委台湾工作办公室（县人民政府台湾事务办公室）、县人民政府宗教事务局］，其中部长1名、副部长2名。县委台湾工作办公室主任（县人民政府台湾事务办公室主任）、县人民政府宗教事务局局长分别由县委统战部分管副部长兼任。

县委统战部办公地址在县城红星路。

1991年至2005年3月县委统战部历任部长：陆培升，邓锋，赵鸿飞，磨瑛津（女）。

民主党派无党派人士参政议政

1993年12月，邕宁县各民主党派和无党派人士，当选为邕宁县第十一届人大代表和县政协第五届委员会委员76名，当选为县人大常委会副主任1名、副县长1名、县政协副主席3名。

1998年，民主党派人士7名、无党派人士79名当选邕宁县第十二届人大代表和县政协第六届委员会委员。县十二届人大一次会议选举无党派人士为县人大常委会副主任1名。县政协六届一次会议选举民主党派、无党派人士为县第六届委员会副主席3名。

2002年，有8名民主党派人士、92名无党派人士担任县级人大代表和政协委员，民主党派人士有1名当选县第十三届人大常委会副主任、1名当选副县长，民主党派、无党派人士当选县政协第七届委员会副主席 2 名；在财政局、司法局等县直单位担任副科级以上领导职务 10 人；担任乡镇人大副主席或副乡镇长 18 人。

培养党外干部

1991 年，全县有党外干部约 6500 名。县委进一步加强对党外人士培养工作，通过开办民主党派、无党派人士学习培训和考核提拔任用等方式，提高党外干部整体素质，发挥其参政议政作用。2004 年，全县有党外干部 7200 名，占全县干部总数 61.70%。是年，制订《县委统战部与党外代表人物重点联系工作制度》等相关工作制度。2003 年 11 月至 2004 年，按照“政治坚定、业务精通、现实表现好、具有代表性”的标准，从全县党外干部中择优推出 62 名为新一代党外代表人物，并建立新一代党外代表人才库。1991 年至 2004 年，全县开办形式多样的党外干部学习培训班，参加学习 250 人次；选派到南宁市级以上的党外干部学习培训班学习 30 多人次。

联　谊

1991 年至 2004 年，邕宁县共接待台湾同胞、香港和澳门同胞、海外侨胞 2400 人次，其中县领导接待 250 人次。编印《邕宁籍在外地工作人士通讯录》（1996 年），收录近 5000 人。

每年元旦和春节期间，邕宁县都向在外地工作的邕宁籍知名人士寄送贺年信、贺年卡 500 封（件）左右。1991 年至 2004 年，通过联谊活动推介邕宁，引进一批项目和资金，促进邕宁社会经济快速发展。其中，2002 年，引进自治区“光彩事业”基金会 15 万元建百济乡南华村完小教学大楼；南宁国际民歌艺术节期间，邀请加拿大及澳门的朋友到良庆镇考察，引进资金 7 万元建设人畜饮水工程，解决良庆镇新团村新华坡 700 人的饮水难问题。2004 年 5 月，广西海外联谊会名誉会长李玉玲捐赠 4 台 DVD 播放机，分别送给良庆镇、南阳镇、大塘镇、刘圩镇中小学校；11 月，自治区党委统战部“光彩事业”捐赠助学资金 20 万元，帮助大塘镇那梨村屯黎小学解决建教学楼资金不足问题。引介南宁市永新区、兴宁区、江南区各界人士到南阳中学、百济中学、新江中学、中和中学、良庆中学、刘圩中学、蒲庙中学、邕宁第三高级中学和邕宁高中开展捐资助学活动，资助 40 名贫困学生，捐赠课桌等教学设施折款 20 万元。

海外统战

1991 年，县委统战部向港、澳、台同胞发出家乡兴建邕宁邕江大桥、南线二级公路募捐信 1700 封，筹集捐款 10 万元；支持和引导台胞回邕宁县投资办企业和种养 7 人，投资 200 万元。1993 年，推荐台胞林东泉、陈秀助和港胞林鸿信为政协县第五届委员会委员。台资企业回邕宁县投资办企业 5 家。1998 年，香港同胞梁素华捐资 20 万元兴建邕宁县第六所希望小学（那陈镇文林村）。1999 年，香港周凯旋基金会捐资 10 万元兴建“泰安明天小学”。澳门宣道堂中国爱心工程基金会主席蓝钦文和牧师蓝中港率领部分成员到那陈镇考察，决定从 1999 年起，每年为该镇 240 名贫困学生资助 5 万元。至 2004 年，基金会资助贫困生累计 30 万元。2002 年，县政协增设“港澳”界别，吸纳 8 名香港人士为政协邕宁县第七届委员会委员。次年增加至 12 名。

1991 年至 2004 年，县委、县人民政府每年召开台胞、侨胞和港澳同胞（简称“三胞”）亲属代表座谈会，向“三胞”亲属代表通报全县经济社会发展情况和海外统战工作情况，宣传党的“一国两制”和平统一祖国方针。向旅居港、澳、台同胞和海外华侨及社团代表人士寄发贺年信、贺年卡，组织“三胞”亲属开展写家书为振兴邕宁作贡献等活动。期间，邕宁县赴台人员 420 人；赴台人员回邕宁县定居 10

人；台胞回邕宁探亲旅游2000人次；海外侨胞捐资累计100多万元，投资办企业15家。2004年，邕宁县寓居香港、澳门同胞有173户1720人。

经济领域统战

1991年至2004年，邕宁县举办非公经济人士短期学习班、政策学习座谈会45期，参加学习2500人次。推荐175人参加中央党校、广西社会主义学院举办的非公经济代表人士培训班学习。开展“爱国、敬业、守法”教育活动17次。期间，有3名非公经济人士获自治区劳动模范称号，7人被评为自治区工商系统先进个人，17人被评为南宁市工商系统先进个人，35人次被评为南宁市优秀个体户，2家企业分别被评为“南宁市二十强私营企业”和“南宁市明星私营企业”。

1992年起至2001年，县内非公有制经济代表人士当选为自治区人大代表2人次；当选为南宁市人大代表5人次，担任市政协委员1人次；当选为县人大代表2人次，担任县政协委员26人次；担任市工商联执行委员会委员2人；担任县工商联执行委员会委员18人；担任自治区光彩事业促进会理事4人；担任市私营企业家协会会员3人；被县政府聘为民主评议行风评论员3人。

2002年至2004年，县内非公有制经济代表人士担任自治区政协委员1人，1人增补为南宁市政协委员；当选为县十三届人大代表3人，其中2人为人大常委；担任县政协第七届委员会委员17人，其中5人是政协常委。其间，县非公经济代表人士担任各级人大代表、政协委员就全县的政治、经济、文教卫生、城建等方面的工作，累计提出意见和建议120条（份）。

光彩事业

1994年始，按照中共中央统战部《关于大力推广光彩事业的意见》精神，县委统战部、县工商联开展“致富思源、富而思进”和“献出一条计策、引介一个项目、帮扶一个村屯”活动，发动非公有制经济人士参与捐资助学、扶贫救灾和“再就业工程”等活动。至2004年，全县非公有制经济企业累计安置县内企业下岗职工4000人次，招收农民工1.50万人次；非公有制经济人士捐资办学及其他公益事业共700万元。

民族事务

1991年至1996年，邕宁县投入少数民族经费57.19万元。其中1993年得到上级少数民族补助费10万元，投入大塘镇发展甘蔗种植3万元，南阳镇花茶厂2万元，吴圩镇人饮工程4万元，蒲庙镇孟莲小学1万元。

1994年10月，邕宁县壮族农民种养致富能手黄肖宗出席国务院第二次民族团结进步表彰大会。

1999年，获得自治区、南宁市少数民族发展资金和少数民族补助费共55万元，用于部分村、坡的学校危房改造、人畜饮水工程、通电工程、道路建设等10项工程；2000年，获自治区、南宁市少数民族发展资金和少数民族补助费共28万元，用于镇龙乡初级中学教学楼危房改造工程、南晓镇平朗村团陵坡人饮工程、长塘镇那曾村乡村公路建设工程、那陈镇西宁村完小校舍危房改造工程、伶俐镇沱江村小学危房改造工程、那陈镇濑汖村那花坡人饮工程。1997年至2000年，邕宁县获得上级少数民族发展资金和少数民族补助费共94万元。

2001年，邕宁县获自治区、南宁市少数民族发展资金和少数民族补助费共28万元，用于中和乡坛西村完小学校危房改造工程、蒲庙镇和合村上洲坡人饮工程、百济乡八联村那例小学校舍危房重建工程、中和乡方村那排坡人饮工程、吴圩镇光明村录村坡小学学校危房改造工程、中和乡贵德村道路建设工程。是年，全县落实人饮工程项目 103 个，共投入资金 205 万元，解决少数民族群众 2.34 万户 10.62 万人、牲畜 8.73 万头的饮水困难。2002 年，全县获自治区、南宁市少数民族发展资金和少数民族补助费共 41 万元，用于伶俐镇石塘村道路建设工程、长塘镇枫木村枫木坡人饮工程、吴圩镇平洞村平花坡一队人饮工程、中和乡平天村派料坡道路建设工程、中和乡平天村完小学校危房改造工程、刘圩镇坛两坡道路建设工程，南阳镇普木水库维修工程。2003 年，全县获自治区、南宁市少数民族发展资金和少数民族补助费共 21 万元，用于县民族中学建学生宿舍楼工程、长塘镇天堂村人饮工程、长塘镇定西村楞仲小学危房改造工程、那陈镇五龙村歌章坡人饮工程。2004 年，全县获自治区、南宁市少数民族发展资金和少数民族补助费共 21 万元，用于长塘镇民族实验小学建学生宿舍楼、中和乡平天村派料坡人饮工程、刘圩民族职业中学学生宿舍楼维修、刘圩镇村级公路建设。2001 年至 2004 年，全县获得上级少数民族发展资金和少数民族补助费共 111 万元。

社会各界关心支持邕宁民族事业的发展。1995 年至 1997 年，广州市宗教界共为邕宁县新江乡民族团结小学捐资 45 万元用于学校建设，并赠送电脑和彩电各 1 台，价值 1 万元。2001 年 10 月 22 日，广州市支持民族教育事业联合会释新成法师一行 10 人到邕宁县新江乡民族团结小学，捐资 2 万元作为该校特困学生生活补助及学习费用。2003 年，广州市民族宗教局民族教育联合会援助资金 8 万元，资助蒲庙镇永乐小学新建教学楼。

宗教事务

1995 年起，邕宁县对宗教活动场所进行登记。是年，全县有宗教活动场所 3 个，即：那陈乡六眼基督教活动点、苏圩镇基督教活动点、蒲庙镇基督教活动点。1996 年，加强对宗教事务的管理，会同南宁市宗教事务局组成工作组，深入到有关乡镇对基督教信徒尚无固定活动场所而擅自集中聚会进行宗教活动的问题实行调查，并按照自治区人民政府 1994 年 3 月 12 日颁布实施的《广西壮族自治区宗教事务行政管理暂行规定》妥善处理。1997 年，对全县 3 个宗教活动场所实行年检，规范管理；对那陈镇六眼基督教活动点等出现的给未满 18 周岁的青少年洗礼入教等问题及时进行教育制止；加强宣传教育，组织对各乡镇出现的乱建庙宇、露天佛像和土地庙等现象进行劝说和制止。2004 年，全县经有关部门登记的宗教活动场所有蒲庙基督教堂、苏圩基督教堂、那陈基督教聚会点、南晓基督教聚会点，共有教职员 5 人、信徒 200 多人；县内有佛教信徒，但没有形成合法的佛教组织。邕宁县加强对宗教政策的宣传和宗教活动场所的管理。

第七节　纪检监察

机　构

1991 年，中共邕宁县纪律检查委员会（简称县纪委）机关独立设置。1993 年 6 月，县纪委与县监察局（1987 年 11 月成立）合署办公，实行一个机构两块牌子（简称县纪检监察机关），履行党的纪律检查和政府监察两种职能，对县委全面负责。县监察局属政府序列，接受县人民政府的领导，向县人民政府负责。县纪检监察机关内设办公室、研究教育室、纪检监察一室、纪检监察二室、党风廉政建设工作室、执法监察综合室、案件审理室、信访室 8 个室，在职在编干部职工 30 人。

1997 年，县纪检监察机关内设办公室、执法监察综合室（挂县人民政府纠正不正之风办公室牌子）、研究教育室、党风廉政建设工作室（挂县反腐败工作领导小组办公室牌子）、纪检监察一室、纪检监察二室、案件审理室、信访室，机关人员编制 36 名。

2001 年，县纪检监察机关内设办公室、研究教育室、纪检监察一室、纪检监察二室、党风廉政建设工作室、执法监察综合室、案件审理室、信访室，在职在编干部职工 26 人。

2004 年，县纪检监察机关内设执法监察综合室（挂人民政府纠正不正之风领导小组办公室牌子）、研究教育室、党风廉政建设工作室、纪检监察一室、纪检监察二室、案件审理室、信访室（举报中心），人员编制 26 名。其中，委局领导 5 名，室领导 8 名，机关后勤事业编制 3 名。

县纪检监察机关办公地址在县城红星路。

1991 年至 2005 年 3 月中共邕宁县纪律检查委员会历届书记任职情况表

表 12-1-7-1

职　务	姓　名	性别	民族	籍　贯	任职起止年月
书　记	何济麟	男	壮族	邕宁中和	1991-01—1991-05
	胡杰民	男	汉族	广西柳州	1991-09—1993-09
	卢学智	男	壮族	邕宁那陈	1993-09—1998-10
	邓启国	男	汉族	南宁市	1998-10—2000-12
	陆彦明	男	壮族	广西武鸣	2000-12—2005-03

1991 年至 2005 年 3 月县监察局历任局长：潘运理，李镇宙，黄志春。

党风党纪教育

1991 年至 1993 年，在全县党员干部中开展严禁违规违纪建私房教育和抓党风廉政建设促经济发展等教育，受教育 1.20 万人次。1994 年至 1999 年，重点开展严禁党员干部参与赌博教育；发扬艰苦奋斗，制止奢侈浪费教育；反腐倡廉教育等，累计受教育党员干部 6 万人次。2000 年起，建立健全党风廉政建设责任制，制订《关于贯彻执行〈中共中央、国务院关于实行党风廉政建设责任制的规定〉的实施办法》和《邕宁县党风廉政建设责任制量化考核管理细则》，县委与基层单位签订责任状。全县 29 个基层党委制订相应的《实施办法》和《量化考核管理细则》。每年年底，在全县 105 个单位中对部分单位进行考核。2003 年至 2004 年，实行领导找干部个人廉政谈话 1300 多人次；举办廉政和“整纪刹风、遵纪守法”主题报告会 75 场，参加 5000 人次；各级领导干部撰写学习心得体会文章 1500 篇；制作“四大纪律、八项要求”牌匾并张挂 314 块。2004 年起，每月定期向全县副科级以上领导干部发送“从政警言”手机短信，至 2005 年 3 月共发送“从政警言”短信 1 万条。

▲ 2004 年，邕宁县举办党规党纪知识竞赛

（邕宁区史志办资料照片）

1991 年至 2004 年，邕宁县有计划地组织党员干部学习《中国共产党章程》《中国共产党纪律处分

条例（试行）》《党纪》《监察之声》《新时代风纪》等，组织观看“警示教育”电视录像片和开展形式多样的党风廉政建设教育活动，不断增强广大党员干部党风党纪和廉政勤政意识。全县征订《党纪》5.60万份，征订《监察之声》4万份；举办各类党风廉政教育培训班和法制讲座89期，参训1.20万人次；放映电教片1300场次，观众5万人次；组织副科级以上干部参加“我对廉政知多少”等测试1326人次。

领导干部廉政与效能建设

自查自纠 1991年始，县纪检监察机关加强对全县领导干部进行廉洁自律教育，要求重点单位每年坚持召开领导干部廉洁自律为主要内容的专题民主生活会，对存在的问题进行自查自纠。同时，加强监督管理，刹住歪风，清理各种违章行为，增强领导干部廉洁自律的自觉性。1991年至2004年，全县有187个行政、企事业单位125人次进行自查自纠；有1609名副科级以上干部按规定申报住房情况，对其中3名干部多占住房进行处理；清理超标准小汽车5辆；制止奢侈浪费和用公款“吃喝玩乐”，节支招待费800万元；按规定缓建办公楼5栋，取消办公楼豪华装修2栋；取消庆典活动2次，减少大型会议10多次，节约经费1200万元。

清理通信工具 1991年起，县内各级党政机关和企事业单位用公款购置手机、BP机等通信工具配备给领导个人。1998年，按有关规章要求开始刹住用公款给领导个人购置通信工具，并按“总量控制，话费包干”规定进行全面清理，1999年结束。2年间，全县领导干部通信工具共清理出公费购买配备的手机448部，退回单位3部，保留46部，作价处理给个人399部，收回折价款24.80万元；清理住宅电话1081部，退回原装机单位3部，收回作办公用48部，作价处理给个人1030部，收回折价款43.10万元；清理BP机1228部，退回赠送单位17部，上交单位14部，作价处理给个人1197部，收回折价款8.30万元。

清理公款招待赊欠 1991年，全县经审批公款接待的单位87个，实行接待费由单位列支的72个。邕宁县制定有接待制度，坚持节约开支和不得拖欠原则。1991年至2004年，全县清查出机关单位公款赊欠餐费260万元，至2005年3月全部兑现欠款。

行政效能建设 1998年6月，县政府印发《邕宁县一九九八年民主评议行风实施意见》文件，决定在县工商、地税、国税部门进行民主评议行风工作，对被评议单位的纠风工作和行业风气进行公开评议。2001年5月10日，成立邕宁县行政效能监察领导小组。2002年4月，县政府印发《关于在全县推行行政效能监察工作的通知》，召开推行行政效能监察动员大会，要求县级各行政单位要结合本单位实际，及时组织实施行政效能监察工作。至2002年底，有县人民政府办公室等32个行政部门推行行政效能监察工作，建立首问责任制等8项效能监察制度，设置政务公示栏、工作人员去向牌、办事流程图等，促进机关工作作风的转变。2003年至2004年，邕宁县结合民主评议和政务公开，着力开展行政效能工作，转变机关工作作风，不断提高办事效率和服务质量。

查处违法违纪案件

1991年至1996年，县纪检监察机关收到群众来信来访和电话举报累计1836件（次），其中涉及科级以上干部879件（次），初查核实案件线索162件，办结158件。立案查处违纪案件57件，其中，经济案件32件，给予党纪处分61人，给予政纪处分75人，为国家和集体挽回经济损失160万元。

1997年至1998年，全县受理群众来信来访和电话举报755件（次），涉及乡科级以上干部198件，一般干部203件；涉及党员214件，涉及监察对象403件。全县共立案调查60件，其中乡镇办案13件。经审理结案处分28人，其中乡（科）级以上领导干部10人。给予党纪处分23人（其中开除党籍5人、留党察看处分8人、严重警告8人、警告处分2人），给予政纪处分24人（其中开除公职6人、撤职

2人、降级8人、其他处分8人），为5名受到失实举报影响的干部澄清事实。通过查办案件，为国家和集体挽回经济损失168.46万元，追缴违纪金额20万元。

1999年至2002年，全县收到群众来信来访和电话举报1243件（次），受理904件。其中，涉及党员304件，涉及监察对象314件；涉及县处级干部8件，乡科级干部174件，一般干部139件；按信访渠道办结867件，办结率96.95%。开展案件调查213件，立案116件。审理结案给予党纪政纪处分119人，开除党籍处分43人、留党察看25人、严重警告13人、警告9人；行政开除8人、降级11人、记大过12人、记过8人。通过查办案件，为国家和集体挽回经济损失995.90万元，追缴违纪金额267.10万元。

2003年至2004年，重点查处“三机关一部门”（党政领导机关、行政执法机关、司法机关和经济管理部门）和乡（科）级领导干部违纪违法案件。收到群众来信420件，按信访程序受理281件，处理办结274件。累计立案查处案件96件，办结78件；给予党纪处分60人、政纪处分24人。通过案件查处，追缴违纪金额27.69万元，为国家和集体挽回经济损失406.20万元。

1991年至2004年，邕宁县对党政机关、企事业单位在职干部职工，因违纪、违法、被依法判处刑期的，经审批给予行政开除处分。全县公职人员因违纪、违法，经审批给予行政开除处分共88人，其中女性16人。

纠正部门和行业不正之风

治理公路“三乱” 1991年起，邕宁县注重治理公路乱设卡、乱收费、乱罚款（简称公路“三乱”）现象。1996年，全县撤销不合理公路检查站5个，查处公路“三乱”人员3人。2001年6月，邕宁县通过自治区、南宁市检查验收，实现公路无“三乱”目标。2002年至2004年，治理公路“三乱”工作得到巩固和加强。

治理加重农民负担 1991年至1998年，全县立案查处加重农民负担涉案金额13.34万元，取消擅自出台向农民和企业乱收费项目101项，减轻农民负担100万元。2003年，通过取消农村“三提五统”（“三提”指公积金、公益金、村级管理费；“五统”指用于乡村两级九年制义务教育、计划生育、优抚、民兵训练和村级道路建设的民办公助事业的费用）、屠宰税等收费项目，减轻农民负担3161万元。1999年至2004年，清理查处涉农负担和乱收费项目，共查处涉农负担案件6起，清退资金3万元；清理不合理规定项目6项，减轻农民负担4157.05万元；清欠农民工工资1238万元，清理拖欠工程款530万元。落实农民负担“四项制度”（涉农税收价格收费“公示制”、贫困地区农村义务教育收费“一费制”、农村订阅报刊费用“限额制”、违反减轻农民负担政策“责任追究制”），全县统一制订收费公示牌358块，21个乡镇全部实行涉农收费“公示制”。开展农民负担专项治理，先后5次对农民建房、农业生产性不合理收费和搭车收费等13个方面内容进行抽查。农村税费改革后，全县农民负担人均54.67元，比税改前下降65.17%。

治理学校乱收费 1991年至1996年，全县查出中小学乱收费金额152万元。1997年至1998年，查出中小学乱收费金额5.20万元。1999年至2001年，查出并清退中小学乱收费113.44万元。2002年至2004年，对中小学进行专项检查，查处义务教育阶段学校乱收费问题5个，查出并清退各项乱收费金额46.84万元。

纠正医药购销不正之风 1991年至2004年，对县内医药购销进行专项检查50多次，纠正违法经营药品36起，清理制售假药器械摊点26个，没收非法药品器械一批价值1.50万元。

行风评议 1998年始，县纪检监察机关在国税、地税和工商系统开展民主评议行风活动，消除群众反映较为强烈的“门难进、脸难看、话难听、事难办”的现象。1999年至2001年，在县卫生、电信、邮政、教育、公安等部门和行业开展民主评议行风工作，召开座谈会87次，发放调查问卷1433份。

2002年至2004年，在教育、公安、土地、建设、卫生、电力等系统的基层站所（院）深入开展行风评议工作。

清理预算外资金 1996年，邕宁县开始对单位预算外资金进行全面清理，清理预算外资金3600万元。1997年至1998年，清理单位预算外资金违纪金额368.99万元，查出违规支出42.90万元。落实司法机关和工商部门不再从事经济活动的规定和实行“收支两条线”管理。1999年至2004年，全县党政机关事业单位全面实行“收支两条线”管理，所有预算外收入全部纳入县财政统管。

执法监察

1991年起，县纪检监察机关依照有关法律法规和规章，重点开展对各种违法违规违章行为进行监察、检查和处理。1991年至2004年，在县粮食局、县土地局、县电业公司、县沿海经济走廊开发区等4个单位设立监察室，派驻监察干部履行监察职能。县纪检监察机关配合政府有关部门联合开展执法监察和检查，清理涉农负担文件，停止执行3个涉农文件共25项收费；发现和解决糖厂榨季坑蔗农问题41个；对全县行政机关和事业单位1404个银行账户进行清理，撤销不符合规定的账户51个；监督招投标及开工建设项目101个，及时发现并纠正违规行为4起，取消中标资格1起；责成20个建筑报建、报监工作不到位的单位补办报建、报监手续；检查整顿规范土地市场秩序，查出闲置土地404宗，按规定收取土地闲置费64.05万元，撤销越权审批用地批文54份，责令补充完善审批手续339宗；规范各项收费，清理职能部门不符合或不完全符合许可法规定的收费97项；查处部门违规收费和私设“小金库”行为4起，涉及违纪金额58万元，追缴违纪金额21万元；对22个政府为民办实事重大项目和56个农村“三大会战”项目全程跟踪督查，确保项目建设既按时按质完成又不出事。

政府采购监督 1999年5月邕宁县实施政府采购制度后，加强对政府采购工作进行监督。2001年对全县行政事业单位1404个银行账户进行清理整顿，撤并不符合规定账户51个。对县建筑工程招投标活动进行专项监察，监察招投标工程73个，标的金额1577.60万元，未发现有违法违纪问题。2002年，监督招投标的建设工程项目47个，涉及标的金额1.05亿元，受理投标单位的投诉3起，及时纠正活动中的违规行为。加强县内有形建筑市场治理整顿工作，下文督促20个有关单位按规定补办建设工程的报建、报监等手续。2003年，全县按有关办法先后进行8期共14宗国有土地使用权挂牌出让，面积127.31公顷，实现出让面积125.60公顷，成交1.87亿元。对全县21个乡镇和3个开发区的土地市场秩序进行检查和整顿。查出闲置土地404宗，按规定收取土地闲置费64.05万元；下文撤销越权审批用地批文54份，责令补充完善审批手续339宗。派员参加开标工程监督59项，涉及标的金额1.84亿万元，纠正违规操作1件。坚持实行政府采购制度。县政府采购中心办理冬修水利、生态沼气池建设所用水泥、会议接待、办公用品、设备采购、公务用车维修等事项共1492宗（次），采购总金额2303.50万元，比预算金额节约166.90万元。2004年，监督政府采购1912宗（次），采购总金额2295.24万元，比预算金额节约217.13万元，节约率8.96%。

收益行为监督 1991年起，开展对减轻农民负担的监察。1993年，清理涉农负担文件3个，停止执行涉农收费项目25项，平均每个农民减轻负担45.70元。1993年至1996年，对党政机关经办经济实体的兼职从业人员进行调查，查出35个党政机关共办有46个经济实体（公司），有兼职从业人员73人，根据中央和自治区有关文件精神，对党政机关经办经济实体及兼职从业人员依法办理脱钩手续。1999年至2001年，重点抓中小学收费、减轻农民负担、医药购销等方面的监察，取消不合理收费项目3项，清退中小学乱收费113.44万元，纠正违法违规经营药品行为23起，减轻农民负担413.60万元。2004年，深入推进行政审批制度改革，规范各项收费行为。清理和精简行政审批事项297件，其中符合许可法规定的200项，不符合或不完全符合许可法规定97项。规范行政主管部门的收费行为，落实“收支两条线”管理规定。查处违规收费行为及私设“小金库”行为4起，涉及违纪金额 58 万元，追缴违纪金额 21 万元。开展建筑工程开标监督 54 项，涉及标的金额 5.58 亿元，受理招投标投诉 6 件，取消企业中标资格 1 件，纠正违规操作 1 件。年内对列入县重点建设工程和为民办实事的 22 个项目以及农村“三大会战”56 个项目开展全程跟踪督查，未发现违规问题。

行政效能监察

2001 年 4 月，成立邕宁县行政效能监察领导小组；8 月，成立县行政效能监察投诉中心，公开投诉电话，受理群众监督投诉。县纪检监察机关在县公安局、教育局等 9 个行政部门开展行政效能监察试点工作，2002 年在县人民政府 32 个行政部门全面推行，并推行民主评议行风和政务公开。2004 年，实行行政效能监察部门 68 个。2001 年至 2004 年，县纪检监察机关抽出 18 名干部为监察员，与县政府聘请的 30 名特邀监察员共开展明察暗访 210 次，向各单位提出整改建议和意见 441 条；印发《效能监察工作简报》16 期 2500 份，发放《征求意见卡》《问卷调查表》1 万多份，召开征求意见座谈会 43 场次，征集到建议和意见 600 条；制定和建立效能监察基本制度 8 项；受理群众投诉 623 件，办结 610 件；处理违规人员 4 人，通报批评违规单位 11 个；参加效能监察的 68 个部门，行风评议满意率 98%。

第八节　政法工作

机　构

中共邕宁县委政法委员会　中共邕宁县委政法委员会（简称县委政法委）是中共邕宁县委领导全县政法工作的职能部门。成立于 1981 年 5 月。1991 年，县委政法委机关内设办公室、政工科、综治办等，在职干部职工 10 人。1997 年，县委政法委机关内设办公室、社会治安综合治理委员会办公室，机关人员编制 7 名。2001 年，在县委政法委加挂县社会治安综合治理委员会办公室牌子。2004 年，县社会治安综合治理委员会办公室与县委政法委合署办公；县委政法委（县社会治安综合治理委员会办公室）机关内设办公室和执法监督室。机关人员编制 12 名，其中县委政法委书记 1 名、副书记 3 名（其中 1 名副书记兼任县社会治安综合治理委员会办公室主任）。县委政法委（县社会治安综合治理委员会办公室）办公地址在县城红星路。

1991 年至 2005 年 3 月县委政法委历任书记：淡北，陆荣发，林暄辉，王标文，郑国健，李王玉。

邕宁县社会治安综合治理委员会　县社会治安综合治理委员会成立于 1991 年。县社会治安综合治理委员会主任由县长担任，中共邕宁县委、县政府、县人大、县政协分管领导担任副主任，成员由组织、纪监、宣传、公安、检察、法院、司法、民政、共青团、妇联、财政、工商等 33 个职能部门主要领导组成，下设办公室，与县政法委合署办公（2001 年改为在县委政法委挂牌，2004 年又改为与县委政法委合署办公）。1991 年，各乡镇相应成立社会治安综合治理委员会，由乡镇长或党委书记担任主任，分管政法的乡镇领导担任副主任，成员由乡镇党委组织委员、宣传委员、纪检委员和党政办公室、公安派出所、工商所、民政办等机构人员组成。行政村也相应成立社会治安综合治理领导小组。此外，县内企事业单位成立有社会治安综合治理领导小组 126 个。

专项严打

1991 年至 1996 年，以破大案、捣团伙、追逃犯、打流窜、扫黄打非、禁毒作为主攻方向，把盗窃、抢劫、杀人、强奸、诈骗、拐卖妇女儿童、车匪路霸和带黑社会性质的团伙为打击重点，每年组织几次集中打击和专项打击。对治安不好的单位、路段、场所、村街进行重点整治，治安状况好转率98%。其中1995年，组织对41个地域、单位、路段、场所进行重点整治，治安好转率98%。

1997年至1998年，以禁毒禁赌和扫黄打非及反盗窃作为重点，组织开展整治学校和企业周边环境以及收枪治暴为重点的专项治理行动。

1999年至2002年，将“黄、赌、毒”作为专项打击重点继续进一步推行和完善综治责任制和各项措施，加强和完善治安联防工作。为打击“六合彩”赌博，从县直机关抽调100名干部深入各乡镇指导打击“六合彩”。各级各部门召开群众教育动员会230场次，组织万人签名大会等，受教育群众22万人次。由县委政法委牵头，以政法干警为主，开展专项打击“六合彩”行动3次，出动干警1000人次，车辆300辆次，共查获“六合彩”赌博案件532起，抓获参赌人员1341人次，没收赌博工具手机11部，传真机2台，复印机21台，电话机6部。组织县综治办、禁毒办、妇联和团县委等部门开展禁毒宣传，共发禁毒宣传资料6000册，签订“不让毒品进家庭”承诺书2万份，发出“远离毒品”倡议书1000份，禁毒知识竞赛2次。同时，政法职能部门开展专项禁毒严打行动。2002年在广西禁毒工作检查评比中，邕宁县获自治区禁毒严打工作先进单位。

1999年年初，“法轮功”邪教组织逐渐向邕宁县城乡渗透。2002年，开始对县境内“法轮功”邪教组织进行打击和防范工作。通过开展“崇尚科学，反对迷信”万人签名大会和组织观看电影宣传，图片展览等，进一步提高广大群众对“法轮功”邪教本质的认识。至2004年，邕宁县共投入反邪教经费8万元。在全县举办反邪教培训21场，受教育1080人次；在21个乡镇、3个开发区、2个农场发放反邪教宣传资料2.70万份，宣传挂图56套，VCD光碟96张，张贴图605套，画册850册，累计受教育80万人次；共破获邪教“法轮功”非法活动案件10起，抓获邪教“法轮功”违法犯罪人员5人，收缴邪教“法轮功”宣传资料500份，其他非法物品一批。

2003年至2004年，对蒲庙新生村的吸毒、赌博等违法犯罪活动开展为期半个月的专项整治，抓获涉毒违法犯罪嫌疑人14人。对大沙田的美容美发、电子游戏、影视录像、音像文化、酒楼饮食店、旅社和出租屋等场所，开展全面检查清理。依法取缔非法经营场所50家，责令停业整顿场所63家，收缴非法经营和封建迷信物品一批，抓获涉赌违法人员81人，涉毒违法人员31人，其他违法嫌疑人30人。依法取缔赌博场所43个，抓获涉赌人员1538人，缴获赌博资料和赌资一批；依法查处卖淫嫖娼案件81起，取缔容留卖淫嫖娼窝点13处，抓获违法嫌疑人197人；依法取缔五塘、长塘、刘圩、吴圩、苏圩、昆仑、中和等乡镇的封建迷信场所；依法收缴砂枪96支、子弹304发、炸药285千克、雷管691枚。深入中小学校，通过放电影、上法制课、教育课等形式开展法制宣传，受教育中小学生3万人次。开展铁路护路宣传，共向铁路沿线乡镇群众展出挂图宣传27次，出板报24期，挂横额16条，张贴标语1620条，发宣传资料1.08万份，出动宣传车26辆次。全年共组织开展排查不稳定因素召开全县会议12次，排查出重点不稳定因素37起，并有效控制。全年协助乡镇妥善处置群体性事件10起。

平安创建活动

1994年至1996年，开展“遵纪守法光荣户”和“创安创模”活动，有14个乡镇被中共南宁市委、市人民政府授予“社会治安模范乡镇”，有24个单位被中共南宁市委、市人民政府授予“社会治安模范单位”，有4个乡镇、4个单位被自治区授予“社会治安模范乡镇单位”称号。1997年至1998年，全县有21个乡镇、132个单位和100个村委会被评为县社会治安综合治理模范单位，142人被评为县社会治安综合治理先进个人。在开展创安全文明单位（小区）、村、坡活动中，全县共有299个单位（含乡镇直单位），149个村委达到南宁市级“创建”标准。1999年，邕宁县开展创建“无毒小区（单位）”“无毒乡镇（村）”活动，是年评选出县级无毒乡镇（村）356个。1999年至2001年，全县共有191个单位（小区）达到南宁市级“创安”标准，有“无毒单位（小区）”357个。2002年，全县有10户家庭被评为南宁市“不让毒品进我家”先进家庭。2004 年 9 月 17 日，邕宁县“民主法治示范村暨村级规范化调委会创建工作”现场会在长塘镇召开。同年，全县综治考核评为模范单位有长塘镇、大塘镇、昆仑镇；评为先进单位有百济乡、新江镇、镇龙乡、大沙田开发区、仙葫开发区、蒲庙镇、中和乡、南晓镇、良庆镇、那陈镇、苏圩镇、伶俐镇；达标单位有那马镇、刘圩镇、那楼镇、南阳镇、延安镇、四塘镇。1999 年至 2004 年，全县建立市（地）级“无毒社区”113 个，县级“无毒社区”289 个。

综治目标管理责任制

1991 年起，县委、县人民政府每年与各乡镇及各有关部门签订《社会治安综合治理目标管理责任书》，明确党政一把手为社会治安综合治理目标管理第一责任人，分管领导为第二责任人，具体负责人为第三责任人，并实行“一票否决”制。各乡镇与所辖各村委会及辖区各单位，各村委会与各农户相应签订类似的责任书，做到层层分解，责任到人。每年年终，县组织考评组对社会治安综合治理责任单位进行考核和评议，把单位社会治安综合治理工作的好坏与责任人的政绩、晋级、政治荣誉、职务晋升挂钩，推动全县社会治安综合治理责任制的落实。1998 年，县委、县政府与 21 个乡镇、15 个战线（系统）、3 个农场、30 个重点单位签订社会治安综合治理责任书；各战线（系统）与下属单位，各乡镇与村委及辖区单位，村委与农户相应签订责任书，进一步完善社会治安综合治理目标管理责任制。2003 年、2004 年，县委、县政府与 21 个乡镇、3 个经济开发区及县直机关单位签订社会治安综合治理目标管理责任书，与铁路沿线各乡镇签订铁路联防工作目标管理责任书；各级各部门按要求分别与下属各单位签订责任书，形成级级有责任、一级抓一级、级级抓落实的工作局面。同时，对各乡镇、各经济开发区的主要领导和分管领导实行综治风险抵押制度，强化领导干部开展综治工作的风险意识和责任意识。

见义勇为奖励

1992 年 8 月，邕宁县设立“见义勇为”奖励基金，资金来源为财政拨款、各单位赞助、群众捐赠，具体起点标准为：厂、矿、场、站大中型企业每个单位 1000~3000 元，小集体企业每个单位 300~500 元，机关、人民团体、事业单位每个单位 100 元以上，机关、企事业单位干部职工及非农业人口每人 3 元，农业人口每人 2 元，多捐不限。是年，全县共筹集“见义勇为”基金 15 万元。1992 年至 1996 年，全县表彰“见义勇为”26 件 20 人，从县“见义勇为”基金发放奖励数万元。其中 1996 年 12 月 11 日，邕宁县苏圩镇那海村村民方进琼在抢救因井壁坍塌被埋村民的过程中，被塌落的泥石击伤头部，经抢救无效牺牲。中共邕宁县委、县人民政府授予方进琼“见义勇为先进个人”称号，并从县“见义勇为”基金发给方进琼奖励 1 万元。1997 年至 1998 年，全县共表彰“见义勇为”4 人，发放奖励金 1.25 万元。2003 年 9 月 21 日，中共邕宁县委、县人民政府授予黄金多“见义勇为先进个人”称号。2004 年 3 月 22 日，县政府授予李开安“见义勇为”先进个人称号。

第九节　精神文明建设

1984 年 10 月，成立邕宁县“五四三”办公室，县精神文明建设启动。1992 年至 1994 年，邕宁县参加南宁市“创建文明区”达标活动。1994 年获南宁市文明达标县称号；1996 年获自治区市容“南珠杯”先进城市奖；1997 年，被评为自治区“双文明”（物质文明、精神文明）建设工作先进单位；1998 年，获自治区第二届“南珠杯”先进城市奖。1997 年至 1999 年，邕宁县参加南宁市第三轮文明县区达标竞赛活动。1999 年，被评为南宁市文明县。2000 年至 2002 年，邕宁县参加南宁市第四轮文明县区达标竞赛活动。2002 年获“南宁市文明县”称号。2003 年至 2004 年，邕宁县参加南宁市第五轮（2003 年至 2005 年）文明县区达标竞赛活动，后因 2005 年 3 月撤县设区没有参加总评。

机　构

1991 年 12 月，成立邕宁县精神文明建设委员会，下设办公室。1996 年，全县 21 个乡镇和县直各机关、企事业单位（含驻县其他单位）分别成立精神文明建设领导小组。各村委会相应成立精神文明建设领导小组。2001 年后，县精神文明建设委员会办公室由设在县委宣传部改在县委宣传部挂牌。

县精神文明建设委员会由县委书记和县长担任主任，成员由县委办公室、县人民政府办公室等 30 个部门主要领导组成。县精神文明建设委员会办公室设主任、副主任及办事人员 3~5 人，主任由县委宣传部副部长兼任。乡镇精神文明建设领导小组由乡镇党委书记和乡镇长担任组长，成员 7~9 人。县直机关单位和企事业单位的精神文明建设领导小组由 3~5 人组成，各单位 1 名领导分管。村级精神文明建设领导小组由 3~5 人组成。

学雷锋活动

1991 年，全县成立“学雷锋小组”2154 个，参加活动的青少年 18 万人次。1992 年，“学雷锋小组”有 2161 个，参加活动 21 万人次，义务清理水利渠道 11 万米，抗旱保苗 5333.33 公顷，为军烈属、困难户犁耙田 9.73 公顷、插秧 12.93 公顷。1996 年，有“学雷锋小组”和“为民服务小组”2500 个，各基层组织建立服务基地 57 个。青年团员和青年人自愿走上城乡街头为群众修理家电、单车、打扫街道、清洗栏杆等。参加青年志愿者活动和学雷锋做好事活动 25 万人次。1997 年至 2004 年，各部门及各条战线普遍成立“学雷锋为民服务小组”“青少年志愿者”等组织。其中青年志愿服务队 2000 个，青年志愿者服务站 57 个，服务基地 67 个，参与活动青年志愿者累计 5.60 万人次。全县先后有 1372 户（名）孤寡老人、困难户得到志愿服务队“一帮一”服务。邕宁县高级中学青年志愿者长期利用节假日坚持帮助蒲庙镇龙岗村 30 名孤寡老人，被共青团广西区委员会评为“青年志愿者杰出单位”，广西电视台作专题报道。

“讲文明树新风”活动

1997 年始，邕宁县开展“讲文明、树新风”和爱国主义、集体主义、社会主义教育活动，以及开展《邕宁县公民“十不”规范》（不要说脏话、粗话；不要乱扔垃圾；不要在公共场所吸烟；不要损坏公物；不要随地吐痰；不要乱穿马路；不要乱占道经营；不要破坏绿化；不要铺张浪费；不要参加不健康社会文化活动）宣传周等活动，群众受“三德”（社会公德、职业道德、家庭美德）教育面 85%。县委在县招待所门前设点开展邕宁县“讲文明、树新风”市民建议日活动，发放《邕宁县市民我看邕宁文明建设意见、建

▲ 2004 年，邕宁县组织开展“文明新风赞”文艺下乡巡回演出活动。图为在那楼镇演出现场

（邕宁区史志办资料照片）

议表》1400 份，收到建议和意见 70 条。经归纳整理，将 30 条意见交相关部门处理，并得到落实。组织实施以《邕宁县公民“十不”规范》为主要内容的文明礼貌工程、以整治小街小巷为重点的文明街区工程、以整治交通秩序为重点的文明交通工程、以整治“窗口”服务行业中“冷、硬、拖、卡”现象为重点的文明“窗口”工程和以整治社会文化市场的黄、赌和非法出版物为重点的文明娱乐工程。1998 年，县公安局、建设局、国税局、地税局、工商局、邮电局等 8 个“窗口”单位开展“青年文明号”“巾帼文明示范岗”“讲文明、树新风百日无差错优质服务”和“创优质服务、优良作风、优美环境、文明机关，做党满意、人民满意公仆”活动。获自治区、地（市）、县级“青年文明号”称号岗位 18 个。1999 年至 2004 年，县“讲文明、树新风”教育活动重点转移到加强对干部职工队伍世界观、人生观、价值观和爱国主义、集体主义、社会主义及社会公德、职业道德、家庭美德等教育上来。

道德诚信教育

道德教育　2002 年始，邕宁县开展“道德建设年”教育活动。3 月 3 日至 5 日，组织青少年开展“学雷锋、树新风、为民服务”活动。4 月 24 日，组织“国税杯”公民道德建设演讲比赛，各乡镇及县直单位 40 名选手参赛；4 月至 6 月，组织开展以全县精神文明建设新成就和各行业涌现的先进典型为题材，以“文明新风赞”为主题的文艺巡回演出活动，共演出 24 场，观众 3 万多人次。4 月及 6 月，各组织一次广西“移动通讯杯”公民道德建设知识竞赛，参赛达 2.20 万人次。7 月 5 日，邀请专家为 1000 多名机关干部职工作“公民道德建设”专题讲座。7 月中旬起，《邕宁报》和邕宁电视广播开设“公民道德建设”栏目（节目）。2003 年至 2004 年，类似的活动经常性开展，群众道德观念不断转变，道德水准逐步提升。

诚信教育　2003 年始，邕宁县开展一系列“诚信建设年”教育活动，印发《建设“诚信邕宁”活动方案》，组织征订和学习《南宁市诚信教育读本》；组织参加南宁市诚信教育知识竞赛和演讲比赛，举办窗口行业建设“诚信邕宁”演讲比赛，组织开展“公民道德宣传日”活动，树立县电业公司等单位为“开展诚信教育、创建文明行业”活动示范点，开展行政效能监察、“三优两满意”（即优质服务，优良作风，优美环境，让党和政府满意，让人民满意）、建设诚信机关和忠诚、廉洁高效公务员队伍、万名党员进社区、“诚信为民奉献社会”“市民评议机关做人民满意公务员”、评选 10 个“十佳”先进个人等活动。

爱心捐助

1991 年，邕宁县各级团组织和少先队开展为民运会和灾区募捐活动，为民运会捐款 2217 元，为灾区捐款 9 万元。1992 年，全县人民为修建邕宁邕江大桥和南（宁）蒲（庙）二级公路捐款 200 万元，广大青少年为“希望工程”捐款 2000 元。1994 年，开展“学雷锋青年志愿者”和“希望工程捐赠”活动，参加活动 5 万人次，各界人士为“希望工程”捐款 3242 元。县妇联组织全县妇女开展为儿童办好事活动，为儿童捐款 2.43 万元，做好事 7.66 万次，赠送教育玩具 2327 件、儿童读物 6160 本。是年，全县为灾区捐款 142.26 万元，捐衣物 10 万件。1995 年，县总工会开展“送温暖工程”活动，筹集资金 28.94 万元，为特困企业职工排忧解难。各级团组织继续开展“学雷锋青年志愿者”和“希望工程爱心捐资”活动，参加活动 4 万人次，收到社会各界捐款 4.77 万元。通过各种渠道筹集资金 43 万元，用于筹建五塘镇西龙、百济乡华灵两所希望小学。1997 年筹集资金 82.16 万元，为困难企业、特困职工、下岗工人排忧解难。1998 年春节期间，县委、县政府组织慰问下岗工人和特困职工，送去慰问金 16.77 万元。1999 年至 2004 年，开展爱心捐助活动共筹集资金 120 万元，解决部分生活困难的职工，有 300 名贫困学生得到资助。

文明行业文明单位创建活动

创建文明县　1991 年至 1996 年，邕宁县参加南宁市组织开展的“文明县区”达标竞赛活动，先后进行一、二轮竞赛，主要围绕组织领导、思想道德教育、创建活动、社会环境综合治理、社会文化管理、学雷锋学先进、经济建设 7 个项目内容开展达标竞赛。将竞赛项目的具体内容及要求层层分解到各有关部门（单位），建立参赛目标责任制，经常开展检查评比活动。城乡环卫、市场、交通、治安等综合治理力度加大，社会环境及社会风气明显好转。邕宁县获第一、第二轮“南宁市文明县”称号。全县有自治区级文明单位（村）4 个，市级文明单位（村）34 个，县级文明单位（村）165 个，全县 80% 的家庭参加“三户”（遵纪守法户、五好家庭户、双文明户）评选活动。

1997 年至 2002 年，第三、第四轮“文明县区”达标竞赛活动主要围绕组织领导、思想道德教育、开展创建活动、文化活动、科学教育、社会治安综合治理、计划生育、拥军优属、社会环境综合治理、经济建设 10 个项目内容进行。在抓好常规创建工作的同时，注意拓展特色创建。1997 年，邕宁县在南宁市率先开展“十星级”（五爱星、致富星、文教星、科技星、团结星、法纪星、计生星、新风星、义务星、卫生星）农户创评，以南阳镇二田村为试点成功推行，开展文明乡镇达标竞赛活动。1999 年，在南宁市率先开展生态环境综合整治示范村（后改称生态文明村），开展文明新风进社区、优质服务进网络、群众文化进广场、园林绿化进街道、环保行动进家庭（简称“五进”活动）。2002 年，在南宁市率先提出乡镇精神文明“十个一”（每个乡镇要有一个好市场、一个停车场、一个垃圾场、一支环卫队伍、一座公共厕所、一个宣传橱窗、一个文化活动中心、一片公共绿地、一条洁净街道、一张规划蓝图）建设工作思路，并作为文明乡镇的考评内容。是年还在南宁市率先提出非公企事业单位精神文明“五个一”（一所文明市民学校、一个图书阅览室、一个文化娱乐室、一个宣传栏、一个球场）建设。邕宁县获两届广西市容“南珠杯”先进城市奖、一届进步城市奖，先后获全国科技工作先进县、自治区教育“两基”达标县、自治区双拥模范县、全区农村基层组织建设工作先进县、自治区村民自治模范县等称号。全县有自治区级文明单位（村、镇）19 个，市级文明单位（村）46 个，县级文明单位（村）421 个。

2003 年至 2004 年，参加南宁市第五轮文明县区达标竞赛活动。创建基本指标为 7 个方面，即廉洁高效的政务环境、公正公平的法治环境、规范守信的市场环境、健康向上的人文环境、安居乐业的生活环境、可持续发展的生态环境、扎实有效的创建活动。采取查阅资料、问卷调查、随机抽查、实地考察等方法，按照半年检查、年终初评、三年总评的原则进行考核。后因邕宁县于 2005 年 3 月撤县设区没有参加总评。

创建文明单位（村、镇）　1991 年至 1993 年，邕宁县文明单位（村、镇）创建工作主要由各乡镇、各部门、各行业选出，并指导 2~3 个基础工作较好的单位（村）开展创建。3 年内，县委、县政府命名表彰文明单位（村）36 个，县糖业公司、吴圩镇河洲村等 12 个单位（村）被命名为南宁市文明单位（村），伶俐糖厂被命名为自治区文明单位。

1994 年至 1996 年，邕宁县采取“厂村挂钩”、工农共建、军民共建方式创建文明单位（村镇）。1994 年厂村挂钩、工农共建点 7 个；1995 年有 18 个；1996 年有 8 个。3 年内，县委、县政府命名表彰文明单位 72 个、文明村 37 个，有邕宁县高级中学、五塘镇永宁村公所等 11 个单位（村）被命名为南宁市文明单位（村），吴圩镇河洲村被命名为自治区文明村。1996 年，在 21 个乡镇开展文明卫生检查评比活动，四塘镇获得第一名，南阳镇、五塘镇获得第二名，蒲庙镇、良庆镇获得第三名，这 5 个乡镇被评为县级文明卫生乡镇。

1997 年起，邕宁县文明单位（村）创建注重升级提档工作，县文明办每年都制订有自治区、南宁市文明单位（村）培育方案并组织实施。1997 年，邕宁县首次以“十星级”农户创评活动为切入点开展文明村创建工作，以县级文明村南阳镇二田村为试点，通过一年的试行，证明“十星级农户”创评活动是新时期加强农村精神文明建设的有效载体。1998年3月20日，南宁市在二田村召开“十星级农户”创评活动现场经验交流会，并在全市推广这一做法。南阳镇二田村被命名为市级文明村。1999年，邕宁县在南宁市率先开展生态示范村建设，以吴圩镇平凤坡、长塘镇幸福坡等为试点，年底这两坡被命名为县级文明村。1997年至1999年，邕宁县首次在全县21个乡镇开展第一轮县级文明乡镇达标竞赛活动，以组织领导、社会风尚、镇容村貌、社会治安、科教文化、计划生育、经济建设等方面内容进行达标竞赛，每年考评一次，3年进行总评。吴圩镇、长塘镇、南阳镇、大塘镇、南晓镇、蒲庙镇、百济乡、五塘镇、伶俐镇获1997年至1999年邕宁县文明乡镇称号。3年内，有105个单位（村）被县委、县政府命名为文明单位（村），有县建设银行支行、五塘镇五塘村委等17个单位（村）被命名为南宁市文明单位（村）；县电业公司、县工商银行支行、县高级中学、南阳镇二田村4个单位（村）被命名为自治区文明单位（村）。

2000年至2002年，县文明单位创建工作以花园式单位庭院建设为切入点，重点指导在开发区的新建单位开展创建活动，以“十个一”建设为内容开展第二轮县级文明达标活动，同时以“五个一”建设为切入点加强对非公企事业单位开展创建文明单位的指导；文明村创建工作紧密结合生态文明村建设进行，工作重点从行政村调整为自然坡，并坚持在生态文明村中开展“十星级”农户创评活动。期间，县委、县政府命名表彰文明单位（村）89个，县检察院、长塘镇天堂村幸福坡等15个单位（村）被命名为南宁市文明单位（村），南宁正大畜牧有限公司、蒲庙第三中学、南宁市英华学校、高速公路邕宁管理所等单位先后被命名为自治区文明单位，刘圩镇那里村那任坡、长塘镇天堂村幸福坡、长塘镇定西村团岩坡、南晓镇南晓村那兰坡等先后被命名为自治区文明村，刘圩镇被命名为自治区文明镇，大塘镇被命名为南宁市文明镇。邕宁县加强对文明单位（村）的动态管理，2000年对1994年以前命名的105个文明单位（村）进行一次全面的复核，撤销6个，保留99个，其中限期整改11个。2002年印发新的《邕宁县文明单位、文明村镇管理办法》。

2003年，以长塘镇定西村加踏坡、团岩坡以及南晓镇南晓村那兰坡等为重点建设精品点，提升文明村的创建档次。是年，县委、县政府命名表彰文明单位（村）25个，县广播电视局、南阳镇二田村田挺坡等8个单位（村）被命名为南宁市文明单位（村）。

2004年，五塘镇政府、吴圩镇永红村定力坡等7个单位（村）被命名为南宁市文明单位（村），县委、县政府命名表彰文明单位（村）39个。

创建文明行业 1991年，邕宁县在县电业公司等单位开展文明行业创建活动。2002年，开展非公企事业单位精神文明“五个一”建设活动。2003年，有南宁正大畜牧有限公司、南宁市英华学校先后被命名为自治区文明单位，南宁苏氏集团、广西丰林林业开发有限公司被命名为南宁市文明单位，另有30个非公企事业单位被命名为县级文明单位。2004年，县电业公司、工商银行县支行、农业银行县支行、县电信局等4个窗口单位被南宁市确定为“文明示范窗口”，全县文明行业创建活动覆盖面100%。

创建文明社区（小区、庭院） 2001年始，邕宁县开展创建文明社区（小区、庭院）活动，年内有县电业公司住宅小区、南宁市英华学校校区、广西水利电力职业技术学院大沙田校区等3个小区被命名为自治区文明小区，县高级中学庭院等18个单位庭院被命名为自治区文明庭院。2003年，在38个社区开展“十个一”建设活动和文明社区创建活动。2004年，大沙田银海社区等2个社区被命名为南宁市文明社区，大沙田金象社区等15个社区被命名为邕宁县文明社区。

军（警）民共建 1994年起，邕宁县坚持“以思想共建为主，以培养军地两用人才为主”的原则，开展军（警）民共建社会主义精神文明活动。共建对子8个。共建内容由一般治理外部环境向以共育社会主义“四有新人”为核心的思想共建转变；由一般的做好事向以弘扬雷锋精神为主体的道德共建转变；由一般的联谊活动向以智力互助为主要内容的文化共建转变；由一般的援建活动向以尝试开发互补性经济项目为主要内容的经济联建转变。至 2004 年，全县被授予自治区军（警）民共建先进单位称号 6 个，被授予南宁市军（警）民共建先进（标兵）单位称号 32 个。

“三户”评选和“十星级”农户创评　1994 年始，邕宁县开展创建“遵纪守法户、五好家庭户、双文明户”（简称“三户”）活动。1994 年至 1996 年，全县共评出遵纪守法户 9 万户，五好家庭户 9.33 万户、双文明户 5 万户。1997 年 6 月，农村精神文明建设借鉴湖北省十堰市竹山县的经验，在南阳镇二田村开展创建“十星级”农户试点工作。“十星级”指把党和政府在农村各项工作任务归纳为十方面，每一方面用一颗星代表。即五爱星、致富星、文教星、科技星、团结星、法纪星、计生星、新风星、义务星、卫生星。二田村农户共 726 户，有 659 户参加评选活动，参评率 90.80%。评出十星级农户 38 户，占 5.80%；九星级农户 103 户，占 15.60%；八星级农户 164 户；七星级农户 319 户；六星级以下的有 35 户。1999 年，邕宁县制订《关于在全县农村深入开展创建“十星级”农户活动的通知》，并以吴圩镇作为推广试点。是年 7 月，吴圩镇完成创建评选活动，全镇 11 个行政村，9772 户，应参加评选 9616 户，实际参加评选 9286 户，农户参评率为 96.50%。全镇评上十星级农户 1280 户，占参评农户 13.80%；九星级农户 2392 户，占 25.60%；八星级农户 2331 户，占 26.10%；七星级和六星级农户分别为 1868 户和 1046 户，分别占 20.10% 和 11.30%；六星级以下农户 369 户，占全镇参评农户的 4%。2000 年至 2004 年，邕宁县“十星级”农户创建评比活动在每年新建的生态文明村开展。

生态文明村建设　1999 年起，在全县农村开展以原地原屋搞建设、不拆旧屋建新村为工作思路，以改水、改厕、改电、改厨、改路、燃料沼气化、村庄绿美化、户间路硬化、电话程控化、电视闭路化、人畜分离化、言行文明化和文化活动场地、设施及软件配套等为内容的生态文明村建设。建设生态文明村，以群众自筹资金为主，市财政出一点，争取上级支持一点，县财政配套一点、社会筹集一点、群众投工投劳一点的办法，全县统一规划和设计，有计划地逐年选点开展生态文明村建设。至 2004 年，全县累计建成生态文明村 251 个，建成沼气池 9.10 万座，改厕 11.80 万座。

第十节　党校教育

机　构

中国共产党邕宁县委员会党校（简称县委党校）创建于 1958 年，1966 年“文化大革命”开始后停办，1969 年并入“五・七”干校，1973 年重新恢复办学，原校址在伶俐乡伶俐果苗场。1984 年，学校从伶俐果苗场迁至县城八里亭。1991 年，校园占地面积 2.67 公顷，建筑面积 6900 平方米，有教学楼 1 幢、学员宿舍楼 2 幢、办公楼 1 幢、饭堂 1 幢、职工宿舍楼 2 幢，可容学员 400 多人。图书室藏书 1 万多册，期刊 40 多种，各项教学设备齐全。学校设校务办公室、教研室、教务室、行政后勤股 4 个股室。有教职工 30 多人，其中教师 20 人。1999 年在职教职工 40 人。2001 年在职教职工 35 人，其中教师 20 人，讲师 6 人、助理讲师 12 人，中共党员 15 人。2003 年，举办干部主体班 5 期，参加培训人员 391 人。1991 年至 2004 年，学校重点开展各级领导干部培训、轮训和学历教育工作。

县委党校地址在县城新城路东段，与蒲庙糖厂比邻。

1991 年至 2005 年 3 月县委党校历任校长：张锦，颜子健，覃善开，郑国健。历任第一校长：莫炳久，覃善开。

党政干部短期教育

1991 年至 1996 年，县委党校采取长短结合、培训与轮训相结合的办法，举办和协办各类干部培训班29期，参加培训学员3658人次。其中县直机关、各乡镇干部学习班、培训班8期1003人次，县纪委学习班3期250人次，计生业务培训班4期830人次，新干部岗前培训4期154人次，各乡镇统战委员学习班1期70人，企业厂长、经理培训班1期60人，全县农村妇女干部培训班1期272人，税务干部培训班1期36人，电脑系统业务培训班1期45人，全县村党支部书记、村委会主任学习班1期300人。1997年，举办和协办各类干部培训班4期，参加学习670人次。1999年至2001年，学校举办和协办各类干部培训班14期，参加学习1365人次。其中：村级党组织书记、村委会主任培训3期，参加人员309人次；处级领导干部"三讲"（讲学习、讲政治、讲正气）教育学习班1期（1999年8月举办），参加学习46人。2002年，举办干部主体培训班3期，参加培训298人次。2002年，举办干部主体培训班5期，参加培训391人次。2004年，举办干部主体培训班4期，参加培训236人次。通过党校培训，全县各级领导干部政治理论、党的知识、经济知识、法律知识、业务知识和科学文化知识不断提高，思想政治水平、业务水平和综合工作能力不断提升。

党政干部学历教育

邕宁县委党校相继与中央党校函授学院广西分院、自治区党校函授学院、广西农业广播电视学校联合举办中专、大专、本科函授班。1991年，县委党校与广西农业广播电视学校在县委党校开办中专专修班2期，学员共52人。1992年8月中专毕业31人。1993年8月中专毕业21人。1993年开办中专全科班1期51人，函授教学，学制一年半，毕业后全部获得中专文凭；与自治区党校联合开办九三级大专函授班2个班，分别为行政管理专业和公关文秘专业。1994年举办村干部中专班1期；开办九四级大专函授班2个班，其中行政管理班79人、经济管理班49人。1995年、1996年，分别开办九五级大专函授班2个班94人和九六级大专函授班2个班145人。1996年，九三级大专函授班毕业121人。1997年8月，九四级大专函授班2个班学员128人毕业。1997年至1998年，每年各招收村级领导干部中专函授班1期，学制两年半，实行半脱产学习，2期村干部中专函授班学员共96人；每年分别招收九七级、九八级大专函授班各2个班，学员分别是107人和118人（行政管理专业与财务会计专业）。1999年，招收自治区党校九九级大专函授班学员1个班（行政管理专业）98人，招收中央党校函授学院广西分院九九级本科函授班学员1个班（行政管理专业，学制二年半）82人。2000年，招收自治区党校二〇〇〇级大专函授班学员1个班（行政管理专业）64人，招收中央党校函授学院广西分院二〇〇〇级本科函授班学员1个班（行政管理专业）67人。2001年，招收自治区党校二〇〇一级大专函授班学员1个班（行政管理专业）98人，招收中央党校函授学院广西分院二〇〇一级本科函授班学员1个班（行政管理专业）66人。是年，中央党校函授学院广西分院九九级本科函授班学员82人全部毕业，九八级大专函授班学员121人毕业，九八级村干部中专函授班学员35人毕业。2002年，招收函授大专学员186人、本科学员192人。是年，中央党校函授学院广西分院、广西区党校函授学院在邕宁函授站在读的本科、大专学员有5个班共281人，毕业学员159人，其中本科毕业65人、大专毕业94人。2003年，招收函授大专学员18人；在校二〇〇一级、二〇〇二级、二〇〇三级大专函授学员共3个班146人，在校二〇〇一级、二〇〇二级本科函授学员2个班共107人；毕业学员105人，其中本科58人，专科47人。2004年，县委党校停止大专、本科函授招生，在校历届学员于2005年全部毕业。1993年至2004年，中共广西壮族自治区党校函授学院在县委党校设立的邕宁函授站累计招收各类专业大专学员1038人，其中毕业1006人、中途辍学32人；招收行政管理本科函授学员263人，其中毕业247人、中途辍学16人。

第二章　民主党派　工商联

1991 年，邕宁县民主党派组织有中国民主同盟邕宁支部委员会和中国民主促进会邕宁县支部委员会。1995 年 9 月，成立民进邕宁县总支委员会，下设 4 个支部，会员 26 人，莫宜福任总支委员会主任。1996 年，成立中国民主同盟邕宁总支委员会，下设 2 个支部。2004 年，民盟邕宁总支有 2 个支部，盟员 24 人；民进邕宁县总支有 5 个支部，会员 36 人。

第一节　民　盟

组织建设

1986 年秋，中国民主同盟(简称民盟)邕宁支部成立。1991 年，民盟邕宁支部有盟员 21 人。1996 年，成立中国民主同盟邕宁总支委员会，下设蒲庙中学支部、联合支部 2 个支部，盟员 31 人，韦业彰任总支委员会主任委员。

1996 年 7 月 5 日，民盟邕宁支部第一次盟员大会在蒲庙中学会议室召开，应到会盟员 21 人，实到会 18 人。会议选举产生民盟邕宁支部主任委员 1 人（韦业彰），副主任委员 2 人，委员 2 人。

2000 年 9 月 18 日，民盟邕宁总支第二次盟员大会在县城碧丽城召开，应到会盟员 28 人，实到会 25 人。会议选举产生民盟邕宁总支主任委员 1 人（苏品技），副主任委员 2 人，委员 2 人。

2004 年 12 月，民盟邕宁总支委员会下设蒲庙中学支部、联合支部，盟员共 24 人。

1991 年至 2004 年，民盟邕宁总支(支部)培养发展中高级优秀知识分子入盟，累计吸收新盟员 27 名。民盟邕宁县总支（支部）坚持学习制度和总支（支部）活动制度，每季度集中政治学习和过组织生活各 1 次。总支（支部）坚持每季度组织活动 1 次。

参政议政

1990 年 9 月，民盟邕宁支部盟员 1 人当选为邕宁县第十届人大常委。1999 年 1 月始，民盟邕宁总支盟员 1 人当选第六届、七届县政协委员（兼职副主席）和南宁市第七届、八届政协委员；盟员 1 人当选为第四届县政协委员会专职副主席和南宁市第八届、九届人大代表以及中国民主同盟自治区第八届代表。1991 年至 2004 年，民盟邕宁总支（支部）盟员提交议案、提案共 41 份。

服务社会

1990 年，民盟邕宁支部盟员开办的琼园文化实习班从壮文学校（后改建为县民族中学）迁至县水电施工公司，改为全日制初级中学，校名为琼园中学。1991 年后继续办学。1996 年有在校学生 180 人。1999 年至 2001 年，该校毕业学生共 300 名。2004 年，在校学生 168 人。

2001年，邕宁县遭受特大洪涝灾害，民盟邕宁总支盟员向灾民捐款5808元，衣服37件，向学校捐书籍105册。2002年、2004年，在抗洪救灾、扶贫济困、捐资助学活动中，盟员先后捐款1.46万元，衣服37件，书籍383册。

第二节 民 进

组织建设

1983年9月，中国民主促进会（简称民进）邕宁县支部成立。1995年9月，成立中国民主促进会邕宁县总支委员会，下设邕宁高中支部、县教研室支部、蒲庙中学支部和城关第二小学支部4个支部，会员共26人，莫宜福任总支委员会主任。2001年，增设蒲庙第三中学支部。2004年12月，民进邕宁县总支委员会下设5个支部，会员共36人。

1991年至2004年，民进邕宁县总支（支部）坚持学习制度和组织活动制度，每季度集中政治学习和过组织生活各1次，总支（支部）坚持每季度组织活动1次。其间，民进邕宁县总支（支部）重点在教育、文化、出版界的知识分子中培养发展会员，同时注重在科技界、经济界、金融界的知识分子中发展会员，累计发展新会员6名。

参政议政

1991年至2004年，民进邕宁县总支（支部）会员中，当选南宁市第七届、第十届人大代表各1人；任第六届、第七届南宁市政协委员和第六届县政协委员1人；当选第十届、第十一届县人大常委会常委1人；任第四届、第五届、第六届县政协委员和第六届、第七届南宁市政协委员，以及第八届南宁市人大代表1人；任第四届、第五届县政协委员会副主席1人；当选第十二届县人大常委会常委1人；当选第七届县政协委员会常委1人；当选副县长1人；当选第十三届县人大常委会副主任1人；任第七届县政协委员3人。

1991年至2004年，民进邕宁县总支（支部）会员提交议案、提案和报告40份。其中，2004年提交的《邕宁县教育负债的思考和对策》《在构建全民卫生系统中农村学校的实施策略》《邕宁县教育负债和还债建议》《关于新兴街邕宁高中路口两侧增设机动车减速装置的意见和建议》《关于邕宁高中学校用地的管理》等提案被采纳。

服务社会

1991年起，民进邕宁总支（支部）组织会员参与兴教调研和支教等活动，先后组织数十名会员到长塘乡（镇）一中、长塘乡（镇）二中、蒲庙三中、那楼中学、苏圩中学、大塘中学等学校开展帮教活动或上示范课；把长塘乡（镇）二中、伶俐镇中、长塘中心校作为教学对口扶助和支教帮扶单位；会员捐赠电脑、打印机、彩电、收录机、图书和教学仪器等一批物品给新江镇屯亮小学。2001年8月，邕宁县遭受特大水灾，会员向新江镇灾区捐救灾大米500千克、捐款5000元，向伶俐镇灾区捐救灾水泥3吨。至2004年，会员资助新江镇屯亮村扶贫点14名特困生近1000元；参与收集和编撰农业科技致富信息21期3000份。

第三节 工 商 联

机 构

1954 年 7 月，成立邕宁县工商业联合会（简称县工商联）。邕宁县工商业联合会是全县工商界组成的人民团体和民间商会，是中共邕宁县委和县人民政府联系非公有制经济人士的桥梁和纽带，是政府管理非公有制经济的助手。至 1990 年，县工商联共召开 5 次代表大会。

1991 年后，县工商业联合会分别于 1994 年 8 月、2002 年 3 月召开第六次、第七次会员代表大会。

1997 年 12 月，县工商业联合会机关核定行政编制 4 名，其中会长 1 名、副会长 1 名。

2004 年，县工商业联合会机关有驻会干部 3 名，工勤 1 名。县工商联班子设有会长 1 名、副会长 12 名、常委 19 名、执委 35 名。下辖 21 个乡镇商会，2 个开发区商会，会员总数 1234 名。全县有 2 个乡镇商会建立党支部。县工商业联合会办公地址在县城和平街。

1991 年至 2005 年 3 月县工商业联合会会长：孙汝堂，卢共生，黄淑南。

组织建设

代表大会 1994 年 8 月 24 日至 25 日，县工商联第六次会员代表大会在县政府第二会议室召开，有代表 75 名，实到会代表 71 名。大会选举产生邕宁县工商业联合会第六届执行委员会委员 23 名；常务委员 3 名，其中会长 1 名、副会长 5 名。2002 年 3 月 20 日至 21 日，县工商联第七次会员代表大会在县政府第二会议室召开，代表 130 名，到会代表 110 名。大会选举产生邕宁县工商业联合会第七届执行委员会委员 35 名；常务委员 19 名，其中会长 1 名、副会长 12 名。

会 员 1991 年，全县工商联有会员 178 名。1992 年 7 月，做好吸收非公有制企业、团体和个人加入工商联组织工作，是年发展新会员 40 名。2004 年，全县工商联会员总数 218 名。

商 会 1993 年 1 月 6 日，成立那楼乡商会，是邕宁县恢复成立第一个乡镇商会。1995 年 11 月，成立邕宁县民间商会，与县工商联为一套人马两块牌子。1997 年 9 月至 10 月，恢复成立南阳镇商会、四塘乡商会。1998 年 7 月至 8 月，恢复成立蒲庙镇商会、大塘镇商会。1999 年 4 月 19 日，成立中国国际商会邕宁县商会，对内为县人民政府直属部门，对外为民间对外经济贸易团体，其党务、行政和人、财、物等受县委、政府领导和管理，业务上受县人民政府和中国国际贸易促进委员会南宁市支会双重领导。商会提供贸易、投资、技术、知识产权等信息及咨询，组织企业和团体参加国内外展览会、展销会、洽谈会、经贸会等活动，安排和接待外来贸易的企业和团体，提供经济贸易业务培训等。县第一届商会会长由副县长胡书文兼任。商会办公地点在县经贸局。2000 年 6 月至 12 月恢复成立五塘镇、昆仑镇、吴圩镇、那马镇、良庆镇、苏圩镇 6 个镇商会。2001 年 6 月至 11 月恢复成立长塘镇、刘圩镇、南晓镇、百济乡、伶俐镇、镇龙乡、延安镇、那陈镇、新江镇、中和乡等乡镇商会。至此，全县 21 个乡镇全部恢复成立商会。2002 年 1 月，邕宁县沿海经济走廊开发区召开第一次会员代表大会，同时成立沿海开发区 8 个行业商会（轻工食品、美发美容、医药卫生、饲料种养、建材、教育、饮食、个体商会）。2003 年 12 月成立大沙田经济开发区商会。

参政议政

1991 年至 2004 年，在县政协五届委员中有工商界人士 11 人，其中 2 人是县、市人大代表。在县政协六届委员中有工商界人士19人，其中5人是乡镇、县、市和自治区人大代表。在县政协七届委员中有工商界人士19人，其中7人是县、市、自治区人大代表。

1991年至2004年，工商界人士政协委员提交提案92件，内容涉及全县个体及私营经济发展、农业产业结构调整、文化市场管理、规范开发区建设规划等，采纳率95%。

为会员服务

1992年起，县工商联的工作方向从经济性为主向统战性为主转变，工作对象由国有企业转向非公有制经济成分。1991年至1998年，县工商联为会员企业单位举办5期工商专业会计财务培训班，参训700人；为52名非公有制经济人士推荐申报并获得专业技术职称。

1991年至2001年，县工商联先后8次组织部分会员参加贵港市、横县、灵山县、武鸣县、玉林市、浦北县、宾阳县、合浦县召开的广西22县、市、自治区工商联横向协作会；组织乡镇商会会员30人到武鸣县、合浦县，与当地工商联会员学习、交流；组织部分会员参加在湖南常德市及广西南宁市举办的中南五省六市工商联横向协作会；组织部分企业会员参加南宁市首届非公有制企业产品展示会等。2001年11月，县工商联推荐14名美发美容行业会员加入南宁市美发美容商会；邕宁沿海开发区商会在沿海开发区管委会的支持下，成功举办2次“银企共建、共谋双赢”交流座谈会，非公有制企业与各大银行共商解决融资难题；利用会刊《邕宁工商》《邕宁工商信息》平台为会员提供商务、技术信息和党的路线、方针、政策服务。

光彩事业

1991年至2004年，县工商联会员为光彩事业、公益事业捐款捐物累计700万元。其中，为县内15名初中、高中贫困学生资助学费1.20万元，结对资助数名贫困大学生至毕业；会员雷杭周及其父亲为那陈中心小学捐资助学10万元；南宁富丽假日酒店杨彦岑给玉洞小学捐款10万元成立奖学基金会；邕宁沿海开发区商会组织会员向伶俐镇独岭社区捐赠30吨水泥和一批饲料；南宁市英华学校董事长李聪为大塘镇写书坡岽坡生态文明村建设投入资金8万元，英华学校先后为45名品学兼优的贫困生资助学费；县工商联副会长梁昌庆捐资4.80万元维修县级文物保护单位五圣宫庙。此外，县工商联加强联系，先后介绍引导南宁市永新区、兴宁区、江南区工商联会员到中和乡、南阳镇捐资助学，帮助当地30名贫困学生完成学业。

抗洪救灾

2001年7月，邕宁县遭受1913年以来特大洪涝灾害，县城街道全部被淹，部分乡村出现内涝，沿江河低处被淹，损失严重。县工商联领导班子成员及广大会员，为灾区捐款捐物累计100万元。吴圩镇商会除捐款外还自筹资金购买粮油、矿泉水等一批救灾物品，送往良庆镇和蒲庙镇慰问被洪水围困的受灾群众。

第三章　群众团体

1991年至2004年，邕宁县群众团体有7个，即邕宁县总工会、共青团邕宁县委员会、邕宁县妇女联合会、邕宁县残疾人联合会、邕宁县文学艺术界联合会、邕宁县归国华侨联合会、邕宁县科学技术协会。各群众团体围绕自身工作职责，充分发挥职能作用，开展各具特色的群众工作和群众活动，促进全县群众工作与经济工作协调、全面、科学发展。

第一节　工　会

机　构

1951年3月，成立邕宁县工会。1953年5月，改称为邕宁县总工会。邕宁县总工会是邕宁县各级工会组织的领导机关。

1991年至2001年，邕宁县总工会内设机构有办公室、组织部、宣传部、教育部、生产保护部、生活保险部、财务部、女工部。人员编制8名，其中主席1名、副主席2名。总工会下辖县工人文化宫。2001年至2004年，县总工会内设机构有办公室和综合部。人员编制5名，其中主席1名、副主席2名。下辖县工人文化宫。

▲县总工会组织开展2004年春节游艺活动
（邕宁区史志办资料照片）

1991年，邕宁县有职工2.33万人，建立基层工会240个，会员2.13万人。2004年，全县有职工4.21万人，建立基层工会628个，会员3.63万人。

县总工会办公地址在县城新兴路东段。

1991年至2005年3月县总工会历任主席：施大桂，黄万钟，闭兰英（女），杨俊康。

代表大会

1991年至2004年，邕宁县先后召开职工代表大会3次。

1991年9月28日至29日，县总工会第十次代表大会在县政府礼堂召开，代表232名，到会代表217名。大会选举产生县总工会第十届委员会委员13名。在十届一次全委会上选举产生常委5名，主席1名，副主席2名。1996年12月6日至7日，县总工会第十一次代表大会在县政府礼堂召开，代

表230名，到会代表219名。大会选举产生县总工会第十一届委员会委员13名。在十一届一次全委会上选举产生常委5名，主席1名，副主席2名。2001年12月11日至12日，县总工会第十二次代表大会在县政府礼堂召开，代表250名，到会代表246名。大会选举生产县总工会第十二届委员会委员15名。在十二届一次全委会上选举产生常委7名，主席1名，副主席2名。

1991年至2004年邕宁县基层工会基本情况表

表12-3-1-1

年份	职工（人）	会员（人）	会员占职工数%	工会干部（人）		组织数（个）
				专职	基层兼职	
1991	23292	21313	91.50	55	240	240
1992	24333	21368	87.81	55	240	240
1993	24018	21120	87.93	51	244	244
1994	23987	22033	91.85	46	249	249
1995	23260	20868	89.72	48	253	253
1996	23868	20937	87.72	37	267	267
1997	24002	21834	90.97	53	275	275
1998	23763	21632	91.03	51	275	275
1999	25131	22457	89.36	56	297	297
2000	35260	29630	84.03	5	1426	437
2001	37524	33234	88.57	5	1638	570
2002	40516	33391	82.41	5	2529	592
2003	40619	34776	85.66	5	2528	591
2004	42116	36273	86.13	5	2640	628

经济技术与劳动竞赛

1991年至1996年，邕宁县总工会组织全县各企业职工参加自治区、南宁市总工会组织开展的以“五比五赛”（比思想，赛精神文明建设好；比改革，赛企业管理先进；比贡献，赛经济效益和社会效益高；比基础，赛班组建设工作过硬；比安全，赛生产无事故）为主要内容的社会主义劳动竞赛活动。全县有97个（次）企业2.70万人参加比赛，直接创造效益876万元，有6345名职工提合理化建议共1.24万条，被采纳6400条，创造（节约）价值530万元。在竞赛中，县造纸厂获“振兴广西经济效益杯社会主义劳动竞赛”银杯奖；全县获“振兴南宁经济效益杯社会主义劳动竞赛”金杯奖6个、银杯奖10个、铜杯奖17个；全县获“振兴邕宁经济效益杯社会主义劳动竞赛”金杯奖14个、银杯奖16个、铜杯奖26个、鼓励杯奖12个；被评为先进班组20个，优秀工人20人。

1999年，县工商分行被评为自治区“文明服务杯”先进单位；南宁市正大畜牧有限公司被评为全国总工会授予的“双爱双评”先进单位。县电信局实施“金牌效益”系统工程，开展“维护与管理”活动，2001年至2003年，连续3年获得“振兴南宁经济效益杯”金杯奖；2003年5月，被中共南宁市委、市政府授予“南宁市明星企业”称号，成为邕宁县第一家获此称号的企业。在“创造新业绩，迎接十六大”劳动竞赛中，邕宁八鲤水泥厂利用造纸滤泥生产水泥获南宁市“经济技术创新”优胜项目，有2人被评为创新明星。2003年，广西盛誉糖机制造有限公司研制的XZ-1360AT全自动上悬式离心机获南宁市“经济技术创新”优秀项目，1人被评为创新明星。

1991年至2004年，邕宁县各级工会组织企业参加南宁市“经济效益杯”劳动竞赛14次，获“金杯”奖13个，“银杯”奖24个，“铜杯”奖23个；先进厂长（经理）15名，优秀工会工作者13名，先进工会工作者27名。

职代会制度与民主管理

1991 年至 2004 年，全县企事业单位建立职工代表大会（简称职代会）制度 126 个，占应建立职代会制度单位 95.30%。坚持每年召开职代会的企事业单位 122 个，占建制数的 96.80%。坚持实行职(教)代会前后报告制度的单位 108 个，占建制数的 85.70%。实行民主评议企业领导干部，领导干部廉洁自律和业务招待费使用情况向职代会报告的企事业单位 120 家，评议领导干部 1338 人次。实行厂(校、院)务公开企事业单位 214 家，其中事业单位 129 家，企业单位 85 家。教育系统中心校及以上 83 所中小学校全部推行校务公开。

送温暖活动

1992 年至 1996 年，县总工会共筹集 28 万元资金对亏损困难企业单位和困难职工进行慰问，共慰问亏损困难企业单位 103 个（次）、困难职工 4807 人次。1995 年，县总工会建立“邕宁县送温暖工程基金会”，至 1996 年，基金会共筹措资金 12.60 万元。1997 年，成立邕宁县总工会“送温暖”基金。1997 年至 1998 年全县开展“送温暖”捐资活动 2 次，收到捐款 24 万元。县政府每年把“送温暖”经费纳入县财政预算。1997 年至 2004 年，县总工会累计筹集到“送温暖”慰问金 90.90 万元（其中市总工会下拨 5 万元，县财政拨付 39.60 万元，日常单位捐款 22.30 万元），先后对 464 家困难企业 8164 户特困职工和困难职工进行慰问，发放慰问金 85 万元。

贯彻实施《劳动法》

1991 年至 2004 年，县总工会先后配合县劳动部门开展《中华人民共和国劳动法》(以下简称《劳动法》) 宣传咨询服务 8 次，累计发放各种资料 2.80 万份，接受职工群众咨询 2450 人次；会同县劳动、检察、公安、建设等部门，对运输、建筑及厂矿等生产经营单位开展《劳动法》执法检查 34 次，对违反《劳动法》的单位领导进行批评教育，限期整改。

1997 年 6 月，在全县推行平等协商、签订集体合同工作。2001 年 9 月，在 21 个乡镇、3 个开发区工会工作委员会实行区域性签订工资协商、集体合同，并在自治区总工会召开的地市总工会会议上作典型发言。至 2004 年年底，全县有 222 家企业签订集体合同，21 个乡镇、3 个开发区全部签订区域性集体合同，覆盖职工 2.45 万人；有 146 个企业建立劳动争议调解委员会，参与劳动争议调解案件 33 起，参与劳动仲裁案件 28 起，结案率 100%。

▲ 2002 年，中国农业银行邕宁支行召开第五次职工代表大会
（邕宁区史志办资料照片）

新建企业工会组建

2000 年，成立邕宁县新建企业工会组建工作领导小组，各乡镇、开发区相应成立工作领导机构，每年坚持召开 1~2 次新建企业工会组建工作会议。2001 年 7 月，县总工

会组建基层工会 135 家，发展会员 1927 人，被南宁市总工会授予“新建企业工会组建工作特等奖”。2000 年至 2004 年，全县 21 个乡镇和 3 个开发区全部成立工会工作委员会，230 家非公经济组织组建工会，吸收 9175 名职工加入工会组织。

职工生活保障

1991 年起，县总工会深入企业调查摸底，了解和掌握特困职工情况，协助县民政部门把符合最低生活保障条件的职工纳入最低生活保障范围，最大限度实现应保尽保。

1997 年 9 月，成立邕宁县总工会下岗职工再就业信息服务中心，配合县劳动行政管理部门对 4331 名下岗职工进行职业培训。至 2004 年，协助下岗职工实现再就业 2878 人，组织下岗职工进入再就业中心 222 人；组织 288 家基层企业职工参加养老保险，参保人数 1.67 万人；221 家参加工伤保险，参保人数 1.45 万人；135 家参加失业保险，参保人数 7213 人；96 家参加女职工保险，参保人数 6080 人。

▲ 2003 年，基层工会为邕宁县工会困难职工帮扶中心捐款。图为捐款现场（邕宁区史志办资料照片）

2003 年，成立邕宁县总工会困难职工帮扶中心。是年 11 月，共筹集困难职工帮扶资金 11.80 万元（其中，县总工会自筹 2 万元，市总工会补助 3 万元），救助 37 名家庭生活困难职工 2.90 万元。全县有 15 个基层单位 846 名职工参加重大疾病保险，共投保 1111 份，投保金额 8.89 万元；参加女职工安康保险 190 人，投保 192 份，投保金额 9600 元。2003 年至 2004 年，县总工会与县人民政府签订《开发公益性援助就业工作责任状》，落实 5 名就业困难下岗人员在县总工会公益性岗位就业；参与县人民政府对四塘煤矿、县农机一厂的关闭破产工作，做好破产企业职工分流安置、终止劳动合同经济补偿等。

女职工组织及活动

2004 年，全县有基层工会女职工委员会 190 个，基层女职工 1.58 万人。

1991 年至 2004 年，县总工会组织全县基层工会女职工干部参加自治区、南宁市和邕宁县举办的岗位、业务培训共 163 期（次），接受培训 6500 人。组织基层女职工开展“一学三比”（学先模、比技能、比发明、比贡献）巾帼奉献竞赛活动，开展以岗位立功、自学成才和创建文明家庭为主要内容的“双文明”（精神文明、物质文明）建功立业竞赛等活动，邕宁县基层工会女职工委员会累计得到南宁市总工会女职工委员会授予女职工先进达标单位 251 个次，达标单位 125 个次，先进女职工委员会 120 个，先进集体 68 个，“十佳”职工文明家庭 13 户，先进女职工干部 56 名，先进女职工员工 75 名。其中 2002 年，县总工会女职工委员会成立“姐妹情”基金，开展“姐妹情、献爱心”活动。至 2004 年共收到 77 个基层单位捐款 3.80 万元，先后为 9 名困难女职工送去扶助金 4000 元。

第二节 共青团

机构

1949年12月下旬，成立中国新民主主义青年团邕宁县工作委员会。1957年9月，中国新民主主义青年团邕宁县工作委员会改称中国共产主义青年团邕宁县委员会。

共青团邕宁县委员会（简称团县委）是全县各级共青团组织的领导机关，在中共邕宁县委的领导下，行使领导全县共青团、少先队的职权，对全县青年社团组织进行指导和管理。

1991年至2001年，团县委内设办公室、组织部、青农部、青工部、学校部等部室，核定人员编制7名，在编在职干部5人，其中书记、副书记各1名。

2002年至2004年，团县委内设办公室和综合部，在职在编干部4人，其中书记、副书记各1人。

团县委办公地址在县城红星路。

1991年至2005年3月团县委历任书记：黄锦结，蒙东山，黄朝浩，何小白，陈增强，苏宜举。

代表大会

1991年至2004年，团县委先后召开共青团邕宁县代表大会4次。

1991年9月25日至26日，共青团邕宁县第十三次代表大会在县政府礼堂召开，代表247名，实际到会代表228名，大会选举产生共青团邕宁县第十三届委员会委员15名；一次全委会选举产生常委5名，书记1名，副书记1名。1995年3月26日至28日，共青团邕宁县第十四次代表大会在县政府礼堂召开，代表250名，到会代表225名，列席53名，大会选举产生共青团邕宁县第十四届委员会委员15名；十四届一次全委会选举产生常委4名，书记1名，副书记1名。1999年3月29日至31日，共青团邕宁县第十五次代表大会在县政府礼堂召开，到会代表268人，大会选举产生共青团邕宁县第十五届委员会委员15名；一次全委会选举产生常委5名，书记1名，副书记1名。2002年4月2日至4日，共青团邕宁县第十六次代表大会在县政府礼堂召开，到会代表201名，大会选举产生共青团邕宁县第十六届委员会委员21名，候补委员11名；一次全委会选举产生常委7名，书记1名，副书记1名。

基层组织

农村团组织设置为乡镇团委员会，配备专职书记；村团总支部或村团支部，支部书记享受村半定工干部待遇。中学学校根据学生情况建立团委或团总支，在年级建立支部。机关企事业单位视情况建立团总支或支部。

1991年，全县有乡镇团委21个、村级团组织619个、直属团组织38个，有共青团员2.25万人。1995年，有乡镇团委21个，村级团组织567个，直属团组织33个。1998年，有基层团委56个，团总支部147个，团支部1031个。2002年，有基层团委45个，团工委3个，团总支部160个，团支部1035个；县内应建立团组织的非公有制企业共183家，成立团组织的87家。2004年，有基层团委46个，团工委9个，团总支部193个，团支部1263个；县内应建立团组织的非公有制企业170家，成立团组织的148家；全县有共青团员2.91万人。

组织建设

1991年，开展“双合格”（合格团委、合格团支部）和“升级创优”竞赛活动，团建工作取得成效。全县一类团支部91个，二类团支部147个。建立“青年之家”119个，业余团校48所，建立团支部经费基地43个。是年，全县41所公办中学有36所建立中学生团校。是年，团县委被评为广西“全区中学生团校建设先进单位”，大塘中学业余团校被评为广西“全区最佳中学生团校”，蒲庙中学团委开展“悼念革命烈士”主题活动，被评为“全区最佳中学生团校活动”。

1993年，团县委组织21个乡镇团委书记参加南宁市团校业务培训。有11名团干得到提拔担任各级领导职务，其中7人任乡镇领导。建立青年之家、青年活动室、卡拉OK歌舞场（室）共141间。

1995年，邕宁县在初中一年级建立团支部，在乡镇中学建立团委；在21个乡镇团委选出63个好支书，确定团支部扶贫户63户，有63个团委创办经济实体。1996年，公办中学全部建立中学生业余团校。1991年至1996年，全县各学校发展学生团员2.48万名。

1997年，团县委贯彻落实服务万村行动和开展“三个一万”（树万名好团支书、创万个经济实体、扶万家脱贫致富）主题活动以及“百团百队”（组建100个团组织和100个少先队组织）活动，通过活动加强团组织的厂村挂钩、校村挂钩、城乡挂钩，全县有城镇、厂、校70个团组织与村级团支部落实挂钩联系。是年4月，团县委与县教育局共同开展邕宁县首届“十佳中学生”评选活动，全县2万名中学生参加评选，评出“十佳中学生”10名、优秀中学生5名、优秀“园丁”15名。1997年、1998年在南宁市第三届、第四届“十杰中学生”评选中，团县委推荐的2名中学生获“十杰中学生”称号。

1999年至2001年，学校发展团员1.10万名，团县委在全县各级中学铺开“推优育苗”工作。

2001年，团县委组织开展“创先争优”活动，邕宁高中教师梁世谭获自治区优秀团员称号，邕宁高中学生刘心灵获第五届“光大杯”南宁市“十大杰出中学生”称号，蒲庙镇李冬兰获南宁市第三届“十大杰出青年”称号。

2003年起，团县委联合县教育局开展“推优育苗”试点工作，以邕宁六中作为南宁市全市高中“推优育苗”试点单位。8月8日，在邕宁六中举行首次“送苗”仪式，将毕业的5名入党积极分子和10名入党培养对象交给村党支部和团支部继续培养发展。把农村团组织建设纳入农村基层组织建设“三级联创”活动。

1991年至2004年，全县累计发展新共青团员8.10万人，团员加入中国共产党组织共2372人。

青少年思想教育活动

1991年至1997年，全县各级团组织先后组织开展青少年爱国主义、集体主义、社会主义教育活动。在县城举办爱国主义报告会，号召全县团员青年向勇斗歹徒革命烈士梁正全学习；在农村团组织开展“争当交售爱国粮标兵”活动；开展“三德”（社会公德、职业道德、家庭伦理道德）教育等活动。

1998年至2004年，先后组织开展“珍爱生命，远离毒品”为主题的教育活动，团县委组织县城200名团员青年到明阳戒毒所进行禁毒教育；开展“一情两史”（基本国情和近代史、现代史）的教育活动和学先进、学英雄活动；开办普法教育课送法下乡和开展生态文明村青年大家乐舞台活动；开展创建青年文明村镇、创建青年文明号、便民服务、扶贫济困活动；在各中小学校广泛开展法制教育；组织举办一次网络文明主题团会、出版一期网络文明专题版报、搞一次网络文明宣誓（签名）仪式、举办一次网络文明征文比赛等为主要内容的青少年网络文明公约宣传教育活动；开展“永远跟党走”主题系列教育活动；组织县直团员青年到吴圩镇明阳戒毒所开展慰问活动，送去一批供戒毒人员使用的书籍、球类、棋类等，通过吸毒人员现身说法，增强团员青年禁毒意识。

青年志愿者

1991 年 3 月，邕宁县各级团组织成立青年志愿者组织，为群众提供服务，形成有学雷锋小组、青年志愿者服务队、助耕队、帮困队、突击队等。1992 年，全县有学雷锋为民服务小组（队）2154 个；组织团员青年开展“卫生一条街”“服务一条街”“学雷锋咨询”活动；为修建邕宁邕江大桥和南蒲二级公路募捐 6476.80 元；为百色贫困地区失学儿童捐款 1768 元和一批物品；为患白血病的蒲庙中学一名学生捐款 4000 元。

▲ 2003 年，新江中学召开学雷锋总结表彰暨捐资助困大会（邕宁区史志办资料照片）

1997 年，成立青年志愿者协会，基层团委挂牌成立青年志愿者服务站 57 个，招募青年志愿者 5.60 万人，成立志愿者服务队 2500 个，建立服务基地 67 个，与 1372 户（人）孤寡老人、困难户结成“一帮一”服务对子。团县委被共青团自治区委员会授予“青年志愿者杰出单位”称号。

2001 年，全县有 48 个基层团委成立青年志愿者服务站，招募青年志愿者 2 万人，建立青年志愿者服务基地 100 个，成立志愿者服务组织 300 个，与 300 户孤寡老人、困难户结成“一帮一”服务对子。团县委在全县推出“保护母亲河——绿色希望工程卡”5000 张，以 10 元钱认购一张卡，捐、植一棵树的形式，通过各基层团组织以组织发动为主逐步向社会发动筹集资金发展。

2002 年 3 月 9 日，举行“保护母亲河日 · 天天环保”活动暨邕宁县“保护母亲河生态监护站、监护队授匾授旗仪式”，组织团员青年志愿者 5000 人到清水泉营造全县第一片青少年世纪林，建立邕宁县第一个青少年环境保护教育基地。

2002 年至 2004 年，在全县广泛推行青年志愿者注册制度，使青年志愿者活动制度化、基地化和长期化；组织开展“情系贫困家庭青少年”志愿服务活动，部分乡镇、3 个开发区以及县直机关各团组织共捐献“爱心包”200 个、人民币 3 万元，送到 200 名家庭困难的青少年手中；先后 2 次组织青年志愿者到 6 所山区小学开展送温暖活动，送去助学款 6000 元及一批学习、文体用品。

希望工程

捐资助学活动 1994 年 3 月，成立邕宁县实施希望工程指导委员会。全县团员、青年、少先队员和社会各界人士 6 万人次参加希望工程“爱心捐款”活动，委员会发行第 1 期“爱心捐赠卡”6 万张，收到捐款 4 万元。开展“1+1”助学行动，结对救助 11 名返校小学生。1995 年，全县“爱心储蓄”存款 8 万元。结对救助 23 名小学生重返校园。1996 年初，对 680 名失学或面临失学的学生进行造册登记；2 月 21 日晚，举行大型希望工程专场文艺晚会，收到捐款 15 万元；5 月 25 日，在大沙田举行“邕宁县首期 1+1 结对助学仪式”，结对救助 170 名失学儿童重返校园，全年共结对救助 229 名失学儿童重返校园；9 月 6 日，团县委救助 4 名考上大学特困学生。1998 年，得到资助的学生有 803 人，其中有 274 名困难学生为结对资助，有 9 名考上大中专院校特困学生获资助。1999 年至 2000 年，由团县委牵头联系，促成南宁市英华小学与良庆镇渌绕小学、新兰小学结成“手拉手”学校对子，定期举行捐资助学、师生联欢交流等活动。同时促成那陈镇文林村“大光圆淑贞希望小学”建成并投入使用。2001年至2002年，资助5名大学生、18名中学生。2002年，10名品学兼优贫困生到自治区希望高中就读；落实“希望工程”专项资助对象230人，联系社会各界落实资助对象40人。2003年至2004年，有50名贫困生得到资助；累计转发“1+1”“一助一”希望工程款1.25万元，资助贫困中小学生108人；利用邕宁县“特困大学生救助基金”资助6名（其中2名为意外险基金）特困大学生；有21名贫困生与社会各界人士结为“对子”，获得长期资助；3名学生获得希望工程专项资助，免费在广西希望高中和南宁市外国语学校就读并完成高中学业。

兴建希望学校 1995年始，团县委筹集捐款31万元，援建邕宁县第一所希望小学——五塘西龙希望小学。1997年，团县委筹集资金60万元援建百济乡华灵和大塘镇那团2所希望小学，解决800名学生入学难问题；同时，团县委和县工商银行发动职工筹集资金1.50万元，在新江乡民族团结小学建立“希望工程书屋”1间。1998年，筹资30万元援建大塘镇锦亮希望小学，当年交付使用；筹资36万元援建那陈镇文林希望小学；是年建成希望小学6所。2004年，争取自治区慈善协会出资13万元，在百济乡屯林村建成1所希望小学。至2004年，全县共有希望小学10所。

为经济建设服务

技能培训 1991年至2004年，全县举办科技种养技术培训班和技术讲座2360期，培训青年60.59万人次。2004年团县委与县科技局等单位联合开办农村青年人才培训班，设有县重点班3个，乡镇普通班57个，学习时间为重点班3个月、普通班1个月，学员共3030人。

星火带头人 1991年始，邕宁县注重农村青年星火带头人评选工作。1996年，有2人被评为南宁市青年星火带头人。1998年，有2人被评为自治区青年星火带头人。1999年，邕宁县有14人被评为南宁市青年星火带头人，2人被评为自治区青年星火带头人。2000年，有2人被评为自治区星火带头人。1991年至2004年，邕宁县评选出农村青年星火带头人1133人次，其中列入县青年人才库780人次。

青年突击队 1991年至2004年，全县21个乡镇先后组织建立农村青年突击队56个，队员1820人次。建立青年高产示范田8203公顷，青年示范田226公顷；营造青年绿化林2376公顷，青年示范林3666公顷；青年参与农业综合开发2088公顷；出动8万人次义务抢修水毁水利和冬修水利，维修渠道710千米。此外，青年突击队还参与抗洪救灾、扑灭山火、抢险等工作。

青年图书站 1998年至2004年，开展创建青年科技图书站活动，收到社会各界捐赠各种书刊3.50万册，建立乡镇图书站6个，到图书站阅读学习、咨询的青年、群众1.30万人次。

青年文明号

1997年始，开展创建“精神文明”号活动。动员有条件的单位参加中央、自治区、南宁市创建活动。制订《邕宁县青年文明号管理试行办法》。组织100名青年在工作岗、服务台和生产线开展“百岗台线创建青年文明号竞赛”活动。有2个参赛单位获得自治区级“青年文明号”称号，有4个和6个参赛单位分别获市级和县级“青年文明号”称号。1999年7月，组织200名青年开展“百岗台线创建青年文明号竞赛”活动。2000年至2002年，抓好金融、税务、邮电、电业等行业创建青年文明号活动。2003年8月至2004年，团县委响应团区委开展的“八桂青年千里边疆互助建小康”活动和团市委开展的“青年文明号爱国主义边境行”活动，组织全县青年文明号集体和青年文明号创建单位赴龙州开展“爱国主义边境行·互助建小康”活动，为地处龙州县边境的空均屯送上一批科教书和价值1600元电教设备一套。

义务献血

县内有许多身体健康青年，自觉参加医疗单位义务献血活动。1991 年起，到县人民医院、县中医院、县妇幼保健院等医疗单位义务献血的人每年有 150 人次。1991 年至 2004 年，全县参加义务献血青年人累计 2100 人次。

第三节　妇　联

机　构

1953 年 10 月，成立邕宁县民主妇女联合会。1957 年 9 月，邕宁县民主妇女联合会改称邕宁县妇女联合会。

邕宁县妇女联合会（简称县妇联）是由全县各族各界妇女为进一步争取男女平等、维护妇女合法权益联合组织起来的人民群众团体，是党和政府联系妇女群众的桥梁和纽带。

1991 年，县妇联设有办公室、维权部、妇联部、儿童部、宣传部、城乡部、妇儿工委办公室 7 个部室，在职干部 6 人。乡镇妇联 21 个，乡镇妇联各配有专职主席 1 名，专（兼）职副主席 1~2 名。各行政村设妇代会，配有妇代会主任，享受村级半定工干部待遇。1991 年，县妇联被国家税务局评为“税法知识宣传先进单位”。1997 年，县妇联设有办公室、综合股 2 个股室，机关人员编制 7 名，其中主席 1 名、副主席 2 名。1998 年被评为自治区“先进妇联组织”。2000 年，建立邕宁商场妇委会。2001 年，建立大沙田开发区妇委会。2004 年，县妇联设有办公室、妇儿工委办公室、维权部、发展部、宣传部、儿童部，在职干部 6 人。在全县 48 个社区中建立妇女组织，配备有专（兼）职妇女干部；全县有乡镇妇联 21 个，村（居）妇代会 235 个，其他基层妇女组织 105 个。

县妇联办公地址在县城红星路。

1991 年至 2005 年 3 月县妇联历任主席（主任）：王玉娇（女），容颜英（女），曾文祥（女），黎秀芬（女）。

代表大会

1991 年至 2004 年，邕宁县先后召开妇女代表大会 3 次。1994 年 1 月 24 日至 25 日，邕宁县第十次妇女代表大会在县政府礼堂召开，代表 310 名，到会代表 297 名。大会选举产生县妇联第十届执行委员会委员 23 名。十届一次全委会选举产生常委 9 名，主席 1 名，副主席 1 名。1999 年 5 月 6 日至 8 日，邕宁县第十一次妇女代表大会在县政府礼堂召开，代表 308 名，到会代表 298 名。大会选举产生县妇联第十一届执委委员 31 名。十一届一次全委会选举产生常委 13 名，主席 1 名，副主席 1 名。2004 年 9 月 13 日至 14 日，邕宁县第十二次妇女代表大会在县政府礼堂召开，代表 305 名，到会代表 305 名。大会选举产生县妇联第十二届执委委员 31 名。十二届一次全委会选举产生常委 9 名，主席 1 名，副主席 2 名。

“双学双比”竞赛

1991 年至 1999 年，全县妇女参加“双学双比”（即学文化、学技术，比成绩、比贡献）竞赛活动 109.71 万人次，其中参赛的女农技人员和女种养能手 557 人次，妇女参赛率 94%；举办各类科技培训班 8913 期，受训妇女 74.85 万人次。其间，全县妇女参与水稻旱育稀植、抛秧新技术等活动项目 120 多项，参与建立竞赛联系点 46 个、示范村 136 个、示范户 1520 个。2000 年至 2004 年，全县妇女有

94.85 万人次参加“双学双比”竞赛活动，参赛率 91.30%；举办各类科技培训班 8491 期，受训妇女 33.21 万人次。其间，全县女能人和女技术员积极参与各种种养活动，由妇女负责建“三田”（吨粮田、吨糖田、万元田）1.20 万公顷，示范村 72 个，示范户 1548 户，在蒲庙、良庆、苏圩、四塘、五塘等乡镇建成 205 座蔬菜大棚，并在苏圩、吴圩、延安等乡镇参与建设 6666.67 公顷冬种蔬菜开发示范基地，引导农民进行反季节蔬菜种植等。

1994 年至 1996 年，有 3 人获自治区“双学双比”先进女能手称号。1997 年，有 1 人获自治区先进女能手称号。2001 年，蒲庙镇妇联被评为自治区先进妇联组织。2002 年，1 人被自治区妇联授予“双学双比”先进女能手，同时授予“三八”红旗手称号。2003 年，有 2 人受到自治区表彰。蒲庙镇妇联主席梁爱荣被评为全国优秀妇联干部，并被授予全国“三八”红旗手称号。2004 年，有 2 人获自治区“双学双比”竞赛活动先进女能手称号，1 人获自治区“三八绿色优质工程”称号，1 人获自治区“三八绿色奖章”称号，李冬兰获全国“三八”红旗手称号。

“巾帼建功”竞赛

1991 年始，县妇联在城镇妇女中开展“巾帼建功”竞赛活动，动员广大城镇妇女在自己岗位上建功立业，女职工每年参赛率 90% 以上。1991 年至 2003 年，有 1 人被评为自治区“巾帼建功”竞赛活动先进个人；5 人被评为南宁市“巾帼建功”竞赛活动先进个人；县电业公司、建行邕宁县支行那元分理处、建行邕宁支行商场储蓄所、农行邕宁支行营业部等 17 个单位和岗位申报南宁市“巾帼文明示范岗”。2004 年，有 7000 名女职工参加“巾帼建功”创建活动，县人民医院妇产科获自治区“巾帼文明示范岗”称号，县妇幼保健院保健科等 6 个岗位获南宁市“巾帼文明示范岗”称号。1991 年至 2004 年，参赛女职工在各自工作岗位上开展“岗位练兵，岗位节支，争创一流成绩”等活动，共提出合理化建议 1292 条，被采纳 1138 条，创经济效益 28.50 万元；小改革 187 项，创效益 68 万元。

“三八”绿色工程

1991 年始，县妇联组织妇女开展绿化荒山，营造“三八”绿色工程林活动。至 2004 年，共发动县城机关、企事业单位女职工、女干部上山植树造林 3500 人次，挖树坑 3 万个，造“三八”工程林地 66.66 公顷，植树 46.66 公顷。那陈镇邕乐村卢柑红于 2002 年获全国“三八”绿色工程奖章，同时被授予全国“三八”红旗手称号。

维护妇女儿童合法权益

1992 年 4 月《中华人民共和国妇女权益保障法》颁布后，在全县范围内开展宣传月活动。是年，县妇联在县城组织各单位女干部职工代表 500 人，出动 11 辆宣传车上街巡游，宣传妇女权益保障法，并利用 5 个圩日上街开展法律咨询活动；在乡镇共印发宣传资料 2.50 万份，录制并发放妇女权益保障法宣传讲座录音带 30 盒，出动宣传车 22 辆（次）分别到各乡镇巡回宣传。1999 年，宣传《中华人民共和国预防未成年人犯罪法》，开展“法进万家，营造良好家庭，保护环境”宣传教育活动；对 21 个乡镇 32 个村在第二轮土地承包中涉及妇女儿童合法权益问题进行调查，写出调查报告，并提出合理化建议。2001 年，县妇联领导到县教师进修学校给学生讲授未成年人犯罪法、预防未成年人犯罪法、不让毒品进我家等知识；组织举办“预防艾滋病知识”和“预防毒品教育”培训班，参加培训 110 人。

1991 年至 2004 年，县妇联建立维权工作联系点 22 个，全县有乡镇维权服务站 21 个，社区维权服务站 48 个。共收到来信来访 1340 件（次），解决 924 件，转有关部门办理 264 件，解救被拐卖妇女儿童 213 人。

儿童工作

1991年，邕宁县家庭教育研究会成立，会员21人；各乡镇成立家教协会共21个，依托各中小学校建立家长学校893间。1992年，在全县开展“优生、优育、优教”“三优”知识竞赛，参加竞赛1.62万人次，征订“三优”书400册，印发家教资料1000份。1991年至1992年，举办幼师培训班18期，培训幼师1440人次。1995年5月，成立县儿童发展规划监测评估领导小组。1991年至2004年，累计为儿童捐款12.88万元，捐衣物、鞋1.50万件（双），赠送玩具20万件，送儿童读物5万本，慰问学校520所，慰问贫困儿童180名，送去慰问金5.30万元，为儿童免费体检17万人次。

“五好文明家庭”创建

1991年至1996年，中共邕宁县委把开展“五好文明家庭”（即政治思想、生产工作好；家庭和睦、尊敬老人好；教育子女、计划生育好；移风易俗、勤俭持家好；邻里团结、文明礼貌好）创建活动纳入全县精神文明建设总体规划，并作为全县创“三城”（即全国文明城市、国家卫生城市、国家森林城市）的一项内容来抓。6年间，全县评出“五好文明家庭”8.50万户，其中被评为南宁市最佳美好家庭1户、优秀美好家庭1户、美好家庭12户；“五好文明家庭”活动先进单位6个。选送3户家庭参加南宁市举办以家庭为主体的“家家乐”文化系列活动，有2户家庭获奖。

1997年至1998年，县妇联在全县范围内开展以“讲文明，树新风”为主题，创建文明家庭，做文明公民“美德进万家”系列宣传教育活动，全县评出“五好文明家庭”19.24万户。有11户家庭被评为“1997年度南宁市环境优美家庭”，有1户家庭被评为“南宁市节约用水家庭”。

1999年至2004年，评出邕宁县“五好文明家庭”46.19万户；被评为南宁市“五好文明家庭”24户，南宁市“绿化阳台，美化南宁”优秀家庭99户，南宁市“优秀家庭标兵”2户，南宁市“五好文明家庭”标兵10户，南宁市“五好文明家庭”创建活动先进单位13个。

“不让毒品进我家”活动

2001年至2004年，邕宁县开展家庭学法、防毒拒毒知识进万家活动，县妇联配合公安、文化等部门发放《家庭学法、防毒、拒毒知识竞赛》答卷103份；开展“不让毒品进我家”征文活动，收到200多份（篇）文稿，选送129篇上南宁市参赛。县妇联在全县范围内开展“不让毒品进我家”活动，与21万户居民签订“不让毒品进我家”承诺书。

第四节　残　联

机　构

1990年12月，成立邕宁县残疾人联合会。

邕宁县残疾人联合会（简称县残联）是中国残疾人联合会的地方组织，是将残疾人自身代表组织、社会福利团体事业管理机构为一体的残疾人事业团体。1991年，县残联内设办公室、康复扶贫股、文体宣传组织联络股3个股室，在职干部职工8人。下设残疾人服务社。1997年，县残联人员编制5名，其中理事长1名、副理事长1名。2001年至2005年3月，县残联设综合科、康复就业基金科，人员编制4名，在职干部职工4人。县残疾人联合会每届任期5年。县残联办公地址在县城仙葫半岛莫村路。

1991年至2005年3月县残联历任主席：张旺才，张光廷，李兆祥。

代表大会

1991年12月11日至12日，邕宁县残疾人联合会第一次代表大会召开，应到代表129名，实到会代表129名。大会选举产生邕宁县残疾人联合会第一届委员会主席团委员31名，名誉主席1名；推举理事长1名。一届一次全体委员会选举产生主席团主席1名，副主席6名，执行理事长2名。

1995年5月30日至31日，邕宁县残疾人联合会第二次代表大会在县政府第二会议室召开，应到代表102名，实到会代表101名。大会选举产生邕宁县残疾人联合会第二届委员会委员33名，名誉主席1名；推举理事长1名。二届一次全体委员会选举产生主席团主席1名，副主席9名，执行理事长1名。

2001年10月16日至17日，邕宁县残疾人联合会第三次代表大会在县政府第二会议室召开，应到代表121名，实到会代表121名。大会选举产生邕宁县残疾人第三届联合会委员会委员39名。三届一次全体委员会选举产生主席1名，副主席8名，理事长1名。

扶助与慰问残疾人

1991年，邕宁县有残疾人1.20万人，占全县总人口1.50%。2004年，全县残疾人1.40万人，占全县总人口1.50%。邕宁县注重做好残疾人扶助和慰问工作。

扶持发展生产　邕宁县以形式多样的扶持办法，对残疾人进行生产扶持。1991年至2004年，中国残联拨给邕宁县康复扶贫低息贷款150万元,用于扶持那马福利纸品厂和138户贫困残疾人发展生产；贫困残疾人家庭90户共获得小额贷款8.33万元；引导和扶持120户残疾人通过公司+农户方式种植玉芥菜；有596户残疾人家庭获"温饱工程"资金扶持17.88万元。

优惠政策　1999年起,邕宁县落实有关残疾人从事经商、就医、入学等方面优惠政策。至2004年,县工商部门对残疾人个体户1065户减免管理费共12.34万元；县税务部门对残疾人个体户1542户减免各项税款共35.82万元；县卫生医疗部门对残疾人就医按照20%减免挂号费、注射费、医疗费、手术费共648人次,减免各项医疗费共6.86万元；民政部门对残疾人特困户1.15万户（人）发放棉被3.26万件（套）；教育部门给残疾特困学生2045人减免学杂费共15.16万元；自治区、南宁市残联对县内23名特困残疾人儿童救助1.28万元。2002年至2004年，对列入最低生活保障的残疾人127人发给最低生活保障金共409万元。

领导干部"一帮一扶残"1998年始，全县副科级以上领导干部开展"一帮一"扶持残疾人脱贫工作。1998年至2004年,参加"一帮一"扶残脱贫工作副科级以上领导干部1612人次,有1612户（人）残疾人贫困户得到扶持，扶持资金（含物品折价）24.54万元。

慰问残疾人　每年春节和"助残日"期间，中共邕宁县委、县人民政府组织党政机关及社会各界开展慰问残疾人活动。1991年至2004年，县党政机关领导及社会各界人士慰问残疾人100户200人，慰问金1.41万元，捐赠衣服350件；在"助残日"收到社会各项捐款4125.90元。

残疾人就业

1991年至1998年，企事业单位安排残疾人就业共197人次。有11人次办理工商个体营业执照从事个体经营。1999 年至 2004 年，企事业单位录用和安排残疾人就业共 688 人次。

1991 年至 2004 年，按规定对残疾人干部职工比例低于 1.50% 的国家机关、企事业单位征收保障金，收取标准按上年干部职工平均工资标准 1.50% 执行。其间，对未能达到规定比例安排残疾人就业的 173 个企事业单位征缴保障金共 76.77 万元。

第五节 文 联

机 构

邕宁县文学艺术界联合会（简称县文联），是县文学艺术界联合组成的人民团体，1985 年 2 月恢复设立，是党和政府联系全县文艺工作者的桥梁和纽带。县文联对各团体会员开展联络、协调、服务工作。通过文艺创作、理论研究、学术交流、人才培训、书刊出版、文艺评奖和权益保护等项工作，领导和组织各类文艺团体及广大文艺工作者开展各项文艺活动，繁荣文艺创作，发展民间艺术，促进文化交流，推进全县文化事业全面发展。

1991 年，县文联主席、副主席为兼职，设驻会秘书长 1 人，设有文学、戏剧曲艺、音乐舞蹈、美术、书法、摄影、民间文艺 7 个协会。1996 年，县文联有会员 448 人，其中市级会员 58 人，自治区级会员 27 人，国家级会员 2 人。2001 年，县文联有会员 574 人，其中市级会员 72 人，自治区级会员 28 人，国家级会员 1 人。2004 年，县文联设有文学、戏剧曲艺、音乐舞蹈、美术、书法、摄影、民间文艺等 7 个协会，有会员 610 人。县文联办公地址在县城红星路。

1991 年至 2005 年县文联历任主席：卢君毅，卢定山，苏凯精。

代表大会

1991 年至 2004 年，县文学艺术界联合会先后召开代表大会 3 次。1991 年 11 月 30 日，召开邕宁县第三次文学艺术工作者代表大会，到会代表 149 人，大会选举产生县文联第三届组成人员；有文联协会会员 443 人。1997 年 12 月 11 日，召开邕宁县第四次文学艺术工作者代表大会，到会代表 110 人，大会选举产生县文联第四届组成人员；文联协会有会员 538 人。2003 年 12 月 30 日，召开邕宁县第五次文学艺术工作者代表大会，到会代表 143 人，特邀 25 人，大会选举产生县文联第五届组成人员；有文联协会会员 610 人。

文艺活动

《昆仑关》是县文联主办的文学期刊，创刊于 1962 年，始称《邕宁文艺》。1964 年，《邕宁文艺》停刊。1986 年复刊，更名《清水泉》。1991 年，《清水泉》更名《昆仑关》。1992 年至 2002 年，《昆仑关》期刊出版 17 期，每期发表文学作品约 40 篇（首）共 10 余万字。2003 年，县文联主办的《昆仑关》文学期刊停刊。

1993 年至 1996 年，卢定山有 7 部书法专著、2 部书法合著由广西美术出版社出版。李启梧、蓝一波作词，蓝一波作曲的歌曲《缫丝工之歌》于 1996 年 8 月获由中国音乐家协会等联合举办的世纪之声全国歌曲大赛银奖。1996 年，班继胤完成儿童长篇小说《100 分的故事》初稿，被南宁市列为 1997 年“五个一工程”重点项目。1999 年至 2001 年，县文联各协会发挥人才资源优势，抓好各类艺术人才培养，各协会举办各类文艺培训班 29 期，文艺创作取得丰硕成果。

第六节 侨 联

机 构

邕宁县归国华侨联合会（简称县侨联），是中共邕宁县委领导下由归侨、侨眷组成的全县性人民团体。1985 年 2 月，成立邕宁县侨眷港属联合会。1991 年，县归国华侨联合会下辖侨联小组 23 个，在职干部 2 人。1994 年 6 月，更名邕宁县归国华侨联合会。1997 年，县侨联人员编制 3 名，其中主席 1 名、专职副主席 1 名、秘书 1 名。2004 年，县侨联在职干部 2 人，下辖侨联小组 23 个。县侨联办公地址在县城红星路。

1991 年至 2005 年 3 月县侨联历任主席：黄碧娥（女），古华强，黄业春（女）。

代表大会

1991 年至 2004 年，邕宁县召开 3 次县归侨侨眷代表大会。

1994 年 6 月 23 日至 24 日，在县城召开邕宁县第三次归侨侨眷代表大会，出席会议代表 77 人。大会选举产生县侨联第三届委员会，主席 1 名，副主席 1 名。1999 年 6 月 24 日至 25 日，召开邕宁县第四次归侨侨眷代表大会，出席会议代表 53 人。大会选举产生县侨联第四届委员会，主席 1 名，副主席 2 名。2004 年 8 月 5 日，邕宁县第五次归侨侨眷代表大会在县城召开，57 名代表出席会议。大会选举产生县侨联第五届委员会委员 17 人，其中常委 7 人，主席 1 名，副主席 2 名。

侨情调查

2003 年，邕宁县对全县归侨、华侨、侨眷情况进行调查。2004 年，邕宁县归侨、华侨、侨眷主要有：旅居美国、英国、西德、伊朗、瑞士、泰国、加拿大、越南、新加坡、柬埔寨、新西兰、缅甸、澳大利亚、马来西亚、印度尼西亚等 32 个国家的侨胞、华人；从马来西亚、印度尼西亚、泰国、越南、缅甸等国回邕宁县的新、老归侨等。全县有新、老归侨 800 人，侨眷 3958 人；旅居国外华侨、华人 1456 人。驻县的自治区、南宁市单位归侨 1879 人，分别安置在县直 20 个厂矿企业，其中五合华侨林场有越南归侨 391 人，侨眷 150 人。

为侨界服务

邕宁县帮助侨界解决实际困难，维护归侨侨眷合法权益。1991 年至 2004 年，按规定解决侨界招工招干 50 人，农转非 10 户 23 人，协办出境定居 18 人，落实侨房 3 户，解救被拐归侨子女 2 名，运用法律手段解决归侨受侵权案 113 件；调处辖区内华侨农场、林场土地被周边群众侵占纠纷案 42 件，涉及土地 8293.33 公顷，全部得到调处并核发山界土地证；调解家庭纠纷 5 起；协调解决摊税负担过重 9 人；为侨界解决住房问题 12 户 45 人；帮助解决两地分居，调入县内工作 6 户 12 人；协调解决子女就业 35 人，安排季节工和临时工 80 人；协调解决子女入学 73 人；代海外侨胞、华人寻找亲人 6 件（次）；帮助解决寻找租房做生意 3 人；为“二侨”（归侨、侨眷）考生出具证明 344 人次；出具“二侨”身份证明 295 人次；协调解决 8 名退休职工工资待遇问题，使他们按规定领到 100% 退休工资；用救灾经费 10 万元兴建一栋“归侨住宅新区”平房，解决 15 户因洪灾无住房问题；帮助 154 户 467 人参加社会生活低保，每月补助生活费共 1.77 万元；协调解决 107 户 300 人生活困难，每户补助 3000 元；接待侨界来访 994 人次，来信 386 件（封），涉及生活、住房、工作、工资和子女入学等问题，处理办结率 100%。

第七节　科　协

机　构

1979 年 7 月，成立邕宁县科学技术协会。邕宁县科学技术协会（简称县科协）是中国科学技术协会的地方组织，是由全县性学会和乡镇科协组成的科学技术工作者群众组织，是中共邕宁县委领导下的人民团体。

1991 年，邕宁县科协设青少年科技活动中心，在职干部 3 人；下属乡镇科协 21 个；建有各类学会、研究会、协会 16 个，会员 1345 人。1997 年，县科协人员编制 5 名，其中主席 1 名、副主席 1 名。2004 年，县科协设综合股，在职干部 3 人，下设县青少年科技活动中心；全县有专业技术团体 18 个，其中学会 3 个、协会 15 个，会员总数 5570 人。

1991 年至 2004 年，县科协没有召开第二次协会会员代表大会，其领导人由县委任免（1981 年 1 月，县科协召开第一次协会会员代表大会，选举产生县科学技术协会第一届委员会组成人员）。县科协办公地址在县城红星路。

1991 年至 2005 年 3 月县科协历任主席：陈哲贤，韦均伦，苏春香（女）。

县家禽业协会　1992 年 6 月成立。1993 年被自治区科协授予"广西壮族自治区十佳专业技术协会"称号，1998 年被中国科学技术协会授予"全国星级农村专业技术协会"称号。

延安镇种植业技术协会　1999 年 5 月成立。协会引进"黑美人""金皇后""小红铃"等小型西瓜新品种，通过技术指导，使会员掌握大棚育苗嫁接技术和一年种植 2~3 造西瓜新办法，"黑美人"等小型西瓜品种成为当地主导产品，并辐射南宁市郊区及周边乡镇，增加农民收入。2000 年 10 月，被自治区科协授予"广西壮族自治区星级农村专业技术协会"称号。

县红日金果种植业技术协会　2002 年 6 月成立。协会通过创办新品种种植示范基地，推广自行繁育的种子、种苗，刊发《红日农业科技》专册，建立乡镇技术合作服务网络，定期举办技术培训班，帮助会员免费上网推介农产品销售信息等。

县电机工程学会　1991 年 12 月成立。协会坚持在会员中开展以技术创新和提高经济效益为主题的活动，组织会员投入邕宁县电网现代化和供用电科学管理工作。2002 年，邕宁县被国家计委、国家电力总公司授予"农村电网建设与改造工作先进县"称号。

讲理想比贡献

1991 年至 2004 年，县内各厂矿科协、学会开展讲理想比贡献活动，组织广大科技工作者为企业提出合理化建议，组织技术攻关，推广科技成果。

伶俐糖厂科协组织科技人员进行降低煤耗技术攻关，使 1993 年至 1994 年榨季节约用煤 2169 吨，节约开支 78 万元。1999 年 2 月至 2001 年 5 月，县电机工程学会 67 名会员利用大量休息日，投入到农村电网建设与改造工作，降低线路损耗，生活用电及工业用电平均每千瓦时分别降低了 0.27 元和 0.12 元。2003 年至 2004 年，农村生活用电 4219 万千瓦时，工业用电 7326 万千瓦时，每年减少群众负担 2115 万元。

实施素质工程

1991年至1997年，县科协采用个人申请、村级推荐，乡镇审核、县组织评审的办法开展技术评审活动，共评定初级、中级农民技术员395名。1998年后，没有开展农民技术员评审工作。1991年至2004年，组织开展科学技术推广和普及工作，提高会员科学技术水平，举办各种实用技术培训班和专题讲座8570期，培训84万人次。

科普宣传

各级科协在每年1月、5月、10月分别组织开展“科技活动周”“科普活动周”“十月科普大行动”等科普专题活动。

1991年至2004年，县科协与县电影公司联合举办第二届农村科教电影汇映活动，放映250场，观众18万人次；组织专家深入苏圩镇敬团村桥头坡解决2万株多年开花不结果的龙眼生产技术难题，多次举办技术培训班，让群众掌握龙眼果树各个时期的管理技术，使龙眼连年获得丰收；在县体委球场举行以“反对邪教、破除迷信、崇尚科学、传播文明”为主题的反邪教活动，县党政机关、企事业单位干部、职工、学校师生等各界群众1万人参加签名活动，在县城、乡镇、开发区举办《崇尚科学文明、反对封建愚昧》图片展25场，观众4.60万人次；举办100场科技、文化、卫生“三下乡”、八桂“万里行”暨邕宁县2004年“十月科普大行动”启动仪式。其间，自治区科普工作队在全县21个乡镇开展科普宣传及文艺演出20场次，接待群众咨询1.50万人次，印发科技书籍资料、发放药具6万份（件、册）。

引进和推广新技术

1991年至1995年，县科协承担中国科协与联合国儿童基金会“加强贫困地区青少年课外科技教育”和“社区非正规教育”合作项目，利用举办科普展览、科技讲座、科技培训、放映科教电影、录像、印发资料等形式，对青少年进行科技教育，普及科学知识。举办科普展览4次，观看4000人次；巡回宣传300次，观众6.60万人次；举办科技讲座25次，听众2.16万人次；放映科教电影、录像46场，观众1.43万人次；印发资料1.54万份；举办实用技术培训班64次，培训9400人次；培训科技辅导员7次，培训350人次；举办科普月活动6次，参加22.52万人次；举办科技竞赛6次，参赛7100人；举办其他科技活动5次，参加1.06万人次。

2000年4月，引进重庆市裕康中心的快速养猪技术，通过在蒲庙镇良信村那粒坡进行饲养试验，发现该项技术具有省时省工、方法简便、降低成本、效益显著的特点。经县政府同意，在全县202个行政村4700户群众中推广应用，参加示范饲养的生猪有1.10万头，料肉比达到1 ∶ 0.33。示范期间，裕康中心出动技术员314人，举办技术培训班690期，有2.78万人掌握了该项技术。

2003年，县科协协同镇龙乡、县畜牧水产局引进塘角鱼养殖项目，年底，参加养殖群众170户，饲养水面16.80公顷，投放鱼苗300万尾，产量192吨，每亩实现利润5000~10000元。

科学种养

1991年，邕宁县建立3个科技示范镇，108个科技示范村（坡），110个百亩以上连片水果示范场，2280户科技示范户（专业户），通过示范引领，带动和促进全县95%以上农户讲科学、学科学和用科学，大批农业实用技术得到推广应用并取得较好的经济效益。全县农民人均纯收入从1991年的713元，增至2004年的2844元。1991年至2004年，邕宁县通过实施科技下乡，使广大农民受到科技知识的普及；通过科技培训，使每个农户有1人以上掌握1~2门实用技术。1991年邕宁县获全国科技工作先进县。2004年，邕宁县获科技部“2001年至2002年度全国科技进步先进县”和“全国科技进步示范县”。2003年、2004年获广西经济发展十佳县。

青少年科技教育

邕宁县每年10月组织开展青少年“爱科学月”活动。由县科协和县教育局、团县委联合举办，组织中小学生开展“小发明、小设计、小制作、小实验、小论文”活动。

1991年至2004年，邕宁县数理化学会与各中小学校密切配合，累计举办科普讲座58次，参加6800人次；组织参观科普展览30次，观众1万人次；举办青少年科技夏令营3次，参加人数180人；组织校外科普宣传活动82次，参加7680人；组织参加市级以上竞赛4.80万人次，其中获得国家级奖励58人次、自治区级奖励286人次、市级奖励426人次。参与“爱科学月”活动师生63.50万人次，收上各类作品2.30万件（项），送展（评比）1076件，有255件作品受到南宁市级以上奖励。其中，1992年8月，大塘中学学生黄兆兰“新颖信封”获全国青少年发明创造三等奖。1998年4月，大塘中学生物小组作品《竹节虫》获广西第五届生物与环境科学实践活动优秀项目评比一等奖；蒲庙中学学生李明珠撰写的《无情覆盖》科学小论文获广西第十二届创造发明科学论文三等奖。1999年11月，大塘中学生物小组实施《大塘地区竹节虫种类分布调查报告》项目，获第五届全国青少年生物和环境科学实践活动优秀项目三等奖。2004年8月，邕宁中学《保护母亲河——关于邕宁八尺江水质污染的调查报告》，获全国青少年科技创新大赛优秀活动二等奖。

第十三篇

人大 | 政府 | 政协

第一章 人民代表大会

1950年2月，设立邕宁县各界人民代表会议，是革命政权建立初期人民行使权力的机关。至1954年，县各界人民代表会议共召开5届会议。1954年6月，邕宁县设立县、乡（镇）两级人民代表大会，是地方国家权力机关。邕宁县人民代表大会（简称县人大）是邕宁县最高权力机关。1981年第七届县人民代表大会按规定成立县人大常委会，此后人大选举工作由县人大常委会直接领导。至1989年，县人大共召开4届大会。1990年9月至2005年3月，先后召开邕宁县第十届、第十一届、第十二届和第十三届人民代表大会，对现行法律法规执行情况进行督查；召开人大常委会议116次，研究人大工作和听取、审议“一府两院”（县人民政府、县人民法院、县人民检察院）工作汇报，相应作出决议、决定和审议意见；依法对县人大机关及“一府两院”工作人员进行任免，共任命511人，免职282人。1991年至1993年，县人民代表大会及其常务委员会每届任期3年；1993年12月起，每届任期5年。乡镇人民代表大会设立乡镇人民代表大会主席团。1991年至2002年，乡镇人民代表大会每届任期3年；2002年后，乡镇人民代表大会每届任期5年。

第一节 机 构

邕宁县人民代表大会设常务委员会（简称县人大常委会），负责县人民代表大会日常工作及事务，下设若干个工作机构。1991年至2004年，先后历经邕宁县第十届、第十一届、第十二届和第十三届人大常委会。办公地址在县城红星路。县人大常委会与中共邕宁县委、县人民政府、政协邕宁县委员会在同一大院办公。县人大常委会有独立一幢3层办公楼。

县人民代表大会常务委员会

1990年9月至1993年12月，邕宁县第十届人大常委会有主任1人，副主任5人，常委会委员19人。1993年12月至1999年1月，邕宁县第十一届人大常委会有主任1人，副主任4人，常委会委员17人（其中届中补选常委会委员3人）。1999年1月至2002年10月，邕宁县第十二届人大常委会有主任1人，副主任6人，常委会委员14人（其中届中补选副主任2人）。2002年10月至2005年3月，邕宁县第十三届人大常委会有主任1人，副主任4人，常委会委员16人（其中届中补选常委会委员3人）。

1991年至2005年3月邕宁县人民代表大会常务委员会历届主任副主任表

表13-1-1-1

届 别	职 务	姓 名	性别	民族	籍 贯	任职起止年月
邕宁县第十届人大常务委员会	主 任	莫南盛	男	壮族	邕宁吴圩	1990-09—1993-12
	副主任	王玉娇	女	壮族	邕宁五塘	1990-09—1993-12
		覃廷杉	男	壮族	邕宁苏圩	1990-09—1993-12
		王汝成	男	壮族	邕宁五塘	1990-09—1992-05

续表

届别	职务	姓名	性别	民族	籍贯	任职起止年月
邕宁县第十届人大常务委员会	副主任	孙明华	男	壮族	邕宁中和	1990-09—1993-12
		刘盛周	男	汉族	南宁江西	1990-09—1993-12
邕宁县第十一届人大常务委员会	主任	黄参光	男	壮族	邕宁那楼	1993-12—1999-01
	副主任	王玉娇	女	壮族	邕宁五塘	1993-12—1999-01
		覃廷杉	男	壮族	邕宁苏圩	1993-12—1999-01
		刘盛周	男	汉族	南宁江西	1993-12—1999-01
		邓能超	男	壮族	南宁坛洛	1993-12—1999-01
邕宁县第十二届人大常务委员会	主任	王标文	男	汉族	广东化州	1999-01—2002-10
	副主任	杨玉宗	男	壮族	邕宁蒲庙	1999-01—2002-10
		钟妙玲	女	汉族	广西北流	1999-01—2000-11
		王如谋	男	壮族	邕宁那楼	1999-01—2002-01
		卢定山	男	汉族	邕宁蒲庙	1999-01—2002-10
		邓锋	男	壮族	邕宁南阳	2001-01—2002-10
		滕美如	女	壮族	邕宁五塘	2001-01—2002-10
邕宁县第十三届人大常务委员会	主任	王标文	男	汉族	广东化州	2002-10—2005-03
	副主任	杨玉宗	男	壮族	邕宁蒲庙	2002-10—2005-03
		赵鸿飞	男	汉族	吉林四平	2002-10—2005-03
		滕美如	女	壮族	邕宁五塘	2002-10—2005-03
		陆彬	男	汉族	广西宾阳	2002-10—2005-03

县人大常委会工作机构

1991年，县人大常委会工作机构设办公室、法制工作委员会、财政经济工作委员会、教育科学文化卫生工作委员会、代表联络工作委员会，县人大机关人员编制27名（含人大常委会主任、副主任编制）。2001年12月，撤销县人大常委会代表联络工作委员会，县人大机关人员编制27名（含人大常委会主任、副主任编制）。2002年11月，县法制工作委员会改设县人大内务司法工作委员会，县人大机关人员编制22名（含人大常委会主任、副主任编制）。2004年，县人民代表大会常务委员会工作机构设办公室、财经工作委员会、教科文卫工作委员会、内务司法工作委员会，县人大机关人员编制22名（含人大常委会主任、副主任编制）。

1991年至2005年3月，县人大常委会各工作委员会分别设主任1名、副主任1名。邕宁县人大常委会机关办公地址在县城红星路。

1991年至2005年3月县人大办公室历任主任：林雅昌，韦喜忠。

1991年至2005年3月县人大财政经济工作委员会历任主任：韦癸酉，陆治适，黄礼生，陆武辉。

1991年至2005年3月县人大教科文卫工作委员会历任主任：吴贵华，劳冠元，陆治适，王宪周，张桂萍（女）。

1991年至2001年12月县人大代表联络工作委员会历任主任：李耀山，陆治适，梁德谷，王宪周。

1991年至2002年11月县人大法制工作委员会历任主任：杨正义，赖启弟，陆彬。

2002年12月至2005年3月县人大内务司法工作委员会历任主任：李文阁。

乡镇人民代表大会

1991年，全县设有21个乡镇人民代表大会，乡镇人民代表大会设立主席团，配备专职常务主席1人，工作人员1~2人，一般为兼职，也有个别乡镇是专职，负责人大工作日常事务。1995年2月修改后的《地方组织法》规定，乡镇人大设主席、副主席，主席、副主席为人大主席团成员。1999 年乡镇人大换届，乡镇人大主席由乡镇党委书记兼任，设 1 名专职副主席，1 名兼职工作人员，负责处理人大工作日常事务。2002 年乡镇人大换届，乡镇人大主席仍由乡镇党委书记兼任，另设 2 名人大专职副主席，1 名兼职工作人员，设办公室处理人大日常事务。乡镇人大主席、副主席任期与本级同届人民代表大会相同。1991 年至 2002 年，每届乡镇人民代表大会任期 3 年。2002 年后，乡镇人民代表大会与县级人民代表大会任期相同，每届任期 5 年。

1991 年至 2004 年，县人大常委会领导每年都应邀到所联系乡镇指导并列席乡镇人大召开的例会，与乡镇人大领导研究安排好会议。指导所联系乡镇人大开好主席团会议，听取乡镇政府及政府有关职能部门工作汇报。每次乡镇人大换届选举，县人大常委会领导根据中共邕宁县委部署，制定全县乡镇人大换届选举工作方案，派出人员抓好乡镇人大换届选举试点工作，并推广试点经验，指导各乡镇人大做好换届选举工作。坚持执行邀请乡镇人大领导列席县人大常委会会议制度。

1991 年至 2005 年 3 月，邕宁县各乡镇历任人大主席：蒲庙镇马腾润、廖思云、邓承森、薛建秋；良庆镇（乡）梁国升、李镇宙、孙朝南、磨瑛津（女）、黄朝浩；那马镇（乡）周辉、冯金宝、李振权、黄均梅（女）；新江镇（乡）黄仪才、施显伟、李增忠、杨荣维、杨俊康、何小白；百济乡黄柏灵、玉昭统、李大高、玉品升、蒙东山；那楼镇（乡）黄元伦、玉达勉、孙登作、陆武辉、陆元锦；镇龙乡杨正烈、李日佔、黄正本、黄彩凤（女）、黄守刚、黄战声；刘圩镇（乡）陆荣意、梁善富、雷运玉、黄智、黄精华；中和乡孙德谷、孙子举、何月容（女）、黄武昌、李开安、陆中明；南阳镇（乡）施子肖、施大训、韦爱任（女）、苏桂庆、黄国胜；伶俐镇（乡）陆怡盛、陆增杰、陈庆登、李达周；长塘镇（乡）梁运柒、王大能、孙增榜、李俊裕、李少珊（女）、黄飞宗；四塘镇（乡）、潘福添、梁福善、黄汉锋、陈增强；五塘镇龚秉田、李起瑶、王汝就、潘祥楚、龚选林；昆仑镇（九塘乡）粟宗奎、甘良志、胡大同、李加伶、滕达初；吴圩镇玉可敢、麻玉武、苏耀发、李瑞荣、钟正宁、黄奕信；苏圩镇谢成庆、苏耀佩、邓健民、曾月清；延安镇（乡）梁明孙、李杰林、潘泽朝、黎康明、黄志春、李仕学；那陈镇（乡）周恩增、莫刚帮、李伟、黄朝浩、李兴义；大塘镇（乡）黄安昌、黄洋明、何树模、农建学、韦煊才；南晓镇（乡）张明镜、黄有金、钟正宁、陈应进。1991 年 1 月至 1991 年 2 月大王滩乡人大主席：潘泽朝。

第二节　人大代表

每届县人民代表大会代表一般有 300~350 名。乡镇人民代表大会代表一般有 60~120 名，小的乡镇代表较少，大的乡镇代表较多，其名额根据选举法关于“乡、民族乡、镇的代表名额基数为 40 名，每 1500 人可以增加 1 名代表；人口超过 9 万的乡、民族乡代表总名额不得超过 100 名；人口超过 13 万人的镇代表总名额不得超过 130 名；人口不足 2000 人的乡、民族乡、镇的代表总名额可以少于 40 名”的规定由县级确定。县人民代表大会代表由不同层级、不同方面人员按一定比例结构组成，并通过各选区选民选举产生。县第十届人民代表大会 349 名人民代表中：男代表 273 名，占代表总数（下同）78.22%；女代表 76 名，占 21.78%；中共党员代表 255 名，占 73.07%；无党派人士代表 94 名，占 26.93%；农民代表 243 名，占 69.63%；干部代表 103 名，占 29.51%；工人代表 4 名，占 1.15%；知识分子代表 53 名，占 15.19%；归国华侨代表 2 名，占 0.57%。县第十一届人民代表大会 348 名代表中：男代表 266 名，占 76.44%；女代表 82 名，占 23.56%；中共党员代表 261 名，占 75%；无党派人士代表 87 名，占 25%；农民代表 195 名，占 56.03%；干部代表 134 名，占 38.51%；工人代表 18 名，占 5.17%；知识分子代表 62 名，占 17.82%；归国华侨代表 1 名，占 0.29%。县第十二届人民代表大会 308 名代表中：男代表 228 名，占 74.03%；女代表 80 名，占 25.97%；中共党员代表 214 名，占

69.48%；民主党派代表1名，占0.32%；工人代表4名，占1.30%；农民代表175名，占56.82%；干部代表120名，占38.96%；知识分子代表4名，占1.30%；归国华侨代表1名，占0.32%；军人代表1名，占0.32%；其他代表3名，占0.97%。县第十三届人民代表大会318名代表中：男代表245名，占77.04%；女代表73名，占22.96%；中共党员代表239名，占75.16%；民主党派和无党派人士代表79名，占24.84%；工人代表1名，占0.31%；农民代表167名，占52.52%；干部代表127名，占39.94%；知识分子代表15名，占4.72%。县人民代表大会会议议程一般是：听取、审查并批准县政府、县人大常委会、县法院、县检察院的工作报告和县政府财政预算报告；选举产生新一届县人大常委会、县政府领导班子和县法院院长、县检察院检察长。乡镇人民代表大会会议议程一般是：听取、审查并批准乡镇政府、人大常委会的工作报告和乡镇政府财政预算报告；选举产生新一届乡镇人大常委会、乡镇政府领导班子。县和各乡镇每年均召开一次或两次本级人民代表大会（有选举任务的年份召开2次）。除每届召开的第一次会议有选举任务外，每年第一季度召开的县、乡镇人大例会主要是听取、审查和批准相关工作报告。

1991年至2004年，县、乡镇两级人民代表大会代表认真学习宪法和法律法规、党和国家方针政策，以及上级人大及其常委会的决议、决定；模范遵守宪法和法律；按时出席人民代表大会会议，认真审议大会各项议案、报告并发表意见，积极提出议案和建议等，行使好大会期间的各项职权；积极参加闭会期间人大组织的培训学习、视察、专题调研、执法检查、评议“一府两院”专项工作等各项活动；保持与选民的密切联系，通过走访、座谈、接待选民等多种形式，认真听取和反映选民意见和要求，努力为人民服务；在生产、工作和社会活动中，积极发挥模范带头作用和代表作用，协助本级人民政府推进工作。

1991年至2004年，邕宁县人大常委会组成人员与人大代表联系方式，主要是通过召开人民代表大会、邀请部分代表列席常委会会议、办理代表来信来访、走访代表、参加代表小组活动等进行。县人大常委会办公室定期为人大代表寄送《邕宁人大》刊物，向代表介绍县人大常委会工作情况和各地人大工作经验。

第三节 历届县人民代表大会会议

1990年9月至2005年3月，邕宁县第十届、第十一届、第十二届和第十三届县人民代表大会分别召开4次、7次、5次和3次全体代表会议。

第十届人民代表大会

1990年9月7日至12日，在县政府礼堂召开邕宁县第十届人民代表大会第一次会议，应到会代表349名，出席会议代表347名。会议听取、审查并批准县政府、人大常委会、法院、检察院的工作报告。大会选举产生：县人大常委会主任1名（莫南盛），县政府县长1名（黄家范），县法院院长1名（何创荣），县检察院检察长1名（陈祥江），县人大常委会副主任5名（王玉娇、覃廷杉、王汝成、孙明华、刘盛周），县政府副县长6名（尹彤、钟妙玲、张旺才、王波、邓能超、梁胜祥），县人大常委会委员19名。

县第十届人民代表大会第一次会议闭幕后，分别于1991年3月16日至24日、1992年2月24日至29日、1993年2月9日至13日，先后召开第二次、第三次和第四次全体代表会议，其中第四次会议听取、审查并批准县政府关于调整邕宁县第八个五年计划和十年规划指标报告。

第十一届人民代表大会

1993 年 12 月 9 日至 13 日，在南宁地区蒲庙水泥厂礼堂召开县第十一届人民代表大会第一次会议，应到会代表 348 名，出席会议代表 348 名，列席人员 111 名。会议听取、审查并批准县政府、人大常委会、法院、检察院的工作报告和县政府财政预算报告。大会选举产生：县人大常委会主任 1 名（黄参光），县政府县长 1 名（陆荣发），县法院院长 1 名（何创荣），县检察院检察长 1 名（陈祥江），县人大常委会副主任 4 名（王玉娇、覃廷杉、刘盛周、邓能超），县政府副县长 5 名（张光廷、张宣东、李烜、钟妙玲、王如谋），县人大常委会委员 14 名。

县第十一届人民代表大会第一次会议闭幕后，分别于 1994 年 3 月 25 日至 28 日、1995 年 2 月 22 日至 25 日、1995 年 8 月 25 日至 26 日、1996 年 1 月 31 日至 2 月 2 日、1997 年 1 月 22 日至 24 日和 1998 年 2 月 7 日至 9 日，先后召开第二次至第七次全体代表会议，各次会议听取、审查并批准县政府、人大常委会、法院、检察院工作报告和县政府的财政预算报告，其中第五次会议批准县政府关于邕宁县国民经济和社会发展“九五”计划和 2010 年远景目标纲要草案的报告，会议补选县政府县长 1 名（张国环），补选县十一届人大常委会委员 3 名。

第十二届人民代表大会

1999 年 1 月 12 日至 16 日，在县政府礼堂召开县第十二届人民代表大会第一次会议，应到会代表 308 名，出席会议代表 308 名，列席人员 113 名。会议听取、审查并批准县政府、人大常委会、法院、检察院工作报告和县政府财政预算报告；大会选举产生：县十二届人大常委会主任 1 名（王标文），县政府县长 1 名（罗大光），县法院院长 1 名（张大义），县检察院检察长 1 名（白勇），县人大常委会副主任 4 名（杨玉宗、钟妙玲、王如谋、卢定山），县政府副县长 4 名（张光廷、胡书文、卢学智、李碧兰），县人大常委会委员 14 名。

县第十二届人民代表大会第一次会议闭幕后，分别于 2000 年 1 月 25 日至 27 日、2000 年 8 月 11 日至 12 日、2001 年 1 月 11 日至 13 日、2002 年 1 月 21 日至 24 日，先后召开第二次至第五次全体代表会议，各次会议听取、审查并批准县政府、人大常委会、法院、检察院工作报告，县政府财政预算报告。第四次会议批准县政府关于邕宁县国民经济和社会发展“十五”计划纲要（草案）的报告，补选县十二届人大常委会副主任 2 名（邓锋、滕美如）。

▲邕宁县政府礼堂正门　（滕永杰　摄）

第十三届人民代表大会

2002 年 10 月 21 日至 26 日，在县政府礼堂召开县第十三届人民代表大会第一次会议，应到会代

表318名，出席会议代表318名，列席人员118名。会议听取、审查并批准县政府、人大常委会、法院、检察院工作报告和县政府财政预算报告；大会选举产生：县十三届人大常委会主任1名（王标文），县政府县长1名（温达勤），县法院院长1名（张大义），县检察院检察长1名（陈国庆），县人大常委会副主任4名（杨玉宗、赵鸿飞、滕美如、陆彬），县政府副县长7名（黄展邦、王洲、邓健民、李少珊、梁斌、李华汉、韦斌华），县人大常委会委员16名。

县第十三届人民代表大会第一次会议闭幕后，分别于2003年2月21日至24日、2004年2月23日至26日，先后召开第二次、第三次全体代表会议，各次会议听取、审查并批准了县政府、人大常委会、法院、检察院工作报告和县政府财政预算报告。

附：当选全国与自治区人大代表

1991年至2005年3月，邕宁县当选全国第九届、第十届人民代表大会代表共3人，当选自治区第八届、第九届、第十届人民代表大会代表共14人。

全国人民代表大会代表 邕宁县当选全国第九届（1997年至2002年）人民代表大会代表1人：宋集思，驻县广西华宏水泥股份有限公司。当选全国第十届（2003年至2007年）人民代表大会代表2人：王永域，驻县广西华宏水泥股份有限公司；韦清文，广西黑五类集团。

自治区人民代表大会代表 邕宁县当选自治区第八届（1993年至1997年）人民代表大会代表4人：黄家范、吴方雄、黄文养、廖娇莲（女）。当选自治区第九届（1998年至2002年）人民代表大会代表5人：张国环、滕美如（女）、杨程、曾月生、梁月凤（女）。当选自治区第十届（2003年至2007年）人民代表大会代表5人：温达勤、莫善东、李仕宁、宁俊、雷肖莲（女）。

第四节　人事任免　重大事项决定

人事任免

1991年至2005年3月，邕宁县人大常委会依法任命县人民政府代县长4名、副县长25名，接受辞去县人民政府县长职务5名、辞去副县长职务9名；任命县人民政府职能部门负责人（行政单位正职领导）189名、免去领导职务101名；任命县人大常委会办公室和各工委主任、副主任51名，免去职务36名；任命县人民法院代院长1名，副院长、审判委员会委员、庭长、副庭长、审判员176名，免去职务107名；任命县人民检察院代检察长2名，副检察长、检察委员会委员、检察员63名，免去职务24名。其中2002年县人大常委会依法任命县人民政府代县长1名，副县长2名，接受辞职的县长1名，副县长1名；任命县人民政府职能部门行政单位正职领导26名，免去职务16名；任命县人大常委会办公室及其各工委领导共8名，免去职务共8名；任命县人民法院院长、副庭长和审判员17名，免去职务37名；任命县人民检察院代检察长、副检察长、检察委员会委员、检察员6名，免去职务11名。

重大事项决定

任期内的各届邕宁县人大常委会通过召开县人民代表大会、人大常委会会议等方式，听取和审议“一府两院”的工作报告或工作汇报，对重大事项作出相应决议、决定和审议意见。同时，对农业基础地位、工业、乡镇企业、开发区建设、文化、教育、科学、卫生、计划生育、廉政建设和社会治安等方面工作重点进行督促检查。1991年至2005年3月,县人大常委会先后召开常委会议116次。第十、第十一、第十二、第十三届人大常委会听取和审议县人民政府、县人民法院、县人民检察院的工作报告和工作汇报共138项（次），通过决议、决定55项，提出审议意见120项。其中，2003年县人大常委会听取和审议“一府两院”工作汇报112项，作出决议、决定2项，审议意见11项，交县人民政府、县人民法院和县人民检察院落实。

第五节　依法监督

举办法律学习班

1991年至2004年，县人大常委会举办法律学习班6期，组织全县各级人大领导干部学习《中华人民共和国宪法》《中华人民共和国全国人民代表大会及地方各级人民代表大会组织法》《中华人民共和国农业法》《中华人民共和国税法》《中华人民共和国环境保护法》《中华人民共和国行政处罚法》《中华人民共和国全国人民代表大会及地方各级人民代表大会代表法》《中华人民共和国全国人民代表大会及地方各级人民代表大会选举法》《自治区乡（镇）人大工作条例》等法律法规，参加学习的各级领导干部累计1000人次。

执法检查

1991年至2004年，县人大常委会组织县人大代表分别对《中华人民共和国农业法》《中华人民共和国水法》《中华人民共和国义务教育法》《中华人民共和国教师法》《中华人民共和国环境保护法》《中华人民共和国刑法》《中华人民共和国工会法》等法律法规执行情况进行执法检查，对出现的水污染、教师人员编制不足和执法过程中存在的一些问题，督促有关部门认真贯彻执行相关法律法规，及时纠正解决。

工作监督

1991年至2004年，各届人大常委会通过召开县人民代表大会、人大常委会会议和组织代表视察等形式，组织县人大代表分别对县政府和县法院、检察院等单位进行评议，评议内容主要是发展工业生产、抓好农业综合开发、开发区建设、生态文明村建设、发展教育和交通事业、搞好社会治安综合治理、依法行政、公正司法等方面的工作。对由县人代会选举产生和县人大常委会任命的干部进行述职评议。抓好人大代表议案、建议、批评和意见的办理督查工作。每次召开人大会议后，常委会认真整理代表提出的议案、建议、批评和意见，及时转交县政府、县法院、县检察院及有关部门办理，并对每件议案、建议、批评和意见落实情况进行督促检查。办理代表及人民群众的来信来访。1994年建立县人大常委会领导信访接待日制度，坚持每周星期二由一名常委会领导接待人大代表和群众来访。对日常信访件，常委会办公室和各工作委员会按照工作分工及时做好登记、办理或转办工作，并对重要信访件进行督办。

代表视察

1991年至2004年，邕宁县人大常委会坚持每年组织开展人大代表视察活动2次的制度，参加的代表有驻邕宁县的自治区、南宁市全体代表和部分县代表。视察内容有：县工农业生产、农副产品流通、水利建设、公路建设、教科文卫事业、私营企业、农村电网改造、小城（镇）建设、生态文明村建设、社会治安综合治理、环境保护、开发区建设和县政府每年为民办实事落实情况等。视察程序一般为听取有关部门领导工作汇报，深入现场了解情况，听取干部群众的意见、建议等。

工作调研

1991 年至 2004 年，县人大常委会每两个月组织开展 1~2 次人大工作调研活动。会前通常组成调查组，围绕会议议题，深入乡镇及县直有关部门，采取召开座谈会、听取汇报、实地察看、征求意见等形式开展调查研究。常委会共对县政府、县法院、县检察院的工作开展专题调查 138 项，写出调查汇报 140 篇。其中，1994 年 7 月，县政法委带领县公安局、法院、司法局和水电局、农业局、人大法工委等 12 个单位共 40 人，落实县人大关于要求拆除大王滩第一副坝违章建筑的调查报告，第二次强制拆除大王滩第一副坝与排洪道之间的违章建筑 15 间，维护大王滩副坝的安全，提升防洪泄洪能力。

第六节　代表议案与建议

邕宁县人民代表大会历次会议均安排与会代表 10 人联名提议案、建议、批评和意见，并在规定截止时间内提交，经大会议案审查委员会审查，符合立案条件的立案，不符合立案条件的转作建议、批评和意见。

1991 年至 2004 年，各届人大代表会议代表提出议案累计 460 件，经大会议案审查委员会审查，符合立案条件立案的有 20 件，不符合立案条件全部转作建议、批评和意见的有 440 件。各届人大代表会议代表提出建议、批评和意见累计 1344 件，加上代表提出不符合立案条件的议案转作建议、批评和意见共 1784 件。各届人大代表提出的议案、建议、批评和意见涉及政治、经济、文化、社会生活等方方面面，如《关于尽快建成雅王新市亭的建议》《要求政府采取有力措施，在春耕到来前让化肥、农药、农用膜等农业生产资料价格有所回落，以减轻农民负担的建议》《要求县政府关心那楼人畜饮水困难问题的建议》《关于蒲庙—长塘—伶俐的公路柏油问题的建议》《建议安装蒲庙糖厂至县城路灯的方案》等。对各届人大代表提出的议案、建议、批评，县人民政府在大会结束后及时落实承办部门、单位和人员，按照议案办理制度，在规定时间内办理并分别答复有关代表。1991 年至 2004 年，解决和基本解决人大代表提出的议案、建议、批评、意见 1672 件，占议案、建议、批评、意见总数的 92.70%；暂不具备条件或因政策问题无法解决的有 132 件，占 7.30%。

第二章　人民政府

1991年至2004年，邕宁县人民政府坚持以经济建设为中心，围绕“一城两岸三区四线”（建设一座大学城、邕宁段邕江两岸、三个开发区、四条二级公路沿线）发展战略开展工作。注重调整优化产业结构，加大改革开放和招商引资力度，各项事业全面发展。2003年、2004年，邕宁县连续两年被评为广西经济十强县。

第一节　机　构

1991年至2005年3月，邕宁县人民政府历经第十届、第十一届、第十二届、第十三届。邕宁县人民政府办公地址在县城红星路。县人民政府与中共邕宁县委、县人大常委会、政协邕宁县委员会在同一大院办公。县人民政府有独立一幢5层办公楼。

邕宁县人民政府

第十届县人民政府从1990年7月至1993年12月，设县长1人，副县长6人。第十一届县人民政府从1993年12月至1999年1月，设县长1人，副县长5人。第十二届县人民政府从1999年1月至2002年10月，设县长1人，副县长4人。第十三届县人民政府从2002年10月至2004年，设县长1人，副县长7人。每届届中，县政府领导均有少量调整，人数相应变动。

1991年至2005年3月，邕宁县人民政府历经4届，县长、副县长由县人民代表大会选举产生，历任县长5人，副县长36人。

1991年至2005年3月邕宁县人民政府历届县长副县长任职情况表

表13-2-1-1

届　别	职　务	姓　名	性别	民族	籍　贯	任职起止年月	备注
邕宁县第十届人民政府	县　长	黄家范	男	壮族	邕宁那陈	1990-09—1993-12	
	副县长	尹　彤	男	汉族	广东东莞	1990-09—1991-04	
		钟妙玲	女	汉族	广西北流	1990-09—1993-12	
		张旺才	男	壮族	邕宁南阳	1990-09—1993-12	
		王　波	男	壮族	广西德保	1990-09—1993-12	
		邓能超	男	壮族	南宁坛洛	1990-09—1993-12	
		梁胜祥	男	壮族	邕宁长塘	1990-09—1993-12	
		张宣东	男	汉族	广东潮安	1992-01—1993-12	
		李树纪	男	汉族	广西河池	1992-04—1993-12	
		王如谋	男	壮族	邕宁那楼	1992-04—1993-12	
		王　钢	男	汉族	辽宁盖县	1992-12—1993-12	
		陆荣发	男	壮族	广西武鸣	1993-12—1993-12	

续表

届　别	职　务	姓　名	性别	民族	籍　贯	任职起止年月	备注
邕宁县第十一届人民政府	县　长	陆荣发	男	壮族	广西武鸣	1993-12—1995-11	
		张国环	男	壮族	广西武鸣	1995-11—1996-02	代理县长
		张国环	男	壮族	广西武鸣	1996-02—1998-08	
		罗大光	男	汉族	广东东莞	1998-08—1999-01	代理县长
	副县长	张光廷	男	汉族	广西宾阳	1993-12—1999-01	
		张宣东	男	汉族	广东潮安	1993-12—1997-03	
		李　烜	男	汉族	广西资源	1993-12—1996-05	
		钟妙玲	女	汉族	广西北流	1993-12—1999-01	
		王如谋	男	壮族	邕宁那楼	1993-12—1999-01	
		李树纪	男	汉族	广西河池	1993-12—1994-11	挂职
		王　波	男	壮族	广西德保	1994-02—1997-09	
		王　钢	男	汉族	辽宁盖县	1994-02—1994-08	挂职
		赵鸿飞	男	汉族	吉林四平	1995-01—1999-01	
		赵铁桥	男	汉族	湖南汉寿	1995-03—1995-12	
		张国环	男	壮族	广西武鸣	1995-11—1996-02	挂职
		王统福	男	壮族	邕宁吴圩	1996-03—1999-01	
		罗国安	男	汉族	广西陆川	1997-09—1999-01	
		杨　志	男	汉族	广西柳城	1997-11—1999-01	
		罗大光	男	汉族	广东东莞	1998-08—1999-01	挂职
		胡书文	男	汉族	南宁市	1998-08—1999-01	
		李碧兰	女	汉族	邕宁良庆	1998-09—1999-01	
		卢学智	男	壮族	邕宁那陈	1998-09—1999-01	
邕宁县第十二届人民政府	县　长	罗大光	男	汉族	广东东莞	1999-01—2002-09	
		温达勤	男	壮族	广西上林	2002-09—2002-10	代理县长
	副县长	张光廷	男	汉族	广西宾阳	1999-01—2000-10	
		胡书文	男	汉族	南宁市	1999-01—2000-10	
		卢学智	男	壮族	邕宁那陈	1999-01—2002-03	
		李碧兰	女	汉族	邕宁良庆	1999-01—2002-10	
		罗国安	男	汉族	广西陆川	1999-01—2000-08	
		杨　志	男	汉族	广西柳城	1999-01—1999-09	
		农恒志	男	壮族	邕宁四塘	2000-11—2002-10	
		李兆祥	男	壮族	广西武鸣	2000-11—2002-10	
		王　洲	男	汉族	辽宁新金	2001-02—2002-10	
		程贵海	男	汉族	河南洛阳	2001-07—2002-08	挂职
		韦斌华	男	汉族	广西岑溪	2002-06—2002-10	挂职
		温达勤	男	壮族	广西上林	2002-09—2002-10	
邕宁县第十三届人民政府	县　长	温达勤	男	壮族	广西上林	2002-10—2005-03	
	副县长	黄展邦	男	汉族	广西宾阳	2002-10—2004-07	
		王　洲	男	汉族	辽宁新金	2002-10—2004-12	
		邓健民	男	壮族	邕宁五塘	2002-10—2005-03	
		李少珊	女	壮族	邕宁昆仑	2002-10—2003-05	
		梁　斌	男	壮族	广西龙州	2002-10—2005-03	
		李华汉	男	壮族	邕宁刘圩	2002-10—2005-03	
		韦斌华	男	汉族	广西岑溪	2002-10—2004-06	挂职
		黄丽娟	女	汉族	广西全州	2003-05—2005-03	
		黄星海	男	汉族	广西贺州	2003-07—2005-03	挂职

县政府工作机构

1991年，县人民政府（简称县政府）工作部门设置：县政府办公室、计划委员会、科学技术委员会、经济委员会、城乡建设委员会、农业委员会、财贸委员会、经济体制改革委员会、计划生育委员会、体育运动委员会、乡镇企业委员会、对外经济贸易委员会、爱国卫生运动委员会、民族事务委员会、少数民族语言文字工作委员会办公室、老龄工作委员会办公室、劳动局、人事局、编制局、财政局、监察局、审计局、物价局、民政局、商业局、粮食局、文化局、教育局、卫生局、广播电视局、工商行政管理局、交通局、二轻局、矿产管理局、土地管理局、环保局、档案局（馆）、农业局、林业局、水利电力局、畜牧水产养殖局、农业机械化管理局、糖料局、技术监督局、公安局、司法局、税务局、经济技术协作办公室、信访办公室、外事办公室、调解处理土地山林水利纠纷办公室等。县政府直属事业机构设置（不含学校、卫生院等二层机构，下同）：县政府地方志编纂委员会办公室、县侨务办公室、气象局、供销合作社联合社、大沙田经济技术开发区管理委员会（副处级单位）等。

1996年11月机构改革后，县人民政府工作部门设置29个：县政府办公室、计划与经济局、教育局、科学技术局、公安局、监察局（与县纪律检查委员会机关合署办公，一个机构两块牌子）、民政局、司法局、财政局、人事局、劳动局、建设局、土地管理局、矿产资源管理局、交通局、水利电力局、农业局、林业局、乡镇企业管理局、粮食局、文化局、卫生局、计划生育局、审计局、统计局、地方税务局、工商行政管理局、物价局、技术监督局。县政府常设议事协调机构的办事机构2个：县政府农村工作领导小组办公室、县环境保护委员会办公室。县政府派出机构2个：邕宁沿海经济走廊开发区管理委员会、邕宁县仙葫综合开发区管理委员会。县政府直属事业单位14个：南宁市大沙田经济技术开发区管理委员会、县畜牧水产局、体育运动委员会、农业机械化管理局、广播电视局、档案局、二轻手工业联社、对外贸易经济合作局、糖业办公室、贸易局、外事办公室、经济技术协作办公室、住房制度改革领导小组办公室、地方志编纂委员会办公室。

以上机构级别，独立设置的行政机构均为正科级；事业机构除南宁市大沙田经济技术开发区管理委员会为副处级外，其余均为相当正科级。

2001年11月机构改革后，县政府工作部门设置24个，即县政府办公室、发展计划局、经济贸易局、教育局、科学技术局、公安局、监察局（与县纪律检查委员会机关合署办公，列入县政府工作部门序列，不计入政府机构个数）、民政局、司法局、财政局、人事局、劳动和社会保障局、国土资源局、建设局、交通局、农业局、林业局、水利局、对外贸易经济合作局、文化和体育局、卫生局、计划生育局、审计局、环境保护局、统计局。挂牌机构：县调解土地山林水利纠纷办公室、侨务办公室、法制办公室在县政府办公室挂牌；县物价局在县发展计划局挂牌；县老龄工作委员会办公室在县民政局挂牌；县安全生产监督管理局在县经济贸易局挂牌；县爱国卫生运动委员会办公室在县卫生局挂牌。县粮食局的设置维持原状。县政府议事协调机构的办事机构1个：县扶贫开发领导小组办公室，为县扶贫开发领导小组的常设办事机构。县政府派出机构2个：邕宁沿海经济走廊开发区管理委员会（与中共邕宁沿海经济走廊开发区工作委员会合署办公）、南宁市仙葫经济开发区管理委员会（与中共南宁市仙葫经济开发区工作委员会合署办公）。县机构编制委员会办公室为机构编制委员会的常设办事机构，列入中共邕宁县委工作部门序列，既是中共邕宁县委工作机构，又是县政府工作机构。中共邕宁县委、县人民政府信访办公室，由中共邕宁县委办公室领导。县政府直属事业单位10个：县畜牧水产技术服务中心、农机管理中心、广播电视局、档案局（与档案馆为一个机构两块牌子）、二轻工业联社、糖业管理中心、外事办公室、住房制度改革领导小组办公室、县地方志编纂委员会办公室、南宁市大沙田经济开发区管理委员会（副处级）。

2004年8月机构改革后，县人民政府工作部门设置24个，即县政府办公室、发展和改革局、经济贸易局、教育局、科学技术局、公安局、监察局（与县纪律检查委员会机关合署办公，列入县政府工作部门序列，不计入政府机构个数）、民政局、司法局、财政局、人事局、劳动和社会保障局、国土资源局、规划建设局、交通局、水利局、农业局、林业局、安全生产监督管理局、文化和体育局、卫生局、人口和计划生育局、审计局、环境保护局、统计局。挂牌机构：县法制办公室、侨务办公室、调解处理土地山林水利纠纷办公室在县政府办公室挂牌；县物价局在县发展和改革局挂牌；县新闻出版管理办公室在县文化和体育局挂牌；县爱国卫生运动委员会办公室在县卫生局挂牌；县老龄工作委员会办公室在县民政局挂牌；县投资投诉中心在县招商促进局挂牌。县粮食局列入县政府工作机构，不计县政府工作机构个数。县政府议事协调机构的常设办事机构3个：县人民防空办公室，为县国防委员会的常设办事机构，也是县政府防空工作的职能部门；县信息化工作办公室，为县信息化工作领导小组的常设办事机构，也是县政府信息化工作主管部门；县扶贫开发领导小组办公室，为县扶贫开发领导小组的常设办事机构。县政府派出机构3个：南宁市大沙田经济开发区管理委员会（与中共南宁市大沙田经济开发区工作委员会合署办公）；邕宁沿海经济走廊开发区管理委员会（与中共邕宁沿海经济走廊开发区工作委员会合署办公）；南宁市仙葫经济开发区管理委员会（与中共南宁市仙葫经济开发区工作委员会合署办公）。县机构编制委员会办公室为机构编制委员会的常设办事机构，既是中共邕宁县委工作机构，又是县人民政府工作机构，列入中共邕宁县委工作部门序列。中共邕宁县委、县政府信访办公室由中共邕宁县委办公室领导。县政府直属事业单位13个：县招商促进局、农业机械化管理中心、水产畜牧局、糖业管理中心、广播电视局、住房制度改革领导小组办公室、档案局（馆）、民族事务局、地震局、外事办公室、地方志编纂委员会办公室、供销合作社联合社、二轻工业联社。

以上机构级别，县政府工作部门和议事协调机构的常设办事机构为正科级，县政府直属事业单位为相当正科级，南宁市大沙田经济开发区管理委员会为副处级，邕宁沿海经济走廊开发区管理委员会、南宁市仙葫经济开发区管理委员会为正科级。

1991年至2005年3月县政府办公室历任主任：杜兆基，梁振武，农达凯，黄大能。

基层政权

1991年，邕宁县有乡镇人民政府22个，即蒲庙镇、五塘镇、吴圩镇、苏圩镇、良庆乡、那马乡、新江乡、那楼乡、刘圩乡、南阳乡、伶俐乡、长塘乡、四塘乡、九塘乡、延安乡、那陈乡、大塘乡、南晓乡、中和乡、百济乡、镇龙乡、大王滩乡（同年2月撤销）。1994年12月，九塘乡人民政府改为昆仑镇人民政府，大塘乡人民政府、南阳乡人民政府、刘圩乡人民政府、伶俐乡人民政府、良庆乡人民政府、那马乡人民政府、那楼乡人民政府、四塘乡人民政府分别改为大塘镇人民政府、南阳镇人民政府、刘圩镇人民政府、伶俐镇人民政府、良庆镇人民政府、那马镇人民政府、那楼镇人民政府、四塘镇人民政府。1996年5月，南晓乡人民政府、那陈乡人民政府分别改为南晓镇人民政府、那陈镇人民政府。2000年6月，延安乡人民政府、新江乡人民政府、长塘乡人民政府分别改为延安镇人民政府、新江镇人民政府、长塘镇人民政府。2005年3月，邕宁县有蒲庙镇、良庆镇、那马镇、新江镇、那楼镇、刘圩镇、南阳镇、伶俐镇、长塘镇、四塘镇、五塘镇、昆仑镇、吴圩镇、苏圩镇、延安镇、那陈镇、大塘镇、南晓镇、中和乡、百济乡、镇龙乡21个乡镇人民政府。

1991年至2005年3月，乡镇人民政府（简称乡镇政府）的乡长、副乡长和镇长、副镇长由历届乡镇人民代表大会选举产生。每届乡镇政府领导班子与每届乡镇人民代表大会常务主席团任期相同，1991年至2002年每届三年，2002年后每届五年。

1991年至2005年3月，邕宁县各乡镇政府历任乡镇长：蒲庙镇郑其柱、莫许销、邓承森、李瑞荣、薛建秋、苏宁；良庆镇（乡）韦焕耀、玉集轩、黎秀芬（女）、陈应进、玉丽萍（女）；那马镇（乡）黄典贵、苏桂庆、粟盛斌、李振权、黄均梅（女）、黄任；新江镇（乡）李增忠、杨荣维、杨俊康、何小白、黄战声、李金玉（女）；百济乡余启茂、李大高、杨德全、黄精华、蒙东山、黄健；那楼镇（乡）

滕世泽、黄达诗、黄福庆、李品光、杨镇林；镇龙乡黄慧厚、甘超帆、黄家主、潘作安；刘圩镇（乡）玉品锦、刘次邻、黄智、李达周、黄精华、陆元锦、何善遇；中和乡孙子逑、杨明变、李业满、李开安、宁敏升；南阳镇（乡）李宏胜、黄尚忠、黄济法、杨程、黄国胜、邓金爱（女）；伶俐镇（乡）黄明伦、潘祥楚、李开安、李达周、陈增强、滕达忠；长塘镇（乡）王太能、李加伶、李俊裕、李少珊（女）、陆中明、黄按旬；四塘镇（乡）何其光、贤有沛、玉品升、莫少明、韦如檀；五塘镇周志成、黄祯祥、黄锦结、苏凯精、杜世屯、龚选林、黄奕信、黄志舜；昆仑镇（九塘乡）甘良志、滕哲轩、邓健民、覃远生、滕达初、陈正宁；吴圩镇蒙杜荣、麻剑平、余文桂、李青安、肖海兵；苏圩镇黄日忠、李永创、邓健民、黎永彪、闭孙合、黄子统；延安镇（乡）李杰林、农业芳、黄志春、李仕学、马文忠；那陈镇（乡）吴方雄、周甫寅、黄朝浩、李兴义、黄文格；大塘镇（乡）闭孙合、卢绍集、农建学、韦煊才、刘东；南晓镇（乡）郑文浓、黄云舒、卢居有、杨毅生、钟正宁、吴金光、黄寿信。1991 年 1 月至 1991 年 2 月大王滩乡政府乡长：梁任升。

第二节　重要会议

政府全会

邕宁县人民政府根据工作需要，不定期组织召开政府全会。每年召开政府全会少的 3 次，多的 5 次，会议时间为半天或一天。与会人员按各次会议内容确定相关部门、单位人员参加，每次全会都邀请在岗的中共县委、县人大、县政协正副职领导参加，必要时还请县人民武装部政委参加，县政府正副县长（含县长助理）出席会议。会议由政府一名领导主持，设有议程并有材料但不作纪要。会议主要任务大致有：一是听取县长作政府全会工作报告或听取县政府有关领导及部门领导汇报工作情况；二是听取县长上一阶段工作报告，部署下一阶段工作任务等；三是中共县委书记作重要讲话。

1993 年 5 月 13 日，在县城召开县政府全会，邀请县委、县人大、县政协、县纪委领导参加。县长黄家范在会上讲话，主要内容是：1993 年 1 月至 4 月全县经济工作发展情况；1993 年全县经济工作存在的主要问题；审时度势、把握机遇、升温加热、加快发展，争取全县经济再上一个新台阶；切实抓好 1993 年的经济工作，为经济持续发展创造条件。会上，县委书记容小宁作重要讲话。

1998 年 1 月 21 日，在县政府会议室召开县政府全会。会议总结 1997 年全县各项工作情况，提出 1998 年各项主要经济指标初步安排：国内生产总值 45.60 亿元，比上年增长 15.20%，其中第一产业增长 7%、第二产业增长 21%、第三产业增长 18.20%；全县工业总产值 31.46 亿元，比上年增长 21%；农业总产值 27.13 亿元，比上年增长 7.50%；乡镇企业营业收入 59.95 亿元，增长 30%，总产值 36.83 亿元，增长 30%；全社会固定资产投资 6 亿元；全县实际利用外资 1800 万美元；全县财政总收入 2.35 亿元，比上年增长 3%；社会消费品零售总额 8.32 亿元，增长 10%；农民人均纯收入 2500 元，比上年增加 330 元，增长 10.20%；人口自然增长率控制在 11‰以内。

2002 年 9 月 28 日，在县城召开县政府全会。代县长温达勤作题为《振奋精神、坚定信心、全力以赴、全面和超额完成今年各项工作任务》的讲话，总结 2002 年第一、第二、第三季度全县经济工作，动员全县广大干部职工统一思想、振奋精神、克服困难、全力以赴抓好第四季度工作，全面完成和超额完成全年各项工作任务。会上，县委书记张国环作重要讲话。

政府办公会

县政府领导根据工作需要，不定期召开政府办公会（工作会），与会人员根据各次会议的内容确定，会议时间为半天或一天，会议基本内容是工作情况汇报，研究解决问题和工作部署等，会议作纪要。政府办公会是政府领导检查工作进展情况、解决问题、部署工作任务等最有效的途径之一，每月召开政府办公会 1~3 次，每年召开 15 次，最多年份是 2002 年召开 128 次。

县长办公会

县长根据全县工作需要，不定期召开县长办公会议，研究、解决和部署工作，会议时间为半天或一天，与会人员为全体正副县长及有关部门主要领导等。县长办公会每月至少召开 1 次，最少的年份召开 13 次，最多的年份召开 36 次（2004 年）。

全县工作会议

全县经济工作会议 1996 年 7 月 16 日，在县政府礼堂召开财源建设工作会议。会议提出抓好财源建设 10 个方面工作：全方位发展城郊型高效农业，强化基础财源；抓好乡镇企业；积极推进“两个根本性转变”，促进企业经济效益的提高，壮大支柱财源；大力发展第三产业，培植新兴财源；全力发展外向型经济，加速开放型财源建设；进一步拓宽理财领域，把预算外财力作为重要的财源来开发；调整优化支出结构，节约财政支出，提高资金使用效益，本身就是增加财源；依法治税，堵住税收“跑、冒、滴、漏”的缺口，把该收的税收上来，把该集中的财力集中起来；利用好国有资源，把来自于资源的收入作为重要的财源渠道；整顿会计秩序，提高会计工作质量。2000 年 1 月 10 日召开全县经济工作会议。会议提出邕宁县 2000 年经济发展目标：国内生产总值增长 8%，其中第一产业增长 7.50%，第二产业增长 9%，第三产业增长 10%；乡镇企业营业总收入、总产值增长 10%；财政收入增长 9.50%；社会固定资产投资增长 10%；农民人均纯收入增 210 元；人口自然增长率控制在 9.80‰之内。2001 年 2 月 21 日召开全县经济工作会议，提出 2001 年邕宁县国民经济和社会发展目标：国内生产总值增长 9%，其中第一产业增长 6%，第二产业增长 12%，第三产业增长 10%；粮食总产量增长 8%；社会消费品零售总额增长 10%；财政总收入增长 10%；农民人均纯收入增 200 元以上；人口自然增长率控制在 10‰之内。

1991 年至 2004 年，全县经济工作会议一般每年召开一次。

全县农村工作会议 1999 年 2 月 2 日在县政府礼堂召开。会议部署 1999 年主要农村工作：一是实施六大基础工程（绿色工程、种子工程、“三田”工程、流通工程、教育培训工程、社会稳定工程）；二是做好 10 项工作（调整和优化农村经济结构；积极推进农业产业化经营；加强农田水利和农村交通建设；巩固扶贫成果，推动小康建设；大力发展乡镇企业，加快小城镇建设；抓机遇，加快农业和农村经济发展；抓好农村计划生育工作；建立新的投资体制，加大对农业的投入；加强农村的法制和精神文明建设；加强和改善党对农业和农村工作的领导）。2001 年 2 月 23 日召开全县农村工作会议。会议就 2001 年邕宁县农业和农村工作的重点进行具体部署：优化种植结构，积极发展畜牧、水产养殖业；积极扶持龙头企业带动各产业发展；加强现代农业示范园的建设；加强水利建设，积极推广地头水柜；继续搞好科技、文化、卫生“三下乡”活动；抓好乡镇基础设施建设，尽快实现乡乡通柏油路；继续做好计划生育工作。2002 年 3 月 19 日召开全县农村工作会议。会议强调要以农民增收为中心，以市场为导向，调整种养结构，加强交通和水利建设，发展农产品龙头企业，抓好扶贫工作，搞活农副产品流通等。

1991 年至 2005 年 3 月，全县农村工作会议一般每年召开一次。

全县领导干部工作会议 2000 年 2 月 22 日在县政府会议室召开。会议对 2000 年主要工作做部署并提出目标要求：抓好农业结构调整，3 年内要调减 1 万公顷粮食种植面积；抓好当前春耕生产各个

▲ 2005年3月17日，邕宁县召开行政区划调整动员会
（邕宁区委宣传部供稿）

环节；完成沼气池2万座、卫生厕所5万座建设任务，抓好42个文明示范村建设；农村电网改造要在6月底前完成；完成2000年绿色通道工程任务；继续做好国企改革和整顿工作。2005年3月17日召开全县干部工作会议，会议就撤销邕宁县，设立邕宁区、良庆区等南宁市区划调整进行动员部署，布置全县干部分流工作。南宁市党政主要领导到会指导工作。2005年3月18日，在县体委球场举行邕宁县机关事业单位人员分流大会。

1991年至2005年3月，全县干部工作会议每年至少召开一次。

第三节　政务纪略

经济建设

1991年12月，中共邕宁县委、县政府作出《关于加快我县农业综合开发的决定》，明确农业综合开发的工作重点和政策措施，全县种植业、养殖业和农副产品加工出现前所未有的发展态势。1992年1月17日至20日，在全县经济工作会议上提出邕宁县发展工业的思路：依托全县资源和农业优势，大力发展深加工型工业和高新技术产业；在布局上坚持集中与分散相结合，以相对集中为主的原则；开辟大沙田工业开发区，形成那马—大沙田—蒲庙工业走廊，建设吴圩、伶俐、大塘工业点。同年3月，邕宁县以出台《关于加快工业发展的若干决定》。这一发展工业思路和政策措施，促进县内工业快速发展（详见“工业　乡镇企业”篇），成就以工业为主导，促成1993年沿海开发区的建立和成立邕宁县莫村综合开发区筹备处，1994年大塘糖厂建成投产。此后，随着开发区的开发建设，工业生产后劲增强，非公有制企业快速发展，结合推进国有企业改革，全县逐步形成以制糖、采矿、建材、造纸、化工、食品加工、饲料加工等为支柱的工业产业。1993年5月，邕宁县出台《关于加快发展个体和私营经济的决定》，相继制定出台商业企业体制改革政策，商业企业和服务业发展较快，市场空前繁荣，全县商品购进总额、社会消费品零售总额和商品销售总额快速提升。

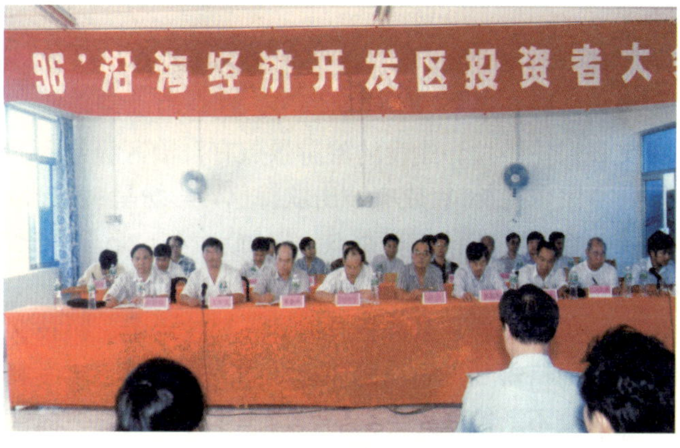

▲ 1996年，邕宁县召开沿海经济开发区投资者大会
（县委宣传部供稿）

1998年5月，邕宁县出台《关于加快开发区建设的若干规定》。明确规定，凡到开发区投资要地办厂的外商投资企业、私营企业、乡镇企业、高新技术企业，土地出让金可享受优惠；税款在开发区财政入库的新办企业，开发区财政从进入开发区金库税收中给予奖励。

2000年11月，邕宁县出台《关于实行低门槛优惠让利加大招商引资力度的决定》和《关于进一步改善投资软环境的若干规定》。

全县开展大型招商活动，实行招商部门首问负责制，即客商来办理项目询问的第一人要负责追踪到底；进一步规范和简化办理程序，提高办事效率；对进入3个开发区的项目，实行“一条龙”“一站式”审批服务。2002年，邕宁县参加在北京、广州、桂林、上海、香港及曼谷、吉隆坡、新加坡等地举行大型招商活动9次，完成协议投资18.03亿元。2003年，邕宁县成立投资项目代办中心，提高客商服务效率和质量。是年11月7日，在南宁国际民歌艺术节投资贸易洽谈会暨项目签约仪式上，邕宁县签约大项目3个，总投资额11.80亿元。2004年，全县签订项目190个，合同引进内资34亿元，实际到位内资12亿元，合同利用外资6144万美元，实际利用外资1373万美元。1991年至2004年，全县引进协议项目743个，协议投资303亿元，实际到位项目515个、资金123亿元。

2004年，邕宁县地区生产总值60.31亿元，全部工业总产值53.27亿元，农业总产值38.35亿元，财政总收入6.10亿元，商品销售总额17.92亿元，社会消费品零售总额11.17亿元，分别比1991年增长612.77%、895.70%、436.36%、538.99%、568.66%和235.44%。

城乡建设

加快推进县城和开发区建设。1992年，邕宁县对县城发展定位重新编修，形成《邕宁县城总体规划》。1997年1月，南宁市政府同意《邕宁县城总体规划》。县城及县域规划与南宁市总体规划衔接，尤其在南北公路两侧按组团发展建设。2002年，完成18平方千米《县城地形图》修测编制工作，并编修《县人民政府仙葫办公新址详细规划》平面规划图。1991年至2004年，投资数十亿元对县城进行扩建、改造，兴建新兴广场和新兴步行街等，县城街区面积扩大至4.50平方千米（不含仙葫开发区莫村半岛建成的县城新街区2.50平方千米）。与此同时，规划建设大沙田经济开发区、邕宁沿海经济开发区和仙葫经济开发区，3个开发区基础设施不断完善，功能日益彰显。

加快推进乡村建设。1991年至2004年，全县21个乡镇小城镇建设建成一批新街和一批住宅小区；全县建成新农贸市场及市亭60多个，建成村级贸易点120多个；建成生态文明村251个，农村人居环境进一步改善。

加强交通通信建设。1991年至2004年，投资5.60亿元建设路、桥等设施。建成邕宁邕江大桥和南宁—蒲庙（南线）、仙葫大道、南宁—北海等二级公路（邕宁段），建成一批乡村公路、桥梁等，县境内新增公路里程324千米。通信设施发展快。2004年，全县城镇、乡村共有固定电话用户4.40万部，移动电话用户18万户，宽带网用户1万多户。

文化教育科技体育建设

1991年至2004年，邕宁县文化、教育、科技、体育等事业快速发展。古建筑有五圣宫、那莲古戏台及古庙和那蒙坡古民居群等。昆仑关战役遗址、石船（前）头贝丘遗址等4个遗址，属自治区（省）级文物保护单位。建设的旅游景点有自治区级景区的大王滩（凤凰湖）水库景区和那马竹泉岛等。邕宁壮乡民风纯朴，壮族嘹啰山歌特色异彩纷呈；邕宁壮族八音闻名遐迩，享誉中外。邕宁“春牛舞”“斑鸠舞”“香火龙舞”、采茶戏、“壮族嘹啰山歌”等民间传统节日文化活动丰富多彩，别具特色，很受群众喜欢。教育各项基础设施不断完善，考生参加中考、高考成绩优异。实施科技兴县战略以政府为主导，组织开展一系列科技培训、科技示范、科技普及和科研活动，取得显著成果。县、乡镇、村三级医疗网格得到巩固和发展，社会力量办医逐步发展壮大，医疗机构和医院医疗设备不断完善；儿童计划免疫不断加强，传染病发病率逐年下降，可免性传染病基本上得到控制。县机关、企事业单位职工体育活动活跃，农村体育活动类型多样化，中小学校实施“两课两操一活动”（即体育课、劳动课，早操、课间操，课外体育活动）。抢花炮、舞狮嬉闹新春的传统久盛不衰。

1990年，邕宁县普及小学教育。1997年，邕宁县获“全国扫盲先进单位”“全国科技工作先进县”称号。1998年，邕宁县“两基”工作通过国家教委验收达标。2000年，邕宁县实现农村合作医疗全覆盖，“普实”（学校普及实验教育）工作通过自治区验收达标。2001年7月，国务院公布顶蛳山贝丘遗址为全国第五批国家级文物保护单位。2003年，全县有11个乡镇被评为“自治区科技进步先进乡镇”。2004年，邕宁县获“2001~2002年度全国科技进步先进县”称号；被科技部授予“第二批全国科技进步示范县”；妇幼保健基本达到《全国城乡孕产期保健质量标准要求》的农村乙级要求；县妇幼保健院、人民医院、中医院先后被卫生部授予“爱婴医院”称号。

居民生活

1991年至2004年，邕宁县居民生活不断改善，生活水平逐步提高，人们的吃、穿、住、行发生很大变化。2004年，邕宁县干部职工平均工资收入12975元，比1991年增加10884元；城镇居民年人均可支配收入7570元，比2000年增加2835元；农民人均纯收入2844元，比1991年增加2131元；社会消费品总销售额11.17亿元，比1991年增加8.56亿元；城乡居民储蓄存款余款27.85亿元，比1991年增加26.35亿元。随着城乡建设力度加大和城镇居民住房制度改革不断深入，人居环境不断改善，茅草房已经消失，泥土房和砖木结构房逐渐减少，部分居民住上楼房。2004年，全县人均有住房建筑面积29.70平方米，其中城镇居民人均住房面积34.45平方米，农民人均住房24.08平方米。社会保障制度进一步完善，养老保险、职工失业保险、女职工生育保险、企业职工工伤保险、城镇职工医疗保险、城镇职工住房公积金、职工退休、“五保”（对丧失劳动能力和生活没有依靠的老、弱、孤、寡、残的农民实行保吃、保穿、保住、保医、保葬的社会救助制度）户供养等制度得到较好落实。

为民办实事

1991年至1996年，县政府每年都实施为民办实事，解决突出问题，累计建桥梁、修建村级公路、修建水利、修建校舍、人畜饮水等有30多件实事。

1997年，县政府做出为民办10件实事的决定：采取“三个一点”办法筹资61.35万元完成尚缺办公场地的34个村委会办公用房建设；新安装50个村委会程控电话；投资418.90万元对南晓、那陈、那马、那楼、中和、百济、伶俐、良庆等乡镇卫生院危房进行维修，完成7个，1个基本完成；投资50万元建设县种子低温库，确保农业生产的种子供应；实施“送温暖”工程，筹资42.60万元建立基金会，为28家亏损困难企业、特困职工排忧解难；投入71万元完成县电视差转台发射功率（50瓦扩至1000瓦）扩大工程；建设4栋144套的安居工程，解决部分无房户、危房户和住房困难户的居住问题，年内1号、3号楼竣工，其余正在动工兴建；投资120万元搞好县城建设路和县城出口道路铺设；在仙葫半岛建立革命烈士纪念碑，因选址未定未兴建；开工兴建县城那元停车场。至年底，10件实事基本完成任务

1998年，县政府决定为民办14件实事。至年底基本完成任务：完成新江蔬菜市场、那马蔬菜市场、蒲庙龙岗市场、仙葫西区农贸市场的建设；搞好县城4个入城路口的绿化，安装县城那元至蒲庙第二中学路段路灯，改造五一路路灯，搬迁北部湾公厕；完成那樟（伶俐）、枫木（长塘）、那曾（伶俐）、七齐（那陈）、桥学（百济）等村级公路建设，实现年底全县村村通汽车；新建百济、伶俐、延安变电站，解决华南村委用电问题，架设蒲庙至那马、蒲庙至莫村305万伏联络线；新建人畜饮水工程50处，解决农村3万人口饮水难问题；完成脱贫人口总数1.73万人，年内基本完成脱贫任务；完成那楼、南阳、刘圩、那陈、新江5个卫生院门诊楼和蒲庙卫生院综合楼建设；完成20个乡镇图书馆建设，实现全县乡镇全部设有图书馆；完成县城市信用社五合万头猪场建设；完成搬迁南晓中学第一期工程（平整土地、铺设主要通道、砌挡土墙，完成第一栋教工宿舍楼建设）；新装程控电话5000门，开通80%

村委会程控电话；改善21个乡镇102个贫困教学点办学条件；为县消防队添置消防车1辆；建立116个村合作医疗所，实现全县70%村委会有合作医疗所。

1999年，县政府决定为民办10件实事。至年底基本完成任务：县城绿地中心广场建设工程；县城四个出口道路扩宽和绿化美化工程；县城新兴路、红星路路灯更新改造；建设那齐至延安、里罗至四塘、凌屋至五合地方公路连接线3条公路；实施“村村通广播电视”工程；建设维修全县144个贫困教学点校舍；新建蒲庙镇龙岗电灌站工程；实施“爱心献功臣”工程；蒲庙至南宁二级公路扩建工程；南北（南宁至北海）公路大沙田路段及大沙田三角地带整治工程。

2000年，县政府决定为民办10件实事。至年底基本完成任务：2万座沼气池和卫生厕所建设；45个生态示范村建设；苏圩佳棉、五塘凌慕、蒲庙龙岗现代农业示范园区建设；顶蛳山、清水泉景区建设；苏圩小城镇建设；农村电网建设；那楼至镇龙、那齐至延安、里罗至四塘柏油路铺设；红星、刘圩、南阳、明阳等圩镇过街路段建设改造；八尺江至龙岗、仙葫大道、县城旧街路灯安装；县城中心广场建设；广播电视发射塔建设。

2001年，县政府决定为民办10件实事。至年底基本完成任务：42个人居环境综合治理示范村建设；3万座沼气池建设；3万座卫生厕所的建设；蒲庙至百济、蒲庙至长塘两条柏油路路基铺设；刘圩街、大塘街、明阳街、南晓街过境公路水泥路面铺设；10千伏及以下农网建设与改造项目；县城新兴广场第二期工程建设；那楼、百济、昆仑3个乡镇政府办公大楼改建；为驻邕宁县武警邕宁中队官兵安装太阳能热水器；四个现代农业示范区（苏圩佳棉村、五塘凌慕垌、蒲庙龙岗村、四塘同仁村）建设。

2002年，县政府提出为民办10件实事。至年底基本完成任务：兴建五塘水厂和中和水厂；改建苏圩至延安、长塘至伶俐独岭柏油路；完成县城供水、供电网的改造；建设县城济民小区；与南宁正大畜牧有限公司合作，扶持养鸡专业户，发展肉鸡600万羽；兴建中和至南晓砂石公路；完成2~3个乡镇所在地城镇环境综合整治；建设长塘农业综合开发国立土地治理项目；建设30个农村生态环境综合整治示范村；帮助100个村（坡）打井引水。

2003年，县政府决定为民办10件实事。至年底基本完成任务：实施22个“无电坡”通电工程；完成新兴广场商业文化街建设；实施县城三个出入口道路（那元至蒲庙造纸厂、那元至新江路1.20千米、八尺江至蒲庙高速公路出入口）改造工程；建设88个生态文明村，2万座沼气池，1.20万座卫生厕所；完成大塘灌区东干渠三面光灌溉工程；完成30个村（坡）人畜饮水扶贫工程；完成县城电网改造；铺设长塘至伶俐独岭柏油路，建设那马至新江三级砂石路，把蒲庙至钦州新棠公路改造成三级柏油路，并完成43条235千米的村（坡）道路建设；完成县农行至印刷厂、县农行至邕宁汽车站道路改造；完成仙葫大道及大沙田至沿海开发区路段拓宽、美化、亮化工程。

2004年，县政府决定为民办10件实事。至年底基本完成任务：继续完成县城三个出入口道路改造工程，完成中医院至县塑包厂道路、县钢铁厂宿舍至邕宁第二高级中学道路、龙岗至县职业技术学校道路改造工程；完成新兴广场三期工程第二阶段拆迁建设项目，扩建和平市场；扩建县城给水工程；建设蒲庙至百济三级柏油路、良庆至那马四级柏油路、蒲庙至四塘公路长塘五合至五合大学城路段混凝土路面工程，完成镇龙乡那良村至中和乡平天村四级砂石路建设；新增就业岗位1500个，安置下岗人员再就业600人，开发公益性岗位80个；建设28条184.95千米村级道路；解决3个镇、村（坡）人畜饮水困难问题；实施英雄水库渠道三面光及六桃水库、那久水库除险加固工程；建设25个生态村，9000座沼气池，3000座卫生厕所；建设邕宁县疾病预防控制中心，扶持部分乡镇卫生院、农村卫生所改造建设，实施卫生“降消”项目。

政府管理体制改革

转变政府职能　1996年，邕宁县进行机构改革，精简党政机构和人员，对行政机关的交叉职能进行撤并、调整，进一步转变政府职能。

2001年，邕宁县进行党政机构改革，推行政企分开，撤并调整行政职能，对1991年至2001年县政府出台的规范性文件、行政许可项目、依据等进行清理。全县有行政许可项目共297项，保留200项，取消97项。县政府把职能逐步转到行政管理和发展公益事业上，强化引导、服务、协调职能。重新界定事业单位职能范围，把原有的行政职能全部交还给县政府部门，理顺行政职能各部门之间关系，将两个部门或多个部门分管的相同或相近职能交由一个部门承担，克服多头管理、政出多门的弊端。县各行政部门调整职能共122项，转变职能共33项，其中原由行政职能部门承担的非行政事务后转由市场承担职能共13项。

2004年7月1日《中华人民共和国行政许可法》施行。7月至9月，全县以转变政府职能为重点进行机构改革，共理顺部门交叉职能3项，调整职能10项。

依法行政　1991年建立邕宁县政府法制股；次年，改为县政府法制办公室，为县政府办公室内设机构。

1991至1995年，邕宁县开展第二个五年普法教育时期，各乡镇、各部门根据中共邕宁县委、县政府开展依法治理活动的决定，广泛开展依法治乡镇、依法治村、依法治厂、依法治校活动。1995年3月，《邕宁县依法治村民主管理工作方案》发布。提出要建章立制，把依法治村成果用村规民约形式固定下来。

1996年7月，邕宁县制订《邕宁县1996—2000年依法治县规划》，明确5年内全面实施“三五”法制宣传教育规划任务。加强和完善县、乡镇、村、各部门、各单位建章立制工作。同年制定《邕宁县1996—2000年依法治县工作标准》，全面开展乡镇、工厂、学校的依法治理。每个乡镇要抓好1~2个依法治村示范点，下属有5个以上企业的主管局要抓好一个依法治理示范点，各级国家机关、事业单位、人民团体及各级各类学校等单位全面开展依法治理工作。

1998年3月，中共邕宁县委作出《关于开展依法治县工作的决定》，要求各级党组织和全体共产党员，尤其是各级党员领导干部，要学法用法，增强法律意识和法制观念，树立依法行使各项权力观念和依照法定程序办事观念。是年6月，县十一届人大常委会通过《邕宁县人大常委会关于依法治县的决议》，县、乡镇政府、县人民法院、县人民检察院根据各自的职责范围，制定实施计划。

2000年，县政府法制办公室为独立机构，在职干部3人。乡镇开展民主管理、依法治村活动。企业贯彻落实《中华人民共和国企业法》《中华人民共和国公司法》《中华人民共和国劳动法》《中华人民共和国产品质量法》《中华人民共和国经济合同法》等有关法律法规，以建立现代企业制度为重点，依法推进制度改革，落实企业自主权，促进经营机制和经济增长方式转变。

2004年，县法制办公室为县政府办公室挂牌单位，在编人员4人。

1991年至2004年，县政府行政职能部门基本做到依法行政，全县行政裁决土地山林水利纠纷案件350件；受理行政复议案件60件，参加行政诉讼86件，民事诉讼50件，胜诉率80%。1995年、1996年邕宁县获自治区依法行政百佳单位称号。

行政审批制度改革　1991年前后，由县政府及其相关职能工作部门行使行政审批权，拥有行政审批权的部门相对较多，审批程序繁杂，不利于单位和群众办事。1993年12月18日，县政府决定取消行政性不合理收费项目33项，其中，编制部门3项，计划部门3项，税务部门10项，经委部门4项，公安（消防）部门4项，劳动部门5项，粮食部门3项，统计部门1项。2001年，邕宁县按照《市委、市人民政府关于印发〈南宁市审批制度改革实施意见〉的通知》要求，对行政机关审批事项进行清理，经审核后，暂予保留的审批事项共265项，取消审批事项转日常工作事项共236项，取消行政审批事项共60项。各有关部门对于暂予保留的审批事项，做到“审批内容、审批条件、审批程序、审批时限、收费标准”五公开，并上墙明示审批责任追究制度和审批检查监督制度，加强对审批行为的监管；对转日常工作的事项，不再设置审批程序，减少办理环节，缩短办理时限，加强日常监管；对于取消的行政审批事项一律不再需要审批，但需要进行监管的，加强监管，以防管理上的疏漏；对确实需要审批而不涉及全局范围的审批事项，尽可能下放给乡镇政府。2002 年年底，基本完成县政府及其工作部门的行政审批制度改革工作。2003 年 6 月，邕宁县行政审批办证大厅成立，对全县行政审批进行集中办理。

政务公开 1998 年 7 月，县政府开始建立政府政务公开栏，实行政务对外公布公开。10 月底，全县 235 个村全部建立村务公开栏。次年上半年，21 个乡镇政府全部建立政务公开栏。

2001 年 5 月至 12 月，在公安、教育、劳动、卫生、环保、城建、交通、民政、土地等 9 个部门开展行政效能监察试点工作。围绕群众普遍关心的收费问题，教育系统公开收费项目及标准，医疗系统公开招标采购，执法部门公开办证、办照收费标准。次年在全县全面推行行政效能监察工作。在县政府大门内左边设立县委书记、县政府县长信箱各 1 个；开通县长热线电话；将全县副科级以上领导干部的姓名、单位、职务、分管工作、办公室电话号码、手机号码、BP 机号码等有关情况通过《邕宁报》、邕宁电视台等新闻媒体向社会公布；各单位在单位显著位置设立政务公开栏，将本单位领导干部及工作人员的相片、职务、分管工作、办公室电话号码、手机号码、BP 机号码等情况以及办事程序、服务承诺、收费标准等上墙公开。

2003 年 7 月，邕宁县出台《2003 年邕宁县开展民主评议行风、政务公开与行政效能监察考评实施方案》。县政府政务公开的内容有：2003 年经济建设和社会发展重要事项；年度工作目标及执行情况；预算外资金收入情况，专项资金分配、使用情况及纳入县政府采购项目商品、劳务采购情况；为民办实事项目及执行情况；县政府领导干部选拔任用、公务员录用、重要人事任免及奖惩情况；兴办社会公益事业情况。

2004 年，进一步明确政务公开基本原则，对运用行政权力办理的与群众利益相关的各类事项，只要不属于党和国家秘密，都必须向群众公开。

第三章　人民政协

1991 年至 2005 年 3 月，政协邕宁县委员会履行政治协商、民主监督、参政议政职能，通过全体委员会、常务委员会、主席会和专题座谈会等，为全县社会经济发展建言献策。其间，向中共邕宁县委、县政府提交主席建议案、常委会建议案 6 件，提案 1203 件、调查（视察、考察）报告 120 篇（份），部分被采用。筹集资金 320 多万元，先后开展人畜饮水工程、捐资助学、修桥修路、抗旱抗洪救灾、扶贫助困、生态文明村建设等活动。

第一节　机　构

1991 年至 2005 年 3 月，中国人民政治协商会议邕宁县委员会（简称县政协）历经第四届、第五届、第六届、第七届委员会。县政协办公地址在县城红星路。政协邕宁县委员会与中共邕宁县委、县人大常委会、县人民政府在同一大院办公。县政协有独立一幢 4 层办公楼。

政协邕宁县委员会

1990 年 9 月至 1993 年 12 月，政协邕宁县第四届委员会有主席 1 人，副主席 6 人，常务委员 21 人。1993 年 12 月至 1999 年 1 月，政协邕宁县第五届委员会有主席 1 人，副主席 6 人，常务委员 25 人（其中届中增选副主席 2 人、常务委员 4 人）。1999 年 1 月至 2002 年 10 月，政协邕宁县第六届委员会有主席 3 人，副主席 6 人，常务委员 15 人（其中，届中先后增选主席 2 人、副主席 1 人、常务委员 2 人）。2002 年 10 月至 2005 年 3 月，政协邕宁县第七届委员会有主席 1 人，副主席 3 人，常务委员 19 人。

1991 年至 2005 年 3 月政协邕宁县委员会历届主席副主席任职情况表

表 13-3-1-1

届别	职务	姓名	性别	民族	籍贯	任职起止年月	备注
第四届委员会	主席	黄参光	男	壮族	邕宁那楼	1990-09—1993-12	
	副主席	黄仕章	男	壮族	邕宁大塘	1990-09—1993-12	
		韦业彰	男	汉族	广西钦州	1990-09—1993-12	
		陆培升	男	壮族	邕宁南晓	1990-09—1993-12	
		陆辉盛	男	壮族	南宁那龙	1990-09—1993-12	
		龙善光	男	壮族	广西崇左	1990-09—1993-12	
		黄碧娥	女	汉族	广东南海	1990-09—1993-12	兼职
第五届委员会	主席	张旺才	男	壮族	邕宁南阳	1993-12—1999-01	
	副主席	陆培升	男	壮族	邕宁南晓	1993-12—1999-01	
		陆辉盛	男	壮族	南宁那龙	1993-12—1999-01	
		黄碧娥	女	汉族	广东南海	1993-12—1999-01	兼职
		龙善光	男	壮族	广西崇左	1993-12—1999-01	
		何济麟	男	壮族	邕宁中和	1994-03—1996-01	
		邓　锋	男	壮族	邕宁南阳	1996-10—1999-01	

续表

届　别	职　务	姓　名	性别	民族	籍　贯	任职起止年月	备注
第六届委员会	主　席	张旺才	男	壮族	邕宁南阳	1999-01—2000-01	
		王如谋	男	壮族	邕宁那楼	2001-01—2002-01	
		卢学智	男	壮族	邕宁那陈	2002-01—2002-10	
	副主席	陆建环	男	壮族	邕宁南晓	1999-01—2002-10	
		邓　锋	男	壮族	邕宁南阳	1999-01—2001-01	
		黄碧娥	女	汉族	广东南海	1999-01—2002-10	兼职
		黄铭阳	男	汉族	广西梧州	1999-01—2002-10	兼职
		苏品技	男	壮族	邕宁刘圩	1999-01—2002-10	
		赵鸿飞	男	汉族	吉林四平	2001-01—2002-10	
第七届委员会	主　席	邓　锋	男	壮族	邕宁南阳	2002-10—2005-03	
	副主席	李碧兰	女	汉族	邕宁良庆	2002-10—2005-03	
		李兆祥	男	壮族	广西武鸣	2002-10—2005-03	
		苏品技	男	壮族	邕宁刘圩	2002-10—2005-03	兼职

县政协工作机构

1991年，县政协工作机构设有办公室、工作委员会办公室、调查研究室。1994年7月，撤销工作委员会办公室、调查研究室，设立经济科技委员会、提案社会工作委员会、文教卫体委员会。2004年，县政协工作机构设有办公室、经济科技委员会、提案社会工作委员会、文教卫体委员会。1991年至2001年，县政协机关人员编制16名（含政协邕宁县委员会主席、副主席编制）。2001年至2004年，县政协机关人员编制13名。2004年至2005年3月，县政协机关人员编制17名（含政协邕宁县委员会主席、副主席编制）。县政协办公室设主任1名，副主任2名；各专委设主任1名，副主任1~2名。

1991年至2005年3月县政协办公室历任主任：庞俊作，黄光伍，张健生，廖茂兴。

1991年至1994年7月县政协工作委员会办公室历任主任：滕品生。

1991年至1994年7月县政协调查研究室历任主任：钱新，韦德尊。

1994年7月至2005年3月县政协经济科技委员会历任主任：庞俊作，韦培俊，农大邦。

1994年7月至2005年3月县政协提案社会工作委员会历任主任：韦德尊，潘海元，李学宽。

1994年7月至2005年3月县政协文教卫生委员会历任主任：滕品生，庞俊作，梁尚斌，何培树。

第二节　政协委员

政协邕宁县第四届委员会委员

政协邕宁县第四届委员会有委员117人。其中，中共党员8人，占委员总数6.84%；无党派人士2人，占1.71%；工会4人，占3.42%；共青团5人，占4.27%；妇联6人，占5.13%；归侨侨属5人，占4.27%；工商16人，占13.68%；农林9人，占7.69%；科技9人，占7.69%；文艺4人，占3.42%；教育12人，占10.26%；医疗卫生9人，占7.69%；体育4人，占3.42%；社会科学2人，占1.71%；新闻出版1人，占0.85%；少数民族5人，占4.27%；宗教1人，占0.85%。

政协邕宁县第五届委员会委员

政协邕宁县第五届委员会有委员126人。其中，中共党员8人，占委员总数6.35%；无党派人士2人，占 1.59%；工会 4 人，占 3.17%；共青团 5 人，占 3.97%；妇联 5 人，占 3.97%；侨联 5 人，占 3.97%；工商 22 人，占 17.46%；农林水 12 人，占 9.52%；科技 9 人，占 7.14%；文艺 4 人，占 3.17%；教育 11 人，占 8.73%；医疗卫生 11 人，占 8.73%；体育 4 人，占 3.17%；社会科学 2 人，占 1.59%；新闻出版 1 人，占 0.79%；少数民族 5 人，占 3.97%；宗教 1 人，占 0.79%。

政协邕宁县第六届委员会委员

政协邕宁县第六届委员会有委员 135 人。其中，中共党员 9 人，占委员总数 6.67%；民主党派 4 人，占 2.96%；无党派人士 4 人，占 2.96%；总工会 4 人，占 2.96%；共青团 5 人，占 3.70%；妇联 6 人，占 4.44%；工商联 10 人，占 7.41%；经济 16 人，占 11.85%；科技 7 人，占 5.19%；教育 9 人，占 6.67%；文艺 4 人，占 2.96%；侨联 5 人，占 3.70%；社会科学 2 人，占 1.48%；农林 13 人，占 9.63%；医疗卫生 9 人，占 6.67%；体育 4 人，占 2.96%；民族宗教 6 人，占 4.44%；新闻出版 2 人，占 1.48%。

政协邕宁县第七届委员会委员

政协邕宁县第七届委员会有委员 160 人。其中，中共党员 10 人，占 6.25%；民主党派 6 人，占 3.75%；无党派人士 6 人，占 3.75%；共青团 5 人，占 3.13%；工会 5 人，占 3.13%；妇联 6 人，占 3.75%；工商联 11 人，占 6.88%；文艺 4 人，占 2.50%；科技 10 人，占 6.25%；经济 18 人，占 11.25%；社会科学 3 人，占 1.88%；农林 13 人，占 8.13%；教育 12 人，占 7.50%；体育 4 人，占 2.50%；新闻出版 3 人，占 1.88%；医疗卫生 10 人，占 6.25%；侨联 5 人，占 3.13%；民族宗教 4 人，占 2.50%；港澳 8 人，占 5%。

第三节　委员会全体会议

政协邕宁县第四届委员会全体会议

1990 年 9 月 6 日至 12 日，在邕宁县政府第二会议室召开政协邕宁县第四届委员会第一次委员会议，应到会委员 117 人，实到会委员 107 人。会议选举产生政协邕宁县第四届委员会常务委员 21 名，主席 1 名（黄参光），副主席 6 名（黄仕章、韦业彰、陆培升、陆辉盛、龙善光、黄碧娥）。

1991 年 3 月 15 日至 18 日，召开政协邕宁县第四届委员会第二次委员会议，会议协商修改《邕宁县政协党组关于进一步发挥人民政协政治协商、民主监督职能作用的报告》（征求意见稿）。1992 年 2 月 24 日至 28 日召开第三次委员会议，会议讨论《邕宁县国民经济和社会发展十年规划和第八个五年计划纲要（草案）》。1993 年 2 月 9 日至 12 日召开第四次委员会议。

政协邕宁县第五届委员会全体会议

1993 年 12 月 8 日至 11 日，在县政府第二会议室召开政协邕宁县第五届委员会第一次委员会议，应到会委员 126 人，实到会委员 112 人。会议选举产生政协邕宁县第五届委员会常务委员 21 人，主席 1 名（张旺才），副主席 4 名（陆培升、陆辉盛、黄碧娥、龙善光）。

1994 年 3 月 25 日至 27 日，召开政协邕宁县第五届委员会第二次委员会议，会议增选政协邕宁县第五届委员会副主席 1 名（何济麟），常务委员 3 名。1995 年 2 月 22 日至 24 日召开第三次委员会议。1996 年 1 月 30 日至 2 月 1 日召开第四次委员会议，会议补选政协邕宁县第五届委员会常务委员

1名。1996年10月25日召开第五次委员会议,会议补选政协邕宁县第五届委员会副主席1名(邓锋)。1997年1月20日至23日召开第六次委员会议，会议表彰1996年度优秀政协委员。1998年2月6日至8日召开第七次委员会议，大会表彰1997年度优秀政协委员。

政协邕宁县第六届委员会全体会议

1999年1月11日至14日，在县政府第二会议室召开政协邕宁县第六届委员会第一次委员会议，应到会委员135人，实到会委员128人。会议选举产生政协邕宁县第六届委员会常务委员13名，主席1名（张旺才），副主席5名（陆建环、邓　锋、黄碧娥、黄铭阳、苏品技）。

2000年1月24日至26日召开政协邕宁县第六届委员会第二次委员会议，增选政协邕宁县第六届委员会常务委员2名。2001年1月9日至12日召开第三次委员会议，会议选举政协邕宁县第六届委员会主席1名（王如谋），副主席1名（赵鸿飞）。2002年1月20日至23日召开第四次委员会议，会议补选政协邕宁县第六届委员会主席1名（卢学智）。

政协邕宁县第七届委员会全体会议

2002年10月20日至24日，在县政府第二会议室召开政协邕宁县第七届委员会第一次委员会议，应到会委员160人，实到会委员157人。会议选举产生政协邕宁县第七届委员会常务委员19名，主席1名（邓锋），副主席3名（李碧兰、李兆祥、苏品技）。

2003年2月19日至22日召开政协邕宁县第七届委员会第二次委员会议。2004年2月22日至25日召开第三次委员会议。

第四节　参政议政　民主监督

参政议政

1991年至2004年，政协邕宁县委员会通过全体会议、常委会议、主席会议、专题座谈会、各专门委员会会议以及根据需要召开的各党派、无党派爱国人士、人民团体、少数民族和各界爱国人士代表参加的协商座谈会等形式开展政治协商；并通过列席历届县人民代表大会对邕宁县社会主义物质文明建设、精神文明建设、政治文明建设、民主法制建设和改革开放中的重大方针政策及重要部署，政府工作报告，财政预（决）算，经济与社会发展规划，全县政治生活方面重大事项，人民群众生活重大问题等方面积极建言献策；参与全县国民经济和社会发展十年规划和县第八、第九个五年计划纲要以及2010年远景目标纲要等重大事项的协商。

民主监督

1991年起，县政协通过各专门委员会提出建议和有关报告、委员视察、委员提案、委员举报、推荐委员参加部门行业监察和行风评议活动、开展政协信息工作、搜集和反映社情民意等多种形式，多渠道全方位加强民主监督。至2004年，共向中共邕宁县委、县政府提交建议案6件、提案1203件、调查（视察、考察）报告120篇，就参政议政召开常务委员会会议共68次；县政协领导和政协委员等9人，担任有关部门（行业）聘为监督（监察）员，参加每年的行业行风评议活动；围绕全县改革开放、经济发展和群众普遍关心的热点、难点问题，开展调查研究，先后写出调查（视察）报告和情况汇报120篇。

第五节　提案办理

1991年至1996年，邕宁县政协委员提出提案488件，提案涉及改革开放、经济建设、教育、文体和交通基础设施及农业工作等方面，经审查符合立案条件的389件，办复率97.90%。其中，县政协委员《关于我县小学五年制改为六年制的建议》《加强电网建设，兴建吴圩11万伏送变电工程，解决吴圩、明阳、苏圩、那陈、那马等乡镇工农业生产和乡镇企业用电，促进经济发展》《关于把五合火车站改为邕宁火车站的建议》《关于办好城关中学，改善办学条件，增强招生能力，缓解蒲庙中学初中部的招生压力》和《关于提高初中升高中升学率》《建议在县招待所和县邮电局前的交叉路中心树立交通照明灯》等提案，被中共邕宁县委、县政府和有关部门采纳和落实；县政协常委会递交的《关于全面推广旱育稀植栽培技术的建议案》《关于加强乡村道路建设和管养的建议案》《关于解决城乡居民饮用水问题的建议案》和《关于解决贫困山区通电问题的建议案》，被中共邕宁县委、县政府及时采纳并部分落实。

1997年至1998年，县政协委员提出提案121件，立案114件，提案和建议案办复率99%。其中，所提问题被有关单位采纳或解决的有76件，占66.67%；被列入计划逐步解决的有12件，占10.50%；暂时不能解决的25件，占22%。县政协委员《关于加强我县个体运输营业税税收征管工作》提案，采纳后全县补征当年税款38.95万元;《关于加快我县个体私营经济的建议》提案被中共邕宁县委、县政府采纳后，先后两次召开发展私营经济动员大会，动员各级政府及有关部门宣传发展私营经济，并于1998年5月印发《关于进一步加快个体、私营经济发展的若干规定》，制订出有关发展私营经济优惠政策。

1999年至2001年，县政协委员提交提案273件，立案268件，办复率达100%。所提的提案得到解决或列入计划解决的有225件，占83.96%；暂时不能解决的有41件，占15.30%；无法解决的有2件，占0.74%。其中《关于大力发展沼气，加快生态农业建设步伐》的提案，被中共邕宁县委、县政府采纳，并制定相应政策、措施，推动全县生态建设工作全面开展;《关于加快新兴广场建设速度》的提案，有效促进县城新兴广场建设，提前于2001年5月1日竣工对外开放;《关于大力发展桑蚕生产》的提案，被县政府采纳后，把桑蚕生产作为全县新的经济增长点，并在蒲庙、新江、刘圩、那楼、镇龙等乡镇建设高产优质桑蚕推广示范基地，制定发展种桑养蚕的扶持政策。

2002年至2004年，县政协委员提交提案282件，立案281件，办复率为100%。其中《关于严厉打击和取缔非法“六合彩”赌博活动的建议》提案被县政府采纳，把开展打击非法“六合彩”赌博活动作为“严打”整治斗争的重要内容，组织警力重拳出击，使“六合彩”赌博活动得到有效遏制；2004年，政协委员提交涉及关于县城建设、3个开发区建设、非公有制经济发展、社会治安、社会保障和教育发展等方面提案，得到解决或列入计划解决的有63件，占年度立案的86.30%。如关于修建邕宁钢铁厂宿舍至邕宁二高道路、修建龙岗至邕宁职高道路、扩建县中医院至县塑包厂道路、扩建那元路口至蒲庙造纸厂道路等方面内容的提案，被县政府采纳并加快县城交通环境的建设。

第六节　委员考察调研　其他工作

考　察

1991年至2001年，政协邕宁县委员会就发展旅游业、教育工作、边贸建设、农业种植结构调整和生态农业建设等问题，组织民族宗教、“三胞”界、教育界、经济界部分委员和县政协常委等100多人，赴云南省昆明市盘龙区和广西区内百色、田阳、田林、隆林、桂林、临桂、靖西、兴安、恭城、金秀、大新、凭祥及湖南省绥宁县等地学习、考察5次。2002年6月至7月，县政协先后2次组织政协委员60人次与县医疗保险中心、县劳动和社会保障局10人次，赴灵山、梧州、宜州、河池、环江、临桂等县市，考察医疗保险制度改革工作和非公经济社会保险的做法和经验。2003年至2004年，政协邕宁县委员会组织人员外出学习、考察3次。

调　研

1991年，写出《更新观念，把发展乡镇企业的重点真正转到发展乡村集体企业上来》的调查报告，在中共邕宁县委制订《关于加快发展乡镇企业的若干规定》时被采纳。2002年4月，县政协就加快全县养殖业发展等，组织农林界委员对发展“公司＋农户”养殖温氏鸡项目进行调研，提交《一个促进农民增收的好项目》调查报告，被中共邕宁县委采纳并转有关部门办理，全县“公司＋农户”养殖“温氏鸡”专业户，从2002年数十户发展至2004年的1000多户。2004年6月，写出《关于我县畜牧水产业发展情况的视察报告》，得到县政府有关部门的重视和采纳。1991年至2004年，县政协深入开展工业、农业、养殖业、文教卫生、科学发展等方面调研，先后提交调查报告120篇（份），有80多篇（份）被中共邕宁县委、县人民政府采纳。

支农助学

1991年起，政协邕宁县委员会争取南宁市政协等多方面的支持，做好支农助学服务工作。至2004年，政协邕宁县委员会先后拨给邕宁11个教学点助学资金30万元，为102个教学点危房改建提供资金204万元；分别为百济乡南华小学、南晓镇罗曹小学和长塘镇长大小学争取到新建教学楼及危房改造资金15万元、8万元和港币11万元；联系并争取到上级抗洪救灾物资一批，其中大米123.30吨、衣物4530件、蚊帐和棉被100床、水泥56吨、资金7.85万元，用于2001年邕宁县遭受特大洪涝灾害救助；筹资4万元建设吴圩镇平丹村平凤坡人畜饮水工程和修复水毁拦河坝；筹资1万元帮助蒲庙镇梁村购买抽水电动机2台，解决20公顷农田灌溉用水问题；维修拓宽梁村地良桥80米，为当地群众解决行路难问题；筹资4万元，扶持蒲庙镇梁村村委办一间榨油作坊，购买电动打谷机1台，增加该村集体经济项目和集体经济收入；为延安镇华南村部分养殖示范农户解决资金5000元购买塘角鱼苗；为延安社区那六坡解决人畜饮水工程建设资金1万元；为延安镇平南村三虾坡解决生态文明村建设资金3000元；为中和乡方村争取到扶贫资金28万元修建长7千米的村级公路；为中和乡筹集资金4万元和水泥30吨支持生态文明村建设。

文史资料征编

1991年12月，编纂出版《黎汉威战斗的一生》一书，共13万字。1999年12月，编纂出版《邕宁文史》资料（第8辑），共14万字。2002年12月，编纂出版《邕宁文史》资料（第9辑），共13万字。1991年至2004年，县政协共征集到各种文史资料50多万字，编纂出版邕宁文史资料。

邕宁县志
YONG NING XIAN ZHI

第十四篇

公检法司 | 军事

第一章　公　安

1992 年，县公安局根据《人民警察警衔条例》对全体干警进行教育和整顿。1993 年，邕宁县公安局制定《干警廉政自律十条规定》。1994 年制定《关于追究人民警察不依法履行职责责任的规定》等制度，在全县干警队伍中开展学习和自查自纠。1998 年，组织全县民警参加文化素质、身体素质“双考”388 人。2000 年，在全县公安系统推广“扶绥经验”，实行民警下村蹲点制度，把警务公开推行到全县 235 个村委会。2001 年抗洪救灾工作中，县公安局立集体三等到功一次，8 名民警立个人三等功一次，17 名民警被市政府、县政府评为先进个人；是年年度考核中，立集体三等功 6 个，立个人三等功 5 人。2004 年，贯彻执行公安部“五条禁令”（严禁违反枪支管理使用规定，违者予以纪律处分；造成严重后果的，予以辞退或者开除。严禁携带枪支饮酒，违者予以辞退；造成严重后果的，予以开除。严禁酒后驾驶机动车，违者予以辞退；造成严重后果的，予以开除。严禁在工作时间饮酒，违者予以纪律处分；造成严重后果的，予以辞退或者开除。严禁参与赌博，违者予以辞退；情节严重的，予以开除），县公安局刑侦大队被自治区公安厅评为全区公安系统先进集体，有 6 个单位立集体三等功，7 名民警立个人三等功，1 人被评为广西优秀公安派出所民警，1 人被评为广西优秀公安交通民警，1 人被评为广西公安系统先进工作者。

▲ 2004 年 2 月 20 日，邕宁县公安工作会议召开
（邕宁区史志办资料照片）

1991 年至 2004 年，邕宁县加强公安队伍建设，队伍素质不断增强，案件侦查、消防、户籍管理、出入境管理、道路交通安全管理等工作顺利推进，维护地方社会和经济秩序，确保一方平安。

第一节　机　构

邕宁县公安局

▲ 2003 年，县公安局大门
（邕宁区史志办资料照片）

邕宁县公安局是县人民政府主管全县公安工作的职能部门，是全县公安保卫工作的领导机关和指挥机关。

1991 年，县公安局机关内设秘书科、政工科、一科（政保科）、二科（内保科）、预审科、户政科、消防科、通信科、信访科、法制科。局下设有县刑侦大队、县治安大队、县缉毒大队、县看守所、县戒毒所、县行政拘留所、县明阳公安分局、县交警大队和23个公安局派出所。全县公安民警总人数322人。

1992年9月起对县内民警授衔。是年经公安部批准，县公安系统获授衔干警241人。其中，一级警督30人，二级警督55人，三级警督42人；一级警司15人，二级警司36人，三级警司38人；一级警员7人，二级警员16人。

1995年，县公安系统获授衔、晋升干警90人。其中，一级警督1人，二级警督17人，三级警督12人；一级警司16人，二级警司6人，三级警司21人；一级警员3人，二级警员14人。

1997年，县公安局机关内设行政秘书股、法制股、信访股、政治保卫股、经济文化保卫股、治安股、户籍管理股、预审股、外事股、机要通讯股、政工股共11个股。县公安局所属机构有县公安局明阳分局、县公安局刑事侦察大队、县公安局治安警察大队、县公安局交通警察大队（下设办公室、事故中队、车管中队、秩序中队、大沙田中队、大塘中队、五塘中队、昆仑中队、吴圩中队、苏圩中队、南阳中队等11个机构）、县公安局缉毒大队、县看守所、县公安局治安行政拘留所、县公安局强制戒毒所和23个县公安局派出所。县公安局人员编制380人。其中，自治区下达的行政编制237名，交警事业编制63名，市下达的行政编制80名。

1998年，县公安系统获授衔、晋升干警84人。其中，一级警督15人，二级警督10人，三级警督16人；一级警司15人，二级警司11人，三级警司11人；二级警员6人。

2004年，县公安局机关内设机构有9个（政治处、办公室、内保科、信访科、法制科、预审科、户政科、通信科、出入境管理科）。县公安局所属机构有大队9个（督察大队、国家安全保卫大队、刑侦大队、治安大队、毒侦大队、经侦大队、巡警大队、消防大队、交警大队），公安分局2个（县森林公安分局、明阳公安分局），监管场所3个（看守所、拘留所、戒毒所），行政派出所26个，林业派出所2个。全县公安民警总人数439人，其中局机关153人。

▲2003年3月，邕宁县公安局获“二〇〇二年度全区优秀公安局”称号，图为奖匾。

1992年至2004年，全县获得授衔、晋升的民警共1134人。其中，一级警督102人，二级警督127人，三级警督144人；一级警司156人，二级警司206人，三级警司284人；一级警员40人，二级警员75人。

县公安局办公地址在县城红星路。

1991年至2005年3月县公安局历任局长：曾全秀，黄礼新，王义，唐斌；历任政委：蓝美坤，王统寅，蒙善恩。

公安派出所

▲1998年，苏圩派出所办公楼

（邕宁区史志办资料照片）

公安派出所是县公安局机关的派出机构，具有多功能综合性的公安机关基层组织。主要任务：依照国家治安管理法律法规和县公安机关规定的权限，管理辖区社会治安，维护公共秩序，预防和制止违法犯罪和治安灾害事故，保卫公共财产，保护公民的合法权益。1991年，全县有23个公安局派出所，每个派出所根据实际情况配备公安干警5~15人。1997年，全县有城关、蒲庙、良庆、大沙田、那马、新江、百济、那楼、镇龙、刘圩、中和、南阳、伶俐、长塘、四塘、五塘、昆仑、吴圩、苏圩、延安、那陈、大塘、南晓23个公安局派出所。2004年，全县有行政派出所26个（城关派出所、蒲庙派出所、良庆派出所、新江派出所、那楼派出所、百济派出所、镇龙派出所、刘圩派出所、南阳派出所、中和派出所、伶俐派出所、长塘派出所、昆仑派出所、五塘派出所、四塘派出所、大沙田派出所、那马派出所、仙葫派出所、那陈派出所、大塘派出所、南晓派出所、吴圩派出所、苏圩派出所、延安派出所、明阳派出所、凤亭派出所），林业派出所2个（南州派出所、七坡派出所）。

第二节　案件侦查

治安案侦查

1991年起，县公安部门对"六合彩"等各类赌博、卖淫嫖娼、传播买卖淫秽物品、吸毒、流氓斗殴、故意伤害、抢夺抢劫、诈骗钱财等违法犯罪行为，依法进行专项整治和严打。1991年至1996年，全县共发生各类治安案件6567起，查处5494起，查处率83.66%；治安处罚违法人员8599人。1998年，全县立治安案件1414起，查处1296起，查处率91.65%；抓获各类违法人员2327人。2000年，全县立治安案件1258起，查处852起，查处率67.73%；查处违法人员2411人。2003年，全县受理治安案件2490起，查处1788起，查处率71.81%。1991年至2004年，全县累计发生治安案件2.05万起，立案查处1.66万起；累计打掉违法团伙1190个，成员共8234人；累计抓获各类违法人员3万人次，其中，行政拘留8900人，罚款处理1万人次、教育警告后放行1.20万人次；劳动教育和劳教少管1123人。捣毁赌场（点）累计3620处，抓获赌徒共1.85万人次；取缔容留卖淫嫖娼窝点共359处，抓获卖淫嫖娼人员累计2200人。收缴各类违禁枪支3374支，子弹3291发，手榴弹、手雷、炸弹432枚，炸药1.63万千克，雷管5.70万枚，导火索1.10万米，管制刀具2923把，赃物折款、赃款1.80亿元；收缴赃车、赃物一批。

▲ 2002年，县公安局110警务大队民警紧急出警情况
（邕宁区史志办资料照片）

▲ 2004年5月18日，县公安局在中和乡孙头坡一村民新动工的宅基地，收缴到几十枚二十世纪四五十年代埋在地下的炸弹，消除治安隐患
（邕宁区史志办资料照片）

刑事案侦查

1991年至1996年，全县破获刑事案件4105起，其中重大案件944起；抓获违法犯罪嫌疑人4760人，其中逮捕2203人；挖出违法犯罪团伙889个，成员3280人；收缴赃款赃物折款749.70万元。1993年至2004年，县公安局缉毒大队破

获贩毒案件共 1179 起，其中重大案件 30 起；缴获毒品 6653.05 克，其中海洛因 4883.05 克；抓获贩毒嫌疑人 375 人；抓获涉毒人员 573 人；经批准逮捕的贩毒嫌疑人 129 人；送劳动教养涉毒人员 492 人，送县戒毒所强制戒毒人员 2332 人；全县登记在册的吸毒人员 1000 人。

1991 年至 2004 年，全县累计发生各类刑事案件 1.25 万起，侦破 7800 起，其中侦破大案要案 2401 起；逮捕违法犯罪嫌疑人 5717 人。扣押无证无牌摩托车、手扶拖拉机、汽车 500 辆、自行车 4319 辆和赃物一批。邕宁县依法开展反邪教、抢劫、诈骗、入室盗窃、偷盗耕牛和农村电网、车匪路霸、盗抢机动车、“扫黄打非”、收枪治爆、“打团伙、破大案、抓逃犯”、打击流窜犯罪、“打黑除恶”、拐卖妇女儿童等专项严打整治违法犯罪行动。

1991 年至 2004 年邕宁县刑事案件侦查破案情况表

表 14-1-2-1

年　度	立案（起）	破案（起）	其中破大案要案（起）	逮捕（人）	备　注
1991	1150	933	161	559	
1992	917	577	136	389	
1993	822	548	124	209	
1994	815	664	174	316	
1995	810	698	139	308	
1996	810	685	210	422	
1997	690	540	274	267	
1998	633	471	280	293	
1999	743	463	230	422	
2000	1122	496	220	445	
2001	1209	517	215	580	
2002	1117	481	186	498	
2003	469	292	160	498	刑拘 574 人，取保候审和监视居住 76 人
2004	1192	435	16	511	刑拘 547 人，起诉 423 人

经济案侦查

1991 年至 2001 年，邕宁县公安部门没有独立开展经济案件侦查。2002 年 4 月，邕宁县公安局经济侦查大队成立。是年，受理各类经济案件 43 起，立案侦查案件 20 起，破案 11 起，为单位和个人挽回直接经济损失 1546 万元。2003 年至 2004 年，受理各类经济案件 48 起，立案侦查案件 39 起，重大案件立案 9 起，侦查破案 8 起（其中重大案 2 起）；抓获涉案违法犯罪嫌疑人 18 人，其中刑事拘留 12 人，逮捕 6 人；移送起诉 5 人，作其他处理 6 人。协助外地公安机关侦破经济案 2 起，抓获违法犯罪嫌疑人 2 人。为单位和个人挽回直接经济损失 140 万元；依法扣押汽车、货物等赃物一批。

第三节　消　防

消防宣传

1991 年至 1996 年，举行消防知识讲座 49 次，播放防火教育录像 23 场次，转发消防宣传资料 1.68 万份，投寄新闻稿件 38 篇。每年开展形式多样的“11・9”消防宣传周活动。1998 年，华宏水泥厂股份有限公司职工300人参加消防知识竞赛，到现场观看消防演练的职工、家属1000人。在县城开展《中华人民共和国消防法》挂图展览，悬挂消防横额25条，散发《中华人民共和国消防法》宣传资料1000份，播放消防录像25场次。1997年至2000年，全县累计为21家企事业单位培训灭火知识和业余消防人员947人次；发放《中华人民共和国消防法》宣传资料2000多份，播放消防录像62场次，观众1万多人次。2001年至2004年，消防大队深入单位及个体工商户开展消防监督检查747家次，发出《责令限期改正通知书》和《复查意见书》各36份，停业整顿3家，消防培训330人，发放宣传资料3600份。

消防培训

1997年始，县消防部门对辖区企事业单位进行消防知识培训。是年，县消防部门先后对南宁正大畜牧有限公司等11家企事业单位进行消防知识培训11期，参训477人次。1998年至2004年，县消防部门先后对县供销社等10家企事业单位进行消防知识培训10期，参训800人次。其中指导华宏水泥厂股份有限公司职工300人进行消防演练。

▲2002年，县电信局组织员工开展消防业务培训
（邕宁区史志办资料照片）

消防检查

1991年至2001年，全县共检查消防重点单位、重要部门及易燃易爆场所558家，发放《防火检查登记表》145份、《重大火险隐患整改通知书》40份，发现隐患938处，整改率90%。对发生火灾事故，按“三不放过”（事故原因分析不清不放过，事故责任者、群众没有受到教育不放过，没有防范措施不放过）原则进行查处，共处罚火灾事故单位6家。审核建筑项目共49个，其中高层建筑3个。每年对全县180家“两站”（液化气站、加油站）进行检查，对普遍存在缺乏消防器材和消防安全制度不够健全的经营提出整改措施，对从业人员进行消防培训。对易燃易爆化学危险物品的运输、贮存实行许可证管理，从业人员持证上岗。同时协调治安、文化、工商等部门共同对县内卡拉OK歌舞厅、影像厅6家发放检查登记及重大火险隐患整改通知书30份。出警进行消防安全检查884人次，开展消防监督安全大检查101次，受检单位41个，查出火险312处，其中重大火险隐患45处，发出整改通知书6份，防火检查登记表668份。组织有关单位45人按不同季节和实际情况，对县内高层建筑、公共娱乐场所、重点单位、驻辖区内的加油站、液化气库等39家单位开展消防安全大检查，查出火险97处，其中重大火险35处，发出《火灾隐患整改通知书》39份，并建立档案，及时跟踪、督促，限期整改。期间中共邕宁县委、县人民政府拨款25万元购买一辆消防车和消防器材一批。2002年至2004年，对716家单位及个体工商户进行消防安全检查，发出《责令限期改正通知书》102份，《责令当场改正通知书》34份，《责令限期改正通知书》52份，《重大火患限期整改通知书》2份，发出《复查意见书》107份。累计出动消防警力257人次，审核酒楼旅社、网吧等公共娱乐场所的《消防安全检查意见书》214家单位。审核建设工程项目716个，验收项目702个，责令停产停业12起。

火灾事故

邕宁县加强防火灭火工作，以防为主，发现火灾及时组织力量扑灭。1991年至1996年，全县发生火灾6起，直接造成经济损失20万元，有6家发生火灾责任单位被处罚。1997年至2000年，全县累计发生火灾80起，烧死3人，烧伤22人，其中重伤6人，直接经济损失378.50万元。2001年至2004年，全县累计发生火灾63起，烧死4人，烧伤7人，其中重伤3人，直接经济损失156.02万元。

第四节　户籍管理　出入境管理

户籍管理

身份证和暂住证办理　1991年至1993年，邕宁县公安局累计为乡村两级培训人口统计员280人；办理身份证3万人次，办理临时身份证1.32万人；发放农业户口簿16.39万本，占全县应发放数90%。1994年至1997年，全县制发居民身份证累计7.05万份，累计办理长期和临时身份证4.10万份、编码2.40万份、打卡3.26万份，上送自治区公安厅制证中心3.26万份，建立重点人口档案440份，办理户口迁移3000人次，暂住证7000人次，户口变更300人次。1998年至2000年，全县累计办理居民身份证12.15万份，办理户口迁移2.05万人次，办理临时身份证1.20万份。2001年至2004年，全县累计办理居民身份证12万份，办理临时身份证5.35万份，办理户口迁移6301人次。

1992年起至2004年，县户籍管理部门为办案刑侦部门提供身份证底卡查获案犯共94人；利用身份证底卡协助办案提供线索173条，用身份证底卡协助查破治安案件74起，查破刑事案件56起，收缴赃物折款2万元，为群众查找失散亲人30人次。

户口办理　1991年起，邕宁县根据有关政策规定，将部分农村户口居民转移为非农业户口。“农转非”主要范围是上级下达的“农转非”指标、招工、技术人员家属等，逐级申请、评议、公布、审批、上报落实。1991年至1994年，全县按政策规定办理“农转非”9412人，所有指标全部分配到各乡镇；劳动局批准吸收为工人75人；县人事局批准吸收为干部100人，民办教师转公办教师130人；南宁市人事部门批准技术干部家属子女办理“农转非”43户。

1995年至2002年，全县累计审批办理“农转非”1148人次，办理暂住证8300人次，重新换发户口簿共18.70万本。累计办理暂住证5223人次，建立重点人口档案共600份。

2003年至2004年，全县对暂住人口进行清理登记，清查出租房屋共3791间；审批小城镇户口共2120人，审批变更、更改户籍手续共2000人次；累计办理户口准迁手续1.50万人次；投入经费68.20万元，做好户口核对工作，共纠正身份证重、错编号4000份，为群众和各单位提供查询服务2400人次；累计录入扫描相片65.94万人次。

居民住户门牌　1992年起，邕宁县开始实施农村居民住户门牌管理制度，结束了农村住户没有门牌号的历史。是年，全县农村已送自治区公安厅制订门牌号共14万块。1993年至2004年，全县农村累计制订和上门牌号14万户。

出入境管理

1993年，邕宁县公安局成立出入国境管理科，开始按有关规定进行审查和办理县内居民出入国境手续。年内受理和办理出国出境探亲旅游14人。

1993年至2004年，县出入国境管理部门受理和办理出国出境探亲旅游人员累计2953人。期间，县出入国境管理部门依法遣送非法入国境到邕宁县的越南国籍人员303人。

第五节　道路交通安全管理

交通秩序管理

1991年至1996年，邕宁县交警大队把80%以上警力投入路面交通秩序管理，经常性开展秩序整顿活动，对违章人员实行教育为主、处分为辅，对无牌无证驾驶违章行为从严处理，对明知故犯、屡教不改人员从严处理，对事故性质恶劣特别是肇事逃逸人员从严处理。其间，共出动警力9.57万人次，为纠正各类违章人员开办学习班1668期，受教育9.61万人次，清理路障537处62千米。

1998年，实行“三包三定”（定路段、定人员、定时间，包纠正违章、包疏导交通、包宣传教育）管理制度，确保道路畅通有序。组织交通整顿统一行动15次，出动警力1.45万人次，查处各类交通违章1.25万人次，扣证1.09万本，扣牌684块，提押车辆609辆，新增设停车点4处，立交通标志牌12块，拆除占道房屋11间，清理占道经营摊点320个，取缔占道瓜果、蔬菜集散地6处。

2001年，深入开展“创平安大道，实施畅通工程”活动，全年开展交通秩序整治统一行动16次，查处各类交通违章2万人次，扣证1.24万本，暂扣机动车6695辆次。

2003年，设立交通标牌70块，标线13.50千米，警示信号灯8套。2004年，在开展道路交通秩序整顿的同时，重点抓好县城和大沙田经济开发区、邕宁沿海经济开发区、仙葫经济开发区的道路交通安全设施建设，交通安全设施进一步完善。

▲ 2002年，县公安局交警大队办公大院

（邕宁区史志办资料照片）

机动车入户

1991年至1996年，邕宁县办理各种机动车入户1.55万辆，其中摩托车1.01万辆、轻骑5016辆、农用车423辆、非农用手扶拖拉机78辆。1997年至1998年，办理各种机动车入户1.09万辆，其中摩托车7783辆、农用车75辆、车辆过户3087辆。1999年至2004年，办理各种机动车入户3.77万辆，其中办理转户6210辆。1991年至2004年，全县累计办理机动车入户6.43万辆。

▲ 2002年，县公安局交警大队办证大厅

（县公安局交警大队供稿）

机动车年审

1991年至1996年，全县累计年度审核证照和检测车辆3万辆，其中大车7338辆、小车7765辆、农用车1641辆、摩托车1.31万辆、非农用手扶拖拉机247辆，机动车年参检率90.10%；审验驾驶员4.92万人，参审率95.30%。1997年至2004年，全县累计各种机动车年检17.20万辆，年审验驾驶员18万人。1991年至2004年，全县累计年度审核证照和检测车辆20.2万辆，审验驾驶员22.92万人。

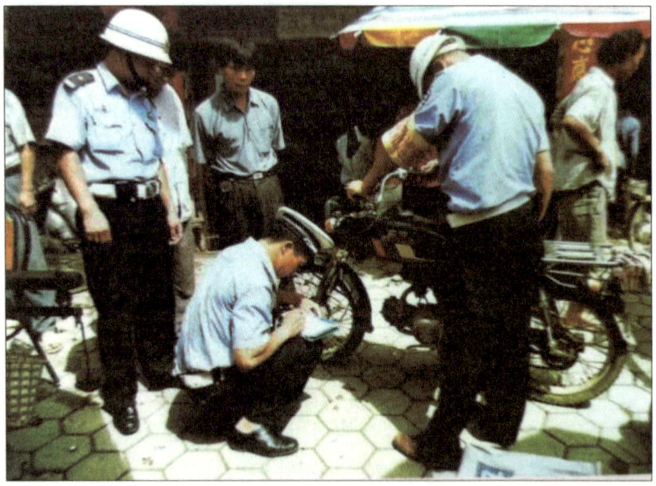

▲21世纪初，县公安局交警大队民警在县城对可疑车辆进行检查　　（邕宁区史志办资料照片）

交通事故

1991年至1997年，全县发生交通事故1954起，死亡623人，受伤1179人，直接经济损失1644.33万元。1998年至1999年，发生交通事故556起，其中重特大事故118起，死亡198人，受伤661人，直接经济损失357.50万元。2000年至2002年，发生交通事故1530起，死亡332人，受伤1801人，直接经济损失829.10万元。2003年至2004年，受理交通事故878起，死亡56人，受伤63人，直接经济损失414.40万元。1991年至2004年，全县累计发生交通事故4918起，死亡1209人，受伤3704人，直接经济损失3245.33万元。

▲2000年，县交警大队民警上路执勤　　（邕宁区史志办资料照片）

交通违章查处

1991年至1998年，全县查处各类违章15.10万起，暂扣驾驶证2.39万本，暂扣车牌1947块，暂扣车辆1800辆，吊销驾驶证150本，强制报废车辆80辆。1997年至1998年，查处各类交通违章2.10万起，扣证1.30万本，扣车牌1263块，暂扣车1209辆。1999年至2004年，查处各类交通违章驾驶14.75万起，扣驾驶证8.40万本，暂扣机动车2.20万辆，吊销驾驶证139本，扣车牌991块；强制报废老、残、旧和超年限使用机动车273辆。1991年至2004年，全县累计查处各类交通违章29.85万起，扣驾驶证10.79万本，暂扣车牌2938块，暂扣机动车2.38万辆，强制报废老、残、旧和超年限使用机动车353辆，吊销驾驶证289本。

第二章 检 察

1991年至2004年，邕宁县人民检察院执行“公证执法、加强监督、依法办案、从严治检、服务大局”的工作方针，发挥检察机关职能作用，重点抓好查办和预防职务犯罪，强化诉讼监督工作，推进检察改革。2003年，提出并执行“对蒲庙镇各校财务清理检查、建立健全财务制度和加强对财务人员教育培训”被评为全国预防职务犯罪的优秀检察建议；出台《邕宁县建筑市场廉政准入规则》，成为广西首个建立建筑市场廉政准入制度的县。同年7月，自治区检察院将邕宁县检察院确定为预防职务犯罪工作联系点。县检察院举报控告申诉接待室于2001年至2004年连续4年被评为自治区级文明接待室。

▲2002年，自治区党委常委、政法委书记彭祖意（右一）到邕宁县人民检察院考察 （县检察院供稿）

第一节 机 构

1991年，邕宁县人民检察院内设机构10个，即办公室、政工科、反贪污贿赂局、渎职侵权检察科、侦查监督科、公诉科、控告申诉检察科、民事行政检察科、监所检察科、检察技术科，另外在反贪污贿赂局内设有职务犯罪预防科。机关在职干警50人。

1997年，县人民检察院机关内设机构11个，即办公室、政工科（含纪检、监察）、刑事检察一科、刑事检察二科、反贪污贿赂工作局、法纪检察科、监所检察科、民事行政检察科、控告申诉检察科（与举报中心、刑事赔偿办公室一个机构三块牌子）、检察技术科、行政装备科。机关人员编制60名，其中检察长1名、副检察长3名。

2004年，县人民检察院机关内设机构和人员编制与1997年基本保持不变。

县人民检察院办公地址在县城红星路。

1991年至2005年3月邕宁县人民检察院历任检察长任职表

表14-2-1-1

职 务	姓 名	性别	民族	籍 贯	任职起止年月
检察长	陈祥江	男	汉族	广西合浦	1990-09—1996-03
	陆建环	男	壮族	邕宁南晓	1997-01—1998-09
	白 勇	男	壮族	广西上林	1999-01—2002-10
	陈国庆	男	汉族	江苏丹阳	2002-10—2005-03

第二节　查办贪污贿赂　预防职务犯罪

查办贪污贿赂

1991 年，邕宁县人民检察院立案侦查贪污案件 9 件 10 人、贿赂案件 9 件 14 人。1994 年至 1995 年，县检察院查办了县人大常委会原主任莫某某、原县土地局局长黄某某贪污、贿赂案，为国家和集体挽回经济损失 200 多万元，引起社会的强烈反响。2001 年县检察院依法查处了原县大塘糖厂董事长刘某某贪污贿赂案，为国家和集体挽回经济损失。1991 年至 2004 年，县人民检察院受理各类贪污贿赂案件线索 724 件，初查 649 件，依法立案侦查 173 件 205 人；共受理渎职侵权案件线索 304 件，初查 249 件，立案 49 件 54 人。通过办案，为国家和集体挽回经济损失 354 万元。

预防职务犯罪

1998 年起，邕宁县开展预防职务犯罪工作。2001 年，邕宁县预防职务犯罪工作领导小组成立，县委书记、县长任组长。2003 年，成立检察院职务犯罪预防科，成为广西首个设立职务犯罪预防科的县检察院，预防职务犯罪主要通过廉政教育、重点监督、检察建议等方式进行。

2003 年，提出并执行"对蒲庙镇各校财务清理检查、建立健全财务制度和加强对财务人员教育培训"被评为全国预防职务犯罪的优秀检察建议，是全广西获奖的两个基层检察院之一。出台《邕宁县建筑市场廉政准入规则》，成为广西首个建立建筑市场廉政准入制度的县。同年 7 月，自治区检察院将邕宁县检察院确定为预防职务犯罪工作联系点。

▲ 2003 年，县人民检察院组织干警上街开展法律宣传活动（邕宁区史志办资料照片）

第三节　审查起诉

1991 年起，邕宁县检察院推行检察业务改革，完善主办、主诉检察官办案责任制，推行普通程序简易化审理制度，试行量刑建议制度。2004 年公诉案件中当庭判决率 86%，节省诉讼时间和诉讼资源，被自治区、南宁市两级检察院作为经验材料转发。

1991 年至 2004 年，县检察院共受理审查批捕案件 3549 件 5633 人，经审查后批准逮捕 3401 件 5378 人，不批捕 99 件 212 人。受理移送审查起诉案件 3663 件 5608 人，经审查提起公诉 3096 件 4647 人，决定不起诉 137 件 197 人，提高审级 113 件 222 人；建议侦查机关撤案 28 件 43 人；移送其他基层检察院 4 件 20 人。

第四节　诉讼监督

侦查监督

1991年起，邕宁县检察院发挥诉讼监督职能，准确打击犯罪，维护当事人合法权益。1997年，县检察机关对侦查机关超期限补充侦查的案件25件46人发出“纠正违法通知书”，依法追诉漏罪2条，漏犯3人；提前介入侦查活动16件（次），其中参加重大现场勘验13次，提前阅卷3次；依法提出检察建议18项。2002年，检察机关追诉漏犯10人，追加漏罪5起，改变侦查机关定性11件14人，改变假年龄、假身份5人。2003年，县检察机关追诉漏犯7人，追加漏罪事实23起，均被法院判决采纳；改变侦查机关定性18人，全部得到法院判决采纳；对侦查机关发出纠正违法通知书1份，检察建议书2份，提出口头建议14次。

1991年至2004年，累计追捕追诉漏犯115人，追加漏罪79起，改变侦查机关定性59件100人，并全部得到法院采纳；对侦查机关的违法行为发出纠正违法通知书83份，检察建议52份，提出口头建议84次。

立案监督

20世纪90年代中期，县检察院开始开展立案监督工作。1998年，对侦查机关有案不立的情况进行监督，共受理立案线索15件，初查后口头通过公安机关立案9件，书面通知立案1件，公安机关随后依法立案。2002年，向公安机关发出《说明不立案理由通知书》4件4人，口头通知1件1人。2003年，共立案监督12件14人，比2002年增长300%。向公安机关发出《说明不立案理由通知书》12份14人，公安机关接到通知后主动立案5件6人，通知公安机关立案6件7人，同意公安机关不立案1件1人。

至2004年，累计立案监督65件73人，向公安机关发出书面《说明不立案理由通知书》65件73人，公安机关接到通知后主动立案21件23人，通知公安机关立案40件46人，同意公安机关不立案4件4人。

审判监督

县检察机关坚持“公正、公开、合法”的办案原则，对符合法律规定抗诉的案件坚决抗诉。1997年，受理民事行政申诉案件16件，依法立案审查4件，建议提请抗诉1件，提请抗诉1件，改判1件，提出书面检察建议2次，口头建议5次。2000年受理各类申诉再审案38件，其中改判11件，维持原判24件。2003年，受理各类申诉案37件，比2002年增长125%；依法立案审查34件，提请抗诉9件，增长350%；建议提请抗诉3件，增长200%；法院开庭审理5件，3件在当年改判，向法院提出再审检察建议1件，

▲1998年，县人民检察院组织干警上街开展法制宣传活动（邕宁区史志办资料照片）

被法院采纳。公诉部门向二审法院提起抗诉 2 件。

1991 年至 2004 年，县检察院累计向法院提出纠正意见 10 次，向二审法院提起刑事抗诉案件 7 件；受理民事申诉案件共 201 件，依法立案共 91 件，经审查息诉共 20 件，发出检察建议共 11 份，向法院提出再审检察建议 3 件并被法院采纳，提请抗诉 32 件，建议提请抗诉 12 件，共有 26 件已改判，占提请抗诉案件 80% 以上。

刑罚执行监督

1991 年至 2003 年，全县累计检察出监 4506 人，检察减刑 264 人，检察法院刑事判决、裁定 877 次 1328 人；办理在押罪犯又犯罪案件 4 件 5 人，办理脱逃案件 6 件；初查举报监管干警违法案件 3 件 6 人，办理在押罪犯及家属申诉案件 41 件；催办案件 581 件 1394 人，纠正错计刑期 7 件；依法纠正违法违纪案件 5 件，向公安机关、人民法院发出纠正违法通知书 13 份，向公安机关提出书面检察建议 12 份，提出口头建议 161 条；对在押犯罪嫌疑人及服刑罪犯进行法制教育 137 场 2.88 万人次，个别谈话教育 301 次 301 人；参加两所安全大检查 122 次，召开两所安全稳定专题分析会 8 次；组织对保外就医、监外执行罪犯开展专项检察 20 次 489 人。

检察技术监督

1991 年至 1996 年，进行现场勘验 164 起，法医检验 172 起，文证检验 74 件，司法会计鉴定 3 件，摄像、拍照 605 件（张）。1998 年，办理案件 93 件，其中法医学检验 48 件，文件检验 18 件，司法会计鉴定 4 件，视听技术 8 件，其他检验 15 件，准确率 100%。2001 年办理各类案件 137 件，其中法医学检验 103 件，文件检验 6 件，司法会计鉴定 6 件，视听技术 22 件。2003 年，检察技术科办理案件 240 件，比 2002 年增长 230%。其中法医学检验 8 件，文件检验 132 件，现场勘查 6 件，视听技术 86 件，其他 8 件。

1991 年至 2004 年，全县累计办理各类案件 1393 件，其中文证检验 250 件，现场勘查 180 件，视听技术 155 件，法医检验 618 件，司法会计 42 件，其他检验 44 件，纠正公安机关伤情鉴定 1 份。

▲ 2003 年，县人民检察院召开疑难案件分析研究会
（邕宁区史志办资料照片）

控告申诉检察

1991 年至 2004 年，全县累计受理各类举报线索 1085 件，接待群众信访 3691 件次，初查案件 106 件，办理刑事申诉案 29 件，交办案 40 件，刑事赔偿案 19 件，通过办案为国家和集体挽回经济损失 100 万元。控申部门开展争创文明接待室活动，试行首办责任制并随来随办，着力解决长期申诉、久拖不决和群众反映强烈的实际问题。县检察院举报控申接待室于 2001 年至 2004 年连续 4 年被评为自治区级文明接待室。

第三章　审　判

1991 年后，邕宁县人民法院案件审判工作实行立案、审判、执行、监督分离，由当事人“谁主张、谁举证”，举证、质证、辩证和认证均在法庭上公开进行。法院对起诉的案件严格依法进行审判，对重大案件依法快审快结，对该重判的案件坚决依法重判；同时注意执行惩办与宽大相结合的政策，通过严惩重判与依法从轻惩办达到宣传法制、教育群众、震慑和打击犯罪分子的作用。县人民法院依据中华人民共和国最高人民法院于 1989 年 7 月 12 日印发的《人民法院诉讼收费办法》有关规定，对县内的诉讼案件按诉讼收费标准和案件受理费适用范围进行收费。

1991 年至 2004 年，县人民法院受理刑事案 3503 件，经审结案 3503 件；受理民事案件 1.49 万件，经审结案 1.38 万件；受理民商事（包括经济）案件 1.81 万件，审结 1.77 万件；受理行政案 253 件，经审结案 253 件。

▲ 2000 年至 2004 年，县人民法院获得的部分奖牌
（邕宁区史志办资料照片）

第一节　机　构

1991 年，县人民法院机关内设机构有立案庭、民事审判庭、经济审判庭、刑事审判庭、行政审判庭、审监庭、告诉申诉庭、执行科、监察室、研究室、办公室、法警队。设有蒲庙、良庆、新江、那楼、伶俐、五塘、刘圩、大塘、吴圩、苏圩 10 个人民法庭。机关在编人员 100 人。

1995 年 3 月，撤销伶俐、刘圩人民法庭，新设立南阳人民法庭，原伶俐、刘圩人民法庭辖区分别划归蒲庙、南阳人民法庭管辖。原 10 个人民法庭合并为蒲庙、良庆、五塘、吴圩、苏圩、大塘、新江、那楼、南阳 9 个人民法庭。

1998 年，县人民法院撤销告诉申诉庭。县人民法院机关内设机构有立案庭、民事审判庭、经济审判庭、刑事审判庭、行政审判庭、审监庭、执行科

▲ 1998 年，县人民法院办公大楼
（邕宁区史志办资料照片）

7个业务庭，以及监察室、研究室、法警队等5个综合部门。邕宁县人民法院在编人员105人。

2001年7月，撤销蒲庙、良庆、苏圩、大塘、新江、南阳6个人民法庭，仅设吴圩、五塘、那楼3个人民法庭。县人民法院在编人员103人。2002年，民事审判庭更名为民事审判第一庭，经济审判庭更名为民事审判第二庭。

2003年至2004年，邕宁县人民法院在编人员83人，其中法官51人。县人民法院办公地址在县城红星路。

1991年至2005年3月邕宁县人民法院历任院长任职表

表14-3-1-1

职　务	姓　名	性别	民族	籍　贯	任职起止年月
院　长	何创荣	男	壮族	邕宁那陈	1990-09—1998-09
	张大义	男	汉族	广西兴安	1999-01—2005-03

第二节　审判制度改革

1991年至1996年，县人民法院不断完善审判体制，改革审判方式。对案件实行立、审、执分开制度，改革过去各业务庭立审不分、审执不分的混乱做法，规定由立案室（1998年改为立案庭）统一立案、登记和收费再分流到各业务庭，各业务庭专门负责审结案件，执行庭专门负责对发生法律效力的法律文书的执行。统一收费标准，方便当事人诉讼和群众监督，有效防止和杜绝办人情案、关系案和其他不正之风，强化内部的约束机制。推行民事、经济、行政审判方式，强化庭审功能，强化合议庭和独任审判员职责，强调当事人的举证责任，让当事人有理讲在法庭，有证举在法庭，事实查清在法庭，是非分清在法庭，以保证当事人的诉讼权利，维护当事人的合法利益，堵塞和防止办案中的不正之风，增加办案的透明度，提高办案效率。

2002年至2004年，县人民法院围绕“公正与效率”工作主题，实施《人民法院五年改革纲要》，继续推行改革，确保司法公正和工作效率的提高。这三年的改革重点：一是强化民事诉讼制度改革，提高民事审判质量和效率。民事案件实行繁简分流，适用简易程序审理常规、简单的民事案件。2002年受理民事案件1165件，适用简易程序审理的案件1020件，简易程序审理适用率达87.55%。实行庭前证据交换制度，强调限时举证；实行以公开举证、质证、辩论、认证、裁判为内容的民事审判方式，强调当事人的举证责任及法官的当庭认证能力；推行庭前交换证据和庭前调解制度，缩短办案周期，提高办事效率。二是对申诉、申请再审案件推行听证制度。法院在申诉、申请再审案件收案后，在复查阶段法院听取当事人的申诉理由并进行审查。三是推行刑事案件普通程序简便审理。对公诉机关起诉证据充分、事实清楚，被告人认罪的案件进行简化审理。2003适用简易程序审理的案件达到173件216人，简易程序审理适用率达47.30%；当庭宣判325件454人，当庭宣判率达88.80%。四是抓好裁判文书改革，提高裁判质量。五是推行法官助理制度试点。在民一庭和吴圩人民法庭进行法官助理试点，实行一名

▲县人民法院法官开庭审理案件

（邕宁区史志办资料照片）

法官+一名法官助理+一名书记员的“111”审判机制，优化资源配置，提高办案效率和质量。此外，还推行人事制度、完善案件流程管理制度等改革，进一步增强活力，提高办案质量和效率。

第三节 刑事审判

县人民法院受理的刑事案件主要有失火、破坏电力设备、非法持有私藏枪支弹药、交通肇事、危险物品肇事、非法经营、故意伤害、强奸、奸淫幼女、强制猥亵侮辱妇女、猥亵儿童、非法拘禁、诬告陷害、重婚、抢劫、盗窃、诈骗、抢夺、走私贩卖运输制造毒品、妨害公务、聚众斗殴、寻衅滋事、组织利用会道门、利用迷信破坏法律实施、赌博、窝藏转移收购销售赃物、非法收购运输出售珍贵濒危野生动物及其制品、非法采矿、盗伐林木、滥伐林木、非法收购盗伐滥伐林木、引诱容留介绍卖淫、挪用公款、受贿、贪污贿赂等。基层法庭受理较轻的刑事案件，重大刑事案件由上级法院受理。

1991 年至 1996 年，县人民法院受理刑事案件 1299 件，经审结案 1299 件，判决发生法律效力的人犯 1940 人，判处 5 年以上 20 年以下有期徒刑 721 人，判处 5 年以下有期徒刑、拘役、管制 1219 人。在刑事案件中属于严重经济案件 68 件，审结 100%；涉案犯罪分子 102 人，判处 5 年以上 20 年以下有期徒刑 99 人，追回赃款 82.67 万元。1997 年先后在吴圩镇、沿海开发区、大沙田开发区等地召开宣判大会 4 次，宣判刑事犯罪案件 24 件 36 人，参加宣判大会的群众 1.80 万人次。1999 年，在县体委灯光球场、苏圩镇、沿海开发区、大沙田开发区等地召开宣判大会 5 次，参加宣判大会的学生、群众 2 万人次。1997 年至 2000 年，县人民法院受理刑事案件 889 件，经审结案 889 件，判处 5 年以上有期徒刑 437 人。2002 年，县人民法院受理刑事案 301 件，经审结案 301 件，判处 3 年以下有期徒刑 154 人（含适用缓刑 47 人、拘役 10 人），判处 3 年以上 7 年以下有期徒刑 139 人，判处 7 年以上 10 年以下有期徒刑 34 人，判处 10 年以上有期徒刑 33 人，被附加剥夺政治权利 27 人，并处以罚金 252 人。是年召开宣判大会 3 次，宣判刑事案件 25 件，宣判人犯 50 人，参加宣判大会群众 4000 人次。2003 年，县人民法院受理刑事案 368 件，经审结案 368 件，涉案 520 人。其中：抢劫抢夺案 25 件 38 人，故意伤害案 78 件 119 人，盗窃案 74 件 117 人，强奸案 30 件 34 人，毒品案 28 件 31 人，赌博案 23 件 26 人，贪污、受贿、挪用公款案 15 件 23 人。2001 年至 2004 年，县人民法院受理刑事案 1315 件，经审结案 1315 件。1991 年至 2004 年，县人民法院累计受理刑事案 3503 件，经审结案 3503 件。

第四节 民事审判 行政审判

民事审判

邕宁县人民法院受理的民事案件主要包括婚姻家庭纠纷、刑事案中民事赔偿、继承纠纷、合同代位纠纷、合同撤销权纠纷、悬赏广告纠纷、买卖合同纠纷、房地产开发经营合同纠纷、供用电水气热力合同纠纷、借款合同纠纷、借用合同纠纷、租赁合同纠纷、融资租赁合同纠纷、建设工程合同纠纷、运输合同纠纷、劳动争议、所有权及与所有权相关权利纠纷、票据证券权益纠纷、股东权纠纷、不正当竞争纠纷、人身权纠纷及特殊侵权纠纷等。

1991 年，县人民法院受理民事案 823 件，受理民事案经审结案 779 件。2004 年受理民事案 927 件，受理结案 920 件。1991 年至 2004 年，县法院累计受理民事案件 1.49 万件，累计受理民事案件经审结案 1.38 万件。14 年内，全县共受理民（商）事（包括经济）案件 1.81 万件，审结 1.77 万件，审结率 97.57%。

1991年至2001年，县人民法院对民事经济案件单独立案进行审判；县人民法院受理经济案共3315件，经审结案3246件。县人民法院受理的经济案件主要包括：贪污受贿挪用公款、合同纠纷、合同撤销权纠纷、买卖合同纠纷、房地产开发经营合同纠纷、供用电水气热力合同纠纷、借用合同纠纷、租赁合同纠纷、融资租赁合同纠纷、建设工程合同纠纷、运输合同纠纷、劳动争议、所有权及与所有权相关权利纠纷、票据证券权益纠纷、股东权纠纷、不正当竞争纠纷等。2002年至2004年的民事经济案件并入民事案件进行审判。

行政审判

1991年至1996年，县人民法院共受理行政案件60件，审结60件，结案率100%。其中山林土地纠纷案件占行政案件的96.66%。1997年至1998年，县人民法院共受理行政案件43件，审结43件，结案率100%。1998年同时还受理行政机关非诉讼申请执行案件49件。所受理的案件涉及治安、公路、卫生、城建、税务等不同类型的行政处罚案件。1999年至2001年，县人民法院共受理行政案件65件，审结65件，结案率100%。所受理的案件涉及治安、公路、卫生、城建、计划生育、税务、烟草等不同类型。2002年，县人民法院受理行政案件17件，审结17件；审查非诉行政执行案件246件，其中裁定准予执行244件、裁定不准予执行2件。2003年，县人民法院受理行政案件27件，审结27件；审查非诉行政申请执行案件409件，全部办结。1991年至2004年，县人民法院受理行政案共253件，经审结案253件。全县受理的行政案件包括：不服政府等部门的拆迁决定、山林土地确权、工商行政、治安行政等。

第五节　审判监督　案件执行

审判监督

县人民法院审判监督庭依法受理对申诉、抗诉、申请再审及国家赔偿等案件进行审判监督。

1991年至2004年，县人民法院受理申诉、抗诉、申请再审及国家赔偿等案件共511件，经审判监督对申诉、抗诉、申请再审及国家赔偿等案件，进行审判监督结案共496件。

1991年至2004年邕宁县审理各类案件情况表

表14-3-5-1　　单位：起（件）

年度	刑审案件		民事案件		经济案件		行政案件		申诉告诉（审监）	
	受理	审结	受理	审结	受理	审结	受理	审结	受理	审结
1991	215	215	823	779	62	60	6	6	53	48
1992	271	271	1417	1343	99	94	6	6	55	53
1993	119	119	663	609	195	193	7	7	23	23
1994	213	213	577	544	225	212	7	7	76	76
1995	234	234	1021	980	161	158	23	23	15	15
1996	247	247	1710	1683	231	228	11	11	30	28
1997	197	187	1722	1714	157	152	13	13	26	26
1998	171	171	1078	1041	266	262	30	30	34	32
1999	255	255	1036	1033	919	907	17	17	31	30

续表

年度	刑审案件		民事案件		经济案件		行政案件		申诉告诉（审监）	
	受理	审结	受理	审结	受理	审结	受理	审结	受理	审结
2000	266	266	888	874	693	690	16	16	38	35
2001	313	313	721	712	307	290	32	32	28	28
2002	301	301	1165	1149	已并入民事案		17	17	39	39
2003	368	368	1109	1104	已并入民事案		27	27	33	33
2004	333	333	927	920	已并入民事案		41	41	30	30

案件执行

1991年至1996年，县人民法院共受理各类执行案件3304件，执行标的总金额3105.69万元。1997年，县人民法院受理执行案件588件，全部执行406件，执结率84.50%。1998年，县人民法院受理执行案件735件，执结592件，执结率80.54%。2001年，县人民法院受理执行案件1960件，审结1633件，结案率82.55%。2003年，县人民法院受理执行案件1317件，执结1276件。1991年至2004年，县人民法院受理各类执行案件共1.18万件，经执行结案共1.01万件。

20世纪90年代，县人民法院在案件执行过程中存在工作人员和经费不足、力度不够、个别干扰等问题。县人民法院采取有效措施确保执行落实到位。一是严格执行法律，保护当事人的合法权益。对已发生法律效力的法律文书，按照法定程序执行；对有执行能力而逃避执行或恶意抗拒执行的，坚决依法强制执行；对妨害执行的，坚决予以制裁；对一时没有履行能力的，依法暂缓执行，待有履行能力后再恢复执行。二是对大案、要案的执行，积极争取党委、人大的关心支持，克服地方保护主义，确保案件执行的顺利推进；同时，积极协助外地法院的执行和做好委托执行。三是充实执行力量，人员和经费有保障，并不断改善执行设备条件。四是坚持说服教育与强制执行相结合，平时执行与会战集中执行相结合，强化执行工作力度。五是文明执法。不随意抓人，不滥用强制执行措施，维护法律的严肃性。2003年，县人民法院推进执行体制改革，推行执行实施权与执行裁判权分立等制度，出台十个规范执行制度，初步建立比较完善的执行工作体制，使执行体制更加适应执行工作，案件执行难问题在一定程度上得到解决。

第四章　司法行政

1991年至2004年,邕宁县司法系统开展法制宣传教育工作,先后实施"二五""三五""四五"普法,组织学习50多部法律法规;建立健全三级调解网络,把各种不稳定因素化解在基层;开展律师事务、公证事务、法律援助等工作,配合国有企业改革,为市场经济发展提供法律服务。

第一节　机　构

县司法局

1982年8月,成立邕宁县司法局。邕宁县司法局主要承担全县法制宣传和依法治县、人民调解、"两劳"(劳动教养、劳动改造)回归人员安置帮教、法律援助和法律服务管理等工作。

1991年1月,邕宁县司法局机关内设基层工作股、法制宣传股、办公室和公证处第一律师事务所、第二律师事务所。1994年3月,第一律师事务所撤销,人员合并到第二律师事务所。1997年,县司法局机关内设行政秘书股、法制宣传股、基层工作股、公律管理股,领导县公证处开展工作,机关人员编制(含县公证处编制)31名。1999年10月,成立邕宁县法律事务中心,编制31名。2001年12月机构改革,县司法局机关内设行政秘书股、基层工作股、法制宣传股和法律服务管理股,另设公证处1个,编制16名。2002年6月,将各乡镇司法所(编制49名)作为县司法局在乡镇的派出机构,并从2003年开始向社会公开招考司法所干警,同时从乡镇政府中择优选调部分司法助理员为司法所干警,干警与乡镇政府司法助理员共同办公。2003年12月31日,县法律援助中心成立(事业编制),在县司法局领导下实施组织、管理、指导和监督邕宁县法律援助工作。2004年,县司法局直接管理指导21个乡镇司法行政工作,管理县公证处和县法律援助中心,共有司法行政专项编制70名(含县法律援助中心编制5名),实有人员62人(其中局机关工作人员16人,乡镇司法所干警45人,县法律援助中心1人)。

县司法局办公地址在红星路。

1991年至2005年3月县司法局历任局长:苏为植,李文阁,黄智。

县调处办

1985年1月,县政府设立调解处理土地山林水利纠纷办公室(简称县调处办),隶属县人民政府领导。1991年,县调处办编制11名,在职在编11人。1998年在编干部9人,工人(司机)1人。2004年编制10名,在编人员10人。

县调处办办公地址在红星路。

1991年至2005年3月县调处办历任主任:刘天贵,麻剑平,李学宽,卢居有。

乡镇司法所

1991年，全县各乡镇普遍建有司法办公室，共配备乡镇司法助理员66名。1996年，乡镇司法办公室改称为乡镇司法所。2002年至2003年，开展司法所规范化建设，配备11辆业务用车和一大批硬件设施，司法所办公条件得到明显改善。五塘等3个乡镇司法所率先被评为自治区“一级司法所”，五塘司法所获自治区司法厅5万元的奖励，其余的18个司法所又在2003年创建成“一级司法所”，全县司法所规范化建设工作走在广西前列。2003年4月，司法部基层工作指导司司长王珏到大塘、南晓镇调研，对司法所规范化建设给予高度评价；随后，北京市海淀区政法委组织考察团到邕宁县参观学习司法所规范化建设，给予好评。2003年、2004年，新江镇司法所所长马金盛被评为“全国模范司法助理员”。

第二节　法制宣传教育

1991年起，邕宁县在全县范围内开展“二五”“三五”“四五”三个五年普法教育工作。

“二五”普法

1991年至1995年，分4期进行，第一期学习《中华人民共和国宪法》《中华人民共和国民族区域自治法》等13部法律法规，第二期学习《中华人民共和国税收征收管理法》等12部法律法规，第三期学习《中华人民共和国农业法》等9部法律法规，第四期学习《中华人民共和国劳动法》《中华人民共和国经济合同法》等9部法律法规。接受“二五”普法教育人数310万人次，占应普法人数的89.60%，其中干部、职工和农民分别占应普法人数的100%、100%和83.30%。在校中小学生85.80万人次实施了相应的法制教育。其间，组织干部职工集中普法考试5次，共设考场96个，参加考试6万人次，全县普法对象参学率、参考率、考试合格率分别为97.60%、97.10%和100%。全县实行依法治理的乡镇21个，行政村248个，企业40家，中小学校263所。

“三五”普法

1996年至2000年，全县法制宣传教育以学习“二书七法二条例”为主要内容。“二书”即《邓小平论民主与法制建设》《社会主义法制建设基本知识》，“七法”即《中华人民共和国行政处罚法》《中华人民共和国刑事诉讼法》《中华人民共和国刑法》《中华人民共和国行政诉讼法》《中华人民共和国国家赔偿法》《中华人民共和国国防法》《中华人民共和国老年人权益保障法》，“二条例”即《公务员暂行条例》《行政复议条例》。5年内，接受“三五”普法教育70万人，占应普法对象的90.60%。组织干部职工集中普法考试5次，共设考场96个，参加考试6万人次，全县普法对象参学率、参考率、考试合格率分别为98%、97.30%和100%。全县21个乡镇、248个村、286所学校实行依法治理；树立63个依法治理示范点；落实7700余名普法联络员；成立89个普法讲师团。“三五”普法期间，县普法办被评为全国普法先进集体。

“四五”普法

2001年至2004年为“四五”普法第一至第四年。全县以领导干部、公务员、青少年、企业经管人员为普法重点对象，出台《邕宁县进一步开展领导干部学法用法意见》，开展《WTO基本规则与公共管理》、新修改《中华人民共和国婚姻法》培训考试。全县依法治理示范点86个。2003年，出台《关于在全县国家公务员（机关工作人员）中开展依法行政培训的通知》，6900名公务员参加《公务员依法行政读本》培训，并进行《中华人民共和国行政许可法》知识考试。各级领导干部学习《干部法律知识读本》和完成《学习与思考》作业本。“四五”普法期间，组织全县干部职工集中普法考试4次，共设考场96个，参加考试8万人次，全县普法对象参学率、参考率、考试合格率分别为98.60%、97.80%和100%。全县组织各类领导干部法制讲座、普法培训、中小学校法制副校长培训等培训班20期次，参训人员3420人次。开展“送法下乡”“12·4”全国法制宣传月系列宣传活动62次，在全县营造浓厚的法制氛围。

第三节　律师事务　公证事务　法律援助

律师事务

1991年全县律师事务所2家，专兼职律师13人。1994年3月，第一律师事务所并入第二律师事务所。1996年3月，第二律师事务所更名为广西鸿宇律师事务所，管理体制不变。1991年至1996年，县律师事务所担任县政府机关、企事业单位共117家的法律顾问，代理刑事案件诉讼603件，代理经济诉讼案件561件，代理行政诉讼案件72件，办理非诉讼法律事务196件。其中1995年6月，县内那马等乡镇发生假稻种坑农案件，涉及农户2371户，造成466.67公顷早稻颗粒无收。县律师事务所无偿为原告方受害农户代理诉讼，为审判机关公正审理案件提供有效法律举证服务，为农民挽回经济损失591万元。2000年11月，广西鸿宇律师事务所改制为社会中介服务机构，由南宁市司法局管理。1997年至2000年，县律师事务所为49家单位作法律顾问，办理各类案件486件（其中代理刑事诉讼案件114件，代理民事诉讼案件235件、代理经济诉讼案件107件，代理行政诉讼案件25件和非诉讼案件各5件），为当事人挽回或避免经济损失9170万元。代写法律文书330件，解答法律咨询2501人次。调处经济纠纷1408件，诉讼代理528件，非诉讼代理1499件，协办公证86件，办理见证287件，代写法律文书1945份，为当事人挽回或避免经济损失1235.30万元，解答法律咨询8940份。给予法律援助145件。2003年，邕宁县引进桂三力律师事务所，所内有执业律师3人，是年承办各类诉讼代理15件，担任法律顾问8家，代写法律文书20份，解答法律咨询105人次。

1991年，邕宁县21个乡镇中建立乡镇法律服务所18个。乡镇法律服务所均在乡镇司法所挂牌，一般为在职司法助理员兼职，个别较大的乡镇聘请社会法律工作人员1~3名。业务范围主要为乡镇党政机关、企事业单位作法律顾问，调解各类纠纷，代写法律文书和诉讼代理等。1997年全县乡镇法律服务所有19个。1999年10月成立邕宁县法律事务中心，负责协调各乡镇法律服务所和司法助理员及社会上法律服务力量的管理和指导。2002年，全县21个乡镇全部建立法律服务所，并通过法律服务热线联动开展法律服务。1991年至2004年，全县乡镇法律服务所的法律工作者累计为810家单位作法律顾问，调处经济纠纷和其他纠纷4899件，民事代理4337件（诉讼代理867件，非诉讼代理3470件），协办公证112件，办理见证591件，代写法律文书4038份，解答法律咨询1.56万人次，为当事人挽回经济损失1889.50万元。

公证服务

1991年，有邕宁县公证处1所，公证员4名，办理各类事项公证81件。公证项目以服务“三农”

为重点，涉及交通、烟草财产抵押贷款、债券、股票、融资等。1994年办理各类事项公证126件。随着改革开放的深入，县公证处积极开展民事事项、经济事项的公证，并根据社会主义市场经济的发展需要，开辟了养征、房产等新证源，为国有土地出让、转让等事项提供公证服务，业务量快速提升。1995年办理各类事项公证1300件。1996年办理各类事项公证1354件。公证项目涉及交通、烟草财产抵押贷款、债券、股票、融资，房地产、土地使用权有偿转让等。1997年办理各类事项公证数有所下降，全年共办理740件，其中民办事项公证43件、经济事项公证697件。1999年，县公证处不断完善办证质量管理制度，严格办证程序和审批程序，提高办证质量，全年办理各类事项公证178件，其中民办事项公证142件、经济事项公证36件，计划生育列为公证新证源。2002年，以房地产合同公证为主的公证业务得到较大发展，全年办理各类事项公证269件，其中民办事项公证257件、经济事项公证12件。2003年，县公证处重点为房地产、破产企业职工安置等提供公证服务，并加强对县招标投标工作的监督，全年共办理种类公证394件。

1991年至2004年，全县累计办理各类公证8560件，其中民事事项公证8132件、经济事项公证428件。

法律援助

1991年至1996年，邕宁县设立乡镇法律服务所18家，面向基层开展法律服务业务，累计担任法律顾问262家、诉讼代理165家、非诉讼代理1326件、调解纠纷2527件、代书1344份。1998年11月，邕宁县“148”法律服务专用电话正式开通，配备3名专职值班人员和5名兼职人员。至2004年12月，共受理电话咨询5560次，接待来访527人次；通过分流，委托律师事务所办理121件，公证处办理83件，基层法律服务所承办209件，提供上门服务61次，解决纠纷407件，移送有关部门处理35件，为当事人挽回或避免经济损失1089.86万元。

2003年12月31日，邕宁县法律援助中心正式挂牌成立，这标志着邕宁县开始实行为弱势群体提供法律援助服务。至2004年年底，在全县各乡镇及团县委、县妇联、县总工会、县老龄委和县残联设有法律援助工作站共26个，维护军人家属利益法律援助工作站1个，县内法律援助网络逐步完善。2004年，全县各级法律援助机构办理各类法律援助案件58件。法律援助机构拓展法律援助领域，扩大法律援助辐射面，维护了社会弱势群体享受法律援助。

第四节　人民调解　“三大纠纷”调处　“安置帮教”

人民调解

邕宁县贯彻“以防为主，调防结合”人民调解方针，按要求不断健全人民调解网络。1991年至2003年，各乡镇和各行政村均设有人民调解委员会，全县有乡镇和村级人民调解委员会248个，配备专兼职人民调解员2400多名。创造全县推广的“三级调处”“五步调解”；推行乡镇调解中心建设，促进形成“大调解”格局。2003年始，推行人民调解员持证上岗和首席调解制度，实行“庭式调解”，使用规范调解协议，实现人民调解与法院诉讼衔接。是年，全县有28个先进村调解委员会、6个先进乡镇调解委员会、8个先进司法所、28名先进人民调解员、12名司法助理员受到南宁市政府的通报表彰。

1991年至2004年，全县各级人民调解组织累计调处各类社会矛盾纠纷4.26万件；排查调处社会不安定因素和复杂疑难纠纷6292件；防止因民间纠纷可能引起的自杀和可能转化为刑事案件870起、群体性纠纷592起，调解率、调处成功率始终分别保持在100%、95%以上。

“三大纠纷”调处

1991 年，全县发生“三大纠纷”（土地纠纷、山林纠纷、水利纠纷）案件 301 起，调结案件 210 起，调结率 69.80%，挽回经济损失 11.80 万元。2001 年 4 月成立邕宁县农村三大纠纷调处工作联合办公室，从县土地局、林业局、调处办抽调 23 人组成 7 个办案组，投入经费 25 万元，出动小汽车 7 辆，分赴全县案发重点地区调处纠纷案件。是年 11 月机构改革后，县调解土地山林水利纠纷办公室在县政府办公室挂牌。2001 年，全县发生“三大纠纷”案件 363 起，涉案面积 2230.40 公顷（含积案 29 起，面积 964.80 公顷）；调解结案 342 起，面积 1969.20 公顷，调解结案率 94.20%。其中调解结案土地纠纷案 223 起，面积 1969.20 公顷；山林纠纷案 78 起，面积 643.90 公顷；水利纠纷案 41 起，面积 13.40 公顷。调解结案跨省、市、县（区）“三跨”案件 35 起，调解结案 26 起，面积 1388.50 公顷。及时制止和平息群体性事件 102 起，挽回经济损失 237.20 万元。2004 年，完成全县范围内 98 起“三大纠纷”案件的调处工作。其中“三跨”（跨乡、跨县、跨市）案件 20 起，县内山林纠纷案件 65 起，土地纠纷案件 12 起，水利纠纷案件 1 起。

1991 年至 2004 年，邕宁县推行土地山林承包和开发，全县发生土地、山林、水利“三大纠纷”案件累计 4985 起，涉及面积 2 万公顷；经调解，处理结案 4497 起，涉及面积 1.87 万公顷，及时平息可能发生群体性事件 270 起，挽回经济损失 974.36 万元；调解结案跨省、市、县（区）“三跨”案件 61 起，调解结案 36 起，面积 1500 公顷。

“安置帮教”

1991 年至 1996 年，劳动改造和劳动教养释放人员安置回归原地后，由司法部门负责组织帮教工作，各乡镇政府由司法助理员具体落实。1998 年起，县、乡镇建立“两劳”（即劳动改造和劳动教养）回归人员安置帮教工作协调领导小组，各基层单位建立帮教小组。以“衔接工作制度化，帮教工作社会化，安置工作市场化”的“三化”要求，突出重点，坚持多种形式帮教、多渠道安置，推动工作开展，基本形成和完善以县登记管理到司法所具体档案管理直至帮教人直接管理的动态网络管理，多层次保障对“两劳”回归人员的管理、帮教和过渡性安置。普遍开展帮教工作“向前、向后延伸”，取得良好成效。1998 年至 2004 年，全县有帮教组织 262 个，帮教人员 1563 人，接纳、管理在册 5 年内刑释人员 2660 人，安置率、帮教率始终保持在 100%、95% 以上，所控人员重新犯罪率保持 3% 以下。

第五章　军　事

1991年至2004年，邕宁县地方军事组织有邕宁县人民武装部、中国人民武装警察部队邕宁县中队、中国人民武装警察部队邕宁县消防大队、邕宁县人民防空办公室（2004年8月成立），县设有基层人民武装部和民兵营。县境内的驻军部队有中国人民解放军各军兵种和中国人民武装警察部队等26个单位。其间，驻邕宁县的中国人民解放军、武警官兵和县内民兵，为邕宁地方经济建设、精神文明建设、抢险救灾、社会治安、拥政爱民等方面作出了贡献。

第一节　机　构

中共邕宁县人民武装委员会

中共邕宁县人民武装委员会（简称武委会）成立于1953年3月。1967年，因受“文化大革命”影响，武委会工作停止。1979年3月恢复建立中共邕宁县人民武装委员会，由中共县委书记任主任，县人民武装部部长或政委任副主任。1996年，成立邕宁县国防动员委员会，与中共邕宁县人民武装委员会为一班人马、两块牌子。至2005年3月，“一班人马、两块牌子”的机制没有改变。

邕宁县人民武装部

1951年6月，成立邕宁县人民武装部。1991年至1996年3月，邕宁县人民武装部属地方建制，称广西壮族自治区邕宁县人民武装部，为副县（团）级单位，保留县人民武装部党委会，是本地区军事领导指挥机关和兵役机关。县人民武装部内设军事科、政工科、后勤科、办公室。

1996年4月后，由地方建制划归军队建制，称中国人民解放军广西壮族自治区邕宁县人民武装部（简称县人武部），为正团级单位。县人武部接受上级军事机关和同级地方党委、人民政府的双重领导。县人武部内设军事科、政工科、后勤科。

▲2003年，县人民武装部军事管辖区

（邕宁区史志办资料照片）

1996年4月至2005年3月，设置中共邕宁县人民武装委员会，行使团级党委职权，接受南宁军分区党委和中共邕宁县委双重领导。

邕宁县人民武装部办公地址在县城红星路。

1991 年至 2005 年 3 月邕宁县人民武装部领导任职情况表

表 14-5-1-1

机构名称	职　务	姓　名	籍　贯	任职起止年月
广西壮族自治区邕宁县人民武装部	部　长	王标文	广东化州	1991-01—1996-04
	政　委	王统福	广西邕宁	1991-01—1996-04
中国人民解放军广西壮族自治区邕宁县人民武装部	部　长	于宝柱	河北吴桥	1996-04—2000-04
		胡　军	安徽铜陵	2000-04—2005-03
	政　委	李王玉	湖南嘉禾	1996-04—2001-04
		周宏钟	湖南宁远	2001-04—2002-04
		皮燕明	湖北嘉鱼	2002-04—2004-03
		褚友元	湖南慈利	2004-04—2005-03
		江新贵	江西波阳	2005-03—2005-03

邕宁县人民防空办公室

2004 年 8 月，成立县人民防空办公室，为县国防委员会的常设办事机构，也是县人民政府防空工作的职能部门,有干部职工 4 人。主任：玉集轩(2004 年 8 月至 2005 年 3 月)。办公地址在县城红星路。

邕宁县国防动员委员会

1996 年成立邕宁县国防动员委员会，县委书记任第一主任，县长任主任，县人武部部长、政委、县政府 1 名副县长、县人武部副部长 4 人为副主任，成员 25 人由有关部门负责人组成；县国防动员委员会下设人民武装动员办公室（在县武装部办公）、国民经济动员办公室（在县计划与经济局办公）、交通战备办公室（在县交通局办公），各办公室主任由相关部门主要领导兼任。2002 年 6 月，中共邕宁县委决定将县人民武装委员会与国防动员委员会合并，实行一套人马，两块牌子。合并后的班子由 27 人组成，第一主任、主任分别由中共邕宁县委书记、县人民政府县长担任，副主任由县人武部部长、政委、1 名县委副书记、1 名县政府副县长、1 名县人武部副部长等 5 人担任。2003 年 9 月，县人民武装委员会和县国防动员委员会再次进行调整，调整后共有委员 27 人，副主任由 5 人增至 8 人，即增加 1 名县委常委、县委办公室主任和 1 名县人武部副部长为副主任。县国防动员委员会下设人民武装动员办公室（在县武装部办公）、国民经济动员办公室（在县发展计划局办公）、交通战备办公室（在县交通局办公），各办公室主任由相关部门主要领导兼任。

武警邕宁县中队

前身为邕宁县武装公安队，成立于 1950 年 5 月。1955 年，县武装公安队改为县武装警察中队，1958 年改为武装警察邕宁县队部，1960 年 2 月改为县公安局人民武装警察队队部，1964 年 4 月改为中国人民解放军九九分队（属县人民武装部建制），1976 年改为中国人民武装警察邕宁县中队，1983 年 1 月改为中国人民武装警察部队广西总队南宁地区支队邕宁县中队，1984 年 1 月改为中国人民武装警察部队广西总队南宁市支队邕宁县中队（简称武警邕宁县中队）。武警邕宁县中队位于县城汉林街。

1991 年至 2005 年 3 月，武警邕宁县中队接受武警南宁市支队和中共邕宁县委、县人民政府双重领导。武警邕宁县中队执行逮捕、看守、押解罪犯和维护社会秩序等任务。

基层人民武装部

1991 年至 2005 年 3 月，邕宁县按规定在蒲庙、良庆、那马、新江、百济、中和、那楼、镇龙、刘圩、南阳、伶俐、长塘、四塘、五塘、昆仑（九塘）、吴圩、苏圩、延安、大塘、那陈、南晓等 21 个乡镇设立人民武装部。乡镇人民武装部设有部长、副部长和干事。在县直属机关、大沙田开发区、广西华宏水泥有限公司、四塘煤矿（2002 年企业破产后单位自然消失）、七坡林场、明阳农场、明阳糖厂、伶俐糖厂、蒲庙造纸厂等单位设立人民武装部，设专职或兼职部长和专兼职干事。乡镇、企事业单位人民武装部受当地（单位）党委和县人民武装部双重领导。

第二节　国防教育　国防动员

国防教育

1991 年起，邕宁县每年组织开展国防教育活动。国防教育对象是在校中小学生、民兵、村（居）民、干部、职工等。国防教育内容主要有《中华人民共和国国防教育法》《国防的地位和作用》《我国国防的历史》《我国的武装力量》《依法服兵役，争当合格的军人》，以及读一份报刊（载有国防教育法规的报纸或军事内容的报刊）唱一首歌曲（爱国主义和军事题材歌曲）、写一篇文章（以国防教育为主题的作文或日记）、做一件好事（拥军优属好事）、看一部电影（军事题材或爱国主义题材）等。开展国防教育活动的形式有开办学习班，到企业、学校上国防教育课，开展军训、军事日活动，召开座谈会、报告会，利用广播电视、电影、图片展览、板报、国防知识竞赛进行宣传教育等。

1991 年至 2004 年，邕宁县每年在三八妇女节、清明节、五四青年节、六一儿童节、七一党的节日、八一建军节等节日期间，组织机关及企事业单位干部职工、学校师生和人民群众前往烈士陵园、烈士纪念碑、烈士纪念馆、部队驻地、战场遗址、“爱国主义教育基地”和“国防教育基地”等瞻仰烈士，参观学习烈士英雄事迹和举行入党入团入队宣誓仪式等，参加活动 10 万人次。每年 9 月的第三个星期六是国防教育日，全县组织开展板报、演讲、图片展、知识竞赛、专题宣讲和报告会等形式多样的国防教育。驻军各单位及武警部队每年派军事教官到驻地中小学校及大中院校讲授军事课，开展军事训练，参加听课和军训 1.50 万人次。

国防动员

1991 年起，国防动员主要有武装动员、国民经济动员、交通战备动员、人民防空动员 4 个方面工作。

人民武装动员坚持对民兵、预备役部队年年进行整组，按照实际做好出队入队、改选干部、总结工作、加强教育、健全制度、战时兵员准备等工作，组织民兵、预备役部队配合现役部队作战。1996 年，县政府拨款 23 万元对各乡镇和 238 个行政村增加民兵设备，并在南阳镇二田村建立民兵营组织建设示范村，随后逐步推广。2000 年，按照“控制数量，提高质量，抓好重点，打好基础”方针进行调整、动员民兵，使民兵组织达到整组检查标准。2001 年，在抓重点、抓质量上下功夫，进一步调整民兵组织布局。2004 年，全县公民兵役登记工作和退伍军人安置工作顺利进行。

国民经济动员工作着重解决军民兼容问题，抓好军民两用技术、重点行业和项目建设，抓紧军需物资的储备，提高经济动员平战转换能力。健全军粮等食品供应制度，坚持先前方、后后方，把好的粮油等物资送到部队；做好医疗保障工作，确保战时医疗救护。1991 年至 2004 年，县计划和建设部门根据军事需要，修订、完善经济动员预案，进行经济动员信息化建设和经济动员专业保障队伍建设，提高执行任务能力。在制订国民经济发展计划中，体现军事需求，平战结合，两头兼顾，协调发展。

交通备战动员工作，主要是建设和利用好县内形成的陆路、水路、航空配套交通工具和城乡连接的国防交通网络，以及邮电通信、广播电视等宣传工具。平时对交通、通信设备制定应急预案和保障目标抢修方案，保证正常运行。同时，加强交通备战保障分队建设，有针对性地组织交通通信专业分队训练和演练，提高专业队伍综合保障和快速反应能力。

人民防空动员工作，主要是开展清理和修建防空掩体工程建设、警报设置、防空演习、制定防空作战预案、防空疏散、防空抢险、反空投、战时动员等。1991 年至 2004 年，邕宁县根据要求做好备战的各项防空动员工作。

第三节　拥政爱民

1991 年至 2004 年，邕宁县人武部和驻县解放军、武警部队全体官兵，继承和发扬人民军队拥政爱民的光荣传统，坚持全心全意为人民服务的宗旨。为支持邕宁地方经济建设、抢险救灾、扶贫帮困等方面作出了贡献。1999 年至 2004 年，县人民武装部连续 6 年被中共南宁市委、市人民政府评为“双拥”工作模范单位。

支援农业

1991 年至 1996 年，邕宁县人民武装部贯彻落实上级“以劳养武，富民富兵”的精神，实施南宁军分区以劳养武“1021”工程（即县、乡、村三级以劳养武年纯收入分别为 10 万元、4 万元、2000 元），组织各乡人民武装部和村级民兵营以种养为重点，开办开发性、生产性、服务性“短、平、快”项目，其中有承包土地、水塘来种树、养鱼、养鸡、养鸭等。经组织检查验收，1991 年至 1996 年全县人民武装部以劳养武项目年总收入依次为 10.80 万元、11.30 万元、12.60 万元、26.50 万元、18.20 万元、23.50 万元。

▲ 2003 年，部队官兵和县机关干部联合开展植树造林活动　（邕宁区史志办资料照片）

1997 年至 2004 年，邕宁县人民武装部先后组织民兵参加支援农业生产建设共 7 万人次，对一些重点农业基本建设工程项目，成建制地组织民兵应急分队进行突击。在地方有急、难、险、重任务时，驻县各军事单位招之即来，人员、机械齐上阵，确保各项任务按期完成。驻县解放军 95050 部队、95169 部队和广西武警总队南宁地区支队等单位，出动官兵 1.15 万人次，车辆 3690 台次，与地方民兵共同修筑水利渠道 400 千米，修建乡村公路 439.50 千米，维修水渠 7200 千米，植树造林 1145.33 公顷，捐款 4 万多元支援百济乡建成 1000 座沼气池和支持全县生态环境建设及五塘镇人饮工程建设。

救灾抢险

邕宁县洪灾发生较多，特别是 2001 年 7 月全县遭受百年一遇特大洪涝灾害。其次是旱情和火灾等灾情。驻军部队多次参加地方抗洪救灾和抢险工作。

1991 年至 2004 年，驻军部队在历年的邕宁县抗洪抢险中累计出动官兵 3100 人次，出动汽车 230 辆次、冲锋舟 5 艘次；组织民兵投入抗洪救灾 2.80 万人次，抢运各种受灾物资 733 吨，装卸车船 2.40 万台（艘）次；抢收旱稻等受淹农作物 660 多公顷；转移受洪水围困群众 650 人次，抢救遇险伤病人员、孕妇 19 人次；洪灾后出动官兵抢修水利渠道 97 千米，水利堤坝 10 处；捐救灾物资 680 多台件，捐救灾款 5.50 万元。县内四塘、昆仑、长塘、蒲庙等乡镇发生山林火情 10 多起，县人民武装部组织民兵及部队官兵 4860 人次、出动车辆 20 多辆次赶赴火灾现场灭火，累计使 3 万公顷山林免遭火灾。

▲ 2001 年 7 月上旬，邕宁县出现特大洪涝灾害，县城街道被淹，各乡镇遭受不同程度损失。图为县抗洪应急分队在县城赶赴现场救灾

（邕宁区史志办资料照片）

扶贫帮困

邕宁县人民武装部和驻军部队，贯彻落实中国人民解放军总政治部《关于进一步做好扶贫工作的意见》和广西军区《关于落实“八七”扶贫计划的意见》，协助驻地人民政府开展扶贫帮困活动。1997 年成立邕宁县人民武装部扶贫工作领导小组，部长和政委任组长，由中共邕宁县委、县人民政府统筹安排驻军与地方的扶贫工作。1991 年至 2004 年，邕宁县人民武装部先后进驻那陈镇西盛村、那马镇冲陶村、伶俐镇那樟村和百济乡南华村等贫困村开展扶贫攻坚工作，派出帮扶官兵 20 多人次，捐款和支助扶贫款共 7 万多元，捐献水泥、变压器、水管等物资一批，价值 30 万元；与贫困村困难农户结为扶贫对子共 3 对，捐给扶贫资金 3000 元；捐款近 1 万元帮扶那马镇冲陶村特困学生 19 人重返校园；捐款 5000 元帮助百济乡建成 1000 座沼气池等。

军（警）民共建

军（警）民“结对共建”活动是驻军与县内单位结对开展社会主义精神文明建设。1994 年，邕宁县成立有中共地方党委、政府、县人武部及驻军领导参加的军民共建（军民共建社会主义精神文明）活动领导小组，下设办公室。是年，军地结成共建对子 8 对。武警南宁地区支队与县电业公司、驻军 86383 部队营房股与吴圩镇河洲村、县武警中队与县糖业公司分别被市、县评为文明建设先进单位。驻县军、警连以上单位与县、乡各单位结对共建从 1995 年 22 对，增至 1998 年 29 对。2002 年 4 月，被评为邕宁县“军民共建十佳对子”的有：县人武部—县林业局、县武警中队—县国税局蒲庙分局、武警广西四支队—良庆镇政府、武警南地支队—县电业公司、广西军区军犬训练队—县烟草专卖局、45178 部队机营股—吴圩镇河洲村、95169 部队—县农业银行、95178 部队—吴圩镇政府、95050 部队—明阳糖厂、武警广西四支队三大队—县交通局。2001 年至 2004 年，全县军（警）民结对共建对子 47 对。军地共建对子双方签订共建协议书，对共建对子进行造册登记，建立台账。结对共建单位普遍开展以“六个一”活动，即每个共建对子做一件有影响的实事；较长期帮助一名（户）烈军属、伤残军人、在乡老复员军人、孤寡老人、失学儿童排忧解难；接收安置一名转业退伍军人或随军家属；共同为下岗职工办一件实事；共同开展一次便民服务活动；根据实际条件和可能，与一个敬老院、一个贫困村（坡）

或一个希望工程结对帮扶。全县共创自治区级文明单位4个，市级文明单位6个，县级文明单位35个。

1997年至2004年，主要共建工程有：在那马镇共和村种上133.33公顷经济林；在蒲庙镇那路村修建1条10千米长的三面光水利渠道，使数万公顷农田成为旱涝保收田；为五塘镇建成了五塘—沙坪村6.50千米的柏油路，为那陈镇那蒙—西盛村7千米沙石路面的4级公路；军地双方集资600万元共建五塘自来水厂，彻底解决五塘镇及附近部分村屯共1万居民饮水难问题；参加邕宁生态文明村建设，建成生态文明村1个。

1991年至2004年，县境内驻军部队支援邕宁县改革开放和现代化建设。累计出动军（警）2.27万人次和车辆80台次参加军（警）民共建六大"双拥工程"、为地方兴修水利渠道120千米、植树造林74.67公顷、扑灭山林火灾48起、运送农副产品和生产资料5200吨、建桥铺路135千米（其中五塘镇至沙平村6.50千米柏油公路）；义务献血3.80万毫升；为希望工程捐款13.56万元，赠送体育器材1200件，赠送各类书籍1.80万册；先后出动车辆190台次和官兵5180人次参加抗洪救灾等各种急难险重任务，抢收抢种农作物84公顷，抢救转移粮食等物资684吨价值145万元，抢救遇险群众1415人次，为灾民捐赠款物6.39万件价值4.59万元，抢救危重病伤员和孕妇89人次；协助地方公安机关抓捕疑犯30人次，抓捕黄赌毒人员100人次。

第四节　兵役登记　征兵

1991年，邕宁县兵役机关贯彻落实1984年5月31日第六届全国人民代表大会第2次会议通过并颁布、1984年10月1日施行的《中华人民共和国兵役法》(以下简称《兵役法》)，依法做好兵役登记和征兵工作。1999年，邕宁县贯彻落实1998年12月29日第九届全国人民代表大会常务委员会第6次会议修正的《中华人民共和国兵役法》。修改后的《兵役法》规定，义务兵服现役的期限由原来的陆军3年，海军、空军4年改为"义务兵服现役的期限为二年""义务兵服现役期满，根据军队需要和本人自愿，经团级以上单位批准，可以改为志愿兵。志愿兵实行分期服现役制度。志愿兵服现役的期限，从改为志愿兵之日算起，至少三年，一般不超过三十年，年龄不超过五十五岁"。邕宁县兵源充足且质量较好，1991年至2004年连续14年完成征兵任务。

兵役登记

1991年起，邕宁县兵役机关依照《兵役法》、国务院中央军委《征兵工作条例》和《广西壮族自治区征兵工作规定》要求，每年7月至9月30日进行兵役登记工作，登记主要对象是当年12月底前年满18岁的男性公民。经兵役登记和初步审查合格的称为应征公民。应征公民应当被征集服现役当年而未被征集的，在22岁（大专以上毕业为22岁，高中毕业的21岁）以前仍可以被征集服现役。

按照规定经过兵役登记的应征公民，未被征集服现役的转服预备役。每年的年底前，对退出现役被部队确定服预备役的士兵进行登记，服士兵预备役。预备役士兵年满35岁退出预备役。

1993年，邕宁县按照《中华人民共和国预备役军官法》有关规定和中共中央组织部、人事部、公安部、财政部、解放军总参谋部、总政治部《关于在全国开展转业干部服预备役登记工作的通知》规定，在全县进行军队转业预备役军官登记。

2004年，全县预任一类预备役干部（军官）共25人。其中：正营1人，副营1人；正连5人，副连9人；正排9人。预备役军官正式入队3人，其中预任预备役高炮团二营副营长1人、预任四连(副职)司务长1人、预任五连（正排）司务长1人（拟授少尉军衔）。转业军官的预备役军官职务和军衔等级，由其服现役所在部队确定，并任命预备役军官按照规定服预备役，已满法定最高年龄的退出预备役。

征 兵

1991年至2004年，邕宁县均在每年冬季开展征兵工作。在每年征兵工作期间，县委、县政府和各乡镇成立征兵工作领导小组，负责对征兵工作的领导；每年征兵工作结束后，县征兵工作领导小组自动解散，但仍保留设在县人民武装部的征兵办公室。征兵工作按照宣传发动、登记报名、体检政审、会审定兵、交接新兵等步骤进行。适龄应征青年经体检、政审合格的，并经县人民政府征兵办公室批准后，入伍服现役。1998年，县人民政府被南宁市人民政府、南宁军分区评为征兵工作先进单位。

征兵组织 1991年至2004年，在每年征兵工作期间，邕宁县成立征兵工作领导小组，负责对征兵工作的领导；领导小组下设办公室，负责日常征兵工作。征兵工作领导小组一般由县党政一名主要领导担任组长，县党政分管领导和县武装部部长、政委任副组长，成员由兵役机关、县政府办公室和县纪委、宣传、卫生、公安、民政、财政、交通、教育、团委、妇联等部门负责人组成。县征兵办公室组成人员以县人民武装部为主，抽调领导小组成员单位各一名干部参加。办公室设有秘书、宣传、政审、体检、后勤等5个股（或组）。各乡镇参照县级的做法，同时成立相应的征兵工作机构。

宣传发动 每年的征兵宣传贯穿整个征兵工作的始终，做到家喻户晓，深入人心。历年征兵宣传发动工作形式多样，县政府和各乡镇通过召开专门会议贯彻落实上级征兵工作会议精神，利用广播电视、报纸等新闻媒体开辟征兵宣传栏目，出动宣传车深入村屯、圩市进行巡回宣传广播，向群众散发征兵宣传资料等。宣传工作还向高中及大中专学校延伸。2003年，全县设立征兵工作宣传点30个，出动宣传车200多辆次，翻录下发宣传磁带100多盒，共张贴征兵宣传标语1.50万张，横额716条，出宣传橱窗、板报1248期，印发宣传资料6.12万份，县征兵工作组对外出务工、经商的青年写信、打电话、发电报5576份（封），向自治区、市征兵办和各级报刊、电台、电视台投送新闻稿件200余篇。2004年，全县设立征兵工作宣传站（点）30个，出动宣传车200余辆次，电影放映宣传167场，广播电视宣传923次，张贴宣传标语8.43万张，悬挂横额608条，开辟宣传橱窗714期，向自治区、市征兵办和各级报刊、电台、电视台投送新闻稿件200余篇，并举办县直各单位征兵宣传板报一条街评比竞赛活动。通过广泛深入的宣传发动，激发广大青年的参军热情，报名应征青年不断上升。

登记报名 1991年起，邕宁县每年应征报名工作在上级征兵命令下达后，全县开始报名应征。登记报名工作每年进行一次，分两个阶段进行。第一阶段对兵役登记数量、身体素质、政治表现进行全面调查和初步摸底，凡年满18岁的男性公民，都必须进行摸底登记；第二阶段开设固定或流动登记站（点），动员适龄青年前往办理登记手续。对因故误时未到登记站进行登记的对象，由流动站工作人员上门做工作，进行补登。每年9月30日前，全县完成兵役登记工作。1991年至1996年，全县每年适龄青年报名率均达93%以上。1997年全县适龄青年报名5250人。1998年报名应征青年9043人。2004年外出打工返乡报名应征有7225人。1998年至2004年，全县每年外出打工青年返乡报名应征不少于5000人，全县适龄青年报名应征率93%以上。

体检政审 每年在适龄青年报名应征结束后，体检、政审工作相继进行。政审工作几乎与体检同步进行。先在基层进行初检，确定体检对象，然后定期分批集中到县人民武装部大院进行全面体格检查（称总检）。每年征兵体检工作均实行封闭式管理，非征兵工作人员不准进场，对工作人员约法三章，

▲2002年冬，县征兵工作组领导和部队接兵干部到将入伍的新兵家里进行家访　（邕宁区史志办资料照片）

严令共同遵守。每年征兵政审，县、乡镇和有关单位领导都亲临第一线，严格把关。对每一个预征对象都要进行“五访”（访教师、访同学、访民警、访邻居、访单位领导）、“五查”（查户籍、查年龄、查学历、查现实表现、查有无违法犯罪前科）。1997年，全县应征青年初审合格1416人，政审、体检双合格432人。1998年，全县应征青年初审合格1368人，政审、体检双合格304人。从2001年起，政审工作人员政审时必须与应征青年、家长、当地领导、村干部、应征青年就读学校的教师“五见面”，查清应征青年的现实表现、家庭状况及病史等。1991年至2004年，邕宁县送出兵员都是“双合格”的优秀青年，从未发生因政审问题被退兵。

会审定兵　1991年起，每年征兵体检和政审工作结束后，县征兵领导小组即召开有县、乡镇征兵领导小组、办公室、接兵部队的领导及有关人员参加的定兵会，按照择优录取的原则，以民主协商的方式定兵。征接兵双方均严格执行“十优先”（思想品德好的优先、党团员的优先、文化程度高的优先、身体强壮的优先、预征对象的优先、个人及家长要求迫切的优先、家庭劳动力充裕的优先、被评为先进个人或立功受奖的优先、有专业特长的优先、有创造发明的优先）和“十不定”（身体条件边沿的不定，有纹身的不定，有嫖娼吸毒行为的不定，有小偷小摸劣迹的不定，性情暴躁、爱打架斗殴的不定，参加宗教活动的不定，被公安机关挂上号或正在背案的不定，对现实表现难以查清的不定，对中国共产党和对社会主义制度有不满情绪的不定，假户口、假文凭、假年龄的不定）的原则。每次征兵都抽调纪检监察部门干部参加征兵工作，负责制定廉洁征兵的制度和措施，受理群众举报，查处违纪案件。1996年，邕宁县制定征兵工作人员必须遵守的“八个不准”规定，即不准自行放宽征兵条件、降低标准、将不合格青年征集入伍；不准把应征青年从户口所在地以外的地区接入部队或多征多接、少征少接新兵；不准为不合格青年入伍说情或向征接兵人员施加压力；不准巧立名目向应征青年及其家长收取费用；不准利用征接兵工作以权谋私，收取钱物，索贿受贿；不准让应征公民及其家长提供交通工具、安排食宿、购买物品或应邀到营业性娱乐场所活动；不准接兵人员回原籍地、县接兵或带家属接兵；不准克扣新兵运输途中的伙食费或要新兵垫支经费开支。1991年至1996年，全县共向部队输送青年1651人，其中女兵4人。1997年至2001年，全县共向部队输送青年1600人。2002年至2004年，全县共向部队输送青年936人。其中党（团）员369人，占39.42%；高中毕业以上文化程度425人，占45.41%；非农业户口142人，占15.17%。

新兵交接　1991年起，实行部队接兵制度。新兵到达部队40天之内，发现有不合格的，可以退回补送。每年交接兵时，各乡镇和单位均举行隆重的欢送仪式，给新兵带红花，领导讲话勉励新兵，干部群众敲锣打鼓列队夹道欢送，县里还举行送兵专场文艺晚会或电影晚会。1991年至2004年，全县入伍新兵共4187人。由于兵员整体素质较高，征接兵双方都满意。截至2004年，邕宁县已连续23年无责任退兵现象。

第五节　民兵　预备役

20世纪90年代，邕宁县继续注重抓好基层民兵工作，每个乡镇村级都建有民兵营，设专职或兼职民兵营长（一般由村级干部兼任），民兵营营部设在村（社区）办公驻地，民兵营下辖民兵连、民兵排、民兵班。民兵营受乡镇党委和乡镇人民武装部领导。

组织建设

1991年起，邕宁县民兵工作重点是抓基层人民武装部及民兵营基本建设，在全县推广蒲庙镇人民武装部基层建设经验。各乡镇人民武装部建设逐步达到“六有”（有基本的办公设施、有明确的工作职责、有健全的工作制度、有完善的行动方案、有齐全的工作图表、有完整的业务资料）。村（社区）民兵营建设达到“五有”（即有基本的办公设施、有健全的工作职责和制度、有必要的工作资料、有可行应急方案、有民兵青年之家）。

1996年，县人民武装部在抓好民兵干部组训工作的同时，投入23万元资金为全县238个行政村民兵营增添各种工作资料和设施，并在南阳镇二田村建立民兵营制度示范村。

1999年，邕宁县贯彻落实中国人民解放军总参谋部、总政治部《关于深化民兵调整改革的意见》精神，全县民兵调整改革工作按照“规模适当，布局合理，组织健全，质量提高”和民兵组织以“条块结合，以块为主，属地管理”的原则进行调整改革，并进行乡镇人民武装部正规化建设。乡镇以村、社区为单位建立民兵组织。基干民兵按照“四个有利”（有利于组织领导、有利于提高质量、有利于开展活动、有利于执行任务）的原则编组，以乡镇为单位建连，以村联片编排，企事业单位单独建连、编排。是年，邕宁县为应付突发事件，执行急、难、险、重任务，按照“五统一”（即统一编制、统一组建范围、统一编组办法、统一教育训练、统一武器装备）的原则，建立民兵应急分队2个。

2004年，全县29个基层人民武装部基本实现“六有”，村（居）民委员会民兵营多数已实现“五有”。全县民兵总数9.90万人，其中基干民兵7000多人、普通民兵9.10万人。

政治教育

1991年起，邕宁县各级武装部和民兵营组织民兵进行政治教育。基干民兵政治教育每季度进行一次，普通民兵每年进行2次。此外，还利用“民兵青年之家”阵地开展板报、广播宣传教育。采取平时与集训教育相结合、函授与面授相结合的办法进行。1996年，县人武部被南宁市人民政府、南宁军分区评为民兵工作三落实先进单位；邕宁县民兵代表队在参加自治区“国防在我心中”演讲比赛中获三等奖。1991年至1999年，民兵政治教育主要抓好《南宁民兵报》每季一堂课的刊授教育和以《中国民兵》《民兵生活》、总政治部《民兵政治教育教材》和南宁军分区《民兵季课教材》为主要内容，结合民兵整组、训练集中进行面授。2000年起，根据广西军区、南宁军分区《关于民兵政治工作意见》和《民兵政治教育计划》，结合实际灵活安排，平时除利用民兵整组、集训中进行面授外，还采取函授作业、定期印发试卷考核及开展季末考评等方法进行教育4000多人次。2004年由县财政出资为民兵营、连、民兵应急分队和有关单位增订了《解放军文艺》《解放军画报》《法制报》《中国人才》《保密手册》等报纸杂志1900份。

军事训练

1991年起，邕宁县常年开展民兵军事训练，按照中国人民解放军总参谋部的《民兵训练大纲》和上级军事部门下达的年度训练任务实施，每年由基层武装部按计划选送符合条件的人员参训。训练的方法按专业分类集中到县民兵训练基地进行。根据平战要求，本着“组、装、训、储”的原则，重点抓好民兵干部、骨干、基干民兵、民兵应急分队和专业技术分队的训练。

▲1997年，县人民武装部组织民兵进行军事训练
（邕宁区史志办资料照片）

军事训练主要有政治、纪律教育和专业3个方面内容。步兵业务训练课目主要是队列、投弹、射击、爆破和土工作业等。炮兵业务训

练课目主要是各种火炮的基础理论、操作技能、故障排除、实弹射击、维修保管。通信兵训练课目主要是机务常识、装备器材、电话转接、线路架设、通信台（站）的装、撤等。卫生兵训练课目主要是伤员急救、包扎方法等。专武干部、民兵营长训练主要是学习预备役、征兵业务知识、组织指挥、军事文书、步、手枪实弹射击和“四会”教学方法。民兵应急分队主要学习队列基础动作、56式半自动步枪瞄准与实弹射击、警棍盾牌使用、擒拿术、防爆队形和按预定方案紧急集合等课目。每次集训，各类民兵及干部训练成绩，均如实登记入册归档，作为晋升的重要依据。训练结束，进行总结评比，表彰先进集体和先进个人。

1992年，邕宁县民兵在广西南宁民兵“6·19”大阅兵比赛中，被自治区政府、广西军区评为一等奖。

1999年，邕宁县进行民兵训练改革，从过去以基础训练为主改为以应用训练为主，以新入队单个人员训练为主改为按成建制训练为主，以普通民兵训练为主改为以民兵干部和骨干训练为主，目的是提高民兵训练质量和单独执行任务的能力。民兵应急分队及基干民兵中的高射炮、高射机枪、六〇迫击炮、通信、侦察分队训练时间安排为15天；各专业分队训练时间安排为3~5天，由对口单位自行组训。1999年，县人民武装部被南宁军分区评为“6·19”大阅兵第一名。

▲2002年，县人民武装部组织民兵训练
（邕宁区史志办资料照片）

2004年，采取集中和分片相对集中的训练方法，按照“组、装、训、储”配套的原则，突出抓好民兵应急分队和专业技术分队的训练。培训专武干部和部分民兵营长144人（其中专武干部57人，民兵营长87人），训练民兵850人，参训率均为100%，考核总成绩均达到良好以上。

预　备　役

1984年颁布《中华人民共和国兵役法》规定民兵与预备役相结合。士兵预备役分2类：第一类，包括基干民兵和经过预备役登记的28岁以下的退伍士兵与军外专业技术人员；第二类，包括普通民兵和经过预备役登记的18~35岁的男性公民。1991年，邕宁县民兵预备役组织建设坚持以“控制数量，提高质量，抓好重点，打好基础”为方针，全面落实预备役的建设。1996年，邕宁县在抓好民兵训练的同时，拨款23万元对各乡镇和238个行政村增加民兵设备，在南阳镇二田村建立民兵营组织建设示范村。

1998年12月修改的《中华人民共和国兵役法》规定：第一类士兵预备役包括经过登记服士兵预备役的35岁以下的退出现役的士兵、经过登记服士兵预备役的35岁以下的地方与军事专业对口的技术人员、其他编入预备役部队和预编到现役部队的28岁以下的预备役士兵；第二类士兵预备役包括除服第一类士兵预备役的人员外，编入民兵组织的人员和其他经过登记服士兵预备役的35岁以下的男性公民。邕宁县按照修改后兵役法的规定开展民兵预备役登记和整组工作。

2000年，邕宁县注重抓好民兵整组工作，先后抽查良庆、四塘、五塘、南阳、那楼、刘圩、吴圩、苏圩8个乡镇武装部和8个基干民兵营，点验蒲庙民兵应急排和良庆、苏圩2个基干民兵排，到点率均达到96%以上。各单位整组工作扎实，资料整理整齐规范，数据准确。2000年，民兵预备役的整组按照“有利于领导、有利于执行任务、有利于开展活动、有利平衡负担”的原则进行，民兵组织达到整组检查标准。2001年，在抓重点、抓质量上下功夫，进一步调整民兵组织布局。

2004年，突出抓好深化民兵调整改革，落实好民兵组织。全年培训民兵1562人，其中县级培训66人，乡镇培训387人，村级培训1109人。县人民武装部分片集中重点抽查9个乡镇武装部和9个基干民兵营，合格率达94%；点验县直民兵应急连和2个乡镇民兵排，到点率95%以上。

第十五篇

教育 | 科技

第一章 教 育

1991年至1996年，邕宁县以实现“两基”（基本普及九年义务教育和基本扫除青壮年文盲）达标、扩大初中教育规模及巩固学额为教育工作重点，全县共投入教育经费3.87亿元，其中县财政投入教育经费2.17亿元、多渠道筹集教育经费1.70亿元。六年间，全县共新建校舍593幢，面积35万平方米，购置教育教学设备600多万元，初中年均增班50个，小学生年辍学率控制在1%以内，初中生年辍学率控制在3%以内。1994年，邕宁县获得自治区人民政府颁发的“普及初中教育合格证书”。1996年，邕宁县青壮年非文盲率达99.90%，全县21个乡镇全部实现“两基”，并通过市级验收。1997年，自治区人民政府组团对邕宁县“两基”进行验收和复查，确认各项指标已达到国家和自治区规定的“两基”标准要求。1998年1月，邕宁县“两基”工作得到教育部确认。

1999年起，邕宁县把中小学校普及实验教学作为全县教育工作的重点。2000年5月，全县普及实验教学达标，通过自治区级检查验收。

2000年下半年起，邕宁县把中小学校危房改造作为全县教育工作的重点。全县中小学校共有校舍危房面积13万平方米，其中C、D两级危房面积10万平方米。采取多方筹资和发动教职工以工资作担保向银行贷款建设学生公寓、征收教育费附加和争取上级资金支持建设教学用房、撤并教学点、拆除D级危房等措施，切实做好学校危房改造工作。2000年至2004年，全县通过建设共新增小学校舍面积7.28万平方米，新增中学校舍面积14.56万平方米。校舍危房改造工作取得良好效果。

1991年至2004年，邕宁县举办学前教育、小学教育、初中教育、高中教育、职业教育和成人教育等层次教育。实现适龄儿童在村级完成小学教育，在乡镇完成初中教育，在县办学校完成高中层次教育。学前教育包括幼儿教育和学前班教育。幼儿教育一般为三年，分小中大班；学前班教育为一年。

邕宁县中小学校形成国家、集体、个人相结合的办学格局。国家办学实行县与乡镇分级办学、县与乡镇共同管理，以县管为主的管理体制。集体和个人办学由县教育部门宏观管理，业务指导。

▲2002年，邕宁县召开中小学信息技术教育工作研讨会 （邕宁区史志办资料照片）

第一节 机 构

邕宁县教育局

1958年6月，成立邕宁县文教局。1972年5月，成立邕宁县教育局。县教育局是县人民政府主管全县教育事业的职能部门。1991年，局机关内设秘书、人事、计财、小教、中教、成教、基建、督

▲ 1998 年，县教育局办公楼　（邕宁区史志办资料照片）

导、教研等 9 个股室，下设有县教研室、县“两基”办、县义务教育达标办、县职改办、县电教站、县电大工作站、县招生办、县勤工俭学办等二层单位 16 个；共有干部职工 60 人，其中行政 25 人、事业 35 人。1997 年，内设行政秘书、人事、计财基建、普成教育、教育督导、勤工俭学等 6 个股室，局机关人员编制 20 名。2000 年内设秘书、人事监察、计财、综合教育、基建安全、勤工俭学、招生、教研、电教等 9 个股室，下设有县教研室、县电大工作站等二层单位；共有干部职工 54 人，其中行政 16 人、事业 38 人。2004 年内设秘书、人事监察、计财、综合教育、基建安全等 5 个股室，下设县勤工俭学办、县招生办、县教研室、县电教站、县电大工作站二层单位 5 个；共有干部职工 56 人，其中行政 18 人、事业 38 人。县教育局办公地址在县城中学路。

1991 年至 2005 年 3 月县教育局历任局长：丘永友，李克林，贺建宁。

乡镇教育组

1991 年，全县各乡镇均设教育辅导站。2001 年，乡镇教育辅导站改称乡镇教育组，每个教育组编制 3~5 名。2003 年 6 月，取消各乡镇教育组，人员分流到属地的中心校工作；乡镇中心校改称乡镇中心学校，既负责教学又负责管理本乡镇小学教育工作业务，由中心学校校长负责教育工作。

第二节　学前教育

幼　儿　园

1991 年，全县在教育局备案的幼儿园（院、班）23 所，在园幼儿 2 万人，教职人员 118 人，其他幼师 26 人。

幼儿园开设卫生、文体、思想品德、语言、常识、计算、音乐、舞蹈、美术等课程。教学内容按年龄大小分小班、中班、大班等层次，安排灵活，寓教于乐。通过学习，对学习优秀者，采用红旗、红花等形式，培养幼儿集体观念、荣誉感和学习兴趣；通过观看幻灯片、录像、讲故事等，开发和增加幼儿知识面，锻炼幼儿语言表达能力；通过各种文体活动，增强幼儿身体健康，培养幼儿对音乐、舞蹈、美术的欣赏和表达能力及想象、思维能力。统一全县公办幼儿园收费标准。1993 年，县内公办幼儿园收费标准为：县城每人每学期收费 45 元，乡镇每人每学期收费 35 元，村一级每人每学期收费 20 元。此后，由于物价逐年上涨，幼儿入园费用也逐年上升，少的数十元，多的数百元，较好的幼儿园入园费相对较高。集体办和个人办幼儿园入园收费由各园自定。有的集体办幼儿园具有福利性质，因幼儿多数是本单位职工子女，费用由单位支付。

2002 年，全县教育部门办学有幼儿园 72 所，在园幼儿 1.05 万人，教职工 91 人，其中在编教职工 53 人、代课幼师 34 人、兼任教师 4 人；社会办学有在园幼儿 2611 人（不包括厂矿场站部门办学），教职工 243 人；厂矿场站部门办学的幼儿园有幼儿 995 人。

2004年有幼儿园80所，主要分布于县城、厂矿和乡镇政府所在地等，在园幼儿1.74万人，教职人员567人，其他幼师38人。其中，规模较大的有县直属机关保育院、华宏公司幼儿园、蒲庙糖厂幼儿园、伶俐糖厂幼儿园、明阳糖厂幼儿园、县商业幼儿园和城镇乡村小学幼儿班等。幼儿园有公办、集体办、个人办三种类型。公办幼儿园经费、师资由地方政府负责，集体和个人办幼儿园经费自筹，由园长向社会择优招聘幼师。

1991年至2004年邕宁县幼儿教育基本情况表

表15-1-2-1

年度	幼儿园（所）	在园幼儿（人）	学前幼儿入园率（%）	教职工（人）			其他幼师（人）
				小计	园长	教师	
1991	23	22040	95.60	118	8	110	26
1992	27	24517	95.70	137	16	121	614
1993	26	23214	96.80	123	18	105	624
1994	27	18909	98.30	138	17	121	514
1995	19	13722	98.60	95	12	83	428
1996	19	12937	99.00	97	12	85	410
1997	31	14857	98.00	627	31	596	106
1998	46	16812	98.50	640	48	592	83
1999	61	14289	99.30	613	51	562	68
2000	51	12934	98.70	586	55	531	66
2001	61	12596	98.20	291	57	234	64
2002	72	14107	99.40	384	72	312	38
2003	51	12987	99.10	331	52	279	30
2004	80	17409	99.50	567	85	482	38

学前班

1991年，全县有学前班1049个，其中幼儿园办569个，小学校办480个。学前班儿童2.04万人。

学前班一般由当地的小学校和幼儿园开办，学前班教师多数不占公办教师编制，幼儿园学前班教师由办学单位招聘，工资采取办学单位自筹或按在校学生人数出资等办法，每年收费多少不一，由办学单位自定，原则为办学单位与就读学生双方能接受和自愿。县内绝大多数家庭都乐意将适龄儿童送到学前班接受学前教育。

1992年至1999年，由于学校开办的学前班教育质量较好，县内学前班教育逐渐以学校为主，厂、矿、场等企事业单位办幼儿园学前班教育为辅。期间，由于全县出生率逐年下降，学前儿童人数和学前班数量逐年减少。

2000年5月，全县开展示范学前班、幼儿园（院）评比。确定示范学前班2个，分别是城关第二小学、城关第一小学学前班；示范性幼儿园（院）11个：县直属机关保育院、苏圩镇中心幼儿园、广西华宏公司幼儿园、县大沙田开发区小学幼儿园、大塘镇中心幼儿园、长塘乡中心幼儿园、明阳糖厂幼儿园、蒲庙糖厂幼儿园、明阳农场幼儿园、伶俐糖厂幼儿园、县商业幼儿园。

2004年，全县有学前班436个，学前班儿童1.14万人。学制1年，接受语言、计算、常识、音乐、美术、体育等方面启蒙教育。

县直属机关保育院简介

邕宁县直属机关保育院位于县城红星路中段，占地面积 0.70 公顷，建筑总面积 2465 平方米。该院始建于 20 世纪 50 年代初，重建于 1971 年，设施、设备齐全，集幼儿保育、学前教育为一体，以保育为主，是县内规模最大的一类一级示范性幼儿园。该院系事业单位，教职工 48 人，其中 15 名教师获县“双星”（教研明星、教学明星）教师称号。2004 年，设 16 个班，幼儿 480 人，年龄 2 岁半~6 岁半。2000 年至 2004 年，连续五年被评为县一类一级幼儿园、“三园式”（健康校园、学习乐园、幸福家园）幼儿园、卫生保健合格单位和市科研机构合格单位等。

第三节　小学教育

学校设置

1991 年，邕宁县完全小学有 247 所，教学点 1082 个，在校学生 11.95 万人，小学适龄儿童入学率 97%。小学分布：县城小学 4 所，分别是城关第一小学、城关第二小学、城关第三小学、城关第四小学；乡镇小学 235 所，分别是蒲庙镇 19 所，良庆镇 10 所，那马镇 8 所，新江乡 9 所，百济乡 14 所，那楼镇 16 所，镇龙乡 6 所，刘圩镇 14 所，中和乡 8 所，南阳镇 7 所，伶俐镇 8 所，长塘乡 10 所，四塘镇 6 所，五塘镇 14 所，昆仑镇 9 所，吴圩镇 11 所，苏圩镇 16 所，延安乡 6 所，那陈镇 16 所，大塘镇 14 所，南晓镇 14 所；县属其他小学 8 所，其中厂矿场小学有伶俐糖厂小学、明阳小学、四塘煤矿小学、太安林场小学、蒲庙糖厂小学、明阳厂矿联办学校等。此外，驻县其他小学有广西农垦明阳子弟学校、广西七坡林场小学、南宁市平垌煤矿小学、南宁市里罗煤矿小学、广西农垦五合华侨林场小学等。

▲ 2001 年，邕宁县举办中小学合唱比赛。图为城关第四小学合唱队　（邕宁区史志办资料照片）

1993 年，全县开展基本普及九年义务教育和基本扫除青壮年文盲攻坚战。1996 年基本达标，并通过南宁市、自治区和国家验收。

▲ 2002 年，大塘镇中心小学大门　（邕宁区史志办资料照片）

根据自治区有关文件精神，从 1999 年起进行撤并教学点试点，并由邕宁县接收国有企业开办的 6 所小学，列为属地管理。转为属地管理的 6 所小学分别是明阳厂矿联办学校、蒲庙糖厂小学、明阳农场子弟学校（设有小学和初中班）、五合华侨林场小学（2003 年 10 月撤销）、南宁市平垌煤矿小学和南宁市里罗煤矿小学。2002 年起，实行小学调整，对一些布局不合理，办学条件较差，在校学生人数少的农村教学点进行撤并，进一步优化办学结构和教育资源配置。2004 年，有完全小学 256 所（均为公办小学），教学点 435 个，在校学生 8.16 万人，小学适龄儿童入学率 100.70%，小学教育稳步发展。1999 年至 2004 年，撤并学校和教学点 540 个（所）。

2004 年，小学设置形成乡镇所在地设中心小学，行政村设完全小学；县城根据实际设置；开发区、大型厂矿场等设置小学。小学生全部就近入学。县城小学有邕宁县城关第一小学、邕宁县城关第二小学、邕宁县城关第四小学和邕宁县特殊教育学校（邕宁县城关第三小学）。乡镇小学校设置有中心学校 21 所，中心学校下设完全小学。其中：蒲庙镇中心学校 1 所，完全小学 19 所；良庆镇中心学校 1 所，完全小学 10 所；那马镇中心学校 1 所，完全小学 8 所；新江镇中心学校 1 所，完全小学 9 所；百济乡中心学校 1 所，完全小学 13 所；那楼镇中心学校 1 所，完全小学 16 所；镇龙乡中心学校 1 所，完全小学 6 所；刘圩镇中心学校 1 所，完全小学 14 所；中和乡中心学校 1 所，完全小学 8 所；南阳镇中心学校 1 所，完全小学 7 所；伶俐镇中心学校 1 所，完全小学 8 所；长塘镇中心学校 1 所，完全小学 10 所；五塘镇中心学校 1 所，完全小学 13 所小学；四塘镇中心学校 1 所，完全小学 8 所；昆仑镇中心学校 1 所，完全小学 9 所；吴圩镇中心学校 1 所，完全小学 12 所；苏圩镇中心学校 1 所，完全小学 16 所；延安镇中心学校 1 所，完全小学 6 所；那陈镇中心学校 1 所，完全小学 16 所；大塘镇中心学校 1 所，完全小学 14 所；南晓镇中心学校 1 所，完全小学 14 所。

1991 年至 2004 年邕宁县小学教育基本情况表

表 15-1-3-1

年　度	完全小学校（所）	教学点（个）	在校学生（人）	入学率（%）	备　注
1991	247	1082	119485	97.20	
1992	247	1052	125840	98.70	
1993	247	1065	131254	99.10	
1994	253	1066	139280	99.60	
1995	249	1066	140931	99.80	
1996	253	1062	142657	99.90	
1997	250	1031	115576	98.50	
1998	252	1022	115593	99.90	
1999	252	975	108487	100.30	毛入学率
2000	255	872	104128	99.70	
2001	259	674	96828	100.20	毛入学率
2002	251	526	90503	101.10	毛入学率
2003	253	466	84709	100.80	毛入学率
2004	256	435	81601	100.70	毛入学率

学制课程

1991 年起，邕宁县逐步取消中小学留级制度和小学升初中考试制度。1991 年至 1992 年，全县小学教育执行五年制，小学五年义务教育开设语文、数学、自然、社会、思想道德、音乐、美术、体育、劳动 9 门课程。1993 年起，小学由五年制改为六年制。1994 年，县内小学六年义务教育开设主要课程有小学思想品德、语文、数学、自然、历史、地理、音乐、美术、体育、劳动 10 门课程。

▲ 2003 年，城关第二小学电脑室

（邕宁区史志办资料照片）

1997年普及九年义务教育。1999年起，全县小学推进素质教育。2002年秋，新入学的一届小学开始全面推行基础教育新课程教学改革，在小学三年级新开设小学英语课；小学全部开设综合实践活动课。小学开设思想品德、语文、数学、外语、社会、自然、体育、音乐、美术、劳动、综合实践等课程。至2004年，小学课程基本保持稳定。

学校选介

邕宁县城关第二小学 位于县城新兴路，建于1972年2月。20世纪70、80年代和90年代初是县重点小学之一。1991年设26个教学班，在校学生1334人。2004年，学校有教职工91人，其中教师81人，有教学班33个，在校学生1839人。被自治区授予“创新教育实验与研究课题实验学校”称号，被评为自治区创新教育课题2002年度先进单位等。

▲ 2003年，城关第二小学校园一角

（邕宁区史志办资料照片）

邕宁县特殊教育学校 位于县城五一路。1992年，邕宁县城关第三小学附设小学弱智儿童特教班1个，学生7人，教师2人，职工1人。课程开设语文、数学、自然、思想品德、体育、美术、律动语言训练、手语等。教师通过手语、哑语和语音训练进行教学及与学生沟通，引导学生对照教师口型和手势练习发音及作手语动作。1995年8月，邕宁县低智力残疾儿童康复站在刘圩镇中心小学挂牌成立，设培智班、语训班各1个，教师4人，职工1人，就读弱智儿童13人和聋哑儿童3人。1996年，全县有特教点2个，教职工11人，学生19人。1997年，城关第三小学、刘圩镇中心小学、中和乡池库小学、百济乡八联小学、伶俐镇上旧教学点各附设特教班1个，在校学生共32人；1998年在校学生共24人。1999年后，县内开展特殊教育只有刘圩镇中心小学和县城关第三小学。2001年，县城关第三小学改为县特殊教育学校，原有小学生并入县城关第二小学，特殊教育教师由2人增至7人，其中弱智教师3人，语训教师2人，手语教师2人，学生50人。2005年3月，设培智班3个，手语班3个，学生44人，教职工29人。

南宁市大沙田开发区小学 位于南宁市大沙田经济开发区德政路。始建于1994年，占地面积1.30万平方米，建有1幢6层教学楼、1幢3层综合楼、2幢教职工宿舍楼，建筑面积1.10万平方米。2004年，设教学班34个，在校生1900多人，其中进城务工农民工子女占3/5左右；有教职工115人，其中中学一级教师4人、小学高级教师70人、其他中级职称2人。

西南学校 位于南宁市大沙田经济开发区德政路。属私立学校。1987年9月成立，占地面积5600平方米。2004年教职工48人，学生1180人。

1991年至2004年邕宁县小学专任教师学历结构表

表15-1-3-2 单位：人

年度	专任教师	本科	大专	中专	高中	初中以下
1991	3548	0	15	1156	1511	866
1992	3533	0	22	1197	1562	752
1993	3449	0	30	1312	1470	637
1994	3399	0	44	1490	1281	584

续表

年度	专任教师	本科	大专	中专	高中	初中以下
1995	3341	0	72	1584	1155	530
1996	3407	0	112	1726	1075	494
1997	3472	2	171	1938	930	431
1998	3615	1	217	2204	785	408
1999	3674	3	351	2373	639	308
2000	3632	8	424	2485	487	228
2001	3690	10	896	2496	0	288
2002	3634	14	1164	2233	0	223
2003	3559	42（含研究生 1）	1505	1839	0	172
2004	3520	39	1838	1493	0	150

第四节　初中教育

1991 年，邕宁县有初级中学 69 所（含完全中学），全县在校学生 3.07 万人。县内学校有公办学校、民办学校两种。公立中学学校分为由县教育局垂直管理中学和由乡镇政府管理的乡镇办中学两种。由县教育局垂直管理的中学，其人事、经费、公物、教学等由县教育局管理；乡镇办中学，其人事、经费、公物等由乡镇政府管理，教学由县教育局作业务指导。是年起，初中教育取消留级制度。2001 年起，民办中学在县教育局备案，由教育局实行业务指导管理。2004 年，全县有初级中学学校 65 所，其中，县城中学 5 所、乡镇中学 44 所、驻县城和开发区的民办中学 14 所、其他公办学校 2 所，在校学生共 4.89 万人。

学校设置

1991 年，邕宁县有初级中学 69 所（含完全中学，全为公办），其中县教育局垂直管理的中学有 20 所中学（即县城初级中学 5 所、在乡镇设的县办中学有 15 所），全县在校初中学生 3.07 万人。2001 年，全县有初级中学学校 71 所，其中，县城中学 5 所，乡镇中学 49 所，其他中学 17 所，在校学生共 5.41 万人。2002 年始，有计划地撤并和调整一些中学：将苏圩镇一中并入苏圩二中，改为苏圩镇初级中学；新江镇初中合并到新江中学；良庆镇一中和二中合并，改为良庆镇初级中学；南晓镇初级中学逐步并入南晓中学，2003 年该校（南晓镇中）不再招收初一新生，校名改为镇第二中心小学；那马镇一、二中学从 2003 年不再招初一新生，用 3 年时间撤并那马镇中学建制等；调整高中布局，撤销那楼中学、苏圩中学高中部，撤销蒲庙三中初中部，实行初中、高中分离，改为邕宁县第三高级中学；蒲庙二中更名邕宁县第二高级中学；五塘中学更名邕宁县第五中学；大塘中学更名邕宁县第六中学；接收广西农垦明阳高中为邕宁县第四高级中学；接收广西明阳农场子弟学校为邕宁县明阳第二中学等。

▲ 2003 年县城关中学　　（邕宁区史志办资料照片）

2004 年，县城有初中学校 5 所，其中完

▲ 1997 年，那陈中学学生在老师指导下进行物理实验（邕宁区史志办资料照片）

▲ 2003 年，五塘镇第一初级中学运动会田径比赛现场（邕宁区史志办资料照片）

全中学 1 所，分别为邕宁县邕宁中学（2002 年前称为蒲庙中学，为完全中学）、邕宁县蒲庙第二中学（2002 年停止招收初中学生）、邕宁县蒲庙第三中学（1993 年 7 月建成招生，2002 年改为县第三高级中学，停止招收初中学生）、邕宁县民族中学、邕宁县城关初级中学。

2004 年，乡镇有初级中学 44 所（其中完全中学有 4 所）。其中，蒲庙镇有朝阳初级中学、龙岗中学；良庆镇有邕宁县良庆中学（县办）、良庆镇第一初级中学；那马镇有邕宁县那马中学（县办）、那马镇初级中学；新江镇有邕宁县新江中学（县办）、新江镇初级中学；百济乡有邕宁县百济中学（县办）、百济乡初级中学；那楼镇有邕宁县那楼中学（县办，完全中学）、那楼镇第一初级中学；镇龙乡有镇龙乡初级中学；刘圩镇有邕宁县刘圩中学（县办）、刘圩镇斑峰初级中学、刘圩镇民族职业中学；中和乡有邕宁县中和中学（县办）、中和乡初级中学；南阳镇有邕宁县南阳中学（县办）、南阳镇初级中学；伶俐镇有邕宁县伶俐中学（县办）、伶俐镇初级中学；长塘镇有长塘镇第一初级中学、长塘镇第二初级中学；四塘镇有四塘镇第二初级中学；五塘镇有邕宁县第五中学（县办，原名邕宁县五塘中学，2002 年改为现名，为完全中学）、五塘镇第一初级中学、五塘镇第二初级中学、五塘镇第三初级中学、五塘镇第四初级中学；昆仑镇有邕宁县昆仑初级中学（县办，原名九塘中学）；吴圩镇有邕宁县明阳初级中学（县办）、吴圩镇第一初级中学、吴圩镇第二初级中学；苏圩镇有邕宁县苏圩中学（县办，完全中学）、苏圩镇第一初级中学、苏圩镇第二初级中学；延安镇有延安镇初级中学；那陈镇有邕宁县那陈初级中学（县办）、那陈镇初级中学；大塘镇有邕宁县第六中学（县办，原名邕宁县大塘中学，2002 年改为现名，为完全中学）、大塘镇初级中学；南晓镇有邕宁县南晓初级中学（县办）、南晓镇初级中学。

2004 年，驻县城和开发区的民办中学有 14 所，即：邕宁县江南中学（原名邕宁县岭南中学）、邕宁县龙华中学、邕宁县八鲤中学、邕宁县琼园中学、邕宁县琼林中学、邕宁县聚武园中学、邕宁县蒲津（江津）中学、邕宁县振华中学、大沙田中学、五象中学、飞鸿中学、三官中学、东宏中学、江南中学等。民办中学自县内初中纳入九年义务教育后，有的停办，数量逐年减少。其他公办学校 2 所：农经干校、大沙田管委会学校（含有初中、高中部）。

学制课程

1991 年，初中教育学制由二年制改为三年制，列入义务教育范围。主要课程开设有中学思想政治、语文、数学、化学、物理、英语、历史、地理、生物、音乐、美术、体育、电脑、劳动技术等，授课安排由各学校结合实际自定；部分学校在学生进入初中二年级学习时，开始自行分重点班或快慢班。在追求升学率影响下，各校还开办各式各样的补习班。1997 年普及九年义务教育。1999 年起，全县中小学推进素质教育。2000 年起，逐步取消初中补习班。2002 年起，进行基础教育课程改革试验，改变课程过于注重知识传授的倾向，强调形成积极主动的学习态度，改变课程结构过于强调学科本位、科目过多和缺乏整合的现状，整体设置多年一贯的课程门类和课时比例，并设置综合课程。当年秋季入学新生使用教育部发布《全日制义务教育课程标准（实验）》编制的各学科新编教材，初级中学全部开设综合实践活动课，城镇初中开设信息技术课。初中开设思想政治、语文、数学、外语、历史、地理、物理、化学、生物、体育、音乐、美术、劳动技术、信息技术、综合实践等课程，重点课程有语文、数学、外语、物理、化学等。

中　考

初中毕业升学考试（中考），成绩达到高中和中专学校录取分数线的初中毕业生，被高中或中等专业（含师范）学校录取，进入高中或中专学习。1992 年起，邕宁县中考由自治区或南宁市统一命题（会考），中考工作由县教育部门组织实施。中考时间一般安排在每年 6 月 24 日至 26 日，共考 3 天。考试科目为语文、数学、英语、物理、化学、政史（政治、历史合一）、体育。在县城和各乡镇均设有考点，一般每个乡镇在中学设 1~2 个考点。每年中考结束后，各地考点都把试卷集中到蒲庙中学（2002 年更名为邕宁中学）统一进行改卷。1991 年，全县初中毕业生经中考考上中等专业（含师范）学校 217 人，进入高中学习入学率约占 11%。1994 年、1995 年和 1996 年，考生中考考上中等专业（含师范）学校分别是 433 人、552 人和 770 人。1998 年，全县有 7100 名学生参加中考，考上中专 712 人、中师 153 人、高中 2284 人、职高和职业中专 250 人，升学率 47.87%，高中升学入学率 76%。1998 年后，县内初中学生进入高中学习的入学率偏低，2004 年入学率约 30%。

学校选介

邕宁县邕宁中学　位于县城中学路，原名邕宁县蒲庙初级中学，建于 1958 年 8 月，建筑总面积 8.10 万平方米，公办学校。1971 年，开设初中部、高中部，为完全中学。1991 年后，先后建有综合楼 1 幢，教学楼 2 幢，实验室 1 幢，男、女公寓各 1 幢，多媒体电教室 15 间，田径场 1 个，有 1 个足球场、多个排球场和羽毛球场。1995 年被评为自治区“八桂名校”；2000 年 3 月被评为“自治区普通高级中学一级学校”；2002 年 6 月更名邕宁县邕宁中学。先后被评为“全国体育传统项目学校”“广西普通高中一级学校”“自治区绿色学校”“自治区贯彻体育、卫生《两个条例》优秀学校”和“南宁市师德建设先进学校”等。教师参加全国、自治区等级别教学科研和论文比赛获奖率居县内各中学前列。中考成绩 1991 年至 2004 年全县领先。2004 年，高考考分上本科线 125 人、

▲ 2002 年，邕宁中学综合楼　（邕宁区史志办资料照片）

专科线485人，高考升学率83.70%。2004年，教职工187人，其中教师154人；教学班52个，在校学生3300人，其中初中部教学班19个、学生1200人，高中部教学班33个、学生2100人。

邕宁县民族中学 位于县城那元路，公办学校。1990年7月在原邕宁县壮文学校（1985年创建）的基础上创办，同时更名邕宁县民族中学，是广西23所民族中学（壮文进校）定点校之一。

1991年，学校有教学楼1幢，教师宿舍楼1幢，学校饭堂1幢。全校有6个班，其中2个壮文班、3个蒲庙镇城镇班、1个全县班（学生来自邕宁县各乡镇，县政府和教育局下文批准面向邕宁县各乡镇招收部分学生），学生380人，教职工25人。

▲ 2003年，县民族中学举办艺术书画展

（邕宁区史志办资料照片）

2004年，有教学楼2幢，学生宿舍楼2幢，教师宿舍楼3幢，学生饭堂1幢，篮球场3个，足球场1个，学校占地面积2780平方米。学校教育教学设施完备，有多媒体教室、电脑室、实验室、阅览室。校园绿化到位，环境整洁优美。是年，全校有26个班，教职工91人，其中高级及中级职称教师30人、市骨干教师7人，学生1568人。

学校教学成绩显著。1993年至2004年，800多名应届毕业生考上中专线和重点高中线。1996年至2004年，每年中考考取邕宁高中录取分数线以上人数均位居邕宁县第一，获邕宁县中考评估一等奖。邕宁县民族中学先后被评为“南宁市民族团结进步先进集体”“南宁市支教先进单位”“南宁市教育系统德育先进单位”；在2003年12月参加全国中学生生物学联赛第九届广西生物学奥林匹克竞赛中，获2003年广西初中一、二年级学生知识竞赛南宁市团体二等奖。该校陈基清老师1998年被授予全国“三育人”先进个人荣誉称号，1人被评为广西优秀教师，2人获广西壮文进校先进个人，2人获南宁市优秀班主任奖，3人被评为“九五”南宁市教学骨干称号，1人被评为南宁市德育工作先进个人。

琼林学校 位于建源路。由旅台商人宋献琼于2000年创办，民办学校。占地面积3.33公顷，建筑面积1.20万平方米，有高标准教室54间和可容纳1500人居住的学生公寓198间，教学设施有多媒体室、物理实验室、化学实验室、图书阅览室、运动室、运动场、文艺舞台等，可容纳学生1500人。2004年，有教学班11个，其中小学6个、初中3个，在校生300名，教职员工40人。

1991年至2004年邕宁县初中学校及学生情况表

表15-1-4-1

年度	初中			附注
	学校（所）	在校学生（人）	入学率（%）	含民办中学
1991	69	30680	95.70	
1992	65	32047	96.80	
1993	72	40316	97.80	
1994	80	42918	99.30	
1995	70	45811	101.00	毛入学率
1996	61	47927	102.50	毛入学率
1997	63	49262	95.40	

续表

年　度	初　中			附　注
	学　校（所）	在校学生（人）	入学率（%）	含民办中学
1998	61	53823	97.60	
1999	62	53334	95.40	
2000	67	53133	96.20	
2001	71	54122	106.40	毛入学率
2002	69	53162	110.10	毛入学率
2003	64	50884	108.50	毛入学率
2004	65	58809	107.70	毛入学率

第五节　高中教育

学校设置

1991 年，邕宁县有县办高中学校 7 所。其中县城 3 所，分别是邕宁县高级中学、蒲庙中学（完全中学，2002 年更名邕宁县邕宁中学）、邕宁县蒲庙第二中学（完全中学，2002 年更名邕宁县第二高级中学）；乡镇 4 所，分别是邕宁县五塘中学（完全中学，2002 年更名邕宁县第五中学）、邕宁县大塘中学（完全中学，2002 年更名邕宁县第六中学）、邕宁县苏圩中学（完全中学）、邕宁县那楼中学（完全中学）。1993 年，在县城创办邕宁县蒲庙第三中学（2002 年更名邕宁县第三高级中学）。20 世纪 90 年代，各高中学校为提高升学率，纷纷设重点班级和举办补习班；2000 年起，取消高中重点班和补习班。

▲ 2003 年，县第二高级中学学生上学习经验交流会课（邕宁区史志办资料照片）

2002 年至 2004 年，县内高中学校入学录取分数由高至低依次为邕宁县高级中学、邕宁县第二高级中学、邕宁县第三高级中学、邕宁县邕宁中学等。

2004 年，全县有高中 17 所（其中完全中学 10 所），其中，县办高中学校 11 所，非县办其他高中学校 6 所。县办高中学校是：邕宁县高级中学（在县城建设路）、邕宁县第二高级中学（在县城那元路）、邕宁县第三高级中学（在县城新城路）、邕宁县第四高级中学（在吴圩镇明阳）、邕宁县中等职业技术学校（含高中部，在蒲庙镇龙岗村）、邕宁中学（完全中学，在县城中学路）、邕宁县教师进修学校（含高中部，在县城那元路）、邕宁县第五中学（完全中学，在五塘镇）、邕宁县第六中学（完全中学，在大塘镇）、邕宁县苏圩中学（完全中学，在苏圩镇解放路）、邕宁县那楼中学（完全中学，在那楼镇三凝街 3 号）。非县办其他高中学校是：邕宁县海淀高级中学（民办，完全中学，在大沙田开发区德政路）、亭江高级中学（民办，完全中学，）、琼林中学（民办，完全中学，在邕宁沿海经济走廊开发区工业园建设路 10 号）、飞鸿中学（民办，完全中学，在邕宁沿海经济走廊开发区私营企业园兴业二街 1 号）、大沙田水电学校（公办，含有高中部，在大沙田开发区。2001 年由大沙田管委会引进的学校，原属民办，2003 年由自治区水电工程局接办后转为公办，并更名大沙田水电学校）、聚武园中学（民办，完全中学，在邕宁沿海经济走廊开发区）。

1991 年至 2004 年邕宁县高中学校及学生情况表

表 15-1-5-1

年　度	高　中		附　注
	学　校（所）	在校学生（人）	
1991	7	3384	含民办中学
1992	7	3586	
1993	8	4124	
1994	8	4086	
1995	8	4523	
1996	8	4646	
1997	8	5493	
1998	8	5820	
1999	8	6890	
2000	10	8125	
2001	12	9927	
2002	14	12778	
2003	14	14005	
2004	17	14749	

学制课程

县内普通高中学制为 3 年。1991 年，高中课程开设有语文、数学、英语、物理、化学、政治、生物、历史、地理、艺术、计算机、体育、劳动技能 13 门课程。1999 年起，全县中小学推进素质教育。2002 年秋，新入学的一届高中生开始全面推行基础教育新课程教学改革，普通高中开设信息技术课，部分普通高中开设研究性学习课程。高中开设政治、语文、数学、外语、物理、化学、生物、历史、地理、体育、艺术、信息技术、劳动技术、社会实践等课程，重点课程有语文、数学、外语、物理、化学等。

1991 年至 2004 年，邕宁县普通高中学生到高中二年级就根据学校要求分文科班和理科班，以适应高考需要。文科设置科目有语文、数学、英语、政治、历史、地理、艺术、计算机、体育、劳动技能等课程，理科设置科目有语文、数学、英语、政治、物理、化学、生物、艺术、计算机、体育、劳动技能等课程。

▲ 2003 年，邕宁县第三高级中学电脑室

（县第三高级中学供稿）

高　考

县内高中生毕业后，经参加全国每年统一组织的高等学校招生考试，考上大学、大专的学生进入高等院校深造。考试时间、科目、试题都是按照国家规定统一进行。考试科目文科考生为语文、数学、政治、英语、历史、地理 6 科，理科考生为语文、数学、政治、英语、物理、化学、生物 7 科。1994 年至 1998 年高考取消生物、地理科目。1994 年起，政治被排除在统考科目之外，理科考试中不再考

政治。1999年起，生物、地理重新列入高考科目。2000年之前，高考实行全国试卷；2000年起，全国开始实施“统一考试，分省命题”组织方式。在时间安排上，2003年之前，高考时间安排在每年7月7日、8日、9日，共3天；2003年，高考时间安排在6月7日、8日、9日；2004年考试时间为6月7日至10日，4天。高考工作由教育部统一组织调度，各地教育部门组织实施，在县及县级以上教育部门均设立高考办公室。考试地点设在县城或市区所在地。

1991年，邕宁县设高考考点2个，分别是邕宁县高级中学、蒲庙中学；全县高考考生共有1107人，考上重点大学12人、普通本科88人、专科107人。1998年，全县高考考生2108人，考上重点大学61人、普通本科363人、专科598人。2001年，高考考生共有2513人，考上重点大学110人、普通本科373人、专科259人。2004年，全县高考考点有4个，分别是邕宁县高级中学、邕宁县邕宁中学、邕宁县第二高级中学、邕宁县第三高级中学；高考考生共有5086人，考上重点大学261人、普通本科1496人、专科2493人。1991年至2004年，全县累计参加高考3.22万人，达到录取分数线1.55万人，其中专科9190人、普通本科5121人、重点1210人；被高校录取1.57万人（个别学校对一些考生降低分数线录取），其中专科9548人、普通本科5049人、重点1073人（其中清华大学6人，北京大学4人）。

1991年至2004年邕宁县高考情况表

表15-1-5-2　　单位：人

年　度	高考人数	上线人数			录取人数			清华大学录取	北京大学录取
		专科	普通本科	重点大学	专科	普通本科	重点大学		
1991	1107	107	88	12	103	86	9	0	0
1992	1212	156	96	23	153	91	20	0	0
1993	1324	242	146	26	218	137	22	0	0
1994	1462	342	168	43	336	161	39	1	0
1995	1687	430	272	56	408	253	52	2	2
1996	1721	481	289	58	462	263	53	2	1
1997	1815	466	263	59	552	246	52	0	0
1998	2108	598	363	61	536	289	52	0	0
1999	2131	657	240	65	518	336	50	0	0
2000	2313	350	314	65	516	343	42	0	0
2001	2513	259	373	110	625	464	109	0	0
2002	3412	1011	518	187	1171	625	171	0	0
2003	4270	1598	495	184	1621	671	175	0	0
2004	5086	2493	1496	261	2329	1084	227	1	1

学校选介

邕宁县高级中学　位于县城建设路，创办于1943年秋，原名邕宁八尺区立中学，1951年更名邕宁县第一初级中学，校址在今县人民医院。1955年更名邕宁县中学，1958年改为邕宁县高级中学，简称邕宁高中。1978年，被县人民政府确认为县重点高中，是全县唯一的重点高级中学。2000年3月，确定为“自治区普通高级中学一级学校”。2005年2月被教育厅确认为广西壮族自治区示范性普通高中。2004年，学校占地4万平方米，总建筑面积3.34万平方米，教职工126人，

▲21世纪初，邕宁高级中学教学楼（邕宁区史志办资料照片）

其中教师 106 人，教学班 36 个，学生总数 2255 人。2002 年被评为自治区素质教育一级学校，1994 年至 1999 年，连续六年获得南宁市高三教学评估一等奖，2002 年被评为自治区素质教育一级学校，2004 年获南宁市高考成绩优秀奖等。2004 年和 2005 年，一本（重点）上线率均排在广西前 18 名；二本上线率排在广西前 20 名。

邕宁县第二高级中学 位于县城那元路，学校前身为邕宁县蒲庙第二中学，建于 1984 年。1993 年 9 月由完全中学升格为县重点高级中学，2000 年 3 月被确定为“自治区普通高级中学一级学校”，2002 年更名邕宁县第二高级中学。学校占地 16.70 公顷，建筑总面积 2.50 万平方米。1996 年，教师 82 人，高中班 27 个，在校学生 1600 人。2004 年，教职工 120 人，其中教师 93 人，教学班 29 个，在校学生 2490 人。

邕宁县第三高级中学 位于县城新城路，原为邕宁县蒲庙第三中学，创办于 1993 年，建筑面积 3 万平方米。1993 年有 8 个班，学生 450 人。2002 年县政府更名提升为邕宁县第三高级中学。2003 年有 45 个班，学生 3000 人；高考考上重点、本科线 109 人，专科上线 455 人，上线率 72.20%；被评为全区一类一级高中学校。2004 年考上重点、本科线 333 人，专科上线 340 人，上线率达 86.30%，上线人数上线率均居全县普通高中学校第一名，被县人民政府授予 2004 年高考评估一等奖。2005 年高考考上重点、本科线 483 人，上专科线 551 人，上线率 93.70%，其中上本科线多了 150 人，被南宁市政府评为 2005 年高考评估优秀奖。

南宁市英华学校 位于邕宁沿海经济走廊开发区银海大道。1994 年 5 月由私营企业主李聪投资创办，校园占地 12 公顷。实行小学 6 年制，初中、高中各为 3 年制全日制，寄宿制，双语教育。校舍 5 万平方米，学生宿舍全部公寓化，配置空调，冷热水入室，还有足球场、游泳池、宽带互联网计算机中心等，广西民办学校中唯一一所普通高中一级学校。南宁市首批品牌创建学校中唯一一所民办学校。2004 年在校生 1500 多人。

▲ 1998 年，邕宁县蒲庙第三中学一角
（邕宁区史志办资料照片）

第六节　职业教育　成人教育

职业教育

1991 年，邕宁县有县办职业学校 2 所，分别是邕宁县农业机械化技术学校、邕宁县中等职业技校。驻邕宁县大中专院校 5 所，分别是位于县城那元路的南宁市第二师范学校；位于南宁市大沙田经济开发区的广西水利电力职业技术学院南校区、南宁机电工程学校、广西佩珠民族艺术学校；位于吴圩镇明阳的广西职业技术学院。2004 年，除上述学校外，增加位于南宁市仙葫经济开发区五合大学城的广西中医学院、广西法官学院、广西图书发行学校、广西东方外语职业学院、广西政法学院、广西大学专家培训基地等，一些院校正在筹建中。

五合大学城 位于仙葫经济开发区东部（东区），桂（林）北（海）高速公路五合出入口旁边，

▲ 2003 年，广西南宁五合大学城奠基仪式

（邕宁区史志办资料照片）

距市中心 13 千米。规划面积为 23.42 平方千米，办学规模在校生 15 万人，项目建设期为 10 年。2002 年 8 月 16 日，五合大学城筹建处在仙葫经济开发区管委会挂牌。是年签约进驻有南宁五合职业技术学院和广西幼儿师范学校。次年，广西中医学院、广西法官学院、广西图书发行学校、广西东方外语职业学院、广西政法学院、广西大学专家培训基地等 6 所院校和科研单位落户。2004 年，招商工作基本完成，比原计划提前三年。引进广西大学、广西财经学院、广西民族学院、广西医科大学、广西广播电视大学、广西师范学院、广西工贸职业技术学院等高校 25 所，协议投资总额 55.68 亿元，协议在院校学生规模 14.60 万人，计划用地面积 746.67 公顷。

广西东方外语职业学院 位于仙葫经济开发区东区（东部），占地面积 66.67 公顷，计划投资 6 亿元，计划建筑面积 45 万平方米，实际到位投资 5 亿元。2004 年，学院投资 1.25 亿元建成占地 53.34 公顷，建筑面积 5 万平方米校区（第一期工程）投入使用，当年招生 2000 多人。第二期等后续工程在建中。学院建设规模大、投资大，建筑速度快，做到当年建设当年招生，成为当时热门话题，市、县级媒体对学院建设速度作专门宣传报道，在地方有关会议上号召学习和推广东方外语学院建设速度及精神。

南宁机电工程学校 位于南宁市大沙田经济开发区银沙大道。创办于 1974 年，广西壮族自治区级公办重点中等职业学校。设有汽车类、机电类、电子信息类、机械加工类、商贸类等专业 14 个和国家职业技能鉴定所、安全培训中心、汽车驾驶培训学校等机构。其中“汽车摩托车运用与维修”“机电设备安装与维修”“电子技术应用”是广西首批重点建设示范专业。与合肥工业大学联合办学，中专毕业后可直接上大学。占地面积 6.74 公顷。2004 年末，大楼总建筑面积 3114 平方米，楼高 5 层，其中，各类实验室面积 1772 平方米，共 11 间。在校学生 3650 人；教职工 150 人，具有高、中级职称占 78%。

邕宁县农业机械化技术学校 位于蒲庙镇公曹村，建于 1974 年 7 月，主要培训机动车辆驾驶员，2004 年教职工 110 人。1991 年至 2004 年，累计培训合格机动车驾驶员近 1 万人。

邕宁县中等职业技术学校 位于蒲庙镇龙岗村，始建于 1986 年 4 月，建筑总面积 3 万多平方米，教学设施有微机室、语音室、电工电子实验室、体育室、美工室、音乐室、图书室、陈列室、作品展览室、化学实验室、生物实验室、电脑操作室、物理实验室、歌舞厅、电器实验室等，开设有财会、电脑、体育、国防、武术、旅游服务、中师、高中、初中等教学班级，学制分为一年、三年两种。1991 年在校学生 1062 人，2004 年在校学生 2160 人。1991 年至 2004 年，累计培训学生 1.50 万人，中师、高中、初中毕业生 1 万多人。

▲ 2002 年，县中等职业技术学校运动专业学生在训练

（邕宁区史志办资料照片）

成人教育

函　授　20世纪60年代前，邕宁县设有中师函授班，60年代停办。1978年恢复中师函授班。1979年，全县参加函授学习班4277人，其中中师函授班4099人、大专函授班137人。1993年为加强师资队伍建设，鼓励未取得合格学历的中小学教师参加县进修学校举办的业余初师函授学习班。是年，县进修学校开设大专函授3个班，中师函授30个班。

1993年，中共广西壮族自治区党校函授学院在中共邕宁县委党校设立邕宁函授站，开设大专、本科函授班，2004年7月停办。累计招收行政管理专业、经济管理专业、文秘专业和财会专业大专函授学员1038人，其中毕业1006人，中途辍学32人；招收行政管理本科函授学员263人，其中毕业247人，中途辍学16人。

电　大　20世纪80年代初，设立广西广播电视大学南宁分校邕宁工作站（简称邕宁广播电视大学），先后有中央广播电视大学、中南大学、西南大学、兰州大学、东北师范大学、广西广播电视大学在邕宁县教师进修学校设教学点。参加电大学习的学员，按学校要求，定时间地点统一收看（听）广播电视大学专题讲座授课，教材由学校配发，学业经考试合格，由学校颁发毕业证书，国家承认学历。中央广播电视大学开设本科专业有法学、会计学、公共事业管理（教育方向）、工商管理、行政管理、汉语言文学、数学与应用数学、英语，学制2.5年；专科专业有法学、行政管理、会计学、金融学、工商管理、英语、小学教育、汉语言文学、建筑施工管理、护理学，学制2.5年。西南大学、中南大学、东北师大、兰州大学开设的专业有思想政治教育、汉语言文学、数学与应用数学、英语、物理、化学、生物学教育、历史学、应用心理学、小学教育、教育学（教育管理）、地理、旅游与酒店管理、经济管理、市场营销、房地产经营管理、工商管理、农业经济管理、农村区域发展、园林，高中起点升专科、专科起点升本科，学制2年。县内从开设到2004年，累计毕业学员4500人次。

成人高考　20世纪80年代末，县成立成人高考自考领导小组办公室，负责全县成人教育与协调中央电视大学、中南大学、西南大学、兰州大学、东北师范大学等成人高考等考务工作。1991年至2004年，全县累计参加成人高考1.59万人次，被录取7340人，其中本科2119人。

高等教育自学考试　邕宁县高等教育自学考试始于1984年，由县成人高考自考领导小组办公室协调有关高等学校，在县内开设考场，进行主考学校开设的高等教育专业课程考试，学员每考一门课及格的，由学校发给该专业单科合格证，学员考完所学专业全部课程后，由开设自学考试的学校颁发毕业（结业）证。1991年至1996年，县内参加高等教育自学考试500人次，毕业186人次，获得单科合格6000科（人）次。1997年至2004年，参加自学考试2972人次，毕业234人次。考生可以通过自学或参加县开设的成人自考辅导班等方式进行学习。1991年至2004年，主考学校有广西师范大学、广西大学、广西民族学院、广西医科大学等；每年自学考试集中在邕宁县邕宁中学进行。

农村文化技术教育　1991年，邕宁县有乡镇成人文化技术学校21所，村级成人文化技术学校235所（每个行政村1所），有专兼职教师337人，其中专职教师55人。1996年有专兼职教师390人，其中专职教师64人。1991年至1996年，全县累计开办业余小学班31个，毕结业学员790人，开办业余初中班16个班，毕结业学员484人；开办职业中专班11个班，学员414人，毕业学员148人；举办科技培训长期班114期，培训学员582人次；举办科技、普法等短期培训班年均1500期，培训学员10万人次。1997年至1998年，全县有乡镇成人学校21所，村级成人学校235所，专职教师64人，兼职教师326人；全县成人学校举办农技培训6163期24万人次。2004年，有乡镇成人学校21所，村级成人学校235所，专兼职教师464人，其中专职教师64人。1999年至2004年，全县成人学校举办各类（政治理论、法制、种养技术、卫生、计生、电脑等）培训班9734期82.55万人次。

扫除青壮年文盲　1990年全国第四次人口普查时，全县农村青壮年文盲、半文盲4414人，其中女性 3209 人，全县文盲率 1.32%，按国家规定的文盲率控制在 5% 以下，非文盲率在 95% 以上的标准，邕宁县已达到扫除文盲目标，但还有青壮年文盲 2000 多人；1991 年，全县开展扫除文盲攻坚战。1996 年，扫除青壮年文盲 2069 人次，其中妇女 1524 人次，基本扫除青壮年文盲，通过南宁市验收达标。2000 年全国第五次人口普查时，县内农村青壮年文盲、半文盲 5817 人。2001 年，全县基本扫除青壮年文盲。

教师进修　县教师进修学校位于县城那元路，担负全县中师、小学教师等教师教学业务培训，以提高教师教学水平和教学质量。1991 年至 2004 年，县教师进修学校举办全县中师、小学教师业务培训班累计 420 期，培训 4.99 万人次。

第七节　教育经费及设施

教育经费

财政拨款　1991 年，县财政预算内教育经费拨款 2300 万元。1996 年，县财政预算内教育经费拨款增加到 5305.80 万元。1991 年至 1996 年，全县累计投入财政资金 100 万元用于职业教育。1997 年至 1998 年，全县累计投入教育经费 9699 万元，用于维修、新建校舍，购置仪器设备和图书。2003 年，县财政预算内拨款 1.41 亿元，比上年增长 10.70%。1991 年至 2005 年 3 月，邕宁县义务教育经费基本实现国家对财政拨款增长率、学生人均公用经费、学生人均事业经费逐年增长的要求。

多渠道筹措资金　邕宁县多渠道筹措资金，包括上级基建拨款、财政追加其他拨款、勤工俭学用于教育经费、社会捐资及其他收入。1991 年至 2004 年，全县多渠道筹集教育经费 7.79 亿元，全部用于基础较差的学校基础建设。

1991 年至 2004 年邕宁县教育经费情况表

表 15-1-7-1

年度	财政拨款（万元）	教育费附加（万元）	多渠道集资（万元）	义务教育经费三个增长（元）				
				财政拨款增长（%）	每生平均公用经费		每生平均事业费	
					小学	初中	小学	初中
1991	2300.00	1061.10	225.69	-2.30	6.50	48.50	104.00	262.00
1992	2635.10	154.18	857.50	14.60	2.00	42.02	107.00	271.00
1993	3164.10	383.20	878.50	20	2.20	31.70	110.00	289.00
1994	4412.70	1265.20	350.80	39.46	1.71	22.02	196.60	419.90
1995	4988.60	1640.70	671.10	14.80	3.49	37.93	215.60	439.80
1996	5305.80	2714.10	1631.30	6.36	3.50	42.80	232.40	445.30
1997	5060.70	1339.20	1729.10	-4.60	2.00	36.00	179.00	375.00
1998	5299.90	1738.30	3777.80	4.70	3.70	13.00	342.80	391.30
1999	5878.00	1397.40	16958.30	10.90	2.00	11.00	319.00	344.00
2000	6750.10	1257.10	13187.30	14.80	3.00	36.00	358.00	470.00
2001	11206.40	1433.50	5922.50	66	17.75	83.60	450.54	543.45
2002	12762.00	1477.20	4805.70	13.90	37.30	115.17	550.94	604.16
2003	14128.50	918.00	5367.90	10.70	7.74	26.66	948.55	758.07
2004	14472.00	1240.00	4230.00	11.20	8.50	30.00	985.00	840.00

说明：1. 财政拨款指预算内教育经费拨款；2. 教育附加含农村教育费附加、城市教育费附加、地方教育费附加；3. 多渠道集资含上级基建拨款、财政其他拨款、勤工俭学用于教育的经费、学杂费收入、社会捐资及其他收入；4. 以上三项经费已包含高中、职业学校、教师进修学校的经费，即全县的教育经费

勤工俭学 1991 年后，全县中小学校普遍开展力所能及的勤工俭学活动。在不影响教学的前提下，创办印刷厂、联合学校办企业、开发生产基地和第三产业服务等。所得收入除留足继续再生产资金外，部分用于补充教育经费，部分用于改善办学条件。1991 年至 2004 年，全县中小学勤工俭学网点 1296 个，勤工俭学纯收入 9526 万元，补充教育经费 5630.30 万元。

1991 年至 2004 年邕宁县中小学勤工俭学情况表

表 15-1-7-2　　单位：个、万元

内容＼年份	1991	1992	1993	1994	1995	1996	1997	1998	1999	2000	2001	2002	2003	2004
勤工俭学网点	16	38	90	130	101	101	101	102	107	106	104	102	100	98
纯收入	165	269	437	545	612	718	820	880	910	920	950	820	760	720
补充教育经费	39.30	161	262	327	372	418	431	470	560	580	600	510	480	420

教育设施

教学设施 1991 年，县政府逐步改善中小学办学条件。1997 年，实现“两基”目标。2000 年，成为“实验教学普及县”。2001 年起，全县致力于建设中小学信息技术教育基本设施。至 2004 年，建成村完全小学和部分县属中学的信息技术教育网络。各级各类学校教室、师生住房、食堂、体育活动场地设施、电教设备及各功能室配套等基本设施日臻完善。1991 年至 2004 年，全县学校基建工程款欠债 6000 万元。2004 年 7 月，全县确定清偿基建欠债的方案，中共邕宁县委、县政府计划用 3 年时间（2004 年至 2006 年）以财政拨款为主，拍卖闲置学校和校点清偿债务。次年初，全县学校基建欠债基本完成债务审计程序，开始偿还部分债务，在期限内完成偿还债务。

▲ 1998 年，邕宁高中足球场一角

（邕宁区史志办资料照片）

1991 年至 2004 年邕宁县中小学（含幼儿园）校舍面积情况表

表 15-1-7-3　　单位：平方米

年度	幼儿园				小学				中学				职校			
	合计	教学用房	学生宿舍	教工住房	合计	教学用房	学生宿舍	教工住房	合计	教学用房	学生宿舍	教工住房	合计	教学用房	学生宿舍	教工住房
1991	9511	6214	998	445	507011	360566	24009	70713	196096	68831	54878	47066	18124	7512	5309	4067
1992	18490	16146	180	775	517087	346381	37803	88500	218820	66970	55062	62820	18409	7166	5459	4245
1993	11191	6177	595	2215	525987	355673	30207	93043	231858	74094	59755	62064	18409	7366	5453	4095
1994	11527	6281	695	2434	542379	388010	38066	99597	275116	109960	64800	79955	19959	9050	5947	4193
1995	11527	6281	695	2434	544569	390010	39066	100597	287251	119960	66345	800455	17676	8496	5170	3810
1996	11527	6281	695	2434	583588	419841	42104	108870	344388	151571	86645	83583	17676	8496	5170	3810
1997	16195	11540	514	2733	622165	459717	34980	103361	374677	139316	105486	110438	17376	8646	5170	3540
1998	17887	12257	1198	2720	637123	472249	34381	105925	387220	135331	111722	111125	17376	8446	5170	3540

续表

年度	幼儿园				小学				中学				职校			
	合计	教学用房	学生宿舍	教工住房	合计	教学用房	学生宿舍	教工住房	合计	教学用房	学生宿舍	教工住房	合计	教学用房	学生宿舍	教工住房
1999	20223	12884	1758	3665	651542	480875	33855	111798	408591	154741	115111	121871	16126	7646	4920	3540
2000	21394	13593	2021	3630	662930	488569	35693	115227	478421	136820	136640	136640	7646	4920	3540	3540
2001	21549	16716	3615		625732	398011	138196		484811	175041	277445		19512	10247	8704	
2002	30991	22350	5208		605843	382211	143674		527430	193657	289605		18337	7757	10582	
2003	25289	19560	3546		615953	377931	149668		564802	205337	308098		18226	7646	3800	4106
2004	41628	34517	7111		652686	400707	166158		580144	215181	315714		20026	7646	5600	3980

说明：校舍合计面积包括教学用房、学生宿舍、教职工住房、学校饭堂、公厕等房

学校危房改造　1991 年至 2004 年，邕宁县中小学危房 D 级（房屋整体出现险情，构成整栋危房）、C 级（局部出现险情，构成局部危房）总面积 40.28 万平方米，其中小学 21.90 万平方米，中学 16.95 万平方米，职校 1.43 万平方米。其间，邕宁县投入中小学危房改建、新建资金 3.20 亿元，其中得到国家、自治区和南宁市专项资金扶持危房改建资金 3 亿元；全县建成新校舍面积共 63.01 万平方米。其中，小学 25.48 万平方米，中学 35.92 万平方米，职校 1.61 万平方米。

1991 年至 2004 年邕宁县中小学危房及新增校舍面积情况表

表 15-1-7-4　　单位：平方米

年度	危房面积			当年新增面积		
	小学	中学	职校	小学	中学	职校
1991	2686	10371	540	8463	18713	0
1992	7322	11177	0	14209	16928	285
1993	2189	5139	0	8088	12384	0
1994	8145	10435	141	11249	21037	0
1995	4124	8014	0	3653	12135	0
1996	0	0	0	36829	55041	0
1997	0	7756	0	56107	45120	0
1998	2224	11068	4925	24440	21104	15834
1999	2273	8381	0	18998	11161	0
2000	2877	10398	0	10347	34759	0
2001	54009	27038	3200	6877	23179	0
2002	51088	23187	2100	8693	25992	0
2003	40298	15229	2100	10110	35272	0
2004	41780	21283	1260	36733	26388	0

第八节　教师队伍

教师构成

1991 年，邕宁县公办学校教师队伍由公办教师、民办教师和代课教师组成。全县有小学专任教师 3548 人、民办教师和代课教师 1881 人；有初级中学专任教师 1345 人，高级中学专任教师 206 人，中学民办和代课教师 439 人。另有民办学校教师约 200 人。

1993年起，由于大中专师范类毕业生回本县较少，教师缺口大，基于普及九年义务教育需要，县公办学校聘用代课教师逐年增多。1996年，取消民办教师类型，公办学校民办教师1282人全部转为公办教师。

1998年，全县代课教师人数为历年之最共4748人，其中小学4111人，中学637人。1999年起学生人数逐年减少，逐年清退部分代课教师。至2004年，全县累计清退代课教师2485人。2004年，公办学校小学专任公办教师3520人，小学代课教师1462人；公办中学初中专任教师2216人，公办中学高中专任教师669人，中学代课教师161人；社会力量办学教师100多人。

教师待遇

1991年，公办教师最低工资每月276元，代课教师每月工资150元，民办教师工资每月约200元。2005年3月，公办教师月工资最低1175.90元，比1991年多900元；代课教师月工资最低465元，比1991年多315元。在编教职工住房面积小学人均28.59平方米，中学人均40.34平方米，分别比1991年人均17.41平方米和23.01平方米增加11.18平方米和17.33平方米。

1991年至2005年3月，各级教育部门、学校教育工作者担任县及乡镇党代表300名，担任县及乡镇人大代表300名。教育系统每年发展教职工入党30名左右。县、乡镇党政换届，均提拔一定数量优秀青年教师参政，教育系统教师被邕宁县委提拔担任各级党政领导累计30多人。邕宁县优先发放教师工资从未拖欠。中共邕宁县委、县政府落实有关政策，累计为公办教师提工资14次，为民办教师提工资3次，为代课教师提工资4次。

▲2002年9月10日，邕宁县庆祝第18个教师节暨表彰大会在县政府礼堂召开　　（邕宁区史志办资料照片）

1991年至2004年邕宁县公办中小学校教职工情况表

表15-1-8-1　　单位：人

年度	小学教职工人数				小学代课教师	中学教职工人数					中学代课教师
	合计	专任教师	行政人员	工勤人员		合计	专任教师		行政人员	工勤人员	
							初中	高中			
1991	4060	3548	452	60	1881	2045	1345	206	321	173	439
1992	3967	3533	378	56	1910	2108	1373	211	357	167	322
1993	3940	3449	424	67	2990	2291	1458	225	356	252	407
1994	3930	3399	402	129	3335	2558	1575	261	396	326	368
1995	3819	3341	367	111	2994	2411	1463	271	352	327	408
1996	3805	3407	329	69	3845	2542	1557	260	371	358	611
1997	3898	3472	336	90	4091	2833	1750	291	358	434	652
1998	4021	3615	330	76	4111	3053	1938	304	346	465	637
1999	4108	3674	334	100	3905	3218	2040	319	377	482	572
2000	4029	3632	291	106	3650	3387	2110	348	406	523	523
2001	4074	3690	289	95	2528	3745	2241	459	337	708	313
2002	4044	3634	287	123	2214	3926	2337	560	322	707	267
2003	3975	3559	285	131	1938	3858	2305	577	333	643	180
2004	3961	3520	289	152	1462	3795	2216	669	264	646	161

1991年至2004年邕宁县中学专任教师学历情况表

表 15-1-8-2 单位：人

年度	专任教师	学历结构									
		初中					高中				
		本科	大专	中专	高中	初中以下	本科	大专	中专	高中	备注
1991	1551	47	475	560	218	45	103	97	5	1	
1 992	1584	58	537	547	201	30	107	96	6	2	
1993	1683	31	685	555	166	21	121	98	5	1	
1994	1836	39	846	463	227	0	147	106	5	3	
1995	1734	39	909	363	152	0	141	119	8	3	
1996	1817	59	1020	349	129	0	148	106	4	2	
1997	2041	91	1318	233	108	0	179	107	3	0	无初中以下
1998	2242	124	1464	258	92	0	198	101	4	1	
1999	2359	152	1560	247	81	0	208	107	3	1	
2000	2458	186	1649	207	68	0	225	120	2	1	
2001	2700	241	1842	0	152	6	320（研究生1）	137	0	1	
2002	2897	293	1918	0	120	6	389（研究生2）	169	0	0	
2003	2882	378	1836	0	87	4	428（研究生1）	146	0	2	
2004	2885	439	1696	0	81	0	503	166	0	0	

1991年至2004年邕宁县中小学专任教师专业技术职务情况表

表 15-1-8-3 单位：人

年度	小学						中学										
								初中					高中				
	专任教师	小学高级	一级	二级	三级	未定级	专任教师	高级	一级	二级	三级	未定级	高级	一级	二级	三级	未定级
1992	3533	199	1690	1011	265	368	1584	7	172	432	393	369	17	62	76	18	38
1991	3548	216	1648	1053	288	343	1551	9	199	429	364	344	24	60	72	18	32
1993	3449	234	1955	781	195	284	1683	7	188	546	414	303	17	67	92	12	37
1994	3399	321	1785	822	177	294	1836	13	251	519	459	333	32	73	106	20	30
1995	3341	495	1719	744	116	267	1734	17	227	596	339	284	36	86	113	22	14
1996	3407	728	1673	651	77	278	1817	19	236	583	313	406	33	94	85	22	26
1997	3472	752	1589	742	96	293	2041	18	251	665	415	401	36	90	93	25	47
1998	3615	781	1556	785	84	409	2242	20	327	719	441	431	32	102	110	15	45
1999	3674	755	1645	780	74	420	2359	20	365	802	463	390	33	123	121	29	13
2000	3632	750	1730	724	104	324	2458	20	429	873	418	370	39	147	125	13	24
2001	3690	724	1847	780	41	298	2700	31	498	889	478	345	78	181	146	20	34
2002	3643	784	1826	650	37	346	2897	43	484	1021	423	366	88	202	180	23	67
2003	3559	771	1878	612	44	254	2882	33	513	1111	405	243	68	244	172	19	74
2004	3520	830	1949	459	64	218	2885	47	509	1058	404	198	87	246	283	19	34

教职工编制管理

1991年起，邕宁县教育机构变动、更名和学校增加教职工编制、调入人员等，由相关单位提出申请，经县教育局审核同意后，报县编制委员会审批。

1991年至2001年，全县按国家中小学教职工编制标准规定，实行动态管理。2002年，每2年重新核定编制，当年核定标准：职业高中学生45~50人配备教师4.5人，职工1.5人；重点高中（完全中学）学生45~50人配备教师4.5人，职工1.5人；普通中学（含高中）学生45~50人配备教师3.5人，职工1人；乡镇中心学校、市小学校学生45~50人配备教师2人，职工1人；农村小学学生30~35人配备教师1.5人，职工0.5人；偏远农村教学点学生30人以下配备教师1人，学生30人以上配备教师2人，2个班以上按农村小学班计编制，全县中小学教职工编制总数8475名，其中基本编制7465名（高中903名，初中2650名，小学3912名），附加编制1010名。2004年6月30日，全县教育系统定岗定员工作完成，中小学教职工签订岗位合同5666人。

教师聘任制

学校聘任教师制 1999年学年始，全县各学校推行教师聘任制。每学年，采用教师个人自行联系，自主落实单位，学校聘用与统筹安排相结合的办法对教师进行聘任。对于没能聘任为教师岗位的教师，学校另作安排其他工作或调离本校到其他学校任教等，各学校共与1.18万名教师签订聘任合同。2000年，以校为单位，在校的新老教师实行竞争上岗，教职工实行以岗定人定编，工资包干的用人制度；同年6月，全县教职工1.18万人与学校签订聘任合同。

校长聘任教师制 2001年8月，县内中、小学教学推行由学校聘任教师制，过渡到由校长聘任教师制，全县1.18万名教职工与学校校长签订学年聘任合同。至2004年，全县中、小学教学继续推行由学校校长聘任教师制。

第九节 学校管理

1991年，由县教育局垂直管理的学校中，小学有城关一小、二小、三小、四小，中学有县高级中学、县第二和第三高级中学、邕宁中学、教师进修学校、中等职业技术学校、民族中学、城关中学、第四中学、第五中学、第六中学、苏圩中学、那楼中学、南阳中学、中和中学、刘圩中学、百济中学、那马中学、良庆中学、新江中学、伶俐中学、昆仑中学、明阳中学、那陈中学、南晓中学等29所，上述单位的人、财、物由县教育局直接管理。2001年起，乡镇办中学由县教育局直接管理。2001年7月前，乡村教职工的工资，由乡镇财政按月支付。2001年7月起，乡镇及开发区公办中、小学校的教育经费，由县财政统一管理，财政直接拨付给县教育局，再由县教育局支付给各学校。1991年至2004年，县内乡镇办的公办初级中学、小学和开发区办的学

▲2003年秋，邕宁县全面推进基础教育课程改革。图为课堂改革培训现场 （邕宁区史志办资料照片）

校，实行县教育局和乡镇政府、开发区管委双重管理，以县教育局为主的管理体制。各中小学校、教育辅导站正副职领导任免，由县与乡镇、开发区共同考核后，由县教育局任免。各中小学校的教育业务工作由乡镇教育辅导站进行业务指导和工作日常管理。

邕宁县中小学校通过设立各功能室加强内部管理。1991 年至 2004 年，小学学校一般设有校长办公室、校务处、总务处、教研组、实验室、图书室等，初中、高中学校一般设有校长办公室、党政办公室、校务处，政务处、总务处（财务室）、教研组（包括语文组、数学组、物理组、化学组、政史组、英语组、图音体组等）、图书室、实验室（包括物理实验室、化学实验室、生物实验室等）、卫生室、美术室、音乐舞蹈室、体育室等。随着素质教育的全面实施，各中小学校更加注重各功能室建设，其内容更为全面，形式日趋完备，管理较为规范有序。

第二章 科 技

1991年起，邕宁县实施科技兴县战略，以政府为主导，组织开展一系列科技培训、科技示范、科技普及和科研活动。至1996年，重点抓粮食、甘蔗、水果、蔬菜、养殖等十大农业基地建设，利用科学技术实施“星火计划”“丰收计划”“燎原计划”，采用试验—培训—推广的办法，提高农、林、牧、渔各业产量和经济效益。

1998年吴圩镇和昆仑镇获“自治区科技工作先进乡镇”称号。1999年9月，蒲庙镇、五塘镇、南阳镇获“自治区科技工作先进乡镇”称号。2000年，那陈镇、延安镇通过自治区科技进步乡镇考核，全县通过自治区科技进步考核乡镇13个。2002年8月，吴圩镇、昆仑镇、五塘镇、南阳镇、蒲庙镇继续保持“自治区科技先进乡镇”称号；四塘镇、苏圩镇、刘圩镇、那马镇、大塘镇、良庆镇通过2002年度科技进步考核。年末，吴圩镇、昆仑镇、五塘镇、南阳镇、蒲庙镇、四塘镇、苏圩镇、刘圩镇、那马镇、大塘镇、良庆镇获“自治区科技进步乡镇”称号。2003年，吴圩镇、苏圩镇、良庆镇、五塘镇、昆仑镇、四塘镇、蒲庙镇、刘圩镇、南阳镇、那马镇、大塘镇通过2001年至2002年度自治区科技进步乡镇考核，吴圩镇、蒲庙镇、大塘镇、五塘镇被评为自治区科技进步先进乡镇。

1995年至2003年，中共邕宁县委、县政府先后4次表彰科技工作先进单位、先进个人。其中，1995年表彰先进单位23个、标兵9名、先进工作者29名、科技能人26名；1996年至1997年度表彰先进单位18个和先进个人32名；1998年3月17日，表彰在创建全国科技工作先进县活动作出突出贡献的单位12个、先进个人49名；2003年4月7日，表彰先进单位18个、先进个人43名、科技致富带头人10名。同年，开展评选10名“十佳科技工作者”活动。

邕宁县先后被评为1997年和2001年全国科技工作先进县，2001年至2002年度全国科技进步先进县；2004年10月被评为第二批全国科技进步示范县。

第一节 机构 科技队伍

机 构

邕宁县科技局 邕宁县科学技术局（简称县科技局）是县人民政府综合管理全县科技工作的职能部门。1958年成立邕宁县科学技术委员会。1991年，县科学技术委员会机关内设行政秘书股、科技管理股、科学普及与技术市场管理股，编制11名，其中主任1名、副主任3名。委员会下设县科技情报所1个事业单位。县科学技术委员会干部职工17人(含二层机构),其中副高级职称2人,中级职称7人，初级职称4人。1996年11月，邕宁县科学技术委员会更名邕宁县科学技术局。1997年，局机关内设行政秘书股、科技管理股、科学普及与技术市场管理股，编制10名。2004年，局机关内设办公室、科技与技术市场管理股2个股室，编制8名，其中局长1名、副局长2名。局下设县技术市场管理办公室、县高新技术开发研究所、县生产力促进中心（2002年设立）等单位。县科技局（含二层机构）干部职工16人，其中副高级职称1人，中级职称6人，初级职称4人。县科技局办公地址在县城红星路。

1991年至2005年3月县科技局（县科学技术委员会）历任局长（主任）：徐为和，班正文，杨程，粟盛斌。

邕宁地震台　邕宁地震台原名南宁地震站，成立于1969年12月，工作人员7人。直属中南地震地质大队和广东省地震考察队管理，财政全额拨款，担负着为国家地震局、广西地震局分析预报部门提供连续、可靠的地震观测数据任务。20世纪70年代初至90年代中期，先后归广西壮族自治区革命委员会地震办公室、广西壮族自治区革命委员会地震局、广西壮族自治区地震办公室等管理。1991年，广西壮族自治区地震办公室邕宁地震台级别定为正科级事业单位，编制13名，有正、副台长各1人，下设有测震、地磁、地应力、电磁波4个学科。1996年9月更名为广西壮族自治区地震局邕宁地震台，编制7名。2003年至2005年3月，编制4名，实有5人，其中台长1人、工程师3人、助理工程师1人。邕宁地震台办公地址在邕宁县蒲庙镇八尺江桥西北面邕宁造纸厂附近。

▲2003年，邕宁县科普报告会

（邕宁区史志办资料照片）

1991年至2005年3月地震台历任台长：王峰、陶锋、陆炳情。

邕宁县地震局　2004年8月成立，为县政府直属事业单位，机构规格正科级，核定编制5名，实有5人。县地震局办公地址在县城红星路。

2004年8月至2005年3月县地震局历任局长：曾文祥（女）。

邕宁县气象局　1955年1月，邕宁县建立气象站，1967年7月更名邕宁县气候站。1981年5月，成立邕宁县气象局，为正科级事业单位，隶属南宁地区气象局管理。1991年，核定编制8名，实有12人。1994年，邕宁县气象局隶属南宁市气象局管理，实行气象部门与地方政府双重领导，以气象部门领导为主的管理体制。开展业务主要有气象观测、气象预报、气象科技服务、人工影响天气作业、气象法规建设等。1996年，县气象局核定编制8名，实有人员12人，其中工程师6人、助理工程师2人。1999年，核定编制9名，实有在职10人。2004年，有编制9名，实有在职12人。1991年至2004年，县气象局办公地址在县城红星路邕江与八尺江交汇处。

1991年至2005年3月县气象局历任局长：刘道欢，陆如荣，周剑波。

▲2003年，县气象局测报点

（邕宁区史志办资料照片）

乡镇科研机构　1992年，邕宁县21个乡镇设乡镇科学技术委员会。各乡镇设有农业技术推广站、农机站、林业站、经管站、畜牧站，均为事业单位，全县共有100个。规模技术协会有甘蔗学会、家禽业学会、机电工程学会等44个民间研究会。设立科技培训基地264个，设立科技示范镇3个（昆仑镇、南阳镇、吴圩镇），设立科技示范村200个，设立科技示范户3000户。科技活动相关协作部门有县科协、农业局、林业局、畜牧水产局（中心）、文化局、卫生局、教育局、计划委员会等。

科技队伍

科技队伍主要由工程、农业、经济、文教、卫生等行业中具有高、中、初级职称的专业人员及乡土人才（农村中有一技之长的能人）、农民技术员组成。

1991 年至 1996 年，县政府设置科技副县长分管全县科技工作。乡镇由 1 名副乡镇长分管科技。村（居）委会设农技员。乡镇科委人员由乡镇有关站所的负责人和部分科技人员组成。企业科技小组一般由企业负责人任组长，成员由企业科技人员中的高、中、初级职称优秀人员组成。

1991 年至 2004 年，全县各类技术人员总数依次为 1.03 万人、1.10 万人、1.18 万人、1.24 万人、1.40 万人、1.49 万人、1.53 万人、1.64 万人、1.76 万人、1.88 万人、2.09 万人、2.12 万人、2.13 万人、2.14 万人。2004 年，全县登记在册各类专业技术人员 2.14 万人，比 1990 年增加 1.18 万人；登记在册的农村乡土人才 1 万多人，其中农民技术员 436 人。此外，举办和推荐南宁市优秀青年专业技术人才和县专业技术拔尖人才活动，调动科技人员积极性。

▲ 2003 年，广西明阳生化科技股份有限公司科研大楼（邕宁区史志办资料照片）

第二节 科学普及 科技信息

科学普及

1991 年至 1996 年，邕宁县组织文化、科技、卫生“三下乡”活动 18 次，组织科技人员到各镇设咨询点，接受科普咨询群众 3.60 万人次；发放科普资料 6 万份，赠送科技书刊 2.40 万册（本）；科普文艺宣传演出 86 场次，观众 13 万人次；放映科普电教片电影、录像 870 场，观众 27 万人次；出版科普板报、墙报 852 期。

1997 年至 1998 年，放映科普电教片电影录像 204 场，观众 9 万人次；科普文艺宣传演出 30 场，观众 4.50 万人次；出版科普板报、墙报 526 期；张贴科普宣传标语、挂横幅标语 526 条；开展“三下乡”活动 6 次，接受科普咨询群众 15 万人次；发放科普资料 48.62 万份；为县四家班子提供《科技与决策》资料 48 期 384 份；向乡镇图书馆赠送科技书刊 2.60 万册（本）；向社会提供阅览科技书报 94 种 3800 期（份）。

▲ 2003 年，广西农业科技下乡活动在南阳镇举行（邕宁区史志办资料照片）

1999 年至 2001 年，组织大型科普行动 3 次，科技活动周 3 次；开展“三下乡”活动 3 次，接受咨询和义诊群众 1.60 万人次；举办科普报告会 4 次，听众 3000 人次；举办科普知识展览 5 次，参观人数5000人次；放映科普电教片电影、录像435场，观众14万人次；科普文艺宣传演出28场，观众4.50万人次；编辑农业科普电视专题节目5期；发放科普资料8万份；赠送科技书刊2万册（本）。

▲21世纪初，县科技局组织开展科技下乡活动
（邕宁区史志办资料照片）

2002年，建成县第一个村级科技活动中心，中心位于长塘镇定西村加踏坡，同时在长塘团岩坡建设科普生态旅游示范村，总投资17万元，由市科技局出资，县科技局承建。期间，开展科技活动周6次，科技大行动3次；开展“三下乡”活动6次，接受科普咨询群众3万人次，其中育龄妇女咨询优生优育和义诊8000人次；举办科技讲座、报告会36场，听众2.60万人次；举办新品种、新技术成果应用推广现场演示16次，观众2万人次；发放科技资料12万份；赠送科技书刊4万册（本）和录像科教片380盒；放映科普电教片电影、录像430场，观众13万人次；编辑农业科普电视专题节目6期；科普文艺宣传演出64场，观众10万人次；出版科普板报、墙报126期。

2003年，重点在一月广西科技活动周、五月全国科技活动周和十月科普大行动3个时段开展活动。组织举办科普报告会3场，参会干部职工1650人次；举办各类科普讲座12场，听众6700多人次；举办新品种、新技术成果应用推广现场会6次，参加现场会1400多人次；开展地震科普知识和知识产权宣传2场，观众3000多人次。举办大型“三下乡”活动3次，参加的县专家服务团成员和其他科技人员530人次。先后深入到那楼、长塘等17个乡镇开展服务活动，发放技术资料11万份，为民义诊7000多人次，义演20场、观众3万多人次，为6700多名育龄青年提供生育技术咨询服务。举办各类技术培训班1750期，培训12.10万人次，有3500名农民通过培训获得“绿色证书”。

2002年至2004年，县投资5万元，建设长塘镇、延安镇圩上街区科普宣传长廊，在伶俐镇独岭村7个自然坡（村）建立村级科普宣传栏7处，利用宣传长廊发布农村实用技术和市场商品供求信息等。

科技信息

1991年至1993年，完善县科技局阅览室，向社会开放。阅览室常年订有科技杂志80种、科技报刊50种、各类科技藏书5000册（本）。1991年至1996年，阅读、借阅各类书报年均1000人次，借阅书、报800册（本）。1992年，县科技情报所与自治区内外31个科技情报、科研单位和大专院校交流科技信息110份。

1994年至1996年，邕宁县组建县、乡镇、工矿企业和村科技信息网点。县级科技信息网点由以县科技局为龙头，卫生局、农业局、林业局、畜牧水产局等部门为骨干组成。基层科技信息网点2000户，覆盖21个乡镇、50家工矿企业和180个行政村，各网点设有专兼职信息员。科技网点利用传真机或邮寄等方式交流各类科技信息，年均1万份以上。1996年，全县在农村信息网共转发《农村致富信息》8期，1.14万份，信息111.36万条，用户采用128条；工业信息网发放信息16期，816份，9104条，被采用12条。1997年，县开始用互联网与县内外有互联网的单位搜索和传递科技信息。年内，县科技部门为42家工矿企业提供《技术经济快讯》《工业技术信息》19期846份，为农村种养重点户提供《农村致富信息》刊物19期3.60万册（本）。

2000年，完成广西科技信息网邕宁节点建设并连接上网。2001年，新建吴圩、南晓2个节点，建立全县农村技术市场信息数据库，储存各类技术信息8000多条。2000年至2001年，邕宁信息节点为农民、工矿企业提供技术信息350份，在网上发布蔬菜、西瓜、水果等农副产品市场供求信息50多条，促进当地优势产业的形成和优势产品流通，初步显示出信息化带动产业化作用。

2003年，实施《农村信息技术推广服务网络建设与示范》和《邕宁县生产力促进中心信息库建设》2个市级科技项目，抓好县、乡、村三级科技信息网络建设。完成四塘、苏圩、伶俐3个乡镇级和定西、独岭、施厚、团黄、坛白、仁德村委以及五塘、中和社区8个村级信息节点建设，培训信息员11人。利用科技信息网发布信息551条，促成产品交易910宗，成交额2776万元。建立广西汇丰农药有限公司等55家中小企业信息档案，并与广西万利来工贸有限公司建立长期稳定的信息技术服务关系。邕宁县科技视讯会议系统网络建成使用，开设邕宁分会场，完成县政府内部宽带网和政府公众网建设。

2004年，县建立信息跟踪服务制度，健全汇丰等90家企业信息档案；建立万利来等10家企业稳定信息服务。1997年至2004年，累计印《邕宁科技信息》96期1.55万份；不定期转送传递上级信息部门的科技信息。转发为领导提供决策《科技决策》信息192期1536份；《工业技术信息》或《技术经济快讯》78期3500份；《农村致富信息》30期6万份。搜集网上信息2.78万条，提供信息1.67万条，发布信息2421条，发布产品供求信息5093条。

科技培训

1991年至1996年，全县举办各类技术培训班9418期，参训人数125万人次，其中农村基层干部576期2.25万人次，青壮劳力542期4.25万人次。全县有2378人取得农民技术员资格，占青壮年劳动力总数的5.65%。

1997年至2004年，全县举办各类技术培训班1.35万期，参训人数101.30万人次，其中有436人取得农技员资格。培训形式有集中短期培训和分散现场培训等。主要对象是农村劳动力等，培训内容主要有工业产品质量、农业水稻、西瓜、木薯、大豆、蔬菜、甘蔗、水果及其配套先进生产技术和养猪、养鸡、养鸭、养牛、水产等各类先进生产技术。通过培训实施“全民科技素质提高计划”和“科技兴县”，使各行业科技有所进步，特别是使农村多数农户至少有1名劳动力掌握1~2门先进实用技术。

第三节　科技示范

科技示范实施

1991年，邕宁县实施3333.33公顷高产田，6666.67公顷吨粮田，6666.67公顷改造中低产田和1万公顷甘蔗高糖综合栽培技术示范推广。

1993年至1996年，全县有科技示范镇昆仑、南阳、吴圩等3个、科技示范村（坡）108个，7公顷以上连片水果示范场110个，科技示范户（专业户）2280户。以科技示范引路，提高科学技术水平，在四塘镇六村、昆仑镇八塘村、南阳镇施厚村、那陈镇六眼村、大塘镇太安村等兴办5个亚热带水果示范场，总面积76.70公顷，引进石硖龙眼、大牛甘果、黄榄、鸡嘴荔、大玉梅等名特优水果品种，进行栽培试验推广和示范。

▲2002年，邕宁县糖业管理中心技术员到田间地头指导甘蔗生产技术管理　（邕宁区史志办资料照片）

1997年，全县有粮食、甘蔗、水果、畜禽等方面科普示范点（片）62个，水稻旱育稀植、抛秧、玉米地膜、节水灌溉示范点（片）34个。推广应用旱育稀植5.38万公顷，抛秧技术3473.30公顷。

1999年，由政府扶持，建立伶俐独岭、长塘定西、五塘社区、吴圩坛白、大塘那团等科技示范村14个，科技示范户1240户。示范村建科普阅览室、科技培训场地，连接广西科技信息网节点，每个村引进推广1~2项新品种、新技术。示范户掌握应用新品种、新技术1~2项，带动5户以上农户发展生产。是年，在吴圩镇和大塘镇建立大青枣培育和繁殖示范基地、太安亚热带名优水果示范基地，投资370万元建立五塘镇现代农业示范园区、苏圩镇佳棉1333.30公顷高效农业示范基地、四塘镇同仁66.70公顷芦笋高产示范基地、蒲庙镇龙岗村166.70公顷吨粮田示范基地、南晓镇立体种养示范基地等10个规模大、技术含量高的农业科技示范基地。

2000年，建立吴圩镇河洲村万亩农业科技示范基地，建立以发展现代农业为主的五塘凌幕垌、苏圩镇那海佳棉、蒲庙龙岗、四塘同仁村现代科技园区、太安万亩亚热带名特优水果示范基地、蒲庙镇和良庆镇20万羽肉鹅生产基地、南晓镇荔枝＋肉鸡生产模式7大示范基地。全县有科技、科普示范乡镇3个，示范村48个，示范内容涉及粮食、甘蔗、花生、水果、蔬菜、畜禽、水产、农机等，旱育稀植技术、抛秧技术、西瓜嫁接技术、“两系杂交稻”“台糖16号、20号甘蔗”“台农二号西瓜”等得到推广和应用。建立一批科普示范基地。

2002年，建立48个生态文明示范村和15个科普示范村。

2003年5月，在长塘镇定西村、伶俐镇独岭村、南阳镇施厚村、刘圩镇团黄村、吴圩镇坛白村、苏圩镇仁德村、五塘镇五塘社区、中和乡中和社区建设科技示范村，在全县21个乡镇建立应用新品种、新技术科技示范户800户，其中重点示范户100户。至年底，8个示范村都制定科技发展计划，建立固定科技培训教室，开设藏书500册以上科技图书室，各配备电脑一台，并与广西科技信息网联网，建立科普宣传栏，定期或不定期发布技术和市场供求信息。此外，在南阳镇二田村、刘圩镇三籁村等15个村建设15间农民科技书屋，每间书屋配备书籍和光盘价值5000元。全年科技示范培训32期2500人次，实施科技项目5个，引进和推广新品种8个，建立五塘凌慕垌无公害蔬菜生产示范、伶俐皮长塘电脑农业专家技术应用示范、中和绿色糯米生产示范、长塘葡萄高产种植示范等基地5个。苏圩镇仁德村科技示范户覃庆保获2003年度“广西科技种养能手”称号。

2001年至2004年，邕宁县多渠道筹集资金300万元建立和完善苏圩那海佳棉现代农业示范园、长塘镇洞江现代农业示范园等10个以推广应用农业高新技术、新工艺、新品种为主的科普示范基地；投资160万元建立44个生态示范村；建立吴圩平凤村等8个科普示范村，科普示范户830户。在科普示范基地应用推广新技术12项，引进新品种15个。

科技示范项目

肉鸡养殖示范　2003年下半年，县政府安排300万元贴息贷款发展养鸡业，在长塘镇实施集约化养鸡小区技术示范项目，以南宁市广东温氏畜禽有限公司为龙头，推行“公司＋基地＋农户”农业产业化经营模式与周边农户挂钩合作养鸡，采取公司建立基地，为合作农户提供种苗、饲料、药物、技术跟踪、销售等一条龙服务，辐射全县10个乡镇、参与农户170户。全年温氏公司回收商品鸡160万羽，总产值3200万元，农民获纯利180万元。

▲邕宁县农户养殖的土鸡　（邕宁区委宣传部供稿）

葡萄种植示范　2002年，县政府引导农民大规模种植葡萄。扶持方式为种苗补贴和现金补贴相结合，连片开发种植葡萄3.30公顷以上的农户或业主，补贴2.50万元，种植葡萄的农户，每株苗木补贴1元。加强对各示范点技术跟踪指导，全县葡萄产业初步形成，种植面积由3.30公顷发展到2004年的200公顷。

西瓜甘蔗标准化生产示范　2002年，邕宁县分别在吴圩镇坛白村、长塘镇定西村建设133.30公顷西瓜标准化生产示范基地和66.60公顷甘蔗标准化生产示范基地。为进一步探索适合应用的西瓜和甘蔗栽培综合技术，邕宁县用3年时间，分别辐射推广西瓜和甘蔗栽培应用面积1万公顷和2万公顷。同时，培育农产品加工龙头企业广西果母饮业公司，通过龙头企业带动，创建邕宁西瓜品牌和西瓜果母水品牌。2004年，全县种植西瓜1.89万公顷，总产28.66万吨；甘蔗种植3.45万公顷，总产232.90万吨。

第四节　科研经费与项目

科研经费

邕宁县科研项目经费来源以申报上级科研项目经费补助和科研项目承担单位自筹为主，县财政给予一定资金支持，即自治区、南宁市的科技研究项目由下达单位给付科研经费，承担项目部门给予资金补助。中间试验、示范、推广三项研究经费列入县财政预算。

1991年起，邕宁县科研经费投入不断加大。1991年投入4.30万元，1993年投入22.50万元，1995年投入64.30万元，2000年投入143.50万元，2004年投入500万元。1991年至2004年，全县投入科研经费1501.20万元。

1991年至2004年邕宁县科研经费投入情况表

表15-2-4-1　　单位：万元

年份	1991	1992	1993	1994	1995	1996	1997	1998	1999	2000	2001	2002	2003	2004
经费投入	4.30	7.50	22.50	30	64.30	24	30	24.80	30.30	143.50	150	133.30	336.70	500

科研项目

1991年至2004年，全县实施科学研究与开发项目324项，其中科技部项目1项、自治区项目11项、南宁市项目96项、县项目217项，科技项目总投入2259.32万元。项目涉及农业、工业、卫生、畜牧等行业。

1991年至2004年邕宁县实施国家、自治区级科技项目情况表

表15-2-4-2

项目名称	类别	起止年月	承担单位	项目下达单位
“公司＋农户”社会化科技服务组织模式的构建及运行机制的研究	软科学	1994-06—1995-12	邕宁县科委、九塘乡政府	自治区科委
邕宁县科技目标管理研究与实践	软科学	1995-04—1996-12	邕宁县人民政府	自治区科委
农村技术市场试点研究	软科学	1997-01—1998-12	邕宁县人民政府、科技局	自治区科技厅
GR891、GR911等系列木薯良种繁育	攻关	1999-01—2000-01	邕宁县科技局、农业局	自治区科技厅

续表

项目名称	类别	起止年月	承担单位	项目下达单位
广西农村科技创新科普示范基地建设——南宁市吴圩西瓜新品种生产示范范基地	攻关	2000-10—2002-10	南宁市科委、邕宁县科技局、吴圩镇政府	自治区科技厅
电脑农业专家系统示范	攻关	2001-08—2002-08	邕宁县科技局	自治区科技厅
2万亩茉莉花种植基地建设	星火	2002-01—2004-12	邕宁县香蕾茶厂	科技部
广西农村可持续发展示范建设——农村中小学	科技攻关	2003-01—2005-06	邕宁县农业局	自治区科技厅
广西生产力促进中心协作网络服务建设邕宁县生产力促进中心服务体系建设	创新能力	2003-01—2004-12	邕宁县生产力促进中心	自治区科技厅
农村中小学沼气工程试验示范	推广攻关	2003-07—2004-12	邕宁县科技局、教育局	自治区科技厅
邕宁县优质鸡嘴荔规范化栽培示范基地	科技创新能力建设	2004-01—2006-12	邕宁县科技局	自治区科技厅
纯天然茉莉花精油提取及其花茶生产上的应用	科技合作	2004-01—2005-12	邕宁县香蕾茶厂	自治区科技厅

1991年至2004年邕宁县实施市级科技项目情况表

表15-2-4-3

项目名称	类别	起止年月	承担单位	项目下达单位
桑蚕茧优质高产综合技术开发应用（星火计划）	示范推广	1991-01—1992-12	邕宁县科委、蚕业指导站、供销社	南宁市科委
冬闲田的开发利用与研究	示范推广	1991-09—1992-05	邕宁县科技情报所	南宁市科委
草鱼土法免疫推广示范	示范推广	1992-01—1992-12	邕宁县水产技术推广站	南宁市科委
桑蚕夏四元“932、芙蓉×7532、湘晖”杂交、繁殖示范、推广	示范推广	1992-01—1992-12	邕宁县蚕种站	南宁市科委
西瓜嫁接苗在生产上的应用	成果推广	1993-1—1993-12	邕宁县科委、农业开发公司	南宁市科委
本地塘角鱼的繁殖及七星鱼的引进、繁殖与推广	试验示范	1993-01—1994-12	邕宁县科技鱼种场	南宁市科委
畜禽饲养综合技术示范推广	示范	1994-01—1995-12	邕宁县科委、畜牧局、兽医站	南宁市科委 市财政局
农作物根外营养喷施肥示范推广	示范	1994-01—1994-12	邕江大宗叶肥厂、邕宁县土肥站	南宁市科委 市财政局
青梅优良品种“东梅”引进示范、推广	示范推广	1994-06—1997-06	邕宁县科委、昆仑镇政府	南宁市科委 市财政局
良种龙眼、酸梅高产栽培技术示范	示范推广	1994-06—1998-06	邕宁县科委、南晓镇科委	南宁市科委 市财政局
“中花5号”花生新良种引进试验示范	试验示范	1995-01—1996-12	邕宁县农技站	南宁市科委
特优水果育苗与种植试验示范	试验示范	1995-01—1998-12	邕宁县南阳镇科委	南宁市科委
优质稻生产基地开发	星火	1995-01—1996-12	邕宁县农技站	南宁市科委
水奶牛业开发	星火	1995-01—1995-12	邕宁县科委、畜牧局	南宁市科委
九塘、南阳、南晓“科技兴乡”发展规划及实施方案研究	软科学	1995-09—1996-12	邕宁县科委	南宁市科委
水稻良种引进试种	试验	1995-01—1996-12	邕宁县农业局、农科所	南宁市科委
“科教兴县”（科教兴镇）发展战略研究	软科学	1995-07—1996-12	邕宁县科委	南宁市科委

续表

项目名称	类别	起止年月	承担单位	项目下达单位
邕宁县科技目标管理研究与实践	软科学	1995-04—1996-12	邕宁县人民政府	南宁市科委
连片开发甜竹笋生产基地	攻关	1997-01—2001-12	邕宁县教育局	南宁市科委
100 亩特优水果引进栽培示范	软科学	1996-01—1998-12	邕宁县科委、南阳镇科委	南宁市科委
昆仑科技开发的实践	软科学	1996-01—1997-12	邕宁县科委、昆仑镇科委	南宁市科委
EM 技术在生猪养殖上的应用	推广	1996-01—1997-12	南宁市科技情报所、邕宁县种猪场	南宁市科委
中花五号花生新良种引进试验示范	新技术	1995-01—1996-12	邕宁县农技站	南宁市科委
用废糖蜜发酵生产生物塑料试验	试验	1996-01—1996-12	邕宁县明阳糖厂	南宁市科委
科技管理研究与实践	软科学	1996-01—1997-12	邕宁县科委	南宁市科委
水奶牛开发	星火	1996-01—2000-12	邕宁县科委、畜牧局	南宁市科委
网箱饲养鳠（鱼金鱼）试验	新技术	1996-01—1997-12	邕宁县水产技术站	南宁市科委
昆仑镇建立“公司加基地加农户”系统	软科学	1996-04—1996-12	邕宁县科委	南宁市科委
创建广西科技工作先进乡（镇）探索与实践	软科学	1997-07—1998-07	邕宁县吴圩镇政府、昆仑镇政府	南宁市科技局
1000 亩亚热带水果优质高产、高效技术的研究与推广	攻关	1997-08—2001-08	邕宁县科技局	南宁市科技局
丹参等三种中药加联苯双脂对动物肝癌的诱导分化治疗应用	攻关	1998-05—1999-10	邕宁县中医院	南宁市科技局
用生物技术开发生物饲料	新产品	1998-03—2000-05	邕宁县农业开发管委	南宁市科技局
脑干损伤早期淋巴细胞变化的临床观察	医学	1998-04—1999-08	邕宁县人民医院	南宁市科技局
甘蔗品种新台糖 20 号繁殖示范推广	新产品	1998-01—1999-12	邕宁县吴圩镇科委	南宁市科技局
南宁市生态林综合建设试点示范	攻关计划	1998-05—1999-12	邕宁县吴圩镇政府	南宁市科技局
南宁市“科教兴镇”研究和实践	软科学	1998-09—1999-12	邕宁县吴圩镇政府	南宁市科技局
水奶牛业开发	星火	1998-08—2003-08	邕宁县品改站	南宁市科技局
西玉 3 号玉米新良种大面积推广	星火	1999-01—2000-12	邕宁县农技中心	南宁市科技局
经济昆虫龙虱的养殖和开发	攻关	1999—2000	昆仑镇科技开发公司	南宁市科技局
创建广西科技工作先进乡镇研究和实践	软科学	1999-03—1999-12	邕宁县科技局	南宁市科技局
邕宁县吴圩镇平凤村科普村建设示范	攻关	1999-07—2000-12	邕宁县吴圩镇政府	南宁市科委
国月窝囊肿硬化治疗疗效观察	攻关	1999-08—2000-08	邕宁县人民医院	南宁市科委
邕宁县大约克猪的选育	攻关	1999—2003	邕宁县种猪场	南宁市科委
生态卫生旱厕技术推广	成果推广	1999-10—2000-12	邕宁县爱卫办	南宁市科委
农村技术市场试点研究	软科学	1998-12—2000-12	邕宁县科技局	南宁市科委
木薯产业化项目——良种繁育和推广	星火	1999—2001	邕宁县科技局	南宁市科委
邕宁县刘圩香芋优质高产综合栽培技术开发	星火	2000-01—2001-12	邕宁县农业局、县科技局	南宁市科技局
邕宁县那齐酸菜综合技术开发	星火	2000-01—2001-12	邕宁县农业局、县科技局	南宁市科技局
南方大棚蔬菜高产高效综合技术开发	星火	2000—2002	邕宁县农技中心	南宁市科技局
水稻优质谷基地建设	星火	2000—2001	邕宁县种子公司、农技站	南宁市科技局

续表

项目名称	类别	起止年月	承担单位	项目下达单位
牧草养鹅综合技术开发	星火	2000—2002	邕宁县情报所、畜牧水产局	南宁市科技局
猪——沼——果三位一体生态农业果园综合利用技术试验	星火	2000—2001	邕宁县高新所	南宁市科技局
千里香高产栽培综合技术开发	星火	2000—2002	邕宁县蒲庙农技站	南宁市科技局
1000 亩高产优质绿芦笋生产示范基地建设	星火	2000-01—2001-12	邕宁县农业局	南宁市科技局
邕宁县提高农村科技素质工程	攻关	2000-06—2002-12	邕宁县科技局	南宁市科技局
邕宁县“生态村”沼气综合利用示范	攻关	2000-06—2001-12	邕宁县情报所、县能源办	南宁市科技局
吴圩镇河州生态示范村建设	攻关	2000-05—2001-12	邕宁县吴圩镇政府	南宁市科技局
五塘镇定新生态农业示范村建设	攻关	2000-06—2001-12	邕宁县五塘镇政府	南宁市科技局
牛的杂交改良	星火	2000—2003	邕宁县畜禽品改站	南宁市科技局
高产果园节水灌溉示范	星火	2001-02—2003-12	邕宁县高新所	南宁市科技局
SX 水泥立窑烟气电磁喷淋除尘技术	攻关	2001-06—2002-06	邕宁县八鲤水泥厂北京缘和公司	南宁市科技局
南宁市邕宁县“生态村”沼气综合利用示范	攻关	2000-06—2001-12	邕宁县情报所、县能源办	南宁市科技局
良种葡萄引种试验示范	星火	2001—2003	南宁市科委、邕宁县、武鸣县科技局	南宁市科技局
维生素 C 钠胶囊	新产品	2001-01—2003-12	广西圣保堂制药厂	南宁市科技局
“众选”牌改进型推拉平开多功能组合窗	新产品	2001-09—2002-12	广西三奇工贸有限责任公司	南宁市科技局
利用生物发酵技术改造传统酸菜腌制技术	攻关	2001-08—2002-12	邕宁县齐旺食品厂	南宁市科技局
新型速食食品(“快点”桂林风味米粉)产业化开发	攻关	2002-03—2002-12	南宁黑五类食品股份公司	南宁市科技局
松木综合利用	攻关	2002-03—2002-12	三奇工贸有限公司	南宁市科技局
梧油 7 号、中花 8 号花生新良种示范繁殖推广	创新能力建设	2002-01—2003-12	邕宁县农技中心	南宁市科技局
邕宁县科技型生态庭院经济建设试点示范	攻关	2002-05—2003-12	邕宁县情报所、县能源办	南宁市科技局
带锁克长针治疗锁骨骨折的研究	攻关	2002-04—2003-10	邕宁县中医院	南宁市科技局
神经细胞损伤早期恢复的导向研究	攻关	2002-04—2004-04	邕宁县人民医院	南宁市科技局
LIT—1400 型连续离心分密机	攻关	2002-01—2004-01	苏氏集团公司	南宁市科技局
基于 MRP Ⅱ理论和 B/S 技术架构的食品加工企业管理软件的开发	科技攻关	2003-02—2003-12	南宁黑五类食品股份有限公司	南宁市科技局
优质鸡嘴荔新品种示范推广	科技创新能力建设	2003-05—2005-12	邕宁县科技局	南宁市科技局
绿色食品糯米规范化生产技术开发	科技攻关	2003-01—2004-02	邕宁县农业技术推广中心、科技局	南宁市科技局
3000 亩无公害苦瓜规范化生产技术开发	科技攻关	2003-01—2004-12	五塘镇农业技术服务中心	南宁市科技局
无公害蔬菜深加工产品开发	科技产业化	2003-01—2004-12	广西传新工贸有限公司	南宁市科技局
南宁市科技中介服务体系建设研究	科技创新能力建设	2003-01—2004-12	邕宁县生产力促进中心	南宁市科技局
木薯智能化信息处理系统软件开发	科技攻关	2003—2005	邕宁县科技局	南宁市科技局

续表

项目名称	类别	起止年月	承担单位	项目下达单位
牛的品种改良和集约化养殖技术示范	科技产业化	2003-01—2004-12	邕宁县雄牛公司	南宁市科技局
南宁市科技示范村示范户建设	科技创新能力建设	2003-04—2004-12	邕宁县科技局	南宁市科技局
南宁市农村信息技术推广服务网络建设与示范	科技创新能力建设	2003-01—2004-07	邕宁县科技局	南宁市科技局
绿色食品“大瑶山皇酒”开发	科技攻关	2003-12—2005-08	南宁市多路宝酒业公司	南宁市科技局
沼液养殖塘角鱼综合技术开发	科技产业化	2003-06—2005-08	邕宁县科技局、南阳镇政府	南宁市科技局
甘蔗标准化生产技术规程（地方标准）研究	科技攻关	2004—2006	邕宁县科技局、农业局	南宁市科技局
甘蔗标准化生产技术示范	科技攻关	2004—2006	邕宁县农业局、科技局	南宁市科技局
纯天然茉莉花精油新产品开发	科技攻关	2004—2005	邕宁县香蕾茶厂	南宁市科技局
梅花鹿养殖及鹿副产品加工	科技攻关	2004—2005	广西金鹿实业发展有限公司、大塘农业中心	南宁市科技局
纯天然新型水果饮料新产品开发	科技攻关	2003—2005	广西果母饮业有限责任公司	南宁市科技局
集约化养鸡小区技术示范	科技攻关	2004—2005	邕宁县长塘镇政府	南宁市科技局
邕宁县南阳镇养猪协会建设示范	科技创新能力建设	2004—2006	邕宁县南阳镇养猪协会	南宁市科技局
邕宁县那马镇昌盛无公害蔬菜经济协会建设示范	科技创新能力建设	2004—2006	邕宁县那马镇昌盛无公害蔬菜经济协会	南宁市科技局
邕宁县生产力促进中心能力建设	科技创新能力建设	2004—2005	邕宁县生产力促进中心	南宁市科技局
制造业信息化示范企业建设——第二代 ERP 信息化管理系统	科技创新能力建设	2004—2005	广西汇丰农药有限公司	南宁市科技局
鹭鸟栖息地生物多样性保护与生态经济可持续发展研究与示范	科技攻关	2004—2005	邕宁县科技情报所	南宁市科技局

第五节　科研成果与新技术推广应用

科研成果

1991 年，邕宁县获农业部丰收计划奖等项，自治区级奖励 5 项。1995 年起，邕宁县开展创建科技先进县活动。1997 年 4 月获“全国科技工作先进县”称号。2003 年，全县有 11 个乡镇被评为“自治区科技进步先进乡镇”。2004 年 1 月，邕宁县获“2001—2002 年度全国科技进步先进县”称号，列为广西 8 个全国先进县之首；10 月，邕宁县被科技部授予“第二批全国科技进步示范县”。2004 年，全县 21 个乡镇有 13 个通过了自治区科技进步考核。

1991 年至 2004 年，全县取得市级以上评定科研成果 44 项。获得国家级科技进步奖 2 项，其中一等奖 1 项，三等奖 1 项；自治区科技进步奖 18 项，其中一等奖 3 项、二等奖 2 项，三等奖 11 项和奖状 2 项；南宁市科技进步奖 22 项，其中一等奖 2 项，二等奖 4 项、三等奖 16 项。县级评审科技进步奖58项，其中一等奖8项、二等奖25项、三等奖23项、奖状2项。参与完成项目的主要科技人员300人次。

1991年至2002年邕宁县获国家级、自治区级科技奖项目情况表

表15-2-5-1

年度	项目名称	授奖单位	获奖等级	项目完成单位
1991	农业“丰收计划”	农业部	丰收计划奖	邕宁县农业局
1991	科学养禽50万羽综合技术开发	自治区人民政府	三等奖	邕宁县畜牧局
1991	科学养猪（全年6万头）综合技术推广应用	自治区人民政府	三等奖	邕宁县畜牧局
1991	科学养猪示范（星火科技）	自治区人民政府	星火科技奖三等奖	邕宁县畜牧局
1991	稀土农用推广	农业部	一等奖	邕宁县土肥站
1991	1000万亩粮食增产综合技术应用	自治区人民政府	一等奖	南宁市科委、邕宁县科委
1991	1990年全区科技三项“切块经费”项目执行情况评比	自治区科委	三等奖	邕宁县科委
1992	科学养牛9000条示范	自治区科委	三等奖	邕宁县畜牧局
1992	大面积示范推广花生新良种和综合增产技术	自治区科委	三等奖	邕宁县农业推广中心
1992	邕宁县20万亩粮食增产综合技术开发	自治区科委	三等奖	邕宁县农业局
1993	南宁市30万亩旱地增产综合技术开发	自治区人民政府	三等奖	邕宁县糖料局
1993	邕宁县1992~1993年60万亩水稻“薄、浅、湿、晒”灌溉技术推广	自治区人民政府	三等奖	邕宁县水电局
1993	邕宁县1993年晚稻科灌推广项目	自治区人民政府	三等奖	邕宁县水电局
1993	1000亩水稻节水灌溉	自治区人民政府	三等奖	邕宁县水电局
1994	池塘养鱼综合增产技术	农业部	三等奖	邕宁县水产局
1994	邕宁县1994年早稻5万亩科灌推广项目	自治区人民政府	三等奖	邕宁县水电局
1994	甘蔗高产优质高效栽培技术	自治区人民政府	二等奖	邕宁县糖料局
1994	南宁市28万亩高产高效粮田栽培技术推广	自治区人民政府	三等奖	邕宁县农业局
1995	全自治区1400万亩粮食综合增产技术开发项目邕宁23万亩子项目	自治区人民政府	一等奖	邕宁县农业局
1995	10万亩水稻旱育稀植技术推广	自治区人民政府	三等奖	邕宁县农业局
1995	10万亩水稻与平方米轮作综合增产技术	自治区人民政府	三等奖	邕宁县农业推广中心
1995	邕宁县经济林调查区划	自治区人民政府	二等奖	邕宁县林业站
1995	邕宁县农业综合开发项目	自治区人民政府	一等奖	邕宁县农业开发公司
2002	ZM8639、南植199木薯新品种高产栽培配套技术示范推广	自治区人民政府	三等奖	南宁市科技局、邕宁县科技局

1991年至2002年邕宁县获南宁市科技奖项目情况表

表15-2-5-2

年度	项目名称	授奖单位	获奖等级	项目完成单位	备注
1991	邕宁县13万亩甘蔗增产综合技术推广应用	南宁市人民政府	二等奖	邕宁县科委、糖料局、伶俐糖厂、明阳糖厂、蒲庙糖厂、南宁糖纸厂	
	邕宁县万亩改造中低产综合增产技术应用	南宁市人民政府	三等奖	邕宁县科委、农委	
	“七五”期间科技计划项目管理工作评比	南宁市科委		邕宁县科委	奖状
1992	旱地甘蔗高产模式栽培试验	南宁市人民政府	三等奖	邕宁县科委、糖料局、伶俐糖厂	
	南阳乡水稻高产综合技术开发	南宁市人民政府	三等奖	邕宁县农业局、南阳乡政府	
	再生稻栽培技术试验示范	南宁市人民政府	三等奖	南宁市科技情报所、邕宁县科技情报所、大塘推广站	
1993	南宁市科技兴牧“133工程”	南宁市人民政府	一等奖	南宁市牧渔业局、邕宁县畜牧水产局、畜牧站	
	南宁市30万亩旱地甘蔗增产综合技术开发	南宁市人民政府	二等奖	南宁市糖业办公室、邕宁县糖料局、伶俐糖厂、蒲庙糖厂、明阳糖厂	
	桑蚕茧优质高产综合技术开发应用	南宁市人民政府	三等奖	邕宁县科委、蚕业站、供销社	
1994	桑蚕夏四元“932芙蓉×7532湘晖”杂交繁殖、示范、推广”	南宁市人民政府	三等奖	邕宁县农业局、蚕业站	
	大面积示范、推广花生新良种和综合增产技术	南宁市人民政府	三等奖	邕宁县农业局、推广站	
1995	南宁市200亩农田优质高效高产技术开发	南宁市人民政府	三等奖	邕宁县农业局	
	南宁市甘蔗“早熟、高产、高糖、高效1.1.1工程”	南宁市人民政府	二等奖	邕宁县糖料局、蒲庙糖厂	协作
	无籽西瓜新品种——“广西五号”大面积示范	南宁市人民政府	三等奖	邕宁县四塘、五塘农技站	协作
	南宁市8万亩玉米综合增产技术示范	南宁市人民政府	三等奖	邕宁县农业局	协作
	邕宁县域国土总体规划	南宁市人民政府	三等奖	邕宁县计委、科委	
	畜牧饲养综合技术示范推广	南宁市人民政府	三等奖	邕宁县畜牧局、畜牧站、科委	
1997	邕江大桥SRC拱桥设计与施工技术研究	南宁市人民政府	一等奖	邕江大桥指挥部五个单位	
	邕宁县五塘镇3万亩蔬菜生产技术开发	南宁市人民政府	三等奖	南宁市蔬菜研究所、邕宁县五塘镇农业技术推广站	
	花生喷施多效唑技术试验研究和示范推广	南宁市人民政府	三等奖	邕宁县农业技术推广站	
2002	木薯良种市级综合技术推广示范	南宁市人民政府	二等奖	南宁市科技局、邕宁县科技局、武鸣县科技局、南宁市郊区科技局	施筱建、农天益、刘和生、李兆贵、陆瑞平、黎丰志、韦娇责
	玉米新组合引进试验示范推广	南宁市人民政府	三等奖	邕宁县农业推广中心	黄添环、李加合、黄端钦、黄慧厚、李之羡
	LIT—1200连续离心分密机	南宁市人民政府	三等奖	广西苏氏集团	苏炳赐、苏 健、苏春、苏钟珊、陈辉先

新技术推广应用

1991 年至 2004 年，全县安排科研成果推广项目 110 项，主要分布在农业，其次在工业、卫生等行业。农业、畜牧、水产、果林方面推广项目主要是农业畜禽水产新品种、新技术的推广应用，一大批“三高”（高产、高质、高经济效益）农作物和畜禽水产优良品种得到推广和应用。主要有两系杂交水稻、巴西旱稻、汇元 8 号、西玉 3 号玉米、珍珠高粱、桂花 4 号、中花 8 号花生、新台糖 22 号甘蔗、无籽西瓜、ZM8639、GR911 木薯、石硖龙眼、鸡嘴荔枝、水奶牛、南美对虾、美国青蛙、速生桉等优良品种和水稻旱育稀植、抛秧、南方大棚无公害蔬菜、木薯套种西瓜、甘蔗间种大豆、农作物根外营养喷施、果树高枝换种等新技术推广和应用。工业方面：推广高新科研成果如立窑风机变频调速控制装置、2006 水晶瓷釉粉涂料、CIF-1200 连续离心分密机等。卫生方面：人工晶体植入手术临床应用、药物对早、中、晚引产临床应用、生态卫生旱厕等。

第一轮创新计划　1999 年至 2001 年，全县实施南宁市第一轮创新计划，范围包括农产品科技开发、工业产品升级换代以及农业“三田”（吨粮田、吨糖田、万元田）建设等，为期 3 年。期间，组织实施项目 83 项，其中自治区级 3 项，市（地）级 26 项，县级 54 项，总投资 1.35 亿元，科技补助经费 436 万元。累计引进和推广农业新品种 76 个及先进配套技术 32 项，其中粮食作物 12 个、甘蔗 2 个、甜西瓜 16 个、水果 5 项、蔬菜 8 个、木薯 6 个、畜禽 6 个、水产 3 个，其他经济作物 8 个。以优质谷、木薯、西瓜、蔬菜、甘蔗新品种推广应用面积最大，带动和促进香芋、酸菜、蚕桑、红龙果、千里香等特色农业和特色农产品的形成，以及水稻、玉米、木薯、甘蔗、西瓜等农产品更新换代，全县农业新品种新技术覆盖率 95%。水稻、木薯、甘蔗新品种的引进，促进了农业种植结构调整，增加财政和农民收入。工业产品升级换代以产品创新为核心，鼓励和扶持企业开发新产品和提高产品质量。安排技改项目 65 项，总投资 3.20 亿元，开发 500 万元以上产值的新产品 5 个，产值 2.60 亿元。2000 年全县工业企业新技术开发经费占产品销售收入 2.63%，新产品销售收入占工业销售总收入的 8.49%，22% 的企业通过了 ISO 认证，企业上网率 20%。利用大沙田、沿海等开发区地理优势和优良投资环境，从自治区内外引进一批上规模上档次的高技术企业和项目到开发区落户，发展高新技术产业。建材、食品加工、饲料、化工及特色水果种植等一批具有明显优势的支柱产业和拳头产品逐步形成。在农业“三田”建设科技支撑服务工作，重点围绕发展高产、优质高效农业提供科技服务，以抓好科技为载体，推广应用先进实用农业技术，加快对传统农业的改造，初步建成苏圩那海、蒲庙龙岗、五塘凌慕垌、四塘同仁 4 个现代农业技术园区以及南晓肉鸡、良庆肉鹅、吴圩西瓜、那齐酸菜加工等六大科普创新基地，并逐渐发挥辐射示范效应，3 年共实施“三田”建设面积 4.20 万公顷。

第二轮创新计划　2002 年至 2004 年，县组织实施南宁市第二轮创新计划，以实施科技项目为载体，主要从农业新技术、新品种的推广应用、科技示范园区建设、科技信息网络建设和服务及专利技术应用等方面开展工作。3 年间，实施创新项目 89 项。其中：自治区级项目 5 项，市级项目 33 项，县级项目 51 项；农业项目 58 项，工业项目 9 项，其他项目 22 项。科技项目总投入 2 亿元，其中科技补助经费投入 624 万元。引进推广农业新品种 43 个，推广农业先进适用配套技术 26 项，推广应用专利技术 1 项，新增产值 5.70 亿元。

新技术推广应用选介

大豆良种推广　1998 年，实施《大豆优良品种及配套技术推广》项目，重点推广桂早 1 号、桂 313、浙春 2、3 号及早春 1 号等大豆良种，实行清种和间、套种技术，当年种植面积 3966.70 公顷，其中与甘蔗间、套种面积 1735 公顷，平均亩产 79.60 千克，年内增加粮食 4736.20 吨，折算产值 1894.48 万元。

水稻抛秧技术推广　1998 年起，实施《水稻抛秧商品化育秧及栽培技术示范推广》项目，在四塘、五塘、那马、南晓等乡镇建立水稻抛秧、育秧示范点，年内全县推广抛秧栽培面积 1.67 万公顷。此后，抛秧技术在县内得到推广应用，使水稻种植抢上季节，提高单产的同时节省大量劳动力和时间。

木薯西瓜良种推广　1999 年，实施《木薯产业化》项目，采用“公司（广西明阳生化公司）＋农户”生产模式，在县内推广木薯良种繁育和引进木薯王、CR 系列、南阳系列、华南系列、南植系列等 6 个优良品种。2001 年，全县木薯良种种植面积 2333.30 公顷，占种植面积 44.90%，当年新增产值 2450 万元。2002 年，引进西瓜新品种 4 个、木薯新品种 6 个，在吴圩镇科普示范园采用新技术试种试验获得成功后，2003 年在全县大面积推广西瓜木薯新品种种植新技术，当年实现增产增收。

计算机农业专家系统技术应用示范　是第二轮创新计划重大项目，国家 863 计划 306 主题产业化工程，它把计算机专家系统技术应用于农业领域的一个高新技术。从 2002 年起分水稻、甘蔗和西瓜 3 个项目开展实施，实施示范面积共 5000 公顷，涉及全县 9 个镇、47 个村委、241 个自然坡、2.79 万户农户。经验收统计，水稻示范区平均增产 11.66%，加上每亩节省肥料开支 27 元，每亩增收节支 113.30 元；甘蔗示范区增产 17.37%，加上每亩节省投资 26 元，每亩增收节支 173.34 元；西瓜示范区每亩增产 28.68%，每亩节省费用 20 元，按当年西瓜市场价每千克 0.60 元计，每亩增收节支 376 元。

水果良种推广　1998 年，在大塘镇太安亚热带名优水果科技示范园试种水果良种，该园面积 44 公顷，利用园内齐全的生产设备和先进技术，种植石硖、灵龙等优质龙眼和优质鸡嘴荔、妃子笑 2 万株。2002 年，全县种植名优水果形成规模，当年产优质荔枝 20 吨，优质龙眼 60 吨，产值 20 万元。该园列入全县农村水果生产技术培训基地。

第六节　技术市场服务

服务组织机构

1993 年 7 月 7 日，邕宁县技术市场管理办公室成立；是年审批成立民营科技企业 4 家。1994 年发展至 19 家，其中集体性质 8 家、私营性质 11 家，从业人员 280 人（其中科技人员 58 人），年产值 325 万元；建立技术贸易机构 110 个，从事技术贸易活动 550 人；鉴定买方各类技术合同 8 个，合同金额 20 万元。1998 年，审批的民营科技企业有苏圩杂草防除技术研究会、大沙田南宁民间中草药防治癌症研究所、邕宁县星星机械配件研究所 3 家。

1997 年至 1998 年，县科技局协助县政府承担自治区科技厅《农村技术市场试点研究》项目的组织实施，成立课题组和制订实施方案，选定吴圩镇、昆仑镇为项目试点。吴圩镇通过举办科技集市、技术培训和农副产品产前、产中、产后服务等形式开展技术开发、技术咨询和服务活动，促进当地西瓜、甘蔗、水果的发展；昆仑镇不断完善“公司＋基地＋农户”社会化服务组织，推动甜竹笋向产业化方向发展。

▲ 2002 年，邕宁县举办西瓜节凤凰绿都瓜王大赛
（县委宣传部供稿）

1999 年至 2001 年，全县建立农村技术

市场管理、经济技术服务、经济贸易、支撑保障4个体系以及信息咨询、科技推广和普及、示范、协作3个网络，培养农村技术市场领头人、技术经纪人，新增发展科技中介服务机构和民营科技企业。

2004年，县技术市场管理办公室为农民和农业产业化发展提供产前、产中、产后服务，培育镇龙塘角鱼养殖协会、那马昌盛无公害蔬菜经济协会、南阳瘦肉型猪养殖协会等6个农村技术服务组织。全县有农村技术服务组织12个，登记在册会员3650户。结合邕宁县经济结构特点，重点培育和支持香蕾茶厂、广东温氏养殖集团公司、那马果母饮业有限公司、万利来有限公司等10家农产品加工龙头企业，加强新产品研发和技术改造，提高农副产品科技含量和附加值，带动农业产业化发展。

农村技术市场

1998年，选定吴圩镇、昆仑镇为试点，实施自治区科技厅《农村技术市场试点研究》项目。吴圩镇以镇成人教育学校为基地，通过举办科技集市、技术培训和产前、产中、产后服务等形式，开展技术开发、技术咨询和技术服务活动，促进当地西瓜、甘蔗、水果的发展。昆仑镇以昆仑关科技开发有限公司为龙头，不断完善“公司＋基地＋农户”社会化服务组织，推动甜竹笋业向产业化方向发展。此外，邕宁县拓宽技术市场，发展民营科技企业，全年开办民营科技企业5家，其中苏圩杂草防除技术研究会、南宁民间中草药防治癌症研究所、邕宁县星星机械配件研究所等已开展业务活动。

1999年至2001年，培养农村技术市场领头人2000人、技术经纪人1200人，新增发展科技中介服务机构和民营科技企业5家，技术合同成交额439万元。

2003年，邕宁县政府制定《邕宁县实施专利发展战略实施方案》，县科技局组织开展《中华人民共和国专利法》宣传活动，并参与32份技术合同认定。县科技局受南宁市技术市场管理办公室委托，上报具备技术贸易资格和条件的3个单位并核发“技术贸易许可证”；组织技术贸易机构和科技企业的经营管理人员举办技术培训班2期，培训95人次。对全县5家科技型企业及8家技术贸易机构开展技术贸易活动进行监督考核；组团参加“第六届北京科博会”并签约一项科技合作项目。

温氏养鸡服务

2003年起，广东温氏集团公司采用“公司＋基地＋农户”经营模式，拉动全县养鸡业向产业化发展。该公司把饲养肉鸡技术、防病治病技术、商品肉鸡市场运作技术传授给养鸡专业户，使养鸡专业户掌握实用技术。2004年11月，全县1030户农民加入“广东温氏”养鸡行业，销售肉鸡410万羽，销售收入8100万元，农民获利840万元。

第七节　水文测报　地震观测　防震宣传

水文测报

邕宁县在县城邕江南岸设有1个水位监测点，由县防汛办公室负责监测。邕宁蒲庙河段警戒水位是66米。每年汛期到来时，县防汛办公室做好洪峰水位记录，根据洪峰情况向县政府汇报，并做好防汛宣传和组织群众做好抗洪抢险工作。1992年至2005年3月，邕宁邕江蒲庙河段超过警戒线水位洪峰共有12次。最高的一次洪峰是2001年7月8日，洪峰水位达74.125米，超过警戒线水位8.125米。

1992 年至 2004 年邕宁县邕江蒲庙河段洪峰水位表

表 15-2-7-1

序号	时　间	洪峰水位（米）	备注
1	1992-07-28	70.880	
2	1993		查不到资料，缺。
3	1994-07-22	72.600	
4	1994-08-03	71.180	
5	1994-08-21	70.060	
6	1995-08-10	62.250	
7	1996-08-01	66.610	
8	1997-08-27	68.250	
9	1998-07-07	68.130	
10	1999-09-03	66.110	
11	2000-07-25	64.430	
12	2001-07-08	74.125	
13	2002-08-14	69.970	
14	2003-08-29	67.100	
15	2004-07-24	68.030	

地震观测

邕宁有那楼中学、邕宁教师进修学校 2 个地震观测点，地震台观测手段有测震、地磁、地应力 3 种。1993 年由于多种原因，测震手段下马。1994 年，新上一套群测仪器电磁波，为区域台。1995 年，在那楼中学建立地震宏观观测点。是年，在五塘镇发生 9 次地震群，最大震级为 3.1 级。1999 年 10 月，成立邕宁县防震减灾工作办公室，制订出台《邕宁县地震安全性评价管理办法》和《邕宁县地震应急预案》，添置和更换部分观测仪器，逐步完善观测条件，开展地震观测点群防群测工作。2002 年，坚持和加强那楼中学、邕宁教师进修学校 2 个地震观测点经常观测工作，进一步规范观测记录。1991 年至 2004 年，邕宁县境内没有发生过 5 级以上破坏性地震。

防震宣传

1999 年至 2001 年，县防震减灾办公室到各中小学校、工矿企业开展《中华人民共和国防震减灾法》宣传活动，举办讲座 10 次，听众 3.50 万人次；举办防震减灾科普知识竞赛 6 次，参赛人员 5.20 万人次；出版墙报 12 期。2002 年，举办防震减灾科普知识学生专场讲座 3 次，举办全县性防震减灾科普知识竞赛 2 次，举办防震减灾科普图片展览 2 次，参加师生共 1.25 万人次。2003 年至 2004 年，防震减灾宣传工作深入到机关、企业、事业单位和农村等，居民防震意识有所增强。

第八节　气象服务

气象测报

1993 年，在邕宁县气象局建成广西气象防灾减灾天气预警系统，实现自治区—地区—县三级远程

▲2003年，县气象局三级网9210气象防灾减灾预警系统平台 （邕宁区史志办资料照片）

计算机气象业务通信网（电话拨号传输）的连接。1994年，县政府投入4万元建成以计算机通信为网络的减灾防灾天气预警系统，提高对重大灾害性天气监测能力和服务能力。1997年开工建设气象卫星综合业务应用系统（9210工程）。999年建成PC－VAST单收站，用于接收中国气象卫星中心下发的各种气象资料。2000年，通过33.6kbps的PSTN远程拨号网络进行信息传输。2000年8月，县气象局同县电信局合作，正式开通“121”天气预报自动咨询电话。1999年至2000年，县气象局与县广播电视局合作在电视台播放天气预报，天气预报信息由气象局提供，由县电视台制作视频节目进行播放。2001年，办公自动化业务Lotus Notes系统建成，实现自治区—市—县公文文件实时传输，提高工作效率。2001年至2004年，县气象局自行购置一套天气预报视频制作系统，由县气象局制作天气预报视频节目，县广播电视局负责在每天晚上20时黄金时段播放。2004年，“121”答询电话实行集约经营，主服务器由南宁市气象局建设维护。是年，为及时准确地为县、镇、村领导服务，通过移动通信网络开通气象商务短信平台，以手机短信方式向全县各级领导发送气象信息。2005年，“121”电话升位为“12121”。

人工影响天气

1975年起，邕宁县组织开展抗旱防雹人工影响天气工作，成立邕宁县人工降雨领导小组，下设办公室，办公地点在县气候站。1975年至1976年，人工影响天气作业是采用小火箭，1977年开始采用三七高炮。1977年至1979年，人工影响天气借用南宁机械厂高炮和民兵来作业。1981年，县人工降雨领导小组办公室设在县气象局。1983年，在蒲庙、那楼、那马、刘圩等乡镇修建高炮库作为固定作业点。1991年至2000年，县内人工降雨作业点有蒲庙、新江、四塘、大塘等6个，人工降雨作业年均8~15次，一般在每年的4月（春旱）和8月、9月（秋旱）进行，由县水电局负责实施。2001年起，县内人工降雨作业改由县气象局负责。2001年4月，自治区、南宁市和邕宁县人民政府共同投入资金16万元，购置人工影响天气火箭发射装备2套、专用车1辆。2002年度被广西壮族自治区气象局评为“全区人工增雨防雹作业先进单位”。2001年至2004年，县内人工降雨作业年均10多次，是用火箭发射，共有3架火箭发射架。

邕宁县志
YONG NING XIAN ZHI

第十六篇

文　化

第一章 管 理

1991 年，邕宁县文化单位主要有县文化局、县广播电视局、县档案局、中共邕宁县委员会党史研究室、县地方志编纂委员会办公室等。县文化局有若干个下属二层单位。全县有乡镇文化站 21 个、乡镇广播站 17 个，村广播站 70 个。1994 年，成立邕宁报社。2003 年 12 月 31 日，《邕宁报》停刊，邕宁报社随后撤销。2004 年，全县文化单位相对比较稳定。1991 年至 2004 年，邕宁县加强文化市场管理，组织开展文化市场专项检查、整治活动，取缔非法经营行为，实行文化行业经营户凭证经营，文化市场健康发展。文化艺术创作成果丰富，专业文艺演出和群众文化活动活跃。壮族八音、舞香火龙、春牛舞、斑鸠舞、白鹤鲤鱼舞、壮族嘹啰山歌、师公戏、采茶戏、粤剧等民间艺术得到传承和发展。文化娱乐场所和经营文化商店不断整合优化。档案、图书、广播电视、报纸快速发展，电影、图书销量由于电视、电脑的普及逐步萎缩，地方志资料和党史资料征集编纂工作取得新成果。

第一节 机 构

1991 年至 2001 年，邕宁县的文化工作主要由县文化局、县广播电视局等单位负责。2001 年至 2004 年，县文化工作主要由县文化和体育局、县广播电视局等单位负责。

邕宁县文化和体育局

邕宁县文化和体育局是主管全县文化和体育工作的县人民政府工作部门。

1972 年 5 月，成立邕宁县文化局，前身是邕宁县文教局。1991 年，邕宁县文化局机关内设文化市场管理办公室和演出管理站等，在职干部 7 人；局下设有县文化馆、县图书馆、县文工团、县文物所、县电影公司、县新华书店（1993 年划归中共邕宁县委宣传部管理）和 21 个乡镇文化站，干部职工共 144 人。1997 年，县文化局机关内设行政秘书股、财务股、社会文化市场股，县文学艺术界联合会在行政秘书股挂牌，局机关人员编制 9 名。1998 年，成立大沙田开发区文化站；是年全县文化机构共 27 个，干部职工共 142 人，其中县文化局干部职工 8 人。2001 年，邕宁县文化局与邕宁县体育运动委员会合并，组建成邕宁县文化和体育局；局机关内设办公室、文化体育市场管理股、群众文化体育事业股，在编在职干部职工 11 人；各乡

▲原县文化和体育局办公大院　（滕永杰 2017 年摄）

镇文化站划归所在乡镇管理；局下设有6个事业单位。2004年，县文化和体育局机关内设办公室、文化和体育市场管理股、群众文化和体育事业股，人员编制12名，其中局长1名、副局长3名（其中1名兼任县新闻出版管理办公室主任），在编在职干部职工11人。县新闻出版（版权）管理办公室在县文化和体育局挂牌。局下设有县文化馆、县图书馆、县文工团、县文物所、县电影公司、县业余体校6个事业单位，在职干部职工共120人。县文化和体育局办公地址在县城红星路。

1991年至2005年3月县文化和体育局历任局长：黄淑南，卢定山，苏凯精。

邕宁县广播电视局

邕宁县广播电视局是县人民政府主管全县广播电视宣传和广播电视事业的职能部门，既是新闻宣传机关，又是全县广播电视事业的管理机关。

1985年11月，成立邕宁县广播电视局。1991年，县广播电视局内设办公室、财务室等；下辖县事业单位5个，乡镇广播站17个，村级广播站70个。1994年3月县广播电视局开始筹建邕宁有线广播电视台。1995年1月24日经广播电影电视部批复，同意邕宁县筹建有线广播电视台，在试播期间呼号为“邕宁有线电视台（筹）”。1996年11月，县广播电视局改为县政府直属事业单位，局内设机构有行政秘书股、业务股，人员编制7名。县广播电视部门有机构26个，其中县事业单位5个，乡镇广播站21个；干部职工总数96人（含聘用人员12人），其中县直属52人，乡镇44人。1998年2月，经广播电影电视部批准成立邕宁广播电视台。对外呼号分别为“邕宁人民广播电台”和“邕宁电视台”。县广播电视台设办公室、财务室、社管室、总编室和工程技术部、广告信息部、广播编辑部、电视编辑部，人员编制39名，为事业单位。是年，县广播电视部门机构30个，其中局、台下设机构9个，乡镇广播站21个；干部职工总数113人（含计划外用工16人），其中县直属53人，乡镇站60人。2001年县广播电视局在编在职干部5人，下属单位干部职工37人，乡镇站干部职工41人。2004年7月13日，成立广西广播电视信息股份有限公司邕宁分公司，有职工25人，隶属自治区广电网络公司管理。是年，县广播电视局在编在职干部3人；辖有机构24个，其中直属3个、乡镇站21个，干部职工共95人，其中乡镇站44人。

▲1997年，县广播电视局大院　（邕宁区史志办资料照片）

县广播电视局办公地址在县城红星路。

1991年至2005年3月县广播电视局历任局长：梁学谦，黄仪才。

邕宁县档案局（馆）

1959年10月，成立邕宁县档案科（馆）。1987年10月，成立邕宁县档案局，与县档案馆合署办公。1991年，县档案局（馆）人员编制7名，其中档案馆编制5名，实有档案专兼职人员9人。1996年机构改革后，县档案局为县人民政府直属事业单位，与县档案馆一个机构、两块牌子，履行档案行政管理和档案保管、利用两种职能，其内设机构有综合股、档案管理技术保护编研股，人员编制 9 名。2000 年，县档案馆升级为自治区二级档案馆。2004 年，县档案局（馆）事业编制 9 名，其中局长 1 名（兼任馆长）、副局长 2 名，实有档案专兼职人员 9 人。县档案局（馆）办公地址在县城红星路。

1991 年至 2005 年 3 月县档案局（馆）历任局长（馆长）：黄万钟，廖文武，龚建宝，黄守刚。

中共邕宁县委员会党史研究室

前身是中共邕宁县委员会党史资料征集小组办公室，1981 年 10 月成立，为中共邕宁县委直属事业单位，主要任务是征集、整理邕宁县党史资料，研究、编写和宣传党的历史，为上级党史部门提供资料及完成其所交办的征集、研究史料任务。1991 年人员编制 8 名。1997 年 8 月，中共邕宁县委员会党史资料征集小组办公室更名为中共邕宁县委员会党史研究室（简称县委党史研究室）。2004 年，县委党史研究室在职人员有 7 人。县委党史研究室办公地址在县城红星路。

1991 年至 2005 年 3 月县委党史研究室历任主任：黄如海，黎增加，周志健。

邕宁县地方志编纂委员会办公室

1978 年 9 月成立，归属县政协领导，1985 年改由县人民政府领导，为正科级单位。1996 年后为县人民政府直属事业单位。1997 年人员编制 7 名。2000 年在职人员 7 人。2004 年，在编在职人员 7 人。县地方志编纂委员会办公室办公地址在县城红星路。

1991 年至 2005 年 3 月县地方志编纂委员会办公室历任主任：刘缘璋，闭其在，粟英文。

邕宁报社

邕宁报社成立于 1957 年 10 月，1958 年与县广播站合署办公，1959 年 12 月停刊。1993 年 2 月复刊后，于 1994 年 12 月正式成立邕宁报社，为中共邕宁县委直属事业单位，隶属县委宣传部管理，是负责邕宁报组稿、编辑、出版等工作的职能部门。报社内设机构有办公室、编辑部、记者部、通讯联络部、发行部，人员编制 15 名。1995 年至 2003 年，报社内设机构和人员编制维持 1994 年不变。2003 年 12 月 31 日，《邕宁报》停刊，报社人员相继分流到其他单位。至此，邕宁报社累计出版报纸 1510 期。邕宁报社办公地址在县城红星路。

1993 年 2 月至 2004 年 7 月邕宁报社历任社长：杨玉宗，黄济法。

1993 年 2 月至 2004 年 7 月邕宁报社历任总编：韦喜忠，谢克福，张国聪。

县文化和体育局二层机构

邕宁县文化馆 位于县城新兴路。1982 年建成，建筑面积 2028 平方米。为财政全额拨款事业单位，主要负责开展全县群众文化、文艺创作、文艺辅导等业务。1991 年至 1996 年，县文化馆设文学、音乐、戏剧曲艺、美术、书法、摄影 6 个室（组）。核定编制 14 名，实有在编人员 10 人，其中中级职称 4 人、初级职称 6 人。2004 年核定编制 14 名，实有在编人员 11 人。2004 年，县文化馆有新旧两幢大楼，其中旧楼面积 1094 平方米，设 1 间办公室、1 间财务室，6 个文艺工作室。新楼面积 934 平方米，为职工宿舍楼。

邕宁县电影公司 位于县城新兴路。前身为邕宁县电影中队，1955 年 3 月成立，为自收自支事业单位，主要承担全县电影发行放映的管理。1991 年，管辖有县电影院、五塘电影院、苏圩电影院、新江电影院、那马电影院、大塘电影院、南晓电影院等 7 个，辖区所在地建有综合性电影放映场 14 个，共有工作人员 78 人。1996 年，设经理室、办公室、财务股、发行股，共有干部职工 76 人。2001 年，县电影公司共有干部职工 54 人，其中中专以上学历 11 人，中级专业技术职称 8 人、初级职称 18 人。是年 12 月，各乡镇不再保留电影站，原电影站人员（含退休）、资产由县电影公司管理。2004 年，县电影公司干部职工共 49 人，其中县城 34 人，大塘、苏圩、吴圩、五塘、那陈、新江、中和等 7 个乡镇 15 人。管辖电影院 8 个，新建电影院 1 个，建成的乡镇演出、放映剧场 5 个，新建、扩建或改建乡镇露天演出、放映剧场 18 个。

邕宁县图书馆 位于县城新兴路。1990 年开馆，为财政全额拨款事业单位。1991 年，编制 16 人，实有职工 15 人。其中干部 6 人，职工 9 人；高级职称 1 人，中级职称 3 人，初级职称 9 人。县图书面积 3292 平方米，宿舍面积 600 平方米。县图书馆于 1994 年被国家文化部审定为国家二级图书馆。1997 年，县图书馆人员编制保持 1991 年不变。2004 年核定编制 16 名，实有在编人员 14 人。

邕宁县新华书店 县图书发行机构。1991 年位于县城新兴路，有 1 幢 4 层综合楼，面积 1400 平方米。1995 年底，全县有 18 个乡镇教育支店挂牌营业，取代供销社图书发行网点，形成新的图书发行网络。1991 年至 1996 年,各类图书（含课本）销售量 2631.80 万册，销售收入 4546.20 万元。1998 年，投资 250 万元在仙葫半岛新建综合楼，建筑总面积 4440 平方米，其中办公面积 600 平方米、宿舍面积 3600 平方米，项目 2000 年底竣工。2001 年 3 月，县新华书店从新兴路搬迁到新址仙葫半岛办公。是年，县新华书店在职职工 45 人，其中中级专业技术职称 1 人、初级职称 7 人；全县共有图书发行网点 23 个，其中直属网点 5 个、乡镇教育支店 16 个。1999 年至 2001 年，全店各类图书销售收入 6269 万元。县新华书店获 2001 年度广西壮族自治区一级图书（含桂版）发行先进单位、2002 年度教材发行工作三等奖。

▲ 2003 年的县新华书店办公、住宅区
（邕宁区史志办资料照片）

邕宁县文物管理所 成立于 1998 年。主要负责全县文物保护管理与维修工作，是财政全额拨款事业单位。1991 年核定编制 3 名，在职人员 3 人。2000 年编制 3 名，在职人员 3 人。2004 年，在职人员 3 人。办公地点位于县城五圣宫。

邕宁县文艺工作团 简称县文工团，1958 年组建，是邕宁县专业文艺表演团体，财政差额拨款事业单位（经县领导同意从 1997 年起按全额拨付人员工资）。1991 年核定编制 40 名，实有人员 27 人，其中干部 12 人、职工 15 人。1996 年定编 40 名，实有人员 25 人。2001 年，县文工团有演职人员 29 人。其中干部 9 人，职工 20 人；中级专业技术职称 1 人，初级专业技术职称 16 人。2003 年，县文工团有演职人员 34 人。其中干部 11 人，职工 23 人；初级专业技术职称 20 人。2004 年核定编制 40 名，实有在编人员 35 人。县文工团建有排练厅 1 间，面积 140 多平方米。办公地点在县文化和体育局内。

乡镇文化站

1991 年，县内有乡镇文化站 21 个。乡镇文化站基础设施比较简陋，文化活动地偏少，建筑面积超 400 平方米的仅有蒲庙镇、大塘镇文化站，其余乡镇文化站均为 100 平方米以下。1991 至 2001 年，全县投入 130 万元先后建成南阳、蒲庙、大塘、南晓、吴圩、刘圩、良庆等 7 个乡镇文化活动中心。

2002 年起，对全县乡镇文化站进行重建、扩建或改建，建设资金由自治区和南宁市补贴部分，县政府解决部分，不足由乡镇政府解决，每个乡镇文化站投入 30 万元，当年完成那马、延安、苏圩、那陈、四塘、长塘、刘圩、中和、那楼 9 个乡镇文化站（楼房）建设任务并投入使用。至 2003 年底，蒲庙、良庆、南阳、吴圩、大塘、南晓等 12 个乡镇文化站建设全部竣工并投入使用。全县 21 个乡镇文化站（图书馆）建设总投资 700 万元，建筑总面积 1.20 万平方米。乡镇文化站（图书馆）归当地乡镇政府管理，每个文化站（图书馆）经费列入乡镇财政年度预算。2004 年，各乡镇文化站进一步完善篮球场、演出舞台、电脑室等配套设施，全县乡镇建有演出剧场 5 个（即蒲庙、刘圩、大塘、新江、五塘），每个剧场可容纳观众 4500 人，乡镇所在地建有露天演出剧场 18 个，使用面积 4.84 万平方米。

第二节　文化市场管理

1991 年，邕宁县有文化经营户 256 家（户）。有文化娱乐场所和经营文化店 1716 处（间）。其中，电影院 7 个，电影放映队 180 个，录像放映室 631 间，音像制品、书刊销售、出租店 76 间，舞厅、卡拉 OK 厅 75 间，电子游戏室 126 间，图书馆 1 幢，学校、企事业单位、乡镇图书室 355 间，乡镇建有文化活动中心 4 个，农村文化室 142 间，业余文艺队 119 个。邕宁县组织县文化部门、县公安、县工商等部门开展文化市场专项检查、整治，取缔非法文化经营行为，强化文化市场管理，实行文化行业经营户凭证经营。

1996 年，全县有各类文化经营摊点 287 个，其中录像放映点 22 个、录像带出租店 12 个、录像带销售店 28 个、书刊销售出租摊（店）46 个、舞厅 7 间、卡拉 OK 厅 65 间、电子游戏室 57 间、桌球活动室 48 间、溜冰场 2 个。县文化部门坚持“一手抓管理，一手抓繁荣”的工作方针，在扩大文化市场的同时，加强对文化市场的管理，加大“扫黄打非”力度，净化市场环境。1991 年至 1996 年，共收缴非法出版和违反规定书刊 1824 本，录像带 1523 盒，录音带 795 盒，电子游戏板 149 块，VCD 影碟片 629 碟，CD 唱碟 114 碟。

1997 年，全县共查处非法经营户 13 家，吊销违章经营许可证 4 家，收缴非法出版书刊 475 本、盗版录像带 684 盒、赌博机电脑板 11 块、盗版及黄色 VCD 光盘 652 张、CD 光盘 142 张、影碟机 1 台、彩色电视机 1 台，没收“开心天地”经营点赌博电子游戏机全套设备。召开一次“扫黄打非”现场会，当众销毁一批非法出版物。

2000 年，邕宁县根据上级部署，重点落实开展电子放映点的总量压减工作。电子游戏室 126 家，压减 96 家，许可经营 30 家；有录像放映经营点 62 家，压减 33 家，许可经营 29 家；有娱乐场所 63 家，压减 33 家，许可经营 30 家。2001 年出现网吧经营，审批第一家网吧是“新双龙网吧”，当年审批发证网吧 5 家。

2002 年，审批互联网上网服务经营场所（网吧）经营许可证 44 家、文化经营许可证 27 家、音像制品经营许可证 110 家、电子游戏室准营证 12 家，安装文化过滤软件“守护神”电脑板的网吧 44 户，向网吧发放“禁止未成年人入内”禁示牌 44 家。是年共组织出动文化市场稽查人员 160 人次，收缴非法 VCD 光盘 2463 张、录像带 123 盒、赌博电子游戏板 45 块、电脑主机 4 台，取缔无证经营点 30 家，发放整改通知书 30 份。2004 年，开展执法检查 166 次，出动人员 1893 人次，出动车辆 294 辆次，检查文化经营户 1436 家，查处违规违章文化经营户 151 家，暂扣电脑主机 41 台，没收非法音像制品 3.18 万张、电子游戏机主板 138 块，处以罚款 6.30 万元；检查出版物市场 233 家，取缔关闭非法市场 44 家，查缴非法出版物 752 册，其中政治性非法出版物 152 册，淫秽色情出版物 176 册；开展专项治理，收缴淫秽“口袋本”有害卡通画册 83 册；举办法律法规培训班 7 期，参加培训的业主、管理人员 465 人次。

2004 年文化经营户发展到 1436 家（户）。有各类文化活动场所和经营文化商店 1080 处（间）。其中，书刊、音像制品销售、出租 137 间，电子游戏室 15 间，网吧 60 间，卡拉 OK 厅、舞厅 27 间，录像放映室（厅）10 间。县图书馆 1 幢，学校图书室 246 间，企事业单位图书室 30 间，电影院 7 个，民办电影放映队 15 个，乡镇文化活动中心 5 个，乡镇文化站 21 个，乡镇图书馆 21 个（其中，自治区一级乡镇图书馆 2 个、自治区二级乡镇图书馆 1 个、自治区三级乡镇图书馆 8 个），农村图书（文化）室 210 间（其中县级示范农村图书室 4 个），业余文艺队 250 个，室内演出剧场 5 个，露天剧场 20 个。

1991 年至 2004 年，全县经县文化部门审批发放和凭“文化经营许可证”从事网吧、电子游戏室、音像制品、录像放映经营点等文化经营场所、摊点累计 5190 家（户、个）。全县累计开展专项检查、整治和“扫黄打非”行动 260 次，取缔无证经营场所、摊点 122 家（户、个），查处非法经营户 80 家，查处违章案件 12 起，收缴非法出版书刊 1511 本册，收缴盗版录像带 1436 盒，收缴（暂扣）非法音像制品 5.61 万张，收缴盗版和黄色 CVD、CD 光盘 1.40 万张，收缴录音带、赌博机电子板、影碟机、彩色电视机、赌博电子游戏机全套设备等一批；销毁盗版物品和赌博机电脑板等一批。

第二章　群众文化　文艺创作

1991年后，邕宁县文化活动丰富多彩。每年逢元旦、春节、五一国际劳动节、国庆等重大节日，县城和乡镇举办文艺演出、卡拉OK演唱比赛、游艺、舞会、书画摄影作品展、舞狮舞龙比赛等节日文化活动。较大的文艺演出有1992年邕宁迎春文艺晚会，由南宁电台录制播放。1996年1月，在县城和沿海经济开发区举办3场大型歌舞晚会，邀请蒋大为等著名歌唱家同台演出。1997年起，每年组织开展“元旦—春节文化活动月”。1998年，组织100名农民“八音”队参加由广西电视台主办的1998广西农民春节“田园欢歌”电视文艺演出活动。1999年，举办全县“八音”比赛，组织山歌队参加广西电视台春节电视晚会。2002年，组织开展“火红的五月”“绿城歌海”为主题的群众文化进广场活动。1991年至2004年，县城举办各项群众性文化活动1320场次，观众182万人次。

第一节　文艺团队

1991年，全县专业文艺团体有县文艺工作团，业余文艺团队有119个（不含学校）。县文工团以政策宣传演出为主，经营性演出为辅。1991年起，县文工团因受经营性文艺演出市场不景气的影响，宣传演出较少，演出收入减少，难以坚持正常宣传演出活动。县人民政府从县财政划拨给演员基本工资后，使县文工团能在县内外正常宣传演出活动。1991年至1996年，演出场次697场，其中到县外和广东各地演出238场。1991年至2004年，县文工团在县内外演出文艺节目累计1558场次，观众210万人次。其中2002年舞蹈《舞春牛》节目获“广西壮族自治区第十六届少数民族运动会”（综合类）表演赛一等奖；2003年小品《悠悠宽带情》《超载》获南宁市小戏、小品曲艺大赛三等奖；2004年音乐小品《忏悔》获南宁市禁毒委员会举办的“6·26”禁毒文艺小品大赛三等奖。

开展演出活动、影响较好的业余文艺团队有大塘镇粤剧团、刘圩镇槐里粤剧团、南阳镇“八音”队、蒲庙镇新新粤剧团、蒲庙镇广良粤剧团、那马镇山歌队、新江镇山歌队等。2004年，全县乡镇有业余文艺队250个（含企事业单位和学校）。1991年至2004年，全县业余文艺团队演出累计4200多场次，观众310万人次。其中有100人“八音”队、20人民歌队和30人民族歌舞队，参加首届广西国际民歌节表演；那楼镇业余文艺队为北京中华民族园和自治区、南宁市文化部门的领导表演邕宁民间文艺绝技。

▲2003年，县文化部门组织的农村文艺会演
（邕宁区史志办资料照片）

第二节　文艺演出比赛

调演会演

1991年起，在重大节庆日和纪念日期间，县文化部门每年在县城组织举办一次以上全县业余文艺会演，选出优秀剧团（队）和节目，参加市以上举办的业余文艺会演、演出和比赛活动。先后组织举办“农村业余文艺会演”“军警民国防文艺会演”“移动通讯杯”农村业余文艺会演等。至2004年，累计举办业余文艺会演13场次，参演的业余粤剧团、文艺队150多个，观众6万多人次。

歌咏比赛

县内较大的歌咏比赛一般由县宣传、文化等部门组织实施，较小的歌咏比赛由各单位组织实施。歌咏比赛一般安排在每年的“五一”“七一”“十一”、元旦等重大节日期间。较大的歌咏比赛有：1999年5月由中共邕宁县委宣传部、县文化局、县教育局、县团委联合举办的县城歌咏比赛；1999年10月举办的“庆国庆，迎回归”全县歌咏比赛，共有52个单位参赛，参赛人员5000多人次；2000年9月举办的全县“共产党员正气歌”歌咏比赛，全县21个乡镇及30个机关事业单位合唱队约4000人参加；2003年举办“农行杯”老年人歌咏比赛等。1991年至2004年，全县累计举办歌咏比赛10多场次，参赛队200多个，观众3万多人次。

▲2000年9月，邕宁县举办“共产党员正气歌”歌咏比赛。图为县国土资源局干部职工合唱队在表演　（邕宁区史志办资料照片）

卡拉OK演唱比赛

卡拉OK演唱比赛一般在每年的春节、元旦、国庆节等重大节日和庆典活动期间，由各乡镇文化站或各单位组织举办。其中有1992年3月蒲庙糖厂举办“八鲤杯”卡拉OK演唱比赛、1995年9月邕宁县与南宁市江南区联合举办两场OK演唱比赛、1997年举办全县“电力之光”OK演唱比赛、2003年2月举办庆祝邕宁县十三届人大三次会议召开县人大代表OK演唱比赛等，丰富群众的文化生活。1991年至2004年，全县累计举办卡拉OK演唱比赛50多场次，参加比赛累计2500人次，观众4万人次。

山歌比赛

1996年，县文化部门在邕宁“壮族嘹啰”山歌故乡——新江镇举办有10个农村业余山歌队参加的唱山歌比赛。1998年，县文化部门在县城组织举办首次邕宁县山歌比赛，有新江、那楼、那马、刘圩、百济、五塘、昆仑等乡镇20多个农村业余山歌队参加唱山歌比赛，评选出优秀山歌队参加1999年广西电视台春节联欢晚会。2000 年至 2004 年，邕宁县没有组织举办山歌比赛活动，但小规模山歌对唱或比赛活动在新江、那楼等一些乡镇时有开展。

粤剧公演

1991 年至 2004 年，春节和重大节庆日期间，县文化部门组织刘圩镇槐里粤剧团、大塘镇粤剧团、蒲庙镇新新粤剧团、蒲庙镇广良粤剧团等，到县城为群众公演《隔河看亲》《搜书院》《天仙配》等粤剧节目。累计参演粤剧团 60 多个，公演 30 多场次，观众 3 万多人次。

南宁国际民歌艺术节邕宁歌台

1995 年起，广西国际民歌艺术节在邕宁县城设分歌台——邕宁歌台，参加南宁国际民歌艺术节的中外艺术家和邕宁“壮族八音”、民族歌舞队同台表演节目，与邕宁各界群众共庆国际民歌节。

1995 年至 2004 年，每年一届的南宁（广西）国际民歌艺术节邕宁歌台定点在县城新兴广场或体委球场舞台举行，先后有澳大利亚、德国、越南、意大利、巴基斯坦、加拿大、美国、法国、缅甸、新加坡、日本、泰国、苏格兰、波兰、越南、老挝等 20 多个国家和中国港台地区、新疆、甘肃、内蒙古等省（自治区）的中外艺术家、民族歌舞团（队）表演节目，累计演出 10 场次，观众 8 万人次。

第三节　广场文化　文艺“三下乡”　参加市级以上活动

广场文化活动

1997 年起，全县文化进广场活动兴起，县城体委球场舞台成为文艺演出活动主要场所。2001 年后，活动转到在新兴广场。组织者以政府和规模较大的企业为主。2002 年开展以“火红的五月”“绿城歌海”为主题的群众文化进广场活动，每月安排一至两个周末晚上，组织 2~4 个乡镇、社区、机关和企事业单位业余文艺团队，在县城新兴广场为群众演出，广场文化活动做到月月有主题，周周有内容，共组织较大型的文化进广场活动 19 次，开展广场文艺演出 19 场。2004 年举办广场文化活动 16 次，其中邕宁移动通信广场文艺大展演、“5・17”电信日广场电影晚会、庆国庆全县歌咏比赛、南宁国际民歌艺术节邕宁分歌台演出活动、东方外语学校分歌台演出活动各 1 次，县文工团广场演出 8 次，业余粤剧团广场演出 3 次。

1991 年至 2004 年，县文化部门在县城组织举办文艺演出、“爱国主义影片广场放映周”、电影晚会、歌咏比赛、南宁国际民歌艺术节邕宁分歌台演出、书画影作品巡回展、科技和文化宣传等进广场活动累计 110 多场次，观众 10 万人次。

文化“三下乡”

1996 年至 2004 年，邕宁县相关职能部门联合开展文化、科技、卫生“三下乡”活动，下乡的形式是电影、图书、文艺演出等。县文工团编排 30 台专题宣传文艺节目巡回演出累计 286 场次，观众 140 万人次；送戏下乡累计 487 场次，观众 190 万人次。县电影公司送电影下乡，放映爱国主义教育影片、参加南宁地区“百部电影下乡”、开展农村科教片汇映、实施“刘三姐农村电影工程”和实施农村电影放映“2131（农村一村一月放映一场电影）工程”等活动，放映 1.14 万场次（其中免费为农民放映电影 100 场次），观众 310 万人次。县文化馆送书画影作品下乡，在 20 个乡镇 52 所中小学校巡回展览，观众 8 万人次。县图书馆送图书下乡 25 次，销售农业科技图书共 2105 册，发放农业科技资料 3500 份，向 4 个农村示范图书室赠书 8868 册本，向 21 个乡镇图书馆捐赠图书 1.02 万册、书架 15 个、书立 156 副、器材一批。

此外，2000 年，中国东方歌舞团在县城新兴广场开展“三下乡”演出 3 场，观众 3 万人次。

▲ 2000 年 12 月 17 日，中国东方歌舞团到邕宁县开展文化“三下乡”演出。图为歌唱家在新兴广场走进观众中歌唱。

（县委宣传部供稿）

参加市级以上文艺活动

1994 年，组队参加南宁市第三届“绿城之秋”职工文化艺术节器乐、戏剧小品、舞蹈、歌咏、卡拉 OK 演唱、交谊舞和美术、书法、摄影 8 项比赛，邕宁获得演（展）出二等奖 9 个，三等奖 11 个，优秀奖 16 个，创作奖 2 个，指挥奖 1 个，并获组织奖；邕宁民歌合唱队获南宁市民歌合唱比赛一等奖、二等奖各 1 个。1998 年元宵节，邕宁“八音”队代表南宁市参加自治区文化厅主办、自治区和南宁市群艺馆承办的“1998 广西桂南八音”表演赛并获金奖。2002 年，邕宁刘圩镇山歌剧队、长塘镇业余文艺队，参加自治区“八桂群星奖”农村文艺会演，1 个节目获二等奖，3 个节目获三等奖。2003 年，南宁国际民歌艺术节“八桂狂欢游”巡游活动，邕宁“八音”“春牛”方块队获“盛装表演最具特色奖”，1 辆花车获“最佳奖”。1991 年至 2004 年，全县文艺团（队），应邀参加南宁市、自治区和广西（南宁）国际民歌节等文艺表演、演出及比赛活动累计 30 多场次。

第四节 文艺创作

1991 年至 2004 年，邕宁县的文学艺术创作，采用专业与业余相结合，以业余为主的办法，坚持文学艺术“为社会主义服务，为人民服务”方向和“百家争鸣，百花齐放”方针，创作出一批面向群众和社会的文艺作品。期间，县内作者创作的文学作品在市级以上刊物或展会发表和展出累计 661 篇（首），美术作品经评审入选县级的作品共 169 幅（件），摄影作品经评审入选县级作品 317 幅。此外，在县外工作的邕宁县籍作者在市级以上刊物或展会发表和展出一批作品。其中著名壮族诗人、词作家古笛为歌舞剧《刘三姐》执笔之一，其创作的多部作品获国家级和省级奖励。

文艺刊物

《昆仑关》为县文联主办的文学期刊，创刊于 1962 年，始称《邕宁文艺》。1964 年，《邕宁文艺》停刊。1986 年复刊，更名为《清水泉》。1991 年更名为《昆仑关》。1992 年至 2002 年，《昆仑关》出版 17 期，每期发表文学作品约 40 篇（首）共 10 余万字。2003 年停刊。

文学作品

1991 年至 1992 年，邕宁县、南宁市文学院、南宁市郊区和武鸣县，联合举办南宁市首届农村题材“金鸡奖”小说创作征文赛活动。邕宁作者创作的15篇文学作品获奖。

1991年至1996年，县内作者创作的文学作品，在市级以上刊物或展会发表和展出共162篇（首）。其中班继胤创作的中篇小说《天涯海角未了情》在《小说世界》发表后，改编成电影文学剧本；长篇小说《100分的故事》被南宁市列为“五个一工程”重点项目。

2001年，县文学作者创作在市级以上报纸杂志发表小说、散文、报告文学、诗歌等文学作品共106篇（首）。班继胤创作的长篇小说《密林猿踪》出版发行；报告文学《梅花香自苦寒来——记广西书法家协会副主席卢定山》参加“共和国的脊梁”全国报告文学大型征文活动获三等奖，文中主人公卢定山获“世纪之星”金杯奖。郭天泽《回扣是腐败剂》获中国未来研究会等单位举办的“新世纪优秀学术成果”征文二等奖。

2002年，由县文学工作者协会专业、业余作者创作并在市级以上报纸、杂志发表的文学作品共63篇（首）。其中班继胤报告文学《他使民间民俗文化大放异彩》获中国作家协会《人民文学》杂志社举办的“三个代表的忠实实践者”大型征文活动优秀奖，文中主人公苏凯精获优秀主人公奖；班继胤报告文学《以茶叶为武器的禁毒英雄》获中国文学基金会和中央电视台主办的“中流砥柱”报告文学大型征文活动二等奖。

1997年至2004年，县内作者创作的文学作品，在市级以上刊物或展会发表和展出共484篇（首）。

1991年至2004年，县文学作者创作的文学作品，在市级以上刊物或展会发表和展出累计661篇（首），年平均在市级以上刊物或展会发表和展出47.21篇（首）。

美术作品

1991年起，邕宁县美术工作者协会组织会员创作并在市级以上刊物发表作品。2001年，县美术工作者协会会员创作并在市级以上刊物、展会上发表和展出的作品共13幅。其中，杨恒山油画《沃土》和滕春任国画1幅入选文化部“爱我中华全国画展”，油画《闰月》入选庆祝建党80周年广西书画精品展，油画《闰月》和《青山恋》在辽宁美术出版社《美术大观》画报专版发表，油画《乡亲肖像》由吉林教育出版社《中小学美育》杂志发表。此外，县美术工作者协会先后选送美术作品30件和49件，分别在“全县美术书法摄影作品展”和“南宁市江南区——邕宁县第二届美术书法摄影作品展”中展出。

2002年，由县美术工作者协会会员创作并在市级以上报刊、展会发表或展出的美术作品共5幅（件）。其中：杨恒山、李宁、李统就、滕春任的作品入选由中国美术协会主办的“纪念毛泽东同志《在延安文艺座谈会上的讲话》发表60周年全国美书画展”；杨恒山编著的《新世纪板报大参考》由辽宁美术出版社出版发行。

1991年至2004年，县作者创作的美术作品经评审入选县级的作品共169幅（件），入选市级以上美术刊物发表或展出的美术作品共14幅（件、本）。其中，入选全国农民美术展1幅，入选自治区（省）美术展出5幅（件）。杨恒山的油画1幅入选“八桂群星奖”群众美术书法摄影展，水彩画《有小号的静物》入选中国《美术·观察》和杂志社出版的《纪念香港回归艺术精品选》，美术专著《12文字美术字荟萃》（1本）由辽宁美术出版社出版发行。

书法作品

1991年起，邕宁县几乎每年春节前都组织书法爱好者上街义务为群众写春联，书法作品流传于各家各户。每年有一些作品在市级以上刊物、展会上发表或展出。

2001年，由县书法工作者协会会员及业余书法爱好者创作并在市级以上刊物、展会上发表或展出的书法作品24件。其中：卢定山隶书1幅获全国“兰亭杯”党政军干部书法大赛二等奖；卢定山、吴进文、苏志成的作品入选“广西书法精品展”；卢定山行草 1 幅入选首届“公仆心声”书展，隶书 1 幅刻石容县碑林，5 幅书法作品发表于区、市报刊。此外，县书法工作者协会选送 34 件作品在“全县书画影视作品展”中展出，选送 48 件作品在“南宁市江南区——邕宁县第二届美术书法摄影作品展”中展出。

▲ 1993 年 10 月，卢定山编著的字帖　（滕永杰　摄）

2002 年由县书法工作者协会会员创作并在市级以上报刊、展会发表或展出的书法作品共 21 幅（件）。其中：卢定山、吴进文的书法作品入选中国广西・日本熊本县友好书法作品展；卢定山隶书 1 幅入选中南五省区书法联展；吴进文行书 1 幅入选“中国西部书画大赛及展览”并获三等奖（结集出版）；卢定山、吴进文、梁启机书法作品入选南宁市・郑州市书画联赛；郑裕海行书 1 幅入编人民画报社主办的《走向世界的中国》大型画册。

▲ 1995 年 1 月，卢定山编著的少年儿童书法隶书字范　（滕永杰　摄）

1991 年至 2004 年，县作者的书法作品经评审入选县级的作品累计 315 件，入选市级以上书法刊物发表或展出的书法作品共 80 件（本）。其中：入选全国书法展出 3 件，入选自治区（省）书法展出 38 件，入选南宁市书法展出 22 件，出版社出版书法作品 17 本。

入选的书法作品中，获市级以上书法作品奖 18 件，其中获自治区一等奖 1 件。卢定山的隶书、草书各 1 件入选《胡志明汉文诗书法作品展览》并被越南河内胡志明纪念馆收藏，2 件作品入选全国书法名家作品展。

书法作品出版：卢定山与他人合著的《实用七体钢笔字帖》、专著《毛泽东和老一辈革命家诗词集隶书钢笔字帖》和《书法入门字谱丛书》（一套三本）由广西美术出版社出版，在全国公开发行。卢定山书法专著《中华少儿书法标准字范・隶书字范》由广西美术出版社出版发行，书法专著《情话丝丝》《情话绵绵》钢笔字帖由广西美术出版社出版发行，书法作品《隶书对联》在《中国楹联报》上发表。卢定山、吴进文与他人合著的钢笔字帖《名言与祝词》一套 4 本由广西美术出版社出版发行。卢定山专著《学写隶书》《学写楷书》《学写行书》由广西美术出版社出版发行，隶书《马万祺词》获南宁市第三届“五象工程”文艺奖。

摄影作品

1991 年起，邕宁县摄影作品不断出现，为记录和宣传邕宁做出了积极贡献。

2001 年，由县摄影工作者协会员创作并在市级以上影展影赛中入选或获奖的作品共 16 幅。其中：何光民的《开发新城》入选第 26 届国际摄联大会“我们的地球”影展；滕泽发、张艺军作品入选《世纪电影盛会画册》。此外，县摄影工作者协会先后选送摄影作品 27 件和 36 件，分别在《全县美术、书法、摄影作品展》和“南宁市江南区——邕宁县第二届美术书法摄影作品展”中展出。

2002 年，由县摄影工作者协会会员创作并在市级以上报刊、展会发表或展出的摄影作品共 45 幅（件）。其中：何光民的影作《欢喜雀跃》获法国首届“银杏树”杯摄影比赛优秀奖，影作《田园音诗》《绿草地》《扬帆》等一批作品入编画册或参展；滕泽发的影作《转圈》《八音迎春》获广西首届“享杰自杯”八桂文化风情影赛鼓励奖；邵光宁的影作《心中的偶像》入选广西第六届影展。

1991 年至 2004 年，邕宁县作者摄影的作品经评审入选县级作品 317 幅，入选市级以上摄影展出作品 63 幅。参加或入选和获奖的摄影作品有：参加全国群艺馆、文化馆（站）摄影比赛获优秀奖 1 幅；入选自治区（省）摄影作品展出 35 幅，获奖 2 幅，其中滕泽发摄影《蹈雾》获广西“八桂群星奖”群众美术书法摄影展银奖；入选南宁市摄影作品展出 25 幅，获二等奖 2 幅。

音乐作品

2001 年，由县音乐工作者协会创作并在市级以上刊物发表的歌曲有 2 首。县歌唱演员陆小宁先后参加“全国农民歌手大奖赛”和全国乡间青年歌手“蓝田杯”大奖赛，分别获二等奖和一等奖。

2002 年，由县音乐工作者协会、戏剧工作者协会会员编导并参加市级以上文艺会演进入比赛的文艺节目 22 个，其中获一等奖 2 个、二等奖 3 个、三等奖 2 个。由苏凯精、李本中导演的山歌剧《鸡场风波》获广西农村文艺调演二等奖，玉振航创作的《选择中国》等一批歌曲入选《中国优秀金曲大全》，兰一波创作的歌曲《壮乡生活色彩多》获广西红铜鼓专业大赛二等奖，并刊登于《歌海》。

第三章　民间文艺

邕宁县民间文艺项目众多，有壮族八音、舞“香火龙”、春牛舞、斑鸠舞、白鹤鲤鱼舞、“壮族嘹啰”山歌、粤剧、师公戏、采茶戏等，其活动内容丰富多彩，为县内传统节日增添喜庆气氛。

第一节　壮族八音

壮族八音，原指古代吹打乐器的统称。所谓“八音”，依乐器制作材料的不同，将乐器分为金（如钟）、石（如磬）、竹（如管）、匏（如笙）、土（如埙）、革（如鼓）、丝（如琴）、木（如柷）8类，俗称“八音”。其源受“广州八音”影响，后又吸收邕剧、壮师剧和壮族民间音乐的元素，逐渐发展而成。兴于清代，盛于清末民初。

▲2001年，邕宁县八音队代表广西参加北京第四届国际旅游文化节民族风情表演，获得中外嘉宾好评　（邕宁区史志办资料照片）

1915年（民国4年）前后，蒲庙那路一带，在农村举办婚嫁、祝寿、新居落成、迎宾等喜庆活动时，大家都请“八音班”吹奏。其时，以黄大纪等人为主的壮族七人八音班就很驰名（该班有直径近一米的大钹和一面8千克的大铜锣遗留）。此后，随着广东粤剧班频繁进入广西，邕宁壮族八音在富有壮民族和民俗特色的吹打乐的基础上，兼收并蓄广东音乐精华，逐渐发展为极具壮民族特色的“邕宁壮族八音”。20世纪80年代，它主要流行于邕宁县及其周边广大地区，以“邕宁壮族八音”为品牌，为广西壮族自治区民间民俗吹打乐的缩影并在广大地区盛行不衰，在民间深深扎根。

1993年，县文化部门组建以南阳、刘圩、蒲庙镇农民为主体的100人“壮族八音”队，增添4人齐擂大鼓及壮族姑娘喜爱的无孔笛。1993年，邕宁“八音”队参加首届广西国际民歌节，在“八音”演奏中配以“抬花轿”“背新娘”“岳鼓舞”等壮族民族风情表演，获得很大的成功。邕宁“八音”队多次应邀参加南宁国际民歌艺术节和自治区内外各种迎宾庆典活动。1998年，邕宁“八音”队获广西桂南“八音”表演金奖，组织100人的“八音”队参加广西壮族自治区成立40周年庆祝大会方块游行获一等奖。2001年，应国家旅游总局、北京市人民政府的邀请，代表广西参加“北京第四届国际旅游文化节”。2003年，邕宁县八音队应邀代表广西参加杭州市“西湖博览会”狂欢游、参加南宁国际民歌艺术节“八桂狂欢游”获“盛装表演最具特色奖”。

第二节　舞　蹈

舞“香火龙”

邕宁壮族民间的一些村屯在传统节日舞“芭蕉叶龙”“香火龙”和“布龙”等，具有特色。长塘镇定西村楞冲坡在传统节日以舞“芭蕉叶龙”庆贺佳节，良庆镇缸瓦村在中秋节华灯初亮时舞“香火龙”。

良庆缸瓦村（陶瓷厂）以舞“香火龙”独具特色。“香火龙”用新鲜芭蕉叶、芭蕉茎、树丫和卫生香等制作。龙头一节较大，用芭蕉叶、茎和树丫制成，在龙头周边扎上卫生香，扎在龙口的卫生香为龙舌、特别大；龙身为九节，用树丫、竹篾、老虎芋叶茎制成，龙身每节扎上数百卫生香；龙尾稍长为一节，用芭蕉叶和树丫制成，扎上卫生香。最后用绳子将龙头、龙身至龙尾连接成整条“香火龙”。缸瓦村青壮年舞龙队分 2 组，每组 11 人，每人舞一节（1 人舞龙头、1 人舞龙尾、9 人舞龙身）。舞龙人光着上身以示勇敢，不怕鞭炮。中秋节晚上，华灯初亮时，点燃整条龙的卫生香，随着锣鼓的伴奏，“香火龙”左右摆动，上下飞舞，团团香火闪烁，观众将点燃的串串鞭炮投向“香火龙”，万炮齐鸣，锣鼓喧天。舞“香火龙”游街过巷，向各家各户恭贺节日快乐，至午夜结束。

“春牛”舞

“春牛”舞也称“唱春牛”，流行于邕宁的蒲庙、苏圩、吴圩等乡村。春节期间的“会客节”也称“开年饭”等节，举行“春牛”舞表演“贺春”。表演形式有“独脚春牛”“两脚春牛”和“四脚春牛”舞三种。“独脚春牛”舞也称“撑春牛”。道具用竹篾扎成牛头形，糊上黄、灰或黑色纱纸画上牛眼、牛毛，并用稻草编成牛尾套牢在竹篙上便成“独脚春牛”。表演时，舞者高高撑起“春牛”，随着“八音”、锣鼓伴奏，边走边舞动。“春牛”后面，是数名乃至数十名不等的茶公茶娘，挨家逐户恭喜、演唱。每到一家，先舞动“春牛”以示祝贺，接着茶公、茶娘边唱歌边跳舞，歌词内容多为庆丰收、贺新春、祝平安等，如“今夜春牛来恭喜，春牛恭喜你祖宗；祖宗今年多保佑，保佑儿孙得欢容”等，接受户主赏赐的红封包。向全村各家各户恭贺后，便到一处开阔地表演“撑春牛”舞，茶公茶娘伴随着“八音”、锣鼓伴奏迈开采茶舞步，边舞边唱，歌词有农事歌、恭喜歌及赞颂好人好事等，“撑春牛”舞者在茶公茶娘表演中穿梭舞动。“两脚春牛”舞用一块土布的一端缀上一对黄牛角形成牛头并画上牛眼鼻，由一人披在身上舞动。“两脚春牛”表演形式与“独脚春牛”舞相同，参加表演的茶公茶娘只有两男两女。“四脚春牛”舞用竹篾扎成牛头形，蒙上白布，彩绘眼、鼻、口，缀上两耳，以土黄布块或黑色布块作牛身，后缀牛尾，由两人钻入牛形布块内舞动（现在用成只黄牛道具）。“四

▲邕宁舞春牛　　（邕宁区史志办资料照片）

脚春牛”贺年表演，须提前半天下贴通知户主，上书“年节佳境，共享太平，今夜春牛，登府贺庆”。是夜，先在祠堂前歌舞一番，唱“贺祖宗歌”，后到土地庙前拜舞，接着到各家庭前表演。主人备有茶、烟及糖果款待，并在八仙桌上摆6个或12个红封包作赏赐。“四脚春牛”贺年表演时，表演的两人钻入牛形布块内，前者直立头部突出酷似牛峰，后者弯腰，作扑出栏、擦栏、刨蹄、以蹄搔面、晃头号叫、舔体、甩尾、踢虱、吃草、打滚等动作。之后，茶公茶娘手持花帕、花篮或大扇，伴随着“八音”、锣鼓伴奏，边舞边唱恭贺之歌，舞步为十字步（当地称为“扣春花”）。唱罢贺喜歌，便接受主人家赏赐的红封包。倘主人家在牛栏、鸡笼或谷仓处还放有红封包，“四脚春牛”还要到该处唱颂一番，最后以“十二月庆丰歌”结束。“四脚春牛”恭贺全村各户后，便到村的戏台或广场表演四场“春牛”戏。第一场耕田郎赶牛犁耙田，演唱“都想今年五谷好”“十二月使牛歌”及“牛郎诗”等；第二场插秧娘（一般为4人）插秧，看水郎开放田水，中间有一“女丑”打诨逗笑；第三场耕田郎送饭到田头，与其妻（插秧娘之一）闹一些小误会；第四场稻谷成熟，插秧娘收割。看牛仔驱使两牛相斗，被耕田郎指责，各自将牛拉开。最后，看牛仔与挑谷的插秧娘同下。至此，“四脚春牛”的贺年活动即告结束。2002年，文化部门对“春牛”舞的音乐和表演进行改编，该舞蹈“戏春”“闹春”“庆丰”等节目的表演，体现了人与牛和谐相处、相依相存的亲密关系，情节更动人，舞蹈动作更优美。当年，邕宁“春牛”舞队代表南宁市参加在桂林市举办的第十届自治区少数民族运动会，获表演综合类比赛最高奖。2003年，邕宁“春牛”舞和“八音”队参加南宁国际民歌艺术节“八桂狂欢游”巡游活动，获“盛装表演最具特色奖”。2004年，邕宁“春牛”舞参加广西“八桂群星奖”农村文艺会演获三等奖。

斑鸠舞

斑鸠舞源于师公表演，流行于邕宁蒲庙、大塘、南晓等乡镇。斑鸠舞表演时由5～8名师公扮演斑鸠，表演者头戴用竹篾扎骨架、外裱以布用彩色绘就的斑鸠头，身披青白色相间的坎肩，下穿与坎肩同色的开摆裙（表演时两手展开，象征翅膀），旁有乐师击乐伴唱，表演分为“戏水”“求爱”“玩要”等节目，基本舞蹈动作由摆翅、揉嗉、耍尾、耍翼等组成。表演“求爱”舞蹈时，两舞者为一对，一俯一仰，表示亲昵；表演“玩要”舞蹈时，一舞者抱起另一舞者旋转，再放下，然后脚对脚地向相反方向仰卧，四脚相交，向同一方向翻滚，第三者在其上方跨来跨去。演技高超者一个前俯四肢着地，另一个从其背翻滚过去立即前俯着地，让前者接着翻滚，如此重复。斑鸠舞，在民间喜庆丰收、祈求安宁吉祥等活动中表演。20世纪80年代，县文化部门对原斑鸠舞进行挖掘、整理和改编，使其服饰色彩更艳丽，舞蹈动作更优美，情节更吸引人。2004年，邕宁《斑鸠舞与“三元”》舞蹈参加南宁市第二届社区文艺会演，获三等奖。

▲流行于邕宁县南晓镇一带的斑鸠舞　（良庆区史志办供稿）

白鹤鲤鱼舞

白鹤鲤鱼舞起源于百济当地流传的民间《鹤鲤传奇》神话故事。解放初期新编成白鹤鲤鱼舞，曾在百济送公粮宣传中表演。该舞蹈曾经被定为封建迷信节目，停演。20 世纪 90 年代初，经县文化部门对原白鹤鲤鱼舞改编，导入现代浪漫、亲情，以赞美人间真情为主题，舞蹈由简单动作演变为动作花样繁多、复杂。由县文工团演出，多次获奖，深受老百姓喜爱。表演时，一个大人饰演白鹤，两名孩童饰演鲤鱼，伴随着音乐互相追逐，翩翩起舞。2004 年，邕宁《鲤鱼白鹤》舞蹈参加广西“八桂群星奖”农村文艺会演，获三等奖。

第三节 “壮族嘹啰”山歌

嘹啰山歌源于“毬丝歌会”，当地壮族未婚青年为互相表达爱慕之情的定情物。即用鸡、鹅绒毛编织成“球”，在歌会上以歌传情，歌会散后，便也情到深处，即把“球”作为定情之物赠送给对方。传说以前有一勒（女青年）抛锦鸡选婿，想得到锦鸡的后生哥（男青年），都盯着抛锦鸡彩台大声狂呼“嘹啰”（“嘹”壮语“看”的意思）。后有歌师以“嘹啰”编唱为歌，形成“嘹啰”固定歌头为开唱的山歌。这是一种二声部山歌，形式上可以二人对唱，或者多人对唱，在歌唱中，因首、中、尾部都出现“嘹”与“啰”的衬词，嘹啰山歌因此而得名。邕宁“壮族嘹啰”山歌对唱，流行于邕宁新江、那马、大塘、那陈、百济、那楼、刘圩等乡镇。“嘹啰”山歌内容丰富，歌词随兴运用，多为农民传唱。

1991 年起，文化部门组织专业力量搜集、整理山歌培训歌师、歌手，创作水平和演唱水平有所提高。

1995 年，邕宁民歌合唱队（60 人）参加南宁市民歌合唱比赛，获三等奖。嘹啰山歌经艺术家采风整理，由广西歌舞团在当年的南宁国际民歌艺术节上演唱，从而广为人知。2001 年，新江乡“嘹啰”山歌“三代歌王”传承人刘正城演唱的山歌，被中共中央党史研究室和上海电视台录制成专题电视片。刘圩山歌队《鸡场风波》山歌剧，参加自治区农村文艺调演，获二等奖。2002 年，香港凤凰卫视“纵横中国”栏目组，录制邕宁山歌队民族风情表演活动专题电视片，向海外播放。至 2004 年，“嘹啰”山歌逐渐成为邕宁县一文化品牌。

第四节 粤剧 师公戏 采茶戏

粤 剧

粤剧流行于邕宁各乡镇，以白话即广东话演唱。清光绪年间（1875—1908），粤剧从梧州传入邕宁民间。之后，粤剧吸收了当地的文化，逐步形成了具有邕宁文化特点的剧种。邕宁粤剧分有末、生、旦、净、丑等角色；服装受京剧影响，新剧目有部分加入清朝官服的式样；唱腔深受马师曾的“马腔”和红线女“女腔”的影响，同时又受邕宁当地“白话”影响。《女驸马》《搜书院》《天仙配》等经典剧目深受广大群众欢迎喜爱。2004 年，较有影响的业余粤剧团有蒲庙粤剧团、龙岗粤剧团、群声粤剧曲艺团等，每年春节、元宵节等传统节日，剧团所在地的县城和乡村都举行粤剧演出活动。

师 公 戏

师公戏是由跳神的师公舞演变而成，有较完整的故事情节，用平话演唱，唱词讲究押韵。初期的师公戏表演形式单调，唱腔乏味，伴奏有蜂鼓，配以锣、钹各一。后来，表演分为“说古”“颂德”两种。“说古”以历史人物典故为内容，有专门的演唱剧本、演出服饰、乐器等道具，戏班子表演形式逐渐借鉴邕剧本子演出，如《目莲救母》《四姐下凡》《梁山伯与祝英台》等，乐器也增加二胡、琴和谷鱼等弦乐及打击乐。“颂德”是一种颂扬功绩恩德和祈福仪式，携带鼓、锣、钹、木鱼等道具，说唱内容有成文的道德教条，也有即兴而作的现实说教。师公戏在中秋、重阳、春节等传统节庆日演出，以祝贺佳节和丰年。也有应邀为婚嫁、贺寿、新居落成等喜庆演出助兴。师公戏流行于邕宁那陈、大塘、蒲庙、良庆、延安等乡镇平话地区。

采 茶 戏

邕宁采茶戏是由采茶舞发展、演变形成，具有壮、汉两种文化特征，使用桂林方言、广东方言和当地壮族语言进行表演，配以采茶舞蹈动作独特的艺术特色。邕宁采茶戏多为传统剧目，以一些有情节的民间故事为戏桥，通过采茶曲牌进行演唱，主要是喜剧、闹剧，属“三小戏”（即小生、小旦、小丑，也叫“三角班”）。表演程式以载歌载舞为主，念白多为韵白。曲牌有卖茶腔、红花腔、男音、四平腔、鲜腔、忧腔、哭腔、加乡腔、加打金钗腔、梳妆腔、祝寿腔、祝福腔等等，兼收并蓄了各地民间小曲而成，计有 50 多个唱腔。唱腔语言以桂林官话、邕宁白话（属广东方言）为主，以地方壮话为辅，表演程式活泼、热烈，具有浓厚的地方特色。采茶戏流行于邕宁中和、那楼、新江、良庆、大塘、南晓等乡镇。

第四章　文物　档案　党史方志

1991年，邕宁县有文物保护单位11个，其中自治区级文物保护单位3个，分别是石船头贝丘遗址、青龙江口贝丘遗址、天窝贝丘遗址；县级文物保护单位8个，分别是昆仑关、五圣宫、北帝庙、那莲戏台、新江桥（皇赐桥）、雷婆岭摩崖石刻、凌屋贝丘遗址、那北咀贝丘遗址。1994年8月，自治区人民政府将昆仑关战役遗址公布为自治区级文物保护单位。1996年，全县有贝丘文物藏品139件。1997年7月，县人民政府将顶蛳山贝丘遗址公布为县级文物保护单位。1998年，县人民政府将斑峰书院、滕甫墓、徐汉林烈士陵园公布为县级文物保护单位。2000年7月，自治区人民政府将顶蛳山贝丘遗址公布为自治区级文物保护单位。2001年7月，国务院公布顶蛳山贝丘遗址为全国第五批国家级文物保护单位。2004年，邕宁县有文物保护单位15个，其中国家级文物保护单位1个，即顶蛳山贝丘遗址；自治区级文物保护单位4个，即石船头贝丘遗址、青龙江口贝丘遗址、天窝贝丘遗址、昆仑关战役遗址；县级文物保护单位10个，即五圣宫、北帝庙、那莲戏台、新江桥（皇赐桥）、雷婆岭摩崖石刻、凌屋贝丘遗址、那北咀贝丘遗址、斑峰书院、滕甫墓、徐汉林烈士陵园。

1991年至2004年，邕宁县档案和党史方志事业得到较好发展。各级档案基础设施逐步完善，档案服务利用水平不断提升。编纂出版地方党组织史资料1部、地方党史资料汇编1部、地方党史大事记1部、县志1部、部门志1部、厂志1部、乡镇志1部、《邕宁年鉴》5部。

第一节　顶蛳山贝丘遗址及其他遗址

顶蛳山贝丘遗址

顶蛳山贝丘遗址位于蒲庙镇新新村九碗坡清水泉与八尺江交汇处三角嘴台地，距县城4千米，属新石器遗址。遗址东面为清水泉下游，西北有邕江支流八尺江，整个遗址呈西南—东北走向，东西长约100米，南北长约60米，遗址横断面可见40~50厘米厚螺壳堆积，采集标本有蚌刀、石斧、夹砂粗陶片及多种兽骨。1994年8月发现遗址。1997年4月至7月，由中国社会科学院考古研究所广西工作队、广西壮族自治区文物工作队和南宁市博物馆对该遗址进行为期4个月的发掘。同年7月3日，邕宁县人民政府公布顶蛳山贝丘遗址为县级文物保护单位并立保护标志碑，划定南以木棉树为界，东、西、北以的鱼塘边为界的遗址保护范围。1998年10月至12月第二次发掘。1999年11月第三次发掘。顶蛳山贝丘遗址地层堆积清楚，文化内涵丰富，有较高的学术价值。遗址面积5000平方

▲1997年，顶蛳山贝丘遗址挖掘现场
（滕忠　摄）

米，已发掘1050平方米，发现墓葬331座，古人遗骸400具。其规模、数量及完整性，不仅是广西，也为国内同时期文化遗址中所罕见。其葬式为典型的屈肢葬，包括仰身、侧身、俯身屈肢葬及屈肢蹲葬等多种形式的屈肢葬。还存在肢解葬，这在广西、国内同一时期的史前文化中尚未见报道。古人遗骸的发现对于探讨史前贝丘遗址人类的种属，体质特征及与东南亚地区史前人种的关系，都具有重要价值。在顶蛳山遗址中出土的1000件文物中，细小石器及数量较多的陶器均为广西同时期同类贝丘遗址中首次发现，对于了解贝丘遗址文化器形的种类、内涵及构筑贝丘遗址文化发展序列具有重要的价值和意义。顶蛳山贝丘遗址发现的成排、有规律的柱洞，在广西史前考古中首次得以确认，研究结果表明其为长方形"干栏式"建筑，对探讨广西史前人类的居住形式及"干栏式"建筑的起源及发展具有重要的价值。顶蛳山遗址获得的初步成果，顶蛳山文化基本内涵的确立，对揭示不同于黄河、长江流域的自然环境中人类如何生存发展模式的更全面的认识，探讨史前南方与东南亚地区的文化交流和人与自然的互动关系等均具有极其重要的意义。同时，对人们认识广西及南方地区史前文化的类型特征和内涵，构建广西史前文化的基本框架和序列，确立广西在中国史前文化中的地位等均产生较大影响。被评为1997年全国十大考古新发现之一。2000年7月，自治区人民政府将顶蛳山贝丘遗址公布为第五批自治区文物保护单位。经考古专家论证，依据考古学文化命名的原则，把集中分布在南宁及其附近的南方淡水流域，以顶蛳山贝丘遗址第二、三期为代表的一类遗址统一命名为"顶蛳山文化"。这是中国原始文化序列中广西壮族自治区第一个被冠以广西地名命名的史前文化。2001年7月，国务院公布顶蛳山贝丘遗址为全国第五批国家级文物保护单位，是南宁市（含7县）首个获得这一级别的文物保护单位。

昆仑关战役遗址

位于昆仑镇（原九塘乡）以北4千米的昆仑山东侧。自唐"垒石为关"，宋景佑二年（1035年）正式建造关楼，明永历二年（1648年）重建，清道光二十六年（1846年）重修。古关楼坐南向北，高8.10米，长11米，关门高2米，宽2.30米；古道长1.50千米。民国28年（1939年）12月，国民政府军在此处抗击日寇取得胜利。民国33年（1944年）建成陆军第五军昆仑关战役阵亡将士墓园建筑群。1982年邕宁县对古关和纪念塔、公墓碑记进行修复。所有建筑物多用石条、石板建造，构筑坚固，雄伟壮观。昆仑关战役遗址由昆仑山等诸山战场、古关楼、昆仑古道和陆军第五军昆仑关战役阵亡将士墓园4个部分组成，为邕宾公路古道，其四周群山环抱，重峦叠嶂，地势险要，历史上曾在此关发生五次大战役，为历代兵家必争之地。1989年10月列为县文物保护单位，并在南门旁立有保护标志碑。1994年8月，广西壮族自治区人民政府公布昆仑关战役遗址为第四批自治区文物保护单位。

▲昆仑关战役阵亡将士纪念塔

（2012年7月滕永杰　摄）

石船（前）头贝丘遗址

位于良庆镇那黄村北约3.50千米的邕江南岸台地上，属新石器时代。遗址西距宁厢村约1.30千米，隔邕江与青山塔相对，周围为丘陵地形，高出邕江河面约5米。该遗址地名称“石船（前）头”或“木三岭”。1973年，自治区文物工作队调查发现，石船（前）头贝丘遗址东西长约50米，南北宽约15米，河岸露出的文化层堆积约80厘米，文化层为灰褐色土质，杂有大量的螺蚌壳以及陶片、石器。现场采集到石斧、蚌器、陶片各1件。1989年，县文物工作者进行复查时又采集到部分穿孔蚌刀、陶片、兽骨等遗物。陶片为夹砂陶质，火候较低，呈红褐色，灰色，饰粗细绳纹。遗址保存较好。1981年确定为广西壮族自治区文物保护单位。

青龙江贝丘遗址

位于长塘镇定西村冲豆坡西的青龙江口东西两侧台地上，在青龙江与邕江汇合处的东西两岸台地上各有一处贝丘遗址，属新石器时代。1963年由自治区文物工作队调查发现，1973年复查，东岸贝丘遗址面积东西长约300米，南北宽约120米，文化层厚2.30米，上半部为褐色土质，下半部为黄褐色；西岸贝丘遗址长150米、宽100米，文化层厚0.15米。1973年复查时在东岸采集到石斧2件、蚌刀1件、陶片7块以及兽骨等，西岸采集到石锛1件、陶片1块。该遗址保存较为完整。1981年确定为广西壮族自治区文物保护单位。

天窝（螺蛳山）贝丘遗址

位于长塘镇天窝坡东约2.50千米邕江南岸的螺蛳山，属新石器时代。遗址北临邕江，东南约1千米为新天堂山，南为吴东山、那妞山等丘陵地形，邕江对岸为新高堂村。1963年由自治区文物工作队调查发现，贝丘遗址长400米、宽180米、厚1.20米。1989年县文物工作者复查时，发现遗址临江部分已被洪水冲垮250米，文化层堆积已基本被破坏，在残存的文化层中采集到石斧1件、陶片5块。石斧经过磨制，陶片均为夹砂陶，陶色有红、黑二种，饰粗、细绳纹。遗址被洪水破坏前曾采集到石斧1件、陶片6块。1981年确定为自治区文物保护单位。

凌屋贝丘遗址

位于长塘镇五合村凌屋坡西南约50米邕江台地上，属新石器时代。遗址东约30米，为邕宁县城至四塘（牛湾吊桥）公路，东南面为开阔的平地，南临邕江，东南约1.50千米为牛湾吊桥旧址。1987年7月，县文物工作者调查发现，遗址长约100米、宽约30米，面积约300平方米。临江面暴露的文化层厚约1米，含有密集的螺壳、石器、陶片、蚌器、兽骨等。采集标本有穿孔蚌刀1件、夹砂粗陶片7块，陶片有红、灰褐、红褐色，饰以粗、细绳纹，厚薄不均。遗址地表现已垦为耕地，其余保存较为完整。1989年10月，列为县文物保护单位，立有保护标志碑。

那北咀贝丘遗址

位于长塘镇五合村那窝坡南约2千米邕江北岸上，属新石器时代。东距凌屋坡约2千米，南临邕江，东侧有一小冲沟，东西北三面为小丘陵环绕。1963年自治区文物工作队调查发现，贝丘遗址面积东西长约70米，南北宽约20米，高出邕江水面约5米，从临江的断面上可见螺壳堆积的文化层厚约1米，文化层露出密集螺壳堆积中有石器、蚌刀、陶片、人头骨等文化遗物。1989年，县文物工作者复查，采集标本有磨光石斧1件、夹砂陶片3块、蚌刀1件、人头骨1副，陶片有红、黑2种，饰以粗、细绳纹。遗址地表已垦为耕地，其余保存较为完整。1989年10月确定为县文物保护单位。2004年，由于仙葫开发区建设需要，遗址北面的大片山坡已被推平用作五合大学城建设用地。

第二节 古 建 筑

五 圣 宫

位于县城蒲津路（原团结街）。始建于清雍正九年（1713 年）至乾隆八年（1743 年）间；曾于清乾隆五十八年（1793 年）、光绪十一年（1885 年）两次重建。砖木结构，双层青砖琉璃瓦，分前后二座（进），两边均有侧室（厢房），并各有楼、侧门通道。其内外挑檐及墙上端均有浮雕和壁画，厅、室外檐边、顶分别有石狮及鲤鱼等雕塑。原后座大殿供奉北帝，左厢房供奉伏波、三界，右厢房供奉龙母、天后等五位神像，故称五圣宫。前厅正脊中饰有双龙戏珠，两头原各有一组人物表演塑像，今已不存。1993 年重铸北帝、龙母、天后、伏波、三界神像，对外开放。1989 年 10 月确定为县文物保护单位。2004 年 11 月投资 80 万元（含市、县财政拨款和社会各界及县内外群众捐款）维修，除五位神像外，恢复墙雕、脊雕、壁画等。

北 帝 庙

位于蒲庙镇孟莲村那莲街北端。前门与古戏台相对，距离约 25 米，南北两侧紧靠民房，是砖木结构的硬山顶，始建于清乾隆初年（1736 年至 1742 年）。清嘉庆二十二年（1818 年）曾由本地乡民捐资重建。原有三进，今存前厅。前厅宽 10.70 米，进深 8 米，建筑面积为 93.60 平方米。后二进均拆毁，今建有平房教室，为孟莲小学使用。该庙门前两边各有一条棱形的石檐柱，其上各有石横梁一根，横梁正中各立石狮背负雕花图案，与檩相接。门前上方的各种横梁及封檐板有多组人物、花、草、马等浮雕。大门高 3.40 米、宽 2.40 米，门框用长石条构成，其左右阴刻对联，对联上方各阳刻一只蝙蝠，门楣刻“北帝庙”三字。门内存有木屏风一副，高 5 米、宽 2.80 米，其上半部是镂空的几何图案。正脊、垂脊饰博古，绿色琉璃滴水，墙柱头饰砖雕，墙壁内外上端均有祥禽、瑞兽、山水、花草等图案和诗文。该庙建筑型制具有岭南风格。1989 年 10 月确定为县文物保护单位。

那莲戏台

位于蒲庙镇孟莲村那莲街南端，与北帝庙前门相对，长 11.9 米、宽 9.18 米，建筑面积 109 平方米。那莲戏台始建于清乾隆五十八年（1793 年），由表演舞台和后台所组成。戏台用石条砌筑台基墙高出地面 1.35 米，表演舞台用木板拼成，舞台台面与舞台屋顶高约 6 米，其后侧有内柱 2 根，左右有檐柱 3 根，均是直径 70 厘米的圆木柱。柱基是石鼓，无砖墙护围，舞台后面两侧各有小门与后台相通。后台用青砖、石块砌筑，屋顶盖青瓦、琉璃瓦当。正脊中间饰一葫芦形雕塑，高约 20 厘米。垂脊两端饰鳌鱼，梁架间饰有各种花纹图案。1989 年 10 月确定为县文物保护单位。

▲蒲庙镇那莲戏台　　（滕忠 摄）

皇 赐 桥

又名新江桥，位于新江镇新江街北端，横跨新江河，是蒲庙至新江至百济的公路桥。清道光十七年（1837 年）由邕武生例授卫午总勒授武略骑李翘然（1783 年至 1843 年）捐资所建。桥东端的路旁立有五块纪念石碑。整桥全部用规格条石砌成四墩五拱，其中两端石拱略低于中间三拱，并依江边地形而建，有助于防洪排涝和桥面受力。桥长 55 米、高 15 米，桥面宽 4 米。1974 年和 1998 年维修公路时用水泥加固桥，在桥面铺盖砂石（后桥面铺柏油），桥面两边新建水泥保护栏杆。至今历经 170 多年桥仍完整无损。据传，桥墩下面采用当地盛产的松树圆木打桩为基础，因为新砍的松树圆木放置水中时间越久木质越好。1989 年 10 月确定为县文物保护单位。

▲新江皇赐桥　　（中共邕宁区委宣传部供稿）

雷婆岭摩崖石刻

位于镇龙乡那蒙村。东面海拔 209 米的雷婆岭巅北面石沟，长约 70 米、高约 7 米，面积约 350 平方米，分布于两侧岩壁上。摩崖的石质较差，刻的字体较大。据《雷庙碑记》记载："……每逢五月初五，群贤毕至，少长成集，乘兴而游乐。同时，进行有关道教礼事活动，事后便在摩崖上刻石留念……"。石刻内容多是赞誉风景，亦有歌功颂德等，如"胜似桃源""名山仙洞""德著明峰""道大德宏"等。最早的石刻于清嘉庆二十四年（1819 年），有直幅、圆幅、扇形、对联式等。最大一幅长 3.18 米、宽 1.24 米；最小一幅是圆形，直径 0.46 米。有正楷、行书、魏书、隶书等字体，最大字体规格为 53×49 厘米。石刻注重边框装饰，采用书画装裱手法对边框装饰进行艺术处理，有的甚至将边框的挂钩、钉子、索链等都一一雕刻齐全。1989 年 10 月确定为县文物保护单位。2004 年，摩崖石刻字幅共 43 幅。

斑峰书院

位于刘圩镇街内。始建于清光绪四年（1878 年），由刘圩团 72 村民众捐资兴建，原为 3 座（进），面积约 300 平方米，今存 2 座（进）。进士钟德祥所书"斑峰书院"四字至今仍悬于门首。1998 年确定为县文物保护单位。

滕 甫 墓

位于五塘镇沙平村坛祐坡后背山西面，离村边约 100 米处，为圆形，周围用砖砌成，高 1.50 米，直径 3 米。碑文记载墓主为"宋故显神翰林院大学士田御前参议升六卿三司户部尚书逾耄寿（讳）甫"，落款为"龙飞嘉庆贰拾伍年岁次庚辰戊子月甲申日成"。民国 26 年（1937 年）出版的《邕宁县志》记载有滕甫墓。滕甫生前是否到过五塘缺记载和资料。该墓的保护以墓中心为基点，周围 20 米内为保护范围，其中 5 米为外围控制地带。1998 年确定为县文物保护单位。

第三节 文物保护

文物收藏

1991 年至 2004 年，县文物管理所征集、收藏有石器、金器、银器、铁器、骨器、青铜器、陶瓷器、古钱币、书画等文物藏品共 189 件。收藏的文物经自治区文物工作者初步鉴定为国家二级文物有吴圩镇出土的南朝文物铜鼓 3 只，属国家三级文物有南晓镇出土的明代文物金碗 1 只、银筷 1 双和清代、民国时期的铅锭 2 块；属一般文物 181 件。

文物保护单位管理

全国文物保护单位 1997 年邕宁县在顶蛳山贝丘遗址南面立保护标志碑为邕宁县文物保护单位，划定了保护区范围。2000 年 7 月列为自治区文物保护单位，县投资 20 万元完成顶蛳山贝丘地质保护区征地 1.21 公顷。2001 年 7 月列为全国重点文物保护单位，县支付设计费 30 万元委托北京大学作《顶蛳山文化博览园》总体规划设计方案，内容包括水源保护区、文物考古区、中国原始文化区、世界原始文化区、史前风情娱乐区、亲水戏水区、休闲度假区、观光农业区和商业服务区等十个功能区，建设资金估算 1.20 亿元。2002 年，县投资由自治区文物产业中心设计并负责对遗址北、西、东面砌建护坡，以防遗址受洪涝等灾害性的破坏，整个工程造价 20 万元，当年竣工。同时，委托自治区地质勘探局进行地质勘探。2003 年，县支付设计费 5000 元委托自治区建筑设计科学研究院和自治区文物产业中心编制《顶蛳山贝丘遗址保护展示工程设计方案》《顶蛳山贝丘遗址保护规划方案》。该遗址各项规划工程，2005 年 3 月撤销邕宁县之前因缺资金等原因没有开工建设。

▲ 1997 年，全国十大考古新发现之一的国家级文物保护单位——顶蛳山贝丘遗址屈肢葬　（邕宁区文物管理所供稿）

▲民国 33 年（1944 年）建立的昆仑关北牌坊　（2012 年 7 月滕永杰　摄）

自治区文物保护单位 昆仑关战役遗址和石船头贝丘遗址、青龙江贝丘遗址和天窝贝丘遗址被列为自治区文物保护单位后，由县对各遗址建立保护标志碑，划定了保护范围，县财政支付费用共 3500 元。期间，1987 年县拨出专款 4000 元对昆仑关古关和纪念塔、公墓碑记进行维修；1989 年县聘请一名管理员长期守护昆仑关，工资及费用至 2004 年共 4.50 万元由县财政支付。

县级文物保护单位管理 1989 年起，县先后公布凌屋贝丘遗址、那北咀贝丘遗址、徐汉林烈士陵园、斑峰书院、五圣宫、北帝庙、那莲戏台、皇赐桥、雷婆岭摩崖石刻、滕甫墓等一批县级文物保护单位后，县拨出专款 3600 元分别建立文物保护标志碑，划定了保护范围。1989 年至 1993 年，县财政对五圣宫安全管理、购置灭火器材等共支付费用 5000 元；1993 年重塑五圣像等投入 8 万元；1995 年对那莲戏台进行维修，支付费用 5800 元。2003 年委托自治区文物产业中心编制《斑峰书院规划设计方案》，工程估算 39 万元，建设到位资金 2 万元。2004 年 11 月维修五圣宫，工程总投入 80 万元，由自治区文物工作队编制《五圣宫维修方案》并负责工程建设，次年 6 月竣工。同年 11 月委托自治区文物工作队编制《徐汉林烈士陵园总体规划设计方案》，投入 88.10 万元，并筹资 25 万元征用整个烈士陵园范围土地。

第四节 档 案

1991 年，有县档案馆 1 个。各乡镇均已建立综合档案室，县直党政机关事业单位陆续建立档案室。1996 年机关事业单位档案室达到 35 个。2001 年，开始推行县直单位文书立卷改革和电脑管理档案。2004 年，全县 251 个村（居）委会全部建立档案卷（盒），乡镇、村（社区）两级档案基本完成整理、归档工作，并移交至县档案馆共 6475 卷。各级档案基础设施逐步完善，基本达到标准化、规范化要求。

县档案馆设施

县档案馆是全县档案保管基地和档案信息利用中心。位于县城红星路。1991 年有 1 幢 4 层的办公楼，面积 1000 多平方米，其中档案库房面积 500 多平方米，馆藏档案 2.10 万卷。1992 年 12 月，县档案馆被评为自治区三级档案馆。1997 年至 1998 年，县财政投入近 2 万元，为县档案馆购买 1 台微机和 1 台空调机。2000 年 12 月，县档案馆晋升为自治区二级档案馆。2001 年晋升为“自治区三级档案馆”。1999 年至 2001 年，共投入 12 万元资金对县档案馆进行改造装修、添置办公设备、安装 11 列档案密集架及空调机、传真机、温湿两用自动仪、档案管理软件等。2004 年，县档案馆（局）档案库房面积 940 平方米，馆藏档案 3.16 万卷、资料 1.09 万卷（册）、照片 3250 张、印章实物 1820 枚（其中钢印章 15 枚）。县档案馆办公设备较齐全，配备档案用小车 1 辆、照相机 1 部、复印机 2 台、传真机 1 台、电脑 4 台、去湿机 1 台、吸尘器 2 台、空调机 4 台及档案管理软件等，档案实现电脑录入和电脑管理。库房配备档案密集架和空调机、去湿机、吸尘器等设备，管理和设施达到自治区的防盗、防光、防高温、防火、防潮、防尘、防鼠、防虫“八防”标准要求。

机关企业乡镇村档案室建设

1991 年，除县档案馆外，全县各乡镇、县直机关及大中型企业共 103 个单位设有档案室，配备专（兼）职档案人员 134 名。1999 年至 2001 年，全县被评为合格档案室 24 个。2003 年，全县 116 个县直单位、乡镇政府、开发区管委会已有 66 个单位建立综合档案室。至 2004 年，全县有 41 个综合档案室单位实现档案管理达标和定级。

机关单位档案室 1991 年，县直党政机关事业单位陆续建立档案室。1996 年达到 35 个。1997 年至 1998 年，县人民检察院、县人民法院、县地税局 3 个单位档案室被评为自治区县直机关二级档案室。2001 年，开始推行县直单位文书立卷改革和电脑管理档案。1999 年至 2001 年，被评为县直机关一级档案室2个，二级档案室6个，三级档案室2个，被评为自治区科技事业档案管理达标单位1个。2003年，县公安局重点抓基层派出所档案室定级工作，有18个派出所档案室被自治区公安厅评定为基层派出所特级档案室，9个派出所档案室被南宁市公安局评定为基层派出所二级档案室。至2004年，县直单位有45个用文书立卷新方法建立文书档案，其中有35个单位已经安装使用“电脑管理档案软件”，并配备专兼职人员。各机关事业单位档案存期5年后移交至县档案馆。县直机关一级综合档案室（由自治区和南宁市评定）有邕宁县人民检察院、邕宁县国家税务局等6个单位；县直机关二级综合档案室（由邕宁县评定）有邕宁县人民法院、邕宁县地方税务局、邕宁县公路局等6个单位；县直机关三级综合档案室（由邕宁县评定）有邕宁县总工会、大沙田开发区管委、沿海经济走廊开发区管委等单位。

乡镇村档案室 1991年，全县乡镇均已建立综合档案室，累计整理历年积存档案7459卷。1996年，有大塘、那陈、南晓、五塘、伶俐、昆仑6个乡镇档案室评定为二级档案室。2000年，全县21个乡镇综合档案室全部合格，其中有6个实现定级；村级建档合格数238个，合格率100%。1999年5月至2000年12月，全县乡镇级完成档案整理74559卷，完成村级档案整理6475卷。2004年，全县251个村（居）委会全部建立档案卷（盒），乡镇、村（社区）两级档案基本完成整理、归档工作，移交至县档案馆共6475卷。初步建立以县农业局、林业局、畜牧水产局等涉农单位为中心，以各乡镇农业服务中心等基层农科单位为网点的农业、农科档案工作网络。县直机关三级综合档案室（由邕宁县评定）有邕宁县总工会、百济乡、中和乡等7个单位。

企业档案室 1991年，一些企业单位已重视档案管理并建立档案室。1997年至1998年，县明阳糖厂、县电业公司2个单位档案室被评为自治区级档案室。2004年，县内企业单位有综合档案资料室30多个，占应建企业50%。其中金融、保险系统10个。县直机关一级综合档案室（由自治区和南宁市评定）有中国人民保险公司邕宁分公司等单位；中国农业银行邕宁支行8个基层营业所档案室定级为县直机关三级综合档案室；南糖集团伶俐糖厂、蒲庙造纸厂、明阳糖厂及县电业公司等企业档案管理被评为自治区级企业档案管理达标单位。

档案管理与服务

县档案馆档案管理与服务 1991年，有档案库房面积500多平方米，馆藏档案2.10万卷，有专兼职人员9人。县档案馆提供档案利用服务。1991年至1996年，县档案馆为1441人次在处理土地、山林、水利纠纷和房地产开发、史志编写及工资晋级等方面提供利用档案、资料2714卷（册），挽回经济损失65万元。1996年以后，县档案馆档案和资料的利用率不断提升。1997年至1998年，县档案馆共提供档案服务472人次1229卷（件）。1999年至2002年，为社会提供档案资料利用服务1478人次2586卷（件）。2003年，县档案馆共接收10个全宗（单位）2016卷档案进馆，馆藏档案89个全宗2.61万卷，档案长度388米，抢救档案125卷，提供档案利用650人次1275卷次。

2004年，县档案馆（局）档案库房面积940平方米，馆藏档案3.16万卷、资料1.09万卷（册）、照片3250张、印章实物1820枚（其中钢印章15攻）。县档案馆专兼职人员7人。档案馆办公设备较齐全，配备档案用小车1辆、照相机1部、复印机2台、传真机1台、电脑4台、去湿机1台、吸尘器2台、空调机4台及档案管理软件等，档案实现电脑录入和电脑管理。库房配备档案密集架和空调机、去湿机、吸尘器等设备，管理和设施达到自治区的防盗、防光、防高温、防火、防潮、防尘、防鼠、防虫“八防”标准要求。

1991年至2004年，县档案馆接收各类档案累计4.90万卷（盒），先后抢救各种档案1880卷；建立健全各项档案管理制度、台账、档案检索工具、编制专题文件目录97个和89个全宗介绍，编写16个专题共161万字的史料编研材料，其中公开出版的有2个专题58万字；县档案馆共向社会提供档案利用服务4500多人次8000卷次以上，为当地物质文明、政治文明、精神文明三个文明建设提供服务。

档案室档案管理与服务　1991 年，全县各乡镇、县直机关及大中型企业共 103 个单位设有档案室，配备专（兼）职档案人员 134 名。各单位制订档案立卷归档、档案保管、档案保密、档案借阅、安全防火和档案移交等制度。同时，加强档案管理安全教育，坚持日夜轮流值班制度。2003 年 9 月，成立邕宁县现行文件阅览服务中心，对外开放的文件和资料主要有各种可以公开的现行政策、法规、文书档案等，并向社会免费提供现行文件、文书档案利用服务。1991 年至 2004 年，邕宁县每年进行一次档案执法检查活动，召开一次档案工作会议，表彰档案管理先进单位和个人。

业务培训

1991 年，全县档案干部先后参加各类培训班、函授班共 14 期，受培训 91 人次。1997 年，县档案局干部派人到各乡镇、伶俐糖厂等单位宣讲《中华人民共和国档案法》，参加听课干部职工有 700 多人。1999 年至 2001 年，举办全县性、部门性的各种档案业务培训班 44 期，培训专、兼职档案员 1571 人次。2003 年，举办 2 期全县档案人员持证上岗培训班和 1 期档案人员业务培训班，共有 171 人参加培训、考试。1991 年至 2004 年，县档案管理部门先后组织相关单位分管领导和专兼职档案员到自治区内外参加档案业务学习 9 期次共 105 人次。在县内举办各种业务培训班 36 期次、受训 2563 人次。分发《中华人民共和国档案法》等档案法律法规及档案工作情况宣传资料 8500 份（册）。

第五节　党史方志

党史资料征集编纂

《中国共产党广西壮族自治区邕宁县组织史资料》　由中共邕宁县委组织部、县委党史办公室、县档案局编，分为第一卷和第二卷。《中国共产党广西壮族自治区邕宁县组织史资料》第一卷以县辖区为范围，收录时限从 1925 年 9 月中国共产党开始在邕宁县（南宁）活动起，至 1987 年 10 月中共十三大召开时止。1996 年 3 月由广西人民出版社出版发行，印 1000 册，全书 64.47 万字。《中国共产党广西壮族自治区邕宁县组织史资料》第二卷以县辖区为范围，收录时限从 1987 年 10 月至 1996 年 12 月；由中共邕宁县委组织部、县委党史研究室（办公室）编，1997 年 5 月征集资料，1999 年 10 月成稿。2002 年 3 月，由广西人民出版社出版发行，印 1000 册，全书 24 万字。

▲分别于 1996 年 3 月和 2002 年 3 月出版的《中国共产党广西壮族自治区邕宁县组织史资料》　（滕永杰　摄）

《中共邕宁县地方史资料汇编》　由中共邕宁县委党史研究室编纂成书。1982 年征集资料，2000 年 10 月《中共邕宁县地方史资料汇编》（新民主主义革命时期）定稿。2001 年 5 月出版，该史料为内部书，全书 22.70 万字。

《中共邕宁县党史大事记》　由中共邕宁县委党史研究室编纂，2005 年 4 月定稿，5 月由广西人民出版社出版发行，印 1000 册，全书 36.80 万字。

该书记述邕宁县1949年12月全境解放至2005年3月撤县时的地方党组织和经济社会发展历史大事要事。

志书编纂

《邕宁县志》 编修始于1978年9月，编修机构几次调整，领导不断更迭，编修人员变动频繁，供稿人员数百人，编辑人员10人。1992年5月召开自治区、市、县三级评审会，经五改纲目，四易其稿。1995年由中国城市出版社出版发行，印5150册。志书记事上限追溯至东晋大兴元年（318年）建县之始，下限至1990年。由序、凡例、概述、大事记、分志及附录组成，配以照片和图表。分志采用编、章、节、目结构形式。全志15编，分别是建置·政区、自然环境、党派群团、政权、政协、公安司法、军事、农业、工交·城建、财贸、经济管理、教育·科技、文艺·新闻、卫生体育、社会、人物，共63章274节138万字。1996年，获第二届广西地方志优秀成果佳作奖。

部门志 1995年出版《邕宁教育志》，记述时间上限为晚清时期，下限至1990年。全书52万字，印刷400册，内部发行。

厂　志 1996年9月，伶俐糖厂编纂出版《伶俐糖厂志》1本。

乡镇志 1991年3月，邕宁县那陈乡编纂出版《那陈乡志》1本。

▲1995年12月出版的《邕宁县志》（滕永杰　摄）

地方综合年鉴编纂

1997年3月，启动编纂《邕宁年鉴》（1991年至1996年卷），为县有史以来第一部地方综合年鉴，次年12月由广西人民出版社出版发行。全书77万字，系统记述邕宁县1991年至1996年的自然、政治、经济、文化和社会等方面的情况，是地方资料性文献。1999年获广西第三届地方志优秀成果佳作奖。

1999年至2004年，先后编纂出版《邕宁年鉴》（1997年至1998年卷）、《邕宁年鉴》（1999年至2001年卷）、《邕宁年鉴》（2002年卷）、《邕宁年鉴》（2003年卷），均由广西人民出版社出版发行。

▲1991年至2005年3月，邕宁县编修并公开出版的《邕宁年鉴》（滕永杰　摄）

▲2002年，县政府召开《邕宁年鉴》发行暨编纂工作会议（邕宁区史志办资料照片）

第五章　广播电视　电影　图书　信息网络

第一节　广播电视

广　播

有线广播　1991年,邕宁县恢复从县城广播站传输至乡镇农村的有线广播节目有蒲庙、良庆、那马、百济、南阳、长塘、四塘、伶俐、九塘、吴圩10个乡镇,有线广播专线里程共130千米,入户喇叭共1.50万只。经济来源县财政出一点,乡镇财政出一点,群众捐一点。因缺钱维修线路,未能恢复通县有线广播的乡镇有新江、中和、五塘、苏圩、大塘、南晓、那陈等11个。1994年下半年仅有南阳乡农村保持县有线广播线通喇叭响。1995年,有线广播节目停止传输。

▲1998年,邕宁县广播电视局采编人员在制作电视节目
（县广播电视局提供）

无线广播　1991年,县广播站调频发射台功率50瓦频率90兆赫,配备线传输的调频接收机乡镇有17个、行政村有25个,无线调频广播综合全县人口覆盖率81%。2004年达到98%。

节目设置　1991年至2004年,县广播站有线、无线广播分早、中、晚三个时段播放,每天8小时。县广播站固定时间转播中央人民广播电台的《新闻联播》和广西人民广播电台的《广西新闻》节目,自制节目主要有《邕宁新闻》《对农村广播》《文艺节目》《科技生活》《少儿节目》《各地见闻》等栏目。

1991年,县广播站广播稿件编播量2100篇。2004年,县广播站广播稿件编播量1705篇。1991年至2004年,县广播站广播稿件编播量累计3.60万篇。

▲建设在县城侧钻岭上的县广播电视差转台
（县广播电视局供稿）

电　视

无线电视　1991年至2004年,邕宁县在县城侧钻岭建有电视差转台1个,功率50瓦,综合人口覆盖率为65%。城乡电视机用

户从7.30万户（含闭路、有线电视1.50万户），增加至16.31万户（含有线电视3万户），电视覆盖率为98.60%。电视机用户累计178.36万户（含有线电视35.48万户）。

有线电视　1993年2月，县城的各单位小型闭路电视进行联网建有线电视。同年5月，县有线电视开始试播。1994年7月，大沙田开发区建立广播电视站，安装独立前端机房有线电视系统。全县21个乡镇政府所在地安装有线电视传输站；有10个村委安装有线电视网。至此，全县形成城乡村初级电视网络。1995年，邕宁有线电视台成立，并正式开播有偿有线电视。有线电视采用300z兆赫兹邻频传输技术和增补频道技术，主干线采用美国500MC2电缆，利用邮电线路电杆架空敷设，以树干等线路杆架线连接终端用户。首端采用美国优力公司和日本东芝公司生产的设备，可传输电视频道28套，具有双向传输功能，可进行现场直播和举行电视会议等。全县有线电视用户2.20万户。2004年7月，自治区实行有线电视垂直管理，经广西广播电视信息股份有限公司评估邕宁县的有线电视价值620万元，广西广播电视信息股份有限公司邕宁分公司持有股份620万股，管理的邕宁有线电视用户3万户。9月，县城实现有线电视数字化。

节目设置　1991年起，县内的电视节目（含有线、无线电视），转播节目有中央电视台第一、二套，广西电视台第一、二套和南宁市电视台，自办节目有《邕宁新闻》等。1996年以后，自办节目有《邕宁新闻》《新闻特写》《经济传真》《沿海剧场》《七彩田园》《农信综艺》《球迷天地》《点歌台》等。电视节目输送从1993年的12套增加至1996年的19套（有线电视），其中自办节目1套。1999年后，增至30套，其中自办节目1套。1991年至2001年，邕宁电视台购买电视节目3650小时、自制节目624小时。2002年至2004年，邕宁电视台购买电视节目4572小时、自制节目3495小时，其中2004年自制节目2362小时。1991年至2004年，邕宁电视台编播电视稿1953辑、1.68万篇（条）。

广播电视基础设施建设

1994年3月县广播电视局开始筹建邕宁有线广播电视台。1995年1月24日经广播电影电视部批复，同意邕宁县筹建有线广播电视台，在试播期间呼号为“邕宁有线电视台（筹）”。1998年2月，经广播电影电视部批准成立邕宁广播电视台。对外呼号分别为“邕宁人民广播电台”和“邕宁电视台”。县广播电视台设办公室、财务室、社管室、总编室和工程技术部、广告信息部、广播编辑部、电视编辑部，人员编制39名，为事业单位。

有线广播设施建设　1990年至1991年，全县筹集资金29.20万元，其中县财政拨款15万元，修复广播线路130千米。1995年，因经费不足，县有线广播停播。

广播电视设施建设　1991年至1996年，邕宁县投入13万元购买摄像机5台、录像机5台、编辑机4套、微波接收机2台、字幕机1台，装修80平方米功能齐全的小型演播室1间，特技切换台和专业录音机及一批安装、检测仪器。1998年，投入15万元对网络部分前端设备进行更新，新建了伶俐镇汶水村、百济乡红星村、大塘镇那造村3个卫星地面接收站。1999年至2001年累计投入637万元，其中投资123万元架设从县有线电视发射中心至大沙田、沿海、仙葫3个开发区共45

▲2003年，邕宁县召开《邕宁报》复刊10周年座谈会
（邕宁区史志办资料照片）

千米的有线电视光缆主干线工程，实现3个开发区与县城联网；有线电视网络节目从20套增加到30套；新建61米高的广播电视发射塔；投资100万元对部分主干、分支旧网线路进行升级改造和更新部分设备，同时架设一条从有线电视播控中心至侧钻岭发射台的光缆，提高节目的传输质量。投资23万元，更新广播电台设备，实现广播电台的自动播出；投资126万元，更新电视采编播设备，新购买两套编制节目系统以及采访车2辆。2002年，投资220万元对300MH系统的网络进行升级改造，改造干线总长度6330米和用户分配网1033米；装备有线电视可寻址自动控制管理系统；新架设支干线3万米，新安装电视用户入户1344户，搬迁电视用户87户；购买一批防范利用网络破坏活动的设备；新建62米高广播电视发射塔以及解决办公用房等。全县除南晓镇政府所在地因地势属凹地，受大塘花甲山阻挡信号较弱外，其他乡镇及县周边相邻的县部分乡村均收到邕宁电视台信号，覆盖全县人口达到90%。2004年投资210万元，重点建设县城及大沙田、沿海、仙葫3大开发区有线电视网络的延伸及覆盖，新增架设光缆干线、支线2.20万米，新安装入户3000户。

1991年至2004年，全县累计投入1748万元（其中社会集资91万元）用于添置广播电视设备、建卫星地面接收站、更新升级改造系统网络线路等广播电视基础设施建设。

广播电视村村通工程 1997年至2001年，邕宁县根据自治区、南宁市部署，实施广播电视“村村通”工程。投资150万元，建成昆仑、新江、百济、中和、伶俐、长塘、大塘、那陈、南晓等13个边远山区乡镇电视卫星地面接收站50个，确保能收看到电视节目8~12套。同时，安装广播调频接收设备30套，实现县城全覆盖。

第二节 电 影

1991年起，邕宁县电影市场逐渐萎缩，观众锐减，放映、发行量和收入急剧下降，国营放映单位从1991年16个减至2004年8个。2004年，90个民办电影队全部退出市场。

放映单位

1991年，全县有电影公司等国营放映单位16个，有县城电影院、五塘电影院、苏圩电影院、新江电影院、那马电影院、大塘电影院、南晓电影院7个，有综合性电影放映场14个。1996年，邕宁县有国营放映单位16个，有县城、五塘、苏圩、新江、那马、大塘、南晓7座电影院，农村民办电影队53个。2001年12月，县电影公司派驻各乡镇管理的电影站不再保留，全县有国营放映单位8个，有县城、五塘、大塘、南晓、新江、苏圩6座电影院，农村民办电影队53个。2004年，全县有电影院8个，新建电影院1个，建成的乡镇演出、放映剧场5个，新建、扩建或改建乡镇露天演出、放映剧场18个。

1991年至2004年，县内电影公司等国营放映单位从16个减少到8个，工作人员从78人减少到46人，放映机从38架（套）减少到10架（套）。民办电影队90个，放映员186人，放映机90架（套），全部退出市场。

电影放映

邕宁县电影放映全部由县电影公司提供影片。在县城和县电影公司有下属放映单位的乡镇所在地由县电影公司组织放映，在农村各村屯主要由农村民办电影队放映。随着电视的出现和农村文化娱乐活动的不断丰富，电影放映在农村逐渐退出市场，20世纪90年代只有逢年过节才有个别村屯晚上放电影，2001 年后农村放电影的更少。中小学校放映一般由教育部门统一安排，由县电影公司组织放映，主要是以宣传教育、爱国主义教育为内容的影片居多。县城电影在县电影院进行，每月 100 场任务。放映时间安排是每逢蒲庙圩日为一天 4 场，即白天 2 场、夜晚 2 场；不是蒲庙圩日为夜晚 2~3 场，白天不放映。

1991 年下半年，县电影公司下属放映单位在中和、良庆、南晓、那陈、延安等乡镇试举办“有奖电影”放映，以增加观众量。

1993 年，全县放映宣传教育影片 320 场，观众 16.50 万人次；放映科教影片 170 场，观众 358.25 万人次；放映爱国主义教育影片 239 场，观众 12.15 万人次。

1996 年，县电影公司对下属的放映单位实行大承包，对民办放映队给予片租优惠，打破区域限制，允许民办放映队跨乡镇放映。当年 9 月，县电影公司大力发展第三产业，将县电影院改造一楼为综合性商场（即影城商场）、二楼为电影放映厅，内设座位 775 个和投影放映厅 2 个，1997 年 8 月竣工使用，影城商场出租年增收入 10 万元。

1991 年至 1996 年，全县放映电影 5.54 万场，观众 3708.21 万人次，放映收入 681.82 万元。县电影公司电影发行收入累计 118.58 万元。

1998 年，国家广播电影电视总局、文化部下发《关于贯彻落实农村电影放映“2131 工程”目标的通知》，要求 21 世纪初基本实现农村一村一月放映一场电影。次年始，在全县范围开展以放映爱国主义、法制教育等为主题的宣传教育活动，重点解决农村农民看电影难的问题，组织电影到农村放映。开展放映爱国主义影片和专题宣传影片活动，邕宁县采取县财政划拨一点、企业赞助一点、集体或个人出一点的办法，筹集数万元解决当年放映经费难的问题。

2001 年始，联系文艺团体到县电影院举办文艺演出、演唱会活动，至 2004 年演出共 249 场，观众共 6.37 万人次，收入共 12.40 万元。

2003 年 4 月 24 日至 6 月 2 日，由于受“非典”的影响，全县停止放映 40 天。8 月初，广西移动通信有限责任公司邕宁县分公司出放映费，由县电影公司在县城新兴广场举办“田园通联万家”广场电影放映周，观众 2 万人次。

2004 年秋季，全县中小学校开展爱国主义思想教育影片放映活动。250 人以上的中小学校学生一年都能看到 5 部影片（故事片 3 部，教育科教片 2 部）。此次活动组织《真情三人行》《血性山谷》《法官妈妈》等一批爱国主义、法制教育影片和《毒品——致命的诱惑》《致命的诱惑——赌博》等科教影片，到全县 102 所学校放映 539 场，其中故事片 322 场、科教片 217 场，观看电影学生 15.38 万人次。经费在开学注册时由学校统一收取（烈属子女和特困生、孤儿等免收电影费），高中生、初中生每人每学期 5 元，县城及各乡镇中心校小学生每人每学期 4 元，各乡镇完小（250 人以上）每人每学期 3 元，放映活动采取全县统筹兼顾办法，实行城市补农村，大点补小点。

1991 年至 2004 年，全县国营电影放映单位放映活动次数 1.85 万次，累计放映 4.66 万场次，观众 1410.12 万人次（其中农村专题宣传放映活动 5222 次，农村专题宣传放映观众 299.72 万人次）；民办电影队放映活动次数共 1.15 万次，累计放映 2.93 万场次，观众共 2837.95 万人次。全县放映共 7.59 万场次，观众共 4248.07 万人次，收入累计 1502.17 万元。

第三节 图书

1991 年，邕宁县共有图书室（文化室）497 间。1994 年，县图书馆被国家文化部审定为“国家二级图书馆”。2001 年，建 4 个自治区农村示范性村级图书室。2004 年，全县共有图书室（馆）508 间。其中企事业单位 30 间，学校图书室 246 间，乡镇图书馆 21 间，开发区图书馆 1 间，村级图书室（文化室）

210 间。1991 年至 2004 年，邕宁县图书发行主要渠道是县国营新华书店，图书藏书与借阅以公共图书馆为主。县城有一两家个体书店，开展有偿图书租借业务。

图书发行

1991 年，图书发行网点 23 个。其中，县新华书店图书发行直属网点 4 个，乡镇供销社图书发行网点 19 个。1995 年，新设 14 个乡镇教育图书发行支店网点挂牌经营。2004 年，全县图书发行网点 22 个。其中，县新华书店图书发行直属网点 4 个，乡镇教育图书发行支店网点 14 个，乡镇供销社图书发行网点 4 个。

1991 年至 2004 年，全县图书（含教材和课本）发行和销售册数累计 6503.14 万册，销售收入累计 2.05 亿元。其中，中、小学教材及课本销售册数共 4321.12 万册，销售收入共 1.43 亿元；重点图书发行共 131.39 万册；总利润 609.35 万元。县内的图书供应和中、小学校教材及课本发行，由县新华书店和各乡镇供销社社图书发行网点统一经营，以新华书店为主。

▲ 2002 年，县新华书店一角　　（邕宁区史志办资料照片）

藏书阅览

1991 年，全县各级图书馆（室）等有各种图书藏书共 42.25 万册。其中，县图书馆有藏书 6.36 万册，中小学校图书室有藏书 24.89 万册，乡镇文化站、农村图书（文化）室和企事业单位图书室有藏书共 11 万册。1991 年，全县读者 18 万人次，借读、阅读书籍 53 万册。

2004 年，全县各级图书馆（室）等有各种图书藏书共 192.64 万册。其中，县图书馆有藏书 13.65 万册，中小学校有藏书 146.99 万册，乡镇文化站、农村图书（文化）室和企事业单位图书室有藏书共 32 万册。是年，读者共 52 万人次，借读、阅读各种图书 92 万册。

1991 年至 2004 年，读者累计 510 万人次，借读、阅读各类图书 1013 万册。

县图书馆藏书阅读　1991 年，县图书馆设有文学图书外借室、综合图书外借室、书刊外借室、书刊阅览室、参考工具书与地方文献阅览室、少年儿童阅览室等 7 个读者服务室，设有读者阅览座位共 210 个，每周对读者开放 42 小时，馆藏图书 6.36 万册，订有报纸 160 种，订有杂志 604 种。1992 年、1994 年，经自治区文化厅和文化部审定为国家二级图书馆。2001 年起，读者在馆内免“阅览证”阅览开放图书。2002 年，增设广西人民出版社赠书专藏借读者到馆室阅览。2003 年 12 月，向读者开放多媒体电子阅览室，全国文化信息资源共享工程同时上网开通。2004 年，县图书馆藏图书 13.65 万册，有报纸 73 种、杂志 377 种，设有读者阅览座位共 320 个，办理读者《借书证》共 462 个。1991 年至 2004 年，县图书馆藏图书累计 124.96 万册，订有报纸累计 1367 种，订有杂志累计 6426 种。

乡镇图书馆建设　1994 年 4 月，邕宁县开始实施“知识工程”——乡镇图书馆的建设，落实一个县直机关单位扶持一个乡镇图书馆并“结对子”资助经费 5 万元，连续资助 3 年；县财政对每个乡镇拨出 10 万元作为扶持乡镇图书馆建设补充经费。1995 年，建成县内首个乡镇级图书馆——吴圩镇图书馆。1998 年 11 月底，全县完成 21 个乡镇图书馆建设任务。1994 年至 1999 年，全县收到县直机关单位及干部职工捐书 2.05 万册、捐款 3.18 万元，“结对子”单位资助扶持乡镇图书馆建设 320 万元。2000 年，自治区、南宁市“知识工程”办公室组织评估组对全县 21 个乡镇图书馆进行评估验收（初评），经自治区、南宁市专家组复核，吴圩镇图书馆被评为自治区一级乡镇图书馆，大塘镇图书馆被评为自治区二级乡镇图书馆，五塘镇图书馆和蒲庙镇图书馆被评为自治区三级乡镇图书馆。2002 年，良庆、苏圩、那陈、刘圩、南晓、昆仑 6 个乡镇图书馆被评为自治区三级乡镇图书馆，吴圩镇图书馆、沿海开发区玉洞图书馆通过自治区“知识工程”办公室检评、被评为自治区农村示范图书馆。2003 年，沿海开发区图书馆被评为自治区一级乡镇图书馆。2004 年，全县有乡镇图书馆共 21 个。其中，自治区一级乡镇图书馆 2 个、自治区二级乡镇图书馆 1 个、自治区三级乡镇图书馆 8 个。

学校单位农村图书室 邕宁县加强学校、其他企事业单位及农村图书室建设，以适应不断发展的文化的需要。1991 年，全县有学校图书室 166 间，小学图书室藏书量 45.90 万册，中学图书室藏书量 23 万册，职业高中图书室藏书量 0.92 万册，县第一中等职业技术学校图书室藏书量 0.76 万册。企事业单位有图书室 23 间，乡村有图书室（文化室）308 间。1996 年，小学图书室藏书量 75.40 万册，中学图书室藏书量 53.37 万册，职业中学图书室藏书量 1.33 万册。1998 年，小学图书室藏书量 78 万册，学生人均藏书 6.70 册；中学图书室藏书量 54.80 万册，学生人均藏书 10 册。2001 年，全县中小学校图书馆（室）必备图书藏书量，小学达 81 万册，生均 8.60 册；中学达 69 万册，生均 14.70 册。是年，县内建成长塘镇幸福坡、刘圩镇那壬坡、蒲庙镇龙岗村、吴圩镇河洲村 4 个自治区农村示范性村级图书室。2002 年，建成邕宁沿海开发区玉洞图书馆，成为县内三个开发区首个图书馆。2004 年，全县有学校图书室 246 间，企事业单位图书室（馆）30 间，开发区图书馆 1 间，村级图书室（文化室）210 间。

▲ 2003 年，城关第一小学图书室一角

（邕宁区史志办资料照片）

第四节 报纸 信息网络

邕 宁 报

《邕宁报》是中共邕宁县委的机关报，1993 年 2 月 28 日复刊，编辑、记者由县委宣传部干部兼职。次年 12 月正式成立邕宁报社，属县委事业机构，人员 15 名，内设办公室、编辑部、记者部、通讯联络部、发行部。报纸为 4 开 4 版，周报，逢星期五出版。1993 年至 1996 年，累计发行 9700 份。1998 年起改为每周二报，逢星期二、五出版。是年每期发行 9000 份。

▲ 2003 年，邕宁县召开《邕宁报》2002 年度优秀通讯员表彰会。图为优秀通讯员在领奖

（邕宁区史志办资料照片）

2001年10月后逢星期三、六出版，仍为4开4版。2002年10月后采用了彩色印刷，改为每周三报，逢星期二、四、六出版，4开4版。1999年至2002年，每期报纸的发行量都超过1万份。2003年12月31日停刊。1993年至2003年累计出版1510期。

《邕宁报》复刊之初，开辟的主要栏目：一版有每周话题、群众之声、苦丁茶座、他乡广角、要闻一览、现场短新闻等；二版有乡村风景线、经济随笔、广场传真、热点话题、生活快餐、希望田野、企业掠影等；三版有小说天地、散文精选、诗海撷珍、心灵一隅、青春岁月、校园芳草、书海拾贝等；四版有人间亲情、世事管窥、教育之窗、报刊选粹等。中缝增设世界珍闻、生活常识、知识窗。1997年至2003年，《邕宁报》先后增设的栏目主要有读者通道、短评、农信天地、林业之窗、国税之声、科技园地、再就业观念大家谈、市场监督、"消费广场"、幽默笑话、世态百相、社会广角、网络时代、报刊搜狐、经济纵横、校园文苑、法制专刊、E时代专刊、家庭生活等。

《邕宁报》订户以本县为主，主要人群为各级党政机关、团体、政法、军警、厂矿企业、事业单位，各中小学校等单位和村（居）委会，干部、工人、农民、学校师生、个体劳动者、干警及部队指战员等。

信息网络

2004年5月，邕宁县新闻信息中心成立。9月，设立县信息化工作办公室。投入74万元建设信息网络，建成21个乡镇政府网点、3个开发区网点和县党政机关部门网点57个，用户7000户。其中县政府设置公务信息网站（www.yongning.gov.cn）和招商信息网站（www.yhzs.gov.cn），信息网详细介绍了县政治、经济、文化、科技、投资环境、政策、办事流程等，还开设"五合大学城""三个开发区招商项目""农业招商项目""邕宁十佳公务员""邕宁县为广西经济十强县"等栏目。至2005年3月，县内信息网累计发布信息1.60万条，访问量12万人次。

2004年，县新闻信息中心每月向南宁市党报提供邕宁县有关信息140篇以上，在《南宁晚报》上刊出邕宁专版50版。至2005年3月，累计向南宁市党报提供信息400篇。

第十七篇

卫生 | 体育

第一章　卫　生

1991年后，邕宁县县、乡镇、村三级医疗网络得到巩固和发展，社会力量办医逐步发展壮大。2004年，邕宁县有全民医院、卫生院25个；村卫生所228个，实现村村有卫生所；有社会办医院4家，个体诊所222家；儿童计划免疫达到98%，妇幼保健基本达到《全国城乡孕产期保健质量标准要求》的农村乙级要求，传染病发病率逐年下降，可免性传染病基本上得到控制。

第一节　机　构

行政机构

邕宁县卫生局　位于县城汉林街。1972年5月成立，是主管全县医疗卫生防疫工作的政府职能部门。1991年，县爱国卫生运动委员会办公室归并在县卫生局办公，共同设立局党支部；县药检所挂靠在卫生局工作。县卫生局内设有政秘股、财务股、社会医疗管理股、业务股（医政、药品、中医、防疫、妇幼、护理）等股室和县爱国卫生运动委员会办公室、县初级卫生保健办公室、县红十字会、中华医学会邕宁县分会等机构，干部职工共30人。1994年，设县消杀灭（消毒、杀害虫、灭菌）科。

2001年，县卫生局内设有行政秘书股、业务股、卫生法制与监督股、财务信息股等股室和县爱国卫生运动委员会办公室、县初级卫生保健办公室、县红十字会、中华医学会邕宁县分会等机构，有干部13人、职工1人。2003年，业务股和卫生法制与监督股合并为综合业务与监督股，同时解散中华医学会邕宁县分会。

2004年2月，成立邕宁县中西医结合学会，办公在县卫生局；局内设有办公室、规划股、综合业务股、卫生法制与监督股等股室和县爱国卫生运动委员会办公室、县红十字会、中华医学会邕宁县分会、县中西医结合学会、职业卫生科等机构，有干部13人、职工1人，其中领导4名。

1991年至2005年3月县卫生局历任局长：韦德尊，马长群，覃超康，李志雄。

南宁市药品管理局邕宁县分局（邕宁县医药管理局）1987年县医药管理局在县医药公司挂牌，为两块牌子一套人马的部门（1998年5月，县医药公司改制为股份合作制企业，更名邕宁县医药有限公司。1991年县医药公司在职干部职工96人，2005年3月在职干部职工70多人）。县医药管理局负责全县各医疗单位、乡村卫生所（室）、个体卫生室、各乡镇供销社药品代批点和药品零售店的药品供应。2002年4月，设立南宁市药品管理局邕宁县分局，设办公室、市场监督股、综合业务股，行政编制10名，事业编制2名，在职干部职工7人。职责是负责辖区内药品管理，依法依规管理医药药品及核发医疗器械经营企业许可证、医药药品经营企业零售许可证等。2005年3月，南宁市药品管理局邕宁县分局在职干部职工9人。办公地址在彩虹路环保局二楼。

医疗机构

邕宁县人民医院　位于县城和平街。建于1951年1月。1991年，医院占地面积1.93万平方米，建有制剂楼、门诊楼、住院楼及污水处理系统等，建筑总面积2.64万平方米，其中业务用房1.48万平方米（门诊楼一幢2362平方米，住院楼三幢7417平方米，设计病床300床），固定资产127万元，启用病床238张。全院在编职工327人，其中卫生技术人员253人。中级以上职称78人，占专业技术人员的30.83%；初级以上职称175人，占专业技术人员的69.17%。住院部设有内科、外科、小儿科、妇产科、中医科、五官科、口腔科、传染病科8个科室，年住院病人8614人次；门诊部设有内科、外科、妇产科、中医、五官、口腔等临床科室外，还有放射、检验科、B超、心电图、脑电图、胃电图、理疗和急诊室、注射室等功能检查治疗科室，年门诊病人17.89万人次。外科可进行颅脑血肿清除术、肺叶切除术、食道癌手术、肝外伤及肿瘤切除术、胆道手术、脾肾切除术等；妇产科可进行子宫摘除术、脾肾切除术等；五官科可进行内障摘除、眼球摘除及上颌窦根治术等手术项目。药剂科制剂室自制20多种规格产品，年产值18万元。

▲2003年，县人民医院120值班室

（邕宁区史志办资料照片）

1995年，获中国大西南优质服务明星单位，是广西唯一获此殊荣的县级医疗单位。1996年，全院在编职工346人，其中卫生技术人员285人（副高职称15人、中级职称110人），被授予国家级“爱婴医院”。1998年获“国家二级甲等综合医院”。2004年在职（事业编制）职工328人，其中卫生技术人员256人（正高职称1人、副高职称15人、中级职称137人）。住院部开设7个病区，开放病床240张。拥有美国产全身螺旋CT机1台、日本产智能化遥控式X光机、进口彩色B超机、体外震碎石机、血透机、肛肠疗仪、匈牙利产500MAX线诊断机、日本产B型超声波诊断仪、MD—82B八道脑电图机等大批高科技医疗设备。医院开设有内科、外科、妇科、儿科、传染病科、中医科、五官科、口腔科、麻醉科、急诊科、手术室、理疗室和药剂科、检验室、放射科、心电图室、超声波室、脑电图室、血库、供应室、医疗器械科等，可进行脑肿瘤切除术、胰腺癌根治术、全髋关节置换术、羟基磷灰石（人工骨）植入颌骨及肺叶切除术等高难度手术。年门诊病人9.15万人次，住院病人6722人次。年业务收入1100多万元。

邕宁县中医院 位于县城五一路。建于1982年1月，是一所集医疗、预防、保健、康复、科研和教学于一体的现代综合性中医院。1991年，县中医院占地面积1.37万平方米，楼房建筑总面积1.40万平方米，职工100多人，其中卫生技术人员近100人，开放病床近100张，门诊病人7.40万人次、住院病人1300人次。2000年开设有内、儿、妇、外、骨伤、肿瘤、偏瘫（中风）、心血管病、糖尿病、口腔、五官、中医、肛肠、推拿、针灸和急、危、重病急救业务，施行腹部、泌尿、颅脑、脊椎以及癌症根治术、剖腹产、卵巢囊肿切除术、子

▲2002年，邕宁县中医院

（邕宁区史志办资料照片）

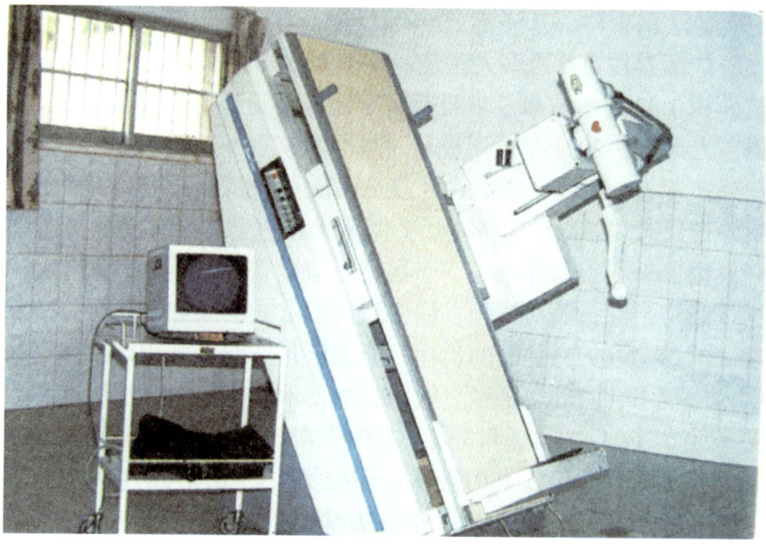
▲ 2002 年，县中医院配备的 500mA 带电视遥控床上管 X 光机
（邕宁区史志办资料照片）

宫全切除、四肢骨折、全髋关节置换等普通手术和高难度手术。年门诊量 6.33 万人次，住院量 1157 人次，完成各项手术 550 台次。年业务收入 937 万元。1998 年至 2000 年，县中医院先后获“国家二级甲等中医院”“爱婴医院”和“广西壮族自治区示范中医院”称号，是医疗保险定点医院、国家中医药管理局中医特色脑病专科建设单位。2004 年，在职卫生人员 212 人，其中卫生技术人员 169 人；医院设有内儿科、偏瘫科、骨伤科、外科、肿瘤治疗中心、妇产科 6 个病区和县城一、二、三门诊部和大沙田门诊部；门诊开设有内科、儿科、外科、骨伤科、妇产科等。拥有日本全身 CT 机、日本阿洛卡彩色多普勒 B 超、日本高档黑白 B 超、西德艾克松电子胃镜、万东 500MA 电视遥控 X 光机、意大利 EOSBRAVOPLUSG 型全自动生化仪、全自动血球分析仪、血流变仪、放免仪、心电监护仪、红外线乳腺透照仪、全自动洗片机、呼吸机、麻醉机、妇科微波治疗仪、恒兹治疗仪、风湿治疗仪、偏瘫治疗仪、体外冲击波碎石机、心电仪、经颅多普勒仪、无创伤性脑水肿监测仪等高科技医疗器械，并配备有 4 辆急救车，医疗设备总值 1000 多万元。开展心肌梗塞溶栓疗法，脑梗塞的溶栓与神经保护疗法，脑出血颅内血肿微创穿刺粉碎清除术，前列腺肥大电切除术，胃癌根治术，无张力性癌修补术，颈椎弓根内固定术，周围神经血管显微吻合术，骨折延期愈合骨髓自身移植术等高新技术。发表论文 40 多篇，其中国际级 4 篇、国家级 20 多篇。专科专病有：脑病偏瘫、骨关节病、心血管病、高血压病、胃病、肝病、针灸、推拿、按摩理疗等，并设有 120 急救站 1 个，4 个医技科室，有一级临床科室 12 个，二级中医专科 4 个。偏瘫专科在运用中草药内服外洗、熏蒸、烫疗、穴位敷贴、穴位埋线、针灸、按摩、理疗以及独特的康复训练等特色疗法治疗中风偏瘫、高血压病有独特的疗效和优势，在本地乃至区内外都有较高的声誉。年门诊就医 3.91 万人次，年住院量 2062 人次。

邕宁县妇幼保健院 位于县城新城路。始建于 1956 年 7 月。1991 年，县妇幼保健院在职职工 82 人，卫生技术人员 68 人。拥有救护车，大功率 X 光机、B 超声机、心电图等先进医疗器械，开设有妇科、儿科等科室，可进行肿瘤摘除、剖宫产、子宫摘除和普外手术等，开放病床 50 张。1995 年 9 月被国家卫生部授予“爱婴医院”称号。1996 年，婴儿死亡率由 1991 年的 15.80% 降至 10.95%；5 岁以下儿童发病率由 1991 年的 16.62% 降至 11.83%；新生儿破伤风发病率由 1991 年的 2.67% 降至 0.44%；孕产妇死亡率由 1991 年的 3.20% 降至 1.11%。1997 年，新法接生率 99.31%，孕产妇入院分娩率 65.63%，孕产妇入院系统管理率 64.23%，儿童系统管理率也有较大幅度的提高。1998 年，县妇幼保健院通过了“国家一级甲等妇幼保健院”评审。2004 年，在职职工 120 人，卫生技术人员 93 人。

邕宁县卫生防疫站 位于县城那元路。建于 1957 年年初。1967 年合并入县人民医院。1972 年，重建邕宁县卫生防疫站，负责指导全县的环境卫生和疾病防疫工作。1991 年，防疫站有干部职工 71 人。1997 年，有员工 84 人，拥有大功率 X 光机，进口冷链运输车及检验设备。2000 年 11 月，通过“国家一级甲等卫生防疫站”评审。2004 年，设有办公室、行政科、质控科、财务科、免疫规划及传染病管理科、慢性病预防科、门诊部、大沙田门诊部、卫生监督科、职业卫生科、学校卫生科、消杀灭科、卫生执法稽查科、办证科、检验科等，有干部职工 81 人。

广西崇左市复退军人医院 位于大沙田经济开发区金象大道 131 号。占地面积 5.46 万平方米，建筑面积 1.33 万平方米。前身是南宁地区复退军人疗养院，成立于 1980 年，1993 年更名为南宁地区复退军人医院，2004 年启用现名。是由国家兴办，民政部门直接管理的专为因战、因公、因病致残的革命残疾军人、现役军人、在乡复员退伍军人精神病患者提供医疗和康复的社会福利医疗机构，隶属于崇左市民政局，并承担特殊社会保障任务的全民所有制优抚事业单位。以精神科、妇产科为重点科室，开设内、外、妇、儿、五官、医技、康复等 14 个医技门诊科室。开设各种健身疾病，各种心理障碍的诊断与治疗，酒精依赖、慢性酒精中毒的诊断和戒除治疗，精神残疾等级评定，妇产科常见病、多发病的诊治，妇科肿瘤的治疗，能正常开展卵巢肿瘤切除术、全子宫切除术、子宫肌瘤剔除术、盆腔粘连松解术、宫外孕手术、输卵管吻合术、前庭大腺囊肿切除术、陈旧性阴道裂伤修补术和处女膜修补术等。2004 年职工 173 人，其中在职 138 人，退休职工 35 人，高级职称 10 人，中级职称 31 人，硕士生 1 名，病床数 180 余张，年门诊量 3.10 万人次，年住院量 0.25 万人次。

乡镇卫生院 1991 年，全县有蒲庙、良庆、那马、新江、百济、那楼、镇龙、中和、刘圩、南阳、长塘、伶俐、四塘、五塘、昆仑（九塘）、吴圩、苏圩、延安、那陈、大塘、南晓 21 个乡镇卫生院，其中五塘、大塘是中心卫生院。乡镇卫生院属事业单位。21 个乡镇卫生院有医生和职工共 250 人、病床共 506 张。2000 年，有 16 个乡镇卫生院通过合格医院评审；至此，全县 21 个乡镇卫生院全部为合格医院。2001 年至 2002 年，全县乡镇卫生院累计门诊病人 129.53 万人次，住院 2.72 万人次，业务收入 4837.47 万元。2003 年，自治区卫生厅批准那楼、南阳、苏圩 3 个卫生院为中心卫生院，全县 21 个乡镇卫生院全部通过“爱婴卫生院”复评。2004 年，全县有 21 个乡镇卫生院，其中五塘、大塘、那楼、南阳、苏圩 5 个为中心卫生院；有医生和职工共 661 人，其中卫生技术人员 549 人；有病床共 558 张。

▲ 2002 年，那楼镇卫生院　　（邕宁区史志办资料照片）

厂矿场及学校医疗单位 1991 年，县属国有较大的厂矿场站企业（含事业单位和驻县自治区、市属企事业单位）和学校有医院、卫生所 57 个，有医生和职工共 80 人，有病床共 120 张。2003 年，原农垦明阳医院与企业分离，由企业管理划归邕宁县管理，3 年内工资待遇由院方自行解决，3 年后由县财政按政策划拨经费，由于该医院机构类别核定未落实，未列入县直医疗单位或乡镇卫生院序列。2004 年，全县厂矿场站有医院、卫生所 5 个，有医生和职工共 30 多人，有病床共 20 多张。学校有卫生室（含驻县院校）10 个，有校医 10 多人。

社会医疗单位 1991 年至 2004 年，县内由社会办的营利性医疗单位有邕宁县中西医结合精神病医院、南宁大沙田中心医院、玉洞医院、城甫骨科医院 4 家。其中，邕宁县中西医结合精神病医院建立于 1983 年 1 月，是全国第一家县级民营中西医结合精神病专科医院，系集体所有制医院，创始人为享受国务院特殊津贴的邕宁区著名中医精神病专家、主任医师颜建邦。1998 年，该医院有医生和职工 110 多人，设有病床 240 张，运用中西医结合治疗精神病特色方法，年诊治精神病人 9000 多人次。

卫生所与个体诊所简介

村卫生所(室) 1991年,县内每个行政村设有一个卫生所(室),全县有村级卫生所(室)共235个,有乡村医生和卫生员共698人,有农村接生员共488人。村卫生所(室)是以村公所(村委会)名义筹建,属集体性质的非营利性医疗机构,一般设在村公所(村委会)办公所在地,房屋由村级组织提供,经费由多方筹集,由当地乡镇卫生院作业务指导和管理,承担农村的卫生防疫、预防保健等工作。1999年,邕宁县筹集资金8.25万元(其中村委会及群众筹集5.25万元,乡镇卫生院投入3万元)完成12个贫困村卫生所建设。2002年,全县有村卫生所233个。2003年,各乡镇卫生院对乡村医生培训9次。乡村医生响应中共邕宁县委、县人民政府号召,不顾个人安危,积极投身到"非典"防治工作第一线,为所辖村坡外出务工返乡人员测量体温、隔离监测等做了大量的工作,为"非典"防治工作做贡献。2004年,全县211个村、40个社区,有村级卫生所228个,村级卫生所合格(自治区标准)率50%,有村级医生共715人。在村级医生中,大专以上学历11人,中专72人(经业务培训具有医生中专水平证175人),持有在岗乡村医生培训合格证93人。

个体诊所 1991年至1992年,全县城镇乡村经县卫生部门批准的个体诊所共220家,分布在全县21个乡镇农村的大小圩镇及大沙田、沿海开发区。从业人员共280多人。其中,有大专以上学历26人、中专学历69人;经过基本训练有159人;非卫生人员2人。有副主任医师职称4人,主治医师(护师)17人,医师(护师)21人,其他238人。无正规学历的占从业人员66.07%。2004年,全县城镇乡村有个体诊所共222个,有个体医疗人员共250多人。

第二节　管　理

医疗机构管理

1991年起,邕宁县深化卫生工作改革,以初级卫生保健为龙头,落实农村三级医疗预防保健网建设,特别是基础设施建设、人员技术配备、医疗设备配备以及管理体制和运行机制的建立健全等,医疗机构各项配套建设不断得到加强。

医疗机构管理坚持实施分级管理分类指导的原则,以经济效益和社会效益为中心,推行综合目标管理责任制,开展医院创等级和创"爱婴医院"活动,不断加强医疗机构的软件和硬件建设,拓宽医疗机构的服务渠道,提高服务质量。1999年,县妇幼保健院、县人民医院、县中医院被卫生部评为"爱婴医院",21个乡镇卫生院全部被评为"爱婴卫生院"。1998年至2000年,先后有县人民医院通过国家二级甲等综合医院、县中医院通过国家二级甲等中医院、县妇幼保健院通过国家一级甲等妇幼保健院的评审;县卫生防疫站通过国家一级甲等卫生防疫站的评审。大塘中心卫

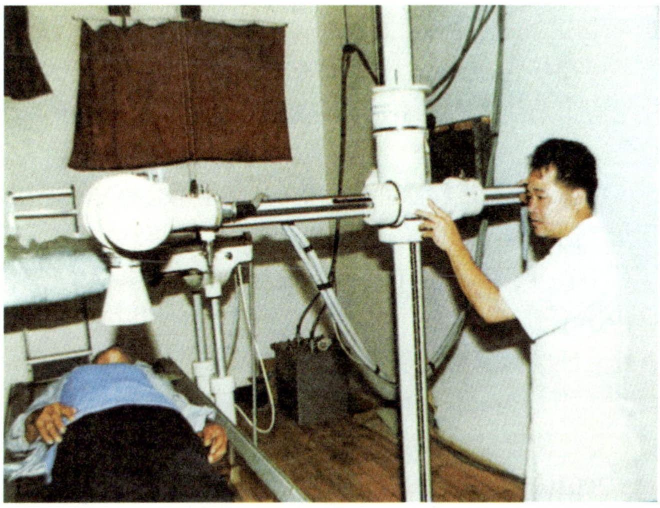

▲2002年,南阳镇卫生院医生用X光设备为病人诊治
(邕宁区史志办资料照片)

生院、五塘中心卫生院、吴圩镇卫生院、苏圩镇卫生院、蒲庙镇卫生院、那楼镇卫生院通过一级甲等卫生院的评审；刘圩、南阳镇卫生院通过一级乙等卫生院评审；中和、长塘、伶俐、良庆、四塘、昆仑、镇龙、新江、百济、延安、那马、那陈、南晓13个乡镇卫生院通过合格卫生院评审。2003年，全县开展卫生院规范化管理试点工作，苏圩镇卫生院、那马镇卫生院、那楼镇卫生院为试点单位，按照规范化管理要求加强试点单位的软件和硬件建设。2004年试点单位按照各项工作指标要求，自评总分达到900分以上，符合规范化管理要求。

医疗质量管理

1991年，各医疗单位进一步建立健全医疗管理制度和运行机制，设立院长办公室、医务科、质控科、护理科、后勤科、财务科等，加强医疗机构自身的行政管理，按照医疗、护理、医技、后勤系统分工，完善管理各项指标。在卫生医疗单位实施“管理工作制度化，技术操作常规化、基础设施规范化”，抓各项规章制度的建立健全，如门诊工作制度、药房工作制度、注射室工作制度、交接班制度、查房制度、病历书写制度、查对制度、处方制度、会诊制度、死亡病例讨论制度、疑难病例讨论制度、总值班和护士长查房制度、手术管理制度等，各医疗机构组织相关人员对工作制度的执行情况进行定期或不定期的监督检查，保证各项工作制度得到落实。

1995年至2004年，全县推行医疗卫生机构综合目标管理责任制，每年年初各医疗单位与县卫生局签订《综合目标管理责任状》，按医疗卫生机构的性质、类别、规模、功能制定医疗质量指标，如住院人次，门诊人次，病床周转次数、病床使用率、病历书写合格率、处方合格率、甲级病历率、甲级X线片率、切口感染率、医院感染率、医疗事故差错发生率、褥疮发生率等，对医疗工作实施量化指标管理。县卫生主管部门于每年6月底和年终，组织有关人员分别对全县医疗卫生机构进行检查和对完成医疗工作量化指标综合评价。

药政管理

1991年，邕宁县药政管理部门加强药品管理监督，打击违反《中华人民共和国药品管理法》行为。对药品经营企业的检查覆盖率为95%，对医疗卫生单位的检查覆盖率为98.60%。抽查部分个体诊所的药品，检查药品9707种次，查出假利福平、假氯霉素、假土霉素等8种假药，价值16.90万元。查处4起违法的药品经营案件，罚没价值金额2.60万元。

1992年，检查药品近3万种次，完成检品93件，并对县卫生系统中心药库进行证件验审和质量监督，杜绝假劣药流入。对不符合开业条件的66家个体户医生吊销行医执照，完成社会医疗队伍档案整理375人。

1998年，完成检品种472批次，其中不合格30批次，不合格率6.30%。没收违法经营药品价值1.86万元，销毁假劣药品价值7974.50元。

2001年，对全县183个药品经营单位及医疗单位实行一年2次的药品抽查工作，其中药品经营单位、国家医疗卫生单位的抽验覆盖率100%。共检查药品563批次，其中不合格27批次，不合格率4.79%；查处无证经营药品食杂店4家，涉及药品价值5000元；查处劣质一次性无菌输液器60副，假百年乐12盒、严迪10盒、盐酸连素片10瓶、灭湿痛10瓶、阿莫西林8盒、斯达舒胶囊20盒、头孢氨苄胶囊8盒。清理集贸市场无证药摊点15个。

2003年，检查涉药单位800多家次，下达整改通知书49份，清理农村集市无证药摊点15个，受理药品投诉11起，查处药品案件14起（涉案货值1.40万元），下达行政处罚20多万元，销毁假劣药械价值3万多元，检查和抽查医用口罩7000只，没收不合格一次性口罩540只。

公费医疗

1991 年，邕宁县实施公费医疗覆盖范围：县、乡镇的机关事业单位干部职工，村定工干部。经费分级管理、分级负担，县直机关单位人员由县级财政负担，乡镇直各单位人员、村定工干部由乡级财政负担。

1991 年 2 月 5 日，县政府规定，享受公费医疗职工，可自由选择一家医院为个人定点诊治医院。如因工作变动或其他原因需要变动就诊点的申报公费医疗办审批。门诊治疗个人负担 10%，住院治疗个人负担 5%；合理超支地方财政补贴，不合理超支财政、单位、治疗单位共同负担；离退休干部和特殊病号公费全部负担；外出诊治，由专门机构专门审核。

1993 年 6 月 1 日，县政府出台《邕宁县公费医疗管理办法》，进一步规范报销制度。个人自负医药费的比例：红军享受厅级待遇，二等乙级残疾军人，因工负重伤（如骨折、脑、脏、腑受伤和大出血），离休人员和确诊癌症后的病人，严重肝、肾、心脏病引起水肿，重性结核病以及烈性传染病人员的门诊，留医的药费全部由国家报销；工龄满 30 年以上及退休人员的门诊药费个人负担 10%，留医个人负担 5%；工龄满 25 年不足 30 年的人员门诊药费个人负担 15%，留医个人负担 8%；工龄满 20 年不足 25 年的人员门诊药费个人负担 20%，住院个人负担 12%；工龄满 15 年不足 20 年的人员门诊个人负担 25%，留医个人负担 16%；工龄满 10 年未满 15 年人员门诊个人负担 30%，留医个人负担 20%；工龄未满 10 年的人员，门诊个人自负 35%，住院个人自负 25%。门诊处方每次定额 4 元以下。超过 4 元的要审批。公费医疗定额，县城每年每人核定 160 元，乡镇 120 元。按人数核拨给医疗单位，由医疗单位掌握使用，年终结余经费，公疗办提取 10% 作奖励管理人员，90% 归医疗部门（其中 60% 作奖金，40% 补充医疗器械和修缮费用）使用，若是超支则由医疗单位负担 30%，财政负担 70%。

1991 年至 1996 年，全县公费医疗人均费用分别为 147 元、157 元、174 元、191 元、270 元、295 元。费用与个人所在单位、医疗部门三挂钩；全县享受公费医疗基本制度的职工公费医疗经费按指标划拨到同级定点医院，由医院直接管理使用，年终结余留给医院增添医疗设备，合理超支财政给予补贴的管理办法。

1997 年，全县享受公费医疗人数 15231 人，总开支 494 万元。

1999 年 8 月，公费医疗处方金额调整为所有享受公费医疗待遇的职工要在指定医院就诊。在职职工 8 元以下，退休职工 10 元以下，超过部分自理。离休人员、享受副厅级干部以上待遇人员、二等乙级以上伤残军人限 15 元以下。

2001 年 4 月 1 日起，原享受公费医疗的干部职工，全部参加城镇职工医疗保险。

农村合作医疗

1997 年，邕宁县在 12 个乡镇、27 个行政村实施农村合作医疗试点。

1998 年，邕宁县农村合作医疗在上年试点的基础上全面铺开。县委、县政府先后制订《邕宁县合作医疗章程》《邕宁县合作医疗管理办法》《邕宁县组建合作医疗基本方案》等 8 个文件。各乡镇政府相应制订实施细则。年底，全县 235 个行政村已有 189 个建立农村合作医疗卫生室，参加合作医疗的农村人数 26 万人。

1997 年至 1998 年度每人每年收缴 12 元（以户人口为单位）。报销标准：在本村卫生所医疗诊病（药费、挂号、出诊、处置、注射、观察、住院等）报销 20%。在当地卫生院诊治（药费、挂号、出诊、手术、处置、检查、注射、观察、住院、接生费）报销 30%。在县级医院、市级医院、自治区级医院诊治、医药费 1000 元以下报销 40%；1000~2000 元报销 30%；2000~10000 元以下的报销 20%。报销超过

1000元以上者，由镇农村合作医疗领导小组集体讨论批准。按农村人口500~1000人配备乡村医生一名。按甲级标准建设合作医疗卫生所。挂牌建立的合作医疗行政村共有171个，占全县行政村总数的72.76%，20.48万农民享受到合作医疗的基本医疗服务和医疗优惠待遇。全县合作医疗集资总额98.95万元，其中县政府拨款4.86万元，村委投资14.85万元，群众集资79.24万元。

1999年，全县已建立农村合作医疗制度的村214个，占行政村总数的91.06%。参加农村合作医疗30.67万人，占全县农民的49.45%。

2000年，邕宁县实现农村合作医疗全覆盖。

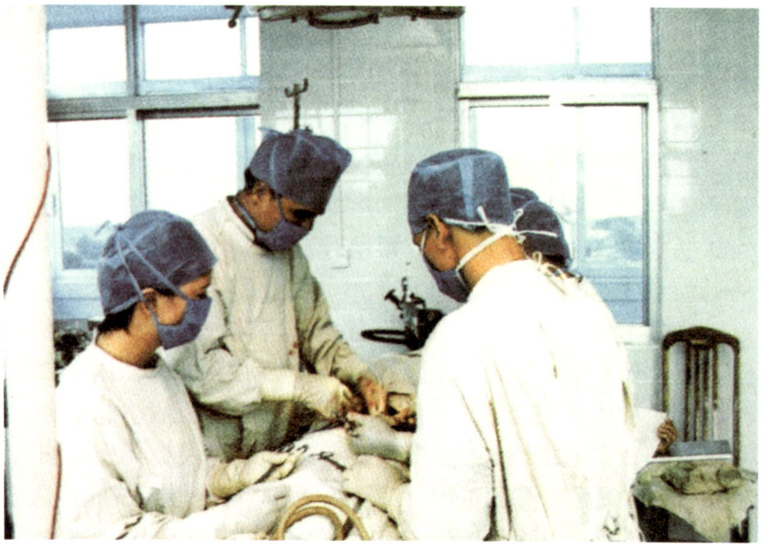

▲2002年，那楼镇卫生院医务人员为病人做手术

（邕宁区史志办资料照片）

乡镇卫生院危房抢修

1991年，全县乡镇卫生院17个，尚有四塘、长塘、延安、镇龙4个乡和大沙田开发区未建卫生院。乡镇卫生院房屋均为20世纪50年代、60年代建造的砖瓦结构平房，总面积为2.70万平方米。其中危房面积1.15万平方米，占总面积41.43%。县政府组织力量做好乡镇卫生院危房抢修工作，彻底解决卫生院危房问题。1991年建成五塘卫生院宿舍楼和吴圩卫生院门诊楼。1995年建成长塘、延安、四塘、镇龙4个乡镇卫生院门诊楼和吴圩卫生院宿舍楼，以及五塘、六塘2个卫生院病房楼。1997年，县政府把卫生院危房抢修工作列为全县十件大事之一。县和有关乡镇分别成立乡镇卫生院危房改造领导机构，并通过自治区、县、乡三级财政拨款和乡镇卫生院自筹及发动社会集资方式筹措资金。至年底，筹款1129.80万元，完成危房“抢危”面积4659平方米。1991年至1997年，全县乡镇卫生院楼房建筑面积3.45万平方米。1997年至1998年，先后建成南晓、那楼、伶俐、良庆、四塘、蒲庙等乡镇卫生院职工宿舍楼，总建筑面积9343平方米；建成中和、那马、百济、南阳、刘圩、那陈、那楼等乡镇卫生院门诊大楼，总建筑面积6122平方米。卫生院危房问题基本得到解决。1991年至2004年，全县投入“三配套”（房屋、人员、设备）资金（含“三个一点”自治区、南宁市出一点、县出一点、卫生院出一点）累计1708.90万元。先后完成全县乡镇卫生院危房抢修（含部分扩建面积）1.33万平方米。新建扩建那楼、中和、伶俐、昆仑、那陈卫生院楼房2100平方米。续建、改造、装修全县21个乡镇卫生院门诊楼8390平方米。

▲1998年，刘圩镇卫生院住院部楼房

（邕宁区史志办资料照片）

1991 至 1997 年邕宁县抢修乡镇卫生院危房情况表

表 17-1-2-1　　单位：万元 / 平方米

工程名称	建筑面积	计划投资	其中到位投资						竣工年度
			区	市	县效	乡	自筹	集资	
新江宿舍楼	720	20.10	5		6	2.40	3		1992
五塘宿舍楼	1280	39			8	4	27		1991
吴圩门诊楼	1023	28	5.60		5	13	4.40		1991
大塘门诊楼	1422	37.20			17	5	15.20		1997
蒲庙门诊楼	1600	51	4		10	11	12.50		1997
刘圩宿舍楼	1800	39			5	16	10	8	1993
吴圩宿舍楼	1700	40			15			25	1992
伶俐宿舍楼	1000	40		4		10			1998
良庆宿舍楼	1200	56				6	14		1998
大塘宿舍楼	1400	32.70					20.30	12.40	1993
南阳宿舍楼	1400	56				5	6	9.50	1993
吴圩宿舍楼	900	35							1995
长塘门诊楼	780	39		6	15				1995
延安门诊楼	1320	65	5.60		10				1995
四塘门诊楼	1140	80	5.60	10	10	10	6.40		1995
镇龙门诊楼	550	32.80	5	4	10				1995
昆仑宿舍楼	1090	50		4	4	23		6	1995
五塘病房楼	1710	96	5	4		24	32.50		1995
六塘病房楼	2450	150		3			35	25	1995
苏圩病房楼	1328	80	6	3		15	15	25	1996
吴圩病房楼	1760	88				15	5	3	1994
南晓卫生院	856	57	5	4	2		20	20	1997
伶俐卫生院	900	45	5	4		10	5		1997
那楼卫生院	1420	70	5	4	2		40		1996
良庆宿舍楼	1400	59	5	4	2	6	19		1996
百济卫生院	900	50	5	4	2		15		
那马卫生院	930	35	5	4	3		5		
中和卫生院	543	25		4	2		2		
总合计	34522	1495.80	71.80	66	128	175.40	312.30	133.90	

说明：表中空白栏表示缺相关统计数据

第三节　医　疗

1991 年起，邕宁县医务人员队伍不断发展壮大，科室设置日趋合理，医疗设备逐步齐全。年门诊量、住院量呈递增趋势。邕宁县医疗单位临床诊疗采用西医西药、中医中药和中西医相结合的医疗技术，以西医为主。基本实现小病不出村、中病（一般病）不出乡镇、大病到县级医院治疗，特殊急救或大病到市级或自治区级大医院救治。

县级医院开设有内科、外科、妇科、儿科、传染病科、中医科、五官科、口腔科、麻醉科、急诊科、手术室、理疗室、药剂科、检验室、放射科、心电图室、超声波室、脑电图室、血库、医疗器械科等。1991 年，外科可进行颅脑血肿清除术、肺叶切除术、食道癌手术、肝外伤及肿瘤切除术、胆道手术、脾肾切除术等；妇产科可进行子宫摘除术、脾肾切除术等；五官科可进行内障摘除、眼球摘除及上颌窦根治术等手术项目。

1999 年至 2001 年，全县各医疗单位加强基础护理，特级、一级危重病人的护理和病情观察，并按要求进行定期或不定期的护理质量检查。医疗机构护理技术操作合格率 100%，急救物品完好率 100%，常规器械消毒灭菌合格率 100%，护理文书规范书写合格率达到 85% 以上。

2002 年，县医院门诊就医病人 5.76 万人次，住院病人 1492 人次，急、危、重病人 696 人次，抢救成功 330 人次，成功率 98.60%；其中中医参加抢救 324 人次，成功率 96.40%；门诊中医治疗 4.17 万人次，中医治疗率 72%。

2004 年，县级医院开展心肌梗塞溶栓疗法、脑梗塞的溶栓与神经保护疗法、脑出血颅内血肿微创穿刺粉碎清除术、前列腺肥大电切除术、胃癌根治术、无张力性癌修补术、颈椎弓根内固定术、周围神经血管显微吻合术、骨折延期愈合骨髓自身移植术等高新技术。开设有内、儿、妇、外、骨伤、肿瘤、偏瘫（中风）、心血管病、糖尿病、口腔、五官、中医、肛肠、推拿、针灸、和急、危、重病急救业务。施行腹部、泌尿、颅脑、脊椎以及癌症根治术、剖腹产、卵巢囊肿切除术、子宫全切除、四肢骨折、全髋关节置换等普通手术和高难度手术。医院采用特色治疗法，县级医院生产配制常用药剂 30 多种，其中“中草药诱导师分化治疗肝癌”被列入南宁市、自治区科研项目。

2004 年，全县医疗单位门诊总人数 75.12 万人次，住院 1.75 万人次，完成各种手术 1400 例次。

西医治疗

邕宁县西医治疗主要医院是县人民医院。1991 年，县人民医院开设有内科、外科、妇科、儿科、传染病科、五官科、口腔科、急诊科、手术室、检验室、放射科、心电图室、超声波室、脑电图室、血库、医疗器械科等。是年，诊疗人数 17.92 万人次，其中门诊就医 17.89 万人次。入院住院 8614 人、出院 8624 人，其中治愈 3322 人、好转 945 人、未治愈 154 人、死亡 135 人。

1997 年，诊疗人数 14.03 万人次，其中门诊就医 14.01 万人次。入院住院 5513 人、出院 5516 人，其中治愈 3307 人、好转 887 人、未治愈 161 人、死亡 109 人。2000 年，诊疗人数 16.61 万人次，其中门诊就医 16.60 万人次。入院住院 6065 人、出院 6083 人，其中治愈 4041 人、好转 949 人、未治愈 143 人、死亡 80 人。2002 年，诊疗人数 8.48 万人次，其中门诊就医 8.46 万人次。入院住院 6033 人、出院 6045 人，其中治愈 4151 人、好转 993 人、未治愈 133 人、死亡 100 人。

2004 年，县人民医院开设有内科、外科、妇科、儿科、传染病科、中医科、五官科、口腔科、麻醉科、急诊科、手术室、理疗室和药剂科、检验室、放射科、心电图室、超声波室、脑电图室、血库、供应室、医疗器械科等，可进行脑肿瘤切除术、胰腺癌根治术、全髋关节置换术、羟基磷灰石（人工骨）植入颌骨及肺叶切除术等高难度手术。诊疗 9.07 万人次，其中门诊就医 9.03 万人次。入院住院 6.72 人、出院 6.70 人，其中治愈 4309 人、好转 1001 人、未治愈 145 人、死亡 108 人。

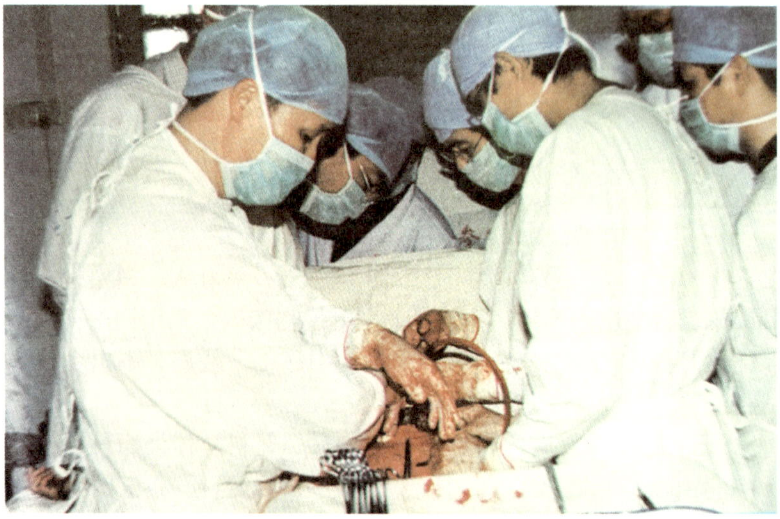
▲ 2003 年，县人民医院医务人员做胰头癌治疗手术
（邕宁区史志办资料照片）

1991 年至 2004 年邕宁县人民医院诊疗情况表

表 17-1-3-1　　　　单位：人

年度	诊疗人数		健康检查人数	住院动态							治愈率（%）	好转率（%）	病亡率（%）
	合计	其中门诊就医人数		入院人数	出院人数								
					总计	其中							
						治愈	好转	未愈	死亡	小计			
1991	179161	178887	8512	8614	8624	3322	945	154	135	4068	72.90	20.70	3
1992	172346	172128	8516	9031	9020	3492	890	176	124	4338	74.60	19	2.60
1993	167986	167810	4230	5947	5960	3547	904	131	151	1200	75.10	19	3.10
1994	170334	170133	5573	6139	6168	3578	949	153	122	1366	74.50	19.80	2.50
1995	176467	176260	4300	6512	6519	3577	916	137	123	1766	75.30	19.30	2.80
1996	163258	163058	3285	5855	5851	3438	813	149	126	1325	76	18	2.80
1997	140326	140116	8600	5513	5516	3307	887	161	109	1052	74.10	19.90	2.40
1998	160551	160350	12019	5404	5415	3538	787	135	95	860	77.70	17.30	2.10
1999	153984	153771	15192	5968	5958	3797	1214	136	95	716	72.40	23.20	1.80
2000	166129	166011	2500	6065	6083	4041	949	143	80	870	77.50	18.20	1.50
2001	109616	109410	3530	5785	5791	3801	1047	90	96	754	75.50	20.80	1.90
2002	84818	84610	2231	6033	6045	4151	993	133	100	648	77.20	18.50	1.90
2003	83581	83411	5927	6060	6035	3814	997	134	95	995	75.70	19.80	1.90
2004	90730	90330	7642	6722	6695	4309	1001	145	108	1132	77.50	18	1.90

中医治疗

邕宁县中医治疗主要医院是县中医院，蒲庙镇卫生院等也开设中医治疗科目。1991 年，县中医院门诊病人 7.40 万人次、住院病人 1300 人次。

1996 年，县中医院在中医中药方面，运用中草药治疗卒风（中风）后遗症及骨伤科，取得较好成果。研制出“接骨Ⅰ号”“接骨Ⅱ号”，对促进骨痂形成，缩短疗程有明显疗效。“治瘫Ⅰ号”“治瘫Ⅱ号”对脑出血和卒风（中风）后遗症疗效显著。在西医方面，外科能开展颅脑、胸外科等高难度手术。那马精神病院运用中西医结合方法，治疗精神病效果较好，在广西有一定的影响。

2000 年，县中医院开设有内、儿、妇、外、骨伤、肿瘤、偏瘫（中风）、心血管病、糖尿病、口腔、五官、中医、肛肠、推拿、针灸和急、危、重病急救业务，施行腹部、泌尿、颅脑、脊椎以及癌症根治术、剖腹产、卵巢囊肿切除术、子宫全切除、四肢骨折、全髋关节置换等普通手术和高难度手术。诊疗人数 7.64 万人次，其中门诊就医 6.33 万人次。入院住院 1157 人、出院 1136 人，其中治愈 624 人、好转 424 人、未治愈 36 人、死亡 27 人。

2002 年，诊疗人数 5.86 万人次，其中门诊就医 4.13 万人次。入院住院 1501 人、出院 1498 人，其中治愈 650 人、好转 682 人、未治愈 78 人、死亡 28 人。

2004 年，县中医院设有内儿科、偏瘫科、骨伤科、外科、肿瘤治疗中心、妇产科 6 个病区和县城一、二、三门诊部和大沙田门诊部；门诊开设有内科、儿科、外科、骨伤科、妇产科等。开展心肌梗塞溶栓疗法、脑梗塞的溶栓与神经保护疗法、脑出血颅内血肿微创穿刺粉碎清除术、前列腺肥大电切除术、胃癌根治术、无张力性疝修补术、颈椎弓根内固定术、周围神经血管显微吻合术、骨折延期愈合骨髓自身移植术等高新技术。偏瘫专科在运用中草药内服外洗、熏蒸、烫疗、穴位敷贴、穴位埋线、针灸、按摩、理疗以及独特的康复训练等特色疗法治疗中风偏瘫、高血压病有独特的疗效和优势，在本地乃至区内外都有较高的声誉。诊疗人数8.14万人次，其中门诊就医3.91万人次。入院住院2062人、出院1965人，其中治愈855人、好转1019人、未治愈71人、死亡66人。

1999年至2004年邕宁县中医院诊疗情况表

表17-1-3-2　　单位：人

年度	诊疗人数		健康检查人数	住院动态						治愈率（%）	好转率（%）	病亡率（%）
	合计	其中门诊就医人数		入院人数	出院人数							
					总计	其中						
						治愈	好转	未愈	死亡			
1999	81538	70175	10853	1163	1165	648	414	47	24	55.62	35.54	2.06
2000	76379	63303	6547	1157	1136	624	424	36	27	54.93	37.32	2.38
2001	64162	50909	2980	1217	1221	638	481	45	27	52.25	39.39	2.21
2002	58621	41251	1481	1501	1498	650	682	78	28	43.39	45.53	1.87
2003	56984	36933	3602	1604	1703	765	766	69	34	44.92	44.98	1.99
2004	81384	39092	24025	2062	1965	855	1019	71	66	43.50	51.90	3.40

中西医结合治疗

邕宁县中西医结合治疗医院有县人民医院、县中医院、县中西医结合精神病院等。

县中西医结合精神病院位于那马镇，建立于1983年1月，是全国第一家县级民营中西医结合精神病专科医院，集体性质，占地面积9900平方米，建筑面积8000平方米，其中业务用房6000平方米。创始人为享受国务院特殊津贴的邕宁区著名中医精神病专家、主任医师颜建邦。医院运用中西医结合方法，治疗精神病效果较好，在广西有一定的影响。1991年至1996年，医院有员工110人，开设病床280张。1998年，医生和职工110多人，病床240张，就诊5790人，入院住院790人、出院740人（其中治愈289人、好转438人、未治愈11人、死亡2人）。2000年，就诊5820人，入院住院840人、出院810人（其中治愈295人、好转501人、未治愈12人、死亡2人）。2004年，医院有病床69张，医生职工共80人其中医生有14人、护士有25人；就诊5840人，入院住院860人、出院820人，其中治愈310人、好转492人、未治愈15人、死亡3人。

医疗设施

1991年至1996年，全县21个乡镇卫生院有98%以上都配备X光机、B型超声机、心电图等检查设备，医疗器械设备不断增加逐步完善；有8个卫生院可进行普通外科小手术；各乡镇卫生院从1993年起全面推广“药物人流”术。16个乡镇卫生院配备了救护车。21个乡镇卫生院添了X光机、洗胃机、B超机等一批医疗器械。

1991年起，县人民医院、县中医院、县妇幼保健院等单位，扩建、新建业务用房，全县各医疗卫生机构的业务用房达到了《医疗机构基本标准》。全县总病床位由1991年1128张增至2004年1429张，各医疗卫生单位除了保证普通医疗器械装备的添置更新外，还根据需要配备高新大中型设备，如县人民医院、县中医院配备了医学胃镜、彩超、大功率X光机、CT机、碎石机等。

2004，县级医院拥有日本全身CT机、日本阿洛卡彩色多普勒B超、日本高档黑白B超、西德艾克松电子胃镜、万东500MA电视遥控X光机、意大利EOSBRAVOPLUSG型全自动生化仪、全自动血球分析仪、血流变仪、放免仪、心电监护仪、红外线乳腺透照仪、全自动洗片机、呼吸机、麻醉机、妇科微波治疗仪、恒磁治疗仪、风湿治疗仪、偏瘫治疗仪、体外冲击波碎石机、心电仪、颈颅多普勒仪、无创伤性脑水肿监测仪等高科技医疗器械；并配备有 4 辆急救车，医疗设备总价值 1000 多万元。

医疗队伍

1991 年，全县卫生技术人员 718 人。其中，中医师 49 人、西医 224 人、护师 106 人、中药师 22 人、检验技师 14 人、其他 303 人。

1996年，全县卫生系统职工1481人，其中卫生技术人员1118人（其中高级职称29人、中级职称301人）。

2000 年，全县卫生人员 1616 人。其中，卫生技术人员 1243 人、其他技术人员 4 人、卫生管理人员 99 人、工勤人员 270 人。

2004 年，全县卫生技术人员 1049 人。其中，执业医师 303 人、执业助理医师 115 人、注册护士 386 人、药剂人员 93 人、检验人员 57 人、其他 95 人。1991 年至 2004 年，发表学术论文 40 多篇，其中国际级 4 篇、国家级 20 多篇。

2001 年至 2002 年邕宁县医院、乡镇卫生院人员及业务情况表

表 17-1-3-3

项目 单位	人员数（人）		病床数	门诊量（人次）		住院量（人次）		业务收入（万元）	
	2001 年	2002 年		2001 年	2002 年	2001 年	2002 年	2001 年	2002 年
蒲　庙	83	87	70	54692	77155	1293	1598	256.69	286.45
良　庆	29	30	22	20292	25495	1067	1137	92.42	113.25
那　马	23	26	19	25301	26912	217	303	61.59	79.73
新　江	17	19	4	15983	17545	146	117	43.50	47.03
百　济	20	23	12	20079	22183	121	140	56.76	91.93
那　楼	32	37	30	32806	36752	853	860	124.37	129.42
镇　花	7	14	4	13262	10622	115	154	20.69	28.43
刘　圩	31	33	25	31699	30421	753	563	123.25	128.24
中　和	20	21	10	15551	14712	250	244	44.05	48.37
南　阳	38	39	20	46462	46192	509	512	120.74	127.50
伶　俐	25	26	26	23667	23670	226	243	65.78	59.75
长　塘	15	17	9	16169	14538	140	171	36.78	39.14
四　塘	31	34	24	48230	47890	644	664	143.13	153.94
五　塘	69	74	50	63552	57409	2170	2155	238.61	269.84
九　塘	16	20	12	18735	16596	337	247	48.82	45.82
吴　圩	75	77	50	47979	44456	967	1139	355.00	340.88
苏　圩	49	55	30	36534	36597	935	1287	139.76	187.06
延　安	15	22	6	13380	14997	208	218	43.52	47.22
那　陈	16	22	12	21608	27338	202	278	51.87	55.56
大　塘	67	72	36	49867	52209	1674	2032	180.13	226.39
南　晓	20	25	21	18316	17424	119	155	43.84	40.23
小　计	697	773	492	634164	661113	12946	14217	2291.30	2546.17
县人民医院	346	368	240	109616	84687	5791	6045	1603.76	1703.82
县中医院	186	208	101	64162	58621	1221	1492	545.34	735.79
县防疫站	80	98	—	36665	45610	—	—	251.54	299.10
县妇幼保健所	98	101	40	39378	45235	1668	1744	315.82	369.18
小　计	710	775	381	249821	234153	8680	9281	2716.47	3107.89
总　计	1407	1548	873	883985	895266	21626	23498	5007.76	5654.06

说明：表中有“—”栏表示无数据

第四节 疾病预防控制

预防接种

1991年，邕宁县完善预防免疫保健三级网络。县级医疗单位设预防保健科室，配业务员3人；各乡镇卫生院及明阳农场医院设有防保组，配备防保人员1~5人；村级卫生所，各配防保医生1~3人。2004年，全县防保人员642人，其中县级5人、乡级59人、村级578人。

1991年，邕宁县继续实行计划免疫制度。县防疫站及各乡镇卫生院均开设计划免疫专科门诊，每年进行冷链运转6次以上。对儿童进行卡介、百白破、麻疹、脊髓灰质炎四种疫苗接种，以县为单位传染病疫情预防、疫情防治控制两个85%达标，全县传染病发生率255.65/10万。

1992年，将乙肝疫苗接种工作纳入计划免疫管理，并达到消灭丝虫病标准。从是年起，每年开展2次消灭脊髓灰质炎强化服苗活动，适龄儿童服苗接种率达99.80%。1994年，基本达到消灭麻风病标准。1995年实现以乡为单位的计划免疫（防治）工作85%达标，传染病的流行得到有效控制。

1996年计划免疫世界银行贷款（卫Ⅶ）项目启动，加大了冷链设备更新与补充、业务人员技术培训等经费投入。至1996年，全县无野毒株脊髓灰质炎病例发生，百日咳、白喉、结核病、麻疹等可免性疫病得到有效控制；全县儿童乙肝疫苗接种率达57.90%，传染病发生率176.29/10万，有效控制霍乱、鼠疫、钩体病、伤寒、乙脑、狂犬病等传染病的发生。

1998年，计划免疫儿童建卡率100%，建证率100%，保偿率77.22%，五苗接种率分别是卡介苗100%、百白破98%、麻疹100%、小儿麻痹糖丸99%、乙肝87%，全县无小儿麻痹症和白喉病例发生。传染病发生率209.22/10万，其中乙类传染病发生率160.62/10万、丙类传染病发生率48.60/10万。

2000年，计划免疫儿童上卡人数7090人，建卡率99.10%，建证率97.20%，五苗接种率分别是卡介苗100%、百白破96.90%、麻疹96.70%、小儿麻痹糖丸93.80%、新生儿乙肝疫苗接种率70.50%。法定传染病发病率控制在400/10万以下，常规免疫各疫苗单苗接种率90%以上，全程接种率85%以上，无重大传染病暴发流行，无小儿麻痹症发生。

2003年起，对新生儿免费提供乙肝疫苗。调查检测13万小学生表明，相应人群的乙肝疫苗表面抗原阳性降至7.61%。适龄儿童免疫接种率保持在88%~94%。20世纪70年代末至80年代初，曾在全县流行较重的脊髓灰质炎，从1994年至2004年连续10年保持零病例，百日咳和麻疹的发病率连续10年保持低水平。1986年至2004年，邕宁县已连续18年无白喉病例发生。

传染病防治

1991年至2004年，邕宁县内依法管理的传染病发病报告病例有乙类和丙类共9类，其他传染病类无病例报告。14年内，全县传染病发病率180.65/10万~385.65/10万人，总死亡率0.11/10万~1.79/10万人。

病毒性肝炎 1991年至2004年，县内病毒性肝炎年发病率15.09/10万~102.91/10万人，以乙型肝炎为主，其次为甲型肝炎，病例多为散发，发病率居全县法定传染病前列。

痢 疾 1991年至2004年，县内年发病率17.12/10万~84.14/10万人，以细菌性痢疾为主，发病率居全县前四位。

肺结核病 1997年起，肺结核病发病率居全县法定传染病首位。同年6月全县启动结核病防治项目，结核病项目第二期周期工作有序推进。至1999年10月，入项病人达到74例。2002年又作为全自治区结核病控制世界银行贷款（卫Ⅹ）项目试点县，对新发现的患者给予免费治疗，提高了发现率。同年，结核病控制项目入项病例140例，结核病受检人数3125人，确诊404人。2003年，结核病受检初诊病人721人，确诊403人，痰检阳性132人，全程免费督导治疗152人。2000年至2004年，免费治疗肺结核病人615例。

艾滋病　1998年，发现吸毒人群中有抗HIV阳性者，发现艾滋病感染者6例。是年11月全县启动艾滋病性病控制（世行贷款卫Ⅸ）项目，加大了高危人群的血清检测及健康干预措施。2002年，艾滋病检测发现艾滋病感染者48例。至2004年累计检测出抗HIV阳性291例。2003年至2004年发现艾滋病人5例。

梅　毒　1994年起在县内陆续报告有零星病例。2003年至2004病例增加较快，年发病率11.63/10万人。

麻　疹　1991年至2004年，年发病率1.38/10万~46.73/10万人，多呈散发，偶有局部小暴发，以高龄儿童为主。

脊髓灰质炎　1991年至1994年为低流行期，年发病率0.12/10万~0.35/10万人。1995年至2004年连续保持零病例状态。

狂犬病　1991年至1994年，年发病率0.12/10万~0.35/10万人。1995年至2000年无病例发生。2001年至2004年每年出现病例1~3例。

疟　疾　1991年至1994年，全县疟疾年发病率为0.23/10万~1.07/10万人。1998年11月通过自治区卫生厅专家组验收，实现了基本消灭疟疾目标。2001年每年仅发生1~2例输入性疟疾，无本地病例发生。

麻风病　1991年至1994年，发生零星散发性病例，均能治愈。1993年，年发病率0.07/10万人。1994年11月，经自治区验收认定达到基本消灭麻风病目标。2002年麻风病发病率0.84/10万人。

丝虫病　1991年后全县已无病例报告。1994年通过卫生部专家组验收达到消灭丝虫病目标。

非典型肺炎　2003年4月，邕宁县制定《邕宁县传染性非典型肺炎预案》《邕宁县传染性非典型肺炎疫情应急处理预案》，相应成立非典型肺炎（简称“非典”）应急处理领导小组、督查小组、专家技术指导小组、“非典”病例排查技术小组等领导机构，派出1183名医护人员在全县主要交通要道建立4个检疫检验站、572个医疗观察点，对所管辖的返乡人员4038人进行了体温监测、排查隔离、巡回督查等。各医疗卫生单位设有发热门诊（诊室）及留验室，并按发热门诊（诊室）的标准设置接诊发热病人；印发20多万份宣传资料，利用宣传车、张贴标语等形式开展一系列抗“非典”相关的宣传防治工作和防护措施；同时，加强疫情监控，实行疫情报告制度，全县没有发现“非典”疑似病例和确诊病例，实现“非典”疫情“零”目标。

爱国卫生运动

爱国卫生月活动　在每年的4月开展“爱国卫生月”活动，从城镇到乡村，从机关到学校和企事业单位都开展“城乡清洁工程”，大搞环境治理，清理卫生死角、整理猪牛栏、疏通沟渠、填平洼地等，同时开展除“四害”活动，使城镇乡村卫生环境不断改善。1991年至1996年，全县参加爱国卫生运动月活动人数136.27万人次。1997年至1998年，参加爱国卫生运动月活动人数47.17万人次。1999年至2004年，全县每年参加爱国卫生运动月活动人数30万人次以上。

除“四害”活动　1991年至1996年，邕宁县爱国卫生运动会（简称县爱卫会）在组织开展灭“四害”（老鼠、蚊子、苍蝇、蟑螂）活动中，共培训灭鼠骨干6000人，投放鼠药540千克、毒谷2吨、毒饵25吨，喷杀蚊、蝇、蟑螂药面积4万平方米。1997年至1998年，在农村发放鼠盐鼠药326千克，县城发放毒药谷1.70吨，同时取缔无证经销的鼠药。2001年，全县开展除“四害”活动5次。2002年，邕宁县组织开展春、夏、秋、冬各一次的全县大范围的统一除“四害”活动，此外6月和9月南宁国际民歌艺术节前又各开展一次除“四害”活动。全年在县城、各乡镇、各开发区共使用“敌鼠钠盐”毒饵4.25吨，林区、库区使用“敌鼠钠盐”原药90多千克，并投放灭蚊、灭蟑螂、灭蝇药物一批。

1991年至2004年，县爱卫会每年举办灭除“四害”技术培训2期，累计培训2500人次。灭鼠采取“统一药物、统一时间、统一投放”的方法大范围灭害。14年内，全县使用灭鼠药物（毒饵）30吨，使用灭蚊、灭蝇、灭蟑消毒药品一批，免费对困难企业、街道居民、公共场所及乡镇所在地提供灭鼠药物（毒饵）累计10吨，喷洒消毒药累计5800平方米，累计灭鼠65万只，有效降低“四害”密度。经采用粉迹法监测县城，鼠的密度在5%以下。

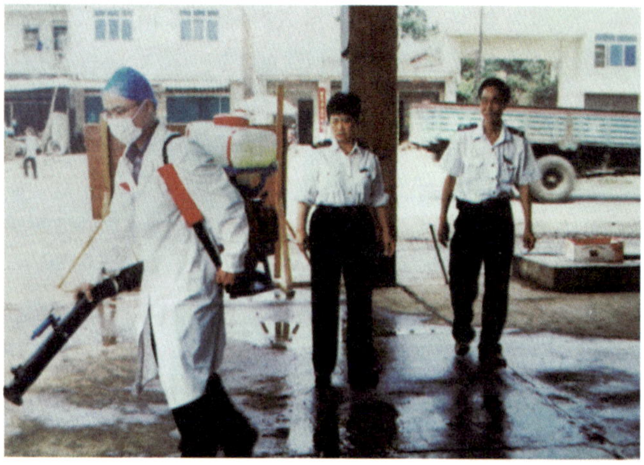

▲2004年，县卫生防疫站组织开展公共场所消毒工作
（邕宁区史志办资料照片）

创建爱国卫生先进单位　1991年起，邕宁县注重开展爱国卫生运动，出现一批先进单位。1996年，邕宁县城获“南珠杯”竞赛先进城市称号，大沙田水厂被国家爱卫会命名为“全国农村百佳水厂”。2000年，长塘镇幸福坡和吴圩镇平凤坡等村坡，开展改水改厕环境卫生大整治，建设生态文明示范村。长塘镇幸福坡和吴圩镇平凤坡被自治区爱卫办命名为自治区级卫生村。2002年，长塘镇团岩村被命名为市级卫生村。2004年，长塘镇加踏坡被命名为市级卫生村。1991年至2004年，全县创建自治区级爱国卫生先进单位12个，市级爱国卫生先进单位35个，县级爱国卫生先进单位156个。

农村改水改厕

1992年2月，邕宁县制定《邕宁县农村改水工程暂行管理办法》，坚持以群众集资为主体，政府扶持为辅的办水原则，广筹改水经费。县和各乡镇分别成立农村改水工作领导小组，有计划开展改水工作。在改水工程资金投入方面实行“四优先”，即用水困难的优先安排、自筹资金多行动快的优先安排、工程难度小见效快的优先安排、能同时解决人畜饮水和生产用水的优先安排。同时，邕宁县按照“饮用自来水化、粪便无害化、禽畜圈养化、巷道硬底化、室内外卫生制度化”的目标抓好全县农村改厕等工作。至1995年底，卫生厕所普及率达79.96%，无害化处理率占39.50%。至1996年底，全县农村改水工程总投资5236.69万元，其中群众集资4218.53万元、地方财政补助919.28万元、其他投资98.88万元；建成改水项目994座，受益人口64万人，占全县农村人口的81%，自来水普及率84.68%。1996年，邕宁县获“全国农村改水成绩显著奖”，大沙田水厂被国家爱卫会命名为“全国农村百佳水厂”。

▲2001年3月31日，全国人大常委、九三学社中央委员会副主席洪绂曾（中）陪同瑞典国际高级顾问乌诺先生（左一）到吴圩镇平况村考察生态厕所建设情况
（邕宁区史志办资料照片）

1997年至1998年，全县完成改水工程143座，工程总投资1699.21万元，其中群众集资665.91万元、地方财政补助107.50万元、其他投资925.80万元，受益群众6.42万人。在南阳、吴圩、蒲庙等乡镇

的部分村开展改厕工作，建设公共卫生厕所 3 座，私人家用厕所 110 座。

1999 年，完成农村改水工程 62 处，总投资 356.50 万元；完成改厕 1.24 万座，财政投入 2 万元。2000 年，完成饮水工程 32 处，新建水冲式厕所 1.23 万座、旱厕 2427 座、沼气式厕所 1.27 万座。

2001 年，完成农村改水工程 50 处，总投资 394.70 万元，其中群众集资 221.47 万元、县财政补助 19.19 万元、其他投资 154.04 万元，受益群众 2.32 万人。完成改厕 1.24 万座，其中三格化粪式厕所 3478 座、旱厕 1534 座、沼气式厕所 7374 座；总投资 390.16 万元，其中自治区财政 25.58 万元、南宁市财政 8 万元、县财政 15 万元、群众自筹 341.58 万元。

2002 年至 2003 年，全县农村改水工程 81 处，总投资 576.11 万元，受益群众 2.85 万人。完成改厕 1.44 万座，总投资 611.75 万元。

1991 年至 2004 年，全县累计改水投资 9780.21 万元。其中，自治区、南宁市、县、乡镇财政投资 1198.80 万元，群众投资 6454.49 万元，其他投资 2126.92 万元。建成改水工程 1404 个（处），农村改水受益人口 77.37 万，受益率 98.80%，其中农村自来水受益率 91%。累计建成各类卫生厕所 11.84 万座，总投资 2506.70 万元。其中自治区、市、县财政投资 276 万元，群众自筹 2120 万元，其他投资 110.70 万元。农村卫生厕所普及率 63%。2000 年长塘镇幸福坡、吴圩镇平凤坡被自治区爱卫办命名为“卫生村”。2002 年至 2004 年，先后有长塘镇团岩村、加踏坡被南宁市爱卫办命名为“卫生村”。

健康宣传

1995 年，邕宁县成立健康教育办公室，各乡镇成立健康教育领导小组，各医疗单位设立健康教育咨询点，负责向广大人民群众宣传卫生健康知识。1996 年，蒲庙镇那路村作为自治区、南宁市健康教育工作试点村，开展向农民普及卫生知识。

2001 年，组织宣传工作人员深入村坡开展健康教育 64 次，受教育群众 1.72 万人次，发放《大众健康教育读本》6000 册、《灾后卫生防病健康教育手册》1.20 万本、《九亿农民的健康教育读本》2000 册、其他资料 5.50 万份，群众的健康意识和自我保健能力有所提高。

▲ 2003 年，县人民医院医务人员送医下乡，服务基层群众（邕宁区史志办资料照片）

2002 年，在 49 个村坡开展农村饮用水卫生安全的健康教育，突出“饮用水卫生”的重要性；在 42 个村坡上“农村环境卫生、个人卫生及粪便与疾病的关系”的健康教育课。同时，抽调县直医疗机构 15 名医技人员，分 5 个组给全县 44 个生态文明示范村上健康教育课，以“农村环境卫生、个人卫生、家庭卫生及旱厕使用”“邕宁县农村居民基本健康行为规范”为主要内容，提高农民卫生文明意识。全年制作村卫生宣传板报 50 块，发放《大众健康教育读本》8000 多册、《九亿农民的健康教育读本》3000 多册、其他资料 5 万份。

2003 年，继续向全县广大农民进行卫生宣传，实行健康行为干预，提高群众卫生意识。对 34 个坡进行饮用卫生水健康教育，对 88 个生态示范村共 3660 人进行农村改厕健康教育。全年发放《大众健康教育读本》6000 册、《邕宁县农村农民健康“六要”“六不要”行为规范》5980 份、除“四害”宣传资料 1 万份、其他资料 2.50 万份，制作宣传栏 340 个。

1991 年至 2004 年，县卫生、爱卫会等相关部门和医疗单位开展健康教育宣传工作，重点是开展农村农民健康教育和全民健身活动。期间，在“世界卫生日”“世界卫生爱国日”“计免日”“艾滋病日”等宣传活动中，累计出板报840块，发放各类健康教育宣传资料25万份，发放《九亿农民的健康教育读本》1万册、《大众健康教育读本》2万多册、《邕宁县农村农民健康“六要”“六不要”行为规范》2万张。

第五节 保 健

1991年，邕宁县贯彻落实国家有关卫生保健方针政策，经常性开展农民健康教育和中小学生健康教育，加快改水改厕工作步伐，完善县、乡镇、村卫生单位三级保健网络，妇女、儿童和老年人的卫生保健工作有序进行。1995年，经自治区验收成为“初级卫生保健合格县”。2001年，国家提出第二周期初级卫生保健目标。2004年邕宁县被自治区人民政府指定为第二周期初级卫生保健试点县。邕宁县根据上级要求抓好实施工作。

妇女保健

1991年起，县内农村妇女孕产期保健和妇女保健是重点。妇女保健坚持“以保健为中心，保健与临床相结合，面向基层，面向群众”的工作方针，全面实施《中华人民共和国母婴保健法》，每年定期举办基层妇幼保健员培训班，每季度召开妇幼保健工作例会，开办孕妇学校对准产孕妇进行妇幼保健知识宣传。县妇幼保健院每年都定期或不定期对机关、企事业单位的育龄女职工进行一次妇科病检查，对高危孕产妇特别是农村高危孕产妇安排住院进行产前特殊护理。乡镇卫生院保健员每年定期或不定期对农村育龄妇女，集中进行一次妇科病检查，同时还结合进行孕检，发现妇科病的及时诊治。

1997年，全县妇女总数43.50万人，妇女病普查率占6.40%，婚前检查率占83.31%，孕产妇系统管理（指从确诊妊娠开始，到产后42天之内，以母子共同为监护对象，按照各期所规定的一些必检必查项目，进行系统检查、监护和保健指导，并及时发现高危情况，及时转诊治疗和住院分娩，以确保母婴安全与健康）率占73.68%，住院分娩率占69.93%，新法接生率从1991年95%增至99.61%，高危孕产妇安排住院进行产前管理率100%，孕产妇死亡率从1991年3.20/万人下降至1997的2.20/万人。

2000年至2002年，实施《母亲安全工程》全面推行农村产妇住院分娩，农村接生员停止接生，农村孕产妇到医院住院分娩达到《中国妇女发展纲要》和《邕宁县妇女儿童发展规划》的卫生保健目标；乡镇卫生院助产人员85%以上具备有“母婴保健技术合格证书”，农村多数孕产妇到乡镇卫生院分娩。

2003年至2004年，县制订和实施《邕宁县母亲安全工程实施方案》《邕宁县降低孕产妇死亡和消除新生儿破伤风实施方案》。县内妇女病普查率占8%，婚前检查率83%，孕产妇系统管理率85%，农村孕产妇住院分娩率98%以上，新法接生率98%，孕产妇系统管理率86%，产妇产后医院（卫生院）保健员访视1~3次占86%，产妇产后42天到医院检查率85%，孕产妇死亡率2.30/万人以下。

儿童保健

1992年7月1日，县政府出台《邕宁县儿童计划免疫保偿制管理办法》，其主要内容：①卫生部门、医疗单位按照国家规定的免疫程序，有计划、保质保量完成对适龄儿童进行麻疹、脊髓灰质炎、百白破三联混合制剂、卡介苗等四种疫苗的接种，提高儿童免疫力，预防麻疹、百日咳、白喉、破伤风、脊髓灰质炎、结核等六种传染病（简称“六病”），儿童家长必须向承保单位交纳一定数额资金。儿童按计划免疫程序接种了四种疫苗后，如发生“六病”任何一种，承保单位按保偿合同规定给予一次性的赔偿金。②保偿对象为辖区内0~4岁儿童，身体无严重器质性病变及过敏性体质等预防接种禁忌症者，均可自愿参加保偿。③城镇儿童入保收保偿费15元，农村儿童入保收保偿费10元。双方签订合同一式三份(乡卫生院承保单位及责任医生和儿童家长各一份)。④赔偿标准：脊髓灰质炎200元，白喉100元，破伤风、结核各60元，麻疹、百日咳各20元。在保偿期间儿童不按时接种或拒绝接种疫苗而造成发病者，承保单位不承担赔偿责任。如因疫苗数量不足或质量下降而引发病者，由县防疫站或承保单位负责赔偿。⑤保偿金的管理设立专人专账管理，实行专款专用。凡由县防疫站接种者，所收取的保赔金按5 ：3 ：2分配（即村、乡、县分别占50%、30%、20%)；凡由卫生院计免门诊接种者，所收取的保赔金则按3.50 ：5；1.50比例分配（即村、乡、县分别占35%、50%、15%)。⑥赔偿金比例：县、乡、村按5 ：3 ：2比例支付，即县卫生防疫站负责50%，乡镇卫生院负责赔30%，责任医生负责赔20%。⑦未入保儿童，也应给予预防接种，按规定收取注射费。杜绝出现“免疫空白”。

县内婴儿出生时普遍进行卡介苗、乙肝疫苗接种。此后，婴幼儿还要接种五苗（卡介苗、脊髓灰质炎、百白破、麻疹、乙脑）等；分阶段对婴幼儿进行计划免疫接种，一直接种疫苗到6岁。在每年的六一儿童节期间，县、乡镇、村三级卫生单位都对儿童进行体检，发现患病儿童及时诊治。此外，每年还对婴幼儿进行必要的保健。其中，1996年，全县出生儿童建卡率99%，儿童计划免疫接种建卡率99%，卡介、百日咳、白喉、破伤风、脊髓灰质炎等疫苗接种率98%以上，儿童计划免疫保健率61.90%，乙肝疫苗接种率57.90%；对中小学生常见肠道蠕虫病驱虫治疗累计29.88万人次，小学生重点人群普服碘油丸10万人次；婴儿死亡率从1991年的15.80‰降至1996年的10.95‰，5岁以下儿童死亡率由16.62‰降至11.83‰，新生儿死于破伤风病由2.67‰降至0.44‰。1998年，计免儿童建卡100%，建证率100%，保偿率77.22%，全年无小儿麻痹症、百日咳、白喉病发生；学校健康教育课率95%，学生体检视力不良率28.70%，龋齿39.70%；围产儿死亡率11.34‰，0~6岁儿童7.88万人，体检率55.63%，儿童系统管理（对儿童进行整体的、全面的、连续性的健康管理，在儿童生长发育过程中，进行定期的监护与指导，目的是保护和促进儿童身心健康，减少疾病及死亡）率51.69%，新生儿破伤风发生率0.42‰，婴儿死亡率12.99‰，5岁以下儿童死亡率14.37‰。2001年，儿童上卡8052人，上卡率100%，建证率100%，卡介苗率98.62%，糖丸率98.01%，百白破率95.71%，麻疹率93.57%，新生儿乙肝疫苗接种率85.99%，儿童计免参保率82.74%。新生儿破伤风3例占0.39‰，婴儿死亡89例占11.46‰，5岁以下儿童死亡97例占12.5‰，出生缺陷15例占12.16‰。2004年，全县儿童免疫保健率90%；有96所托儿机构取得卫生保健合格证；婴儿死亡率10‰，新生儿破伤风发病率0.49‰，儿童系统管理率73%。

残疾人治疗与康复

视力康复　邕宁县由县医院对残疾人进行白内障复明手术。2002年南宁市政府实施“光明工程”，给老人白内障复明补助费，全县接受复明手术612例，配用助视器26例。2003年，为经济困难白内障人员开展复明手术242例，为患者及家属直接减轻医药费、手术费、住院费、交通费等经济负担48万元，无一例出现质量问题。1991年至2004年，全县白内障复明手术1306例，脱盲率达100%，脱线率87%；低视力儿童配用助视器16例；儿童配助听器8例。

听力康复　1992年起，由县残疾人学校对残疾人聋儿进行语训，以“手语”代替听力。1992年至2004年，全县累计完成聋儿语训95例。

肢体康复　1992年起，由县医院对残疾人小儿麻痹症进行矫治、肢体康复训练等。1992年至2004年，全县累计完成小儿麻痹症矫治76例、肢体康复训练共44例、假肢装配共17例、麻风畸形康复训练19例、麻风畸形康复矫治手术23例、矫形器装配共11例。

智力康复　1994年起，由县残疾人学校对残疾儿童智力进行康复培训。1994年至2004年，全县累计完成低智力儿童康复训练69例、矫形器装配17例。

精神病康复 1991年至2004年，县内从事精神病康复住院的医院分别是蒲庙精神病医院和那马精神病医院，累计收治患者4979人，治愈出院达100%。

第六节 卫生监督

食品卫生

1991年，邕宁县食品生产经营户2267户，从业人员5783人。县卫生部门根据1995年颁布《中华人民共和国食品卫生法》，开展食品卫生知识宣传和卫生监督监测。每两年分期分批对食品从业人员进行一次食品卫生培训。1999年，全县从业人员健康持证率98.16%，培训率100%，监督覆盖率100%，食品抽检合格率87.18%。2001年始，开展整顿和规范市场经济秩序活动及各项专项整治活动。2003年6月，开发区和县城的小型饮食单位统一使用集中消毒的餐具。是年，通过食品卫生执法与监督，全年共处罚54户（次），其中责令整改28户（次）、责令停止生产经营3户，责令销毁食品349.80千克，立案查处10起违法行为，对3户罚款4500元。2003年，对8家不符合卫生要求的食品生产、加工、销售企业和个体摊点责令停业整顿，取缔无证食品销售流动摊点5个，查处无证食品卫生企业1家，对1家不符合卫生条件的学校食堂责令停业整顿，取缔学校周边无证食品销售摊点7个。2004年，邕宁县食品生产经营户3171户，从业人员7655人。邕宁县对食品卫生执法与监督进一步加强。

公共场所卫生

邕宁的公共场所经营户增长较快，经营户从1991年200户增至2004年的900户，且种类和规模不断扩大。县卫生部门根据《公共场所卫生管理条例》和《化妆品卫生监督条例》等法规规章，加强对公共场所卫生监测。合格率从1993年的23%提高至2004年的63%。

饮水卫生

1991年，乡镇所在地有30个水厂仅有4个配有水质净化消毒设施，乡镇水厂水质每年检测2次。县卫生部门加强县、乡生活饮用水的卫生管理。1999年，全县水源监测163份、合格率60.72%。1991年至2004年3月，由县自来水公司、大沙田供水公司的出厂水、末梢水质实行每月检测2次制度。乡镇所在地水质净化消毒设施由1991年的4个增加到2004年的18个，出厂水合格率由1991年的25%提高到2004年的68%。

职业卫生

1991年起，邕宁县卫生部门依据国家法律法规，开展职业卫生监督。早期以国营企业单位为主。1997年起，扩展到辖区的所有用人企业单位。监测项目由对粉尘、噪声等逐步扩展到高温、热辐射、放射防护、各项有害物质，如氯气、甲醛、锰、铅、二氧化硫、氰化物等。健康检查项目由询问职业史、既往史、胸片逐步扩展到肝功能、两对半病毒含量、B超、心电图、电测听、肺功能等。体检由定期体检扩展到就业前、离岗时体检。各种职业中毒事件处理合格率100%。2000年，县卫生部门对全县21个乡镇的社会医疗机构进行检查监督2次以上，取缔无证行医10家，责令整改5家。2001年查处违法行医案件26起，依法取缔无证行医机构4家、游医摊点5个，责令整改的个体医疗机构5

家，没收医药器械一批（价值 2 万元），罚款 3.20 万元，完成 246 个社会医疗机构执业的重新审核工作。2002 年 5 月 1 日《中华人民共和国职业病防治法》实施后，监测制度进一步完善。健全对生产环境中各种职业病危害因素的定期检测，对违法行为要求及时整改。2003 年，加强《中华人民共和国母婴保健法》的执法力度，查处无证接生，对无证接生 3 人进行处罚。加强社会医疗机构的管理和监督，全年共查处违法行医案件 15 起，其中取缔 11 起、责令整改 4 起，没收药品、医药器械一批，罚没款 8.74 万元。

学校卫生

1991 年，邕宁县卫生部门每年在定点学校开展学生健康监测。1992 年至 2000 年，每年开展一次学生集体服药驱虫共 56 万人次，有效地降低了学生肠道寄生虫的感染率。2002 年起，在全县中小学全面铺开健康监测，每年监测学生 13 万人次。2003 年监测结果：乙肝表面抗原阳性占学生总人数 7.61%，视力不良占 17.42%，营养不良占 28.9%，肥胖占 1.33%，龋齿占 36.67%，沙眼占 8.98%，贫血占 15.73%。开设专科门诊开展防龋窝沟封闭和近视眼视力矫正治疗。

消毒管理

1991 年起，县依据国家《中华人民共和国传染病防治法》和卫生部《消毒管理办法》开展医疗单位消毒监测。1994 年至 2004 年，医疗用品采样份数 2.04 万份，合格率 85.86%；监测县城、大沙田、部分乡镇的卫生用品批零店（部）和厂家的卫生用品，采样份数 3766 份，合格率 95.11%。

药品监督

1991 年，由邕宁县医药管理局（公司）和南宁市药品管理局邕宁县分局依法依规对辖区内药品市场进行管理和核发“药品经营企业合格证”、零售许可证及年审；对药品市场开展专项整顿活动，对医疗机构药剂进行检查，有效地打击违法行为。1995 年，开展一次医药市场清理整顿活动，共查出无证无照或证照不全的药品经营者 158 家，经营药品 220 种。

1991 年至 1996 年，县卫生局采取定期或不定期方式对全县医疗卫生用药单位、医药公司、药店、诊所等进行抽检，共抽检 898 种（次），覆盖率 95%，发现不合格率 2.35%。对假冒伪劣药品，依照《中华人民共和国药品管理法》有关规定进行处理。

1997 年至 1998 年，共查处医药市场假劣药案 14 起，没收假劣药品价值 3548 元，没收违法经营药品价值 1.86 万元；完成药品检验 876 年批次，不合格率 5.14%。对药品经营单位及人员进行药品法规教育，打击违法经销假冒伪劣药品行为，保障人民群众用药安全有效。

2000 年 3 月，分别在大沙田开发区、蒲庙镇进行药品管理法律法规和假劣药品展览宣传。全年完成药品检验 605 批次，不合格 41 批次，不合格率 6.30%；查处违法医药案件 8 起，价值 8340 元。

2003 年，共出动执法检查人员 600 多人次，检查涉药单位 800 多家次，下达整改通知书（建议书）49 份，清理农村集贸市场无证摊点 15 个；受理药品投诉案件 11 起；查处药品案件 14 起，涉案货款 9.60 万元；没收违法生产经营的假劣药械价值 1.40 万元；下达行政处罚 20 多万元；销毁假劣药械价值 3 万多元。其中在“非典”防治期间，印发《关于进一步加强对防治非典型肺炎药品医疗器械质量监控的通知》，组织执法人员深入乡镇和村坡开展非典型肺炎药品医疗器械检查，纠正 3 家药品经营企业的违规行为，没收假劣药品医疗器械价值 1.29 万元，清理过期失效药品 65 个品种价值 1200 元，取缔 9 个销售假劣药品的市场摊点，下达整改通知书 17 份，检查和抽查医用口罩 7000 只，没收不合格一次性医用口罩 540 只。

1991年至2004年，全县检查生产和经营使用药品单位1670家，下达整改通知书89份。查处假药21批次、劣药45批次、劣质一次性使用无菌注射器4500套。取缔无证经营户5家、无证摊点48个；没收违法经营药品、假劣药器械一批，价值6.50万元；销毁假劣药器械价值3万元；查处违法经营药品200多户，罚款30万元；立案和查处药品案件38起、价值18.60万元；受理投诉11起。

第二章 体 育

1991年起，邕宁县投入到各种体育活动场地和体育器材设施的经费快速增长。至2004年，全县投入体育场地（器材设施）建设（含赞助筹集）累计1800万元,投入体育竞赛活动经费（含赞助筹集）850万元。越来越多的群众参加形式多样的体育活动和全民健身活动。

第一节 机构 设施

机 构

1972年1月，成立邕宁县体育运动委员会，位于县城新兴路。1991年，邕宁县体育运动委员会机关内设办公室、财务室，在编在职干部职工7人；下辖县业余体校。1996年11月，邕宁县体育运动委员会改为县人民政府直属事业单位，内设行政秘书股、综合体育股2个股，有人员编制6名。2001年11月，邕宁县文化局与邕宁县体育运动委员会合并，组建邕宁县文化和体育局，为县人民政府工作部门。局机关内设办公室、文化体育市场管理股、群众文化体育事业股，在编在职干部职工11人。2004年，县文化和体育局机关内设办公室、文化和体育市场管理股、群众文化和体育事业股，人员编制12名。县文化和体育局办公地址在县城红星路。

1991年至2005年3月县文化和体育局（县体育运动委员会）历任局长（主任）：陈乐康，蓝景欢，韦文新，黄淑南，苏凯精。

设 施

1991年，县有各种体育活动场地（设施）1132个（处），其中灯光篮球场17个、普通篮球场1026个、排球场52个、门球场5个、400米田径场4个、300米及以下田径场7个、游泳池4个、射击场1个等。

2004年,全县有各种体育活动场地(设施)1131个(处),其中灯光篮球场226个、普通篮球场623个、排球场（含气排球场）97个、门球场15个、地掷球场1个、射击场1个、老年文体活动室26个（间）、县城晨练站9个、新兴广场公共体育器材设施2处、球馆2个、桌球室48间、乒乓球室36间、足球场11个、溜冰场2个、游泳池3个、400米田径场7个、300米及以下小运动场12个、保龄球馆1个、羽毛球馆3个、网球场1个、柔道馆1个、健身健美房4间等。乡镇文体活动中心16个；乡村篮球场500个,其中灯光篮球场210个。刘圩镇文体活动中心可容纳5000人,全镇14个村有篮球场40个(其中灯光篮球场32个)；南阳镇文体活动中心可容纳4000人，全镇7个村有篮球场37个（其中灯光篮球场19个)；蒲庙镇文体活动中心可容纳3000人,全镇17个村和4个社区居委会,建有篮球场70个(其中灯光篮球场18个，良勇村有灯光篮球场8个)。吴圩镇文体活动中心可容纳5000人，建有篮球场70个（其中灯光篮球场10多个)。

第二节 民族传统体育

抢花炮

抢花炮始于清代,流行于邕宁县中和、刘圩、那楼等乡镇。传统的“抢花炮”活动,是民间祈求安宁、吉祥和祈福活动。20世纪90年代，发展为一项民间文体活动，每次参加抢花炮的人有数十，至数百，争夺激烈。每年的“花炮节”由村里主办，由上年抢得“头炮”的炮主放“花炮”(还炮)。

中和乡、刘圩镇一些村、坡在每年传统节日的正月十五、正月十六或二月初二举行“抢花炮”活动。最具代表、最隆重的是中和乡孙头坡“花炮节”，每年二月初二是孙头坡的开村纪念日和“抢花炮”节，该坡各家各户杀鸡杀鸭摆丰盛宴席喜迎亲朋好友，村里组织开展场面隆重热闹的“抢花炮”和舞龙狮、民间祭祀、唱大戏(粤剧)等民间民俗活动。2005年，邕宁“壮族抢花炮”成功申报为自治区级非物质文化遗产保护名录。

▲21世纪初，邕宁传统抢花炮活动热烈场面

(农如松 摄)

凤凰寻亲

“凤凰寻亲”活动，系一项民间文化和体育活动。传说在清代，百济乡某村有一富商失踪，其妻从公鸡找到灵感，寻得夫归。从此，该项活动在家中发生亲人失踪不归时举行。活动时法师念诵经书，把意念转移到公鸡的化身即竹竿中，让竹竿尾叶(新鲜竹竿，竿尾弯)不断点头，众亲属从其点头的方向来判断亲人失散情况。

当今，“凤凰寻亲”活动已经发展为百济乡个别村在传统节日中举行此项表演为娱乐。

第三节 群众体育

职工体育

1991年后，邕宁县机关和企事业单位职工体育活动开展得较活跃，每年元旦、春节、三八妇女节、五一国际劳动节、五四青年节和国庆节等节庆日，都以单位或系统组织开展各类体育活动。县体委和县总工会的溜冰场、棋室、桌球室、歌舞厅、篮球场等体育场所，节庆日都向职工开放。在县城，每周都组织举办1~4场体育赛事。此外，1991年至2004

▲2003年,县文体局组织开展“和美杯”男子篮球邀请赛。图为比赛现场

(邕宁区史志办资料照片)

年，在县城组织举办“经济效益杯”职工篮球赛，第二届“财贸杯”职工运动会，第三届职工羽毛球赛、职工篮球赛、职工象棋赛、职工足球赛和首届妈妈运动会，“农行杯”等职工体育活动，累计 200 场次。其中，1997 年 1 月至 2 月，举办“迎春杯”足球赛，有八鲤水泥厂、个体协会、大塘镇、县三中、华宏公司、县公安局、县工商局、登海贸易公司、县教育局等 9 个队 180 人参加。2002 年，县总工会举办 4 期职工健身操培训班有 30 多个企事业单位 260 人参加；3 月 1 日至 8 日举办三八国际妇女节妇女气排球赛；4 月 16 日至 29 日举办庆五一国际劳动节“农行杯”第三届全县职工篮球赛；4 月 26 日举办庆五一国际劳动节“农行杯”全县职工健身操赛有 17 个队参加，举办庆五一国际劳动节“农行杯”全县篮球赛有 30 多个男女队参加等。

1991 年至 1998 年，全县每年参加各种类型体育活动的职工 8 万人次。1999 年至 2004 年，全县每年参加各种类型体育活动的职工 6 万人次。

农民体育

1991 年起，邕宁县农村体育活动以篮球为主，其他主要有拔河、门球、武术、气排球、健身操、田径和抢花炮等，体育活动类型多样化。逢春节、中秋节等传统节日，农村组织举办篮球、拔河、门球、武术、气排球和抢花炮等体育活动，抢花炮、舞狮嬉闹新春的传统久盛不衰。至 2004 年，各种农民体育活动累计 3500 场次，参加活动人数（含比赛、健身锻炼）累计 700 万人次。蒲庙镇、苏圩镇、吴圩镇、大塘镇、南晓镇、长塘镇、五塘镇、刘圩镇、良庆镇、南阳镇等先后被评为自治区体育先进乡镇。其中，南晓镇 1998 年被评为全国体育先进乡镇；吴圩镇于 2000 年 10 月被农业部、国家体育总局、中国农民协会授予全国“亿万农民健身活动先进乡镇”。

▲ 2003 年，新江镇基层群众开展篮球比赛
（邕宁区史志办资料照片）

学校体育

中小学校体育 1991 年起，全县中小学校实施“两课两操一活动（即体育课、劳动课，早操、课间操，课外体育活动）”，按有关标准配备体育教师，保证学生体育锻炼时间、质量。各中小学校广泛开展足球、篮球、排球、田径等体育项目业余训练。邕宁高中、蒲庙中学、蒲庙二中、民族中学、城关中学、职业中学、大塘中学、中和中学及吴圩镇各中学举办校运会。县教育部门还先后在县城举办中小学生象棋、围棋赛、全县小学生运动会、中小学生田径、篮球赛、“六一”儿童节儿童趣味性体育比赛、中学生篮球赛、中学生排球、田

▲ 2002 年，县第三高级中学举办学校运动会。图为运动会开幕式
（邕宁区史志办资料照片）

▲ 1998 年，蒲庙中学学生在做课间操
（邕宁区史志办资料照片）

▲ 2003 年，县民族中学举办校运会。图为学生参加田径比赛项目
（邕宁区史志办资料照片）

径比赛等。1991 年，全县在校学生 8.05 万人，体育锻炼标准达标 5.95 万人，占在校学生 75%。2001 年，全县中小学在校学生 15.10 万人，体育锻炼标准达标 13.98 万人，占在校学生 92.60%。2002 年至 2004 年，全县各中小学校坚持开设“两课两操一活动”，按自治区、南宁市有关部门的新要求，中小学校体育锻炼标准不再进行统计、验收。

邕宁县中小学校参加南宁市、自治区比赛获得较好成绩。1991 年小学男女篮球队参加南宁市第三届小学生运动会，男女队均获第一名；中学生游泳队参加南宁市中学生游泳比赛获金牌 12 枚，银牌 5 枚、铜牌 8 枚；参加南宁市第五届中学生运动会，男篮获第一名、女篮获第三名；中学生举重获金牌 10 枚、银牌 6 枚、铜牌 2 枚，团体总分第二名；中学生田径甲组获金牌 1 枚、银牌 1 枚、铜牌 2 枚，乙组获金牌 6 枚、银牌 7 枚、铜牌 4 枚；游泳乙组获团体总分第二名。1993 年蒲庙中学和县体校组织田径队在参加自治区少年田径分龄赛上获金牌 2 枚、银牌 2 枚、铜牌 4 枚。1995 年，组队参加南宁市第六届中学生运动会的篮球、足球、排球、田径、举重、乒乓球等项目的比赛，男女篮球队分别获第一、第二名，男子排球队获第五名，男子足球队获第一名，田径比赛获金牌 10 枚、银牌 15 枚、铜牌 9 枚，举重队获金牌 18 枚、银牌 6 枚、铜牌 3 枚，游泳队获金牌 2 枚、银牌 7 枚、铜牌 3 枚。2000 年 5 月至 6 月举办邕宁县第四届中小学生运动会。运动会设篮球、排球、足球、乒乓球、田径等项目。5 月 10 日至 13 日分别在蒲庙、刘圩、那楼、五塘、苏圩等 5 个赛区进行预赛；5 月 25 日至 6 月 5 日在县城进行决赛。全县 21 个乡镇和 10 所县属高中派出代表团参赛，参赛人员 7312 人次，决出金牌 89 枚、银牌 92 枚、铜牌 90 枚、第四名至第八名 426 枚，评出体育道德风尚奖 7 个，破（平）县中小学生田径运动会纪录 80 项次。

业余体校 1991 年，县内业余体育学校有邕宁县业余体育学校、南宁市神龙武术学校、邕宁县体育运动学校 3 所。邕宁中学和邕宁高中各开设一个体育班（2004 年均已停办）。2002 年，县业余体校与县体育运动学校联合办学，建有篮球场 6 个、游泳池 2 个、摔跤训练房 1 个、简易田径场 1 个，实行“学习、训练、食宿”三集中，开设全日制文化课，设立篮球、摔跤、游泳等训练项目，在校学生 280 人（在校学生最多年份有 356 人），至 2004 年共培养各种体育生 2500 人。南宁市神龙武术学校（驻邕宁县中等职业技校），开设武术散打、拳击、跆拳道、举重等竞技训练项目，在校学生 280 人，1991 年至 2004 年共培养各种体育生 2100 人。

1991 年至 2004 年，邕宁县业余体校向自治区体校、自治区体工大队各输送运动员 2 名，累计培养各种体育生 5100 人。

老年人体育

1991年后，县内参加体育活动和健身活动的老年人一年比一年多，以健身晨练、门球等体育活动为主。其他有麻将、象棋、太极拳（剑）、地掷球、气功、气排球、健身球（操）等项体育活动。全县有老年文体活动室26个（间）。

1997年，成立邕宁县老年体育协会（简称老体协）有会员556人。在县城设有老年晨练站2个。全县有门球队32个。老年人体育逐步向农村发展，蒲庙镇龙岗村成立女门球队，为全县第一支农民妇女门球队。

2000年，有蒲庙、南阳等8个乡镇和明阳糖厂成立老体协，有会员300多人。全县门球场增至15个，有地掷球场1个，有老年文体活动室20多个。

2004年，全县老体协有会员3140人，有老年晨练站9个，门球场15个，门球队38个，地掷球场1个，老年文体活动室20多个。

1991年至2004年，全县老年人体育共举办门球等各种体育比赛活动（含来访门球队）累计150多场次，参赛人员共1.32万人次，参加晨练、健身气排球、麻将、象棋、太极拳（剑）、健身球（操、舞）等健身体育活动的老年人数20多万人次。县老年体育派出运动员参加市级以上各类体育比赛共获奖牌、名次50多枚（个），其中获市级金牌10枚、获市级各类第一名8个。

残疾人体育

县内没有设立专用的残疾人体育场地、设施。残疾人的体育锻炼以个人爱好和自有体育活动设备（器械）为主，开展一些适合的体育健身活动。

县内残疾人运动员参加市级各类残疾人体育运动比赛的，在比赛之前由县残联优选县内残疾人运动员集中进行竞技培训，到县城体育场地、设施进行游泳、举重、羽毛球、乒乓球、田径等项目训练，经1~2个月培训后参加全市残疾人体育运动比赛。参加自治区比赛活动的，比赛之前由南宁市残联优选各县区优秀运动员集中到市进行训练1~3个月，然后参加自治区残疾人体育运动比赛。参加全国比赛活动的，由自治区残联优选各市（县、区）优秀运动员集中到自治区进行训练，然后参加全国残疾人体育运动比赛。

1998年，邕宁县9名运动员参加南宁市第三届残疾人运动会，获得金牌10枚、银牌5枚、铜牌4枚。2002年在山东省济南市举行全国残疾人田径、柔道、举重锦标赛暨世锦选拔赛，蒲庙二中高三班学生李丕凯在男子F42级6.25千克铅球和F42级800克标枪比赛中，分别以8.08米和33.24米成绩获得金牌2枚，体育道德风尚奖1枚；大塘镇归玉娜参加F42级女子跳远和F42级女子跳高比赛，分别以2.33米和1.16米的成绩获得金牌2枚。同年10月，周家壹参加自治区第五届残疾人运动会游泳比赛，获得SAC100米、200米蛙泳、200米混合泳金牌3枚，李兆庭获得仰泳银牌1枚，黄名中获得SAC100米蝶泳银牌1枚和SAC200米仰泳铜牌1枚。同年11月，李丕凯参加在百色市举行的田径比赛获LSF5级标枪金牌1枚(创广西最高纪录)；周达明获男子跳远铜牌1枚；杨苑获女子跳远铜牌1枚。2003年9月，归玉娜、李丕凯参加南京举办的全国第六届残运会，分别夺得女子F42级跳高并以1.39米的成绩破世界纪录获得第二名、F42级跳远第四名，男子F42级标枪第三名、跳高第四名、铁饼第五名。

1991年至2004年，邕宁县没有举办残疾人体育比赛活动。组织运动员外出参加各类比赛累计30人次，获得金牌18枚、银牌8枚、铜牌9枚；第一名5个、第二名6个、第三名6个。归玉娜入选国家队参加2004年雅典残奥会比赛。

第四节 重要赛事

县内体育比赛

邕宁县举办较大型的运动会主要有县第三届和第四届运动会、县第六届至第八届“致富杯”篮球赛、第六届“甜蜜杯”运动会、全县小学生运动会（1991年）、县第二届职工羽毛球赛、县第三届职工足球赛（1992年）、首届“经济效益杯”篮球赛；举办卫生系统第三届“健康杯”篮球赛（1993年）、县第二届“财贸杯”职工运动会（1994年）、第二届文明单位“文明杯”篮球赛（1995年）、第四届中小学生运动会等比赛累计70场次，参赛运动员共1.30万人次。

1997年，全县举办各种类型的体育活动、比赛和运动会共77场次，参加活动共6.81万人次。主要比赛有“迎春杯”足球联赛、县第三届运动会等；9月24日至10月4日举办邕宁县第三届运动会，有36个体育团队参加，有篮球、足球、排球、羽毛球、乒乓球、拔河、门球、象棋、顶竹杠、三人板鞋竞走、田径11个比赛项目，参赛运动员3433人，教练员340人，裁判员、工作人员272人；设金牌38枚、银牌37枚、铜牌37枚，第一至第三名、第四至第六名160个；县教育系统、县明阳糖厂、华宏公司、县蒲庙糖厂、县卫生系统、县电业公司、县金融系统、县伶俐糖厂获得团体总分前八名，评出体育道德风尚奖8名，即吴圩镇、五塘镇、华宏公司、大塘镇、金融（系统）、蒲庙镇、教育（系统）、新江镇；该届运动会共投入49.60万元。

1999年全县举办各种类型的体育活动、比赛和运动会共96场次，参加人数共17.50万人次。承办重大比赛有：“南宁供电网区篮球比赛”部分场次的比赛；“1999年自治区武术散打锦标赛”，有邕宁、武鸣、柳州、玉林、百色、南方武术院、南宁拳击学校7支武术代表队80多名运动员参赛；“宁振杯”广西拳击锦标赛，有南宁、柳州、桂林、玉林、广西兆信、南宁建莹等8支代表队94名运动员参赛。举办“刘三姐杯”男子篮球赛、“彩虹杯”五人制足球精英赛、“庆祝建国50周年门球比赛”“庆国庆”篮球赛和五人制足球赛、迎澳门回归“刘三姐杯”男篮四强争霸赛、“迎澳门回归”老年人气排球赛等。

2000年，举办各种类型的体育活动、比赛和运动会共24场次，参加人数共2万人次。重点举办县第四届中小学生运动会、“电信杯”气排球比赛、“仙葫杯”四强男篮邀请赛、春节篮球比赛、“三八”节女职工拔河比赛、“土地杯”排球比赛、第二届“八鲤杯”五人制足球赛等，承办自治区九运会拳击、武术散打项目的比赛。

2004年，开展群众性体育比赛活动115场次，参加人数4.20万人次。重要体育比赛活动有邕宁县第四届运动会、春节龙狮表演及篮球邀请赛、纪念“三八”妇女节拔河赛、全民健身秧歌舞赛、体育进社区“富皇杯”气排球赛等。12月6日至20日，举办邕宁县第四届运动会，全县21个乡镇、3个开发区、有关单位共36个体育代表团队参加。比赛项目有篮球、足球、气排球、田径、乒乓球、羽毛球、象棋、健美操、门球9项。运动员、教练员、裁判员共1895人。奖项设金牌42枚、银牌41枚、铜牌38枚等。县教育系统、百济乡、华宏公司、沿海开发区、政法系统、吴圩镇、电业公司、卫生系统获团体总分前八名，大沙田开发区、沿海开发区、蒲庙、吴圩镇、百济乡、教育系统、电业公司、华宏公司获道德风尚奖。该届运动会投入60万元。

1991年至2004年，邕宁县政府及社会各界组织各种体育活动和比赛累计1670场次，参赛运动员123.70万人次。

参加市级以上体育比赛

邕宁县先后获国家等级运动员有何润华、张寿烈、张志良、陆家全、黄文概、归玉娜、何树感等。

县运动员参加国家级以上重要体育比赛活动：1991年2月，运动员张寿烈（五塘镇人）在伊朗德黑兰市举行的国际举重锦标赛上获男子52千克级总成绩第一名；4月在福州市举行的全国举重锦标赛上获52千克级总成绩第一名。2000年，邕宁籍运动员原业余体校学生何树感（中和乡人）入选中国军事代表团队参加48届世界军事五项锦标赛，中国队获团体冠军，何树感获个人第五名。2001年何树感第二次入选中国军事代表团，参加第49届世界军事五项锦标赛获团体冠军和接力冠军，何树感获个人第2名，部队为其记一等功一次。

1991年至2004年，县先后组织体育队和运动员参加南宁市、自治区、全国举办的各类体育比赛，获得金牌469枚、银牌372枚、铜牌277枚。其中，获得南宁市级金牌372枚、银牌286枚、铜牌175枚；获得自治区级金牌90枚、银牌80枚、铜牌60枚，获得国家级以上金牌7枚、银牌6枚、铜牌2枚。

邕宁县志
YONG NING XIAN ZHI

第十八篇

机构编制 | 人事 | 劳动

第一章 机构编制管理

1991 年，邕宁县机构编制管理部门为邕宁县编制局。1996 年 11 月，县编制局改称县机构编制委员会办公室。

1991 年至 2005 年 3 月，全县机构编制管理工作实行规范化、制度化管理。对机构编制审批按照“三个一”制度执行。即：凡是党、政、群机关和事业单位的机构编制事宜，由机构编制委员会及其办事机构一个部门承办；由主管机构编制工作的县长“一支笔”审批；由机构编制部门一家行文。每 2 年给各部门、各单位换发 1 次“机构编制管理证”，对各行政机关和事业单位的机构编制实行动态管理。加强机构编制管理，严把“入口关”，对于没有空余人员编制的单位不得进人，同时对单位招聘的用编人员实行严格控制，对各单位的编制外人员进行清理清退；通过进行机构改革，进一步精简机构和冗员，遏制机构和人员编制的增加。

第一节 管理机关

1973 年 10 月，成立邕宁县编制办公室。1984 年 8 月，成立邕宁县编制委员会办公室，1986 年 12 月改为邕宁县编制办公室，1989 年 1 月改为邕宁县编制局。

1991 年，县编制局机关内设办公室、行政股、事业股，人员编制 7 名，在职干部 7 人；二层事业机构有县事业单位登记管理中心，人员编制 2 人。

1996 年 11 月，邕宁县编制局更名为邕宁县机构编制委员会办公室，为县机构编制委员会的常设办事机构，负责全县行政管理体制和机构改革，以及机关、事业单位机构编制的日常管理工作，既是中共邕宁县委的机构，又是县人民政府的机构。县机构编制委员会办公室机关内设党政机构编制股、事业机构编制股，人员编制 7 名，在职干部 7 人；二层事业机构有县事业单位登记管理中心，人员编制 2 人。

2004 年，县机构编制委员会办公室机关内设秘书股、行政股、事业股，人员编制 5 名，在职干部 5 人；二层事业机构有邕宁县事业单位登记管理中心（局），人员编制 2 名，在职干部 2 人。

县机构编制委员会办公室办公地址在县城红星路。

1991 年至 2005 年 3 月县机构编制委员会办公室（县编制局）历任主任（局长）：李培珍，于大贵，粟英文，周平（女）。

第二节 机构设置及人员编制

1991 年至 1996 年，邕宁县机构编制部门办理县直机关内设股级机构 32 个；办理审批设立县矿产安全卫生监察站、第三高级中学、农业广播电视分校、审计师事务所、水果开发技术服务中心、地产公司、大沙田经济开发区城建监察中队、职工失业保险所、水土保持站、福利院、市容环境卫生监察队、建筑安全监察站、蒲庙公路（北线）养护工区、水政监察大队、公安局强制戒毒所、地价评估事务所、房地产评估事务所、资产评估事务所、事业单位评估登记所、蒲庙木材检查站、五塘木材检查站、邕宁邕江大桥管理处，以及各乡镇土地管理所、乡镇交通管理站、乡镇劳动服务站和部分乡镇矿管站等机构，并落实各单位人员编制。

1996年8月，邕宁县机构改革前，县直机关党政机构设置63个。其中：中共邕宁县委机构设置11个，县政府机构设置52个。1996年8月30日，南宁市批准邕宁县机构改革方案。同意县直党政机构设置34个（县委机构7个，县政府机构27个），比原有减少29个，精简幅度46%；人员编制729名（不含政法机关编制），比原有总编制852名减少123名，精简14.40%；工勤事业编制92名。县人大机关编制27名，县政协机关人编制16名，县群团机关编制32名，县公检法司编制274名。全县21个乡镇（一类乡镇15个，二类乡镇6个）机关，各分别设置5个综合性的办事机构，即党政办公室、农业办公室、财经办公室、社会事务办公室（挂计划生育办公室牌子）、乡镇建设办公室。南宁市批准邕宁县乡镇机关行政编制855名，按新定行政编制的10%配备后勤服务事业编制86名，共941名；实行行政编制846名，后勤事业编制70名，共916名，比原有总编制939名减少23名，精减2.50%。

1996年，全县事业单位946个，核定编制1.70万名，实有在编人员1.71万人。其中财政全额拨款事业单位699个，编制1.37万名，实有在编1.37万人；财政差额拨款事业单位59个，编制1540名，实有在编1585人；自收自支事业单位188个，编制1735名，实有在编1893人。

2001年11月下旬至2002年2月中旬，邕宁县在吴圩镇党政群及部分事业单位进行机构改革试点。之后，在全县推行机构改革工作。机构改革后县直党政机构为31个（中共邕宁县委机构设7个，县人民政府机构设24个）比原来减少3个，精简11.80%；人员编制541名（不含政法机关编制），减少188人，精简25.70%；工勤事业编制54名。县人大机关编制22名，减少5名，精简23%；县政协机关编制13名，减少3名，精简20%；县群团机关编制25名，减少7名，精简21%；县公检法司编制233名，减少41名（其中13名编制分到乡镇司法所），精简14%。全县党政机构调整后剩余编制12名（不含县人大、政协和政法机关）。一类、二类乡镇机关由原来各设置5个综合办公室，改为设1个办公室；行政编制共701名，减少154名，精减18%；工勤编制58名，减少12名，精减17.10%。全县乡镇部分的事业单位编制由1814名减为1270名，减少544名，精简30%。

2001年，全县事业单位1721个，核定编制1.78万名，实有在编人员1.70万人。其中财政全额拨款事业单位1520个，编制1.56万名，实有在编1.49万人；自收自支事业单位201个，编制2185名，实有在编2042人。

2004年邕宁县机构改革工作从7月开始，至9月结束。中共邕宁县委工作机构设7个，县人民政府工作机构设24个。县党政机关人员编制641名，县人大机关人员编制27名，县政协机关人员编制16名，县群团机关人员编制32名，乡镇机关人员编制数不变动。全县撤销机构2个：县乡镇企业局和县对外经济贸易合作局（原为县对外贸易委员会）。新组建机构4个：县招商促进局、县信息化工作办公室、县人民防空办公室、县地震局。更名机构3个：县规划建设局、县人口和计划生育局、县水产畜牧局。调整部分单位：县发展计划局改组为县发展和改革局；县安监局改为县人民政府工作部门，机构规格升格为正科级；县民族事务局改为县政府直属相当正科级事业单位；县综治办改为与中共邕宁县委政法委员会合署办公。调整后使用行政编制525名，空余编制12名；使用机关事业编制26名。

2004年，县政法机关人员编制675名，其中行政编制492名、机关事业编制38名、后勤人员编制145名。

2004年，全县事业单位696个，核定编制1.45万名，实有在编人员1.23万人。其中财政全额拨款事业单位546个，编制1.11万名，实有在编9371人；财政差额拨款事业单位35个，编制1552名，实有在编1387人；自收自支事业单位115个，编制1871名，实有在编1501人。在全县的事业单位中，县城有196个，核定编制6316名，实有在编人员5491人，其中财政全额拨款事业单位143个、编制4233名、实有在编3738人，财政差额拨款事业单位14个、编制779名、实有在编726人，自收自支事业单位39个，编制1304名，实有在编1027人；乡镇有500个，核定编制8189名，实有在编人员6768人，其中财政全额拨款事业单位403个、编制6849名、实有在编5633人，财政差额拨款事业单位21个、编制773名、实有在编661人，自收自支事业单位76个，编制567名，实有在编474人。

第三节　事业单位登记管理

1994年12月，邕宁县事业单位登记管理中心（局）开始实行事业单位法人和非法人登记。1996年，全县有事业单位946个，共有编制1.70万名。其中，财政全拨款单位699个，编制1.37万名；财政差额拨款单位59个，编制1540名；自收自支单位188个，编制1735名。是年12月，全县确认事业单位法人资格720个，非法人资格120个。

2001年3月，邕宁县部署开展事业单位初始登记，同时，建立邕宁县事业单位登记年检制度。年内，全县有事业单位共641个，完成初始登记和年检的事业单位637个，占应初始登记和年检的99.40%。

2002年，全县有事业单位676个，其中初始登记的单位62个，变更登记138个，符合条件年检467个，完成应登记和年检率的98.60%。

2004年，全县有事业单位696个，编制共1.45万名。其中：财政全额拨款单位546个，编制1.11万名；财政差额拨款单位35个，编制1552名；自收自支单位115个，编制1871名。符合条件年检的事业单位696个，完成应登记和年检率的100%；全县事业单位应登记管理材料均输入南宁市事业单位登记管理系统，实现计算机管理。

第四节　编制外人员管理

1991年，邕宁县机关、事业单位聘用和借用大量临时工作人员，其中大部分是民办（代课）教师和聘用干部。为加强人员编制管理，1992年，通过考试等方式将民办（代课）教师转为公办教师136名，录用聘用干部138名。1994年民办（代课）教师转为公办教师110名，吸收录用聘用干部158名。1996年民办（代课）教师转为公办教师547名，吸收录用干部238名。

1999年，全县机关、事业单位有各类编制外临时人员4720人，其中代课教师4111人。大量编制外临时人员加重县财政和用人单位的负担。是年，邕宁县开始清理清退单位编制外的聘用人员和借用临时人员，共清理清退编外人员60人，其中乡镇计生服务所20人、乡镇财政所20人、代课教师20人，每年为财政节约开支30万元。2001年，全县清退代课教师1000多人。1999年至2004年，全县清退各类编外人员2909人。

第二章　人　事

1991 年后邕宁县的人事工作，坚持党管干部原则和分级管理权限。副科级以上领导干部由县委组织部直接管理。县人事局负责全县机关事业单位国家工作人员招聘和吸收录用、干部考核培训、人事制度改革、干部调配、人才交流、大中专毕业生分配等人事工作。从 20 世纪 90 年代起，通过人事、工资、保险制度改革，完善公平的用人制度，让择业导向与人才市场接轨，推行各类人员按德、能、勤、绩量化考评，健全工资和增资机制，人事工作步入科学管理轨道。随着实施国家公务员分期分批过渡，公务员年龄和文化结构得到很大改善，政治业务素质全面提高。

第一节　机　构

1981 年 2 月，成立邕宁县人事局。邕宁县人事局是县人民政府综合管理全县人事工作和推行人事制度改革的职能部门。

1991 年 1 月，县人事局机关内设机构有干部调配股、工资福利股和人才交流中心 3 个股室，人员编制 14 名，其中局长 1 名（由县委组织部副部长兼）、副局长 1 名。1997 年，人事局机关内设行政秘书股、干部股、考核培训股、工资福利股和技术职称股，人员编制 18 名。2001 年机构改革后，机关事业单位社会保险管理职责划入县劳动和社会保障局。局机关内设办公室、公务员管理股、专业技术人员管理股、人才流动开发股和工资福利股，人员编制 15 名，其中局长 1 名、副局长 2 名。成立邕宁县人才培训考试中心，为县人事局管理的事业单位，核定编制 4 名。2003 年 10 月，增加管理县组织部移交的科级以下干部档案工作。局机关人员编制 17 名，其中局长 1 名、副局长 2 名。2004 年，局机关人员编制 17 名不变。2005 年县人事局办公地址在县城仙葫大道东段。

1991 年至 2005 年 3 月县人事局历任局长：邓锋，刘绪雄，龙以庄。

第二节　人事制度改革

1994 年始，邕宁县国家机关逐步推行国家公务员制度。事业单位实行全员聘用制和岗位聘用制。实行“凡进必考”，凡进入国家机关和事业单位必须经过统一招考。严把人员入口关，同时，不断深化和完善干部选拔任用、规范管理等方面制度。

推行国家公务员制度

1994 年 1 月起，邕宁县乡镇政府机关干部，以及党群工作者，凡高中以上文化（含高中），经参加过渡为公务员考试合格者，由县过渡公务员领导小组审批过渡为公务员。初中以下文化人员实行分流或办理提前退休。过渡为公务员的人员考试科目有《公务员行为规范》《行政管理》《法学》《公文写作》

《社会调查》《公务员条例》等科目。1995年12月前完成所有科目的考试。

1997年，自治区人事厅将邕宁县作为自治区推行国家公务员制度的试点县。邕宁县制定《邕宁县推行国家公务员制度实施方案》《邕宁县机关人员分流方案》《邕宁县职位设置方案》等系列配套文件。年底，全县政府机关有50个部门完成职位分类和人员过渡工作。全县设公务员职位1653个，其中县人民政府机关807个、乡镇机关（含乡镇党的机关工作者）846个，设置县直党的机关工作者职位150个。2004年，邕宁县继续推行国家公务员制度，并总结积累一套工作经验。

▲2003年，县人事局举办公务员、专业人员计算机基础知识和技能培训班 （邕宁区史志办资料照片）

事业单位人事制度改革

1999年起，邕宁县在城关一小、县中医院等6个单位作为开展事业单位人事制度改革试点。以全员聘用制和岗位聘用制为核心，实行岗位工资和绩效工资相配套的工资内部分配制度及评、聘分开的职称动态管理机制为突破口，在事业单位中建立人员能进能出、职务能上能下、待遇能高能低的新机制。邕宁县先后制定《邕宁县事业单位人事制度综合改革实施方案》《邕宁县事业单位实行聘用合同制暂行办法》《关于全面铺开全县事业单位人事制度综合改革有关问题的紧急通知》《邕宁县机关事业单位增加工作人员暂行管理规定》等配套文件，为改革工作提供政策依据。

2000年，邕宁县全面铺开事业单位人事制度综合改革，444个事业单位全部实行聘用制，签订聘用合同1.20万人，签订岗位聘任合同1.20万人，待岗23人。之后，陆续出台岗位管理、竞争上岗、公开招聘、工资分配、考核办法、未聘人员管理等方面的新办法、新制度。

2003年，推进和规范以人员聘用和岗位管理为重点的双聘制，不断深化事业单位人事制度改革。制订《邕宁县事业单位公开招聘工作人员暂行办法》对公开招聘的原则、程序、应聘人员条件及招聘管理、监督和违纪处罚等做出规定。研究制定教育系统、卫生系统、乡镇财政所、乡镇劳动保障事务所等事业单位的招考补员计划。完成大沙田开发区的人事制度深化改革工作，研究提出县水利系统人事制度改革方案，做好那马中学等3所学校的合并工作。

中小学校定岗定员

2004年，邕宁县制定《邕宁县中小学校定岗定员工作实施方案》，对中、小学校重新核定编制，开始实行聘用合同制和岗位聘用制，科学设岗，竞争上岗。学校根据工作性质、特点、职能、任务，在核定的编制限额内设置岗位，实行竞争上岗，6172名教职工参加竞争上岗。双向选择，优化组合，允许高职低聘或低职高聘，有82个专业技术岗位实行低职高聘或高职低聘。打破干部终身制，有130名一般职工竞争担任中层领导职务，新的中层领导队伍中41.50%具有大专以上学历，解决职务能上能下的问题。实行总额包干、自主分配的工资分配制度，不规定统一的分配模式，实行易岗易薪，形成待遇能高能低的新机制，调动职工的积极性。改革后，按公开、公平、公正、择优的原则新聘人员。全县事业单位补员706人，全部实行面向社会公开招考招聘，并实行聘用制。

公开招考录（聘）用人员

1998年起，邕宁县全面实行“凡进必考”制度，严把进人入口关。当年，首次开展公务员公开考录，事业单位缺员公开招考从2001年开始。在招考过程中坚持“公开、平等、竞争、择优”的原则，邀请县人大、纪委的监督员对考试全过程进行有效监督。实行公示制，将考录全程的每个环节结果向社会进行公示，保证公开、公正。1998年至2004年，全县公开招考录用公务员334人，事业单位公开招聘补员706人。凡进必考制度，使全县的干部队伍综合素质明显提高。2000年至2003年的统计数据比较，具有大专以上文化程度的人员比例由39%提高到59%，具有中级以上职称人员由15%提高到18%。

第三节　干部管理

干部队伍

1991年，全县干部总数9694人。其中：女干部2257人；少数民族干部8308人；党政机关、群众团体、事业单位干部7981人，国有企业干部1776人；县处级干部29人，科级干部516人；本科及以上学历389人，专科学历1420人，中专及以下学历7885人；高级技术职务任职资格65人，中级1421人，初级4425人；35岁及以下3722人，36~45岁2246人，46~55岁2212人，56岁及以上1425人。

1995年，全县干部总数1.02万人，其中女干部2679人，少数民族干部8045人。

1998年，全县干部总数1.10万人，其中女干部3497人，少数民族干部9761人。

2001年，全县干部总数1.20万人，其中女干部4191人，少数民族干部1.07万人。

2004年，全县干部总数1.19万人。其中：女干部4286人；少数民族干部1.10万人；党政机关、群众团体、事业单位干部1.08万人，国有企业干部1078人；县处级干部135人，科级干部491人；本科及以上学历1364人，专科学历5988人，中专及以下学历4573人；高级技术职务任职资格118人，中级1963人，初级7460人；35岁及以下5763人，36~45岁3710人，46~55岁1884人，56岁及以上568人。

1991年至2004年邕宁县干部基本情况表

表18-2-3-1

年度	干部总数（人）	其中女干部（人）	其中少数民族干部（人）
1991	9694	2257	8308
1992	9859	2315	8475
1993	9937	2466	8751
1994	9937	2503	8664
1995	10188	2679	8045
1996	10512	2998	9340
1997	10722	3255	9646
1998	11043	3497	9761
1999	11357	3762	10167
2000	11666	3984	10407
2001	12013	4191	10728
2002	11765	4175	10509
2003	11833	4251	10969
2004	11925	4286	11049

干部录用聘用

1991年起，邕宁县在吸收录用聘用干部工作中，坚持执行有关人事政策，按照“公开、平等、竞争、择优”的原则，以考试成绩为基础，按德、能、勤、绩的表现进行考核，严格审批录用对象，不拘一格从工人、退伍军人、农民、民办代课教师、经济能人和自费大中专毕业生等各类人员中，经全县统一考试、面试和考核后，择优录用干部。

1997年后，经全县统一考试录用的公务员较多，录用的事业单位干部较少，事业单位缺员主要从机构改革精简分流人员中调配空缺。

1991年至1996年，全县经考试择优录用干部累计2239人，其中民办教师转为公办教师1282人，事业单位聘用干部138人。

1997年至2004年，全县经考试择优录用事业单位干部累计160人。

公务员管理

1995年，成立邕宁县推行国家公务员领导小组。组织干部学习《国家公务员暂行条例》知识并进行考试，参加干部2180人。

1996年10月，邕宁县出台《邕宁县推行国家公务员制度实施方案》等文件，对符合国家公务员条件的干部经县推行国家公务员领导小组审批过渡为公务员。

1998年起，县建立和完善公务员管理规章制度。一是推行考录制度，坚持“凡进必考”，即党政机关录用担任主任科员以下非领导职务的国家公务员（含机关工作者），一律采用公开考试、严格考核的办法，按照德才兼备的标准择优录用。是年，首次公开考试录用国家公务员，有136人竞争29个公务员职位，经笔试面试和考核，择优录用21人。1999年后，在全县范围内面向社会招考录用国家公务员。1998年至2004年，全县招考录用国家公务员334人。二是继续推行竞争上岗制度。三是完善年度考核制度。四是建立创先创优机制。开展做“人民满意公务员”活动，2003年评选表彰“邕宁县人民满意公务员”20名，“邕宁县十佳公务员”10名。县农业局庞惠广获“全国人民满意公务员”称号。五是推行回避、轮岗、交流制度。

干部职工调动

邕宁县坚持人事工作为经济建设服务，有计划地抓好人事调配工作，合理配置人才资源，调动干部的工作积极性。1991年办理干部调动255人，其中县内调动180人，调往县外36人，县外调入39人。

1993年，全县办理干部调动320人，其中县内调动166人，调往县外107人，县外调入47人。

1998年，严格遵照上级人事部门规定的干部调动程序，坚持集体讨论制度和县长“一支笔”审批制度，有效控制机关人员膨胀。是年县人事部门受理干部调动申请256人，调动成功237人，其中县内调动186人，调往县外25人，县外调入26人。

2001年，因机构改革全县分流人员100多人，其中回学校任教40人，分流到二层机构5人，分流到企业5人。

2002年，撤销乡镇教育辅导站，近百名人员分流到乡镇中心小学和其他小学校。是年，全县办理干部调动243人，其中县内调动210人，调往县外15人，县外调入18人。

1991年至2002年，邕宁县撤并乡镇初级中学13所、教学点540个，对撤并学校的数十名教职工调整和分流到其他学校工作。

1991 年至 2004 年，邕宁县经人事部门办理调动的干部职工累计 3893 人，其中调出县外 554 人。县内干部工作调动较多的是事业单位。

年度考核

1993 年始，邕宁县对机关、事业单位干部进行年度考核。次年起将考核结果与晋升工资挂钩。人事部门制定《邕宁县党和国家机关工作人员年度考核暂行办法》和《邕宁县事业单位工作人员年度考核暂行办法》，印制《考核纪实本》，将平时考核与年度考核结合起来。考核由单位组织实施。主要步骤有：单位成立领导小组，个人作年度工作总结，干部职工对个人进行评议，评议等次，单位领导鉴定，领导干部提交县委组织部审定和备案，干部职工提交县人事局审定和备案。行政单位的干部（公务员）、参照公务员管理单位的干部，评议有优秀、称职、基本称职、不称职等次；行政单位、参照公务员管理单位的工人和事业单位的干部工人评议有优秀、合格、基本合格、不合格等次。

1994 年至 1998 年，全县参加年度考核累计 5.93 万人，评定为优秀等次 7503 人，评定为称职（合格）等次 5.16 万人，评定为不称职（不合格）等次 191 人，处理申诉案件 12 起。

1999 年始，机关、事业单位工作人员年度考核在原有的优秀、称职（合格）、不称职（不合格）3 个考核等次的基础上，增加基本称职（基本合格）等次。1999 年至 2001 年，全县参加年度考核 6.96 万人，评定为优秀等次 9103 人，评定为称职（合格）等次 5.98 万人，评定为基本称职（基本合格）等次 212 人，评定为不称职（不合格）等次 102 人，未评定等次 326 人。

2002 年至 2004 年，全县参加年度考核 3.21 万人，评定为优秀等次 4313 人，评定为称职（合格）等次 2.69 万人次，评定为基本称职（基本合格）等次 96 人，评定为不称职（不合格）等次 31 人，未评定等次 778 人。

第四节　人才交流与引进

人才交流

邕宁县人才交流服务主要向县内各国营、私营、合资企业推荐各种优秀人才。1991 年至 1994 年，县人才交流中心（1989 年成立）办理各种人才登记 1884 人，推荐就业成功 894 人。1995 年，制定《邕宁县流动人员人事关系委托代管暂行办法》和贯彻执行国家人事部《国家不包分配大专以上毕业生就业暂行办法》。1995 年至 1996 年，办理各种人才登记 414 人，推荐成功 159 人。1997 年，南宁市人才市场大沙田分场成立，面向南宁市为本地生源寻找就业机会。1998 年，在全县 21 个乡镇设立人才工作站，负责乡镇人才的开发和管理。2000 年，加强人才市场硬件建设，在县人事局办公大楼内辟出 110 平方米场地作为人才市场办公使用，解决邕宁县人才市场无固定场所的问题。1998 年至 2004 年，全县累计办理人事代理手续 1580 人次，办理户口托管 1062 人次，代办职称申报 36 人，为流动人员办理转正定级 63 人，档案转递 368 份，办理自费大、中专毕业生就业登记 563 人。

人才引进

1992 年 2 月，成立邕宁县人才引进开发领导小组，先后出台《关于引进开发各类专业技术人才的规定》等规章制度，有计划地从县外引进和选聘专业技术优秀人才。2002 年引进 1 名德国专家指导农民进行酸菜加工。2003 年引进自治区交通厅 1 名专业技术人才担任科技副县长；沿海、大沙田、仙葫三个开发区先后从自治区内、外各类高校、人才市场录用和引进紧缺的各类专业技术人才及管理人才；县畜牧水产局聘请荷兰畜牧业专家到邕宁县传授水牛冷冻精人工授精技术、水奶牛饲养技术等。1991年至2004年，全县引进自治区内、外各类专业技术人才累计5610人。其中：到党政机关、事业单位工作210人；到沿海、大沙田、仙葫开发区工作5400人。

乡土人才

1999年始，邕宁县开展农村乡土人才资源开发，面向农业、农村、农民搞好人才人事服务。

是年，邕宁县在广西率先开展农民技术职称评审工作，全县有182名农民获得县级农民技术职称资格；做好乡土人才调查建卡工作，建立乡土人才库；依托乡镇党委、成人技校等培训基地，对农民开展多种形式的农业科技培训；建立乡土拔尖人才分级选拔表彰机制。全县初步构建起农村人才资源开发的基本框架。

2000年，建立县、乡镇农村人才资源开发领导小组，各乡镇设立人才工作站，各村设工作联系点。先后制定农村人才资源开发工作实施方案、乡土拔尖人才选拔管理办法等一系列文件。邕宁县乡土人才队伍不断壮大，至2004年，全县登记在册的乡土人才1万人。每年结合农时开展农村实用技术培训，共培训农民66.80万人次。定期开展乡土拔尖人才评选表彰，评选表彰两批县级乡土拔尖人才共100名，评选表彰乡镇级乡土拔尖人才1000名。苏圩镇覃庆桐获全国首届“优秀农村人才”称号；蒲庙镇李冬兰被评为“全区农村优秀人才”称号。

1999年至2004年，累计向自治区外国专家局申报立项7个引智项目并组织实施，全县经评审，获得县级农民技术职称资格累计1206人。

第五节　机关事业单位工资福利与离休退休退职

工　资

工资制度　1991年至1993年9月，邕宁县机关、事业单位的工资按级别和职务计发工资。1993年10月1日起，县内机关，事业单位实行工资改革，机关工作人员（除工勤人员外）实行职级工资制（工资按不同职能，分为职务工资、级别工资、基础工资，工龄工资4个部分）。机关工人分为技术工人和普通工人两大类。技术工人执行岗位技术等级（职务）工资制，由岗位工资、技术等级（职务）工资、奖金3个部分组成；普通工人执行岗位工资制，由岗位工资、奖金两部分组成。岗位工资设16个档次。同时，县内事业单位工资实行分类管理，分全额拨款、差额拨款、自收自支3种不同的管理办法。全额拨款单位执行国家统一的工资制度和工资标准。工资构成：固定部分（即职务工资）为70%，活的部分（即津贴）为30%。1993年，全额拨款事业单位人员有5432人，2004年为11634人。差额拨款单位按照国家制定的工资制度和工资标准执行。固定工资部分为60%，活的工资部分为40%。1993年，差额拨款单位人员有963人。2004年，差额拨款单位人员有1562人。自收自支单位，有条件的可实行和企业化管理或企业工资制度，做到自主经营、自负盈亏，工资构成活的部分所占比重50%。1993年至2004年，全县自收自支单位在职人员累计1857人。

机关工作人员工资晋升　1993年10月1日工资制度改革后，凡两年考核成绩均为称职（合格）以上的人员，可在本职务（技术等级）所对应的工资标准内晋升一个工资档次；考核不称职（不合格）以及两年中只有一年考核称职（合格）的人员，不得晋升工资档次。规定晋升工资时间和考核年限的计算办法。邕宁县机关参加1993年工资套改的工作人员，符合晋升条件的，先后5次晋升工资档次：1995年审批晋升职务工资576人，月增资3769元；1997年审批升资1.25万人，月增资32.67万元；1999年审批升资1.21万人，月增资31.24万元；2001年审批升资2650人，月增资8.50万元；2003年审批升资7825人,月增资25万元。没有参加工资套改的工作人员,也根据考核年限的计算办法,按对应的年度晋升工资档次。1998年1月1日起，对1993年确定级别后级别工资未作变动的实行职级工资制人员符合规定条件可晋升级别工资，即1993年工改后连续5年考核称职（1993年至1997年考核称职），从1998年1月1日晋升级别工资。此后继续按上述规定执行。对连续3年考核优秀的工作人员，提前晋升级别工资。

调整工资标准晋升工资　1993年至2004年，县党政机关、群众团体、事业单位工作人员的工资标准和离、退人员离、退休费调整5次。第一次从1997年7月1日起，对党政机关、群众团体行政人员基础工资标准，由每人每月90元提高到每人每月110元。第二次从1997年7月1日起调整工资，根据事业单位各类工作人员工资制度的特点及其工资构成比例，相应调整事业单位工作人员工资标准。同时相应提高党政机关、群众团体、事业单位新参加工作人员的见习期工资标准和初期工资标准，以及新参加工作工人的学徒期、熟练期工资待遇。1998年，审批党政机关、群众团体、事业单位工作人员调整工资标准1.47万人，月增资共32.68万元。从1997年7月1日起，增加离、退休生活费每人每月20元。1998年，办理离、退休人员增加生活费3642人，月增生活费7.54万元。第二次从1999年7月1日起，调整党政机关、群众团体、事业单位工作人员工资，办理提升工资1.55万人，月增工资189.84万元；办理离、退休人员增加离、退休费3923人，月增资42.39万元。人均月增资120元。第三次从2001年1月1日起，办理党政机关、群众团体、事业单位工作人员调整工资标准1.48万人，月增资149.68万元；办理离、退休人员增加生活费4007人，月增生活费37.79万元。人均月增加工资80元。第四次从2001年10月1日起，人均月增加工资60元。第五次从2003年7月起，人均月增加工资33元。

1994年至2003年，邕宁县对符合提前晋升工资档次的事业单位工作人员办理增加工资。晋升工资档次工作，在每年的年度考核完成后的次年开展。

1991年至2004年邕宁县职工工资情况表

表18-2-5-1

年　份	职工工资总额（万元）	其　中			职工平均工资（元）
		国有单位（万元）	城镇集体（万元）	其他（万元）	
1991	7692	6557	1073	62	2091
1992	9175	7816	1267	92	2355
1993	12540	10685	1589	266	3244
1994	17599	15548	1703	348	4392
1995	19942	16987	2123	832	4828
1996	21876	18373	2149	1354	5133
1997	20183	15885	1593	2705	4921
1998	21945	15616	1442	4887	5420
1999	27096	20521	1184	5391	6264
2000	29815	22478	1221	6116	6844
2001	33364	25775	1399	6190	7663
2002	36464	26847	1476	8141	8733
2003	46226	32336	3071	10819	10611
2004	54100	36852	4846	12402	12975

福 利

公费医疗 1991年，邕宁县享受公费医疗基本制度待遇的职工9600人。公费医疗由县级财政负担，按指标划拨到同级定点医院，由医院直接管理使用。1991年公费医疗人均费用147元，1992年人均费用157元，1993年人均费用174元。1994年，公费医疗人均指标调整为180元，增加个人负担的比例，按工龄不同划分为6个档次，门诊负担最低为5%，最高为35%，住院负担最低为5%，最高为25%，对特殊人员按规定报销医疗费。1996年调整为4个档次，规定不同的报销比例。1997年人均医疗费标准为200元。2001年，推行城镇职工基本医疗保障制度，全县首批参保人员1.70万人，较好解决城镇居民的医疗保障问题。2004年人均医疗标准220元，全县享受公费医疗基本制度的职工1.19万人。

特殊岗位津贴 1991年至2003年，邕宁县享受岗位津贴、补贴的有信访人员、残联人员、司法人员、纪检监察人员、交通警察人员。2004年，邕宁县享受特殊岗位津贴的有警衔津贴、人民武装部工作人员、财政部门农业税收工作人员征收津贴，环卫职工环境卫生津贴，政法委员会工作人员津贴，信访人员岗位津贴，纪检、监察办案人员补贴，检察院办案人员岗位津贴、人民法院办案人员岗位津贴、审计人员工作补贴、农业事业单位有毒有害保健和畜牧兽医医疗卫生津贴，环境保护监测津贴，农、林、水一线科技人员岗位津贴等。

生活补贴 主要包括职工的交通费补贴、职工防暑降温补贴、洗理费补贴、水电补贴、独生子女保健补贴等。1991年至2004年，邕宁县按规定发放职工生活补贴。

生活困难补助 1991年至2004年，邕宁县国家机关、事业单位职工因生活困难的，由单位给予物质帮助。分两种，一种是职工家庭成员平均收入低于当地居民人口计算生活费一般标准的；另一种是职工家庭遇到特殊情况发生困难的。经费主要来源于职工福利费。福利费按职工的工资总额的规定比例提取。因生活困难和因病造成生活困难的干部、职工，由个人向县财政申请困难补助，经所在单位审查，报县分管领导审批，给予适当补助金。

公休日与节假日 1991年至1994年，邕宁县实行每周6天工作制，星期日休息。1995年5月1日开始实行每周5天工作制，星期六、星期日休息。执行国家公休与节假规定，有3类：一是全民性的节日，如1999年9月18日中华人民共和国国务院令：包括元旦1天、春节3天、“五一”劳动节3天、国庆节3天、全年法定节假日共10天，其中春节、劳动节、国庆节假日加上公休日，假日各为7天，称为“长假”。二是部分人员享受的节假，如“三八”妇女节，妇女放假半天；“五四”青年节，青年放假半天；教师节，教师放假半天。三是属于少数民族习惯的假日。由各少数民族聚居地区人民政府根据民族习惯确定。邕宁县没有设定少数民族节假日。

年休假 1991年6月，中共中央、国务院下发《关于职工休假问题的通知》，规定各级党政机关、人民团体和企事业单位，在确保完成工作、生产任务，不另增加编制和定员的前提下，可以安排职工的年休假，职工年休假的天数要根据各类人员的资历、岗位等不同情况有所区别，最多不得超过两周。全国人大常委会1994年7月制定的劳动法，对职工休假事项作了原则规定，职工的休息权利已经得到一定程度的保障。1991年至2004年，邕宁县党政机关、群众团体、事业单位，在职干部职工享受年休假。具体为：工作年限满5年不满10年的，享受年休假7天；工作年限满10年不满15年的，享受年休假10天；工作年限满15年以上的，享受年休假14天。职工休假期间，工资照发，各种福利待遇不变。

丧葬补助费 邕宁县的干部职工死亡后，享受3种待遇：一是丧葬补助费。1998年由死者的工作单位给予丧葬补助费1600元；因公牺牲的增加400元，包干使用。二是抚恤金按病故时的10个月标准工资发给，因公死亡的按死亡时的20个月标准工资发给，离、退人员与在职人员相同。事业单位比照国家机关的标准自行处理。三是遗属困难补助，职工死亡后继续发给3个月工资，不包括死亡的当月。从第四个月起，符合困难补助条件的遗属给予定期补助。补助对象是指依靠死者生前供养的直系亲属和其他亲属。离休干部等人员死亡后，按1994年自治区人民政府规定的补助标准执行：第一、第二次国内革命战争时期参加革命工作的人员死亡后，其遗属每人每月补助120元。符合离休条件的干部死亡后，其遗属居住城镇的每人每月补助100元；居住农村的，每人每月补助80~90元。对在保护、抢救国家资财和人民生命财产或在对敌斗争中以及在科学攻关中牺牲的人员，其遗属居住城镇的，每人每月补助100~110元；居住农村的，每人每月补助100元。对工龄满5年以上（含满5年）的其他人员死亡后，其遗属居住自治区辖市的，每人每月补助70~80元；其他城镇补助60~70元；居住农村的，每人每月补助不得超过40~50元。遗属是孤身1人的，补助费可在上述规定基础上每月增加15元。1991年起至县撤销前，邕宁县按照政策规定，凡单位公职人员死亡，均落实相关待遇。

离休退休与退职

离　休　1991年，邕宁县继续对1949年10月1日前参加工作的在职在岗干部，符合离职休养政策的，全部给予办理离职休养手续。1991年至1995年，全县给予符合离职休养政策的干部，办理离职休养累计8人。2001年，全县有离休干部149人。其中行政机关52人，事业单位50人，企业单位47人；享受厅局级待遇1人，处级和享受处级待遇111人，科级35人；享受厅局级单项医疗待遇26人；抗战时期参加工作10人，解放战争时期参加工作139人。每逢春节、重阳敬老节等重大节日，中共邕宁县委、县人民政府都召开老干部座谈会；同时，中共邕宁县委、县政府、县人大、县政协四家班子领导成员分别登门拜访老干部，关心他们的生活，了解他们的身体健康情况，并听取老干部的意见。县老干部局坚持给80岁以上的老干部送生日蛋糕并登门祝寿；派人到医院探望因病住院的老干部；每月组织老干部阅读文件2次。1999年至2001年，从县财政拨款25万元解决困难企业离休干部的医药费问题。2003年，全县有离休干部138人。其中行政机关50人，事业单位47人，企业单位41人；享受厅局级待遇1人，处级和享受处级待遇105人，科级30人；享受厅局级单项医疗待遇23人；抗战时期参加工作10人，解放战争时期参加工作128人。

退　休　邕宁县党政机关、群众团体和事业单位，在职干部工人退休年龄仍执行：男职工（干部工人）年满60周岁、女干部年满55周岁、女工人年满50周岁。在岗职工达到法定退休年龄方可办理退休。1991年至2001年，全县干部职工办理退休手续累计5020人。2002年下半年，进行县乡机构改革，精简机构和人员，并按机构改革政策规定符合条件的人员可以办理提前退休、离岗手续。全县经个人申请组织批准办理提前退休221人；达到退休年龄审批办理退休382人。2003年至2004年，审批办理退休438人。1991年至2004年，全县累计审批办理退休干部职工6061人。

辞　职　1991年至2004年，县党政机关、企事业单位公职人员申请辞职，需经组织部门审批。2001年，县、乡机构改革时被精简的人员中申请辞职经审批办理辞职4人。2002年，申请辞职经审批办理辞职28人。

辞　退　1991年起，邕宁县对党政机关、群众团体、企事业单位在职人员，因违纪受政纪处分，年度考核连续3年不称职（不合格）等原因的公职人员，经组织审批后辞退。1991年至2004年，全县经组织审批被辞退的公职人员3人。

第六节　大中专毕业生就业

分配就业

1991年至1997年，邕宁县实行大、中专毕业生统一分配工作，坚持面向基层、面向生产一线的分配原则，毕业生和用人单位“双向选择”与统一分配相结合，力求做到人尽其才，择优录用，合理分配，合理使用。累计接收大、中专毕业生 2961 人（大专及以上 975 人，中专 1788 人，计划内自费生 198 人），除改派 74 人外，全部分配就业完毕。1998 年始，大、中专毕业生实行自主就业，不再由国家统一分配。

推荐就业

1998 年始，大、中专毕业生不再由国家统一分配，实行自主就业。邕宁县通过帮助大、中专毕业生转变就业观念，走向市场化推荐就业，多渠道开辟就业门路等办法引导就业。1998 年首次面向毕业生招考公务员。1999 年，开始在教育系统清退代课教师安置毕业生，首次选拔优秀毕业生到村级组织任职。2000 年，通过人才市场，首次成功举办“邕宁县 2000 年大中专毕业生双向选择洽谈会”，鼓励推荐毕业生到非公经济单位就业。2001 年，首次对事业单位招收毕业生实行公开考试。1998 年至 2004 年，全县共接收大、中专毕业生 6360（大专及以上 2886 人，中专 3048 人，计划内自费生 426 人）。通过举办大型毕业生双选会、小型见面会、公务员考录、事业单位补员招聘、选派村干部、推荐毕业生到非公经济企业等多种就业渠道，推荐毕业生就业 4390 人。

▲ 2003 年，县人事局举办大中专毕业生“双向选择”洽谈会，推荐毕业生就业　　（邕宁区史志办资料照片）

第七节　专业技术人员职称管理

1990 年，邕宁县进行首次职称改革，全县取得各类技术职称的科技人员 9562 人。其中，高级职称 103 人，中级职称 1490 人，初级职称 7969 人；中小学教师 5782 人，工程技术 813 人，经济技术 1018 人，卫生技术 711 人，农业技术 265 人，财会统计类 790 人，新闻出版、图书、档案、体育类 63 人，其他 120 人。

1991 年，全县有各类技术人员 1.03 万人，1996 年有 1.40 万人。1991 年至 1996 年，在邕宁县工作的人员中获得高级（含副高级）专业技术职称有 111 人。

1997 年 5 月，县专业技术人员管理工作从县科技局转由县人事局管理。是年共办理各类职称评审 358 人，其中高级职称 58 人、中级职称 71 人、初级职称 229 人；办理大中专毕业生转正定职 210 人，重新确认职称 54 人，审批相应职务晋升工资 57 人，组织参加职称外语考试 157 人，经济类考试 1323 人。

2000 年，审核大中专毕业生首次转正定职 819 人；办理晋升专业技术职务工资 561 人次；办理各类专业技术资格证书注册登记 985 人次；审核初级评审材料 995 份，上报市级以上评审材料 441 份；组织专业技术人员参加 2000 年度全国经济类资格考试 220 人。

2003 年，县人事部门办理大中专毕业生转正定职和重新确认专业技术职务 213 人次，整理职称档案 1136 人份，办理专业技术人员晋升职务工资 502 人次，办理各类专业技术资格证书 1032 册，代办经济职称外语考试报名 253 人次，办理 2003 年度职称证书注册登记 2125 人次，推荐评审高级职务 12 人、中级职务 229 人，评审初级职务 627 人。

2004年，县人事局继续办理专业技术人员职称管理常规业务和开展专业技术职务评审工作，全县有3人获得高级专业技术职称。1991年至2004年，全县除行政机关之外的教育、卫生、农业等各类专业技术人员获得高级、副高级专业技术职称共221人。

第三章　劳　动

1991年以后，邕宁县劳动部门工作遇到企业破产、城镇劳动就业难、矿窑安全管理难、失业和养老保险金收缴难等问题。邕宁县劳动局面对问题，稳步推进劳动制度、工资制度和社会保障制度的改革，妥善处理劳动关系，开展劳动职业培训、就业介绍和安置下岗人员再就业等工作。劳动制度由单纯的行政管理型转移为管理职务型。逐步形成了国家政策指导、企业择优用人、个人竞争就业、市场调节需求、社会劳力合理配置和有序流动的新格局。同时进一步完善劳动管理机制，实行企业厂长、经理负责，行政职能部门监察、群众监督管理体制，劳动保险方式社会化，职工保险费用由国家、企业、个人共同负担，失业、医疗、养老保险基金社会统筹，确保下岗失业和退休人员基本生活，促进了经济发展，社会稳定。2003年6月，邕宁县被南宁市人民政府授予“再就业先进单位”。

第一节　机　构

邕宁县劳动和社会保障局（县劳动局）是县人民政府管理全县劳动工作的行政职能部门。

1991年至1996年，县劳动局机关内设秘书股、工人调配股、工资福利股、安全监察股、劳动监察股、职工培训股、劳动争议仲裁股。局下设有县劳动保险所、县劳动服务公司、县劳动监察大队（1995年4月成立）。

1997年，县劳动局机关内设行政秘书股、职业技能开发股、劳动争议仲裁股（对外增挂劳动争议仲裁委员会办公室）、劳动力管理股、工资福利股、劳动监察股（挂劳动监察大队牌子）、劳动安全监察股7个股，县老龄工作委员会办公室设在县劳动局，局机关人员编制19名（含县老龄工作委员会办公室编制）。局下设有县社会劳动保险所、县劳动服务公司、县就业培训中心、县劳动监察大队机构4个。

2001年11月，调整县劳动局职能，组建邕宁县劳动和社会保障局。

2002年，县劳动和社会保障局机关内设办公室、培训就业股、社会保险股、劳动争议仲裁股、劳动保障监察股，局下设有县社会劳动保险所，县农村社会养老保险所，县医疗保险管理中心，县劳动监察大队，县劳动就业服务中心，县就业培训中心。同年4月，县机关保险所、县失业保险所并入县社会劳动保险所，县农村社会养老保险处更名为县农村社会养老保险所，县劳动服务公司更名为县劳动就业服务中心。5月，县劳动保障系统事业单位进行人事制度改革，实行竞争上岗和聘任聘用制。

2004年，县劳动和社会保障局机关内设办公室、劳动保障监察股、劳动保障争议仲裁股、培训就业股（工人技术考核委员会办公室）、社会保险股。局机关人员编制13名，其中局长1名、副局长2名；实有在编在职人员13人。局下设有的机构中，县劳动保障监察大队在职人员5人，县社会劳动保险所在职人员14人，县医疗保险所在职人员13人，县农村社会保险所在职人员7人，县就业服务中心在职人员9人。

县劳动和社会保障局办公地址在县城红星路。

1991年至2005年3月县劳动和社会保障局（县劳动局）历任局长：潘朝美，卢武德，龙以庄，何培树，黄併才。

第二节　劳动就业

企业招工

1991年，县劳动部门负责国有企业、集体企业、中外合资企业招收合同制工人。是年，邕宁县全年共安置待业人员3485人，其中招收为合同制工人649人，集体合同制工人230人，中外合资合同制工人104人，县劳动服务企业安置338人，临时安置1936人，还安置复员退伍军人53人，分配技校毕业生175人。全县待业率为5.39%，比1990年下降1.97个百分点。组织劳务输出498人。

1992年，邕宁县对国有企业管理推行经营、价格、分配、用工“四放开”，赋予国有企业用工自主权，国有企业和集体企业自主定编定员，劳动就业实行企业与劳动者双向选择。拓宽就业门路，鼓励待业人员自谋职业。劳动部门职能由分配安置走向职业介绍服务。1993年始，县、乡镇先后建立劳动就业职业介绍服务机构。1997年，兴建300平方米的邕宁县劳动力市场，实行劳动求职登记、职业介绍与就业工作“一条龙”服务，并与全县21个乡镇劳动服务站联通，形成覆盖全县的劳动力市场服务网络，组织劳务输出和办理外出务工卡。全县通过县广播电视台、就业信息简报和广告栏等渠道，向社会公开发布有关就业信息。1993年至2004年，全县职业介绍机构发布各类就业信息累计共2.30万条。

2004年，全县新增就业人数2085人，完成年度目标任务2000人的104.30%，其中下岗失业人员实现再就业605人，完成年度目标任务600人的100.80%；大龄就业困难人员再就业97人，完成年度目标任务90人的107.70%。开展下岗失业职工转业转岗培训611人，完成年度目标任务600人的101.80%。办理招工备案1433人，工人调动77人。全县劳务输出1.20万人，完成全年目标任务5000人的239.60%。年终全县登记失业率为3.42%。

1991年至2004年，全县就业安置累计2.81万人。其中，招收（1991年至1995年）合同制工人2849人，安置技校毕业生840人，其他就业安置2.44万人。

县劳动部门组织劳务输出。1991年后，随着农村劳动力的增长，人多地少矛盾和农村劳动力过剩问题日益突出。为解决过剩农村劳动力就业问题，邕宁县采取县、乡镇、村三级联合组织劳务输出，由县劳动就业服务中心负责全县农村富余劳动力向广东珠江三角洲等发达地区输出劳务。1991年全县农村劳动力外出务工9300人，1995年为4.99万人，2000年为7.73万人，2004年为8.57万人。邕宁县农村外出务工人员虽多，但缺少职业技能培训。2004年，全县开始实施农村劳动力转移培训阳光工程，提高外出务工人员的职业技能，当年参加开展示范性职业技能培训1500人，参加培训的人员部分安排在本县和南宁市就业，部分到广州、东莞等地就业。1991年至2004年，全县农村劳务输出累计78.25万人次，其中在县外的务工人员累计13.58万人。

下岗职工再就业

1998年前后，县内国有企业和县集体企业实行关、停、并、转和拍卖等改革、改制后，至2004年，全县企业下岗职工共3844人。

邕宁县采取多项措施解决下岗职工的再就业问题。1999年起，通过县就业中心安排企业下岗职工再就业。2001年11月，县内企业下岗职工2870人由县再就业服务中心进入县失业保险所管理，享受失业保险待遇。2002年县人民政府安排公益性岗位安置企业“4050”（女性40岁以上、男性50岁以上）下岗职工再就业。2003年，成立邕宁县就业和再就业工作领导小组，建立邕宁县就业和再就业联席会议制度，先后制订出台《关于进一步做好下岗失业人员再就业工作的通知》等12个配套文件，多举措解决下岗职工的再就业和失业保险待遇问题；年内，下岗职工分流安置到县内企业工作974人，剩余的2870人进县再就业服务中心与企业签订三年托管协议，保留劳动关系，由县劳动管理部门发给生活保障金。

1998年至2004年，县职业介绍所帮助企业下岗人员实现再就业2605人，其中，公益性岗位安置“4050”人员207人。免费为下岗失业人员发放“再就业优惠证”1326本，为“4050”再就业困难人员发放“再就业援助卡”242张。1999年至2004年，全县累计安排企业下岗职工进县再就业中心649人。

第三节　职业培训

1991年起，邕宁县劳动部门对特殊行业作业人员进行安全生产培训，实现特殊行业安全生产。是年共举办特殊作业人员培训班4期，培训司炉工、电工、普通焊工395人。

1995年，培训特种作业人员250人，并对全县企事业单位400名持证电工、司炉工、电工、普通焊工、起重工进行复审。

▲21世纪初，县劳动保障部门组织举办下岗失业职工摩托车维修培训班，以实现再就业。图为培训老师指导学员如何检修车的电路故障　（邕宁区史志办资料照片）

1998年，共培训各类人员4255人。其中，培训新增劳动力1252人，新工人（含临时工）2158人，特殊工种作业人员316人，失业职工转岗培训48人，餐厅、美发、美容服务培训456人，其他25人。

2001年，举办各类培训班45期，培训各类人员2752人。其中，失业职工239人，初次就业人员1919人，特殊工种作业人员431人，复退军人80人，职业资格等级人员20人，矿山矿长63人。

2003年，县劳动保障部门举办各类培训班50期，培训各类人员2579人。其中，城乡劳动者初次求职培训28期1698人，城乡退伍军人就业安置培训1期47人，“4050”下岗失业人员再就业培训1期100人，在职人员初级职业资格培训14期214人，失业职工培训5期465人，乡镇、开发区劳动保障机构人员业务知识培训1期55人。

1991年至2004年，邕宁县根据实际情况举办司炉工、电工、超重工和焊工等特殊工种操作人员技术培训班累计23期，参加培训共2322人次。其中，司炉工685人次，电工919人次，普通焊工613人次，起重工105人次。举办矿（井、场）长培训班6期，参加培训380人次。举办职业特殊（技术）资格培训班18期，参加培训1950人次，经培训合格的人员发给职业（技术）资格证书。举办其他培训班368期，参加培训共3.14万人次。其中，初次就业人员上岗前培训1.02万人次，企业下岗、失业人员再就业培训2590人次，城乡外出务工人员技能培训5830人次，其他人员（复退军人就业、餐饮、美容美发服务人员等）培训1.28万人次（含社会力量办学培训3210人次）。

第四节　企业职工工资与退休

工　资

1991年，邕宁县国有企业和集体企业工资实行“工效挂钩”办法。即企业工资总额与税利挂钩、工资总额与售电量百元工资含量（县电业公司出售电量）挂钩、工资总额与产值百元工资含量挂钩。企业“工效挂钩”方案由县劳动部门审批并监督执行。是年，实行“工效挂钩”的国有企业 36 个，占符合条件挂钩单位 100%，集体企业 23 个。挂钩的国有企业增长效益工资 128 万元，按规定为 3171 人办理浮动升一级工资的手续。为全县粮食系统职工 666 人办理由企业改为事业的工资调整。

1992 年至 1993 年，对推行经营、价格、分配、用工“四放开”的国有企业，把过去的单一经济指标挂钩为复合挂钩；对全县国有企业实行工资总额与税利挂钩、工资总额与售电量百元工资含量挂钩、工资总额与产值百元工资含量挂钩等形式。帮助企业搞好效益工资升级审批和奖金分配，把企业职工部分向苦、脏、累、险工种或岗位倾斜，合理拉开收入差距，更好地发挥工资、奖金、各种津贴补贴的杠杆作用，克服平均主义。

1994 年，加强对国有企业的工资总额实行宏观调控，核定全县国有企业工资总额控制数为 3699.30 万元，年人均工资为 3420 元。其中，符合挂钩条件的 33 个国有企业 9015 人，经与财税部门审核挂税利基数为 1.15 亿元，人均创税利 1.27 万元；核定挂钩工资 2785.51 万元，年人均挂钩工资为 3090 元；对非挂钩企业 11 个单位 1760 人，核定包干工资总额 312.50 万元，年人均工资 1775 元。

1995 年，邕宁县与南宁市工改办实行环比挂钩办法，全县挂钩人数 1.14 万人，税利基数为 1.11 亿元，工资基数为 6130 万元，国有企业挂钩单位 31 个，占国有企业 34 个的 72%。大集体企业 52 个，挂钩 26 个，占总数的 56%。

1996 年至 1998 年，全县进一步加强对职工工资的宏观调控，工资调控方式如工资挂钩、工资总额包干和在“两低于”（即工资总额增长低于经济效益增长、实际平均工资增长低于劳动生产率增长）前提下，自定工资总额不断改革和完善。每年审核挂钩工资、新增效益工资额、效益浮动升级工资指标，办理工人转正定级工资等。

1999 年，全县逐步推行企业效益工资分配，实行多种形式的工资分配制度。为 24 家企业办理工效挂钩工资，审批浮动工资等级 2325 人，办理大中专毕业生转正定级 42 人。

2000 年至 2001 年，全县为 30 家企业办理“工效挂钩”，审批浮动工资转固定工资升级 5764 人，办理大中专毕业生转正定级工资 57 人。

2002 年至 2004 年，全县共审批企业“工效挂钩”新增效益工资 130 万元，审批职工晋升工资 268 人。

1999 年至 2004 年，全县累计为企业下岗职工进县再就业中心 649 人，支付下岗职工生活费共 167.80 万元；累计为 132 名协议期满下岗职工，解决经济补偿金共 52.30 万元；累计为企业失业职工 3588 人，按时足额发放失业救济金共 803 万元，发放率 100%。

退　休

1991 年起，邕宁县国有企业职工退休年龄仍执行：男干部和工人年满 60 周岁、女干部年满 55 周岁、女工人年满 50 周岁退休。从事井下、高空、高温、繁重体力劳动和其他有害健康工种并在此类岗位工作达到规定年限的职工，男性年满 55 周岁、女性年满 45 周岁退休。另有规定的，按有关规定办理退休。企业职工退休，由县劳动主管部门办理退休，退休职工享受退休生活费。

1991 年，邕宁县国有企业退休职工共 2160 人，其中当年办理工人退休 143 人。1999 年起，邕宁县有计划地安排国有企业下岗职工进县再就业中心，并做好企业下岗职工“两个确保”，即确保下岗职工基本生活费按时足额发放，确保离退休职工基本退休金按时足额发放，是年企业工人退休 342 人。2001 年，办理企业工人退休 274 人。2004 年，全县国有企业退休职工共 6033 人，其中当年办理工人退休 536 人。

1991 年至 2004 年，全县办理国有企业工人退休累计 3584 人。其中，办理特殊工种提前退休 35 人，破产企业提前退休 14 人，因病、非因工作导致完全丧失劳动能力提前退休 15 人，审批办理退休职工死亡遗属 4 人。全县国有企业退休职工累计 4.70 万人。

第五节　劳动保护　劳动监察

劳动保护

1991年始，邕宁县加强劳动法律法规的宣传工作，保护职工合法权益。1991年，重点宣传贯彻国务院《关于企业职工养老保险制度改革的决定》，组织明阳糖厂、蒲庙糖厂等10家企业职工开展法规知识竞赛活动。

1992年，贯彻落实国务院《关于做好劳动就业工作的通知》和《邕宁县企业职工工伤保险暂行办法》，推行工伤保险制度。是年全县参加工伤保险单位144个，职工1.50万人。

1993年，组织各企业厂长、经理通过会议等形式，学习国务院新颁布的《国有企业职工待业保险规定》《国有企业富余职工安置规定》和《中华人民共和国企业劳动争议处理条例》，并抓好监督落实。

1994年至1996年，通过多种形式宣传学习和贯彻落实1994年颁布、1995年1月1日实施的《中华人民共和国劳动法》，县长陆荣发在邕宁电视台作电视讲话，县劳动部门组织举办厂长、经理劳动法学习班2期，参加学习共120人次，发动职工购买劳动法学习读本1万册，组织8000名职工参加全国劳动法知识竞赛，各机关、企事业单位根据各自实际开展板报、广播、座谈会、宣讲会等形式的宣传活动。

1999年，邕宁县成立再就业工程领导小组，出台《关于做好我县下岗职工基本生活保障和再就业工作的通知》等文件，采取社会筹集一部分、企业负担一部分、财政兜底一部分的办法，确保为下岗职工按时足额发放生活费，确保为离退休职工按照足额发放退休金。是年，全县下岗职工进入再就业中心232人，支付生活费51.50万元。2001年，下岗职工进入再就业中心165人，支付生活费59.70万元，为协议期满下岗职工132人解决经济补偿金52.30万元。

2002年，开展《中华人民共和国妇女权益保障法》大检查，纠正各种侵犯妇女权益行为3起，涉及女工370人；开展禁止使用童工规定大检查，检查企业21家，清退童工2人；开展民工工资支付情况大检查，检查用人单位45个，其中建筑工地19个、餐饮行业19个、制衣行业3个，“三资企业”10个，涉及职工2371人，发现拖欠民工工资31人，金额2.02万元，下达整改指令书限期兑现民工工资，维护职工合法权益。是年，县劳动部门检查用人单位818个，纠正各种违反劳动行为114起，下达行政处罚决定书7份，为劳动者追回经济损失10.83万元。

2003年，为劳动者追回被企业克扣、拖欠工资、非法收取入厂押金、解除劳动关系等的经济补偿金46.50万元。

1991年至2004年，县劳动监察部门依法查处涉及劳动监察案件331起（件），占应查处的96.80%；按照有关政策规定给予国有企业和县办集体企业职工工龄认定1055人；按照工伤有关规定，给予符合条件的249名职工解决工伤认定问题。

劳动监察

1995年始，邕宁县劳动监察部门每年定期或不定期组织人员对县内企业用工进行劳动监察执法检查。1996年始，县内企、事业单位使用工人，按规定每年要到县劳动管理部门办理劳动监察年审。

1999年，开展劳动监察执法检查2次，检查企业130家，检查用人单位319个，检查职工人数3828人，处理劳动监察案件32起，年审1021户。

2001年，开展劳动监察执法检查3次，检查企业450家，检查用人单位1008个，检查职工人数1.21万人，处理劳动监察案件21起，取缔非法劳动中介6起，年审1655户。

2002年，劳动监察年审1740户，其中单位年审618户、个体工商户年审1122户。查处劳动监察案件32起，结案31起。巡查用人单位818个，纠正各种违反劳动法行为114起，下达限期改正指令书374份，下达当场行政处罚决定书7份，为劳动者追回经济损失10.83万元。开展劳动保障执法大检查5次，检查企业11家，涉及职工186人，打击非法劳务中介1起。运用劳动监察手段追收9家企业欠缴养老金共210万元，涉及职工1700人。

2003年，县劳动部门办理劳动监察年审单位1800户，查处劳动保障监察案件42起，结案40起，为劳动者追回被克扣及拖欠工资、非法收取入厂押金、解除劳动关系经济补偿金共46.50万元。

1995年至2004年，县劳动监察部门检查、巡查、抽查企业累计5430家，检查企业职工共2.80万人次。1996年至2004年，全县应办理劳动监察年审的企、事业单位累计1.20万家，办理年审企、事业单位共1.20万家。

第六节 劳动合同 劳动仲裁

劳动合同

1991年起，县劳动部门按有关规章，每年引导县内企业劳动者与单位签订劳动合同，并办理劳动合同监证，维护企业与劳动者的合法权益。2002年，县劳动部门为用人单位审核集体合同25份，鉴证劳动合同8700份。2003年，县劳动部门鉴证劳动合同8000份，审查集体合同15份。1991年至2004年，全县企业到县劳动管理部门申办劳动合同监证累计6.74万份，办理监证劳动合同共6.74万份。

劳动仲裁

1991年起，县劳动仲裁部门依法立案受理县内企业与劳动者发生劳动纠纷案件，维护企业与劳动者的合法权益。2002年，在四塘镇、吴圩镇设立劳动争议仲裁办事处试点。全县发生劳动争议案件21起。其中：合同争议12起，保险福利争议1起，工伤争议7起，其他1起；劳动者胜诉20起，单位胜诉1起，结案率100%。处理案外劳动纠纷8起，调解处理群体性争议5起。2003年，县劳动部门立案受理劳动争议案件52起，开庭审理结案52起，涉及经济标的100多万元，案外调解10人以上群体性劳动争议案件2起，调处劳动纠纷案件8起。1991年至2004年，县劳动仲裁部门立案受理县内企业与劳动者发生劳动纠纷案件累计441起，经县劳动仲裁开庭审理结案共439起。

第七节 社会保险

1991年至2001年，邕宁县机关保险职能和农村养老保险职能分别由县人事局和县民政局承担。2001年底，组建邕宁县劳动和社会保障局，社会保障职能集中由县劳动和社会保障局负责。此后至2004年，邕宁县的职工养老保险、医疗保障、失业保障、工伤保障等进一步规范，社会保障工作逐步走上制度化和规范化管理轨道。

养老保险

企业职工养老保险 1991年起，邕宁县企业职工养老保险继续实行以单位集中办理和缴纳保险费为主。职工养老保险缴费年限最低为 15 年才能领取养老金。

1994 年改革基本养老金计发办法，把以领工资为基数、按工龄长短计发，改为实行养老和社会平均工资、缴费工资和缴费年限，以工资增长指数三挂钩的办法来计算退休费。并纳入市级统筹养老保险，实行统一比例、统一统筹，保险资金实力雄厚，增强了社会调剂功能和支付能力。

1997 年，全县实行统一社会统筹与个人账户相结合的养老保险制度，为参保 1.44 万人建立个人账户，并实施微机化管理。推行"广覆盖"计划，新参加养老保险单位 13 个。

▲ 21 世纪初，县社会保障所为离退休人员实行社会化发放退休金　（邕宁区史志办资料照片）

1998 年，实现与全国养老保险制度并轨工作，扩面工作有所发展，新增养老保险单位 33 个，职工 349 人。全年收缴养老保险金 1453 万元，收缴率 90%。

2002 年，全县参加企业养老保险单位 263 个，参保人数 1.52 万人。新参保人员 1086 人，个体劳动者新参保 51 人，失业职工接续养老保险 525 人。全年征收养老保险基金 2760 万元，收缴率 94%。年底，企业职工养老保险基金滚存结余 3220 万元。

2004 年，全县参保单位 303 家，参保人 1.84 万人，缴交养老保险费共 2.10 亿元，发放离退休人员养老金、慰问金等 1.30 亿元。

1991 年至 2004 年，全县先后参加企业职工养老保险的单位共 2138 家，参保人累计 19 万人次。

机关事业养老保险　1996 年起，全县党政机关事业单位办理干部职工养老保险，按月从工资中扣除，个人缴交标准为月工资的 8%、单位（财政）为个人每月缴交 20%。2002 年 8 月，根据自治区人民政府的要求，邕宁县人民政府决定，全县党政机关事业单位干部职工养老保险业务停止。2002 年 9 月，县政府将县粮食系统下属的 42 个企业化管理事业单位职工 851 人纳入企业养老保险。

1996 年至 2002 年 8 月，县党政机关事业单位参加养老保险 13.20 万人次，收缴养老保险金共 2.05 亿元，为离退休人员 2.75 万人发放养老金共 1.96 亿元。

农村养老保险　1995 年 10 月，邕宁县建立农村社会养老保险制度。同年 12 月，邕宁县农村社会养老保险事业管理处成立。

1995 年，邕宁县制订《邕宁县农村社会养老保险暂行办法》等配套文件 4 份，县农村社会养老保险暂行办法规定，县内农村年龄在 1 周岁至 60 周岁的农村户口公民（不含国家干部职工），都应参加保险。保险费以个人缴纳为主，集体补助为辅。缴纳保费方式分一次性缴纳和逐年缴纳两种，一次性缴纳保险费档次标准为 200 元、400 元、600 元、800 元、1000 元、1200 元、1400 元、1600 元、1800 元和 2000 元等 10 个档次，逐年缴纳保费档次标准为 24 元、46 元、72 元、96 元、120 元、144 元、168 元、192 元、216 元和 240 元等 10 个档次，提倡一次性缴纳。投保人自年满 60 周岁的下月起即可按月或按季领取养老金，标准按投保数额和年限计算确定。

1997 年，全县收上农村社会养老保险费 125 万元。1998 年，因受到政策因素影响，收上农村社会养老保险费减至 50 万元，全县农村养老保险积累保费基金 460 多万元，参保农民累计 1.60 万人。是年 8 月，全县 235 个村定工干部开始参加农村社会养老保险，共 1170 多人。2002 年，邕宁县农村社会养老保险不再扩展投保业务。

1996 年至 2004 年，全县农村参加养老保险累计 1.90 万人次，收上养老保险费共 704.30 万元，支付养老金共 239.23 万元。

职工失业保险

1991年，全县参加企业职工失业保险的单位不断增多。最初为国有企业，集体企业于1994年开始缴交失业保险金。1999年，县内事业单位开始实行。是年，参保单位614家，参保职工2.76万人，收缴失业保险费300万元，为84名失业职工发放失业补偿金32.90万元；慰问特困失业职工165人，支付慰问金3.30万元；慰问特困下岗职工1174人，支付慰问金16.60万元。

2001年，邕宁县对国有企业下岗职工实行并轨管理，将在县再就业中心的企业下岗职工全部进入县失业保险，使下岗职工享受到失业保险待遇。

2003年，参保单位558家，参保职工2.53万人，其中新增参保单位57家，新增参保职工1856人；收缴失业费410万元；为1498名失业职工发放失业补偿金295万元，发放率100%。2004年，职工失业保险扩大到外资企业单位，全县参保企业577家2.62万人。

1991年至2004年，全县累计参加失业保险的企业3815家，参加失业保险职工19.90万人次。收缴职工失业保险金2327.37万元，支付职工失业救济890.40万元，支付慰问特困下岗职工42万元。缴交失业保险金的标准为用人单位2%、个人1%，缴交时间按实际情况按月、季、半年、1年上缴，续缴15年以上的每年增加1%。职工失业享受的待遇为缴满1年享受保险金3个月，2年为6个月，3年为9个月，4年为12个月，5年为14个月，以后每年增加1个月，但最长不超过24个月。发放标准为全自治区职工年均月工资的70%。1991年至2004年，全县参与失业保险的失业职工累计3130人，其中国有企业964人。

女职工生育保险

1995年始，邕宁县在企业中，开设企业女职工生育保险业务，以企业为单位办理女职工生育保险。

1999年，参加生育保险182家，参保人员1.32万人，收缴生育保险金68万元，为312名生育女工支付生育保险费56.40万元。

2001年，参加生育保险187家，参保人员1.21万人，收缴生育保险金71万元，为225名生育女工支付生育保险费45.50万元

2003年，参保单位214家，参保职工1.24万人，收缴生育保险费110万元，支付生育补偿金38万元。

1995年至2004年，全县参加女职工生育保险企业单位累计1883家，参加生育保险14万人次，支付女职工生育保险金3143万元。

企业职工工伤保险

1992年10月，邕宁县制订《邕宁县企业职工工伤保险暂行办法》，开办企业职工工伤保险。1999年，参加工伤保险183家，参保人员1.49万人，收缴工伤保险金57.30万元，为9名工伤职工以及24名伤残、扶养人员支付工伤保险费26.80万元。2001年，参保单位194家，参保职工1.43万人，收缴工伤保险费67.10万元，为3名工伤职工以及22名伤残、扶养人员支付工伤保险费37.10万元。2003年，参保单位221家，参保职工1.45万人，收缴工伤保险费96万元，按政策支付工伤补偿金37万元。1992年至2004年，全县参加职工工伤保险的企业单位2399家（2004年参保单位274家），参加工伤保险人数1916万人次（2004年参保人数1.60万人），支付工伤保险金272.10万元。

城镇职工医疗保险

2001年2月，全县开始实施城镇职工医疗保险制度。邕宁县成立城镇职工医疗保险管理中心，制订《邕宁县城镇职工基本医疗保险实施办法》等9个配套文件。参加职工基本医疗保险的范围是县境内城镇所有用人单位，包括机关、事业团体、企业（国有企业、集体企业、外商投资企业、民营企业、私营企业）单位及其职工，必须参加基本医疗保险。中直、区直、市直、外地驻县单位及其职工均按属地管理原则，参加邕宁县城镇职工基本医疗保险。基本医疗保险费由用人单位和职工共同缴纳，缴费标准是用人单位为职工工资总额4%，职工为本人工资收入2%，由单位代扣。离退休人员参加基本医疗保险，个人免缴费。设立大病互助基金，个人缴费标准30元，单位（财政）交缴50元。参加基本医疗保险设立个人专用资金账户，个人缴纳的费用全部划入，单位缴纳部分按45岁前0.30%，45岁后0.60%划入。用于个人支付门诊医疗费、购买符合基本医疗保险目录范围内的药品费和支付住院医疗费用中符合个人负责部分。参加基本医疗保险人员住院治疗，交清起付额后，按一定比例给予报销。起付标准：一级医院200元，二级医院400元，三级医院600元。报销比例为：在职根据金额多少报80%~90%，离退休人员85%~95%，基本医疗统筹基金支付参保人员每年限额2000元，大病互助最高限额5000元，两项最高限额为年7000元。从2001年4月1日起，原享受公费医疗的干部职工，全部参加城镇职工基本医疗保险。全县首批参加城镇职工基本医疗保险干部职工1.73万人，覆盖面达100%。县卫生部门做好医疗保险定点医院工作，为参保人员提供方便、快捷、经济的基本医疗服务。

2001年，县出台《邕宁县城镇职工基本医疗保险大病社会互助基医疗金管理暂行办法》。规定：凡参加邕宁县城镇职工基本医疗保险的人员都必须参加大病社会互助医疗，每年要缴交大病社会互助医疗基金，不得间断，缴交的标准为每人每年80元。“个人缴交、集中管理、众人享受”基金，而非属个人账户资金。由用人单位为参保职工缴交或职工个人自己缴交，也可以由用人单位和职工个人共同负担，具体比例由各参保单位自定，财政供给经费的机关事业单位参保人员（原享受公费医疗人员），由财政负担50元，个人自付30元。大病社会互助医疗基金每年累计支付给参保个人的医疗费最高限额为5万元。在本统筹地区定点医疗机构治疗的，个人自付15%，大病社会互助医疗基金支付85%，经批准转往本统筹地区以外医院治疗的，个人自付20%，大病社会互助医疗基金支付80%。年内全县首批参保对象1.70万人。6月起，实行参保人员医疗保险大病救助制度，使参保人员有大病能及时医治并减少个人支付医疗费。

2001年，参加医疗保险单位527个，参保人数1.96万人，收缴医疗保险金434.04万元，支付医疗保险费286.95万元。

2002年5月30日，邕宁县人民政府出台《关于企业列支基本医疗保险制度改革启动资金的通知》。规定：凡参加邕宁县城镇职工基本医疗保险和职工医疗大病统筹的企业，在按规定缴纳基本医疗保险费的基础上，可安排一次性的基本医疗保险启动资金，纳入基本医疗保险基金，统一交由统筹地区医疗保险经办机构划入本单位参保职工的个人账户。基本医疗保险启动资金划入个人账户的额度：45岁及以下的在职职工按参加基本医疗保险时核定的月缴费基数的40%划入，45岁以上的在职职工按参加基本医疗保险时核定的月缴费基数的50%划入。退休人员按参加基本医疗保险时核定的月平均养老金的90%划入。经济效益较好的企业，可在上述额度的基础上适当增加划入比例。企业列支基本医疗保险制度改革启动资金，按照《社会保险费征缴暂行条例》（中华人民共和国国务院令第259号）的规定，不计征税、费。不属于国家公务员医疗补助实施范围的事业单位可以按照本通知精神执行。

2003年，参加基本医疗保险单位379个，参保人员2.58万人，其中在职职工2.05万人、离退休人员5315人。新增参保单位21家，新增参保人员1986人。全县收缴基本医疗保险费1121万元，支付医疗保险费414万元。融资30万元建立邕宁县医疗保险信息管理网络。制作发放职工IC卡2.50万张。是年，融资 30 万元建立邕宁县医疗保险信息管理网络。制发职工医疗 IC 卡 2.50 万张。

2004 年，邕宁县启用城镇职工基本医疗保险个人账户存折 IC 卡，凭卡可在定点医院门诊结算或在定点药店购买药物，个人原有的公费医疗证同时作废。

2001 年至 2004 年，全县参加医疗保险单位累计 1818 个，参加医疗保险人员共 10.13 万人；收缴医疗保险费 4173.04 万元，支付医疗保险费 2031.95 万元。

邕宁县志
YONG NING XIAN ZHI

第十九篇

民政 | 扶贫 | 信访 | 侨务 | 外事

第一章 民政

1991年，邕宁县民政工作重点抓救灾救济、优抚安置、社会福利、婚姻登记等工作。1995年11月，设立县农村社会养老保险处，在全县广泛推行农村社会养老保险制度。至1996年，全县共完成大塘、南阳、那陈等11个乡撤乡改镇工作；办有福利企业7个，办社会福利院、敬老院8个。1991年至1996年，邕宁县在救灾救济体制改革中，共设立“217”（即自然灾害救济费）自然科目，累计发放自然灾害救济金385万元，救济灾民共35万人；接收退伍军人1496人，安置率100%；共发放农村义务兵家属优待金481.06万元；办理结婚登记3.54万对。1998年后，邕宁县依照有关法规及规章规定，进行村民委员会、居民委员会的换届选举，推行村务公开，启动村民自治活动，强化村民自我教育、自我管理、自我服务。贯彻落实军人抚恤优待和退伍义务兵安置工作，改革完善优待统筹办法，依法保障优抚对象的合法权益，妥善安置城乡退伍军人，加强对军队离退休干部管理服务，开发利用军地两用人才，促进军政军民团结。加强对婚姻、丧葬、行政区划、地名、社团等工作的服务管理。做好农村特困户的生活安排、“五保”老人的吃、住、穿、医、葬等生活保障、善后安置和城镇居民最低生活保障。对救灾救济工作，做到全方位、多途径扶持贫困农户勤劳脱贫致富和救助灾民发展生产自救；除政府拨专项扶贫助困经费外，县民政部门利用开展献爱心募捐和有奖募捐活动等渠道，筹措资金兴办县福利厂、县福利院、乡镇敬老院和五保村等，促进全县社会福利事业的发展和民政工作的开展。2001年，设立县爱心献功臣基金，各单位和干部职工捐款31万元用于“三老”各项补助和解决“三难”问题；自治区人民政府授予邕宁县“广西村民自治模范县（市、区）”称号。2003年，投入资金建设首批“五保”新村30个，建设乡镇级敬老院5个，全县有乡镇敬老院有13个；民政部授予邕宁县“全国村民自治模范县”“全国双拥工作工作模范县”称号。2004年，全县有村（居）民委员会251个，有乡镇级和村级敬老院26个，有农村“五保”老人5200户6050人，当年建设“五保”新村55个，发放城镇低保人员救济款170万元，发放农村定期救济款217.80万元，发放农村特困户和困难烈属、军属临时救济款11.73万元，办理婚姻登记9312对。

第一节 机构

县民政局

中华人民共和国成立初期，邕宁县人民政府设立民政科，负责管理社会救济、优抚安置、征用土地、婚姻登记等工作。“文化大革命”开始后，撤销民政科，其业务工作归县革命委员会办事组负责。1973年10月，成立邕宁县民政局。县民政局是县人民政府主管社会行政事务的职能部门。1991年，邕宁县民政局机关内设办公室、农村救济股、福利生产股、基层政权股、优抚股和区域地名股6个股室，人员编制19名，其中局长1名、副局长3名，在职干部职工19人。1997年，局机关内设行政秘书股、救灾救济农村社会保险股、社会福利股、优抚股、基层政权建设区划地名股5个股，人员编制18名，其中局长1名、副局长3名，在职干部17人。下属事业单位1个，即邕宁县社会福利院，编制10名，在职人员10人。2001年，局机关内设行政办公室、农村救济股、福利生产股、基层政权股、优抚股、区划地名股6个股室，编制19名，其中局长1名、副局长3名，在职干部19人。下属事业单位有邕宁县社会福利院，编制11名，在职人员11人。2003年，局机关内设行政办公室、优抚安置办公室、双拥办公室、民间组织管理办公室、社会事务和社会福利股、区划地名股、基层政权和社会建设股、救济救灾股8个股室，编制14名，其中局长1名、副局长2名，在职干部14人。下属事业单位有邕宁县社会福利院、县光荣院、县城镇最低生活保障中心3个，编制共21名，在编人员16人。2005年3月，邕宁县民政局内设机构和机关人员编制与2003年保持不变。局下设县社会福利院、县光荣院、县城镇最低生活保障中心3个事业单位，编制共21名，在编人员21人。县民政局办公地址在县城红星路。

1991年至2005年3月县民政局历任局长：黄大英，潘世能，李生，苏桂庆。

县老龄工作委员会（办公室）

1987年9月，成立邕宁县老龄问题委员会，成员单位16个，下设办公室负责日常事务。1990年12月改名邕宁县老龄工作委员会，下设老龄委办公室。由主管老龄工作的副县长兼任老龄委主任，成员单位由原来的16个扩大到20个，并明确各成员单位的工作职责。

1991年，县老龄工作委员会办公室行政编制5名，在职干部3人。1996年县老龄工作委员会办公室设在县劳动局，有专职干部2人。1997年至2000年，在职干部3人。2001年至2004年，县老龄工作委员会办公室在县民政局挂牌，在职干部3人。

1991年至2005年3月县老龄委员会（办公室）历任主任：黎翰鹏，罗临祺，钟柳生，谭耀辉。

2004年，县党政机关、企事业单位成立老龄工作委员会70多个；全县21个乡镇和大沙田、沿海经济走廊、仙葫3个开发区相继成立老龄工作委员会；全县已建立健全老年人协会的村、社区149个。

乡镇民政机构

1991年前，邕宁县各个乡镇人民政府没有设置民政机构，在乡镇政府机关由1~2名民政干部负责本乡镇民政日常工作。1991年起，在各乡镇政府建立民政办公室，各配备民政助理人员1~2名，负责本乡镇民政日常工作。

第二节　基层政权建设与村（居）民自治

基层政权建设

1991年，邕宁县有21个乡镇，各乡镇分别设立乡镇人民代表大会和乡镇人民政府。各乡镇人民代表大会设立人大主席团负责人大日常工作。是年起，通过实施《广西壮族自治区各级人民代表大会选举实施细则》《广西壮族自治区乡、民族乡、镇人民代表大会工作条例》等法规，进一步规范乡镇一级机关运行机制。基层群众可以由过去只能直接选举乡镇一级人民代表，发展到可以参与县乡两级人民代表选举。乡镇人民代表大会每届任期为3年。每届乡镇人民代表大会选举产生乡镇人大主席团主席、副主席，乡镇长、副乡镇长。各乡镇一般设人大主席团主席（1995年2月后称人大主席）1名、副主席1~2名，镇长1名、副镇长2~3名。1996年，各乡镇机关分别设置党政办公室、农业办公室、财经办公室、社会事务办公室（挂计划生育办公室牌子）、乡镇建设办公室；全县乡镇机关行政编制846名。2001年实行机构改革，21个乡镇机关由原来各设置5个综合办公室改为设1个办公室，全县乡镇行政编制共701名。2004年3月，全国人大常委会通过的宪法修正案将乡镇人民代表大会任期由3年改为5年，实行县乡人大同步换届选举。乡镇人大和乡镇政府班子任期由此相应改变。是年，21个乡镇机关行政编制数与2001年保持不变。1991年至2004年，各乡镇政府机关都有稳固的办公用房，办公经费得到保障，并在乡镇政府所在地实行政务公开，接受社会监督。

村民自治

村民委员会 1991年至1994年，各乡镇人民政府设置派出机构村公所，行使乡镇人民政府赋予的部分行政管理职能，代表乡镇人民政府直接指导村民委员会工作，全县共有村公所235个。每村设村长1名，副村长3~5名。由村民推荐产生村民代表，然后由村民代表投票选举产生村长、副村长。村公所管辖的自然村（坡）设立村民委员会，全县设有村民委员会1203个，每个村民委员会设村主任1人、副主任1~2人。

1995年2月，邕宁县按照上级的部署要求，开展撤销村公所改设村民委员会工作。至3月底，全县235个村公所改设为村民委员会，同时撤销原自然村（坡）设立的村民委员会。村民委员会是基层群众自治组织。全县各村依法推荐产生村民代表，由村民代表进行选举产生村民委员会成员1306人；每个村民委员会的村干部设主任1人、副主任3~7人（个别人口较多的村由9人组成），委员3~5人。村民委员会下设人民调解委员会、治安保卫委员会、公共卫生委员会、计划生育村民自治委员会等群众组织。

1998年，《中华人民共和国村民委员会组织法》颁布实施后，邕宁县启动村民委员会换届选举工作。次年4月，完成235个村民委员会直接选举村委会干部工作，直接参加选举的选民5.50万人，占选民总数88%，选举产生第二届村民委员会干部877人。村民委员会每届任期3年。

1999年2月，邕宁县成立村民自治示范活动领导小组，启动村民自治示范活动。中共邕宁县委、县人民政府抽调机关干部深入到235个村，指导村级开展民主选举、民主决策、民主管理和民主监督工作。2001年5月，有21个村被南宁市人民政府评为村民自治优秀村委会。

2002年，将乡镇驻地的村民委员会改设社区居民委员会。改设后，全县有村民委员会213个。是年5月，邕宁县依法组织村民进行直接选举产生第三届村民委员会干部。6月底完成选举工作，选举产生村（居）委干部（含村民委员会调整为社区居民委员会的干部）1396人，参加直接选举的选民6万人，占选民总数95%。

2004年，全县有村民委员会211个。

民主选举 1991年，邕宁县有村民委员会1210个，在村公所的指导下，村民委员会主任经村公所提名，由村民代表（户主）选举产生（多数以举手或鼓掌方式）。1995年撤销村公所改设村民委员会时，全县235个村民委员会有一些村由村民“一人一票”直接选举产生村委会成员。1997年《中华人民共和国村民委员会组织法》正式颁布实施后，直接选举作为法律的刚性规定引起人们的普遍关注并严格执行。1999年，邕宁县按照《中华人民共和国村民委员会组织法》规定，首次全部采取村民直接投票选举的办法进行村民委员会换届选举，选举产生村民委员会主任、副主任、委员。2002年，在广西村民委员会组织法实施办法指导下进行村级换届选举，村民委员会成员全部实行直接、差额投票选举。这次选举，县、乡镇两级

▲2003年，邕宁县获民政部授予“全国村民自治模范县”称号。图为奖牌 （邕宁区史志办资料照片）

层层培训和指导，规范选举流程，广泛动员宣传，广大选民热情高涨。通过选举，大批年富力强、群众信赖的人才脱颖而出。全县 213 个村民委员会于 6 月 30 日全部完成选举工作，参选率 98%，一次选举成功率 95.16%。紧接着，对新当选的村民委员会主任、副主任、委员进行一次全面的岗前培训，提高履职能力，使他们尽快进入角色。至 2004 年，村民委员会成员保持稳定，没有出现因履职不力或其他原因被补选的现象。

民主决策 1991 年起，邕宁县部分村民委员会通过召开村民会议、村民代表会议或户主代表会议选举村民小组长、村委会成员和制定村规民约等重大村务。1996 年，各村普遍建立各项制度，尤其《村民会议制度》《村民代表大会制度》成为民主决策机制的民主决策议事制度，较为有效地保障农民群众的知情权、决策权、参与权和监督权。2001 年 12 月 1 日通过的广西村民委员会组织法实施办法规定，召开村民会议，应当在本村 18 周岁以上过半数村民参加，或者本村 2/3 以上户代表参加，所作决定经到会人员过半数通过，方属有效。村民会议选举、罢免村委会成员，制定、修改村民自治章程、村规民约等。村民会议由村民委员会召集，每年至少举行一次。人口较多或者居住分散的，村民会议可以分片召开。邕宁县村民会议多数以坡（屯）为单位分片召开。2002 年后，村里大事多由村民代表大会集体讨论决定，如建设村委办公用房、村卫生室、村活动中心、校舍的选址、集资、建设方案的确定等。根据广西村委会组织法实施办法规定：村民代表会议由村民代表和村民委员会成员组成；召开村民代表会议，村民委员会应当提前 3 天将拟决定事项通知村民代表；村民代表会议到会代表应当达到代表总数的 2/3 以上始得开会，决定问题应当获得到会代表过半数通过为有效。这一办法进一步规范完善村民代表大会的决策程序和方法。至 2004 年，有 210 个村、社区通过村民会议或村民代表会议，制订和建立健全民主决策、管理、监督等各项制度，制订《村规民约》和《计划生育村民自治章程》（章程设有总则、目标和任务、计划生育村民自治委员会任务、村民的义务和权利、村民委员会村民代表大会的职责和权利等二十条），实行民主决策、民主管理、民主监督，实现依法治村，依法办事。

民主管理 1991 年，邕宁县部分村民委员会制定一些制度实行管理，如《村民会议制度》《村民委员会职责》《村委会工作制度》《村民议事制度》《财务管理制度》等。1996 年，村委会各项制度较为完善，村规民约成了村民自治、民主管理的重要内容。1996 年蒲庙镇孟莲村制定的《蒲庙镇孟莲社会治安村规民约》规定，为了规范社会治安，制订十条村规民约。其中一条内容是“凡盗窃抢劫者，除了赔偿损失外，处以 3~5 倍罚款；凡同流合污、销赃者，除没收其所得外，处以 1~2 倍罚款”。1998 年起，在村组织中推行村务公开民主管理；11 月底，235 个村在村办公驻地建成村务公开栏。是年 3 月 20 日，南宁市在南阳镇二田村召开“十星级”农户创评活动现场经验交流会，学习二田村民主管理的经验。1999 年，各村在乡镇政府指导下，逐步建立和完善村民自治章程。村民自治章程是由村民会议根据国家法律、法规和政策，结合本村实际情况，制定通过的村民自我管理、自我教育、自我服务的综合性章程，其内容涵盖社会治安、村风民俗、邻里美德、婚姻家庭、计划生育等方面，是村民自治中层次最高、结构最完整的一种村规民约。2001 年，进一步完善“一事一议”等制度，健全农民群众筹资投劳的机制和办法，引导农民群众自主开展农村公共事业建设。2004 年，民主管理得到充分体现。各村成立村务管理小组，实行民主管理村务和村务公开上墙公布，接受村民监督。各村统一健全完善村务公开制度、民主决策制度、村民会议制度、村民代表会议制度、村民代表联系户制度、村两委联席会议制度、村级财务管理制度、民主评议村干部制度等，并对各项制度执行情况进行跟踪记录和档案管理，规范和加强村委会的内部民主管理。

民主监督 邕宁县村民自治过程中，将公开、透明、监督等现代民主精神理念制度化、程序化，始于 1998 年推行的村务公开民主管理制度。是年 11 月底，全县 235 个村在村办公驻地建成村务公开栏，其中 10 米以上 8 个，瓷砖装饰 159 个。2001 年 12 月，广西村委会组织法实施办法规定，村务公开要做到“五规范一满意”，实行账务收支情况公开等村务“十公开”。按此规定和要求，各村委会建立健全村级财务管理制度，成立村务公开监督小组，建立年终工作总结报告制度、村民委员会成员年度述职报告制度、民主评议村民委员会成员制度，并对村民委员会成员实行任期和离任审查制度。农村基层村务公开纳入法律轨道。2004 年，全县 211 个村委会全部设立村务社务公开栏。村务社务公开将全村有关收费项目、经费支出、为民办实事、计划生育、工作任务完成等情况，定期和不定期公布上墙，接受群众监督。同时，县和各乡镇分别成立村务公开民主管理工作领导小组，加强对村务公开民主管理工作的领导；把村务公开民主管理工作列入组织部门“五村、两规范”村级组织建设，并初步形成政务、村务、组（屯）务公开一体化的运行机制。

村委会办公用房建设 1991 年，邕宁县 235 个村公所都有办公用房，但部分乡村办公用房陈旧，有的已成危房。1991 年后，邕宁县通过财政拨给专项经费和乡村自筹资金等办法，新建或改造部分陈旧的村办公用房，进一步改善基层办公条件。2002 年，县人民政府印发《关于加快部分村委会办公用房建设的通知》加强村委办公用房建设工作，列入自治区、南宁市补助的 72 个重建村委每个补助 4 万元，不足部分自筹和县人民政府给予补助解决（县政府计划投入 100 万元进行补助）。当年组织实施新建 46 个村委会办公用房、维修扩建 20 个村委会办公用房工作。至 2004 年，除百济乡 3 个村委会和 3 个开发区新设的 10 个社区外，全县 251 个村和社区新建、维修扩建办公楼 238 个，实现办公楼房化，办公条件得到改善。

村规民约 1991 年前，邕宁县每个村公所都结合本村实际自行制订有《村规民约》。1991 年后，个别村原制订的《村规民约》有一些条款已不适应现行的国家法律法规，进行修改补充完善。1998 年《村民委员会组织法》颁布实施后，邕宁县于次年通过自上而下的方式，在充分听取和广泛征求群众意见的基础上，制订出比较切合实际和规范的《村规民约》颁发至全县各村。《村规民约》共设五款三十八条，对维护农村社会安定团结和促进农业经济发展起到一定作用。

社区居民自治

社区居民委员会 1998 年，邕宁县在大沙田经济开发区设立南区和北区 2 个社区，各社区设居民委员会。社区居民委员会是基层群众自治组织。

2002 年下半年，在村级换届同时，邕宁县在县城和各开发区划分设立社区，乡镇所在地的村民委员会改为社区，各社区设居民委员会。全县设立社区 34 个。其中，蒲庙镇（县城所在地）设立社区 4 个，即蒲津社区、那元社区、新兴社区、红星社区；大沙田开发区设立社区 4 个，即前进社区、银沙社区、银海社区、金象社区；沿海开发区设立社区 3 个，即五象社区、坡洋社区、玉龙社区；仙葫开发区设立社区 2 个，即蓉茉社区、金葫社区；吴圩镇设立社区 2 个，即吴圩社区、明阳社区；其余 19 个乡镇各设立社区 1 个，分别是良庆社区、那马社区、新江社区、百济社区、那楼社区、镇龙社区、刘圩社区、南阳社区、中和社区、伶俐社区、长塘社区、四塘社区、五塘社区、昆仑社区、苏圩社区、延安社区、那陈社区、大塘社区、南晓社区。全县依法选举产生 34 个社区居民委员会的班子（新成立社区为首届任期）。各社区居委会一般设委员职数 5 名，其中主任 1 名、副主任 1~2 名。社区居民委员会下设文体委员会、环保委员会、社会治安委员会、社会保障委员会、服务工作委员会、妇女儿童委员会、人口计划生育委员会等服务组织。

2004 年，全县有社区居民委员会 40 个，比 2002 年增加仙葫开发区的那舅、五合、莫村和四塘镇的四塘煤矿、里罗煤矿、平垌煤矿共 6 个社区。社区设有社区文体委员会、社区环保委员会、社会治安委员会、社会保障委员会、社区服务工作委员会、社区妇女儿童委员会、社区人口计划生育委员会、社区团支部等群团组织。各社区根据实际开展各项便民服务，并实行居务公开，接受居民和社会监督。

社区服务 1998 年，邕宁县大沙田经济开发区南区和北区居民委员会成立，社区服务人员主要是居民委员会成员，服务对象主要是各类弱势人群，如老年人、残疾人、贫困者以及优抚对象等。2001 年起，社区服务对象和内容主要可以概括为“四个面向”，即：面向社区老年人、残疾人、孤儿、妇女、社区贫困户、优抚对象的社会救助社会福利和优抚保障服务；面向社区居民的便民服务；面向社区单位的社会服务；面向下岗职工的再就业服务和社会保障社会化服务。社区成立服务中心。2002 年，随着社区数量的增加，邕宁县加大社区建设经费投入，通过各种方式保证社区居民委员会办公用房、办公用品、办公设备以及社区文化娱乐、社区服务场所和设施。同时，各社区相继成立志愿者协会、老人协会、计生协会、卫生协会等。2004 年，在县民政部门指导下，各乡镇举办社区服务网点，开展社区教育、社区卫生服务、社区就业服务、社区残疾人工作、社区服务信息网络平台建设等。

村民委员会和居民委员会干部报酬

1991 年 1 月起，村（街）公所定工干部报酬为每人每月 60 元，村（街）党支部书记、村（街）委会主任、副主任每人每年补助 60 元；村团支部书记、妇女主任、治保主任每人每月补助 20 元。上述各项资金来源，由县财政局会同县基层办、县民政局核发。1993 年 1 月起，村（街）公所定工干部的补助每人每月增加 10 元，列入县财政预算。1994 年 6 月起，村（街）公所定工干部的补助每人每月增加 10 元，列入县财政预算开支。

1995 年 4 月，村公所改设村民委员会后，村党总支（支部）书记、村民委员会主任生活补贴每人每月 100 元，其他村定工干部生活补贴每人每月 90 元，在职期间享受医疗补助费；村农业技术员、计划生育专干每人每月补助 60 元；村团支部书记、妇代会主任、治保主任的生活补贴，每人每月 30 元；原以自然村、坡设立的村民委员会自行消失，其干部生活补贴即停止。

2000 年 3 月起，村党委、党总支（支部）书记及村民委员会主任生活补贴每人每月 130 元，村民委员会副主任生活补贴每人每月 110 元。

2001 年 10 月起，村党委、党总支（支部）书记及村民委员会主任生活补贴每人每月 165 元，村委会副主任生活补贴每人每月 155 元。村团支部书记、妇代会主任、治保主任等的生活补贴，从每人每月 30 元提高到 40 元。由乡镇财政负担部分的村民委员会定工干部养老保险统筹从每月 5 元提高到 8 元。

2002 年 7 月 1 日起，县政府给乡镇村（居）委会定工干部和半定工干部（共青团书记、妇代会主任、治保主任）每人每月分别增加补贴 60 元、30 元。即村党委、党总支（支部）书记及村民委员会主任生活补贴每人每月 255 元，村民委员会副主任生活补贴每人每月 215 元，村团支部书记、妇代会主任、治保主任的生活补贴每人每月 70 元。各乡镇村（居）民委员会干部的补贴由财政负担。各开发区社区居民委员会干部在原有的基础上，由各开发区参照乡镇村（居）民委员会定工干部提高额度内增加补贴标准发放，提高的补贴由各开发区负担。

2004 年 1 月起，县政府给乡镇村（居）民委员会定工干部和半定工干部等提高财政补贴。提高后的生活补贴是：村党委、党总支（支部）书记及村民委员会主任生活补贴每人每月 260 元，村民委员会副主任生活补贴每人每月 250 元，村团支部书记、妇代会主任、治保主任的生活补贴每人每月 85 元，村农技员生活补贴每人每月 70 元；四塘煤矿等 3 个社区居民委员会干部的生活补贴为正职 285 元、副职 265 元、委员 245 元；县城 3 个社区居民委员会干部的生活补贴为正职 345 元、副职 315 元、委员 285 元。离任村干部的生活补贴根据各人的工龄情况不同，每人每月 55 元至 90 元。村级干部工资由各乡镇财政按规定逐月发放。有经济收入的村（社区）通过村民和社区居民代表决定，从村（社区）集体收入中给予村级干部适当生活补助费。任期内在职的村（社区）干部纳入公费医疗管理，享受公费医疗。

第三节　优抚　安置　拥军优属

邕宁县优抚对象为邕宁县籍的现役军人以及伤残军人、老复员军人、革命烈士家属、病故军人家属、因公牺牲军人家属、现役军人家属。对义务兵家属实行普遍优待；对革命烈士、因公牺牲军人和病故军人的家属，未参加工作的伤残军人，带病回乡长期不能参加劳动的复退军人，给予适当的优待。

1991年，“三属”（军属、烈属、遗属）优抚对象1560人（户）。2004年，全县有优抚对象3076人（户）。其中，“三属”有1897人（户），革命伤残军人190人（户），老复员军人932人（户），带病回乡退伍军人57人（户）。1991年至2004年，全县优抚对象的各项抚恤补助按时、按标准足额发放，各项优待政策落实到位，兑现到人。属农业户口的义务兵家属，每年每户按全县农民上一年人均纯收入的标准发给优待金。义务兵入伍前是机关、企事业单位的职工（含合同工）的，由所在单位按其入伍前标准工资的百分之七十发给其家属优待金。非农业户口义务兵家属的优待标准按农业户口的义务兵家属的优待标准的40%发给。烈士家属、因公牺牲军人家属和病故军人家属（简称“三属”）的优待标准为每年每户300元，在乡伤残军人每年每人优待200元。

1991年至2004年，邕宁县接收退役士兵3987人，其中农村退役士兵3149人，应安置工作的城镇退役士兵838人。截至2004年，城镇退役士兵已安置831人，其中政府指令安置和“双向选择”安置的798人、自谋职业城镇退役士兵33人；未安置7人。同时，开展一系列拥军优属、拥政爱民活动。

优　待

义务兵优待　邕宁县农村义务兵家属优待金每年由民政部门发放到义务兵家属，发放标准根据当地经济发展水平和居民消费水平确定。1991年为每户（人）每年380元。1996年至1997年每户（人）每年1528元。1998年至2000年，每户每年优待金标准依次为1600元、1764元、1860元。2001年以后，农村义务兵优待金由社会统筹转为县财政预算统一列支，标准为每户每年1540元。1991年至2004年，全县发放农村义务兵优待金3200多户（人）1450万元。

“三老”优待　1991年，邕宁县有“三老”（即：老“三属”，指烈属、因公牺牲军人遗属、病故军人遗属；老伤残人员，指残疾军人、残疾民兵民工、残疾国家机关工作人员；老复退军人，指年老在乡的复退军人）人员1018人，“三难”（生活难、住房难、医疗难）人员543人。邕宁县制订政策、措施，落实“三老”各项优抚安置政策。

1999年，邕宁县制定《邕宁县解决“三老”治病难实施办法》，规定：凡在邕宁县范围内的在乡老复员军人（1954年10月31日前入伍）、老烈属、老伤残军人（已享受公费医疗的老伤残军人除外），属老烈属的应持有烈属证，属老伤残军人的应持有伤残证，属老复员军人的应持有复员证；在乡“三老”全部加入当地的合作医疗组织，每年由县双拥办、县民政局统一按每人每年10元给全县在乡“三老”交纳合作医疗费，由各合作医疗部门给“三老”发放合作医疗证。按合作医疗组织章程的规定，在乡“三老”持合作医疗证到合作医疗点看病，医疗点免收一般性健康体检费、挂号费、出诊费、注射费。在村级合作医疗点，由县“爱心献功臣”基金会给予补贴参加农村合作医疗入会费。在乡级医药单位，凭在乡“三老”有效证件，医院给予免挂号费、一般性健康体检费、注射费，并免收10%的药品费（包括检查费）。在县级医药单位，凭在乡“三老”有效证件，医院给予免挂号费、一般性健康体检费，并免收15%的各种医药费、住院费、检查费、药品费、床位费、手术费。在县双拥办和县民政局，对无依无靠，生活确有困难，难以支付医药费，影响治病的，由个人申请，村委会和乡镇政府证明，县双拥办审核，经县民政局主要领导批准，可适当补贴在县人民医院、县中医院住院的部分医药费。国家医疗保险制度出台后，由县双拥办、县民政局统一为全县在乡“三老”办理医疗保险。在制度上确保在乡“三老”得到医疗保证。由县卫生局牵头，组织医疗单位每年对全县在乡“三老”进行全面体检一次，对全县在乡“三老”病情建立台账和档案，不定期进行巡回义诊。各医疗单位摆放“军人优先”牌子，设立优抚门诊、优抚病床，在挂号、划价、交费、检查、取药时给予优先照顾。对行动不便的“三老”优抚对象，各医疗单位提供上门服务，免收出诊费。县乡级医疗单位所减免的费用，由医疗单位解决；对无依无靠，生活确有困难，难以支付医药费的由县民政局从“爱心献功臣”行动捐款中解决。“爱心献功臣”行动捐款，由县民政局设立资金专户管理，专款专用，不得挪作他用。该实施办法实行两年（1999年9月至2001年9月）。

2001年，设立邕宁县“爱心献功臣基金”，各单位和干部职工捐款31万元，用于“三老”各项抚恤补助和解决“三难”问题。

1991年至2004年，全县优抚对象3076人（户），各项抚恤补助按时按标准足额发放；为“三老”重点优抚对象120人（户）解决“三难”问题，累计开支40万元，其中使用“爱心献功臣基金”15万元；县政府拨出12万元帮助83人（户）重点优抚对象修建住房建筑总面积2200平方米；持“邕宁县‘三老’优待证”对象，在乡二等乙级以上伤残军人全部享受公费医疗、实报实销；“三难”问题基本得到解决。

现役军人奖励 2002年始，邕宁县对邕宁县籍的现役军人获得荣誉称号或立功的，凭部队团级以上政治机关通知书，由县民政部门按县政府有关给予现役军人奖励办法给其家属发奖励金。奖励分为：获得荣誉称号的每次每人奖励1万元，立一等功的每次每人奖励2000元，立二等功的每次每人奖励1000元，立三等功的每次每人奖励200元。

2002年至2004年，邕宁籍现役军人立一等功1人次、立二等功3人次、立三等功50人次，全县发放奖励金共1.50万元。

烈士褒扬 1991年起，邕宁县组织开展关怀革命烈士家属、烈士追认、建设和保护烈士纪念设施、缅怀先烈等活动。

1994年10月2日晚，苏圩镇定计村初中学生梁正全因制止歹徒拦路抢劫学生被歹徒用刀刺中心房，经救治无效牺牲。是年，中共邕宁县委、县人民政府授予梁正全“见义勇为”称号，中共南宁市委、市政府授予梁正全“邕城勇士”称号。1995年8月8日，自治区民政厅同意追认梁正全为革命烈士。

1996年12月11日，苏圩镇那海村蕾勇坡村民方进琼因抢救挖井塌方遇险的村民时牺牲。后经县人民政府申报，1997年11月12日，自治区民政厅同意追认方进琼为革命烈士。

1998年6月30日，那陈镇七齐村北笈坡陆文康在部队进行战术对抗演习时，因抢救落水战友而牺牲。同年9月28日被追认为革命烈士。

2003年7月，中和乡政府在中和圩附近重建孙洪明等革命烈士墓。

2003年8月3日晚，时任刘圩镇那床村委会主任兼村调解会主任的黄金多在调解民事纠纷时，因制止一方当事人持刀行凶被凶手刺中胸部而牺牲。是年9月，中共邕宁县委、县政府追授黄金多为邕宁县优秀共产党员、“见义勇为先进个人”，中共南宁市委追授黄金多为南宁市优秀共产党员。次月，自治区司法厅追认黄金多为自治区优秀人民调解员。2004年3月，自治区政法委追授黄金多为“八桂勇士”，司法部追授黄金多为“全国模范人民调解员”。2005年7月11日，自治区民政厅同意追认黄金多为革命烈士。

2004年2月6日，中和乡党委书记李开安回家乡伶俐镇王京村看望老母亲时因劝架被一方当事人打成重伤，2月9日在医院救治无效牺牲。是年，中共邕宁县委、县政府追认李开安为邕宁县优秀共产党员、优秀基层领导干部和“见义勇为”称号，中共南宁市委、市政府追认李开安为南宁市优秀共产党员。2005年7月11日，自治区民政厅同意追认李开安为革命烈士。

2004年，县政府对市级文物保护单位徐汉林烈士陵园的周边土地进行征用，扩大保护区。

1991年至2004年，每年清明节期间，邕宁县各级组织机关和企事业单位干部、学校师生、人民群众到徐汉林烈士陵园、康浪平烈士纪念碑、那楼乡革命烈士纪念碑、灵西革命纪念碑等开展祭扫革命先烈活动。

抚 恤

1991年，邕宁县根据国家优抚工作中的抚恤规定，做好县内伤残抚恤和死亡抚恤工作。对按规定取得革命伤残人员（包括：伤残军人、伤残机关工作人员、伤残人民警察、伤残民兵民工）身份的人给予物质照顾。即对其中无工作的人员，国家发给伤残抚恤金；对其中有工作的人员，国家发给伤残保健金。对革命烈士、牺牲病故军人、死亡的国家机关工作人员（包括民主党派、人民团体工作人员）发放抚恤金。1995年10月，县人民政府制定《邕宁县实施〈军人抚恤优待条例〉细则》，贯彻落实军人各项抚恤优待补助。

现役军人死亡，根据死亡性质，确定为革命烈士、因公牺牲军人、病故军人，家属凭所取得的“革命烈士证明书”“革命军人因公牺牲证明书”“革命军人病故证明书”，向县民政局领取一次性抚恤金。一次性抚恤金标准是：革命烈士，为其40个月工资；因公牺牲军人，为其20个月工资；病故军人，为其10个月工资。义务兵和月工资低于少尉正排军官工资标准的其他军人，安排职务工资（一档）、少尉军衔工资和基础工资三项之和计发一次性抚恤金。对有“革命烈士证明书”“革命军人因公牺牲证明书”“革命军人病故证明书”的一次性抚恤金按下列规定发给：有父母（或抚养人）无配偶的，发给父母（或抚养人）；有配偶无父母（或抚养人）的，发给配偶；既有父母（或抚养人）又有配偶的，证明书发给谁由其自行商定，商定不成的，发给父母（或抚养人），一次性抚恤金各发半数；没有父母（或抚养人）和配偶的，证明书按先子女后兄弟姐妹的顺序发给，一次性抚恤金发给子女；没有父母（或抚养人）和配偶及子女的，一次性抚恤金发给未满18周岁的弟妹；无上述亲属的，证明书和一次性抚恤金不发。立功和获得荣誉称号的现役军人死亡，一次性抚恤金分别按下列比例增发：被国家或者中央军委授予荣誉称号的，增发35%；被军区（方面军）授予荣誉称号的，增发30%；立一等功的，增发25%；立二等功的，增发15%；立三等功的，增发5%。革命烈士、因公牺牲军人、病故军人的家属，符合下列条件的，经县民政局审核批准，享受定期抚恤金：父母、抚养人、配偶无劳动能力和无生活收入的，或虽有一定生活收入，但达不到当地一般群众生活水平的；子女未满18周岁，或虽满18周岁因读书或伤残而无生活来源的；弟妹未满18周岁，需依靠军人生前供养的。定期抚恤金的具体标准按照自治区民政厅、财政厅的规定执行。属于孤老和孤儿的家属，其定期抚恤金增发20%。享受定期抚恤金的人员死亡之后，除发给死亡当月的定期抚恤金外，另增发半年定期抚恤金作为丧葬补助费，同时注销定期抚恤金领取证。

退出现役后的革命伤残军人，没有参加工作的，发给伤残抚恤金；参加工作或者享受离休、退休待遇的，发给伤残保健金。伤残抚恤金和伤残保健金，由其户口所在地的民政部门按照民政部、财政部门规定的标准发给。参加工作领取伤残保健金的革命伤残军人，在国家机关、民主党派、人民团体有正式工作的；在全民企事业单位为正式职工、合同制职工的；在县以上管理的集体企业事业的正式职工、合同制职工，生活有保障的。上述领取伤残保健金的人员，所在单位不得以其伤残为由辞退或解聘。因工作单位停产而无固定工资收入或收入过低不能维持生活的可参照在乡伤残军人抚恤金的标准由民政部门给予补差。革命伤残军人死亡后，从第二个月起停发伤残抚恤（保健）金，同时注销证件。原领取伤残抚恤金的，由民政部门发给丧葬补助费；原领取伤残保健金由其所在单位发给丧葬补助费。丧葬补助费按照国家机关工作人员的标准发给。因战致残的革命伤残军人，医疗终结评残发证一年内因伤口复发死亡的，追认为革命烈士，由民政部门按照革命烈士抚恤标准发给一次性抚恤金，其家属享受革命烈士家属待遇。革命伤残军人因战致残医疗终结评残发证一年后因伤口复发死亡和因公致残医疗终结评残发证后伤口复发死亡，原领取伤残抚恤金的，由民政部门按照因公牺牲军人的抚恤标准，发给一次性抚恤金，其家属享受因公牺牲军人家属待遇；原领取伤残保健金的，由其所在单位按因公（工）死亡人员的规定予以抚恤。革命伤残军人因病死亡，原领取伤残抚恤金的，由民政部门另增发半年伤残抚恤金，作为一次性补助，其中因战因公致残的特等、一等革命伤残军人的家属，享受病故军人家属的待遇；原领取伤残保健金的，其抚恤办法按其所在单位有关病故人员的规定予以办理。

退役军人安置

1991年后，邕宁县国有企业开始转轨改制，企业进行减员增效；党政机关、事业单位机构改革，精简机构和人员编制。县内人员就业供大于求，退役士兵安置工作面临严峻的局面，人员安置渠道越来越窄。邕宁县贯彻落实《退伍义务兵安置条例》，采取“供需见面，双向选择，保底安置”的办法，并引导城镇退役士兵自谋职业。对由单位安置的城镇退役军人，县政府实行区别安置。安置办通过了解军人在部队的表现及安置意愿，对荣立二等功的军人优先分配，对志愿兵及超期服役军人尽可能按照本人意愿进行分配，对表现一般的正常退伍军人根据工作需要统一分配。对应安置的自谋职业城镇退役士兵给予一次性经济补助，计发标准按基数加军龄的方式，即基数 1.30 万元，每满 1 年军龄增加 2000 元，发放一次性自谋职业 40 人的补偿金共 79.20 万元。转业士官的安置类似城镇退役士兵，由政府按有关规定进行安置。

对农村退伍军人，邕宁县坚持“从哪里来，到哪里去”的原则，采用多种方式进行安置，使他们找准发展定位。一般情况下，退伍军人回乡后，政府指定专人负责，组织召开退伍军人座谈会，介绍本地区改革开放的新形势；邀请历年退伍的老同志介绍依靠科学技术、艰苦创业、勤劳致富的典型事例，鼓励他们安心农村，艰苦奋斗，带领家乡群众勤劳致富，共建小康生活；并通过当地帮助他们解决生产生活问题。同时，把推荐使用军地两用人才作为农村安置工作的一个重要环节来抓，充分挖掘军地两用人才的价值，发挥农村退伍军人的技术专长，为社会创造更大的财富。

1991 年至 1996 年，邕宁县接收退伍军人及志愿兵 1496 人，其中农村户籍义务兵 1173 人、城镇户籍义务兵及转业志愿兵 323 人，安置率 100%。推荐军地两用人才 233 人。

1998 年，邕宁县依照修改后的《中华人民共和国兵役法》规定，连续 5 年给予城镇退役士兵在待安置就业期间，按邕宁县城镇最低生活保障每人每月标准 123 元发放。1997 年至 1998 年，接收退伍义务兵及志愿兵 520 多人。1999 年，接收城镇退伍义务兵 45 人，转业士官 30 人。2000 年，接收城镇退伍义务兵 62 人，转业士官 11 人，均实行政策性安置。2003 年，接收退伍义务兵 382 人，其中城镇户籍义务兵 65 人，均一次性由县政府安置工作，有 12 名城镇户籍义务兵获县政府一次性自谋职业安置费共 23.40 万元。1998 年至 2004 年，发放城镇退役士兵待业生活补助金 21.87 万元；农村退伍义务兵合理开发使用 2670 多人，其中有 200 多人担任村干部或成为乡镇企业和农村生产的骨干。

1991 年至 2004 年，邕宁县接收退役士兵 3987 人，其中农村退役士兵 3149 人，应安置工作的城镇退役士兵 838 人。截至 2004 年，城镇退役士兵已安置 831 人，其中政府指令安置和“双向选择”安置的 798 人、自谋职业城镇退役士兵 33 人；未安置 7 人。

拥军优属

邕宁县境内驻军部队单位 20 多个。1991 年后，邕宁县注重抓好拥军优属工作，与驻地部队持续开展拥军优属、拥军爱民及军民共建等活动。1994 年起，邕宁县成立有地方党委、政府、人民武装部及驻军领导参加的军民共建活动领导小组，下设办公室。军地共建对子双方签订共建协议书，对共建对子进行造册登记，建立台账。结对共建单位普遍以开展“六个一”活动以培养军地两用人才为主，开展军（警）民共建社会主义精神文明活动。2000 年 3 月，邕宁县获全国双拥工作领导小组、民政部授予全国“爱心献功臣行动”先进县称号。2001 年始，邕宁县开展创建“双拥”（拥军优属，拥政爱民）模范县活动，先后制订《邕宁县拥军优属若干规定》《邕宁县创建双拥模范县工作方案》《邕宁县双拥工作领导小组成员单位职责》等文件，县和各乡镇、企事业单位与驻军部队，建立健全“双拥”组织机构，并扎实开展工作。是年，邕宁县被自治区党委、自治区人民政府授予“自治区双拥工作模范县”。2003 年，邕宁县被评为“全国双拥工作模范县”，县内一批单位和个人受到上级的表彰。2004 年，建有双拥机构 35 个，每个机构配备 1 名专（兼）职人员；建立“青年民兵之家”235 个，建立有昆仑关抗日战役遗址和徐汉林烈士陵园等国防“双拥”教育基地 4 处，建立有基层国防“双拥”教育室 23 个。1994 年至 2004 年，全县结成军民共建对子 53 对。其间，军民共建单位被授予自治区军（警）民共建先进单位3对（单位6个），被授予南宁市军（警）民共建标兵单位3对（单位6个）、先进单位13对（单位26个）。

1991年至2004年，邕宁县政府拨款2万元，维修刘圩、中和等乡镇革命烈士墓碑和五塘镇至沙平村“双拥”模范路、纪念碑；每年组织开展“六个一”活动［即举办一次军（警）民国防文艺会演比赛，走访一次转业复退军人等优抚对象，慰问一次驻军部队，过一次军事日，召开一次纪念建军节暨优抚对象座谈会，举办一次抗美援朝老战士座谈会］；累计为驻军部队提供训练场、营房建设、生产农场等用地37.07公顷和资金236万元；先后安置“军嫂”3人次，解决驻军干部子女入托、入学83人次，随军家属户口迁入65人次。

第四节　社会福利

1991年至1996年，邕宁县兴建福利企业7个，安排残疾人就业39人。1996年，福利企业固定资产77.55万元，流动资产41.60万元，产值130.70万元，创利税3.16万元。有社会福利院、敬老院8个，其中投入使用3个，床位115张。1997年至1998年，全县发行社会福利彩票450万元，筹集社会福利资金约100万元，为社会福利院和乡镇敬老院建设积累资金。1999年7月县福利院开业。2001年，县福利院有收养的弃婴40人，入院老人21人。2004年，县社会福利院达到自治区规定的县级先进福利机构标准。

社会福利院

邕宁县社会福利院位于八鲤路蒲庙造纸厂附近。1994年动工兴建，为三层四合院砖混结构综合服务楼，占地1.40公顷，建筑总面积1600平方米，总投资80万元，设计床位130张，其中老人床位50张，弃婴、孤儿床位80张。1996年，县民政局用福利金投资建办公综合楼1幢5层，建筑面积1700平方米，总投资110万元。之后，又先后投资兴建了福利院大门、门店及院内绿化等。福利院1999年7月1日开业。开业时全院有干部职工5人，住院老人7人，弃婴3人。2003年，县社会福利院收养社会弃婴29人，入住老人20人。2001年至2004年，县社会福利院在编在职职工11人，临时护理人员24人。开业后累计收养住院老人60人次，收养社会弃婴230人次，其中办理涉外送养118人、国内个人收养25人。县社会福利院达到自治区规定的县级先进福利机构标准。

▲2004年，县社会福利院外景　　（邕宁区史志办资料照片）

福利彩票

1992年，邕宁县开始发行社会福利彩票。1997年至1998年，全县发行社会福利彩票450万元，筹集社会福利资金约 100 万元。1992 年至 2000 年，共发行社会福利彩票（广西风采不列入）2632.56 万元。其中，一元券 344.22 万张 344.22 万元，二元券 1144.17 万张 2288.34 万元。上缴市级以上福利金 525.98 万元，其中 14.19 万元为历年弃奖调入数，发行计提福利金 511.79 万元。

邕宁县利用发行福利彩票筹集到的福利金，按政策、有计划、有步骤地对 13 个项目进行无偿资助，共兴建 11 个乡镇敬老院、1 个县福利院、1 个综合服务中心，累计投入资金 272.50 万元。做到彩票发行取之于社会、用之于社会，充分发挥政府主导的增强老年人、孤儿社会保障的作用。

第五节　社会救助

邕宁县自然灾害频繁。在 1992 年 7 月 28 日、1994 年 7 月和 8 月、1996 年 8 月 22 日、1997 年 8 月 27 日、2000 年 7 月 4 日、2001 年 7 月等先后遭受洪涝灾害，其中重大洪涝灾害是 1994 年和 2001 年。此外，邕宁县还受旱灾、风灾、冰灾、霜灾、病虫灾害等影响。在救灾工作中，中共邕宁县委、县人民政府做到受灾人员有水饮、有饭吃、有衣穿、有地方住、有学校读书、有病受伤能就医，确保灾民基本生活有保障。与此同时，当地政府做好“五保”供养、城乡居民最低生活保障等工作。1991 年至 1996 年，全县救济灾民 35 万人次，发放救济金 403 万元。1999 年，全县下拨救灾款 260 万元，发放救灾粮食 175 吨、衣物 7860 件，重建灾民倒塌房屋 1378 户、维修 2128 户。2000 年，下拨救灾款 143 万元，救济灾民 2.30 万元，其中发放口粮 700 多吨，定期补助和临时生活救济 21 万元，冬令救济 42 万元，重建和维修倒塌房屋 125 户 275 间。2003 年，发放口粮 300 多吨，“五保”冬令救济衣服 5000 套、棉被 2500 床、棉衣 1800 件及赈灾捐赠衣物一批；下拨灾民修房款 18 万元，解决 70 多户灾民房屋倒塌重建问题；建设首批“五保”新村 30 个；建设那陈、五塘、镇龙、良庆、那马 5 个乡镇级敬老院，使乡镇级敬老院达到 13 个。2004 年，全县乡镇级和村级敬老院 26 个。

救灾救济

1991 年至 1996 年，邕宁县自然灾害主要是旱灾、水灾和病虫灾害等，其中 1994 年水灾受损失最为严重，受重灾及特重灾民 21 万多人，农作物受灾 2.02 万公顷，粮食减产 5.10 万吨，房屋倒塌 897 间，全县直接经济损失 1.40 亿元。县政府组织开展救灾工作，民政部门及各乡镇政府及时汇报灾情，启动应急预案，组织和发动群众开展灾后自救。1994 年发放救济粮 3180 吨，发放修复民房、治病等各类救济款 2468 万元；发放恢复修复民房、治病、衣物各类救济物折款 4720 万元。1991 年至 1996 年，累计救济灾民 35 万人次，发放救济金 403 万元。

1998 年 6 月至 8 月，受洪涝灾害影响，全县农作物受灾面积 1.53 万公顷，成灾 1 万公顷，绝收 1066.67 公顷；受灾人口 21 万人，成灾人口 14.50 万人；损坏房屋 1750 间，倒塌房屋 930 间，其中民房倒塌 495 间；因灾死亡 6 人，重伤 7 人，轻伤 432 人，无家可归灾民 55 户 275 人，直接经济损失 4710 万元。受灾较严重的是长塘、伶俐、蒲庙、良庆等乡镇。是年，县民政部门下拨抗灾专款 45 万元，发放衣物 3 万多件，通过各种方式帮助灾民生产自救，重建家园。此外，中共邕宁县委、县政府积极响应中央号召，组织当地群众向长江、松花江受灾地区捐赠 87 万元，衣物 3 万多件。

1999 年，县内遭受春旱、洪涝、病虫、霜冻等自然灾害，累计下拨救灾款 260 万元，发放救济粮 175 吨、衣物 7860 件，完成因灾民房倒塌重建 1378 户、房屋维修 2128 户。

2001 年 7 月，因受特大洪涝灾害袭击，全县受灾人口 68.83 万人，成灾人口 44.83 万人；房屋倒塌 7042 间，损毁 2.80 万间，因灾伤病人员 4915 人次，死亡 3 人；被洪水围困村民、居民 10.19 万人次，无家可归 1.15 万人次；农作物受灾面积 8.48 万公顷，其中成灾面积 4.38 万公顷、绝收面积 1.69 万公顷；受淹企业 97 家，工业企业损失 9600 万元。全县因水灾直接经济损失 16.20 亿元。全县全力投入抗灾工作，共安排并发放口粮救济款 401 万元，灾民房屋维修和房屋倒塌重建经费 1006.50 万元，特困户恢复生产经费 45 万元，防疫卫生经费 30 万元，发放社会各界捐赠赈灾大米 270 吨、衣服 25 万件、款项 505 万元，解决因灾缺粮灾民 3.80 万户 16.67 万人，恢复民房 2392 户 8611 间；新建吴圩镇永红村定美灾民新村、苏圩镇宁村普钦灾民新村和隆德村定美灾民新村。

2003 年，邕宁县主要灾情是强台风和秋后严重的大面积干旱，救济方式以口粮救济和房屋维修为主。是年共发放救济口粮 300 多吨，解决 3 万多灾民的吃饭问题；下拨灾民修房专款 18 万元，解决 70 多户灾民的房屋倒塌重建问题。同时，发放五保户冬令救济衣服 5000 套、棉被 2500 床、棉衣 1800 件，以及赈灾捐赠衣物一批。

1991 年至 2004 年，全县受灾农作物面积 14.73 万公顷。其中，受重灾面积 7.26 万公顷；受灾人口 186 万人次，其中受重灾人口 85.21 万人次；被洪水围困村民、居民 10.19 万人次，无家可归 1.15 万人次，因灾死亡 5 人，因灾受伤、患病人员 4921 人次；因灾倒塌民房、损坏民房 3.75 万间；因灾受淹企业 797 家；因灾受淹、被冲鱼塘 4100 公顷；损失牲畜 5990 头，损失家禽 100 万羽；累计直接经济损失 17.69 亿元。邕宁县累计发放救济粮 5000 吨；发放恢复修复民房、治病、衣物等各类救济物折款 7450 万元（其中临时生活救济粮、衣服等救济物品折款 150 万元），维护灾区社会稳定。

“五保”供养

邕宁县落实农村“五保”供养政策，对生活没有依靠的老、弱、孤、寡、残的农民实行保吃、保穿、保住、保医、保葬（简称“五保”）社会救助。“五保”供养的形式主要有分散供养和集中供养 2 种，分散供养主要在农村各自住户，集中供养主要在乡村敬老院（1986 年起实施）和“五保”新村（2003 年起实施）。1991 年，邕宁县农村有“五保”对象 3590 户 4360 人，由县民政部门对“五保”老人的生活给予保有粮食、保有衣服、保有住房、保有病能医治、保死亡后送葬。1994 年 1 月，国务院发布《农村五保供养工作条例》，邕宁县抓好宣传和贯彻落实。2003 年 12 月起，邕宁县对农村享受“五保”人员实行定期救助制度，保障“五保”人员的基本生活，由县民政部门按规定给予每人每月发放救助生活费 30 元、大米 15 千克、花生油 0.50 千克。2003 年至 2004 年，农村“五保”人员每年享受定期救助有 6050 人，累计发救助生活费 453 万元、大米 1360 吨、花生油 4.50 万千克。

城乡居民最低生活保障

城镇居民最低生活保障　1997 年年初，邕宁县开始实行城镇居民最低生活保障制度。最初保障范围是县城困难职工遗属、孤寡老人、孤儿，后来逐步扩大到下岗职工。标准为每人每月 123 元，由民政部门负责发放。是年 7 月，县政府印发《邕宁县城（镇）居民最低生活保障制度暂行办法》。2000 年 1 月 1 日起实施邕宁县城镇居民最低生活保障制度，城镇居民最低生活标准 123 元。是年 6 月，县政府印发《关于调整全县最低工资标准的通知》，将全县职工最低工资标准调整为每月 260 元。2001 年发放城镇居民最低生活保障金 43.20 万元，受益 5666 人次，解决“低保”对象 189 户 519 人，其中城镇孤寡老人 123 人、下岗职工 287 人、残疾 59 人、退休困难职工 18 人、在职企业困难职工 32 人。2003 年县辖区内纳入低保的单位 116 个，其中自治区直单位 4 个、市直单位 2 个、南宁地区直属单位 2 个、县直单位 108 个，发放救济低保人员 3.58 万人次共 186 万元，县级财政负责 20%，即 37.20 万元。2004 年，成年（年满 16 周岁）二级残疾和二级残疾以上的残疾人列为低保人员，同时实行水电补贴，子女上学、大病医疗救助等，辖区内纳入低保的单位118个，其中区直单位4个、市直单位2个、县直单位112个，已保对象1091户4211人，发放救济低保人员3.04万人次共170万元，县级财政负责20%，即34万元。

1997年至2004年，全县统一调查、摸底核实，严把审批关，加强监督落实，累计发放救济低保人员7.80万人次，发放低保救济款480万元，县级财政负责20%，即96万元。

农村居民最低生活保障 1997年7月，县政府印发《邕宁县农村最低生活保障救济暂行办法》，救济对象为县内农村户口的贫困户，因病、因灾或其他特殊情况造成家庭人均收入达不到县政府规定的最低生活保障线480元的人员，救济资金由县级负担60%，乡镇负担40%。农村最低生活保障救济对象主要是五保户人员。1997年全县有五保5500多人，五保户每人每月生活补助费10~20元，口粮每人每年300千克。之后，县政府根据群众的生产生活情况适时调节农村最低生活保障标准和救济资金，保障低保人员的生活。2002年，全县21个乡镇人均收入低于国家规定625元温饱线标准的有10007户20213人，其中：五保户5971人，占全县农业人口的0.72%；因缺乏劳动力致贫5290人，占0.63%；因病致贫4754人，占0.57%；因灾致贫1314人，占0.16%；其他类型贫困人员2884人，占0.35%。2004年，为农村五保户5200户6050人发放定期救济金217.80万元（每人每月30元）、节日慰问金30.25万元；给特困户和困难烈属、军属户发放生活临时救济11.73万元。

乡村敬老院

1986年起，邕宁县建敬老院对部分“五保”老人实行集中供养；建乡镇和村级敬老院所需经费以上级民政部门和县财政拨款为主，不足部分由乡镇和村出资解决。1986年9月，蒲庙镇那路村敬老院建成使用，是全县最早的村级敬老院；该院连续多年常年聘请工作人员1~2人，每年入住“五保”老人20人，县民政部门给予每位老人每月生活补贴220元，不足部分由村民委员会补给。

2003年，邕宁县争取上级资助经费115万元，新建那陈、五塘、镇龙、良庆、那马5个乡镇级敬老院，使乡镇级敬老院达到13个。同时，自治区、南宁市投入15万元把新江敬老院建设成为全县第一个乡镇级“星光老年之家”。

1986年至2004年，全县有四塘镇、那马镇等先后建成乡镇级和村级敬老院26个，每个敬老院投资30万元左右，累计投资780万元；入住敬老院的“五保”老人县民政部门给予每人每月生活补贴220元，根据入住人数多少聘请服务员若干人，全县乡镇敬老院每年入住的“五保”老人约380多人。

“五保”新村

随着县内“五保”老人逐年增多，“五保”供养问题日趋突出。2003年，邕宁县开始建设“五保”新村，用以集中供养“五保”老人，解决好“五保”老人的供养问题。“五保”新村建设采用统一规划、统一设计、统一图纸，每个“五保”新村建筑面积160平方米；2003年首批“五保”新村30个，年底全部竣工投入使用。“五保”新村建设总投资350万元，经费由南宁市和自治区民政部门资助200万元，不足部分由县、乡镇出资补够；建成后每个“五保”新村安排入住老人约10人；“五保”新村入住的老人，县民政部门给予每人每月生活补贴220元；入住的“五保”老人生活能自理（生活不能自理的入住敬老院），“五保”新村不聘工作人员，由入住“五保”人员自行管理。2004年，邕宁县农村有“五保”老人5200户6050人，当年投入资金340.80万元建设五保新村55个，可安排入住五保老人550人。

第六节　社会事务

婚姻登记管理

1991 年，邕宁县执行《中华人民共和国婚姻法》的规定，结婚年龄为男性不得早于 22 周岁，女性不得早于 20 周岁。办理婚姻登记事项，由当事人双方凭所在单位或村公所、村民委员会证明到当地乡镇人民政府办理婚姻登记。是年，全县办理结婚登记 4618 对，办理离婚登记 89 对。1996 年，全县办理结婚登记 6829 对，办理离婚登记 142 对。1991 年至 1996 年，办理结婚登记中再婚有 1289 人，处理违法登记结婚 4 人。

1999 年至 2001 年，全县办理结婚登记 19941 对，其中初婚男 6422 人、女 19319 人，再婚男 435 人、女 287 人，复婚 11 对，补登记结婚 210 对，结婚登记率 98%。办理离婚登记共 495 对，其中感情不和 451 对，一方受虐待 4 对。处理违法婚姻 16 对。

2003 年 10 月 1 日，《中华人民共和国婚姻登记条例》颁布实施后，乡镇人民政府停止办理婚姻登记，申请办理婚姻登记的当事人双方凭身份证和户口簿，到县民政部门办理婚姻登记。是年全县办理结婚登记 6533 对，离婚登记 188 对。

2004 年，办理结婚登记 8983 对，离婚登记 392 对，为历年最高。

1991 年至 2004 年，全县办理婚姻登记 9.27 万对。其中，办理结婚登记 9.05 万对，办理离婚登记 2210 对。

1991 年至 2004 年邕宁县婚姻登记情况表

表 19-1-6-1　　　　单位：对

年 度	办理结婚	办理离婚	备　注
1991	4618	89	由所在的乡镇政府办理婚姻登记
1992	4985	98	
1993	5476	106	
1994	5966	101	
1995	7863	115	
1996	6829	142	
1997	7294	134	
1998	6623	152	
1999	6651	118	
2000	7091	174	
2001	6199	203	
2002	5361	198	
2003	6533	188	2003 年 10 月 1 日前由乡镇政府办理婚姻登记，是年 10 月 1 日后由县民政局办理登记
2004	8983	392	

收养管理

1991 年至 1995 年，邕宁县收养办理，经县民政部门同意并在收养人申请书盖章，转由县公安部门办理入户手续。根据 1991 年 12 月颁布实施的《中华人民共和国收养法》规定，收养条件：收养人必须无子女、有抚养教育被收养人的能力、未患有在医学上认为不应当收养子女的疾病、年满30周岁；被收养人必须是不满14周岁的未成年人，或丧失父母的孤儿，或查找不到生父母的弃婴和儿童，或生父母有特殊困难无力抚养的子女。

1996年至1999年，邕宁县公安部门停止办理收养登记工作。

1999年7月1日县社会福利院开业后，开始接纳弃婴，当年有弃婴3人。

2000年，县内收养登记工作由县民政部门依法依规办理，批注并办理收养登记手续52户、收养弃婴52人。收养人全是无子女的户，被收养人主要是从县社会福利院收养的弃婴。

2001年，县社会福利院有弃婴40多人。1999年至2001年，县社会福利院有入院弃婴110人，被收养弃婴70人，其中国外收养47人、国内收养23人。

2003年，县民政部门开展"事实收养"摸底调查统计，未办理收养登记的"事实收养"800户、收养弃婴800人。邕宁县根据《关于解决自治区公民事实收养问题的处理意见》文件精神，办理"事实收养"户收养登记申请，在一年期限内办理收养户130户、收养弃婴130人的申请手续。造成部分"事实收养"户不申报收养登记的原因是"事实收养"户的法律法规意识淡薄，部分收养户认为计生部门收取的社会抚养费过高、需要提供的证明材料复杂等。

2001年至2004年，县社会福利院收养社会弃婴230人次，其中办理涉外送养118人，国内个人收养25人。

殡葬管理

1992年10月，经南宁市民政部门、市政府和自治区民政厅批准，在邕宁县良庆区大沙田以东、南宁至蒲庙公路南面建设南宁市青龙岗墓园。墓园占地面积27.33公顷，由青龙岭、将军岭、白银岭、凤凰岭和大岭5座山组成，整个墓园坐南向北，背靠五象岭，面朝邕江河。墓园隶属南宁市殡葬管理处管理，主要办理接收南宁市及各地干部、群众和各界人士的骨灰、骨殖安葬寄存业务，并设有运输、保管、电脑刻碑、建墓、安葬等一条龙服务体系。1997年7月国务院发布《殡葬管理条例》后，邕宁县加强对条例的宣传，尊重壮族的丧葬习俗，提倡人口稠密、耕地少、交通方便的地区实行火葬。是年，青龙岗墓园被自治区民政厅评为全区殡葬改革先进单位。2000年清明节前，墓园推出树葬、草坪葬、壁葬；9月1日《南宁市殡葬管理条例》施行后，县民政部门加强宣传，做好实施，要求已由政府规定的火葬区对死者实行火葬，并要求当地居民办理丧事活动不得损害公共卫生、侵犯他人合法权益，不得宣扬封建迷信、妨碍公共秩序、危害公共安全。是年被南宁市人民政府首府绿化委员会评为花园式单位，并获全区经营性公墓评比一等奖。2002年，墓园建成一座长128米建筑面积800平方米能容葬2100个穴位的壁葬长廊，并建有1200

▲ 2002年，南宁市青龙岗长安墓园大门

（邕宁区史志办资料照片）

平方米的综合楼、2.40 万平方米的青龙湖和 1.20 万平方米的白银湖，办公区和青龙湖上有多座组合凉亭。墓园内设有停车场、餐馆等。

民间组织管理

1991 年，邕宁县的社会团体组织开始由县民政部门统一登记管理。到县民政部门登记管理的社会团体 38 个，大部分为非法人社团组织。

1999 年，邕宁县依照国务院《社会团体登记管理条例》和《民办非企业单位登记管理暂行条例》规定，依法对全县数十个社会团体组织进行清理整顿并注册登记。至 2000 年，登记有法人资格的社会团体 13 个，对数十个非法人社会团体和气功类社会团体全部依法取缔不予注册登记。

2001 年，开展民办非企业单位复查登记，加强民间组织的规范化和制度化管理。经复查，给予 63 个民办非企业单位办理注册登记，这些民办非企业单位是从事教育活动的民办幼儿园、中小学校和培训机构等；同时取缔和处罚一批非法民间组织。

2002 年至 2004 年，重点加强培育发展农村经济协会，一批成功的农村经济协会在带动地方农民发展经济、活跃市场方面发挥着较大作用，注册登记的农村经济协会 23 个，同时加大对社会团体和民办非企业单位的注册登记和监督管理。

1991 年至 2004 年，注册登记的民间组织累计 540 多个。

革命老区及游击革命根据地划定

1997 年，邕宁县根据中共广西壮族自治区党委党史研究室和自治区民政厅《关于补充划定革命老根据地的意见》，着手划定革命老区、游击革命根据地工作。首先由中共邕宁县委党史研究室提供史料，再由县民政局调查取证，向中共南宁市委、市人民政府提出请示文件。后经有关部门核实，并报经南宁市人民政府批复，同意邕宁县划定为二战时期（即土地革命战争时期）革命老区的是吴圩镇、苏圩镇、延安镇、那马镇 4 个镇；同意划定为抗战时期革命老区的是蒲庙镇的汉林街居民委员会、团结街居民委员会、和平街居民委员会、新新村民委员会、孟莲村民委员会、梁村村民委员会、公曹村民委员会、良信村民委员会、广良村民委员会，良庆镇的新兰村民委员会，刘圩镇的刘圩村民委员会、麓阳村民委员会，长塘镇的长塘村民委员会，大塘镇的太安村民委员会、南州村民委员会，南晓镇的新

▲ 1998 年，邕宁县组织学生到革命烈士纪念碑前缅怀革命先烈，进行爱国主义和革命传统教育　　（邕宁区史志办资料照片）

民村民委员会、平朗村民委员会、大满村民委员会、台马村民委员会、雅王村民委员会；同意划定为解放战争时期革命游击根据地的是蒲庙镇、良庆镇、那马镇、新江镇、百济乡、那楼镇、镇龙乡、刘圩镇、伶俐镇、四塘镇、五塘镇、吴圩镇、大塘镇、那陈镇、南晓镇，长塘镇的长塘村民委员会、五合村民委员会，苏圩镇的苏圩村民委员会、仁德村民委员会、隆德村民委员会、敬团村民委员会、新德村民委员会，延安镇的华南村民委员会，昆仑镇的八塘村民委员会、平地村民委员会。

第七节 地名管理

邕宁县依照国务院《地名管理条例》（1986 年颁布）规定，开展县辖区街道命名工作。

1991 年，县民政部门依法对大沙田、沿海、仙葫 3 个开发区共 364 条新建街道进行命名和更名前期调研，向各界人士和群众征集到开发区街道命名意见和建议 1000 多条。县人民政府制订开发区街道命名和更名方案，报南宁市人民政府审批后实施。2004 年，邕宁县按标准要求完成大沙田、沿海、仙葫 3 个开发区新建街道路牌标志和门牌命名和更名工作，使开发区路牌标志和门牌的管理规范化。

2004 年以前，县城街道有部分有名称，有部分没有名称。2004 年下半年，县民政部门组织人员对县城街道命名和更名进行调研，并提出县城街道命名和更名征求意见稿。2005 年 3 月撤销邕宁县时，县城街道命名和更名工作尚未完成。

第八节 老龄人工作

法规宣传

1990 年 5 月 1 日，《广西壮族自治区保护老年人合法权益的规定》（以下简称《规定》）颁布。1991 年，邕宁县老龄委和县司法局组成宣传组，出动宣传车深入全县各乡镇、各单位巡回广播宣传，向乡镇、村、企事业单位分发《规定》2000 本，举办老龄干部学习《规定》学习班 3 期 60 人次。1991 年至 1995 年，每年都利用广播、墙报等形式进行宣传，并配合自治区老龄委、南宁市老龄委抽查蒲庙镇、南阳镇、刘圩镇、大塘镇等 8 个乡镇，抽查内容为《规定》中的老年人受赡养扶助的权利，老年人婚姻自由、老年人的房产所有权和房屋使用权，老年人依法享有的继承权，老年人从国家和社会获得物质帮助的权利等。

1996 年 10 月，召开宣传和学习《中华人民共和国老年人权益保障法》（以下简称《老年法》）大会，县城机关事业单位退休干部职工 1000 人参加，分发《老年法》600 本。1997 年至 1998 年，组织人员到县城各单位和厂矿宣讲《老年法》，听宣讲 2000 人次。征订发行《老年法》单行本 135 本。组织 70 人参加县直离退休老年人学习《老年法》知识有奖竞赛活动。1999 年，全县 15 个乡镇、40 个单位参加广西老年报举办的《老年法》知识竞赛活动，参赛试卷 1000 份，7 人分别获得二等奖和三等奖。2001 年是《老年法》颁布五周年，全县组织老年文艺队 80 名演员结合《老年法》内容自编自导文艺节目，分别到长塘镇幸福坡、蒲庙镇那粒村、刘圩镇等地宣传演出。2003 年、2004 年，先后购买《老年法》和老年法宣传资料 3 万份，分发到各乡镇、县直机关单位、企事业单位和村、社区及群众。录制《老年法》原文录音带分发到 21 个乡镇。在县城和部分乡镇进行一年一度的《老年法》法律咨询和宣传服务。

老年人娱乐设施

1991 年后，随着老年人逐年增多，邕宁县不断加大对老年人娱乐设施投入，建成一批文化体育娱乐场地和设施，基本能满足老年人文体娱乐活动需要。是年县城有门球场8个、晨练站12个、老年活动室8间。

1998年，县政府拨款22万元建县老龄活动室1幢2层，建筑面积280平方米，设有象棋、麻将、阅览、休息4个室。2000年，全县门球场增至15个，有地掷球场1个，老年文体活动室20多个。

2002年，县人民政府投资15万元在邕宁邕江大桥（西）桥底建立老年活动场，年底建成门球场2个、地掷球场1个、老年学校（活动室）1间，面积2500平方米。县内城乡、厂矿场、学校等单位组建老年人文娱活动队，有歌唱队、文艺队、健美表演队、花鼓队等，体育活动组建有门球队、太极拳和太极剑队等。2004年，全县有老年活动室49间。其中，老年文体活动室26间，门球场13个，晨练站18个。

社会服务优待

1996年10月1日起，邕宁县70岁以上高龄老人和60周岁以上孤寡病残老人可办理“三优”（优惠、优先、优质）社会服务优待证，当年县内高龄老人办理领取“优待证”133本。高龄老人持“三优”证可享受在南宁市属各医院、卫生院和诊所优先挂号、检查、化验、拍片、交费取药、住院等待遇，对80岁以上老人优先出诊；进入公园、动物园、青秀山风景区游览、晨练，享受免费优待；使用市内收费公厕，一律给予免费；在市区内乘坐公共汽车（不含小巴士），享受免费待遇；各粮店、煤店、液化气站对高龄老年人购粮、买煤、换气给予优先照顾；对残疾、孤寡的老年人义务送粮、送煤、送气到户。2004年老年人办理领取“优待证”328本。1996年至2004年，全县高龄老人领取“优待证”1967本。1991年至2004年，县人民政府发放百岁老人生活补贴从每人每月5元提升到100元。

第二章　扶　贫

邕宁县贯彻落实国家、自治区、南宁市扶贫政策和扶贫工作部署，组织人员深入农村贫困户共商发展生产脱贫致富大计，采取措施帮扶农村贫困人口解决生活困难问题，发动帮扶贫困户发展生产脱贫致富。1991年至1997年4月，县内扶贫工作实行综合管理，县民政局和县扶贫与抗灾办公室负责解决农村特困户、贫困户温饱和发展生产脱贫问题，县残疾人联合会负责解决农村贫困残疾人温饱问题。2002年，根据中共中央和自治区党委、政府的扶贫攻坚方针政策，制定邕宁县19个自治区定贫困村十年扶贫规划，并制定年度扶贫开发实施方案，有计划地组织实施。1997年5月至2004年，县内农村扶贫工作由县扶贫开发工作领导小组办公室负责，全县制订出切实可行的扶贫举措，加大扶贫资金投入，开展一系列扶贫脱贫帮扶活动，推进扶贫工作的开展。经过各方多年共同努力，贫困村坡群众的生产、生活条件得到改善，经济有所发展。

第一节　机　构

1991年至1997年4月，邕宁县农村扶贫工作实行综合管理，由县民政局和县扶贫与抗灾办公室及县残疾人联合会负责。

1997年5月，中共邕宁县委、县人民政府成立县扶贫开发工作领导小组，下设扶贫开发工作领导小组办公室（简称县扶贫办）。县扶贫办设在县农业委员会（县农业办公室），县扶贫办人员由县农业委员会（县农业办公室）人员兼任，实有兼职人员3人。

2001年，成立邕宁县扶贫开发工作领导小组办公室，为县人民政府议事协调机构的办事机构，设综合股、资金管理股，编制5名，其中主任、副主任各1名，实有在职人员5人。

2004年，邕宁县扶贫办设综合股、扶贫项目管理股，编制6名，其中主任、副主任各1名，实有在职人员5人。县扶贫办的办公地址在县城红星路。

2001年12月至2005年3月县扶贫办历任主任：农达凯。

第二节　扶贫对象　扶贫资金与项目

扶贫对象

1991年，邕宁县有一部分村民温饱问题没有得到解决，全县有贫困人口4.78万人，除“五保”、孤儿户外，主要是因残、因病、因学、因缺生产资金和技术、因自身发展动力不足等所致，有个别村坡是由于交通闭塞、不通公路、不通电、人畜饮水有困难等自然环境恶劣所致。这些都是政府扶贫的对象和工作重点。1997年，全县有贫困残疾人1549户1774人，其中获得扶持残疾人787户889人。1997年至1998年脱贫残疾人293户。2000年3月，有贫困人口4.89万人，其中特困人口2.21万人。

1999年至2001年，全县共解决贫困户1.17万户5.34万人的温饱问题。2002年3月，邕宁县按自治区农村贫困人口条件进行调查，上报自治区并经审批确定为自治区级贫困村（行政村）15个：那楼镇那旺村、那文村，昆仑镇富兴村、联光村，大塘镇横州村，那陈镇七齐村，镇龙乡那良村，中和乡方村村，百济乡桥学村、屯林村，新江镇屯亮村，五塘镇四六村，伶俐镇沱江村，延安镇华南村，长塘镇那曾村。以上15个贫困村共有148个坡，总户数1.11万户，总人口4.89万人。此外，县内有异地安置场13个，从外县迁移到邕宁县的异地安置人员有5000人，这些人成为县人民政府的扶贫对象。2004年，邕宁县贫困人口有所下降，但扶贫工作任务仍然很繁重，扶贫对象和工作重点仍然是因残、因病、因学、因缺生产资金和技术的贫困户，以及因不通公路、不通电、人畜饮水有困难的贫困村坡。

扶贫资金

1991年后，邕宁县扶贫资金主要通过政府扶持一点、群众自筹一点、企业支持一点等办法来解决。1991年，县财政扶持农业生产资金209万元。1996年，县财政扶持农业生产资金700万元。2001年始，县扶贫办与县农业银行、县农村信用社等金融机构，协调扶贫小额贷款和扶贫信贷发放工作。2002年，县农村信用社发放各项贷款2.82亿元，比2001年同期多放6584万元，其中一部分为农户小额贷款。是年，全县共投入扶贫资金1752.46万元，其中自治区、南宁市补助1143.86万元，县乡（镇）配套资金208.60万元，群众自筹资金400万元，群众投工投劳20多万个工日，完成一批扶贫重点项目建设任务。2003年，扶贫开发工作以帮扶贫困村和异地安置为主，共投入农村基础设施建设、异地安置、科技扶贫、革命老区建设等各项扶贫经费1630.53万元。2001年至2004年，邕宁县共为100多户贫困农户解决小额贷款和信贷250多万元，帮助明阳生化有限公司和良庆万利来公司取得自治区、南宁市扶贫贴息贷款4000万元；邕宁县投入扶贫资金4450万元，其中自治区、南宁市扶贫开发资金2500万元，主要用于扶贫项目开发及发展生产等。县扶贫资金按规定实行专款专用，严格管理。

扶贫项目

1991年起，邕宁县加大对扶贫项目经费投入，建设扶贫道路、人畜饮水、村卫生室、通电、电话等一批工程项目。2001年起，扶贫工作转向以扶贫攻坚和整村推进为重点开展。1991年至2004年，投资3566万元完成扶贫村道路建设166条、总长820.96千米，建成桥梁15座，解决4.09万户32.75万人行路难问题；投资534.45万元，完成贫困村人饮工程项目345个，解决334个村坡5.48万户23.87万人、牲畜5.10万头的饮水困难问题；投资17.25万元，建成贫困村卫生所12个，建筑面积757平方米，解决7434户3.20万人看病治病难问题；投资18.54万元，解决11个村屯2100户9850人收看电视难问题；投资135万元，解决19个贫困村屯通电420户1893人用电和其他22个无电村用电问题，结束邕宁县无电村屯历史；投资40万元，帮助12户住茅房特困农户建起砖混房屋，结束邕宁县农民居住茅房的历史；举办科技扶贫培训班1085期，培训12.08万人次，获得“农村扶贫实用技术培训班证书”人员3120人；投资44.27万元，实施科技扶贫项目，创办壮绿竹苗场1个、面积6.67公顷，建成壮绿竹种植示范场1个、面积5.80公顷，为贫困村免费提供竹苗117万株，发展种竹1.14万公顷，种木薯1000公顷；1876名党员干部开展“一帮一”帮扶特困户1918户共7766人；帮助19个自治区确定的贫困村528户建起卫生旱厕和沼气池760座；投资86.84万元，帮助县内革命老区农民、贫困村农民、异地安置农民，建成沼气池共1937座；协助南宁市扶贫办完成移民1565户9000人落实“一簿两证”（户口簿、土地证、房屋证）的发放工作；在异地安置场投资199.50万元，建成一批水、电、路等基础设施，11个异地安置场（点）顺利移交使用；补助8万元，在19个贫困村和13个异地安置场推广良种木薯种植1400公顷。经过扶贫开发，解决贫困人口1.03万户4.29万人的温饱问题。

第三节 重点扶贫

1991年起，邕宁县根据不同时期有重点地开展扶贫工作，加大对扶贫项目经费投入，重点建设扶贫道路、人畜饮水、通电等一批工程项目，同时解决贫困山区群众通电话、看电视等问题。1998年共投入1656万元完成全县村村通电话工程。1999年投资18.54万元完成11个村坡电视信号接收器安装工作，解决2100户9850人收看电视难问题。2001年起，扶贫工作转向以扶贫攻坚和整村推进为重点开展，主要有乡村道路建设、人饮工程、通电、残疾人扶贫、异地安置、整村扶贫、救灾扶贫、以工代赈、革命老区扶贫等，同时加强对贫困农民进行科技培训。2002年至2003年，全县共举办科技扶贫培训班142期，培训贫困群众1.98万人次。

乡村道路

1998年年初，中共邕宁县委、县政府成立县村村通公路扶贫攻坚领导小组，正副组长由县处级领导担任，修路工程建设由县交通局负责实施。是年2月启动修路工作，新修建村级道路6条共45.43千米，续建1条8千米，共发动群众投工投劳5.50万个工日（折合人民币约55万元），地方自筹资金604万元（含南宁市交通局下拨320万元，县财政局资金56万元），11月25日全部竣工，解决伶俐镇的望齐、那樟，长塘乡的长大、枫木、那曾，百济乡的八联、屯王，那陈镇的七齐、坛留、维坝，大塘镇的百乐等共11个行政村的通车难题。1999年，全县完成村坡道路建设17条共136千米、桥梁5座任务，总投资414万元，受益群众1.89万户8.82万人。2000年，邕宁县加大扶贫道路建设力度，投资271.50万元建成村坡道路36条长137千米、桥梁3条，受益群众2.22万户10.52万人。2002年，投资维修改造农村道路30条163.50千米，桥梁1座，涵洞62座。2003年，修建村坡道路48条238千米，解决1.37万户6.02万人交通出行难问题。1991年至2004年，全县投资3566万元完成扶贫村道路建设166条、总长820.96千米，建成桥梁15座，解决4.09万户32.75万人行路难问题。

▲2004年，公路施工现场　（邕宁区史志办资料照片）

▲2002年，县国家税务局干部到扶贫点抗旱（邕宁区史志办资料照片）

人畜饮水

1991年起，邕宁县把解决人畜饮水问题作为扶贫工作的重点，通过加大投入，改善人畜饮水条件，促进脱贫步伐。1998 年，全县计划解决 52 个自然坡人畜饮水问题。通过多方筹资，饮水工程总投资 423.77 万元，其中自治区配套资金 50 万元、南宁市配套资金 32.80 万元、县财政配套资金 32 万元、乡镇配套资金 15 万元、单位和干部捐资捐物折价 12 万元、群众集资 281.97 万元。至是年底，完成 46 个自然坡人畜饮水工程建设任务，解决 4345 户 3.02 万人、1.80 万头牲畜饮水困难问题。1999 年，投资 158.50 万元建设饮水工程，解决 25 个村（坡）共 3433 户 1.06 万人饮水难问题。2001 年，完成人饮工程 57 处，总投资 348 万元，解决 5127 户 2.11 万人饮水困难问题。2002 年，建成人畜饮水工程 214 处，解决 13.40 万人、6.50 万头牲畜饮水难问题。2003 年解决 7 个自然坡 415 户 2070 人饮水难问题。1991 年至 2004 年，共投资 534.45 万元，完成贫困村人饮工程项目 345 个，解决 334 个村坡 5.48 万户 23.87 万人、牲畜 5.10 万头的饮水困难问题。

通　电

1991 年，邕宁县还有相当部分村坡未通电，解决用电问题成为政府扶贫工作的重点之一。1998 年，邕宁县计划完成 39 个未通电自然坡建设用电任务，通过多方筹集资金，共投入建设资金 411 万元（其中南宁市配套资金 83.20 万元，县配套资金 15 万元，群众集资 312.80 万元），至年底共有 38 个自然坡完成测量施工架线 86 千米，实现通电 37 个坡，受益群众 1458 户 6297 人。2000 年，全县投资 135 万元完成 19 个贫困村坡架线安装通电，解决 420 户 1893 人用电难问题。2003 年，有 22 个无电村坡用电问题得到解决，至此，邕宁县告别无电村的历史。

▲ 2001 年，县电业公司工作人员深入农村实施电网改造，解决农村用电难问题　（邕宁区史志办资料照片）

卫　生

1991 年，邕宁县部分边远行政村未建立合作医疗室，贫困山区群众看病难成为问题。1997 年至 1998 年，邕宁县扶持边远山区和水浸区共 30 个行政村建立合作医疗室，共投资 36.57 万元。其中，南宁市配套资金 9 万元，县配套资金 3.63 万元，乡镇配套资金 3.58 万元，集体、群众集资 20.36 万元。1999 年，完成贫困村卫生室建设 12 所，建设面积 757 平方米，总投资 17.25 万元，解决 12 个村 7434 户 3.20 万人预防保健和看病难问题。2004 年，全县基本实现村村建立合作医疗所目标，群众看病难问题得到进一步解决。

残疾人帮扶

1991 年起，邕宁县注重抓好残疾人扶贫工作，通过县残疾人联合会和各乡镇政府落实贫困残疾人帮扶政策。1997 年，全县有贫困残疾人 1549 户 1774 人，其中可扶持残疾人 787 户 889 人。邕宁县通过开展领导干部“一帮一”的帮、包、带、扶工作，是年有 293 户残疾人脱贫。1999 年，通过领导干部“一帮一”、小额信贷、基地辐射等方式进行帮扶。有165名贫困残疾人得到县和乡镇领导干部扶持资金1.75万元；9户残疾人贫困户得到3.18万元小额信贷资金扶持；118户得到“公司＋农户”辐射扶持，种菜面积15.87公顷。2001年，有35户贫困残疾人家庭得到1.19万元“温饱工程”扶贫款扶持，12户得到2.05万元的小额信贷扶持。2003年，邕宁县下发《关于开展乡（镇）党政领导、县直单位和驻我县单位联系帮扶残疾人脱贫工作的通知》，全县新一轮帮扶残疾人脱贫工作深入开展，共有356名领导干部对356户残疾人进行“一帮一”帮扶。实施政府财政资金扶持“温饱工程”，在巩固扶持2002年168户基础上，2003年新增加45户，共有213户残疾人贫困户得到“温饱工程”扶持资金6.39万元。实施“光明工程”，组织医务人员深入各乡镇进行白内障病筛查，确诊并接受299人、405例患者通过手术复明，其中经济困难户补助用手术257人、334例，“三无”对象（无家可归、无依无靠、无生活来源的孤寡老人、残疾人、未成年人、精神病人）免费手术42人、71例。落实残疾人优惠政策。工商部门对292户残疾人个体户减免管理费3.60万元，税务部门对359户个体残疾人家庭减免税费4.26万元，卫生部门对96名残疾病人减免医疗费3.23万元，教育部门对482名特困儿童学生减免学费杂费等学习费用6.24万元，自治区、南宁市残疾人联合会对邕宁县23名特困残疾儿童支助学习费用1.27万元，民政部门对4743户残疾人特困户发放救济款9.98万元、粮食19.90吨、棉被927套件、低保金（327人）28.30万元，102个单位共安排残疾人就业261人。1991年至2004年，邕宁县各项残疾人扶贫政策得到落实，残疾人生活得到较好保障。

第三章 信 访

邕宁县信访工作是中共邕宁县委、县人民政府联系广大人民群众的桥梁和纽带，通过来信、来访、电话和电子邮件等形式，倾听人民群众反映的意见和建议，并及时处理群众所反映要求解决的存在问题，为群众排忧解难、维护社会稳定等做了大量工作。

第一节 机 构

县信访办公室

中共邕宁县委、县人民政府信访办公室（简称县信访办）成立于1986年10月，由县人民政府信访科改编而成，为正科级单位。1991年，县信访办内设接访股、办信股、查办股和县长公开电话受理室，人员编制8名，其中主任、副主任各1名，在职干部8人，主任由县人民政府办公室副主任兼。县信访办主要职能是负责受理县内各方面的来信来访，计划安排县党政正、副职领导定期接待来访群众，向县有关部门或单位交办信访工作任务并督促检查办理情况，审查各乡镇各单位送交的结案报告，建立健全信访工作制度等。1996年，县信访办人员编制6名，其中主任、副主任各1名，在职干部6人。1998年，在编在职干部4人，工人1人。2001年至2004年，县信访办内设接访股、办信股、查办股和县长公开电话受理室，人员编制5名，其中主任、副主任各1名，在职干部4人、工人1人。中共邕宁县委、县人民政府信访办公室办公地址在县城红星路18号。

1991年至2005年3月县信访办历任主任：黄文式，磨瑛津（女），方德贤，雷铧。

部门、乡镇信访机构及农村信访组织

1991年，县、乡镇两级党委、政府信访网络全面建立，中共邕宁县委、县政府分别安排一名副书记和一名副县长分管信访工作，21个乡镇相应成立由乡镇党委、政府领导牵头参加的信访工作领导小组，所属各村公所全部设有信访调解小组，有村（街、坡）信访调解员1782人。县公安局、县检察院、县法院、县计生局等部门先后设立信访科（股）和群众来信来访接待室，其他部门及其所属企事业单位均有专职或兼职信访工作人员。1996年，县属党政机关、企事业单位共有专职、兼职信访工作人员67人，全县信访工作网络初步形成。1998年，全县有村（街、坡）信访调解员1762人，县属党政机关、大沙田经济开发区管委会、邕宁沿海经济走廊开发区管委会、仙葫经济开发区管委会、企事业单位共有专职、兼职信访工作人员85人。2001年，全县238个村（居）委会设有信访调解小组，有村、社区（街、坡）信访调解员1100人，县属党政机关、企事业单位共有专职、兼职信访工作人员94人。2002年1月起，中共邕宁县委、县人民政府建立县长公开电话网络和值班电话，各乡镇和县直党政机关及企事业单位均开通网络电话，并将各自单位的网络值班电话号码报县信访办备案。2003年，邕宁县进一步健全信访机构。成立有中共邕宁县委、县人民政府信访领导小组，成员7人；各乡镇相应成立有信访

工作领导小组，由乡镇党委政府领导牵头参加信访工作领导小组，并配备2~3名兼职信访工作干部；各村（居）委会设有信访调解小组共251个；县直各部门大部分设立了信访科（股）和群众来信来访接待室，较小的县属其他单位及部门所属的企事业单位均设有专职或兼职信访工作人员。2004年，全县党政机关及企事业单位共配有专（兼）职信访工作人员94人；村级信访调解人员1775人，其中配有兼职信访调解员1137人。

第二节 信访制度 信访信息

目标管理

1991年起，邕宁县实施南宁市党政机关信访工作目标管理办法，将组织领导、机构设置和干部配备、信访信息工作、查办信访案件、办信与接访、统计报表、立卷归档及处理信访问题等8个方面实行百分制。是年的目标考评，县属各机关、乡镇机关和有关被考评单位得分均在90分以上，95分以上的单位占被考评单位的48%。

经南宁市组织考核、检查、评比，县信访办于1991年至1998年，连续8年被评为南宁市信访工作先进单位；1997年至1998年，被评为自治区信访工作先进单位；1999年、2000年分别获南宁市评比总分第一名和第二名。

2001年，邕宁县制订出台《邕宁县乡镇信访工作目标管理责任制（试行）》，规范乡镇级信访工作，将乡镇信访工作的组织领导、机构设置和干部配备、信访信息、查办信访案件、办信与接访、统计报表、立卷归档、领导接待日制度、参加信访工作会议等10个方面以百分制形式，于每年年底进行考核、检查、评比，以加强乡镇信访管理工作。是年，县属各机关、乡镇机关和有关被考评单位得分均在90分以上，95分以上的单位占被考评单位的45%。

2002年，邕宁县接受南宁市信访局组织的信访工作目标管理考核、检查、评比，获全市各县区总分第二名。

2004年，在信访工作目标管理考评中，县属各机关、乡镇机关和有关被考评单位得分均在90分以上，95分以上的单位占被考评单位的46%。

领导接待日制度

1992年起，建立中共邕宁县委、县人民政府领导接待群众日制度，接待时间定为每月的15日（遇节假日提前或推迟一天），当天由县党政一名领导负责接待上访群众，接待地点设在县信访办。是年，在各乡镇同时推行领导接待日制度，为方便群众，乡镇领导接待日一般定在当地的圩日。

1992年至1996年，在信访接待日接待群众的县领导有39人次，接待群众335人，处理重要信访问题44件。一般情况下，对来访群众提出的问题，属合理、正当的要求，接待的县领导当即向来访人答复，讲明所反映的问题可以解决；对需要调查后才能弄清的问题，接待的县领导指定有关单位或专人负责调查，然后将处理意见和结果答复来访人；对来访群众反映涉及几个单位或几个部门的问题，接待的县领导责成有关单位或部门协商处理，或亲自召集有关单位、部门负责人共同研究解决；对来访群众提出属于思想认识或对政策理解不清楚的问题，接待领导着重做好来访群众思想疏导和政策解释工作；对提出过高甚至坚持无理要求的来访群众，接待领导对其进行批评教育。

1997年1月24日，邕宁县召开县直机关17个有关部、委、办、局领导会议，贯彻落实中共南宁市委办公厅《关于进一步建立和完善领导接待群众来访日制度的通知》精神，研究部署机关部门领导接待日制度。此后，县委办公室、县人大办公室、县政府办公室、县纪委监察局、县公安局、县检察院、县法院、县妇联、县计生局、县计经局等单位先后建立领导接待日制度，定期接待来访群众。是年起，中共邕宁县委、县政府领导接待群众来访日期定为每月的25日，遇节假日提前或推迟一天进行。1997年至1998年，有10名县领导参加值班接访，共接待来访群众54人次，受理信访件23件。

1999年至2001年，领导接待日制度进一步完善。3年中参加值班接访县领导有36人次，共接待来访群众201人次，现场受理阅批信访件39件。

2003年，参加值班接访县领导有12人次，接待来访群众263人次，现场受理阅批信访件22件。

1992年至2004年，县领导有105人次在接待日接待群众来访，共接待群众1056人次，处理重要信访问题156件次。乡镇和县直单位领导在接待日接待群众来访1万人次，处理重要信访问题800件次。

县长信箱及县长公开电话

1991年起，在县人民政府办公驻地大门口内旁边墙上设有县长信箱，以方便群众向县长投放建议意见或反映存在问题等信件。

2001年12月，邕宁县在县信访办公室设置县长公开电话受理办公室，主要职责是受理基层单位和人民群众通过电话反映对政府工作的批评、意见和建议，向有关责任单位交办和转办群众来电反映的问题，并督促检查办理情况；及时向领导提供具有紧迫性、苗头性和普遍性的有价值信息。12月30日，县长公开电话号码“12345”正式开通，实行全天24小时值班制。为充实力量，扩大职能，完善机制，强化服务，将各乡镇党委、政府和县直各部委办局、各开发区管理委员会、各人民团体、县级有关双管单位、县属各企事业单位、新闻单位等纳入县长公开电话网络。

2002年1月起，中共邕宁县委、县人民政府建立县长公开电话网络和值班电话，各乡镇和县直党政机关及企事业单位均开通网络电话，并将各自单位的网络值班电话号码报县信访办备案。是年，县长公开电话共接到群众来电70个，受理55个。县长公开电话受理办公室将群众来电反映的问题逐一做好登记、摘录后，按照“分级负责，归口管理”“谁主管谁负责”的工作原则，区分不同情况，向有关责任单位交办和转办群众来电反映的问题，并督促检查办理情况；对群众反映的重大问题，及时向领导汇报，反馈处理结果。对受理的55个群众来电，县长公开电话受理办公室按政策规定做好来电人的答复工作。

2003年，县长公开电话受理办公室接收到群众电话350个，受理241个，将相关问题按有关规定转交有关部门和单位办理，并按政策规定答复来电人。

1991年至2004年，县信访办公室通过县长信箱收到群众来信60封，转交县长受理60封，办结率100%。2001年至2004年，县信访办公室接到县长公开电话864个，转交县长受理740个，办结率85.65%。其间，邕宁县收到南宁市市长公开电话办公室交办案件212宗，结案回报212宗，结案率100%。

信访信息

1991年起，县信访办安排有1名副主任负责信访信息的收集、整理和反馈工作，收集和整理具有普遍性、动态性、预测性、政策性、苗头性、突发性及重要意见性的信访信息。

1991年至1996年，邕宁县向自治区、南宁市领导机关、信访部门和新闻单位，提供信访信息共315条（篇），被采用178条（篇）。其中，自治区信访局、《广西信访》、南宁市信访局、南宁市政府办公厅《快报》《南宁晚报》《南国早报》、南宁电视台采用78条（篇），邕宁县本级党委、政府领导采纳100条（篇）。

1997 年至 1998 年，编写《信访动态》28 期，向自治区、南宁市领导机关、信访部门和新闻单位提供信访信息共 181 条（篇），被采用 92 条（篇）。其中，自治区信访局、《广西信访》、南宁市信访局、南宁市政府办公厅《快报》《南宁晚报》、南宁电视台采用 40 条（篇），邕宁县本级采用 52 条（篇），县本级党委、政府领导采纳 48 条（篇）。

1999 年至 2001 年，邕宁县编写《信访动态》36 期，向自治区、南宁市、县领导机关、信访部门和新闻单位提供有普遍性、动态性、预测性、政策性、苗头性、突发性及重要意见性的信访信息共 56 条（篇），被采用 39 条（篇）。

2003 年，邕宁县编写《信访动态》12 期，向自治区、南宁市、县领导机关、信访部门和新闻单位提供有普遍性的重要信访信息 21 条（篇），被采用 6 条（篇）。

1991 年至 2004 年，累计向国家信访局、自治区、南宁市及本县领导机关、信访部门和新闻单位，提供重要信访信息 949 条（篇），被采用 558 条（篇）。其中，国家信访局《人民信访》《广西工作》、自治区信访局《广西信访》、南宁市信访局、南宁市政府办公厅《快报》《南宁晚报》采用 182 条（篇），邕宁县本级党委、政府领导采纳 376 条（篇）。这些信息经县领导批示后，及时转交有关部门办理结案。

第三节　来信来访及信访查办

来信来访

1991 年，邕宁县信访办受理群众来信、来访、来电 304 件次，群众集体来访 1 批 6 人。信访反映问题涉及方方面面，以生产经营、社会生活、利益纠纷等居多。1997 年至 1998 年，县信访办受理来信 801 件、来访 691 人次，其中受理集体访 20 批 361 人次。1999 年至 2001 年，县信访办受理群众来信 1048 件、来访 1800 人次，其中受理集体访 68 批 1178 人次。2002 年，受理群众来信 347 件，其中中央机关转来 37 件、自治区机关转来 130 件，集体访 21 批 458 人次。2003 年，随着大沙田经济开发区、邕宁沿海经济走廊开发区和仙葫经济开发区建设的深入，加上在建数条二级公路和高速公路经过县境内，征地开发建设涉及山林土地等纠纷问题较多，受理群众来信、来访、来电增至 1271 件次，群众集体来访增至 43 批 490 人次。1991 年至 2004 年，县信访办受理群众来信、来访、来电 1.06 万件（人）次，其中群众来信 4627 件次、群众来访 5062 人次、群众来电 959 人次，接待群众集体来访 186 批 2160 人次；受理办结群众来信、来访、来电 8300 件次，转交有关部门办结 630 件次。此外，县其他各部门、各乡镇和村级有大量的办信接访未能得到完全统计。

信访查办

1991 年至 1996 年，县信访办共立案查办信访件 231 宗，占初信初访 1817 件的 12.71%。其中，自治区、南宁市交办 93 宗，办结 93 宗；县信访办自立查办案件 138 宗，全部结案。

1997 年至 1998 年，县信访办共立案查办信访件 131 宗，占初信初访 1055 件的 12.42%。其中，自治区、南宁市交办 38 宗，县领导批办 24 宗，县信访办自立查办案件 69 宗，均全部结案。

1999 年至 2001 年，县信访办共立案查办信访件 295 宗，占受理初信初访件总数的 28.10%。其中，自治区、南宁市交办 72 宗，县领导批办 108 宗，县信访办自立查办案件 115 宗，办结率 98.60%。

2003 年，县信访办共立案查办信访件 174 宗，占受理初信初访件总数的 28.60%。其中，自治区、南宁市交办 71 宗，县领导批办 35 宗，县信访办自立查办案件 68 宗，办结率 100%。

1991 年至 2004 年，县信访办立案查办信访案件 1389 宗，占初始信访 9127 件（人次）的 15.22%。其中，自治区、南宁市交办 444 宗，结案回报 444 宗，结案率 100%；县信访办自立查办案件 945 宗，结案率 100%。

此外，邕宁县各乡镇和县直有关单位坚持接待群众来访制度。1992 年 6 月起，县公安局实行局领导挂牌流值班接待群众来访，每个月 15 日或月底最后一天为局长接待日。1991 年至 1994 年，县公安局累计受理群众来信 1741 封，办结 1733 封，未办结 8 封，其中局领导阅处来信 851 封。累计接待来访群众 609 人次，来访群众反映要求解决的问题全部办结，其中局领导接访办结 533 人次。

第四章　侨务　外事

1997年以前，邕宁县侨务工作由中共邕宁县委统战部负责。1979年7月成立邕宁县革委会侨务办公室。1981年6月更名邕宁县人民政府侨务办公室。1985年起开展侨务侨情调查统计工作。至1996年，邕宁县寓居在香港的同胞有162户1660人，旅居在美国、英国、泰国、越南等32个国家的侨胞、华人有127户1360人，新、老归侨有102户351人，侨眷有3118人，港澳亲属有1689人。至2001年，邕宁县居住在国外的侨胞、华人有127户1360人，寓居香港的同胞有162户1660人，有新、老归侨102户351人。至2003年，邕宁县居住在国外的侨胞、华人有134户1372人，寓居香港的同胞有162户1660人，有新、老归侨250户731人，侨眷3000多人。2004年，邕宁县居住在国外的华侨、华人有138户1456人，侨眷3958人，有新、老归侨800人。侨胞分布在美国、英国、德国、泰国、越南、加拿大、印度尼西亚、马来西亚等20个国家和地区。

邕宁县外事办公室成立于1990年，主要负责接待到邕宁县访问的外宾和办理邕宁县因公出国（境）的团组及人员的初审和有关人员护照、签证等事项，以及办理受邀的国（境）外人员到邕宁县访问审批事项和县领导对外交往及会见外宾的有关事项等。1991年，邕宁县因公外出到日本、越南、泰国等国家和中国香港地区的团组7批32人次。1999年至2001年，因公出国（境）人员28批54人次。2002年至2003年，办理报批因公出国（境）23批61人次。

第一节　机　构

邕宁县人民政府侨务办公室

1979年7月成立。1991年，县人民政府侨务办公室为县人民政府直属事业单位。1996年11月，改为在县人民政府办公室挂牌，负责全县华侨侨务日常管理服务工作，人员编制2名，在职干部2人。2004年，人员编制3名，其中主任1名。

1991年至2005年3月县人民政府侨务办公室历任主任：李镇宙，刘天贵，潘泽朝，黄国春。

邕宁县外事办公室

成立于1990年11月，直属县人民政府领导，主管全县外事工作。主要负责接待到邕宁县访问的外宾及各省、市、县以上领导以及团组；负责办理邕宁县因公出国（境）的团组及人员的初审和有关人员护照、签证等事项；负责县内各部门邀请国（境）外人员来访的审批事项和办理县领导对外交往及会见外宾的有关事宜等。1991年，单位有干部职工3人。1996年，为县人民政府直属事业单位，编制3名，其中主任1名。2004年，县外事办公室机构性质和人员编制保持不变。办公地址在红星路县人民政府招待所内。

1991年至2005年3月县外事办公室历任主任：黄大能，梁晓，李仕日，农明桂（女）。

第二节　华侨华人　归侨

华侨华人

1841 年至 1949 年，为邕宁县华侨主要移民的高潮时期。究其原因，在国内，由于政治黑暗、战争不断、经济破产，导致民不聊生，百姓急于寻找生路；在国外，由于帝国主义对殖民地进行疯狂的经济掠夺和急需大量廉价劳动力从事开发。因此，一批“契约华工”被迫出洋，成为这个时期移民的主要方式。此外，还有部分商人到东南亚等地从事贸易，其中有少部分人便在当地定居下来，成为华侨华人。至 1996 年，邕宁县旅居在美国、英国、泰国、越南等 32 个国家的侨胞、华人有 127 户 1360 人，有侨眷 3118 人，寓居在香港地区的同胞有 162 户 1660 人，港澳亲属 1689 人。至 2001 年，邕宁县居住在国外的侨胞、华人有 127 户 1360 人，寓居香港的同胞有 162 户 1660 人。2002 年，邕宁县在全县范围内开展全面的侨情调查。调查结果显示，是年全县共有华侨、华人（包括港澳属）3020 人，侨眷 3118 人。2004 年，邕宁县居住在国外的华侨、华人有 138 户 1456 人，侨眷 3958 人，侨胞分布在美国、英国、德国、泰国、加拿大、印度尼西亚、马来西亚等 20 个国家和地区。

归　侨

邕宁县归侨有两大部分来源：一部分是在 20 世纪 50—60 年代从马来西亚、印度尼西亚、泰国、缅甸等国回国就学，毕业后分配在国内工作，以及少部分回国定居的华侨共 12 人；另一部分是 20 世纪 70 年代后期越南归侨 634 人，其中大部分安置在五合华侨林场，其余安置在邕宁县 20 个县直机关、企事业单位。此外，安置在驻邕宁县境内的良凤江森林公园、七坡林场等自治区直属单位的越南归侨有 1879 人。至 1996 年，从马来西亚、印度尼西亚、泰国、缅甸、越南等地回国的新、老归侨有 102 户 351 人，分别安置在邕宁县 20 个县直厂矿企业单位。此外，安置在县境内五合华侨林场、七坡林场、南宁树木园等自治区直单位的难侨有 2270 人。至 2001 年，有新、老归侨 102 户 351 人。2002 年，邕宁县在全县范围内开展全面的侨情调查。调查结果显示，是年全县共有新、老归侨 742 人。2004 年，全县有新、老归侨 800 人。

第三节　依法护侨

1991 年 1 月 1 日，《中华人民共和国归侨、侨眷权益保护法》（以下简称《保护法》）颁布实施后，邕宁县坚持每年开展 3~4 次学习宣传周活动，通过各种形式宣传《保护法》。1991 年至 1996 年，县侨务部门共出动宣传车 105 次，散发宣传资料 5 万份，订购《保护法》及《保护法实施办法》宣传手册 3500 本发至归侨侨眷手中，举办《保护法》学习班 23 期，参加学习 2100 人次，设点 50 处进行侨务法律咨询，参与咨询共 1 万人次。县人大常委会、县政府、县侨务办公室、侨联组织执法检查小组，于每年 6 月、11 月分赴南宁树木园、七坡林场、高峰林场六峰分场，以及县直各安置归侨厂矿企业单位，检查《保护法》执行情况，维护归侨、侨眷合法权益。1999 年至 2001 年，邕宁县配合自治区、南宁市人大侨务委员会和侨务部门到邕宁县检查《保护法》实施情况，共开展执法检查 10 次，出动宣传车 12 次，发放宣传资料 5 万份，广播宣传 20 次，召开座谈会 8 次，妥善处理侵侨事件 30 起。在各项活动中，都有县四家班子领导、各有关单位领导和部分归侨、侨眷代表参加。2003 年，邕宁县发生侵侨案件4起，县侨务办公室到有关部门请求援助，维护归侨的合法权益。1991年至2004年，邕宁县组织由人大、政府、侨办、侨联等部门人员组成的执法组赴归侨安置点良凤江森林公园、七坡林场、五合华侨林场、高峰林场六塘分场等进行执法检查15次；调处山林土地纠纷86件，调结面积1.53万公顷，调结率为94%；核发归侨山界林权证书6000公顷，占应发证面积77.70%；依法查处和妥善处理侵侨案件46起。涉及侨房纠纷19户，经调查有3户属落实范围，均得到落实，办理房产证。

第四节　为侨服务

1991年，县侨务办公室会同市侨务办公室、县公安局、县妇联、蒲庙镇政府等组成解救小组，把被拐卖至河北省枣强县滕村乡杜烟村的归侨妇女王某解救出来；与五塘镇司法所配合，解决香港佛教永信禅师的祖坟迁葬纠纷问题；配合那马乡司法所解决英籍华人谢基田祖坟修复的纠纷问题。1992年，帮助追回一街民欠唐姓难侨5000元人民币。1996年，督促有关部门按政策给4名退休归侨职工办理应该得到的工资待遇手续。

1991年至1996年，接待归侨、受理侨眷来信来访315件（次），协调解决招工招干50人，住房安排12户45人，两地分居调动工作6户12人农业户口转非农业户口10户23人，子女就业28人、升学照顾31人，代找国内亲人6件，调解家庭纠纷5起，解决归侨老人修理自行车免摆摊税问题9人，处理受拐和非法入境的越南人85人，帮助难侨租屋做生意3人，依法落实政策安排归侨工作3人（次）为“三侨”（归侨青年、归侨子女、华侨在国内的子女）考生出具证明250人，调解县内5个安置点难侨农林场山林纠纷44起面积共8293.33公顷。

1999年，根据县塑包厂部分归侨职工的实际困难，县政府下拨5万元资金解决6户归侨危房重建问题。

2001年，邕宁县抗洪救灾和灾后重建期间，县侨务办公室会同县侨联、市侨联发动海外侨界捐资3.70万元，大米50多吨支援抗洪救灾；县政府支持水淹区15户受灾侨民重建一幢“归侨住宅新区”平房。关心支持五合华侨林场改革，县侨务、教育、土地等部门共同协调做好林场小学移交工作；县侨务办公室与县社会养老保险所等单位，共同协调解决林场职工养老保险问题。县侨务办公室与县酒厂协调，共同解决一职工因违反计划生育被没收住房的处罚问题。

2003年，组织开展春节慰问归难侨、侨眷失业下岗职工、孤寡老归侨和特困难侨活动，共慰问157户，发放慰问金2.45万元。做好信访接待工作，共办理接待来访105人次，来信7件，处理率98%，答复率100%。指导归侨子女报考大学，为归侨子女青年出具“三侨”生证明16份，使他们在学校录取中能享受照顾，优先录取。帮助归侨、侨眷做好参加最低生活保障工作，至是年底，全县共有154户467人参加低保。

1991年至2004年，邕宁县对归侨、侨眷在政治、经济、工作、生活、上学、就业等方面按照国家有关规定给予照顾。共为归侨、侨眷安排工作36人，为夫妻解决两地分居调动工作6户8人；农转非10户23人；就业300人次，其中合同工20人，安排季节工、临时工280人次；安排归侨适龄子女入学35人，升学照顾40人，协助有关部门办理出国定居手续12人，帮助外籍华人回国办理结婚手续2人；落实归侨工龄满30年以上退休职工按100%原工资标准领取退休金政策8人；接待归侨、侨眷来信来访1800人次，答复率100%，办结率90%；为“三侨”出具证明320人，出具归侨、侨眷身份证明230人；因县城扩建拆迁，县农机一厂7户归侨职工得到县政府的特别照顾，每户给予补助2000元；得到城镇居民最低生活保障补助的归侨职工467人，月补助金额共1.77万元，保障率99.40%；县财政发放用于困难归侨子女入学补助28万元。

第五节　联谊活动

邕宁县侨务部门每年春节前，向海外侨胞寄发贺年卡，向国内归侨、侨眷寄发慰问信、贺年卡。1991年,接待海外华侨、华人20多人次,与县侨联召开有110多名侨界人士参加的新春座谈会。1993年,协助马来西亚洪国源一行6人至大沙田等地洽谈投资事宜。1991年至1996年，向海外侨胞寄发贺年片（信）300多份（封），向国内归侨、侨眷寄发慰问信、贺年片600份，举办归侨侨眷节日联欢晚会4次，召开迎春座谈会3次，迎送接待回乡探亲、观光、旅游、洽谈贸易的香港同胞及海外华侨、华人共90人次。1999年，组织参加在武鸣县举行的海内外海防、河内华侨中学校友的聚会，与县政协、县统战部、县侨联举办“迎澳门回归”座谈会、联欢晚会，凝聚华侨的爱国心，激发华侨的爱国热情。在2001年邕宁县城遭受特大洪灾时，海外侨胞捐赠救灾款4万元，并与县人民政府共同出资修建县塑料包装厂的华侨住宅新村。1999年至2001年,县侨务部门迎送接待海外华侨华人及港澳同胞25人次。2003年，县侨办与县侨联组织一台“侨之夜”迎中秋晚会，邀请邕宁县侨资企业和归侨侨眷代表等各界人士参加。同年10月，接待广州市东山区侨商会陈德发一行11人到邕宁县3个开发区考察。1991年至2004年，县侨务部门接待归国旅游探亲等的华侨华人有150人次；组织县内归侨、侨眷、港属开展联谊活动，举行归侨侨眷节日联欢会9次，召开春节座谈会5次，参加联欢会和座谈会1万人次。侨胞们在活动中增进友谊，热心为邕宁办好事实事。

第六节　外事接待

随着改革开放的深入，内外经济、文化交流增多，邕宁县外事接待工作逐渐频繁。1991年，接待来自泰国、美国、越南等国家和中国香港地区的国内外宾客26批65人次。1992年，接待来自6个国家和地区的外宾客商14批34人次。1994年接待来访境外人员2批45人次。1995年至1996年，接待来自英国、美国等国家和中国香港地区等国内外宾客16批118人次。

1997年至1998年，接待日本、加拿大、韩国等国家和中国香港地区考察团5批31人次。

1999年至2001年,接待外国和中国港澳地区的宾客38批177人次,主要是经济类的人员来往接待。

2002年6月14日，接待由越南北江省省长陶春勤率领的越南北江省政府代表团一行9人到邕宁县参观有关农副产品加工，蔬菜、水果种植及保鲜、储藏等方面情况。8月27日，接待由越南广平省同海市委书记兼市人大常委会主任阮有寿为团长的考察团一行12人，他们先后考察长塘镇生态卫生村建设和村镇管理制度，以及仙葫开发区的城市规划建设，对邕宁县改革开放以来城市、农村规划建设和农村旱厕、沼气池技术表现极大的兴趣，表示一定要把该先进的经验带回国内。

2003年3月9日至10日，接待世界银行专家罗尔·普罗斯特曼教授一行11人到邕宁县8个村进行中国现行农村土地承包政策、土地承包法初期执行情况、土地纠纷及解决机制等有关问题的考察调研。3月25日，接待越南广平省人民委员会副主席张丁惠率领的越南广平省人民委员会代表团一行14人，考察邕宁县农村基层组织工作。7月30日至31日，接待世界银行东北亚地区司长格雷格·多兹先生及澳大利亚贸易委员会驻广州办事处高级商务专员孙丹博士一行，到蒲庙、良庆、大塘、那陈等乡镇进行扶贫项目随机考察。

2002年至2003年，接待国（境）外来宾16批96人次，主要来自德国、法国、加拿大、澳大利亚、泰国、越南等国家和中国香港地区。来访者多数旨在了解邕宁县的经济发展、投资环境情况，并寻求合作发展机会。2004年，接待外宾人员有12批85人次。

第七节 因公出国及出境管理

1991年后，随着改革开放的深入，邕宁县因公出国（境）的人员逐渐增多，主要从事经贸、培训、考察等活动。通过派出考察团与国（境）外企业洽谈，开展招商引资活动，推动全县经济的发展。因公出国（境）必须由单位提出申请，由县外事办公室初审，经中共邕宁县委、县政府同意后，转由公安部门办理护照、签证审核、审批手续。

1991年，邕宁县政府多次组织考察团到泰国正大集团进行业务考察与洽谈。3月27日，在南宁邕江宾馆举行泰国正大集团、南宁市邕宁县合作项目“南宁正大畜牧有限公司”签约仪式，正式达成合作关系。是年，因公外出到日本、越南、泰国等国家和中国香港地区的团组7批32人次。1992年，受理因公出国（境）团组6批23人次。1993年，初审因公出国（境）团组11批61人次。1996年，因公出国（境）团组10批18人次。1991年至1996年，全县通过出访引进外国和中国香港地区等“三资企业”53家。

1997年，因公出国（境）进行考察、洽谈业务、参加培训的团组4批5人次。1998年因公赴美国、新加坡、日本等国家考察和培训人员3批3人次。

1999年至2001年，因公出国（境）和赴中国香港特别行政区人员28批54人次。出访任务属从事经贸活动的占出访人数的90%，其他为培训、友好访问和专业性、综合性考察。出访美国、德国、日本、澳大利亚、新西兰、法国、荷兰、泰国等国家和中国香港地区。

2002年至2003年，办理报批因公出国（境）和赴中国香港特别行政区23批61人次。出访人员中，从事经贸活动占50%、科技活动占5%、培训类占5%、一般考察占40%。2004年，因公出国（境）人员有7批17人次。

第二十篇

民族 | 宗教 | 语言文字

第一章 民 族

1990 年，经第四次全国人口普查，邕宁县居民有壮族、汉族、瑶族、京族等 23 个民族，壮族人口最多，占全县总人口 91.16%。2000 年，第五次全国人口普查，全县有 34 个民族，比上次普查多 11 个民族。2004 年，邕宁县居民有壮族、汉族、瑶族、藏族等 21 个民族，仍以壮族人口为最多，其次是汉族。

1991 年至 2004 年，邕宁县壮族人口占全县总人口的 92%，汉族及其他少数民族占总人口 8%。各民族平等、和睦相处、团结互助，为邕宁县经济、社会发展奠定良好的社会基础。

第一节 机 构

邕宁县民族事务办公室成立于 1984 年 10 月。1987 年更名为邕宁县民族事务委员会，主要负责管理全县民族事务，开展各民族的政治、经济、文化、教育、科技、体育、卫生等方面工作，促进各民族平等、团结、进步、发展、繁荣。1991 年，县民族事务委员会为县人民政府工作部门，核定编制 4 名，在职在编人员 4 人。1996 年 11 月，县民族事务委员会改在中共邕宁县委统一战线工作部挂牌。2001 年 11 月，县民族事务委员会更名县民族事务局，内设办公室、政策法规科、文教科，有编制 4 名，在编在职人员 4 人。2004 年 9 月，由挂牌单位改为县人民政府直属事业单位，内设综合股 1 个股，人员编制 5 名，其中局长 1 名、副局长 1 名。2005 年 3 月，在职人员 5 人。办公地址在县城红星路。

1991 年至 2005 年 3 月县民族事务局（县民族事务委员会）历任局长（主任）：雷春鸿，周文通，杨德全。

第二节 民族构成

1990 年，第四次全国人口普查，邕宁县居民有壮族、汉族、瑶族、水族、苗族、蒙古族、回族、维吾尔族、彝族、布依族、朝鲜族、满族、侗族、藏族、土家族、傣族、黎族、高山族、仫佬族、毛南族、仡佬族、普米族、京族 23 个民族。壮族人口 75.63 万人，占全县总人口 91.16%；汉族 7.14 万人，瑶族 1494 人，其他民族人口均在 130 人以下。

2000 年，第五次全国人口普查，邕宁县居民有壮族、汉族、蒙古族、回族、维吾尔族、苗族、彝族、布依族、朝鲜族、满族、侗族、瑶族、藏族、土家族、傣族、黎族、水族、仫佬族、毛南族、仡佬族、普米族、京族、白族、畲族、高山族、拉祜族、羌族、布朗族、乌孜别克族、土族、哈尼族、傈僳族、纳西族、德昂族 34 个民族（含居住半年以上务工人员的民族成分），比上次普查多白族、畲族、拉祜族、羌族、布朗族、乌孜别克族、土族、哈尼族、傈僳族、纳西族、德昂族 11 个民族。壮族 78.13 万人，占全县总人口 89.96%；汉族 8.31 万人，瑶族 1164 人，苗族 425 人，蒙古族 86 人，侗族 164 人，布依族 158 人，回族 140 人，其他民族人口均在 100 人以下。县内人口最少的是畲族、羌族、布朗族、乌孜别克族、哈尼族、纳西族、德昂族等，各民族人口分别为 1 人。县内民族数量突增的原因，主要是由于3个开发区和县城流动人口剧增所致。此后至2004年，由于工作调动、死亡、户口外迁和居住在本县的务工流动人口回原籍等原因，个别少数民族在县内消失。

2004年，邕宁县居民有壮族、汉族、瑶族、苗族、侗族、仫佬族、毛南族、回族、京族、彝族、水族、满族、蒙古族、土家族、布依族、维吾尔族、朝鲜族、黎族、仡佬族、藏族等21个民族。全县各民族人口数分别为：壮族86.48万人，占全县总人口92%；汉族7.02万人，占全县总人口7.50%；瑶族、苗族、侗族、仫佬族、毛南族、回族、京族、彝族、水族、仡佬族、满族、蒙古族、土家族、朝鲜族、黎族、藏族等民族3804人，占全县总人口0.50%。壮族之外的其他少数民族人口主要分布在县城、大沙田经济开发区、沿海经济开发区、仙葫经济开发区、镇龙乡、百济乡、那陈镇、南晓镇、大塘镇等地的街道，个别从外地嫁入的妇女分布在农村。

第三节 壮 族

壮族是邕宁县世居民族。邕宁一带的壮族先民曾有不同的称谓。春秋战国以至秦汉时期，属百越族群的骆越支系。《旧唐书·地理志》邕州宣化县条目载："驩水在县北，本牁牂河，俗称郁状江，即骆越水也，亦曰温水，古骆越地也。"可见骆越人居住在郁江流域。明朝顾炎武《天下郡国利病书》记载："今邕州与思明府凭祥县接界，入交趾海，皆骆越地也。"西汉以后，史称"乌浒""俚""僚""俍"等。南宋以后，自称为"布土""布侬""布僮"等。中华人民共和国成立后，经过民族识别，根据民族意愿，把操汉藏语系壮侗语族壮傣语支（除傣族和布依族外）这一人群共同体统一称为"僮族"。1965年遵照周恩来总理的提议，经全国人大常委会审议通过，将僮族的"僮"字改为"壮"字。从此僮族统一称为壮族。

邕宁县居住在乡下壮族多讲壮话（南壮语、北壮话等）、平话，在县城多讲白话和普通话。壮族在语言上一直保留古越语的特点，还保留有许多用古越语命名的地名，如"那楼""那马""那陈""百济""中和"等乡镇名称和"派桑""那齐""坛西""坛棍""冲陶""垒来""吞壬"等村名或地名，都是壮语命名，其中包含着古越语的成分。壮语的一般用语中，"百"是指"口"之意，"那"是"田"之意，"坛"是"水塘"之意，"桑"是"高"之意，"冲"是"洞穴"之意，"垒"是"山"之意，"吞"是"石头"之意，"布"是"水井"之意。

邕宁县的壮族主要是由世代居住在这一带的骆越民族逐步发展衍变而形成。在形成和发展过程中，不断有外地壮族和汉族迁入，尤其是唐宋以后，朝廷为了南疆社会安定，实行戍兵或士兵屯田制和移民垦田制，南丹、宜州和东兰一带的大批壮族和瑶族人民迁移到邕州一带垦荒屯田。南征的军队也留戍驻扎在邕州城周围，且戍且耕，有的与当地壮族人通婚，并逐渐融合为壮族。清代至民国时期，从广东等地的古越后裔和汉人先后溯江而上，迁至蒲庙、良庆等一带定居，与当地壮族人民杂居，共同经商、生产、生活，其中一部分逐渐与壮族融合为一体。广西壮族自治区成立后，县内有部分汉族人等经申请批准，将汉族等民族改为壮族。

壮族人口居县内各民族首位。1990年第四次全国人口普查中，全县壮族人口75.63万人，占全县总人口91.16%。2000年第五次全国人口普查，县内壮族78.13万人，占全县总人口89.96%。2004年，县内壮族86.40万人，占全县总人口92.03%。壮族人口分布在蒲庙镇、良庆镇、那马镇、新江镇、那楼镇、刘圩镇、南阳镇、伶俐镇、长塘镇、四塘镇、五塘镇、昆仑镇、吴圩镇、苏圩镇、延安镇、那陈镇、大塘镇、南晓镇、中和乡、百济乡、镇龙乡21个乡镇。壮族与各民族友好往来，其与其他民族之间相互通婚，风俗习惯大同小异。壮族人口有聚居和散居，也有壮汉杂居，壮族聚居主要在乡村各个村坡，散居和与其他民族杂居主要在县城和城镇。除语言有所区别外，壮族和汉族其他方面已基本同化。

第四节　汉　族

邕宁的汉族主要是由外地迁入，迁入原因主要有从军、避乱、经商、任职、流放等。唐宋以后，南征的军队留戍驻扎在邕州城周围，且戍且耕，与当地壮族人通婚，共同生产生活。尤其是宋狄青率大军南下镇压壮族首领侬智高起义后，其部将大多留居广西，“留兵千五百人，皆襄汉子弟”。当时，不少从中原来的汉人留在四塘、五塘、九塘、蒲庙、伶俐等地。清代，汉人从广东等地先后溯江而上，迁至蒲庙、良庆、伶俐、那莲等一带定居，与当地壮族人民杂居，共同经商、生产、生活。解放战争时期，南下工作团随解放军南下，组建地方各级人民政权；解放初期，解放军部分官兵留在县城等地支援地方建设，编入党政机关或企业、事业单位工作。此后，汉族人口进入邕宁县，有的为干部从外地调入邕宁县工作，有的为外地大中专毕业生分配到邕宁工作，有的为军队转业干部安置到邕宁县机关企事业单位工作，有的为到邕宁县城、经济开发区等经商置业，还有一些汉族妇女从外地嫁到县内生活。他们成为邕宁县汉族人口的主要来源。

汉族人口居第二位。1990 年第四次全国人口普查，全县汉族人口 7.14 万人，占全县总人口 8.60%。2000 年第五次全国人口普查，汉族人口 8.31 万人，占全县总人口 9.57%。2004 年，全县汉族人口 7.10 万人，占全县总人口 7.56%。汉族人口主要分布在蒲庙镇（县城）及苏圩镇、延安镇、吴圩镇、长塘镇、那马镇、良庆镇等城镇所在地及厂矿场站，少数分布在农村，多为壮汉杂居、散居。汉族人多数讲普通话，有一些讲白话或官话等，嫁到农村的汉族妇女跟随夫家讲壮话。

第二章 宗 教

1950年以前，邕宁县城（今南宁城区）有佛教寺庙和清真寺，有佛教和伊斯兰教活动。1950年邕宁县城迁离南宁市城区后，至2004年县内无伊斯兰教活动；县内有部分居民信奉佛教，但没有僧尼和佛教组织，也没有形成固定的活动场所，佛教信徒通常到县外佛教场所参加佛事活动。

1991年，邕宁县有基督教活动场所和信徒。1994年国务院《宗教活动场所管理条例》颁布，1995年经中共邕宁县委统战部门登记的宗教活动场所有那陈乡六眼基督教活动点、苏圩镇基督教活动点和蒲庙镇基督教活动点。2000年，邕宁县有正式登记的基督教活动场所3个，信徒200多人。2004年有正式登记的基督教教堂2处、聚会点2处，有教职员5人，信徒共200多人。其组织活动接受南宁市基督教三自爱国运动委员会、南宁市基督教协会指导和管理。中共邕宁县委、县人民政府贯彻落实宪法关于公民有宗教信仰自由的规定，公民宗教信仰自由的权利、正常的宗教活动受到法律和政策的保护。

第一节 基 督 教

民国16年（1927年）基督教进入邕宁县。至1949年，有外地基督教人士先后到吴圩、苏圩、那陈、大塘、蒲庙、那马、良庆、那路等地传教，并在苏圩和平街101号、蒲庙和平街各设福音堂，在蒲庙和平街设医务室为群众治病。1949年邕宁县解放，基督教活动停止。

据1995年出版的《邕宁县志》记载，改革开放后，基督教恢复活动。接受广西基督教三自爱国运动委员会指导。苏圩有基督教徒7人、信徒18人，蒲庙有教徒7人。1981年1月和1985年，苏圩、蒲庙基督教徒向中共邕宁县委统战部申请，要求归还苏圩、蒲庙等地原宗教房产，恢复宗教活动。获批准后，正常开展活动。至2000年，全县有经邕宁县有关部门正式登记的基督教活动场所3处，蒲庙镇、苏圩镇、那陈镇各一处。信徒共200多人。

2004年，全县有基督教教堂2处、聚会点2处，有教职员5人，信徒共200多人。邕宁县各基督教堂和聚会点均受南宁市基督教三自爱国运动委员会、基督教协会管理，经有关部门正式登记。

蒲庙基督教堂

始建于20世纪30年代，原位于今蒲庙镇和平街，有楼房一幢，占地面积342.90平方米，教堂建筑面积371.02平方米，名为“邕宁县蒲庙福音堂”。2001年7月，蒲庙基督教堂被洪水淹后变成危房不能使用。2003年，邕宁县蒲庙福音堂更名为“蒲庙基督教堂”。2004年9月，南宁市基督教协会出资36万元在蒲庙镇新兴路新建蒲庙基督教堂，建筑面积400平方米。有基督教信徒100多人，教职员1人，成立教堂执事会，实行民主管理。蒲庙镇基督教组织活动，接受南宁市基督教三自爱国运动委员会、南宁市基督教协会指导和管理。

苏圩基督教堂

原位于苏圩和平街101号，占地面积70多平方米。2001年11月，苏圩基督教堂被作价转让给当地居民。2004年9月，南宁市基督教协会出资19万元在苏圩街购买一幢建筑面积253平方米的楼房作为苏圩基督教堂。有基督信徒20人，教职员2人，成立教堂执事会，实行民主管理。苏圩镇基督教组织活动，接受南宁市基督教三自爱国运动委员会、南宁市基督教协会指导和管理。

那陈镇基督教聚会点

位于那陈镇六眼村六眼坡。1998年建成2层楼房，占地面积80平方米，建筑面积100平方米。2004年，那陈镇六眼村基督教聚会点有信徒30人，成立聚会点执事会，实行民主管理。那陈镇六眼村基督教聚会点组织活动，接受南宁市基督教三自爱国运动委员会、南宁市基督教协会指导和管理。

南晓镇基督教聚会点

位于南晓镇南晓圩。1995年，南晓乡有基督教信徒30人。1996年，南晓镇基督教聚会点有信徒约60人。2002年6月，南宁市基督教协会出资购买南晓镇供销社一处仓库，占地面积226平方米，建筑面积130.80平方米，并购置桌凳等捐给南晓镇基督教聚会点。2004年，南晓镇基督教聚会点有信徒约100人，成立聚会点执事会，实行民主管理。该聚会点接受南宁市基督教三自爱国运动委员会、南宁市基督教协会指导和管理。

第二节　宗教事务管理

1991年至2003年，邕宁县宗教事务由中共邕宁县委统战部负责。2004年8月，成立邕宁县人民政府宗教事务局，在中共邕宁县委统战部挂牌，人员编制没有独立核定，局长由中共邕宁县委统战部副部长慕东红兼任。

1995年起，中共邕宁县委统战部开始对宗教活动场所进行登记和年检。

1997年，中共邕宁县委统战部领导先后深入苏圩、那陈、蒲庙3个乡镇宗教活动点进行调研，发现那陈镇六眼村基督教点给未满18周岁的青少年洗礼入教和蒲庙镇基督教点给个别退休中共党员（工人）洗礼入教，及时对这2个教点的负责人进行教育引导，使其纠正存在的问题。是年3月，根据中共中央办公厅、国务院办公厅关于转发《中央统战部、国务院宗教局关于制止乱建庙宇和露天佛像的意见》的通知，以及自治区有关工作意见，对全县21个乡镇乱建庙宇、露天佛像、土地庙的情况进行全面调查，妥善处理相关问题。

2000年，制定《关于邕宁县宗教工作管理职责》，印发到各乡镇，进一步规范宗教工作管理。

2003年，全县21个乡镇和大沙田、邕宁沿海、仙葫3个经济开发区成立宗教工作领导小组，建立县、乡、村三级宗教工作网络。统战、公安等部门依法制止五象岭森林公园乱建庙宇“五圣善堂”行为，并制止3起非法传教和境外宗教渗透活动。是年，中共邕宁县委、县政府成立专门工作组，协调解决蒲庙基督教堂房产遗留问题。领导小组本着“尊重历史、照顾现实、执行政策、协商解决、互谅互让、不留尾巴”的原则，通过多次协商，使蒲庙基督教堂、邕宁第二服务公司、蒲庙街一李姓居民三方协议解决纠纷，明确土地权属，于9月各自领到“国有土地使用证”，20多年历史的宗教房产纠纷遗留问题终于得到圆满解决。

2004年，县宗教工作部门组织宗教人士参加学习培训。

第三章　语言文字

县内居民语言主要有普通话、平话、壮语（土话）、白话4种，日常用语以壮话、平话、白话为主。普通话多数居民会听、会讲，但日常少用，只在一些机关单位和学校等较为常用。此外，有个别村坡保持“匿泥话”“老欧话”“客家话”“新民话”，蒲庙镇仁福村和孟莲村等有讲“官话”。日常使用的文字以汉字为主，除在党政机关机构牌匾使用壮、汉两种文字对照牌匾外，壮族文字在其他方面极少使用。居民姓氏为千家姓，人口较多的姓氏有黄、李等。

第一节　机　构

邕宁县少数民族语言文字工作委员会前身为邕宁县壮文工作委员会办公室，1956年成立。

1991年，设立邕宁县少数民族语言文字工作委员会，下设办公室。1996年11月，县少数民族语言文字工作委员会设在中共邕宁县委统一战线工作部。2001年11月，县少数民族语言文字工作委员会职能并入县教育局，原单位在职人员由县教育局接收和分流，离退休人员由县教育局管理。

1991年至2001年11月县少数民族语言文字工作委员会历任主任：粟永浩，李学宽。

第二节　壮语　壮文

壮　语

邕宁县壮语属汉藏语系壮侗语族壮傣语支，分南部壮语和北部壮语。北部壮语属于壮语北部方言，分布于邕江（郁江）北岸的昆仑镇、五塘镇、四塘镇、伶俐镇、长塘镇等地的大部分农村，以及在邕江（郁江）南岸的伶俐镇、长塘镇、南阳镇、中和乡、蒲庙镇等部分村屯。南部壮语属于壮语南部方言，分布在蒲庙镇、良庆镇、那马镇、新江镇、百济乡、中和乡、那楼镇、镇龙乡、刘圩镇、南阳镇、大塘镇、那陈镇、南晓镇、苏圩镇、延安镇、吴圩镇等地的大部分农村地区。南部壮语有几种方言，新江镇、百济乡、中和乡、那楼镇、镇龙乡、刘圩镇的村屯和蒲庙镇、南阳镇的部分村坡同属一种方言，有称“下南话”（蒲庙镇、刘圩镇、南阳镇等一带为宋元明朝时的宣化县下南乡属地故名），也有称“三乡话”（新江镇、百济乡、那楼镇、镇龙乡一带原属广东灵山县西部的3个乡属地故名）；大塘镇、那陈镇、南晓镇、苏圩镇、延安镇、吴圩镇、良庆镇、那马镇等的农村地区又是另一种方言。虽然壮语（土话）有多种方言，但只是语音有所区别，县内不同方言的居民日常可互相交流。

壮　文

国务院1957年11月29日批准《壮文方案》，在壮族地区推广使用。国务院批准推广的壮文为拼音文字，以拉丁字母为基础拼音创制，以词为单位书写，共有 32 个字母，其中有 11 个是拉丁字母。1982 年 2 月 2 日国家民委批准修改后的《壮文方案》，有 26 个字母，全部为拉丁文。壮文有 22 个声母、108 个韵母和 8 个声调。8 个声调中，舒声调有 6 个，入声调有 2 个，并以 z、J、x、q、h 等字母分别作第二、第三、第四、第五、第六调的调号标注于字尾。

壮文的 22 个声母：b、mb、m、f、v、d、nd、n、s、l、g、gv、ng、h、r、c、y、ny、ngv、by、gy、my。

壮文的 108 个韵母，由 a（短 a 用 ae 表示）、o（短 o 用 oe 表示）、e、i、u、w6 个元音字母或元音字母加韵尾构成。做韵尾的元音或辅音有 i、u、w、m、n、ng、p、t、k、b、d、g。

壮文韵母表

20-3-2-1

舒韵母	单韵母	无韵尾	a (ae) e i o (oe) u w
	复合韵母	加 i 尾	ai ae ei oi ui wi
		加 u 尾	au aeu eu iu ou
		加 w 尾	aw
	鼻音尾韵母	加 m 尾	am aem em iem im om oem uem um
		加 n 尾	an aen en ien in on oen uen un wen wn
		加 ng 尾	ang aeng eng ieng ing ong oeng ueng ung wng
塞声韵	高音组	加 p 尾	ap aep ep iep ip op oep uep up
		加 t 尾	at aet et iet it ot oet uet ut wet wt
		加 k 尾	ak aek ek iek ik ok oek uek uk wk
	低音组	加 b 尾	ab aeb eb ieb ib ob oeb ueb ub
		加 d 尾	ad aed ed ied id od oed ued ud wed wd
		加 g 尾	ag aeg eg ieg ig og oeg ueg ug wg

说明：① ae、oe 不单独用作韵母，ae 表示短 a，oe 表示短 o。为了节省一个字母，aei 韵用 ae 表示。② i、u、w 韵母后面的 e 表示长元音 i、u、w 后面的流音，有的地区单念长音

1991 年后，中共邕宁县委员会、县人民代表大会常务委员会、县人民政府、中共邕宁县纪律检查委员会等机构部门使用壮汉文对照牌匾。1991 年至 1998 年，全县制作壮汉文对照牌匾 2700 多块，使用公章 1100 多枚。1991 年至 1996 年，邕宁县在县民族中学等中小学校开设壮文教学班，培养壮文人才。其间，县民族中学累计开设壮文班 6 个班，学生 194 人，其中考上壮文中专 13 人；县五塘中学累计开设壮文班 6 个班，学生 226 人，其中考上壮文中专 21 人；五塘镇六塘小学累计开设壮文班 14 个班，学生 604 人，毕业生 597 人。1997 年起，由于生源问题，县内中学、小学校停止开设壮文教学班。

第三节　平话　白话

平　话

平话又称客话，属汉语方言。据民国 26 年（1937 年）版《邕宁县志》言语条载："又县中衣冠之族，其北来者多在狄武襄平南一役，故平话为齐鲁语，想或当然。"说明邕宁县平话不是本地语言。但因长期流传受到其他语言影响，而渐渐发生变化，县内平话与广东和区内玉林五属的"客家（新民、麻介）话"有区别。邕宁县平话分布于蒲庙镇、良庆镇、那马镇、长塘镇、四塘镇、五塘镇、昆仑镇、南阳镇、吴圩镇、苏圩镇、延安镇、大塘镇、那陈镇、南晓镇等地的个别村坡，吴圩镇、苏圩镇、延安镇、大

塘镇、那陈镇等地，居民在街上多用平话交流。县内平话分为那陈平话、南阳平话、五塘沙平平话等，其中以那陈平话分布地域最广。

白　话

白话又称粤语，属汉语方言。白话（粤语）源自广东省。历史上商贾自邕江（西江）沿埠经商，广东白话传入今邕宁县境内。县内白话始为贸易用语，继而扩展至生产、生活及至文化、教育、政治等领域用语。县内白话受到壮话、平话影响，与广东白话有所演变。邕宁县白话分布在全县各乡镇街圩及单位，在县城居民间交流多用白话。

第四节　普通话推广

中华人民共和国成立后，普通话在邕宁县逐步推广和普及。1991 年后，普通话是全县中、小学校教学用语和县内党政机关及其工作部门的主要用语，社会青年在工作或社交中普遍使用普通话。20 世纪 90 年代后期，在全县机关单位干部中实行普通话合格考试，这项工作列为机关公务员过度的重要内容之一。1998 年至 2004 年，全县招考公务员均把普通话表达能力作为面试的内容之一，中小学校普及使用普通话教学。其间，随着电视机的普及应用和人际交往的不断频繁，普通话成为农村居民和城镇居民了解国家政策及外来信息的主要语种。

邕宁县志

YONG NING XIAN ZHI

第二十一篇

习俗 | 姓氏

第一章 习 俗

邕宁县习俗主要有饮食风俗、节日风俗、婚嫁风俗、丧葬风俗、信仰风俗等。县内农村有互帮互助的良好风尚，每逢农忙如春插、夏收夏种、砍运甘蔗或村里人要建新房屋、办婚事、丧事等，左邻右舍和亲朋好友都会乐意帮忙，不取报酬。1991 年至 2004 年，县内个别地方出现赌博、卖淫嫖娼、吸毒等违法现象。封建迷信在县内一些地方仍然存在，一些相信迷信的人，在操办红白喜事和建房、入宅、出行（出远门）等都迷信择黄道吉日，遇到一些麻烦事或预想前程，就去“算命”、请教“道公”“仙婆”。公安、文化等部门针对存在的问题每年组织开展“严打”活动，防治社会陋习滋生及漫延。同时，助人为乐、勤俭节约、崇尚科学、破除迷信、尊师重教、尊老爱幼、男女平等、讲究卫生等良好风尚在社会得到传承和发扬。

第一节 排辈起名

邕宁县是一个多民族聚居的地区，壮族、汉族等居民同姓家族都有排班论辈、按辈起名的习俗。家族字辈也称行辈、行第、班辈、字派等。有的同姓用同一字辈，有的同姓不同宗支用不同的字辈。字辈起名多为男子所用，也有个别地方生女孩使用字辈起名，如四塘镇同仁村一粟姓家属生第一个孩子是女孩的就使用字辈起名，意为“招弟”。族辈一般由宗族德高望重的人拟稿，经族人商定并通过后使用。字辈派语通常用一些寓意深刻的四言诗、五言诗、七言诗或对联等，大多为修身齐家、安民治国、吉祥安康、兴旺发达之意。五塘镇同仁村苏村李姓家族，1985 年新定的字辈为“育才承伟业，立志继先贤”；中和乡方村村劳坡劳氏的字辈为“天、朝、能、有、发、登、成、喜、元、德、上、达、高、增、邦、国、京、廷、昌、济、世、希、明、嘉、庆、永、同、光”。有个别字辈还结合五格数理拟定，如百济乡华达村麓救坡黄姓的字辈为“载、运、定、士、相、政、英、雄、伟、大”，其主要是根据五格数理定人格配置班辈。每代用一个字作班辈起名，3 个字的姓名多数人把字辈放在中间，也有个别把字辈放在姓名的第三个字；字辈用完后有的宗族周而复始启用原来的排辈，有的重新作诗排辈。如镇龙乡那良村那蒙坡一滕姓家族原字辈为“……万、邦、国、府、京、立、政、思、开、永、显、荣、昌”用完后，由其迁出地五塘镇滕家德高望重的人续撰为“扬威同治国，耀武振中华”，在邕宁县一带的滕姓统一使用。县内有个别族人使用的字辈不作预先选定，而是辈分排在前面生有第一个男孩的，起名时用什么字辈，后面生的同辈男孩跟着就用这一字辈起名，如良庆镇平乐村龚屋坡和那平村那约坡的龚姓家族使用这种排辈起名办法。在民国及以前，如果同姓家族中有人不用统一字辈起名的，被认为是对祖宗的不敬、对族人的不尊，不得将其姓名写进族谱。中华人民共和国成立后，尤其是 20 世纪后期，一些人特别是外出工作的人喜欢用单名或根据个人的爱好取名，取名不再受字辈局限，但绝大多数的邕宁人尤其是农村居民还是有使用字辈起名的习俗。

第二节 居住 饮食 宴请

居 住

邕宁人尤其是农村居民多数相信风水，住宅、村落、墓地的选址、坐向、建设等一般都要请“风水”先生（也称地理先生）帮助选定，以求平安、发财、人丁兴旺。

县内农村居民存在着选择“风水宝地”建住宅的习俗。古代民宅、近代民宅和现代民宅的选址、坐向及建筑风格等，均按风水的要求，选择背山近水、坐北向南、避风向阳、土地干爽坚实、适宜居住的地方为宅基地，也有依照地形走向的不同，因地制宜选择住宅坐向。民居多数看重风水形势宗或理气宗，都强调朝向，强调人与天地之间的和谐关系。

1991年，农村居民多数住在砖瓦结构的“四合院”（也称两进屋）住宅。“四合院”多数坐北面南，南北房为正房，东西两边在东面为厢房，西面为偏房。正房一般为长辈居住，厢房、偏房为子女等居住。为安全起见，“四合院”外墙一般不开窗；大门或通道的开设方向及正斜（即”歪门斜道“），取决于住宅位置风水吉利。2000年后，随着收入和生活水平的提高，农村居民逐渐建钢混结构的楼房。农村楼房一般2~3层，设楼梯间，第二层起多数有阳台，较少设套间，每间房面积一般12~20平方米，第一层中间一间为厅堂，每层楼的房间按兄弟多少和长幼次序安排居住。2004年，农村居住的楼房增多，住房逐渐出现套间，有的配有卫生间。

▲ 2004年，中和乡中和社区孙头坡民居群
（上图为邕宁区文化新闻出版体育局供稿，下图为2016年7月卢虹灵摄）

城镇居民多数住楼房，每幢住宅楼2~5层，当街一楼一般为商铺；有单位的干部职工及其家属住在单位建的钢混结构楼房，楼层一般3~5层，有楼梯，一户一套房，每套房面积40~70平方米，套房一般有2个房间、1个客厅、1个厨房和1个卫生间，楼下有公共活动用地，有的配有1间杂物房。1991年后，有城镇居民在大沙田、邕宁沿海、仙葫3个经济开发区或县城或集镇买地建房，一般为一户一幢，一幢建3~6层，每层面积80~100平方米，当街的一般第一层作商铺，不是当街的第一层作车库或杂物房或客厅，从二层起住人，阳台一般种些花草，楼房排向、每层高度等按城建、规划部门审批的建设。

饮 食

邕宁县无论壮族、汉族或其他少数民族，饮食习俗上没有多大差异，多数为一日三餐，也有少数地方如四塘、五塘等村屯在夏季一日四餐，即早餐、中餐、午后餐、晚餐。主食以稻米为主，辅食有玉米、红薯、芋头、木薯等。包子、馒头、面条逐渐成为城镇居民常用主食。饮食制作上一般是煮稻米饭、玉米粥和蒸煮红薯、芋头、木薯等。有同桌吃饭、双手奉送茶饭给客人和前辈等习惯，吃饭时禁忌餐具掉落、煮饭不熟、单手传送茶饭、抢夹他人面前的菜、跷二郎腿、当众人面毫无遮掩挑牙等现象。

邕宁的特色风味饮食主要有如下几种：

鱼　生　县内各乡镇居民都有吃鱼生习惯，长塘、伶俐、南阳等地尤为流行。邕宁人制作鱼生很讲究，选择没有被污染过的山塘鱼、水库鱼、河鱼剥除鱼鳞后加工成生鱼片。同时将泡姜、荞头、生蒜、辣椒、大葱、紫苏、鱼生草、柠檬叶等切成细丝作配料，将配料分装进小碗，再加入优质花生油、酱油、古月粉、炸花生、酸醋、白糖等。吴圩、苏圩、延安等一带吃鱼生时配料中喜放酸糟。吃时，将生鱼片充分拌入配料中即可食用，味道鲜香可口。

白切狗肉　邕宁县城乡居民吃狗肉，一年四季照食无忌。蒲庙镇那路村一带特别爱吃白切狗，尤其喜欢吃“夏至狗”。一般选用15千克左右的本地狗，以黑色、黄色狗为优选。狗肉去骨煮熟后切成块，以蒜茸、香菜、食醋、白糖、胡椒粉、柠檬叶等十几种调料制作调味。

▲邕宁脆皮扣肉

（邕宁区文化新闻体育出版局供稿）

脆皮扣肉　发源于良庆镇一带，后流传到县城等地。选用新鲜五花腩猪肉，煲熟后放入油锅，油炸成肉皮脆酥、金黄色，切块后配以黄花菜、醋酸、白糖等佐料再放回锅中蒸制而成。其特点是皮脆肉嫩，多食不腻。

吴圩牛杂　主要原料有牛肉、牛肚、牛百叶、牛肝、牛血等。制作时讲究火候，控火恰到好处，菜肴脆香可口。“吴圩炒牛杂”已成为当地特色风味菜肴品牌。

鱼　扣　精选优质鱼剥鳞挑骨后，绞切成鱼浆，加入五香粉、胡椒粉等搅拌均匀后盛于碗中，再放入锅内蒸煮而成。切成片（摆成原圆碗形状），加火蒸热后吃用。

淮山汤　邕宁县盛产淮山，尤以那楼镇生产最多，是县内远近闻名的“淮山之乡”。淮山有滋补功效。将淮山刮皮洗净后切成块状，与切好的猪骨头或西洋鸭或鸡肉一同放入锅中加水煲煮而成。

黄笋猪脚煲　选用优质黄笋和猪脚一同用瓦煲或钢锅煲煮而成，其特点是黄笋吸油滑口，猪脚去油不腻。此菜肴流行于刘圩、南阳、蒲庙、长塘、伶俐等地，成为逢年过节少不了的一道佳品。

柠檬鸭　柠檬鸭是邕宁县一道美食，普遍为当地居民所喜爱。其做法是将土鸭（又称芝麻鸭，多是在田间放养，尤其以百济、大塘一带产的芝麻鸭最为有名）宰杀后先炖熟，再切成片，配上柠檬、酸梅、白糖、酸姜、酱油等佐料即成。

▲百济芝麻鸭

（邕宁区文化新闻出版体育局供稿）

酸　糟　流传于县内苏圩、吴圩、延安等一带，据说是从南宁三江口一带流传过来。这是一种酸味糟类食料，根据家庭常用食物在一定温度下通过发酵易产生乳酸的原理制作。制作简便，除了用菌粉首成“酸糟”，其余只要以原有的“酸糟”中分出一小碗，放在瓦瓮（罐）中（绝对不能沾油），加上一些冷米饭（最好是稀粥），“种养”几天，就酿成一瓮原汁原味的“酸糟”，随时取用，随时加米饭，一年四季“酸糟”不断。传说南宁三江口一带的第一瓮“酸糟”是从南明永历皇帝的嫡母皇太后王氏（南宁三江口众人尊称的姓王的姑姑，“王”和“皇”同音，亦是皇宫里的姑姑）那里“引种”来的，“酸糟”在南宁、邕宁农家流传，在南宁三江口一带农村已经流传300多年。

岭南多瘴气，炎热夏天，酸可去痧。“酸糟”有助消食和健胃的功效，以“酸糟”为调料做的菜，耐咀，味酸中有甘，风味独特，妙不可言。“酸糟”蕹菜、“酸糟”麻菜（一种手指粗，杆皮可制作麻绳，叶、苗可食，性味凉甘的农作物）、“酸糟”鱼虾、“酸糟”鸭，比起酸笋蕹菜、醋酸麻菜、柠檬鸭等等，自然有适口不同的酸香。

水芹菜　邕宁县各乡镇盛产水芹菜。水芹多生长于水田，食用其嫩茎及叶柄，可生拌或炒食。生拌水芹，以白糖、食醋等为佐料，清香鲜嫩，酸甜爽口。炒食时佐料放当地自产的酸梅，具有降血压、消脂等功效。

生榨米粉　为邕宁传统美食，那楼生榨米粉最有特色。传统生榨米粉原料以陈年稻米为好，浸泡后磨浆，滤水结团，用布包好并盖上草木灰发酵3~5天，之后放在石臼内用杵捣烂并经糅合成软团，放入圆柱形器皿（圆筒底下有出粉小圆孔），以人工用杠杆原理压榨成粉条，下锅煮熟。传统生榨米粉现榨现食，粉条软、滑、香，有与众不同的微酸味道，风味独特。食用米粉时加上适量炒过的猪肉、头菜、酸笋、豆腐丝和紫苏、香葱等佐料。逢年过节，多数村民家庭都做生榨米粉。20世纪90年代后期起，生榨米粉的制作过程有的已逐渐被机械代替，工序简化，其口感与传统生榨米粉的味道略有差别。

▲邕宁传统生榨米粉
（邕宁区文化新闻出版体育局供稿）

宴　请

县内宴请主要有举办婚嫁宴、寿筵宴、小孩满月酒、百日宴、入学酒、参军酒、开业酒、入新屋酒等喜庆宴席。以上各种宴请，主人家需提前向被宴请人发出请柬。届时，被宴请的人视情况送上贺匾、画联、镜屏、酒米担、家用电器等之类的物品，并用钱装进封包示礼；主人家收礼时，逐一登记在礼簿上。一般情况下，收到请柬的亲戚朋友都会参加酒宴，如有特殊情况不能参加的都要封上红包托别人送去，以示对主人家的尊重，讨个人情。宴请的红包封多少钱根据各人的情况和与主人的亲疏关系而定，不同时期也不同。1991年至2000年每个人情一般封10~50元，2001年至2005年一般封50~100元。宴请主家一般备有一本“人情簿”记录人情往来账目。

第三节　传统节日

县内民族传统节日主要有农历春节、元宵节、土地诞节、清明节、三月初三节、四月初八节、五月初五节、六月初六节、七月初七节、七月十四节（中元节）、八月十五节、九月初九节、十月斋庙节、冬至节、送灶节、年三十晚等。其中比较热闹隆重的节日有春节、清明节、三月初三节、五月初五节、七月十四节、八月十五节等。每逢节日，各家各户都备好美酒佳肴，以不同方式过好节日。20世纪90年代，大部分村民过节自酿米酒、自做米粉等。2001年后，因外出务工人员增多，家里面人手少，自酿米酒、自做米粉过节的家庭渐少，米酒、米粉等多为购买。不同的节日有不同的特点，如食品类一般春节、冬至节有大粽子和汤圆，三月初三、清明节有黑糯米饭或五色糯米饭，五月初五有凉粽，七月十四、八月十五有糍粑等；不同节日活动的方式各不相同，不同地方过节方式又有所不同。县内传统节日过节形式多种多样，内容丰富多彩。

春　节

县内各民族过节特别热闹隆重。节日期间,拜年和访友均说“新年好”“恭喜发财”“合家幸福”“万事如意”“健康长寿”等吉利话；各家各户父母和长辈发给小孩“压岁钱”。正月初一,家家户户燃放鞭炮、烟花。从正月初二至正月二十日，是刘圩、蒲庙、那楼、百济、南阳、长塘、伶俐、四塘、五塘等乡镇农村举办会客节日，各个村、坡尤其是邻近村、坡的传统会客节选定日期一般不相同，以利于亲朋好友相互往来。蒲庙镇华康村石康坡过正月初四、那皮坡过正月初五、稔床坡过正月初六、屯了坡过正月初十、良勇村坛等坡过正月十五,四塘镇那笔村那笔坡过正月初十、同仁村佛子坡过正月初四、四塘社区四塘圩过正月初六,百济乡南华村长利坡过正月初二、屯思坡过正月十四，长塘镇天堂村邑兰坡过正月十一等。会客节那天,农家的亲朋好友从四面八方会集到过节的村吃“开年饭”,共叙家常,欢庆过去一年的丰收，展望新一年的美景，有的村屯还举行歌舞表演、球赛、舞龙狮、演戏、放电影和抢“花炮”等文体活动。每年正月初一至正月十五,民间狮子队到各村坡或街上店铺开展拜年活动,祝贺新年吉祥如意、升官发财，所到之处，户主送一个红包给狮子队以示大吉大利。

元宵节

正月十五为元宵节，又称上元节。此日全家人共聚一堂。县城和各乡镇居民都有放烟花、抢花炮、舞龙狮的习俗，县城还有赏花灯、猜灯谜活动，一些地方的群众还有唱大戏、唱采茶活动。

清明节

县城和少部分乡村的汉族和壮族过清明节。过节的居民杀鸡鸭、购鱼肉、备祭品，蒸黑糯米饭或五色糯米饭，一家人聚集过节，并前往先人墓地祭祀祖先。有的以同姓宗亲为族群或以房族为群体，集中举行扫墓祭祀祖先活动。清明节期间，一些机关、企业、事业单位和学校等组织干部职工、学校师生和群众到革命烈士纪念碑、革命烈士墓、革命烈士纪念馆等缅怀革命先烈，接受爱国主义和革命传统教育。

三月初三

农历三月初三是壮族节日，家家户户杀鸡杀鸭、购鱼肉，备祭品，蒸黑糯米饭或五色糯米饭，家族人聚集一起过节，扫墓祭祀祖先。这天又是壮族歌圩，有些村民集会开展唱山歌、奏八音、抛绣球、碰蛋等活动。

五月初五

又称端午节、端阳节。县内无论是城镇或乡村普遍都过这个节日，家家户户杀鸡杀鸭、购鱼肉、做凉粽、做米粉；每家每户在自家大门前挂菖蒲、艾叶、茅草等以驱邪；不少村民尤其是有小孩的家庭上山采草药用以煮水沐浴保健康。那楼、中和等乡镇一带村民在雷婆岭举行抢花炮、舞龙、舞狮子、唱采茶等活动，热闹非凡。节日这天，有些农村居民到江河边、水塘边开展放彩灯和放生（把捕来或购买来的鱼、龟、鸟等动物放回大自然生存，祈求得到福报）等活动。

七月十四

农历七月十四日为中元节，俗称“送鬼节”。传说这天阎罗王打开“鬼门关”放鬼魂到阳间活动和觅食。县内各民族都过这一节日，各家各户以杀鸭为主，也有杀鸡，做米粉、糍粑和鱼生等，在家设供台祭祀祖先。另在屋外摆设酒菜供奉孤魂野鬼（供奉完毕去掉饭菜），祈求不受其干扰，保佑人畜安康。那楼、百济、中和等一带乡村过节一天，四塘、五塘、良庆等一带乡村过节3天（七月十三、十四、十五）。节日中各地祭祀活动与除烧纸钱外，还烧纸衣、纸裤、纸鞋等送给祖先。这天，一般不许大人及小孩上山摘稔果及其他水果，否则认为是与“鬼”抢食，易生病；不许下水游泳，否则被“水鬼”拉去替身，容易溺死身亡。由于这节日主要是为先人过节，所以那楼、百济、中和等一带乡村过节当天一般没有客人，否则被认为是“披衣”或“带衣”，兆头不好。

八月十五

农历八月十五日为中秋节，是县内各民族的共同节日。各家各户购备月饼、杀鸡鸭、购鱼肉，外出工作离家较近的家人一般都赶回家吃团圆饭。中秋节有以月饼送礼的习惯。中和、那楼等乡镇的农家有用柚子祭祀祖先的习俗。晚上，城镇居民和部分农村居民在庭院或阳台、楼顶设供台，摆上月饼、柚子、糖、花生等供品，供奉月亮。镇龙、那楼等一带的村民把中秋节作为会客节，过节时间不限于农历八月十五日这天，从八月初十到八月十九都有人过，一般有入节、正节2天，多数以八月十五为正节；不同村坡过节时间不同，这有利于亲朋好友相互往来、增进感情。

年三十（除夕）

农历十二月三十日（有的年份为二十九日）称“除夕”，也称“年三十晚”。此日，家家户户清洁厅堂庭院，采购年货，杀鸡鸭，备鱼肉，菜肴丰盛，饭菜多煮，留至年初一以示“年年有余”吉兆。外出工作家人一般都赶回家过年，共享天伦之乐。年三十晚餐一般为一年中最丰盛的。入夜，全家人围着火炉或守在电视机旁守岁，子时新年到来，合家欢乐，家家户户万炮齐鸣，恭贺新年。

第四节 婚嫁 诗联

婚 嫁

自古以来，邕宁县有女方到男方家庭定居共同生活的婚嫁习俗。中华人民共和国成立后，男女双方经恋爱并到政府民政部门办理婚姻登记手续，即可由男家择定吉日举行婚礼。男婚女嫁之日，双方一般都将以办酒席聚亲友为主的婚礼活动办得热闹隆重。农村婚礼提前一天做好准备，张灯结彩，装饰门庭，八音庆贺。

迎亲的方式各地略有不同。那楼、中和、百济、镇龙、刘圩等一带，在正席一天吃过早餐后，由新郎、伴郎、媒人、接嫁娘、八音队等组成迎亲队伍，乘坐数辆手扶拖拉机或面包车到女家迎亲。到达女家后，新娘在“十姐”（即伴娘）、担舅（从女家选派运送嫁妆到男家的男青年）的陪同下，跟随迎亲队伍一同前往男家，女家送给的嫁妆也一并随行。与民国时不同的是，迎亲队伍到达女家后，女方不再设拦门宴，男方不出庚谱对为难女方，新娘也不再哭嫁，一些不符合时宜的礼节有所简化。到了男家（要赶在太阳下山之前到达），接嫁娘扶新娘下车，撑着罗伞把新娘引到厅堂，同新郎一起拜堂。入屋前，新娘须跨过准备好的烟火以辟邪。新娘入屋时，男家嫡亲老幼须回避，顷刻间鞭炮齐鸣，八音齐奏。拜堂完毕，送新娘入洞房。次日早餐后，新郎和新娘在厅堂向男家长辈敬茶、敬烟、敬糖，由新郎向新娘逐个介绍认识家公、家婆、哥嫂、叔伯等。同日，新娘和新郎一起由媒人、伴郎等数人陪同回到女家“返面”，新郎此去要向岳父、岳母、叔伯等至亲一一敬茶、敬烟、敬糖，以表示“认亲”。

男女双方均办酒席，宴请亲戚朋友，一为共同庆贺，二为广而告之。宴席一般每餐设 20 桌至 50 桌不等。县城青年结婚的酒席大多在酒楼安排，设席一餐，有男家和女家分开办的，也有男家和女家双方合办的；农村青年结婚的酒席一般在家中安排，设席前后 3 天（入席日、正席日、散席日），男家和女家同时各自设宴。男方家举办的婚宴开支少则几千元，多则万元以上。彩礼：在 20 世纪 90 年代，农村青年结婚，男方给女方送彩礼少则几千元，多则上万元。婚房与家具电器：县城和小城镇青年男女婚事比农村青年男女婚事的开销更大，男方除婚房外，家具和崭新电冰箱、洗衣机、彩电三大件等电器均由男方家置办，档次一般要比农村的高。举办一次婚事（含宴酒）开支少则 3 万 ~5 万元，多则 10 万元上下。2000 年后，有部分青年男女的思想较为开放，结婚厉行节约，一切从简。有的外出务工男女青年结识后不久便同居，甚至先有孩子，过后待过节时两人才一起回家拜堂、认亲；也有的选个吉日，在家摆上几桌宴请亲人，发些糖果，一起拜堂结婚。

诗 联

邕宁县居民自古以来就有使用诗文和对联的习俗，至今仍盛行不衰。其主要用于春节、婚嫁、生日、开工竣工、祝寿、祭奠等红白喜事，也有用于装饰和观赏。诗联既能表达人们的情怀，寄托人们的哀思，又能渲染环境气氛。因此，诗联常常出现在居民的房门、厅堂、客厅、彩门、庙堂、宗祠、神坛、纪念馆等处。喜事的诗联用红纸书写，白事的诗联用白纸书写。诗联的内容很讲究，要与当时的场景、位置、人物及人们意愿等相联系。某年秋，镇龙乡那良村一滕氏居民为小儿子结婚张贴的对联和诗文如下：大门用联“鼓瑟吹笙迎淑女（上联，下同）；陈肴设席宴嘉宾（下联，下同）”，横批“燕尔新婚”；堂门用联“菊灿黄花此日成婚偕白首；诗题红叶今朝结偶庆齐眉”，横批“美满姻缘”；堂幅诗文“小男完娶季秋天，子媳调和琴瑟弦。新结百年偕白发，婚成五世旺鸿园。欢蒙戚友隆情助，庆谢宾朋厚礼传。诗咏关雎筵小宴，联题红叶喜堂前”，伴诗用联“美满婚姻家业旺；和谐伴侣子孙贤”；新房用联“夫妻好合花并蒂；伴侣和谐户集祥”，横批“鸾凤呈祥”；客房用联“淡酒迎亲情不淡；浓茶敬客意尤浓”，横批“珠联璧合”。对联的张贴方法是在面对门的右边贴上联，左边贴下联，门楣贴横批；读法是先读上联，后读下联。诗文的写法是从右边向左边自上往下直写，不使用横写。伴诗用联是张贴在诗的左右两边，右边贴上联，左边贴下联。

题“四句”由诗文演变而成，题“四句”习俗被人们用在特定的情事，以示吉祥遂意。经常用在嫁女时的散花（姑娘出嫁时在女家厅堂门口吉师向新娘撒锡钱宝米）、安床、安柜，建房时的下砖脚、盖门头、上梁，以及小孩满月、送花、祝寿、揭碑、安葬等场合。如散花四句：“天地开张，五世其昌，良缘缔结，佳偶天成”；安柜四句：“良辰进箱，满堂馥香，百年偕老，五世其昌”；送花四句：“某花送到某家花，枝枝结子万年花，丁财两旺人康泰，富贵双全幸福花”（外家在托送花时用），“今日点灯两头明，养男养女进朝廷，王母托花花富贵，麒麟送子子荣华”（在厅堂点灯时用）；祝寿四句：“添粮添福禄，加增加寿长，福如东海年年盛，寿比南山岁岁强”等。题“四句”内容丰富，表现形式多样。

第五节 殡葬 含火犁头 禁忌

殡 葬

1991年至2004年，县内城镇机关和企事业单位的丧事已普遍实行火葬，开追悼会，丧事从简。在农村葬事仍沿袭用棺木土葬的旧俗，除少数先选择好墓地作肉冢大葬（指下葬后不重新启坟拾骨另行安葬）外，一般是葬下满3年后，另择好地穴迁葬，俗称“葬山”。葬山的全过程包括选择吉期、刻碑、买金冢、启坟拾骨、熏冢、落葬、垒坟立碑、祭祀等。葬山视为喜事，宴请亲朋。土葬操办讲排场铺张浪费。1991年至2004年，在农村有少部分居民响应政府号召实行火葬，丧事从简节俭。

含火犁头走火炼

含犁头“走火炼”为百济、那楼、新江、镇龙等一带民间超度亡魂的仪式，源于清末。按当地风俗习惯，逢村里有人因年老病故，便请来法师做口含火犁头“走火炼”法事。法师口含灼热的犁头，并赤脚走过火炭而不灼伤，堪称民间一绝技。

▲ 21世纪初，邕宁县民间含火犁头表演仪式
（邕宁区史志办资料照片）

禁 忌

邕宁县民间禁忌较多，有的禁忌由民族习俗、礼仪礼节习惯形成，有的从迷信思想陋习延伸而成。本志增补前志未记载的禁忌，主要有“有喜不得冲喜”“正月初一不杀生”“农历七月和亡春不宜结婚”等。

有喜不得冲喜 家中有喜事的，诸如家中有人结婚、入新宅和丧事等，有的地方在年内（农历）、有的地方在半年、一个季度或一个月不等，不能参与别人的喜事，否则被视为你的喜冲掉别人的喜或别人的喜冲掉自己的喜。

正月初一不杀生 城乡居民过春节，在大年三十晚这天，各家各户都宰杀鸡鸭，备好鱼肉等年货，同时烹饪的菜肴特别丰盛，家家户户都留有第二日的饭菜俗称“年年有余”。大年初一，不允许动刀杀生和用刀切菜。忌杀生习俗，据说可避免新年遭血腥之灾保平安。

农历七月和亡春不宜结婚 农历七月十四日当地俗称“鬼节”，亡春指农历年内没有立春的年份。邕宁县居民将农历七月和亡春之年视为不吉利，因此忌举办婚嫁喜事。

大年初一忌追债还债 大年初一是一年之始，只允许讲恭喜发财平安的吉利话和做吉利事，若这天去追债或正还债，欠债人或还债人便视为倒霉，故大年初一忌追欠债和还债。

第六节 民间信仰

邕宁县民间信仰宫庙供奉的神祇主要有北帝、妈祖、龙母、伏波、三界、土地公、鲁祖师、观音菩萨、玉皇大帝、三清、关公等。各地不同行业的人供奉对象略有不同，近在河边的居民侧重于北帝、妈祖，做木工的人供奉鲁班师；各地居民都注重供奉土地公。民间神职人员主要有道公、仙婆。此外，民间信仰还有崇拜祖先、看风水、算命、选择吉日良时等。

道　公

道公是活跃于壮族民间的神职人员，为男性，专门从事民间赶鬼除病、解关、超度亡灵、打醮、安神、安花等活动。县内道公一般以班为一伍，每班 5~7 人，设有班头（也称师父）1 人。道班自愿组合，班数少，活动范围较小，大体几个自然村才组合有一个班。每个道班以“师父”为核心，没有固定的活动场所，没有严格的教义教规，没有财产。道公有不吃狗肉的戒律，每月初一、十五为斋日，其他生活与常人无异。遇有道事就集中一起布道念经，祛邪逐鬼，为丧葬布道，超度亡灵。平时各自在家从事生产劳动。

20 世纪 90 年代，县内农村办丧事一般都请道公布道招魂，但在村民心目中，只是一种丧葬习俗，一种送葬仪式而已。1991 年，全县的道公成员有 800 多人。2004 年，全县的道公成员约有 1000 人。

仙　婆

从事“仙婆”职业的为女性，俗称巫婆，为活跃于壮族民间的神职人员。数村有 1 个仙婆，无一定组织，平时独自在家设案，为人卜算凶吉，测命运姻缘，“通阴阳”“问鬼神”“指迷津”“解凶化吉”等。无巫事时则参加生产劳动，生活中除不吃狗肉外，其他习惯与常人无异。

祭祀土地爷

邕宁县几乎每个村坡都建立有土地庙，以祭祀土地爷。土地爷，又称土地、土地神、土地公公，是民间信仰最为普遍的众神之一。传说土地爷是掌管一方土地的神仙，住在地下，属于民间信仰中的地方保护神。在民国及其以前，县内有人群居住的地方都有供奉土地神的现象。在当地传统文化中，祭祀土地神即祭祀大地，多属于祈福、保平安、保收成之意。县内农村建的土地庙不大，一般长、宽、高各 1 米左右。其设施有的仅立有一石条或石块和几只香炉、香鼎；有的土地庙中塑有土地公的神像，土地公形象大都衣着朴实、慈祥可亲，多为须发全白的老者。在民间，土地公也被视为财神与福神，因为民间相信“有土斯有财”，因此土地公就被商家奉为守护神。农村一般家庭逢年过节都供奉土地公；每年农历二月初二为土地诞，人们更是供品祭拜。有的地方逢红白事也到土地庙祭拜。

祖先崇拜

邕宁县民众对祖先的信仰延续久远，崇拜至诚。认为祖先在天之灵是很神圣的，不容亵渎；祖先在阴间能保佑阳世的子孙得到福禄寿，平安发财，消灾除难。因此，人无论在家里或离开家乡到外地居住、生活，都要通过一定的方式祭祀祖先，不然就被认为是不孝的子孙，得不到好的结果。祭祀祖先的场所主要有 3 处：一是宗祠，二是自家厅堂，三是祖先的墓地。崇拜祖先曾是维系家庭、氏族的强大精神力量，也常常与追念祖先艰苦创业、弘扬传统优良道德渗合在一起，成为教育和激励后人的一种方式和力量。

宗祠也称宗庙、祠堂，民国时县内不少地方都建有。中华人民共和国成立后，尤其是“文化大革命”时期，因受“破四旧”（破除旧思想、旧文化、旧风俗、旧习惯）的影响，有的宗祠被拆除或改为学校校舍。

改革开放后，随着民族文化的兴起，个别地方的宗祠得到恢复或重建。至2004年，县内尚存的宗祠极少。宗祠祭祀一般分为春、秋两祭。

壮族房屋头座厅堂后壁墙体高2米余处大多立有一个神龛，神龛正中墙壁上用红纸写着“某门（家）历代宗亲考妣之神位”，神位下面的神龛上放有陶瓷香炉，神龛下面正中放置一张八仙台，是摆放祭祖供品的地方。新建楼房厅堂大多数不设神龛，只在八仙台上设有香炉，每年逢年过节，家人都在此奉祀先人。

墓地祭祀（俗称扫墓）是在祖先的坟墓前进行奉祀。壮族先人的墓地多数选在山上，少数在坡地和平地，往往都要经过“风水”先生帮助选择吉地，并选好吉日吉时把先人的骨骸安葬，有的立有墓碑，有的没有墓碑。邕宁县居民扫墓时间主要集中在每年的清明节、农历三月初三时节进行，有的在重阳节等时间进行。1991年后，随着农村外出务工人员的增多，为便于工作，有一些村民也选在春节期间外出人员集中回家过节时在正月扫墓。

第二章 姓 氏

第一节 姓氏种类

邕宁县城镇和农村居民多数以男性同姓聚居为主，也有一姓独户或一姓几户分布。1991 年至 2004 年，全县男性居民共有姓氏 202 种（除那舅社区、五合社区收录在长塘镇和莫村社区收录在蒲庙镇外，大沙田、邕宁沿海经济走廊、仙葫 3 个开发区的其他社区和四塘镇里罗煤矿、平垌煤矿的社区及部分企业单位居民因缺姓氏资料未收录。女性居民姓氏因缺乏统计数据未录入）。各姓氏如下：

黄、李、梁、何、许、朱、覃、谭、卢、伍、张、周、韦、方、钟、蔡、马、黎、彭、谢、饶、班、滕、莫、曹、阳、陆、罗、苏、商、乃、陈、杨、颜、施、刘、邓、玉、潘、薛、林、胡、蒙、霍、徐、简、甘、庞、程、孙、吴、雷、云、蒋、曾、肖、赖、杜、余、劳、廖、农、关、淡、符、欧、魏、邱、姚、翁、宁、屈、候、羊、龚、奚、江、韩、严、叶、凌、阮、冼、青、樊、粟、夏、郑、晏、檀、闭、东、王、谷、吉、磨、于、赵、吕、汤、麻、郭、蓝、慕、陶、齐、尧、范、银、麦、仇、古、牛、孔、龙、乐、钱、温、贺、唐、袁、涂、宗、石、丘、邹、易、归、区、安、钮、冯、闲、帅、尹、高、卜、白、付、田、乔、向、秦、岑、米、金、艮、管、连、贤、岳、项、詹、殷、禤、宿、董、葛、傅、裴、翟、崔、容、巫、兰、包、丛、邝、招、邵、尤、利、左、薛、沈、理、骆、书、才、伦、游、毛、立、万、丁、毅、花、柳、揭、华、宋、街、原、焦、卫、隆、褚、康、盘、冉、奉、狄。

第二节 姓氏分布

2004 年，邕宁县男性居民 202 种姓氏中，人口较多的有黄、李、梁等姓氏，人口较少的姓氏有侯、尤、左等。姓氏以乡镇为单位主要分布如下：

黄姓主要分布在蒲庙镇、良庆镇、那马镇、新江镇、百济乡、那楼镇、镇龙乡、刘圩镇、南阳镇、四塘镇、五塘镇、昆仑镇、吴圩镇、苏圩镇、那陈镇、大塘镇、南晓镇；李姓主要分布在蒲庙镇、良庆镇、百济乡、那楼镇、镇龙乡、刘圩镇、南阳镇、伶俐镇、长塘镇、五塘镇、昆仑镇、那陈镇、大塘镇、南晓镇；梁姓主要分在蒲庙镇、良庆镇、那马镇、刘圩镇、伶俐镇、长塘镇、四塘镇、五塘镇、吴圩镇、苏圩镇、延安镇、那陈镇；侯姓主要分布在蒲庙镇；尤姓主要分布在良庆镇；左姓主要分布在那马镇。其他姓氏的分布详见附录《邕宁县姓氏详细分布》。

第二十二篇

人　　物

人物篇包括人物传略和人物名录表两部分。人物传略收录革命烈士 6 人，以人物出生年月先后为序记载；人物表和人物名录收录邕宁县获得全国、自治区、南宁市劳动模范和南宁市先进生产（工作）者人员，获得全国和自治区“五一劳动奖章”的人员，获得副高级以上（含副高级）专业技术职称资格的人员，以获奖、评上职称的时间先后为序记载。在外工作的邕宁县籍人士只收录副厅职以上（含副厅职）领导干部，其他因缺资料不作记述。

第一章　人物传略

1995年12月出版的《邕宁县志》革命烈士传略收录19人，分别是韦启瑞、何福谦、卢保炫、林景云、唐希贤、陈嘉良、甘启椿、唐光天、农超谋、李瑞民、徐汉林、黄子日、谭正民、黄德法、黎文佐、梁开急、吴长学、何进溢、张汉杰。名人传略收录9人，分别是李翘然、钟德祥、钟刚中、雷殷、钮昭、黎汉威、李超同、苏汝民、麻启宣。本志人物传略收录革命烈士6人，其中补记前志未记康浪平、黄大椿2人，记载1991年至2004年牺牲的革命烈士梁正全、方进琼、黄金多、李开安4人。

康浪平

康浪平（1920—1945.3），广东顺德龙江镇人。男，汉族，初中文化，中共党员。康浪平原名康良年，曾用化名康宁、康志岗、康瑞源。民国20年（1931年），康浪平随父亲从广州到南宁定居。青少年时期的康浪平聪明机灵，勤学好问，热爱劳动、乐于助人。民国25年（1936年），就读于南宁尚实中学，课余时间常阅读中外文学作品，特别是喜爱高尔基、鲁迅等进步作家的作品，对音乐、版画等也感兴趣。康浪平爱好广泛，思想开放追求进步，引起中共组织有关人员的注意，经常对康浪平进行教育培养。民国26年（1937年）康浪平加入中国共产党。民国27年（1938年）任中共南宁工人支部书记、中共南宁市委委员。民国28年（1939年）11月，日军入侵广西，康浪平参加南宁战时工作团为队员，受中共南宁特支委派，和一批党员奔赴绥绿、扶南、同正、隆安等县的农村，发动群众，团结社会各阶层开展和坚持抗战，工作至民国30年（1941年）年初。此后，康浪平受党组织委派，先后到上思特支、钦县、邕宁县等地开展工作。

民国30年（1941年）初任中共上国镇（南宁城区）小学支部书记。民国32年（1943年）2月任中共广西南路特支书记，民国34年（1945年）1月任中共邕宁县党组织负责人等职。民国34年（1945年）1月，康浪平受中共桂西南区组织委派到邕宁县八尺区开展党的工作和指导开展抗日游击战，公开身份是八尺区公所办事员。他贯彻执行抗日民族统一战线政策，积极团结、争取八尺区的抗日武装力量，使八尺区抗日力量逐渐强大。1945年3月28日，盘踞在南宁的日军动用炮兵和步兵“扫荡”那莲乡。抗日游击队和群众，在中共那莲乡地下党的领导下，奋起反击，激战半天，毙敌3人，将日军击退。那莲乡政府于次日召开庆祝反“扫荡”胜利大会。康浪平等人从八尺区公所赶到那莲出席庆祝大会。大会还未开始，上午约10点钟，突然那莲街上有人叫喊：“日本鬼子又来了！”，听到喊声，游击队员立刻奔向那莲圩头冬瓜坟战壕布防，准备迎击敌人。街民携老带幼，急忙疏散躲避。实际当时并没有敌情，是当地反动分子陈高和制造的一个阴谋。就在与会群众疏散混乱之际，反动分子乘机开枪杀害康浪平。康浪平牺牲时年仅25岁。解放后，广西省人民政府批准康浪平为革命烈士。1989年9月，中共邕宁县委员会、邕宁县人民政府在那莲圩头重建墓园（因无法确定康浪平遗骸未能安葬），并立“康浪平烈士纪念碑”。1996年4月4日，在那莲康浪平墓园举行“安葬烈士遗骸和凭吊康浪平烈士大会”，自治区原副主席张声震和中共南宁市委、市政府负责人及部分老干部、邕宁县党政领导、学校师生代表、当地群众等1000多人参加。

黄大椿

黄大椿（1902.11—1950.4）邕宁县中和乡新安村利和坡人。男，壮族，小学文化。民国36年（1947年）7月，中共组织在横县新福组建游击队。当年，粤桂边四支队独立营在横县一带活动，为发展游击队和保障游击队的粮食、弹药供给，四支队独立营多次派人到中和新安（时属永淳县平天乡管辖，后划归横县，1952年10月划归邕宁县）一带活动联系。在新安圩（旧圩）建立了联络点，黄大椿为新安联络点的联络员，负责情报收集和筹粮筹弹药等任务，工作至解放。平天乡人民政府成立后，黄大椿为平天乡政府干部。1950年初，担任平天乡副乡长。是年春，当地发生土匪暴乱。4月4日（农历二月十八日）晨，土匪对平天乡人民政府及驻政府的区中队进行包围袭击，驻乡政府区中队战士英勇战斗，击退土匪数次进攻，由于寡不敌众，乡政府干部和区中队战士从乡政府后门突围。在突围中，黄大椿不幸中弹牺牲。1991年7月25日，广西壮族自治区人民政府批准黄大椿为革命烈士。

梁正全

梁正全（1979.6—1994.10），邕宁县苏圩镇定计村人。男，壮族，生前系苏圩镇初级中学三十二班学生。梁正全在学校学习认真，遵守纪律，尊敬老师、团结同学，乐意帮助别人，是个品学兼优的学生。1994年10月2日晚，梁正全到离学校不远的苏圩街为本班同学购买食物途中，看到歹徒拦路抢劫，勒索学生钱物。梁正全挺身而出，上前制止歹徒的抢劫行为，不幸被歹徒用刀刺中左心室，经救治无效牺牲。1994年10月，中共邕宁县委、县人民政府授予梁正全邕宁县“见义勇为先进个人”称号。中共南宁市委、市人民政府授予梁正全“邕城勇士”称号。1995年8月8日，广西壮族自治区人民政府批准梁正全为革命烈士。

方进琼

方进琼（1966.4—1996.12），邕宁县苏圩镇那海村人。男，壮族。生前在那海村蕾勇坡务农。1996年12月11日上午，蕾勇坡村民方国运、方武能、方亮进、方文业等人在村边小河旁挖井引水灌溉农作物。上午10时左右，井壁突然塌方，在6米深井底下作业的方武能被掩埋，生命垂危。这时，正在附近与妻子一起干活的方进琼听到呼救后，立即放下手中的农具，跑到出事地点，毫不犹豫地跳进深井抢救。经方进琼等人的抢救，方武能终于露出了土面。这时井壁发生第二次塌方，一块石头砸中方进琼的头部。当村民把方进琼和方武能救出井口时，方武能得救了，而方进琼因伤势过重，抢救无效，于当天中午在吴圩卫生院牺牲。1997年4月，中共邕宁县委、县政府追授方进琼“见义勇为”先进个人，中共南宁市委、市政府授予方进琼“邕城勇士”称号。1997年11月12日，广西壮族自治区人民政府批准方进琼为革命烈士。

黄金多

黄金多（1945.6—2003.8），邕宁县刘圩镇那床村人。男，壮族，初中文化，中共党员。中学毕业后，在家务农。1972年至1987年先后担任刘圩那床村党支部副书记、那床大队副大队长、村民兵营长等职务。1987年至1989年在刘圩化工厂当工人。1989年7月任那床村农业技术员。1997年加入中国共产党。1999年5月至2003年8月当选为那床村委会主任兼村调解委员会主任。

2003年8月3日晚，在那床村委会调解一起民事纠纷时，由于纠纷引发双方当事人矛盾激化，当事人一方持刀行凶，黄金多挺身而出，制止凶手行凶，不幸被刺中胸部而牺牲。新华社广西分社、广西日报、广西政法报、南宁晚报、邕宁报和邕宁电视台等多家新闻媒体曾先后对黄金多的事迹进行报道。2003 年 9 月 21 日，中共邕宁县委追授黄金多为邕宁县优秀共产党员；同日，县委、县政府追授黄金多为邕宁县“见义勇为先进个人”；同日，中共南宁市委追授黄金多为南宁市优秀共产党员。是年 10 月，自治区司法厅追认黄金多为自治区优秀人民调解员。2004 年 3 月，自治区政法委追授黄金多为“八桂勇士”。同年，司法部追授黄金多为“全国模范人民调解员”。2005 年 7 月 11 日，广西壮族自治区人民政府批准黄金多为革命烈士。

李开安

李开安（1961.1—2004.2），邕宁县伶俐镇王京村人。男，壮族。中央党校函授学院行政管理专业本科毕业。1987 年 7 月参加工作。1989 年 4 月加入中国共产党。1987 年 7 月至 1993 年 9 月在邕宁县伶俐乡先后任计生助理、计生站长、乡党委纪委委员；1993 年 10 月至 1996 年 6 月任伶俐镇（乡）党委组织委员；1996 年 6 月至 1996 年 11 月任伶俐镇镇长助理；1996 年 11 月至 1999 年 3 月任伶俐镇副镇长；1999 年 1 月至 1999 年 11 月任伶俐镇党委副书记；1999 年 3 月至 2000 年 1 月任伶俐镇镇长；1999 年 11 月至 2002 年 8 月任邕宁县中和乡党委副书记；2000 年 1 月至 2002 年 10 月任中和乡乡长；2002 年 8 月至 2004 年 2 月任中和乡党委书记。1991 年，李开安被评为南宁市先进工作者；2000 年，被评为邕宁县优秀共产党员，被县政府征兵办公室评为征兵工作先进个人；2001 年被评为邕宁县村民自治先进工作者；2002 年被评为邕宁县“三个代表”重要思想学习教育活动先进个人；2003 年被评为邕宁县 2002 年度生态文明村和生态能源建设先进工作者，被南宁市评为 2002 年度南宁市绿化先进个人。

2004 年 2 月 6 日，李开安回伶俐家乡看望年过八旬的老母亲，准备赶回中和乡上班时，同村的潘氏 3 人因纠纷打架，李开安马上跑过去劝架。李开安叫其中的潘氏两兄弟先各自回家，他俩听从了劝说。但另一人潘某某抓起一根木棍追打潘氏兄弟。李开安跃步上前挺身拦住，劝他放下木棍，潘某某不听劝告，叫嚷“谁拦我，我就打谁”。就在李开安背对该人毫无防备时，被木棍击中头部，顿时血流不止，不省人事。潘某某对倒地的李开安又打了一棍。闻讯赶来的群众立即将伤势严重的李开安送到邕宁县人民医院抢救，昏迷了四天三夜，于 2 月 9 日救治无效牺牲。2004 年 2 月 26 日，中共邕宁县委追授李开安为邕宁县优秀共产党员和邕宁县优秀基层领导干部；同年 3 月 22 日，县政府追授李开安邕宁县“见义勇为”称号；同年 5 月 25 日，中共南宁市委追授李开安为南宁市优秀共产党员。2005 年 7 月 11 日，广西壮族自治区人民政府批准李开安为革命烈士。

第二章　劳动模范与先进个人表（录）

收录1991年至2003年邕宁县获得国务院授予的全国劳动模范称号、自治区人民政府授予的全区劳动模范称号和“五一劳动奖章”及南宁市人民政府授予的全市劳动模范称号共26人（34人次）；收录邕宁县评为南宁市先进生产（工作）者1245人（1553人次）。2004年9月因撤销邕宁县而未申报邕宁县2004年度市级先进生产（工作）者。

1991年至2003年邕宁县获得全国劳动模范和“五一劳动奖章”人物表

表22-2-0-1

姓　名	性别	出生年月	政治面貌	工作单位	获得称号时间
覃庆桐	男	1957-12	中共党员	邕宁县苏圩镇仁德村	1999年获全国劳动模范
滕新源	男	1972-07	中共党员	邕宁县明阳糖厂	2002年5月获全国“五一劳动奖章”

1991年至2003年邕宁县获得自治区劳动模范人物表

表22-2-0-2

姓　名	性别	出生年月	政治面貌	工作单位	获得称号时间及称号名称
周大起	男	1945-12	中共党员	县四塘煤矿	1992年获自治区劳动模范
梁光堂	男	1939-02	—	南晓镇南晓街	1992年获自治区劳动模范
李灿严	男	1944-06	中共党员	县大塘中学	1993年获自治区劳动模范
黄肖宗	男	1943-06	—	那楼镇那旺村	1993年获自治区劳动模范
滕新源	男	1972-07	中共党员	县明阳糖厂	1994年获自治区劳动模范
张超佚	男	1941-01	—	延安乡新城村	1994年获自治区劳动模范
农志文	男	1969-03	中共党员	县四塘煤矿	1995年获自治区劳动模范
覃庆桐	男	1957-12	中共党员	苏圩镇仁德村	1996年获自治区劳动模范
梁以安	男	1951-02	中共党员	蒲庙镇公曹村	1997年获自治区劳动模范
覃庆保	男	1951-08	—	苏圩镇仁德村	1998年获自治区劳动模范
李光实	男	1955-01	中共党员	伶俐镇王京村	1999年获自治区劳动模范

1991年至2003年邕宁县获得自治区“五一劳动奖章”人物表

表22-2-0-3

姓　名	性别	出生年月	政治面貌	工作单位	获得称号时间及称号名称
黄铭阳	男	1945-02	—	县高级中学	1995年获自治区“五一劳动奖章”
闭兰英	女	1947-10	中共党员	县总工会	1996年获自治区“五一劳动奖章”
蓝　新	男	1946-08	中共党员	县人民检察院	1998年获自治区“五一劳动奖章”
黄秀权	男	1951-02	中共党员	县电业公司	1999年获自治区“五一劳动奖章”
黄毓禧	男	1953-07	中共党员	县计生站	1999年获自治区“五一劳动奖章”
赖丕超	男	1953-07	—	苏圩银皇石灰制品厂	2001年获自治区“五一劳动奖章”
何彩凤	女	1957-04	中共党员	县环卫站	2003年获自治区“五一劳动奖章”

1991年至2003年邕宁县获得南宁市劳动模范人物表

表22-2-0-4

姓　名	性别	出生年月	政治面貌	工作单位	获得称号时间
梁光堂	男	1939-02	—	南晓镇南晓街	1991年获南宁市劳动模范
李贵旺	男	1949-06	中共党员	县四塘煤矿	1991年获南宁市劳动模范
李文建	女	1958-10	—	苏圩镇那投村	1991年获南宁市劳动模范
黄肖宗	男	1943-06	—	那楼镇那旺村	1992年获南宁市劳动模范
玉珍明	男	1940-11	—	县伶俐糖厂	1992年获南宁市劳动模范
卢飞兰	女	1941-07	—	那陈镇坛留村	1993年获南宁市劳动模范
滕新源	男	1972-07	中共党员	县明阳糖厂	1994年获南宁市劳动模范
张超佚	男	1941-01	—	延安乡新城村	1994年获南宁市劳动模范
农志文	男	1969-03	中共党员	县四塘煤矿	1995年获南宁市劳动模范
覃庆桐	男	1957-12	中共党员	苏圩镇仁德村	1996年获南宁市劳动模范
黄色章	男	1948-07	—	县公路局	1998年获南宁市劳动模范
陈国庆	男	1964-09	中共党员	县人民检察院	1998年获南宁市劳动模范
李冬兰	女	1965-04	中共党员	蒲庙镇良勇村	2001年获南宁市劳动模范
梁绍南	男	1966-03	中共党员	县人民法院吴圩法庭	2003年获南宁市劳动模范

1991年至2003年获南宁市先进生产（工作）者名录

（排名不分先后）

1991年

孙曾平　劳文灿　何汉位　孙文法　孙许忠　钟庭春　李逢年　韦式宴　何绍其　玉品锦　梁天仁
农　文　黄丽晶　曾智许　韦焕荣　陈子科　玉　健　凌定贤　黄玉辉　苏兰廷　廖思云　韦启光
周彰彪　莫尚雄　黄文养　黄金生　阮能武　陆瑞好　玉仁传　黄发昌　黄大保　宁业余　黄启严
李俊亦　李世连　曾大仁　李琼孙　黄孙厚　陆达才　滕言禄　粟全清　黄庭奎　黄强帮　陆荣云
何尔安　黄卓安　谢代宁　班正茂　廖加添　李杰林　黄安昌　李　树　李环熙　廖　俊　李灿瑜
李宏胜　陆寿海　滕泽芹　黄克芬　赖裕利　华泽山　黄志生　王权佳　李开安　班锦荣　韦光友
莫轻彦　杨日全　包文想　闭孙主　余长斯　玉昭统　雷琼龙　何永高　黄文候　农　跃　麻剑平
莫秀凡　梁乃燎　蒙树荣　蒙秀岗　卢居有　农达建　陈有廷　黎家典　何其光　黄乃华　何培丽
方金友　贤有赞　阮经钰　雷金湘　刘振元　李乃智　黄子统　黄礼新　雷一贵　黄德官　张纪涛
刘　卫　黄乃积　王树生　李际平　王国仁　杨志忠　罗思义　钟仁贺　施大伟　陈忠杭　莫云柱
梁万通　蒋少民　陆兴泰　梁日荣　王　威　苏　坚　张利荣　罗远英　滕能章　周秀谭　何其伟
郭建斌　杜文雄　卢春逢　莫如书　梁仕朝　黄金万　何任荣　邓文盛　王乃一　李强逊　黄志仁
陆有兴　黄恒韬　覃增直　覃永明　梁景亮　朱正绍　黄福俭　梁祖庭　羊仲俭　淡　北　王如谋
林暄辉　李镇宙　陈衍光　卢民祯　卢坚腾　丘永友　李兰珍（女）　陈连凤（女）　莫丽梅（女）
欧肖荣（女）　谭桂兰（女）　韦年芬（女）　覃娟梅（女）　韦　熙（女）　黄少华（女）　王玉娇（女）
共159名

1992 年

周乃问 莫如嘹 颜庆生 郭世强 周日全 李达林 玉庄发 杜志明 陈学君 李贵旺 周培超
玉世伟 李其玉 周大起 谢 飞 何天德 黄桂荣 滕秀祥 龚定遂 陆兴泰 杨平雄 林松秀
陆桂国 黄铭阳 卢 逵 李琪康 陈基清 闭亮楷 李景勲 韦安先 黄朝任 黄朝光 施文恒
梁克宁 方家柏 黄增丽 施兆好 李仕铭 吴义华 邓护真 尤毓元 甘永荣 韦光刚 林福明
苏 坚 马佳厚 杨辉进 黄大恭 雷啟俊 陈子科 梁天賸 梁绍宣 颜建帮 苏兰庭 黄德万
黄大杨 杨宗兴 余学再 黄光枢 黄宏健 黄思永 黄榜庭 宁业权 黄运南 施子刚 劳经帮
何锦文 黄源瑞 韦光友 李春建 黄明伦 粟全清 陆增宪 李达通 粟耀祥 周顺才 赖裕利
李祖连 滕茂文 粟伯裕 梁天仁 李焕现 刘福阳 何小白 奚昌跃 何智珍 梁金富 刘超仁
黄泽平 廖乃才 李文皎 罗远英 赖克殷 李 锤 黄庆华 马郁威 陆威琼 曾章宝 梁家康
梁有解 黄元多 欧啟旺 钟庭春 钟世国 梁荫逢 黄一正 谭啟旺 张子权 莫子泳 梁永富
周德礼 雷一鹏 梁耀醒 黄守宝 钟秉堂 滕士威 杜荫博 卢民祯 黎念式 麻玉武 梁长君
玉程远 黄联盛 刘福盈 玉大幸 李景严 谢连举 谭永光 王汝就 贤有沛 韦培俊 黄柏灵
甘良志 吴方雄 黄肖宗 玉珍明 李丽萍（女） 张兰娇（女） 刘彩呈（女） 莫金莲（女）
李月娥（女） 周广川（女） 黄其珍（女） 黄月昇（女） 韦 熙（女） 雷少梅（女） 雷慧玲（女）
苏月桂（女） 李文建（女） 黄玉娟（女） 奚秀清（女） 共 151 名

1993 年

莫许销 梁仍才 刘其喜 樊德康 滕互荣 周怡松 雷修学 梁臣忠 卢兆广 黄华福 闭孙主
马达周 黄文生 甘恒发 周培钟 杨品端 李日佔 赖相动 苏华枢 刘次邻 刘东生 钟泽由
万朝模 黄惠南 张汉标 孙振世 孙增平 班锦荣 龙朝能 韦光友 周金榜 李荣枢 李祖亮
赖裕利 王权佳 贤有沛 何培捷 陆金清 曾礼国 麻玉武 麻有芳 覃西宜 李大胜 梁以彬
李杰林 刘超仁 林余昌 何尔安 班正勤 梁建恩 李环熙 黎成超 方业知 苏宁邦 杨东靖
粟桂余 李起曙 黄啟义 黄莹光 韦联忠 韦兆杨 杨 章 李进催 孙大越 杨承枝 奚少华
周德礼 张仲机 林京伦 黄光枢 农居民 何元斌 黄志生 周 折 黄若清 陆瑞标 黄有涵
韦相斌 韦树植 李昊章 农恒任 黄业林 施天构 李仕武 孙林生 王 波 黎勇锋 滕若进
胡绍学 唐光祖 杜永全 陆有奎 刘若文 赵振超 雷运鸿 孙武考 施世泽 玉品铭 朱其威
陆云宝 凌栋株 黄增丽 陈祥江 滕祖治 潘治凡 卢生仁 李仕路 杨秀昌 蓝寿桐 苏敬勇
邓谷超 陆隆陈 区华美 罗焕飞 滕寿强 李阳比 孙荣天 玉可璐 莫云柱 施啟民 周绍权
刘建平 钟 健 李文武 陆中明 梁润忠 蒙阳华 余祖荫 陆庆邦 韦金宝 梁盛珉 黄如海
潘卫诚 李忠东（女） 农惠雯（女） 滕美如（女） 滕丽芬（女） 李文健（女） 乐小玉（女）
李秀娟（女） 朱明勇（女） 林少梅（女） 梁盛金（女） 韦元伸（女） 谭月冬（女） 黄剑英（女）
梁兰英（女） 陆捷莲（女） 何满凤（女） 黎国珍（女） 黎玉爱（女） 吕欣花（女） 黄永群（女）
钟少玲（女） 覃美芹（女） 何彩凤（女） 共 156 名

1994 年

周彰彪 刘其喜 梁志明 陈子科 奚兆贵 闭孙席 潘如志 黄华福 奚廷礼 李锐发 黄光枢
蓝绩均 周培业 黄有赠 杨品端 杜万明 黄明枢 黄寿所 何树罗 黄建其 刘泽典 李倡书

黄尚忠　吴凤荣　李全用　梁本达　陆增杰　梁济佑　韦金锐　陆增宪　粟贤清　黄强帮　黄锦杰
滕爵光　滕维英　玉一位　贤有沛　粟伯裕　王美光　粟桂余　班才啟　黄远堂　蒙金华　覃艺良
何敏斯　梁　昭　赖丕航　刘超仁　张超仁　韦令生　梁尚全　李加彤　卢绍集　李树同　雷寿兴
李　生　黎成超　陆克杰　尤善光　阎德爱　施显辉　杨永革　杨热生　潘大绫　杨　章　黄茂庆
宁全强　陶雄华　李灿现　黄莹光　李元宁　周德礼　奚少华　李贵刚　张仲机　张作新　王　波
叶敬辉　雷秀儒　陈发武　韦运承　梁啟可　陆庆邦　周大颇　李建平　莫初德　杨业光　谢成放
张志周　黄有逸　何敬利　吴国庆　方德恩　韦相斌　吴　勇　雷　杰　陆均龙　黄志生　周　折
黄若清　李本中　杜律昌　潘祖视　黄兆珍　卢发成　何其诚　李琪康　何广平　韦立辉　黄琼康
陆文轩　莫炳久　吕予旋　李克林　周永光　杨益珍　潘运理　黄济法　何天高　莫宜有　李锡比
李海日　刘　卫　蓝寿桐　雷月娥（女）　梁碧全（女）　刘彩英（女）　唐美莲（女）　卢玲珍（女）
邓尚荣（女）　李忠东（女）　何捷音（女）　于湘云（女）　苏小日（女）　雷小梅（女）　共 135 名

1995 年

华秀国　滕新源　陈发武　邓肖荣　施世泽　李安良　李钦英　何汉觉　赵振超　陆秋辞　吴美卓
刘若文　李天床　张超武　李润芸　慕东红　黄桂蓉　黄汉洲　青兆明　周乃问　李少灵　李朝庆
莫如冰　梁耀醒　朱卫华　班正文　卢定山　陶雄华　梁光禄　黄　伟　韦日平　周德礼　张仲机
卢尚佳　黄朝浩　陆兆芝　梁相奎　钟声振　闭发辉　张炳富　张晓天　李大运　黄　伟　卢有群
马金盛　胡海森　黄家贤　苏一举　陶敏昌　苏小英　黄有逸　刘朝阳　王雪卿　黄成敏　黄润生
陆兴秦　刘　东　黄华芳　蒙阳华　梁智香　农翠萍　黄济律　梁定冀　何元斌　李建新　孙裕生
雷　杰　黄至福　黄祥心　吴　勇　覃秉河　谭忠良　张振华　韦贵兴　胡传媚　周　折　方德恩
谭福林　吴秋月　韦起生　汪辉平　潘大莹　潘志新　莫裕柒　梁武强　何培捷　李建新　谭明光
杨辉进　刘锡富　黄祥报　杨　章　杨裕杰　玉子儒　李显达　施钟琳　吴凤荣　陆文刚　施开用
陆文义　班才启　梁志明　陆大盛　陈耀和　黄华育　杨棠瑜　莫文南　陆东岳　曾大仁　黄明枢
潘如志　曾文钮　吴廷喜　慕月隆　劳宁邦　刘超仁　谭正满　梁光壬　梁艮英　韦仁通　梁有鲜
李应杆　黄志生　滕龙腾　黄阿葵　李文皎　李镇刚　龚盈俊　陆荣发　张国环　王如谋　王　波
黄礼新　张作强　陆文任　黄开宪　苏耀芳　何树模　黄锦结　黄小鹏　余文贵　黄能斌　李　生
覃增直　张国兴　梁以安　黄铭阳　共 147 名

1996 年

邓国聪　覃永佐　雷鉴卓　李世友　吴国梁　黎汉松　黄　海　王永昶　胡绍学　陆　平　杨瑞弟
杨福明　刘若文　韦日平　卢共生　张仲机　宁　俊　刘　东　黄　祥　林之仑　蒋吉林　黄永回
梁乃瑚　黄　文　何广赞　苏　志　李立任　黄铭阳　潘德永　罗立身　杨叶繁　单　松　黄相佳
李元泽　韦永权　黄均华　李宗明　黄成敏　潘　范　施子高　黎旭珊　黄传光　郭焕斌　王国仁
赖秋生　陆荣发　张国环　李裕源　梁栋坚　陆金权　卢定山　黄日瑞　廖海初　黄瑞钦　李灿现
梁朝兴　周保杰　叶敬国　覃善开　吴明杰　梁相奎　黄善宝　陆建环　卢有群　李大运　黄　伟
莫建凡　王标文　郭文德　梁振富　滕丽明　何创荣　张祖远　黎惠松　黄兆啟　覃裕宪　梁天真
潘杨机　慕加通　梁永初　李乃兴　林团昌　卢汉文　李环熙　杨辉宝　李昌浩　黎成超　陆文义
孙增强　黄福盛　龚盈俊　潘滕明　苏锦献　赖昌款　李天荣　梁光壬　曾大仁　黄明枢　潘永广
李光实　梁济佑　潘增恩　周福余　陈子科　黄华育　邓子志　黄占语　何永结　黄森旬　杨俊康
李　生　黄济法　周裕平　黄朝浩　黄志春　黄　智　李增寿　廖茂隆　李仕钧　梁乃燎　覃庆桐

何培清　张宣东　王　波　苏一孔　王如谋　黄显广　吴　改（女）梁佩清（女）曾庆玲（女）
奚起桂（女）方　芬（女）樊秀珍（女）莫春连（女）甘　琳（女）李文妹（女）黄丽珊（女）
王月明（女）陈秀古（女）黄志莲（女）杨彩虹（女）凌志平（女）雷慧玲（女）滕美如（女）
共 146 名

1997 年

马全良　朱应康　李志雄　周　折　黄永回　韦明腾　郑锦显　雷　升　马大勇　苏　志　李起萌
周智富　梁济椽　黄建盛　甘子宪　李际民　苏庆基　杨付良　梁相奎　黄善宝　可建功　廖光本
莫建凡　杨兆山　黄瀚辉　陈寿华　卢有群　黄志宁　黄国忠　何光宁　潘绍华　李景权　郑国标
李大宝　龚业卿　农民新　张志东　梁　岩　慕东红　黄汉洲　张钟声　张建南　梁耀醒　黎　晖
梁人君　廖海初　刘建军　谢家如　韦盛佢　周德礼　曾月生　宁　俊　何新有　潘　藩　陈庆光
孙炳清　梁翠宣　黄舟宁　杨　超　张志周　黄继增　玉锦龙　梁政民　黎启干　黄成敏　郭健秋
陆进国　黄家腾　谢党民　黄应甫　韦翠康　黄荫育　黄福盛　刘文礼　廖树宏　黎和才　许冠廷
李俊亦　黄文候　黄其漓　李祝荣　宁世基　莫裕柒　韦式宴　黄　植　孙品奇　孙增强　施日纪
李加合　陆振显　杨引桐　黄家亮　陈琪华　陆剑平　赖裕利　韦焕旺　农有荣　麻泽民　甘增琳
黄占语　覃庆桐　赖丕航　梁永初　陆　斌　杜世霭　杨庭策　李加彤　李乃祥　张　敢　农万齐
梁以安　蓝盈新　黄铭阳　潘朝美　何培树　苏一孔　陆建环　罗　晓　何可访　李克林　廖茂隆
周裕平　邓健民　黄　智　陆　彬　李　彦（女）黄月昇（女）梁艳群（女）黎晓贝（女）
李业桃（女）黄翠芬（女）周阳春（女）杜成珍（女）贤小莉（女）李桂英（女）刘燕玲（女）
李碧兰（女）滕美如（女）陈　杰（女）共 139 名

1998 年

黄祥心　刘喜生　方兆东　张利荣　刘陶安　青　涛　黄永回　廖正朝　陆润明　莫祖琪　陆文安
梁润忠　黄相佳　谢举民　何文熙　李华现　玉英济　何广赞　黄文豪　莫裕畅　施显华　黄扩昌
李旦明　施杨生　黄兆云　陈耀和　蒙祖培　黄兼之　梁济佑　李际可　贤有赞　滕维好　李焕珍
甘增琳　刘斯林　卢汉文　雷寿兴　陆克杰　刘延榜　陈永和　李进催　莫自鉴　李显芬　何永浩
张如柏　陆华理　苏永忠　梁家宦　何光旺　莫如冰　陆世忠　覃增强　黄显寅　孙炳清　雷启严
刘福有　李宗明　黄成敏　黄　梓　李　军　方谦创　梁振款　禤洲耀　柬同生　罗洪斌　钱　强
张　强　梁治洪　颜永光　李宗霆　黄舟宁　黄承越　罗雄光　潘玉胜　粟汉初　林作康　黄文力
苏萍兴　潘仕意　施子高　梁永堂　郭天泽　黄善保　钟福如　郭文德　慕　坚　农师昌　张瑞琼
李江泉　潘耀胜　卢有群　黄　江　李孙添　杨福明　孙宗扬　黄有模　卢炳仁　吴国梁　何明路
韦世贤　伍文丹　胡绍学　苏沛红　黄永杰　黄有任　杜万扣　黄金波　季　涛　周承典　罗　晓
粟盛斌　黄国华　贺建宁　滕维信　农建学　邓健民　王汝卫　刘绪雄　蒙善恩　何培树　农恒志
苏一孔　苏桂庆　黄秀权　黄色章　覃庆保　陆江燕（女）玉桂英（女）李巧东（女）
周菊月（女）孟翠萍（女）玉丽萍（女）黎琼珍（女）黄开艳（女）黄素卿（女）韦丽惠（女）
李少珊（女）韦仁妹（女）赵雪芹（女）黄均梅（女）共 140 名

1999 年

梁以倾　韦社针　雷荫璇　刘运高　黄德万　黄寿阳　李正存　黎开堂　黄明枢　黄报应　韦世兴

施扬生　宁全强　李安杰　李瑞厚　韦焕旺　赖杰生　陆进权　欧啟能　覃枝蔚　谢理军　黄柑富
乐定侠　陆学善　卢少勇　刘延榜　陈永和　周义光　农志文　刘若文　张宝广　韦日平　苏沛红
潘绍华　梁永祥　张南征　黄振朝　韦少斌　吴干宁　周兴初　方德甫　周俊孙　张苏南　邓亦昌
梁仕河　杨庆业　周庆伟　杨裕贵　黄善宝　钟福如　李忠庆　施志伟　何　贞　马金盛　雷一贵
张作强　梁绍南　谢培顺　李立俭　刘庆斌　刘陶安　吴进文　黄自典　李增超　陆兆平　黎念式
连元登　潘卫诚　班永飞　李元宁　张纪华　黎智新　李耀和　刘荣信　赖忠联　黄　超　梁　敏
李立发　黄　河　龙兴承　周家惠　孙　艺　黄有逸　雷秉恩　梁永政　潘　藩　陆文列　黄文历
颜德茂　黄雪飞　罗明生　苏玉俏　曾文钮　马　琦　潘乃兴　闭逢庆　钱　强　奚兆链　梁治洪
周德礼　季　涛　苏一孔　陆　彬　梁　斌　李瑞荣　农建学　杨俊康　李兴义　黄有金　黄飞宗
李加伶　梁尚斌　蒙善恩　邓健民　李光实　韦成瑛　黄秀权　杜珍珠（女）　苏小谊（女）
陆凤仙（女）　邓汉芳（女）　周均婵（女）　林少梅（女）　黄清莲（女）　莫春连（女）　梁树燕（女）
宿　雄（女）　张凤萍（女）　马丽萍（女）　张　景（女）　林月娥（女）　梁月带（女）　梁小丽（女）
雷慧玲（女）　李树英（女）　周探梅（女）　何桂春（女）　李少珊（女）　共 138 名

2000 年

李国明　韦年仲　黄福盛　刘运高　黄启侃　甘恒发　黄大奇　梁光壬　孙日湖　杨尚朝　陆元秋
黄加垫　李焕珍　赖杰生　张庆贤　梁武强　奚昌省　谢明杰　谢有富　陆超安　郑才院　莫裕荣
覃才殿　杨启明　黄荣胜　李进催　覃献民　陆尚正　陈大考　覃永佐　苏泽星　孙宗略　杨道昌
蔡立宾　黄大廉　陆锦光　李干恩　李茂解　黄有楚　梁英峰　周俊孙　方德甫　周兴初　朱慧满
雷建国　骆旭高　何荫荣　卢有群　农师昌　周庆伟　张炳富　梁绍南　黄洪天　覃尚炬　覃茂庭
谭振严　梁永堂　杨庆业　陈洪超　马志健　李立俭　黄瑞盛　黄略宗　颜华凯　杨恒山　刘福盈
陆兆平　黄振义　李有超　李子雨　黄林庄　班定一　潘成章　李　军　玉智龙　郑　伟　廖瑞宗
陈忠杭　陈德贵　余华志　罗光雄　苏玉俏　苏萍兴　李猛邦　黄锦富　杨正义　张　冠　黄成堂
区华美　王以东　阮大增　李灿现　林有联　雷　心　赖运麟　钱　强　孙　艺　梁治洪　季　涛
谢春雄　陆　彬　黄国华　梁　斌　张儒银　李增寿　邓承森　李兴义　玉品升　黄精华　李瑞荣
邓健民　韦肖芳（女）　奚丽霞（女）　王连珊（女）　方丽芬（女）　张英桃（女）　黄露瑛（女）
李玉珍（女）　李冬霞（女）　陆秀联（女）　奚志英（女）　胡英红（女）　廖金环（女）　雷　凌（女）
何　萍（女）　黎琼珍（女）　磨瑛津（女）　李少珊（女）　何桂春（女）　共 129 名

2001 年

黄大能　苏一孔　黄飞宗　贺建宁　刘次邻　王汝卫　王怀明　薛建秋　何小白　苏桂庆　李瑞荣
钟正宁　黄远川　班永飞　李昌笑　陆尚正　李灿现　滕敏泽　宁全强　郭际行　李瑞厚　张文飞
黄德万　潘培荣　李正存　赖杰生　罗远东　赖丕超　韦成瑛　韦世兴　班才咸　李云深　李子存
杨尚朝　刘卓雅　黄加垫　刘荣仁　杨登建　李仕文　滕丕荣　黄福盛　苏玉俏　商　斌　黄渊国
陆立成　黄有模　李干恩　何　为　黄秀权　梁　振　韦汝强　李耘茂　张苏南　黄志宁　杨庆业
青彦达　陈志琨　梁绍南　潘耀胜　王　科　梁克宁　李政猛　梁荫洽　钮本益　苏志洲　滕益群
谭爱棉　方礼联　谭品尚　廖贵佑　李承利　方　颜　张文才　黄志华　黎　瑜　梁正明　廖文选
梁家东　杨焕年　廖中伟　黄首廷　潘大莹　周广春　谭福林　韦立全　梁东晖　卢建军　杨育宣
杨　超　黄华清　周桂芳　黄雪飞　王国仁　黄鸿志　覃绍关　张纪华　阮大增　黄常瑛　何树罗
苏东山　玉贵宽　周明慧　农远学　余祥荫　莫晶祥　陈忠杭　李品大　谭小宁　马　迅　陈雪娟

黄　清　季　涛　磨瑛津（女）玉丽萍（女）雷肖莲（女）李冬兰（女）农日海（女）黄锡细（女）黄月兰（女）滕少英（女）颜　卫（女）卢飞兰（女）雷彩美（女）莫　婧（女）曾玉秀（女）韦惠鲜（女）马桂清（女）陆宇凤（女）何彩凤（女）周国明　共130名

2003年

张　冠　刘锦源　梁志瑜　赖运麟　黄家业　苏元列　卢　斯　龚沃真　杨朝富　黄首廷　农师昌　梁绍南　杨英和　莫伟忠　黄增和　施志强　玉　宁　肖仕伦　潘耀胜　周飘林　杨兆山　黄英德　孙泳坚　黄学伶　苏玉俏　黄廷谢　黄济任　林为球　杨剑斌　莫尚东　汤鸿雁　吴　坚　钟文成　张永仲　黄英才　滕良勇　李朝华　苏友聪　梁映永　李　劲　王宇霖　施再业　黄廷卿　廖　信　周承典　黄　佳　谭伯辉　李明栋　黄奕雅　黄文广　许亮掌　黄中学　蒋仍孙　黄锡荣　李　军　黄世艺　韦文志　赵云龙　黄　铎　黄报应　黄文豪　杨忠令　黄普荣　李昌笑　李达通　韦佩烈　李正杨　李云深　陆才宏　施勇军　黄赐平　黄玄灿　梁天教　苏　忠　黎成超　陈学标　周福余　朱开汉　覃献光　李正存　杨朝凭　李维铭　李尚冠　黄春和　玉琼广　陆树明　黄源瑞　覃　剑　何光旺　梁武强　李志雄　莫建凡　张本生　黄有逸　滕寿宜　雷沛进　谭世忠　农达凯　黄战声　黄奕信　韦煊才　黄朝浩　陈应进　施　萍（女）刘亚铭（女）莫艳萍（女）杨美兰（女）刘春莲（女）农海菲（女）黄精华（女）徐　燕（女）李连英（女）玉　华（女）黄丽珍（女）潘　博（女）冯晓筠（女）陆新桃（女）覃学玲（女）张彩云（女）莫　英（女）张杰英（女）陆丽环（女）何美娟（女）朱桂玲（女）孟翠萍（女）黎桂玲（女）江伟枫（女）李艳静（女）韦　熙（女）邓金爱（女）共130名。

第三章　获高级专业技术职务资格人员表

1991年至2004年，邕宁县教育、卫生、农业等各类事业单位专业技术人员获得高级专业技术职务资格（职称）的人员共221人。

1991年至2004年邕宁县获得副高级以上专业技术职务资格人员表
（排名不分先后）

表22-3-0-1

姓 名	性别	民族	出生年月	籍 贯	学历	工作单位	职 称	获得职称时间
黄英彪	男	壮	1946	广西贵港市	大专	蒲庙三中	中学高级教师	1991-01
梁才君	男	壮	1937	邕宁五塘	大专	五塘中学	中学高级教师	1991
覃秉河	男	壮	1939-08	邕宁四塘	本科	县教研室	中学特级教师	1991-08
贤善仁	男	壮	1931-12	邕宁四塘	中专	县教研室	中学特级教师	1991-08
韦金采	男	壮	1945	邕宁良庆	本科	县中医院	内科副主任医师	1991
梁鸿谋	男	壮	1931	邕宁刘圩	大专	县财委	高级经济师	1992
黄参光	男	壮	1939-12	邕宁那楼	本科	县人大常委会	中学高级教师	1992-12
陆耀群	男	壮	1938	邕宁南阳	大专	蒲庙糖厂	高级农艺师	1992-12
雷荫宇	男	壮	1946-08	邕宁那马	本科	县企业局	高级工程师	1992-12
施文佐	男	壮	1939-04	邕宁南阳	本科	县科技局	高级工程师	1992-12
黄德增	男	壮	1951-01	邕宁四塘	大专	县科技情报所	高级农艺师	1992-09
陆桂梅	女	壮	1946-10	广西隆安	大专	县科技情报所	副研究馆员	1992-12
罗再兴	男	汉	1942	广西藤县	大专	县糖料局	高级农艺师	1992-12
梁材建	男	汉	1940	广西横县	大专	县糖料局	高级农艺师	1992-12
张焕堂	男	汉	1932	广西合浦	本科	邕宁高中	中学高级教师	1992-07
卢英然	女	汉	1945	广西横县	本科	蒲庙中学	中学高级教师	1992-12
李忠东	男	壮	1944	邕宁镇龙	大专	那楼中学	中学高级教师	1992-12
梁瑞昆	男	壮	1948-10	邕宁蒲庙	大专	明阳中学	中学高级教师	1992
玉东军	男	壮	1945-04	邕宁那楼	本科	县教研室	中学高级教师	1992
邓护真	男	汉	1941-09	南宁市郊区	本科	县人民医院	外科副主任医师	1992
尤毓元	男	汉	1940-10	广西北流	本科	县人民医院	外科副主任医师	1992
林福明	男	壮	1939	邕宁那楼	大专	县防疫站	皮肤科副主任医师	1992-12
谭忠良	男	壮	1940-10	邕宁苏圩	大专	五塘卫生院	内科副主任医师	1992-12
杨善保	男	汉	1940	广西崇左	本科	县农业局	高级农艺师	1992-12
郭转造	男	壮	1944	广西扶绥	本科	县农业局	高级农艺师	1992-12
梁本有	男	壮	1937	邕宁中和	大专	县农业局	高级农艺师	1992
梁迎英	男	壮	1939-12	邕宁蒲庙	大专	县农业局	高级农艺师	1992-12
李海南	男	汉	1943-09	广西玉林	本科	县电业公司	高级工程师	1992
莫乃强	男	壮	1944	邕宁县	本科	邕宁高中	中学高级教师	1993-12
奚炳现	男	壮	1944	邕宁县	本科	邕宁高中	中学高级教师	1993-12

续表 1

姓 名	性别	民族	出生年月	籍 贯	学历	工作单位	职 称	获得职称时间
王祖梁	男	壮	1939	南宁市	本科	邕宁高中	中学高级教师	1993-12
韦泳仁	男	壮	1952	邕宁蒲庙	本科	邕宁高中	中学高级教师	1993-12
黄渭魁	男	汉	1940	广西横县	本科	邕宁高中	中学高级教师	1993-12
玉孔机	男	壮	1945	邕宁那楼	本科	邕宁高中	中学高级教师	1993-12
庞洪波	男	汉	1945	广西玉林	本科	邕宁高中	中学高级教师	1993-12
杨永珍	女	壮	1944	广西扶绥	本科	邕宁高中	中学高级教师	1993-12
甘志武	男	壮	1944	邕宁南晓	本科	蒲庙中学	中学高级教师	1993-09
卢清信	男	壮	1939	南宁市郊区	本科	蒲庙中学	中学高级教师	1993-09
韦华炳	男	壮	1939	邕宁县	本科	蒲庙中学	中学高级教师	1993-09
廖 瑜	男	壮	1940	广西崇左	本科	蒲庙中学	中学高级教师	1993-09
韦其波	男	壮	1940	邕宁刘圩	大专	蒲庙二中	中学高级教师	1993-09
胡纯荣	男	壮	1936	邕宁大塘	大专	大塘中学	中学高级教师	1993-12
胡像清	男	汉	1938	广西上林	大专	蒲庙二中	中学高级教师	1993-09
李灿严	男	壮	1944	邕宁大塘	大专	大塘中学	中学高级教师	1993
慕 农	男	壮	1940	邕宁苏圩	大专	苏圩中学	中学高级教师	1993-09
罗远宁	男	壮	1941	邕宁百济	本科	邕宁职高	中学高级教师	1993-09
粟 武	男	壮	1942	邕宁县	大专	邕宁职高	中学高级教师	1993-09
李德星	男	壮	1939	邕宁那楼	大专	县教研室	中学高级教师	1993-09
谢添富	男	壮	1936	邕宁延安	大专	县人民医院	内科副主任医师	1993-09
卢周祀	男	壮	1942	南宁市郊区	本科	县人民医院	内科副主任医师	1993-09
黄祥养	男	壮	1945	邕宁那楼	本科	县人民医院	内科副主任医师	1993-09
蒙定安	男	汉	1939	广西宾阳	大专	县防疫站	流行病副主任医师	1993-09
欧 澎	男	壮	1937	邕宁苏圩	中专	苏圩卫生院	皮肤科副主任医师	1993-09
方俊油	男	壮	1936	邕宁五塘	中专	县农业技术推广站	高级农艺师	1993-12
李桂林	男	壮	1938	邕宁蒲庙	中专	县科技局	高级工程师	1993-10
黄东强	男	壮	1940	邕宁中和	本科	邕宁高中	中学高级教师	1994-12
王宗烈	男	壮	1944	南宁市郊区	本科	蒲庙中学	中学高级教师	1994-12
李培珍	男	汉	1938	南宁市郊区	本科	蒲庙中学	中学高级教师	1994-12
覃振乾	男	汉	1945	南宁市郊区	本科	蒲庙中学	中学高级教师	1994-12
李乃彦	男	壮	1938	邕宁县	本科	蒲庙中学	中学高级教师	1994-12
覃海先	男	汉	1945	广西容县	本科	蒲庙中学	中学高级教师	1994-12
黄正安	男	壮	1938	广西上林	大专	蒲庙二中	中学高级教师	1994-12
农文生	男	壮	1949	邕宁昆仑	大专	蒲庙三中	中学高级教师	1994-12
赖桂佳	男	汉	1957	广西贵港市	本科	县教师进修学校	中学高级教师	1994-12
王玉伦	男	壮	1943	邕宁大塘	大专	大塘中学	中学高级教师	1994-12
周汝权	男	壮	1948	邕宁大塘	大专	大塘中学	中学高级教师	1994-12
马延国	男	壮	1938	邕宁苏圩	大专	苏圩中学	中学高级教师	1994-12
奚锦春	男	壮	1945	邕宁苏圩	本科	明阳中学	中学高级教师	1994-12
李如檀	男	壮	1939	邕宁刘圩	本科	明阳中学	中学高级教师	1994-12
蒙月明	女	汉	1943	广西宾阳	大专	县人民医院	妇产科副主任医师	1994-09
李国君	男	壮	1944	邕宁那陈	本科	县人民医院	外科副主任医师	1994
黄宝琥	男	壮	1945	邕宁良庆	本科	县防疫站	流行病副主任医师	1994-12
龙廷勇	男	壮	1945-11	广西天等	大专	县妇幼保健院	儿保科副主任医师	1994-12
张寿贤	男	壮	1940	邕宁五塘	大专	蒲庙卫生院	皮肤科副主任医师	1994-12

续表2

姓　名	性别	民族	出生年月	籍　贯	学历	工作单位	职　称	获得职称时间
黄端钦	男	汉	1939	广西藤县	大专	县农业技术推广站	高级农艺师	1994-11
赵桂荣	男	汉	1938	广西北流	大专	县电业公司	高级工程师	1994-12
雷运鸿	男	汉	1943	广西贵港市	本科	县电业公司	高级工程师	1994-12
韦文常	男	壮	1938	邕宁县	本科	邕宁高中	中学高级教师	1994-12
卢毓胜	男	壮	1938	南宁市郊区	本科	邕宁高中	中学高级教师	1994-12
黄铭阳	男	汉	1945	广西梧州	本科	邕宁高中	中学高级教师	1995-07
陈启灿	男	壮	1947	邕宁县	本科	邕宁高中	中学高级教师	1995-12
滕维信	男	壮	1947-10	邕宁五塘	大专	蒲庙三中	中学高级教师	1995-12
何其伟	男	汉	1942	邕宁县	本科	邕宁高中	中学高级教师	1995-12
王国佐	男	壮	1950-11	邕宁大塘	本科	蒲庙中学	中学高级教师	1995-12
莫宜福	男	壮	1948	邕宁蒲庙	大专	蒲庙中学	中学高级教师	1995-12
陈治安	男	壮	1948	邕宁刘圩	大专	蒲庙中学	中学高级教师	1995-12
周克海	男	壮	1941-12	邕宁良庆	本科	县教师进修学校	中学高级教师	1995-12
宁子由	男	壮	1949	邕宁镇龙	大专	那楼中学	中学高级教师	1995-12
滕寿标	男	壮	1942	邕宁五塘	大专	五塘中学	中学高级教师	1995-12
陆儒柱	男	壮	1948	邕宁南晓	大专	大塘中学	中学高级教师	1995-12
洪　辉	男	壮	1946	邕宁大塘	本科	大塘中学	中学高级教师	1995-12
周少辉	男	壮	1939-08	邕宁县	大专	长塘一中	中学高级教师	1995-12
玉炽成	男	壮	1952	邕宁吴圩	大专	邕宁职高	中学高级教师	1995-12
黄其钟	男	壮	1947-05	邕宁那楼	大专	县教研室	中学高级教师	1995
林桂娇	女	壮	1950-06	邕宁那陈	大专	县人民医院	妇产科副主任医师	1995-12
李铉生	男	汉	1943-02	南宁市郊区	大专	县人民医院	内科副主任医师	1995
卢鸿基	男	壮	1941-03	南宁市郊区	本科	县人民医院	儿科副主任医师	1995-12
韦光刚	男	壮	1945	邕宁良庆	本科	县中医院	中医副主任医师	1995-12
蒋吉林	男	汉	1944	广西灵川	中专	县防疫站	皮肤科副主任医师	1995-12
庄东立	男	壮	1938	广西贵港市	大专	县种子公司	高级农艺师	1995-11
雷金湘	男	壮	1942-06	邕宁南阳	大专	县农业局	高级农艺师	1995-12
黄秀权	男	壮	1951	邕宁百济	大专	县电业公司	高级工程师	1995-12
莫自鉴	男	汉	1945	广西横县	中专	县畜牧局	高级兽医师	1995-10
马喜中	男	壮	1949	邕宁那马	大专	那楼中学	中学高级教师	1996-12
邓　坚	女	壮	1945	广西龙州	大专	大塘中学	中学高级教师	1996-02
朱应康	男	汉	1963-10	四川重庆	本科	县人民医院	外科副主任医师	1996-12
梁乃瑚	男	汉	1945-07	邕宁苏圩	大专	县人民医院	外科副主任医师	1996-12
刘华寿	男	汉	1940	南宁市	大专	县中医院	内科副主任医师	1996-12
卢定山	男	汉	1945-03	邕宁县	高中	县文化局	副研究馆员	1996-01
杨广生	男	壮	1945-12	邕宁蒲庙	本科	县电业公司	高级工程师	1996-12
李自皎	男	壮	1947	邕宁那楼	本科	县建设局	高级工程师	1996-12
潘理明	男	汉	1951	广西宾阳	大专	县图书馆	副研究馆员	1996-12
梁汉彬	男	汉	1942-03	邕宁县	大专	苏圩中学	中学高级教师	1997-12
李伟堪	男	壮	1947-07	邕宁县	大专	县民族中学	中学高级教师	1997-12
周忠领	男	壮	1962-08	邕宁那楼	本科	邕宁高中	中学高级教师	1997-12
钟凤万	男	壮	1956-04	横县	本科	蒲庙三中	中学高级教师	1997-12
刘榜简	男	壮	1948-10	邕宁南阳	本科	县教研室	中学高级教师	1997-12
黄焕昌	男	壮	1958-07	武鸣	本科	蒲庙二中	中学高级教师	1997-12

续表 3

姓　名	性别	民族	出生年月	籍　贯	学历	工作单位	职　称	获得职称时间
刘富利	男	壮	1952–02	邕宁县	大专	蒲庙二中	中学高级教师	1997–12
李琪康	男	壮	1961–12	邕宁县	本科	蒲庙二中	中学高级教师	1997–12
贺建宁	男	汉	1958–04	湖南莱阳	大专	蒲庙中学	中学高级教师	1997–12
卢春逢	男	壮	1953–03	南宁市郊区	本科	五塘中学	中学高级教师	1997–12
孙志平	男	壮	1948–10	邕宁县	大专	中和中学	中学高级教师	1997–12
梁润忠	男	壮	1953–06	邕宁那陈	大专	那陈中学	中学高级教师	1997–12
苏庆基	男	汉	1947–12	邕宁县	大专	那马教育组	中学高级教师	1997–12
韦军纲	男	壮	1948–10	邕宁县	大专	大塘中学	中学高级教师	1997–12
玉孔维	男	壮	1952–11	邕宁那楼	大专	那楼中学	中学高级教师	1997–12
谢　斌	男	汉	1962–11	南宁白沙	本科	县中医院	中医副主任医师	1997–12
黄若清	男	壮	1946–02	邕宁刘圩	本科	县中医院	中医副主任医师	1997–12
卢成道	男	壮	1945–08	南宁市郊区	大专	县人民医院	内科副主任医师	1997–12
何焕疆	男	壮	1955–05	邕宁县	本科	县人民医院	内科副主任医师	1997–12
韦建荫	男	壮	1947–08	邕宁五塘	大专	县人民医院	内科副主任药师	1997–12
钟筱坚	女	壮	1957–10	广西德保	本科	县人民医院	妇产副主任医师	1997–12
梁　浩	女	汉	1945–12	海南省	大专	县人民医院	副主任护师	1997–12
韦兆刚	男	壮	1959–11	邕宁蒲庙	本科	蒲庙中学	中学高级教师	1998–12
苏品技	男	壮	1956–01	邕宁刘圩	大专	蒲庙中学	中学高级教师	1998–12
梁有超	男	壮	1952–08	邕宁县	大专	蒲庙中学	中学高级教师	1998–12
马家高	男	壮	1953–10	邕宁那楼	大专	蒲庙中学	中学高级教师	1998–12
邓咸玲	男	壮	1947–12	南宁市郊区	大专	蒲庙中学	中学高级教师	1998–12
李元行	男	壮	1947–06	邕宁县	大专	蒲庙中学	中学高级教师	1998–12
曾志强	男	壮	1963–08	湖南省	大专	蒲庙中学	中学高级教师	1998–12
刘文章	男	壮	1951–07	邕宁县	大专	百济中学	中学高级教师	1998–12
黄光厚	男	壮	1957–07	邕宁那楼	大专	那楼中学	中学高级教师	1998–12
施天构	男	壮	1961–11	邕宁县	大专	南阳中学	中学高级教师	1998–12
覃继成	男	壮	1949–07	邕宁县	大专	苏圩中学	中学高级教师	1998–12
黄　镇	男	壮	1947	邕宁那陈	本科	大塘中学	中学高级教师	1998–12
谭启能	男	壮	1954–11	广西平果	本科	邕宁高中	中学高级教师	1998–12
陆培生	男	壮	1962–09	邕宁那陈	本科	邕宁高中	中学高级教师	1998–12
赖志刚	男	壮	1955–12	邕宁县	大专	蒲庙二中	中学高级教师	1998–12
梁济椽	男	壮	1950–02	邕宁刘圩	本科	城关中学	中学高级教师	1998–12
龙德芳	女	汉	1947–08	四川省	大专	蒲庙中学	中学高级教师	1998–12
潘志新	男	壮	1963–08	邕宁县	本科	县蚕种站	高级农艺师	1998–12
梁正明	男	壮	1945–07	邕宁那陈	大专	县教师进修学校	中专高级讲师	1998–12
韦忠绵	男	壮	1963–09	广西隆安	本科	县人民医院	外科副主任医师	1998–12
方兆东	男	壮	1963–10	邕宁县	本科	县人民医院	内科副主任医师	1998–12
黄子昆	男	壮	1955–09	邕宁那楼	本科	教育局电教站	中学高级教师	1999–12
黄大强	男	汉	1956–09	邕宁县	大专	教育局电教站	中学高级教师	1999–12
梁海宁	男	壮	1962–01	邕宁县	大专	蒲庙三中	中学高级教师	1999–12
乐定侃	男	壮	1950–10	邕宁县	本科	蒲庙中学	中学高级教师	1999–12
卢忠安	男	壮	1957–02	南宁市郊区	大专	蒲庙中学	中学高级教师	1999–12
苏枝寿	男	汉	1961–09	邕宁县	大专	县教研室	中学高级教师	1999–12
龙兴承	男	壮	1965–01	邕宁县	本科	邕宁高中	中学高级教师	1999–12

续表 4

姓名	性别	民族	出生年月	籍贯	学历	工作单位	职称	获得职称时间
赖起汉	男	壮	1948–10	邕宁县	大专	蒲庙二中	中学高级教师	1999–12
李济源	男	汉	1964–01	邕宁县	本科	县教研室	中学高级教师	1999–12
韦华绪	男	壮	1955–07	邕宁县	本科	蒲庙二中	中学高级教师	1999–12
莫国球	男	壮	1962–03	邕宁县	本科	县教研室	中学高级教师	1999–12
潘永盛	男	壮	1952–07	邕宁县	大专	蒲庙三中	中学高级教师	1999–12
韩立军	女	汉	1951–07	南京市	大专	蒲庙二中	中学高级教师	1999–12
庞昌仁	男	壮	1962–04	邕宁县	本科	邕宁高中	中学高级教师	1999–12
苏耀协	男	壮	1952–12	邕宁县	本科	蒲庙中学	中学高级教师	1999–12
施天栋	男	壮	1952–01	邕宁县	本科	中和中学	中学高级教师	1999–12
陆建文	男	壮	1948–01	邕宁县	大专	大塘中学	中学高级教师	1999–12
马长群	男	壮	1957–09	邕宁县	大专	县人民医院	副主任医师	1999–12
李志雄	男	壮	1962–05	邕宁长塘	大专	蒲庙镇医院	副主任医师	1999–1 2
李乃薛	男	壮	1951–07	南宁市	大专	县人民医院	副主任医师	1999–12
卢枰蓉	女	壮	1960–09	邕宁刘圩	大专	县人民医院	副主任护师	1999–12
李仕宁	男	壮	1963–02	邕宁县	本科	蚕业指导站	高级农艺师	1999–12
粟学军	男	壮	1962–04	邕宁县	本科	县土肥站	高级农艺师	1999–12
刘善穆	男	壮	1964–01	邕宁刘圩	本科	县教研室	中学高级教师	2000–12
赵紫添	男	壮	1959–04	邕宁县	本科	邕宁高中	中学高级教师	2000–12
刘永田	男	汉	1962–07	邕宁南阳	本科	邕宁高中	中学高级教师	2000–12
玉荣凯	男	壮	1963–11	邕宁刘圩	本科	邕宁高中	中学高级教师	2000–12
郑有德	男	汉	1961–12	邕宁县	本科	邕宁高中	中学高级教师	2000–12
李云昌	男	壮	1953–03	邕宁县	大专	蒲庙中学	中学高级教师	2000–12
王秀春	女	壮	1955–01	南宁市	本科	蒲庙中学	中学高级教师	2000–12
方寿红	男	壮	1960–12	南宁市郊区	大专	蒲庙中学	中学高级教师	2000–12
陈　曲	男	壮	1950–01	邕宁县	大专	蒲庙中学	中学高级教师	2000–12
苏钟强	男	壮	1957–08	邕宁县	大专	蒲庙中学	中学高级教师	2000–12
黎　瑜	男	壮	1960–11	邕宁新江	本科	蒲庙中学	中学高级教师	2000–12
钟希泉	男	壮	1963–07	邕宁县	本科	蒲庙二中	中学高级教师	2000–12
余殿闪	男	壮	1955–02	邕宁百济	本科	百济中学	中学高级教师	2000–12
农恒志	男	壮	1960–04	邕宁四塘	本科	县农业局	高级农艺师	2000–12
李国君	男	壮	1944–10	邕宁县	本科	县人民医院	主任医师	2000–12
梁汉明	男	壮	1955–02	广西横县	本科	县人民医院	副主任医师	2000–12
许亮掌	男	壮	1963–08	邕宁县	本科	县人民医院	副主任医师	2000–12
林卫宁	男	壮	1960–11	南宁市	本科	县人民医院	副主任医师	2000–12
周达新	男	壮	1958–02	邕宁五塘	本科	教师进修学校	中专高级讲师	2000–12
张为民	男	壮	1949–10	邕宁县	本科	邕宁高中	中学高级教师	2001–12
马开铎	男	壮	1963–03	邕宁县	本科	邕宁高中	中学高级教师	2001–12
覃学玲	女	壮	1962–11	邕宁县	本科	蒲庙中学	中学高级教师	2001–12
黄歧生	男	壮	1959–04	邕宁县	大专	蒲庙中学	中学高级教师	2001–12
颜德朝	男	壮	1966–07	邕宁县	本科	蒲庙二中	中学高级教师	2001–12
方礼枢	男	壮	1949–11	邕宁县	大专	蒲庙三中	中学高级教师	2001–12
梁桂环	男	壮	1949–08	邕宁县	本科	明阳中学	中学高级教师	2001–12
陈春丽	女	壮	1964–04	南宁市	本科	英华学校	中学高级教师	2001–12
孙锦依	男	壮	1965–11	邕宁县	本科	邕宁高中	中学高级教师	2001–12

续表 5

姓　名	性别	民族	出生年月	籍　贯	学历	工作单位	职　称	获得职称时间
梁英柏	男	壮	1963–09	邕宁县	本科	邕宁二高	中学高级教师	2002–12
李增助	男	壮	1958–01	邕宁县	本科	邕宁三高	中学高级教师	2002–12
李必德	男	壮	1947–11	邕宁县	大专	大塘中学	中学高级教师	2002–12
覃　敏	男	壮	1964–02	邕宁县	大专	那楼中学	中学高级教师	2002–12
覃昭霄	男	壮	1967–01	邕宁县	本科	五塘镇二中	中学高级教师	2002–12
韦建武	男	壮	1958–04	邕宁县	大专	延安教育站	中学高级教师	2002–12
周尚云	男	壮	1960–11	邕宁县	本科	邕宁二高	中学高级教师	2003
覃乃晓	女	汉	1966–09	广西横县	本科	邕宁二高	中学高级教师	2003
黄子共	男	壮	1967–11	邕宁县	本科	邕宁三高	中学高级教师	2003
黄月兰	女	壮	1958–12	邕宁县	大专	县民族中学	中学高级教师	2003
马允威	男	壮	1953–07	邕宁县	大专	邕宁六中	中学高级教师	2003
黎永达	男	壮	1952–07	邕宁县	本科	伶俐中学	中学高级教师	2003
施永光	男	壮	1954–02	邕宁县	大专	中和中学	中学高级教师	2004–12
玉子席	男	壮	1957–06	邕宁县	本科	县教师进修学校	高级讲师	2004–12
梁梅芬	女	壮	1969–10	邕宁县	本科	县教研室	中学高级教师	2004–12

第四章　副厅级以上党政人物表

2017年12月，《邕宁县志（1991–2004）》编辑部通过向原邕宁县21个乡镇人民政府发函，向统战、组织等有关部门搜集资料，网络查询，并对部分能联系到的当事人电话联系核实等方式，收集到1991年至2004年邕宁县籍任副厅级以上领导职务的党政人物共17人，其中副省级2人、正厅级3人、副厅级12人。

1991年至2004年邕宁县籍副厅级以上党政人物表

22-4-0-1

姓　名	性别	民族	学历	出生年月	籍　贯	工作单位及职务	级　别	任职时间或附注
张声震	男	壮族	高中	1924年2月	蒲庙镇	广西壮族自治区政府副主席	副省级	1983年4月至1993年3月
孙瑜	男	壮族	在职研究生，法学硕士	1957年4月	中和乡	广西壮族自治区政府副主席	副省级	1998年1月任副主席。2007年11月被免去广西壮族自治区副主席职务。因严重违纪、涉嫌犯罪，2008年9月被开除党籍和公职。随后被判刑
李尚安	男	壮族	大专	1935年4月	南晓镇	南宁地区行署专员	正厅级	1989年1月至1992年12月
黎梅松	男	壮族	大学	1943年	南晓镇	自治区林业局局长	正厅级	2000年9月起
黎明智	男	壮族	大学	1948年	大塘镇	桂林市市长、自治区科学技术厅副厅长	正厅级	1995年9月至1997年3月任桂林市市长。1997年3月任自治区科学技术委员会（科技厅）副主任（副厅长）
农万菊	男	壮族	大学	1944年9月	南晓镇	自治区水产畜牧局局长	副厅级	1993年至2003年
韦式诚	男	壮族	高中	1934年8月	刘圩镇	南宁地区行署副专员	副厅级	1988年8月至1994年7月
杨永佳	男	壮族	大学	1938年10月	蒲庙镇	自治区石油化工厅副厅长	副厅级	1995年仍在任
黄家仁	男	壮族	在职研究生	1954年12月	大塘镇	中共南宁市委常委、副市长	副厅级	2000年9月至2006年9月
陈运祐	男	汉族	大学	1940年1月	延安镇	自治区文联党组副书记、副主席	副厅级	1995年至1999年
何有学	男	壮族	大学	1951年6月	刘圩镇	中共北海市委常委、组织部部长	副厅级	1994年仍在任
韦艳兰	女	壮族	研究生	1950年12月	那陈镇	自治区财政厅副厅长	副厅级	2000年仍在任
施立荣	男	壮族	在职研究生	1955年7月	中和乡	自治区区直机关党工委副书记	副厅级	2003年7月起
张刘远	女	壮族	大学	1952年	蒲庙镇	自治区国家安全厅副厅长	副厅级	任至2009年11月
黎启新	男	壮族	在职研究生	1954年4月	百济乡	自治区人大常委会副秘书长、办公厅副主任	副厅级	2003年11月起
吴学斌	男	壮族	在职研究生	1958年8月	那陈镇	致公党广西壮族自治区委员会副主委（兼秘书长）	副厅级	2002年6月至2007年6月
李明凤	男	壮族	在职研究生	1958年12月	南晓镇	中共崇左市委常委、秘书长	副厅级	2003年7月起

附　　录

一、重要文件选录

中共邕宁县委员会　邕宁县人民政府
关于加快我县农业综合开发的决定

邕发〔1991〕115号

（1991年12月24日）

一、充分认识加快农业综合开发的重要性和必要性

我县十年规划和“八五”计划中规定，到本世纪末，全县农业总产值每年平均增长率为5.50%；农民人均纯收入1995年达到870元，2000年达到1500元。要实现上述战略目标，仅靠常规性农业的发展，在原来有限的耕地上做文章是不够的，必须开拓新的生产领域，向农业的深度和广度进军。因此，大力发展开发性农业，是发展社会生产力、增加社会财富的根本途径之一，是保证我县农村经济持续稳定增长，实现翻两番、奔小康的一项重要战略措施。

改革开放十年来，我县的农业综合开发有了较大的发展，也积累了一定的经验，但与先进地区比较，差距还很大。最主要的差距是，我县各级领导的开发意识还不够强，对如何运用科技新成果，有计划地开发和利用农业新资源，向农业生产的深度和广度进军重视不够。同时在政策的连续性、稳定性以及各部门的配合等方面，也还存在不少问题。从总体上看，群众性开发热潮还没有真正形成。目前全县尚有荒山、荒地、荒水53万亩未开发利用，冬季开发性农业生产还没有大面积展开，这些既是我们的差距，也是我们的潜力。全县各级领导必须增强开发意识，明确指导思想，采取有力措施，加快我县农业综合开发步伐。

二、农业综合开发的指导思想和重点

在实施农业综合开发过程中，应明确以下指导思想：一是坚持广大农民群众是农业综合开发的主体；二是要动员一切社会力量投入农业综合开发，打好农业综合开发总体战；三是新开发的资源，要注意实行规模经营，山水田林路综合开发，要注意经济效益、社会效益和生态效益相结合；四是要将农业综合开发与深化农村改革结合起来；五是要努力依靠科学技术进步，使农业开发建立在较高的起点上；六是要坚持以市场为导向，开发适销对路的名优产品，大力开拓国内外市场。

从我县自然资源条件出发，当前农业综合开发的重点应放在开发“三荒”“一冬”和改造“四低”上。

开发“三荒”，即开发荒山、荒地、荒水，充分利用农业新资源，开拓新的生产领域。

——开发荒山，造林绿化。我县现有宜林荒山31万亩，要力争在1993年完成灭荒造林任务，其中1992年要造林17万亩，1993年造林14万亩。因此，要继续发动群众义务开荒造林，把灭荒造林

任务落实到每个劳动力，同时要依靠社会各方面力量打好灭荒歼灭战。开展荒山造林，要实行造、封、节、管“四管”齐下，要大力推广使用省柴灶，提倡农村办沼气，通过节能，保护森林资源的永续利用。

——开发荒地，发展果、蔗、瓜类和蚕桑生产。我县现有宜农荒地22万亩，要求在“八五”期内全部开发，在宜果荒地重点发展优质丰产的龙眼品种，适当发展荔枝、杧果。龙眼计划发展到8万亩，荔枝2万亩，芒果1万亩。开发要统一规划，连片种植。到“八五”期末，全县水果总产量要达到8万吨，2000年达到15万吨以上。水源较好的地方，要因地制宜，大力发展甘蔗、早熟优质西瓜和蚕桑生产，甘蔗计划扩种5万亩，桑扩种2万亩。

——开发荒水，扩大渔业生产领域。我县尚有能利用的荒水1.40万亩，计划在“八五”期末要开发养鱼0.6万亩。同时要发展江河网箱养鱼和垄稻沟养鱼。争取到“八五”期末全县鲜鱼年产量达到0.57万吨。

开发“一冬”，即冬季农业开发生产。我县稻田面积60万亩，大部分是冬闲田，冬季农业开发生产的潜力很大。今后除要继续扩大绿肥种植面积，每年保持20万亩左右之外，其余面积要力争多种适销对路的豆类、蔬菜、马铃薯和栽培食用菌，以及适应北运的短期作物品种为主。今年的冬季农业开发面积要达15万亩，明年要达20万亩，到“八五”期末开发面积要达30万亩以上。力争开发冬闲田的产值达到1.2亿元。同时，开发冬闲田，要注意抓时间抢季节，确保冬种和次年春种春插两不误。

改造“四低”，即改造低产田地、低产水面、低产林果、低产畜禽。

——改造低产田。我县现有低产田34万亩，计划每三年改造10万亩，力争3年内平均亩产提高12%，3年后土壤肥力提高一个等级。改造的措施主要是以治水改土为突破口，大面积推广种植冬绿肥和增施有机肥料，增肥地力，提高单产；同时要继续抓好高产示范田和吨粮田，到1995年使全县高产稳产田从现有的10万亩增加到20万亩。在开展改造低产田、高产示范田和吨粮田建设中，要大力推广杂交稻良种，早、晚造杂交稻面积要占水稻播种面积的80%以上。要进一步推广叶龄模式栽培、配方施肥等综合配套技术。

——改造低产林果。我县现有果园10万多亩，其中低产果园4.4万亩。计划每年改造0.50万亩，到“八五”期末建成高产稳产果园5万亩。要逐步淘汰劣质品种，发展名特优品种。我县现有残次林面积还比较大，也要有计划地进行更新改造。

——改造低产水面。目前我县渔业放养面积16万多亩，大部分是低产水面。今后要把提高单产作为渔业生产的重点，逐步发展池塘精养，鱼鸭、鱼猪配套等，逐年提高单产，力争到“八五”期末建成亩产鱼250公斤以上的水面1.50万亩。

——改造低产畜禽。我县现在的家禽家畜出栏率还比较低，死亡率比较高。今后畜禽业的发展要以提高出栏率和降低死亡率为主攻方向，不断增加肉类产量。1995年肉类总产量要达到3.80万吨，生猪饲养量要增加到68万头，肉猪出栏达到33万头。同时，要抓好水奶牛开发，到“八五”期末产奶母牛要达到2000头以上。

三、加快农业综合开发的政策和措施

农业综合开发是一项投资大、生产周期长、技术要求高的工程，必须采取必要的倾斜政策和特殊扶持办法。

（一）鼓励国家、集体、个人一起上，采取联营、合办、户办、承包等多种形式开发。

1. 乡（镇）政府对现有的荒山、荒地、荒水实行统一规划，统一组织资金进行连片承包开发经营，也可再实行分户承包经营。

2. 在乡（镇）、村统一规划下，由农村专业户、农民联合体实行独资、合资开发。

3. 国营农场、林场、水库可利用资金、技术、管理、销售等优势，同村、社和农户进行联营开发。

4. 可以引进外资，搞中外联营开发。

（二）鼓励机关、企事业单位、城镇居民参与农业综合开发。

1. 机关单位参与农业综合开发主要起示范促进作用，开发的资金应以自筹为主（个人入股应占一定比例），不足部分，财政、金融部门按开发项目，经过论证，择优给予支持。

2. 事业单位、学校、科研部门参与农业综合开发，可结合本单位的业务，开办示范点、实验园和开展勤工俭学。

3. 工商企业可用企业的自有资金和富余劳动力参与农业综合开发。

4. 城镇居民可自带资金进行承包开发。

机关、企事业单位和城镇居民参与农业综合开发，要坚持“谁投资，谁开发，谁经营，谁受益”的原则，开发所得的纯收入，由生产单位或个人自行支配。承包期内，使用权允许转让、允许继承。

所有开发项目都要签订合同，由开发单位或个人与享有荒地和水面权属的乡（镇）、村或农户双方商定，并经法律公证处鉴定公证，以维护双方的合法权益。

（三）多渠道筹集资金，要采取各种有效措施，吸引各方面资金投入开发。

1. 金融部门要努力为农业综合开发筹集和发放贷款，简化手续，提高效率，并积极向上级争取各项农业综合开发的专项贷款。

2. 县、乡（镇）财政部门，要认真落实，筹集农业发展资金，确保资金到位，并适当安排一部分作为农业综合开发的专项启动资金和贷款贴息。

3. 采取投资入股的方式，吸引各机关、团体、企事业单位以及个人的资金。

4. 积极鼓励农民投资投劳，进一步完善农村劳动积累工制度，每年每个劳动力应保证投入一定数量的工日。

（四）在税收方面给予适当优惠。凡利用荒山、荒地、荒水发展种养业新增的产品，从收益开始，免征特产税 3~5 年。期满后仍有困难的，经县人民政府批准，可继续减免。

（五）乡（镇）、村集体开发经营的果园、林场、养殖场，可享受乡镇企业的优惠政策。

（六）对农业综合开发的基础设施所需物资和所需要的生产资料，如钢材、水泥、木材、柴油、农机具、化肥、农药、饲料、农膜、渔具等物资，有关部门应大力支持，积极组织供应。

（七）注意发挥科学技术在农业综合开发中的先导作用。要认真加强乡（镇）农技推广站、畜牧兽医站、林业站、水产站等机构的建设，建立健全农村科技推广服务网络，重点抓好优质高产种苗的培育、繁殖、推广工作，抓好低产果园改造、高产栽培技术、病虫害防治技术，以及农副产品加工、保鲜、贮藏、防疫、运输等技术科研工作。要加强对农业开发实用技术的指导和培训工作，积极扶持一批农业科技示范户、专业户。

鼓励科研单位、科技人员（包括离退休人员）深入农村开展技术转让、承包、咨询、指导等各种形式有偿服务，其所得的收入按国家有关规定执行。

（八）搞活农业综合开发产品的流通。开发性农业是商品性生产。为保证我县农业开发的健康发展，必须把抓农业开发产品的流通放在与抓农业开发生产同等的地位，予以高度重视。农业综合开发的产品，除国家明文规定的产品外，销售渠道一律放开，保证货畅其流。要坚持国营、集体、个人一齐上，建立多层次、多渠道的销售网络。国营商业和供销社要发挥主渠道作用，积极推销农业开发产品。鼓励农民直接进入流通，有关部门要支持农民发展各种形式的农产品运销组织和联合体，保护他们的合法经营。要逐步建立一批专业市场，在产品集中地，采取多种形式建立产品收购点、批发市场等，方便农民和商贩的购销活动。

鼓励和支持农业综合开发产品出口创汇，外贸部门要积极收购出口农副产品外销，并为生产单位做好自定出口产品的各项服务工作。同时要注意发展农业综合开发的产品加工，防止产品积压、滞销、霉变，以提高农副产品的经济效益，保护生产者的积极性。

四、加强对农业综合开发的领导

农业综合开发是一个庞大的系统工程，涉及方方面面，各乡（镇）党委、政府一定要进一步增强开发意识，切实加强领导，把发展开发性农业列入重要议事日程，精心设计，精心组织，精心指导，把群众真正发动起来，迅速掀起群众性的农业综合开发热潮。各有关部门要为农业开发出谋献计，排忧解难，争取做到开发一项成功一项，开发一片成功一片，扎扎实实地做出成效。

（一）县成立农业综合开发领导小组，下设办公室，具体掌握农业综合开发的进展情况，协调、处理各方面的利益关系和各种矛盾。各乡（镇）也要相应成立领导小组，加强对这项工作的领导。

（二）各乡（镇）要根据本乡（镇）的实际，尽快制订开发规划，注意做到区域化、科学化。要尊重自然规律，保护生态平衡。

（三）各有关部门要大力支持农业综合开发，积极提出本部门扶持农业综合开发的具体措施，提供各项服务，打好开发总体战。

（四）各级领导都要深入基层，亲自办好农业综合开发的示范点、联系点，及时总结经验，推动面上和全局工作。要把各级领导亲自办农业综合开发试点列入目标管理责任制。

（五）要注意保护干部群众的积极性。农业综合开发是农业生产的新课题，在实施过程中，各级领导要加强调查研究，及时研究解决出现的新情况、新问题，保护干部群众的积极性。

中共邕宁县委员会　邕宁县人民政府
关于加快工业发展的若干决定

邕发〔1992〕11号

（1992年3月15日）

我县工业企业，是县经济的重要支柱，财政收入的主要来源，社会主义制度的主要物质基础。进一步搞好工业企业，是一项迫切的重大任务，根据中央工作会议精神，以及《自治区人民政府关于搞活大中型企业的若干规定》（桂政发〔1991〕23号），结合我县具体情况，对进一步搞活县工业企业，加速工业发展，特作如下若干决定：

一、各级政府和各个部门，必须牢固树立以经济建设为中心的思想，大力支持搞好工业企业

凡是近年来上级颁发的有关搞活工业企业的法规、政策、措施，除已明文废止和自行失效的以外，都必须贯彻执行。没有到位的要尽快到位。每年第四季度由县体改委牵头，组织进行一次大检查，并将检查情况向县委县政府报告。

二、进一步为工业企业创造良好外部条件

1. 补充流动资金，企业可从销售收入中按季度提取0.50%~2%用作流动资金，进入成本，具体比例由企业根据实际情况提出意见，报主管部门会同财政局核定；企业处理积压产品回收的货款，金融部门可留给企业作流动资金使用，企业库存物资由于国家提价升值部分的收入留给企业补充流动资金

企业承包利润超额部分除了上缴区财政部分外，地方留成部分全部留给企业，从中提取部分补充流动资金。

2. 放开价格。除国家指令性计划并按计划内价格供应原材料的产品及需要控制的商品价格外，其余产品价格由企业自行确定。可心议进议出，可以根据市场情况浮动，长期积压库存产品的企业有权随行就市作价处理。新产品在试销期间价格由企业自行确定。

3. 自办或联办职工子弟学校的企业，其所上缴的教育费附加，视企业情况，酌情返还企业用于办教育。返还比例由财政局会同教育局与企业商定，一厂一定。

4. 允许企业实行一企多体。国营企业可与乡镇企业联营，对全企业自办的集体企业可以享受新办城镇集体企业的优惠待遇。允许企业经营范围，一业为主，兼办其他。

5. 严禁向企业乱摊派、乱收费。如有发生，企业有权拒绝，拒绝不了的，可以向县政府举报，县政府坚决及时严肃处理。

6. 保护地方工业企业，在同质同价条件下，凡本县生产的产品，都应优先推销使用；对需要加工的零部件或成套设备也应优先安排县内工厂加工生产。对县内建筑，也要同样优先满足本县建筑队伍的工程任务。各主管部门要协调好这项工作。

三、深化改革，转换企业机制

工业企业要把着眼点放在自身力量的基点上，采取措施，使企业真正成为自主经营、自负盈亏、自我改造、自我发展的社会主义商品生产者和经营者

1. 深化改革，转换企业机制的核心是把企业推向市场。县要成立销售中心，并在一些大城市设立销售点，广泛收集市场信息和经济技术信息，广开销售渠道，为全县工业做好销售服务工作。各工业企业要以市场为导向，调整产品结构，不断更新产品，增加花色品种，发展适销对路产品，并着眼于长远市场竞争，在高质、高值、高效产品上下功夫，对滞销积压产品要坚决限产压库，否则银生动活泼予流动资金贷款。同时，要加强销售力量，注意选派一些适合销售工作的工程技术人员担任供销工作。

2. 强化企业管埋，提高企业整体素质，要把竞争机制引入企业。在人事管理方面，要改干部终身制为干部聘任制，打破干部、工人的严格界限。聘任干部要坚持“公开、平等、竞争、择优”的原则，杜绝“派化”和“亲化”。同时要建立严格考核制度，考核不合格者，应予解聘。富余人员及不受聘的干部，企业要设法进行自我消化，可办集体企业，第三产业或进行岗位技术培训。要允许人才流动，鼓励大企业、事业、行政单位的工程技术人员及专业人员向小企业或乡镇企业流动。干部、职工凡是符合流向在县内流动的，各单位领导及人事、组织、劳动部门给予支持和办理。县外流动要按管理权限审批。

在劳动管理方面，要积极推选全员合同制，实行班、组优化劳动组合，制定上岗、试岗、下岗标准，考核不合格者不得正式上岗。在“试岗”及“待岗”期间不能发足基本工资（含各种补贴）。具体由企业自定。对违纪职工和在职的职工，不服从安排，不愿在生产第一线工作的给予辞退或中止合同。同时要定编、定员、定额、定工资。超编、超员不增工资，减编、减员、不减工资。在工作方法上各主管部门要抓好试点。

在分配制度方面，打破“大锅饭”的工资分配制度和高度集中的工资管理体制，工资分配朝“政府宏观调控，分级分类管理、企业自行分配”的方向迈进。国家与企业部分，要坚持工资总额同经济效益挂钩，已经实行经营承包的企业按承包合同不变，不实行承包经营的企业则实行工资总额包干办法。企业与职工部分，要改革现行的固定工资制，提倡计件工资、岗位工资、工资与奖金可合并使用，并与劳动效果挂钩。具体办法由企业自主确定。

在领导体制方面，除要进一步发挥党组织的政治核心作用，坚持和完善厂长负责制，全心全意依靠工人阶级外，有条件的四类以上的企业可以改为一长“三师”负责制。生产技术由总工程师负责，

经营管理由总经济师负责，财务管理由总会计师负责，全厂由厂长负责，减少副厂长的配备。机构的设置由企业自主确定，不强调对口。

3. 大力促进企业优化组合，推动企业结构调整。要逐步组建以骨干企业和拳头产品为龙头的企业集团，促进生产要素的优化流动，要积极开展横向联系，搞好经济技术协作，横向联合的优惠政策，由县经协办拟订，报县政府审批。

4. 凡属经营性亏损企业要限期在两年内减亏或扭亏为盈，由主管部门和财政局与企业签订扭亏或减亏指标合同。从1992年1月起，半年后如达不到扭亏或减亏目标的，要减发工资，属于领导干部的，从七月份起，每月减发20%，工人减发10%；到年底仍不能达到扭亏或减亏目标的，从1993年1月起，领导干部除取消原来享受的一级浮动工资外，还要减发工资40%，工人减发20%，一直减发到减亏或扭亏为盈的规定指标为止。企业在亏损期间，不能变相发奖金。对扣发的工资，一律上缴财政局入库。两年内不能扭亏为盈的，领导干部就地免职，不得易地任领导职位。对长期亏损企业，要坚决采取并、转、包、帮、租的措施，果断进行处理。

5. 把风险机制引入企业，实行全员风险抵押，风险抵押金按领导、干部、工人责任大小分档缴交。

四、推动技术进步，促进新产品开发

产品市场的竞争，实质是技术的竞争。为使自己的在竞争中立于不败之地，各工业企业必须把发展高新技术提到重要位置上来，依靠科学进步，开发新产品，占领国内外市场，提高劳动生产率，提高经济效益。

1. 建立新产品开始基金。每年从县财政收入中提取0.50%作为新产品开发基金，由县财政掌握滚动使用。企业可从销售收入中提取0.50%~2%作为新产品开发基金，进入成本，并视作实现利润，实行专款专用，单独列账，免交“两金”。具体比例由企业主管部门会同财政局核定。

2. 凡列入县以上新产品开发计划的项目，贷款可用企业综合增长利润税前还贷。

3. 加速企业技术改造。每年从县财政收入中提取2%用作技术改造的投入。该项资金由各有关主管部门掌握滚动使用。具体分配由财政局会同各有关主管部门商定。

4. 企业固定资产折旧年限缩短20%~50%，由企业根据实际承受能力提出申请，报企业主管部门会同财政局审定。

5. 企业用自有资金进行技术改造的项目，除需享受税前还贷和属重建项目要报县经委审批外，其他项目在符合国家产业政策的前提下，企业有权自行决定。

6. 充分利用市带县和靠近大城市的有利条件，积极主动同有关的科研单位及大中院校开展横向联合，借用这些单位的技术力量和科研成果，充分利用县内外的技术、资金、人才在大沙田建立高新技术产业开发区。

7. 瞄准国际市场，积极引进外资，引进高新技术发展三资企业。开拓高质量、高产值、高效益出口创汇新产品。

8. 加强科学技术领导，县要分工一名副县长专门负责此项工作。管理经济的部委及有关部门，可组建经济技术开发公司，收集经济技术信息，引进新技术、新产品，搞好咨询服务。并为企业产品销售、材料购进提供服务。年产值在500万元，或有10人以上工程技术人员的企业要成立专门科研机构。其他企业，也要指定1~2名工程技术人员专门负责此项工作。

五、切实加强工业的组织领导

搞好工业企业是一项长期经济中心任务，涉及各个方面，各级党委、各级政府必须把它放在日常重要议事位置上来，常抓不懈。除分工负责外，县常委每季度对工业研究，听取汇报一次；县政府每季召开一次工业生产调度会，每月召开一次有各主管部门领导参加的工业生产办公会。要坚持政企分开的原则，企业法所赋予企业的自主权要不折不扣的落实，政府和行政主管部门对企业主要是进行宏观调控，做好指导、协调、服务、监督的工作，配备好企业领导班子，深入基层调查研究，帮助企业解决实际问题。要提高机关办事效率，对企业的书面请示报告，从文到之日起，十天内要予以答复，逾期不答复，造成经济重大损失的要追究当事人及领导的责任。

中共邕宁县委员会　邕宁县人民政府
关于加快发展个体和私营经济的决定

邕发〔1993〕23号

（1993年5月14日）

为加快发展个体和私营经济，建立社会主义市场经济体制，根据党的十四大精神，对发展个体和私营经济问题，作出如下决定：

一、个体和私营经济在我县投资经商办企业，依法保护其合法权益，并努力为投资者创造良好的投资和经营环境。

二、我县所有的开发区，个体和私营企业都可进入开办实业和各种经商业务，享受国营、集体（除外资）的同等待遇，不附加其它条件。

三、个体和私营企业因基建需征用土地，有关部门可按集体企业的手续给予办理，不增加其他限制条件。

四、鼓励个体和私营企业投资兴建各类专业市场，在工商行政管理部门的统一管理下，按照谁投资、谁所有、谁受益的原则，享受国营、集体开办市场的优惠政策。

五、允许个体和私营企业兴办独资企业、合伙企业、有限责任公司；允许私营企业兴办中外合资、中外合作企业；根据国家开放边境贸易的政策，允许个体和私营企业到国外经商；允许与集体企业或国营企业联营或合股经营，投资比例不受限制，由双方协商决定；允许承包、租赁国营、集体企业，经有关部门批准，也可以购买国营、集体的商店和企业。

六、放宽经营对象和经营范围：

1. 除国家专营专卖和指定归口经营生产的商品以及少数工业产品及原料外，允许个体和私营企业参与生产和经营，既可从事零售，亦可从事批发。

2. 对从事国家放开的日用工业品、农副土特产品、生产资料商品的长途贩运的个体户，只要有身份证和村公所、乡政府、计生站的证明，就可申办营业执照进入市场经营。

3. 农村村民、城镇待业人员，国家机关、事业单位的编余人员，国营、集体企业优化组合后的富余人员，企业的待业人员，停薪留职、辞职人员，党政机关和企事业单位的离退休人员，均可申办个体和私营企业执照。

4. 外来经营的个体户、私营企业，只要具有当地的营业执照及当地工商部门介绍和外出经营证明，都可以到我县各地进行生产经营活动。

七、个体私营开出的有效票据与国营、集体企业开出的有效票据同等效用，一切企事业单位、社会团体不得歧视抵制。

八、实行鼓励性的税费和信贷政策：

1. 税务部门大力支持个体和私营经济，对新办企业，经济效益好，而生产初期纳税确有困难的且税款在5万元以下的，经报县税务部门批准，给予一定的税收减免。

2. 私营企业开发新的产品，经区科委或区经委鉴定合格，税务部门认定，从正式投产销售之日起由县财政返还产品税、增值税两年。从事高科技、高精尖产品开发的个体和私营企业，经国家有关部门认定，可享受高新技术企业的同等的优惠政策，按15%征收所得税。

3. 对账证健全的个体和私营企业，生产经营对路，经营效益好，有发展前途，经税务部门核定实行经济效益责任制，超过效益目标基数，给予一定效益减免税，减免税款的项目报县税务局审批。对账证不全的私营企业，要促使他们逐步健全账证，暂时未能健全账证的可实行"双定"，即定期、定额征收，一年一定。

4. 个体、私营企业从事荒山、荒坡、荒地、荒水的开发性生产，减免农林特产税五年，从获得利润之日起减免所得税五年。

5. 为了扶持山区和贫困地区的生产，对在边远山区个体户和私营经济，经申请，税务部门可以酌情减免部分税款以示照顾。

6. 个体户和私营企业积极赞助社会公益事业的捐款额，不作为提高纳税和管理费基数的依据。

7. 对经济效益较好讲信用的个体户和私营企业，金融部门应从贷款上给予支持，因经营需要须办理各种银行信誉卡的，有关银行应一视同仁，给予办理。

九、加强和改进管理。

1. 个体户和私营企业应遵守国务院颁布的《城乡个体工商户管理指引条例》和《中华人民共和国私营企业暂行条例》，凡在我县经商、办企业的须到我县工商行政管理部门核准注册登记和到税务机关办理税务登记，在经营中必须遵守国家法律、法规。

2. 个体户和私营企业在我县新办的企业，由工商部门审批发照，联营以及其他形式的企业由有关主管部门审批后，工商部门核发营业执照。私营企业中的独资企业或合伙企业在申请登记时，注册资金在10万元以下者，不用提交资信证明，由县工商局审批。独资企业不再提交企业章程。个体工商户在申请开业登记时，凭身份证和村公所以上单位出具的计划生育或婚姻状况的证明即可审批，从业人员的计划生育证明，可由业主出具担保责任书，在雇用期间由业主负责担保。为方便个体和私营企业办理营业执照，只要手续齐全，随到随办。

3. 个体户和私营企业在我县兴办企业凡投资在一千万元以下的项目，由县政府审批立项，有关部门要配套办理有关手续。有关新产品开发、质量鉴定、商标注册按国营、集体企业有关程序申报，有关部门要给予办理。

4. 个体、私营企业的营业执照，除工商行政管理机关依照法定程序可以扣缴或吊销外，任何单位和个人都无权扣缴和吊销。

5. 除法律、法规和自治区人民政府规定应收税费外，任何单位和个人不得以任何方式向个体户和私营企业乱收费乱摊派，对于乱收费乱摊派，个体私营企业者有权拒绝和举报。

6. 加强市场管理，取缔无照经营，打击生产、贩卖假冒伪劣商品的经营者，以维护消费者利益。对流动行医卖药者必须持有卫生局、药检所批准的证件到工商管理部门办理手续，方能营业，否则坚决取缔。

7. 充分发挥工商联、个体劳动者协会、私营企业协会的作用，个体劳动者协会要转变职能，由管理为主转向管理服务并举，积极向个体和私营企业者宣传介绍党的方针政策，团结、帮助、引导、教育他们爱国、敬业、守法，反映他们的正确意见，关心他们政治上的成长，维护他们的合法权益。要大力宣传为发展我县经济作出贡献的个体私营企业者中的先进典型。

十、本规定自颁布之日起执行。由县人民政府办公室负责解释。

中共邕宁县委员会　邕宁县人民政府
关于加强群众性精神文明建设的决定

邕发〔1994〕46号
（1994年6月9日）

为了进一步贯彻落实中央“两手抓、两手都要硬”的战略方针、县委、县政府决定，在加快改革开放和经济建设的同时，在全县范围内开展群众性的精神文明建设活动，为保证活动的正常和深入开展，现特作如下决定。

一、指导思想

建设社会主义精神文明，是社会主义现代化建设的伟大战略任务，是建设有中国特色社会主义的重要内容。社会主义精神文明建设是一项庞大的系统工程。群众性精神文明建设是这项工程的重要组成部分，它以马列主义、毛泽东思想和邓小平同志建设有中国特色社会主义理论为指导，全面贯彻党的十四大和十四届三中全会精神，适应建立社会主义市场经济体制的需要，适应广大群众对精神文明的共同需要，是由不同性别、年龄、民族、宗教、信仰、职业的社会成员共同开展的精神文明建设活动，具有全民性、广泛性、跨部门等特点。

群众性精神文明建设，必须坚持以科学的理论武装人，以正确的舆论引导人，以高尚的精神塑造人，以优秀的作品鼓舞人，不断造就“四有”新人，为建设有中国特色社会主义的伟大事业，为我县改革开放和经济建设服务，推动全县两个文明建设再上新台阶。

二、目标任务

群众性精神文明建设的根本目标是：提高人民群众的思想道德素质和科学文化素质，培养“四有”社会主义新人。近期目标是：广大人民群众树立起坚强的精神支柱，使爱国主义、集体主义、社会主义思想占领城乡思想文化阵地，社会风气有明显好转，文化生活更加丰富多彩，建立健康、文明的生活方式。

为此，必须认真贯彻“精神文明重在建设”的方针，大力加强思想、道德、法制、文化、环境和载体建设，真正把社会主义精神文明建设的任务落到实处。

（一）加强思想建设，树立精神支柱

思想工作是全党的工作，不仅宣传部门要做，各级党委和企业、农村、学校、各级行政部门和工会、共青团、妇联等也都有做群众思想工作的责任。

1. 以树立坚强的精神支柱为中心，在全县人民中培养以下五种精神：爱国主义、集体主义、社会主义精神；全心全意为人民服务、无私奉献精神；改革开放、拼搏进取精神；团结和谐、自强不息精神；艰苦创业、开拓创新精神。

2. 继承和发扬光荣传统，陶冶革命情操。要利用各种政治节日、法定节日和纪念活动，结合本地的革命历史，运用容易为群众所接受、所欢迎的形式，组织开展各种纪念活动和宣传教育活动，做到寓教于乐，乐中受教，乐教一体化，不断激励干部群众增强爱国主义、社会主义和国际主义精神。

3. 要建立宣传阵地，利用各种宣传工具，开展多种多样、生动活泼的思想教育活动。县城和乡（镇）

政府所在地、企业、学校要有能体现本地（本单位）特色的激励人民群众奋发向上、开拓进取的标语口号。各单位要建立固定的宣传橱窗、墙报、黑板报等舆论园地，经常开展政策、形势教育，宣传先进人物的事迹，表扬好人好事，有线广播、有线电视和报社要充分发挥正确思想导向作用，做好正确引导舆论工作，把群众的积极性、创造性引导到深化改革、扩大开放、促进社会主义市场经济发展上来，引导到实现现代化建设的各项任务上来。

（二）加强道德教育，树立新风尚

1. 各部门、各行业的干部职工和个体、私营经营者，都要具有社会主义职业道德，反对“拜金主义”、弄虚作假、损公肥私等损害国家、人民利益的行为。提倡团结友爱、尊老爱幼、照顾孤寡、助人为乐。提倡家庭和睦，努力创建“五好家庭”和文明户。大力宣传和维护社会公德，建立良好的社会秩序、生产工作秩序和生活秩序。表彰和宣扬为保护国家和人民利益的见义勇为者。

2. 逐步革新旧风俗，树立新风尚。每逢各种民间传统节日和少数民族传统节日，各乡（镇）、各人民团体和各企业单位要根据各自的特点，有计划地组织群众开展健康有益的文娱活动，或本地影响较大的传统节目。要发扬勤俭建国、勤俭持家、勤俭办一切事业的优良传统，反对奢侈浪费。提倡婚事新办，丧事简办。积极引导群众逐步革新旧风俗。

（三）加强法制建设，维护社会稳定

1. 有计划地在全县普及法制教育，运用多种形式及途径把宪法以及其他法律、法规知识普及到广大干部群众特别是青少年之中，做到人人懂法，树立鲜明的法制观念，自觉守法，依法办事。

2. 继续坚持社会治安综合治理的方针，广泛发动群众参与社会治安综合治理，维护社会安定。坚持“扫黄”、“除六害”，清除腐败和丑恶现象，为扩大开放，加快经济发展提供良好的社会环境。

（四）加强文化建设，优化文化环境

1. 建立健全各类成人教育学校（夜校），并利用这类学校阵地经常开展道德理想教育、扫盲活动和科技普及活动，不断提高广大群众的思想道德素质和科学文化素质。

2. 各乡（镇）、各企事业单位要适应经济发展的需要以及广大人民群众对文化生活的需求，积极做好影剧场（影视厅）、运动场（球场）、文化站（室）、文化中心等文体娱乐场所的建设，并加强管理。

3. 坚持“大家办，大家乐，大家参与，大家受益”的原则，积极组织开展内容健康的读书、演讲、文艺、体育竞赛等丰富多彩的群众性文娱活动。

4. 积极探索和创建机关文化、企业文化、校园文化、乡村文化、家庭文化，丰富节目文化，把群众性的文化活动引向更高的层次，更广阔的领域。

5. 坚持一手抓繁荣、一手抓“扫黄”的方针，切实加强文化市场管理促进文化市场朝着健康、文明的方向发展，为市场经济体制的建立与发展提供良好的文化环境。

（五）加强环境建设，创造优良秩序

搞好环境卫生建设，不仅是精神文明建设的需要，而县关系到加快邕宁改革开放发展全局的大事。

1. 县城和乡（镇）街道环境卫生工作要做到“门前三包”、“门前联包”。街道绿化、美化、无乱停放、乱摆乱卖、乱丢废弃物，沟渠畅通，路面平整。积极创造一个整齐、清洁、优美环境、努力创建卫生城、卫生圩镇。同时逐步完善各项管理法规、规章，使环境卫生管理有法可依，有章可循，实施规范化管理、长效管理。

2. 各单位要积极做好绿化、美化、彩化工作，努力创建园林式单位（大院）。农村道路和住房周围要植树绿化，村庄道路平整，环境要卫生，努力创建文明卫生村。

（六）加强载体建设，创文明示范典型

创建文明单位（文明村）活动是把群众性精神文明建设各项任务落到基层、落到实处的有效载体和有效途径。为此，要广泛开展创建文明单位（文明村）活动，积极开展军（警）民共建、工农共建、厂村共建活动。各乡（镇）、各系统每年至少要有一至两个创建达标的单位（村），并使创建（共建）

活动逐步向片区发展，不断扩大创建（共建）范围和规模，为创建文明县打好基础。

三、主要措施

要把群众性精神文明建设活动抓好，抓落实，各级党委、政府和各部门、各单位必须把群众性精神文明建设列入重要议事日程。

1. 各级党委、政府和各部门、各单位要根据本决定、结合本地、本部门、本单位的实际情况，制定出实施方案，在实施过程中做到精神文明建设工作同经济（业务）工作统一研究，统一部署，统一考核，统一表彰。

2. 要把群众性精神文明建设和各项任务纳入领导干部任期目标管理和岗位责任制，列入干部政绩考核内容，同单位、部门、个人经济利益、政治荣誉挂钩，作为干部提职职工晋级、企业升级、评先选模的一个重要条件。

3. 要经常组织文明单位（文明村）开展各种竞赛活动，不断提高创建质量，扩大覆盖面。各级文明单位（文明村）在开展和参加群众性精神文明建设活动中，要起到示范带头作用和辐射作用。

4. 建立健全群众性精神文明建设的领导机构和办事机构。县设立精神文明建设委员会，负责全县群众性精神文明建设的组织领导、统筹规划、综合协调，其日常业务工作由县精神文明建设办公室负责。各乡（镇）、各部门和各单位设立精神文明建设领导小组，领导小组下设办公室，配备精神文明建设专职或兼职干部，负责处理日常工作。

5. 对群众性精神文明建设的各项活动，各有关部门要通力合作，齐抓共管，各司其职。对在群众性精神文明建设中作出突出贡献的单位和个人要给予精神奖励和适当的物质奖励，对忽视群众性精神文明建设的单位及其领导给予黄牌警告，通报批评等处理。

6. 县、乡（镇）每年应拨出一定的经费用于开展群众性精神文明建设活动，并要随着经济和财政收入增收的比例而逐年增加。各单位、农村，也应有计划地安排一定的经费用于本单位、本村群众性精神文明建设活动。

本决定由县精神文明建设委员会负责实施过程中的组织、协调、指导和督促检查。

中共邕宁县委员会　邕宁县人民政府
关于加速科学技术进步的决定

邕发〔1995〕101号

（1995年9月18日）

科学技术是第一生产力，是经济和社会发展的首要推动力量，是国家强盛的重要基石。为大幅度提高社会生产力，增强县综合实力，提高人民生活水平，确保我县经济、社会持续、快速、健康发展，必须加速全社会的科学技术进步。经研究，特作如下决定：

一、全面实施科教兴县的战略

1. 科教兴县是指全面落实科学技术是第一生产力的思想，坚持教育为本，把科技和教育摆在经济、社会发展的重要位置，增强县的综合实力及向现实生产力转化的能力。提高全民族的科技文化素质，把经济建设转移到依靠科技进步和提高劳动者素质的轨道上来，加速实现我县的繁荣强盛。

2. 从现在起到2010年，是实现我县现代化建设步入全国科技先进县行列战略目标的关键历史时期。这一时期内，科学技术发展将更加迅猛，对经济和社会发展将产生巨大的推动作用，也将对人类的生产、生活方式带来革命性的变化。

社会主义市场经济体制的确立，将为科技进步创造更为有利的环境和条件。深化经济体制改革和实现国民经济持续、快速、健康发展，必须根据现实县情，加速国民经济增长从外延型、粗放型向效益型、集约型的战略转变。必须大力解放和发展科学技术，加速科技成果向现实生产力的转化。切实把经济建设转移到依靠科技进步和提高全县劳动者素质的轨道上来，坚定不移地实施科教兴县的战略。

3. 科教兴县基础是教育。科技人才是第一生产力的开拓者，是社会主义建设的骨干力量。要全面实施科教兴县战略，就必须加速培养造就适合我县需要的优秀科技人才。要认真贯彻《中国教育改革和发展纲要》，充分发挥现有的中等教育及其他各类教育在培养科技人才的主力军作用，造就大批德才兼备的科技人才。

4. 实施科教兴县，县直各部门、各乡（镇）党委、政府务必把握好以下几点：

从体制、政策、战略目标、规划、计划等方面体现科持与经济有机的结合。经济和社会发展要把科技进步作为主要推动力，科技工作要把解决经济、社会发展中的重要问题作为首要任务。

以改革作为科技发展的动力，在发展中深化科技体制改革。在政府宏观调控下，充分发挥市场机制对科技进步的推动作用。

坚持以引进国内外先进技术为主，加强自主研究开发为辅的方针，大力推动科技成果的转化的广泛应用。

根据国内科技发展趋势和我县县情，科技发展要有限目标，突出重点，集中力量，攻克关键。

坚持长远目标和近期目标相结合，合理部署技术开发和应用研究工作，不断增强技术开发和应用研究力量。

坚持专业科技队伍与群众性科技活动相结合，科技研究开发与科技普及、推广相结合，科技与教育要结合。

重大科技决策实行民主集中制。坚持“百花齐放、百家争鸣”的方针，切实发扬学术民主，尊重知识，尊重人才。

二、大力推进农业和农村科技进步

1. 农业、农村和农民问题是我县经济发展和社会稳定的首要问题。农村经济发展在全县国民经济和社会发展中占有重要地位。农业发展的根本出路在于依靠科技进步。为加速发展农业经济，确保农村社会稳定，必须把依靠科技进步，提高农村劳动者素质，作为农业科技工作首要任务。

2. 到本世纪末，农村经济和科技工作的首要任务是促进农业科技成果的转化。要着重抓好我县现有农业先进技术的组装配套，并有选择地引进一批区内外优良品种、先进技术，加以推广应用，为实现粮食、甘蔗、果蔬、畜禽、水产等主要农产品生产目标提供技术保证。

3. 各级政府在深化改革中，继续稳定并加强农业技术推广工作，健全农村服务体系。稳定农业技术推广队伍。切实改善农业科技人员的工作和生活条件，重视培养农民技术人才。健全乡（镇）、村科技服务组织，引导基层农业技术推广组织转变机制，逐步成为技术经济实体。积极推动专业技术推广组织和各类农民技术协会或研究会与有关部门协作，促进技术推广、技术服务同物资供应、产品销售、运输存贮等相结合，大力发展技工贸一体化的农村社会化服务体系。

4. 依靠科学技术，促进农村经济全面发展。大面积、大范围、系统配套推广先进适用的科技成果。研究、开发利用高产、优质、高效农业综合增产技术，大力推广应用以甘蔗、粮食、果蔬、畜禽、水产为主的各种农产品优良品种和种养新技术；继续研究解决早稻防寒育秧和晚稻避寒露风品种组合及大面积改造中低产田等技术问题；积极推广保护农业生态环境的综合技术，制止农业生态环境恶化，保护农业生态环境。

5. 大力提高乡（镇）企业技术水平，引导其向技术密集、经营集约的方向发展。推动以科技为先导农村区域性支柱产业的发展，有针对性的推广先进技术和培养输送科技人才，开发当地资源，并在项目、资金、信息等方面给予优先支持，提高农业资源的加工深度和技术附加值，促进农村剩余劳动力转移，加速农村工业化、城镇化进程。发展乡（镇）企业要在提高企业素质上下功夫，坚持以提高经济效益为中心，继续完善乡镇企业的经营运行机制。各级主管部门要认真推广股份制、合作股份制、集体资产存量转让、小型微利和亏损企业租赁经营与拍卖等经验，适时引导和规范。要加强对集体资产的管理，防止集体资产流失。

6. 依靠科技进步控制农村人口增长和提高农村人口素质，合理开发利用自然资源，保护生态环境，是实现农村经济与社会持续、协调发展，是当前农村工作的重点工程。科技工作要为改善农民生存环境，保持人口、资源、环境与国民经济的协调发展，推动农村的社会文明进步做出新贡献。在人口、环境、医药卫生等社会发展的重点领域，优先抓好一批综合性、关键性的重大科技研究推广项目。研究计划生育和重大疾病防治的新技术、新方法，提高计划生育的技术水平，使一些严重危害人民健康的疾病得到控制。重视国土资源、环境保护和资源的永继利用等科技问题的研究与开发。选择谁广计划生育、医药、污染治理、资源综合利用技术，坚持农村经济、环境、社会效益相统一。创造条件，建立食物和营养安全体系，不断提高人民身体素质和生活质量。

三、努力提高产业技术创新能力

1. 技术创新是现代产业发展的动力，是企业科技进步的关键环节。搞好县内企业，特别是大中型企业，调整产业结构，降低单位产值占用资产和提高劳动生产率，提高产品质量和市场竞争力，关键在于提高产业的技术创新能力。提高产业技术创新能力，各部门、各单位必须根据本县产业发展的需要，广泛吸收、采纳国内外先进技术及新思想、新知识，采用先进的管理方法、组织形式和生产工艺，围绕市场需求，组织开发新产品，并科学地组织生产、销售和服务。制定激励政策和技术创新评价指标体系，引导、鼓励本县各类企业应用先进技术，与区内外科研院所、高等院校合作开发先进技术。现阶段重点是抓好科技成果的转化工作，提高科技成果的推广率和覆盖面。

2. 大力推进企业科技进步。必须把增强企业技术创新能力作为现代企业制度建设的重要内容，鼓励有条件的企业以多种形式与科研院所合作建立中试基地、工程技术开发中心等。大中型企业要建立、健全技术开发机构，逐步增强技术创新的能力，促进企业管理的创新、普及和推广管理科学知识，逐步实现企业经营管理现代化，建立、健全为中小型特别是乡镇企业创新服务的组织，向企业推广先进适用技术，提供信息、咨询、培训等服务，帮助企业提高技术和管理水平。

3. 加快传统产业技术改造和新产品升级换代。科技部门要密切配合产业部门，重点围绕本县的制糖、建材、果蔬、食品等支柱产业开展企业诊断、科技攻关，解决管理、生产上的技术关键。重点抓好现有先进技术的组装配套和系统集成，运用技术市场等各种方式，向传统产业转化，加快传统产业的技术改造，提高产业的总体水平。根据国家和广西的产业政策、技术政策，鼓励企业开发应用先进的技术、工艺和装备，限制和淘汰落后的技术和产品，推广共性的电子信息技术、节能降耗技术、先进制造技术、环保技术等。

4. 大力发展高新技术及其产业。发展高新技术产业是带动产业结构升级、大幅度提高劳动生产率和经济效益的根本途径。吸引和鼓励有实力的企业参与高新技术的研究与开发，提高传统产业、产品竞争力，培养新兴产业的生长点，加速用高新技术改造传统产业，提高现有企业创新能力。

四、建设一支庞大的科技队伍，提高全民科技文化素质

1. 科技人才是第一生产力的开拓者，是社会主义现代化建设的骨干力量，为适应社会主义现代化建设的需要，实现科教兴县战略，必须建设一支坚持党的基本路线，具有求实创新、拼搏奉献、团结协作、报效事业、服务人民的科技队伍。按照科教兴县的需要，要特别选拔、培养、造就一大批工程技术带头人、系统组织管理专家和具有现代科技知识、经营管理才能、能率领企业参与国内外市场竞争的企业家，放手让他们担负重任。注重从工人、农民中选拔科技人才及各类专业技术能手。各级党委、政府要大胆提拔起用有事业心、有开拓精神、有科学管理才能、有文化，热心为本县人民服务的青年科技人才，让他们担负重任。

2. 加速培养造就优秀科技人才是一项十分艰巨的战略性任务。各级党委、政府以及全社会都要关心和支持科技人才的培养工作，为优秀科技人才脱颖而出创造良好的社会环境。创造各种有利条件和环境，充分发挥老、中、青科技人员的积极性和创造性，使之各展其长。进一步改善科技人员的工作和生活条件，使其收入和住房水平逐步提高。不断改革和完善科技奖励制度，对作出重大贡献的科技人员给予奖励，使科技工作真正成为受人尊敬、令人羡慕的职业，努力创造"人尽其才、才尽其用"的良好社会氛围。要十分注意发挥邕宁籍留居县外科研人员、工程技术专家、管理专家的作用。要制定对他们实行来去自由、往返方便、有吸引力的政策，欢迎和鼓励他们以多种形式为家乡现代化建设贡献力量。

3. 加强科技宣传和科技普及工作。提高全县人民的科技文化素质是推进科技进步，实现科教兴县战略目标的必要前提，是挤进全国先进县行列的基础。宣传、教育和科技部门以及全社会都要认真贯彻落实《中共中央、国务院关于加强科学技术普及工作的若干意见》，要利用各种舆论工具、设施场所、群众喜闻乐见的各种形式，在广大人民群众中大力普及科学知识、科学思想和科学方法。科技宣传和科技普及是社会主义文明建设的重要内容。各级党委、政府要把科技宣传和科技普及工作作为"两个文明"建设的重要任务常抓不懈，教育干部群众用科学战胜迷信、愚昧和贫困，把人民的生产、生活导入文明、科学的轨道。

4. 广泛开展县内外科技合作与交流是培养、造就科技人才的重要手段。开展科技合作与交流，必须紧密结合本县科技和经济发展的需要，按照平等互利、成果共享、保护知识产权、尊重国内惯例的原则，以双边、多边、官方、民间等多种形式和渠道，多层次、全方位地进行。继续积极引进国内外先进技术和智力，欢迎县外专家来我县工作或开展科技交流。鼓励科技人员特别是中青年科技人员同县外有关学术组织开展合作研究及出外进修、短期考察学习和参加各种学术交流，博采众长，提高学术水平。

五、切实加强党和政府对科技工作的领导

1. 领导广大人民群众完成科教兴县的艰巨任务，是新时期各级党委和政府的神圣职责。各级领导干部，特别是各级党政主要领导，要带头努力学习现代科学技术知识，进一步增强科技意识，提高现代科技管理的能力。各级党委、政府要切实加强对科技工作的领导，把科技工作摆到重要的议事日程，党委和政府关于经济建设和社会发展的重要决策要广泛听取有关专家意见，实现决策的科学化、民主化，并作为坚持民主集中制的一项重要制度贯彻执行。各级领导要对落实各项科技政策、措施的情况经常进行督促检查，发现问题，及时解决。加强各级科技管理部门的建设建立健全乡（镇）科委，各主要经济部门、企事业单位逐步建立科技管理机构。继续抓好科技副乡（镇）长的选派与使用工作。

2. 多渠道、多层次大幅度增加科技投入。是否重视和逐年增加科技投放，是考核各级党政部门及

其主要领导干部重视科技工作的一条重要标准。科技投入是科技进步的必要条件，是实施科教兴县战略的基本保证，各级党政领导必须采取有力措施，鼓励、引导全社会多渠道、多层次地增加科技投入，尽快扭转我县科技投入过低的局面，力争到2000年研究开发经费占国内生产总值的比例达到1.50%以上的目标。大幅度增加财政科技投入。在今后一定时期内，县财政科技投入的增长速度应高于财政收往返增长速度，到2000年县财政科技拨款占县财政支出的1.50%以上。运用经济杠杆和政策手段，引导、激励各类企业增加科技投入，使其逐步成为科技投入的主体。鼓励各行业建立行业技术发展基金。采用高新技术建设的产业和生产的高技术产品，经专家和有关部门认定，按政策给予减免税。各级政府、各部门在用于农业综合开发、重点建设项目的经费中，要划出一定比例的资金，用于解决相应的科技问题。在继续拓宽科技金融渠道，增加科技贷款规模的基础上，创造条件建立县科技信用社、科技风险投资公司等融资机构。筹措资金，主要用于技术开发、技术创新的集体、民办的科技企业，以及技术引进、技术改造中解决技术问题的配套资金。积极吸收县外资金支持发展科技事业。

3. 推进科学技术进步，实施科教兴县战略是全县人民的一项历史性任务，各乡（镇）、各部门及社会各界要团结协作，相互配合，共同为创建全国科技工作先进县做出贡献。要发挥各级科协、各学术组织、工会、共青团、妇联等群众团体的优势，充分发挥他们在推动科技进步、科教兴县中的重要作用，努力形成尊重知识、尊重人才的社会风尚，在全县上下形成科技进步热潮。广大科技工作者要担当起解放和发展科技第一生产力的重任，走在科教兴县的前列，为实现全国科技先进县竭诚奉献智慧和力量。各部门、各乡（镇）要根据本决定的精神，结合各自的具体情况，认真贯彻实施，积极、稳妥、切实地推进全社会的科技进步，为将我县建成全国科技先进县的宏伟目标而共同努力。

中共邕宁县委员会　邕宁县人民政府
关于实行低门槛优惠让利加大招商引资力度的决定

邕发〔2000〕60号

（2000年11月2日）

为抓住西部大开发机遇，扩大对外开放程度，吸引、鼓励国内外投资商来我县投资，促进邕宁经济社会发展，根据国家有关法律法规，结合我县实际，特作本决定。

一、只要符合国家有关投资产业指导和投资方向规定的产业和项目，无论何种经济成分，只要有资金来源，有经营能力，都可以参与我县所有投资开发项目。

二、投资商在我县投资，可采取独资、合资、合作、补偿贸易、参股、控股、兼并、购买、承包、租赁或采取建设—经营—移交（BOT）等投资方式参与农业、工业、第三产业的项目开发建设。

三、投资生产性项目的建设用地，按项目的投资规模、技术含量、效益、税收、资金到位情况，可按土地综合评估价优惠20%~50%出让。

四、投资商投资基础设施、公益性公共设施，由政府以划拨方式提供土地使用权。

五、投资商在我县境内租地并连片从事农业综合开发的，由各级政府和部门负责协调，取得土地或水面使用权。交付租金后，免交土地、水面资源使用费。

六、投资商在我县建办项目，除国家、自治区硬性规定的收费标准外，凡涉及项目行政规费的，收费办法与标准按邕发〔2000〕59号文件规定执行。

七、凡在我县年纳税超过500万元的企业，经县人民政府批准，从实现之年起，返还企业购置土地时属县收取部分的出让金，并免收地方财政留用的行政规费。

八、投资商在我县建办项目，凡符合政策规定的，均享受国家西部大开发优惠政策，以及国家、自治区、南宁市规定的其他优惠政策。

九、应聘到我县各类企事业单位工作的中级技术职称以上人员、各类大中专毕业生，投资商及其直系亲属，均可优先办理户口迁入手续，费用从低收取。

十、凡来我县开发区（管理区）投资从事二、三产业者或定居者，其本人及家属均可在开发区（管理区）落户；属农业人口的，由开发区负责帮助办理其非农业户口手续（费用自理）。

十一、建立招商引资奖励机制，对引荐县外投资商或资金到我县投资的有功人员给予奖励：

1. 引荐国内外投资商兴办各类企业、项目，按企业或项目实际到位资金总额的 2% 奖予引荐人；

2. 引荐国内外资金用于兼并、收购、租赁国有企业经营生产，投入资金达到 50 万元以上的，按实际投入资金总额的 3% 奖予引荐人；

3. 引荐国内外投资商以实物、工业产权和专有技术等投入，作价计算资金达到 50 万元以上的，按其作价计算投入资金的 3% 奖予引荐人；

4. 引荐国内外资金到我县兴办的各类企业、项目产生税收的，按企业（项目）投产后前三年缴纳税额平均值的 10% 一次性奖予引荐人；

5. 引荐国家、自治区、南宁市等有关部门计划外无偿使用资金到我县发展经济、社会各项事业的，若该项目资金管理、使用规定许可，允许按实际到位资金提取 3% 奖予引荐单位作职工福利；

6. 引进每个项目或每笔资金只确认一个引荐主体，由引荐主体根据各引荐者的贡献大小来确定资金分配。

十二、奖金来源与支付办法。除第十一条第 5 款外，奖金由受益单位或受益单位所在的地方财政，按奖励金额一次性或分期向引荐人发放奖金。

十三、本决定由县委办公室、县人民政府办公室负责解释。

本决定自下文之日起施行。凡过去县下发的有关文件与本决定有抵触的，按本决定执行。

中共邕宁县委员会　邕宁县人民政府
关于进一步加快开发区发展的若干规定

邕发〔2002〕4 号

（2002 年 1 月 21 日）

根据《中共南宁市委、南宁市人民政府关于进一步加快开发区发展的决定》（南发〔2001〕54 号）和《中共南宁市委、南宁市人民政府关于深化开发区体制改革实行封闭管理的意见》（南发〔2001〕55 号）文件精神，为加快开发区经济的二次创业和超常规、跨越式发展步伐，把大沙田经济开发区、沿海经济走廊开发区、仙葫经济开发区建设成为开放型、多功能、现代化的新区，现将开发区建设有关事项规定如下：

一、各开发区实施特区式封闭管理。各开发区设党（工）委、管委会，直接对县委、县政府负责，对区域党务、行政经济及社会事务负责。

（一）各开发区党（工）委的主要职责是：

1. 贯彻党的路线、方针、政策和上级党委、政府的指示精神，对开发区重大问题进行决策。

2. 管理开发区中层干部及协助管理县直以及垂直管理部门派驻开发区办事机构的领导班子。

3. 领导开发区党的建设和纪检监察、群团工作。

4. 行使县委授予的其他职权并完成县委交办的其他工作。

（二）管委会的主要职能是：

1. 贯彻国家、自治区、市和县关于经济和社会发展的方针、政策，制定开发区社会发展的各项规划、计划并组织实施。

2. 负责开发区建设总体规划和编制实施详细规划，代表县政府城镇规划主管部门依法进行开发区规划管理。

3. 评审、认定、审批进区企业和项目；审批或报核外商投资企业和项目；管理开发区进出口业务；处理涉外事务，组织对外经济技术合作。

4. 审批开发区各项基本建设计划，负责开发区各项基础设施、公用设施和其他建设项目的监督管理。

5. 负责开发区建设用地的征用、开发和管理，负责开发区房地产开发和房屋产权管理，负责辖区内企业环境保护监督管理工作。

6. 负责开发区财政事务，依法组织税收和财政收支，行使财政管理、监督职能；管理开发区国有资产。

7. 负责开发区社会事务、行政管理、农业、农村、农民工作以及园区管理工作；负责开发区内人事与劳动和社会保障管理；负责本辖区内人口与户籍管理以及婚姻登记等工作。

8. 协调开发区金融、海关、商检工作。

9. 维护社会秩序，保障公民人身财产权利，保障企业自主权和职工合法权益，保障农村集体经济组织应有的自主权。

10. 行使自治区、市和县政府授予的其他职权并完成县政府交办的其他工作。

二、开发区作为特区，拥有相对独立的综合管理权限。特区特管，特事特办，只要有利于开发区的经济发展，符合国家现行产业政策和有关规定，开发区要积极办理。开发区内设机构享有县、市审批管理权限，县级职能部门要将其行使的县和市委、市政府授予审批管理权限，下放或委托开发区行使。

（一）开发区的总体规划，由各开发区内设的规划管理机构组织编制，报县城市规划行政主管部门审核后呈县人大审批，开发区分区规划、控制性详细规划和修建性详细规划由各开发区内设的规划管理机构组织编制和组织实施，报县城市规划行政主管部门备案。开发区内各项建设用地、建设工程审批以及“建设用地选址意见书”“建设用地规划许可证”“建设工程规划许可证”“房屋产权证”“房屋抵押证”等发放，由县城市规划行政主管部门委托开发区内设立的规划管理机构负责，报县城市规划行政主管部门备案。开发区的规划监察及执法工作委托开发区内设的规划管理机构负责。

（二）开发区建设管理机构，负责辖区内市政道路及排水设施、城市绿化及园林设施、城市市容及环境卫生设施的建设、维护和管理，受县建设部门委托，对辖区内的道路挖掘、污水排放、树木砍伐、户外广告设置及各类占道等具有审批权和管理权；受县建设管理部门委托，对违反城市建设管理法规、条例行为具有依法处罚权。

（三）开发区土地管理机构，受县国土资源局委托，在辖区内行使土地使用、登记、发证、出让、划拨、土地纠纷调处和违法用地监督、检查、处罚等管理职权，以及“建设用地批准书”“国有土地使用证”“集体土地使用证”“国有土地使用权出让合同”“他项权证”（含出租、抵押）等发放。报县以上政府审批的事项，县国土资源局要积极协助开发区办理。

（四）县环保监督管理部门委托开发区环保监督管理机构，负责开发区内建设项目环境监督管理；环境保护规划编制；实施排污申报登记，核发排污许可证；对各类环境保护设施实施监督管理，查处环境违法案件；受县环保局委托征收超标排污费，实行收支两条线管理。

（五）开发区物价管理机构对辖区执行的政府指导价、政府定价商品和收费项目，负责进行调查测算，并有权提出调价、定价意见；受县物价局委托，负责“收费许可证”“收费员证”的发放、审核和落实交费登记卡制度。

（六）按区域卫生规划要求，凡是具备条件的开发区应设置相应的卫生防疫管理机构，承担开发区相应的管理职能，凡不具备设置独立卫生防疫管理机构的开发区，由县卫生行政管理部门委托其他医疗卫生机构行使管理职能。辖区内卫生防疫、药店、医疗设点等项审批，须经开发区管委会同意，费用由开发区管委会统一收取。

（七）各开发区设立派出所，负责辖区的社会治安管理和履行派出所的各项管理职能，确保开发区的社会稳定。

（八）县文化和体育管理部门委托开发区文化体育管理机构，负责辖区的文化体育活动和文化市场管理，促进开发区文化和体育建设健康发展。

（九）县计划生育管理部门委托开发区计划生育管理机构，负责开发区的计划生育管理工作。

（十）县水土保持管理部门委托开发区水土保持管理机构，负责辖区水土保持的审批及有关费用的收取。

（十一）县教育管理部门委托开发区教育管理机构，负责开发区办学的审批，以及公立学校的人事管理。

（十二）县民政部门委托开发区民政管理机构，办理辖区一般公民婚姻登记证，负责组建社区居委会以及殡葬管理等。

三、县工商、国税、地税、质量技术监督部门派驻开发区的机构，履行县直职能部门赋予的各项职能，其正副职领导由开发区党（工）委与其上级主管部门共同考核，任命须征求开发区党（工）委的意见。

（一）开发区工商行政管理分局，履行县工商行政管理局赋予的各项职能，并积极支持配合有关部门做好工作。

（二）县国税、地税部门设在开发区的分局（所），按税收管理权限的规定，负责辖区内税务征管，办理辖区内企业在税收方面享受有关优惠政策的市（县）级审办手续；由县局报上级批准在开发区设置税务检查机构，并按国家税务总局下发的《税务稽查工作规程》，行使县级税务检查职能。

（三）县技术监督局可根据工作需要在各开发区设置派驻机构，接受县质量技术监督局和开发区管委会双重领导，负责管理开发区内的质量技术监督和行政执法工作，协调开展各项质量技术监督业务。

四、县直各职能部门与开发区相关职能机构是业务指导，协作关系。开发区对外、对上工作涉及各相关部门时，各部门要热情帮助，提供方便。开发区内设机构与有关派出机构要实行一站式联合办公，公开办事，跟踪服务，提高办事效率与服务水平。

五、任何部门、单位不得以任何理由对开发区及区内企业进行乱收费，乱罚款、乱摊派，随意开展检查、评比活动。未经县委、县政府准许，不得向开发区直接下达各项指令性指标。必要的收费由开发区管委会“一个窗口对外，一个漏斗对内”。除党委宣传部门规定订阅的党报党刊外，任何部门不得强制开发区及区内企业订阅报刊，不得强令参加各种收费性培训班，不准以办理商业保险、广告、推销出版物等名义强行收费。

六、需要对开发区内企业进行检查的，各检查部门、单位首先向县委、县人民政府提出申请，经县委、县人民政府批准同意，并到县纪检委、监察局登记备案后方可入区检查，未经县委、县人民政府同意，不得自行进入开发区企业检查。

七、县级司法和纪检监察机关查办涉及开发区及辖区内企业的案件，确需查封企业账户、扣押财产、传讯法人代表的，应及时与开发区工作领导小组办公室通报，本着“慎重、稳妥”的原则，从快办案。

八、加强开发区领导班子建设。在班子管理上，大沙田经济开发区、沿海经济走廊开发区、仙葫经济开发区三个开发区的正职，由县委提名，市委组织部考核同意后由市委、市政府任命。副职由开发区党（工）委提名，由县委组织部考核，县委、县政府任命。县级驻开发区各职能部门及各派出办事机构的正副职领导由开发区党（工）委及其上级主管部门共同考核，任命须征求开发区党（工）委意见。

九、开发区管委会参照公务员制度管理。管委会在县机构编制部门核定的编制职数内设置职位，中层以下人员的选配和管理由各开发区管委会党（工）委负责，报县人事局备案。开发区中层领导职位，实行竞争上岗，或公开选拔配置。其他职位的人员可采取“双向选择”或竞争上岗办法配置。开发区中层及其以下的员工一律实行聘用制。

十、开发区管委会的分配制度有别于公务员工资，按照以岗定薪和多劳多得原则，实行工作绩效分配制，以招商引资为中心，量化考核，易岗易薪。公务员工资作为档案工资给予保留。具体分配方案由开发区自行研究，自主确定。

十一、建立零收费区。除上交国家、自治区的收费和国家、自治区明令不能减免的收费以及政府专项基金以外，其他收费在开发区内免缴。

十二、开发区收取的土地出让、收益金，除了交国家和自治区外，从2002年起五年内全部留在开发区用于基础设施建设。

十三、大沙田经济开发区、沿海经济走廊开发区、仙葫经济开发区设立一级财政、一级金库，业务上接受县财政部门指导。以2000年为基数，2002年至2006年五年三个开发区地方财政收入实行超基数部分八成留用，以加大开发区环境建设投入，加快工业化和城镇化建设。

十四、开发区内开发项目用地，要依据《土地管理法》征用土地。开发区内企业使用土地，手续按照《土地管理法》和《合同法》及征用土地的有关政策办理。按项目优先使用土地指标。

十五、各开发区的土地出让价格，原则上不得低于土地开发成本价。开发区基本建设的前期配套费用能免就免，免不了的必须执行最低价格。

十六、开发区要建立健全招商机构，加强招商队伍建设，拓宽招商引资渠道，改进招商引资办法，实行审批一站式服务，优化招商引资环境，提高招商引资工作效率。开发区要制定切实可行、便于操作的招商引资奖励实施办法，报县委、县政府审批后实施，以提高单位和个人招商引资的积极性，促进项目进区。

十七、开发区要强化监督约束机制。实行特区式封闭管理，下放管理权限后，各开发区要强化监督约束，形成内部监督网，同时加强社会和舆论监督，确保用好各项管理权限。

十八、开发区封闭管理的区域范围是：大沙田经济开发区39.6平方公里，含原规划区，并对良庆镇那黄村新坡实行行政托管，对蒲庙镇龙岗村、良庆镇良庆街、柳沙园艺场龙蟠村、宋厢坡实行规划、土地、建设管理；沿海经济走廊开发区135平方公里，含原规划区，并对良庆镇玉洞、新村、那黄、坛泽、平乐、那平6个村实行行政托管，对那马镇那马、共和2个村实行规划、土地、建设管理；仙葫经济开发区46平方公里，含原规划区，并对长塘镇那舅、五合、德福3个村和蒲庙镇莫村、和合村的上洲坡、下洲坡实行行政托管。

十九、加强对开发区建设和管理的领导。成立邕宁县开发区工作领导小组，由县委书记和县长任组长，县委、县政府分管开发区工作的副书记、副县长任副组长，有关部门、乡（镇）及各开发区领导任成员，负责指导、协调和监督开发区工作。领导小组下设办公室（设在县政府办公室），主要职责为县委、县政府加快开发区建设当好参谋，协调开发区与自治区、市、县有关部门的工作关系，帮助解决各开发区建设中遇到的有关问题，及时完成开发区工作领导小组交办的其他工作。县委、县政府定期听取开发区实施特区式封闭管理工作的情况汇报，研究、解决开发区发展中的重大问题。同时加强对开发区的考核，并建立开发区工作年度联评、联审制度和开发区管委会每年向县委、县政府述职制度。切实加强对开发区党建工作的领导，真正把各开发区领导班子建设成为勇于开拓、敢于创新、团结拼搏的坚强领导集体，为实现二次创业目标提供强有力的保证。各开发区党（工）委、管委会，要深入贯彻落实江泽民同志“三个代表”重要思想，积极探索新形势下开发区党建工作的新途径、新经验，认真做好辖区内企业和新经济组织党建工作，动员广大党员、干部、员工发扬特区精神，扎实工作，努力完成开发区二次创业的各项任务。

二十、本规定自下文之日起，县各职能部门限期一个月内办理有关职能委托手续。

二十一、本规定未尽事宜，由县开发区工作领导小组办公室综合协调提出意见，报县开发区工作领导小组研究确定。本规定由县开发区工作领导小组办公室负责解释。

二十二、本规定自下文之日起施行。

广西壮族自治区人民政府关于调整南宁市部分行政区划的通知

桂政发〔2005〕6号

（2005年2月17日）

根据《国务院关于同意广西壮族自治区调整南宁市部分行政区划的批复》（国函〔2004〕79号）精神，现就调整南宁市部分行政区划的有关事项通知如下：

一、调整南宁市部分行政区划的具体内容

（一）撤销南宁市城北区、永新区、邕宁县，设立南宁市西乡塘区、良庆区、邕宁区。

（二）将原邕宁县的四塘、五塘、昆仑3个镇划归兴宁区管辖，兴宁区人民政府驻厢竹大道。

（三）新城区更名为青秀区，将原邕宁县的长塘、伶俐、刘圩、南阳4个镇和蒲庙镇的莫村划归青秀区管辖，青秀区人民政府驻仙葫大道。

（四）将原邕宁县的吴圩、苏圩、延安3个镇和原永新区江西镇的同新、同华、锦江、安平、同良、同宁、同江、那廊、智信、扬美10个村划归江南区管辖，江南区人民政府驻壮锦大道。

（五）将原永新区和城北区（不含原永新区江西镇的同新等10个村）划归西乡塘区管辖，西乡塘区人民政府驻大学路。

（六）将原邕宁县的良庆、那马、那陈、大塘、南晓5个镇划归良庆区管辖，良庆区人民政府驻良庆镇。

（七）将原邕宁县的蒲庙（不含莫村）、新江、那楼、镇龙、百济、中和6个乡（镇）划归邕宁区管辖，邕宁区人民政府驻蒲庙镇。

二、做好调整南宁市部分行政区划工作的要求

国务院批复同意调整南宁市部分行政区划，对有效解决南宁市经济社会快速发展与原有县（区）行政管理体制之间的矛盾，拓展南宁市市区发展空间，最大限度地发挥各城区的资源优势，加快城区周边各乡（镇）城镇化进程具有十分重要的意义。南宁市和自治区有关部门要分别做好以下工作：

（一）南宁市部分行政区划调整工作涉及方方面面，南宁市要统筹兼顾、全面安排、稳步推进。要将行政区划调整工作与当前经济社会发展的各项工作有机衔接，做到协调一致，相互促进。

（二）南宁市要认真做好新设城区的各项筹备工作，特别是要按照“精简、统一、效能”的原则，合理设置西乡塘区、良庆区、邕宁区的机构，做好被撤销县（区）的人、财、物的移交工作。

（三）南宁市部分行政区划调整涉及广大干部职工的切身利益，南宁市要从维护稳定、有利发展的要求出发，切实做好人员安置工作。同时，要做好思想政治工作，教育广大干部职工顾全大局，服从组织安排，做到思想不散、秩序不乱、工作不断。

（四）南宁市要切实加强对国有和集体资产的管理，坚决杜绝借行政区划调整之机以各种名义和形式侵吞、私分国家、集体财产的违法违纪行为。要严肃人事纪律，在人员安排中严格坚持公开、平等、竞争、择优的原则，严禁借行政区划调整之机对工作人员突击晋级晋职。对违法违纪的，有关部门要严肃查处。

（五）自治区有关部门要大力支持、指导南宁市做好此次行政区划调整工作。

（六）南宁市部分行政区划调整工作结束后，南宁市要抓紧修编城市总体规划，高标准地做好新设城区尤其是良庆区、邕宁区的规划，加大新设城区的城市基础设施建设力度，提高新设城区的城市管理水平，改善新设城区的投资环境，促进新设城区经济社会快速发展，并督促各城区严格按照国务院批复的管辖范围加强行政管理。

（七）按照《民政部关于调整变更行政区划时审核行政区域界线问题的通知》（民发〔2001〕62号）的要求，南宁市部分行政区划调整工作结束后，南宁市必须根据国家勘定行政区域界线工作的有关规定，按照国务院确认的《广西壮族自治区人民政府关于调整南宁市部分市辖县区行政区划的请示》（桂政报〔2004〕3号）文字描述的各市辖区行政区域界线走向，及时组织行政区划调整涉及的行政区域界线勘定工作，力争此项工作在2005年6月底前完成。

南宁市人民政府
关于调整南宁市部分行政区划的通知

南府发〔2005〕16号

（2005年3月16日）

根据《国务院关于同意广西壮族自治区调整南宁市部分行政区划的批复》（国函〔2004〕79号）和《广西壮族自治区人民政府关于调整南宁市部分行政区划的通知》（桂政发〔2005〕6号）精神，现就调整南宁市部分行政区划工作的有关事项通知如下：

一、调整南宁市部分行政区划具体方案

按照国函〔2004〕79号批复和桂政发〔2005〕6号通知，南宁市调整部分行政区划的具体方案：

1. 撤销南宁市城北区，永新区和邕宁县，设立南宁市西乡塘区、良庆区、邕宁区。

2. 将原邕宁县的四塘、五塘、昆仑3个镇划归兴宁区管辖。将兴宁区安宁街道划入新设立的西乡塘区管辖。调整后兴宁区辖三塘、四塘、五塘、昆仑4个镇，朝阳、民生2个街道，总面积约751平方公里，总人口27.3万人。兴宁区人民政府驻厢竹大道。

3. 新城区更名为青秀区，将原邕宁县的长塘、伶俐、刘圩、南阳4个镇和蒲庙镇的莫村划归青秀区管辖。调整后青秀区辖长塘、伶俐、刘圩、南阳4个镇、津头1个乡、建政、新竹、中山、南湖4个街道，总面积约872平方公里，总人口52.5万人。青秀区人民政府驻仙葫大道。

4. 将原邕宁县的吴圩、苏圩、延安3个镇，原永新区江西镇（除老口、兴贤2个村外）划归江南区管辖。调整后江南区辖那洪、沙井、江西、吴圩、苏圩、延安6个镇，福建、江南2个街道，总面积1154平方公里，总人口40.2万人。江南区人民政府驻壮锦大道。

5. 将原城北区和永新区（不含原永新区江西镇的同新、同华、锦江。安平、同良、同宁、同江、那廊、智信、扬美等10个村，）划归西乡塘区管辖。原永新区江西镇的老口、兴贤2个村划归石埠镇管辖。西乡塘区辖金陵、那龙。双定、心圩、石埠、坛洛6个镇、富庶1个乡，西乡塘、衡阳、北湖、安吉、新阳、华强、上尧、安宁8个街道，总面积1118平方公里，总人口71.70万人。西乡塘区人民政府驻大学路。

6. 将原邕宁县的良庆、那马、那陈、大塘、南晓5个镇划归良庆区管辖。良庆区辖上述五个镇，总面积1369平方公里，总人口20.8万人。良庆区人民政府驻良庆镇。

7. 将原邕宁县的蒲庙（不含莫村）、新江、那楼、镇龙、百济、中和6个乡镇划归邕宁区管辖。

邕宁区辖原邕宁县的蒲庙镇、新江镇、那楼镇、镇龙乡、百济乡、中和乡共6个乡镇，总面积约1295平方公里，总人口31.60万人。邕宁区人民政府驻蒲庙镇。

二、调整后南宁市城区界线走向

根据自治区人民政府上报国务院审批确定的南宁市城区界线方案，调整后南宁市城区界线走向如下：

1. 邕宁区与良庆区

邕宁区与良庆区的行政区域界线从邕宁区、良庆区、青秀区三城区界线交会点（位于邕江主航道中心线上）起，向南沿蒲庙镇与良庆镇的乡镇界线、蒲庙镇与那马镇的乡镇界线、新江镇与那马镇的乡镇界线、新江镇与大塘镇的乡镇界线、百济乡与大塘镇的乡镇界线、百济乡与南晓镇的乡镇界线，至邕宁区、良庆区和钦州市钦北区的界线交会点止。

2. 良庆区与江南区

良庆区与江南区的行政区域界线从良庆区、江南区、青秀区的三城区界线交会点（位于水塘江口直对邕江主航道中心线上）起，向南沿水塘江至良庆镇与那洪镇的乡镇界线，再向南沿那马镇与那洪镇的乡镇界线、那马镇与吴圩镇的乡镇界线、那陈镇与吴圩镇的乡镇界线、那陈镇与延安镇的乡镇界线，至良庆区，江南区和上思县界线交会点止。

3. 江南区与西乡塘区

江南区与西乡塘区的行政区域界线从江南区、西乡塘区与扶绥县界线交会点（位于左江主航道中心线上）起，沿左江主航道中心线转往邕江主航道中心线至江南区、西乡塘区与青秀区三城区界线交会点（位于民生码头附近的邕江主航道中心线上）止。

4. 青秀区与邕宁区

青秀区与邕宁区行政区域界线从青秀区、良庆区、邕宁区三城区界线交会点（位于邕江主航道中心线上）起，由西向东沿邕江主航道至蒲庙镇、长塘镇、刘圩镇三镇界线交会点，再沿蒲庙镇与刘圩镇界线、那楼镇与刘圩镇界线、中和乡与刘圩镇界线、南阳镇与中和乡界线到邕宁区、青秀区与横县的界线交会点止。

5. 江南区与青秀区

江南区与青秀区行政区域界线从西乡塘区、青秀区、江南区三城区界线交会点（位于民生码头附近的邕江主航道中心线上）起，由西向东，沿邕江主航道中心线至江南区、青秀区、良庆区三城区界线交会点（位于水塘江口直对邕江主航道中心线上）止。

6. 西乡塘区与兴宁区

西乡塘区与兴宁区的行政区域界线从西乡塘区、兴宁区与青秀区三城区界线交会点（民生路与江滨路交叉口）起，向北沿民生路上解放路、华强路至中华路，沿中华路转友爱路至友爱铁路立交桥，沿铁路上专线铁路向北至秀厢大道，沿秀厢大道至邕武路，沿邕武路直至武鸣县、西乡塘区、兴宁区三县区界线交会点止。

7. 兴宁区与青秀区

兴宁区与青秀区行政区域界线从兴宁区、青秀区、西乡塘区三城区界线交会点起（民生路与江滨路交叉口），向东沿江滨路经民族大道至共和路口，向北沿共和路至民乐路口，沿民乐路转往民主路南一里至民主路，转向东沿民主路至长堽路，沿长堽路，旧邕宾公路至三塘镇与津头乡乡镇界线，沿三塘镇与津头乡界线、四塘镇与长塘镇界线、五塘镇与长塘镇界线、五塘镇与伶俐镇界线、昆仑镇与伶俐镇界线至兴宁区、青秀区、宾阳县三县区界线交汇点止。

8. 西乡塘区与青秀区

西乡塘区与青秀区行政区域界线从西乡塘区、兴宁区、青秀区界线交会点（民生路与江滨路交叉口）

起，向南至西乡塘区、青秀区、江南区界线交会点（位于民生码头附近的邕江主航道中心线上）止。

9. 青秀区与良庆区

青秀区与良庆区的行政区域界线从良庆区、江南区、青秀区的三城区界线交会点（位于水塘江口直对邕江主航道中心线上）起，由西向东，沿邕江主航道中心线至青秀区、良庆区、邕宁区三城区界线交会点（位于邕江主航道中心线上）止。

三、调整南宁市部分行政区划的工作要求

这次调整南宁市部分行政区划，对于拓展南宁城市发展空间，解决南宁市社会经济的迅速发展与行政管理区域矛盾的问题，进一步提高行政管理效能，最大限度发挥各城区的综合资源，加快市区周边乡镇城镇化和全市社会经济的发展具有十分重要的意义。为此，市人民政府要求各有关县、城区和市直有关部门做好如下工作：

1. 在行政区划调整期间，各级政府要加强对有关县、城区所属机关、企事业单位的管理，要按照国务院的批复和自治区政府的指示精神，加强组织观念，严肃财经纪律，严防私分国家与集体财产、滥发钱物奖金和违反各项财务制度的现象发生。要严肃人事纪律，在人员安排中严格坚持公正、公平的原则，严禁借区划调整之机突击晋级晋职。要做到“八个不乱”（思想不乱、日常工作不乱、财经工作不乱、人事管理不乱、编制不乱、土地管理不乱、社会治安不乱、档案管理不乱）。对违法违纪的有关部门要严肃依法查处。

2. 这次调整南宁市部分行政区划，工作量大，涉及面广，直接关系到干部职工的切身利益。各级政府，各有关部门领导要高度重视，耐心细致地做好干部群众的思想政治工作，教育广大干部从大局出发，加强纪律观念，服从组织安排。要周详考虑有关县、城区机构设置和人员编制的确定工作，认真做好有关县区干部职工的人员分流安置，尽量减少因行政区划调整而产生的波动，确保全市正常的生活、工作秩序和社会的稳定。

3. 各有关县、城区要讲团结、讲大局、讲风格，正确处理国家、集体和个人之间的关系，正确对待去留和进退，做好交接工作。要加强请示汇报，上下沟通，及时解决矛盾问题，做到区划调整与正常工作两不误，确保我市区划调整工作的顺利完成。

4. 南宁市部分行政区划调整后，城区行政区域变动大，各城区要严格执行《行政区域界线管理条例》〔国务院令（第353号）〕，按照自治区人民政府上报国务院审批确定的城区界线，认真做好行政区划的调整交接，落实属地管理原则，切实搞好辖区各项管理工作。

5. 南宁市部分行政区划调整工作结束后，有关部门要抓紧修编城市总体规划，高标准地做好新设城区尤其是良庆区、邕宁区的规划，加大新设城区的城市基础设施建设力度，提高新设城区的城市管理水平，改善新设城区的投资环境，促进全市社会经济的稳步快速发展。

广西壮族自治区人民政府
关于同意撤销邕宁县大王滩乡建制的批复

桂政函〔1991〕6号

（1991年2月8日）

南宁市人民政府：

南府报〔1990〕48号文悉。经研究，同意撤销邕宁县大王滩乡建制，并将濑琌、文林、那徐、六

眼等四个村公所的行政区域划归那陈乡管辖；连山、一致两个村公所的行政区域划归那马乡管辖；新桥村公所的行政区域划归吴圩镇管辖，所需经费由你市自行解决。请邕宁县人民政府认真做好有关工作。

广西壮族自治区人民政府
关于同意邕宁县撤销九塘乡设立昆仑镇的批复

桂政函〔1994〕76 号

（1994 年 12 月 14 日）

南宁市人民政府：

你们《关于邕宁县九塘乡撤乡建镇及更名的请示》（南府报〔1994〕53 号）悉。根据《国务院批转民政部关于调整建镇标准的通知》（国发〔1984〕165 号）精神，经研究，同意将邕宁县九塘乡改为镇建制，并更名为昆仑镇。昆仑镇以原九塘乡为其行政区域，不增加机构和人员编制，建镇经费由当地自行解决。请协助邕宁县人民政府认真做好撤乡建镇工作。

广西壮族自治区人民政府
关于同意将邕宁县大塘等八个乡改为镇建制的批复

桂政函〔1994〕83 号

（1994 年 12 月 31 日）

南宁市人民政府：

《南宁市人民政府关于请求批准将邕宁县大塘等八个乡撤乡设镇的请示》（南府报〔1994〕131 号）悉。根据《国务院批转民政部关于调整建镇标准的请示的通知》（国发〔1984〕165 号）精神，经研究，同意将邕宁县大塘、南阳、刘圩、伶俐、良庆、那马、那楼、四塘八个乡改为镇建制。各乡撤乡设镇后原辖行政区域不变，不增加机构和人员编制，建镇所需经费由当地自行解决。请协助邕宁县人民政府做好上述各乡的撤乡建镇工作，加快建制镇基础设施建设，加强管理，提高小城镇质量。

广西壮族自治区人民政府
关于同意邕宁县南晓乡、那陈乡改为镇建制的批复

桂政函〔1996〕112 号

（1996 年 5 月 21 日）

南宁市人民政府：

你们《关于请求批准邕宁县南晓乡撤乡设镇的请示》（南府报〔1996〕12 号）、《关于请求批准邕宁县那陈乡撤乡设镇的请示》（南府报〔1996〕13 号）悉。根据《国务院批转民政部关于调整建镇标准的报告的通知》（国发〔1984〕165 号）精神，经研究，同意将邕宁县南晓乡、那陈乡改为镇建制，原辖行政区域不变，不增加机构和人员编制，建镇所需经费由当地自行解决。请帮助邕宁县人民政府

认真做好南晓镇、那陈镇的建镇工作。

广西壮族自治区人民政府
关于同意邕宁县延安乡等3乡改为镇建制的批复

桂政函〔2000〕129号
（2000年6月20日）

南宁市人民政府：

你们《关于请求批准邕宁县延安乡撤乡设镇的请示》（南府报〔2000〕39号）、《关于请求批准邕宁县新江乡撤乡设镇的请示》（南府报〔2000〕40号）、《关于请求批准邕宁县长塘乡撤乡设镇的请示》（南府报〔2000〕41号）悉。根据《国务院批转民政部关于调整建镇标准的报告的通知》（国发〔1984〕165号）精神，同意邕宁县延安、新江、长塘乡改为镇建制。所辖行政区域不变，不增加机构和人员编制，建镇所需经费由当地自行解决。请帮助邕宁县人民政府做好上述乡的撤乡建镇工作，并按小城镇总体规划要求搞好建设。

划定邕宁县乡镇（村）革命老区文件摘要

（一）

1996年3月15日，广西壮族自治区民政厅、广西区党委党史研究室《关于补充划定革命老根据地的意见》（桂民办字〔1996〕13号）文件规定。（摘录）

划定老区时间范围：按第二次国内革命战争、抗日战争和解放战争时期分别划定。按“三个时期”不同类型老区的标准，属“二战”和抗战时期的就划定为那个时期的老区，属解放战争时期的，就划定为游击根据地。

划定老区的条件：第二次国内革命战争老区的划定条件：曾经有党组织，建立工农政权，有革命武装，并进行了武装斗争，发动了群众，进行了打土豪、分田地、分粮食、牲畜等运动，坚持半年以上时间的。

抗日战争老区的条件：曾经有党的组织，建立了抗日民主政权，有革命武装，并进行了武装斗争，发动群众进行了减租减息运动，坚持一年以上时间的。

解放战争游击根据地的划定条件：一、建立了党的组织，或在游击队、武工队的党组织领导下进行革命斗争；二、组织了农会、民兵组织，并在上述组织领导下发动群众进行革命斗争；三、建立了人民政权，或在党的领导下建立了革命的“两面”政权（指有些乡村虽是建立国民党政府、国民党联防办事处，但其他主要领导人是我们党派进去的，其领导权完全由我们控制），进行了革命斗争；四、发动群众参军参战，支援部队，建立了革命武装或在党领导下开展了武装斗争，坚持一年以上时间的。

（二）

2002年11月5日，南宁市人民政府《市人民政府关于同意划定我市城区、邕宁县、武鸣县的有关乡（镇）、村为革命老区的批复》（南府复〔2002〕43号，摘录）

一、划定为第二次国内革命战争时期的革命老区：

吴圩镇、苏圩镇、延安镇、那马镇。

二、划定为抗战时期的革命老区：

蒲庙镇的汉林街居民委员会、团结街居民委员会、和平街居民委员会、新新村民委员会、孟莲村民委员会、梁村村民委员会、公曹村民委员会、良信村民委员会、广良村民委员会。

良庆镇的新兰村民委员会。

刘圩镇的刘圩村民委员会、麓阳村民委员会。

长塘镇的长塘村民委员会。

大塘镇的太安村民委员会、南州村民委员会。

南晓镇的新民村民委员会、平朗村民委员会、大满村民委员会、台马村民委员会、雅王村民委员会。

三、划定为解放战争时期的革命游击根据地：

蒲庙镇、良庆镇、那马镇、新江镇、百济乡、那楼镇、镇龙乡、刘圩镇、伶俐镇、四塘镇、五塘镇、吴圩镇、大塘镇、那陈镇、南晓镇。

长塘镇的长塘村民委员会、五合村民委员会。

苏圩镇的苏圩村民委员会、仁德村民委员会、隆德村民委员会、敬团村民委员会、新德村民委员会。

延安镇的华南村民委员会。

昆仑镇的八塘村民委员会、平地村民委员会。

黄家范县长在邕宁县第十届人民代表大会第三次会议上政府工作报告（摘要）

（1992年2月25日）

一、1991年工作的基本情况

1991年，在上级党委、政府和县委的领导下，在县人大常委会的监督和支持下，我们坚决贯彻落实党的十一届三中全会以来的路线、方针、政策，特别是党的十三届六中、七中、八中全会精神，以经济建设为中心，坚持四项基本原则，进行治理整顿，全面深化改革，尽管遇到资金紧缺、市场疲软和严重自然灾害等因素造成的各种困难，仍然取得不少成绩。全县工农业总产值为127764万元，比上年增长1.59%。其中工业总产值52153万元，比上年增长3.17%；农业总产值75611万元，比上年增长0.54%。糖厂扩建部分还贷后，财政收入9035万元，比上年实际收入增加。城乡年末储蓄余额23984万元，比上年增加5014万元。农民人均纯收入637元，比上年增加4元。在重重困难面前能取得这些成绩，我们主要抓如下几方面工作。

（一）坚持把“稳定大局”工作摆在首位，在干部群众中广泛开展社会主义思想教育

在实践中，我们深深体会到，只有稳定的环境，才能更好地进行改革和建设。为此，我们始终把坚持“稳定大局”的工作摆在首要位置，在全县范围内对干部群众广泛进行社会主义思想教育。各级政府、各部门都把维护和发展安定团结作为一项突出的任务，紧紧围绕稳定大局抓好各方面工作。根据中央的部署，我们从1991年开始，决定用两、三年时间在干部群众中开展党的基本路线教育、坚持四项基本原则教育、爱国主义教育、集体主义教育和艰苦奋斗教育等“五个教育”。特别在农村，遵照中央〔1990〕18、19号文件以及区党委桂发〔1990〕3号文件精神，结合本县实际，去年先后分两批共抽调1200多名县、乡（镇）干部，到全县160多个村公所开展两期社会主义思想教育。同时，切实落实中央〔1990〕3号文件精神，继续把基层联系点工作抓好。各级政府、各部门的领导同志都深入农村、厂矿、学校调查研究，了解民情，关心基层干部疾苦，为基层、为群众办实事。并在深入群众、深入基层中发扬民主，认真听取各方面的意见，进一步融洽了干群关系。通过各种形式开展社会主义思想教育，提高了广大干部群众的思想觉悟、振奋了民族精神，坚定了社会主义信念，自觉地抵制资本主义、封建主义腐朽思想侵袭。全县出现了政治稳定、社会稳定、经济稳定，保证了改革工作的健康发展。

（二）坚定不移地执行“治理整顿、深化改革”方针，经济持续稳定发展

治理整顿，深化改革，是确保经济发展的重要途径。我们坚定不移地贯彻执行这个方针，促进了全县经济的持续稳定发展。

1、始终坚持农业为基础的思想，切实加强对农业的领导，保证农业的发展。去年，我们认真贯彻落实中共中央、国务院《关于一九九一年农业和农村工作的通知》（即中发〔1990〕18号文件），进一步稳定和完善农村家庭联产承包为主的责任制，建立健全统分结合的双层经营体制。各级领导进一步提高对农业地位的认识，切实加强对农业的领导。一是抓好水利建设。各级领导从实践中看到了水利对农业的制约，充分体会到“水利是农业的命脉”，比较重视水利建设，前冬去春大搞水利基本建设取得显著成效。全县上工人数达18.04万人，完成劳动积累728.56万个工日，投入资金252万元，渠道清淤3923.90公里，完成土石方497.72万立方米，维修机电泵397台，15041.60千瓦，维修柴油机352台，2944千瓦。在搞好水利整修的同时，认真贯彻执行国家《水法》和自治区《水利工程管理条例》，使水利在大旱之年起了很大作用。二是抓紧粮食生产。粮食是农业基础的基础，始终紧紧抓住不放，并采取了切实措施。（1）确保粮食种植面积。全年落实主要粮食作物播种面积124万亩，其中早稻60万亩，晚稻58万亩，早晚玉米6万亩。由于遇上历史罕见的春旱，早稻实插面积42.62万亩，占计划70.10%。晚稻实插60.36万亩，比计划扩大2.36万亩。（2）积极推广高产良种。全年推广种植杂交水稻60.06万亩，此外，还抓好高产常规良种，使全县种植水稻良种面积达90%以上。（3）抓好季节关。虽然春秋旱，春夏播种都比上年提早10~15天。（4）抓紧实施粮食增产星火计划的“三田”建设。全年实施面积44.51万亩，总产15623.01万公斤，平均亩产351公斤，单产比面上增产89.2公斤，增34%。提前一年完成了“星火计划”项目的实施任务。（5）抓好技术培训和适用新技术的推广。根据农时对县、乡、村干部和农技员进行技术培训；积极推广使用多效唑、“一攻三喷”、叶龄模式栽培和氮、磷、钾配方施肥技术。同时推广合作植保，对病虫鼠害实行综合防治。推广多效唑获得自治区农业厅授予一九九一年度“推广奖”。（6）各行各业紧密配合，为农业排忧解难。工业部门让电、压电支农；供销、农资、农机、石油部门积极组织农膜、化肥、农药、柴（汽）油等物资；金融部门想方设法解决农业生产资金困难；农业科技部门建立服务网络，全面普及农业科学技术。采取了这些措施，在罕见的大旱之年，粮食损失减少到最低限度，总产量为4.7亿斤，比上年减2.2亿多斤。三是抓经济作物生产。甘蔗是我县的重要经济支柱，坚持抓住不放，稳定发展。去年种植30.83万亩，比上年扩种1.25万亩，总产122.88万吨，比上年增产4万吨。花生种植98115亩，总产608.2万公斤，比上年减44%；西瓜种植10.43万亩，总产7982万公斤，比上年减750万公斤。四是抓林果生产。全县人工造林59157亩，完成计划108.35%。其中工程造林完成36074亩，完成计划74.18%。水果面积10.1万多亩，其中新种面积18100亩，总产量为4802.27万公斤，比上年增774.71万公斤。五是抓畜牧水产业。生猪饲养量56.24万头，比上年增3.7%。存栏34.05万头，比上年增0.12%。出栏22.19万头，比上年增2.07万头。牛存栏15.54万头，比上年增9000头。养鱼水面16.70万亩，鲜鱼产量388.28万公斤，比上年增产6.54万公斤。

2、不断完善工贸企业承包责任制，调整产品结构，开辟新产品，工贸经济稳定发展。我们着重抓几方面工作：一是认真组织开展“质量、品种、效益年”活动，完善承包责任制工作。工贸战线都认真总结第一轮经营承包责任制的经验和教训，第二轮承包本着平稳过渡的精神，由招标承包改为集体全员承包；承包企业法定代表由组织考核，经上级批准任命；承包指标多方考虑，既积极又留有余地。实践证明这种经营承包能调动企业的积极性。二是调整产品结构。工业企业根据市场需求不断调整和推出新产品，使不少企业有了转机。三是增加对技改项目的投入。去年批准工业技改项目 20 个，总投资 1319.70 万元，新增产值 2780 万多元。四是整顿巩固中外合资企业和乡镇企业。中外合资企业完成产值 600 万元，比上年增 21.21%。乡镇企业总收入 26033 万多元，比上年增长 10.01%；总产值 24100 万多元，比上年增 9.17%。五是财贸战线坚持“发展经济，保障供给”的方针，以稳定为中心，不断提高服务质量，增加服务网点，加强支农工作，为商品生产提供产前、产中、产后服务。同时强化税收和清理“三角债”，并本着“优化信贷结构，盘活资金存量”原则，择优支持工业生产，发挥“后勤部”作用。农村商贸购销繁荣、稳定，城乡储蓄持续增长。商业系统总购进 16035 万元，比上年增长 5%；总销售 23845 万元，比上年增长 17%。供销社系统总购进 14717 万元，比上年实绩增长 0.10%；总销售 16369 万元，完成年计划 97%。城乡年末储蓄余额 23984 万元，比上年增加 5014 万元。外贸收购出口完成 525 万元，占上级下达计划的 169.35%。

（三）教、文、卫、体有了新发展，科技工作获得新成果

我们遵照中央“必须坚持把发展教育事业放在突出的位置，加强智力开发”的战略决策，把教育放在优先发展的战略地位，全面贯彻党的教育方针，把升学教育转到素质教育轨道上来。继续完善县、乡、村“三级”办学体制，进一步改革和加强基础教育，加快了普及九年制义务教育步伐和农村教育综合改革步伐；农村扫盲教育和社会办学有新发展；勤工俭学活动广泛开展，办学条件有所改善。继续加强师资队伍建设，提高教师素质，提高教学质量。同时逐步改善教职工的居住条件和生活待遇，调动教职工的积极性。文化工作坚持“两为”方向和“双百”方针，做到一手抓“扫黄”，一手抓繁荣，不断整顿文化市场，净化社会文化。抓农村文化基础设施和文化队伍思想建设，完善各种规章制度，群众文化工作又有新起色，文联、文艺创作演出和图书、电影发行，文物、放映管理等工作也取得新成绩。县志完成了初稿编纂任务和编写出版了《昆仑关史料荟萃》工作。卫生工作执行“预防为主，防治结合”的方针，把初级卫生保健纳入社会发展总体规划，继续整顿各级医疗机构，加强医德医风教育，健全医疗规章制度，提高服务质量。坚持做好防救工作，抓好卫生防疫、食品卫生监督检查和妇幼保健。同时抓紧卫生院的抢危工作，逐步改善卫生院医疗条件。广泛开展爱国卫生活动，继续抓好农村人畜饮水问题，工程总投资 599 万元，其中县财政拨款 85 万元，群众集资 315 万元，县临时性和上级有关部门补助 199 万元，完成工程 118 项，解决 4.68 万多人和 5000 多头牲畜的饮水困难。加强体育工作，广泛开展全县群众性体育活动，认真办好业余体校，加强业余训练工作，积极培养后备人才，竞技体育不断发展。去年我县向体育院校和上级体工队输送 1 5 名运动员，并在参加市级以上的体育比赛中获奖牌 315 枚，比上年增加 18 枚（其中金牌 58 枚，银牌 50 枚，铜牌 57 枚）。

我们继续贯彻执行《中共中央关于科学技术体制改革的决定》，认真落实“经济建设必须依靠科学技术，科学技术工作必须面向经济建设”的方针，促进科技与经济的有机结合，把经济建设切实转到依靠科技进步上来，提高科技因素在经济产值中的比重。工业方面，抓好原有企业设备的技改工作；农业方面，认真抓好粮食、甘蔗大面积增产综合技术为主的“星火计划”、“燎原计划”、“丰收计划”以及以新技术引进试验示范为主的科研“三项计划”。粮食增产的“星火计划”提前一年完成了实施项目任务。畜牧业方面，抓紧实施“133”工程等“星火计划”项目，养牛业推广“两改三推”，养猪业推广“七改四推”、养禽业推广“五推广”技术，加上畜牧技术服务中心建成开业，促进了畜牧事业的发展。科技的进步，为全县经济的振兴作出了积极贡献。

（四）交通、城建、扶贫、优抚、五保户供养及劳动就业工作迈出新步伐

我们坚持把发展交通事业作为振兴经济脱贫致富的重要战略措施抓紧抓好。修建乡村公路，解决山区交通难始终是我们工作时着重点。去年投入地方公路资金 116 万元，完成了延安—华南扶贫公路全线路基和岽岨桥、华灵桥的施工；完成了和平—大元、红星—太安、雅王—团城共33公里的测设工作；修复五塘沙平、两山桥和那马共和路段水毁工程。修复和养护公路总长210多公里。只用三个多月突击完成了八尺江大桥的扩建工程。所负责自治区重点工程南梧二级公路邕宁段的建设，以最快的速度、最好的质量基本完成工程各项任务，受到上级的赞扬。同时，抓好运输管理，整顿水陆交通安全，航运连续保持七年无水上交通安全重大事故。加强城建规划，严禁无证设计，实行建筑工程质量监督制度，加强施工队伍管理和指导村镇建设。完成了县城街道平整铺设，增加街道护栏、交通指示灯和其他交通设施。完成了县城那元路段的修复，县纸厂路和政府大院后住宅区道路以及刘圩街头路段正在施工。还划拨25万元给乡镇改善街道路面、建公厕。完成了大塘、良庆两集镇的规划设计。

扶贫、五保户供养、优抚、群众生活安排和劳动就业工作，关系到社会安定问题，是政府一项义不容辞的职责，我们都注意切实抓好。到去年，累计拿出89万多元扶持7086户，31978人发展生产，已有3219户，12124人脱贫，其中有831户走上富裕路。尤其是极贫困的延安乡岽岨村，去年拨出无息有偿借款1.7万元，发展甘蔗133亩，全村15户87人，当年平均每人纯收入600元，一举脱了贫。全县五保户总数4018户，4988人，都采取了各种形式落实供养，并为所有五保户房屋办了保险。优抚方面，县成立双拥工作领导小组，对义务兵家属、军烈属和伤残军人基本兑现了优抚金，并为两户两属和重点受灾户41887户，22.5万人，发粮证514.74万公斤，款31万元。还有各界人士捐献衣物4.32万件，粮卡7.5万公斤，款4.8万元。此外用于冬令衣被救济款14万元和临时救济款15.14万元，使灾民安全度荒。劳动部门本着服从稳定大局和服务经济发展，认真抓好劳动就业，去年共安置4218人。与此同时，不断深化社会劳动保险制度和工资制度的改革，搞好劳动安全监察，加强仲裁建设，对促进我县的社会稳定和经济发展起了积极作用。

（五）社会主义精神文明建设和民主法制建设进一步得到加强

精神文明是物质文明建设坚持正确方向的重要保证。我们坚持两个文明一起抓，认真抓好城镇、厂矿、学校、农村宣传阵地建设，开展喜闻乐见的健康有益的文体活动；办好广播电视、黑板报、墙报；开展“学雷锋，树新风”“三优一学”“双学双比”“五好家庭”“文明户”等活动，不断提高广大干部群众自觉抵制封建主义残余和资产阶级腐朽思想的侵蚀，树立了社会主义新风貌，各行各业涌现了一批先进单位、集体和先进个人。实行计划生育是关系到经济发展，社会进步和民族振兴的重大问题，我们常抓不懈，取得了突破性的进展。去年完成四种计生手术33735例。多孩率从上年的1 5.06%下降到7.5%，较好地控制了人口增长。

我们切实加强公安、司法、调处、民兵工作的领导，抓紧社会治安综合治理。认真抓好社会主义民主和法制教育，去年是全国实施“二五”，普法规划的第一年，我县是自治区试点县之一。根据中央精神和区市统一部署，在全县掀起了普法热潮，进一步提高法制观念，与此同时，强化社会治安管理，扎扎实实做好安全防范工作，推行群防群治，推进社会治安综合治理。继续抓好“扫黄”、清除“六害”，开展各种专项斗争，严厉打击刑事犯罪和严重经济犯罪活动，不断清除社会上各种丑恶现象，创造了一个良好的社会环境。调处工作坚持“以防为主、调防结合”的方针，完成了“三大纠纷”工作任务。民兵工作方面，广泛宣传新的《民兵工作条例》和《兵役法》，增强全民国防观念，完成了上级交给的军事训练、民兵整组、兵役登记、兵员预征、退伍军人预备役登记核对统计和冬季征兵工作任务，组织民兵参加两个文明建设，扎实抓好以劳养武活动，并在维护社会治安中发挥积极作用。

（六）树立“公仆”思想，廉政建设取得新成绩

我们始终把廉政建设作为一项重要战略任务来抓，把惩治腐败的斗争坚持不懈地进行下去。各级政府都建立了廉政建设领导机构，要求领导干部做出表率；进一步健全廉政制度，并发挥监察、审计、物价等监督部门的职能作用和各民主党派，无党派人士，群众团体的民主监督以及新闻广播的舆论监督作用；继续推行“两公开一监督”制度，自觉接受群众的监督，进一步增强了各级机关工作人员的廉政意识，发扬了艰苦奋斗、廉洁奉公、全心全意为人民服务的光荣传统。对广大干部群众普遍关心，反映强烈的问题，如动用公款请客送礼、大吃大喝、干部职工违纪违章建房，特别是贪污腐化、行贿受贿、投机倒把等案件，组织人员抓紧查处，取得了明显成效。

干部是人民的公仆。各级政府领导意识到自己所肩负的重任，进一步树立了为人民服务的思想。信访工作是政府与人民群众密切联系的桥梁，我们切实加强领导，取得很好的成绩，受到上级的赞扬。我们注意勤政为民，改进作风，少讲空话，多办实事。大旱之年，能够坚持实事求是，大兴调查研究之风，深入群众，了解民情，帮助群众解决生产中的一些疑难问题和实际困难，使损失减少到最低限度，普遍受到群众的肯定。

还有，在过去的一年里，人事，矿产、邮电、土地、物资、环保、计划、编制、统计、档案、气象、侨务，民族等工作也都取得很大成绩。

各位代表，过去的一年，我们虽然取得了不少成绩，但是，由于受到主观和客观等诸因素的制约，还存在许多问题和困难。1. 在主观上，宏观管理和战略规划还缺乏全面考虑；科学决策还不够，有些工作在微观指导上没有协调好。2. 在客观上，市场疲软，电力紧张，资金不足，影响工业技术改造和新产品的推出；企业内部产品结构不合理，拳头产品少，影响市场竞争；企业内部管理水平低，技术力量不足，亏损面增大。3. 流通体制改革的共同参与意识还不足，商品市场仍不发达，商品销售不畅，国合商业经济效益下滑未曾扭转。4. 多年来影响农民种田积极性的化肥、农药等生产资料价高质低问题一直解决不了；改革上的配套还没有做好，各项服务工作跟不上，制约农业生产。5. 干部深入基层，体察民情的工作还做得不够。6. 政治思想工作还较薄弱，封建迷信活动有所抬头。7. 社会治安虽有了好转，但不稳定的因素依然存在。对存在的问题和困难，我们一定要持正确态度，一是不要怕，二是树立信心，迎难而上，切实解决，夺取新的胜利。

二、1992 年的工作任务

各位代表，我们送走了艰难的 1991 年，迎来了充满希望的 1992 年。由于去年损失严重，今年的任务十分艰巨，我们要统一思想，振奋精神，齐心协力，共同努力完成艰巨任务。

根据我县国民经济“八五”计划和十年规划的总体目标，1992 年主要经济指标安排是：农业生产方面，主要粮食作物播种面积 130 万亩，其中早稻 60 万亩，晚稻 58 万亩。早中熟玉米 3 万亩，晚玉米 4 万亩，其他粮食作物 5 万亩，总产量 6 亿斤。甘蔗种植面积 32 万亩，总产 125 万吨。花生种植面积 9.8 万亩，其中春花生 8 万亩，秋花生 1.8 万亩，总产 1018 万公斤。西瓜种植面积 11 万亩，总产 2.2 亿斤。造林面积 17 万亩，其中工程造林 10 万亩。水果产量 5690 万公斤。生猪饲养量 56.5 万头，存栏 33 万头，出栏 23.50 万头；牛存栏 15.3 万头，饲养水奶牛 200 头。饲养各种家禽 770 万羽，上市 571 万羽。水产品产量 400 万公斤。工业生产方面，总产值 5.63 亿元，比上年增长 8%。乡镇企业总产值 2.94 亿元，税利 2400 万元，其中利润 1100 万元。财政收入 7623 万元。农民人均纯收入 657 元，比上年增加 20 元。

为了完成这个奋斗目标，我们必须认真抓好如下几方面工作：

第一，继续在全县干部群众中广泛深入开展社会主义思想教育，坚定社会主义信念

中共中央《关于进一步加强农业和农村工作的决定》（即中发〔1991〕21 号文件）指出：“继续深入开展社会主义思想教育”。政治工作是一切经济工作的生命线。我们在实践中深刻体会到，要建设有中国特色的社会主义，必须要有强有力的政治思想工作来保证。尤其是在当今世界风云变幻，东欧国家政局剧变和苏联解体的形势下，加强思想政治工作，开展社会主义思想教育更显得重要。为此，我们必须继续在广大干部群众中广泛开展“五个教育”。特别是要按照中央提出用二、三年时间，分期分批在农村集中搞好社会主义思想教育的要求，把这项根本性工作长期抓下去。实践证明，运用广播电视、映前宣传、黑板报、墙报、座谈会、报告会、演讲会和开展谈心活动等形式进行宣传教育很有成效，要继续充分利用。总之，要运用各种行之有效的宣传形式对广大干部群众进行社会主义思想教育。在开展社会主义思想教育中，一定要加强领导，坚持标准，保证质量，务求实效，防止走过场。通过教育，进一步提高人们的思想觉悟，振奋民族精神，坚定社会主义信念，同心同德搞四化建设。

第二，进一步深化改革，巩固治理整顿成果，保证经济稳步发展

我县今后一个时期经济发展的战略指导思想是：继续强化农业，重点发展工业，积极推进外向型经济，千方百计搞流通，全面振兴邕宁经济。经过几年的治理整顿和深化改革，取得了明显的成效。但是，影响全县经济发展的问题还没有从根本上得到解决。我们一定要认真总结经验，继续巩固治理整顿成果，深化改革，解决存在问题，以保证经济的稳步发展。

（一）继续深化农村改革，促进农业发展。我们党在领导农村改革实践中，逐步形成了一系列基本政策，适应我国现阶段农村生产发展水平，深受广大农民群众的欢迎。中发〔1991〕21号文件即《中共中央关于进一步加强农业和农村工作的决定》是符合农村实际的好文件，要认真贯彻落实。以家庭联产承包为主的责任制、统分结合的双层经营体制，具有广泛的适应性和旺盛的生命力，要进一步稳定和完善。在这个基础上，要切实采取措施，继续调整农村产业结构，保持农业生产的全面发展。（1）粮食生产方面，一是要确保粮食种植面积。面积是增产的基础，全年主要粮食作物播种面积130万亩，一定要想办法完成。二是要大力推广高产稳产良种。大面积推广种植高产良种，特别是杂交水稻、杂交玉米良种是粮食增产的一条重要途径。全年要种植杂交水稻85万亩，其中早稻40万亩，晚稻45万亩。要积极推广紧凑型的掖单四号玉米良种。除此之外，还要抓好高产稳定的常规良种推广，使粮食良种种植面积达90%以上，提高粮食单产，保证总产。三是要抓好季节。要认真总结经验，狠抓播秧插秧环节，不误农时，抢上季节。早稻播种要推广农地膜和两段育秧等防寒育秧技术，杂优种要在3月10日，常规品种要在3月15日前播完早稻种子，4月20日前插完秧；晚稻杂交稻种子要在7月10日前播完，8月1日前插完晚稻秧。四是要积极推广多效唑、叶龄模式栽培、配方施肥、“一攻三喷”等适用农业新技术。五是要推广合作植保工作，抓好病虫鼠害的综合防治。六是要大力开展吨粮田示范活动。吨粮田要达2万亩。七是要抓好技术培训。县农业技术推广中心要根据农事季节继续负责对乡（镇）、村两级干部、农技员进行培训；乡（镇）推广站和成人教育学校负责对村委会、生产队和农户的干部群众进行培训，提高农业技术水平。八是要继续抓好水利整修和管理工作。要高标准高质量完成去冬今春的水利冬修任务。水利工程项目要加快施工进度。面上的山塘的修复和机电泵要尽快维修好，以保证农田灌溉用水。在搞好水利整修的同时，要广泛宣传《水法》、《水利工程管理条例》，使干部群众认识水的重要性，自觉执行《水法》和《条例》，主动缴交水费。九是各行各业要大力支援农业，为农业做好后勤服务工作。农资，供销部门要做好今年生产所需要的化肥、农药、农膜等物资，尽量方便群众；金融部门尤其是农行、信用社要积极为农业生产解决资金困难；工业部门要从大局出发，必要时，要让电支农，保证春灌春耕用电。（2）甘蔗生产仍然是我县的经济支柱之一，要抓住不放。种植面积稳定1991年的面积，争取略有扩大。（3）畜牧水产方面，继续实施星火计划和“133”工程，切实抓好“菜篮子”工程建设。（4）林业生产方面，根据我县造林绿化《规划》和责任状指标，县与乡（镇）签订了承包合同，要发动群众去完成。要坚持“几个一点”的办法解决资金问题，县、乡（镇）都要按财政预算提取造林费。要继续抓改燃节柴工作，凡用木柴作燃料的商业性砖瓦、石灰、陶瓷窑都要改烧柴为烧煤烧草，否则要罚款或停办。机关、学校、企事业单位、居民等单位和个人也都要改烧柴为烧煤或煤气。要继续抓好封山育林工作，凡封山育林都要挂牌，标明封山地点和面积，以便检查。要制止乱砍滥伐和放火垦荒，违者，根据情节轻重给予处罚。同时，要加强领导，结合农业综合开发，把重点放在开荒种水果，种桑养蚕。要把限期造林绿化作为领导干部的一项考核内容，切实把我县的绿化造林工作做好。

（二）继续完善经营承包责任制，进行产业、产品结构调整，促进工交财贸企业持续稳定发展。为实现这个目标，工业生产方面：（1）要保持政策的连续性和稳定性。首先要继续贯彻落实《企业法》，维护企业经营自主权，推动国营企业真正面向市场。其次要坚持、完善、发展承包经营责任制，对已承包的企业要继续加以充实和完善；对未承包的企业要努力为其创造自我发展的小气候，改善外部环境，使这些企业尽快落实承包经营责任制。（2）加快技术改造，积极调整产品结构。一是成立新产品专门机构，根据我县的自然优势和市场需求，大力开发新产品。尽管目前食糖市场暂时出现低水平的供大于求现象，蔗糖生产今后几年内还是我县的经济支柱，要继续抓住不放。三家糖厂要从目前单一产品结构中争取在一、二年内推出 1~2 个综合利用的新产品；县酒厂和南宁市食品研究所联合开发的食品系列新产品，要继续抓好。同时对去年南宁市及我县批准实施的 20 个技改项目，除明阳水泥厂 8 万吨 / 年扩建外，其余项目要在今年上半年调试并投产，争取快出效益。对后进企业要有计划地进行改造，缩小亏损面。二是坚持以销定产。目前水泥、有光纸、缫丝、化肥、矿产等是畅销产品，对这些企业要在电力、资金方面大力支持多生产；对平销的产品要严格实行以销定产；对于滞销的产品要坚持停产，并协助这些企业调整产品结构，开发新产品。三是强化产品销售。严格控制库存总量，完成压缩目标。四是加强企业内部管理。进一步完善厂长（经理）负责制；积极推行劳动、人事，工资改革；严格实施质量否决权的制度，加强产品质量监督，严禁生产假、冒、伪、劣产品。五是继续加强中外合资企业的管理和发展乡镇企业。对原有中外合资企业要加强管理，整顿提高；对新发展项目，要吸取教训，切实做好科学论证评估。已落实的项目要抓紧施工，尽快投产出效益。乡镇企业要立足本地资源优势，依托中心城市辐射。在产业结构上，要因地制宜，适应搞工业的就发展工业，有的可以搞“绿色企业”，要做到建成一个，巩固一个。交通城建方面，交通重点还是放在乡村公路建设上，凡上级已审定并拨款兴建的扶贫公路都列入今年的计划，优先安排，按时按质按量完成。对已动工的那陈乡和平—大元、百济乡红星—华灵新建的两条公路要集中资金，加快速度。同时积极筹建邕江蒲津大桥，力争在“八五”至“九五”计划期间动工兴建，期末完成；蒲庙至大沙田二级公路要在“八五”期间建成。要加快大沙田经济开发区的建设步伐。财贸方面，商业、供销等部门继续发挥国营主渠道作用。要积极发展贸工农一体化、产供销一体化的经营组织，逐步建立以批发市场为中心的农副产品市场，为农产品生产、流通服务。同时鼓励和支持集体和个人进入流通领域，发展多渠道经营，开拓农村市场，繁荣农村经济。工商、税务、物价等部门要强化市场管理和物价管理，加强征收工作，继续清理各种收费和整顿市容，坚决取缔滥涨价、乱收费、乱摆摊等现象，保证市场活跃，购销两旺。

第三，进一步巩固和发展教育事业，抓紧实施科技、教育兴农的发展战略

“发展教育事业，提高全民族素质是建设社会主义的根本大计”，这是党中央的战略决策。几年来，我县教育改革取得了不少成绩。但从目前来看，我县初中升学率低于全区 60.30% 的水平，人的素质还不算高。从长远利益出发，必须抓好文化素质的提高。要继续完善办学体制，明确管理职责。学校要坚持社会主义办学方向，全面贯彻党的教育方针，把德育放在各级各类学校工作的首位，把升学教育转到素质教育的轨道上来。要加强基础教育，巩固小学阶段的普及成果，逐步把小学五年制改为六年制；积极稳妥发展中学教育，推进九年义务教育的普及。要改革中等教育结构，积极发展职业中学和开展多形式的职业技术教育。继续发展乡（镇）、村农民文化技术学校，抓好成人教育，抓紧农村扫盲工作。要继续鼓励和提倡社会集资办学。要优化教育结构，实行“三教统筹”和农科教结合。深入开展教研教改活动，抓紧师资培训，是提高师资水平、提高教育质量的重要措施，要继续加强。发展勤工俭学，多渠道筹措教育经费，是增加教育投入、改善办学条件的一条重要途径，要认真抓好，使教育事业得到进一步巩固和发展。

要认真实施科技、教育兴农的发展战略，把经济发展转移到依靠科技进步和提高劳动者素质的轨道上来。要改革和发展农村教育，县、乡（镇）要举办各种技术培训班，提高农村基层干部和广大农民的文化科技素质。要继续加强科技研究，大力推广科技成果和先进实用技术。要采取有效措施，进一步推广各类“星火”、“燎原”、“丰收”等计划的实施，使科技成果尽快转化为生产力。进一步健全技术推广服务体系，建立县、乡（镇）、村、户科技推广网络，同时注意培养和发挥农民技术员和科技示范的作用，把科学技术普及到千家万户。要继续采取技术承包、有偿服务等多种形式，鼓励科技人员到生产第一线作技术指导。根据需要和财力，逐步解决乡镇一级技术推广单位的编制和经费。允许乡镇技术推广单位实行技物结合，举办经济实体，以增强服务能力和自我发展能力，调动他们的积极性，促进经济发展。

第四，增强人均观念和忧患意识，切实控制人口增长

我县计划生育工作经过艰苦努力，齐抓共管，取得了突破性的进展。但是，目前人口形势还相当严峻，控制人口盲目增长的任务还十分艰巨。今年全县计划生育任务人口出生数控制在15000人，多孩生育控制人数700人。这个任务非常繁重，各级领导要进一步增强人均观念和忧患意识，提高对控制人口过快增长的紧迫性和责任感，切实加强领导。要继续把以宣传教育为主，避孕为主，经常性工作为主的方针真正落实到基层。各乡镇要按与县签订人口承包责任状层层分解，层层落实。要把计划生育纳入依法管理轨道，坚决贯彻执行中共中央、国务院《关于加强计划生育工作，严格控制人口增长的决定》〔即中发（1991）9号文件〕和自治区《计划生育条例》、《实施细则》、《补充规定》以及我县制定邕办发（1991）13号文件的具体规定。县、乡（镇）、村及各部门第一把手要亲自抓，分工一名副职专抓计生工作。加强基础工作，继续抓计生队伍思想和业务建设，抓好基层计生协会组织的发展工作，增加计生经费的投入。使计生工作经常化、制度化、规范化提高到一个新水平。同时努力创造条件，逐步解决农村老年人的养老问题。要求各乡镇政府今年都要想办法办一个敬老院，资金通过多渠道筹集和积极推行福利有奖募捐活动等办法来解决。计划生育是一项社会系统工程，要依靠各部门通力合作，上下齐共管，全民抓计生，切实控制我县人口过快增长的被动局面。

第五，进一步加强社会主义精神文明建设和民主法制建设

建设高度的社会主义精神文明是建设有中国特色的社会主义的一项根本任务。没有社会主义的精神文明，社会主义现代化的方向和动力就没有保证。我们要把精神文明建设纳入发展规划，克服“一手硬，一手软”的现象，坚持两个文明建设一起抓。一是要继续抓好广播电视和文化工作。广播电视、文化是传播社会主义精神文明的阵地和工具，必须坚持为人民服务、为社会主义服务的方向。要尽能力逐步增加广播、电视、文化设施，努力办好广播电视和抓好文化网络建设，多层次开展群众性文化活动，丰富群众文化生活。同时进一步加强文化市场管理，抓紧“扫黄”工作，不断净化社会环境。二是切实加强卫生工作。继续抓紧卫生院的抢危，分期分批增加基层医疗设施，改善医疗条件；不断加强医德医风教育，提高医疗技术和服务水平，搞好防病治病。要广泛开展爱国卫生活动，继续发动和依靠群众，解决农村人畜饮水问题。三是继续加强对体育工作的领导，健全各级体育机构，扩大农村学校推标面，提高达标率。进一步搞好业余体校建设，加速体育后备力量培养。要依靠社会力量，办好各类体育竞赛，推广普及，促进提高，为国家输送体育人才，进一步提高我县体育技术水平。

社会主义精神文明建设，就是要造就一批有理想、有道德、有文化、有纪律的新人。要继续在全县范围内广泛开展学雷锋、学先进、“五讲四美三热爱”、“三优一学”、“双学双比”和创建文明村（镇）、文明单位、文明家庭等活动。在工矿企业，引导广大职工自觉坚持社会主义方向，增强“主人翁”责任感。在农村，教育广大农民坚定走社会主义道路，发扬集体主义精神，正确处理国家、集体、个人三者关系，坚持走勤劳致富之路。在青少年中，广泛开展爱国主义，集体主义、自力更生、艰苦奋斗及革命传统教育，树立尊老爱幼的社会主义新风尚。扶贫、五保户供养体现一方有难，八方支援的社会主义公德，要切实抓好。总之，要在全县形成一种奋发向上、艰苦奋斗、团结友爱、乐于奉献的精神风貌。

继续抓好社会主义民主和法制教育。要健全制度，保障人民群众在政治、经济、社会生活中的民主权利，使人民群众能在轻松和谐的环境中创造新生活，发挥主动性和积极性。要广泛提倡社会主义民主协商，直接倾听群众的意见和呼声，不断改进我们的工作。要继续广泛宣传社会主义法制，搞好“二五”普法教育，不断提高广大干部群众的法律意识，增强法律观念。加强社会治安综合治理，建立健全群众性自防自治的治安保卫组织，建立治安责任制，加强治安防范和民间纠纷的调解工作。动员各方面力量齐抓共管，及时发现和消除不安定的因素。当前要坚决依法打击杀人、抢劫、盗窃、走私、贩毒、聚众赌博、拐卖妇女儿童、制黄贩黄、破坏水利、矿产资源、邮电设施和乱砍滥伐等刑事犯罪活动，打击违法的宗教活动，取缔非法组织，保证生产建设的顺利进行，保障国家、集体财产和群众生命财产的安全。民兵工作要坚定不移地执行中央新时期民兵、预备役工作的方针政策，在群众中广泛开展国防教育，进一步提高全民国防意识，把民兵工作提高到一个新的水平。

第六，励精图治，真心实意为基层，切实加强对经济工作的领导

今年的各项任务十分艰巨，但完成今年的任务对实现第二步战略目标关系重大。各级政府要振奋精神，励精图治，真心实意为基层服务，为人民服务，认真做大量艰苦细致的工作，切实加强对经济工作的领导。我县是农业县，工作重点在农村，各级领导的主要精力放在农村工作上，要发扬党的优良传统，改进工作方法和工作作风，特别县、乡领导每年至少要有三分之一的时间深入基层，调查研究，倾听干部群众的意见，不搞形式主义，少讲空话，多干实事，及时发现和妥善帮助解决农村中出现的新问题。同时还要继续搞好机关的工作联系点，并在工作中总结和推广行之有效的新经验。在重点抓农业的同时，对工业及其他业也都不能偏废，特别是我县工业主要是利用农业提供原料发展起来的，我们要坚持围绕抓农业促工业，兴办工业促农业的方针，加强对工业及其他业的领导，使各业同步发展，促进全县经济的振兴。

加强和改善党的领导
为全面实现第二步战略目标而奋斗

——中共邕宁县委八届四次全委（扩大）会工作报告

陆荣发

（1996 年 1 月 13 日）

同志们：

中共邕宁县委八届四次全委（扩大）会今天开幕了。这次全会的主要任务是，以邓小平同志建设有中国特色社会主义理论和党的基本路线为指导，全面贯彻落实党的十四届五中全会、自治区第七次党代会、南宁市第八次党代会精神，认真总结“八五”期间我县党的工作，审议并通过“九五”计划和 2010 年远景目标的建议，确定今年全县两个文明建设和党的建设的主要任务，动员全县党员、干部群众，继续抓住机遇，转变观念，发挥优势，同心同德，开拓奋进，为全面实现我县第二步战略目标而奋斗。

现在，我代表县委常委作工作报告。

一、“八五”期我县党的工作的主要成绩和工作体会

1995 年是我县实施国民经济与社会发展“八五”计划的最后一年。在市委的正确领导下，县委发挥了核心作用，四大班子同心协力，带领全县党员和干部群众，坚持以邓小平同志建设有中国特色社会主义理论和党的基本路线为指导，全面贯彻党的十四届三中、四中和五中全会精神，紧紧把握全党全国的“二十字”工作方针，抓机遇，转观念，扬优势，求实效，促发展，综合经济实力有了明显增强，人民生活得到不断改善。预计，国内生产总值完成 17.42 亿元，比 1994 年增长 15.5%；农业总产值 12.46 亿元，比 1994 年增长 14.01%；全县粮食总产 3.59 亿公斤，比 1994 年增长 5.98%；乡镇企

业总收入（现行价）36.03亿元，总产值完成26.05亿元，分别比1994年增长63.52%和61.5%；全部工业总产值完成14.62亿元，比1994年增长11.52%，其中乡（镇）及乡（镇）以上工业总产值10.60亿元，增长12.89%；全社会消费品的零售总额5.67亿元，比1994年增长39%；外贸出口完成12663万元，实际利用外资986万美元，分别比1994年增长1.4和1.1倍；全社会固定资产投资完成4.4亿元，比1994年增长35%；地方财政收入（包括上划中央“两税”）2.003亿元，比1994年增长15.7%；农民人均纯收入1525元，比1994年增长15.1%；年末各项存款余额11.55亿元，贷款余额9.7亿元，分别比年初增长17.8%和22.62%，存大于贷1.85亿元；城乡居民储蓄余额8.95亿元，比年初增长25.5%：计划生育较好地完成上级下达的各项指标，人口自然增长率为10.7‰。圆满地完成了“八五”计划提出的各项任务。

——国民经济持续快速发展，国内生产总值与全区同步提前5年实现翻两番，人民生活水平不断提高。“八五”期间，我县战胜严重自然灾害，国民经济发展迅速。预计1995年国内生产总值相当于1980年国内生产总值4.3亿元的3倍，提前5年实现翻两番的目标；“八五”期间年平均增长15.59%，比“七五”期高8个百分点。农村经济全面发展，农业总产值年均增长10.63%，比“七五”期高4个百分点。粮食产量基本稳定在年均3.13亿公斤以上，比“七五”期年均多0.28亿公斤。农业综合开发蓬勃兴起，城郊型经济迅速发展，甘蔗、肉类、水产品、水果等主要农产品产量大幅度增长。林业发展迅速，于1994年提前一年实现“八五”灭荒目标，荣获全区消灭宜林荒山和平原绿化达标奖。乡镇企业连续几年大幅度增长，1994年被评为全区先进单位。工业在调整结构和提高效益中快速发展，工业总产值年均增长21.8%，比“七五”期高8个百分点。糖蔗、饲料、建材等支柱产业和拳头产品已逐步形成。第三产业发展迅速。地方财政收入年均增长40.4%，人民生活水平不断提高，“八五”期间农民人均纯收入年均增长18.8%。城乡居民居住条件有较大改善。扶贫工作取得了显著成绩，解决了6万多贫困人口的温饱问题。城乡环境、生态状况有所改善。人民物质文化生活质量不断提高。

——基础设施建设取得重大成绩。“八五”期间全社会固定资产投资9.92亿元，比“七五”期间增长3.3倍。（北线）南蒲二级公路路基已完成95%，大桥工程量已完成80%；（南线）南蒲公路改建二级公路已破土动工，交通条件逐步改善。县城部分街道面貌大改观。乡（镇）以上电话结束了摇把式，全部实现程控化。新建一批重点电力工程，邮电、供水、供电、环卫等事业发展迅速。全县经济发展后劲显著增强。

——经济体制改革逐步深化，各项配套改革顺利推进。农村改革不断深化，以家庭联产承包为主的责任制和双层经营体制进一步巩固和发展，股份合作发展较快，全县共建股份合作制企业114家，社会化服务体系进一步完善。国有企业改革取得新进展，国有资产管理体系框架基本建立，在发展公有制经济的同时，非公有制经济迅速发展，基本形成了以公有制经济为主体、多种经济成分共同发展的格局；计划、投资、金融、财税等宏观管理体系的改革取得初步成效，流通体系、收入分配制度、劳动人事、科教文卫体、城镇住房制度以及土地使用制度等方面的改革整体向前推进；企业社会劳动保险进一步完善，农村社会劳动保险、机关事业劳动保险制度基本建立，初步形成多层次的保险制度。1995年被列为全区农村综合改革试点县之一。

——对外开放不断扩大，外引内联取得突破。全县形成了以大沙田、沿海经济走廊等开发区作为“制高点”的全方位、多领域、多层次对外开放格局，广泛招商引资。“八五”期间全县实际利用外资2211万美元，比1990年前10年增长16倍。在引进外资总量有较大增长的同时，引进外资的规模、领域、范围逐步扩大，目前共有5个国家（地区）在我县投资，办“三资”企业54家；1995年外贸出口值预计比1990年增长9倍。区域性经济技术合作进一步加强，横向经济联合的范围和规模不断扩大。

——科技教育和各项社会事业蓬勃发展。科技队伍不断壮大，高新技术产业化进程明显加快，科技进步对经济发展的贡献率由“七五”时期的20%左右上升到30%左右。“八五”期间，我县科技成果获区、市奖项目有45个。各级各类教育全面发展，小学适龄儿童入学率达39.8%，1995年全县有

748 名考生被大专院校录取，创历史最高水平。苏圩、吴圩等五个乡（镇）通过了南宁市“两基”达标验收，建成 3 所“希望小学”，中等职业学校在校生占高中阶段在校生人数 21.7%，劳动者素质得到提高。卫生、体育事业不断发展，新建四个乡（镇）卫生院，基本实现了乡（镇）有卫生院。人口过快增长得到有效控制。1994 年，经自治区组织验收，人口指标合格，荣获计划生育达标县称号。

——社会主义精神文明建设取得明显成效。坚持以邓小平同志建设有中国特色社会主义理论为根本指针，宣传思想工作开创了新局面。党的基本路线教育和爱国主义、集体主义、社会主义思想教育不断深入，城乡群众性精神文明建设活动更加丰富、活跃，学习孔繁森、韩素云等先进人物的活动深入人心，全县共涌现区、市、县文明单位 105 个。理论、宣传、新闻、出版、广播和文化艺术等事业成绩喜人。“扫黄”、“打非”、“除六害”成绩显著。“创三城”活动初见成效，市容卫生、交通状况进一步改观。1994 年荣获南宁市精神文明达标县称号。

——社会主义民主法制建设步伐加快，安定团结的政治局面得到巩固和发展。人大及其常委会的监督职能不断加强，行政执法的内部监督机制进一步建立和完善。依法治县水平不断提高，“两庭”建设初见成效，“二五”普法教育取得新成绩，广大干部职工法制观念增强；民主渠道进一步拓宽，群众参政议政意识不断增强；共产党领导的多党合作和政治协商制度进一步完善，新时期的爱国统一战线得到巩固和发展。群团工作更加活跃。政法工作得到加强，打击严重刑事犯罪和经济犯罪斗争成绩显著，全县社会治安状况进一步好转，群众安全感明显增加，社会主义保持稳定，1993 年荣获南宁市综治先进县。平等、团结、互助的社会主义新型民族关系不断巩固和发展。

——党的建设不断加强，党的领导进一步改善，各级党组织和党员干部队伍的整体素质有较大提高。学习邓小平同志建设有中国特色社会主义理论的活动不断深入，各级领导干部和广大党员增强了用科学理论武装头脑、指导工作的自觉性，对社会主义现代化建设规律性的认识与把握有明显进步。各级领导班子结构进一步优化、合理，后备干部的培养选拔工作取得新进展。各级领导对贯彻执行民主集中制的必要性、重要性取得共识，自觉维护党中央权威，努力做到民主决策、科学决策。党的基层组织建设全面推进，整顿后进基层组织工作得到加强，出色完成了 238 个所改委任务。党员队伍不断壮大，素质进一步提高，“八五”期发展新党员 1691 名。党风和廉政建设得到重视和加强，领导干部廉洁自律取得成效，查处大案要案及纠正部门行业不正之风的力度加大，反腐败斗争取得阶段性成果。党群关系、干群关系进一步密切。各级党组织在社会主义现代化建设中较好地发挥了核心领导、战斗堡垒作用。

总结“八五”期间的工作，最根本的经验就是要坚持以邓小平同志建设有中国特色社会主义理论为指导，坚定不移地贯彻执行党的基本路线，坚持以经济建设为中心，坚持四项基本原则，坚持改革开放、自力更生、艰苦创业。我们的主要体会是：

第一，必须坚持解放思想，转变观念。县第七次党代表大会后，我们在工作实践中进一步认识到，邕宁要加快发展，必须进一步解放思想，转变那些与改革开放新形势不相适应的观念。为此，我们坚持用邓小平同志建设有中国特色社会主义理论武装全党，尤其是武装科（局）级以上领导干部。1991 年组织学习邓小平同志视察南方谈话和党的十四大精神，1993 年开展社会主义市场经济大讨论，1994 年和 1995 年学习《邓小平文选》，重点讨论“什么是社会主义、怎样建设社会主义”。我们把理论学习活动与调查研究、总结自己的经验结合起来，与学习、借鉴外地经验结合起来，先后到了北京、深圳、玉林、北流等地参观学习。从而，使全县广大党内外干部群众特别是领导干部的思想观念发生了根本性变化，较好地树立了以经济建设为中心，“发展才是硬道理”的思想；摆脱了姓“社”姓“资”的思想束缚，坚持以“三个有利于”为标准，发挥市场机制的作用，引导好、保护好、发挥好广大群众的积极性，抓住机遇，深化改革，扩大开放，促进发展。实践证明，在从旧体制向新体制转换过程中，谁思想解放得快，领悟得快，谁就能争得主动，争得时间，谁就发展得快。只有观念新，才能一新百新；只有观念变，才能一变百变。

第二，必须坚持从实际出发，走符合邕宁县情发展的路子。我们把中央的路线、
县实际结合起来，正确的发展战略，提出“两高一低”的指导思想，制定“优化提高第
发展第二产业，加速推进第三产业”的方针，努力优化产业结构，促进整个经济协调发展。
农业的基础地位，摆正粮食生产与多种经营的关系，稳定粮食总产，大搞农业综合开发，大力
种经营，加强发展乡镇企业，全面繁荣农村经济；以三个开发区的开放为重点，全方位扩大对外开
在搞好国有经济的同时。鼓励和支持非国有经济的发展，成立了经济能人协会，实践证明，只有从实际出发，走出一条符合邕宁县情的发展路子，才能实现我县经济持续快速健康发展。

第三，必须坚持以经济建设为中心，正确把握改革、发展、稳定关系。邓小平同志视察南方谈话发表后，我们抓住经济建设这个中心不放，大力发展生产力。在发展目标上，我们根据“能快不要慢，能飞则飞，能走则走”的原则，先后两次调整工作计划，提出了提前5年实现国内生产总值翻两番目标。在发展思路上，我们根据国家建设西南出海通道的布局和区人民政府确定的“南北钦防”发展战略确定了“抓机遇，转观念，扬优势，求实效，争一流，促发展，保翻番”的工作方针。在具体工作中，农业方面我们提出“服务城市，富裕农民”、发展城郊型经济的路子，努力调整农业结构，抓好农业综合开发，加快“菜篮子”工程建设，大力发展乡镇企业。工业方面我们积极调整产业结构，实行了“借船出海”、“借鸡生蛋”、“借脑发财”的办法，大力发展糖蔗、建材等支柱产业，着重抓了大塘糖厂、八鲤水泥厂、开发区等一批重点项目建设。针对工业发展速度滞后的难点，制定了《加快工业发展若干问题的决定》，并采取了重奖效益好的企业等一系列对策和措施。第三产业方面我们加强领导和引导，实行“以地生财”，加快小城镇建设；积极推进邮电、金融、保险等行业发展。我们确立了“以改革促开放，以开放促开展”的思路，抓住国务院决定南宁市实行沿海开放城市政策、我县列为全区农村综合改革试点县等机遇，积极、稳妥地推进各项改革，加快了全县的经济发展。与此同时，我们把保持稳定摆在十分重要的位置抓紧抓好，为改革与发展创造良好环境。认真实施“二五”普法计划，加快依法治县进程；抓好政法队伍建设，不断充实和加强警力；开展社会治安综合治理，坚持“严打”斗争，开展重点专项治理；认真做好群众来信来访工作，为群众排忧解难，及时化解矛盾；加大市场调控力度，平抑物价过快上涨；认真贯彻落实党的民族、宗教政策，促进全县民族的团结。实践证明，只有正确把握和处理改革、发展、稳定三者的关系，才能总揽全局，保证经济、社会的顺利发展。

第四，必须坚持两手抓，两手都要硬，大力加强社会主义精神文明建设和民主法制建设。我们在坚持以经济建设为中心，大力发展社会主义生产力的同时，重视抓好精神文明建设和民主法制建设，积极探索搞好精神文明建设的新思路、新办法，实行精神文明建设、社会治安综合治理领导责任和“一票否决制”，有力推动了精神文明建设和民主法制建设。坚持开展群众性的精神文明建设活动，开展以爱国主义为主线的系列教育，开办村民夜校，不断提高村民素质。并作出了“创三城”的决定，把精神文明建设推向了更高的层次。1994年，我们抓住抗洪救灾中表现出来的“团结奋斗、无私奉献”的精神，广泛宣传，大力弘扬，增强了群众的自信心。在实际工作中我们深刻体会到，任何情况都不能以牺牲精神文明为代价换取经济的一时发展，始终不渝地坚持两手抓，两手都要硬。

第五，必须发扬党的优良传统和作风，抓紧抓好各项工作落实。“八五”期间，我们坚持党的实事是、群众路线等优良传统和作风，既努力把中央的方针、政策与我县的具体情况结合起来，创造性地开展工作，又注意调动一切积极因素，理顺各方面的关系，抓好工作落实。在制定全县经济和社会发展战略目标和任务、作出重要的工作部署前，都广泛征求和听取各方面的意见，增强决策的民主性、科学性；在决策的实施过程中，坚持从实际出发，勇于和善于解决工作中出现的新矛盾、新问题。认真总结基层的做法，经验，及时进行宣传和推广，促进决策的贯彻落实在具体工作中，各级领导带头深入调查研究，总结群众的首创经验，解决群众急需解决的问题。建立了县几大班子领导包乡（镇），单位包村、包坡制度。同时县委注意理顺各种关系，调动各方面的积极性和创造性，在支持县政府履行行政职能，发挥各乡（镇）作用的同时，重视和支持人大、政协的工作，充分发挥各民主党派、工商联的作用，

展活动，做好老干部工作。抓好民兵和预备役建设，密切军政
推动了改革与建设的顺利进行。事实再次表明，发扬党的实
就能提高工作的科学性、预见性和创造性，使广大党员、干部
把蓝图变为现实，目标化为成果。

党、从严治党的方针，不断加强党的建设。“八五”期间，县委在抓好改
时，聚精会神抓好新时期党的建设。在加强领导班子建设方面，重点抓好思想
养和选拔优秀年轻干部，认真进行班子调整和充实，努力提高各级领导班子素质。
层组织建设方面，建立和完善了党建目标管理责任制等一系列制度；抓好党的理想和信
展新时期共产党员标准学习讲座活动和党建研讨活动；在农村开展了“党员奔小康”先锋
；搞好发展党员和党员管理工作。在党风和廉政建设方面，县委增强党的宗旨意识，制定和实
为群众办实事办好事制度；坚决贯彻落实上级党委关于开展反腐败斗争的精神，严格按照中纪委关于领导干部廉洁自律的两个“五项规定”，坚持过好专题民主生活会，不断提高廉洁自律的自觉性。同时，重视支持纪检监察机关履行“保护、惩处、监督、教育”职能，利用多种形式加强反腐倡廉的宣传和教育；积极查处大案要案，认真纠正行业不正之风，充分发挥纪检监察部门在反腐败斗争中的重要作用。历史和现实反复证明，加强和改善党的领导，不断提高党的执政水平和领导水平，进一步增强党组织的凝聚力战斗力，是实现我县经济和社会发展目标的根本保证。

二、“九五”期我县改革与建设的指导思想和主要任务

“九五”期间，我们工作总的指导思想是：以邓小平同志建设有中国特色社会主义理论和党的基本路线、基本方针为指导，坚持从严治党，加强党的建设，加强社会主义精神文明建设，进一步解放思想，“抓住机遇、深化改革、扩大开放、促进发展、保持稳定”，正确处理好改革、发展、稳定三者关系，建立和完善社会主义市场经济体制。要以效益为中心，以市场为导向、科技为先导，充分发挥“五沿”的区位优势、优化产业结构，着力加强第一产业，调整提高第二产业，积极发展第三产业；实行经济体制从传统性的计划经济体制向社会主义市场经济转变，经济增长方式从粗放型向集约型转变，促进我县国民经济持续、快速、健康发展；力争我县的经济发展速度高于全区、全市平均水平，高于我县“八五”期发展水平，全面实现我县今后15年的奋斗目标和2010年宏伟蓝图。

“九五”期间，我县经济和社会主义发展的主要指标是：保持国民经济持续、快速、健康发展。全县国内生产总值年均增长15.2%，其中第一产业年均增长6%；第二产业年均增长20%，第三产业年均增长21.7%；力争到本世纪末实现国内生产总值比1980年翻三番，人均国民生产总值年均增长14.3%；工业增加值年均增长19.8%；乡镇企业总收入年均增长30%，总产值年均增长30%；社会消费品零售总额年均增长15%；外贸出口年均增长82.1%；实现利用外资一亿美元；财政收入年均增长9.7%；全社会固定资产投资年均增长24.8%；到1998年基本解决贫困人口的脱贫问题，农民人均纯收入年均增长16%，城镇居民人均生活费收入年均实际增长18%；人口自然增长率控制在12‰以内。

今后15年，我县生产力总体布局为：以大中城市为依托，利用大中城市的辐射能力，充分发挥县城的作用，重点开发四条轴线（南防线、邕江沿线、南凭线、南梧线），把其培育成为经济生长点，通过四条轴线的开发带动全县经济的腾飞。

三、关于1996年工作的意见

今年是实施“九五”计划的开局之年，也是我县向“三高一低翻三番，强县富民达小康”目标迈进的一年。今年我县的经济和社会发展的主要指标（除注明外为不变价）是：

——国民生产总值20.16亿元，增长15.66%；
——农业总产值13.46亿元，增长8%；
——乡镇企业总收入（现行价）44.2亿元，增长30%；总产值33.87亿元，增长30%；
——粮食总产量35.5万吨，增长1.05%；
——固定资产投资6亿元，增长92.5%；
——全部工业总产值18.41亿元，增长17.94%；其中乡（镇）以上工业总产值12.56亿元，增长12.26%；
——财政总收入1.88亿元，与1995年初预算持平；
——农民人均纯收入1768元，增长17.83%；
——人口自然增长率控制在12‰以内。

实现以上目标和各项指标，任务艰巨，困难不少，但我们必须看到有利的因素和条件。一是世界经济增长中心转移，国际国内产业结构和布局重新调整，给我县扩大开放、加快发展提供了难得机遇和非常有利的外部大环境。二是邕宁地处大西南出海通道，是“南北钦防”经济区重要组成部分，具有沿海、沿江、沿线、沿边、沿市的“五沿”区位优势，发展前景十分广阔。三是我县的综合实力不断增强，经济发展呈现逐年加快的态势，城镇基础设施不断加强，大沙田、沿海经济走廊、仙葫开发区等新的经济增长点正在培育和形成，具有加快发展的物质基础的巨大潜力。四是全县党员、干部群众坚持党的基本路线的自觉性和坚定性增强，同时积累了较丰富的改革开放和两个文明建设的经验，为我县今后的发展奠定了良好的思想基础。我们要坚持解放思想、实事求是的思想路线，既要正视前进中的困难和问题，更要看到实现发展目标的有利条件和可能性，振奋精神，抓住机遇，努力拼搏，再创佳绩。

为了实现上述目标，切实迈好“九五”第一步，要着重抓好以下十个方面工作：

（一）大力发展科技教育，全面实施科教兴县战略

我们要牢固树立“科学技术是第一生产力”的思想，强化科技优先的观念，认真实施科技兴县的发展战略，切实抓好科技“创先”工作，力争今年进入先进县行列。首先要重视科技队伍和科研机构建设，抓好1~2个高新科技企业，带动企业技术引进和更新改造，创建更多的科技先导型、进步型和示范型企业，形成新的经济优势；按照国家高新技术开发区的标准和要求，加快三个开发区建设；继续抓好农业良种、新种养技术的推广和科技示范基地工作，建立科技示范乡（镇）、村、示范户，充分发挥它们的带头作用和辐射作用，重点抓好四塘、昆仑、南阳、那陈四个乡（镇）的“两高一优”农业示范基地，培育、引进、推广甘蔗、蔬菜、水果优良品种；继续抓好“火炬”和“星火”计划的实施，加快传统农业向现代农业转变的步伐。其次要进一步增强“教育为本”的观念，以普及九年义务教育、优化教育结构和全面提高教育质量为今年教育工作的“重中之重”，继续抓好“希望工程”和“两基”达标工作，力争今年完成“两基”达标任务；高度重视职业教育、成人教育和再就业培训。认真抓好科学技术普及工作，使全县80%以上的农户至少有一个劳动力掌握1~2门实用技术。要抓好医疗卫生工作，改善乡（镇）医疗卫生条件，恢复村委会卫生室，提高人民健康水平。科技和教育投入是实施科教兴县的基本保证，必须采取有力措施，拓宽筹资渠道，建立发展基金，加大对科技和教育事业的投入。要大造舆论，完善政策，创造条件，在社会形成尊重知识、尊重人才的良好风尚。

（二）切实加强农业，调整提高工业，大力发展第三产业

今年，我县优化产业结构的主要方向是：切实加强农业，确保经济加快发展有一个坚实的基础；调整提高工业，使之成为带动整个经济增长和结构优化的主导力量；大力发展第三产业，提高经济运行的效率和整体效益。

1. 强化农业的基础地位，全面振兴农村经济。我们要认真落实农业稳县的发展战略，坚持“服务城市、富裕农民”的指导思想，以“坚持一个稳定（粮食生产），实现两个再造（再造一个山上邕宁、一个养殖业邕宁），达到三个增加（即总产、产值和农民人均纯收入增加）”为目标，采取“据点式”开发、“滚雪球式”发展策略，形成农业综合开发、乡镇企业发展、农村小城镇建设三位一体协调发展的农村经济新格局，努力实现“稳粮、增钱”，丰富“米袋子”、“菜篮子”。一要下决心增加对农业的投入，特别要加大对水利等农业基础设施的投入，提高抗灾能力，为农业的大发展提供物质基础。在积极争取区、市对我县农业投入的同时，县、乡（镇）财政每年对农业投入的增幅要高于经常性支出的增幅，金融部门对农业的贷款应实行重点倾斜政策；引导农村集体经济组织和农民增加农业的投入，扩大农业利用外资途径；加强对各种农业资金的管理和监督，提高资金使用效率。二要以市场为导向，因地制宜，调整优化农村经济结构，积极发展多种经营在稳定粮食种植面积 131 万亩（其中早稻 48 万亩，中晚稻 50 万亩，玉米 18 万亩，杂粮 15 万亩），提高单产的前提下，遵循价值规律，充分开发和合理配置农业资源，加速农业综合开发向深度和广度发展，推动农业综合开发向开发区向区域化、集约化发展。各乡（镇）、村要立足资源优势，各打各的优势仗，抓好甘蔗、花生、经济林果等十大农业基地建设。重点发展甘蔗生产，确保原料蔗 38 万亩，总产 160 万吨；水果达到 30 万亩，总产达 10.5 万吨。继续抓好植树造林，保证今年绿化验收达标。三是继续抓好“菜篮子”工程建设。重点建设苏圩、吴圩、那马、良庆、五塘、蒲庙等蔬菜生产基地。大力发展肉类、水产品生产，不断提高农业保障城市供应的能力。四是继续把发展乡镇企业作为繁荣农业经济的战略重点。要认真贯彻落实桂发［1995］26 号文件精神，为发展乡镇企业创造一个宽松的环境，加快乡镇企业的发展。要充分发挥经济能人协会的作用，加强经济能人队伍的管理，放手发展个体私营企业。要引导和推动乡镇企业上档次、上规模、上水平，把乡镇企业发展与小城镇建设结合起来，推动农村农业劳动力转移，加快农村城镇化步伐。要强化企业管理，在提高素质上下功夫，向高科技、大规模、外向型发展，增加市场竞争能力。要发挥本地资源优势，发展种养、加工，特别是果菜加工。要逐步合理调整乡镇企业的布局，鼓励乡镇企业相对集中、连片发展，加快南梧公路乡镇企业示范区的建设。五是加大扶贫力度。各级党委和政府要充分认识扶贫开发的重要性，发动全社会支持扶贫开发，继续坚持机关和企事业单位挂钩包村扶贫，组织科技进山，开展扶贫捐赠，动员更多的民营企业家参与扶贫为主的“光彩事业”；鼓励发达的乡（镇）、村与贫困的乡（镇）、村结成对子，优势互补，扶贫济困，共同发展。

2. 调整提高工业，关键是以技术进步为动力，加快工业产业结构、技术结构和组织结构的重组步伐，引导我县的工业走上“产业树支柱、企业上规模、产品创名牌、管理上水平”的发展道路，向结构优化、规模经济、科技进步和科学管理要效益要速度，实现速度与效益相统一。今年要把提高经济效益和质量当作一项主要工作抓好。要加大技改投资力度，加快老工业的技改步伐，推动全县工业产品结构的升级换代，全面提高我县工业的技术层次和产品竞争。进一步强化企业的内部管理，推动企业面向市场，苦练内功，更新管理的内容、方式和手段，实现科学管理。按照提高产品附加值和市场占有率，形成规模经济的要求，集中力量，大力振兴蔗糖加工业、建材、饲料等支柱产业。蔗糖加工业，重点是发展糖的深加工和甘蔗的综合利用。建材工业，主要是扩大企业生产经营规模，目前要重点抓好南宁正大建材有限公司、八鲤水泥厂等 7 个水泥厂，昆仑建材有限公司年产 120 万平方米彩釉砖等在建项目建设；新建一批乡（镇）、村办制砖厂。依托我县的区位优势和资源优势，紧密结合农业综合开发，大力发展食品、林产林化深加工等优势产业。采取多种措施帮助亏损企业扭亏，一是委托县内经济实力较强、经济效益较好的大中型企业管理中小型困难企业，实行优势互补，促进企业发展。二是结合产权制度改革，搞活一批小企业。对小型企业实行“放”的政策，将国有小型企业的产权以承包、“融资性租赁”、“分开出售”等方式进行转让给经济能人，以达到在产权主体换位中转换企业出困境的目的。三是充分发挥工人阶级主人翁的作用，实行生产自救。

3. 积极发展第三产业。第三产业是我县经济的优势之一。我们要继续发挥第三产业的优势，推动其他产业发展。要坚持“谁投资，谁所有，谁经营，谁受益”的原则，在充分发挥国有商业企业主渠道作用的同时，大力发展集体、个体和私营混合型的商业经济成分，调动各方搞流通、办市场的积极性。

今年重点抓好五塘商贸城、玉洞商贸城以及昆仑、那陈等乡（镇）农贸市场的建设。工商、税务、治安等部门要发挥各自职能，加强执法、监督和管理，维护市场的正常交易秩序。大力发展“四轴”（南梧、南凭、南北、邕江沿线）、二点（大沙田、县城）饮食服务业。进一步加快发展交通运输、邮电通信业，规范和发展金融、保险业，引导房地产业健康发展。

（三）多渠道筹集资金，增强发展后劲

今年全县要新上一批项目，总投资6亿元，相当于今年全县财政收入的3倍。显然，单靠财政是无法完成的，必须采取多渠道筹集资金增加投入。一是要积极主动地向国家、区、市有关部门汇报，争取他们支持；二是要调动金融部门的积极性，集中社会上闲散资金，把消费资金转为建设资金；三是巩固和发展农村合作基金会。没有建立的乡镇，力争在今年上半年建立；已建立的乡镇，要加强管理，充分发挥其作用；四是加大引进外资力度，把引进外资作为加快我县经济发展的突破口来抓。五是继续抓好“以地生财”工作，除抓好三个开发区开发外，新开发南蒲公路改建二级公路沿线；六是深化投资体制改革，通过出让收费权、土地补偿项目等形式，回笼建设资金。

（四）加强基础设施建设，优化投资环境

我县的区位优势，对城镇基础设施建设提出了更高的要求。要按照《城市规划法》的要求，继续加大城镇基础设施建设力度，一手抓旧区改造，一手抓新区（仙葫区）开发，加快县城建设，尽快搭起10万人口的县城框架。小城镇建设要改变自发、分散建设方式，实行“审批一支笔、规划一张图，建设一盘棋、管理一张网”的集中统一建设方式。要强化城镇管理意识，建立城镇管理目标责任制，调动各方面积极性，形成齐抓共管合力，实现长效管理。重点抓好“一路一桥”建设，邕宁邕江大桥要在“五一”前通车。南蒲公路改建二级公路要加快建设步伐，力争在1997年上半年完工。乡（镇）、村公路要逐步改造，重点完成蒲四柏油路、伶俐沱江至上王公路工程。要积极为区市项目服务，协助做好南宁至钦州高速公路、南宁机场扩建项目建设。要加快三个开发区供电、供水工程建设，保证开发区的建设需要。争取今年有三分之一的村民委员会开通程控电话，同时不断扩大移动电话，BP机业务。各级各部门要从全局出发，支持和关心重点工程建设，使我县的城镇建设有一个大的发展，面貌有一个大的改观，进一步改善我县的投资环境。

（五）围绕建立社会主义市场经济体制，积极稳妥地推进改革

改革是经济发展和社会进步的动力。必须按照建立社会主义市场经济体制的目标，积极稳妥地推进我县的改革。一是进一步深化农村经济体制改革。要不断完善以家庭联产承包为主的责任制和双层经营体制。完成土地延长承包合同的签订工作，并把使用证发放到承包者；按照承包合同，把应收的承包金收上来。在坚持土地集体所有的前提下，允许土地使用权有偿转让、出租、抵押、入股等，优化生产要素；大力发展农村社会化服务体系，促进农业专业化、商品化和社会化；深化供销改革，把供销社真正办成农民合作经济组织。乡镇企业要通过发展股份合作制进行产权制度和经营方式上的创新，增强乡镇企业的活力。二是坚持建立现代企业制度这个方向，积极推进企业改革。深化企业改革，下大力气改变高投入、高耗费、低产出、低质量的粗放型的经济增长方式，走向集团化道路。重点是抓好国有企业的改革，要按照产权明晰、权责明确、政企分开、管理科学的要求，把改组、改造和加强管理有机地结合起来，促进存量资产合理流动和优化组合，实现制度创新、组织创新、技术创新、管理创新，逐步使企业成为市场竞争的主体，充分发挥国有经济的主导作用；国合商业的改革，重点推动企业向集团化、连锁化的规模经营道路发展。三是积极培育和完善市场体系。要加快城乡市场建设，规范市场行为，尽快在全县范围内形成统一、开放、竞争、有序的市场体系。通过发展生产、保障供给，加强市场建设和流通秩序的管理，确保物价控制指标的实现。四是加快建立社会主义保障体系。力争今年全县机关事业单位和农村的社会保障覆盖面分别达到90%和40%以上，尽快形成多层次的社会保障体系。五是进一步转变政府职能。要按照公务员制改革的要求，坚持政企分开，精简、统一、高效的原则，积极推进政府机构改革，转变政府职能。改革现行的行政管理体制，做好撤县建市准备工作；

符合条件的乡应撤乡建镇，实行镇领导村的体制。还要继续搞好财税、金融、投资、计划、物资、住房、公费医疗、劳动人事等方面的改革；继续推进科教文卫体等事业的改革，促进社会的全面进步。

（六）进一步扩大对外开放，大力发展开放型经济

扩大对外开放是我们必须长期坚持的方针。要充分发挥我县区位优势，创造优良环境，提供优质服务，扩大对外开放程度，提高对外开放水平。一是加快改善开放环境。要大力宣传邕宁的诸多优势，不断增强全县党员、干部和群众“优势促开放，开放扬优势”意识，加紧制定和完善各项优惠政策，提高服务质量，不断改善投资环境。二是加大利用外资力度。各部门都要协同做好利用外资工作；继续以三个开发区作为对外开放的“窗口”，利用外商招外商，广泛招商引资，在继续以吸收直接投资为重点的同时，扩大间接利用外资的规模，力争今年实际利用外资0.2亿美元。进一步办好现有“三资”企业，加强管理和服务，使其真正起到招商引资的示范作用。三是努力扩大出口。要大力改善出口商品结构，提高出口商品的质量和档次，力争今年出口创汇有比较大的增长。四是积极发展区域经济。认真实施“南北钦防”发展战略，加强横向经济联合，既抓外引，又抓内联，提高内资在我县投资的比例，发挥出海通道的整体功能和效应，为振兴经济作出新的贡献。

（七）坚持抓好生育工作，不断提高人口素质

要坚持不懈地抓好农村和流动人口计划生育工作，严格控制人口增长，提高人口质量。一是要继续实行各级党政一把手计划生育目标责任制，把控制人口增长纳入考核各级领导干部政绩的重要内容；二是要继续抓好计生教育。进一步提高全民特别是计生对象对计生基本国策的认识，不断增强落实计生政策的自觉性。坚持“三为主”方针，总结推广行之有效的经验；三是要多办实事力求实效。要把帮助计生对象尤其是纯女户、独生子女户落实节育措施与帮助他们发展经济、劳动致富奔小康和建设文明幸福家庭相结合；四是落实计生经费。要把计生经费列入财政预算，按实际需要增加投入，保证计生工作的必要开支；五是抓好计生基层建设。要健全各级计生网络，建设好一支能够开展经常性工作的计生队伍。要配备好、培训好农村计生人员，解决好他们的报酬，调动他们的积极性。要充分发挥计生协会的作用，增强协会的吸引力；六是要加强统计工作，提高统计质量。七是依法管理计生工作。对违反计生法规、打击报复计生工作人员的行为要严肃查处。

（八）大力加强社会主义精神文明建设，促进两个文明共同进步

新的形势对社会主义精神文明建设提出了新的更高要求。今年，我县精神文明建设要抓好如下几项工作：

1. 加强和改进思想政治工作。各级各部门都要充分发挥我党宣传思想工作的政治优势，引导全县广大党员、干部群众用邓小平同志建设有中国特色社会主义理论武装头脑；紧紧围绕培养“四有”新人，深入进行爱国主义、集体主义和社会主义思想教育，深入进行树立正确的世界观、人生观、价值观的教育，深入进行艰苦奋斗的优良传统教育，积极倡导和大力宣传江泽民同志提出的新时期64字创业精神，使之成为农村的时代精神；继续宣传和表彰各条战线涌现出来的像孔繁森和林正书那样的先进人物，扶正祛邪，弘扬正气，使爱祖国、爱人民、爱劳动、爱科学、爱社会主义的思想品德在社会生活各方面体现出来。引导人们正确处理国家、集体、个人三者之间的关系，抵制和纠正拜金主义、享乐主义和极端个人主义，抵御资本主义和封建主义腐朽的思想侵蚀。

2. 要把精神文明建设的目标、任务同人民群众的切身利益结合起来，从群众最关心的事情做起，广泛吸引群众参与。要继续开展“创三城”、文明单位、文明村乡（镇）、五好家庭、“军警民共建”等多种形式的群众性精神文明建设真正落实到实处，收到实效。搞好环境保护的宣传教育，增强全民环保意识，抓好工业“三废”处理，逐步改善城市环境。

3. 要重视文化、新闻等社会事业的发展。坚持“二为”方向和“双百”方针，弘扬民族优秀文化，繁荣文化创作；开展“扫黄”、“打非”斗争，净化文化市场，为人民群众提供健康的精神食粮；加强对新闻事业的领导，坚持正确的舆论导向；继续开展社会主义科学理论研究工作，坚持理论与实践相结合。

（九）加强社会主义民主和法制建设，维护社会主义稳定

建设高度的社会主义民主和完备的社会主义法制，维护社会主义稳定，是党和人民群众的共同愿望，是我们国家长治久安、繁荣昌盛的重要保证。我们要坚持和完善人民代表大会这个国家的根本政治制度，加强和改进对人大工作的领导，支持人大更好地履行宪法和其他法律赋予的各种职权，充分发挥人大及其常委会的作用；坚持和完善共产党领导的多党合作和政治协商制度，巩固和发展新时期的爱国统一战线，加强政协和各民主党派、工商联的工作；充分发挥政协政治协商、民主监督和参政议政的作用，并逐步实现规范化、制度化；认真贯彻党的侨务政策，加强与港澳台胞、海外侨胞以及一切爱国人士的联谊与合作，调动一切积极因素，为明年香港回归祖国多作贡献；加强和改善党对工会、共青团、妇联等群团的领导，支持他们创造性地开展工作，充分发挥其作为党联系群众的桥梁和纽带作用；重视人民群众来信来访，开辟多方面反映社情民意的畅通渠道，虚心听取社会各界人士、专家学者的意见和建议。进一步抓好老干部的管理和服务工作，关心他们的生活，注意发挥他们的作用。加强和改善党对武装工作的领导，加强国防教育，做好民兵预备役、“双拥”工作和优抚安置工作。进一步密切军政军民关系，充分发挥驻我县部队在两个文明建设中的重要作用。要深入开展法制宣传教育，搞好“三五”普法工作，增强全民的法律意识和法制观念。继续抓好“两庭”建设，加强政法队伍建设，努力提高执法人员素质和执法水平；抓好社会治安综合治理，坚持专门机关和群防群治相结合、专项斗争和经常性治安管理相结合，依法严厉打击各种犯罪活动；坚决扫除吸毒、赌博、卖淫嫖娼等各种丑恶现象，及时发现和化解不稳定因素，维护社会稳定，为改革开放和现代化建设创造良好的社会环境。

（十）全面加强党的建设，不断提高党的执政水平和领导水平

为了完成今年我县改革和建设的任务，必须大力加强党的建设，切实加强和改善党的领导，充分发挥党在改革和建设中的领导核心作用。

1. 坚持把思想政治建设放在首位，用邓小平同志建设有中国特色社会主义理论武装全党。思想政治建设是党的建设的首要任务，是带动其他方面建设的根本性建设。全县广大党员、干部要认真学习马列主义、毛泽东思想，中心内容是学习邓小平同志建设有中国特色社会主义理论和新党章。通过学习，进一步坚定社会主义、共产主义信念，坚定不移地走有中国特色社会主义道路。党员干部一定要讲政治，要坚持正确的政治方向、立党为民的政治立场、旗帜鲜明的政治观点，严格遵守党的政治纪律；要加强党性锻炼，在改造客观世界的同时努力改造自己的主观世界，把为党为人民无私奉献、全心全意为人民谋利益作为自己最崇高的人生追求和最大的人生价值，坚持党的事业第一，坚持人民的利益第一，为国家为民族奋不顾身地工作。

2. 严格执行民主集中制，维护党的团结和统一。民主集中制是我们党的根本组织制度和领导制度。在建立社会主义市场经济体制的新形势下，要在广大党员和干部中深入开展民主集中制的再教育，增强贯彻执行民主集中制的自觉性。要坚持党员个人服从党组织，少数服从多数，下级组织服从上级组织，全党各级组织和全体党员服从党的全国代表大会和中央委员会的组织原则，增强全局观念、组织观念和纪律观念，在政治上同党中央保持一致，坚决维护以江泽民同志为核心的党中央的权威，确保党的指示和政令畅通，维护党的集中统一。要建立和健全贯彻执行民主集中制的规章制度。严格执行各级党委的工作规则，坚持和完善集体领导和个人分工负责相结合的制度，坚持重大问题由集体讨论决定的制度。各级领导班子的主要领导作风要民主，认真听取不同意见，善于实行正确的集中；每一个领导成员都要服从和执行集体的决定，创造性地开展工作。对地方主义、本位主义和分散主义倾向，要严批评和纠正；对搞“上有政策、下有对策”和有令不行、有禁不止的行为，要严肃处理。要坚持和健全党内民主生活制度，开展积极的批评与自我批评，分清是非，维护和加强领导班子的团结，增强解决自身问题的能力。

3. 坚持干部队伍“四化”方针和德才兼备原则，把各级领导班子建设成为坚强的领导核心。领导班子建设是加强党的领导、搞好党的建设的核心问题。实现我县今年改革和发展的战略目标，一要把各级领导班子配备好。按照干部队伍“四化”方针和德才兼备的原则，大胆选拔优秀年轻干部，同时，要合理使用其他在规定的任职年限之内的干部，能提拔重用的，也要提拔重用，使领导班子在年龄上形成合理的梯次结构；二要抓好后备干部工作；三要抓好干部教育工作。今年要把县管的45岁以下的科（局）级以上干部普遍轮训一次，在学习党的基本理论的同时，学习社会主义市场经济、现代科技、现代管理知识和法律知识以及做好工作所必需的其他知识，努力成为新时期合格的领导干部。并坚持多途径、多形式培养干部，放手让年轻干部在实践中增长才干、锻炼成长。四要重视女干部、少数民族干部和非中共党员干部的选拔培养，继续搞好科技乡（镇）长的选派工作。五要加快干部人事制度的改革，积极推行国家公务员制度，认真贯彻落实离退休干部工作的方针政策，进一步做好老干部工作；坚持和完善领导干部考核、交流和回避等制度；切实加强乡（镇）党委、人大、政府的换届工作，确保这项工作的顺利完成。加强监督检查，防止和纠正用人上的不正之风。对投机钻营、弄虚作假、伸手要官、思想品德和意识不好的人，绝不能提拔重用；对德才平庸、不胜任现职的干部应果断调整。逐步形成优秀人才能够脱颖而出，富有生机与活力的用人机制。

4. 下大力抓好党的基层组织建设，充分发挥党组织的战斗堡垒作用和党员的先锋模范作用。党的基层组织是党的基础，是党在社会基层组织中的战斗堡垒。要认真贯彻党的十四届四中全会提出的指导方针，全面加强党的基层组织建设。农村基层党组织建设要围绕实现“五个好”的目标，突出村级班子建设和村级经济建设两个重点。在农村党员中，继续广泛开展“奔小康先锋户”活动，开展“党员致富工程”和“学、比、扶”竞赛活动（学是看谁在限期内学得科技致富本领多；比是看谁在限期内先富起来；扶是看谁在限期内扶持脱贫致富的户数多）。继续推广和完善部门（单位）包村等措施，做好后进村的整顿和转化工作。国有企业党建工作应结合企业改革与发展，充分发挥企业党组织的政治核心作用，坚持和完善厂长负责制，支持厂长（经理）依法行使职权，全心全意依靠工人阶级，同心同德办好企业；积极探索股份有限公司、“三资”企业、乡镇企业、私营企业等其他经济组织党建工作的新路子。机关党组织要围绕机关机构改革和职能转变，结合业务工作实际，严格党内生活制度，改进机关作风，提高办事效率，搞好为基层为群众服务。科技文卫体等单位的党组织，要认真贯彻落实党的知识分子政策，调动知识分子的积极性，全面完成各项工作任务。进一步总结和探索新形势下党员管理，尤其是流动党员管理的有效方法和途径；不断扩大入党积极分子队伍，重视培养和吸收青年和妇女中的优秀分子入党，注重在生产、科研和基层工作第一线发展党员，不断改善党员队伍结构，壮大党的力量。要关心、培养和造就一支政治坚定、业务精通群众拥护的党务工作队伍。

5. 加强党风和廉政建设，深入开展反腐败斗争。要坚持从严治党的方针，抓好党风和廉政建设。继续开展反腐倡廉教育，增强拒腐防变的免疫力，坚决反对拜金主义、享乐主义和个人主义；各级领导机关和领导干部要严于律己，以身作则，对照中央两个“五条规定”“四条补充规定”以及国有企业领导干部“四条廉洁要求”等，认真进行自查自纠违法乱纪行为；加强重点部门、重点行业和基层站所的反腐斗争，坚决纠正各种行业不正之风；坚持标本兼治，健全、完善党风和廉政建设制度，规范党政机关、执法部门和行业、企业的行为，从根本上遏制消极腐败现象和不正之风；积极开展法制监督、社会监督、舆论监督，形成健全有效的监督约束机制。要加强对纪检监督部门的领导，支持他们履行职责，为反腐败斗争作出新的贡献。要艰苦奋斗，勤俭办一切事业，坚决反对铺张浪费。

6. 改进作风和方法，加强和改善党的领导。全县各级党组织和党员领导干部，必须加强对各个方面的协调，统揽全局工作。经济建设是全党中心工作，要切实加强对经济工作的领导，抓住经济建设不放松。县、乡（镇）党委都要进一步增强中心意识和抓好经济工作的使命感和紧迫感，认真履行职责，自觉地担负起领导经济工作的重任，坚决贯彻上级党委和政府各项方针、政策；支持政府大胆负责地开展工作，充分履行行政职能，政府及其所属部门的党组织要坚决贯彻党委的决议；努力提高领导艺术和决策水平，做到善谋敢断，胸有全局。大政方针确定之后，关键是抓好落实。要把我县今年国民经济和社会发展各项指标落实到实处，完成今年党的建设的任务，必须大力倡导身体力行和求实的作风。县委决定，今年在农村全面实施“十个一工程”，即每个乡（镇）建立一个支柱产业、修一条乡村公路、解决一个坡的人畜饮水问题；县、乡（镇）、村三级干部每人负责带一贫困户脱贫致富，县、乡（镇）直每个单位搞一亩高产示范田，开荒种植一亩甘蔗；县、乡（镇）几大班子每个领导联系一个种养专业户，联系一个残疾人康复扶贫点，联系一间学校，联系一个乡镇企业。通过这些活动，发扬党的密切联系群众的优良传统和作风，认真贯彻党的群众路线，自觉地深入农村，深入企业，特别要多深入到贫困地区和困难的企业中去，认真调查研究，倾听群众的意见和呼声，关心群众疾苦，千方百计解决群众生产生活中的实际困难。要把人民群众答应不答应、赞成不赞成、拥护不拥护、满意不满意作为衡量我们工作做得好坏的标准。

同志们，新的一年已经开始，摆在我们面前的任务既艰巨又光荣。我们一定要在新一届自治区党委、南宁市委的领导下，同心同德，团结一致，锐意进取，奋力拼搏，为实现宏伟的“九五”计划，精心谋划出一个好的开头，扎实奋斗出一个好的起步。

温达勤代县长在邕宁县第十三届人民代表大会第一次会议上政府工作报告（摘要）

（2002 年 10 月 22 日）

一、过去四年的工作回顾

本届政府自 1999 年 1 月选举产生以来，在上级党委、政府的正确领导下，在县委的直接领导和县人大的监督以及县政协的支持下，在历届政府卓有成效工作基础上，我们高举邓小平理论伟大旗帜，认真贯彻落实党的十五大和十五届三中、四中、五中、六中全会精神，认真实践江总书记“三个代表”的重要思想，从实际出发，团结和带领全县各族人民，以经济建设为中心，解放思想，克服困难，与时俱进，开拓创新，我县的改革开放和现代化建设取得了新成就。

（一）国民经济持续、快速、健康发展

2002 年 1 月至 9 月，全县实现国内生产总值 28.69 亿元，完成年度计划的 63.85%，其中第一产业增加值完成 10.26 亿元，完成年度计划的 50.82%，第二产业增加值完成 11.16 亿元，完成年度计划的 79.65%，第三产业增加值完成 7.26 亿元，完成年度计划的 78.8%。预计到年底，全县国内生产总值可实现 45.2 亿元，比 1998 年增长 33.55%，年均增长 7.5%。其中，第一、第二、第三产业可分别实现 20.19 亿元、15.11 亿元、9.9 亿元，分别比 1998 年增长 22.83%、44.49%、36.3%，年均增长分别达到 5.27%、9.64%、8.05%。

1. 农业和农村经济全面发展。认真实施自治区党委“1234610”工作思路，始终把农业放在经济工作的首位。预计，2002 年全县农业总产值可完成 31.3 亿元，比 1998 年增长 24.94%，年均增长 5.72%；粮食总产量 36.1 万吨，比 1998 年调减 5%；甘蔗总产量 180.64 万吨，比 1998 年增长 13.92%，年均增长 3.31%；蔬菜总产量 65 万吨，比 1998 年增长 45.06%，年均增长 7.57%；水果总产量 9.8 万吨，比 1998 年增长 2.19%，年均增长 0.54%。预计，2002 年肉类总量 6.6 万吨，比 1998 年增长 21.6%；水产品产量 1.9 万吨，比 1998 年增长 21.02%。全县森林覆盖率由 1998 年的 37.37% 提高到 40.14%。

2. 工业经济稳定增长。坚持以市场为导向，加快传统产业技术改造，加大招商引资工作力度，保持了工业的较快发展。预计，2002 年，全县全部工业增加值可达 12.69 亿元，比 1998 年增长 50.8%，年均增长 10.8%。全县工业总产值完成 40.5 亿元，比 1998 年增长 52.09%，年均增长 11.05%。

3. **商贸流通保持良好的发展势头。**认真贯彻国家扩大内需、开拓市场的各项政策，加快商品流通体制改革，消费品零售市场保持平稳增长态势。预计，2002 年，全县社会消费品零售总额可达 10.49 亿元，比 1998 年增长 33.26%，年均增长 7.44%。

4. **个体私营经济健康发展。**坚持以多种经济成分共同发展为方针，积极扶持、分类指导、加强监督、依法管理，有力地促进了个体私营经济的健康发展。据统计，至 2002 年 8 月底，全县在册的个体工商户为 1.58 万户，注册资金 1.14 亿元，分别比 1998 年在册增加 1828 户和 1565 万元；全县私营企业 327 户、注册资金 3.39 亿元，分别比 1998 年在册增加 134 户和 1.8 亿元。

5. **财政收入逐年增长。**切实加强财源建设，大力发展创税农业，加大税收征管力度，确保财政增收。预计，2002 年全县财政总收入可达 3.51 亿元，比 1998 年增长 40.77%，年均增长 8.92%。其中地方财政收入 2.31 亿元，比 1998 年增长 30.04%，年均增长 6.79%。

6. **扶贫工作卓有成效。**通过实施领导包片、单位包村、干部包户等扶持措施，扶贫攻坚取得显著成效。四年来，各级财政拨出扶贫资金 1080 万元，完成村坡道路建设 71 条 346 公里，架设桥梁 15 座；完成人饮工程 127 处（座），受益群众 9.41 万人。

7. **人民生活水平不断提高。**预计，2002 年全县在岗职工年平均工资 8168 元，农民人均纯收入 2360 元，分别比 1998 年增加 2748 元和 555 元；城镇居民和农村居民人均居住面积分别达到 15.8 平方米和 21.47 平方米；2001 年年末，全社会金融机构存款余额 22.71 亿元，比 1998 年增长 30%，城镇居民储蓄存款余额 16.4 亿元，比 1998 年增长 18.34%。

（二）城乡基础设施日臻完善

1. **交通建设进一步完善。**四年来，共投入资金 4900 多万元，先后修建了伶俐沱江至那樟、镇龙至那他等一批乡村公路，实现了村村通汽车目标；铺设了那齐至延安、四塘至同仁、蒲庙至长塘、那楼至镇龙、蒲庙至百济等柏油路面，实现了乡乡镇镇通柏油路的目标；铺设了刘圩街、大塘街、明阳街、新江街、百济街、南晓街的过境公路水泥路面，城镇居民交通状况明显提高。

2. **通信事业得到较快发展。**2001 年年末，电话用户达 5.57 万户，移动电话用户为 1.73 万户，分别比 1999 年增加 2.46 万户和 1.3 万户，各乡（镇）均开通了程控电话、手机、BP 机的通讯业务。2002 年，我县信息化建设全面实施，目前县城的各部委办局 1000 多个信息点均可接入内部办公网和国际互联网，实现了内网、外网开通。

3. **农村电网改造工作成绩显著。**充分利用国家建设资金 1.03 亿元，实施农村电网建设与改造。完成 35 千伏工程项目 34 个，改造 10 千伏及以下变配电设施工程项目 1245 项，通过了自治区的检查验收。我县被国家计委和国家电力公司授予"第一批农村电网建设与改造工作先进县"的荣誉称号。

4. **抗旱防汛工作进一步加强。**投入资金 1966.3 万元，完成 41 座中小型水库（其中 2 座为中型）的除险加固任务；投入资金 1441.5 万元，完成渠道硬化 105.7 公里；修建拦河塘坝 110 座，建成地头水柜 446 座，完成打井 314 眼，新建电灌站 2 座；投资 730 多万元，建设五塘水厂和中和水厂。

5. **市政建设步伐加快。**多渠道筹集资金 2.46 亿元用于市政建设。投入 2.36 亿元，加强三个开发区的路、水、电、绿化等基础设施建设；投入 470 多万元，对县城的下水道、路面、沉沙井等进行建设、改造及维修；投入 450 多万元，完成县城新兴广场第一期和第二期工程建设。

6. **乡村基础设施得到改善。**关心基层干部的工作和生活，千方百计筹集资金 1300 多万元，为 21 个乡（镇）政府和 128 个村（居）委会改善了办公和生活条件。

7. **环保工作基本达标。**严格污染物排放总量控制，2000 年底，全县工业企业污染源达标排放工作通过了区、市验收。建设项目"三同时"执行率 100%。

8. **农村生态建设有了新突破。**据统计，1999 年至 2001 年，全县累计建成沼气池 4.27 万座，占全县农户的 23.77%；累计建成卫生厕所 8.84 万座，占全县农户的 49.2%；农村生态示范村总数达 94 个，占全县自然村总数的 5.3%。2002 年，我县又建设 44 个农村生态示范村，到年底，44 个示范村将按质按量完成任务。

（三）改革力度明显加大，对外开放不断扩大

1. 国有企业改革整顿取得新突破。深入开展国有企业三项制度改革，积极开展以转换企业经营机制为重点的放开搞活工作。南宁三元物业发展有限公司成功托管南州林场；南蒲纸厂、县农机公司等国有企业成功转制；县缫丝厂依法破产，实现了我县产权制度改革的重大突破。全县进行产权制度改革的企业已达8家。

2. 各项配套改革不断完善。自1999年推行政府采购制度以来，有效地杜绝了公务采购存在的不正之风，节约资金567.9万元，资金节约率14.09%。社会保障体系进一步完善。认真抓好“两个确保”，按时足额为全县离退休人员发放养老金。医疗制度改革顺利推行，有效节约财政对城镇职工医疗费的开支。县乡机构改革顺利完成，并实行竞争上岗，优胜劣汰，公务员队伍结构得到优化，事业单位也推行了聘用合同制。

3. 对外贸易稳步发展。据统计，1999年至2001年，全县实际利用外资累计1530万美元。预计，2002年实际利用外资可达500万美元；2002年，全县外贸出口总值可达1768万美元，比1998年增长25.6%。

4. 开发区发展势头良好。大沙田、沿海两个开发区已晋升为国家级开发区，仙葫开发区晋升为自治区开发区，三个开发区已成为我县新的经济增长点。四年来，三个开发区共引进项目420个，协议投资68.1亿元，实际投入26.7亿元。仅2001年，三个开发区就为县财政提供税收4800多万元。

（四）各项社会事业全面发展

1. 科技与经济结合日趋紧密。农业生产普遍推广了旱育稀植、抛秧、农机深耕等先进适用技术。预计2002年，全县科技进步对经济增长的贡献率可达46.67%，比1998年提高8.6个百分点。

2. 教育事业不断发展。我们始终把教育事业摆在优先发展的地位。四年来，县财政投入教育资金达3.18亿元。基础教育、职业教育、成人教育全面发展，九年义务教育全面普及，普通高中招生规模继续扩大，中等职业教育结构渐趋完善。“两基”教育成果进一步巩固，2001年被自治区评为“两基”工作先进县。“普实”工作通过区级验收。素质教育全面开展，2000年启动素质教育督导评估工程邕宁高中、百济乡中学等12所中小学校被评为“一级”学校。教师队伍进一步优化，教学质量稳步上升。四年来，全县统计考上重点大学443人，上本科线1683人。投入5369万元，积极开展学校危房的改造工作，已有33栋共计4.4万平方米的工程竣工交付使用。累计撤并教学点276个，教学布局得到合理调整。

3. 文体事业有新发展。坚持文化“二为”方向和“双百”方针，努力发展先进文化。一是围绕重大节庆活动，组织开展一系列有特色、有声势、有规模、内容健康向上的群众文化活动，丰富了城乡群众的文化活动；二是深入开展文化下乡活动，为农民群众送去丰富的精神食粮，四年来共送戏下乡459场，下乡放电影8257场；三是加大“扫黄”、“打非”工作力度，净化文化市场，四年来共查处非法经营户67家，收缴盗版、黄色VCD光盘1万多张，盗版书刊324册。努力实施《全民健身计划纲要》，继续推行《国家体育锻炼标准》，积极开展群众性体育活动。四年来，投入资金180多万元，举办各类体育项目比赛214次（项），参加活动人数36.1万人（次）；我县运动员参加市级以上各类体育比赛共获金牌73枚，银牌55枚，铜牌48枚。

4. 卫生事业健康发展。切实加强防疫工作和妇幼保健工作。巩固和发展农村初级卫生保健与农村合作医疗工作。全县现有乡村医生578人，乡村医疗点达到472家，基本满足了人民群众医疗保健的需要；建立农村合作医疗卫生所225个，占全县行政村总数的95.74%，36.6万名农民享受了合作医疗的基本服务和优惠待遇。

5. 计生工作得到加强。积极开展“三下乡”优质服务活动和“三好一满意”活动，切实抓好流动人口的计划生育管理工作。2001年末，全县总人口91.94万人，年均人口自然增长率为8.5‰；计划生育率达88.16%，全面完成自治区下达的控制指标和任务。

6. 救灾救济工作成绩显著。2001年7月上旬，我县遭受了自1913年以来的特大洪涝灾害。灾情发生后，县委、县政府采取强有力的措施，带领全县人民积极开展灾后重建工作，及时筹集并发放救济专款2016.21万元，解决因灾缺粮的灾民3.8万户16.67万人，恢复建设因灾倒塌民房2392户8611间，重建灾民新村3个，建设济民小区1个。

（五）精神文明创建活动扎实开展

在加快改革开放和经济建设的同时，始终坚持"两手抓，两手都要硬"的方针，切实加强社会主义精神文明建设。一是坚持把思想道德教育放在精神文明建设工作的首要位置，全面开展学习、宣传、实施《公民道德建设实施纲要》，抓住各种有利契机，采取多种形式对干部、职工、村民，特别是对学生进行爱国主义、集体主义、社会主义教育和社会公德、职业道德、家庭美德教育，引导人们树立正确的世界观、人生观和价值观。二是以创建文明达标县为载体，以创建文明单位、文明村（镇）为基础，深入开展一系列创建活动。四年来，我县连续两届荣获广西市容"南珠杯"先进城市奖，连续三年被评为南宁市"双文明"建设先进单位。邕宁高中等4个单位获自治区文明单位，刘圩镇被命名为自治区级文明镇、南阳二田村等3个村被命名为自治区级文明村。三是军（警）民共建工作不断得到加强，共建对子由1997年的29个增至现在的54个，共建内容由一般治理外部环境向以共育社会主义"四有新人"为核心的思想共建转变。2000年，我县荣获全国"爱心献功臣先进县"，2000年和2001年我县连续被评为自治区"双拥模范县"。

（六）社会主义民主法制建设不断向前推进

1. 自觉接受人大的监督，主动听取政协的意见和建议。四年来，县政府自觉接受县人民代表大会及其常委会的监督，认真执行人大及其常委会通过的各项决议和决定。定期向县人大及其常委会汇报工作，及时向县政协常委会通报政务情况。认真办理人大方案、代表建设和政协提案，四年内共收到县人大议案、建议647件，县政协提案331件，按期办复率达100%。

2. 依法治县工作取得实效，社会治安综合治理深入开展。全面实施"三五"和"四五"普法规划。"三五"普法教育通过了南宁市的检查验收。深入开展村民自治，推行政务、厂务、校务、村务公开制度，密切了干群关系。认真贯彻"稳定压倒一切"的方针，坚持治安综合治理和专项斗争相结合，严厉打击各种违法犯罪活动，稳妥处理各类纠纷。针对民间纠纷和"三大纠纷"案件突出等特点，积极开展纠纷排查处理活动，四年来，共调解各类民间纠纷9158件，调解成功8798件，成功率为96%；调结"三大纠纷"案件1159起，调结率为91.4%；破获刑事案件1947起，查处治安案件5089起，抓获各类违法犯罪嫌疑人员15031人。切实开展安全生产专项治理整顿，炸毁、封闭非法开采的小煤井674口。

（七）政府自身建设得到进一步加强

认真开展了"三讲"教育、警示教育、"三讲"回头看和"三个代表"重要思想学习教育活动，领导班子和领导干部讲学习、讲政治、讲正气的自觉性得到增强，政治理论水平和驾驭改革开放全局的能力进一步提高。始终要求政府机关工作人员要坚持勤政为民，廉洁奉公，努力解决机关存在的"四难"（门难进、脸难看、话难听、事难办）问题，制订整改措施，公开办公制度，自觉接受群众的监督。狠抓各级政府机关和领导干部的廉洁自律，纠正行业不正之风，深入开展勤政廉政建设。认真组织县直各单位广大干部职工，深入基层，开展调查研究，与当地群众"三同"（同吃、同住、同劳动），切实解决了一些热点难点问题。积极解决大塘糖厂"白条"问题，全部兑现大塘糖厂历年所欠农民蔗款、职工工资和股金共2244万多元；解决南北高速公路征地遗留问题，兑付历欠农民征地费427万元；想方设法解决"两路一桥"的欠款问题；抓好四塘煤矿关闭破产的善后工作；完成了农村合作基金会和供销社社员股金服务部的第一、第二期兑付任务；做好下岗职工生活保障工作，四年内共为232名进入再就业服务中心的下岗职工发放生活费177.9万元，发放率达100%，发放补偿金52.4万元。

四年来，我县的物价、土地、粮食、信访、民族、房改、监察、残联、统计、审计、外事、侨办、档案、老龄、编制、县志、科协等部门做了大量的工作，取得了较好的成绩。武装、国税、地税、医药、烟草、公路、工商、金融、保险、电信、邮政、技监、气象等驻县单位都为我县经济建设、社会发展和社会稳定做了大量的卓有成效的工作。

各位代表，四年来我县改革开放和现代化建设所取得的成绩，都是在全县各族人民的勤奋努力下，在县委的直接领导和县人大的有效监督以及县政协的大力支持下，在历届党政领导班子打下良好基础以及老干部、老同志关心支持下，在各民主党派、各人民团体、各界人士、驻我县部队、境外友好人士关心、帮助下取得的。在此，我谨代表县人民政府表示崇高的敬意和衷心的感谢！

四年来的工作实践，我们深刻地认识到，要做好政府工作，必须以邓小平理论和“三个代表”重要思想为指导，坚持解放思想与实事求是相统一，与时俱进，开拓创新，创造性地开展工作；必须坚持以经济建设为中心，坚持发展是硬道理，正确处理改革、发展和稳定的关系，学会运用市场经济的办法和手段，解决经济与社会发展中遇到的各种问题；必须始终代表最广大人民群众的根本利益，努力改善人民群众的物质和文化生活；必须坚持“两手抓，两手都要硬”的方针，促使物质文明建设与精神文明建设向前推进，经济与社会全面发展；必须加强政府的自身建设，切实转变机关作风，坚持勤政为民，廉洁奉公，深入基层，深入群众，多为群众办实事、办好事。

在肯定成绩的同时。我们也清醒地看到我县经济社会生活中还存在一些不容忽视的困难和问题，主要表现在：国民经济增长的总量和质量还不够高；农业产业结构不尽合理，科技含量还比较低，农民增收缓慢。龙头企业的规模和质量有待于发展和提高；基础设施比较脆弱，有待于进一步加强；城市的改造建设和管理工作还比较落后；工业化、城镇化、信息化的水平较低；固定资产投资增速较慢，制约了经济的发展；对外开放水平还必须进一步提高，办事效率还有待于提高；农村“三大纠纷”仍然比较突出；计划生育工作形势不容乐观等等。对于这些问题，我们要高度重视，并采取有力措施认真加以解决。

二、今后五年的工作建议

刚刚结束的中共邕宁县第十次代表大会确立了今后五年我县现代化建设的指导思想，今后我们要：坚持以邓小平理论和“三个代表”重要思想为指导，认真学习贯彻党的十六大精神，进一步落实自治区党委“富民兴桂新跨越”战略决策，牢牢把握我国加入世贸组织和西部大开发的发展机遇，坚持以经济建设为中心，以发展为主题，以结构调整为主线，以推进工业化、城镇化、信息化进程为重点，以改革和科技进步为动力，以提高人民生活水平为根本出发点，大力发展生产力，增强经济综合实力。加强机关工作作风建设，加强精神文明建设和民主法制建设，牢牢把握改革发展稳定大局，为率先实现跨越式发展而努力奋斗。

根据这一指导思想，建议今后五年我县经济和社会发展的主要奋斗目标：

——国内生产总值（按 2000 年价格计）达到 70.73 亿元，年均增长 9.5%。

——农业增加值达到 25.16 亿元，年均增长 4.5%。

——工业增加值达到 23.81 亿元，年均增长 13.5%。

——社会消费品零售总额达到 15.41 亿，年均增长 8%。

——实际利用外资额 5 年累计达 9600 万美元，比上四年累计增长 180.3%。

——财政总收入达到 5.58 亿元．年均增长 10%。

——农民人均纯收入年均增长 8%。

——人口自然增长率控制在 10‰以内。

为实现上述目标，今后五年应着力抓好以下工作：

（一）以农业增效、农民增收，农村经济可持续发展为目标，继续推进农业和农村经济结构的战略性调整

今后五年，我们要继续贯彻落实党中央提出的“多予、少取、放活”方针和自治区党委“1234610”工作思路，以市场为导向，以效益为中心，以增加农民收入和县乡财政收入为目标，继续加大调整农业和农村经济结构力度，确保我县农业增产、农民增收、农村稳定。

1. 调整优化农业生产结构，改善农业生产布局。一是围绕特色抓调整。进一步优化品种结构、产业结构和区域布局，大力发展有南亚热带农业特色，产销对路的优质、高效农产品。依托首府南宁市，发挥区位优势，大力发展城郊型、创汇型、生态型、观光型等特色农业。畜牧水产生产重点发展瘦肉型猪、秸秆养牛、水牛奶开发、山上养鸡、养鸭、优质牛羊鹅等草食节粮型畜禽，养殖具有广阔市场前景的南美白虾、泰国虎纹蛙、单雄性罗非鱼等水产品种。二是围绕安全优质高效抓调整。五年内在巩固优质谷、水果、蔬菜、桑蚕、速生丰产林、红龙果、木薯、西瓜、茉莉花等生产基地的基础上，进一步提高农产品质量卫生安全水平。要按照建立农产品质量安全检验检测标准建立相关机构，完善检测手段，特别抓好粮食、蔬菜、畜牧水产生产环节，严格种子、种畜禽、农药、兽药、鱼药、肥料及饲料添加剂等农业投入的准入条件工作。三是围绕效益抓调整。要根据市场需要引进和推广一些品种新、效益高的农产品，筛选、引进一批如桑蚕、葡萄、花木、水果、甘蔗等优质品种试种和大面积推广，同时，要加大农业科技的投入，切实抓好“科教兴农与可持续发展综合示范县”项目、“绿色证书工程”、“跨世纪青年农民培训工程”，用五年时间培养考核合格青年农民1万人以上。要制订倾斜政策，对农民技术员在项目、土地承包、技术承包等方面进行扶持，充分发挥农民技术员在农村中的示范带头作用。

2. 加大农业和农村基础设施建设的投入，不断完善农村经济持续发展的支撑体系。一是抓好水利基础设施建设。抓好中小型水库除险加固、大中型灌区节水改造工作、城区防洪治涝工程及农村人饮工程等项目建设；积极发动群众兴建农田水利，大力发展拦水坝、深水井、田头水柜等农村小型水利基础设施建设。二是抓好公路建设，逐步提高村级公路等级。建设苏圩至延安、长塘至伶俐独岭，长塘经刘圩、那楼、新江至那马，中和经镇龙、百济至南晓，长塘那曾至五塘沙平等一批县内公路网；配合做好南宁至友谊关过境高速公路的建设，争取建设蒲庙至横县峦城及刘圩至灵山平南二级公路，蒲庙至钦州新棠三级公路。三是继续抓好生态能源建设。今后五年要新建沼气池4万座，卫生厕所3.4万座，生态文明村总数达436个。到2007年，完成退耕还林6万亩，发展速生林45万亩，森林覆盖率上升到49%。四是加快农副产品批发市场、农业机械化、供电、供水、邮电通信等基础设施建设步伐，从根本上改善农业生产条件和农村居民生活条件。

3. 下大力气扶持和培育龙头企业，推进农业产业化经营。农业产业化的发展关键在于要有科技含量高、实力雄厚和符合市场发展方向的龙头企业，为此，我们要努力提高粮食、水果、蔬菜、桑蚕、木薯、西瓜等大宗农产品的加工能力和水平，促进农产品转化增值，带动整个农业生产的稳定和发展。在培育和扶持现有龙头加工企业，如黑五类食品公司、明阳生化科技有限公司、三元中密度纤维板厂、宁振公司、香蕾茶厂、万利来罐头厂、传新食品厂等企业的基础上，通过积极招商引资、鼓励经济能人投资建立科研生产基地等形式，培植一批高层次、强带动的龙头企业，按照“公司＋基地十农户”的模式，走种植、加工、销售一体化的产业化经营新路子。

4. 锲而不舍地抓好扶贫工作。今后五年，要修建村级道路2304公里，切实解决480个村（坡）群众行路难问题；实施人饮项目280个，基本实现农村自来化饮水；实施拉电项目23个，彻底消灭无电村（坡）；争取小额信贷3000万元，搞好科技扶贫工作，力争每个农村劳动力掌握1~2门农村实用农业技术，解决5万贫困人口的脱贫问题；基本完成19个自治区划定的贫困村扶贫工作任务。

5. 切实做好减轻农民负担工作。要把中央和自治区减轻农民负担的各项政策认真落到实处，坚决查处加重农民负担的各种违法违纪行为。按照区、市的统一部署，积极创造条件，稳妥推进税费改革，进一步调动和保护农民生产的积极性，促进农村社会稳定和农村经济健康发展。

（二）抢抓机遇，加快工业化发展进程

今后五年，我县工业发展的目标是：到2007年，工业增加值达到23.81亿元，比2002年翻一番，年均增长13.5%，工业增加值占全县GDP比重提高到33%以上。

1. **突出传统产业改造。**运用高新技术、信息技术和先进适用技术改造传统产业，提高企业技术装备水平，增强企业技术创新、产品创新和市场竞争力；着力培育主导产业和优势产业，扶持、培育和发展一批产业突出、技术含量高、竞争力强、跨行业、跨所有制、跨地区乃至跨国经营的集团公司，把优势产业做优、做大、做强。

2. **突出接受东部产业转移。**充分利用西部大开发产业西移的大好机遇，把符合国家产业发展方向的东部地区特别是沿海发达地区的部分产业吸纳到开发区落户，壮大工业规模，增强我县工业发展后劲。

3. **突出发展私营经济和民营农产品加工业。**按照经济民营化的发展方向，加快工业园（区）建设，以沿海开发区为重点，引导私营企业、乡镇企业向沿海开发区私营企业园、工业园及公路沿线集聚，形成有规模的工业小区。结合农业产业化经营，大力引进、发展果品加工及其他农产品转化为主的食品工业，实现农产品就地升值，切实解决农业增产农民不增收的问题。

（三）加强城市基础设施建设和管理

今后五年，我县应重点围绕“一城（县城）、二岸（邕江两岸、环岛大道）、三区（三大经济开发区）、四线（县内四条主干公路）”的发展方向，大力推进城市建设管理“一年一小变，三年一中变，六年一大变”进程，努力实现我县城市建设管理跨越式发展。

1. **引进经营城市理念，提高城市建设和管理水平。**以营造环境优美、功能完善的现代化城市为目标，引进经营城市理念，以市场化、企业化运作方式加大城市建设的投入。积极盘活城市现有资产，发展市场主体，实现投资主体多元化，经营管理市场化。着力抓好县城和三个经济开发区的基础设施建设，五年内要逐步完善城镇道路中路网建设，抓好邕江两岸、环岛大道的规划和建设，大力发展城市公用事业，优先发展公共交通。完善城市供排水管网，提高城市供水、排水的能力和质量；做好城市道路的亮化、绿化、美化工作。加大旧城改造力度。下大决心对县城进行整治，改变目前落后面貌。完成新兴广场第三期工程建设；完成八尺江至松香厂道路拓宽改造和绿化工程；完成县城三个出入口（那元路口、那元新江路口、八尺江桥路口）改造工程，完成沿街“拆墙透绿”和小区规划建设等。加大城市管理力度。进一步健全城市管理体制，加强对流动人口的管理，强化环境卫生保洁工作。大力整治交通秩序。改善城市街景面貌。加大对占道经营、乱摆乱卖、乱贴乱挂、乱丢乱吐等陋习的整治力度。

2. **继续抓好村镇建设，全面推进城镇化进程。**今后5年，要完成全县乡镇、一般集镇、村庄的规划调整工作，强化建筑的规划，丰富建筑形式。积极发展小城镇，按照“中心城市（南宁）—副中心城市（县城）—地方中心小城镇—地方小城镇”的城镇体系发展构架要求，以县城、邕江两岸、三个开发区为核心，以四条境内二级公路干线为重点，以蒲庙、吴圩、那楼、五塘、南阳和大塘为区域中心城镇，建成一批有一定规模，有地方和民族特色、有产业支撑的中心城镇，不断增强小城镇的凝聚力和辐射力，改革户籍管理制度，吸纳更多的农村富余劳动力，加快城镇化进程。

3. **大力推进信息化进程。**在抓好县城政府机关及开发区信息宽带网建设的基础上，迅速扩大到各乡（镇）所在地，全面推进信息技术在国民经济和社会各个领域的应用。进一步抓好视听传媒和邮电通讯业高技术设施建设，加快农村固定电话网和邮政网络建设步伐，提高农村电话普及率和邮件传递速度。建立和完善电话通讯网、移动通讯网和智能业务网，不断完善信息咨询、中介服务。

（四）切实加强财政税收征管工作

今后五年，我县财税工作的目标是：到2007年全县财政总收入达到5.58亿元，年均增长9.7%。要重点抓好三个方面工作：第一，抓好财源建设。继续建设农业综合开发项目，推动全县各种特色农业税源稳步发展，到2007年，农业产业提供的税收达到1.5亿元左右。扩大工业规模和效益，稳定发展工业主体财源，至 2007 年，工业产业提供税收达到 2 亿元以上。充分发挥区位优势，大力发展第三产业，培育新兴财源，到 2007 年，以新兴财源为基础的经济提供收入要达到 2 亿元左右。第二，严格依法治税。做到应收尽收，堵塞“跑、冒、滴、漏”不良现象。第三，严格财政预算，确保收支平衡。认真贯彻“一要吃饭，二要建设”的方针，合理调整财政支出结构，区别轻重缓急，该保的一定要保，该压缩的坚决压缩。严格收支两条线管理制度，严肃财经纪律，强化政府的调控职能，严防各种违反财经纪律行为的发生。

（五）进一步扩大对外开放，加快开发区建设步伐

1. 优化投资环境，提高对外开放水平。积极应对复杂多变的国际经济形势及入世带来的机遇和挑战，进一步扩大对外开放。认真清理与 WTO 规则不相适应的政策和文件，制订、调整、完善我县各项优惠政策，营造统一、稳定、透明的政策环境，尽快提高运用世贸组织规则的能力与水平。利用我县区位优势和三个开发区的优势，积极开展县境外的招商引资工作，加强与国际的经济合作，积极鼓励各种所有制企业积极参与对外经济技术合作，推动国有、集体、民营企业走向国际市场。强化政府服务职能，大力推行办事全程代理制，营造公开、公正、廉洁、高效的行政服务环境，营造统一开放、公平竞争、规范有序的市场环境。加大对“三乱”的查处力度，依法维护投资者的合法权益，营造“人人都是投资环境”的亲商氛围，不断优化我县投资软硬环境，提高吸收和利用外资的质量和水平，使今后五年利用外资额有较大幅度增长。

2. 加大开发区建设工作力度。开发区是我县新的经济增长点，是富民兴县的落脚点。必须努力实现开发区既定的“三年翻一番，六年翻两番”工作目标，即到 2004 年，开发区 GDP 达到 11 亿元以上，工业总产值达到 40 亿元以上；到 2007 年，开发区 GDP 达到 25.5 亿元以上，工业总产值达到 90 亿元。大沙田开发区以商贸服务、房地产为两翼，大力发展工业项目，增强开发区发展后劲，利用有利的地理位置优势，大力发展房地产业，提升开发区档次。重点建设大沙田工业园、大型别墅区、货运码头、商业贸易市场等大型专业市场。在未来五年，将大沙田开发逐渐建成规划合理、工业发达、环境优美的南宁市卫星城。沿海开发区重点引资建设八大园区：利用南宁市第二大客货两用火车站（玉洞火车站）和南宁市外环高速公路交通功能，建设集货运站、客运站、仓储、配送中心、市场为一体的玉洞物流中心；利用那马旅游资源优势，建设有民族特色的休闲娱乐区；继续扩大私营企业工业园的面积和规模；以南宁三元中密度纤维板厂为龙头，建设集木材综合加工利用、建材制品及市场为一体的建材工业园；依托广西资源优势和南宁市产业发展重点，建设铝材加工工业园；按国际标准和要求，建设医药工业园；建设以农产品加工为主的食品加工工业园；依托广西资源优势，建设高附加值和无污染的有色金属深加工工业园。仙葫开发区在未来五年内，按照首府南宁市政治、经济、文化、体育等重点东移优势和县委对开发区作出以房地产、教育科研、休闲娱乐度假三大产业为主的基本定位，扶持鼓励有实力的房地产开发公司在开发区内建设大型高档居住小区；充分利用仙葫优美的自然环境，引进休闲度假和文化教育项目，建设仙葫大桥、拓宽开发区发展空间；建设东区五合大学城项目，争取在五年时间内，建成一个全国知名的大学城。

（六）加强社会主义精神文明建设和民主法制建设，维护社会稳定，推动社会全面进步

1. 加强社会主义精神文明建设。全面贯彻《公民道德建设实施纲要》，继续加强社会公德、职业道德、家庭美德教育，形成良好的社会道德风尚。广泛深入开展文明新风进社区、园林绿化进街道、优势服务进网络、群众文化进广场、环保行动进家庭“五个进”创建活动。五年内，推出 1~2 个环境优美、秩序优良、管理规范、生活便利的文明社区，推出一批区、市文明行业和优势服务先进单位和先进集体，力争 80% 的“窗口”服务单位达到文明示范“窗口”的水平。全面开展创建文明县达标竞赛和创建文明乡镇、文明单位、文明村、文明行业和军（警）民共建活动。五年内，力争创建全国“双拥模范县”，创建 1~2 个全国文明村，创建一批品位高的自治区级文明单位、文明村（镇）。要进一步加强国防教育，切实增强公民的国防意识和国防观念，促进我县民兵和预备役建设。继续抓好生态文明村建设，切实改善农村生活环境，提高农民生活质量。大力弘扬科学精神和人文精神，广泛开展科普教育，反对伪科学，破除封建迷信，全面提高全县人民的文明素质。

2. 深入开展"四五"普法工作，推进依法治县进程。继续在全体公民中实施"四五"普法规划，围绕全面提高全体公民特别是各级领导干部、司法和行政执法人员的法律素质，全面提高社会法治化管理水平；努力实现由提高全民法律意识向提高全民法律素质的转变，实现各项事业的管理由注重依靠行政手段向注重运用法律手段转变的目标，大力宣传社会主义法制理论和法律知识，努力提高全县公民特别是各级领导干部、公务员、司法和行政执法人员、青少年的法律素质。深入开展地方、行业、基层依法治理，坚持学法与用法相结合，法制宣传教育与依法治理并举，稳步推进依法治县进程，为我县经济建设和社会各项事业健康发展提供法制保障。

3. 抓好治安综合治理，维护社会稳定。加大社会治安综合治理力度，深入持久地开展"严打"斗争，依法严厉打击各种犯罪。坚决扫除"黄赌毒"等社会丑恶现象，严厉打击贩毒吸毒活动。抓好社会治安综合治理，坚持打防结合，预防为主，创造良好的社会环境。正确处理人民内部矛盾，认真对待群众来信来访，注意解决群众关心的难点热点问题，加大"三大纠纷"调处力度，化解社会不稳定因素，防止突发事件发生。加强政法队伍建设，提高政法干警的政治素质和执法水平，努力造就一支高素质的执法队伍。

4. 坚持科技与经济相结合，加快发展科技事业。全面实施科教兴县战略，认真组织实施新一轮科技创新计划，努力提高全县工农业产品的科技含量。大力抓好科技中介服务，促进先进适用技术的推广应用。扎实开展科普工作，不断提高广大劳动者的科技意识和科技素质。

发展文化体育事业，提高城乡人民文化生活水平。以满足人民群众日益增长的文化需要为出点发，搞好广场文化、社区文化和农村文化进村入户等群众文化活动，发展农村的文化事业。加强文化体育基础设施建设，抓好县城及21个乡（镇）文化体育活动中心、县城老人活动中心的规划建设。加强对文化体育市场的管理，坚持不懈地打击制黄、盗版侵权等各种违法经营活动，整顿规范文化体育市场。以坚持体育为增强人民体质服务的宗旨，深入开展形式多样的群众性体育健身活动。抓好对青少年体育人才的培养。继续抓好竞技体育，提高竞技体育水平。

5. 切实把教育放在优先发展的战略地位。到2007年，全县90%以上的幼儿都能接受学前教育（县城达100%）；小学巩固率和升学率达到99.5%以上；初中毕业升学率达到85%以上（县城达98%以上）；高中入学率达80%以上，县城普及高中阶段教育。努力实现学校布局规范化、合理化，优化教育资源配置。大力发展职业教育和成人教育，提高广大劳动者的素质。加大教育投入，积极发展教育产业，拓宽筹资渠道，鼓励和支持社会力量和多种形式兴办教育。

6. 大力发展卫生事业，不断提高人民健康水平。继续巩固和发展农村合作医疗。广泛开展爱国卫生运动，加大农村改水改厕工作力度。积极发展社区卫生服务，健全城乡卫生预防保健网络，做好各种传染病防治工作和妇幼保健工作。加大医疗卫生服务市场以及食品和健康相关产品的整治力度，严厉打击制售假冒伪劣药品和非法行医的不良行为。

7. 切实抓好计划生育工作，确保各种指标全面完成。认真贯彻执行《人口与计划生育法》，深入开展创建宣传服务好、政策服务好、科技服务好和群众满意的"三好一满意"活动，全面提高宣传教育为主、避孕节育为主、经济性工作为主的"三为主"水平。加强各乡（镇）村计生基础设施建设和计生队伍建设，广泛开展计划生育宣传活动和优质服务活动。切实抓好流动人口的计划生育管理工作。全面实施依法管理，确保人口与计划生育工作各项指标全面完成。

（七）加强政府自身建设，肩负起实现新跨越发展的重任

2002年6月，自治区党委提出南宁市作为广西首府要在全区率先实现跨越式发展的要求。新的形势、新的任务、新的挑战要求我们必须增强"率先"意识和创新精神，并落实到具体的政府工作当中。

1. 加快政府职能转变，改变工作作风。解放思想，彻底摆脱传统计划经济的羁绊，切实把政府职能转到经济调节、市场监督、社会管理和公共服务上来。认真执行依法治县方略，坚持依法行政，从严治政。进一步改革行政审批制度，简化程序，规范化运作，增强公开透明度。政府所有的部门和干部都必须做到清正廉洁，奉公守法。加大治本力度，从源头上预防和治理腐败，坚决克服误国害民的形式主义、官僚主义。要进一步加强机关工作作风建设，提高办事效率；要精简会议和文件，切实解决存在的“文山会海”问题。要加强与社会各阶层的沟通与联系，深入基层，深入群众，认真听取群众的呼声，了解群众的疾苦，切实解决人民群众反映的热点和难点问题。

2. 牢记党的根本宗旨，切实为民办实事。我们要从自觉实践“三个代表”重要思想的高度，牢记全心全意为人民服务的根本宗旨，要以人民群众高兴不高兴、赞成不赞成、满意不满意，作为政府一切工作的出发点和归宿。妥善安排好群众生活，切实为群众办实事、好事。要在经济发展的基础上，努力使城乡人民的实际收入有新的增长。要关心贫困户、孤寡老人、残疾人的生活，想方设法帮助他们解决实际困难。充分发挥民政、工会、共青团、妇女等部门和团体的作用，动员全社会力量开展“送温暖”活动。进一步完善社会保障体系建设，依法扩大社会保险覆盖范围。切实加强再就业工作，妥善安排好下岗职工的生活。

3. 加强廉政建设，反对奢侈浪费。认真贯彻执行中纪委六次全会和七次全会精神，各级领导干部要带头遵守廉洁自律各项规定，以身作则，做出表率，不断提高拒腐防变能力，要大张旗鼓地倡导艰苦创业的精神，厉行节约，勤俭办一切事业。所有机关、企事业单位都应精打细算，必须严肃财经纪律，强化财政预算、审计监督、财政专户管理。

4. 增强民主法制观念。自觉接受人民代表大会及其常委会的监督，主动加强与人民政协的联系，认真听取民主党派、工商联、无党派人士和人民团体的意见。进一步健全民主决策制度，自觉接受人民群众对政府机关和工作人员的监督，拓宽及时反映社情民意的渠道，使政府工作能够真正体现人民的意志和利益。

温达勤县长在邕宁县第十三届人民代表大会第三次会议上政府工作报告

（2004 年 2 月 24 日）

各位代表：

现在，我代表县人民政府向大会报告工作，请予审议，并请各位政协委员和其他列席人员提出意见。

2003 年工作回顾

2003 年，是全面贯彻落实党的十六大精神的第一年，也是贯彻落实自治区第八次党代会和自治区党委八届三次全会精神，加快富民兴桂新跨越步伐的重要一年。在过去的一年里，我们高举邓小平理论伟大旗帜，以“三个代表”重要思想为指导，认真贯彻执行党的十六大和十六届三中全会精神，在上级党委、政府和县委的正确领导下，在县人大的有效监督和县政协的大力支持下，团结和依靠全县各族人民，坚持一手抓“非典”防治不放松，一手抓经济建设不动摇，以解放思想再讨论为动力，求真务实，真抓实干，开拓创新，较好地完成了县十三届人大二次会议确定的经济和社会发展主要预期目标，改革开放和现代化建设取得了新的成就。全县政治稳定，民族团结，经济社会协调发展。

一、坚持以经济建设为中心，国民经济综合实力明显增强

据初步统计，2003 年全县完成国内生产总值 50 亿元，比上年增长 8.5%。其中，第一产业增加值 21.8 亿元，增长 3%；第二产业增加值 16.9 亿元，增长 13.1%；第三产业增加值 11.3 亿元，增长 13.2%。

农业和农村经济平稳发展。全县农业总产值完成 34.5 亿元，增长 3%。全年粮食种植面积 118.91 万亩，同比增长 1.68%；经济作物播种面积 172.76 万亩，增长 6.45%，经济作物种植面积占农作物面积的比重比 2002 年提升 1 个百分点。蔬菜产量 65.6 万吨，增长 16.1%；水果产量 10.29 万吨，下降 4.28%；西瓜种植面积 29.3 万亩，产量 37.3 万吨，增长 29.97%；肉类产量 7.68 万吨，增长 1 5.96%；水产品产量 2.13 万吨，增长 18.15%。全年完成退耕还林 1 万亩，配套荒山造林 7.1 万亩，荣获自治区林业局“广西森林分类区划界定优秀成果二等奖”。

工业经济活力增强。全县实现乡及乡以上工业总产值 33.8 亿元，增长 12.6%。规模口企业实现工业总产值 22.6 亿元，名列七县五城区首位，增长 14.34%。工业企业实现销售收入 24.41 亿元，增长 20.72%，盈亏相抵后实现利润总额 1.21 亿元，增长 23.8%，工业产品销售率 101.3%，提高 3.5 个百分点。全年完成技改投入 1.752 亿元，增长 43.52%。企业科技创新意识进一步增强，广西苏氏集团承担的“LIT 一 1400 型连续分蜜机”科技攻关项目于 2003 年 5 月通过南宁市科技成果鉴定，项目属国内首创。广西宁俊工贸公司、银泉化工有限公司被评为全区优秀科技型企业，广西三奇工贸公司被评为全市优秀民营科技企业。

商贸流通平稳增长。全县社会消费品零售总额达 8.4 亿元，增长 14.3%。全县个体批零、餐饮业 10751 户，从业人员 13216 人，注册资金 5 562 万元，批发零售、餐饮业实现零售额 6.1 亿元。第三产业完成增加值占 GDP 的比重达 23%，提升 1 个百分点。全县继续保持市场繁荣、货源充足、物价稳定等良好态势。整顿和规范市场经济秩序工作取得新进展，实施“放心肉”“放心菜”“阳光早餐”等工程取得明显效果。

财政收入稳步增长。全年完成财政总收入 4.589 亿元，增长 24.76%，其中地方财政收入 2.8 亿元，增长 24.75%，财政总收入与地方财政收入分别完成年度任务的 112%、115%。各项税收均创历史新高。

城乡人民生活水平不断提高。全县城镇居民人均可支配收入 6650 元，增长 12.8%；农民人均纯收入 2587 元，增长 9.24%。年末，城乡居民储蓄存款余额 22.74 亿元，增长 20.81%。城镇居民最低生活保障工作进展顺利，全县实现应保尽保。救灾救济、扶贫等社会保障体系进一步完善，就业和再就业工作成效显著，全县 21 个乡镇均设立了劳动保障事务所，新增城镇就业人数 1612 人，下岗失业人员实现再就业 756 人，公益性岗位安置“4050”人员 100 人，均超额完成市政府下达的任务。

二、坚持以改革促发展，各项改革不断深化

农村税费改革工作进展顺利。按照区、市的统一部署，我县农村税费改革试点工作经过全县上下的共同努力，全县农业税及其附加任务已落实到户，签字农户 18.16 万户，签字率达 96.73%；完成农业税及其附加征收 2272.33 万元，入库率达 91.34%。改革前全县农民亩均总体负担税费 155.6 元，改革后全县农民亩均负担农业税及其附加 31.4 元，减负幅度平均下降 79.8%。

国有企业改革又有新进展。积极引进外来资金、民间资金收购国有企业，加大力度推动劣势企业退出市场。四塘煤矿、县农机一厂相继完成财产清查、资产拍卖和职工安置等相关工作；明阳水泥厂、塑料包装厂、煤炭公司已进入破产前期工作；完成市自来水公司兼并县自来水公司工作。

各项配套改革稳步推进。人事制度改革坚持“凡进必考”制度，严格执行公务员公开录用制度，

规范行政事业单位选人用人程序。社会保障体系逐步完善，全年新增参保单位 38 家，新增参保职工 1325 人，全年收缴基本养老保险费 3798 万元，完成年度任务的 132%。医疗制度改革深入发展，融资 30 万元建立县医疗保险信息管理网络，印制职工医疗保险 IC 卡，大大方便了参保职工。政府采购管理制度改革推向深入，全年实际审批及监督采购总额 2831.34 万元，增长 80.03%，实际采购总额比采购单位计划用款节约 203.6 万元，节约率为 7.1 9%。户籍管理制度改革全面实施，农民进城建房、务工经商、投资置业的积极性大大提高。

三、坚持以项目促开发，对外开放进一步扩大

招商引资工作又上新台阶。我们继续实施“走出去，引进来”的战略，组织招商队伍分别到北京、广东、浙江、上海、长春等地招商和参加南宁市组织的招商活动 30 多次，引进项目 81 个，协议投资额 40.49 亿元，实际到位资金 5.15 亿元，增长 60%。其中，外资项目 13 个，投资额 7.6 亿元，全年实际利用外资 737.65 万美元，增长 22.36%。

对外贸易工作取得新成绩。全年外贸进出口总额 1593 万美元,增长 23.74%。涉外税收 3623 万元，增长 17.65%。新建三资企业 3 家，办理外资企业项目变更 3 家，为县内非三资企业办理自营进出口经营权 4 家。

开发区建设继续保持良好的发展势头。三个开发区共引进项目 69 个，其中大沙田开发区引进项目 16 个，沿海开发区引进项目 35 个，仙葫开发区引进项目 18 个。三个开发区项目协议投资 38.9 亿元，实际到位资金 5.02 亿元；完成税收 1.1164 亿元，其中大沙田开发区 4036 万元、沿海开发区 4480 万元、仙葫开发区 2648 万元。各开发区进一步壮大产业规模，形成优势突出、多业并举和联动，拥有各自特色、竞争力较强的产业集群。三个开发区成为我县吸纳外来投资的热土，成为我县经济增长的主力军。

四、坚持一手抓规划，一手抓建设管理，城乡面貌有了新变化

我们坚持先规划、后建设，边建设边管理的工作规程，促进建设速度与效益的同步发展。完成《邕宁县城市总体规划》编制工作，并通过初审。全年全社会固定资产投资 15 亿元，增长 44.92%，有效拉动经济的发展。

市政建设步伐加快。投资近 200 万元，完成县农行至汽车总站、县农行至印刷厂两条道路的改建工作；投资 600 万元，完成新兴广场三期工程道路建设；计划总投资 8650 万元的县城三个出入口扩建工程的那元至蒲庙造纸厂、那元至新江路口已开工建设，八尺江桥头至龙岗铁路桥已进行征地拆迁工作；仙葫大道拓宽工程基本完成路基工作；银海大道拓宽工程已全线动工；仙葫大桥、五合大学城、玉洞物流中心等一批重点工程项目前期工作进展顺利。

乡村道路建设成绩显著。总投资 2705 万元，基本完成牛湾至长塘 14.8 公里柏油路、苏圩至延安 12.36 公里柏油路、长塘至伶俐 14.1 公里柏油路、风门至长塘 2 公里柏油路的扩建工程，以及新建新江至那马 12.368 公里三级砂石路工程。投资 1340 万元，维修改造了 48 条 238 公里的扶贫村坡道路。投资 64.3 万元，完成良庆至那马、南晓至雅王、镇龙至那良、延安至那齐、蒲庙造纸厂至迪塘、中和至南阳等一批乡村公路的大中修工作。

信息网络建设有了突破性进展。按照“数字南宁”总体规划要求，以政务信息化为突破口，完成了一期工程并网工作。投资 54 万元，完成从县城至仙葫的跨江光缆布线，以及新落成的县委、县政府综合办公楼的综合布线工作。53 个县直机关单位 1000 多个信息点全部实现联网，3 个开发区和 21 个乡镇所在地宽带接入工作已经完成，实现了县城、开发区和乡镇信息网络的大整合。

供电设施进一步完善。全年完成配电工程 376 项，新增容量 38070 千伏安。合理调配用电指标，积

极应对电力供应紧张形势，综合平衡全县用电时间，最大限度地满足工农业生产和人民群众生活用电需求。

水利建设力度加大。投资 2019.6 万元，实施了水毁工程修复、小型水库除险加固、青龙江中型水库除险加固、大塘灌区东干渠 14.8 公里渠道三面光、南阳和蒲庙电灌站技改、六思水库小务灌片节水灌溉工程、农村饮水解困工程、“五小”水利工程建设，以及 1588 公里渠道清淤等工作。全年新增蓄水能力 50 万立方米，新增灌溉面积 0.69 万亩，恢复或改善灌溉面积 13.54 万亩，治理水土流失面积 16 平方公里，解决农村 2.62 万人饮水困难问题，进一步改善了我县农业和农村生产生活条件。

五、坚持可持续发展战略，实施基本国策取得新成绩

我们始终坚定不移地贯彻落实计划生育、环境保护、土地保护等基本国策，建立健全目标责任制，加强队伍建设，各项工作开展顺利。

计划生育工作扎实开展。深入开展“三下乡”优质服务活动和“三好一满意”活动，继续抓好计生队伍建设，加强对流动人口计生工作的管理，计划生育“三结合”服务水平有新的提高。2003 年区间内，全县计划生育率为 86.05%，人口自然增长率 9.17‰，较好地完成人口计划生育任务。

环境保护和土地市场秩序清理整顿工作得到加强。一是加强了环境执法和监督管理力度，环境质量不断改善。坚持对一切产生污染的建设项目实行先评估、后建设的原则，有效遏制新增污染源。全年共审批建设项目 102 项，项目总投资 1.4 亿元，其中环保投资 945.35 万元，环保投资占总投资的 6.75%，不予审批建设项目 4 项。二是按照国务院、自治区和南宁市的统一部署，在全县范围内开展进一步治理整顿土地市场秩序工作，清查和处理各类用地问题 1747 宗。成立土地收购储备中心，实行土地招拍挂制度，进一步规范土地市场，实现了土地管理由政府统一规划、统一征用、统一储备、统一开发、统一配置、统一管理的“六个统一”。加强对闲置土地的限期建设等整顿工作，促使城乡建设速度大大提高。

农村生态建设工作有了新突破。88 个生态文明村已全部完成，全县生态文明村总数达到 226 个，占全县自然村的 15%；完成面上沼气池 1.6 万座，累计建池总数 8.5 万座，占全县农户 47.2%；新建卫生厕所 1.2 万座，累计完成 11.8 万座，占全县农户 65.5%。

六、坚持科技兴县战略，社会各项事业全面发展

科技与经济紧密结合。全年总投资 8958 多万元，组织实施自治区、南宁市科技项目 l4 项，县级科技项目 19 项，预计新增产值 1.5 亿元，是全区县级实施科技项目最多的县。引进和推广农业品种 10 个，推广新技术 8 项，新增农业产值 1.3 亿元。农机科技成果推广应用成效显著，在长塘镇定西村农业综合开发区建设甘蔗生产机械化科技示范基地，通过机械深耕深松，甘蔗产量和产值有较大幅度提高。年内 11 个乡镇顺利通过了全区科技进步乡镇考核。在新一轮全国科技进步先进县考核中，我县被评为全国科技进步先进县。

教育事业又上新台阶。教育改革不断深化，素质教育全面推进，教师队伍素质得到全面提高，中小学生德、智、体、美、劳全面发展；“两基”达标和“普实”工作进一步巩固；危房改造成绩显著，年内在建工程 51 项，已竣工 34 项，竣工面积 4.6 万平方米；学校撤并工作进展顺利，结构日趋合理，教师队伍管理进一步加强，素质不断提高。

文体广电事业繁荣兴旺。围绕重大节庆活动，组织开展群众性文体活动 200 多场次。参加南宁国际民歌艺术节，花车和方块队比赛获全市总分第一名，成功举办了邕宁分歌台的演出活动。加强文化市场管理，年内开展执法检查活动 90 多次，完成了 21 个文化站和篮球场建设，县城和各乡镇的文化基础设施建设得到进一步改善。投资 100 多万元，扩大有线电视网建设和邕宁电视台新电视发射天线安装，电视信号覆盖全县人口达到 90%。

卫生事业健康发展。我们继续坚持以初级卫生保健为龙头，抓好“三网”建设，巩固和发展农村合作医疗工作；完善疾病预防监控体系，全县无重大传染病疫情发生；实施“降消项目”，妇幼保健工作得到加强。加大对卫生事业的投入，县直医疗机构和卫生院添置了4辆救护用车和CT等先进设备，卫生医疗设施更加完善。

民兵预备役工作取得新战果。高标准、严要求做好冬季征兵工作，圆满完成年度征兵工作任务，并保持了我县连续22年无责任退兵的荣誉。狠抓民兵工作，在南宁军分区组织的枪代炮高炮射击比赛中，我县民兵高炮连荣获班级单位第一名、团体总分第二名的好成绩。

七、坚持依靠群众，抗击“非典”取得阶段性胜利

去年上半年，面对突如其来的“非典”疫情，我们坚决贯彻落实党中央、国务院和自治区、南宁市党委、政府和县委的决策部署，按照“宁可严上严，不可误于宽”的要求，切实做到思想上抓紧再抓紧，工作上落实再落实，督查上从严再从严。在抗击“非典”斗争中，我们通过实行属地管理，建立完善的县、乡、村三级防疫监控网络，在水运码头、客运汽车站等交通场站和出入县境的2个主要公路路口设立检验检疫站，强化医疗机构内部管理，制定各种工作预案，建立各种预备队，深入开展爱国卫生运动，加大投入等措施，“非典”防治工作取得了阶段性胜利。同时，我们认真总结这次非典防治工作的经验，构建了邕宁县科学完善的全民公共卫生体系。我县“非典”防治工作得到了自治区、南宁市督查组的充分肯定。抗击“非典”斗争是我县广大党员干部群众继2001年抗洪斗争之后，经受的又一次严峻考验，使我县各级领导干部应对复杂局面，处置重大突发事件的能力在实践中得到了新的提高。

八、坚持“两手抓两手都要硬”的方针，加强社会主义精神文明建设和民主法制建设，邕宁形象又有新的改观

精神文明建设取得新成效。坚持以科学的理论武装人，以正确的舆论引导人，以高尚的精神塑造人，以优秀的作品鼓舞人。认真贯彻“以德治国”的治国方略，全面推进公民道德建设。开展“十佳”评比、群众评议机关、做人民满意公务员等活动。深入扎实抓好文明县、文明单位、文明村镇、文明行业、文明社区的创建工作和军（警）民共建工作，全县人民的思想道德素质、文明程度进一步提高。年内我县被评为南宁市文明县，有7个单位被命名为自治区第三批文明庭院，有7个单位（村镇）被命名为南宁市第十七批文明单位（村镇），有4个军警民共建对子被评为南宁市共建先进（标兵）单位。农村基层组织建设成绩显著，我县被国家民政部授予“全国村民自治模范县”的光荣称号，被南宁市委推荐参加全区农村基层组织建设工作先进县的评比。

民主法制建设进一步完善。县、乡（镇）政府及各部门自觉接受人大的法律监督和人民政协的民主监督，虚心听取人大代表和政协委员的意见、批评和建议，办理人大代表建议447件，政协提案104件，办复率均达到100%。重视人民群众来信来访，认真倾听群众的呼声，注意解决群众关心的热点难点问题。“四五”普法教育深入开展，干部学法用法意识不断增强，公务员队伍依法行政水平进一步提高。政府法制工作得到加强，行政复议应诉工作水平进一步提高，全年共审理行政复议案件9件，无一起应诉案件败诉，较好地发挥了政府内部层级监督作用，公民、法人和其他组织的合法权益得到有效保障。

社会治安综合治理取得新成果。“严打”整治斗争力度加大，各种经济犯罪等刑事案件得到有效遏制。建立巡警大队和“110”警备大队，加大面上防控力度，“黄赌毒”和治安混乱地区得到有效整治。加大“三大纠纷”调处力度，成功调结“三大纠纷”案件313起，调结率96.01%。社会治安环境明显改善，实现了“大事不出，中事不出，小事少出并解决在基层和萌芽状态”的目标，被自治区司法

厅评为“全区人民调解工作先进单位”。强化安全生产工作目标责任管理，常抓不懈地开展安全生产治理整顿，全县没有重特大安全生产责任事故发生，为改革和发展提供良好的社会环境。

政府自身建设水平不断提高。县、乡（镇）政府工作人员深入学习党的十六大和十六届三中全会精神，深入实践“三个代表”重要思想，积极倡导与时俱进、开拓创新、求真务实、清正廉洁的工作作风，领导班子和领导干部的政治理论和业务水平有了新的提高，密切联系群众、当好人民公仆的意识明显增强。行政效能监察工作有效实施，全县 32 个行政部门开展了行政效能监察工作，建立了首问责任制等 8 项效能监察基本制度。“群众评议机关，做人民满意公务员”活动深入开展，机关作风明显好转，工作水平和质量进一步提高。

九、为民办实事项目建设进展顺利，人民生产生活条件进一步改善

我们切实把为民办实事项目和重点工程项目建设作为一项重要工作来抓，落实管理责任制，加强对工作的协调和检查督促，项目建设进展顺利。

一是 22 个“无电坡”通电工程已全部完成。二是新兴广场商业文化街建设，累计完成投资 3800 万元，商场的主体工程基本完工。三是那元至蒲庙造纸厂路段改造工程已完成 80% 的路基，并开始铺设路面基层，八尺江至龙岗铁路桥道路已完成土地征用报批及工程设计，那元至新江路口道路已动工建设。四是 88 个生态文明村建设已经全部完成。五是大塘灌区东干渠 14.8 公里三面光灌溉工程已完成。六是 17 个村坡人畜饮水项目建设已全部完成。七是县城电网改造，蒲庙至龙岗 10KV 双回路新建工程已完成总工程量的 70%，县城配电台区的改造累计完成投资 190 多万元，占批复投资的 90% 以上。八是长塘至伶俐独岭柏油路面铺设 1、2 标段已完成，3、4 标段已完成 93% 的工程量；那马至新江三级砂石路建设基本完成；蒲庙至新棠三级柏油路的清表、路基填挖方、桥梁施工等工作已全部铺开；11 条 79.4 公里的扶贫村级道路已竣工通车。九是农行至印刷厂、农行至汽车站道路建设工程已完成并通过验收。十是仙葫大道拓宽工程已基本完成路基工程；银海大道拓宽工程已全线动工建设。

此外，一些重点项目如仙葫大桥的初步设计已原则通过评审；五合大学城获自治区计委立项并已完成部分基础设施建设；县委县政府综合办公楼工程已基本完成；县城及开发区供水工程现已开工建设；新增 3000 亩私营企业工业园已开工建设；玉洞物流中心首期 3000 亩开发建设项目已完成可行性研究报告，并初步通过南宁市计委组织的评审；伶俐工业园已完成初步规划；邕宁邕江大桥维修已完成并通过验收；那陈镇过境公路和伶俐镇渡口至街道的水泥路面建设已完成。

一年来，我县的物价、粮食、信访、民族、房改、监察、农机、残联、供销、二轻联、统计、审计、外事、侨办、侨联、档案、老龄、编制、县志等部门做了大量的工作，取得了较好的成绩。武装、国税、地税、药监、烟草、公路、工商、金融、保险、电信、邮政、联通公司、质监、气象等驻我县单位为我县经济建设和社会发展做了大量的卓有成效的工作。

各位代表，2003 年我们能在“非典”袭击、秋冬旱严重、电力短缺等困难交织的情况下取得这样的成绩，来之不易。我们的主要体会是：第一，必须高举邓小平理论伟大旗帜，全面贯彻“三个代表”重要思想和党的十六大、十六届三中全会精神，解放思想，实事求是，与时俱进，开拓创新，把区、市党委、政府和县委的要求与邕宁实际紧密结合起来，敢为人先，大胆尝试，创造性地开展工作。第二，必须把发展作为第一要务，集中精力发展生产力，正确处理改革、发展、稳定的关系，用发展的办法解决前进道路上的困难和问题。第三，必须以制度创新和科技创新为动力，不断改革和完善社会主义市场经济体制，推动经济结构和产业结构的优化升级，努力提高经济综合竞争力。第四，必须坚持对外开放，以项目为中心，大力引进外资，培植财源，拓展经济发展空间。第五，必须坚持县域经济协调发展，在加快三个开发区建设步伐的同时，对乡镇实行分类指导，重点扶持，促进不同类型地区共同发展。第六，必须坚持走可持续发展道路，正确处理好经济建设与人口、资源、环境保护的关系，

实现经济社会的协调发展。第七，必须坚持物质文明建设与精神文明建设两手抓、两手都要硬的方针，实行法治和德治相结合，在集中精力抓好物质文明建设的同时，把精神文明建设和政治文明摆上更加突出位置，实现三个文明同步发展和社会全面进步。第八，必须执政为民，全心全意为人民服务，时刻把人民的利益放在心中，把解决好事关群众生产生活热点、难点问题作为政府的神圣职责，权为民所用，情为民所系，利为民所谋，尽力使人民群众在改革开放与发展中得到更多实惠，实现人民生活的富裕幸福。

各位代表，我县过去一年取得的成就，是市委、市政府正确领导的结果；是在县委直接领导下全县人民凝心聚力、顽强拼搏的结果；是县人大有效监督、县政协参政议政和各民主党派、工商联以及社会各界关心支持、同舟共济的结果；是驻我县区、市各单位，驻我县部队官兵以及老干部、老同志大力支持、无私奉献的结果；是驻我县国内外企业和友好人士热情相助、真诚合作的结果。在此，我代表县人民政府，向全县人民，向各级人大代表、政协委员、各民主党派和社会各界人士，向驻我县人民解放军指战员、武警官兵、公安干警，向关心、支持邕宁建设的老同志以及国内外朋友们表示衷心的感谢和崇高的敬意！

在充分肯定成绩的同时，我们也清醒地看到，我县经济和社会发展中还存在一些困难和问题，工作中还有许多薄弱环节。主要是：农业基础设施还相当薄弱；农村群众对农作物药物残留、动物病疫防疫认识不足，市场准入观念不强；劳动力供需矛盾突出，城镇就业压力大；地方可用财力有限，财政收支矛盾还比较突出；一些部门服务意识淡薄，办事效率不高，投资环境有待进一步改善；由于原材料涨价、电力紧张和资金不足，个别为民办实事项目进度不快；安全生产和社会稳定形势依然比较严峻等等。这些问题的存在，虽然有客观原因，但也反映了我们政府工作的缺点和不足，我们将在今后的工作中采取有力措施，切实加以解决。

2004 年工作任务

2004 年是实施“十五”计划的关键一年，也是深入贯彻落实党的十六大和十六届三中全会精神，全面建设小康社会的重要一年，更是我县实施“依托大南宁、勾画大蒲庙、建设新邕宁、实现新跨越”战略构想的希望之年。第一，国家实施西部大开发战略提出建设“南贵昆”经济区目标，南宁市凭借大西南出海通道枢纽城市和“四沿”的区位优势，城市功能定位提升到大西南区域中心城市，邕宁作为南宁市的桥头堡，有着广阔的发展空间；第二，从今年开始每年一度的“南博会”在南宁举行，我县的地缘优势更加凸显，邕宁迎来难得的发展机遇，南宁市的人流、物流、信息流、资金流的辐射带动作用将会带动我县相关产业的发展，为我县提供广阔的市场，为加快县域经济发展提供更广阔的空间；第三，随着近年来我县投资规模不断扩大和招商引资的进一步深入，三次产业都将有一批重大项目在今年内建成投产，为我县经济发展增添了强劲的动力；第四，全县上下思发展、谋发展、求发展的意识进一步增强，人心思富、人心思进的良好氛围已经形成，为我县加快发展提供了广泛的群众基础。这些都预示着我县已迎来了加快发展的新时期，因此，审时度势，趋利避害，创造性地做好今年的工作，努力开创邕宁新一轮跨越式发展的新局面，是时代赋予我们的使命，也是全县 93 万人民的热切企盼。

根据县委十届四次全会精神，今年我县工作的指导思想和总体要求是：坚持以邓小平理论和“三个代表”重要思想为指导，全面贯彻落实党的十六大、十六届三中全会和自治区党委八届四次全会、市委九届十次全会、县委十届四次全会精神，以南宁举办中国一东盟博览会为契机，按照“依托大南宁，勾画大蒲庙，建设新邕宁，实现新跨越”的总体要求，以加快建设“一城两岸三区四线”为重点，以深化改革、扩大开放为动力，强化“五个统筹”，落实“五个坚持”，切实把工作重点转到调整优化经济结构、转变增长方式、提高增长质量和效益上来，加快工业化、城镇化、信息化进程，加快县域经济和非公有制经济发展步伐，加强基础设施和重大项目建设，切实抓好就业和再就业工作，不断提高人民群众生活水平，充分调动各方面的积极性，加快发展步伐，实现国民经济持续快速协调健康发展和社会全面进步。

按照这一指导思想和总体要求，2004年全县经济和社会发展主要预期目标是：国内生产总值55.0亿元，增长10.0%；财政总收入突破5亿元，增长12%以上；全社会固定资产投资18亿元，增长20%；社会消费品零售总额9.56亿元，增长14%；外贸进出口总额1832万美元，增长15%；实际利用内资3.5亿元；实际利用外资750万美元；农民人均纯收入2787元，增长7.73%；城镇登记失业率控制在3.5%以内；人口自然增长率控制在10‰以内。

为实现上述目标，我们将重点做好以下十方面的工作：

一、用发展工业的理念发展农业，千方百计增加农民收入

我县80%以上的人口在农村，没有农民的小康，就没有全县人民的小康。因此，我们将把解决“三农”问题放在全县经济发展的重要位置，以增加农民收入为目标，创新农业发展思路，坚持用发展工业的理念谋划农业，促使农业工作实现“质”的飞跃。

实施项目带动，增加农民收入。通过加大农业结构调整力度，实施项目带动战略，以项目建设为切入点，促进农民增收。把调整的思路落实到具体的、实实在在的项目上。按照“市场引路，政府指路，典型带路”的工作思路和“稳粮食、强畜牧、优果菜、扩造林”的总体原则着重抓好以下几个方面工作：一是狠抓基地项目建设，形成主导产业。在稳定粮食产量的前提下，围绕扩大规模、优化品种、突出特色、提高效益，大力发展生产周期短、见效快、效益高的经济作物。继续发展壮大优质谷、亚热带水果、木薯、食用菌、淮山、秋冬菜、速生林等我县优势农产品生产基地规模，组织实施国家“双高”甘蔗示范基地项目，继续优化甘蔗品种结构，提高蔗糖业整体效益和市场竞争力。做大做强畜牧水产业，把畜牧水产业作为促进农民增收的农业支柱产业大力培植和发展，重点培育瘦肉型猪、肉鸡、肉鸭、罗非鱼、江河鱼、奶水牛、肉用牛、鹅等特色品种，扩大养殖基地规模，带动畜牧水产业全面发展，提高畜牧水产业在农业中的比重。二是培育龙头企业，带动产业化经营。农业的现代化实质就是农业的工业化。跳出“就农业抓农业”的惯性思维，坚持用发展工业的理念谋划农业，以农副产品加工为主导产业，以龙头企业为骨干，带动基地，占领市场，通过发展精深加工，提高农产品附加值，增加财政收入，实现产加销一条龙、贸工农一体化的产业化经营格局。努力争取落实好国家、区、市扶持龙头企业的政策措施，扶持、引进一批能够带动优质谷、木薯、水果、速生林、畜禽、蔬菜等农产品生产的龙头企业和骨干企业，依托龙头企业发展基地规模化生产，壮大优势主导产业和特色产业。强化龙头企业和农产品的利益联结，大幅度提高农产品的附加值，使农民得到更多的实惠。重点抓好广东温氏集团、正大集团、广西鑫华桂公司、桂林蔓沅公司、广西特多惠公司、四川果王果业公司、广西富丰集团、安佳公司、广西果母饮业有限公司等去年引进的龙头企业晋档升级。三是抓好农业示范园区的建设，加快发展现代农业。继续抓好河洲、凌慕垌、定西、洞江等农业示范园区建设，年内完成五塘沙平农业综合开发示范园区建设，着力把河洲现代农业实验区建设成为全区一流、全国先进的现代农业示范区。四是大力推进标准化生产，抓好农产品质量。以创建全国第二批无公害蔬菜示范基地县为契机，积极推行国家农产品质量安全标准，加大对农产品生产质量标准的宣传、贯彻和实施力度；加强技术培训，提高标准意识，建立健全农产品质量检测体系，加强产地和市场检测，逐步推行市场准入制。大力发展无公害蔬菜生产，严格控制蔬菜农药残留超标，着重将五塘凌慕垌、那马新华等蔬菜生产基地建设成为管理严格的标准化无公害蔬菜生产基地。高度重视重大动物疫情发布制度，加强畜禽疫病防治。对严重危害畜牧业的重大疫病，坚决实行计划免疫和强制防疫，保障畜牧业发展、人民健康和社会稳定。

大力抓好以“三大会战”为主要内容的农村基础设施建设，全面改善人民生产生活条件。充分利

用2004年国债和新增财政向“三农”倾斜、南宁市实施“三大会战”的有利时机，积极向上争取资金，争取项目，坚持资金渠道多元化，投资主体多元化，融合各种资金，不断加快基础设施建设步伐。一是抓好农田水利基础设施建设。大力推进农村小型水利体制改革，盘活水利资产，多元化、多渠道筹集建设资金，加快病险水库加固、电灌站技改、渠道防渗加固、山塘等水利工程建设。积极争取国家、自治区和南宁市的支持，尽快开工建设大王滩灌区水利骨干工程渠道硬化。着重抓好英雄水库渠道硬化建设、六桃水库、那久水库除险加固、伶俐电灌站技改以及面上水利工程。鼓励、引导和发动农民以合作制、股份合作制以及个体独资等多种形式自建、自管农村小型水利工程；对集体所有的农村小型水利设施，在明晰产权的基础上，通过承包、租赁、拍卖等多种形式来改善管理，提高工程灌溉效益；组织发动受益群众投资投劳兴建、维修、管护有利于农业生产的水利工程。二是抓好乡村道路建设。2004年建设乡村道路31条，里程210公里。其中修建镇龙那良村至中和平天村、蒲庙至四塘、良庆至那马3条四级公路，新建或改建扶贫路28条。三是继续抓好生态能源建设。2004年建设生态文明村25个，建设沼气池9000座、卫生厕所3000座。从根本上改善农民的生产、生活条件。

认真落实党在农村的各项政策，保护农民利益。一是在稳定土地家庭承包经营30年不变的基础上，引导鼓励农民按照依法、自愿、有偿的原则转让土地承包经营权。实行严格的耕地保护制度，禁止乱批乱占和滥用耕地。二是坚决执行中央“多予、少取、放活”的方针，严格执行农村税费改革政策，巩固农村税费改革试点工作成果，深化农村税费改革，切实减轻农民负担。三是继续做好扶贫开发工作。要以解决贫困村的道路、人饮等基础设施建设和扶持经济主导产业为重点，扎实抓好扶贫的各项工作。

二、强化工业主导地位，大力推进工业化进程

工业化是实现农业产业化和城镇化的必由之路。工业的发展可实现农村剩余劳动力的转移、增加农民收入和财税收入。为此要牢固树立工业强县的意识，加快工业强县步伐，实现国民经济快速发展。

以工业园区建设为重点，加大工业项目引进力度。园区经济是工业发展的重要载体，也是实现集约化发展的重要途径。在抓好旧园区建设的基础上，各开发区重点发展新的工业园区，以拓宽工业发展空间。新园区在规划设计上，坚持高起点、高标准、适度超前和突出特色，对园区的战略定位、产业选择、项目布局、基础设施建设以及开发模式，进行充分的论证，确保园区的建设与工业发展总体目标相衔接。不断完善工业园区水、电、路、通信等基础设施建设，筑巢引凤，吸引投资商前来安家落户。加大项目引进力度，千方百计引资金、上项目，注重吸引跨国公司、知名企业、民间资金进园区办厂，以项目支撑工业园区建设，尽快形成工业的集约化、规模化。

积极稳妥推进国企改革。按照现代企业制度要求，进一步深化企业改革，转换经营机制，科学合理地配置生产要素。积极探索企业改革和发展的新路子，对转产无力、扭亏无望、严重资不抵债的企业进行改革改制，条件成熟的依法实施破产。进一步加强对改制工作的领导，指导和帮助企业进行体制创新、机制创新和科技创新，提升企业核心竞争力。力争完成明阳水泥厂、县酒厂、塑包厂、煤炭公司、饮食服务公司等企业的破产重组工作。对尚未进行改制或暂不具备改制条件的国有企业，加大对国有资产的监管力度，采取行之有效的措施，确保国有资产保值增值。

以龙头企业带动，不断壮大县域工业。在巩固制糖、造纸、建材、饲料、林化、精细化工等支柱产业的基础上，大力发展农副产品加工业，把人造板、电子、医药、印刷等工业培植成主导产业。以县内三家糖厂为龙头，继续重点发展白糖、甘蔗渣纸浆、各类纸制品、酒精、生物饲料、各种含糖食品等；以广西华劲集团为龙头发展采用竹木原料扩大制浆造纸规模、制造纸系列产品的造纸工业，至2005年，形成蔗渣浆、竹浆和纸、纸板11万吨综合生产能力，实现产值4亿元；以广西华宏、南宁

正大建材、八鲤水泥厂等为龙头发展水泥工业；以广西丰林林业开发有限公司为龙头发展人造板，带动经济林的发展；以广西明阳生化科技有限公司发展以木薯为原料的淀粉加工业，带动10万亩木薯的发展；以广西黑五类集团、四川果王果业公司、广西果母饮业有限公司为龙头，带动发展优质米、水果、西瓜、蔬菜等农副产品加工业；以广西中医学院制药厂、广西红日股份公司、广西昌弘制药有限公司、南宁一致药业有限公司、广西千珍制药厂、广西五牛商贸有限公司为龙头大力发展制药工业；以南宁市广东温氏禽畜有限责任公司、南宁正大畜牧有限公司、广西帝凯维动物营养有限公司、南宁通威饲料公司为龙头发展饲料工业。通过龙头企业带动相关工业发展，壮大县域工业，形成邕宁的特色和品牌，实现邕宁工业经济快速增长。

三、大力发展第三产业，努力提高第三产业整体水平

大力推进信息化建设。结合南宁建设“数字南宁”目标，完善信息化基础设施建设，大力发展电子政务，推动政府办公自动化进程。建立培训机制，加强信息化知识和技能培训。加强农村固定电话网和邮政网络建设，提高农村电话普及率和邮件传递速度；进一步完善农业信息网络建设。运用信息技术为农民提供农业新产品、新技术和农产品供求信息、产销价格等信息服务。拓宽信息化建设投资渠道，鼓励各类资金投资信息产业，推动信息化建设快速发展。

积极发展房地产业和饮食业。狠抓规划，高标准、高档次进行房地产开发，今年切实抓好阳光新城、斯壮家园江山别墅、龙胤花园、海茵国际花城、天池橘郡、枫丹丽舍等一批房地产开发项目。积极拓宽投融资渠道，引导多种经济成分参与房地产开发，发展多层次、多功能、多风格、环境优美、管理先进的住宅小区，把房地产业培育成为我县经济新的增长点。进一步规划和推进物业管理，制订和完善物业管理制度，提高物业管理水平。整顿和规范房地产市场，完善市政配套服务体系，进一步激活房地产二、三级市场。加快仙葫开发区的家电城和美食城的建设进程，年内建成投产，以增加财政收入，增加就业岗位。各乡镇要结合城镇旧城改造和新区开发，发展一批层次多样、功能齐全、风格各异、环境优美的居民住宅区。

发展物流产业，搞活商品流通。结合城镇建设规划，科学合理地规划建设批发市场、商业购物区，大力发展超市、连锁店等现代物流业。今年重点抓好南晓荔枝专业市场、那陈水果批发市场、五塘镇农贸综合市场、南阳镇农贸市场、中和乡农贸市场、长塘镇综合市场、大塘镇农资专业市场的规划建设，形成布局合理功能齐全的市场网络，扩大辐射区域。充分利用西南出海通道的区位优势，加快发展与“大通道”相适应的物流业。以建立“南宁东盟国际物流园”为目标高标准规划建设玉洞物流园区，积极引进一批国际国内大型物流企业，2005年前建成广西超大物流中心等一批项目。同时，适应大西南出海通道货物周转储备的需要，建设货物仓储基地，促进玉洞火车站货运停车场规划建设，使之成为货物的集散地和周转站。

四、以加快“一城两岸三区四线”建设为重点，大力推进城镇化进程

加快“一城两岸三区四线”建设步伐。“一城”即五合大学城。今后五年，我县以规划建设在校生达10万人的五合大学城为重点，大力发展教育产业。加快大学城基础配套设施建设，促使签约院校尽快开工建设和进驻招生。今年争取拓宽从仙葫西区至大学城10公里55米宽大道路中尚未拓宽的5公里路段，并安装路灯和搞好绿化，将西区至大学城12公里长的沿江带全部绿化并建成沿江景观带，建成大学城第一批入住高校3~5所，并形成招生格局。“两岸”即邕江两岸。以开发邕江两岸经济带为重点，高标准、高水平规划，积极稳妥地推进沿江开发。今年上半年要完成仙葫大道拓宽、美化、亮化工程；开工建设仙葫大桥，力争2006年前建成；以江为轴，跨江发展，加快仙葫南区龙岗

新城基础设施的规划建设，进一步拓展仙葫开发区的发展空间。按照“依托大南宁，勾画大蒲庙”的总体思路，将邕宁邕江两岸建设成以饮食、休闲娱乐、旅游度假为特色，商贸、物流等第三产业繁荣的旅游度假区，使邕江两岸成为南宁市邕江经济带最具特色和活力的一部分。“三区”即大沙田、沿海、仙葫开发区。年内完成仙葫上洲至五合大学城主干道工程的路基、路面建设，完成银海大道延长线拓宽和金沙大道扩建工程，续建沿海开发区私营企业工业园新增3000亩基础设施工程，抓好沿海开发区玉洞物流中心基础设施（一期工程）和仙葫五合大学城基础设施（一期）工程，做好三个开发区给水扩建工程和电网改造工作，实现用水、用电双回路。“四线”即以沿线及公路干线为重点，加快沿线各乡镇经济发展。按照“四线”延伸走向，重点建设蒲庙、良庆、那马、大塘、南晓、四塘、五塘、昆仑、吴圩、苏圩、长塘、伶俐、刘圩、南阳等镇，合理安排产业布局，做大做强乡镇产业。争取区、市的资金扶持，对刘圩、中和、百济、新江、南阳、长塘等乡镇进行总体规划控制性详细规划设计；对四塘、南晓、五塘、苏圩等镇进行地形图修测。

加大对县城蒲庙改造建设力度。今年继续抓好县城新兴广场三期工程及三个出入口道路改造工程；扩建县城给水工程和邕宁邕江大桥西桥头道路拓宽工程，争取开工建设五一西路西段扩建、县钢铁厂区改造、邕宁二高路段扩建、龙岗至职业技校道路改造等工程。同时，搞好城区主街道的绿化、净化、亮化、美化，做好县城污水处理厂的前期工作。通过加强基础设施建设，提升县城形象。高水准地做好龙岗新区的规划、建设，实施“勾画大蒲庙，形成大循环”的战略构思。

五、加大招商引资力度，增强发展后劲

狠抓项目建设。项目是对外开放的硬支撑，是加快发展的硬基础。进一步强化抓项目、促发展的意识，营造争项目、上项目的浓厚氛围。加强项目前期基础工作，完善县级项目库，有重点地编制一批牵动性较大的项目，提高项目编制的科学性和可实施性。把握国家投资导向，认真研究投资政策，充分调动一切积极因素，加大招商引资力度，确保今年有一批新的项目挤入中央和区市“笼子”。加强对项目工作的领导，按照“一个项目、一套班子、一份责任、一个进度”的要求，从项目前期工作开始，到项目争取、立项、开工、实施等，逐一明确责任单位和责任人，定期反馈项目进展情况，对运行中存在的问题，采取“一线解决法”，力促已开工项目快干、未开工项目快上，确保项目开工率、资金到位率和竣工投产率，提高项目效益。

狠抓招商引资。进一步树立招商引资发展县域经济的观念，全方位、多层次、宽领域地扩大对外开放。全面实施招商工作目标管理责任制，把全年引资任务分解到乡镇、部门，坚持引进内资外资并重，引进技术及人才、智力和管理并举，努力构建政府带动、部门联动、企业主动、社会推动的全民招商引资机制，建立和完善招商引资代理制，实行网络招商、上门招商、代理招商、以商招商、情感招商、服务招商，全方位推进招商引资工作。加大对港资、台资、韩资、日资甚至欧美等跨国公司、知名企业的招商，加大对广东、浙江、江苏等发达省份民间资本的招商。进一步优化对外资企业的服务，抓好已签约项目的跟踪落实。结合加入世贸组织，进一步完善招商引资代理机制和奖励机制，调动社会各界尤其是中介机构、社会组织的积极性，充分发挥其优势和作用，拓宽招商引资渠道，使招商引资取得更大成效。

优化经济发展环境。进一步加大治理“三乱”（乱收费、乱罚款、乱摊派）和优化市场经济发展环境的力度，坚决惩治索、拿、卡、要等不良现象，严厉打击假冒伪劣、蒙骗欺诈等非法行为。对破坏市场经济秩序、扰乱经济发展环境的人和事，实行部门首长责任追究制，依法照章严处，决不姑息迁就。进一步健全社会信用体系，建立信用评级制和信用信息披露制度，形成合理的失信约束惩罚制度，使守信者充分享有守信的益处和便利，使失信者声誉扫地、付出代价。大力开展诚信政府的创建工作，通过政府信用带动和改善社会信用，增强全民信用意识，打造诚信邕宁。

六、以稳步增加财政收入为中心，切实抓好财税金融工作

牢固树立围绕财政增长抓经济建设的意识，坚持不懈地抓好财源建设。

集中精力抓财源。按照“突出支柱财源，巩固现有财源，培育后续财源，发展新型财源”的思路，狠抓财源建设，逐步形成结构合理、来源稳定、后劲充足的财源体系。加大对农业和农村经济的扶持，支持农村基础设施建设和农村经济结构调整。农村财源建设要重点抓好甘蔗、蚕桑、畜牧水产、经济林等产业，各乡镇及相关部门要紧紧围绕财源建设抓产业结构调整；城镇财源建设要以三个开发区、蒲庙县城、沿线重点乡镇为主，加大招商引资力度，做大、做强“园区搭平台，民营扛大旗”这篇文章，千方百计多上项目，积极引导和扶持外来客商到我县投资办企业，培植一批税收超千万元的税源大户，壮大县域经济，为地方财政增收培植新的增长点。加快商贸、交通运输、房地产、旅游、餐饮服务等行业发展，大力发展个体、私营经济，扩大第三产业财源。

强化税收征管。坚持“加强征管、堵塞漏洞，惩治腐败，清缴欠税”的工作方针，严格依法治税，逐步实施金税工程、金财工程，严厉打击偷税、漏税、抗税、骗税等行为；落实财税征管责任制，在抓好纳税大户和重点税源、税种征收的同时，加强对一般税源、流动税源、零星税源和交叉税源的征收。依法清缴各种欠税，杜绝新的欠税，确保税收均衡入库。巩固农村税费改革成果，在完成去年新农业税及附加征收的基础上，清缴欠税，在广大农村营造一种公平纳税、自觉交税的良好氛围。

构建公共财政体制。按照建立公共财政框架的要求，大力调整和优化支出结构，逐步推行部门综合预算，强化预算管理，严禁随意开口子追加预算。大力压缩一般性支出，重点保工资发放、劳动就业和再就业、社会保障资金，确保社会稳定和党、政机关的正常运转。继续做好会计集中核算工作，逐步在乡镇推行会计集中核算。完善政府采购制度，进一步扩大采购范围，提高财政资金使用效益。严肃财经纪律，切实加强行政事业单位收费、罚没和基金收入的“收支两条线”管理工作。强化审计和财政监督检查职能，加强制度建设，逐步形成一个相互监督、相互促进、公开透明、高效运转的工作机制。

充分发挥金融职能作用。以银地、银企双赢为目标，加强银地、银企合作，积极争取金融部门扩大信贷规模，保障地方经济建设和社会发展的资金需要，着力保障重点工程、重点企业所需建设资金、流动资金和主要农副产品收购资金的供应，对产品有市场、发展有潜力的企业予以有力支持。进一步争取和落实挂账贴息、剥离企业不良资产和核销呆滞贷款等政策，鼓励金融部门积极参与和大力支持企业改革。积极发展住房、教育、汽车以及大件耐用消费品等方面的消费信贷，增加居民消费需求。大力支持城乡信用社的发展，开辟多种融资渠道。积极支持保险机构发展各种保险业务。

七、大力发展非公经济，培育新的经济增长点

把发展非公有制经济作为实现新跨越、增加财政收入、增加就业的有效途径和经济增长点，全面开创非公有制经济发展的崭新局面。

提高认识，放手发展。确立非公有制经济在我县经济发展中的主导地位，消除对非公有制经济的偏见、歧视和限制，放手放胆发展，大力扶持。

降低门槛，放宽领域。清理废除一切有碍于非公有制经济发展的各项政策规定，在市场准入、土地使用、税收、融资、进出口方面与其他企业一视同仁。精减审批手续和审批环节，凡是允许外资进入的领域应当允许本地非公有制经济进入；凡是国家没有明令禁止的行业，非公有制经济都可以进入经营。

完善政策，改善服务。进一步完善鼓励、支持和引导非公有制经济发展的政策规定，降低创业者

与政府办事打交道的制度性成本；尽快建立和完善非公有制企业信用担保体系，解决融资难的问题。教育干部树立纳税人是政府衣食父母的意识，尊重纳税人，善待纳税人，在发展上最大限度支持，服务上最大限度便捷，管理上最大限度有效，环境上最大限度宽松，权益上最大限度保护。

八、协调发展各项事业，促进社会全面进步

深化精神文明创建工作。继续坚持以科学的理论武装人，以正确的舆论引导人，以高尚的精神塑造人，以优秀的作品鼓舞人，在党政机关中，在工商企业界和城乡群众中深入贯彻《公民道德建设实施纲要》，努力建设“诚信邕宁”，形成良好的社会道德风尚。积极开展群众性精神文明创建活动，抓好2003~2005年文明县创建工作，努力创建一批区、市、县文明单位、文明村镇、文明行业、文明社区和军警民共建先进单位。继续抓好农村精神文明“十个一”建设和非公企事业单位精神文明建设。重视国防教育，做好征兵和优抚安置工作，开展拥军优属，拥政爱民活动，提高双拥工作水平。加强广播电视基础设施建设，投资500万元对县城和大沙田有线电视网络进行升级改造。围绕邕宁县兴起新一轮创业高潮的主题，加强宣传舆论工作，为改革发展营造良好的舆论氛围，努力在全县营造支持建设新邕宁、参与建设新邕宁、共谋建设新邕宁的浓厚氛围。

推进科技事业全面进步。广泛调动科技人员积极性，坚持以产品创新为核心，以实施科技项目为载体，继续组织实施第二轮创新计划。加快新品种、新技术的引进、试验、示范、推广，争取一批区、市级科技项目，继续抓好名特优水果示范基地、电脑农业专家系统技术应用示范、葡萄种植示范、甘蔗标准化生产技术研究与示范等科技示范工作，组织好南宁市农村科技示范村、示范户项目的实施工作。扶强一批科技龙头企业，构建一批科技示范基地，促进科技成果推广应用。积极开展“文化、科技、卫生”三下乡活动，加强科普宣传和科技培训，增强全民科技意识。

优先发展教育事业，全面提高教育质量。切实把教育摆在优先发展的战略地位，大力推进教育创新。抓好农村教育工作，继续改造一批中小学危房，积极稳妥推进中小学布局调整，完善学校撤并改造工作，加快三个开发区学校建设。大力发展高中阶段教育，把邕宁高中、邕宁职校、县教师进修学校建设成为自治区示范性学校。整合中等职业教育，加快职业技术教育发展，积极发展民办教育，形成公办、民办教育共同发展的格局。切实加强教师队伍建设，大力推进素质教育，全面推行人事制度改革，不断提高教育质量和办学效益。加快五合大学城建设，扩大教育需求市场，拉长教育产业链，促进教育消费，带动投资、购房等消费，形成新的经济增长点。

协调发展文体、卫生事业，提高人民健康水平。以“三个代表”重要思想统领社会主义文化建设，继续加强干部职工的思想政治教育。完善21个乡镇宣传文化站配套设施，筹建县城文体中心，举办第四届全运会，实施《全民健身纲要》，促进全民健身活动的开展。围绕重大节庆的活动，繁荣群众文化，深入开展“文化进广场”“文化进社区”“文化进学校”“文化进农村”活动。积极构建邕宁县全民公共卫生体系，增强应对重大传染病疫情及重大突发公共卫生事件的处理能力。继续深化医疗卫生体制改革和人事制度改革，加强乡镇卫生基础设施建设和规范化建设，健全农村卫生保健网，积极探索建立新型合作医疗的形式和途径。继续强化卫生执法，进一步整顿和规范药品市场，加强食品卫生监督，保障居民健康，加快县疾病预防控制中心建设。

加强人口和生态环境保护等工作。时刻把计划生育工作摆在议事日程上，继续坚持“一票否决”和“黄牌警告”制度，重点抓好农村和城镇流动人口计划生育，建设8个一级乡镇技术服务室，提高计生服务质量，稳定低生育水平，促进优生优育，提高人口素质。加强生态和环境保护，继续抓好植树造林和生态文明村建设工作。加大环境执法力度，加强重点污染区域的综合整治，加快城市污水和垃圾处理设施建设，做好县城污水处理厂建设的前期工作。控制污染物排放总量，深化污染防治。此外，认真做好外事、侨务、审计、统计、档案、民族、宗教、残联、气象等工作，促进各方面协调发展。

九、加强社会主义政治文明建设，保持社会大局稳定

积极推进民主法制建设。坚持依法治县，自觉接受人大的监督，认真执行人大及其常委会通过的各项决定和决议，支持人大代表依法行使职权。支持人民政协发挥政治协商、民主监督、参政议政职能，及时办理人大代表、政协委员的各项议案、建议和提案。加强与工会、共青团、妇联等人民团体和民主党派、工商联、无党派爱国人士的联系。健全民主管理制度和公开办事制度，完善重大决策的规则和程序，拓宽社情民意反馈渠道，积极推行社会公示、听证等制度，推进决策的民主化、科学化。切实加强政府行政执法监督工作，深入开展"四五"普法，增强全民尤其是国家公务员的法律素质和法制观念。加强城乡基层政权建设，全面推进社区建设和政务、村务、校务公开，健全农村基层自治组织和民主管理制度，扩大基层民主。

努力扩大就业，加强社会保障。多渠道为外出务工人员提供信息，加强对口培训，组织劳务输出。创造条件，促进农民向二、三产业转移，切实增加农民收入。全面落实就业和再就业政策，千方百计扩大就业。今年要新增就业岗位 1500 人，下岗失业人员再就业 600 人，开发公益性岗位 80 个。继续加强社会保障体系建设，确保国有企业下岗职工基本生活费和离退休人员养老金按时足额发放。继续完善医疗保险政策，扩大养老、失业、医疗、工伤保险覆盖面，进一步完善社会生育保险政策。关注困难群体，关心农村五保户、特困户生活，建设一批农村五保新村，积极帮扶困难职工和困难群众，解决他们的实际困难，使其尽快走出困境，实现生产自给。注意做好劳动关系的协调处理工作，尤其是要切实解决好拖欠农民工资等容易影响社会安定的劳动纠纷问题。大力整顿消费市场秩序，加快改善城乡居民的物质文化生活条件。

加大社会治安综合治理力度，确保社会稳定大局。落实社会治安综合治理目标管理责任制、领导责任制，建立健全"打防控"体系，深入排查不稳定因素，继续开展"严打"整治斗争，始终保持对严重刑事犯罪的高压态势。高度重视和正确处理人民内部矛盾和群体性事件，加大调解处理农村"三大纠纷"力度，实现"大事不出、中事不出、小事少出并尽可能解决在基层、消除在萌芽状态"的目标。坚持"安全第一，预防为主"的方针，落实安全生产责任制，加强安全生产监督管理，严防各类重特大事故的发生，确保全县安全生产工作稳定好转。

十、加强政府自身建设，坚持从严治政，努力建设务实、创新、高效、廉洁的政府

要本着对全县 93 万人民高度负责的态度，牢固树立以人为本，全心全意为人民服务的思想，身体力行"三个代表"重要思想，把实现、发展和维护好人民群众的根本利益作为一切工作的出发点和落脚点，切实加强政府自身建设，努力使我们的政府成为人民满意的政府，努力创造更优异的工作业绩。

进一步解放思想，更新观念。继续深入贯彻"三个代表"重要思想，居安思危，进一步增强忧患意识和紧迫感，坚决打破一切妨碍发展的思想观念，坚决改变一切束缚发展的作法和规定，坚决革除一切影响发展的体制弊端。只要对发展有利，对全局有利，对群众有利，就要敢试敢闯。在企业发展上，只要对邕宁的发展有利，就一视同仁；在经营城市上，只要有利于城市发展，就全力支持。以饱满的精神状态和昂扬的斗志，树正气、讲团结、求发展，积极主动地开展工作。努力提高科学判断形势、驾驭市场经济、应对复杂局面和总揽全局的能力，以不畏困难、大胆闯试、不甘人后、只争朝夕的精神，把各方面的智慧和力量凝聚到率先发展的奋斗目标上来，聚精会神搞建设，一心一意求发展，以新的面貌和作风，担负起全面建设小康社会的历史使命。

坚持依法行政，规范政府行为。认真学习贯彻《行政许可法》，加强政府法制建设，增强政府机关工作人员的法制观念，提高依法行政水平。增加行政行为的透明度，努力实现行政行为规范化和经济、

社会事务管理法制化。不断扩大政府采购范围，对利用财政性资金的采购行为，全部纳入政府采购范围。改革土地出让制度，各类城市建设用地都必须采取招标、拍卖或挂牌方式出让，培育公开、公平、公正的土地市场。切实转变政府职能，按照社会主义市场经济对政府的要求，进一步理顺政府部门职能，明确职责分工，把该管的事情管住、管好，使政府职能真正转到宏观调控、市场监督、社会管理和公共服务上来。继续深化行政审批制度改革，依法规范行政审批。充分发挥项目代办中心的作用，简化审批程序，提高办事效率，形成行为规范、运转协调、公正透明、廉洁高效的行政管理体制。

坚持从严治政，树立良好形象。坚持和完善反腐败斗争的领导体制和工作机制，全面落实党风廉政建设责任制。继续保持和发扬艰苦奋斗的优良传统，反对奢侈浪费，做到清正廉洁，一心为民。突出抓好领导干部廉洁自律，进一步规范领导干部从政行为；继续加大查办违纪违法案件的力度，严厉惩处腐败分子；切实纠正部门和行业不正之风，着力解决好发生在老百姓身边、严重损害群众切身利益的问题。积极开展行政效能监察，发挥司法机关和监察、审计等职能部门的作用。推行和完善政府采购制、招投标制和领导干部任前公示制、任期经济责任审计制，强化监督，努力从源头上预防和解决腐败问题。建立结构合理、配置科学的权力约束机制，保证把人民赋予的权力用到为老百姓谋利益、办好事、办实事上，全心全意为人民服务。

坚持求真务实的工作作风，为群众多办实事。牢记党的宗旨，发扬光荣传统，务必继续保持谦虚、谨慎、不骄不躁的作风，务必保持艰苦奋斗的作风。坚持经常深入基层，调查研究，体察民情民意，关心群众疾苦，维护群众利益，及时解决群众反映强烈和不满意的问题，深怀爱民之心，恪守为民之责，善谋富民之策，多办利民之事。坚决反对沽名钓誉、脱离实际的“形象工程”和“政绩工程”。努力改进领导方式和工作方法，坚决反对形式主义、官僚主义，大力精简会议、文件，切实减少应酬和非事务性活动，以奋发有为、昂扬向上的精神状态推进各项工作，努力使政府机关作风进一步转变，干群关系进一步改善，工作水平进一步提高。

在抓好全面工作的同时，按照量力而行、尽力而为的原则，经筛选、论证，今年继续安排10件为民办实事项目：

一是继续完成县城三个出入口改造工程，完成中医院至县塑包厂道路、县钢铁厂宿舍至邕宁二高道路、龙岗至县职校道路改造工程；二是完成新兴广场三期工程第二阶段拆迁建设项目，扩建和平市场；三是扩建县城给水工程；四是建设蒲庙至百济三级柏油路、良庆至那马四级柏油路、蒲庙至四塘公路五合至大通路段混凝土路面工程，完成镇龙那良至中和平天四级砂石路建设；五是新增就业岗位1500个，安置下岗人员再就业600人，开发公益性岗位80个；六是建设28条184.95公里村级道路；七是解决31个镇、村（坡）人畜饮水困难问题；八是实施英雄水库渠道三面光及六桃、那久水库除险加固工程；九是建设25个生态村、9000座沼气池、3000座卫生厕所；十是建设邕宁县疾控中心，扶持部分乡镇卫生院、农村卫生所改造建设，实施卫生“降消”项目。

各位代表，新的形势催人奋进，新的征途任重道远，面对时代赋予的神圣使命，肩负着全县93万人民的重托，我们一定以邓小平理论和“三个代表”重要思想为指导，紧密地团结在以胡锦涛同志为总书记的党中央周围，在市委、市政府和县委的坚强领导下，以高昂的斗志锐意改革，以饱满的热情奋勇创新，以求实的精神促进发展，为人民群众的生活更加幸福，为邕宁的明天更加美好，为率先实现跨越式发展，全面建设小康社会而努力奋斗！

二、诗　文

蒲庙旧八景

蒲庙八景之名系罗森所拟。罗森，号林堂，清朝贡元，曾任江西省金溪县知县。蒲庙八景是：

则钻朝云　则赞岭（又名侧钻岭）海拔208.6米，位于蒲庙圩东南面，山巅常笼朝雾，霞光灿烂，朝阳破雾而出，洵为奇观。

岌岐霁雪　岌岐位于蒲庙圩东面独山与亚明岭坳之间的山坳（原为岌岐巷，后改名为吉祥巷），古时坳上曾建有一亭，旁边有一株古榕和碑记。坳上小路是仁福、张村、长塘交通要道。1939年冬日军攻陷蒲庙圩期间亭子被拆毁。古榕已枯死，碑记去向不明。

积翠夜月　积翠楼建在蒲庙圩多福门上，位于今蒲庙剧场大门口处，多福门有一条大冲（溪流）建有一桥（创进桥），该处地势高，河边一带房屋低矮，此楼兀立，满目风光，游人多登此楼览胜。今积翠楼不复存在。

银枕晴岚　银枕峰即五圣宫后面的观音山，横列向西如枕状，故名。此山朝雾晴岚，可使游人流连忘返。

古壑松涛　五圣宫后山（今蒲津公园），古木参天，其中有五株二百年以上古松挺拔其间，清风徐来如情侣相依，窃窃私语；大风迅吹，则如波涛汹涌，万马奔腾。游人时而置身仙境，心旷神怡；时而置身海涛中，豪情激奋。

平桥杏雨　平桥在原县粮食局与建设银行大楼相交处，有条巷沟（东风巷），建有青石板桥一座，桥左是东风园，桥右是广和园。两园面积很小，均广植桃李，春风沸煦，桃李争妍；时雨飘洒，美不胜收。园中虽然无杏，而游人兴浓，故借古人诗意，美其名为平桥杏雨。今平桥不复存在。

七星酒旆　七星石位于五圣宫对面的莫村半岛码头下，自西津水库建成后，邕江水位高涨，该石没于水中。当时码头边有典当铺一间，卖酒船一艘，方便上落船客沽酒，莫村亦设有杂货店一间。酒旆迎风，沽酒对酌，临江赋诗，别有风情。

八尺渔灯　蒲庙建圩早年有一二十艘渔艇，每年八、九月后，多移泊八尺江寨上村渡口附近。风展归帆，渔歌晚唱，渔灯点点，闪烁其间。烟波江上，引人入胜。

清代梁德辉在罗森所拟蒲庙八景每景之后添上三字，成七律诗一首。梁德辉系蒲庙街人，字显堂，自号砚田耕叟、啸琴居士，专事书写对联为生，书法柔熟，自成一家，著有对联集一卷，内容丰富，惜已失传。梁德辉作的《蒲庙八景》诗：

则钻朝云幛碧天，岌岐霁雪景春妍。
积翠夜月游人玩，银枕晴岚感旅添。
古壑松涛声远听，平桥杏雨梦难甜。
七星酒旆魂犹醉，八尺渔灯浅水边。

20世纪80年代，农浩搜集材料撰写蒲庙八景，从此蒲庙八景公之于众。

（卢定山）

昆仑古道

邕宁县境内东北部有一座志载史存、名扬中外的昆仑关。建在昆仑山与领兵山之间的山隘，有一条坐南向北，扼守贯通南北的通关要道——昆仑古道。建于古道上的古楼据险镇守，有“一夫当关，万夫莫开”之势，为古今兵家必争之地。昆仑古道是古岭南（今邕宁）的东北重要门户，是通关隘的南来北往唯一的道路。此地曾发生闻名中外的抗日战争昆仑关战役等。

昆仑关的建成已有千余年历史，曾几度损毁再修复。秦始皇帝嬴政二十九年（公元前 218 年），秦始皇派大将屠睢率 50 万大军，兵分五路征战岭南（今南宁、邕宁等地），遭到当地越人的顽强抵抗，无功而返。秦始皇帝嬴政三十三年（公元前 214 年）再派任嚣率军南下鏖战才遂。随即设置桂林、象郡、南海三郡。今邕宁属桂林郡辖地。相传屠睢进入今邕宁后，派兵修筑昆仑关，并重兵驻守。北宋景祐二年（1035 年），广南西路发生镇宁（今环江县）、高、窦、化、雷（今广东省高州、信宜、化州、海康）等州农民起义。朝廷为保卫广南西路重镇邕州的安全，加速军情传递，在邕州宣化县（今邕宁县）设置昆仑关，正式建关楼，并沿昆仑关古道设置有长山驿（八塘坛铺坡对面）、大夹驿（七塘马岭）、金城驿（五塘旧圩）、朝天驿（四塘旧圩）、归仁驿（三塘圩）等驿站，作为传递军情、公文交接之用，每驿站建有营房，有驻兵和马匹。明代，永乐六年（1408 年）设置长山驿站；从今南宁往思恩府宾州（今宾阳）陆路沿旧驿站十里左右设一铺，各铺设有铺兵马匹，为传递公文等；设置高低井铺、归仁铺、荷丹铺、朝天铺、施滥铺、楼云铺、林村铺、大夹铺、长山铺、里段傅、昆仑铺共 11 铺。清代，改铺设塘，十里左右设一塘，皆有塘兵马匹，俗称塘报马，遇有紧急公文，上插羽毛为号，所过关津，不得阻留，一昼夜行五百里。至光绪中年，设有电报，塘报马之事遂废。从今南宁往思恩府宾州陆路设有北门外六公祠头塘、高井二塘、马茶三塘、朝天四塘、苏平五塘、林村六塘、马岭七塘、山心么塘、长山八塘、里段九塘、昆仑十塘共 11 塘，总里程 60 千米。时至当代，昆仑古道的“塘”仅是一个地名的称谓。

昆仑古道，曾是今邕宁当地民众往返于今南宁、宾阳、柳州、桂林等地的交通和商贸道路。建昆仑关隘后，昆仑古道沿途先后设置驿站、铺、塘，道路建设仅在通关楼前后道路铺上石阶，其余为简易道路和桥梁，部分路段适宜通行马车，部分路段仅能步行和骑马。民国 18 年（1929 年），广西省公路局建成邕（宁）宾（阳）等公路。邕宾路绕昆仑山脚开劈，分别在昆仑山南、北两边旧驿道与公路交接处，各立一块花岗岩石碑，上刻“昆仑古道”。邕宾公路建成通车，标志着昆仑古道不通汽车的历史从此结束。邕宾公路邕宁段路线从昆仑关起途经九塘圩、八塘圩、七塘圩、六塘、五塘圩、四塘圩、三塘圩、二塘煤矿、长堽岭至今南宁市区，全长 59 千米。建国后，邕宾公路纳入省道管理。1993 年在昆仑关附近开建的南（宁）梧（州）二级柏油公路竣工，该路基从三塘圩至昆仑关大部分建在邕宾公路，南宁至昆仑路段里程 56 千米。2006 年，南宁市区扩建，从市区沿南梧公路至三塘圩路段扩建为市区街道，此路段建成后被命名为“昆仑大道”。昆仑古道、邕宾公路、南梧公路和昆仑大道，对于当地经济、社会发展起到很大的促进作用。

（粟英文　玉杰贤）

那莲乡抗日模范村的故事

民国 28 年（1939 年）11 月 15 日，日本侵略军乘军舰和船艇从海上登陆入侵中国广东、广西等地区。

民国28年（1939年）11月24日、民国33年（1944年）11月24日，日本侵略军两次攻打和占领邕宁县。日寇所到之处，横行霸道，鸡犬不宁，硝烟弥漫，对敢于反抗的村庄和民众，惨绝人寰地实行烧光、杀光、抢光政策，全县笼罩在乌云密布、血雨腥风的白色恐怖之中。日本侵略军的烧、杀、抢等暴行激发起全县广大乡村民众的强烈反抗，群众自发地组成众多的抗日自卫队，人们拿起刀枪等武器勇敢地反抗日军的烧杀和奸淫掳掠，保卫家乡民众的生命和财产安全。其中，邕宁县八尺区那莲乡第四抗日游击中队的蒋村、四美（今邕宁县蒲庙镇新新村）及新丁、乌兰（今良庆镇新兰村）4个村的抗日自卫队（游击队），不怕流血牺牲、勇敢无畏，顽强地抵抗和打击日本侵略军的英勇事迹，当时在桂南广为传颂。当年，日本侵略军进犯蒋村、四美村、新丁村、乌兰村时，刚开始来犯之敌有数十、数百人，后来竟多达1000余兵，使用的武器有步枪、轻机枪、大炮、飞机，并且施放毒气。日军每次进犯蒋村、四美村、新丁村、乌兰村，都被英勇善战的村自卫队（游击队）和村民打退。战斗中，蒋村、四美村、新丁村、乌兰村的男女老少一齐参战，青壮年拿起武器与敌人血拼，老人、妇女和小孩送水送饭、送弹药、修筑工事、救护伤员。不管敌人如何猖狂进犯，他们都坚决抵抗，与村子共存亡。

民国28年（1939年）11月15日，日本侵略军从钦州湾龙门、企沙等地登陆，当天占领广东省钦县、防城等地。17日晚，入侵广西。有一联队日军1000余兵，在飞机掩护下于11月22日攻打、占领了蒲庙圩，并建立据点，驻有100多兵。盘踞在蒲庙圩据点的日军，经常受到八尺区抗日游击队和村自卫队袭击，不断损兵折将，被迫于12月28日深夜偷偷逃至10多千米外邕江北岸的剪刀圩驻兵据点，抗日游击队收复蒲庙圩。

民国29年（1940年）1月，日本侵略军在八尺江西岸赖村乡（今蒲庙镇龙岗村一带）新村坡和那莲乡三洲岭及良庆圩等地建立驻兵据点，以这些据点作为其驻南宁大本营的外围防守据点。驻守据点的日军，对周边村庄强令推行“维持会”和“顺民”，对敢于反抗的村庄及村民，惨绝人寰地实行杀光、烧光、抢光政策。日军侵占邕宁期间，制造了骇人听闻的蒲庙、赖村乡、那美、那莲、新丁村、乌兰村等烧杀惨案，使邕宁遭受巨大的人员伤亡和财产损失。其中，八尺区的蒲庙被日军开枪打死、杀死、炸死和失踪的国民政府军及街（村）民共计近1000人，有数十名妇女被强奸致死，有80多间民房、商铺被烧毁或炸毁，大批财物被抢被烧；赖村乡被日军杀害的无辜村民50多人，强掳民夫造成村民失踪4人，村民被迫涉八尺江水逃走途中溺水身亡4人，烧毁民房400多间；那美被日军飞机两次轰炸，该村村民及在此避难的其他村村民被炸死20多人，伤数人，炸毁民房6间；那莲被日军杀害的村民15人，烧毁民房、商铺360多间……

日军侵略中国，要灭亡中华民族。“国家兴亡，匹夫有责”，不甘当亡国奴的民族奋起反抗。1939年11月下旬，八尺区那莲乡蒋村、四美村的周忠、周游、梁建庵、李杰等10多名进步青年，自发组织蒋村、四美村抗日自卫队，周忠任队长，村自卫队队部设在周忠家的酒坊房。自卫队成立后，周忠等人发动蒋村、四美村的群众捐钱捐物（粮、油、糖等），筹集资金购买枪支弹药武装自卫队。后来，该抗日自卫队从十多人发展到四五十人枪。那莲乡蒋村、四美村距蒲庙圩约5千米，与那莲乡驻地那莲圩（隔八尺江）相距约3千米，日军经常从蒲庙和那莲三洲岭据点袭扰附近的蒋村、四美、新丁、乌兰等村庄。民国28年（1939年）12月20日中午，驻蒲庙据点日军骑兵7人窜到蒋村、四美村地界的清水泉石山一带侦察，被在巴殿岭守卡放哨的该抗日自卫队员发现并设伏，日军骑兵途经伏击地时，突然叭叭一阵枪弹射向敌兵，遭袭击的日兵惊惶失措狼狈地逃回了据点。11月22日上午，日军由联队长带队，出动30多人从蒲庙据点出发，经九碗村偷袭四美村。放哨的自卫队员发现敌情，立即放倒信号树木及时向守卫村庄自卫队报警，获悉日军要进村的周忠队长立即集合队员迅速进入尖岭路口阵地迎击来犯之敌，待敌人进入射程内，叭叭、嘭嘭一阵枪炮声震天响，当场击毙日军3人。其余日军狼狈不堪地溃逃回据点。

在蒋村、四美村抗日自卫队打响抗日第一枪之后，邻近的新丁、乌兰等村，也相继成立抗日自卫队。民国29年（1940年）2月，周忠等人把蒋村、四美、新丁、乌兰等村的抗日自卫队合编为那莲乡抗日游击队，有 100 多人枪。3 月，那莲乡抗日游击队有条件地被国民党邕宁县政府统一编为那莲乡抗日游击队第四中队，周忠任中队长，隶属邕宁县抗日游击第四大队。那莲乡抗日游击第四中队是县抗日游击第四大队的主力，该中队与其他游击队建立了从大塘花甲山（该山属邕宁县抗日游击第三大队驻防）至雅王，从雅王沿八尺江至那莲，从蒲庙东下至砧板、长塘约 100 千米敌我对峙的防线。

民国 29 年（1940 年）5 月初，那孟村游击分队袭击三洲岭日军据点。日军为了报复，于 5 月 27 日从南宁、亭子派出步兵和骑兵约 1000 人，大炮 3 门，重机关枪数挺，当天拂晓前包围蒋村、四美村，妄图消灭抗日游击第四中队。该村游击队在周忠指挥下分成 5 个战斗小组，迅速抢占有利地形和制高点。游击队趁来犯日军立足未稳，在兰山高地用机枪、步枪袭击佛子岭日军大炮阵地，日军被迫将大炮从山上炮位往山脚拖，大炮一时无法发挥作用。天亮后，村里群众全部撤出村外进入山林隐蔽。不久，日军用大炮轰击游击队阵地，两架飞机轮番向蒋村、四美村投弹轰炸，然后蜂拥冲入，但村里空无一人。而隐蔽在村庄周围丛林、岩洞等处的游击队员，用机枪扫射、步枪打、土炮轰，打得日军人仰马翻，狼狈不堪。进村的日军被动挨打又找不到游击队员，恼羞成怒纵火烧毁 10 多间民房和几十堆茅草，上午 11 点钟左右撤退落荒而逃。这一仗，游击队毙伤日军官兵 10 多人，该村村民被炸死一人，受伤八九人。日军进犯蒋村、四美村遭受严重打击后，再不敢向八尺江东岸村庄袭扰。

抗战期间，日军共 3 次进犯蒋村、四美村，被该村抗日游击分队和村民打死 19 人，其中联队长、小队长各 1 人，伤敌 10 余人；被日军杀死村民、游击队员各 1 人，大批财物被抢劫。日军 8 次围打新丁村，被该村抗日游击分队和村民打死日军 26 人；新丁村被日军打死和逃跑过八尺江时溺水死亡的村民共计 142 人，民房被烧毁 38 间，耕牛被宰杀 50 多头，粮食、蔗糖、衣服棉被、生活用品被烧被毁无法计数。日军共 12 次围打乌兰村，被该村抗日游击分队和村民打死日军 4 人；乌兰村被日军惨无人道烧死杀死村民 30 人，有 3 名妇女被日军强奸，大批的粮食、蔗糖、衣服棉被、生活用品等被日军纵火烧毁。

民国 29 年（1940 年）10 月，日军退出邕宁县城（南宁），邕宁县光复。同年 12 月，中共广西省工委副书记黄彰特约国民党广西学生军团第三大队指导员李祖洳（中共党员）研究，决定由李祖洳指定张茨敏（中共党员，第十中队党支部书记）仍以开展军民合作站为名，带一组（共 16 人，其中中共党员 5 人，共青团员 3 人）学生军到邕宁县八尺区（现蒲庙、良庆、刘圩、长塘、那马 4 个乡镇）蒲庙圩、那莲乡等乡村进行慰问赠旗活动，并做八尺区和那莲乡的善后工作。

学生军工作组全体成员在邕宁县抗日游击第四大队第四中队"读书小组"（也称领导核心小组）主要成员司马逊（后又名黄孙，陆川县人）、周忠、周游、李杰等人的积极配合下，以公开身份下农村，进学校，上街圩，到基层发动组织群众恢复生产，重建家园；调查了解八尺区抗日游击战的情况，总结经验和教训；宣扬八尺区人民抗日事迹，开展对抗日游击队员的抚恤和慰问；访问群众，宣传抗日救国道理和进步思想；教儿童唱抗日歌曲"春风吹遍了原野，散遍了大地，播种、播种、再播种的时机已经来临"等。处理由日军制造"以华制华政策"即"义民"（抗日村民）、"顺民"（日伪维持会辖区的村民）引起的民事纠纷等等。此外，学生军第十中队党支部还决定将司马逊、周忠、周游、李杰 4 名游击骨干作为入党积极分子对象来培养，不断加强对他们进行思想政治教育和实际锻炼的考察。同月，吸收司马逊、周忠、周游、李杰 4 人加入中国共产党，成立中共那莲小组（次年 7 月改为党支部），由张茨敏任小组长，隶属中共南宁特支领导。为了便于工作，张茨敏指定司马逊为临时党小组长。1940 年 12 月，在学生军第三支队驻那莲工作组支持和鼓动下，在国民党八尺区公所默许下，邕宁县抗日游击第四中队和那莲乡公所为缅怀在抗日战争中阵亡的游击队员及死难群众，在那莲圩戏台隆重举行"抗日阵亡战士暨死难群众"追悼大会。主席台正中贴着阵亡战士和死难群众的名字，两边摆放花圈和挽联。参加追悼大会的有游击队员、各阶层人士、人民群众、学生军工作组全体成员，国民党邕宁县政府机关单位、团体，南宁各界人士代表慰问团，国民党广西省政府、驻南宁国民党军、政要员代表等共 3000 多人，摆有挽联和 100 多个花圈。

广西学生军团挽联：与倭三十余次交锋，发扬桂省民风，取义成仁光僮族；振我八尺区正气，断丧瀛洲贼胆，捍乡卫国仗英雄。

八尺区公所挽联：愤倭寇猖狂慷慨牺牲万古英名垂竹帛；守国民公约从戎仗义千秋碧血映莲红。

国民党第十六集团军总司令部挽联：八尺江前，曾经一呼，抗战卫国保家，在当时，全伏丛林歼倭寇；三洲岭上，斩妖杀敌，曾忆几度摸营，至今日，只凭芳草吊英灵。

国民党广西省政府挽联：坚壁清野，组织成军，流血即留芳，保得沧区歼敌焰；宁死弗降，效死弗去，爱乡原爱国，追怀往事吊英灵。

国民党邕宁县政府挽联：不做汉奸顺民，能为国家民族而牺牲，八尺江头存浩气；自筹伙食弹药，敢冒枪林弹雨以奋斗，三洲岭上凛英风。

追悼大会从上午10点钟开始到11点钟结束，虽然短短的一个钟头，但整个会场气势恢宏，庄严肃穆，慷慨悲歌，山河感恸！结束时，游击队员很久很久不愿离开戏台，人民群众也很久很久不愿离开会场。第二天，学生军驻那莲工作组撤回县城（南宁）。

民国30年（1941年）初，鉴于那莲乡抗日游击第四中队队员和人民不怕牺牲英勇抗日精神，那莲乡的蒋村、四美、新丁、乌兰4个村被国民党广西省政府誉为民众的“抗日模范村”，并赠予锦旗，予以鼓励。

民国30年（1941年）春，国民党邕宁县政府下令解散全县各区抗日游击大队和收缴全县各区抗日游击大队的全部枪械。危急之际，抗日游击第四中队领导核心小组决定，由司马逊负责向南宁特支汇报和请求指示，并通过由共产党掌握的《桂南日报》《曙光报》发表文章，揭露国民党顽固派压制民主、打击抗日力量的阴谋；由周忠通过周筱荫与雷鲲池等地方元老在县参议会上替游击队说公道话；第四中队队员和群众也理直气壮地说：“日本军来了，我们卖牛卖糖去买枪保家卫国，日本军退了，我们卖枪卖弹去买牛，有什么不对？”几经据理力争，第四中队的枪弹才能保住，但游击队仍被迫解散。在桂林“七·九”反共事件和南宁“一·一五”反共事件时，中共那莲支部党员又被迫分散隐蔽或到南宁邕宁县府亭子登记自首。抗日宣传活动和党组织活动转入低潮。

民国31年（1942年），原那莲乡抗日游击第四中队长周忠，那莲乡中心校校长张星煊、教师张启南和张淡交、前清禀生张文瑞等15人，作七言诗2首，以示追悼死难者和庆祝游击队与日军战斗的胜利：

敌寇遭伤屡失魂

一

团结抗日众心坚，胜利歌声永久传；
每忆悲情深脑室，常思惨事记心田；
横行劫掠民财产，毒害凶屠众命殒；
我等亲临亲眼见，仇湖史载万千篇。

二

日寇侵华到广西，分营霸守四凶为；
三洲岭上乌烟罩，八尺江头向日辉；
游击频繁八面击，周忠指喊四周归；
武麟以及张声震，浴血昂头敌减威。

三

日寇随村枪杀凶，纷来游击伏途中；
机枪急响惊仇胆，手榴弹轰入敌胸；
快矣死尸三十件，伟哉勇汉百余雄；
桂标荣顺福如者，值得群称立大功。

四

那莲游击四传闻，敌寇遭伤屡失魂；
日伏荒郊拦路等，夜攻巢穴把营吞；
三洲岭上乌烟绕，八尺江头白日熏；
每使凶狼常自叹，周忠声震不凡人。

万众一心齐抗战

鬼子横行遍九洲，吾民今日贼同忧；
牺牲热血寻常事，莫负生平爱自由；
万众一心齐抗战，文官武将定机谋；
任凭倭寇来多少，杀个精光总不留。

周忠等15人又作为组织者，发起为抗日壮士立殉难纪念碑，主要铭刻各村壮士姓名、抗日功绩，并作诗云："三洲岭之山苍苍，八尺江之水茫茫，壮士之功铭与山高兮共水长。"

民国33年（1944年）11月24日，日军第二次入侵邕宁。八尺区人民在中共地下党的领导下，又拿起武器，重新组织抗日游击队。民国34年（1945年）1月，中共桂西南区特派员又派中共党员康浪平（邕宁县中共地下党负责人，民国34年（1945年）3月29日在那莲圩被当地反动分子杀害）、张声震（原名张克兴，曾用名张中民、张有恒）及进步青年黄芳到八尺区指导开展抗日游击战。同年3月28日，驻南宁日军先从张二郎山炮击那莲圩，后派兵扫荡那莲乡。周忠、张声震、玉武麟等立即率领游击队和各村群众奋起反击，激战半天，毙敌3人，并把日军赶到五象岭外樟墨村一带。从此，日军再不敢向那莲乡进犯。民国34年（1945年）5月26日，占领县城（南宁）的日军沿邕（宁）龙（州）和邕（宁）钦（州）路撤退，邕宁县光复。从1939年12月至1945年5月，邕宁县抗日游击队第四大队第四中队与日军作战近50次，击毙击伤日军官兵100余人。

1996年，邕宁县人民政府根据广西壮族自治区民政厅、广西壮族自治区党委党史研究室1996年3月15日印发的《关于补充划定革命老根据地的意见》文件精神，在全县贯彻落实划定革命老区（根据地）的政策，组织开展调查搜集材料，将符合条件要求的有关单位向上级申报。2002年11月5日，南宁市人民政府《关于同意划定邕宁县的有关乡镇、村为革命老区的批复》文件，同意划定邕宁县蒲庙镇新新村民委员会（原蒋村、四美村）、蒲庙镇孟莲村民委员会（原那莲圩、那孟等村）、良庆镇新兰村民委员会（原新丁、乌兰村）等为抗战时期的革命老区。2003年，南宁市革命老区建设委员会颁发给新新村、新兰村及孟莲村等村"抗战时期革命老区（村）"牌匾。

（玉杰贤　粟英文　杨作民　周明慧）

三、清宣统年间宣化县行政区

清朝宣统二年（1910年），宣化县（今邕宁县）政区建制除城区（南宁）外，划分为14个乡1个镇，即东门乡、亭子乡、心圩乡、石步乡、扬美乡、坛落乡、蒲津乡、四塘乡、五塘乡、那马乡、吴村乡、迁龙乡、伶俐乡、刘圩乡、三官镇。辖98段（团），共有80个圩、1863个村。其中，属今邕宁县地域范围的有9个乡镇。蒲津乡，设福安、万安等8段，辖6个圩、161个村；四塘乡，设四塘、平洞等3段，辖3个圩、62个村；五塘乡，设五塘、上六塘等6段，辖6个圩、197个村；那马乡，设那马、清良2段，辖2个圩、73个村；吴村乡，设德馨、保良等10段，辖3个圩、100个村；迁龙乡，设苏圩、同伦等15段，辖6个圩、139个村；伶俐乡，设伶俐、半甲等5段，辖2个圩、91个村；刘圩乡，设班峰一、长塘下等4段，辖6个圩、62个村；三官镇，设第一、第三等8段，辖20个圩、414个村。

蒲 津 乡

设福安、万安等8段，辖6个圩、161个村。

福安段 辖1圩28村，即蒲庙圩和赖村、梁村、颜村、寨上（即八区寨）、莫村、那琅、楞塘、那元、那美、功曹、那晚、江口、平沙、那乌、那造、雷帽、那乜、洲上、定甲、那罗、上洲（即溢洲村）、同古（即铜鼓）、北觥、迪塘、美逸、福建、晚练、巴平等村。

万安段 辖12村，即那粒、西团、屯麻、团摅、良屯（以上四村总名思维村）、渌晚、渌炼、蒋村、那塘、州同、石广、团麻等村。

天灵段 辖12村，即渌柏、晚邓、那晓、坛等、那黄、那桐、那杨、那稔、雷赖、那维、那力、那贵（又称那桂村）等村。

良俸段 辖14村，即花粉（又作花蓼）、那乍、坛汉、屯渌、屯罗、那篷、那吸、那被、那仁、那況、那洞、郭村、那秀、那砲等村。

中和段 辖16村，即上黄（又作黄村）、下黄、冲磨、旧村、张村、烟墩、巴滕、楞仲、洞江、青龙、晚溢、木柳、巴尧、老里、广客、那何等村。

砧板段 辖2圩23村，即砧板圩、大冲圩和那塔、那窝、牛弯、花里、牛湾下村（即凌村）、那秀、坛洪、子垒（又称蓝嘴垒村）、花陈、北晓、砧板、坛布、坛板、定禁、福庆、那津、坛岑、大通、六津、兴隆、江口、新村、窑上平村等村。

长塘段 辖1圩23村，即长塘圩和东瓜、广柏、长塘、那扣、仲豆、钓丝、那莲、加踏、段岩、留良、布柳、平浪、王里、天窝、定西、下东瓜、含垠、朁尧（又作坛窑）、六占、大塘、高塘、六吕、那瑶等村。

南斌段 辖2圩33村，即那莲圩、良庆圩和那约、乌兰、坡祥、那棍、了蕾、龙蟠、平花谷、苏岭、平乐、新村、朁棍、宋厢、定天、朁林、九畹、新庄、那髻、思林、渌萱、渌强、新丁、朁泽、那遐、玉洞、稔水、渌尧、那黄窑、那连、屯里、平留、大脚岭、那黄、那孟等村。

四 塘 乡

设四塘、平洞等3段，辖3个圩、62个村。

四塘段 辖2圩36村，即朝川圩（四塘旧称朝天驿）、盘古圩和张村、潭龙、那珠、花围、段马、段腾、那笔、陀潭、枯蒙、坛修、罗远、苏村、山口、三叉、里彩大、里彩小、韦村（又作韦渌村）、宝盖、潭造、坛杨、上那罗、那罗下、磨房、亘奇、那埌、派昆、渌村（又作韦渌村）、贤村、朝文、滕村、那洞、段选、蕾顿、佛子、大旺、朝川旧新圩等村。

平洞段 辖9村，即平洞（又称那平）、那弄、坛贡、古埌、细邓、绿梅（又称弄梅村）、古藏、王村、那沙（即荷丹沙村）等村。

三塘段 辖1圩17村，即归仁圩（古时的归仁铺）和邓南、大邓、那佗、渌楼、那塘、伏良、伏渌、甘村、团围、良球、那况、那井、那闰、那夏、那王、蒙村、赖村等村。

五 塘 乡

设五塘、上六塘等6段，辖6个圩、197个村。

五塘段 辖2圩37村，即站圩（又名五塘圩，唐朝时为横山县治。宋朝时为金城驿、明朝时为站驿、清朝时为五塘苏平驿）、合水圩和坛黄、陈客、谏村、黄猛、合江、坛皮、那棍、奇罗、坛白、段敖、那腊、驿上（即宋朝金城驿）、陈村、赖村、评鸟、凌慕、那锦、那义、那岑、坡利、六井、福宁、那河、那冷、定莲、曾山、横岭、覃何、花甘、龙头、晚感、渌王、卢村、渌问、潘村、郭屋新村、下庄等村。

上六塘段 辖38村，即六塘驿、林村（即明朝时林村铺、清朝时林村六塘驿）、韦村、那客、渌增、上黄、横渌、火甲、中良、坛宴、石新安、平塘、平天、大塘、岽娄、北墨、莲塘、双桥、邦启、星洞、上良、平善（即明朝时之楼云铺）、粟新安、平旺、方村、合岭、坛土、古蓬、大桥、上溣、岽冷、岽枝、俭翁、鸡段、弓马、岽悬、六冷、古标等村。

下六塘段 辖2圩17村，即沙平圩、两山圩和料村、那锡、盘古旧圩、凰喔、凤飞、龙舞、坛溣、塘幻、那尚、帽子、上青、下青、中青郭溣、那剑、坛英、沙坪、安坪等村。

七塘段 辖1圩15村，即大麓圩和七塘驿（宋朝时为大夹岭，明朝时为大夹铺，清朝时为马岭七塘驿）、张村（又作张杨村）、李村、凌村、下黄、下良、大麓、那眉、大平、那遇、那里、碗厂、渌留、六蒙、渌隆等村。

八塘段 辖1圩53村，即八塘圩（又名长山圩，明朝时为长山铺，清代时为长山八塘驿）和渌教、俭仗、火星、坛敏、渌邻、那致、高村、老曹、坛舞、茂亮、上苏、大塘、坛棉、坛补旧圩、渌村、渌黄、那劳、那蒙、星底、下黎、上黎、那岽、那榴、小张府、那威、渌庙、渌栏、盘古、旧地、渌杷、龙掘、渌旻、上渌沟、下渌沟、横岭、古先、上赤坭、下赤坭、坛勒、渌模、坤改、渌姓、老鸦平河、那开平茶、竹沙那呈、马宗、下胡坛板、上达岽治、渌赵那溣、坛樟、坛告、旧寨、山心塘（即山心腰塘驿）等村。

九塘段 辖37村，即九塘驿（即府志之里段九塘驿，明朝时为里段铺）、昆仑关（即欧廖村）、古桐、那樆、那周、渌田古望、坛螺、那罗、坛渌六道、那溣、那员、那懒、水口、那蓬、坛俵、木橙、那韦渌桧、黄英平乐、渌落古橄、下苏、农屋、江那、松柏古楝、那庆、岭红、龙尾、平昌、四方、天堂、那均、欧屋、六岑、六凶、平同、六王、六秋、古棣等村。

那 马 乡

设那马、清良等2段，辖2个圩、73个村。

惇良段 辖1圩46村，即那马圩和那马废圩、那马、那扭、晚究、那感、冲敏、那摹、那马老圩、坛辽、冲蓬、渌垒、那候、冲陶、坛板、了林、吧咛、段扬、严屋、两旺、渌成、大麻、小麻、坛福、坛抄、大形、渌卸、那劳、那务、些地、那坛（又作那坛合村）、那甲、思灵（又作板灵）、那堂、那齐、那派、坛必、蕾桑、百派、那辽、那福、天龙、那壬、杨利、薛村、新成、新庆等村。

清良段 辖1圩27村，即清良圩和那禾废圩、良利废圩、大花、濑沙、新村、那禾、那凤、花凤、宁村、当吧、那逢、那署、渌葛、渌冤、渌马、坛蝉、慕村、新慕、加塞、冲塞、那陋、渌冷、那鸾、坛苏、渌眉、那造、那猛等村。

吴 村 乡

设德馨、保良等10段，辖3个圩、100个村。

德馨段 辖1圩8村，即吴村圩和七坡、吴村旧圩、坛摹、那乍、渌村、天稔、渌摹、那审等村。

德馨南段 辖4村，即平山、平况（又作平圩）、那楞、坛蒙等村。

保良段 辖11村，即平隆、平汉、平保、平花、平洋、平葛、团佳、蕾羌、平阿、定伏、甘蔗园等村。

良定段 辖17村，即平庄、平洞、平凤、平宁、平乡、四山、蕾寨、定崇、那沙、那冷、王椿、鹤塘、鳌鱼、细那丹、岛长、狮子口店、那丹等村。

集良北段 辖1圩15村，即集良圩和坛廖、坛渌、那利、坛琴、张村、那杨、玄河、敢渌、那廖、那岑、河洲、长江、屯里、八潦、蕾荒等村。

集良南段 辖12村，即那髻、大塘、长棉、定隆、派斩、大琴、派良、九荡、布表、定力、乔黎、艮岭等村。

忠良段 辖9村，即周村、渌坛、罗村、新乔、老乔、那坛、古思、鳌头、那强等村。

公安段 辖1圩15村，即坛白圩和坛白村、那末、芭日、蕾焦、那助、茶柳、利觅、那岜、棉杨、那摹、定美、定文、定合、枯眼、渠靴等村。

清宁段 辖3村，即那乔（即大小那桥村）、渌劳、那造等村。

保和段 辖6村，即罗坡（旧府志为高岭村）、张坡、杨坡、玉坡、四厦、沙平店等村。

迁 龙 乡

设苏圩、同伦等15段，辖6个圩、139个村。

苏圩段 辖2圩43村，即苏圩、迁龙圩（即新苏圩）和马兴、进更、小良、小摹、那案、那岸、那带、那飘、那坛、渌桃、渌霄、渌林、坛铺、李村、通客、坛甲、坛城、塘岸、坛豆、坛蓬、那佳、蕾德、那堪、那生、那美、陇喜、沙手、坡利、那康、坛天、低度、龙家、那局、那天、那崇、坛横、坛洋、新安、渌里、坛鹤、那乔、那削、团吉等村。

苏圩东段 辖8村，即方村、新村、岜蕊、那海、那舅、覃村、普钦、蕾受。

同伦段 辖1圩5村，即檀雹圩和苏村、团那、欧村那模、桥头、良村等村。

同伦西段 辖3村，即慕村、鸡村、定英等村。

彝良西段 辖7村，即定髻、蕾红、那盏、朝南、段雹、团良、双久等村。

守政段 辖4村，即王耨、蕾特、定梧、定辖等村。

更正段 辖7村，即上方、段林、覃王、定爵、蕾桑、鸡稔、那胖等村。

朗圩一段 辖1圩1村，即朗圩和新坡村。

朗圩二段 辖2村，即定尧、永安等村。

秉正南段 辖7村，即那赵、三义村、公乡、平朗、哥黎、大路、那究等村。

秉正东段 辖1圩4村，即那齐圩和布西、布表、那悌、那屯等村。

辅正段　辖 1 圩 13 村，即五塘圩和定皎、那杨、军屯、定萎、那渌、驮我、西霸、定媳、定工、剥江、那陇、那垢、团鸡等村。

卫正段　辖 14 村，即那蒙、那郡、那桑、那髻、坛溢、驮礼、华台村、那猎、洞圩、岽眉、那造、那溺、驮利、那逻等村。

崇正段　辖 13 村，即那北、通更、户册村、古桃村、那暮村、那标村、哥练村、那隆村、永安、坛驴、那把、那榄、望仙等村。

保邕段　辖 8 村，即那备、岜合、叫悟、平上、板赛、平铺、那氓（又作那眼）、歌眼等村。

伶 俐 乡

设伶俐、半甲等 5 段，辖 2 个圩、91 个村。

伶俐段　辖 1 圩 29 村，即伶俐圩和武朗、石塘、段里、雷庙、冯村、那蓝、石龙、南蛇、通水、那车、赤城、新村、冲潦、大塘、那陀、漕青、三麦、三滩、大歇、渌挞、渌派、六安、望塘、望齐、水东、那安、新吴、驮均、朝基等村。

半甲段　辖 15 村，即驮旧、漕莪、陆扬、晚英、蕉芭、上王厄、下王厄、公台、上樟、下那樟、那深、湿里、贵禄、晚尧、北石龙等村。

葛峰段　辖 22 村，即葛岭、大盘、关塘、武罗、石牛、六笃、渌廪、公敲、扶摇、枫木、马王塘、小溢塘、高平、垒岩、朝冤、古律、大木、扶杏、小梁、甲江、红泥、缘杏等村。

篁竹段　辖 1 圩 15 村，即篁竹圩和粟村、周村、上渌遥、下渌遥、花心塘、篁竹、渌移、马笃、水岸、渌旻、渌桶、沙江、大水、上漕我、黄岭等村。

石耕段　辖 10 村，即合江、那农、白沙、那曾、天堂、谷塘、溢塘、那立、新塘、三圭南龙等村。

刘 圩 乡

设班峰一、长塘下等 4 段，辖 6 个圩、62 个村。

班峰一段 辖 1 圩 21 村，即刘圩（又名青龙圩，明代为青龙铺，清代为刘村塘）和团黄、刘村、那仰、钟村、良住、屯凌、那铺、漕蒙、和里、漕槐、漕龙、漕清、罗村、杨村、渌蒙、良珍、梁村、漕淋、滕许、那晃、堆年等村。

班峰二段 辖 2 圩 18 村，即那里圩、坛青圩和禄强、那烈、覃村、漕吧、那祉、良伟、绿林、谭村、那救、时畅、那旺（又名那况村，明朝时为那旺铺，清朝时为那旺驿）、那崛、周流、柳坡、渌杜、三赖、苏秀、平贵等村。

班峰三段 辖 2 圩 18 村，即那槐圩、镇南圩和平那、里朗、苏村、那稔、屯周、那逸、磊牛、那盆、佃马、那思、周城、那悟、屯许、那头、大李、漕覃、那度、那床等村。

长塘下段 辖 1 圩 5 村，即东流圩和汶水、新天堂、旧天堂、吧栏、禄留等村。

三 官 镇

设第一、第三等 8 段，辖 20 个圩、414 个村。

第一段　辖 1 圩 37 村，即泰安圩和蓬莱、禄旺、那鸡、钟周、坛必、坛况、锦邑、那侣、坛宁、莫摹、渌令、那渌、禄留、天元、美悟、那鸾秘、派我、那良、定西、那莳、高平、团赖、大湾、小湾、仲龙、加约、四家、那团、那谋、龙胜、高风、林读、下蓬、太安、坛我、那我、那廖等村。

第二段　辖 2 圩 35 村，即大塘圩、公安圩和那梨、那例、那炼、罗形、南巴、那徐、石宝、南造、山后、写书、罗铺、细铺、那翕、那浮、洞圩、团河、段蓬、段福、山寨、坛迁、坛局、那堤、那赖、坛黎、坛灵、那榜、那农、那了、瑶上、坛溢、南来、那平、那平礤、禄马、坛布等村。

第三段 辖4圩68村，即那陈圩、南蒙圩、蒙湾圩、平江圩和那棉、那头、道雷、蕾荷、果沙、果舍、剥排、蒙湾、坛曾、驮朗、坛浮、定进、那目、剥或、坛浩、坛棉、西支、稔应、国王、石排、清净、竹桥、铁灵、坛更、升堂、那屯、那稔、北笈、果隆、洞奇、坛关、蕾福、那眼、南作、古直、崇骨、平丙、那髻、濑崇、坛振、板马、坛谁、那直、徊排、东港、坛排、平棉、通快、下敏、巴里、坛白、那坝、那频、布关、坛留、坛陇、果章、坛鹤、新那徐、中敏、坛榜、滩上、平葛、坛齐、那务、知惰、那徐、百合等村。

第四段 辖1圩56村，即鸦王圩和雅黄、坛甲、团罗、古沙、团周、古桃、十罗、小屯、那立、亚王村、六华、平朗、那溢、古蒌、团禄、六学、团东、古练、楷顺、百浪、团黎、定思、罗曹、品田、天等、那结、渌玲、柳桥、天寨、新州、定舍、团呈、福海、那坤、白露、福邓、团光、卢头、那桑、古同、福里、团闰、团甘、那米、福林、平天、团豆、团苏、苏贵、那前、那闵、驮利、玄谢、叫吞、派阳、庞坡等村。

第五段 辖3圩51村，即那晓圩、东匡圩、山坝圩和那晓、古园、禄炎、南橘、长高、桂叶、那排、古椿、段蓬、桥墩、木棉店、永荣、茂钦、托天、屯苏、达庄、那垒、段王、那兰、南焕、同吉、小长地、大陵、坛岭、坛标、崇我、渌空、南妈、大洞、那文、新村、小满、派桑、大满、六里、土地、团腾、百给、崇汪、崇况、南霞、南坡、东球、果同、兰东、东律、南闸、团陵、永荣、大陆、浪上等村。

第六段 辖4圩63村，即南洲圩、潮江圩、麟角圩、那悟圩和那悟、那甘、板玉、南罗、那造、六吉、南畴、木棉站、八百、上蕾、下蕾、坛棍、桥头、坛渌、板究、段余、板回、双古、贯稔、米廪、坡茶、稔吉、桥德、利荷、班衣、桥掌、上埋、坛惰、寒那、碧石、新村、瓦礤、白蛇、花平、坛笈、石批、达蓬、安老、蕾见、坛浮、古木、南美、那疋、百禄、平天、坛尺、那台、那欧、桥板、大悟、小悟、那甲、佛子、那娄、板良、那葛、板呈、哥朴、那宅、坛仆、高眼、康乐、塘产等村。

第七段 辖2圩51村，即那间圩、新隆圩和罗间、南辅、榕树、那曹、果逻、那闰、派浪、坛蒙、崇眼、那苏、果稔、六蒙、古洞、黄排、东桑、罗桑、那冷、那觅、利久、那唐、渌椿、坛朴、邦洒、坛福、那考、潭肯、那蒙、六仓、观峰、李女、那赖、大山、渌美、三代、渌朴、罗湾、绿陇、团并、团里、渌画、三堂、利逻、南乐、六笔、慕公、那马、渌胸、福布、果怀、渌乡、板胸等村。

第八段 辖3圩53村，即南忠圩、公荣圩、新棠圩和平田、老赖、那笪、那罗、那谷、来柳、兰迦、南朴、屯林、那黎、那湾、堡上、南局、那胜、那沙、上汶、那楝、东楼、六国圩、那掩、那江、平塘、楷弟、闰迦、那坛、那良、坡良、罗提、南洋、屯生、石球坡、新杏、团王、屯楼、天板、东福、福圩、那迈、楷棚、平心、大湾、南钟、岳山、步头、团良、那笄、古礼、那闲、杨美坪、渌夯、渌稔、那桥、那杨等村。

四、民国26年（1937年）邕宁县行政区

民国26年（1937年），邕宁县行政区调整设置为7个区，分别是城区、中区、八尺区、金城区、迁龙区、三官区、坛洛区。其中，属于今邕宁县地域范围的有金城区、八尺区、三官区和迁龙区4个区，共有39个乡镇。即金城区辖五塘乡、六塘乡、七塘乡、八塘乡、九塘乡、皇竹乡、伶俐乡、四塘乡、剪刀乡9个；八尺区辖蒲津镇、砧板乡、长塘乡、刘圩乡、麓阳乡、那里乡、镇南乡、良俸乡、那莲乡、平乐乡、良庆乡、赖村乡12个；三官区辖大塘乡、太安乡、雅王乡、南忠乡、台马乡、南晓乡、南间乡、南州乡、那陈乡9个；迁龙区辖吴村乡、定良乡、那马乡、坛白乡、卫正乡、辅正乡、苏圩乡、彝良乡、镇宁乡9个。

金 城 区

五塘乡 辖15村街，即东宁街（原席行街、旧新街）、上新街（原上新街、爱国街）、中兴街（原旧圩街、炭行街）、陈明（原陈村、赖村、那琴、那锦坡、利平鸟、六旺）、凌慕（原凌莫、绿井、那义、曾山）、覃何、乐宁（原斯村、横岭、下庄、翼上）、永安（原龙头、卢村、感村、花甘、六间、潘村）、定和（原定蓬、那河、那冷、福宁、绿王）、坛白（原坛白、团敖）、坛罗（原坛皮、奇罗、那棍）、广源（原合水、坛洛、陈客谏村）、西凰（坛王）、那腊（原那腊、上中下细梁屋村）、黄猛村（原黄猛三村）。

六塘乡 辖8村街，即料村、沙溪（原盘古、那上、安平、沙平圩）、鸣凤（原那昔、凤飞凰喔龙舞、滕溢）、潭溢（潭溢）、建青（原那建、下青、坛英）、中青（原郭溢、沙平、平安）、上青（青上村）、四平村（原方村、坛宴、双桥、平天、平塘、平善、塘土、平旺、连塘、启塘）。

七塘乡 辖9村圩，即大张村（张村）、安良（原中良、上良、上溢、六隆、六蒙、六留）、下黄、良里（原下良、太平、六表、李村）、大陆街（原大陆圩、大陆村、凌村）、六省（原六增、那里、洞横、六崇、枝崇、悬村）、朝着（原站上、黄进、塘上、黄材、韦村）、泰安（原石新、安北、墨鸡段、弓马、古蓬、六冷、大桥、林村）、建安村（原那眉、那过、三冬、那里）。

八塘乡 辖11村圩，即共和（原六王、那劳、那蒙、古敢）、东兴（原下黎、古离、尾底、绿村）、秀林（原那留、那崇、六庙、那威、六栏、平地）、启明（原旧地、那我、龙屈、六杷、盘古、小张村）、南安（原下胡、古井、坛板、上远）、七星（原坛樟、坛番、旧寒、六赵、东治、细那溢、上远）、七冬（原那致、老曹、坛舞、茂亮、大塘、坛棉等村）、星敏（原火星、潭敏、六邻）、六俭（原绿傲、俭象村）、富兴村（原赤坭、平河、六姓、平坦、六模、古先、那呈、横岭、马宗、古那、旺上、横下、大构）、八塘街（八塘圩）。

九塘乡 辖11村圩，即联五（原那离、天堂、那坤、古望、六田）、杨名（原那溢、坛荣、部雨、坛王、六道、坛渌）、尔盛（原那员、坛螺）、新光（原那周、古桐、那罗）、中光（原水口、那林、崇庙、大罗、坛表、坛唐）、中汉（原那蓬、那懒）、中武（原潘廖、那垒、九塘村）、欧家（原老欧村）、新兴（原平乐、黄英、渌落、石通）、新宁（原滕屋、板壁、江那、古棣、那杏、平里）、新合村（原那韦、渌橧、木橙）。

皇竹乡 辖12村圩，即沱江（原那沱、大歇、坛青、三鸡）、民权（原三比、武罗、梁挞、入木、杏村）、

盆山（原朝基、关塘、盘岩、大盘、渌阳）、北宁（原石龙公鼓枫木梁村广相小滋塘村）、葛峰（原上下石牛、大驾、葛岭、玉村、马王、塘村）、太平（原那立、泊沙、滋塘、三圭、那曾、新塘、石牌、谷塘、天塘、那农、合江）、群合（原皇竹、周村、水岸、上下渌尧村）、粟村、民治（原渌桶、王岭、渌文、沙江、渌移、大水、马笃、上坛我）、五福（那心、汁里、石龙、上下驮旧）、五礼（原下坛我、苞蕉、上中下王厄村）、同德村（晚英、公台、贵禄、晚尧、上那樟、下那樟）。

伶俐乡　辖14村圩，即博爱街（原伶俐圩新街）、维新街、玲江（江口村船埠）、武朗、下石塘（石塘下坡新村）、上石塘（石塘上坡）、下田里（田里下坡）、上田里（田里上坡）、三乐（原雷庙、冯村、那旧）、平安（原高塘、那叩）、上通水（通水上坡南蛇）、下通水（通水下坡那车）、六旺（原中寮大坡、六安新村、赤城望齐）、东安村（原那安、水东、驮白、吴新村）。

四塘乡　辖14村圩，即朝川街（朝川圩）、三和（原新圩、张村、磨房）、多彩（原三多村、里彩村）、鼎新（原龙潭、那株塘）、建品（原那洞、花围、段马、段滕）、仙笔（原那笔、段选）、仁里（原民寿、大旺、福子、雷屯）、福安（原潭造、渌村、韦村）、兢智（原亘奇、那浪、宝盖）、新贤（原潭沙、潭总、贤村）大同（原潭杨、山口、朝文、苏村）、和平（原福渌、大邓、那塘、那夏）、瑞安（原那陀、渌楼、伏良、大邓）、敦乐村（原那罗、滕村）。

剪刀乡　辖10村圩，即文华（原凤岭、上下埌村、瓦窑）、文明（原冰水、陈屋、岸和平大岑香岗古丹等村）、五合（原乡塘那额、细那舅、那平、大那舅）、四兴（原杨村、下洲、罗村、周屋）、太平（原剪刀、那楼、英歌、杨屋、蓉茉）、新革（原古琅、细邓、六梅）、进祥（原那沙、那弄、潭贡、平洞）、双桂（原那况、那冉）、兴民（原那黄、那林、甘村、韦村）、人和村（原古藏、王村）。

八　尺　区

蒲津镇　辖10村街，即裕顺街（蒲津圩泰宁坊）、朝阳街（原泰宁坊、远宁坊）、镇宁街（正宁坊）、远宁街（远宁坊）、多福街（泰宁坊）、永安街（镇安坊）、永乐村（原公曹、那元、江口、那美）、仁里村（原巴平、北觥、定甲、迪堂）、长福村（长江、福建、美逸）、莫村（莫村、上洲）。

砧板乡　辖8村圩，即五里（原砧板圩、应高、上下牛湾等村）、四德（原北晓、窑上、福庆、坛板）、五和（原潭布、大通、坛岑、花陈）、四福（原江口、六律、大中、薪村）、五合（原那秀、子蕾、那答、定禁、那鸟）、凌云（原张村、滋村、六我、旧村、老里、巴滕、烟整、木柳）、王江（原洞江、下王、上王、冲磨）、楞青村（原楞仲、青龙）。

长塘乡　辖13村圩，即汶水上村（汶水）、汶水中村（汶水）、汶水下村（汶水）、新兰（原新天堂、巴兰）、天堂（大天堂）、留堂（原渌留、天塘）、尧平（原潭尧、平朗）、长塘新街（长塘圩）、长塘旧街（长塘圩）、三和（原天窝、那蓬、黄里）、豆思（原吊丝、仲豆）、东遥（原东瓜、那遥）、长大村（大塘村）。

刘圩乡　辖11村圩，即文翰（刘圩）、武镇街（刘圩）、团黄（团黄）、谭村、平和、刘村、中兴（刘村）、钟大（刘村、钟村）、佃藏（原那床、佃马）、那藏（那床）、梁村。

麓阳乡　辖13村圩，即蒙村、望启（原稽巴、蒙村）、麓阳东村（麓阳）、麓阳西村（麓阳）、留良、杨李（原潭青、那止等村）、槐隆（原稽槐、潭龙）、和里、六秀（原团布、柳六、侣段、定西等村）、蒙富（原稽蒙、那富）、良珍、良住、三合村（原屯凌、那晃、滕许）。

那里乡　辖12村圩，即池淋（原池畅、稽淋）、那救、良伟、文里（原那里圩、禄林等村）、那旺、东禄强、西禄强、覃村、那烈、三籁、那崛、养正村（原那度、覃村）。

镇南乡　辖13村圩，即苏里（原苏村、里朗）、那头、屯许、周流、柳绿（原柳坡、绿肚）、南里（大里村）、镇里（原镇南圩、大里村）、秀贵（原苏秀、平贵）、逸成（原那逸、周城、堆牛、那梧）、那思、那盆、屯周、那稔村。

良俸乡　辖11村圩，即灵平（原那稔、六柏、那贵、那黄、那维、邓村、稽村）、天泰（原擂赖、那晓、那力、那杨、那桐、同古、渌练）、团罗（原屯罗、那及、平丙、那蓬）、良能（原那被、那银、那洞、那旺、那逻、郭村）、良才（原那祚、那巴、花料、楂汉、邪秀、屯渌、隆福）、州同、西渌（原西团、渌晚、敢怀）、良利（原屯利、屯良、纯良）、广唐（原那唐、石广、龙练）、那粒、屯麻村。

那莲乡　辖10村圩，即莲江东街（那莲圩）、莲江南街（那莲圩）、那孟、九宛（原九宛、官殿）、乌连（原乌兰、那连）、团里（原团里、那迓）、新庄（庄新村）、新丁（原新丁、平留）、蒋村、四美村。

平乐乡　辖10村圩，即平乐一村（平乐）、平乐二村（平乐）、平乐三村（平乐）、新村一（新村）、新村二（新村）、新村三（新村）、平约（原平花谷、那约）、玉洞一村（玉洞定天）、玉洞二村（原玉洞、谢坡、坡阳、大岭脚）、潭坡村（原坛棍、坡祥）。

良庆乡　辖11村圩，即良庆下街（良庆圩那唐村）、良庆上街（良庆圩）、蟠厢（原宋厢、蟠龙、瓦窑）、稔水、潭泽一村（坛泽）、潭泽二村（坛泽）、渌尧一村（渌尧）、渌尧二村（渌尧）、缸瓦窑（上下缸瓦窑）、那黄、林仙村（原书林、渌仙）。

赖村乡　辖8村，即赖村一（赖村）、赖村二（赖村）、赖村三（赖村）、六兴（原那乌、六村）、仁梁（梁村）、美梁（梁村）、寨上、颜村。

三　官　区

大塘乡　辖12村圩，即大塘北街（大塘北街）、大塘南街（大塘南街）、三民（原那提、潭局、段蓬）、罗兰（原潭黎、那懒）、团良（原山口、段卜、洞圩）、榜僚（原那榜、那廖）、镇南（原写书、尧上）、民治（原大那铺、团洞、细那铺、罗浮）、那梨、南安（原那农、潭灵、潭溎、南来、公安圩）、四权（原潭布、那龙、那例、那造、那形、那巴、那徐、那炼）、那平村（大小那平）。

太安乡　辖8村圩，即定西东村（定西东）、定西南村（定西南）、华安（原太安、坛我、林读、高峰、太安圩、华我）、团龙（原那茂、那团、从龙）、锦亮（原锦琶、那渌、莫摹、六亮）、齐良（原那齐、那良、美悟、派我、六留、团亮等村）、蓬来（原潭蓬、文旺、那鸡、新村、坛况）、僚侣村（原那侣、那廖、大元、团赖、大小湾、坛平、佳约、龙胜、高平）。

雅王乡　辖12村圩，即雅王街（雅王圩）、尚旦（原那桑、户头、那全、果桐、团甘、团墩、团呈）、团英（原那美、福庆、团黎、苏桂、团六、团豆）、河阳（原那挞、新华、那发、老赖等村）、东升（原果练、那溎、那敏、天平）、五教（原福林、白露、六学、福海、福邓）、汉光（原罗巢、团光、定思等村）、人和（原天等、小屯、福里、屯甲）、北泰（原团罗、叫谷、潭谢、白浪、品田）、西城（原那立、新村、古沙、柳乔、定舍、罗富）、南胜（原六陵、南宽、团东、雅王、六华）、南和村（原古桃、卜罗、坛顺）。

南忠乡　辖11村圩，即镇南（原那闲、坛蓬、坡良、古礼）、卫南（原六夯、那谷、那朴、兰迦）、平南（原平田、步头、六稔、公容）、南华（原六国、上文、那庵、堡上、那沙）、亚东（原屯王、团生、那提）、卫东（原螃海岭、屯良、天保、福居、东海、屯楼、那造）、岳阳（原岳山、那盛、那良坪、上那阳、杨美坪等村）、共和（原那黎、那罗、那湾）、南钟（原大湾、平心、那淡、东楼、坛弟、南忠、那桥）、团南（原智村、团林、古那局）、镇北村（原平旷、那江、那栋）。

台马乡　辖9村圩，即派桑、霞球（原那霞、东球）、美晚（原大洞、六空、那坡、那妈）、我律那（原岽我、岽律）、大东（原大小六里、岽兄、岽匡、果桐）、北团（原北给、团滕）、五华（原大满、图陵、山贝、新村、小满、兰东、那文、平浪、大利）、四维（原山塘、果桐、板空、六香、六蒙、果稔、王排、岽桑）、三多村（原那苏、坛蒙、岽根）。

南晓乡　辖10村圩，即南橘（那橘）、中和（原南晓、茂钦圩、六炎、古椿、大小祥地）、西安（原回吉、那耕、段王、远庄）、晓贤（古贤村）、苏焕（原团苏、那兰、那焕）、敦南（原那垒、乔敦、永荣、托天）、高岭（原高岸、潭标、潭岭、板旧）、米廪（米廪）、屯禄（坛六）、陵桂村（原团州、那回、桂叶、大陵）。

南间乡 辖 8 村圩，即辅南（原那辅、那间圩、那间村、六陇、果木、潭浮）、五权（原渌美、泰山、群辅、那洒、潭村）、七庄（原佳新、果怀、福库、团里、六鸿、派浪等村）、同志（原果罗、那墩、那巢）、镇宁（原里女、潭妪、冠峰、那镐、潭朴、那蒙、潭背、六仑）、三品（三代、那湾、六朴）、康乐（原务公、那马、那桑、六华、那乐、天堂）、四德村（原和允、那冷、六椿、那塘、那觅）。

南州乡 辖 11 村圩，即玉昆（原板玉、檀昆、乔头）、百乐（原八罗、康力、那百、班衣）、西畴（原那畴、上坛、那坛、上来）、南强（原南甘、板回、段于、南州、坛朴）、吉造（原六吉、那造、吉林、安留、坡茶、远逢、石批、坛皮、花平、白蛇、新村、坛齐、寒那、安祥、乔棠）、固利（原乔德、念吉、利荷、双顾）、良葛（原那葛、板良）、何蒙（原板呈、果朴、那着）、南美（那美）、禄四（原白禄、那疋、那欧、乔板、平天、那台、潭尺）、互富村（原那梧、大梧、乡步、小梧、那甲等村）。

那陈乡 辖 11 村圩，即那陈东街（那陈圩东段）、那陈西街（原那陈圩西段、洞淇村）、南荣（原那眼、那作、古植、那髻、平内、懒岽、那徐、坛振、龙髻）、维直（原徊排、雷福等村）、龙蟠（原那盆、坛留、坛陇）、西宁（原通快、平棉、下敏、中敏、那徐、邑里）、五学（原潭学、歌章、定进、下坛浮、那务）、西隆（原百排、古沙、果舍、蕾何、郭皇、百或、那目、平江、上坛浮、天平、坛浩）、西盛（原坛齐、那头、那棉、坛增、清净、念应、道雷等村）、七齐（原百合、雞上、果隆、檀榜、北皮、升堂、石耕、坛更、那顿等村）、维霸村（原那霸、潭白等村）。

迁 龙 区

吴村乡 辖 15 村圩，即安宁（原潭琴、那利、潭廖、敢渌等村）、康宁（原累荒、长江、八潦、屯里、河州、张村）、定宁（原那杨、那琴、坛河）、祥宁（原长棉、那馨、大塘）、福宁（原旧桥、黎村、定力、布表、定隆）、定文、七坡（原坛立、美志、长塘、佛子、坛蓦、那浪）、太宁（原渌蓦、天稔）、渌村、古司、罗村、辅德（原周村、那强、老乔、鳌头、新乔、那潭、渌潭）、隆盛（原坛蒙、那楞、平况）、博济（吴村新旧圩）、那審村。

定良乡 辖 8 村，即平等（原四山、蕾任、平凤、平花、平宁、乍油、琴引、北批、平哉）、平安（原平山、团佳、甘蔗、蕾羌、平隆）、平治（原大乌、平稔、孟章、花厂、平保、定伏、平河、平葛、平兴、平阳）、平丹（原平庄、那丹）、高岭（高岭）、居仁（原张墨、洞木、那布、那芹）、信義（原坛榜、高连、渌连、蓦村、坛里、公村、定乐）、群益村（原定祟、鹤塘、那沙、那亮、王椿）。

那马乡 辖 13 村圩，即潭良（原潭板、团良）、那敏（原那扭、那幕、那锦、冲敏）、四民（原那马老圩、潭僚、冲蓬）、冲陶、那马街（那马圩）、共和（原新唐、大形、那客、那馨、那蓬等村）、七佐（原大花、那末、那僚、那福、杨利、天龙、来福等村）、造就（原濑涉、当巴、罗黄、那造、受彭）、一致（原那劳、白派、蕾桑、宁村、六冷、那柳等村）、陆战（原那派、那甲、那潭、坛苏、渌眉、那务）、群英（原潭蝉、那简、冲简、新村、渌马、渌冤、慕村）、思齐（原那齐、思灵、潭必、堂新、胜马、思堂）、五福村（原麻村、坛福、苏岭、渌强等村）。

坛白乡 辖 8 村圩，即坛白街（潭白圩、蕾旧、那蓦）、强邕（邑白村）、邕庆（那邑、那助、那米）、邕华（原那米、茶柳、利觅、布榜、那料）、那备、保邕南村（原板在、平下、平富、那盟、叫醒、那埌、果眼）、明阳（棉羊村）、公安村（原定美、渠靴、定台、九汤、派良、派斩、大琴）。

卫正乡 辖 8 村圩，即华造（原哥桃、那造、华台、岽眉、迪良、户册、平江、那北、知隋、那务、古练等村）、华贵（原那馨、坛溢、那桑、驮礼）、华群（原那群、驮利、那罗）、华蒙（原那蒙、那溺、那直等村）、浪圩街（浪圩）、秉东（原公乡、平朗）、秉南（原那揽、那赵、大路、哥梨等村）、四平村（原永安、那巴、望仙）。

辅正乡 辖 10 村圩，即兴华街（五塘圩）、永华街（五塘圩）、辅东街（原定皎、团鸡）、辅西村（原那陇、剥江、驮午、朗屯、定工等村）、辅南村（原定尧、那隆、西霸、那渌、古练、那究）、隆德（蕾德）、保和（那齐）、五福（那齐）、联和（原那吞、古览）、合和村（原那替、那西、那屯、邑西、布表、布西）。

镇宁乡　辖8村，即方村、受海（原那海、蕾受）、蕾能（原能仙、蕾勇、蕾红、读文）、久文、隆南（原隆南、朝南、巴蕊、新隆、那海）、三德（原那舅、普钦、草村）、团那、桥潭村（原桥头、檀雹）。

彝良乡　辖10村圩，即隆盛（苏圩）、祥盛（苏圩）、兴盛（苏圩）、那盏（原定髻、那盏、良村）、髻东（定村）、髻南（定髻）、段腊（原段雹、那腊）、留棉（原团良、那棉、坛里、坛留、定罗）、佳美（原那佳、那美、坛鹤、那乔、团吉、六东）、坛麟村（原马兴、那王、那堪、那削、马头、绿桃、那坛、绿霄、绿麟）。

苏圩乡　辖14村圩，即民族街（迁龙圩）、民权街（迁龙圩）、民生街（迁龙圩）、苏村、苏坡村（苏村）、定英、鸡英（原定英村、鸡村）、树桑（原蕾桑、王槈）、皇德（原覃王、王槈、四图巷）、梧桐（原定梧、定爵、定渴、渠西）、仁德（原大方、上方、那胖、鸡稔、段林、汤潭）、慕村、李棉（原坛铺、塘岸、潭蓬、李村、渌里、通客、坛豆）、保联村（原良村、小慕、那案、那吞、那崇、那局、长右、坛城、坛甲、坡利、岽喜、龙家、坛羊）。

五、邕宁县历代地图（民国26年版《邕宁县志》载）

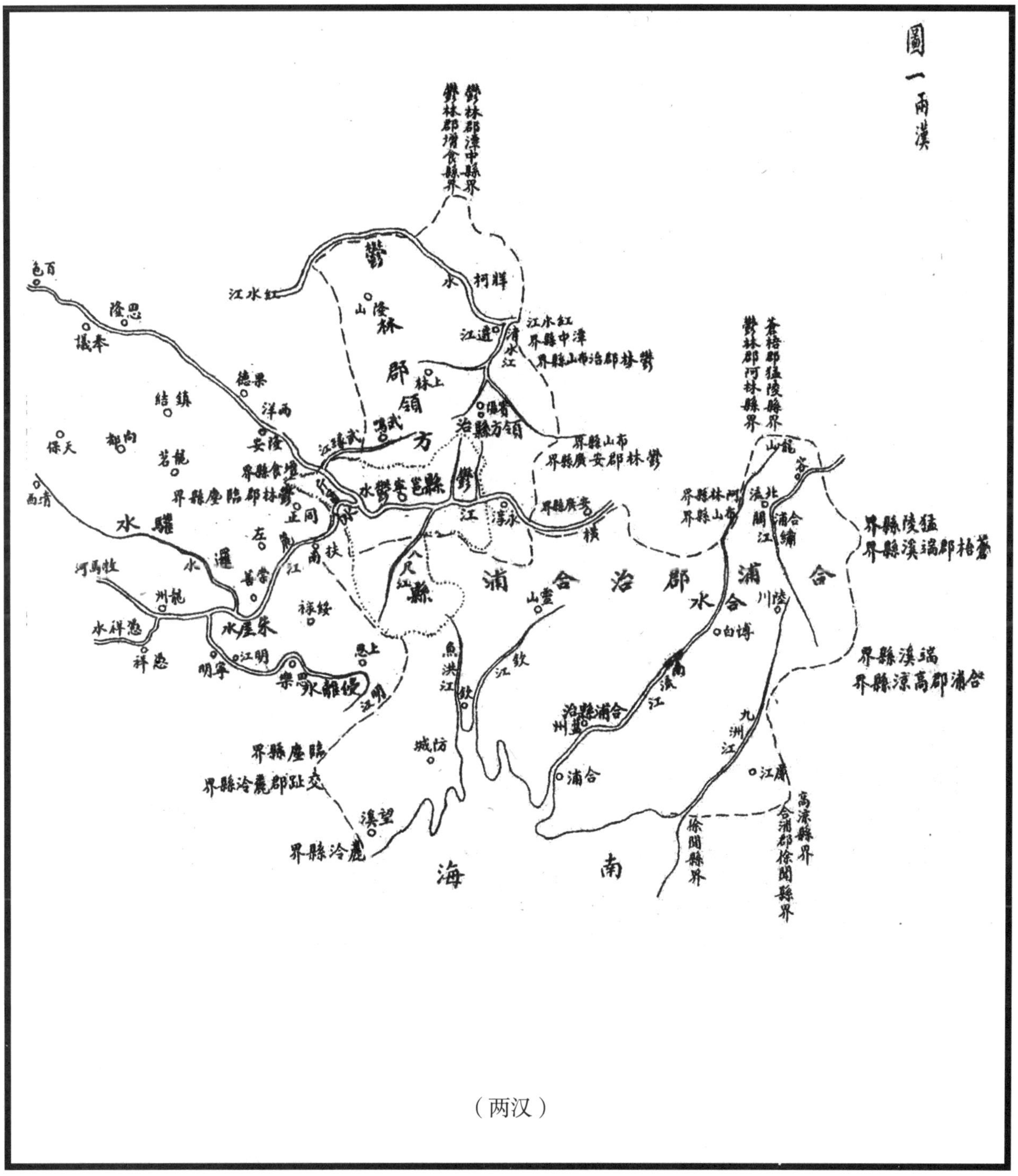

（两汉）

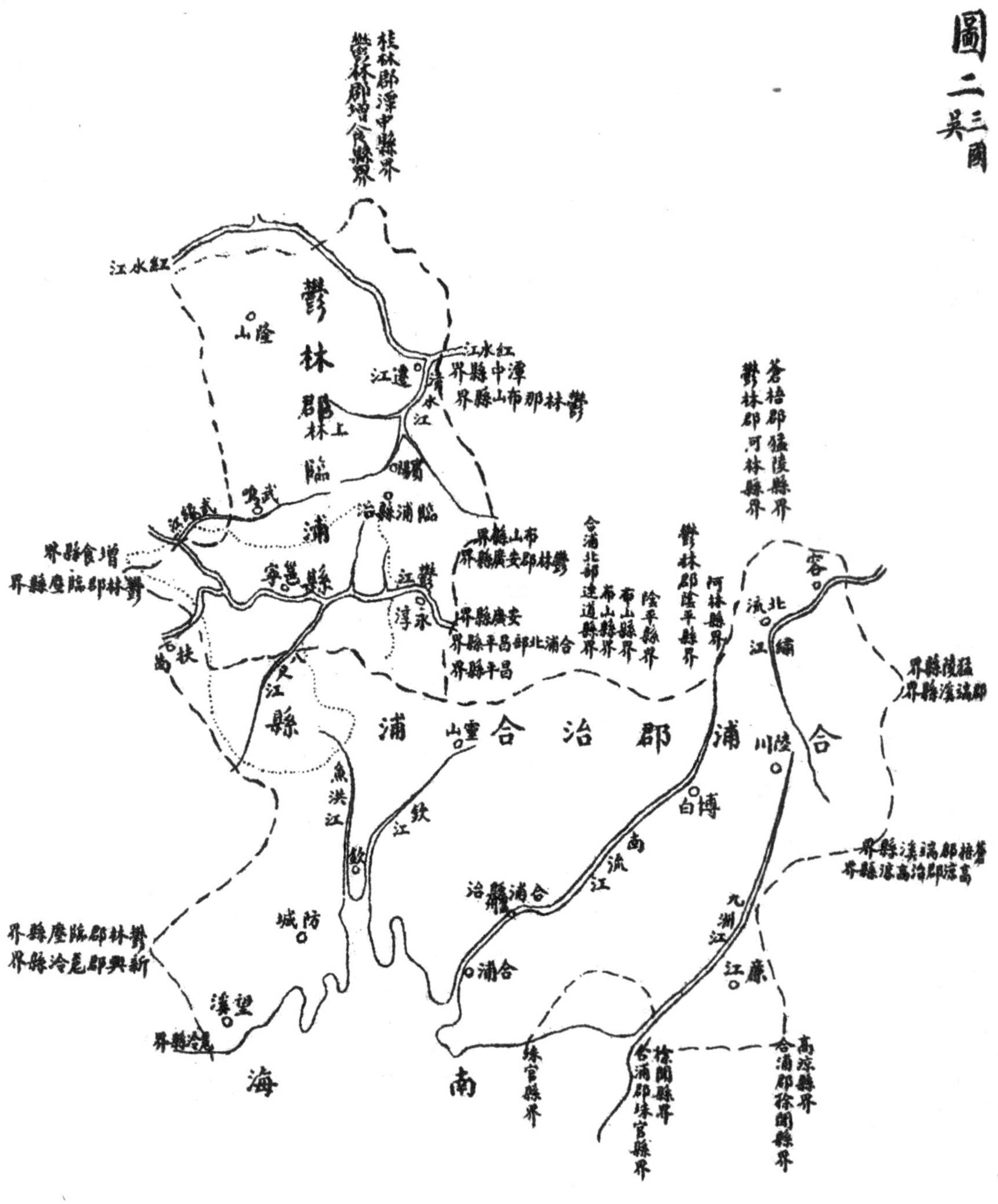

（三国吴）

圖三 晉

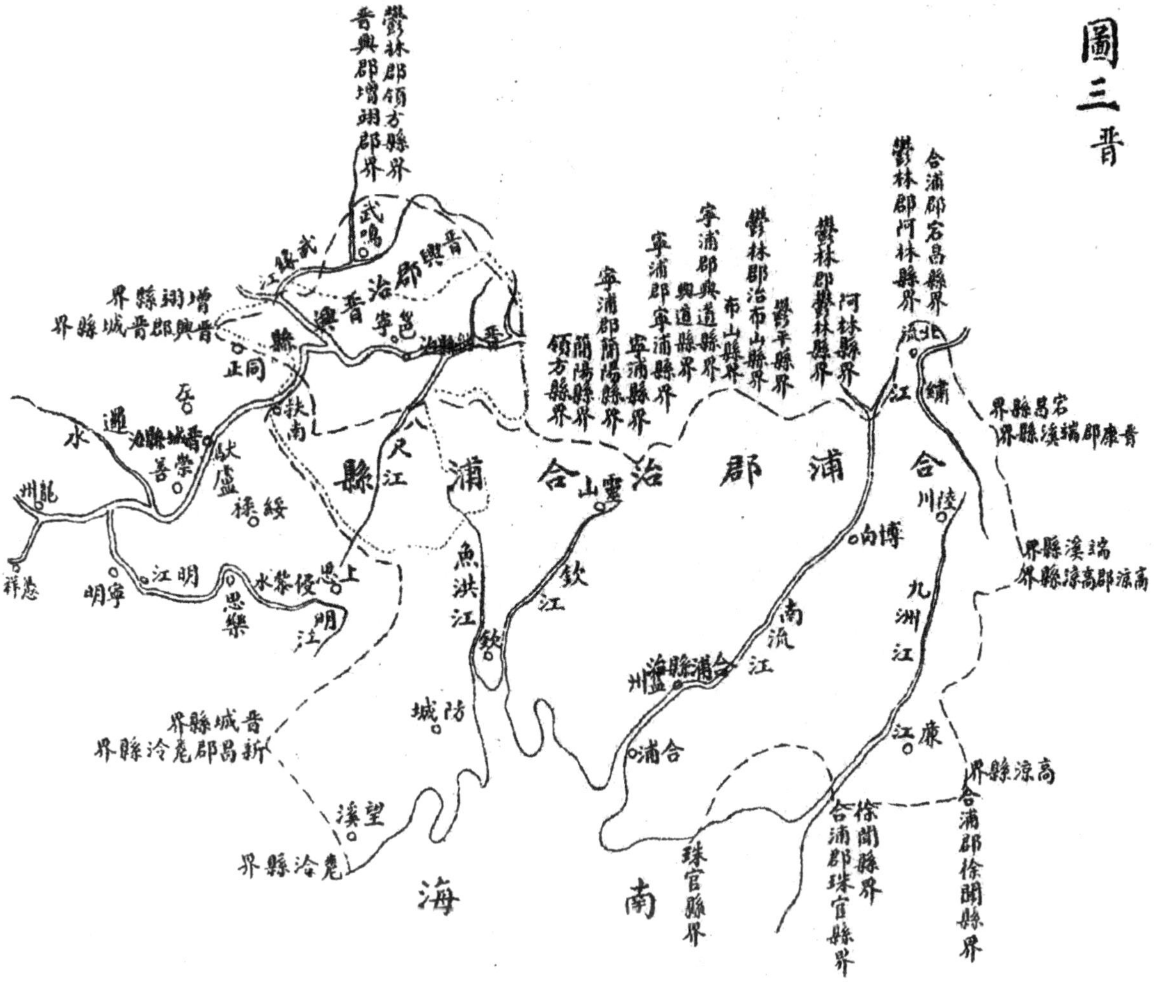

案晉書地理志晉興郡縣八其一曰晉城宋書州郡志補梁疆域志同太平寰宇記引南越志云邕州晉城縣有懶婦獸左州有晉城縣是即晉縣也今為左縣同正崇善上思寧明諸縣地按水經注云侵黎水出晉興郡也唐以後始淪於羈縻溪洞詳沿革疆域及水道篇餘仿此

（晉）

圖四 宋

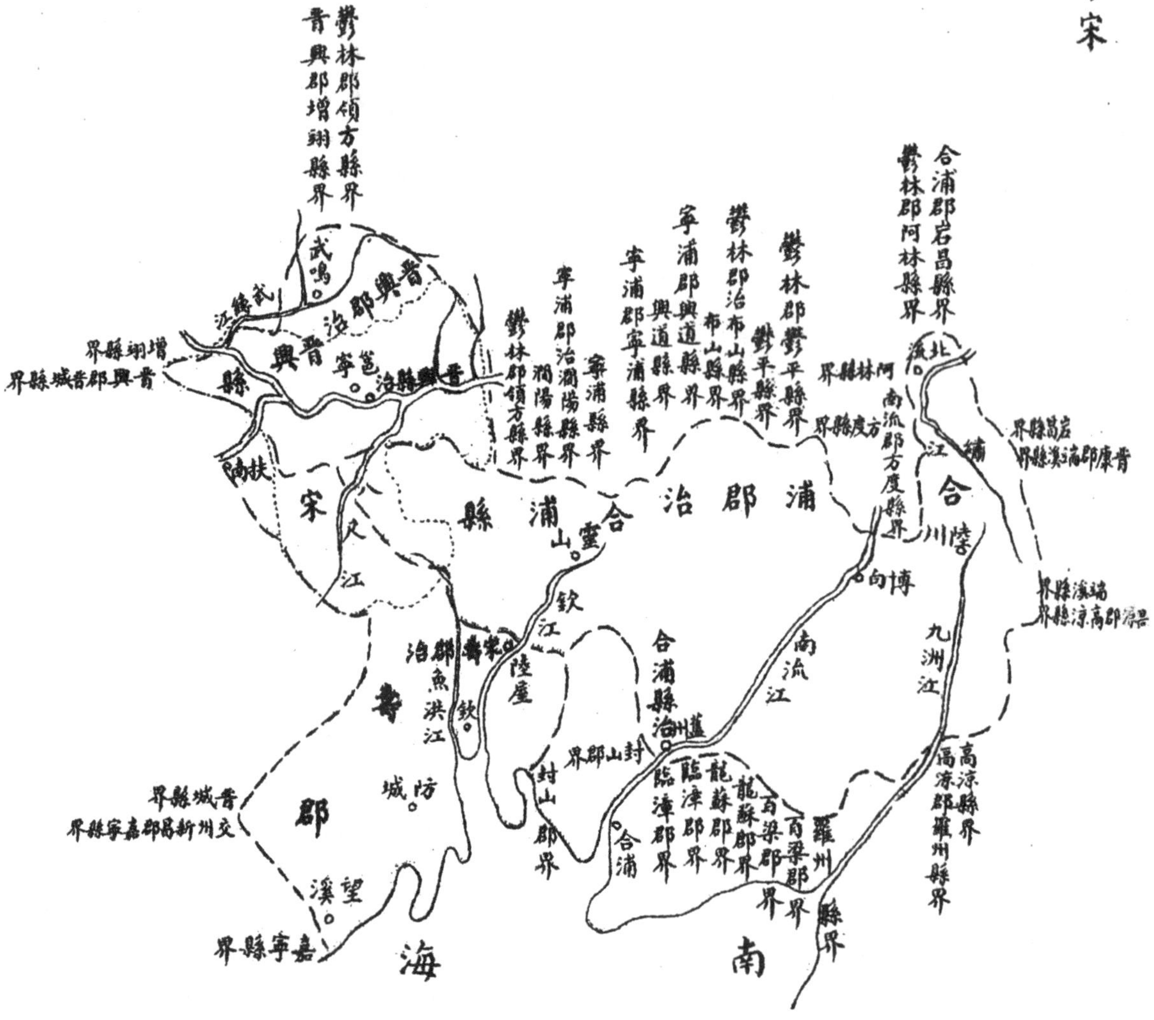
鬱林郡領方縣界
晉興郡增翊縣界
武鳴
晉興郡治
晉興縣
邕寧
宋
合浦郡治
合浦縣
靈山
欽江
博向
合
南流江
九洲江
合浦縣治
封山郡界
合浦
望溪
防城
郡
海
南

（宋）

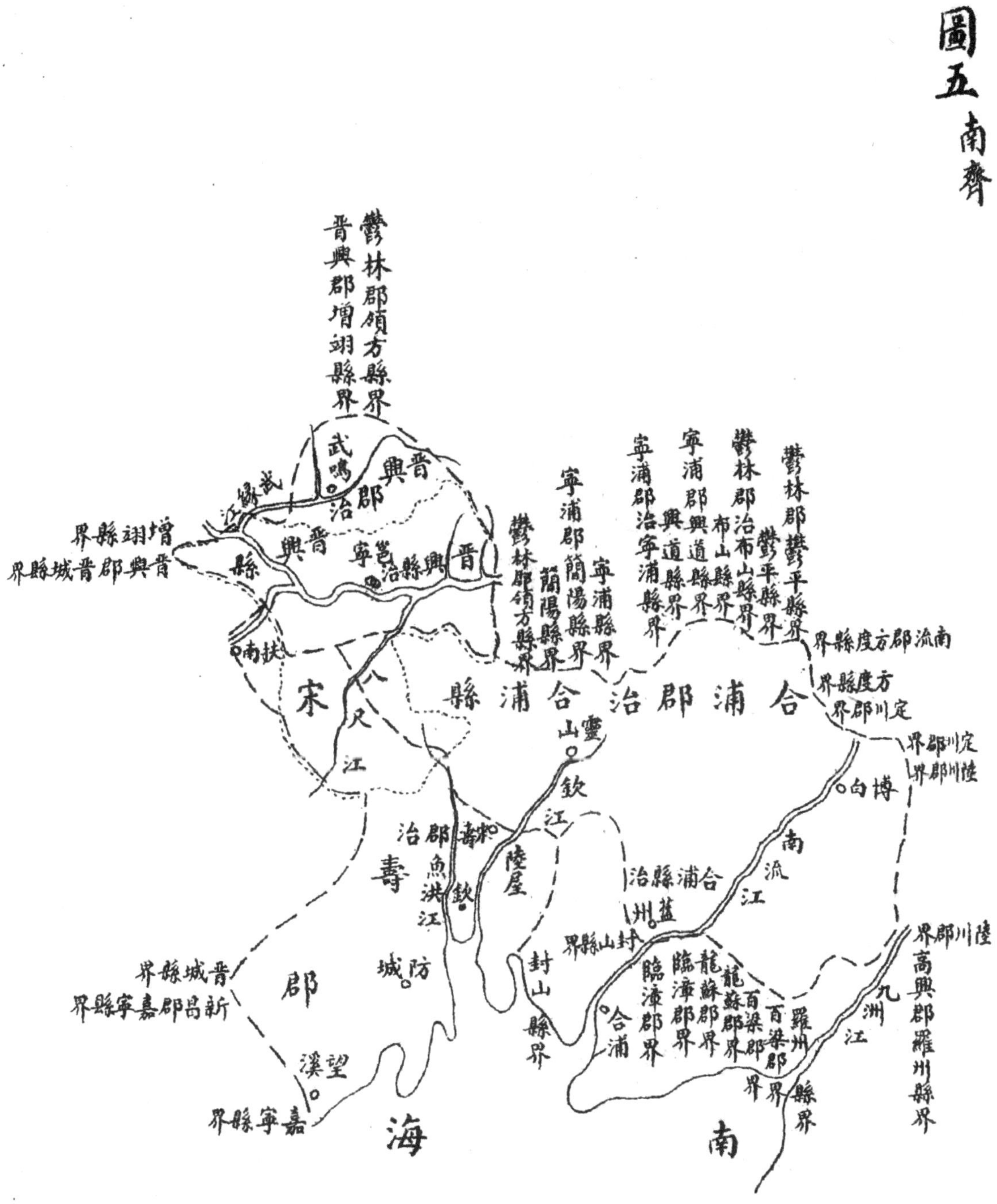
圖五 南齊
鬱林郡領方縣界
晉興郡增翊縣界
增翊縣界
晉興郡晉城縣界
武緣江
武鳴
晉興郡治
晉興縣
邕寧
晉興縣治
寧浦郡簡陽縣界
鬱林郡領方縣界
寧浦郡簡陽縣界
寧浦郡興道縣界
寧浦郡治寧浦縣界
鬱林郡治布山縣界
鬱林郡鬱平縣界
南流郡方度縣界
方度縣界
定川郡界
定川郡界
陸川郡界
扶南
宋
八尺江
合浦縣
合浦郡治
靈山
欽江
博白
南流江
宋壽郡治
宋壽郡
魚洪江
欽
陸屋
合浦縣治
蓝州
封山縣界
陸川郡界
高興郡羅州縣界
晉城縣界
新邑郡嘉寧縣界
防城
封山縣界
臨漳郡界
龍蘇郡界
百梁郡界
羅州縣界
合浦
九洲江
望溪
嘉寧縣界
海
南

（南齐）

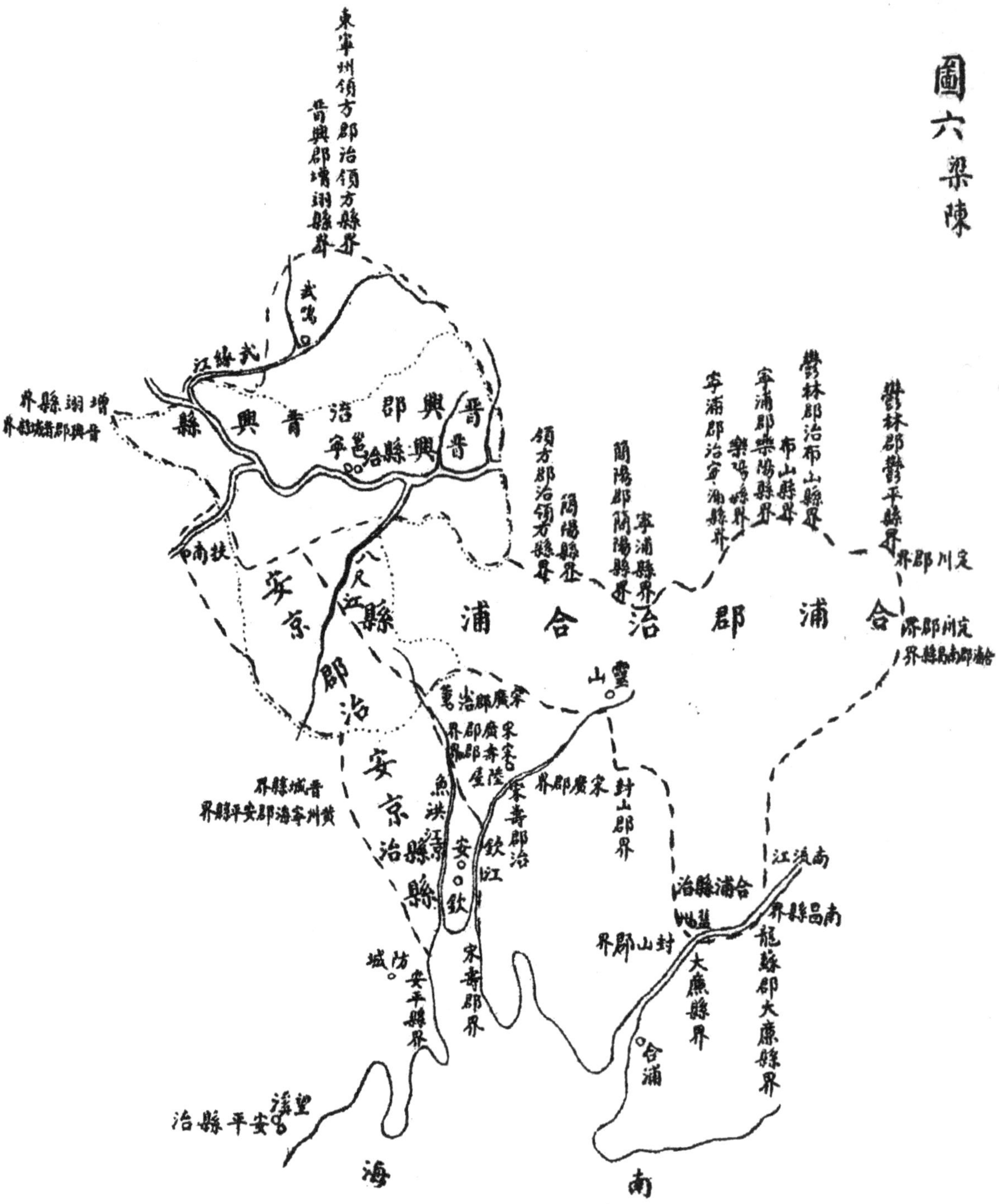

（梁陈）

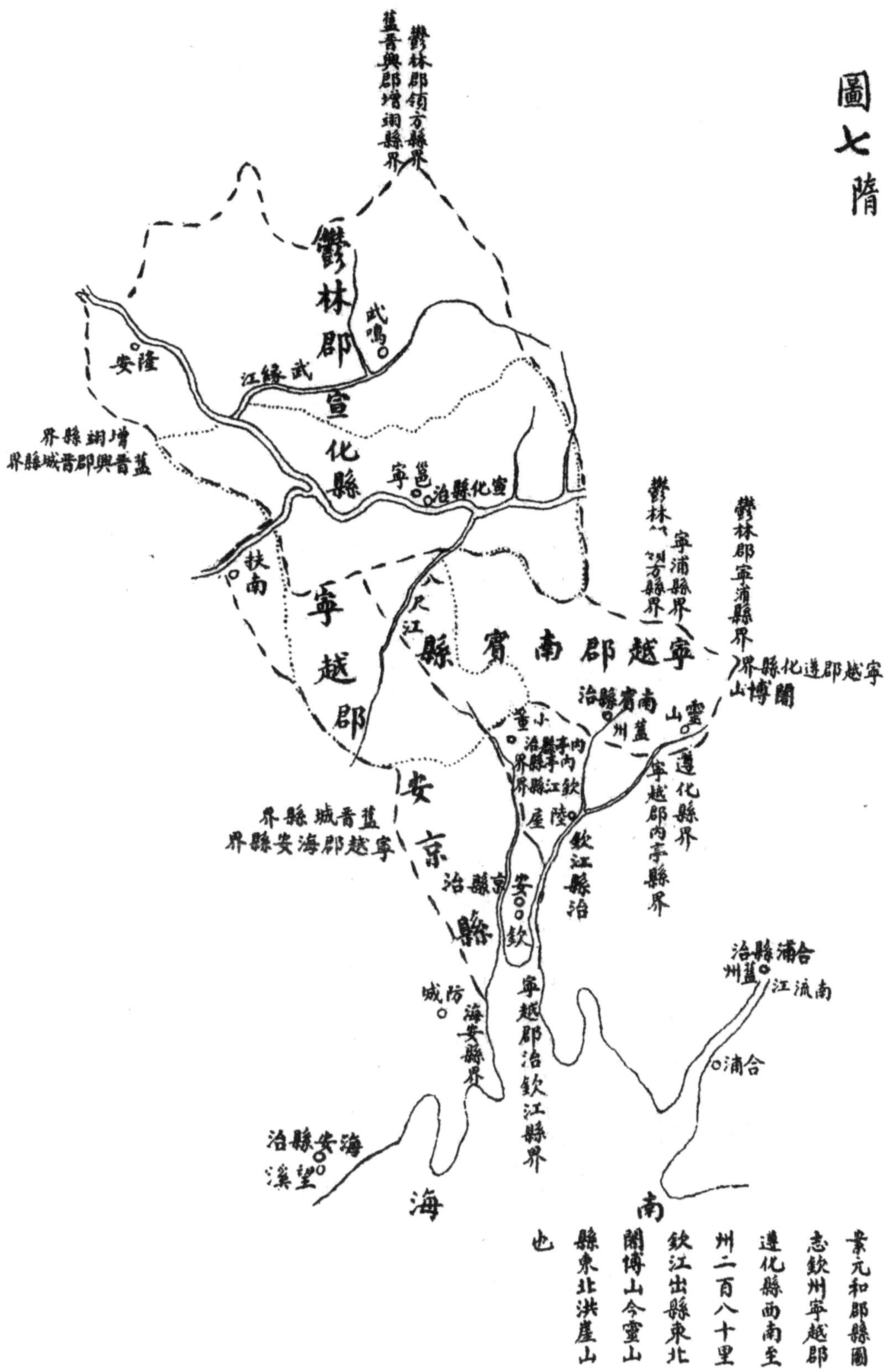

圖七
隋
鬱林郡領方縣界
蒕晉興郡增翊縣界
鬱林郡
武鳴
安隆
武緣江
宣化縣
增翊縣界
蒕晉興郡晉城縣界
邕寧
宣化縣治
鬱林郡寧浦縣界
寧浦縣界
扶南
寧越郡
八尺江
寧越郡南賓縣
寧越郡遵化縣界
闌博山
南賓縣治
蒕州
靈山
小董
遵化縣界
寧越郡內亭縣界
陸屋
欽江縣治
蒕晉城縣界
寧越郡安海縣界
安京縣
安京縣治
欽
合浦縣治
蒕州
南流江
合浦
防城
海安縣界
寧越郡治欽江縣界
海安縣治
望溪
海
南
案元和郡縣圖志欽州寧越郡遵化縣西南至州二百八十里欽江出縣東北闌博山今靈山縣東北洪崖山也

（隋）

圖八
唐武德五年至景雲元年
朗寧縣界
邕州晉興縣界
邕州晉盈縣界
澄州治上林縣界
欽州靈山縣界
欽州安京縣界
安京縣界

（唐武德五年至景云元年）

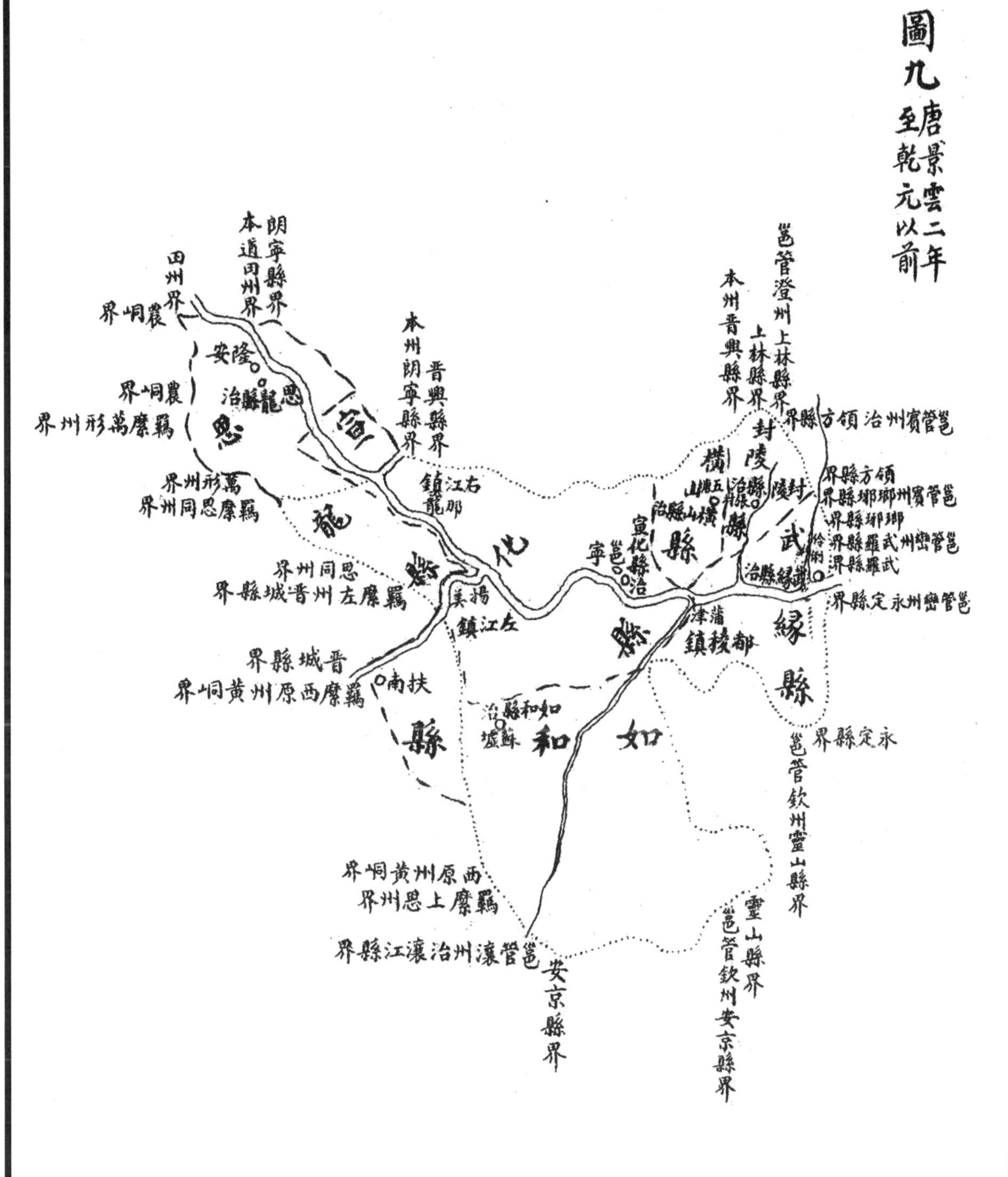

（唐景云二年至乾元以前）

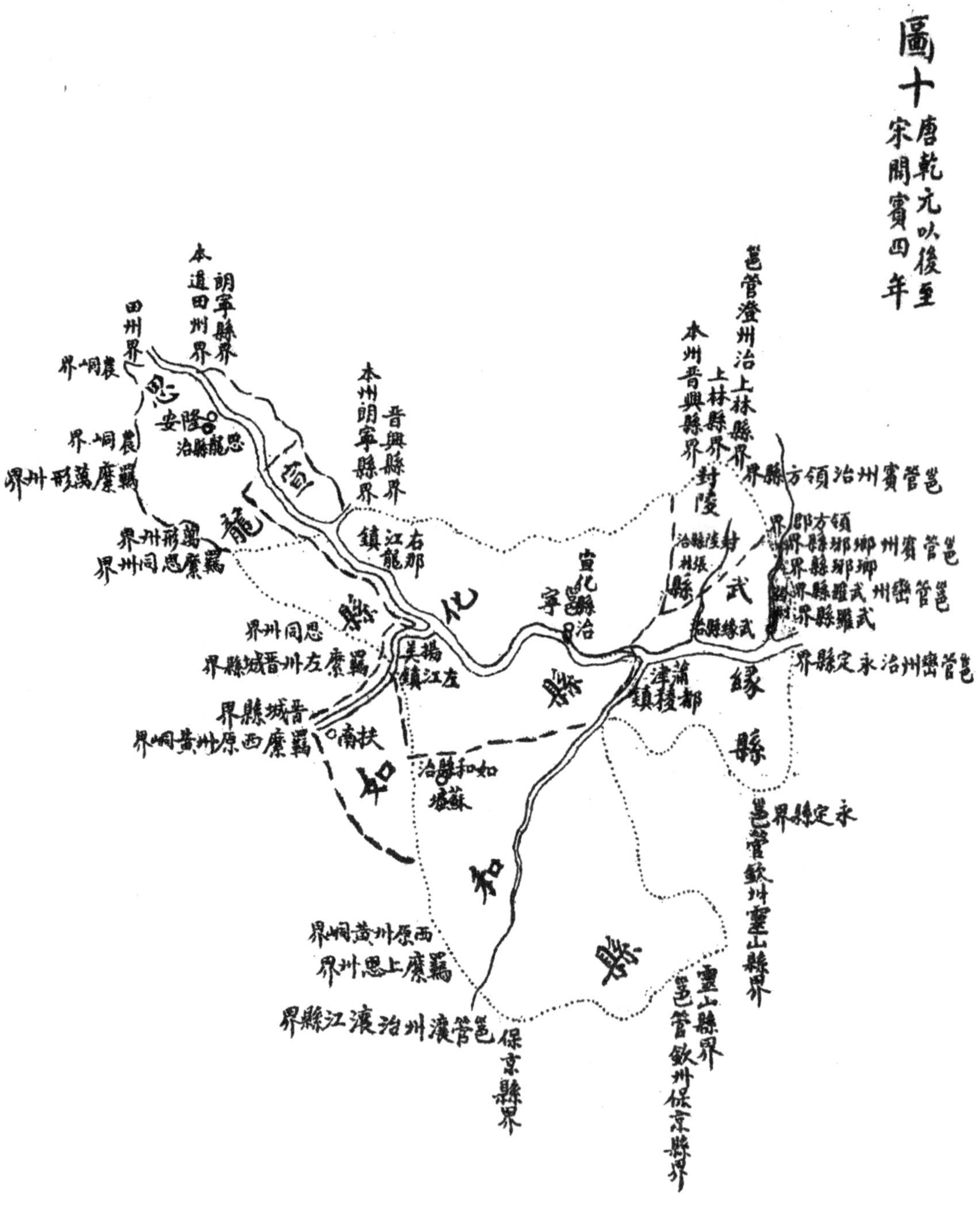

（唐乾元以后至宋开宝四年）

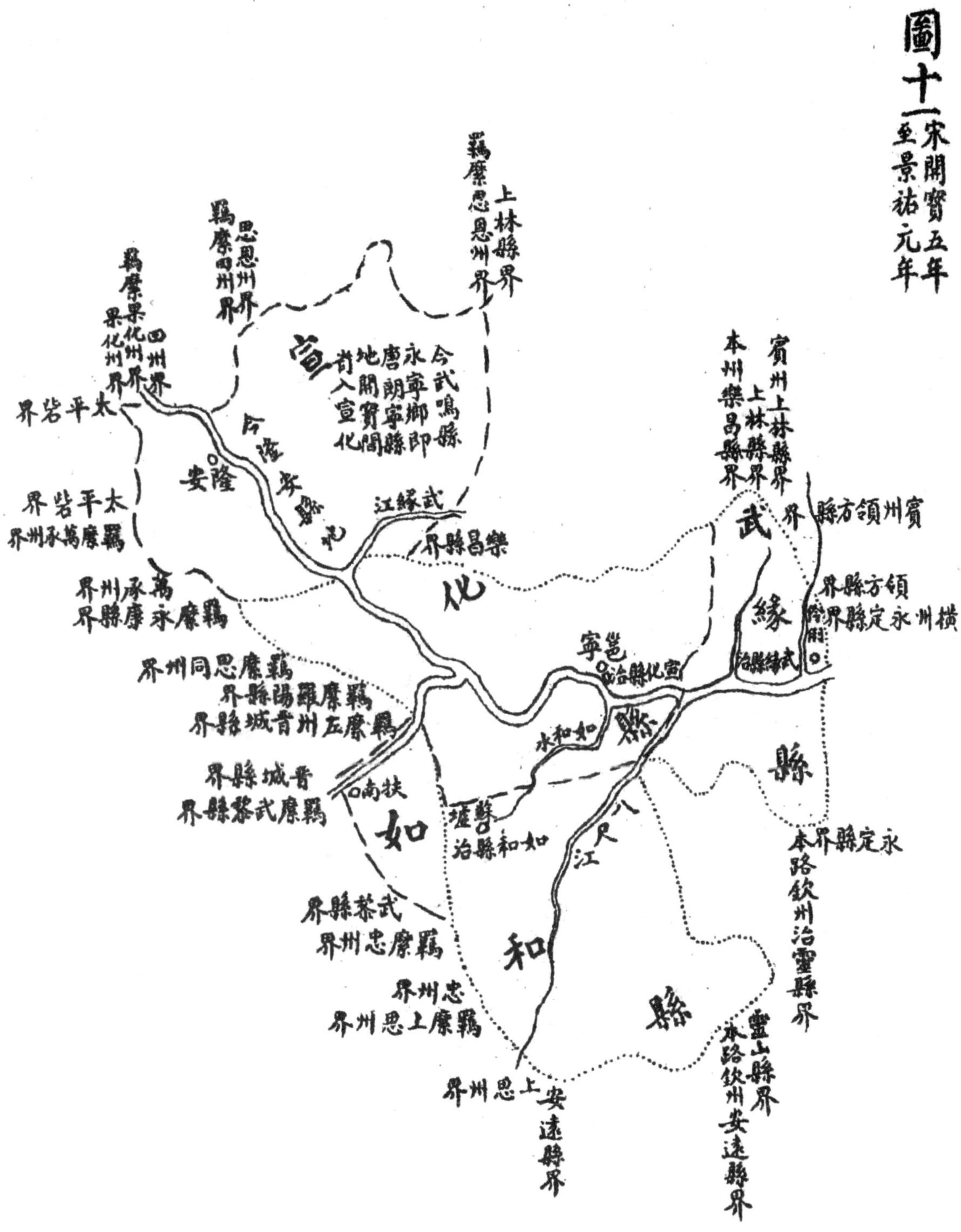

（宋开宝五年至景祐元年）

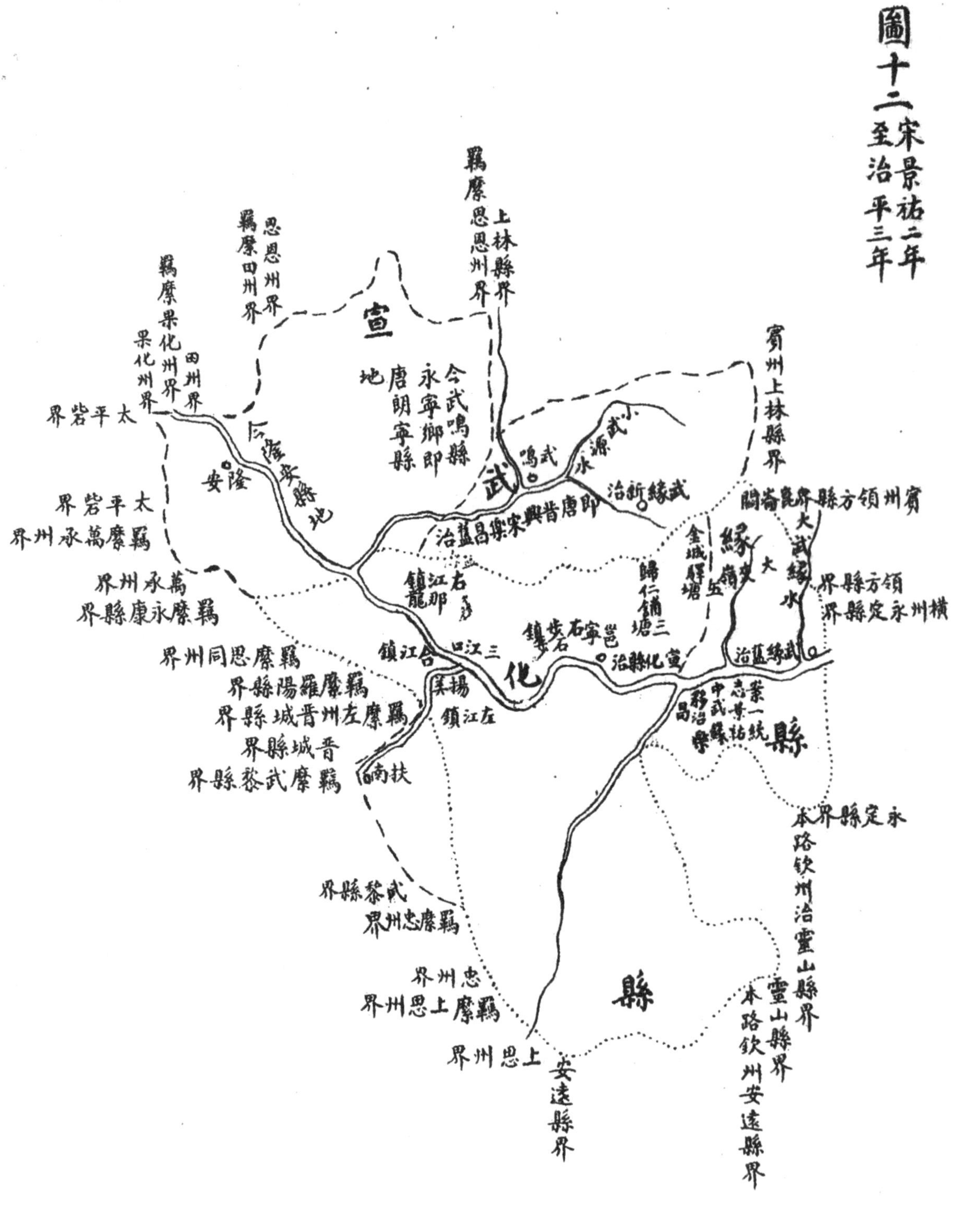
圖十二
宋景祐二年至治平三年
宣
武
化
縣
縣
安隆
武鳴
武緣新治
宣化縣治
武緣舊治
合江鎮
三江口
左江鎮
右江鎮
太平砦界
上林縣界
安遠縣界
靈山縣界
本路欽州靈山縣界
本路欽州安遠縣界
永定縣界
上思州界
忠州界
羈縻上思州界
羈縻忠州界
羈縻思同州界
羈縻武黎縣界
晉城縣界
扶南

(宋景祐二年至治平三年)

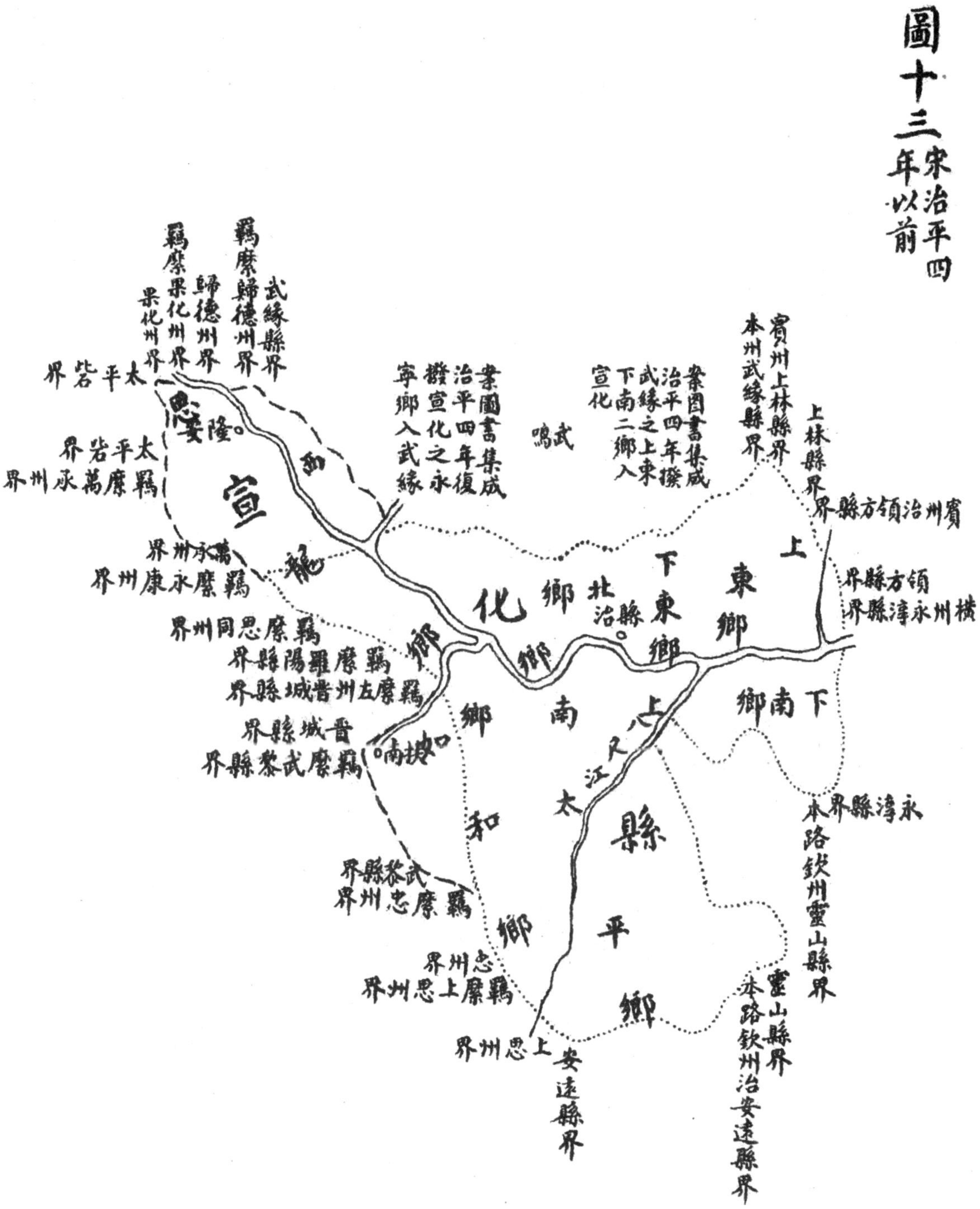
圖十三
宋治平四年以前
武緣縣界
羈縻歸德州界
太平砦界
太平砦界
羈縻萬承州界
羈縻永康州界
羈縻思同州界
羈縻羅陽縣界
羈縻左州晋城縣界
晋城縣界
羈縻武黎縣界
武黎縣界
羈縻忠州界
忠州界
羈縻上思州界
上思州界
安遠縣界
案圖書集成治平四年撥宣化之永寧鄉入武緣
武鳴
案圖書集成治平四年撥武緣之上東下南二鄉入宣化
賓州上林縣界
本州武緣縣界
上林縣界
賓州治領方縣界
領方縣界
橫州永淳縣界
永淳縣界
本路欽州靈山縣界
靈山縣界
本路欽州治安遠縣界
宣化縣
北治
下東鄉
上東鄉
下南鄉
上南鄉
和鄉
太平鄉
太平江

（宋治平四年以前）

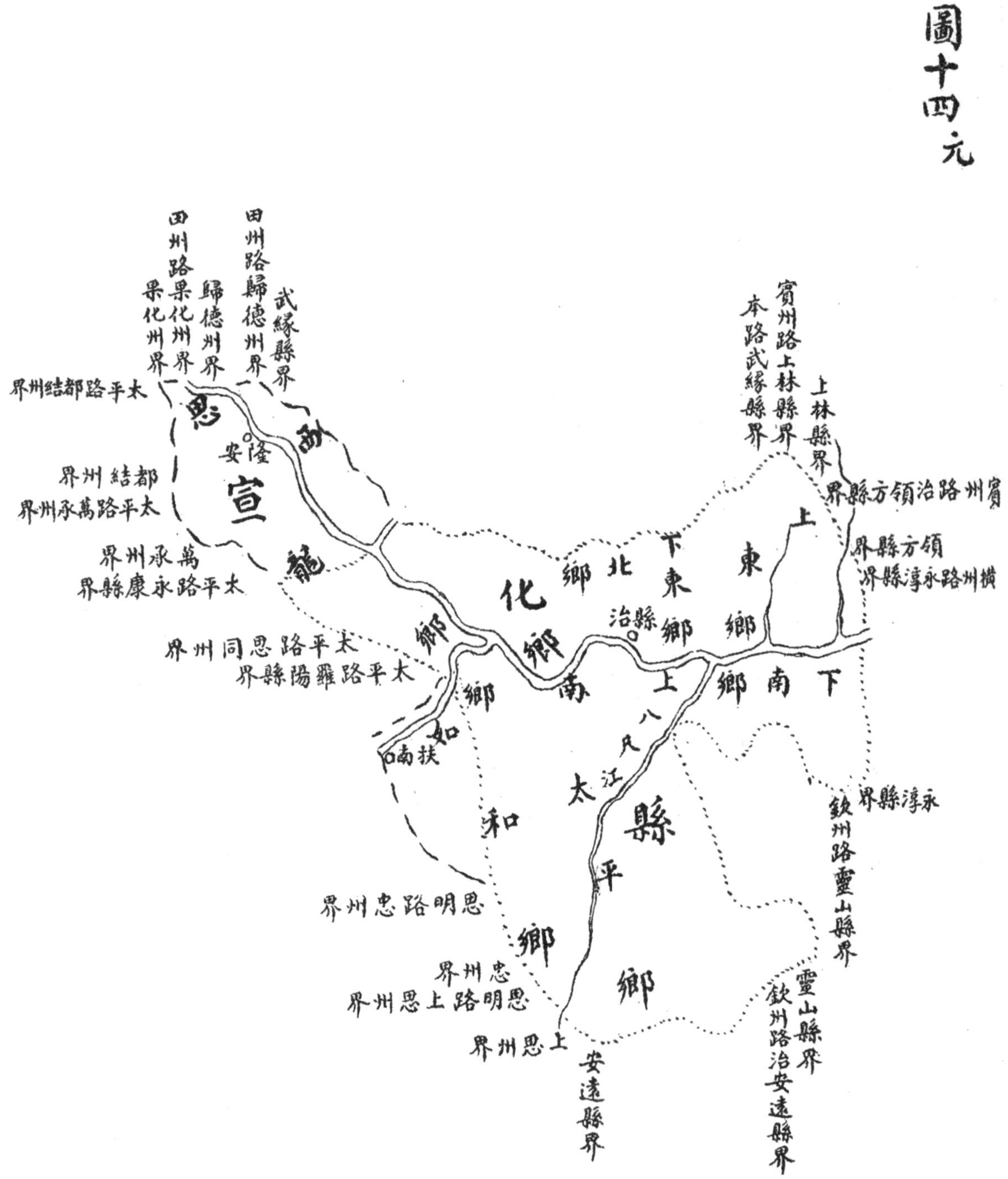
圖十四
元
田州路果化州界
果化州界
歸德州界
田州路歸德州界
武緣縣界
太平路都結州界
思
安隆
宣
化
龍
都結州界
太平路萬承州界
萬承州界
太平路永康縣界
太平路思同州界
太平路羅陽縣界
鄉
如
扶南
和
鄉
化
鄉
南
北
鄉
下
東
治縣
鄉
東
上
鄉
上
鄉
南
下
八
尺
江
太
縣
平
鄉
賓州路上林縣界
本路武緣縣界
上林縣界
賓州路治領方縣界
領方縣界
橫州路永淳縣界
永淳縣界
欽州路靈山縣界
靈山縣界
欽州路治安遠縣界
思明路忠州界
忠州界
思明路上思州界
上思州界
安遠縣界

（元）

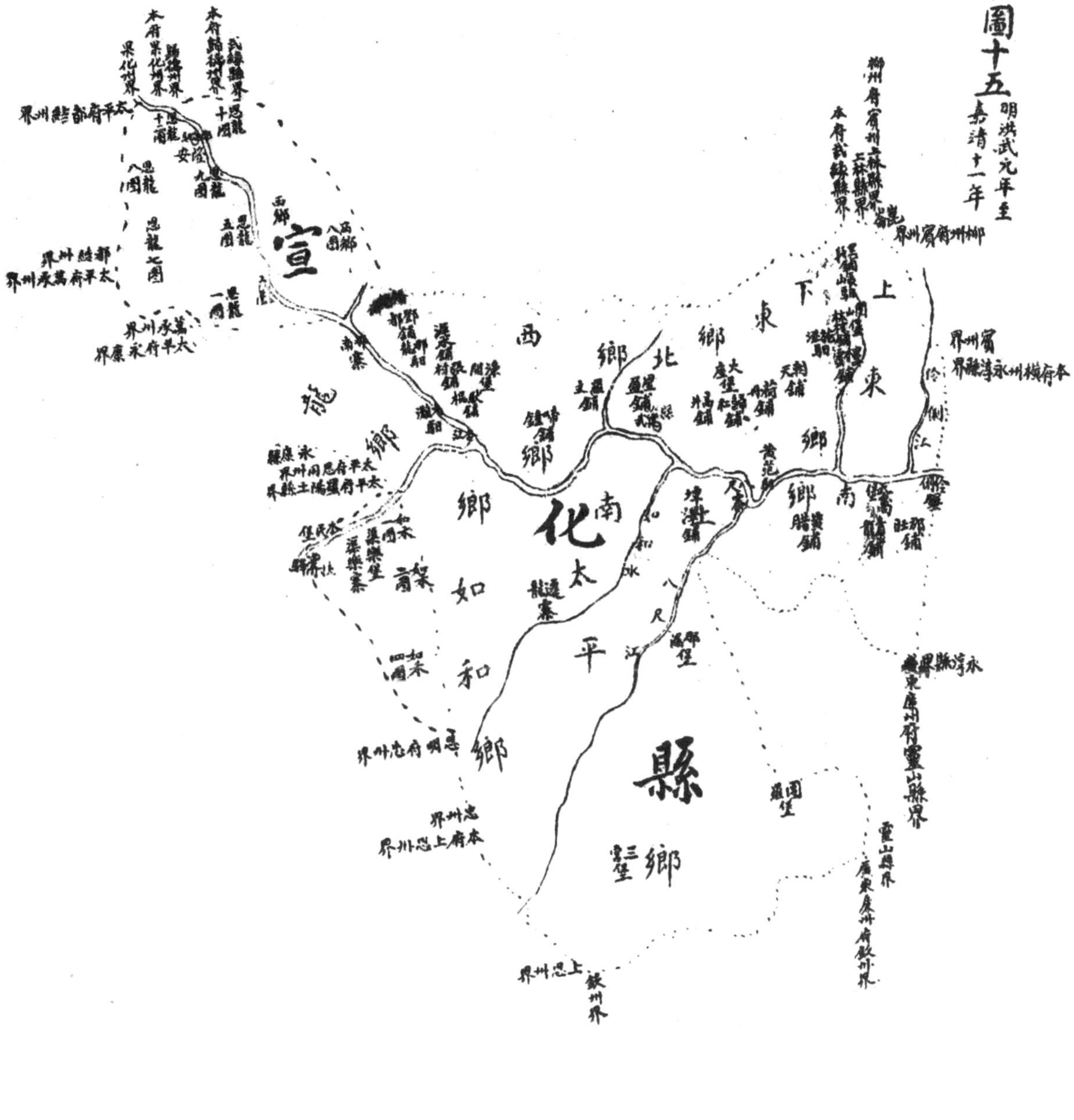

（明洪武元年至嘉靖十一年）

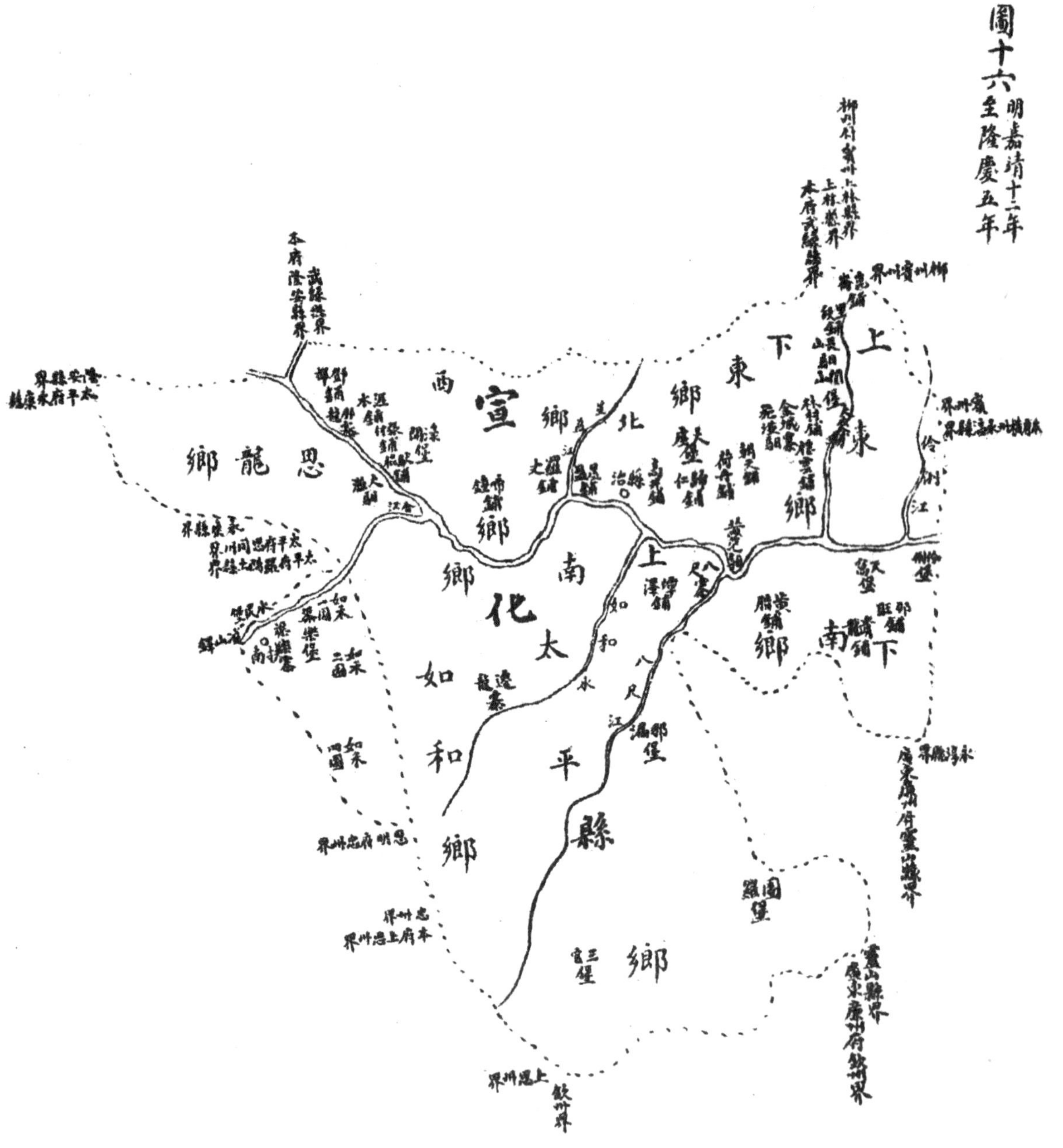

（明嘉靖十二年至隆庆五年）

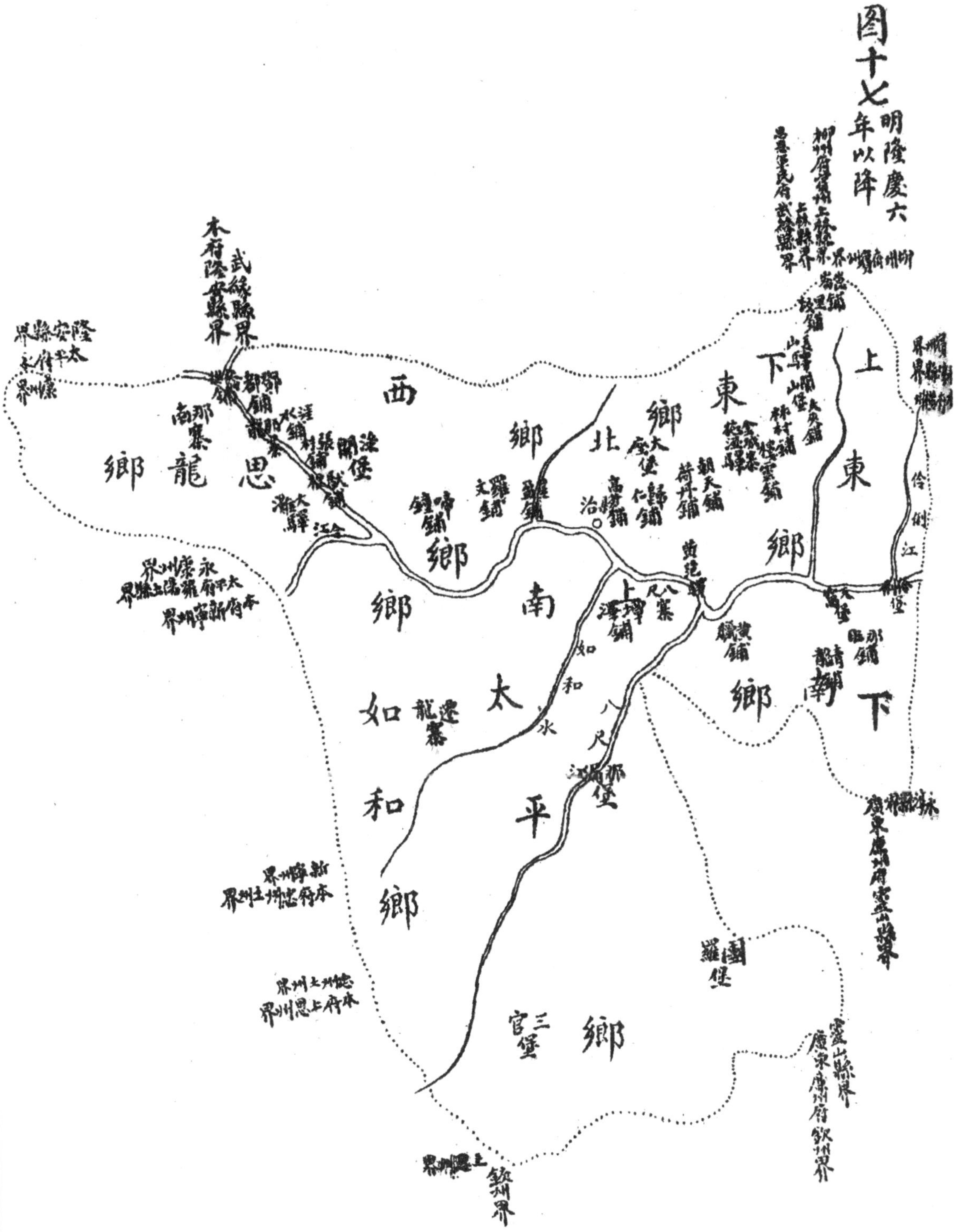

（明隆庆六年以降）

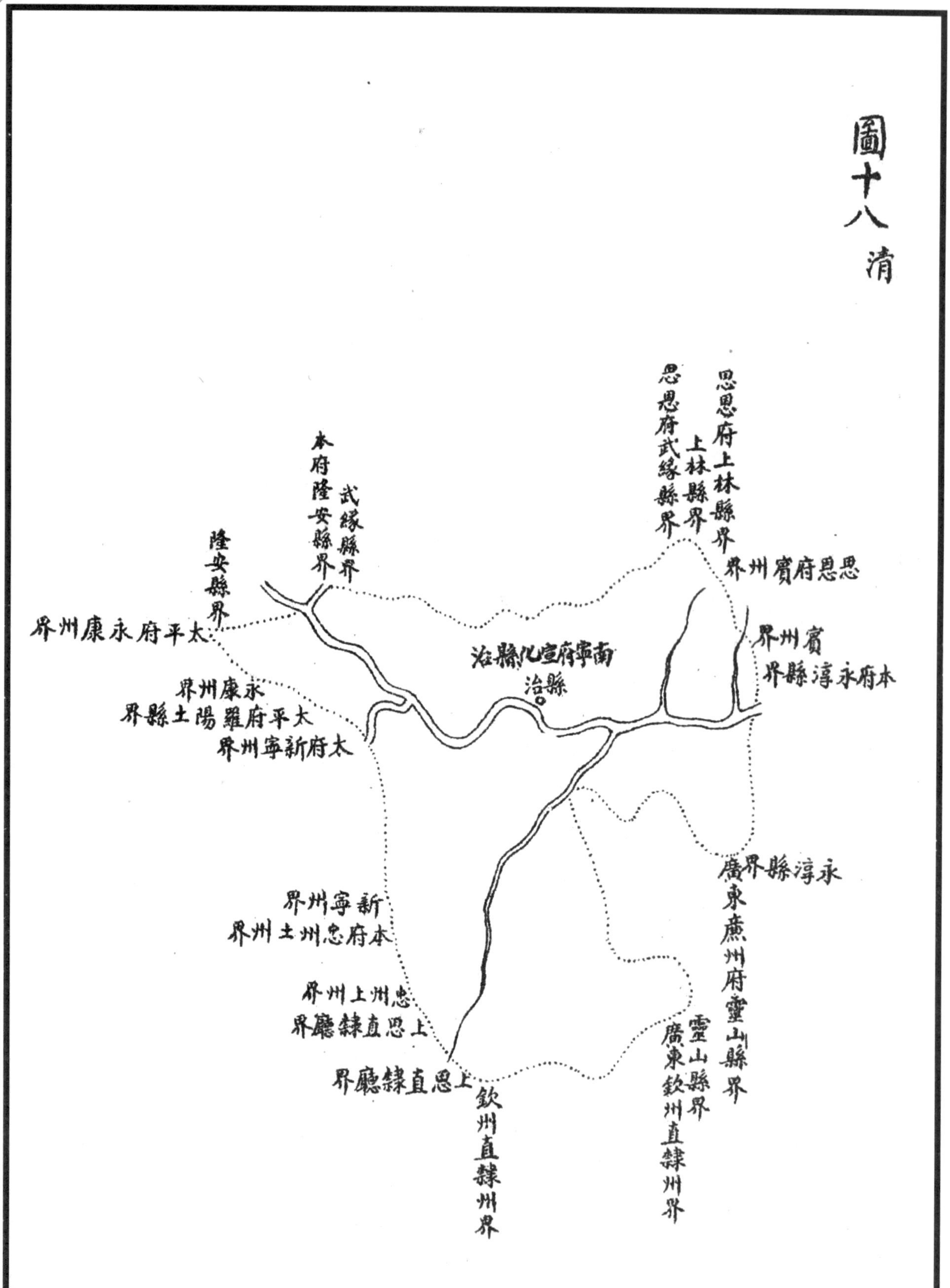
圖十八 清
本府隆安縣界
武緣縣界
隆安縣界
思恩府武緣縣界
上林縣界
思恩府上林縣界
思恩府賓州界
太平府永康州界
南寧府宣化縣治
縣治
賓州界
本府永淳縣界
永康州界
太平府羅陽土縣界
太平府新寧州界
新寧州界
本府忠州土州界
忠州上州界
上思直隸廳界
上思直隸廳界
欽州直隸州界
永淳縣界
廣東廉州府靈山縣界
靈山縣界
廣東欽州直隸州界

（清）

圖十九 民國

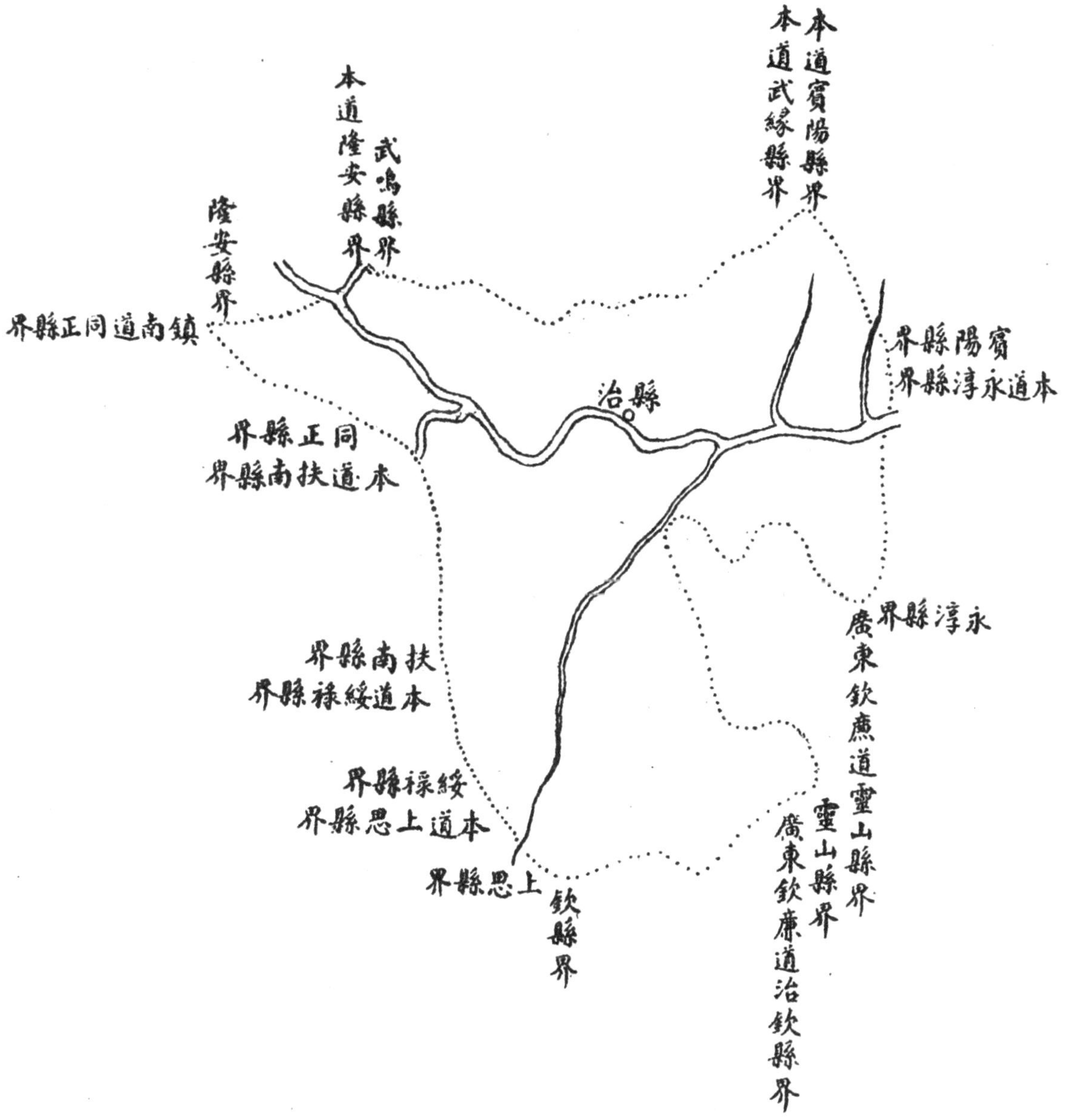
本道賓陽縣界
本道武緣縣界
本道隆安縣界
武鳴縣界
隆安縣界
鎮南道同正縣界
賓陽縣界
本道永淳縣界
縣治
同正縣界
本道扶南縣界
永淳縣界
廣東欽廉道靈山縣界
扶南縣界
本道綏祿縣界
綏祿縣界
本道上思縣界
靈山縣界
廣東欽廉道治欽縣界
上思縣界
欽縣界

（民国）

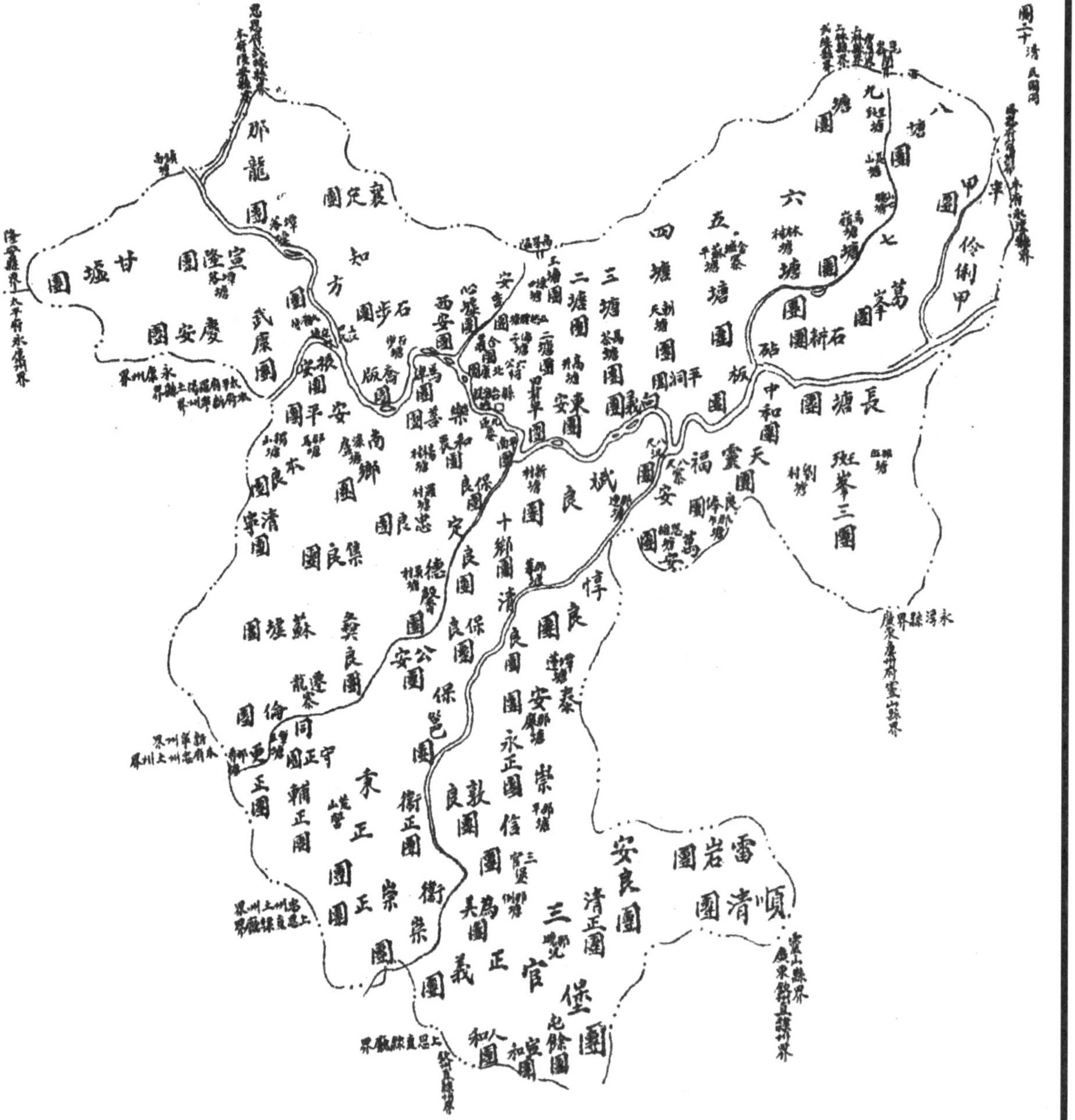

（清、民国）

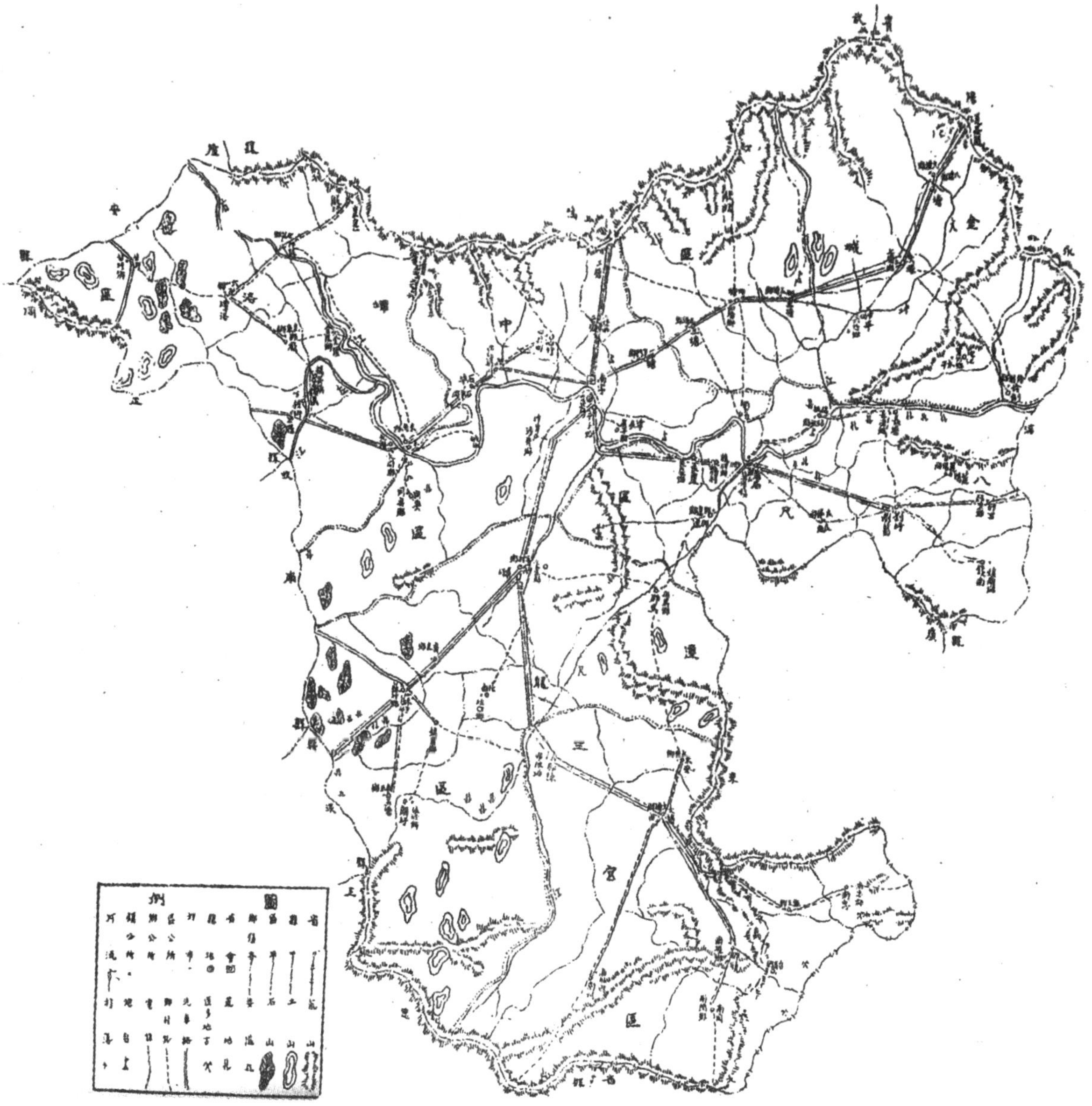

（民国二十二年以降）

六、村规民约

1999年邕宁县《村规民约》

一、社会治安。第一条，每个村民都要学法、知法、守法，自觉地维护法律的权威和尊严，同一切违法犯罪行为斗争。第二条，村民之间应团结友爱，和睦相处，不打架斗殴，不酗酒滋事，严禁侮辱他人、诽谤他人，严禁造谣惑众，搬弄是非。第三条，自觉维护社会秩序和公共安全，不扰乱公共秩序，不阻碍公务人员执行公务。第四条，严禁偷盗、敲诈、哄抢国家、集体、个人财产，严禁赌博，严禁替罪犯隐藏赃物。第五条，严禁非法生产、运输、储存和卖买爆炸物品；生产、销售烟花爆竹，须经公安机关批准；捡拾枪支弹药、爆炸危险物品后，要及时上缴公安机关。第六条，爱护公共财产，不得损坏水利、交通、供电、生产等公共设施，不得任意在居民区安装噪音大的机械，如粉碎机等。第七条，不得在公路上打谷晒粮、挖沟开渠、堆积粪土、摆摊设点，不得以任何理由妨碍交通秩序。第八条，不制作、出售、转手淫秽物品，不调戏妇女，遵守社会公德。第九条，严禁非法限制他人人身自由，或者非法侵犯他人住宅，不准隐匿、毁弃、私拆他人邮件。第十条，严禁私自砍伐国家、集体或他人林木，不准在村附近或田边路旁乱挖土，严禁损害庄稼、瓜果及其他农作物，严禁牛羊啃青。第十一条，严格用水、用电管理，不经批准，不准私自安装用水电设施，要切实爱护水电设施，节约用水用电，严禁偷水偷电。第十二条，认真遵守户口管理规定，出生、死亡要及时申报和注销；外来人员，需要在本村短期居留的，应向村治保汇报办理临时手续。第十三条，对违犯上述社会治安条款者，按以下办法处理。（一）触犯法律规定的，报送司法机关处理。（二）情节严重，但尚未触犯刑律的和治安处罚条例的，村委会批评、教育外、酌情罚款。

二、村风民俗。第十四条，提倡社会主义精神文明，移风易俗，反对封建迷信及其他不文明行为，树立良好社会风俗。第十五条，喜事新办，不铺张浪费；丧事从俭，不搞陈规旧俗。第十六条，不请神弄鬼，不算卦相面；不看风水，不听、看、传迷信和淫秽的书刊、音像。第十七条，建立正常的人际关系，不搞宗派和宗族活动。第十八条，搞好公共卫生和村容整洁，不随地倒垃圾、秽物；修房盖屋余下的垃圾碎片及时清理，柴草、粪土按指定地点堆放。第十九条，服从村镇建房规定，不扩占、不超高，搬迁拆迁不提过分要求；拆旧翻新，须经村委会批准，统一安排，不准擅自动工。第二十条，违犯上述规定的给予批评教育，写出检讨书，情况较严重的加以罚款。

三、邻里美德。第二十一条，村民之间要互相尊重，相互理解，相互帮助，和睦相处，建立良好的相邻关系。第二十二条，在经营、生活、借贷、社会交往过程中，应遵循平等、自愿互利的原则，在生产过程中，自觉服从村委会安排，不争水、争电、争农具，不随意更换、移动地界标志；发扬共产主义风格，小事不斤斤计较。第二十三条，依法使用宅基地，老宅基地严格尊重历史状况，新宅基按村、镇规划执行，不得损害整体规划和四邻利益。第二十四条，村民饲养的动物、家畜造成他人损害的，动物饲养人或管理人负经济责任，没有或限制行为能力的人，给他人造成损害的，监护人应负经济责任。第二十五条，邻里间发生纠纷，能自行调解的自行调解处理，不能自行调解处理的要依靠组织解决，不能仗势欺人，强加他人。对不听劝阻制造纠纷的当事人，情节轻微的予以教育，造成人身或财产损坏的，必须承担医疗费。返还或修理、重做、更换被损害的财产，并按实际损失的两倍以上进行罚款。

四、婚姻家庭。第二十六条，全村村民要遵循婚姻自由，男女平等，一夫一妻，尊老爱幼的原则，建立团结和睦新家庭。第二十七条，婚姻大事由本人做主，反对他人包办干涉，不借婚姻索取财物。第二十八条，夫妻在家庭中的地位平等，反对男尊女卑，不准打骂妻子，夫妻双方共同承担家务劳动，共同管理家庭财产。第二十九条，对丧失劳动能力无固定收入的老人，其子女必须尽赡养义务，保证老人有每年400斤口粮、200元零花钱、两套衣服，生病就医、生活服务，由子女负担或承担费用。第三十条，父母、继父母承担未成年或无生活能力子女的抚养教育。不准虐待病残儿、继子女和收养的子女，不准使小学生辍学。第三十一条，对父母的遗产，男女有平等的继承权。

五、计划生育。第三十二条，村民必须依法履行计划生育义务，夫妻共同负有计划生育责任，做到计划生育，晚婚晚育、优生优育，树立新型婚育观念。第三十三条，自觉参加计生"五期"教育学习，掌握计划生育各项方针政策和法律法规，已婚夫妇要自觉接受妇检和生殖健康检查及"三生"等服务，并能掌握两种以上避孕节育方法。第三十四条，凡要求生育的夫妇，必须持证生育。怀孕情况及孩子出生15天内要如实向村计生专干或人口管理员报告。孩子出生3个月内要及时落实有关避孕节育措施。第三十五条，计划外怀孕者，一律采取补救措施。经教育不采取补救措施而坚持生育的，由村委会交计生行政部门按国家有关法律法规进行处理。第三十六条，外出经商、务工或异地居住的育龄人员，必须到乡镇计生服务所办理"流动人口婚育证明"，并与村委会签订计生合同"管理协议书"，外出期间，要接受当地计生部门的管理，属妇检对象的必须在当地接受妇检，并按季度寄回妇检证明。外出人员返回7天内应向村人口管理员报告。第三十七条，已婚育龄人员应当主动与村委会签订和兑现计生合同"管理协议书"。第三十八条，充分发挥村计生协会在村民自治中的"带头、宣传、服务、交流和监督"作用，调动广大协会会员参与村民自治工作的积极性。

《蒲庙镇孟莲村社会治安村规民约》

为了规范社会治安，1996年制订十条村规民约。

一、凡盗窃抢劫者，除了赔偿损失外，处以3~5倍罚款，凡同流合污、销赃者，除没收其所得外，处以1~2倍罚款。

二、凡破坏水利、交通、生产者，除赔偿损失外，处以70元罚款或警告。

三、凡干扰机关、学校、文娱场所等公共秩序者，处以100元以下罚款。

四、凡结伙打架，故意打人，侮辱妇女，通奸或破坏他人家庭团结者，除赔偿损失外，处以100元以下罚款。

五、凡无证乱砍伐山林者，除没收外，处以2~3倍罚款，或处以200元以下罚款。

六、凡放火烧山或造成损失者，除赔偿损失外，处以100元以下罚款。

七、凡拐骗妇女儿童未达到刑事处分者，处以200元罚款。

八、凡有意踩踏农作物者，除赔偿损失外，处以1~2倍罚款。

九、凡来本村内生活3天以上的要办临时户口、交联防费。

十、凡触犯本规定，无经济能力者，由家属赔偿。

以上处罚先报经上级公安部门同意后执行。

七、邕宁县姓氏详细分布

2004年，全县居民共有姓氏202种(以男性居民计，女性居民姓氏因缺乏统计数据未录入。大沙田、沿海经济走廊、仙葫3个开发区和四塘镇里罗煤矿、平垌煤矿的社区居民因缺姓氏资料未收录，相关经济开发区托管的社区居民姓氏收录在属地乡镇)。各姓氏以辖区村（社区）、坡为单位分列如下：

蒲 庙 镇

蒲津社区

城区：何、许、朱、覃、谭、卢、伍、张、周、韦、方、钟、蔡、马、黎、彭、谢、饶、班、滕、莫、曹、阳、李、陆、罗、黄、梁、苏、商、乃、陈、杨、颜、施、刘、邓、玉、潘、薛、林、胡、蒙、霍、徐、简、甘、庞、程、孙、吴、雷、云、蒋、曾、肖、赖、杜、余、劳、廖、农、关、淡、符、欧、魏、邱、姚、班、翁等。

那元社区

那美：梁、杨、李、陆。

那元：莫、颜、梁、黄。

城区：黄、莫、梁、颜、李、杨、宁、韦、施、陆、周、马、张、玉、廖、潘、文、邓、苏、何、屈、刘、商、罗、钟、候、羊、龚、胡、吴、谢、杜、甘、方、奚、覃、欧、程、孙、卢、陈、江、林、余、黎、雷、滕、庞、韩、农、严、徐、曾、淡、叶、凌、阮、冼、青、曹、樊、粟、蒙、朱、彭、乃、夏、郑、晏、蔡、赖、檀等。

新兴社区

那晚：颜、莫、李。

城区：梁、黄、刘、马、莫、陈、闭、邓、颜、李、杨、韦、张、何、谭、覃、胡、彭、叶、林、方、玉、郑、东、蔡、肖、苏、黎、王、谷、欧、滕、吉、班、奚、符、磨、钟、廖、于、赵、农、潘、施、吕、汤、蒋、罗、麻、赖、郭、蓝、慕、甘、严、陶、朱、徐、齐、龚、尧、蒙、范、银、阮、宁、文、余、麦、吴、樊、仇等。

红星社区

那晚：颜。

江口：颜。

坡天：莫。

城区：黄、颜、李、莫、梁、古、范、粟、雷、玉、胡、马、林、牛、冼、王、孔、苏、张、陆、龙、麻、乐、钱、朱、屈、施、邓、农、方、潘、韦、彭、温、覃、谭、淡、孙、何、谢、贺、余、郭、刘、闭、廖、唐、卢、李、黄、黎、袁、阮、严、徐、涂、阳、蓝、黄、钟、宗、郑、石、邱、丘、邹、凌、杜、易、归、欧、欧阳、单、区、安、晏、钮、文、樊、冯、闲、乃、帅、尹、关、高、卜、甘、白、付、曾、宁、龚、蒋、田、叶、乔、伍、许、向、陈、秦、岑、谷、米、吴、金、艮、管、连、贤、青、庞、岳、周、罗、赵、项、夏、班、詹、魏、翁、殷、于、曹、陶、禤、宿、程、商、钱、董、葛、傅、银、简、赖、蒙、裴、慕、翟、崔、滕、容、巫、磨、霍、薛、兰、包、云、丛、邝等。

莫村社区

莫村：莫。

渡口：莫。

埠头：莫。

独山：莫。

公曹行政村

大坡：梁。

上济：梁、莫。
蕾朋：梁。
茶柳：梁。
邓屋：邓。
六屋：梁。
良细：梁。
和合行政村
寨上：莫、杨、刘、卢。
平沙：杨、谭。
莲花：杨。
那乜：杨。
南洲：蔡。
那造：杨。
坡沙：杨。
那乌：杨。
上洲：苏。
下洲：黄、刘。
龙岗行政村
那读：杨。
三合：杨、张。
新村：杨、玉。
天坛：杨、颜、黎。
清平：杨、颜。
利福：杨、凌、刘。
墩蕾：杨、颜、韦。
大村：杨。
团结：颜、张。
联合：颜、莫、梁、黄、杨。
仁福行政村
长江：杨。
迪塘：杨、钟。
定甲：颜。
福建：朱、张。
北觥：杨、颜。
美逸：杨。
孟莲行政村
那莲街：张、李、雷、黎、黄、招、叶、周、梁、韦、王、郑、林、邓、蒋、杜、滕、何。
孟达：张。
晚细：张、黎。
吞麻：张、周、陆。
那孟：张、黎、蒋、周、黄。
中坡：李、苏。
上坡：梁、李。
米律：黄、周、陆。
坡荫：张、黄。
平地：张。
蚕独：张。
光和行政村
那降：黄、乃。
美仙：冼、孔、黎。
那弄：陆。
那岳：黄、乃、宁。
那旺：周、黄、莫。
渌逼：陈。
新新行政村
古流：梁。
梁屋：梁、黄。
那了：杨。
了窖：周。
九碗：梁、黄。
杨屋：杨。
公山：蒋、黎。
新生行政村
屯利：杨、黄、谢、潘、陆。
那覃：杨。
屯良：黄、梁、周、李、郭、朱。
西团：杨。
屯麻：杨、梁、范、韦、李、蒋。
六晚：梁、杨、黄、韦。
州同行政村
州同：梁、杨、周、黄。
那及：黄、陈、凌、钟。
那茯：黄。
那莲：黄。
良勇行政村
那黄：赵、黄、李、滕、杨、潘。
滕许：杨、邓、李、邵、吴。
那力：李。
那维：李。
那杨：韦。
蕾赖：黄、廖、李。
那稔：李。
同古：黄。
那晓：李。
晚邓：赵、陆。
绿柏：李。
晚练：刘、韦、廖。
那贵：李、滕、樊。
那桐：梁。
坛等：邓。
梁村行政村
黄塘：杨、曹、梁。
步进：梁。
美日：梁。
鼻子：梁、莫。
群花：梁。
利蚕：梁。
美梨：梁、莫。
巷桥：梁、曹。
楞蕾：梁、何。
地良：梁、周。
蕾仁：梁。
美眼：梁。
洞塘：梁。
伏屋：梁、曹。
灵芒：梁、韦、郭。
廖仁：梁。
良信行政村
良俸：黄、李。
那秀：潘、罗。
那邑：冯、黄。
那垌：黄。
那被：黄、何、李、梁。
屯绿：梁、黎、黄。
花料：梁、黄、杨。
郭村：郭、张、陈、梁。
那旺：黄、李、郑。
那粒：梁、施、杨、黄、陆、张。
坛汉：樊、梁、黄。
那祚：潘。
那逻：李、屈、玉。
那银：黄。
坛马：潘、黄。
晚细：玉。
广良行政村
石广：梁、杨、张。
平沙：黎。
那塘：邓、潘、梁。
屯容：陈。
屯佃：韦、黄、范、李。
屯罗：覃、张、玉、杨、梁、黄、罗、钟、陆。
龙练：杨、潘、滕。
屯洲：麻、黄、韦。
仲龙：杨、滕。
新仲龙：杨。
联团行政村
八兰：韦。
那福：韦、杨。
屯朗：黄。
墩坛：韦。
了面：韦。
屯良：韦。
那严：韦。
新华：韦。
其村：韦。
四冬：黄。
十冬：黄。
那路行政村
那路街：黄、李、罗、杨、方、马。
那文：李、杨。
屯黄：黄。
屯里：李。

团天：黄、李。
那秀：黄、罗。

华康行政村
石康：黄、陈。
那皮：黄、李、陆、周。
稔床：黄、周。
屯了：郑、李、卢。

张村行政村
新平：陆、梁、杨、玉。
柳里：杨。
涖村：樊。
岜平：赵、李、杨、莫。
张村：梁、杨、李、樊、滕。
烟墩：何、邓、黄、李。
旧村：陆。

良 庆 镇

良庆社区
良庆圩：韦、周、雷、奚、李、梁、玉、黄、陆、叶、颜、何、潘、杨、杜、邓、晏、刘、钟、农、张、莫、苏、林、龚、蒋、施、陈、滕、商、马、郑。
稔水：周、麻。
风朝：韦。
蕾渌：韦。
楞塘：韦、杨、陈。
书林：韦。

渌绕行政村
渌绕：韦、张、奚、黄。
坛书：韦。
缸瓦窑：林、刘、梁、黄、朱、苏、杜、黎、杨、徐、邓、何、彭、蔡、陈、尤、周、韦、欧、滕、罗、张、曾、玉、李、关、云、钟、谢、覃。
茶亭：韦。
渌宁：韦、杨。
渌萱：韦、张。
独坪：韦。
花林：韦。

坛泽行政村
坛泽：奚。
坛兴：韦、奚。
户头：李、奚。
坛芦：奚、韦。
稔布：奚。

那平行政村
那岳：梁、潘、刘。
排暮：梁、莫。
坡祥：黄、韦。
酒六：梁、黄。
那约：龚、梁、黄。
酒梯：梁、黄。
那棍：黄。

平乐行政村
平乐：梁、龚、玉。
花跳：黄。
佳化：黄。
二东：黄、龚。
那浪：蒋、黄、梁。
先卜：黄。
定向：黄、陆。
桅杆：黄、韦。
楞垒：黄。
定勒：黄、韦。
坛淋：黄、谭、钟。
金村：黄。
坛黎：黄。

那黄行政村
那黄：韦。
那黄新坡：韦、黄。
花林：滕、黄。

新团行政村
同吉：张、雷、韦。
墓苗：李。
服苗：李、陈、韦。
垒围：黄、玉、杨、蒋。
新庄：张、杨、王、雷、蒋、韦、黄。
新三：张、雷、黄。
那迓：玉。
柳群：张、杨、李、韦。
新华：张、黄、玉。

新兰行政村
新丁：陈、周、李、胡、奚、张。
乌兰：玉。
六强：邓。

新村行政村
坛伏：黄、玉。
顶十五：玉、黄。
花民：黄。
楞庙：黄。
伏那：玉、黄、林。
桥头：黄。
江殿：黄。
蕾英：黄。
那福：玉、黄。
傍佃：黄。
楞山：黄、朱。
坛洋：张、玉、梁。

玉洞行政村
坡洋：张、玉、梁。
老洋：玉。
定冲：玉、韦。
大沙田：谢、颜、李。
了蕾：玉、黄。
蕾坛：黄、玉。
新坡：廖、李、陆、玉、潘、归、黄、宁。
谢坡：谢。
定天：玉、韦、刘、奚。
大岭脚：张、黄、农、闭。
黄牛结尾：谢、裴、潘、罗。

那 马 镇

那马社区
那马圩：苏、谢、王、莫、杨、黄、张、朱、梁、利、潘、周、陈、李、曾、刘、方、易、颜、何、吴、符、曹、左、班、冯、徐、庞、宁、龚、闭、雷。

新华：苏、黄、潘、徐、马。
坛僚：苏、黄、周、雷、潘、滕、莫。
东平：黄、龚。
那模：李、谢、陈、梁、黄。
那棚：陆。
旧圩：黄、周、李、黎、雷。
那扭：陈、黄、韦、潘。
那锦：黄。
冲敏：梁。
冲陶行政村
邑强：潘。
平古：潘、梁。
那候：潘、梁、黄、赖。
渌舅：潘、黄。
立务：潘。
那兰：潘。
渌改：潘。
坛良行政村
坛板：黄。
平留：梁。
坛立：梁。
团良：梁、黄。
那僚行政村
那僚：黄、周、彭、林、梁、马。
那福：严、彭、易、冯、周、谢。
些地：龚、潘、李。
坛苏：张、潘、黄。
天龙：黄、薛、周、罗、凌。
杨利：杨、利、冼、黄。
那略：雷。
那禾：杜、滕、易、黄、梁、周。
那桑：黄。
那逢：莫、李、潘。
那务：黄、庞。
大花：张、黄、谢、周。
六眉：梁。
那派：黄、雷、马、龚、潘、奚。
共和行政村
那计：黄、梁、潘、谢、龚、林、裴。
坛福：梁、利。
坛抄：梁、谢、麻、罗。
小麻：梁。
六强：闭、雷、陆。
花柳：黄、陈、林、刘。
苏岭：梁。
子伟行政村
光荣：潘。
马司堂：周、关、黄、裴、陆、谢。
那冷：潘、黄、李。
那齐：潘。
那甲：龚。
胜利：龚、潘、陆、黄。
坛必：黄、雷、李。
那坛：龚。
思灵江（和平）：周、黄、何、裴、高。
连山行政村
祠堂：莫、陆、梁、苏。
三坡：梁、潘、陆、李、韦、黄。
冲枧：周。
慕村：慕、葛、苏、梁、韦。
濑沙：莫、李、陆、玉、陈。
新城：李。
那枧：韦、李、慕。
新村：潘、梁。
那孟：黄。
新联：周、沈、林、苏。
新兴：梁、潘、陆。
一致行政村
那劳：马、周、古、慕。
蕾桑：冯、凌。
那鸾：马、宁、周。
那柳：黄。
百派：冯、马、滕。
宁村：宁、潘、李、梁。
六冷：黄、慕。

新 江 镇

新江社区
新江圩：滕、黄、韦、马、梁、龚、刘、王、何、林、方、李、谭、黎、郭、罗、覃、苏玉、郑、卢、孙、邹、吕、陆、潘、钟、陈、杜、杨、施、周、理。
那蒙：黄、孙、陆。
屯卢：卢、杨、谭、孙。
屯佳：奚、孙、刘。
那绕：杨。
那灶：刘。
那坤：刘。
冲至：李、陆、刘。
那榜：潘、利。
屯容：杨。
屯力：孙、梁、黄。
屯仲：刘、黄。
汉林行政村
汉林：黄、杨、韦、梁、黎、颜。
那龙：刘、黄、苏、方、谭。
那稔：黎。
那余：潘、利、刘、黄、李、吴。
华联行政村
那威：梁、刘、潘、劳。
屯郑：郑。
那花：吴。
桥喜：郑。
那六：黄。
那蛇：黄。
团达：刘、黄。
全新：黄、潘、杨。
力勒行政村
力勒：黄、韦、江。
新乐行政村
那诺：廖。
灵元：罗、韦、梁、甘、黎。
那凤：韦。
清河：韦、黄。
那贡：杨。
那练：施。
华乐：黎、麻。
屯罗：廖、骆、杜。
大产：黎、韦、杜。
冲达：玉、韦。
那云行政村
那云：刘、黄、孙、陆、李。
那全：周、廖、陆、农、李、蔡、黎。
那胜：符、玉。
那悟：周、廖、农、蔡、李、黎、黄。
那蚕：黄、杨、钟、周、刘。

堂久：周、韦。

屯亮行政村

屯亮：周。

屯周：周。

屯目：周、黄、廖、杨。

那了行政村

曾屋：曾、苏。

下坡：梁。

那悟：苏、黎。

那达：黄。

坛料：苏、梁。

天污：黄。

那朴：杨、劳、黄。

那赖：黄。

坛前：黄。

平垌：陆、李、黄。

成安：潘、黄、李、劳。

团阳行政村

那桃：刘。

那骡：杨、黄。

那别：龚、黄。

那布：黎。

屯杨：杨。

百 济 乡

百济社区

百济圩：陆、李、陈、韦、庞、黄、林、伍、黎、朱、谭、梁、归、邓、罗、潘、余、廖、马。

坛仁：陈。

国让：黄。

那标：梁。

南阳：罗。

屯户：李、黄。

新宁：李。

柳林：梁、黄。

平林：马。

长春：杨、叶。

仁里：陆、杨、叶。

屯良：吴。

佃爱：韦。

琼林：陆、李、杨。

八联行政村

佃坛：黄、刘、韦。

起林：梁。

西荣：黄、包、奚。

美律：黄、陆。

吞板：黄。

坛西：黄、张、余。

那例：黄。

水口塘：黄、符、利、宁。

佃歪：余、马、潘。

屯茶行政村

平天：陆、李。

那徐：凌、黎、乐。

屯佃：李、马。

屯茶：李、陈、吴、陆。

南弼行政村

南弼：赖、黄、陆、何、朱。

那罗：赖。

那曹：朱、何、黄、陆。

华达行政村

那笪：罗、黄、谭。

光龙：陆、罗、黄。

梯仕：罗、黄、谭。

那个：黄。

平派行政村

坛朋：廖、韦、蒋。

那造：黄。

屯盆：李、玉、黄。

屯楼：韦、廖、周、黄、罗。

那锐：玉。

屯林行政村

屯林：黄、潘、方、刘。

屯苏：黄、谢、罗。

佃平：黄、玉、庞。

那绕：黄、黎、廖。

那逻：黄、李。

佃细：黄。

那同：李。

佃肥：罗、农、杨。

渌迫：黄。

那良：黄、谢。

六黎：黄。

坡河：黄。

坛槐：陆、李、刘。

桥学行政村

屯里：黄。

西子头：黄。

坛巴：黄。

板罗：罗、黄。

佃通：黄、陆。

屯元：罗。

那城：罗。

美律：罗。

屯培：钟、玉、黄、潘。

南华行政村

那朴：黄、李。

那敏：黄、赖、韦、陆、玉、包、梁、李。

墩磊：何。

那芦：李。

百尧：黄。

坛旺：黄、李。

力勒：黎、黄。

那佃：黄、黎。

那堤：黄、吴、梁。

磊桑：苏。

屯思：施、黄、莫。

坛吞：施、黄。

亭那：黄、阮。

那六：黎。

庚楼：黄、黎。

南光：苏、郑、张、何、黄。

长利：潘、利、廖、黄、方、书。

红星行政村

那礼圩：黄、宁、谭、林、滕、苏、陈、廖、梁。

那娄：黎、潘。

那罗：朱。

古今：黄。

新成：黄、朱、陆、罗、伍。

屯为：向、黄、施。

那垌：林、黄、梁。

那鸾：廖、梁。

那朗：闭。

那翁：施、潘、黄。

金城：朱、陆、罗、黄。

屯为新坡：向、黄。

那行：黄。

那匿：郭。

新坡：郭。

坛里：阮、廖、潘、黄、施。

美罗：黄、李、赖、施。

其应：向、黄。

屯宁行政村

屯宁：李、黄、欧、廖、陆、吴。

那个：陆、雷、欧、廖、凌。

屯苏：黄、廖、潘、陈、苏。

新平行政村

坛登：余。

坛黎：向、凌、黄。

坛湾：余、苏。
新连：黄、陆、蓝、翟。
坛稔：余。
那晓：黄、施、利。
屯闹：余。
玉迫：向、利。
那业：向、施、黄、刘、马、李、黎。
屯细：凌。
那伦：黄。
华灵行政村
华灵：黄、潘、李、陆。
坛看：梁。
吞银：周。
那披：梁、余。
屯立：马。
那学：韦、雷。
那绕：韦。
华桂：苏。
朝阳：米。
坛咘：陆、米。
那他：黄。
石龙：黄。
南阳：韦。
桥头：余。
美本：梁。
古先：梁。
双含：黄、周、李。
那悟：马。
坛位：韦。
屯王行政村
屯王：余。
板幕：余。
屯陆：李、许、陆、余。
佃余：余。

那 楼 镇

那楼社区
那楼圩：黄、李、杜、何、施、杨、雷、麻、王、谭、姚、曾、梁、廖、钟、孙、曹、胡、张、冯、郭、赖、谢、颜、方、龙、滕、苏、玉、宁、周、关、黎。
大何：杜、何。
小何：黄、何。
坛倬：苏。
坛坑：潘、梁。
木林：滕。
那里：滕。
那王：滕、黎、闭、才、廖。
坛桥：周。
屯六行政村
屯六：杜、施。
周城：周、玉、黄。
屯料：黄、苏、曾、廖、张。
坛墩行政村
坛墩：黄。
坛污：王、黄、陈、苏。
仁里：何。
屯底：滕、黎。
华亮：黄。
坛垌行政村
坛洞：黄。
那桑：黄。
那板：黄。
坛盆：黄。
庭那：黄、梁。
那扶：黄、廖、苏。
那文行政村
那文：黄、周。
庭燎：黄。
那头行政村
那头：玉、杨。
苏秀：苏、周、李。
镇南：张、玉、黎、李、周。
屯许：李。
那悟：苏。
平贵：李。
那盆行政村
那盆：周、梁、马、潘。
那逸：玉。
那思：周。
屯周：周。
佃马：马、黄。
堆牛：玉。
中山行政村
中山圩：赖、吴、李、黄、廖。
那志：赖。
屯赖：赖、梁。
那蕾：梁、黄、欧。
屯了行政村
屯了：黄。
屯王：黄。
雁塔：黄。
那琅：黄、郭。
屯吴：吴。
罗马行政村
那马：李。
那逻：李、伦。
杨来：杨。
潭龙：黄、欧、李。
那花：李。
那旺行政村
那旺：韦、麻、孙、钟、黄、凌。
那晓：黄、宁。
屯灵：黄、韦、李、黎、乃、钟。
里羡：梁、樊。
那务行政村
那务：廖、卢、谭、陈、李。
屯思：廖、陈、卢、李、杨。
屯甘：甘。
七一：廖。
三江行政村
那度：李、韦、曾、丘、黄、杜、凌。
告详：杜、黄、张。
那利行政村
那利：黄、廖。
那近：黄。
河浪行政村
河浪：梁、黄。
屯群：卢。
那敲：韦、杜、黄。
那秘：黄。
华佳行政村
那佳：黄。
屯良：黄。
陈良：陈。

镇 龙 乡

镇龙社区
镇龙街：黄、曾、刘、杨、陈、白、李。
那桥：李、曾。
赖苞：黄。
那佃：李。
那他行政村
那他：黄、利、叶、施。
首龙：朱。
坛江：施。
那益：黄。
坛壬：黄。
那壬：黄、李、苏、颜。
屯良行政村
那棉：李。
坛被：李。
那弄：黄、李、宁。
大匡：李。
那杓：李、黄。
派沙：黄。
屯良：李。
那坤：苏、黄。
棠梨行政村
棠梨：黄、郑。
新塘：黄、张。
江万：黄。
那丰行政村
那丰：黄、李。
那沙：黄。
那读：黄。
坛觅：黄。
林基：黄。
稔乐：黄、廖、方。
蟠龙：黄、李、卢、施、宁、滕。
那良行政村
那林平：宁。
那蒙：宁、滕、何。
那立：宁、玉。
那良：滕、宁、黄。
江华：滕。
坛骨：宁。
那界：赖。
团岭：滕。
坛页：黄。

刘 圩 镇

刘圩社区
刘圩街：雷、韦、刘、黄、颜、玉、游、方、李、罗、卢、农、劳、郭、张、郑、钟、莫、梁、苏、孙、陆、周、何、陈、廖、毛。
大刘：刘、梁。
中兴：刘、黄、李。
那硬：梁。
罗坡：罗、周。
坛两：刘。
团黄行政村
团黄：黄。
谭村行政村
谭村：谭。
那床行政村
那床：苏、黄、李、青、廖、赖、周、卢。
屯赖：赖。
良合行政村
良珍：李、黄、杨、钟。
良住：梁。
屯苏：李。
屯凌：李、杨、郑、梁、黎。
那晃：李。
那布：杨、樊、杜、梁、刘、谭。
槐里行政村
坛龙：玉、杨。
坛槐：黄、李。
坛蒙：黄、郑、李、潘、樊。
坛青：李、杨、玉。
和里：李、黄、谭、何。
那止：李。
大山坡：李。
麓阳行政村
甲口：杨、严。
坛兰：何、李。
新阳：何、杨、颜、李。
启蒙：玉、李、曾。
坛湴：何。
西坡：玉、李。
那里行政村
那任：梁、黄、韦。
力林：韦、李、陆。
那陆：李。
那扇：李。
那里：雷、廖、方、陆。
山泽：方、黄。
那旺：雷、陈。
那还：李。
良伟：韦、梁、李。
覃坡：覃、潘、李、陆。
六局：陈。
三八：陈。
那烈行政村
那烈：黄、梁、李、蒙。
禄强行政村
禄强：黄、潘。
那度行政村
那度：玉、李。
坛覃：李。
那晓：李。
三籁行政村
三籁：玉、苏、刘、雷、何。
那救行政村
那救：梁。
坛林：梁。
平和：梁。
梁村：梁。
钟村：钟。
里朗：李。
平沙坡：梁。
池上：梁。
大里行政村
大里：李。
那崛：玉。
电达：潘。
苏坡：苏、黄、周。
那稔：潘、李、陆、周。
那埋：苏、梁。
那存：潘。

南阳镇

南阳社区
南阳圩：杜、黄、谭、覃、包、孙、立、李、颜、梁、张、宁、何、苏、韦、林、郭、甘、蒋、方、罗、潘、赵、卢、陆、滕、王、关、吴、廖、冯、岑、谢、郑。
国红：黄。
国空：黄。
那冷：黄、李、黎。
河洞：黄、黎、刘。
坛豆：卢、韦、李。
坛桑：张、黄、潘。
新村：韦。
国荣：黄、韦。
井坡：黄、雷。
那世：黄、雷。
坛窝：孙、施、覃。
那了：黄、廖。
坛溢：黄、黎、王、韦。

新光行政村
坛浸：张。
北歪：邓、李、郑、韦、黄。
瓦灶：张、吴、陆。
那扁：李。
大罗：廖、黄、韦、陆。
坛逢：邓、李。
那平：李、黄。

留凤行政村
留凤：刘、谢、韦、李、杨、潘、粟。
坛坡：刘、韦、黄、李。
泗贵：孙、韦、黄、冯。
小浩：刘、谭。

雄会行政村
杨会：杨、黄、陆、谭、蒙。
南雄：黄、马、韦、李、刘、梁。
天堂：黄、蒙。

新楼行政村
新楼：施、刘、韦、黎。
下甘：陆。
大黎：黎。
上甘：陆。

二田行政村
上刘：刘、施、孙、黎。
坛挺：李、苏、黎。
下刘：刘。
那荐：黄、梁、韦、刘。
坛黎：孙。
新庆：黄、刘、施。

施厚行政村
施村：施、黄、吴、廖、李、韦、雷。
大罗：万、黄、潘、何。
坛河：班。
坛羌：韦。
平沙：廖、郑。
古岳：郑、廖、韦。

中和乡

中和社区
中和圩：孙、黄、何、玉、谢。
屯东：何。
贵德：何。
洞口：何。
孙头：孙、黄。
屯孙：孙。
令江：孙、何。
祥旦：何、黄。

那例行政村
屯杨：杨、陆。
磊年：陆。
顶磊：陆。
屯库：陆、赵、韦。
天类：陆。
屯陆：陆、黄。
屯峰：陆、杨。
屯天：陆、李、叶。

那才行政村
那才：施、杨。
大林：施、孙、潘、周。

周禄行政村
柳坡：玉、潘。
坛青：玉、李、孙。
周流：玉、周。
六肚：玉。

坛西行政村
坛西：杨。
施灵：施、杨。
上茶：杨。
那烟：黄。
下茶：杨、何、李。

方村行政村
劳坡：劳、方、谢、梁。
那排：杨、马。
杨坡：杨。
那伍：黄、陈、宁、卢。
谢坡：谢、方。

平天行政村
平天圩：孙、杨、施、滕。
坛浮：班、孙、何、陆。
坛桑：施、韦、黄。
料吞：孙。
那棍：孙、张、覃、劳。
那利：施、黄。
池库：孙、何。
派料：何、农。
那料：梁。

新安行政村
新安圩：施、黄、梁、宁、卢、陈、刘、陆、孙、何、李。
陆村：李、陆。
坛饶：刘。
那透：黄、施、何、宁、杨。
六吉：施、黄、梁。
坛甘：陆、李。
那域：陈。
利和：黄。
坛迫：黄、梁、邓。

伶俐镇

伶俐（伶珑）社区
伶俐圩：雷、陆、刘、韦、宁、蔡、彭、郭、黎、方、符、杨、潘、蒋、曾、滕、谭、麦、李、黄、张、卢、陈、何、颜、甘、钟、玉、淡、赖、粟。
武玲：陆、雷、潘、王、曾、青。
南蛇：郑、甘、伍。
通水：郑、陆、潘、彭、黄、范、宁。
那车：郑、甘、陆。
石塘行政村
石塘：潘、李、雷、郑、杨、陆、林、黄、莫、钟、梁。
潘坡：潘、谭、杨。
李坡：李、陆。
那兰：黄、陆。
石塘细坡：潘、雷、林。
田里细坡：潘、李、陆、杨、谭。
雷庙：黄。
逢村：龙、陆、黄、李。
沱江行政村
沱江：韦、陆、黄。
大木：潘、郑。
三唛：潘、杨、黄。
武杏：杨。大乙：韦、杨、黄。
武罗：陆、郑、潘。
三滩：潘。
六达：陆、郑。
上王行政村
上王：杨。
上坛：粟。
蕉芭：李、陆、黄、梁。
黄岭：赖、李。
六移：陆、黄、詹、梁张。
中王：陆。
下王：粟、黄。
下坛：农。
沙江：陆。
马笃：李、邓、胡。
六阳：李、陆、卢、粟。
大水：陆、李。
官乙：胡、农。
马笃：李、邓、胡。
望齐行政村
望齐：韦、黄、卢、陆、梁、杨。
驮均：屈、黄、陆。
新吴：吴。
六安：陆。
大塘：梁、农。
水东：蒙、陆。
赤城：郑、杨、梁、黄。
中辽：梁、农。
那安：陆、陈、吴。
那樟行政村
上樟：杨、李。
公台：韦、李、林。
汁里：农、陆。
下樟：李、谭、詹。
晚英：吴、李、陆、甘。
那心：黄。
驮旧：杨、苏。
石龙：潘、韦、农。
独岭行政村
独岭：卢、梁。
玉村：韦、黄、李、刘、陆、张、杨、何。
良和：陆、韦、彭、杨。
伶秀：黄、陆、詹、赖。
布蒙：卢。
学和：韦、陆。
石桥：黄、甘、郑。
渌口：韦、廖。
浪选：陆、韦。
定温：郑。
王京行政村
汶水：李、黄、韦、班、潘、郑、江、廖。
王京：班、黄。
巴田：杨、韦、黄。

长塘镇

长塘社区
长塘圩：李、黄、韦、粟、彭、曾、周、滕、施、方、文、梁、叶、潘、谭、杨、颜、覃、雷、陈、邱、孙、张、莫、吴、丁、苏、卢、刘、廖、蒙、何、甘、冯、邓、玉、淡、郑、王、余、朱、毅、花、蔡、赖、龚、班。
王里：莫、李。
那逢：李。
六侣内坡：潘。
天窝：玉、黄、潘。
留良：李、潘、杨。
布柳：李。
六侣外坡：潘。
天堂行政村
新天堂：廖、李。
那才：廖、李、颜。
坛尧：韦、李。
六占：李。
旧天堂：李、黄、廖、陆。
介排：黄、陆、廖。
六那：李、韦。
幸福：廖、李。
六留：李、韦、玉。
岜兰：李、潘。
定西行政村
定西：李。
冲豆外坡：黄、李。
上加踏：黄、李。
巴苗：廖、李。
吊思：李。
团岩：黄。
下加踏：黄。
冲豆内坡：李、廖。
六布新坡：潘。
楞冲：李、周、韦。

垌江行政村
垌江：李、陆。
王村：谭、李、王。
青龙：黄、陆、李、苏、

杨。
三碑：李。
巴炉：王。
王村新坡：谭、李、王。
冲么：王、黄、陆。

那舅社区

大那舅：李、黄。
那楼：卢。
罗村：梁。
新村：曾。
那额：黄。
杨村：梁。
那平：周。
细那舅：李。
新华：甘。
周屋：周。
剪刀：梁、黄、杨、曾、陈、韦、苏。
曾屋：莫、曾。
江口：曾、周、李、梁、杨、彭。
英歌：李。
新塘：黄。

五合社区

那秀：滕。
那窝：梁。
应高：黄、凌、钟。
花里：文。
砧板：刘、苏、颜、周、滕、黄、何。
定禁：周、颜。
大通：韦、马。
那律：陆。
子垒：周。
那塔：周。
花陈：滕、马、周、梁。
坛咘：黄。
牛湾：莫、李、谭、庞、杨、黄。

德福行政村

新村：杨、黄、玉、粟、郑。
北晓：周。
大冲：苏、莫、谭、蒙、青、周、黄。
坛板：莫、周。
江口：苏。
粟屋：粟。
派晓：周。
福庆：杨。
窑上：周。
六律：杨、粟。

长大行政村

长大：周、谭、陈。
细东瓜：滕、蒙、文。
高塘：韦、陆、周、杨。
大塘：周、李、粟。
含泥：周。
那叩：粟、韦、陆。
大东瓜：滕。
高塘新坡：韦、杨。
龙家：粟、韦、陆。

那曾行政村

那曾：滕。
谷塘：农。
三圭：滕。
白沙：周。
那立：谭。
溢塘：李、覃。
昌介：李、农。
合江：滕。
石碑：滕。
高平：李。
天堂：农。
沙平：青。
新堂：李。
那农：农。

枫木行政村

枫木：潘、黄
石牛：潘、周、李、卢。
广柏：陆。
扶瑶：黄。
关塘：杨。
公敲：李。
六笃：潘、陆。
垒岩：黄。
朝基：莫。
梁村：梁、刘。
石龙：李。
大盆：赖、李、潘、粟、万。
葛岭：黄。
马王塘：赖、李。

四　塘　镇

四塘社区

四塘圩：蒙、骆、韦、张、李、谭、滕、谢、卢、文、方、雷、何覃、梁、农、粟、陆、马、赖、柳、曹、陈、贤、王、玉、杨、刘、施、周、黄、青、郭。
新圩：黄、骆、覃、张。
新村：黄、余。
那罗：李。
红庄：黄、余。
那垌：黄、凌、郭、方、梁。
坛龙：黄。
磨房：黄、骆、韦。
张村：张、覃、闭、揭、赖、梁、谢、滕、宁。
滕村：滕、韦、卢、余。
那珠：郭。

建新行政村

新村：莫、黄。
里彩大坡：马、方。
三叉：韦。
里彩细坡：王、黎、韦。
奇里：罗、韦。

六村行政村

六村：覃。
那埌：苏、卢。
韦村：韦。
宝盖：滕。
亘奇：韦、黄。
坛造：黄、滕。

创新行政村

平垌：王、潘。
那沙：谭。
古藏：潘、李、莫、谭、梁、郭、闭。
那弄：玉、黄、余、李。
王村：潘、曾、王。
六梅：滕。
坛贡：王。
细邓：何。
古埌：李、王、陆。

那笔行政村

那笔：闭、张、粟。
团藤：梁。
花围：陆、黄。
段选：潘。
上团马：梁。
古蒙：梁、陆、郭、韦、潘。
渌窑：潘。
下团马：陆。
古风：韦、黄。

佛子：粟、李。
大王：粟。
山口：李。

同仁行政村

朝文：莫、梁、农。
那远：郭。
雷屯：潘、粟、韦。
坛洋：农。
坛修：郭、潘。
苏村上坡：李。
贤村：贤、韦、郭、詹、黄、陈、潘。
苏村下坡：农。

五 塘 镇

五塘社区

五塘圩：葛、粟、王、邓、慕、林、梁、潘、马、关、何、农、蒋、兰、杜、青、朱、黎、胡、唐、孙、蒙、凌、黄、陈、曾、陆、滕、郭、罗、周、方、张、雷、赖、覃、李、韦、梁、曹、玉、莫、谢、谭。
鸡笼：覃。
上陈：陈。
下陈：韦。
新村：郭、韦、李。
横岭：周。
平乌：滕、杜、陈。
那锦：覃。
那岑：韦、滕、杜、覃、班、蓝。
曾山：凌。
六井：郭、王。
那义：王。
公马：李、陆。
林村：梁、粟、胡、谭、陆、潘、黄。
凌慕：陆、凌、韦、慕、滕、王。
定新：李、黄、陆。
那河：滕。
波利：覃。
赖村：赖。
六康：韦。
陀坛：李、滕、韦。

西龙行政村

那腊：滕、张、韦、梁、赖、杨、方、陆。
龙头：方、韦、谢、郭、李。
坛白：方、陆、关、曾、邓。
亦上：邓、覃、谢、方、罗、江、周、陆、李、陈、朱、冯、农、郭、黄、雷、滕、韦、廖。
下庄：雷、方、李。

英广行政村

覃何：覃、粟、李、黄。
潘村：陆、梁、潘、刘、韦、郭。
芦村：方、黄、李、甘。
花甘：韦、李、梁。
六王：李、陆、韦。
六问：黎、李。
那洋：蓝、陆、李。

友爱行政村

罗伞：陆、葛。
细村：陆、葛。
段敖：陆、张、葛。
石巷：陆。
姑舅：陆、黄、滕。
合江：陆。
坛洛：陆。
怀岽：陆。

坛棍行政村

那棍：李、何。
坛皮：滕。

四平行政村

盘古：滕、青、李、黄、方。
平旺：梁、邓、滕。
启塘：李。
大坝：滕。
朝阳：李。
塘土：周。
平天：周、李。
坛宴：黄、王、唐。
连塘：陈、华。
六山：孙。
平塘：周。
平善：蒋、黄、唐、潘。
方村：方。
双桥：陆、王。
新村：农、孙。

永宁行政村

料东：滕、黄。
料西：滕、刘、谢。
那昔：李。

沙平行政村

沙平：滕、梁、黄、陆、莫、李。
坛涟：滕、周。
细山：梁。
帽子：梁。
凤飞：滕、梁。
那尚：滕、黄。
皇屋：滕。

两山行政村

两山：青、黄、农。
中青：青、黄、粟。
那剑：黄、青。
下青：青。
上青：青、颜、黄。

六塘行政村

六榃：黄。
韦村：韦、黄、张、甘、王、李。
中良：农、李。
那王：陆、黄、梁、谢、李。
六塘：石、葛、李、蒙、张、韦、陆、滕、黄、甘。
横六：梁、黄。
上黄：黄、李、甘。
六蒙：陆。
维新：韦、黄、孙。
星洞：蒙。
上良：陆、黄、蒙、谢、李。
平甫：李。
科甲：黄。
那罗：黄。

七塘村

七塘圩：张、李、雷、黄、青、覃、兰。
下黄：黄、唐、农。
上大陆：李。
大张：张、李、米、粟、杨、潘、卢。
李村：李、苏。
六留：黄、蓝、卢、陆、柳。

下大陆：张、李。
大平：李。
下良：李。
新兴：李、张、黄、杨。
民政行政村
平天岭：周。
干村：陆、黄、滕、李、韦。
大村：周。
滕屋：滕。
细村：周。
陈屋：陈。
王竹行政村
那里：粟、张。
上瑶：滕。
粟村：粟。
那眉：李。
王竹：赖、李、郑、韦。
下瑶：周。
那玉：张、李。
水岸：周。
周村：周。
三冬：李。
四六行政村
古蓬：陆。
北墨：余。
笨悬：梁、李、陆、柳。
六拉：石、滕。
笨枝：黄。
鸡段：莫、李、陆。
大塘：黄、李、陆、梁。

昆 仑 镇

九塘社区
九塘圩：欧、潘、黄、陆、李、梁、韦、农、张、黎、方、苏、卢、邓、肖、陈、谢。
新茂亮：李。
茂亮：李。
上苏：李。
同平：李。
古卜；李。
坛致：陆。
六邻：李。
坛棉：李。
火星：李。
大塘：李。
龙庙：李。
古稀：李。
尺基：李、陆。
六敖：李。
坛敏：李。
高村：陆。
那致：陆。
昆仑行政村
上邻：李。
下养：李。
下廖：李。
六域：欧。
古栖：欧。
桥头：欧。
上廖：李。
四房：李。
那垒：李。
六凶：农。
古棣：欧。
桥塘：欧。
中武：李。
六岭：李。
苏麻：李。
石桥：欧。
农屋：欧、农。
铜锣：欧、柳。
群星行政村
那懒：黄。
笨庙：李。
坛表：潘。
部雨：黄。
坛荣：黄。
水口西岸：李。
六道：黄。
那林：李。
坛麓：黄。
坛塘：潘。
水口东岸：李。
坛王：黄。
大罗：潘。
那逢：黄、陆。
那湴：黄。

联光行政村
那周：李、杨。
古练：欧、李。
坛螺：李。
那坤：陆。
坛落：李。
天堂：陆。
六田：陆。
那离：陆。
古桐：李、欧、陆。
那罗：黄、陆。
古望：李、农。
那舍：李、陆。
八塘行政村
八塘圩：黄、邓、农、方、潘、周、甘、欧、梁、李、廖、宋、粟、胡、韦、滕、陆、莫、青、班、卢、谭、陈。
坛补：潘、李、欧。
古井：邓。
坛板：邓。
岭红：曾。
那杏：陆、李、欧。
坛屋：方、韦、李。
上达；李、邓、黄、班。
下胡：邓、胡。
笨治：邓、黄。
古楝：张。
坛樟：潘。
旧寨：韦、李、欧。
太昌行政村
黄英：黄。
江那：农、陆。
石桶：农。
那员：农。
那韦：韦。
平里：李。
滕屋：农。
陆落：陆。
平头：黄。
六桧：韦。
平昌：李。
受员：陆。
板壁：农。
木凳：梁。
那灰：梁。
黄宣行政村
上六：梁。
六王：陆。
古梨：李。
那笨：韦。
屋底：李。
那漏：韦。
旧地：胡。
下六：梁。
下黎：李。
那蒙：班。
那威：韦、张。
老张：张。
那劳：班、陆。

盘古：杨。
六兰：张。
六庙：李、张。
六屈：胡。
古橄：陆。
那我：胡。
六耙：胡。

平地行政村
六民：韦、李、张。
韦屋：韦。
非肚：覃。
六赵：韦、胡。
六桶：粟。
顺天：粟。

富兴行政村
古先：韦。
六姓：李、农。
那呈：李、何。
六沟：李、陆。
坛勒：张。
平坦：陆。

横岭：李、韦。
尺坭：张、韦、李。
六模：李、梁。
凤凰：吴、何、韦、马。
六蒙：李。

吴　圩　镇

吴圩社区
吴圩街：李、雷、林、潘、陈、滕、张、梁、杨、苏、黎、龚、玉、麻、叶、蒙、邓、钟、曾、赖、郭、利、黄、王、唐、韦、吴、谢、刘、翟、郑。
坛立：麻、苏、梁、王、杨。
美志：吴、麻、潘、苏。
那浪：麻。
六村：张、周、覃、黄、麻、王、玉、奚、龚。
长塘：苏、程、麻、李。
坛么：黄、苏、麻。
渌么：覃、梁、玉、麻、张。
天稔：甘、玉、杨、麻。
明阳社区
那楞：雷、李、黄、苏、梁、莫、张、林、周。
平山：雷、麻。
团佳：雷、李。
平况：潘、谢、梁、黄。
平丹行政村
旧坡：黄、玉、周、梁、张。
马道：黄、梁、周、玉。
小那丹：梁、黄、林。
平宁：黄。
李坡：李。
新平庄：黄、玉。
四山：苏、雷。
蕾寨：黄、谢、麻。
新坡：黄、梁、黎。
那丹：王、黄、梁、林。
平凤：黄。
平新：王。
平垌行政村
榨油：黄、谢、梁。
琴引：黄、谢。
孟章：黄。
定伏：黄、林。
平河：黄、谢、罗。
平洋：雷、黄、梁。
北批：杨。
上平哉：黄。
定稔：黄、梁。
天窝：麻。
甘蔗园：黄、唐。
平隆：黄。
平花：黄。
新杨：杨。
下平哉：黄、谢。
花厂：黄、梁、麻、谢。
花金保：黄。
平汉：黄。
平兴：黄。
驮良：韦、潘。
大麻：麻、周。
那德行政村
那潭：覃、黄、慕。
那强：李、邓、覃、马、余。
渌坛：梁、黄、麻、莫。
周村：曾、王、黄、莫、甘、梁、陆。
双桥：钟、杨、雷。
那审：莫、周。
康宁行政村
长岗：陈、施。
坛琴：陆、黄。
张村：雷、黎、周、张。
蕾荒：黄。
屯里：施、王、邓、陈、雷、黎。
敢六：雷、李、潘、梁、卢、凌、玉。
那利：陆、黄、张。
坛廖：黎、黄、凌、韦、蒋。
河州：麻、邓、陈、龚、黄。
八湧：雷、王、黄。
新桥行政村
新桥：庞、刘、伍、陈、黄、谢、罗、梁。
坛蚌：潘。
晚寨：莫。
派江：罗、杨、黄、郑。
琴中：施、凌、黄、冯、农、梁、覃、李、阮。
平付：凌、奚、李、曾、黄、雷、街。
叫梧：潘、方、黄、杨。
坛进：韦。
六马：潘。
六结：潘、黄。
定宁行政村
坛河：周、莫、黄、韦、赵、凌、谢、潘。
牛村：李。
那洋：梁、黄、周。
那琴：赵。
祥宁行政村
大塘二村：钟、谢、梁、麻。
坛鹤：陈、刘、凌、黄、利。
那美：谢。
坛琴：林。
六冬：黄、张、庞、苏、赵、李、林、吴、赖。
大塘新坡：谢、麻、陈、林。
团吉：陈、潘、张。
那计：陈、邓、玉。
长棉：龚、张、麻、黄、王。

大塘一坡：陈、谢、麻。
那佳：邓、陈、梁、韦、覃。
定隆：梁、张。
那桥：马。
永红行政村
大坡：黎、李、杨、周、陈、黄、潘。
定力：梁、韦、陈、黄、骆、高。
九荡：梁。
渠靴：黄、奚、罗。
小坡：吴、黄。
坛蒙：蒙、陈、梁、潘、陆。
桥黎：吴、何。
天利：张、何。
派良：李。
定合：梁、林、卢、李。
新坡：杨、梁、奚。
咘表：李。
那花：李。
大琴：梁。
派斩：梁。
定美：梁、吴。
坛白行政村
坛白：梁、刘、曾、黄。
蕾蕉：梁。
坛永：韦、梁。
定溢：韦。
茶柳：苏、韦。
那岜：邓、覃、李、翟。
咘晓：农、黄、梁、覃、何。
那么：梁。
强邕：梁、潘、韦、陈、廖。
苍群：韦。
定淋：韦、梁。
那料：凌。
新建：原、潘、杨、林、黎、蒋。
那助：梁、莫、陈、潘。
坛渣：黄、梁、陈。
巷咘：韦、梁。
利觅：苏、韦。
那勤：凌。
那盟：潘、何、苏。
那摹：梁、周。
那备行政村
那备：张、黄、梁、李。
明阳街：陆、施、刘、黄、颜。
旧蕾羌：李、雷、黄。
明阳新坡：李、潘、林、黄、殷、梁。
新蕾羌：潘、黄。
歌眼：梁、焦、邓、谢。

苏 圩 镇

苏圩社区
苏圩街：欧、凌、覃、张、黄、李、梁、周、何、慕、莫、韦、吴、刘、巫、滕、廖、奚、陈、钟、程、蒙、谢、郭、陆、雷、玉、卢、孙、方、王、杨、闭、胡、卫、赵、马、冼、余、林、潘、黎、叶、赖、高、朱、罗、杜、甘、邝、符、邓、曾、易、龙、包、农、苏。
定灶瓦：何、易。
苏保行政村
苏村：苏、罗、周、黄、李、吴、梁、刘、曾、玉。
六冬：苏、张。
李宁：李、梁。
保安行政村
那锡：黄、黎、何、赵、冯、邓。
那生：卢、雷、杜、苏、邓、吴、赵、何。
那堪：黄、邓、吴、梁、奚、韦、李。
马头：梁、宋、黄、李、赵。
新兴：苏、陈、邓、彭、林、宋、庞。
高塘：彭、何、覃、李。
马兴：苏、梁、邓、覃奚。
保卫行政村
小慕：慕、莫、邓、项、黄、何、刘、卢、曾、梁。
新祥：何。
新杨：杨。
里强：刘、陆、莫、黄、劳。
那吞：陆、何、张、李、宋、马、黄。
那坛：潘、何、禤、麦、廖、陈、曾、黎、梁。
那局：施、叶、袁、曾、巫、黄。
保联行政村
渌究：苏、何、黄、方、关、杨、马。
定棉：杨、欧、吴。
渌林新坡：韦、吴、潘、黄、马、梁、雷。
渌林：马、潘、韦、吴、黄、雷、梁。
渌霄：隆、曾、奚、欧。
保城行政村
六里：林、黄、彭、庞、莫、郭、温、黎、蒋、钟、张、蓝、胡。
双喜：袁。
那崇：胡、黄、彭、袁、杨。
长期：袁、彭。
坛洋：凌、李、何、黄、陈、廖、卢、刘、蒋。
塘岸：苏、袁、蔡、黄、林、曾、李、彭、阮。
龙家：卢、黄、彭、袁、宋。
坛蓬：陈、苏、覃、廖、卢。
坛城：覃、卢。
底度：林、奚、凌。
坛天：袁、覃。
更坡：王、梁。
那安：黎、莫、李。
慕村行政村
慕村：慕、岑、韦、欧、梁、覃。
坛豆：覃、吴、黄、梁。
通客：梁、吴、黄。

更生：黄、陈、莫、黎、马。
欧村：黄、欧。
坛铺：谭、覃、梁、黄、雷、李。
新宁：何、卢、苏、梁、方、吴。
奚村：奚、黄、雷、梁。
蕾宁：黄、雷、谭。
李村：李、黄、黎、何、罗、梁。
向阳：杨、曾、欧。

新德行政村

同宋：苏、蔡、陈。
那更：马、陆、李、张、黎。
弄怀：覃、杜、宋、黄。
新安：覃、苏、陈、奚。
那祥：马。
那胖：方、覃、刘。
那投：覃、马、李、黄、凌、奚、邓。
弄钵：马。
那稔：罗、吴、梁。

联英行政村

定英：奚、覃、张、梁、欧。
岜独：何、李、赵。
坡蕉：奚。

佳棉行政村

段雹：张、杨、黄、何、梁、陆。
那腊：张、卢、吴、奚。
朝阳：农。
那棉：农、李。
双久：奚、何、梁。
定罗：雷、郑。
坛留：周、谢、黄、陈、方。
新那棉：刘、黎。
团良：梁、黎、韦、李。
坛里：雷、梁、宁。
那笪：龚、林、郑。

镇宁行政村

方村：周、李、方、雷、吴、黄、凌。
覃村：覃、何。
那舅：何、梁、姚。
普钦：李、何、陆、陈。
黄岗山：黄。

那海行政村

那海：李、方、何、吴。
蕾受：覃、方、何、吴、黎、陈、凌、雷。
新隆：雷、吴。
毛村：邓、梁、黄。
新蕾勇：谢、方、何。
蕾洪：奚、梁、何。
旧蕾勇：苏、吴。
上江：邓。

定计行政村

定计：奚、高、黄、巫、张、何、黎、梁、吴、刘、蔡、李、陈。
那盏：何、梁、凌。
良村：何。
新华：何、梁、凌。

仁德行政村

洞天：周、覃、李、黎、谭。
中巷：李、谭、卢、苏。
四图：张、唐、周、覃、滕。
段林：覃、黎、陈。
汤坛：覃。
奚（鸡）稔：奚。
上方：方、李、滕。
下方：张、方、覃、梁、李。
定梧：覃、黎、陈、张。
定削：覃、陈。
定喝：覃。
蕾桑：覃、陈、冼、凌。
王槈：程、覃、劳、雷、徐、李。

隆德行政村

蕾德：覃、欧、黄、李、梁、雷、何。
新定蒌：甘、方。
旧定蒌：郭、梁、陈。
渠西：潘、周、罗、陈。
岜骂：朱、黄、焦、覃、李、何、罗。

敬团行政村

坛雹：黎、刘、梁、凌。
桥头：何、奚、苏、欧、梁。
团那：何、雷、张、刘、苏、覃、叶。

延　安　镇

延安社区

延安圩：谢、罗、农、陈、陆、刘、黄、褚、朱、郭、唐、梁、廖、胡、雷、张。
定皎：马、肖、李、梁。
那阳：张。
浪屯：覃、何、农。
定尧：刘、陆。
那隆：梁、卢、周。
那究：张、莫、梁、农、黄、褚、朱、廖、周、雷、苏。
坛渌：刘。
新江：何、邓、梁、谢。
军屯：刘、何、梁。
西坝：廖、何。
那渌：廖、周、邓、何。
团鸡：刘、黄、农。
坡蒌：何、梁。
驮午：廖、刘、杜、黄、凌。
百江：谢、梁、何、陆。
宴安：梁、周。
定工：谢。

敬德行政村

那盆：周、黎、李、雷、梁。
莲塘：黎、周、谢、何、陆。
定礼：梁、李。
那模：梁。

新城行政村

朗圩：黄、黎、何、陆、谢、雷、梁、莫、张、覃、李、刘、胡、蒙、郭、蒋、罗。
平浪：陆、何、梁。
定坡：周、梁。
公香：李、张、黄、黎、何。
坛浩：黎、梁、莫、刘、胡、周。

华南行政村

邦北：廖。
崇眉：周、吴、黄、唐、韦、刘。
哈京：罗、黄、谭。
平天：黄、罗、谭。
坛浮：罗、凌。
那务：方、廖、梁、陈。
古练：陈。
古桃：凌、宁、李、刘。

户册：陆、梁。
坛棉：邓。
那邑：方、班、刘、李。
那标：刘、农、何、梁。
通良：邓、陈。
美龙：邓、黄。
那齐行政村
那西：黎、谢、韦、吴、廖。
么表：雷、周、黄。
那吞：谢。
么西：何、农、李。
古榄：黄、林、梁、蒋、谢、周、班、曾。
新塘：谢。
那局：黄。
陈屋：陈。
旧造：何。
新造：谢。
横龙：谢。
新横龙：谢。
邑西：谢、周、苏、姚。
二房：谢。
坡沙：谢、雷。
花屋：谢。
岭顶屋：雷。
乾隆：谢。
黄瓜园：谢。
雷屋：雷。
何屋：何。
头房：谢。
四房：谢。
大岭：谢、张。
平南行政村
那榄：陆、梁、刘、张、莫。
永安：廖、凌、何。
那赵：曾、廖、刘、杨、陆、陈。
大路：梁、韦。
三虾：黎。
歌梨：周、黎。
望仙：何、凌、廖。

那 陈 镇

那陈社区
那陈圩：陈、钮、李、黄、杨、苏、梁、周、王、张、谢、雷、罗、赖、宁、陆、单、林、叶、杜、朱、何、潘、农、吴、曾、黎、刘。
坛关：雷、覃、韦。
那邦：廖、梁。
蕾福：梁、黄、谢、韦、雷。
洞其：何、吴、梁、谭。
巴来：梁。
邕乐行政村
那王：龚、黄、沈。
那赐：黄、苏、谢。
美悟：梁、农。
那乐：黄、何、韦。
咘哝：苏、梁、潘、黄。
龙结：何、张。
那蕾：黄。
和平行政村
那坛：李、梁。
那眼：李。
那作：李。
那莳：李、陈。
哥直：李、陈。
思卢：卢、周、黄、张、刘、韦。
坛留行政村
坛留：何、苏、梁、陈、吴、宁、韦、黄、廖。
六吉：梁、陆。
那盆：方、黄、韦、廖、陈。
维坝行政村
那坝：韦、吴、李、周、张、苏、雷、陆。
坛白：黄、陆、廖、曾、陈、黎。
西宁行政村
上敏：刘。
通快：谢、吴、班。
中敏：邓、韦、阮、班、凌。
平棉：林。
下敏：刘、邓、李、梁、周。

七齐行政村
哥龙：苏。
巴里：李、黄。
坛更：何。
石排：陆、庞。
坛榜：苏、班。
百合：黎、廖。
铁灵：陆、徐。
那屯：黄、周。
滩上：黄。
北皮：刘、陆。
升堂：陈。
西盛行政村
蕾河：李。
圩上：梁。
稔应：钟。
哥沙：黄、罗。
那头：班、陆。
国王：黄、王、陆、刘。
哥舍：何、陆。
西支：凌、梁、何、岑、黄。
蒙湾：罗。
竹桥：林。
坛齐：黄、周。
道雷：凌、黄。
百或：黄。
坛曾：莫、陈、黎。
百排：卢、罗、陆。
那棉：黄。
清净：韦。
五龙行政村
垌圩：王、黄、凌。
坛学：班、陆、梁。
那目：班、罗。
哥章：黄、班。
华台：陆、黄。
坛浮：班。
定进：班。
那务：班。
平葛：韦、凌、班。
华群行政村
那郡：黄、梁。
那拉：黄、班。
驮利：林、张。
林造：林、吴、黄。
濑黎：周。
那坡行政村
那坡：梁、黄、钟、王。
谢坡：谢。
驮礼：苏。
那烈：梁、苏、王。
那桑：谢、张、李、夏。
徐坡：徐。
坛溢：黄、农。
那蒙行政村
那蒙：蒙、范、谢、林、张、曾、黄、陆。

那替：凌、林、黄、曾、杜、陈。
短祥：苏、黄。
那屯：潘。

文林行政村

定了：林、黄。
坛排：张、黄、吴。
晚里：李。
桥定：林、何。
那元：梁、何。
东降：雷、谢、李。

六眼行政村

六眼：梁、吴、潘。
那莲：周、潘、黄。
平上旧坡：雷、张。
徊排：雷、徐、吴、梁。
六竿：刘。
华龙：潘、雷、杜、廖。
那直：莫、潘、雷。
平上新坡：雷、张。

那徐行政村

那徐：黄、黎、凌、周、莫、张。
平炳：黄、黎。
晚马：李。

濑岽行政村

濑岽：周、滕。
段凤：李。
南鸾：何。
那鬓：黎、凌。
那花：李、梁。

大 塘 镇

大塘社区

大塘街：李、邱、黄、王、归、庞、梁、雷、曾、农、陆、颜、冯、马、凌、莫、吴、刘、方、彭、利、潘、陈、韦、杨、兰、周、施、胡、余、银、姚、何、朱、龚、杜、张、罗、黎、谢、滕。
写书：李。
那了：周、李。
那瓮：莫。
坛关田：黄。
那了新坡：凌、陆、吕、黄、李、周。

那梨行政村

那梨：廖、王、梁、雷、莫、李、韦。
那提：黄、梁、何。
那兰：黄、王、周。
那徐：姚、施。
坛局：雷、李。
那炼：吴、李、黄、王。
那形：王。
佃蓬：何、梁。
那巴：曾。
坛咘：苏、潘、郑。
坛黎：黄、梁、韦、李。

那农行政村

那榜：王、邓、杜、何、雷。
南来：周、赖、曾、林。
永强：周。
那农：黄、韦、陆、李、周、罗。
坛灵：徐、王、周。
公安：吴、钟、陆、陈。

南荣行政村

九平：黄、林、陆、周。
佳笼：苏。
垌圩：农、黄、肖、罗。
大那铺：乐、雷、韦。
天城：罗、黄、陆、周。
坎在：黄、林、梁。
山口：韦、李、廖、梁。
细那铺：乐、雷、韦。
那思：黄、凌。
那派：黄、梁。
团福：黄、王、雷。
那平：农、陆。
那忍：黄、宁、凌。

团垌行政村

定西：李、陆、曾、张、梁、谭、黎、颜、陈、杨、黄、方。
团垌：乐、钟、黄、梁、吴、黎、庞、韦、方。
那浮：罗、方。

南洲行政村

南洲：李、陆、王、黄。
那甘：陆、李、农。
康力：黄、潘、陆。
段于：李、黎、陈、黄。
板回：朱。
那罗：黎、陆、潘。

那造行政村

那造：张、黎、李、黄。
石批：李、陆、利。
坛皮：陈、宁、欧。
安老：农。
班依：谢、吴。
新坡：陈、林、黄、谢。
潮江：谢。
达蓬：方、廖。
安祥：黄、庞。

桥板行政村

板玉：黄、王、林、凌、农、陆、刘。
桥头：黄、王。
新坡：凌、马、农、黄、潘、张。
坛棍：雷、莫、梁、黄。

横州行政村

横斗：黎、陆、方、黄、陈。
桥德：方。
吉林：黄、张。
横其：黎、陈。
培茶：刘、方、林、朱。
念吉：方、刘。
双固：黎、陈、黄、方。
利荷：方。
米淋：农、梁、马、黄、冯。

百乐行政村

上来：赖、雷、李、班。
下蕾：陆、玉、黄。
八百：陆。
那畴：黄、韦。
三峡移民安置场：康、韦、罗、蓝、黄、苏、潘、盘、覃、卢、蒙、袁。

太安行政村

太安圩：李、庞、杨、凌、谢。
林读：潘、利。
那鸡：李、庞、杨、凌、谢。
坛我：廖。
蓬来：李、廖。
高峰：黄。
那廖：陈、李。
新村：李。
太安：潘。
下村：潘。

坛贫：苏、谢、李。
坛况：黄、李。
太安安居果场：蓝、冉、陈、田、曾、姚、王、向、苏、韦、黄、奉、覃、潘、狄、罗、何、乐、简、龙、吴、宗、陶、刘。

那团行政村

那团：潘。
那蒙：黄、农、朱。
佳约：李。
那茂：农、银。
龙联：陆、黄。
板溢：黄、林。
料香：苏。
巴里：黄、韦。
凯利达安置场：黄、卢、陆、韦、蒙、蓝、文、苏、唐、覃、王、班、廖、吴、罗、周。
广利达安置场：唐、韦、蒙、蓝、班。

锦亮行政村

敢琶：谢、黄。
那侣：黎、黄。
莫摹：潘。
那六：潘、黄。
团亮：李。
六留：韦、马。
六冷：卢、谢。

那湾行政村

那湾：黄、马。
小湾：黄、谢。
高平：陆。
派我：陆。
团赖：庞、梁。
坛平：陆。
大元：关、黄、韦、何、陆、岑、翟、苏、梁。
那良：班。

南 晓 镇

南晓社区

南晓圩：黄、李、周、韦、钟、班、蒋、张、马、利、方、雷、卢、陈。
茂钦：李、黄、班、卫、雷。
六炎：詹、雷、李、刘、黄、张。
大长地：黄、韦、潘。
南焕：韦、李、黄、周、刘、阮、农、梁。
古春：班、黄。
小长地：黄、韦。
团苏：李、谭、韦。
那兰：张、李。

晓元行政村

坛标：黄、方。
屯六：黎、黄、李。
乔墩：黄、钟、梁、农、韦、曾。
坛岭：黄。
晓村：班、韦、黄、曾。
同吉：班、阮、韦。
托天：梁、雷、黄。
达庄：雷、韦、农、方。
高眼：黄。
古元：班、黄、谢。
那排：陈、石、卢、李、方、韦、陆、莫、马。
佃王：梁、宁、王、方。

陵桂行政村

南骨：马、李、黄、方、周、陆。
大陵：韦、钟、班、莫、罗。
桂叶：黎、卢、陆。
南垒：李、韦、马。

台马行政村

台马圩：陆、李、韦、潘、凌、黎、秦、黄。
黄坡：黄。
土地：陆。
锯板：陆。
陆坡：陆。
那妈：陆、韦。
六空：黄、韦、邓。
那坡：黄、韦。
宊我：黄。
大洞：黎。

派双行政村

宊球：曾。
派桑：李、施。
那下：卢、曾、李。

同里行政村

古同：黄。
宊匡：卢、陈、黄、李、农、潘。
大六里：农。
宊况：陆、方、梁、农、黄。
小六里：黄、农。

大满行政村

北给：方、韦、陆。
团腾：张、黄、农。
大满：李、陆。
小满：陆、李。
兰东：李、苏。
大拟：陆。
那文：李。

平朗行政村

平朗：陆、方、韦、曾、张。
团凌：张、陆、方。
卜罗：李、黄、施、罗、韦。
新村：陆、韦、张。
大利：曾。
坛顺：李、韦。
山贝：陆、石。
古桃：李、班、杨、蓝。

团东行政村

团东：陈、郑、黄。
南宽：黄、李、陆。
六灵：黄。
雅王：陈、黄。
定思：郑。

雅王行政村

雅王圩：农、郑、黄、杨、陆、苏、曾、陈、程、翟、刘、雷、李、卢。
六华：陆、庞、杜。
坛全：陈、杨、覃、黄。
福邓：杨。
团光：农、李、滕、卢。
哥脸：莫、李、农。
六学：陆、曾。
白露：莫、农、李、苏。
古柳：黎。

那敏行政村

那敏：韦。
叉巴：李。
哥豆：韦。
福海：李。
古练：覃。
忙假：韦。

平天：韦、陆、宁。
罗曹：陆。
那涖：李。
六律：韦。
福林：李。
罗曹新坡：陆。
福里行政村
福里：农。
叫吞：程。
百浪：陆、庞。
天等：农。
团罗：刘、苏。
品田：庞。
小屯：郑、黄。
坛谢：谢、李。
新民行政村
新州：雷。
坛合：黄。
南围：张、黄。
定舍：陆、韦。
南立：陆。
古沙：莫。
天寨：陆。
团州：陆、张。
柳桥：梁。
团城行政村
团甘：农。
团墩：农、陆。
那全：杨。
那桑：苏、卢。
团黎：农。
那美：黄。
团豆：农。
古桐：黄。
平朗：利、苏、农。
团黎小坡：农。
团禄：苏。
团豆新坡：农。
团城：农。
何头：马。
苏桂：苏。
团苏：黄、潘、云、宁、李。

八、前志（1995年版）勘误表

页 数	行	错误内容	更正内容
版权页	倒数第2行	138千字	1380千字
序一背面	脚注	中共邕宁县县委书记	中共邕宁县委书记
正文1	顺数第1行	名闻	闻名
2	顺数第10行	名闻	闻名
2	倒数第5行	名闻	闻名
11	倒数第5行	悉悉有声	窸窸有声
13	倒数第11行	进剿	“进剿”
17	顺数第21行	（1959年）4月，在那楼中学……现场会	开会年份应为1960年
19	顺数第7行	6月下旬	1966年3月
24	倒数第13行	同年，蒲庙……投产	删除
27	顺数第2行	829659万人	829659人
27	顺数第3行	439946万人	439946人
27	顺数第3行	389713万人	389713人
27	倒数第12行	政协主席钟家佐、黄语扬	政协副主席钟家佐、黄语扬
31	倒数第12行	废府改道，宣化县改为南宁县，隶属邕南道	南宁府改为南宁县，隶属邕南道
31	倒数第7行	1951年8月	1951年7月
32	倒数第13行	1951年9月……管辖	1951年2月……管辖（先托管，后于同年9月21日正式下文划拨）
36	顺数第13行	莲庙镇	蒲庙镇
40	顺数第15行	2526人	25626人
42	顺数第8行	斑锋书院	斑峰书院
43	倒数第16行	黄麖	黄猄
47	顺数第5行	登颠	登巅
47	倒数第15行	鸟朗圩	乌朗圩
47	倒数第15行	至道光二十二年（1875年）	至道光二十二年（1842年）
47	倒数第8行	长糖	长塘
48	倒数第10行	那莲圩：张、李、雷	那莲圩：张、李、雷、何
50	倒数第4行	坛皮：何	坛皮：何、滕
50	倒数第5行	那棍：李	那棍：李、何
52	顺数第8行	那佳：邓、陈、梁、韦	那佳：邓、陈、梁、韦、杭
52	倒数第13行	苏圩街：欧、凌、覃	苏圩街：欧、凌、覃、苏
53	倒数第3行	肃	肖
53	第2栏倒数第3行	定胶	定皎
53	第2栏倒数第3行	肃	萧
53	第1栏倒数第2行	肃	萧
54	第1栏顺数第4行	坡萎	坡蒌
64	顺数第22行	同江	洞江
67	倒数第13行	左江	左右江
137	顺数第7行	垂桂而下	垂挂而下
163	顺数第2行	团洞村	团垌村
167	倒数第3行	（1929~1949）	（1925~1949）

续表

页　数	行	错误内容	更正内容
167	倒数第 5 行	（1927~1949）	（1925~1949）
168	顺数第 1 行	廖钧丞	廖钧丞
189	顺数第 15 行	第丸条	第九条
196	顺数第 6 行	58 类	58 件
220	顺数第 3 行	提安	提案
259	表 5–3–1	缺、倒 3 后	廖汉蓬，男，汉族，南宁籍，副院长，任期 1984.12~1987.7
259	表 5–3–1	缺、倒 6	苏仕添，男，壮族，邕宁籍，院长，任期 1973.3~1983.9
259	表 5–3–1	缺、倒 2 后	陆文任，男，壮族，邕宁籍，副院长，任期 1984.12~
259	表 5–3–1	缺、倒 1 后	廖俊东，男，壮族，邕宁籍，副院长，任期 1990.9~
268	倒数第 16 行	关坳	关隘
273	右上书眉	民役	兵役
274	顺数第 13 行	没有征兵	没有征兵或缺资料
318	表 7–1–8 倒 4	850000	250000
338	顺数第 14 行	除了别	除个别
340	倒数第 10 行	年总产 22503 增加	年总产 22508 万公斤增加
385	倒数第 15 行	保伦	保伦
461	顺数第 19 行	1986	1988
510	顺数第 12 行	葛茄	葛薯
551	顺数第 4 行	习通官府	勾通官府
624	表倒数第 8 行	粗兰布	粗蓝布
626	表倒数第 5 行	工农兰布	工农蓝布
627	表倒数第 8 行	工农兰布	工农蓝布
700	顺数第 9 行	1937 年	1837 年
763	顺数第 3 行	如四、五塘、九塘	如四塘、五塘、九塘
764	顺数第 16 行	扦田签	插田签
765	倒数第 14 行	班山	斑山
769	顺数第 4 行	取之犹甚	取之尤甚
769	顺数第 11 行	薰冢	熏冢
770	顺数第 16 行	十弟兄	十兄弟
772	顺数第 17 行	锹产	锹铲
773	顺数第 7 行	他们	她们
773	倒数第 14 行	成（戒）道者	度（戒）道者
775	倒数第 8 行	玖瑰医院	玫瑰医院
796	顺数第 19 行	三等功	三大功
809	续表顺数第 2 行	黄寿阌	黄寿圈
819	续表革命烈士顺 5	五三〇一七部队七十一分队民兵	五三〇六一三部队班长，提任排长任命未公布
834	倒数第 1 行	钟德祥（1949~1904）	钟德祥（1835~1905 年）
834	倒数第 15 行	仅表谢意	谨表谢意
835	顺数第 1、2 行	同治五年（1864 年）	清同治三年（1864 年）
835	顺数第 9 行	狠狈为奸	狼狈为奸
839	倒数第 1 行	南宁地乡行署	南宁地区行署
863	顺数第 12 行	屋破须先缉	屋破须先葺
865	顺数第 6 行	数戴	数载
886	顺数第 2 行	妹仑	妹伦
886	倒数第 6 行	财路大享通	财路大亨通
893	顺数第 15 行	棕粑	粽粑

邕宁县志

YONG NING XIAN ZHI

索　　引

说　　明

1. 本索引是《邕宁县志（1991–2004）》的内容分析索引（主题索引）。索引范围包括篇、章、节、目、子目及表格，表格表题省略年度及县名。

2. 本索引要目（篇、章、节、目、子目）和表格按所标引词或词组首字的汉语拼音声母字母顺序排列，首字相同的按第二字声母字母顺序排列，依此类推。篇款目用红色黑体字，章款目用蓝色仿宋体加粗排印，节款目用褐色仿宋体加粗排印，其余款目均用黑色仿体字（不加粗）排印。表格在其款目后注明“表”。

3. 索引款目后面数字表示所标内容的页码。同一款目多次出现的，后面标多个页码，款目不要再重复。

4. 本索引只列志书正文部分，卷首（序、凡例、图片专辑）、内文图片及编后记等未列入。

K

L

M

N

编后记

民国26年（1937年），谢祖莘修、莫炳奎纂《邕宁县志》一部，铅印本装订四册共44卷，于民国26年（1937年）出版，记事上起唐虞时代下至民国22年（1933年），全书80余万字。原志书今邕宁区仅珍藏两部。1995年，由邕宁县地方志编纂委员会编纂出版第一部《邕宁县志》，全书138万字。2004年8月启动续修县志工作。先定名为《邕宁县志（1991—2005.3）》，2016年自治区地方志编纂委员会办公室再审时定名为《邕宁县志（1991—2004）》。主要记载时限一般为1991年至2004年，部分内容适当下延。于2018年出版。

本轮修志工作坚持中共县（区）委领导、县（区）人民政府主持、县（区）地方志编纂委员会办公室负责编纂的修志体制，始终把修志工作纳入地方政府经济社会发展规划中，做到领导、机构、经费、队伍、条件五个到位。本志续修经历两个阶段：第一阶段从2004年8月至2005年3月，由邕宁县人民政府主持，由县地方志办公室指导资料搜集征集，全县有138个单位承担志书资料搜集供稿任务，撰稿人员共160多人，共搜集有关资料近200万字，县地方志办公室完成志书初稿编辑近半。第二阶段从2005年9月至2018年，按照南宁市人民政府“由南宁市邕宁区、良庆区负责编纂完成《邕宁县志》，以邕宁区为主”的要求，由邕宁区、良庆区两区地方志办公室负责志书稿续编。第二阶段的志书续编工作，遇到行政区划调整、编修人员变动、原单位部分存档资料缺失、搜集和需要补缺资料任务重、缺少修志经费等诸多困难，邕宁、良庆两区地方志办公室人员克服各种困难，完成本志书稿资料搜集、补缺和修改工作。2007年7月9日至10日，在邕宁区举行邕宁区、良庆区、南宁市和自治区三级评稿会。广西壮族自治区地方志编纂委员会办公室参加评稿的时任领导、专家有：主任蓝日基、副主任晏源源、副巡视员文崇礼，市县志指导处处长廖盛春、副处长赵敏，主任科员梁燕鸣、韦韩韫、陈小军，副主任科员蓝磊斌。南宁市人民政府地方志编纂办公室参加评稿会的时任领导、专家有：主任林小静，副主任梁新莲、许杨群，副调研员黄丹心、王笑貌，李志楠、沈述莲、余朝霞、黄善秋、孙贵寿、梁笑飞、周红、梁坤。三级评稿会后，根据评稿会提出的意见对志稿进行修改和补充。期间，得到自治区、南宁市地方志办公室领导和工作人员的指导。本志稿经南宁市地方志编纂委员会办公室三次复审，经八易其稿成稿。2016年6月，志稿经自治区地方志编纂委员会办公室审查验收通过。

《邕宁县志（1991—2004）》的编纂出版，是邕宁区和良庆区政治文明、物质文明、精神文明建设新成果，同时也是两区党委、政府领导大力支持和自治区地方志办公室、南宁市地方志办公室的指导，以及两区各部门、各单位大力协助取得的硕果。编纂期间，也得到邕宁县籍人士雷猛发等提出宝贵的意见。在此，谨向关心、支持、参与编纂工作的各级领导、专家、学者和编写人员及提供文字图片等资料的单位和个人，表示衷心感谢！

编　者

2018年3月